Handbuch

Herausgegeben von
David und Pat Alexander, *Lion Publishing*

Unter Mitwirkung von
David Field, *London*
Donald Guthrie, *London*
Gerald Hughes, *Rugby*
Howard Marshall, *Aberdeen*
Alan Millard, *Liverpool*

Für die deutsche Ausgabe übersetzt und bearbeitet von
Ulrich Betz, *Düsseldorf*
Hans Bolliger, *Aarau*
Horst H. Heyl, *Völklingen*
Lisa Laepple, *Wuppertal*
Robert Steiner, *Wuppertal*
Wolfgang Steinseifer, *Solingen*

Einführung in den Bibeltext (2. und 3. Teil) von
Pat Alexander
Graphiken (Geschichtstafeln) von Tony Cantale

Fotos von David Alexander und anderen
(siehe Quellennachweis)

R. BROCKHAUS R. Brockhaus Verlag Wuppertal

Handbuch zur Bibel

Titel der englischen Ausgabe
The Lion Handbook to the Bible

Erschienen bei Lion Publishing,
Tring, Herts, England

1. Auflage 1.–20. Tausend 1975
2. Auflage 21.–40. Tausend 1976
3. Auflage 41.–52. Tausend 1977
4. Auflage 53.–59. Tausend 1980
5., überarbeitete Auflage, 60.–71. Tausend 1983
6., überarbeitete Auflage, 72.–106. Tausend 1986
7., überarbeitete Auflage, 107.–121. Tausend 1991
8., überarbeitete Auflage, 122.–142. Tausend 1995

Satz und Montage: Breklumer Druckerei Manfred Siegel KG
Druck und Bindung: Slowenien

ISBN 3-417-24501-X

Vorwort

Viele Menschen wenden sich heute erneut der Bibel zu – aus Neugier oder Interesse oder weil sie sich von ihr Hilfe und Antwort auf ihre tiefsten Fragen erhoffen. Dieses Handbuch soll Anreiz und Anleitung zur intensiven Beschäftigung mit der Bibel sein.

Es ist in vier Teile gegliedert. Der erste bildet den Einstieg. Er informiert über die Bibel als Ganzes, ihren Hintergrund und ihre Bedeutung für unsere heutige Zeit.

Der zweite und dritte Teil lädt Sie – Buch für Buch, Kapitel für Kapitel – zu einem Gang durch das Alte und Neue Testament ein. Die Informationen sollen dem Leser helfen, die Bibel selbst zu verstehen. Das »Handbuch zur Bibel« will also kein Bibelkommentar im üblichen Sinne sein. Eine Überschrift oder kurze Beschreibung umreißt das Hauptthema. Anmerkungen zu schwierigen Stellen erleichtern das Verständnis. Fotos, Landkarten und graphische Darstellungen veranschaulichen den Hintergrund der jeweiligen Passage. Kurze Artikel von Fachleuten beschäftigen sich mit Sonderfragen.

Das ausführliche und thematisch geordnete Register des vierten Teils soll denen helfen, die sich näher mit bestimmten Themen beschäftigen wollen oder Hilfe suchen, und wissen möchten, wo man sie in der Bibel finden kann.

Das »Handbuch zur Bibel« will also in erster Linie informieren, und zwar auf einfache, hilfreiche und anschauliche Art und Weise. Viele Mitarbeiter haben über das, was sie hier auf einer Seite abhandeln, ganze wissenschaftliche Bücher geschrieben. Die Herausgeber danken ihnen, daß sie sich bereitgefunden haben, ihre Forschungsergebnisse auf einer populäreren Ebene und in abgekürzter Form hier zu veröffentlichen.

Technische Fragen nach Abfassungszeit und Autorschaft sind, da mehr von akademischem Interesse, nicht gesondert behandelt. Im Mittelpunkt sollen Inhalt und Bedeutung der Bibel stehen, nicht Einleitungsfragen, und wir gehen einfach von dem Text aus wie er uns heute vorliegt. Obwohl das Handbuch nicht alle Probleme diskutieren kann, sind in seinen Schlußfolgerungen doch die modernen wissenschaftlichen Forschungsergebnisse berücksichtigt, besonders die Arbeit der Orientalistik, die dazu beitragen, den Hintergrund und den Sinn des Textes zu erhellen.

Die Herausgeber danken allen, die direkt oder indirekt an diesem Buch mitgearbeitet haben. Manche sind im Quellennachweis aufgeführt, der aber gar nicht allen gerecht werden kann, die uns in großartiger Weise geholfen haben – angefangen bei den Direktoren von Museen und Archiven bis hin zu den Menschen in Palästina selbst, deren Gastfreundschaft wir genießen durften und die uns Hilfe und Information boten.

Inhaltsverzeichnis

1

2

3

4

ZUR SCHNELLEN ÜBERSICHT
Alttestamentliche Karte Seite 116, Geschichtstafel Seite 118
Neutestamentliche Karte Seite 464, Geschichtstafel Seite 466

Mitarbeiter

Dr. Ulrich Betz, Pastor der Freien Evangelischen Gemeinde, Düsseldorf *(Literarkritik und das A.T.)*
Prof. E. M. Blaiklock, Emerit. Professor of Classics, University of Auckland, Neuseeland *(Das Haus des Herodes, Neues Testament und Geschichte)*
The Rev. Robert Brow, Pfarrer in Ontario, Canada, früher Missionar in Indien *(Der Ursprung der Religion)*
The Rev. J. Philip Budd, Dozent, Trinity Theological College, Bristol *(Das Opfersystem, Feste und Feiertage)*
George S. Cansdale, ehem. Superintendent, Zoological Society of London *(Vögel und Landtiere, Die Wachtel, Reine und unreine Tiere, Die Fischerei im See Genezareth)*
Sir Frederick Catherwood, Managing Director, John Laing and Son, ehem. Generaldirektor des National Economic Development Council *(Bibel und Gesellschaft)*
David Clines, Senior Lecturer, Department of Biblical Studies, Sheffield University *(Die Apokryphen)*
Peter Cousins, Principal Lecturer in Religious Studies, Gipsy Hill College of Education, Herausgeber des »Spectrum« *(Die Bibel ist anders)*
The Rev. Arthur E. Cundall, Lecturer in Old Testament Studies, London Bible College *(Entwirrung der Chronologie der Könige)*
The Rev. David Field, Senior Tutor, Oak Hill Theological College, London *(Die Bibel im Leben des Christen, »Reich Gottes« und »Reich der Himmel«)*
Dr. Richard T. France, Bibliothekar, Tyndale House Library for Biblical Research, Cambridge *(Jesus Christus und die Bibel, Religiöse Bewegungen zur Zeit des Neuen Testamentes, Alttestamentliche Zitate im Neuen Testament)*
The Rev. Ralph R. Gower, Education Officer, Liverpool Education Authority *(Alltagsleben in biblischer Zeit)*
Canon Michael Green, Rektor, St. John's College, Nottingham *(Die Verkündigung der Urgemeinde)*
The Rev. Geoffrey W. Grogan, Rektor, Bible Training Institute, Glasgow *(Der Heilige Geist in der Apostelgeschichte)*
Dr. Donald Guthrie, Registrar of Advanced Studies und Dozent für Neues Testament, London Bible College *(Texte und Übersetzungen, Die Briefe: Einführung)*
Dr. Colin J. Hemer, Tyndale House Library for Biblical Research, Cambridge *(Der zeitgeschichtliche Hintergrund des Neuen Testaments)*
F. Nigel Hepper, Principal Scientific Officer, The Herbarium, Royal Botanic Gardens, Kew *(Pflanzen der Bibel)*
Dr. J. M. Houston, Rektor, Regent College, Vancouver, Canada *(Die Bibel und ihre Umgebung)*
Kenneth G. Howkins, Senior Lecturer in Religious Studies, Balls Park College of Education, Hertford *(Antworten auf Einwände)*
The Rev. F. Derek Kidner, Rektor, Tyndale House and Library for Biblical Research, Cambridge *(Poesie und Weisheitsliteratur: Einführung)*
Kenneth A. Kitchen, Dozent für Ägyptisch und Koptisch, School of Archeology and Oriental Studies, Liverpool University *(Ägypten)*
John P. U. Lilley, Ausbildungsleiter für Datenverarbeitung *(Zeitrechnung und Kalender)*
Dr. I. Howard Marshall, Senior Lecturer in New Testament Exegesis, University of Aberdeen *(Die Bibel und die christliche Lehre, Die Evangelien und Jesus Christus, Die Wunder im N. T.)*
Alan R. Millard, Rancin Lecturer in Hebrew and Ancient Semitic Languages, University of Liverpool *(Methoden und Funde der Archäologie, Andere Schöpfungsberichte, Flutgeschichten, Das Alte Testament und der Alte Orient, Die Städte der Eroberung, Die Tempel, Die assyrische Bedrohung, Das Babylonische Exil)*
Terence C. Mitchell, Abteilungsleiter, Department of Western Asiatic Antiquities, British Museum *(Nationen und Völker der biblischen Länder)*
Dr. Leon Morris, Rektor, Ridley College, University of Melbourne, Australien *(Evangelien und historische Kritik)*
The Rev. J. Alec Motyer, Rektor, Trinity College, Bristol *(Die Namen Gottes, Die Stiftshütte, Die Bedeutung des Blutopfers, Die Propheten: Einführung)*
Dr. Harold Rowdon, Dozent für Kirchengeschichte, London Bible College *(Pilatus, Römische Soldaten im Neuen Testament)*
The Rev. John A. Simpson, Pfarrer in Ridge, Hertfordshire *(Die Jungfrauengeburt)*
The Rev. John B. Taylor, Pfarrer, ehem. stellvertr. Rektor, Oak Hill Theological College, London *(Die »fünf Bücher«: Einführung, Die historischen Bücher: Einführung)*
Dr. Gordon Wenham, Dozent für Semitic Studies, Queen's University, Belfast *(Bundesschlüsse und nahöstliche Verträge)*
The Rev. John Wenham, Rektor, Latimer House, Oxford *(Die großen Zahlen des Alten Testaments)*
The Rev. David Wheaton, Rektor, Oak Hill Theological College, London *(DieAuferstehungsberichte)*

1

ZUM VERSTÄNDNIS DER BIBEL

DIE BIBEL FÜR UNSERE ZEIT

DIE WELT DER BIBEL

Die Bibel und ihre Umgebung

James Houston

Der Mensch hat seine natürliche Umgebung weitgehend selbst geschaffen. So sagte schon Cicero: »Wir genießen die Früchte der Ebenen; die Flüsse und Seen sind unser. Wir säen Korn; wir pflanzen Bäume; wir befeuchten den Boden durch Bewässerung; wir begrenzen die Flüsse und engen ihren Lauf ein. Durch das Werk unserer Hände versuchen wir etwas wie eine zweite Welt zu schaffen innerhalb der natürlichen Welt.«

Wenige Gebiete der Erde haben den menschlichen Einfluß mehr zu spüren bekommen als die Länder der Bibel. Auf dieser zentralen Landbrücke, die die Kontinente Afrika, Asien und Europa verbindet, lernte der frühzeitliche Mensch ungefähr zwischen dem 12. und 8. Jahrtausend v. Chr. die Grundlagen der Landwirtschaft und die Zähmung der nützlichsten Haustiere. Hier wurden auch die ersten Bewässerungssysteme entwickelt und die ersten Städte gegründet. Aber hier hat der Mensch auch die Vegatationshülle zerstört, Bodenerosion verursacht und dadurch negative Klimaveränderungen bewirkt.

DIE WELT UND DAS WELTBILD DES MENSCHEN

Die großen heidnischen Kulturen Ägyptens und Mesopotamiens waren das Spiegelbild ihrer natürlichen Umwelt. Ihre Religion, wie die ihrer Nachbarn, der Hethiter und Kanaaniter, war ganz auf die Natur ausgerichtet. Sie hatten keinen deutlichen Begriff von einem einzigen, allmächtigen Schöpfergott. Sie schrieben die Launen des Klimas, die Erträge im Ackerbau und die geographische Gestalt ihrer Umgebung dem Wirken einer ganzen Schar von Göttern zu. Die verschiedenartige Lebensweise in Ägypten und Mesopotamien war in höchstem Maße durch die unterschiedliche Geographie bedingt.

Regen und Religion

Euphrat und Tigris entspringen in den Bergen Armeniens und fließen ungefähr 2 500 Kilometer weit zum Persischen Golf. Der Euphrat ist der längere, ruhigere Fluß. Der steile Lauf des Tigris verursacht schnelle Strömungen. Im Mai und Juni, wenn die Schneeschmelze mit dem starken Frühjahrsregen zusammenfällt, besteht im unteren Mesopotamien Überflutungsgefahr. Das Hochwasser ist zeitlich und in seiner Stärke unberechenbar. Infolgedessen konnten die Herrscher Mesopotamiens nie die Gabe des prophetischen Vorauswissens für sich beanspruchen; sie wurden deshalb von ihren Völkern nie als Götter verehrt.

Im Gegensatz dazu verfügt Ägypten über nur einen Fluß, den Nil. Sein Lauf wird durch die großen Becken der ostafrikanischen Seen geregelt, und die Monsunregen im ägyptischen Hochland sorgen für eine regelmäßige, voraussehbare Strömung im Blauen Nil. Es gab drei bestimmte Jahreszeiten im Kalender des unteren Nils: Die ›Überflutung‹ von Mitte Juli bis November; die ›Wachstumszeit‹, wenn das Land sich vom Wasser abhob und die Saat wuchs, von Mitte November bis Mitte März, und schließlich die ›Trockenzeit‹.

Diesen regelmäßigen Rhythmus des Nils schrieb das Volk der Macht der Pharaonen zu, die deshalb als Götter verehrt wurden. Seit Beginn der ersten Dynastie der ägyptischen Könige wurden jährlich Aufzeichnungen über die Wasserhöhe des Nils geführt und Schätzungen über die Flut und den voraussichtlichen Ernteertrag gemacht. Die Geschichte Josephs deutet darauf hin, daß er mit der ägyptischen Flußwissenschaft vertraut war, seine Erfolge aber dem einen Gott zuschrieb.

Tafel aus Ninive (7. Jhd. v. Chr.). Sie enthält Weissagungen aufgrund der Fluten, Farbe und Ablagerungen von Flüssen.

Natur und Glaube

Es gab weitere tiefgreifende Unterschiede zwischen den beiden großen Fluß-Zivilisationen. Mesopomatien war der Invasion der Bergvölker und der Wüstennomaden ausgesetzt, Ägypten war in seiner Abgeschlossenheit sicherer. In der Tiefebene Mesopotamiens verursachten zudem Klimaschwankungen und gelegentliche Erdrutsche unvoraussehbare Überschwemmungen. Nach dem Zerfall der Sumerischen Kultur machte die zunehmende Versalzung den Boden unfruchtbar. Dies hatte eine allgemeine Auswanderung in nördlicher gelegene Gebiete zur Folge. Es wundert deshalb nicht, daß die Menschen glaubten, das Schicksal Mesopotamiens werde Jahr für Jahr durch die Götter bestimmt, wobei kein einzelner Gott über die absolute Macht verfügte.

Im Gegensatz dazu betrachtete Ägypten seine Welt als Produkt eines einzigen schöpferischen Vorgangs, war doch allein der Nil für seine Wirtschaft maßgebend. Die Herrschaft des Königs war theoretisch absolut, denn er war der einzige anerkannte Vermittler zwischen den Göttern und dem Volk. Darüber hinaus wurde die Geschichte Ägyptens jedoch an zwei Maßstäben gemessen: 1. am Goldenen Zeitalter, als Re, der Sonnengott, über die Erde herrschte; 2. an der *maat*, d. h. der Norm, die in Natur und Gesellschaft, im Diesseits und im Jenseits gilt. Sie bedeutete das Ideal einer beständigen und gerechten Weltordnung, nach der sich die Götter, der König und das Volk zu richten hatten. Fortschritt bedeutete für die Ägypter folglich immer eine Rückkehr zu den alten Regeln. So wurden die Gesetze theoretisch als Willensäußerung des Pharao verkündet; sie stellten in der Praxis allerdings nur eine königliche Ergänzung dessen dar, was an alten Bräuchen und Normen seit jeher im Herzen des Volkes lebte.

DER GOTT DER NATUR

Während sich diese Weltanschauungen entwickelten, herrschte in Westasien und im östlichen Mittelmeer eine allgemeine Unruhe. Um die Mitte des 2. Jahrtausends brachen die

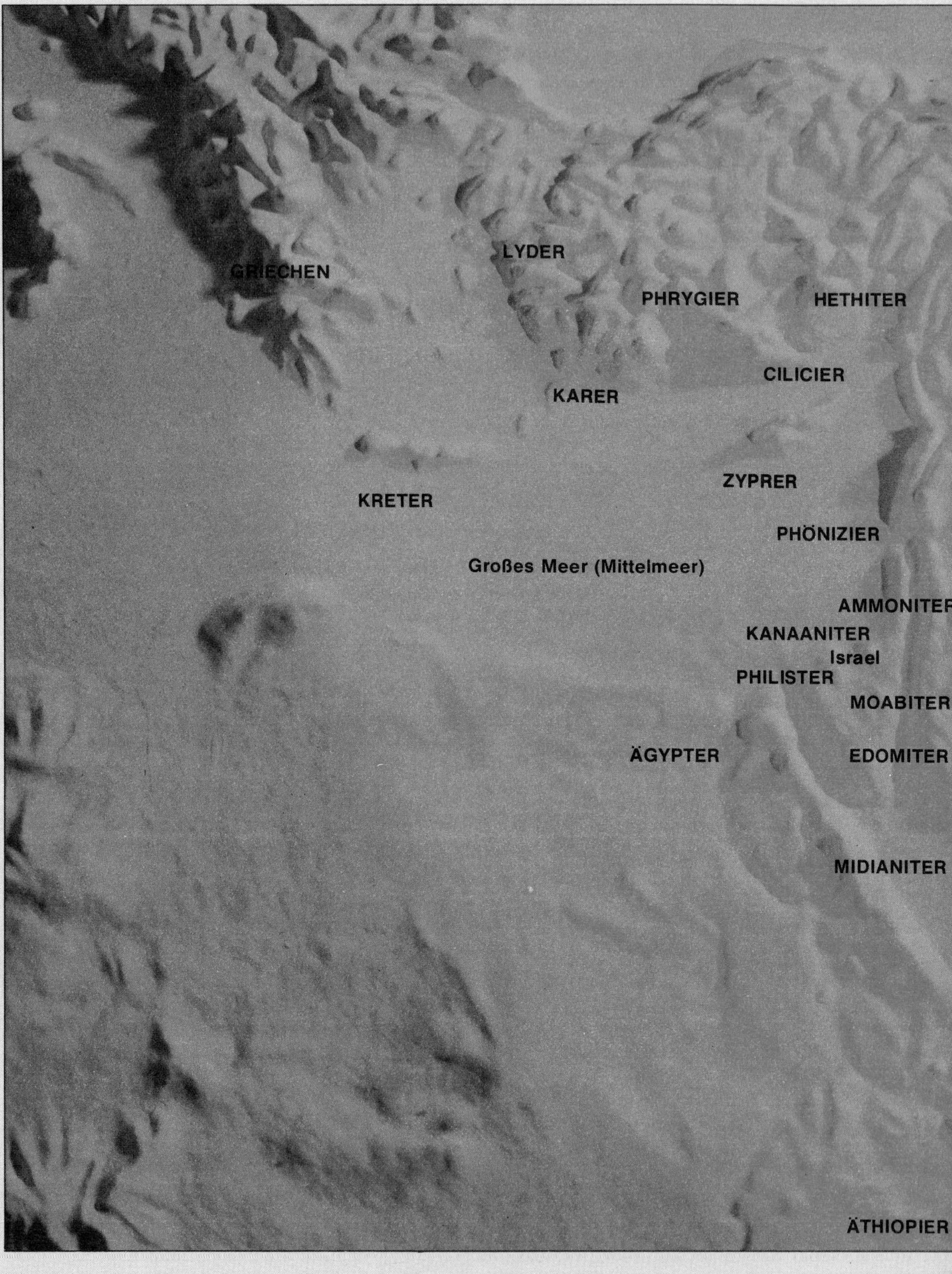
LYDER
GRIECHEN
PHRYGIER
HETHITER
CILICIER
KARER
ZYPRER
KRETER
PHÖNIZIER
Großes Meer (Mittelmeer)
AMMONITER
KANAANITER
Israel
PHILISTER
MOABITER
ÄGYPTER
EDOMITER
MIDIANITER
ÄTHIOPIER

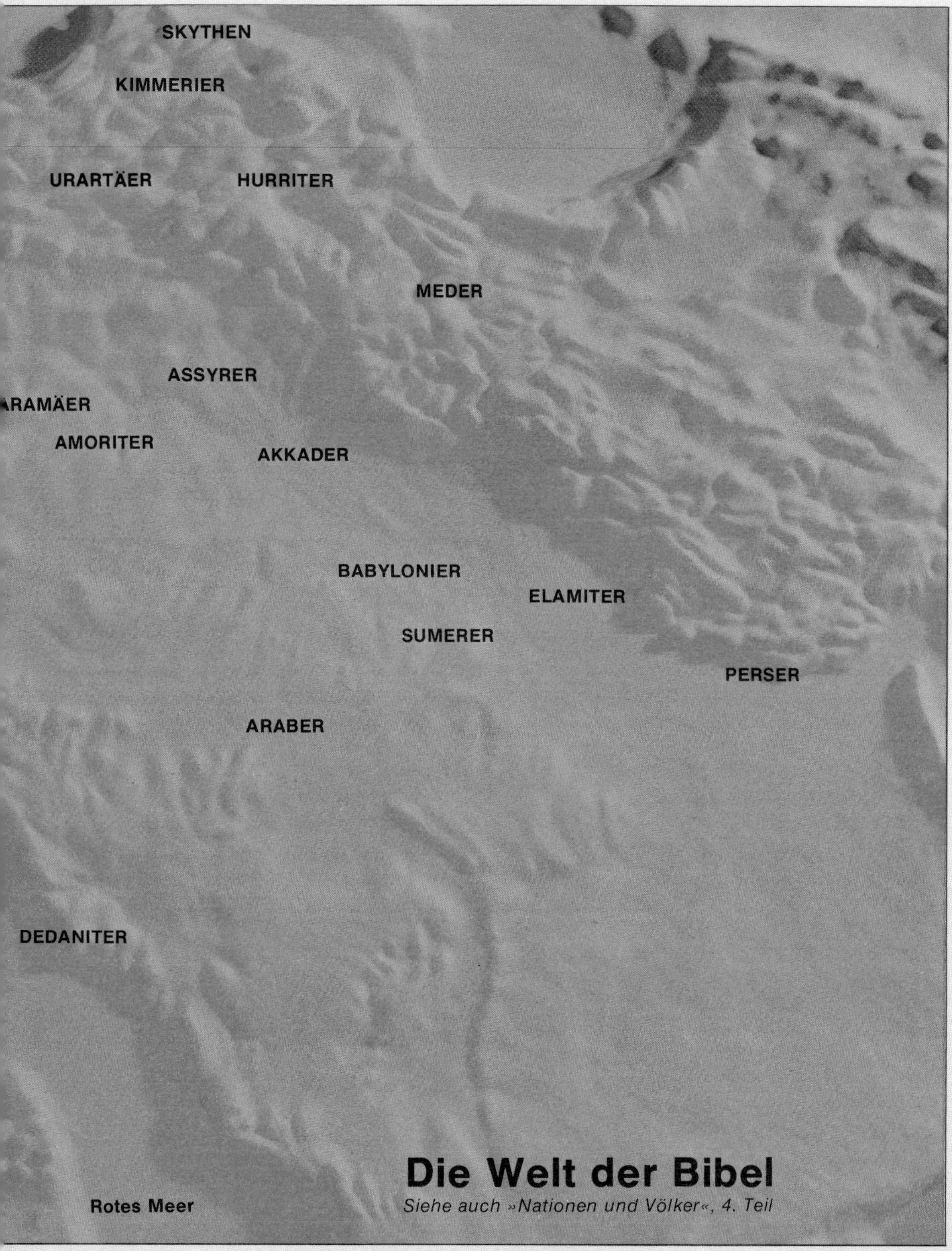

Die Welt der Bibel

Siehe auch »Nationen und Völker«, 4. Teil

Harappa-Kultur im Industal und die Kultur der Minoër in der Ägäis zusammen. Eine klimatische Trockenperiode war die Ursache der Völkerwanderungen in Südwestasien, und daraus entstand ein Druck auf die westlichen semitischen Stämme. Unter diesen nomadischen Gruppen der Chabiru oder Apiru befand sich Abraham, »ein wandernder Aramäer«. Die spätere Auswanderung und der Aufstieg Josephs und seiner Familie in Ägypten ist im Zeitraum nach der 12. Dynastie um etwa 1786 v. Chr. anzusetzen. Zu dieser Zeit herrschten die stammverwandten asiatischen Hyksos über Palästina und Ägypten.

Von Nomaden zu Landbebauern

Ins 13. Jahrhundert v. Chr. fällt das Auftreten der Israeliten in Palästina und ihr Übergang von einer halbnomadischen zu einer seßhaften Lebensweise. Gleichzeitig setzten sich die ›Seevölker‹ an Palästinas Küsten fest. Sie beherrschten bereits die Kunst der Eisenverarbeitung, und am bekanntesten sind wohl die Philister. Ebenso bedeutungsvoll sind jedoch die beiden hinter den politischen Ereignissen vollzogenen Entwicklungen: die Entfremdung Abrahams von der Weltanschauung Mesopotamiens und die Loslösung des Mose vom Brauchtum Ägyptens.

Da die Israeliten Gott als den Schöpfer der Welt erkannt hatten, gewannen sie eine ganz andere Einstellung zur Natur und zur Bewirtschaftung des Landes. »Denn das Land, in das du kommst, es einzunehmen, ist nicht wie Ägyptenland, von dem ihr ausgezogen seid, wo du deinen Samen säen und selbst tränken mußtest wie einen Garten, sondern es hat Berge und Auen, die der Regen vom Himmel tränkt, – ein Land, auf das der Herr, dein Gott, acht hat und die Augen des Herrn, deines Gottes, immerdar sehen vom Anfang des Jahres bis zum Ende« (5. Mose 11, 10–12).

Gott in der Natur und über der Natur

Für den Hebräer wirkte in der Natur der lebendige Gott selbst. Er sprach im Gewitter und segnete durch den Regen; er verfluchte durch die Dürre und atmete im Wind; im Erdbeben übte er Gericht und tat im Himmel seine Herrlichkeit kund. Doch wenn der Hebräer Gott auch in den Abläufen und den Geheimnissen der Natur am Werke sah, war Gott doch nicht in die Natur eingeschlossen, sondern er stand über und jenseits der Natur. Israels Verständnis Gottes und der Natur war nicht philosophisch, sondern gründete sich auf Glauben und Erfahrung.

Das Halb-Steppenklima Palästinas mit seinem veränderlichen Regenfall stellte Israels Glauben oft auf die Probe. Baal, der Gott der Fruchtbarkeit und des Regens, beherrschte den kanaanitischen Kult. In diesem Zusammenhang war Elias Sieg über die Baalspriester auf dem Karmel ein Sieg des Gottes Israels (vergleiche auch Jer. 14, 22). Die Erfindung eines undurchlässigen Mörtels ermöglichte die Speicherung des Wassers in gegrabenen Zisternen. Dies erklärt die rasche Ausdehnung der israelitischen Siedlungen im Bergland von Judäa und Samarien sowie die Urbarmachung von Lichtungen in vorher unbewohnten Waldgebieten. Damit wuchs gleichzeitig die Versuchung, sich nur auf die eigene Klugheit und Vorsorge zu verlassen. Die rissigen Brunnen, von denen Jeremia spricht, waren ohne Zweifel die Folgen von örtlichen Erdstößen, die den Kalkstein zerbrachen, so daß das für den dürren Sommer aufgespeicherte Wasser versickerte. »Mein Volk tut eine zwiefache Sünde, mich, den Quell lebendigen Wassers, verlassen sie und graben sich Zisternen, rissige Zisternen, die das Wasser nicht halten« (Jer. 2, 13).

ERHALTUNG DES LANDES UND SEINER ERTRÄGE

Wenn Gott für sein Land sorgte, sollte sein Volk als guter Haushalter seiner Gaben die Umwelt verantwortlich pflegen und bewahren. Das Mittelmeerklima, Flora und Bodenbeschaffenheit sind ausgeglichen. Ein Krieg gefährdet dieses natürliche Gleichgewicht. Deshalb sagt Gott den Israeliten bei der Eroberung des Landes: »Aber ich will sie nicht in einem Jahr ausstoßen von dir, auf daß nicht das Land wüst werde und sich die wilden Tiere wider dich

mehren. Einzeln nacheinander will ich sie vor dir her ausstoßen, bis du zahlreich bist und das Land besitzest« (2. Mose, 23, 29–30).

Entwaldung und Beseitigung der Pflanzendecke führt zu Bodenerosion (vgl. Hiob 14, 18–19). In den letzten Jahrhunderten vor Chr. gab es sogar jüdische Gesetze gegen die Aufzucht von Schafen und Ziegen, um die Gefahr des Abgrasens und der Bodenerosion zu bannen. Rabbi Akiba erklärte: »Wer Kleinvieh aufzieht und gute Bäume fällt . . . wird kein Zeichen des Segens erfahren.« In Sprüche 28, 3 wird der Unterdrücker des Armen verglichen mit »einem Regen, der wegschwemmt und kein Brot bringt«, und die Zerstörung der Bergterrassen, welche die Erosion aufhalten, wird von Hesekiel als ein schreckliches Unheil beschrieben (Hes. 38, 20b).

Die Notwendigkeit, den Boden sorgsam zu nutzen, führte zu einer demokratischen Gemeinschaft der Kleinbauern. Das Jubeljahr diente zur Verhinderung von Klassengegensätzen. Die Propheten wandten sich gegen die Entwicklung zum Großgrundbesitz, obwohl es schon zu Davids Zeiten Krondomänen und Fronarbeit gab. Die Eroberungen durch fremde Mächte wie die Assyrer und Babylonier wirkten sich unheilvoll auf das empfindliche natürliche Gleichgewicht Israels aus.

DIE GEOGRAPHIE DER BIBLISCHEN LÄNDER

Die biblischen Hinweise auf die Geographie des Landes sind genau und zuverlässig, obwohl sie mehr zufällig und für die Erzählung nebensächlich sind. Die Aussagen über die Verbreitung der Pflanzen, die Hinweise auf das Klima und andere Angaben zeigen, daß in biblischer Zeit das Klima stabil war und daß sich die natürlichen Zonen bis heute nicht verschoben haben. Unterschiede zur Gegenwart sind auf menschliche Eingriffe zurückzuführen. So ha-

Der kanaanitische Gott Baal wurde als Gott des Wetters, des Krieges und der Fruchtbarkeit angerufen. Elia forderte ihn am Karmel in diesen Funktionen heraus, aber der eine wahre Gott, nicht Baal, erwies sich als der Herr der Elemente.

ben sich etwa die Größe der Waldflächen, die Lage der Siedlungen usw. verändert.

Die wichtigsten geographischen Zonen

Die geographische Einteilung Palästinas ist aus der Karte (S. 19) ersichtlich. Wir beschränken uns auf jene geographischen Merkmale, die den Gang der politischen Ereignisse in der alttestamentlichen Zeit beeinflußten. Die auffallendsten Unterschiede sind die Wüste und das fruchtbare Land, die Berge und die Küstenebene. Südlich von Aleppo in Syrien nimmt der Regen ab, und so geht die Steppe in Wüste über, in eine Reihe von welligen Hochebenen zwischen 100 und 350 Metern Höhe. Der südliche Teil von Palästina ist ebenfalls Wüste: das Negev-Dreieck. Den Westen bildet eine leicht gewölbte Ebene; den Osten eine hügelige, ausgewaschene Stein- und Sandwüste. Negev und Sinai im Süden waren die Schauplätze von Israels Wanderungen vor der Ansiedlung im ›Land der Verheißung‹.

Nördlich des Negev beginnend, über Judäa und Samaria bis hin zum oberen Galiläa durchziehen verschiedene niedrige Bergketten gewissermaßen als »Wirbelsäule« das Land. Ober-Galiläa besteht aus jüngerer Basaltlava, die die Kalkdecke durchbricht. Im Norden die Berge des Libanon mit ihren über 1 000 Meter hohen Gipfeln. Dieses hügelige »Rückgrat« war der Kern des Territoriums Israels. Östlich dieser Ketten befindet sich jener große Graben, der durch einen geologischen Einbruch entstanden ist und den See Genezareth durch das Jordantal mit dem Toten Meer verbindet.

Die Küste nördlich von Gaza besteht aus einem breiten Gürtel von Treibsanddünen, der nach Norden hin immer schmaler wird. Von Jaffa / Tel Aviv an nimmt die Feuchtigkeit zu, so daß eine Vegetationsdecke die weitere Aus-

DIE WICHTIGSTEN GEOGRAPHISCHEN ZONEN

◀ Wüste Negev, in der Nähe von Avdat.
Die Hügel von Judäa; im Vordergrund Wein.

Die Hügel von Samarien: felsige Hügel, bebaute Hänge.

»

breitung der Dünen hemmt. Dieser Landstrich bis zum Jarkon-Fluß war das Territorium der Philister. Die Ebene von Saron war sumpfig oder stark bewaldet und bildete eine Pufferzone zwischen dem Philisterland und Phönizien. In diesem spärlich besiedelten Gebiet ließ sich der Stamm Ephraim nieder. Nördlich des Karmelgebirges ist die Küste felsiger und buchtig. Hier, in den natürlichen Häfen von Tyrus und Sidon, errichteten die Phönizier ihre wichtigsten Machtzentren.

Der Einfluß der Geographie auf die Geschichte

Der landschaftliche Kontrast von urbarem Land und der Wildnis spielt in der Bibel eine wichtige Rolle. Der Gegensatz zwischen dem Bergrücken und der Küstenebene war ebenfalls wichtig. Die Berge hatten den geringen Vorteil des ausgiebigen Regens, der besseren Entwässerung; sie eigneten sich besser zur Anpflanzung von fruchttragenden Bäumen. Aus Ägypten und anderen Ländern bestand starke Nachfrage nach Öl, Wein, Trauben und getrockneten Feigen, die dieser Landstrich hervorbrachte. In dem schwierigen Gelände war jedes Dorf eine Befestigungsanlage; Steine zur Errichtung fester Schutzmauern gab es mehr als genug. In der Küstenebene hingegen waren die Siedlungen schwer zu verteidigen, und die von den Ägyptern gebaute internationale Heerstraße der Via Maris blieb lange Zeit unter ägyptischer Kontrolle.

Die Philister ließen sich mit Einwilligung Ägyptens im südlichen Teil der Küstenebene nieder und schützten die Heerstraße. Das Gebiet der Phönizier begann dort, wo die Straße die Küste verließ, die Gebirgskette des Karmel überquerte und in die Jesreelebene hinunterführte. Die Phönizier scheinen die philistäisch-ägyptische Einflußsphäre respektiert zu

Die Küstenebene

Galiläa: urbare Täler zwischen trockenen Bergen, daneben der See von Galiläa, Kinnereth

DIE WICHTIGSTEN REGIONEN ISRAELS

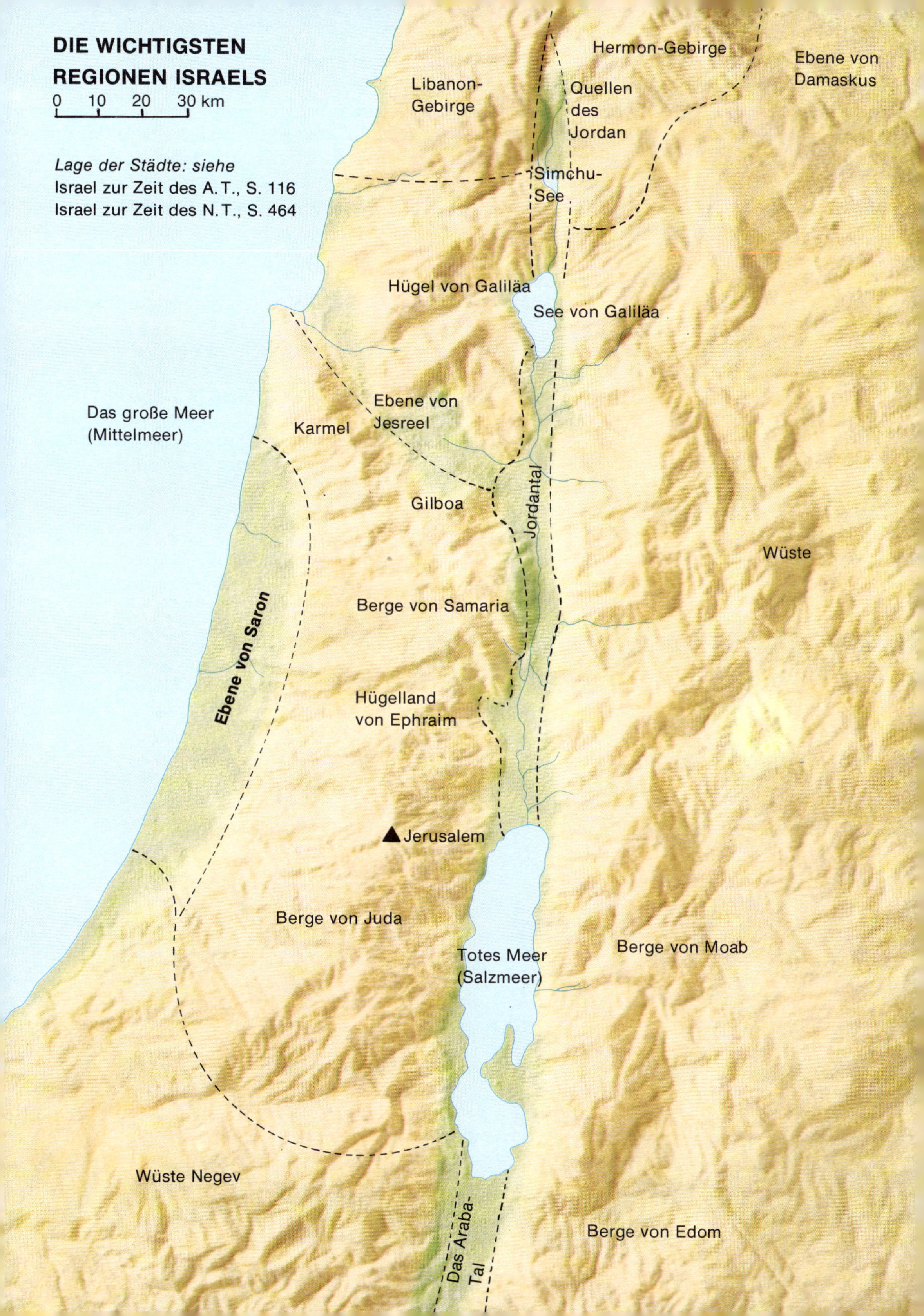

haben, denn sie breiteten sich nicht weiter nach Süden aus. Als die Macht Ägyptens verblaßte, entrissen David und seine Generäle den Philistern die eroberten Gebiete in der Vorgebirgszone und drängten sie in die südliche Küstenebene zurück. Philistäa gewann seine frühere Machtstellung nie wieder zurück. Auf die Einflußsphäre der Phönizier nahm Israel jedoch Rücksicht, da deren Handel lebenswichtig war. Unter Salomo war Israel nicht in der Lage, es mit der Mittelmeermacht der phönizischen Händler aufzunehmen. Es zog allerdings großen Nutzen aus dem direkten Handel zum Roten Meer und Indischen Ozean. Dieser Durchbruch Israels und der phönizischen Händler zum Indischen Ozean bedrohte eine Monopolstellung, über die Ägypten bisher eifrig gewacht hatte. So ersann man in Ägypten immer neue Intrigen gegen Salomo und stachelte Edom zum Aufstand auf, um die Handelsstraße zu gefährden. Ägypten unterstützte später den Aufstand Jerobeams, durch den das vereinigte Königreich auseinanderbrach und der bedrohliche judäische Handel im Roten Meer stark eingeschränkt wurde.

Griechenland, Rom und das Neue Testament

Durch die Eroberungen Alexanders des Großen um 330 v. Chr. wurde das tausendjährige Reich der Phönizier unbarmherzig zerbrochen. Allen binnenländischen Völkern sicherte Alexander ihre Stellung und Rechte zu. Griechische Siedler, griechische Sprache und Kultur fanden

Die meisten Brunnen waren sehr einfach gebaut: man ließ einen Eimer an einem Seil in den Schacht hinunter. Daneben gab es jedoch auch kompliziertere Konstruktionen, wie z. B. diesen Brunnen in Askalon, Israel.

Einzug an der Küste Palästinas und hielten sich dort für 1 000 Jahre. Mit dem Fall Karthagos im Westen versetzte das Römische Reich 146 v. Chr. der Kultur Phöniziens den endgültigen Todesstoß. Daran schloß sich die römische Besetzung Palästinas an.

Im Neuen Testament spüren wir einen Unterschied zwischen der Atmosphäre im Innern Judäas mit seinem ländlichen Dorfleben (in den Evangelien dargestellt) und der des römischen Stadtlebens an der Küste und jenseits des Mittelmeers, wie sie in den Briefen durchscheint. Nach dem Fall Jerusalems im Jahre 70 n. Chr. wurde auch das Hügelland ganz besetzt, das römische Straßennetz wurde ausgebaut, Heerlager entstanden, und auf diese Weise wurde auch das Innere des Landes hellenisiert.

In den trockenen Gebieten des Nahen Ostens versickert der wenige Regen ungenutzt, wenn man ihn nicht auffängt und sammelt.

BIBEL
3000 v. Chr.
Altes Reich
Altägyptisch
2000 v. Chr.
Abraham
Minoisch (Kretisch)
Mittleres Reich
Hyksos
Neues Reich
Exodus
1000 v. Chr.
David
Griechisch
Exil und Rückkehr
Römisch
0
Jesus
Byzantinisch
1000 n. Chr.
Europäisch
Nord-amerikanisch
Osmanisch
heute

Weltzivilisationen und die Bibel

Einige der bekanntesten Weltzivilisationen im zeitlichen Verhältnis zur bibl. Zeit

Der Ursprung der Religion

Robert Brow

Den Ursprung der Religion stellen viele sich (in Ermangelung wirklicher Informationen) etwa folgendermaßen vor: Die ersten aufrecht gehenden Lebewesen waren ihrem Wesen nach wohl Tiere, die von Religion nichts wissen konnten. Die Menschen vor 2 000 Jahren, zur Zeit Jesu Christi, hatten jedoch eine sehr hochstehende Form der Religion erreicht. Also muß sich die Religion von primitiven Anfängen stufenweise immer höher entwickelt haben.

Die primitive Form der Religion ist angeblich in den Steinzeitstämmen erhalten geblieben, die bis heute unberührt von der modernen Kultur leben. Man fürchtet sich vor den Geistern und verläßt sich auf die Zauberei der Medizinmänner; man glaubt, daß die Seelen der Verstorbenen eine Zeitlang herumirren, um dann in neuen Erscheinungsformen zurückzukommen (Animismus). Aus den Medizinmännern – so geht die Theorie weiter – wurden Priester mit ihren Opfern, Tempeln und rituellen Vorschriften. Der nächste Entwicklungsschritt war die Erkenntnis, daß die Hauptsache der Religion die Nächstenliebe sei. Jesus Christus war der erste, der diese deutlich lehrte, und dadurch wurde er der Gründer der höheren, christlichen Form der Religion.

DER ANFANG DER MENSCHHEIT

Sollten diese Vermutungen über die Entstehung der Religion zutreffen, sind die ersten Kapitel der Bibel und große Teile des Alten Testaments historisch unglaubwürdig. Dann kann man allenfalls die Lehren Christi akzeptieren, nicht aber die Genesis. Folglich versuchen viele Theologen, die alttestamentlichen Aussagen so zu interpretieren, daß sie ihren Theorien von der Entwicklung der Religion entsprechen (vgl. aber: J. N. D. Anderson, *Jesus, Krishna, Mohammed,* Wuppertal (Oncken) 1972; E. K. V. Pearce, *Wer war Adam?,* Wuppertal (R. Brockhaus) 1974.

Was sagt die Genesis wirklich aus?

Wir müssen den biblischen Bericht über die ersten Menschen genau lesen, um Mißverständnisse zu vermeiden. Zunächst einmal berichtet die Genesis, daß das Menschengeschlecht mit einem einzelnen Mann und einer Frau begann. Und in der Tat muß es doch einen ersten wahrhaft menschlichen Mann und eine erste wahrhaft menschliche Frau gegeben haben, aus denen das Menschengeschlecht hervorgegangen ist – ob die Evolutionstheorie nun stimmt oder nicht.

Die Bibel schweigt darüber, wie dieses erste menschliche Paar aussah. Wir erfahren nicht, ob sie schwarz- oder weißhäutig waren, gebeugten oder aufrechten Ganges, groß- oder kleinwüchsig, mit Stumpf- oder Adlernasen. Drei grundlegende Kennzeichen werden jedoch genannt:

Das erste menschliche Paar war aus »Staub der Erde« gebildet (1. Mose 2, 7). Der menschliche Körper besteht weitgehend aus Kohlenstoff, Kalzium, Phosphor, Eisen, Wasser usw. Die ersten Menschen sind vom zoologischen Standpunkt insofern Teil der Tierwelt, als sie den »Lebensodem« hatten, nämlich einen Atemapparat wie die Tiere der Erde, die Vögel und die Reptilien (vgl. 1. Mose 2, 7 mit 1, 30). Unterschieden war das erste Menschenpaar jedoch von der gesamten übrigen Schöpfung, weil es nach dem Bilde Gottes geschaffen war (1. Mose 1, 26–27). Man sollte nie vergessen, daß der Mensch in der Bibel nicht dadurch gekennzeichnet wird, daß er aufrecht geht oder ein Gehirn von einer gewissen Größe besitzt, der Sprache mächtig und besonders intelligent ist. Das einzige Merkmal, das den Menschen zum Menschen macht, besteht darin, daß er nach dem Bilde Gottes geschaffen ist.

Natürlich bezieht sich diese Gottesebenbildlichkeit nicht auf seine Gestalt. Auch ist der Mensch weder allmächtig noch allgegenwärtig. Daß der Mensch nach dem Bilde Gottes geschaffen ist, zeigt sich aber z. B. in seiner Fähigkeit und seiner Freiheit, auf die Stimme Gottes zu hören (1. Mose 2, 16–17; 3, 9–13).

DIE ANFÄNGE DER RELIGION

Wenn wir dem Ursprung der Religion nachforschen, finden wir am Anfang menschliche Wesen, die auf Gottes Stimme antworten konnten. Vermutlich liebten sie ihn (und einander) aus ganzem Herzen. Lesen wir jedoch weiter bis zum 3. und 4. Kapitel des ersten Buches Mose, stellen wir fest, daß die ursprüngliche Liebe zu Gott und zum Mitmenschen durch die Sünde zerstört ist.

In jenem ersten Zustand brauchten die Menschen weder Tempel noch Priester noch Opfer. Erst durch den Einbruch der Sünde ergab sich die Notwendigkeit des Opferdienstes. In 1. Mose 4 begegnen wir Kain, der Feldfrüchte opfert, und Abel, der Tieropfer darbringt. Abels Tieropfer fand Gnade bei Gott, Kains Opfer hingegen wurde verworfen. Schon hier wurde der einzige Weg gezeigt, auf dem sich der sündige Mensch dem heiligen Gott nähern kann: der Weg des Blutvergießens, des Todes. Denn die Sünde trennt unwiderruflich von Gott, und dies bedeutet Tod.

Zuerst war es Aufgabe des Oberhauptes der Familie oder des Stammes, das Opfer darzubringen. Nach dem Auszug Israels aus Ägypten bestimmte Mose ein auserwähltes, von Aaron abstammendes Geschlecht, das das Morgen- und Abendopfer, die wöchentlichen und monatlichen Opfer und die Opfer an besonderen Festtagen überwachen sollte. Zur Zeit Salomos wurde ein Tempel erbaut, und hier wurde der Opferdienst bei den Juden bis 70 n. Chr., also vierzig Jahre nach Christi Tod, fortgesetzt.

Manche behaupten, solche Tieropfer seien primitiv und barbarisch. Sie scheinen dabei zu

Stets hat sich der Mensch nach dem Unbekannten ausgestreckt. Diese stummen Zeugen menschlicher Suche hat man bei Hazor im nördlichen Israel gefunden. Das kanaanitische Heiligtum beherbergte auch einen sitzenden Baal.

vergessen, daß in unseren Städten täglich Tausende von Tieren geschlachtet und verzehrt werden. Im Alten Testament hatte das Schlachten eines Tieres stets eine religiöse Bedeutung, die allerdings erst durch den Tod Jesu Christi am Kreuz völlig enthüllt wurde (siehe Joh. 1, 29; Hebr. 9, 11–14).

DIE ENTWICKLUNG DER RELIGION

Nach Aussage der Bibel war die erste Religion des Menschen monotheistisch, d. h. man glaubte an einen einzigen Gott; und das Tieropfer wies darauf hin, daß es eine Möglichkeit gab, Vergebung zu erlangen und von Gott angenommen zu werden. Das Alte Testament bringt viele Beispiele dafür, wie die Menschen vom Monotheismus zum Polytheismus (Vielgötterei) verführt wurden. Laban war ein typischer Polytheist, und wir wissen heute, daß zu jener Zeit der Polytheismus auch schon die Hauptreligion Indiens war. Die *Ilias* und *Odyssee* zeigen den weitgefächerten Polytheismus der Griechen zur Zeit Homers.

Ein Opferlamm in Mekka.

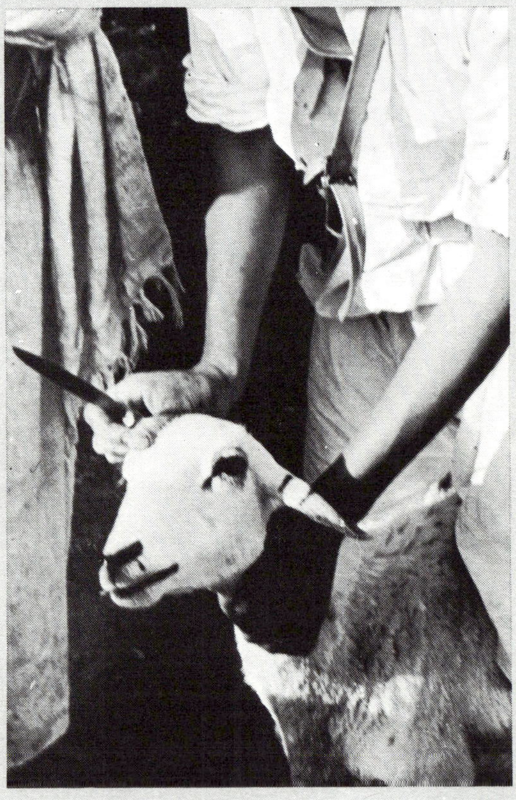

Hexerei und Animismus haben sich aus der Furcht des Menschen vor dem Übernatürlichen und den Naturmächten entwickelt. Durch Zaubersprüche und magische Handlungen versöhnt der Hexendoktor böse Geister und treibt Krankheiten aus.

Priesterherrschaft und Zauberei

Gleichzeitig bestand schon immer die Versuchung, den Opferdienst, den Gott in seiner Gnade eingesetzt hatte, in ein Ritual umzuwandeln, das magische Kraft besitzt. So behaupteten die Priester Ägyptens und Griechenlands, ihre Opfer seien den Göttern automatisch wohlgefällig und brächten den Gläubigen Segen. Dieser falschen Auffassung (nicht dem Opferdienst selbst) traten die Propheten Israels entgegen. Von der Priesterherrschaft ist nur ein Schritt zur Zauberei und zur Religion des Medizinmannes. So ergibt sich eine ständig fortschreitende Entartung der Religion zu niedrigeren Formen des Polytheismus, der Priesterherrschaft und der Zauberei.

Auf dem Hintergrund dieser Entartung müssen wir Abrahams Berufung aus Ur zum Glauben an den lebendigen Gott sehen. Später mußte Mose die Israeliten, die vom ägypti-

Ein Gläubiger berührt den Arm des Priesters, um sich mit seinem Opfer zu identifizieren.

schen Denken beeinflußt waren, lehren, dem einzigen, wahren Gott zu dienen und in einer Weise zu opfern, die von magischen Elementen frei war.

Festhalten an der wahren Religion

Die Bibel beschreibt also den historischen Prozeß der Entartung der Religion und die Aussendung der Propheten, die die wahre Religion wiederherstellen und erneuern sollten.

Nach Jesu Tod stiftete Gott das Brot und den Wein im Abendmahl, um an das Opfer seines Sohnes zu erinnern. Bei den Juden und vielen anderen Völkern wurden die Tieropfer abgeschafft. Doch die Gefahr der Entartung blieb. In der christlichen Kirche wie in anderen Religionen, etwa im Hinduismus, trifft man immer noch die Meinung an, durch das Ritual könne man Gott zwingen, dem Menschen in diesem oder im zukünftigen Leben besondere Gunst zu gewähren.

BIBEL UND ANTHROPOLOGIE

- Weil die Verehrung eines einzigen Gottes mit den entsprechenden Tieropfern keine eindeutigen archäologischen Spuren hinterläßt, sollten wir den Versuchen mißtrauen, die ursprüngliche Religion aufgrund weniger Schädelfunde und Höhlenzeichnungen zu rekonstruieren.
- Lange vor Abraham bauten die alten Ägypter, die Sumerer und die Völker des Indus-Tales Tempel und beteten Götzen an. Der Prozeß der Entartung hatte bereits begonnen, und es war Abrahams Aufgabe, die wahre Religion wiederherzustellen und nicht bloß weiterzuentwickeln.
- Im 6. Jahrhundert v. Chr. lehrte sowohl Buddha als auch Mahavira, der Gründer des Jainismus, daß der Mensch sein Heil aus eigener Kraft erwerben könne. Beide lehnten Tieropfer ab und empfahlen eine vegetarische Lebensweise. Sie wandten sich zu Recht gegen die Zauberpriester der Brahmanen, aber Gottes Weg zur Vergebung verstanden sie nicht.
- Die Behauptung, die Religion der noch heute lebenden Steinzeitstämme, die in den letzten hundert Jahren entdeckt worden sind, lasse auf einen ursprünglichen Polytheismus bzw. Animismus schließen, entbehrt jeder Grundlage. Genaue Untersuchungen lassen vielmehr erkennen, daß praktisch alle sogenannten primitiven Stämme die Vorstellung eines »erhabenen Gottes« kennen, der väterlich und gut ist. Immer mehr Indizien sprechen ferner dafür, daß die Zauberopfer der Medizinmänner eine Entartung höherer Formen statt ein Überbleibsel der ursprünglichen Religion sind.

Auf dem Garizim opfern die Samaritaner bis heute das Passalamm. Zur Zeit Jesu wurden sie als Ketzer verachtet. Heute bilden sie eine kleine Minderheit. Vgl. auch S. 497.

Weltideologien

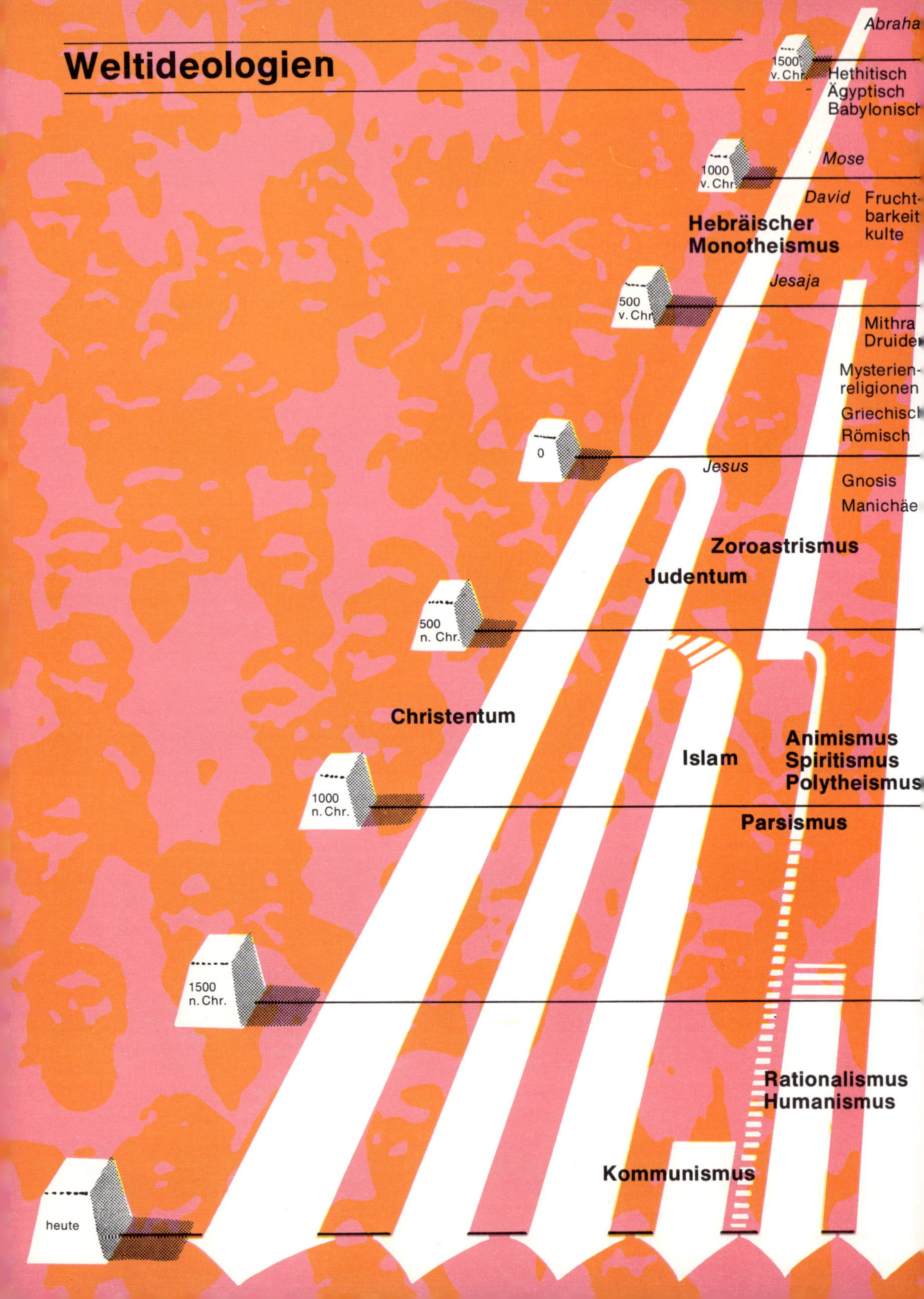

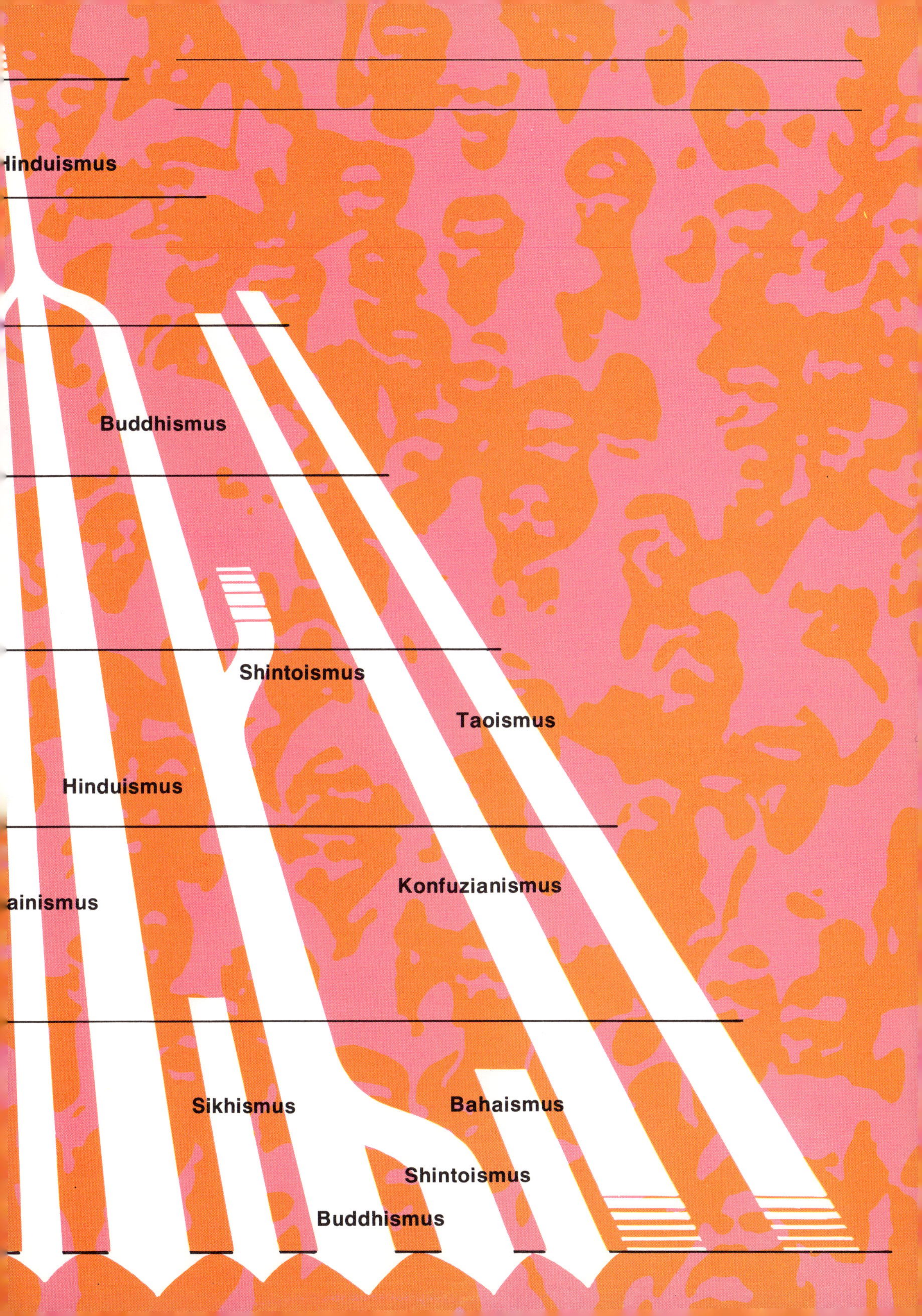

Hinduismus
Buddhismus
Shintoismus
Taoismus
Hinduismus
Konfuzianismus
ainismus
Sikhismus
Bahaismus
Shintoismus
Buddhismus

Die Bibel ist anders

Peter Cousins

Wenn die Bibel als ›inspiriert‹ bezeichnet wird, so verstehen wir diesen Begriff nicht im üblichen Sinne einer künstlerischen oder geistigen Inspiration. Das Wesen der Inspiration der Bibel liegt tiefer.

DIE ›INSPIRIERTE‹ BOTSCHAFT

Hosea 1, 1; Joel 1, 1; 2. Petr. 1, 21

Natürlich redet die Bibel davon, daß ihre Botschaft von außen her an die Menschen herankommt. So beginnen die Worte der Propheten in fast stereotyper Weise: »Das Wort des Herrn, das an X erging.« Und der 2. Petrusbrief bezeugt klar: »Denn es ist noch nie eine Weissagung aus menschlichem Willen hervorgebracht, sondern von dem heiligen Geist getrieben haben Menschen im Namen Gottes geredet.« Es überrascht nicht, daß die Propheten unfähig waren, alle Zusammenhänge ihrer Botschaft zu verstehen. Die Quelle ihrer Äußerungen lag ja jenseits ihres Horizontes; es war der »Geist Christi, der in ihnen war... bezeugend die Leiden, die über Christus kommen sollten, und die Herrlichkeit danach«.

1. Petr. 1, 10–12a

Selbstverständlich findet Gottes Botschaft einen bemerkenswerten Widerhall bei den Hörern. Jeremia sagt dazu: Wenn der Prophet das Wort Gottes verkündet und nicht seine eigenen Gedanken, dann sind die Menschen gesättigt – es ist ›Weizen‹ für sie –, oder sie werden durch seinen Aufprall zerschmettert – das Wort ist wie ein ›Hammer‹. Manche schließen daraus, die Inspiration der Bibel bestehe in ihrer Wirkung auf den Menschen, sagen also: Die Bibel inspiriert den Menschen.

Jer. 23, 28–29

Ganz sicher tut sie das; aber das ist nicht gemeint, wenn wir von der Inspiration der Bibel sprechen. Die Wirkung der Bibel bestätigt ihre Inspiration, aber die Tatsache der Inspiration selbst hängt keineswegs davon ab, ob sie von Menschen angenommen wird. Wir haben zuerst davon auszugehen, welchen Anspruch die Bibel für sich selbst erhebt.

Die Bibel gebraucht das Wort ›inspiriert‹ nur einmal, im 2. Brief des Paulus an Timotheus. Diese Stelle zeigt, daß Inspi-

△
Lesen Sie die Bibelstellen im Zusammenhang

ration weder auf der Reaktion der Hörer noch auf der persönlichen Erfahrung des Verfassers beruht, sondern auf der Tatsache, daß »alle Schrift von Gott gehaucht« ist. Das ist die Bedeutung des Wortes ›inspiriert‹. Es ist eine Feststellung über die ganze ›Schrift‹. Hier wird nicht behauptet, daß sie den Leser irgendwie inspiriere, auch nicht, daß sie von inspirierenden Menschen geschrieben worden sei, sondern daß die Schrift selbst von Gott ›eingehaucht‹ worden ist.

2. Tim. 3, 16

DAS VERHÄLTNIS DES NEUEN TESTAMENTES ZUM ALTEN

Apg. 4, 25; 28, 25;
Röm. 9, 17; Gal. 3, 8

Siehe den Abschnitt ›Jesus Christus und die Bibel‹

Davon sind auch die Verfasser des Neuen Testamentes überzeugt, wie sich an den Stellen zeigt, an denen sie auf das Alte Testament verweisen. Sie erörtern dieses Thema nicht, weil sie diese Tatsache einfach für gegeben halten. Was der Psalmist und die Propheten schrieben, hat für sie Gott durch den Heiligen Geist gesagt. »Die Schrift sagt« heißt für Paulus: »Gott sagt«. Damit folgen die Verfasser des Neuen Testamentes dem Beispiel und Vorbild von Jesus selbst. Für sie ist das Alte Testament weit mehr als eine Sammlung ›bedeutungsvoller Geschichten‹.

Gott entschloß sich, seine Botschaft an die Menschen durch das Mittel des Wortes zu übermitteln, und die neutestamentlichen Verfasser achten deshalb sorgfältig auf den vorliegenden Wortlaut. Ihr Beispiel sollte genügen, uns vor Nachlässigkeit gegenüber den von Gott gegebenen Worten der Schrift zu bewahren.

Amos 3, 7–8;
Jer. 20, 9;
Hes. 2, 7

Die Haltung des Neuen Testamentes zum Alten entspricht dem, was das Alte Testament über sich selbst aussagt. Mehr als 3 800 Mal werden Aussagen eingeleitet durch Formeln wie »der Herr spricht«, »so spricht der Herr« und »das Wort des Herrn geschah«. Amos und Jeremia fühlten sich gezwungen, im Auftrag Gottes zu reden. Hesekiel wurde befohlen, seinem Volk ungeachtet der Folgen die göttliche Botschaft weiterzugeben.

Siehe Joh. 16, 12–15

1. Kor. 2, 13
Gal. 1, 12

1. Kor. 14, 37

Eph. 3, 3–5

Es liegt in der Natur der Sache, daß das Neue Testament wenig über seine eigene Inspiration aussagt. Daß es durch die Autorität der Apostel gestützt ist, gibt ihm genügend Gewähr. Aber Paulus sagt deutlich, daß er durch den heiligen Geist unterwiesen sei. Er rechtfertigt das von ihm gepredigte Evangelium mit dem Hinweis, Jesus Christus habe es ihm geoffenbart. In 1. Joh. 1, 5 bezeugt der Verfasser, die von ihm verkündigte Botschaft stamme von Christus selbst. Andernorts sagt Paulus, er beurteile die geistliche Einsicht eines Menschen aufgrund seiner Reaktion auf den Inhalt seiner Briefe. Und er glaubte fest daran, daß er und die Apostel die Vollmacht besaßen, eine Wahrheit zu offenbaren, die über alles hinausging, was früher verkündigt worden war.

2. Petr. 3, 15–16

Im 2. Petrusbrief werden die Briefe des Paulus den »anderen Schriften« gleichgestellt. Damit ist ganz sicher das Alte Testament gemeint. Daraus läßt sich schließen, daß zu dieser Zeit die Briefe des Paulus im öffentlichen Gottesdienst mit der gleichen Autorität verlesen wurden wie das Alte Testament.

EIN ERSTAUNLICHER ANSPRUCH

Die Bibel macht also eindeutige und unmißverständliche Aussagen über ihre eigene Inspiration. Die von menschlichen Autoren geschriebenen Worte sind Worte Gottes, behauptet sie. Dies ist etwas völlig anderes als die ›künstlerische‹ oder ›geistige‹ Inspiration, die nur dem menschlichen Wesen entstammt.

EINIGE MISSVERSTÄNDNISSE

Um dem geschriebenen Wort Gottes gerecht zu werden, müssen wir gleichzeitig zwei Wahrheiten festhalten, die auch bei Jesus, dem fleischgewordenen Wort, Gültigkeit haben. Die Bibel ist sowohl göttlich inspiriert als auch ganz menschlich.

Luk. 1, 1–4

Die Tatsache, daß Gott unmittelbar und einzigartig durch die Bibel redet, degradiert die biblischen Autoren nicht zu automatischen Schreibmaschinen. Lukas beispielsweise sammelte gewissenhaft Material für seine beiden Bände, das Lukas-Evangelium und die Apostelgeschichte, um sie zu wahrheitsgetreuen Urkunden zu gestalten. Auch die alttestamentlichen Verfasser sichteten ihr Material, ließen Einzelheiten aus, die ihnen im Hinblick auf ihr Ziel belanglos erschienen, und berichteten, was sie für wichtig hielten. Paulus schrieb seine Briefe an bestimmte Menschen und in konkrete Situationen hinein. Seine Schriften unterscheiden sich stilistisch ebenso stark von denen des Johannes, wie sich z. B. Jesaja von Hosea unterscheidet.

Jos. 10, 13;
1. Kön. 15, 7. 31

Andererseits läßt die Tatsache, daß die Bibel von Menschen geschrieben ist, nicht ohne weiteres den Schluß zu, daß sie fehlerhaft sei. Schließlich war es Gott, der Herr der ganzen Schöpfung, der den Charakter und die Umweltbedingungen derjenigen prägte, denen er die Verkündigung seiner Offenbarung anvertrauen wollte. Er gab ihnen auch die Fähigkeiten, seinen Plan durchzuführen. Wollen wir etwa bestreiten, daß Gott in seinem Heilsplan und seiner unendlichen Weisheit für die Wahrheit und Zuverlässigkeit dieser Aufzeichnungen sorgen konnte?

Die Tatsache, daß die Bibel ›inspiriert‹ ist, erspart uns nicht die Mühe, geistlich und geistig zu arbeiten, damit wir sie richtig verstehen und auslegen können. Sie bedeutet auch

Ein orthodoxer Jude beim Lesen der Torah, des Gesetzes Gottes.

nicht, daß jeder Teil der Bibel Gott im selben Maße offenbart. Die Aussage, daß sowohl 3. Mose 3 als auch Johannes 3 inspiriert sind, bedeutet nicht mehr, als daß Gott die Abfassung beider Stellen so anordnete, daß sie auf bestmögliche Weise seine Heilswahrheit weitergeben.

Es gefiel Gott also, seine Erlösungsbotschaft durch das geschriebene Wort bekannt zu machen: in unserem Alten und Neuen Testament. Wie und warum er das tat, ist für uns ebenso schwer zu verstehen wie die Lehre von der Dreieinigkeit oder die Menschwerdung Jesu Christi. In jedem Falle ist die biblische Lehre sinnvoller als menschliche Theorien oder Kompromißversuche. Unser Ja zu diesem einzigartigen Bibelwort hilft uns am besten, von Gott zu lernen und mit dem Psalmisten zu sagen: »Du, Herr, bist alles, was ich habe: Ich habe versprochen, dein Wort zu halten.«

Die Genauigkeit der Bibel in Details zeigt sich z. B. in Lukas' Beschreibung von Philippi (Apostelgeschichte). Die offiziellen Titel, die mit ›Stadtrichter‹, ›Gerichtsdiener‹ usw. übersetzt sind, stimmen völlig mit den dort und damals verwandten Bezeichnungen überein.

Jesus Christus und die Bibel

Richard France

Als Christ will ich Jesus Christus nachfolgen. Ich will tun, was er gebot; gehen, wohin er führt; am Leben teilnehmen, das er verheißt.

Ich muß deshalb die Augenzeugenberichte von denen lesen, die ihn kannten. Ich entdecke, daß er behauptete, Gott selbst zu offenbaren, also derjenige zu sein, an dem man ablesen kann, wie Gott wirklich ist. Ich erkenne ferner, daß er den Höhepunkt der jahrhundertelangen Offenbarung Gottes darstellt, die in Dokumenten aufgezeichnet ist. Wenn ich also die Autorität Jesu suche, zeigt er mir gleichzeitig die Autorität der Bibel.

Lies den Anfang des 1. Johannesbriefes!

Wir bekommen das eine nicht ohne das andere. Gewöhnliche Leute sahen Jesus, hörten ihn, lebten mit ihm. Aber wir selbst waren nicht dabei. Ohne die Bibel können wir nicht wissen, wie Jesus war, was er sagte und tat; auch die zeitgenössischen Profanhistoriker können uns nicht weiterhelfen. Sie berichten allenfalls, daß ein jüdischer Rabbi namens Jesus gelebt und gepredigt habe, von den Behörden verfolgt und hingerichtet worden sei. Einer oder zwei berichten auch von einem Gerücht, nach dem er auferstanden sei. Das ist aber auch alles. Um Jesus wirklich kennenzulernen, müssen wir uns dem Neuen Testament zuwenden.

Eines der Hauptanliegen Jesu war deshalb die Auswahl und Ausbildung seiner Apostel, jenes engeren Jüngerkreises, der seine Lehre bewahren und weitergeben sollte. Auf diese Lehre der Apostel, in der sie den gekreuzigten und auferweckten Herrn bezeugten, wurde die Kirche gegründet. Festgehalten wurde die Lehre im Neuen Testament. Es ist eine Sammlung von Schriften, welche von der Urkirche als maßgebend (= kanonisch) anerkannt wurden, weil sie durch die Apostel selbst oder durch ihnen nahestehende Begleiter und Schüler verfaßt worden waren und deshalb den wahren apostolischen Glauben beschrieben.

DIE BIBEL JESU

Um Jesus und seine Lehre kennenzulernen, müssen wir folglich zum Neuen Testament greifen, dem Zeugnis derer, die er selbst auswählte und damit betraute, die Botschaft von der Rettung für die Welt zu verbreiten. Dazu sandte er selbst den Heiligen Geist, »um sie in alle Wahrheit zu leiten«.

Siehe Joh. 14, 26; 15, 26; 16, 13–15

In jeder Synagoge Israels gab es eine Rolle der Torah, des Gesetzes. Nebenstehend der Samaritanische Pentateuch, der bis heute von den Nachfahren aufbewahrt worden ist.

Zitat aus 5. Mose 8,3 in Matth. 4,4

Wenn wir die Autorität Jesu anerkennen, akzeptieren wir damit zugleich das Neue Testament, weil es die Quelle unseres ganzen Wissens über ihn, seine Lehre und sein Erlösungswerk ist. Auch das Alte Testament achten wir als lebendiges Wort Gottes, weil es Jesus selbst so verstanden und gebraucht hat.

Jesu Aussagen über das Alte Testament

Matth. 5, 17–18

Joh. 10, 35

Luk. 24, 44

Jesus nahm unmißverständlich Stellung zu den Aussagen des Alten Testamentes: »Ihr sollt nicht wähnen, daß ich gekommen bin, das Gesetz oder die Propheten aufzulösen; ich bin nicht gekommen aufzulösen, sondern zu erfüllen. Denn bis Himmel und Erde vergehen, wird nicht der kleinste Buchstabe, noch ein Tüpfelchen vom Gesetz vergehen, bis alles geschehe.« »Und die Schrift kann doch nicht gebrochen werden.« »Es muß alles erfüllt werden, was von mir geschrieben ist im Gesetz des Mose, in den Propheten und in den Psalmen.«

Mark. 7, 1–13

Strengstens verurteilte er diejenigen, die versuchten, die klaren Gebote Gottes in der Torah mit Hilfe menschlicher Traditionen zu umgehen.

Die Berufung auf das Alte Testament

Beispiele: Matth. 12, 3–4. 5. 7; 21, 16; 22, 32. 44

Matth. 4, 4. 7. 10

Mk. 15, 34; Lk. 23, 46
Zitat: Ps. 22, 1; 31, 5

Jesus berief sich immer wieder und in den verschiedensten Situationen auf das Alte Testament. Im Streitgespräch mit seinen Gegnern zitiert er es regelmäßig. Bei seiner Begegnung mit dem Teufel schöpft er seine Argumente aus dem Alten Testament. Selbst im Todeskampf am Kreuz kommen Worte aus dem Alten Testament über seine Lippen.

Zitate aus dem Alten Testament

Mt. 24; Mk. 13; Lk. 21

Mt. 24, 29–31 aus Jes. 13, 10; 34, 4; Dan. 7, 13; Sach. 12, 12; Jes. 27, 13; 5. Mose 30, 4; Sach. 2, 6

Vor allem im Gespräch mit seinen Jüngern bezieht sich Jesus ständig auf das Alte Testament. Zitate und Anspielungen ziehen sich wie ein roter Faden durch seine Reden. So ist Jesu Voraussage von der Zerstörung Jerusalems und seiner zweiten Wiederkunft von alttestamentlichen Formulierungen durchtränkt. In nur drei Versen werden nicht weniger als sieben Stellen aus dem Alten Testament herangezogen.

Erfüllung des Alten Testamentes

Die Lehre Jesu stützt sich nicht nur sprachlich, sondern auch inhaltlich weitgehend auf das Alte Testament. Seine zentralen ethischen Regeln sind dem mosaischen Gesetz entnommen. Wenn Jesus sich von seinen Zeitgenossen in ethischen Fragen unterschied, so gerade darin, daß er sie beschuldigte, über die alttestamentlichen Gebote leichtfertig und oberflächlich hinwegzugehen.

Matth. 19, 18–19; 22, 37–40; Siehe 5. Mose 6, 5; 3. Mose 19, 18

Matth. 5, 21–22. 27–28 usw.

Vor allem gründet sich seine Lehre über seine eigene Rolle im Heilsplan Gottes auf die Überzeugung, daß er das Alte Testament erfüllen müsse. Seine Belehrung nach der Auferstehung: »Und er fing an bei Mose und allen Propheten und legte ihnen in der ganzen Schrift aus, was darin von ihm gesagt war«, war der krönende Abschluß dessen, was er ihnen während der Jahre seiner Wirksamkeit immer wieder gesagt hatte.

Luk. 24, 27

Von seinem Auftrag war er überzeugt: Er kam zu »erfüllen«, es stand ein göttlicher Zwang hinter dem geschriebenen Wort. Es mußte erfüllt werden.

Lk. 4, 21; Mk. 9, 12–13 Lk 18, 31; Mk. 14, 21–27; Lk. 22, 37; Mt. 26, 54; Lk. 24, 44–47

So ist der Christ ein Nachfolger eines Herren, dem das Alte Testament das unbestrittene und maßgebende Wort Gottes bedeutete. Jesus glaubte den Aussagen des Alten Testamentes, übernahm seine Lehre, gehorchte seinen Geboten und bezeichnete sich selbst als den Erfüller des darin niedergelegten Erlösungsplanes. Es ist widersprüchlich, Jesus seinen ›Herrn‹ zu nennen, aber jene Schriften geringzuschätzen, die für ihn die höchste Offenbarung Gottes bedeuteten.

DAS NEUE TESTAMENT BESTÄTIGT DAS ALTE

Das übrige Neue Testament schließt sich der Ansicht Jesu über das Alte Testament vollständig an. Alttestamentliche Zitate und Anspielungen in der Apostelgeschichte und den Briefen zeigen das gleiche Vertrauen zur alttestamentlichen Lehre. Gott war es, der durch die Propheten redete. »Denn alle Schrift ist von Gott eingegeben.« Das Alte Testament ist die Botschaft von Gott.

Hebr. 1, 1; 2. Petr. 1, 21; 1. Tim. 3, 16; Röm. 3, 2

Es ist interessant, daß das Neue Testament keinen Unterschied kennt zwischen dem, was die ›Schrift‹ sagt, und dem, was Gott sagt. Alttestamentliche Zitate werden selbst dann als Aussprüche Gottes wiedergegeben, wenn Gott im Zusammenhang des alttestamentlichen Textes gar nicht unmittelbar auftritt. Umgekehrt werden die im alttestamentlichen Bericht von Gott gesprochenen Worte der ›Schrift‹ zugeschrieben. Da Jesus das Alte Testament als Wort Gottes anerkannte, waren die Schreiber des Neuen Testamentes bereit, seinem Vorbild zu folgen. Wenn wir Christen unser eigenes Urteil oder unsere ererbten Überlieferungen über die

Mt. 19, 19, 4–5; Apg. 4, 24–25; Hebr. 1, 6–12

Röm. 9, 17 Gal. 3, 8

Schriften des Alten und Neuen Testaments stellen, trennen wir uns vom Herrn und den Aposteln und schütten unsere einzige Quelle der Erkenntnis Gottes zu.

BEHANDLUNG SCHWIERIGER STELLEN

Die Auslegung und Anwendung der biblischen Lehre wirft viele Probleme auf, und die Christen können durchaus bei der Interpretation von Einzelfragen verschiedener Meinung sein. Wo aber solche Unstimmigkeiten auftreten, müssen wir stets bestrebt sein, den Text genauestens zu untersuchen und zu studieren, um herauszufinden, was die entsprechende Stelle wirklich bedeutet und aussagt. Wir dürfen uns nicht den Blick durch Vorverständnisse und Vorurteile verstellen lassen. Wenn wir dann die wirkliche Aussage erschlossen haben, müssen wir sie auch als Gottes Wort hinnehmen. Das wird nicht immer leicht, ja, es mag manchmal unmöglich sein; aber es muß unser Ideal bleiben.

Wir können mit unserem Verstand von der Vollmacht der Bibel überzeugt sein; ihre höchste Überzeugungskraft entfaltet die Heilige Schrift aber erst dann, wenn wir ihr in unserem Leben Raum geben. Dann erst werden wir nämlich erfahren, daß Gott durch seine geschriebene Offenbarung zu uns redet. Die Bibel ist Gottes Wort, durch das er auch heute noch zu uns spricht.

Die Bibel ist heute so wertvoll wie früher. Diese rumänische Frau liest in einer Bibelausgabe von 1968 – ein Schatz in einem kommunistischen Land, in dem die Verbreitung der Bibel eingeschränkt worden ist.

Antworten auf Einwände

Kenneth Howkins

Die Bibel hat weitgehend die Form des geschichtlichen Berichtes. Doch sie bietet keine reine Geschichtsschreibung. Sie schildert Geschichte aus einem bestimmten Blickwinkel und mit einem Ziel. Begebenheiten werden nicht nur erwähnt, weil sie sich ereigneten, sondern weil sie etwas von Gott und seinem Tun in der Welt offenbaren. Diese Geschichte wird deshalb auch als »Heilsgeschichte« bezeichnet.

EINE UNTERSCHIEDLICHE GESCHICHTSSCHREIBUNG

Der Historiker kann nicht verstehen, daß die Geschichte eines hebräischen Nomaden, Abrahams, mehr als dreizehn Kapitel umfaßt, während ein mächtiger Herrscher wie Omri nur kurz (in weniger als einem Dutzend Versen) erwähnt wird. Abraham wird in keiner außerbiblischen Quelle des Altertums erwähnt, allerdings fügt sich seine Geschichte gut in das ein, was über diese Zeit bekannt ist; Omri hingegen war späteren Generationen allgemein bekannt. Für die Bibel war Abraham der Gründer Israels, von Gott auserwählt, ein Mann des Glaubens, der Empfänger der Verheißungen Gottes und ein Mann von größter Bedeutung für Juden und Christen. Omri gründete die Stadt Samaria. Er war ein übler Tyrann, und deshalb wird er im biblischen Bericht nur kurz erwähnt. Während sich Gottes Selbstoffenbarung entfaltete und sein Heilswerk fortschritt, veränderte sich auch das Geschichtsbild über Menschen und Ereignisse.

Widersprüche

Es ist leicht, in der Bibel historische Probleme aufzuspüren. Aber die Forschung hat schon viele gelöst. Scheinbare Widersprüche ergeben sich häufig aus dem Mangel an näheren Angaben, und wir sollten nicht voreilig auf Unstimmigkeiten pochen. So finden sich in der Apostelgeschichte und im Galaterbrief verschiedene Hinweise auf Besuche des Paulus in Jerusalem. Es ist schwierig, beide Berichte miteinander in Einklang zu bringen. Aber die Apostelgeschichte beansprucht nicht, Paulus' Tätigkeit und Reisen lückenlos wiederzugeben, und so kann der Apostel sehr wohl Jerusalem bei anderen Gelegenheiten besucht haben.

Außerdem kann es offenbare Widersprüche geben zwischen der biblischen Darstellung eines Ereignisses und der Schilderung in andern Urkunden. Es ist allerdings eigenartig, daß die, welche so gerne die Glaubwürdigkeit der Bibel in Frage stellen, oftmals ein so starkes Vertrauen in die Glaubwürdigkeit anderer alter Urkunden zu haben scheinen! Wir müssen uns doch zunächst vergewissern, ob die andere Urkunde tatsächlich zuverlässig ist, und sollten außerdem bedenken, wie wenige schlüssige Indizien wir überhaupt aus dem Altertum besitzen.

Zahlenprobleme

Eine Schwierigkeit bilden oft die in der Bibel erwähnten Zahlen, die sogar in verschiedenen Handschriften unterschiedlich angegeben werden. Weil im Hebräischen wie im Griechischen die Buchstaben des Alphabets auch als Zahlen verwendet werden, waren infolge der Ähnlichkeit gewisser Buchstaben Abschreibfehler leicht möglich. Außerdem werden verschiedene Rechnungsarten angewandt. Ein Jahr kann durch die Sonne oder durch die Regierungszeit eines Königs bestimmt werden. Dabei wurden angebrochene Jahre am Anfang oder Ende der Regierungsperiode gewöhnlich als ganze Jahre mitgezählt.

Mythen

Man hört heutzutage oft den Einwand, die Frage nach der Zuverlässigkeit des biblischen Geschichtsbildes sei unangemessen und belanglos. Wichtig sei nicht, ob sich eine bestimmte Begebenheit tatsächlich ereignet habe, sondern was sie bedeute. Die biblischen Berichte seien keine Geschichtsschreibung, sondern »Mythen«, ein verschiedenartig verwendeter Ausdruck, dessen Definition recht schwierig ist. Er besagt nicht, daß der Bericht völlig unwahr ist, sondern daß er nicht wörtlich verstanden werden darf. Der »Mythos« wird immer dann ins Spiel gebracht, wenn irgend etwas vom gewohnten Lauf der Natur Abweichendes berichtet wird.

Zunächst einmal muß man aber doch fragen, ob die Verfasser der Bibel ihre Worte als Geschichte oder als Mythos aufgefaßt haben wollten. Dabei stellen wir fest, daß die Wundererzählungen der Bibel genauso als Tatsachenschilderungen verfaßt sind wie die Berichte über andere Ereignisse. Dann ist die Frage an uns, ob wir sie als Geschichte gelten lassen können oder ob wir sie als Mythen behandeln und »entmythologisieren«, d. h. davon ausgehen müssen, daß sich das Wunder nicht wirklich als wunderbares Geschehnis ereignete, sondern daß in dieser Erzählung eine geistige Wahrheit in symbolischer Form enthalten ist.

Der Ruf nach »Entmythologisierung« beruht auf der Annahme, daß die Bibel in einem unwissenschaftlichen Zeitalter geschrieben wurde, als sich die Menschen ein »Drei-Stockwerk-Universum« mit einem handelnden Gott vorstellten. In unserem aufgeklärten, wissenschaftlichen Zeitalter wüßten wir jedoch, daß jenes antike Weltbild falsch sei. Wunder paßten zu den unwissenschaftlichen Ansichten der Alten, nicht aber zu unsern heutigen wissenschaftlichen Erkenntnissen. Es wird behauptet, die Abläufe auf der Erde gehorchten bestimmten Gesetzen, und wir seien deshalb nicht auf Gott angewiesen, um die Dinge erklären zu können.

Aber diese »wissenschaftliche« Ansicht ist inzwischen überholt. Die Wissenschaftler halten nicht mehr an einem solch starren Verständnis der Naturgesetze fest. Die Gesetze sind Beschreibungen dessen, was wir normalerweise beobachten können. Die Wissenschaft als solche schließt Wunder nicht aus, wenn auch einzelne Wissenschaftler sie nicht anerkennen.

Die Frage, ob sich Wunder ereignet haben oder nicht, ist eine Frage der Geschichte und nicht der Naturwissenschaft. Die Geschichtswissenschaft fragt danach, was sich ereignete, und versucht, Erklärungen zu finden. Die Naturwissenschaft übernimmt das Wissen über das, was sich ereignete, und versucht, dieses Wissen in ihr System einzuordnen.

DIE FRAGE DER WUNDER

Das größte Wunder in der Bibel ist die Auferstehung Jesu von den Toten. Viele behaupten, die Gesetze des Universums schlössen eine

Ein hebräischer Text mit vokalisierten und akzentuierten hebräischen Buchstaben und aramäischen Marginalien.

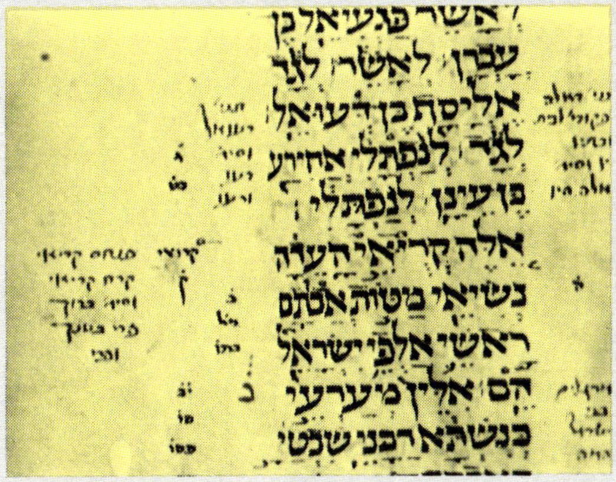

Auferstehung aus, und sie gründen diese Behauptung auf die »Naturwissenschaft«. Aber angesichts der geschichtlichen Beweise für diese Auferstehung wäre es wissenschaftlicher, sich zu fragen, welches Licht das Ereignis einer solchen Auferstehung auf die Natur des Universums wirft! Mit andern Worten: Die Naturwissenschaft widerlegt die Auferstehung nicht; sie muß vielmehr ihre Möglichkeit in ihr System mit einbeziehen.

Dasselbe gilt für die Wunder überhaupt. Allerdings muß man einen Einwand ernst nehmen: Ständig sich ereignende Wunder würden die Ordnung der Natur zerstören. Auch würden wir nie verantwortungsbewußte Menschen werden, wenn Gott immer einschritte, um uns aus Schwierigkeiten und Gefahren herauszuhalten. Doch in der Bibel sind die Wunder ja Ausnahmefälle und auf wenige Personen und Zeitepochen konzentriert, nämlich auf

- Moses und den Anfang des Volkes Israel;
- Elia und Elisa, einzelne Propheten, die das Volk zur Treue Gott gegenüber zurückriefen;
- Jesus und die endgültige Offenbarung Gottes sowie sein Erlösungswerk; die Zeit der Apostel.

Die meisten Wunder ereigneten sich während dieser drei besonderen Zeitabschnitte, die für die Heilsgeschichte besonders wichtig waren.

Ergänzende Darstellungen

Um in der Wissenschaft alle Aspekte eines Phänomens erklären zu können, benötigt man zuweilen zwei oder mehr Theorien – nicht als Alternativen, sondern als Ergänzung. Licht kann als Wellen wie als Teilchen beschrieben werden. Keine der beiden Beschreibungen reicht aus; es werden beide benötigt.

So kann ein Wissenschaftler in gewissen Fällen ein Wunder auf natürliche Art erklären. Er kann z. B. im Bericht der Bibel über die Durchquerung des Schilfmeeres auf den starken Wind hinweisen. Dies ist die natürliche Erklärung. Aber derselbe Bericht schreibt das Ereignis auch Gott zu. Beide Ebenen der Erklärung sind wahr. Die eine antwortet auf die Frage nach dem Wie, die andere auf die Frage nach dem Warum. In der Bibel werden die Wunder nicht so scharf von den andern Ereignissen getrennt, wie wir es in unserem Denken gerne tun. Gott wirkt in allen natürlichen Abläufen und nicht nur in den Wundern.

Religiöse und historische Wahrheit

Von der Philosophie her wird ein anderer Einwand laut, der die historische Wahrheit der

Ein Experiment mit Laserstrahlen. Licht hat zum einen Wellencharakter (die Wellen können zu Laserstrahlen umgeformt werden). Gleichzeitig hat es jedoch Teilchencharakter. Beide Theorien widersprechen sich nicht, sondern ergänzen einander. Ähnlich liefern Naturwissenschaft und Bibel ergänzende Beschreibungen derselben Tatsachen.

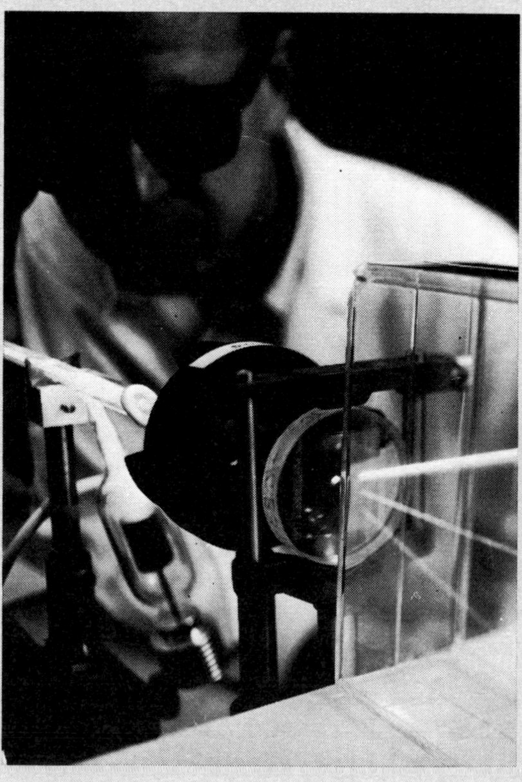

Wundererzählungen verneint. So behaupten die Kritiker, es sei eine »religiös« wahre Feststellung, daß Gott Jesus vom Tod erweckte. Die Auferstehung Jesu habe eine wichtige geistliche Bedeutung; vom geschichtlichen Standpunkt aus sei Jesus jedoch gestorben und tot und begraben geblieben. Es sei eine »Vermischung der Kategorien«, wenn man behaupte, daß der Körper Jesu tatsächlich wieder lebe. Aber welches sind diese Kategorien und woher kommen sie? Sie finden sich nur in den Köpfen derjenigen, die sie erfanden. Sie können weder bewiesen noch widerlegt werden. Wenn wir beginnen, diese Kategorien gelten zu lassen, behaupten wir damit, daß Jesus im eigentlichen Sinne des Wortes nicht auferstanden sei.

Dieser philosophische Einwand läuft in Wirklichkeit auf dasselbe hinaus wie der sogenannte naturwissenschaftliche Einwand: daß Wunder sich in dieser Welt nicht ereignen. In beiden Fällen wird der Einwand ungeprüft als gültig anerkannt, bevor die Indizien überhaupt untersucht worden sind; ja, »Indizien« und »Beweise« werden von vornherein als »unangemessen« abgestempelt. Solchen Kritikern können wir nur entgegenhalten: »Gibt es denn überhaupt einen Beweis, der euch überzeugen könnte, daß sich Wunder ereigneten?«

Schöpfungsgeschichten

Ein ähnliches Problem stellt sich ganz am Anfang der Bibel in den Schöpfungsberichten. Einige lehnen sie als Märchen ab. Andere bezeichnen sie als Mythen, die wohl etwas Wahres enthalten mögen, aber nicht buchstäblich und geschichtlich wahr sind. Aber in welchem Sinn sind sie dann wahr? Worum geht es in den Geschichten?

Einwände gegen die Schöpfungsgeschichten werden im Namen der Naturwissenschaft vorgebracht. Wenn wir aber genauer hinsehen, sind wir erstaunt, wie wenig die Bibel in den naturwissenschaftlichen Bereich hineinredet. Sie behauptet zunächst einmal, daß Gott der Schöpfer von allem ist, des Universums, des Menschen und alles übrigen. Aber es wird nicht gezeigt, *wie* Gott alles schuf. Wenn Gott den Menschen aus dem Staub der Erde erschuf, so sagt dies etwas aus über die Natur des Menschen und unser Verhältnis zu Gott. Wir sind bloß Staub und leben nur, weil Gott uns zum Leben erweckte. Deshalb hat unser Leben losgelöst von Gott keinen Sinn. Aber *wie* schuf Gott den Menschen aus dem Staub? Dies ist eine naturwissenschaftliche Frage, auf die uns folglich die Naturwissenschaft (und nicht die Bibel) eine Antwort geben muß. Wir dürfen uns allerdings mit keiner Theorie zufriedengeben, die dem biblischen Natur- und Menschenbild widerspricht, und müssen anderseits nach der wirklichen Aussage des Bibeltextes fragen.

DIE GÜLTIGKEIT DES ALTEN TESTAMENTS

Einige lehnen das Alte Testament teilweise oder gänzlich als nicht-christlich oder »unter«-christlich ab. Wenn jedoch Christus das Zeugnis und die Gültigkeit des Alten Testaments anerkannte, so hat sich der Christ diesem Urteil unterzuordnen.

In gewisser Hinsicht *ist* das Alte Testament jetzt außer Kraft gesetzt. Opfer und Zeremonialgesetz sind nicht mehr nötig, weil Christus selbst ein für allemal das endgültige Opfer dargebracht hat. Trotzdem können jene alttestamentlichen Rituale nicht einfach ignoriert werden. Sie offenbaren eine auch heute noch gültige Wahrheit über das Wesen Gottes und das Verhältnis des Menschen zu ihm. Gott hat sich nicht geändert, allerdings hat Christus uns eine neue Möglichkeit geschenkt, mit ihm in Verbindung zu treten.

Den größten Anstoß erregen die Teile des Alten Testaments, welche Gott als einen Gott des Zorns beschreiben, der seinen Dienern befiehlt, für ihn das Recht auszuüben. Dies wird als primitive Gottesanschauung angesehen, die der Botschaft vom Gott der Liebe im Neuen Testament widerspricht. Doch dieser scheinbare Gegensatz löst sich bei genauem Hinsehen auf: Das Alte Testament redet häufig über die Liebe und Vergebung Gottes, und das Neue Testament hat viel über seinen gerechten Zorn und sein Gericht zu sagen. Einige der schärfsten Gerichtsandrohungen stammen aus dem Munde Jesu! Wer das Alte Testament ablehnt, muß also auch Teile des Neuen verwerfen. Die Vorstellung von der Gerechtigkeit Gottes, seinem Zorn über das Böse und seinem Gericht findet natürlich in einem zügellosen Zeitalter wenig Zustimmung. Aber das nimmt der biblischen Botschaft nichts von ihrer Wahrheit! (Siehe Anmerkungen in Teil 2 und 3 zu einzelnen ethischen Fragen.)

MENSCHEN ODER MASCHINEN?

Ein letzter Einwand gegen die christliche Sicht der Bibel lautet, sie lasse das menschliche Denken unberücksichtigt und mache die Menschen zu Maschinen: Die Verfasser hätten

Ein Felsengrab aus dem 1. Jahrhundert n. Chr., das in jüngster Zeit unter dem Konvent der Schwestern von Nazareth entdeckt wurde. Der große Stein wurde als Verschluß vor den Eingang gerollt. Ein Grab dieses Typs war Schauplatz der Auferstehung Jesu.

ja nur mechanisch niedergeschrieben, was Gott gesagt habe, und auch den Lesern bliebe das Denken erspart, weil ihnen die Wahrheit mundgerecht auf einem Tablett serviert werde. Dieser Einwand läßt auf ein grundlegendes Mißverständnis schließen. Die Bibel behauptet zwar, daß Gott unmittelbar durch ihre Schreiber gesprochen und sie so gelenkt hat, daß ihre Worte seinem Willen entsprechen; aber damit wird nicht geleugnet, daß sich die betreffenden Menschen dabei ihres Verstandes bedient haben. Das zeigt sich sowohl in ihrem unterschiedlichen Stil wie in der unterschiedlichen Sicht der Dinge (vgl. dazu auch den Artikel »Die Bibel ist anders«, S. 32ff).

Ebenso gewiß muß auch der Christ seinen Verstand gebrauchen, um Gottes Wort anzunehmen. Er muß sorgfältig lesen, verschiedene Bibelstellen miteinander vergleichen und von allen vorhandenen Hilfsmitteln Gebrauch machen. Darüber hinaus ist er auf die Hilfe des Heiligen Geistes angewiesen, der die Abfassung der Bibel lenkte und den Sinn ihrer Aussagen erschließen kann. Was für die Verfasser der Heiligen Schrift galt, ist auch für die Leser ausschlaggebend: Ihr Denken und ihr ganzes Sein müssen auf Gott ausgerichtet sein. Es gehört zu den hervorragenden Eigenschaften der Bibel, daß sie einerseits den Forschungsdrang der größten Gelehrten ein Leben lang zu fesseln vermag, und doch anderseits so einfach geschrieben ist, daß auch der schlichteste Leser sie verstehen und durch Gehorsam ihrer Botschaft gegenüber Gott finden kann.

Die Bibel im Leben des Christen

David Field

Man kann die Bibel als großes Werk der Literatur, als Geschichte Israels oder als Quellenwerk theologischer Information lesen. Gewiß, sie ist all das, aber sie ist eben noch viel mehr. Das behaupten sowohl ihre Verfasser wie auch die Menschen, die ihre Botschaft in ihr Leben hereingenommen haben.

Nehemia 8

Als der Schriftgelehrte Esra den aus dem Exil Zurückgekehrten in Jerusalem aus dem Gesetz des Mose vorlas, »verstand« das Volk nicht nur das Gelesene, sondern alle »weinten«, als sie die Worte des Gesetzes hörten, und freuten sich gleichzeitig. Und am nächsten Tag bauten sie im Gehorsam dem Gesetz gegenüber die Hütten für das Laubhüttenfest. Das rechte Hören und Verstehen der heiligen Schriften weckte ihre Gefühle und spornte sie zum Handeln an.

Ähnliche Erfahrungen machte Jahrhunderte später der bekannte Bibelübersetzer J. B. Phillips bei seiner Arbeit am Neuen Testament. »Obwohl ich mich um gefühlmäßigen Abstand bemühte«, schreibt er, »wurde das Material unter meinen Händen immer wieder seltsam lebendig; der Text sprach auf unerklärliche Weise in meine Situation hinein.«

Jer. 23, 29; 1. Petr. 2, 2; Hebr. 5, 13–14; Psalm 119, 105; Eph. 6, 17; Jak. 1, 23–25; 1. Thess. 2, 13; Apg. 20, 32; Hebr. 4, 12

Diese Reaktion entspricht genau den anschaulichen Ausdrücken, mit denen die biblischen Verfasser die Wirkung von Gottes Wort in ihrer eigenen Erfahrung beschreiben. Es ist ein Feuer, das wärmt; ein Hammer, der zerschlägt; Wasser, das reinigt; Milch, die nährt; Licht, das führt; ein Schwert für den Kampf und ein Spiegel, der enthüllt. Es »wirkt in den Gläubigen«, ist »mächtig zu erbauen«, »lebendig und wirksam, hindurchdringend und unterscheidend«.

DIE BIBEL IST AKTUELL

Der Leser, der sich der Bibel nur gleichgültig nähert, läuft Gefahr, ihr grundsätzliches, praktisches und dynamisches Ziel zu verfehlen. Es ist ihre Absicht, im Leben des Lesers *etwas zu bewirken*. Erst in zweiter Linie will sie sein ästhetisches Interesse wecken und ihm historische und theologische Informationen liefern.

Diesen Anspruch auf aktuelle Bedeutung kann die Bibel in zwiefacher Hinsicht anmelden:

Erstens handelt sie von solchen Zügen der *menschlichen Natur*, die zeitlos sind. Die Männer und Frauen, von denen die Bibel berichtet, haben Wünsche und Fehler, wie wir sie haben. Sogar die Helden der Schrift werden dem hellen Licht der Wahrheit ausgesetzt. Augustinus sagt dazu: »Der heilige Bericht bietet wie ein getreuer Spiegel kein geschmeicheltes Porträt.«

Zweitens sind die Wahrheiten der Bibel immerwährend gültig, weil *Gott selbst* sich nicht wandelt, weder in seiner Natur noch in seinem Handeln mit dem Menschen. Beim Lesen der Bibel entdecken wir grundlegende Wahrheiten über Gott und finden sie bestätigt durch Ereignisse im Leben seines Volkes. Sie beleuchten sein Wesen und veranschaulichen seinen Plan für alle Menschen und für alle Zeiten. Deshalb wurden sogar Ereignisse einer fernen Vergangenheit »*uns* zur

1. Kor. 10, 11; Röm. 15, 4

Warnung« beschrieben, damit wir in der Gegenwart und für die Zukunft »durch die Standhaftigkeit und durch den Trost der Schriften die Hoffnung haben«.

DIE BIBEL IST PRAKTISCH

Die Bibel hat also bleibende Aktualität. Welches sind nun ihre praktischen Ziele?

Sie weist die Menschen auf Jesus hin

Das Johannes-Evangelium nennt deutlich als sein Ziel: »Noch viele andere Zeichen tat Jesus, die nicht geschrieben sind in diesem Buch; diese aber sind geschrieben, damit ihr

Joh. 20, 30–31

glaubt, Jesus sei der Messias, der Sohn Gottes, und daß ihr durch den Glauben das Leben habt in seinem Namen.«

Indem der Jünger in seiner Schrift ein propagandistisches Ziel verfolgt – auf Jesus Christus hinweist –, folgt er dem Vorbild seines Meisters, der das Ziel der *ganzen* Schrift folgendermaßen beschrieb: »Ihr sucht in der Schrift, denn ihr meint, ihr habt das ewige Leben darin, und sie ist es, die von mir zeugt . . . Wenn ihr Mose glaubtet, so glaubtet ihr auch

Joh. 5, 39. 46

mir; denn er hat von mir geschrieben.«

Kein Wunder, daß die zuhörenden Jünger die ganze Bedeutung dieser Worte lange nicht fassen konnten. Nach der Auferstehung mußte Jesus sie wegen ihrer Trägheit tadeln, bevor er ihnen noch einmal – und diesmal deutlicher – zeigte, daß die ganze Botschaft der Bibel auf seine Person und sein Werk hinwies. »Und er fing an bei Mose und allen Propheten und

Luk. 24, 27

legte ihnen in der ganzen Schrift aus, was darin von ihm gesagt war.« Lukas weist nach, daß Jesus besonders jene Stellen des

Zwei Öllämpchen, wie sie in biblischer Zeit benutzt wurden. Die Bibel wird oft mit einer Lampe verglichen, mit einem Licht für den Weg.

Alten Testaments betonte, die von seinem Tod und seiner Auferstehung handelten. Jesus glaubte offenbar, daß es der wichtigste Zweck der alttestamentlichen Schriften war, auf ihn hinzuweisen. Praktisch bedeutete dies, daß Menschen durch Buße und Glauben Vergebung und Leben finden sollten, die er ihnen durch sein Sterben und seine Auferstehung ermöglichte.

Die Apostel zeigten in ihren Predigten und Schriften, daß sie schließlich doch begriffen hatten: Das wichtigste Anliegen der Bibel ist es, Menschen zu Jesus als dem Heiland zu führen. Petrus verkündigte: »Von diesem zeugen alle Propheten, daß durch seinen Namen alle, die an ihn glauben, Vergebung der Sünden empfangen sollen.« (Apg. 10, 43) Jakobus forderte seine Leser auf: »Nehmet das Wort an mit Sanftmut, das in euch gepflanzt ist, welches eure Seelen retten kann.« (Jak. 1, 21) Paulus erinnerte Timotheus daran: »Weil du von Kind auf die heilige Schrift kennst, die dich unterweisen kann zur Seligkeit durch den Glauben an Christus Jesus.« (2. Tim. 3, 15)

Die Bibel schafft eine Beziehung zu Gott

Martin Luther sagte, wie eine Mutter zur Wiege gehe, nur um ihr Kind zu finden, so gingen wir nur zur Bibel, um Christus zu finden. Es ist das Hauptanliegen der Bibel, die Menschen zu ihrem Erlöser zu führen, indem sie Glauben weckt. Darüber hinaus verwenden Petrus und der Verfasser des Hebräerbriefes jedoch den Vergleich von Geburt und Wachstum, um eine weitere Absicht der Schrift zu veranschaulichen. Diejenigen, die ihre Zuversicht auf Jesus als Erlöser gesetzt haben, sind »wiedergeboren aus dem lebendigen Wort Gottes, das bleibt« (1. Petr. 1, 23); aber wie alle neugeborenen Kinder sollen sie »begierig sein nach der vernünftigen, lauteren Milch« (1. Petr. 2, 2) des Wortes, wenn sie überleben und wachsen wollen. Und nach dem Säuglingsalter benötigen sie dann feste Nahrung, das »Fleisch« des Gotteswortes. (Hebr. 5, 12–14)

Der Wachstumsprozeß ist vor allem ein Wachsen in der Beziehung zu Gott. Es ist die Aufgabe der Bibel, das Kind Gottes mit der Erkenntnis des Vaters zu »füttern«. An dieser Speise soll sich das Kind freuen, und je mehr der Gläubige über Gott erfährt, desto lieber wird er die »Speise« des Wortes Gottes genießen. Deshalb sollte das Bibelstudium für den Christen nie zur lästigen Pflicht werden. Jeremia sagt: »Dein Wort ist meines Herzens Freude und Trost.« (Jer. 15, 15) Jede persönliche Beziehung wird durch das Gespräch vertieft, und der Christ vernimmt in der Bibel die Stimme des lebendigen Gottes, der ihn anredet. Diese Erfahrung ist, sagt der Psalmist, »süßer als Honig«. (Psalm 19, 10)

Kein Wunder, daß solche Aussagen an einen Liebesbrief erinnern: Die Beziehung des Gläubigen zu Gott ist ja eine Liebesbeziehung. Allerdings stellt Gott in seiner Liebe bestimmte Anforderungen. Wenn der Christ durch das Lesen der Bibel Gott und seinen Willen kennenlernt, muß er darauf praktisch und unsentimental reagieren. »Wer mich liebt«, lehrt Jesus, »der wird mein Wort halten, und mein Vater wird ihn lieben, und wir werden zu ihm kommen und Wohnung bei
Joh. 14, 23–24 ihm machen.«

Die Bibel rüstet aus für den Kampf

Wer Christ geworden ist, ist kein harmloser Spaziergänger, sondern steht auf Gottes Seite in einem lebenslangen Kampf. Er ist dazu aufgerufen, seinen Glauben Gegnern gegenüber zu verteidigen und unter Freunden zu verbreiten. In beiden Fällen – in der Defensive wie in der Offensive – ist die Bibel die
Eph. 6, 17 wichtigste Waffe. Sie ist das »Schwert des Geistes«, erklärt Paulus, mit dem der Christ feindliche Ideen bekämpfen und Gottes Wahrheit den Weg in die innerste Festung des
Hebr. 4, 12 menschlichen Willens freischlagen kann.

Jesus selbst gab uns in seinem eigenen Dienst das Vorbild für diesen praktischen Gebrauch der Bibel. Ehrliche Frager,
Mk. 12, 28–34 wie der Rechtsgelehrte, der ihn nach dem höchsten Gebot fragte, waren beeindruckt von seiner in der Bibel gegründeten
Matth. 19, 16–22 Lehre (wenn auch nicht alle, wie der reiche Jüngling zeigt, positiv reagierten). Genauso wehrte Jesus falsche Lehren, wie
Matth. 22, 23–33 die Einwände der Sadduzäer oder die heimtückischen Einflü-
Matth. 4, 1–11 sterungen des Erzfeindes in der Wüste, mit den Worten seiner Bibel ab. Biblische Worte sind keine magischen Beschwörungsformeln, aber weil hinter ihnen die Wirklichkeit Gottes steht, ist das Gotteswort eine mächtige Waffe, um des Menschen Überzeugung und Haltung zu beeinflussen. Jesus focht seine Schlachten mit seinen eigenen Worten und den Worten der Bibel, und er sandte seine Jünger aus, um seine Worte und die Worte der Schrift zu verkündigen.

Dies sollte den Christen anspornen, sich geradezu mit biblischer Lehre vollzusaugen. Wer z. B. nicht weiß, was die Bibel über die menschliche Natur lehrt, wird dem Humanismus des 20. Jahrhunderts nicht begegnen können. Wer unsicher ist über die Bedeutung von Christi Tod und Auferstehung, kann nicht erwarten, andere zu Jesus als ihrem Erlöser führen zu können. Daher betonen die jüngeren Bücher des Neuen Testaments so nachdrücklich, wer Christus treu dienen wolle, der müsse danach streben, Gottes Wahrheit zu erkennen und zu bewahren.

»Dies köstliche, anvertraute Gut bewahre durch den heiligen Geist, der in uns wohnt«, schreibt Paulus an Timotheus. »Und was du von mir gehört hast vor vielen Zeugen, das befiehl treuen Menschen an, die tüchtig sind, auch andere zu lehren.«

2. Tim. 1, 14; 2, 2

Die Bibel korrigiert unsere Lebensführung

1. Tim. 1, 18–19

Aber der Christ soll nicht nur die rechte Lehre, sondern auch das rechte Tun anstreben. Um »den guten Kampf zu führen« muß man »Glauben *und ein gutes Gewissen*« behalten. Beides ist untrennbar miteinander verbunden. Unrechtes Handeln führt unweigerlich zu einer Schwächung des Glaubens. »Gewisse Leute haben das gute Gewissen von sich gestoßen und dadurch am Glauben Schiffbruch erlitten« – dies ist ein Hauptthema der Bibel. Im Alten Testament geißelt Amos jene, die versuchen, unrechtes Handeln hinter einer religiösen Fassade zu verbergen. Jakobus entlarvt die, welche nur »Hörer des Wortes, aber keine Täter« sind. Jesus spricht im Gleichnis von den zwei Baumeistern am Schluß der Bergrede über dasselbe Thema.

Jak. 1, 22

Matth. 7, 24–27

Derselbe Druck, der den *Glauben* des Christen bedroht, kann ihn zu *moralischer* Laxheit verleiten; und die Bibel, seine wichtigste Waffe gegen falsche Lehren, ist auch sein wirkungsvollster Schutz gegen moralische Versuchungen. Sie zeigt, was gut und böse ist, so daß der Mensch, der sein Verhalten an den Maßstäben der Bibel mißt, von ihr »überführt« wird, wenn er im Unrecht ist, und dazu »erzogen« wird, den rechten Kurs einzuschlagen. Die Bibel wird ihm ferner helfen, seine moralische Schwäche zu überwinden, indem sie ihn ständig an die göttliche Kraft erinnert, die ihm zur Verfügung steht. »Denn Gott ist es, der in euch beides wirkt, das Wollen und das Vollbringen, zu seinem Wohlgefallen.« Wer die biblischen Verheißungen kennt und für sich in Anspruch nimmt, der kann einen Lebenswandel führen, zu dem er aus eigener Kraft nicht in der Lage wäre.

2. Tim. 3, 16

Phil. 2, 13

Die Gebote der Bibel stellen eher wichtige Leitlinien und Ideale dar als eine Sammlung von peinlich genauen, ausführlichen Vorschriften für das tägliche Leben. Sie zielen über das rechte Handeln hinaus auf die rechten Motive, und ihre Anwendung kann je nach der Situation von Person zu Person verschieden sein. Gut ist, was Gott gefällt, und deshalb hat nur der Christ ein »gutes Gewissen«, der sich nach besten Kräften bemüht, ihm zu gefallen. Aufgabe der Bibel ist es, eine solche Beziehung zu schaffen und aufrechtzuerhalten.

Siehe Röm. 14
Hebr. 13, 21

DIE BIBEL IST FÜR ALLE DA

Die Bibel ist nicht in einem geistlichen Geheimkode abgefaßt, der erst entschlüsselt werden muß. Sie ist verständlich genug, daß der einfachste Christ nach ihr leben kann, aber auch tiefsinnig genug, um den Geist des größten Gelehrten ein Leben lang zu beschäftigen. Die entscheidenden Voraussetzungen für ein nutzbringendes Bibelstudium sind eher geistlicher als verstandesmäßiger Natur.

Die Bibel ist nicht nur ein Buch der Vergangenheit. Sie wird heute in aller Welt von mehr Menschen gelesen als je zuvor.

Folgende Voraussetzungen nennt die Bibel selbst für ein fruchtbares Bibelstudium:

Die Bereitschaft zum Gehorsam

»Wenn jemand den Willen dessen tun will, der mich gesandt hat, der wird erkennen, ob diese Lehre von Gott sei, oder ob ich von mir selbst rede«, sagt Jesus. Dies ist eine wesentliche Vorbedingung, wenn die Bibel ihren ganzen Einfluß auf das Leben des Lesers ausüben soll. Die Bibel beherrscht nur der, der sich von ihr beherrschen läßt.

Joh. 7, 17

Konzentration

In der Bibel werden Ausdrücke gebraucht, die eine anhaltende Anstrengung bezeichnen (z. B. »forschen«, »prüfen«), um auszudrücken, wie die Schriften gelesen werden müssen. »Gib dir Mühe, daß du vor Gott mit deinem Tun bestehen kannst und dich als einer bewährst, der Gottes Botschaft unverfälscht weitergibt.«

2. Tim. 2, 15

Geduld

Durch Glauben und Geduld erlangt man die Verheißungen der Bibel. Die feste Überzeugung, daß man sich auf Gottes Wort verlassen kann, wird dem Gläubigen durch Zeiten der Verwirrung hindurchhelfen.

Hebr. 6, 12

Siehe Hebr. 11, 17–19

Ausdauer

Jesu Verheißung und Warnung: »Wer da hat, dem wird gegeben; wer aber nicht hat, dem wird auch das genommen, was er zu haben meint«, bezieht sich auf das Hören des Wortes Gottes. Dem beharrlichen Sucher schenkt die Bibel mehr und mehr von ihren Reichtümern.

Lk. 8, 18

Unterwerfung unter den Heiligen Geist

Als Jesus nach seiner Auferstehung seinen Jüngern begegnete, »öffnete er ihnen das Verständnis, daß sie die Schrift verstanden«. Er brachte das, was sie in ihrer Bibel lasen, in Bezug zu den aktuellen Geschehnissen. Mit Hilfe des Heiligen Geistes kann der Bibelleser die jahrhundertealten Lehren der Bibel auf das heutige Leben anwenden.

Lk. 24, 45

Siehe 1. Kor. 2, 9–16

Die praktische und geistliche Kraft der Bibel ist am besten in den Worten des Paulus formuliert: »Weil du von Kind auf die heiligen Schriften kennst, die dich unterweisen zur Seligkeit durch den Glauben an Jesus Christus. Denn alle Schrift, von Gott eingegeben, ist nütze zur Lehre, zur Aufdeckung der Schuld, zur Besserung, zur Erziehung in der Gerechtigkeit, daß ein Mensch Gottes vollkommen sei, zu allem guten Werk geschickt.«

2. Tim. 3, 15–17

Die Bibel – eine Bibliothek

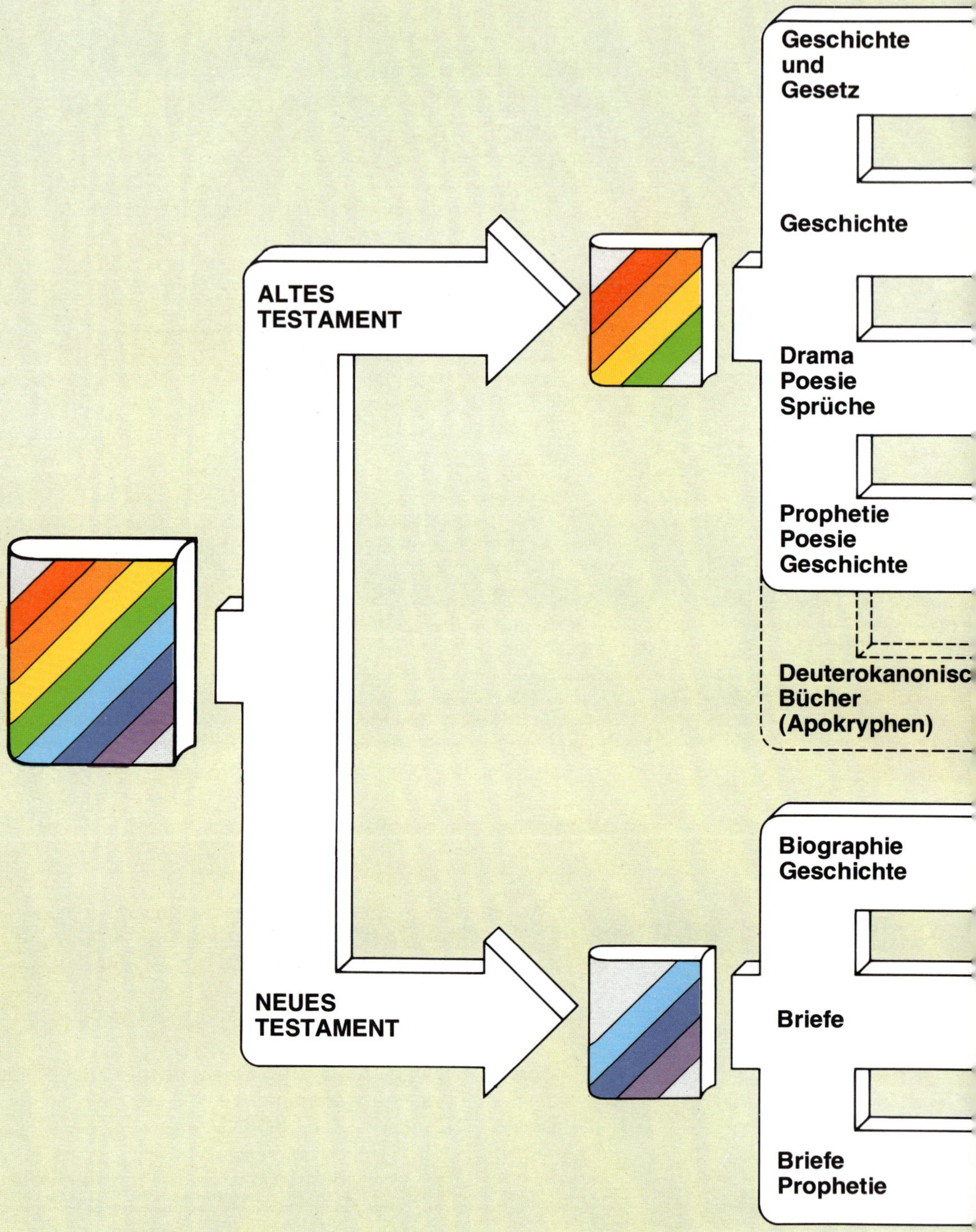

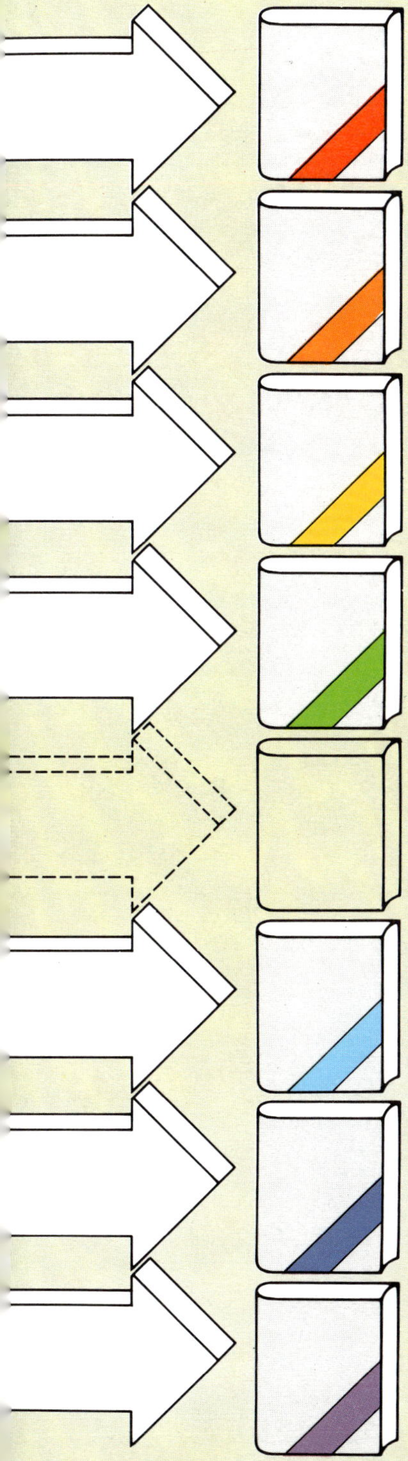

Der Pentateuch
1. Mose »Genesis«
2. Mose »Exodus«
3. Mose »Leviticus«
4. Mose »Numeri«
5. Mose »Deuteronomium«

Geschichte
Josua
Richter
Ruth
1. u. 2. Samuel
1. u. 2. Könige
1. u. 2. Chronik
Esra
Nehemia
Esther

Poesie und Weisheit
Hiob
Psalmen
Sprüche
Prediger
Hoheslied

Die Propheten
Jesaja
Jeremia
Klagelieder
Hesekiel
Daniel
Hosea
Joel
Amos
Obadja
Jona
Micha
Nahum
Habakuk
Zephanja
Haggai
Sacharja
Maleachi

3. u. 4. Esra
Tobit
Judith
1. u. 2. Makkabäer
Die Weisheit Salomos
Jesus Sirach
Baruch

Jesus und die frühe Kirche
Matthäus
Markus
Lukas
Johannes
Apostelgeschichte

Briefe
Römer
1. u. 2. Korinther
Galater
Epheser
Philipper
Kolosser
1. u. 2. Thessalonicher
1. u. 2. Timotheus
Titus
Philemon
Hebräer
Jakobus
1. u. 2. Petrus
1., 2. u. 3. Johannes
Judas

Offenbarung
Offenbarung

Wie, in welcher Form wurde es geschrieben?

GESCHICHTE/BIOGRAP

GESETZ

POESIE/WEISHEITSLITE

PROPHETIE

ALTES TESTAMENT

Die Bibel entstand vor Jahrhunderten und richtete sich zunächst an Menschen einer von der unseren stark unterschiedenen Kultur.

Mit Hilfe dieser Fragen – Schritte für ein besseres Verständnis – lassen sich auch folgende Fehler vermeiden, nämlich:

- Verse aus ihrem Textzusammenhang herauszureißen. Die Bibel ist kein Zauberkasten!
- eine Lehre auf einem einzigen, falsch verstandenen Vers aufzubauen. So entstehen häufig Sekten und Sonderlehren.
- die Bibel mit der Ausrede beiseite zu legen, sie sei zu schwierig, zu wenig aktuell.
- die Bibel bloß als Literatur, Geographie oder Geschichte zu lesen. Gewiß ist sie auch dies, doch es geht um weit **mehr:** entscheidend ist ihre Botschaft.
- die Bibel als magisches Buch, als Fabel- oder Märchensammlung zu betrachten. Sie entstand im wirklichen Leben, unter der Leitung Gottes, von echten Menschen geschrieben.

Um welchen Teil der Bibel handelt es sich?

NEUES TESTAMENT

Um welche Art Buch handelt es sich?

EVANGELIUM

APOSTELGESCHICHTE

BRIEF

OFFENBARUNG

Was geschah? Wo? Mit welchen Menschen? Verbindet der Erzähler eine bestimmte Absicht mit seinem Bericht?

Handelt es sich um allzeit gültiges moralisches Gesetz? Um Sozialgesetz oder Zeremonialvorschrift? Läßt sich in der Vorschrift ein allgemeines Prinzip erkennen?

Poesie ist nicht wie Prosa zu lesen! Ihre Sprache ist bilderreich. Statt des Reimes bedient sich die hebräische Poesie der Wiederholung, des Parallelismus.

Was ist der historische Hintergrund des Abschnitts? Welche dichterische Form hat der Prophet gewählt? Welche ursprüngliche Absicht verbindet sich mit dieser Prophetie?

Was hatte der Abschnitt den ursprünglichen Lesern und Hörern zu sagen? Was sagt er uns?

Vier Darstellungen von Jesu Leben und Lehre. Wird ein Ereignis berichtet oder ein Lehrstück (Gleichnis) erzählt?

Was geschah? Wird der Vorfall erwähnt, um eine bestimmte Wahrheit hervorzuheben?

Wer schreibt an wen – und warum? (Siehe dazu den Anfang des Briefes.) Welches ist das Hauptanliegen oder -thema des Briefes? Welchen Platz nimmt der Abschnitt darin ein?

Vor dem Hintergrund römischer Verfolgung bedient sich Johannes des ,,apokalyptischen" Stils, der alttestamentlich-poetischen Bildersprache. Dem einfühlsamen Leser erschließt sich das Allgemeingültige.

- Dient die Stelle dem besseren Verständnis einer bestimmten Lehre?
- Vermittelt sie uns eine vertiefte Erkenntnis Gottes, Jesu oder des Heiligen Geistes? Führt sie uns zu Anbetung und Gebet?
- Welche Konsequenzen ergeben sich aus diesem Abschnitt für mein persönliches Leben, für meine Gemeinde, für meine Umgebung?

Mit erstaunlicher Deutlichkeit spricht die Bibel auch in unsere Zeit hinein. Wer sie liest, stellt bald fest, daß sie größtenteils durchaus verständlich ist. Man muß sie nur lesen.

Bibel und Gesellschaft

Sir Frederick Catherwood

Gott schuf das Weltall. Er erhält es. Er sorgt für die ganze Menschheit und gab uns in der Bibel einen Maßstab für unser Leben.

Die Bibel zeigt uns, wie wir uns Gott und unsern Mitmenschen gegenüber verhalten sollen; weil Gott zeitlos ist, ist auch die Weisheit der Bibel zeitlos.

Die Bibel wendet sich nicht nur an den einzelnen, sondern ebenso an die Gesellschaft. Der christliche Glaube berührt nicht nur das private Verhalten und den Gottesdienst. Er ist auch eine Weltanschauung, die mit andern Weltanschauungen konkurriert. Die Systeme des Marxismus, Existentialismus, Rationalismus, Kapitalismus haben jeweils ein eigenes Menschen- und Weltbild und entsprechende moralische Maßstäbe. Wenn nun die christliche Lehre tatsächlich in der göttlichen Wirklichkeit gründet, dann ist sie jedem anderen System überlegen und bietet dem Menschen des 20. Jahrhunderts das an, was er braucht und wonach er sich sehnt.

DIE BIBEL BEFRIEDIGT GRUNDLEGENDE MENSCHLICHE BEDÜRFNISSE

Wenn Gott nicht existiert, kann es kein göttliches Gesetz geben. Ohne göttliches Gesetz müssen sich die Menschen selbst darüber zu verständigen versuchen, was gut und böse ist. Weil sie sich aber nicht einigen können, streiten sich Klassen und Nationen, und die Konflikte verschärfen sich, weil eine übergeordnete Autorität fehlt.

5. Mose 6, 24

Die Bibel erklärt, daß Gott zum Wohle der ganzen Menschheit ethische Grundregeln festlegte. Somit sind Regierende und Regierte gleicherweise ihm verantwortlich. Seine Maßstäbe gelten für alle Menschen.

Eine Grundlage für die Wissenschaft

Die Wissenschaft selbst ist auf dem Fundament der christlichen Lehre aufgebaut. Der Glaube an einen Gott der Ordnung, einen Gott der Vernunft, einen Gott der unabänderlichen Ratschlüsse, führte im 17. Jahrhundert zur Entwicklung der naturwissenschaftlichen Methoden. Wenn die Wissenschaft diese Grundlage verläßt, so geht sie einen Irrweg. Einige haben sie vergöttert, und viele verdammen sie in Bausch und Bogen. Ihre Zukunft liegt in der Rückkehr zur christlichen Grundlage.

Ein wirklichkeitsgetreues Menschenbild

1. Mose 3; Jer. 17, 9; Matth. 15, 18–19

Das Böse ist in unserer Welt nur zu offenbar. Weder die Erziehung noch eine bessere Umwelt können es abschaffen. Revolution und Regierungswechsel bedeuten oft nur den Eintausch eines Übels gegen ein anderes. Die Bibel erklärt dazu, das Böse trete nicht von außen an den Menschen heran, sondern stecke tief in seinem Inneren. Seit dem Sündenfall ist die menschliche Natur von einem dauernden, eingefleischten Hang zum Bösen geprägt. Das läßt sich weder durch Vernunft noch durch Gewalt ändern. Die Bibel lehrt ferner, daß Gott alle Menschen mit bestimmten Gaben, dem Gewissen (der Erkenntnis von Gut und Böse) ausgestattet und ihnen bestimmte Ordnungen (Familie, Staat, Kirche) gegeben hat, die das Gute fördern und das Böse hemmen.

Was ist der Mensch?

1. Mose 1, 26–31; Ps. 8, 4–9

Der Rationalismus unseres Jahrhunderts, der die ganze Kultur und Philosophie durchdringt, hat den Menschen zu einem bedeutungslosen Wesen degradiert, das nur dem Tod zusteuert. Aber die Menschen fühlen, daß es außerhalb von Raum und Zeit noch etwas geben muß. Sie tasten unwillkürlich nach der christlichen Wahrheit, wonach der Mensch nicht nur Körper, sondern auch Seele und Geist ist. Er ist nicht nur ein vergängliches Atom in einem überwältigenden All, sondern hat eine ewige Bestimmung.

DIE BIBEL UND DIE SOZIALORDNUNG

Die Bibel macht es uns möglich, uns selbst und die Welt, in der wir leben, zu verstehen und einzuschätzen. Aber sie äußert sich auch zu den praktischen Fragen, wie wir unser Leben gestalten und unsere Gesellschaft ordnen können.

Dabei beruft sich die Bibel immer wieder auf die ursprüngliche Schöpfungsordnung. Ihre Grundsätze finden sich im alttestamentlichen Gesetz und werden im Neuen Testament von Jesus selbst bestätigt und bekräftigt.

Hebr. 9

Das alttestamentliche Zeremonialgesetz verlor mit der Kreuzigung Jesu seine Bedeutung. Das zivile Gesetz galt unmittelbar nur für Israel als Nation und darf nicht aus diesem Zusammenhang gerissen werden, wenn auch viele seiner Grundsätze für die moderne Gesellschaft immer noch bedeutsam sind. Das ethische Gesetz des Alten Testaments behält hingegen auf ewig seine Gültigkeit. Die Menschen mögen ihre Gesetze ändern, Gott nicht. Zu diesem ethischen Gesetz gehören die Zehn Gebote. Christus erschien, um es zu erfüllen, nicht, um es aufzuheben. In der Bergrede enthüllte er seinen tieferen Sinn: Nicht nur die Tat des Ehebruchs sei ein

2. Mose 20; Matth. 5, 17–48

Viele biblische Gesetze regelten das Zusammenleben der Menschen in einer bäuerlichen Gesellschaft. In modernen Industriegesellschaften lassen sich dieselben Grundsätze anwenden.

Unrecht, sondern schon der lüsterne Blick. Das Moralgesetz war mit Spitzfindigkeiten und Heuchelei zugedeckt worden. Christus riß die Decke weg und stellte die Verpflichtungen des Menschen seinen Mitmenschen gegenüber ins Licht.

Das jüdisch-christliche Moralgesetz gilt nicht nur für alle Zeiten, sondern auch für alle Menschen. Die meisten Menschen glauben an Gut und Böse, Wahrheit und Trug, wenn sie auch die jüdisch-christlichen Normen als sehr hoch empfinden mögen.

Ein Gesetz zum Schutz des Schwachen

Das jüdisch-christliche Moralgesetz schützt die Schwachen vor den Starken, die Armen vor den Reichen. Es fordert Hilfsbereitschaft und verbietet Ausbeutung.

5. Mose 23, 19–20

Das alttestamentliche Gesetz verlangte z. B. vom Reichen, sein Vermögen dazu zu gebrauchen, seinem weniger glücklichen Nachbarn in seinen Schwierigkeiten beizustehen. Das Gesetz schützte Bauern, die kaum über das Existenzminimum verfügten und Hilfe brauchten. Bei schlechter Ernte bewahrte es sie vor dem wirtschaftlichen Zusammenbruch. Ohne ein solches Gesetz wären die Armen bald zu Leibeigenen der Reichen geworden. Diese hätten einen so hohen Zinsfuß festsetzen können, daß der arme Bauer sein Land verkaufen mußte, um zahlen zu können.

Die meisten sind damit einverstanden, daß das Moralgesetz den Schwachen schützt. Der Gewerkschaftler hegt den Verdacht, daß der Schwache in der kapitalistischen Marktwirtschaft an die Wand gedrückt wird. Der Arbeiter hängt natürlicherweise an einer Weltanschauung und Gesellschaftsordnung, die darauf hinzielen, dem Schwachen zu helfen.

3. Mose 25

Genau das war der Grundgedanke des Jubeljahres: dem Reichen sollte nicht erlaubt werden, sein Eigentum auf Kosten anderer zu mehren. So fand alle fünfzig Jahre eine Rückverteilung des Landes an die ursprünglichen Besitzer statt.

Der Begriff von Gesetz und Ordnung

Röm. 13, 1–7

Das Gesetz schützt die Gesellschaft vor dem Chaos. Die Staatsgewalt, sagt Paulus den Römern, ist von Gott verordnet, um das Gute zu erhalten und das Böse in Zaum zu halten.

2. Mose 21–22

Die im Alten Testament festgesetzten Strafen für Vergehen gegen Leib und Leben sind strenger als die Strafen für Eigentumsdelikte. Menschen sind wichtiger als Dinge – ein Grundsatz, den wir heutzutage nur zu oft vergessen.

Ein Verbrechen muß gerecht bestraft werden; aber der Verbrecher soll mit Erbarmen behandelt werden. So steht der Christ zwischen einer ›harten‹ und einer ›weichen‹ Auffassung von Strafe. Die alttestamentlichen Gesetze sollten vor allem sicherstellen, daß die Strafe nicht größer war als das Vergehen und in jedem Fall Selbstjustiz verhindert wurde. Christus selbst sagte zu der beim Ehebruch ertappten Frau, für deren Vergehen die Todesstrafe vorgesehen war: »Gehe hin und sündige hinfort nicht mehr.«

Joh. 8, 11

Anderseits darf der Christ beim Abwägen von Schuld und Strafe nicht von der Voraussetzung ausgehen, jedes Verbrechen sei eine Art von Krankheit und als solche heilbar. Die Bibel betrachtet Verbrechen – im Gegensatz zur Krankheit – als moralische Schuld, für die der Verbrecher die Verantwortung trägt. Das Bemühen des Christen um die Besserung des Verbrechers darf nicht so weit führen, das Vergehen zu ignorieren oder auf den Schutz der Gesellschaft vor dem Missetäter zu verzichten. Aber wenn die Strafe abgebüßt ist, hat der Verbrecher ein Anrecht auf die Hilfe der Gesellschaft, um ihm die Wiedereingliederung zu erleichtern.

Wenn man jeden objektiven moralischen Maßstab ablehnt, ist dem Unrecht Tür und Tor geöffnet. Wer will dann eine Mehrheit oder auch eine an der Macht befindliche Minderheit hindern, in subjektiver Willkür eine Gewaltherrschaft aus-

Die Naturwissenschaft wurzelt im christlichen Welt- und Naturbild. Viele glauben, daß sie auch in Zukunft nur von dieser Grundlage aus zuverlässige Aussagen machen kann.

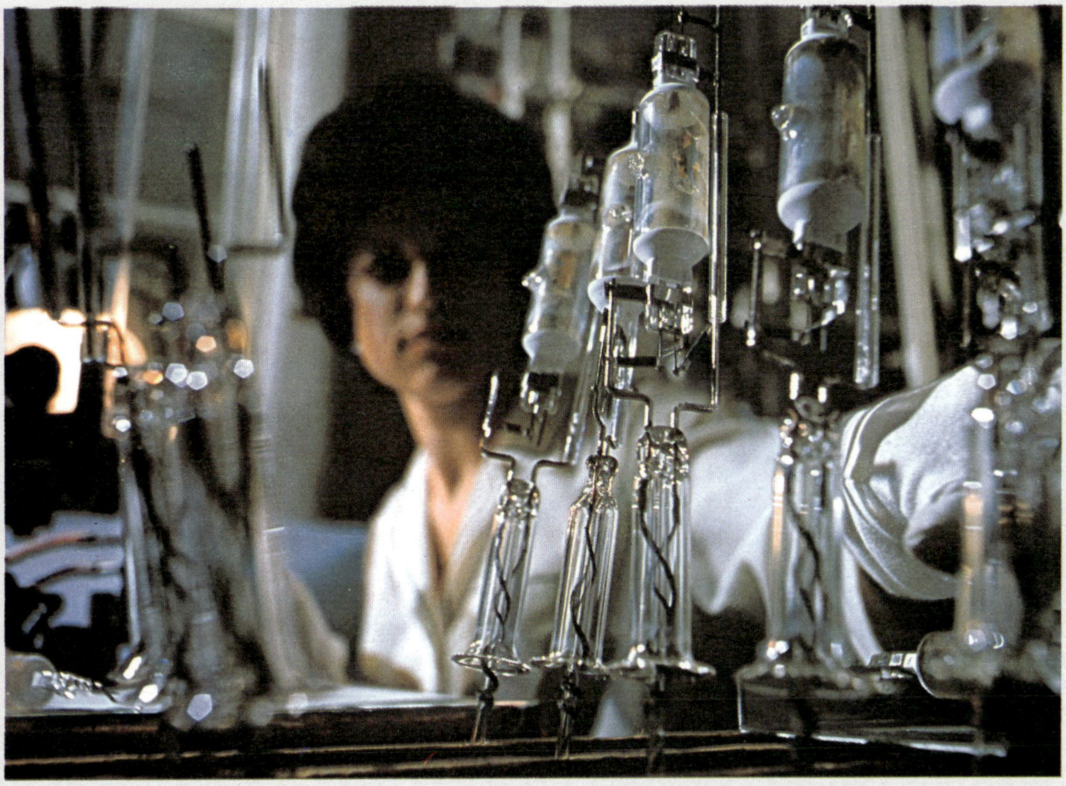

zuüben und Andersdenkende, »Kranke«, in Heilanstalten einzuweisen?

Schutz für die Familie

Das biblische Gesetz schützt die grundlegende Einheit der Gesellschaft, die Familie. Die Bibel hat viel über die Familie zu sagen, und das christliche Ideal unterscheidet sich auffallend von einigen verbreiteten Auffassungen.

Matth. 19, 5–6

Grundlegend für die christliche Ehe ist das Element der Dauer. Es verschafft den Partnern und den Kindern Sicherheit. Beziehungen können sich innerhalb eines sicheren Rahmens freier entwickeln, als wenn die Partner oder die Kinder ständig den möglichen Einsturz des ganzen Grundgefüges in Rechnung stellen müssen. Die aus Unsicherheit entstehenden Spannungen können den Einsturz beschleunigen, weil immer neue Eifersucht und Reibung entstehen.

»Wir passen nicht zusammen« ist für die Bibel kein Scheidungsgrund. In jeder Ehe gibt es Unstimmigkeiten. Aber die Bibel stellt die Ehe in einen größeren Zusammenhang. Sie ist nicht nur eine romantische Bindung zweier Individuen unter Ausschluß der übrigen Welt. Die weitere Familie von beiden Seiten, ja die ganze umgebende Gesellschaft spielt eine wichtige Rolle. Der weitere Familienverband (Sippe) kann Mann, Frau und Kinder vor der Beanspruchung und den Spannungen der heutigen winzigen Kernfamilie schützen, in der sich alle Bindungen an Onkeln, Tanten, Vettern, Kusinen und sogar an die Großeltern auf einen wöchentlichen Fernanruf beschränken.

Eph. 5, 21–33

Die christliche Norm ist die Ehe zwischen *einem* Mann und *einer* Frau, wodurch die Stellung der Frau in der Welt wesentlich verbessert worden ist. Wer die Zweckmäßigkeit der Monogamie in Frage stellt, beachte die Schwierigkeiten, in die etwa Jakob oder David durch ihre Polygamie gestürzt wurden. Der Mann soll für seine Frau sorgen. Er hat kein unumschränktes Verfügungsrecht über sie, obwohl er als Oberhaupt der Familie die entscheidende Stimme hat.

1. Mose 2, 24;
1. Kor. 6, 16

Für die Bibel gibt es im Grunde genommen keinen »vorehelichen Geschlechtsverkehr«. Zusammenleben in physischer Gemeinschaft *ist* Ehe. Beide Partner werden *ein* Fleisch. Darüber hinaus ist die Ehe natürlich eine soziale Angelegenheit, wie in der standesamtlichen Trauung deutlich wird. Der anscheinend einzige von Christus erlaubte Scheidungsgrund ist der Ehebruch eines Partners.

Matth. 19, 1–9

Sex ist nach biblischer Auffassung wesentlicher Bestandteil einer tieferen Verbindung. Er sollte der Ausdruck dauernder Achtung und selbstloser Liebe sein. Im Rahmen der Ehe vertieft die Sexualität Liebe und Achtung. Außerhalb dieses

Auch im Zusammenstoß mit den heutigen Ideologien erweist sich die Bibel als unerschütterlich, weil sie ewig gültige Aussagen über das Wesen und die Bestimmung des Menschen und der Gesellschaft macht.

Rahmens scheint sie die gegenteilige Wirkung zu haben, und die Frau ist infolge ihrer größeren Abhängigkeit gewöhnlich die Leidtragende.

2. Sam. 13

Promiskuität gab es immer unter den Menschen. Wie sähe es aber in unserer Gesellschaft aus, wenn Ehe und Familie aufgelöst würden? Das christliche Konzept der Ehe ist tragfähiger und lebensfreundlicher als jede andere Möglichkeit.

DAS ANGEBOT EINES NEUEN LEBENS

Diese praktischen Beispiele zeigen, welche Bedeutung die Bibel auch für den modernen Menschen in der heutigen Welt hat. Ihre Grundsätze sind vor allem von der Schöpfungsordnung bestimmt, und ihr Gesetz steht in Einklang mit dem Menschen und der Gesellschaft, so wie sie wirklich sind.

Aber die Bibel beschränkt sich nicht auf das Gesetz Gottes für die Menschheit. Der Mensch ist nämlich unfähig, diese Gesetze zu halten und seine Verfehlungen gegenüber dem heiligen Gott wiedergutzumachen. So soll das Gesetz nicht nur das Verhalten in einer unvollkommenen Welt ordnen, sondern gleichzeitig unsere Schwächen aufdecken und uns so zu Christus treiben.

Röm. 3, 9–26

Christus hat durch seinen Tod die Strafe für unsere Sünden auf sich genommen und bietet allen Menschen Vergebung und ein neues Leben an. So erfahren Menschen Vergebung. Sie erfahren Gemeinschaft mit Gott durch Gebet und Gottesdienst. Sie erfahren die Gegenwart des Heiligen Geistes, der ihr Leben ändert. Sie erfahren, daß Gottes Gesetze gut und wahr sind. Die Bibel bietet nicht nur eine realistische Diagnose der menschlichen Krankheit, sondern bietet gleichzeitig das Heilmittel an.

Bibel und christliche Lehre

Howard Marshall

Unser Glaube bestimmt unsere Lebensweise. Christen können deshalb nicht sagen: »Ich habe keine Zeit für die Lehre.« Die Lehre ist kein überflüssiger Luxus, denn als Christen sind wir Nachfolger Christi und möchten das tun, was er uns zu tun gebot. »Liebt ihr mich, so haltet meine Gebote!« sagte er. Dazu müssen wir fragen, was Jesus tatsächlich lehrte, was seine Apostel lehrten, wie sie sein Kommen, seinen Tod und seine Auferstehung erklärten und was dies für seine Nachfolger und seine Kirche bedeutet.

Wir müssen uns Jesu Stellung zur Bibel zu eigen machen. Die Bibel hat nicht nur im sog. religiösen Bereich etwas zu sagen, sondern sie will unseren Charakter und unser ganzes Leben prägen. Unser Glaube wird sich auf unseren Alltag, unsere Arbeit, ja auf unsre ganze Wertordnung auswirken. Deshalb brauchen wir ein Glaubensgebäude, ein Lehrsystem, das der Lehre Jesu und der ganzen Bibel entspricht.

DIE QUELLE DES CHRISTLICHEN GLAUBENS

Die Bibel ist der Bericht über das, was Gott über Jahrhunderte hinweg an Menschen getan und mit Menschen geredet hat. Sie ist ein geschichtlicher Abriß, keine planmäßige Darstellung einer Lehre.

Wollen wir also wissen, was die Bibel über bestimmte Themen (wie »Gott«, »Mensch«, »das Böse« oder »die Kirche«) lehrt, müssen wir die Aussagen aus verschiedenen Teilen der Bibel zu einem ganzen Bild zusammensetzen. Dann sehen wir die Gesamtsumme einer Offenbarung, die »auf mancherlei Weise« geschehen ist, wie sich der Verfasser des Hebräerbriefes ausdrückt.

Vom Alten zum Neuen Testament

Eine wesentliche Frage ist die Beziehung verschiedener Teile der Bibel zueinander. Das Alte Testament ist ohne das Neue unvollständig. Es gibt eine fortschreitende Offenbarung Gottes, die in der Person Jesu Christi gipfelt.

Das Neue Testament muß folglich in allen Fragen das letzte Wort haben. Die Aussagen des Alten Testaments dürfen nicht isoliert, sie müssen im Zusammenhang der ganzen Gottesoffenbarung gesehen werden.

Dasselbe müssen wir beim Lesen des Neuen Testaments beachten. Das Hauptthema der Evangelien z. B. bildet die Beziehung der Jünger zu ihrem Meister. Für eine umfassende Lehre über das christliche Leben sind wir zusätzlich auf die übrigen Schriften des Neuen Testaments angewiesen, nämlich ihr Zeugnis über unsere Beziehung zu dem gekreuzigten und auferstandenen Heiland.

Ebenso einseitig wäre es, nur die Aussagen der Briefe über die geistliche Verbindung mit Christus zu betonen und darüber zu vergessen, welche ganz praktischen Gebote Jesus seinen Jüngern nach Aussage der Evangelien gab. Wir müssen also die biblische Lehre in ihrem Gesamtzusammenhang aller ihrer Teile sehen, wobei wir das Neue Testament als maßgebend betrachten, es jedoch vom Alten Testament her zu verstehen suchen.

Text und Kontext

Wir müssen uns davor hüten, einen Text aus seinem Zusammenhang herauszureißen und ihn so deuten, wie es uns paßt. Die Bibel ist keine Sammlung zeitloser Wahrheiten, die ohne Rücksicht auf ihren ursprünglichen Zusammenhang willkürlich zusammengespannt werden können. Die Bedeutung einer Aussage wird vom Textzusammenhang mitbestimmt. Einen Bibelvers dürfen wir nur dann zur Stützung einer bestimmten Lehraussage verwenden, wenn der Textzusammenhang dies rechtfertigt.

WORTE UND DENKFORMEN

Als Johannes seinen Zeitgenossen schrieb: »Das Wort ward Fleisch«, konnte er ein gemeinsames Verständnis der Ausdrücke »Wort« und »Fleisch« voraussetzen. Die Begriffe drückten zu seiner Zeit genau das aus, was er sagen wollte.

Aber diese Wörter können im modernen Sprachgebrauch eine ganz andere Bedeutung angenommen haben. Wir dürfen deshalb nicht einfach die biblischen Ausdrücke und Begriffe wiederholen, ohne ihren Bedeutungswandel zu berücksichtigen. So haben wir die zusätzliche Verpflichtung, die biblischen Aussagen neu zu formulieren, damit der heutige Mensch ihre ursprüngliche Bedeutung versteht. Wenn einzelne biblische Wörter und Wendungen unverständlich geworden sind, müssen wir sie durch

»Laßt euch nicht von der Welt in ihre eigene Form pressen«, schrieb Paulus den Römern (12, 2; Phillips). Unser Glaube prägt unseren Lebensstil wie die Form (links) die Figur (rechts) prägt.

neue ersetzen, die das Gemeinte möglichst genau und verständlich wiedergeben.

Eine Arbeit für Experten?

Das alles sollten wir bei unserer Beschäftigung mit der Bibel bedenken, sollten anderseits jedoch die Schwierigkeiten nicht überschätzen.

Die Bibel wurde nämlich für gewöhnliche Menschen geschrieben. Das meinten die Reformatoren, wenn sie von der »Klarheit« oder »Durchschaubarkeit« der Heiligen Schrift sprachen. Die Bibel ist so verständlich, daß keine besonderen Kenntnisse notwendig sind, um ihr Grundanliegen zu verstehen.

Anderseits haben sich im Laufe der Jahrhunderte großartige Gelehrte um die Auslegung der Bibel verdient gemacht. Es wäre kurzsichtig und dumm, sich nur mit den eigenen Einsichten zu begnügen und die Erkenntnisse so vieler anderer Christen zu übergehen. Deshalb sollten wir unsere eigene Bibelauslegung an der allgemein anerkannten Dogmatik messen bzw. uns diese Dogmatik zu eigen machen, indem wir sie anhand der Heiligen Schrift überprüfen.

BIBLISCHE LEHRE UND MODERNES DENKEN

Wenn die Lehre der Bibel in eine zusammenhängende, systematische Form gefaßt worden ist, bleibt ein weiterer Schritt zu tun. Die Bibel stellt das Gotteswort dar, wie es an die Menschen bestimmter Zeitepochen mit ihren Problemen und Nöten ergangen ist. Sie befaßt sich nicht mit der Gesamtheit menschlichen Forschens und Wissens, und es wäre unvernünftig, dies von ihr zu erwarten.

Deshalb müssen wir die biblischen Aussagen und die menschlichen Erkenntnisse in Beziehung zueinander setzen.

Wissenschaftliche Erkenntnisse

Wenn die Bibel z. B. berichtet, daß Gott das Universum geschaffen hat, dann tut sie das nicht als naturwissenschaftliches Lehrbuch. Ihre Aussagen über die Schöpfung müssen in Beziehung zu den Ergebnissen der Naturwissenschaft gesetzt werden. Alle Wahrheit ist von Gott. Gott, der durch die ›besondere Offenbarung‹ in der Bibel redet, redet auch in der ›allgemeinen Offenbarung‹, die der naturwissenschaftlichen Forschung zugänglich ist. Der Bibel kommt in ihrem Zeugnis über das Wesen und die Bestimmung des Menschen und in ihrem Urteil über die Welt und die Geschichte höchste Autorität zu. Nur so werden wir der Lehre Jesu und dem Anspruch der Bibel gerecht.

Der Mensch ist ein gefallenes Geschöpf, dessen Erkenntnisvermögen durch die Sünde geblendet wurde. Was die Wissenschaftler aussagen, kann daher falsch und unzulänglich sein oder sich auf falsche Voraussetzungen gründen. Aber auch als Christen sind wir nicht gegen Irrtümer gefeit und müssen deshalb bereit sein, unsere Auslegung des Bibelwortes kritisch in Frage stellen zu lassen. Wir müssen uns nach besten Kräften bemühen, das Wort Gottes klar und richtig zu hören und zu verstehen. Nur so könnten die Erkenntnis der Bibel und die der ›allgemeinen Offenbarung‹ in Einklang gebracht werden.

VOM GLAUBEN ZUM LEBEN

Wir können nur so viel von Gott erkennen, wie er uns offenbart. Wir haben keine Möglichkeit, ihn auf andere Weise kennenzulernen. Wir wissen nur das von Jesus Christus, was uns die Bibel berichtet. Nirgendwo erfahren wir mehr über die Freude des christlichen Lebens, über das Leben und die Gemeinschaft in der Kirche, als in der Bibel.

So muß jeder Christ zu verstehen versuchen, was die Bibel über wichtige Themen aussagt (siehe Teil IV). Nur so ist es möglich, eine christliche Lebensgrundlage zu finden. Denn was wir glauben, wird sich, wie eingangs gesagt, zwangsläufig in unserem täglichen Leben auswirken.

Texte und Übersetzungen

Donald Guthrie

Unsere Bibel ist eine Sammlung von 66 Büchern. Ihre Entstehung erstreckt sich über Hunderte von Jahren. Die Geschichte der Entstehung und Überlieferung der biblischen Bücher wie die ihrer Auswahl für den biblischen Kanon ist faszinierend. Wir sollten sie kennen, denn schließlich ist die Bibel die Grundlage des Glaubens und der Lehre der christlichen Kirche.

DER TEXT DES ALTEN TESTAMENTS

Es ist schwierig, die Geschichte des alttestamentlichen Textes und der einzelnen Schriften zu erforschen, weil das vorhandene Material sehr alt ist. Außerdem zerstörten die Hebräer ihre alten Handschriften, wenn sie abgeschrieben worden waren. Bis zur sensationellen Entdeckung der Bibliothek von Qumran – der Rollen vom Toten Meer – im Jahre 1947 waren als älteste Handschriften Teile des Alten Testaments aus dem 9. Jahrhundert n. Chr. bekannt. Diese Manuskripte enthalten den sogenannten ›Masoretischen Text‹, der in seiner festen Gestalt um 500 n. Chr. herausgegeben wurde. Alle späteren Manuskripte stimmen weitgehend mit diesen Texten überein. Wir erkennen daran die Sorgfalt, mit der der hebräische Text abgeschrieben und überliefert wurde.

Die Funde von Qumran führen um weitere 1000 Jahre in das erste vorchristliche Jahrhundert zurück. Obwohl nur wenige alttestamentliche Bücher vollständig erhalten sind, haben selbst die Fragmente unschätzbaren Wert, denn sie bestätigen die sorgfältige Weitergabe des Textes. Keine Schrift des Altertums ist mit solcher Genauigkeit der Nachwelt überliefert worden wie die Bibel.

Natürlich heißt das nicht, daß es keine ungelösten Fragen gibt. An manchen Stellen läßt sich der ursprüngliche Text nur schwer erschließen – dem Herausgeber oder Abschreiber sind Schreibfehler unterlaufen, oder er hat sich Auslassungen oder Ergänzungen erlaubt. Die kritische Textarbeit sucht nun durch Vergleichung der verschiedenen Handschriften die ursprüngliche Textgestalt zu finden.

1947 fand ein Hirtenjunge in diesen Höhlen einen unermeßlichen Schatz: Die Rollen vom Toten Meer, Handschriften des AT und andere Schriften aus vorchristlicher Zeit. In der Nähe befinden sich die Ruinen von Qumran, des ›Klosters‹ einer jüdischen Sekte, die ihre Bibliothek wohl in den Höhlen vor den Römern versteckte.

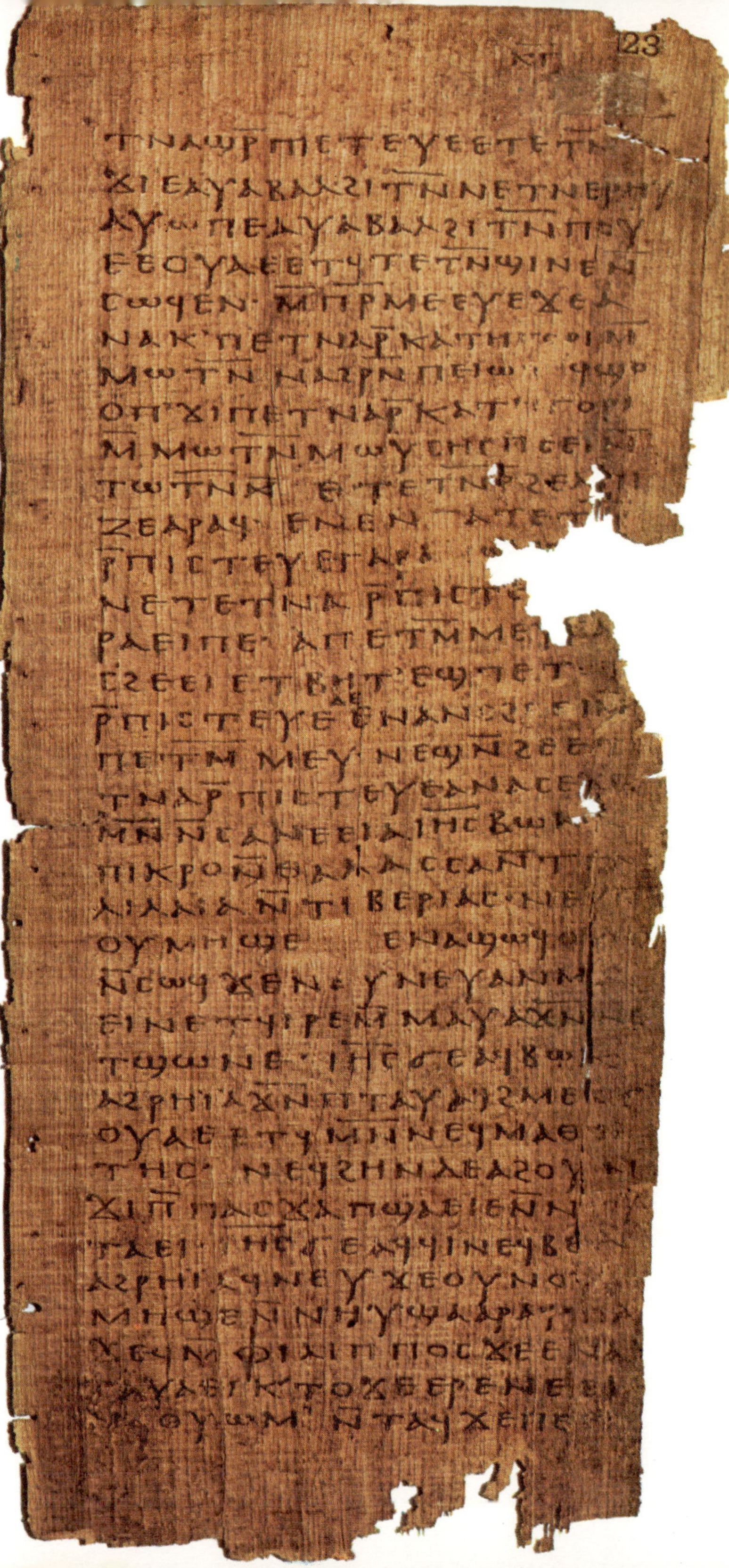
123

Die erste Bibelübersetzung

Für die Texterschließung bedeutet die frühe Übersetzung des Alten Testaments ins Griechische, die Septuaginta (LXX), eine vorzügliche Hilfe. Diese Übersetzung benutzten die griechisch sprechenden Juden zu Beginn der christlichen Zeitrechnung sowie die ersten Christen. Ihr Ursprung ist ungewiß; der Überlieferung zufolge entstand sie in der Zeit des Ptolemäus Philadelphus (285–246 v. Chr.) im ägyptischen Alexandrien.

Die Rollen vom Toten Meer enthalten auch die ältesten uns bekannten Handschriften von Teilen des Alten Testaments in Griechisch. Sie stimmen weitgehend mit dem Text der LXX überein, und manche Forscher haben die Frage aufgeworfen, ob es sich bei den Qumrantexten nicht um einen Vorläufer der LXX handle. Grundsätzlich wird jedoch dem hebräischen Text größeres Gewicht beigemessen als dem griechischen. Es mag allerdings Fälle geben, wo der griechische Wortlaut einen älteren Text bewahrt hat als die vorliegenden hebräischen Manuskripte.

Neben der LXX waren während der ersten Jahrhunderte des christlichen Zeitalters noch andere griechische Übersetzungen verbreitet. Origenes von Alexandrien stellte ein als *Hexapla* bekanntes Buch zusammen, in dem er nebeneinander den hebräischen und den LXX-Text, die Textversionen von Aquila, Symmachus und Theodotion und schließlich seine eigene Textrevision aufführte. In einem einzigen Fall konnte sich eine andere Version gegen die LXX behaupten: schon früh trat die Übersetzung des Buches Daniel durch Theodotion an die Stelle des viel schlechteren Originals in der LXX.

Als der christliche Glaube sich über die griechisch sprechende Welt hinaus ausbreitete, entstanden Übersetzungen ins Lateinische, Syrische und Ägyptische.

Papyrus mit dem Johannes-Evangelium aus dem 4. Jhd. (koptisch). Insgesamt sind 43 zweiseitig beschriebene Blätter erhalten – fast das ganze Evangelium.

DIE BILDUNG DES ALTEN TESTAMENTS

Die Geschichte der Entstehung des ›Kanons‹ (Sammlung anerkannter Bücher) des Alten Testaments ist schwer zu erhellen. Nachweisen läßt sich jedoch der Umfang des Alten Testaments unmittelbar vor Beginn unserer Zeitrechnung. Eine gut belegte jüdische Tradition besagt, daß der Schriftgelehrte Esra den Kanon zusammenstellte, obwohl Sammlungen des Pentateuchs (der 5 Bücher Mose) und einiger Propheten lange vor dieser Zeit vorlagen.

Die Bücher des hebräischen Kanons waren in drei Gruppen unterteilt: das Gesetz oder die Thora, die Propheten und die Schriften. Letztere enthielten die Weisheitsliteratur, einige historische Werke wie Esra, Nehemia und die Bücher der Chronik, sowie ein prophetisches oder apokalyptisches Buch, Daniel. Der Prolog zum Apokryphenbuch *Sirach* (etwa 130 v. Chr.) weist auf diese Dreiteilung hin. Die Schriftrollen von Qumran enthalten Bruchstücke aus allen alttestamentlichen Büchern (außer dem Buch Esther).

Josephus, der Historiker des ersten nachchristlichen Jahrhunderts, nennt 22 kanonische Bücher; die *Esra-Apokalypse* (etwa 100 n. Chr.) nennt 24. Wenn Josephus das Buch Ruth zu den Richtern und die Klagelieder zu Jeremia zählte, so stimmen beide überein. Die 24 Bücher des hebräischen Kanons entsprechen den 39 Büchern des griechischen Kanons, weil Samuel, Könige, Chronik, Esra-Nehemia und die zwölf kleinen Propheten in der hebräischen Bibel als nur je ein Buch zählen. Im Neuen Testament werden die meisten alttestamentlichen Bücher zitiert, woraus man schließen kann, daß Jesus den allgemein bei den Juden und bei Josephus anerkannten alttestamentlichen Kanon akzeptierte. Die sogenannten Apokryphen oder deuterokanonischen Bücher, die zwar im griechischen, nicht aber im hebräischen Kanon enthalten sind, werden von den verschiedenen Konfessionen unterschiedlich bewertet (vgl. S. 461ff).

DER TEXT DES NEUEN TESTAMENTS

Vom Neuen Testament besitzen wir Tausende von griechischen Handschriften. Das steht in einem eindrucksvollen Gegensatz zu den wenigen vorhandenen Manuskripten klassischer griechischer Autoren. Daneben gibt es zahlreiche Handschriften von Übersetzungen ins Lateinische, Syrische, Ägyptische und andere Sprachen. Ebenso finden sich häufig Zitate aus dem Neuen Testament in den Schriften der frühen Kirchenväter.

Viele der griechischen Handschriften enthalten eine Textfassung, die im 5. Jahrhundert zum Standardtext erklärt wurde. Manche Handschriften enthalten jedoch offenbar eine ältere Textform und sind deshalb besonders aufschlußreich. Die erste gedruckte Ausgabe des griechischen Textes veröffentlichte Erasmus von Rotterdam im Jahre 1516. Die Zuverlässigkeit des ›Standardtextes‹ wurde kaum in Frage gestellt, zumal er auch der lateinischen Bibel, der Vulgata, zugrundelag. Verschiedene im 16. und 17. Jahrhundert veröffentlichte Bibelausgaben wiesen dann allerdings auf Handschriften hin, die vom festgelegten Text abwichen. Die bemerkenswertesten unter diesen waren die Ausgabe des Stephanus (die Grundlage für die King James Version in England) und die von Elzevir, die zum maßgebenden kontinentalen Text wurde. Sie beanspruchte den Namen »Textus receptus« (allgemein angenommener Text).

Der Standardtext selbst blieb weitgehend unverändert, bis im 18. und 19. Jahrhundert Textkritiker seine Geschichte zu untersuchen begannen. Sie entdeckten, daß viele ältere Manuskripte von ihm abwichen. Der Theologe Albrecht Bengel stellte den Grundsatz auf, Alter und Qualität einer Handschrift seien viel wichtiger als die Zahl der Zeugen zugunsten einer bestimmten Lesart. Andere Gelehrte, wie Griesbach, teilten die Manuskripte aufgrund gewisser Merkmale in Gruppen ein. Dies führte zur Verwerfung des standardisierten Textes aus dem 5. Jahrhundert, der durch ältere Gruppen wie den Alexandrinischen und Westlichen Text ersetzt wurde.

Textvarianten

Die Handschriften wurden gewöhnlich von einer Gruppe von Schreibern angefertigt, denen der Hauptschreiber diktierte. Es ließ sich nicht vermeiden, daß sie sich gelegentlich verhörten und Fehler machten, die jedoch im allgemeinen schnell entdeckt wurden. Auch wenn ein Schreiber allein arbeitete und eine einzelne Abschrift eines Manuskripts anfertigte, konnte es vorkommen, daß er seine Vorlage mißdeutete und einen Fehler machte. Diese Handschriften waren wegen ihres großen Arbeitsaufwandes zu teuer für den allgemeinen Gebrauch und wurden der Verwendung durch Gruppen vorbehalten, wie dies lange in den christlichen Kirchen der Fall war.

In der frühen Kirche waren Handschriften in Form von Papyrus-, Leder- oder Pergamentrollen in Umlauf, wie sie seit Jahrhunderten benutzt worden waren. Aber sehr wahrscheinlich gingen die Christen schon früh, bereits im 2. Jahrhundert, zum ›Codex‹, der Buchform über, um das Nachschlagen zu erleichtern. Das ganze Neue Testament nimmt eine große Anzahl Rollen in Anspruch; es konnte aber in einem einzigen Codex Platz finden, wenn die kleinere Kursivschrift verwendet wurde.

Handschriften des Neuen Testaments

Unter den wichtigsten heute bekannten Handschriften befinden sich zwei Gruppen auf Papyrus geschriebener Manuskripte: die Bodmer-Papyri, wovon eines aus dem Ende des 2. Jahrhunderts stammt, und die Chester Beatty Papyri, die allgemein ins frühe oder mittlere 3. Jahrhundert datiert werden. Beide Gruppen sind unvollständig. Aber es gibt zwei während des 4. Jahrhunderts durch hauptberufliche Schreiber aus Alexandrien verfaßte Handschriften, die viel mehr aus dem Neuen Testament enthalten. Der Codex Sinaiticus, im Katharinenkloster am Sinai von Tischendorff entdeckt, enthält das ganze Neue Testament. Und der wenig ältere Codex Vaticanus reicht bis Hebräer 9, 13. Diese zwei Handschriften bildeten die Grundlage für den Text, der von den im 19. Jahrhundert lebenden Gelehrten Westcott und Hort erstellt wurde. Die oben erwähnten Papyrus-Manuskripte waren damals noch nicht bekannt, wurden aber in den neusten Textausgaben, etwa dem in vielen Auflagen erschienenen Griechischen NT von Nestle, berücksichtigt.

Zweieinhalb Jahrhunderte sorgfältiger Arbeit haben einen Text des Neuen Testamentes erschlossen, der dem Urtext weitgehend nahekommt. In wenigen Fällen gibt es noch Zweifel über den genauen Wortlaut des Textes, aber diese Stellen sind unbedeutend und berühren nicht das Wesen der neutestamentlichen Lehre.

DIE BILDUNG DES NEUEN TESTAMENTS

Es ist faszinierend, das Neue Testament, wie wir es heute kennen, bis zu seinen Anfängen zurückzuverfolgen. Wir haben nur wenige frühe Belege, aber es ist trotzdem nicht schwierig, die Art seiner Bildung zu rekonstruieren. Das Alte Testament wurde in den frühkirchlichen Gottesdiensten regelmäßig gelesen, und es war nur natürlich, eine Lesung aus irgendeiner authentischen Urkunde über das Leben und den Tod Jesu Christi anzuschließen. In der ersten Zeit konnten die Apostel mündlich Zeugnis ablegen, aber nach ihrem Tod benötigte die Kirche eine schriftliche Aufzeichnung ihrer Aussagen. Ihre Briefe wurden den Evangelien beigefügt, weil sie Anweisungen für das Verhalten und den Lebenswandel des Christen gaben. Die Apostelgeschichte, als einziger authentischer Bericht über die Anfänge der Christenheit und Fortsetzung des Lukas-Evangeliums, wurde ebenfalls einbezogen. Die Offenbarung des Johannes muß in Zeiten der Verfolgung ebenfalls ein starkes Echo gefunden haben.

Aber wie wurde der neutestamentliche Kanon abgegrenzt? Viele Indizien liefern uns ein Bild der Lage am Ende des 2. Jahrhunderts. Damals waren unsre vier Evangelien – und nur diese vier – im allgemeinen Gebrauch. Irenäus, ein früher Kirchenvater, der Beziehungen zu östlichen und westlichen Kirchen hatte, läßt keinen Zweifel aufkommen über das ›vierfache‹ Evangelium. Tertullian und andere Kirchenväter bestätigen dies. Daneben war zwar viel gefälschte Literatur im Umlauf (zum Teil von Häretikern), die auch ›Evangelien‹ enthielt, doch wurden von der rechtgläubigen Kirche keine anderen Evangelien als heilige Schriften anerkannt, als die des Matthäus, Markus, Lukas und Johannes. Am Ende des 2. Jahrhunderts waren die vier Evangelien und die Apostelge-

Eine Handschrift in Nestorianisch-Syrischer Schrift aus dem frühen 13. Jahrhundert. Sie enthält die Peschitta (Neues Testament in einfacher Sprache). Vermerkt sind darin nicht nur ihre Besitzer, sondern auch ihr Schreiber, ›ein schwacher Mensch, der Sünder Marcos von Jarija‹.

schichte unbestritten ›anerkannte‹ heilige Schriften. Es besteht auch kein Zweifel daran, daß die dreizehn Briefe des Paulus zu dieser Zeit die gleiche Anerkennung wie die Evangelien besessen haben.

Der Kanon als Notwendigkeit der Kirche

Für die übrigen Bücher des Neuen Testamentes (außer 1. Petrus- und 1. Johannesbrief) gibt es weniger Belege. Und im Mittelpunkt des Ringens um den Kanon im 3. und 4. Jahrhundert stand denn auch die Stellung dieser restlichen Bücher. Das Buch der Offenbarung wurde gewiß im 2. Jahrhundert benutzt, aber Belege dafür finden sich erst im 3. Jahrhundert. Der Hebräerbrief war schon sehr früh bekannt und in kirchlichem Gebrauch; Clemens von Rom zitiert ihn etwa 95 n. Chr.

Origenes glaubte nicht, daß er von Paulus verfaßt sei, ließ ihn aber als apostolische Schrift gelten. In der Westkirche wurde er erst im 4. Jahrhundert allgemein anerkannt. Viele betrachteten ihn als paulinisch, einige Kirchenväter jedoch, unter ihnen Augustinus, waren der gleichen Ansicht wie Origenes. In unserer Zeit wird diese Auffassung fast einstimmig geteilt: er wird einem dem Paulus nahestehenden Mitarbeiter zugeschrieben.

Die ›allgemeinen‹ oder ›katholischen‹ Briefe, 2. Petrus, 2. und 3. Johannes, Jakobus und Judas, stießen in einigen Kirchen auf heftigen Widerstand. Es scheint, daß eher ihr Inhalt als ihr Ursprung angefochten wurde. Die Auswahl der kanonischen Bücher wurde weitgehend durch ihre Eignung für die öffentliche Lesung im Gottesdienst beeinflußt, und es ist leicht zu erkennen, weshalb diese kurzen Briefe sich zu diesem Zweck weniger eigneten.

Bisher wurde noch nichts von den Konzilien gesagt, weil sich das erste Konzil erst zum Kanon äußerte, als er sich schon allgemein in den einzelnen Gemeinden durchgesetzt hatte. Die vom Konzil von Laodizea (363 n. Chr.) aufgeführten und vom Konzil von Karthago (367) bestätigten Schriften sind mit unserem Neuen Testament identisch (mit der Ausnahme, daß das erstere das Buch der Offenbarung nicht erwähnte). Der neutestamentliche Kanon entstand in den Gemeinden und im Einklang mit ihren Erfordernissen. Das wichtigste Auswahlkriterium war die »Apostolizität«, die Überzeugung, daß diese Bücher die Einstellung des apostolischen Zeitalters wiedergaben. In diesem Sinne haben auch verschiedene Konzilien den so entstandenen Kanon für verbindlich erklärt.

ÜBERSETZUNGEN

Im Mittelalter war die lateinische Vulgata die offizielle kirchliche Ausgabe. Aber mit der Reformation entstand der Wunsch, die Bibel in die verschiedenen nationalen Sprachen zu übersetzen, so daß das Volk sie verstehen konnte. Es entstand auch ein neues Interesse an den Sprachen, sowie der Wunsch, Neuübersetzungen auf den Originaltext zu gründen. Die Übersetzung Luthers wurde von den deutschen Lutherischen Kirchen übernommen. Ebenso gab es Übersetzungen in die anderen europäischen Sprachen.

Deutsche Bibelübersetzungen

Im ausgehenden Mittelalter existierte eine Anzahl deutscher Bibelübersetzungen. So sind vor Luther etwa 30 verschiedene Übersetzungen der Bibel oder ihrer wichtigsten Teile ins Deutsche bekannt. Doch wurden sie nicht aus dem Grundtext, sondern von der lateinischen Vulgata übersetzt.

Im September 1522 erschien Martin Luthers erste Übersetzung des Neuen Testaments, das sogenannte September-Testament, das kurz hintereinander mehrere Auflagen erlebte. Erst 1532 kamen das Alte Testament und 1534 auch die Apokryphen heraus. Bis zu seinem Tode hat Luther allein 22 Ausgaben des Neuen Testaments betreut, und bis 1546 sind in Deutschland über 250 verschiedene Ausgaben der Bibel und Bibelteile in der Lutherübersetzung gedruckt worden. Seither erfuhr die Lutherbibel

Licht für die Welt

Die ersten Bibelübersetzungen
in den wichtigsten Sprachen.
Teilübersetzungen oder vorläufige
Übersetzungen in Klammern

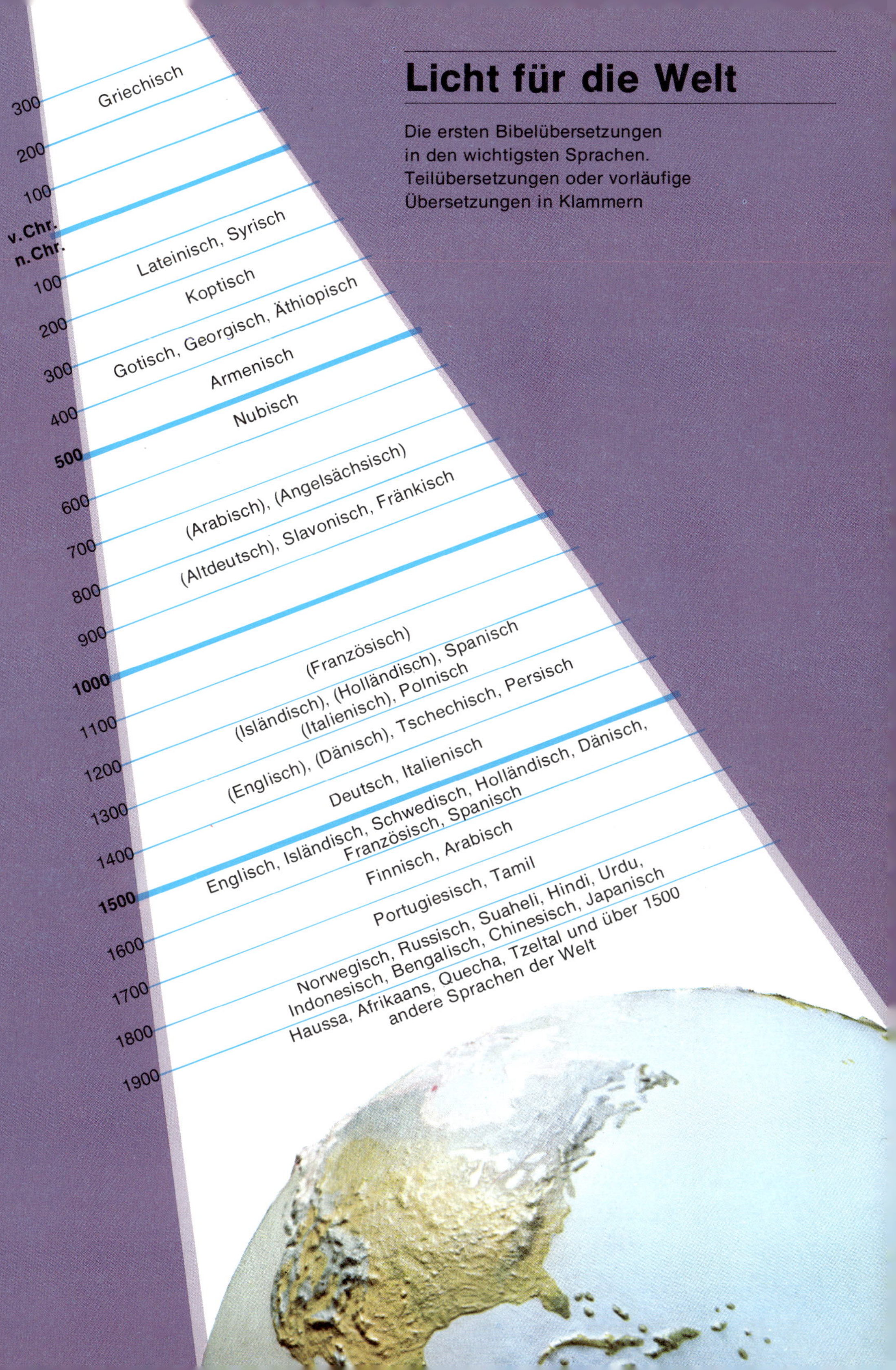

ständig neue Revisionen. Die Reformation Zwinglis brachte die Zürcher- oder Zwinglibibel. Im Jahre 1524 erschien das Zürcher Neue Testament, das mehr dem alemannischen Dialekt angeglichen war. Es folgten nun einzelne Teile des Alten Testaments, bis dieses 1531 vollständig übersetzt war.

Unter den späteren Übersetzungen sind die folgenden schon als klassisch zu bezeichnen. Im Jahre 1871 gaben J.N.Darby, Carl Brockhaus u.a. die sogenannte Elberfelder Bibel heraus, die wegen ihrer Worttreue geschätzt wird. Die 1926 erschienene Übersetzung von Hermann Menge zeichnet sich durch philologische Genauigkeit und verständliches Deutsch aus.

Von katholischer Seite sind seit der Reformation folgende Bibelausgaben erschienen: H.Emser (1527, Neues Testament), J.Dietenberger (1534), J.Eck (1537) und C.Ulenberg (1630). Von den zahlreichen katholischen Übersetzungen hat die von F.J. von Allioli (1830–37) die größte Bedeutung erlangt.

Ein handgeschriebenes Neues Testament aus dem Jahre 1420. Es enthält die Übersetzung des Oxforder Gelehrten John Wycliffe. Seine geistigen Erben, die Wycliffe Bibelübersetzer, bemühen sich heute, die Bibel in alle Sprachen der Welt zu übersetzen.

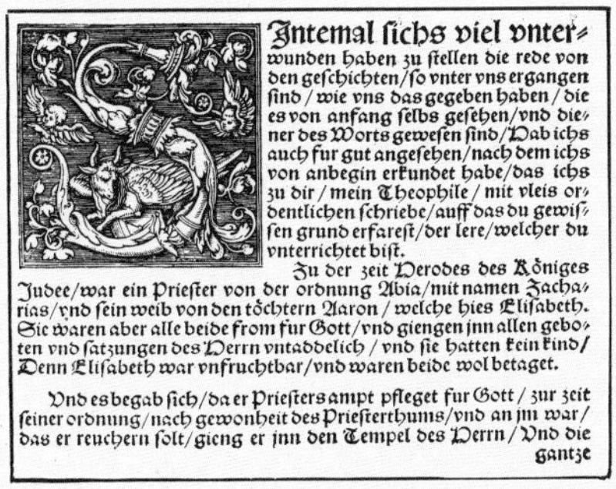

Sintemal sichs viel vnter= wunden haben zu stellen die rede von den geschichten/so vnter vns ergangen sind / wie vns das gegeben haben / die es von anfang selbs gesehen/vnd die= ner des Worts gewesen sind/Dab ichs auch fur gut angesehen/nach dem ichs von anbegin erkundet habe/das ichs zu dir / mein Theophile / mit vleis or= dentlichen schriebe/auff das du gewis= sen grund erfarest/der lere/welcher du vnterrichtet bist.

Zu der zeit Herodes des Königes Judee/war ein Priester von der ordnung Abia/mit namen Zacha= rias/vnd sein weib von den töchtern Aaron / welche hies Elisabeth. Sie waren aber alle beide from fur Gott/vnd giengen jnn allen gebo= ten vnd satzungen des Herrn vntaddelich / vnd sie hatten kein kind/ Denn Elisabeth war vnfruchtbar/vnd waren beide wol betaget.

Vnd es begab sich/da er Priesters ampt pfleget fur Gott / zur zeit seiner ordnung/nach gewonheit des Priesterthums/vnd an jm war/ das er reuchern solt/gieng er jnn den Tempel des Herrn / Vnd die gantze

Im September 1522 erschien Martin Luthers erste Übersetzung des Neuen Testaments, das sogenannte September-Testament, das kurz hintereinander mehrere Auflagen erlebte.

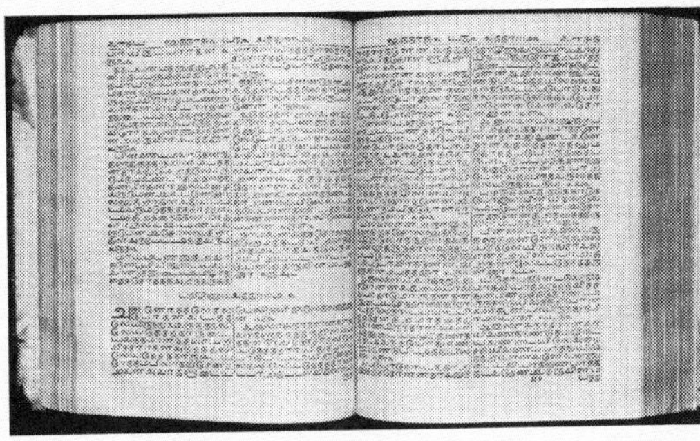

Die erste Ausgabe eines Neuen Testamentes in einer Sprache Indiens (Tamil). Sie wurde 1714–15 von Bartholomäus Ziegenbalg und Johann Ernst Gründler übersetzt.

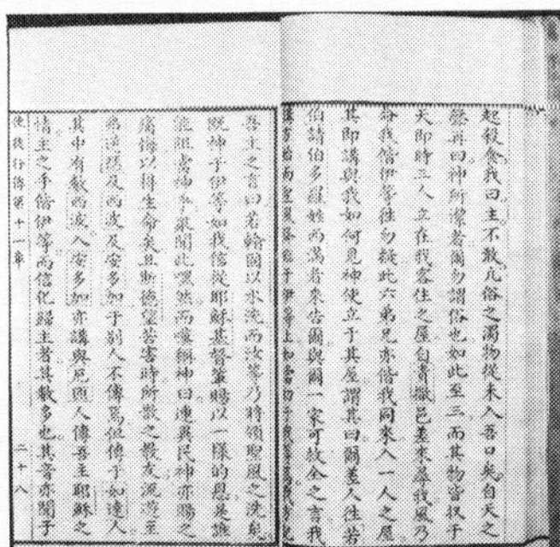

Ins Chinesische wurde die Bibel erstmals von Robert Morrison und William Milne übersetzt. Diese Ausgabe der Apostelgeschichte entstand schon früher, 1810.

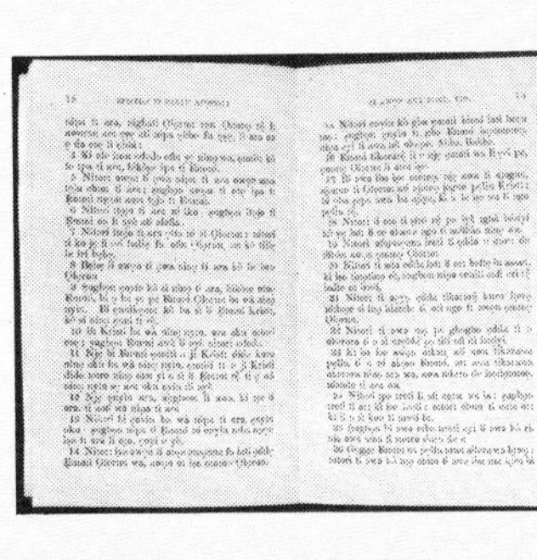

Die erste Ausgabe des Römerbriefes in Joruba, einer im südwestlichen Nigeria gesprochenen Sprache. Die Übersetzung stammt aus dem Jahre 1850, und einer der Übersetzer, Samuel Adjai Crowther, wurde später Bischof von Niger.

Deutsche Bibelübersetzungen und ihre Vorlagen

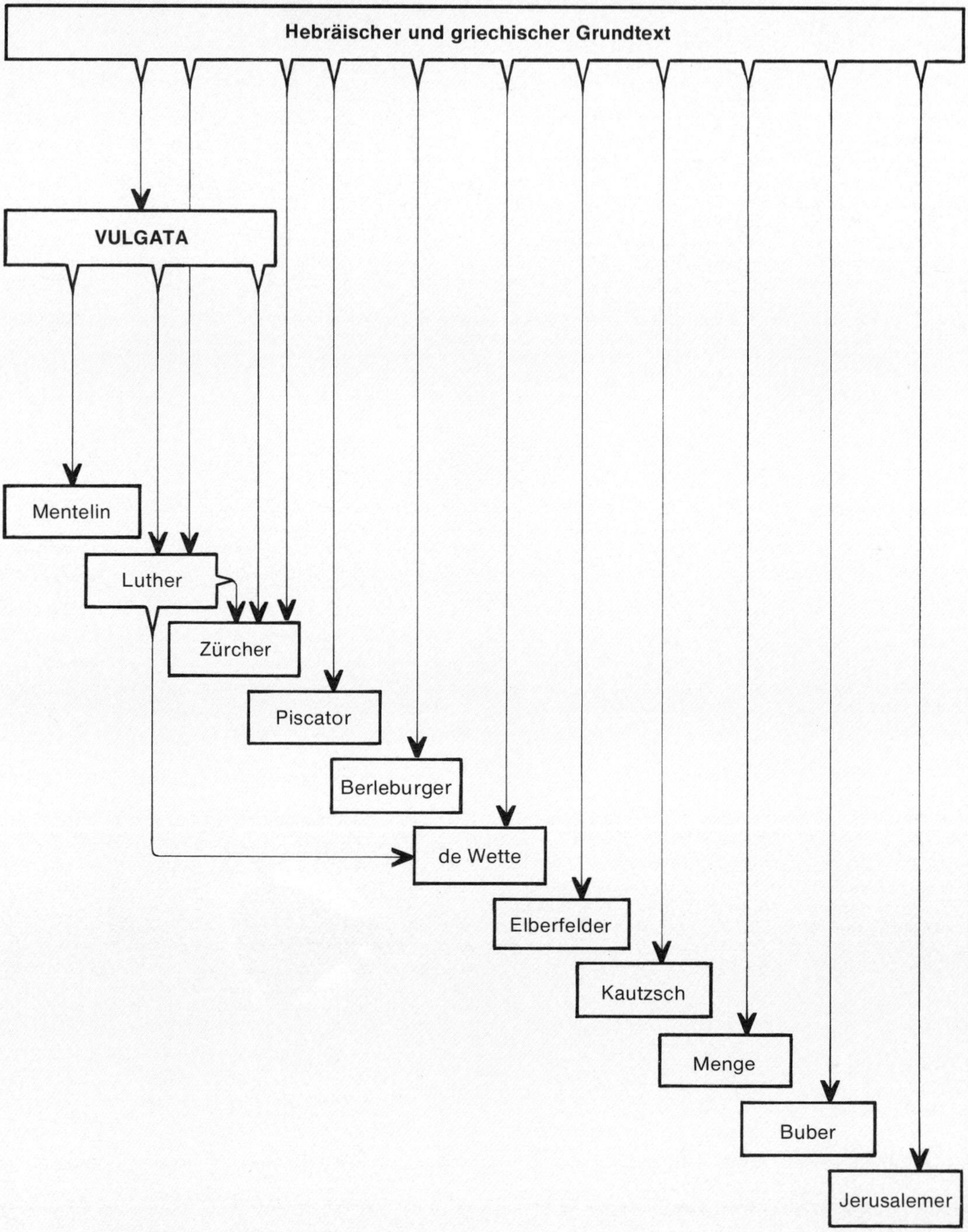

Neue Bibelübersetzungen

Die Übersetzung der Bibel durch **D. Martin Luther**, die im deutschen Sprachgebiet am weitesten verbreitet ist, geschah vor 450 Jahren. Seit dieser Zeit hat sich die deutsche Sprache in ihrem Wortbestand und ihrer Grammatik verändert. Die Arbeit am Grundtext der Bibel hat zu neuen Erkenntnissen geführt. Daher war es nötig, die Übersetzung Luthers der jeweiligen Sprachform anzugleichen, ohne ihren Stil zu verändern. Das ist durch wiederholte **Revisionen** geschehen. Abgesehen von geringeren Revisionen, die fast nur den Ersatz nicht mehr gebrauchter Wörter betrafen, fand 1892 eine weitergehende Revision ihren Abschluß, die auch den Text an einigen wenigen Stellen dem damals gültigen Grundtext anglich. Eine gründlichere Revision ist seit 1921 im Gang, die tiefer in den Luthertext eingreift und außer sprachlichen Veränderungen auch die neuen theologisch-exegetischen Erkenntnisse berücksichtigt. Die Revision des Neuen Testaments lag 1956 vor, die des Alten Testaments 1964. 1975/83 wurde das NT erneut revidiert.

Bei den neuen Bibelübersetzungen benutzen einige Übersetzer eine literarische Sprache, bei der theologische Begriffe verwendet werden (**Kautzsch-Bibel; Jerusalemer Bibel; Einheitsübersetzung**).

Andere benutzen ein allgemeines Deutsch (**Bruns, Pfäfflin, Zink, Gute Nachricht**), das dem geschriebenen und gesprochenen Deutsch gleich nahe steht. – Einige Übersetzungen sind bestrebt, die besondere Sprachform und Meinung des Grundtextes genau zu erhalten; andere wollen so nahe wie möglich bei den Wörtern und der Satzkonstruktion des Grundtextes bleiben. – Einige Übersetzer wollen die literarische Form des Grundtextes erhalten, z.B. poetische Stücke als solche im Druck kenntlich machen. – Einige Übersetzungen sind von einem Übersetzer allein angefertigt worden; an anderen Übersetzungen haben mehrere Übersetzer zusammengearbeitet. – Einige Übersetzungen sind angefertigt worden, um an besonderen theologischen oder sprachlichen Traditionen festzuhalten.

Die wichtigsten im deutschen Sprachgebiet gebrauchten Bibelübersetzungen

Die Übersetzung D. Martin Luthers · 1984 erschien die Luther-Bibel in einer revidierten Fassung.

Die Bibelübersetzung Luthers hat eine große Wirkung in Deutschland ausgeübt und tut es heute noch. Die Revision dieser Übersetzung hat die sprachlichen Besonderheiten, ihren Rhythmus und Wohllaut erhalten, sie wissenschaftlich an die neuen theologischen Erkenntnisse angeglichen und sie dem Leser der heutigen Zeit verständlich gemacht.

Die Zürcher Bibel, 1531; letzte Revision 1931

Die wissenschaftliche Genauigkeit dieser Übersetzung entspricht an vielen Stellen nicht mehr dem heutigen Stand der Exegese. Ihre Sprache ist flüssig und verständlich. Sie enthält einen reichhaltigen Anhang.

Die Elberfelder Bibel, 1851/1871

Diese Übersetzung will dem einfachen und nicht gelehrten Leser einen möglichst genauen Text in die Hand geben. 1985 erschien die »Revidierte Elberfelder Bibel«, eine neu bearbeitete Fassung.

Textbibel, herausgegeben von Emil Kautzsch; das Neue Testament übersetzt von Karl Weizsäcker, 1894/99

An der Übersetzung der Bücher des Alten Testaments haben mehrere Fachgelehrte mitgearbeitet. Sie enthält einen kritischen Apparat und historisch-kritische Einführungen in die einzelnen Bücher. Die Übersetzung soll eine fließende sein, die mit möglichster Gewissenhaftigkeit hergestellt ist.

Die Heilige Schrift, übersetzt von Hermann Menge, 1909/1926

Sprachliche Genauigkeit im engen Anschluß an den Grundtext. Verständliches und klares Deutsch. Der Text ist in viele Teile mit Überschriften gegliedert.

Die Heilige Schrift, übersetzt von Franz Eugen Schlachter, 1903/05, 1952 bearbeitet von K. Linder und E. Kappeler

Die Übersetzung will in gemeinverständlichem Deutsch den wirklichen Sinn des Grundtextes vermitteln.

Die Bibel, übertragen und mit neuen Überschriften und Erklärungen versehen von Hans Bruns, 1963

Freie Wiedergabe des Textes mit Erklärungen des Übersetzers im Text.

Jerusalemer Bibel, 1968

Die Einleitungen in die biblischen Bücher und Erklärungen, in denen historische, literarische und theologische Fragen erörtert werden, sind aus dem Französischen übersetzt. Die Übersetzung ist genau. Hinzu kommt ein kurzer, wissenschaftlichen Ansprüchen genügender Kommentar.

Das Neue Testament in der Sprache von heute, übersetzt von Friedrich Pfäfflin, 1939

Die Übersetzung will den modernen Menschen ansprechen. Häufige Umschreibung des Textes, lebendige Form des Ausdrucks.

Das Neue Testament, übersetzt von Ludwig Thimme, 1946

Die Ergebnisse einer gründlichen Schriftforschung sind mit einem Deutsch verbunden, das heute ohne weiteres verständlich ist. Kurze Anmerkungen verdeutlichen den Text.

Das Neue Testament, übersetzt von Otto Karrer, 1950

Die Übersetzung aus dem Grundtext zeichnet sich durch eine zuverlässige Wiedergabe, gehobene Sprache und exegetisch-theologische Anmerkungen aus.

Plattloch-Bibel, übersetzt von V. Hamp und M. Stenzel; NT in der Allioli-Bearbeitung von J. Kürzinger, 1956

Eine um sehr getreue Übersetzung der Grundtexte bemühte Bibelausgabe; mit wenigen Anmerkungen.

Das Neue Testament für Menschen unserer Zeit, 1964/65, 1972 neubearbeitet erschienen als »Fotobibel«

Eine Gemeinschaftsübersetzung mit 185 ganzseitigen Photos, die den Text in unsere Zeit stellen sollen. Oft gebrauchte biblische Wörter werden durch andere ersetzt.

Das Neue Testament, übertragen von Jörg Zink, 1965

Einzelne schwierige Wörter werden durch ganze Sätze und Umschreibungen wiedergegeben, um größere Verständlichkeit zu erreichen, wobei die genaue Bedeutung des Grundtextes nicht immer gewahrt bleibt. Erklärungen sind im Text beigegeben.

Das Neue Testament, übersetzt von Ulrich Wilckens, 1970

»Größtmögliche Nähe zum griechischen Original.« Wissenschaftlich, bei Vermeidung der Fach- und Gelehrtensprache. Sehr ausführliche Anmerkungen und Erklärungen.

Die Bibel in heutigem Deutsch. Die Gute Nachricht, 1982

Übersetzung der Grundtexte in die moderne Umgangssprache nach der Methode der »dynamischen Entsprechung«, um vor allem junge Leute und kirchlich nicht gebundene Menschen anzusprechen. Theologische Begriffe werden umschrieben.

Die Bibel. Einheitsübersetzung der Heiligen Schrift, 1979

Im Auftrag der katholischen Bischöfe des deutschen Sprachgebiets geschaffene Übersetzung aus den Grundtexten in die gehobene Sprache der Gegenwart, vor allem bestimmt für den Gebrauch in Gottesdienst und Schule. Das NT und die Psalmen wurden auch im Auftrag des Rates der Evangelischen Kirche in Deutschland erarbeitet. Eine klare, verläßliche und verständliche Übersetzung mit Anmerkungen zum Text, zum zeitlichen und kulturellen Hintergrund; mit guten Registern.

Methoden und Funde der Archäologie

Alan Millard

Die Archäologie verdankt ihre Geburt dem wissenschaftlichen Fortschritt der industriellen Revolution. Bei der industriellen Erschließung oder z. B. beim Bau von Eisenbahnlinien wurden große Erdmassen ausgehoben, und dabei fanden sich in einzelnen Bodenschichten die verschiedenartigsten von Menschenhand geschaffenen Gegenstände. Aus der anfänglichen Neugier entwickelte sich bald das systematische Studium von vorhistorischen Geräten, zunächst auf den Britischen Inseln und in Nordeuropa.

Dann wurden auch die Länder der Bibel durch die Ausdehnung des Handels besser bekannt. Reisende berichteten über die alten Funde, die sie sahen, und einige begannen sie ernsthaft zu erforschen. Regierungen, Museen und wohlhabende Liebhaber waren darauf erpicht, alte Kunstwerke zu besitzen, und unterstützten jeden, der geeignete Gegenstände beibringen konnte.

ARCHÄOLOGIE: DIE NEUE WISSENSCHAFT

Die Ägyptologie begann mit dem Feldzug Napoleons nach Ägypten. Er gliederte seiner Armee ein Korps von Forschern an, die beauftragt waren, die Altertümer zu sichten und einige davon nach Frankreich zu bringen. Manche Männer, die den Nahen Osten erforschten, waren bloße Schatzjäger, aber viele machten sich die Mühe, die Umstände der Entdeckung aufzuzeichnen, sowie genaue Pläne und Zeichnungen von Stätten, Gebäuden und Objekten anzufertigen.

Seit jener Zeit hat sich das Studium der Vergangenheit anhand von Funden in eine vielseitige Wissenschaft entwickelt, die mehr Kenntnisse erfordert als ein einzelner Mensch besitzen kann. Um Ruinenstädte, Gräber und andere alte Funde möglichst zuverlässig auszuwerten, bedient man sich der Hilfe aller möglichen Wissenschaften, etwa der Atomphysik, der Bakteriologie, der Botanik, der Astronomie und vieler anderer. Ebenso wichtig wie die Ausgrabungen selbst sind die Auswertung und Untersuchung in Museen, Universitäten und Laboratorien. Mit dem Fortschreiten wissenschaftlicher Erkenntnis müssen häufig frühere Schlußfolgerungen korrigiert werden, ein Umstand, der nicht übersehen werden sollte, wenn archäologische Funde den Berichten in biblischen oder andern »traditionellen« Texten zu widersprechen scheinen.

Die Ausgrabung

Die meisten der in der Bibel erwähnten größeren Städte lassen sich identifizieren – sei es aufgrund geographischer Untersuchungen, anhand von (nicht immer zuverlässigen) Überlieferungen oder dadurch, daß die alten Namen erhalten geblieben sind. In vielen Fällen kann die Geschichte einer Stadt durch Ausgrabungen erhellt werden. Einige wichtige Städte befinden sich noch an ihrem alten Standort (z. B. Damaskus), und in solchen Fällen ist es natürlich schwierig, wenn nicht unmöglich, vergangene Kulturformen durch Ausgrabungen zu erschließen.

Im ganzen Nahen Osten kennzeichnen Trümmerhügel die Stellen, wo einst Städte oder Ortschaften blühten; das arabische Wort *tell*, »Hügel«, in Ortsnamen weist darauf hin. Es leuchtet ein, daß es fast unmöglich ist, eine ganze Stadt auszugraben. Die Archäologen beschränken sich gewöhnlich auf die aufschlußreichsten Teile, den Tempel- oder Palastbezirk, oder sie heben Gräben aus, die alle Existenz- und Kulturstufen des *tells* durchschneiden. Jedes Gebäude bzw. jede Siedlungsperiode hat Spuren im Hügel hinterlassen. So stoßen die Archäologen auf Fußbodenbeläge, Mauerreste oder Abfallhaufen.

Bei der Ausgrabung kommt es wesentlich darauf an, die einzelnen Schichten eines Trümmerhügels zu erkennen und auszuwerten. Auf einer harten Erdschicht gefundene Gegenstände sind ungefähr der Zeit zuzuschreiben, in der diese Schicht der Fußboden eines Zimmers war. Alles, was unterhalb dieser Schicht gefunden wird, muß folglich einer früheren Periode zugeschrieben werden.

Rekonstruktion alter Kulturen

In Ägypten und Mesopotamien, seltener in Palästina, läßt sich das Alter bestimmter Gebäude aufgrund schriftlicher Dokumente berechnen. Fehlen diese, können gewöhnliche Hausratsgegenstände oft wertvolle Anhaltspunkte liefern. Formen und Herstellungsarten der Töpferwaren variierten von einer Epoche zur andern, so daß ein mit Sicherheit durch Inschriften oder andere Mittel datiertes Stück die Datierung eines vergleichbaren Stückes von einem andern Ort ermöglicht, wo keine sonstigen Datierungsmöglichkeiten vorhanden sind.

Gefäß oder Inschrift sind für den Archäologen nur im Zusammenhang mit dem Fundort von Wert, und es ist deshalb äußerst wichtig, den Fundort eines Gegenstandes genau zu bestimmen. Alle während der Ausgrabung gemachten Aufzeichnungen, Pläne und Photographien werden zusammen mit den Berichten von spezialisierten Sachverständigen ausgewertet. Daraus werden Schlußfolgerungen gezogen über die Geschichte des Ortes, das tägliche Leben, die kulturellen Errungenschaften und die Religion des betreffenden Volkes. Wird ein einziges Glied der Indizienkette vernachlässigt, können die Folgerungen völlig falsch sein. Vor allem sollten schriftliche Dokumente nicht unabhängig von den übrigen Funden

Ein Spielbrett aus den Königsgräbern in Ur (ca. 2600 v. Chr.). Es besteht aus Holz, das Muster ist aus blauen Lapis Lazuli, Muscheln, Knochen, roter Farbe und Kalkstein gefertigt.

Ein *tell* oder Trümmerhügel (Lachisch). Auf den Ruinen der alten Städte wurden immer wieder neue errichtet, und so wuchs allmählich die charakteristische Form des *tell*.

Archäologen bei ihrer Arbeit. Ein Graben durch den Hügel legt die verschiedenen Siedlungsebenen frei und erhellt so die Geschichte des Ortes.

gedeutet werden, noch sollten die bei einer Ausgrabung gefundenen Gegenstände ohne Bezugnahme auf schriftliche Indizien erklärt werden, falls solche zur Verfügung stehen. Die moderne, von Atomphysikern entwickelte Datierungsmethode, die sogenannte C 14–Methode, ermöglicht inzwischen eine sehr genaue Altersbestimmung von Funden.

DIE WURZELN DER NAHÖSTLICHEN ZIVILISATION

Seit 6000 v. Chr. errichtete der Mensch Städte; er hatte gelernt, eßbare Pflanzen anzubauen, Tiere zu zähmen und das Wasser zu kanalisieren. Um das zu bewerkstelligen, brauchten die Menschen irgendeine Form der Zusammenarbeit, d. h. eine Gesellschaftsordnung, die aber noch nicht restlos erforscht ist. Bisher sind nur wenige der frühen Zivilisationszentren gefunden worden – Jericho ist das hervorragende Beispiel –, aber sie genügen, um ein Bild der langsamen Entwicklung im Verlauf der Jahrhunderte zu zeichnen.

Kurz vor 5000 v. Chr. kam die Töpferei auf. Techniken der Herstellung, des Brennens und der Dekoration verbesserten sich während der folgenden zehn Jahrhunderte, um schließlich eine sehr hohe Stufe zu erreichen. Je mehr sich die Töpferei durchsetzte, desto häufiger ging auch einmal etwas zu Bruch, und so sind heute die Scherben sichere Wegweiser zu früheren Zivilisationszentren. Während sich Entwicklungen gewöhnlich sehr langsam vollzogen, gab es doch gelegentliche Entwicklungsschübe, oder auch plötzliche Rückschläge, verursacht durch Trockenheit, Seuchen oder feindliche Kampfhandlungen.

Die Oasissiedlung von Jericho war um das Jahr 7000 v. Chr. durch eine steinerne Mauer und einen über dreißig Fuß hohen Turm gut verteidigt. Verteidigungsanlagen dieser Art können schwerlich nur als Schutz gegen wilde Tiere errichtet worden sein. Sie weisen auf die Furcht des Menschen vor dem Menschen hin. Die frühe Religiosität des Menschen beweisen die sorgfältig konservierten menschlichen Schädel, deren Gesichtsseiten in Ton modelliert sind. Ob es sich um verehrte Vorfahren oder Trophäen handelt oder ob sie als Talisman zum Schutz vor Geistern verwendet wurden, ist nicht bekannt. Menschliche und tierische Gestalten wurden aus Ton geformt oder aus Knochen bzw. Stein geschnitzt. In Anatolien weisen lebhafte Malereien auf Tonwänden wohl auf die Verehrung des Stiers und anderer Tiere hin; die Anbetung der Muttergottheit findet sich überall.

Der steile Turm des alten Jericho liegt heute unter der Bodenoberfläche.

Tempel und Schmuckstücke

Babylon und Ägypten erlebten von 4000 v. Chr. an die größte Blüte ihrer Kultur. Die mächtigsten Städte bauten im Laufe der Zeit ihre Macht immer mehr aus. Ihre wachsende Bürokratie förderte die Schreibkunst schon vor 3000 v. Chr. Der Handel entwickelte sich. So beschaffte man sich Steine für die großen Gebäude im Austausch gegen Getreide, Datteln und handwerkliche Erzeugnisse; auch importierte man wertvolle Schätze für die Tempel und die Herrscher. Ein Beispiel dafür ist der blaue Stein, Lapis Lazuli, aus Afghanistan, der im ganzen Nahen Osten und Ägypten um ungefähr 3500 v. Chr. bekannt war. Das Kunsthandwerk stand im 4. Jahrtausend v. Chr. sowohl in Ägypten wie in Babylonien auf sehr hoher Stufe.

Natürlich waren die schönen Gegenstände Luxusartikel, die die einfachen Bauern kaum zu Gesicht bekamen. Ihre dürftigen Hütten aus Schilfrohr und Lehm sind darum für die Archäologen wenig interessant. In den Ländern des Nahen Ostens änderte sich die Lebensweise des einfachen Volkes kaum – bis zur industriellen Revolution.

Die Wurzeln der Zivilisation ans Licht gebracht zu haben, ist wohl die größte Leistung der Archäologie. Viele einzelne Entdeckungen haben hervorragende Beispiele für die Fertigkeit der alten Völker ans Licht gebracht – etwa den Reichtum von Goldschmiede- und Juwelierarbeiten in Tutenchamons Grab und in den Königsgräbern von Ur; die erstaunliche Architektur der Pyramiden, die Tempel von Baalbek, die Stadtmauer von Bogazkoy in der Türkei, die gemeißelten Wände der ägyptischen Tempel und assyrischen Paläste; die gemalten Fresken von Knossos auf Kreta. Die aufschlußreichsten Ergebnisse wurden jedoch erzielt, wenn die

Grabhöhle in Jericho mit Knochenresten und Tongefäßen für die Toten (Rekonstruktion im Rockefeller Museum, Jerusalem).

verschiedenen Entdeckungen gemeinsam ausgewertet wurden. Dabei sind zwei Gruppen von besonderer Bedeutung: Gegenstände im Zusammenhang mit der jeweiligen Religion und schriftliche Urkunden.

RELIGION UND SCHREIBKUNST

Die wichtigsten Glaubensinhalte und Riten der Staats- oder Städtereligionen sind aus schriftlichen Dokumenten bekannt, über die Glaubensanschauungen des gewöhnlichen Volkes können hingegen nur die Überreste von kleinen Kapellen, Hausaltären und die zum Schutz gegen böse Geister verwendeten Amulette und Tonfiguren Auskunft geben. Einige grundlegende medizinische Entdeckungen ermöglichten den Ärzten, Schmerzen zu lindern und manche Krankheiten zu heilen, aber gegen die meisten Krankheiten kannte man kein Heilmittel und mußte sich auf die Hilfe der Götter verlassen. Dämonen und Hexerei konnten die Ursache sein – Zauberei sollte sie bekämpfen.

Seuchen und Unglücksfälle konnten eine göttliche Strafe sein – Andachtsübungen und Opfer sollten die Götter besänftigen. In einer Welt mit hoher Sterblichkeitsquote prägte die Furcht vor übernatürlichen Mächten die ganze Lebensweise.

Ohne die Ruinen der großen und kleinen Tempel, ohne die Statuen von Göttern und Göttinnen wären die schriftlichen Urkunden über das religiöse Denken und Leben wenig aussagefähig und oft unverständlich. Außerdem lassen sich alte Texte nur dann auswerten, wenn zuvor das Konservierungsproblem gelöst worden ist. In Ägypten sind nur die Papyrusrollen erhalten geblieben, die trocken in der Wüste lagen. Auch in anderen Ländern sind sie unter ähnlichen Umständen erhalten geblieben, etwa die Rollen vom Toten Meer. Tontafeln aus Babylon sind dauerhafter, obwohl zerbrechlich. Aus Ländern wie Syrien, Palästina und Griechenland, wo in der Regel Papier und Leder verwendet wurden, besitzen wir jedenfalls relativ wenige schriftliche Urkunden. Sie vermoderten einfach in der Erde. Nur die Inschriften, die für einen König oder für den Staat in Stein gemeißelt oder von armen Leuten auf Tonscherben geritzt worden waren, hatten größere Überlebenschancen.

Alte Texte und das Alltagsleben

Die Folge war, daß einige Gebiete und Zeitspannen urkundlich bedeutend besser belegt

DIE ENTWICKLUNG DER SCHREIBKUNST

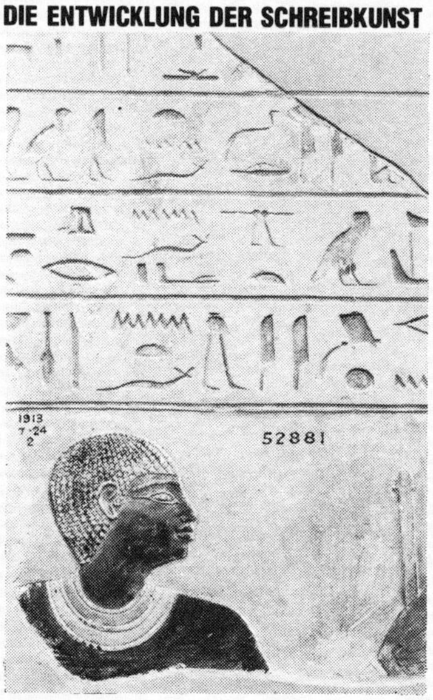

Schriftliche Urkunden gibt es seit über 5000 Jahren. Die einfachste Form des Schreibens bestand aus stilisierten Bildern, die grundlegende Gegenstände oder Ideen darstellten. Um 3000 v. Chr. entwickelten die alten Ägypter die **Hieroglyphen.** Dieses Beispiel stammt aus der Zeit um 1750 v. Chr.

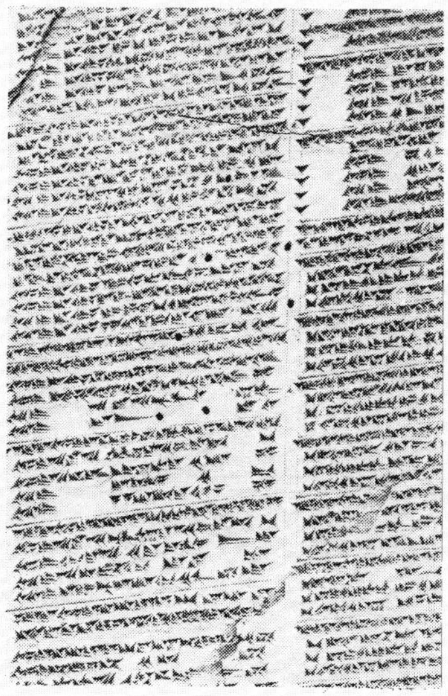

In Mesopotamien wurde die frühe Bilderschrift allmählich zur **Keilschrift** weiterentwickelt, die sich leichter in Ton einprägen ließ. Diese Tafel stammt aus der Königlichen Assyrischen Bibliothek in Ninive (7. Jhd. v. Chr.)

Ein wichtiger Entwicklungsschritt war vollzogen, als man die Konsonanten durch je ein Symbol wiedergab (vor 1500 v. Chr.). So mußte man weit weniger Zeichen lernen. Das **Hebräische,** die Sprache, in der der größte Teil des AT verfaßt wurde, kennt 22 Konsonanten (die Vokale wurden zunächst nicht geschrieben) und verläuft von rechts nach links. Später wurden auch Zahlen durch Buchstaben ausgedrückt.

sind als andere. Gewöhnlich lassen die späten Zeitabschnitte des Lebens in einer Stadt mehr Texte zurück als frühere – weil die letzten Urkunden nicht weggeworfen wurden! So hat man antike »Städtische Müllkippen« entdeckt, die Tausende von Papyri bargen, aus denen man das Leben im Staat und in den Städten und Dörfern bis in viele Einzelheiten hinein rekonstruieren konnte.

Wenn Texte aus einer Gegend fehlen, aber in einer andern durch zufällige Konservierung erhalten geblieben sind, kann man annehmen, daß die an Dokumenten ärmere Gegend gleiche Texte besaß, wenn ihre Kultur etwa auf gleicher Stufe stand.

Eine beträchtliche Reihe von Funden läßt den Schluß zu, daß im 2. Jahrtausend v. Chr. das Alphabet erfunden wurde. Ausgehend von den

In Altisrael wurden die meisten Urkunden auf Pergament oder Papyrus geschrieben, Material, das im feuchten Boden Palästinas bald zerfällt. Rechnungen, Quittungen, Notizen u. ä. wurden hingegen auf **Tonscherben** geritzt, die man immer und überall zur Hand hatte. Diese Tonscherbe enthält eine Botschaft des Kommandanten der Garnison bei Lachisch (ca. 586 v. Chr.). Der Schreiber grüßt im Namen Gottes (Jahwes).

Aramäische Schrift auf einem Papyrus aus dem 5. Jhd. v. Chr. Die aramäische Sprache ist eng mit dem Hebräischen verwandt. Schon zur Zeit Sanheribs (705–681) Diplomatensprache, wurde es um 550 v. Chr. offizielle Sprache des Persischen Reiches. Zur Zeit des NT war das Aramäische, nicht das Hebräische, die Volkssprache Palästinas. In manchen ländlichen Gebieten Syriens wird es bis heute gesprochen.

Die neutestamentlichen Schriften wurden in Volks- *(koine)* **Griechisch** verfaßt, der internationalen Sprache des Nahen Ostens und der Mittelmeerländer in Römischer Zeit. Das griechische Alphabet hat dieselbe Wurzel wie das hebräische. Hier ein griechisches Papyrus des Hebräerbriefes aus dem 3. oder 4. Jhd. n. Chr.

ägyptischen Hieroglyphen entwickelte sich ein einfaches Schema von 20–30 symbolischen Zeichen, das ungefähr 1000 v. Chr. eine festgefügte Form erreichte. Dies ermöglichte jedermann die Kunst des Schreibens. Sie war nicht mehr länger das Vorrecht der Schreiber.

Die Forschungen der Archäologen und der Sachverständigen, die sie hinzuzogen, haben entscheidend zu unserer Kenntnis von der Vergangenheit der Menschheit beigetragen.

Große Zivilisationen kamen und vergingen, aber der Mensch in seinem Alltagsleben, seinen Hoffnungen, Ängsten und seiner religiösen Sehnsucht, scheint weitgehend der gleiche geblieben zu sein. Gottes Botschaft des Glaubens und der Erneuerung war in den Tagen Abrahams und Davids ebenso nötig wie in unserer heutigen Zeit.

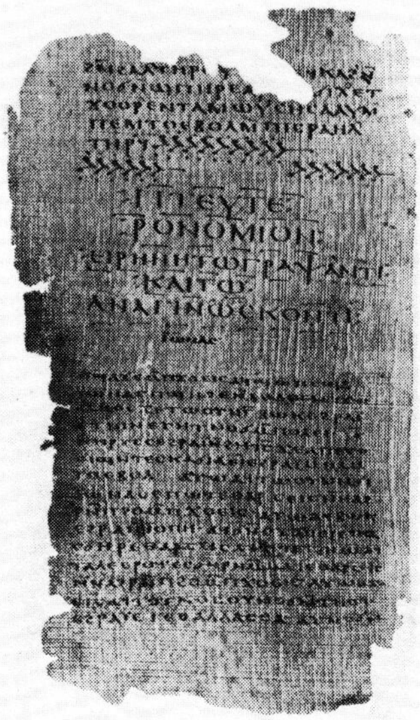

Die Papyrus-Pflanze wuchs in sumpfigen Gebieten Ägyptens (s. S. 100). **Papyrus** war das geläufigste Schreibmaterial Ägyptens. Die Stiele wurden in dünne Streifen geschnitten, in einer vertikalen und horizontalen Schicht übereinandergelegt und auf einer harten Unterlage gehämmert. So entstand weißes »Papier«, das allerdings schnell vergilbt. Hier: das Ende von 5. Mose und der Anfang von Jona (4. Jhd. n. Chr.; Koptisch). S. a. S. 70.

Das »Buch« der biblischen Zeit war die **Rolle** aus Pergament oder Papyrus. Sie war innen spaltenweise beschrieben, und der Text lief, wenn nötig, außen weiter. Pergament wurde aus besonders präparierter Tierhaut hergestellt. Es war haltbarer als Papyrus.

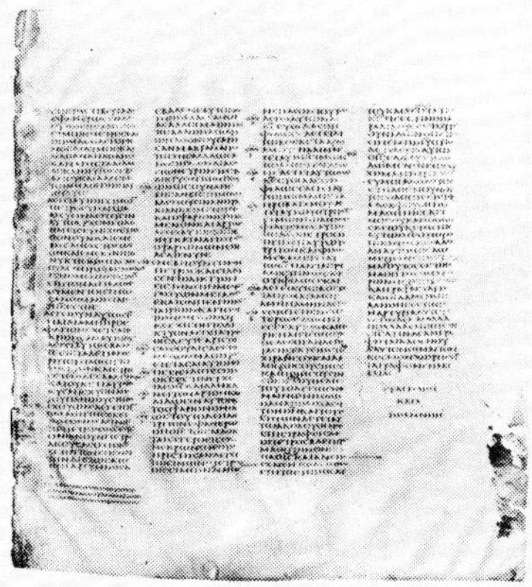

Im 2. Jhd. n. Chr. wurde die Rolle allmählich vom **Codex** abgelöst – dem eigentlichen Vorläufer des Buches. Der Codex bestand aus einer Reihe von Bögen, die gefaltet und an einer Seite geheftet und oft von einem Umschlag geschützt wurden. Hier Joh. 21, 1–5 in einer griechischen Bibel des 4. Jhd., dem Codex Sinaiticus, Material: Pergament.

Alltagsleben in biblischer Zeit

Ralph Gower

Die Patriarchen – Abraham, Isaak, Jakob – waren Halbnomaden. Sie lebten in Zelten und zogen, auf der Suche nach frischer Weide und Wasser, mit ihren Herden umher. Ihr Leben war dem der heutigen Beduinen ähnlich. Aber nach dem Auszug aus Ägypten ließ sich das Volk Israel im Land seiner Verheißung nieder. Von da an änderte sich das Leben des gewöhnlichen Volkes überraschend wenig.

FAMILIENLEBEN

Das Familienleben spielte sich weitgehend im Haus ab, dessen Bauweise dem Klima und der begrenzten Verfügbarkeit von Geld und Rohmaterial angepaßt war. Während des größten Teils des Jahres war das Wetter sehr heiß und trocken, unterbrochen durch die frühen Herbst- und die späten Frühlingsregen. Wasser war rar, besonders in der südlichen, regenarmen Gegend. Die Häuser waren deshalb so gebaut, daß sie die Hitze fernhielten. Die Armen lebten in einräumigen Häusern aus Lehmziegeln, später aus Kalkstein, auf einem steinernen Fundament. Auf dem flachen Dach wurden manche Vorräte gelagert, außerdem setzte man sich in den kühleren Stunden gern dort zusammen. Den Zugang bildete eine Außentreppe. Die Fenster waren klein, fast nur Spalten, die der Luftzirkulation dienten.

Im Innern des Hauses war es kühl und schattig. Eine erhöhte Fläche vor der hinteren Wand diente der Familie als Schlaf- und Eßraum, der restliche Teil des ebenerdigen Fußbodens diente der Aufbewahrung von Krügen und Werkzeugen, einschließlich der Handmühle, und als Lebensraum für die Tiere. Reichere Leute bauten ihre Häuser in die Höhe, um einen »Obersaal« zu schaffen, während andere nach außen bauten, d. h. einen oder mehrere Innenhöfe, z. T. mit Gartenanlagen, umbauten. Die die Wüste bewohnenden Beduinen lebten in Zelten aus Ziegenfellen, wie zur Zeit Abrahams.

Im Innern des Hauses saßen und schliefen die Armen auf Matten; als Beleuchtung dienten Olivenöl-Lampen. Die Reichen saßen zu Tisch, schliefen in Betten und hatten Diener, die für Musik und erstklassiges Essen sorgten, anstelle der Ziegenmilch, der Oliven und des Gerstenbrotes, der Standardnahrung der andern.

Essen und Kleidung

Die ganze Bauernfamilie mußte arbeiten, um leben zu können. Der Mann arbeitete auf den Feldern oder übte im Dorf ein Handwerk aus, während die Frau und die Kinder das Haus in Ordnung hielten und am frühen Morgen, bevor es zu heiß wurde, in einem Eimer aus Ziegenfell aus dem Dorfbrunnen das Wasser herbeiholten.

Die Beduinen von heute leben wie die Wüstennomaden vor Jahrhunderten.

Nebst dem Korn wurden auch andere Samen ausgelesen, um jedes giftige Unkraut auszusondern, und entweder auf einer heißen Metallplatte geröstet oder in der Handmühle gemahlen und zu flachen Kuchen verarbeitet, die dann im Ofen gebacken wurden.

Auch die Kleidung war dem Klima angepaßt. Die Leute trugen lange, weite Röcke, um den Körper vor der Hitze zu schützen. Der Bauer trug ein Leinenkleid und einen Überwurf oder Mantel. Der Überwurf des Mannes war weiß und reichte bis zum Knie, und zur Arbeit und beim Gehen schlug er ihn hoch und klemmte den Saum unter den Leibgurt; er »umgürtete die Lenden«. Der Überwurf der Frau war dem des Mannes ähnlich, aber wahrscheinlich kunstvoller und bunter. Das äußere Gewand war lang und wollen mit dunklen und hellen braunen Streifen; an den Armen war es ausgeschnitten. Da die meisten jüdischen Webstühle nur etwa drei Fuß breit waren, wurden zwei Stoffteile seitlich zusammengenäht, um dem Gewand die benötigte Länge zu geben – der nahtlose Rock Jesu war also eine Seltenheit.

Die Reichen konnten sich Kleider mit lebhaften Farben leisten und trugen über dem Überwurf eine kurze Jacke. Oft wies die Kleidung auf den Beruf des Mannes hin – die besondere Kleidung der Priester zum Beispiel oder der blaugefranste Rock des Rabbiners. Das Schuhwerk, wenn von den armen Leuten überhaupt getragen, bestand aus einer Sohle aus Kuhhaut, die am Fußknöchel mit einem Lederriemen befestigt war, der zwischen der ersten und der zweiten Zehe durchlief. Weil der Kopf vor der Sonne geschützt werden mußte, wurde ein Turban getragen oder ein viereckiges Stück Stoff, das mit einer Schnur befestigt war.

Lehmziegelhäuser und traditionelle ländliche Kleidung in einem nordsyrischen Wüstendorf.

DAS BERUFSLEBEN

Die Israeliten lebten meist in ländlicher Gemeinschaft, arbeiteten als Bauern oder Handwerker.

Der Bauer

Sehr wichtig war der Ackerbau. Wenn der Frühregen (Herbst) den Boden erweicht hatte, wurden mit einem von einem Ochsen gezogenen einfachen Holzpflug Furchen angelegt. Die Saat wurde von Hand ausgestreut, und der Spätregen (Frühling) brachte die Ernte hervor.

Geerntet wurde mit einer hölzernen Sichel, deren Schneidkante mit scharfen Flintsteinen besetzt war. Das Korn wurde auf einem harten, flachen Boden, der Tenne, ausgebreitet, wo entweder die Hufe der Ochsen oder ein von Ochsen gezogener hölzerner Schlitten die

Worfeln: Das Getreide wird hochgeworfen, und der Wind weht die Spreu fort.

Spreu vom Korn trennten. Wenn abends Wind aufkam, wurde das gedroschene Korn geworfelt, indem man es mit einer zackigen Gabel in die Luft warf. Das vom Wind weggewehte leichte Stroh wurde gesammelt, gebündelt und als Brennstoff verwandt.

Das entstaubte reine Korn wurde dann abgemessen und in Säcken aufbewahrt.

Wichtige Früchte waren ferner Trauben, Oliven und Feigen. Die meisten Trauben wurden in einer Weinpresse ausgepreßt, der Saft vergoren. Die Oliven wurden zu Öl verarbeitet. Olivenöl fand beim Kochen, zur Beleuchtung und Reinigung wie als Heilmittel Verwendung.

Der Fischer

In alttestamentlicher Zeit wurde auch Fischerei betrieben, aber die Israeliten waren schlechte Seeleute, so beschränkte sich der Fischfang auf die wenigen Flüsse und den See Genezareth. Zur Zeit Jesu blühte in Galiläa das Fischereigewerbe. Der See wimmelte geradezu von Fischen, so daß es möglich war,sie im Wurfnetz zu fangen, das man vom Ufer weg auswarf und wieder heranzog. Die gebräuchlichste Technik bestand jedoch darin, ein Schleppnetz, das unten mit Gewichten beschwert und oben mit Korkzapfen versehen war, zwischen zwei Fischerbooten aufzuhängen. Die Boote fuhren dann entweder auf der Mitte des Sees in einem Halbkreis aufeinander zu, so daß die Fische im Netz wie in einem runden Käfig eingeschlossen waren, oder sie schleppten das Netz zum seichten Ufer, wo die Fische ebenfalls nicht entrinnen konnten.

Das Fischen war nicht ungefährlich, weil der See unversehens stürmisch werden konnte. Manchmal war die Ursache ein kalter Wind, der von den schneebedeckten Hängen des Hermons herunterbrauste; manchmal heiße Luft, die von dem unter dem Meeresspiegel gelegenen See aufstieg und sich mit der kühleren Luft vermischte, die über die Hügel vom Mittelmeer herbeiströmte.

Der Hirt

Seit frühesten Zeiten war die Arbeit des Hirten außerordentlich wichtig. Auf der Suche nach

Die flachen Häuser, Herden und Felder eines Dorfes in Syrien.

guten Weideplätzen legte er mit seiner Herde oft große Entfernungen zurück, besonders zur heißen Sommerzeit. Jeden Abend zählte er die Schafe in einem offenen Pferch und legte sich dann selbst quer vor den Eingang und wurde so zur »Tür der Schafe«. Er mußte sehr wachsam sein, denn aus dem zerklüfteten »Dschungel« des Jordantales griffen immer wieder wilde Tiere an; in alttestamentlicher Zeit waren es u. a. Löwen und Schakale. Dem Hirten war gewöhnlich eine aus Schafen und Ziegen gemischte Herde anvertraut. Die Ziegen trieb, die Schafe führte er. Wolle und Ziegenhaar waren beide wichtig für die Kleidung. Die Ziegen gaben zudem Milch, und beide Tiere waren wichtige Fleischlieferanten.

Dorfhandwerker

Es wurden alle möglichen Dorfhandwerke ausgeübt. Der Zimmermann fertigte landwirtschaftliche Geräte an und besserte sie aus – Pflüge, Gabeln und Dreschschlitten –, und er lieferte die Grundeinrichtung für das Haus. Es stand allerdings nur wenig Holz zur Verfügung, denn der Baumbestand war gering. Der Maurer brach Kalkstein, die häufigste Gesteinsart in Palästina, und bearbeitete ihn zu Bauzwecken. Der Töpfer fertigte aus Ton Gefäße für den Hausgebrauch. Er benutzte dazu eine Töpferscheibe und einen primitiven Brennofen. Wichtig war auch der Gerber, aber sein Arbeitsplatz befand sich aufgrund des unangenehmen Geruchs in der Regel außerhalb des Dorfes und bei einem fließenden Gewässer. Hier wurden Sandalen, Leibgurte und Flaschen aus Ziegenfell angefertigt.

GESELLSCHAFTLICHES LEBEN UND BRAUCHTUM

Drei Ereignisse spielten im israelitischen Familienleben eine besondere Rolle: Geburt, Eheschließung und Tod.

Geburt

Im Osten wurde Kinderlosigkeit immer als Unglück betrachtet, und das Glück eines jeden wurde an der Zahl seiner Kinder, besonders der Söhne, gemessen. Wenn der erstgeborene Sohn das Licht der Welt erblickte, wurde aus seiner Mutter »Die Mutter von ...« anstelle der »Tochter von ...«. Eine Tochter war infolge ihrer untergeordneten Stellung weniger willkommen. Sie hatte für die Familie nur einen Wert als Arbeitskraft.

Bei der Geburt wurde Salz in die Haut des Säuglings eingerieben, um sie zu kräftigen, und er wurde eng in Windeln eingewickelt, damit seine Glieder gerade wuchsen. Das Kind erhielt einen sorgfältig ausgewählten Namen, der auf eine ihm innewohnende vermutete moralische oder körperliche Eigenschaft hinwies. Ein Junge wurde nach 8 Tagen beschnitten. Der erstgeborene Sohn wurde einen Monat nach der Geburt durch eine Zahlung an den Priester losgekauft. Er wurde erst im Alter von zwei oder drei Jahren entwöhnt.

Ehe

Ehen wurden von den Eltern angebahnt, und es kam selten vor, daß die Ehepartner unterschiedlichen sozialen Schichten entstammten.

Eine Frau bäckt ungesäuertes Brot.

Frau beim Waschen: Tonmodell aus biblischer Zeit.

Es war allgemeine Pflicht zu heiraten. Weil die Braut eine Arbeitskraft war, mußte sie gekauft werden.

Zuerst kam die formelle und bindende Zeremonie der Verlobung, mit einem Austausch von Geschenken. Am Hochzeitstag begaben sich der Bräutigam und seine Freunde abends in einem Umzug zum Haus der Braut, wo sie und ihre Familie warteten. Das Paar wurde eingesegnet, und der Bräutigam führte die Braut durch das Dorf zu seinem eigenen Heim, wobei die geladenen Gäste mit Fackeln den Weg säumten. Es folgte ein großes Fest, das sich bis zu einer Woche hinziehen konnte.

Tod

Ein Todesfall in der Familie löste eine ausgedehnte Trauerzeremonie aus. Berufsmäßige »Klageweiber« wurden angestellt, um dem Schmerz angemessen Ausdruck zu verleihen. In dem heißen Klima mußte der Tote innerhalb von 24 Stunden bestattet werden. Er wurde gewaschen und eingekleidet; in neutestamentlicher Zeit gesalbt und in besondere Grabkleider gehüllt, mit einem rund um den Kopf gebundenen Leinentuch. Arme Leute wurden in Gemeinschaftsgräbern oder in Kellergewölben bestattet. Die Wohlhabenden besaßen besonders aus dem Fels gehauene Gräber, die mit einem Felsblock verschlossen wurden.

ERZIEHUNG UND RECHT

In alttestamentlicher Zeit gab es keine »Schulen« für die Kinder des einfachen Volkes. Sie wurden von Vater und Mutter in die alltäglichen Arbeiten eingeführt, und diese erklärten ihnen auch das Gesetz und die religiösen Zeremonien. Zur Zeit Jesu lag die Erziehung eines Mädchens noch ganz in der Hand der Mutter, aber jeder Junge besuchte vom sechsten Lebensjahr an die der Synagoge angegliederte Schule. Sein einziges Lehrbuch war die jüdische Heilige Schrift. Aus ihr lernte er die Geschichte, Geographie, Literatur und das Gesetz seines Volkes. Wenn er klug genug war, konnte er nach Jerusalem geschickt werden, um zu Füßen eines gelehrten Rabbi zu sitzen und von ihm zu lernen.

Zusätzlich zur Kenntnis des Gesetzes hatte der jüdische Junge einen Beruf zu erlernen. Diese Ausbildung und die Erklärung der Feste blieb die Aufgabe seines Vaters. Im Alter von dreizehn Jahren wurde der Junge »Bar-Mizwa« – ein Sohn des Gesetzes –, und in religiösen Angelegenheiten wurde er als Mann betrachtet. Am darauffolgenden Sabbat las er einen Abschnitt des Gesetzes in Hebräisch und erhielt den göttlichen Segen.

Rechtsprechung

Es herrschte kein großer Unterschied zwischen zivilem und religiösem Gesetz in Israel. Priester, Leviten und Älteste teilten sich in die Rechtsprechung.

Das Tor der Stadt oder des Dorfes war der Ort,

wo Beschwerden vorgebracht wurden und Recht gesprochen wurde.

Der oberste Gerichtshof in neutestamentlicher Zeit war der Sanhedrin. Diese Körperschaft von 71 Männern tagte im Tempel. Die römischen Behörden erlaubten ihnen jedes Urteil nach jüdischem Recht zu fällen, mit Ausnahme des Todesurteils. Örtliche Händel wurden weiterhin im »Tor« durch die Dorfältesten erledigt.

RELIGIÖSES LEBEN

Das religiöse Leben in Israel war zuerst auf die Stiftshütte ausgerichtet, dann auf den Tempel. Es wurde von den Vorschriften des Gesetzes beherrscht, die den Opferdienst und die großen jährlichen Feste regelten.

Der größte Tag des Jahres war der Versöhnungstag, der Tag, an dem der Hohepriester das innerste Heiligtum des Tempels, das Allerheiligste, betrat, um für seine eigenen Sünden und die Sünden des Volkes ein Sühnopfer darzubringen. Die andern großen Feste waren das Fest der ungesäuerten Brote oder Passa, wo des Auszugs aus Ägypten gedacht wurde; das

Orthodoxe Juden mit Tefillim (s. Foto und Anm. zu 5. Mose 6, 8)

»Wochenfest«, später »Pfingsten« genannt, welches den Beginn der Ernte feierte; das Laubhüttenfest, das Erntedankfest; das »Fest des Posaunenblasens«, und das Purim-Fest, das Esthers Rettung der Juden feiert. Das Gesetz verlangte vom Volk, dreimal im Jahr den Festen im Tempel beizuwohnen, aber diejenigen, für welche die Entfernung zu groß war, kamen nur einmal. Dies waren Zeiten der feierlichen Versammlung und freudigen Feierns.

Aber der Mittelpunkt des religiösen Lebens war der wöchentliche Sabbat, ein Tag der Arbeitsruhe, des Gedenkens an Gottes Güte und des Genusses der Früchte der wöchentlichen Arbeit. Er war so wichtig, daß die Propheten die »geistliche Temperatur« des Volkes an der Art und Weise ablasen, wie das gewöhnliche Volk den Sabbat achtete und feierte.

Tempel und Synagoge

Die Zeit zwischen dem Ende des Alten und dem Beginn des Neuen Testaments brachte eine bedeutende Entwicklung im formalen religiösen Leben der Juden. Regelmäßige Gottesdienste fanden jetzt in der örtlichen Synagoge statt, eine Gewohnheit, die aus den Zeiten des Exils übernommen wurde, als kein Tempel vorhanden war. Nur die Männer nahmen aktiv am Gottesdienst in der Synagoge teil; die Frauen und Kinder waren auf einer Empore von ihnen getrennt. Die Leitung hatte der Synagogenvorsteher, der von den Dorfältesten gewählt war. Der Gottesdienst folgte einer Liturgie mit Glaubensbekenntnis, Gebeten und Lesungen aus dem Gesetz und den Propheten. Dann folgte eine Predigt, und die Männer hatten die Möglichkeit, dem Rabbiner Fragen zu stellen. Hinter der Kanzel enthielt eine durch einen Vorhang verhängte Nische die »Lade« der Heiligen Rollen, welche nur die Gesetzeskundigen öffnen durften. Zwischen der Nische und der Kanzel saßen die Vorleser der Gemeinde gegenüber, zusammen mit den obersten Lehrern, die auf erhöhten Sitzen saßen, als Moses Sitze bekannt.

So oft wie möglich wurde der Tempel in Jerusalem besucht, der durch Herodes wiederaufgebaut wurde. Im Grundriß war er dem Salomos ähnlich, aber von viel größerem Ausmaß. Im Grunde war er eine große offene Fläche, die durch eine Reihe von Mauern in Höfe geteilt wurde. Nichtjuden hatten nur zum äußeren Hof Einlaß, der zugleich den Zugang zur Stadt gestattete und als Viehmarkt und Geldwechselstätte diente. Die Juden durften die zentralen Höfe betreten. Die Männer konnten die Opferungen von einem Hof aus beobachten, der sich an den der Priester anschloß, aber die Frauen wurden in gewisser Entfernung gehalten. Für einen Priester bedeutete es ein einzigartiges Ereignis, wenn er einmal in seinem Leben durch das Los bestimmt wurde, im Heiligtum Weihrauch zu opfern. Wie im Alten Testament, betrat der Hohepriester das Allerheiligste, das in neutestamentlicher Zeit leer war, nur einmal im Jahr.

So vollzieht sich biblische Geschichte vor einem Hintergrund traditionellen ländlichen Lebens, einer Lebensweise, die sich jahrhundertelang kaum veränderte. Dem gegenüber stehen kriegführende Reiche und das weltbürgerliche Leben des Römischen Reiches im 1. Jahrhundert. Und mitten in dieses Spannungsfeld hinein wurde Jesus als Mensch unter Menschen geboren.

Weitere Informationen über die Umwelt des Neuen Testamentes finden sich in Teil III.

Pflanzen der Bibel

Nigel Hepper

In der Bibel werden die verschiedensten Pflanzenarten genannt. Die meisten von ihnen sind leicht identifizierbar, bei einigen ist man hingegen auf Vermutungen angewiesen. Im folgenden einige der besonders interessanten und wichtigen Pflanzen.

Die **Dattelpalme** *(Phoenix dactylifera)* wächst in den Oasen der Sinai-Halbinsel und den heißen Gegenden Palästinas. Die Palme wurde eines der nationalen Symbole Israels. Beim Einzug Jesu nach Jerusalem trugen die Menschen Palm-›zweige‹ (eigentlich Palmblätter).

Die **Feige** war eine wichtige Frucht der biblischen Zeit. Feigenbäume *(Ficus carica)* wurden an Straßenrändern, neben Häusern und in Weinbergen angepflanzt. Jesus benutzte den Feigenbaum häufig in Gleichnissen und zur Illustration wichtiger Aussagen. Auf einen Maulbeerfeigenbaum (Ficus sycomorus) war einst Zachäus gestiegen, um Jesus zu sehen (Luk. 19,4).

Korn war das wichtigste Nahrungsmittel in Alt-Palästina. **Weizen** ergab das beste Mehl und Brot, die ärmeren Bauern begnügten sich mit Gerste. Das Korn wurde nach Einsetzen des Herbstregens ausgesät und im Frühsommer geerntet. Weizenmehl wurde von den Hebräern auch bei den Opfern verwandt.

Die glänzenden, immergrünen Blätter der **Myrthe** *(Myrtus communis)* duften angenehm, und zahlreiche weiße Blüten geben dem kleinen Baum ein herrliches Aussehen. Die Juden benutzen Myrthenzweige traditionell beim Laubhüttenfest (Neh. 8, 15). Jesaja nennt die Myrthe unter den schönen Bäumen, die die Dornsträucher der Wüste ersetzen sollen (Jes. 41, 19; 55, 13).

Die schöne Blüte des **Mandelbaums** *(Prunus dulcis)* ist weiß oder rosa. Der Baum und seine Früchte werden häufig in der Bibel genannt – am bekanntesten ist wohl das Ereignis, als Aarons Mandelbaumstab über Nacht erblühte und Früchte trug (4. Mose 17, 8).

Der **Olivenbaum** *(Olea europaea)* war einer der wichtigsten fruchttragenden Bäume Palästinas. Oliven wurden gegessen; wichtiger aber war das durch Auspressen gewonnene Olivenöl. Man gebrauchte es zum Kochen, als Brennstoff für Lampen und als Körperpflegemittel. Mit Olivenöl wurde auch die »Salbung« vorgenommen, durch die jemand für ein besonderes Amt oder einen Dienst ausgesondert wurde.

Der **Flachs** *(Linum usitatissimum)* trägt blaue Blüten und wird etwa 50 cm hoch. Die Stengel werden ausgezogen und in Wasser gestellt, damit sich die Fasern lösen. Diese Fasern bildeten nicht nur den Rohstoff für Leinentücher sondern auch für Seile, Netze und Lampendochte.

Die dunkelroten Blüten des **Granatapfelbaumes** *(Punica granatum)* bilden einen reizvollen Kontrast zu den sattgrünen Blättern dieses großen Gehölzes. Die runden Granatäpfel haben etwa die Größe einer Orange und eine harte gelblich-braune Rinde. Innen sind zahllose Samen in saftiges Fruchtfleisch eingebettet (vgl. auch 2. Mose 28, 33 und 1. Kön. 7, 20).

Wein *(Vitis vinifera)* wird in wärmeren Ländern viel angebaut. Er wurde zum Symbol des hebräischen Volkes, gab es doch im von Israel eroberten Verheißenen Land Weinreben in Hülle und Fülle. Weintrauben wurden frisch gegessen, zu Rosinen getrocknet oder als Wein genossen. Nach dem Auspressen in der Kelter wurde der Saft in Tongefäßen oder Ziegenlederschläuchen vergoren.

Die berühmte **Zeder des Libanon** *(Cedrus libani)* ist ein großer Nadelbaum, der nur in den Bergen des Libanon wächst (heute fast ausgestorben). In biblischer Zeit schleppten Arbeitskolonnen die dicken Stämme zum Mittelmeer. Sie wurden dann die Küste Palästinas entlang geflößt und schließlich nach Jerusalem transportiert. Dort wurden sie als Baumaterial des salomonischen Tempels verwandt (1. Kön. 5, 6–10).

In biblischer Zeit gab es in den Bergen Palästinas beträchtliche **Eichen**wälder. Hier der Karmel mit der immergrünen Eiche *(Quercus coccifera)*. In solchen Eichengehölzen spielten sich wahrscheinlich die abgöttischen und unmoralischen Praktiken ab, die die Propheten anprangerten. Eine weitere wichtige Eichenart war die Tabor- oder Vallonea-Eiche (*Q. aegilops*), die auf der Ebene von Saron verbreitet war.

Eine **Akazie:** Vgl. S. 167.

Papyrus wird das Papier der Antike genannt, wie auch die Pflanze, die den Rohstoff liefert. Diese Riedgrasart *(Cyperus papyrus)* wächst heute noch in den Huleh-Sümpfen in Nordpalästina und war früher im Nildelta weit verbreitet. Die Stengel werden bis zu über 9 Meter hoch. Vgl. auch S. 88.

Der Stamm des **Weihrauch-Baumes** *(Boswellia)* hat eine dünne, abblätternde Borke. Der Baum wächst in Afrika, Südarabien und Indien. Schneidet man den Stamm an, tritt hellgrünes Harz aus. Dieses Harz wurde im Gottesdienst antiker Völker, auch der Hebräer, verbrannt. Ähnlich verfährt man auch mit der **Myrrhe,** einem Strauch, der in Afrika wächst.

Dornen und Disteln gibt es in trockenen Ländern wie Palästina im Überfluß. Hier die Milchdistel *(Silybum marianum).* Vielleicht hat Jesus im Gleichnis vom Unkraut unter dem Weizen (Luk. 8) an diese Pflanze gedacht. Sie wächst in Massen an den Rändern von Kornfeldern und erstickt schnell den jungen Weizen.

Koriander *(Coriandrum sativum)* ist ein Kraut, das 30–60 cm hoch wächst. Das Volk Israel kannte es schon in Ägypten, denn sie verglichen das Aussehen des Mannas in der Wüste mit dem des Koriandersamens (2. Mose 16, 31). Koriander wird seit langem als Heil- und Würzkraut benutzt.

Raute *(Ruta graveolens)* wird etwa 60 cm hoch. Ihre grau-grünen Blätter sind ölhaltig, und sie ist von alters her als Desinfektionsmittel und als Gewürz verwandt worden. In der Bibel wird sie nur einmal erwähnt, als Jesus den Pharisäern vorwirft, sie verzehnteten die Raute, vernachlässigten aber geistliche Dinge (Luk. 11, 42).

Es läßt sich nicht genau feststellen, welche Pflanze Jesus mit den »Lilien auf dem Felde« (Matth. 6, 28) meinte. Alle möglichen leuchtenden wild wachsenden Pflanzen Palästinas könnten in Frage kommen, etwa die **gelbe Chrysantheme** *(Chrysanthemum coronarium),* die hier abgebildet ist.

Vögel und Landtiere

George Cansdale

Palästina liegt im Bereich einer wichtigen Vogelfluglinie und bietet eine Fülle von Nistplätzen. So hat dieses Gebiet eine vielfältige Vogelwelt. Nur die verbreitetsten Arten werden hier gezeigt. S. 102/3 zeigen die wichtigsten biblischen Landtiere.

Tauben spielen in der Bibel eine besonders wichtige Rolle. Der Arme, der sich kein Schaf und keine Ziege leisten konnte, opferte dem Herrn zwei Tauben. Sie wurden weitgehend als Haustiere gehalten. Im Hohenlied wird die Taube mehrmals erwähnt.

Rebhuhn: Drei Arten werden wahrscheinlich mit demselben Namen belegt: das Felsen-Rebhuhn (hier im Bild), das Wüsten-Rebhuhn und das schwarze Rebhuhn. Das erstgenannte kann sich so gut tarnen, daß man es häufiger hört als sieht. Rebhühner wurden gern gejagt, und ihre Eier waren ein begehrtes Nahrungsmittel.

Adler und Geier: Der gewöhnlich mit »Adler« übersetzte Begriff umschließt sowohl den Adler als auch den hier abgebildeten Geier. Aus einiger Entfernung kann man sie kaum unterscheiden. Es sind die Geier, die in Scharen am Himmel kreisen, um sich auf ein Aas zu stürzen. Die Kraft des Adlers wird in Versen wie Jes. 40, 31 und Ps. 103, 5 den Menschen versprochen, die sich ganz auf Gott verlassen.

Eule: Die größte der in Palästina vorkommenden Eulen ist die Adlereule (Uhu), die häufigsten sind der Waldkauz und die Schleiereule. In der Bibel ist der Nistplatz der Eule das Sinnbild der Verwüstung (Jes. 34, 15).

Storch: Weiße und schwarze Störche passieren jedes Jahr Palästina, auf ihrem Weg von Arabien und Afrika nach Norden. Am häufigsten ist der weiße Storch zu sehen. Jeremia (8, 7) zieht eine Lehre aus der Tatsache, daß »selbst der Storch am Himmel seine Zeit kennt«.

Schlange: Mit »Schlange« werden vier hebräische und zwei griechische Wörter übersetzt. Eine Fülle von (zumeist harmlosen) Schlangen findet man in Palästina. Die Bibel erwähnt allerdings nur Giftschlangen. Bei den »feurigen Schlangen« von 4. Mose 21 handelt es sich wahrscheinlich um eine Vipernart (im Bild eine Sandviper).

Der **Skorpion** ist wegen seines Stachels gefürchtet, mit dem er seinen Feind betäubt oder tötet. In Palästina gibt es etwa zwölf verschiedene Arten von Skorpionen. Ihr Stich ist für gesunde Menschen zwar nicht tödlich, aber doch sehr unangenehm.

Hirsch und Gazelle: In ländlichen Gebieten wurde zweifellos viel Wild gejagt. Am verbreitetsten waren Damwild, die Gazelle und der Nubische Steinbock. Die Gazelle, hier im Bild, ist aufgrund ihrer Sandfarbe nur schwer auszumachen. Hirsch, Hirschkuh und Gazelle sind für die Schreiber der Bibel der Inbegriff von Schnelligkeit, Grazie und Sanftheit (Hoheslied 2, 8–9).

Esel und Maultier: Der Esel stammt vom nordafrikanischen Wildesel ab. Das Maultier ist eine Kreuzung eines Esels mit einer Stute und vereinigt die guten Eigenschaften beider Elternteile. Esel und Maultier waren Lasttiere. Sie haben einen sicheren Gang, können schwere Lasten schleppen und sind genügsamer als Pferde. Selbst reiche Hebräer ritten auf Eseln und Maultieren (vgl. auch Sach. 9, 9 und Mark. 11).

Rinder: Schon lange vor der Ankunft Abrahams in Kanaan gab es Rinderzucht. Als Fleisch-, Milch- und Lederlieferanten waren sie unentbehrlich geworden. Ochsen wurden als Zugtiere vor den Pflug, den Dreschschlitten und den Wagen gespannt. Bullen und Jungkühe waren später die wichtigsten Opfertiere.

Pferd: Obwohl die Hebräer schon in Ägypten Pferde kennengelernt hatten, erwähnt die Bibel Pferde in Israel erst in der Regierungszeit Davids. Von da an ist das Pferd für die Heilige Schrift stets das Symbol von Kriegsmacht (vgl. z. B. Jes. 31, 1). Pferde waren im Besitz von Königen und Edlen; für die einfachen Leute waren sie unerschwinglich.

Schafe und Ziegen waren für die Volkswirtschaft wie für den einzelnen unentbehrlich. Sie lieferten Fleisch, Milch und Bekleidung. Ziegenleder wurde zu Wasserschläuchen verarbeitet. Die Zelte wurden aus Ziegenhaar hergestellt. Die warmen Gewänder und Umhänge bestanden aus Schafswolle. Für den Opferdienst in der Stiftshütte und im Tempel benötigte man in erster Linie Schafe und Ziegen. Die (oft gemischten) Herden waren sehr genügsam und weideten unter der Aufsicht des Hirten, der sie vor Raubtieren schützte, immer wieder nach neuen Weidegründen und Wasserstellen suchte, sie abends zusammentrieb und praktisch die ganze Zeit bei seiner Herde lebte. So kannte er jedes einzelne seiner Tiere, und sie gehorchten seinem Ruf (vgl. Joh. 10). Während Schafe Weidetiere sind, bevorzugen Ziegen die zarten Blätter von Bäumen und Stauden. Dabei zerstören sie Sträucher, deren Wurzeln die Erde festhalten, und tragen so zu erheblichen Erosionsschäden bei.

Kamel: Im alttestamentlichen Bericht spielt das einhöckrige, arabische Kamel die Hauptrolle, das in der heißen Wüste zu Hause ist. Aber auch das zweihöckrige Kamel ist in den Ländern der Bibel nicht unbekannt. Zur Zeit der Patriarchen bediente man sich wohl erstmals des Kamels, und gegen Ende des 2. Jahrtausends v. Chr. hatte es sich allgemein durchgesetzt. Es ist außerordentlich anspruchslos und kann mehrere Tage ohne Wasser auskommen. Außerdem kann es schwere Lasten tragen.

Die Raubtiere – Löwe, Bär, Wolf, Fuchs, Schakal: Löwen waren zur alttestamentlichen Zeit in Palästina und den angrenzenden Ländern sehr verbreitet und bildeten eine ernste Gefahr. Zur Zeit des Neuen Testaments waren sie selten. Der syrische Bär (hier im Bild) lebte in den hügeligen und bewaldeten Teilen Palästinas. Bären ernähren sich von Früchten, Wurzeln, Bienen- und Ameisennestern, Eiern – sie sind fast Allesfresser. Waren sie hungrig, holten sie sich auch einmal ein Lamm aus einer Herde (1. Sam. 17, 34). In der Abenddämmerung mußte sich der Hirt auch vor umherstreifenden Wölfen hüten (vgl. auch Matth. 7, 15). Der Fuchs – wie der Schakal ein kleinerer Vetter des Wolfs – brach gern in Weinberge ein. Der Schakal streift in Rudeln umher und ist vornehmlich ein nächtlicher Räuber.

Weitere Tiere (s. auch den Artikel über reine und unreine Tiere, S. 176):

Rabe: Der Name bezieht sich wahrscheinlich auf den Raben selbst wie auf die ganze Familie der Krähen. Das würde erklären, warum er in der Liste der »unreinen« Tiere (3. Mose 11, 15) erscheint, denn Krähen sind Aasfresser. Nach der Sintflut schickte Noah zuerst einen Raben, dann eine Taube aus, um festzustellen, ob das Land trocken sei (1. Mose 8, 7).

Klippdachs: Der Klippdachs hat etwa die Größe eines Kaninchens, hat aber kleine Ohren und keinen Schwanz. Klippdachse sind sehr scheu und leben in Kolonien an felsigen Orten. Eine treffende Charakterisierung findet sich in Sprüche 30, 26.

Wachtel: Siehe dazu den Artikel S. 189.

Maße und Gewichte

Altes Testament

Obwohl David und Hesekiel (46, 10–12) bestimmte Normen festsetzten, gab es Unterschiede. Der Käufer hatte oft eigene Gewichte bei sich (Spr. 16, 11), um die Kaufleute zu überprüfen. Gesetz und Propheten fordern eindringlich gerechte Gewichte und Maße. Die Ethik im Geschäftsleben ist ein Prüfstein für den geistlichen Zustand eines Volkes.

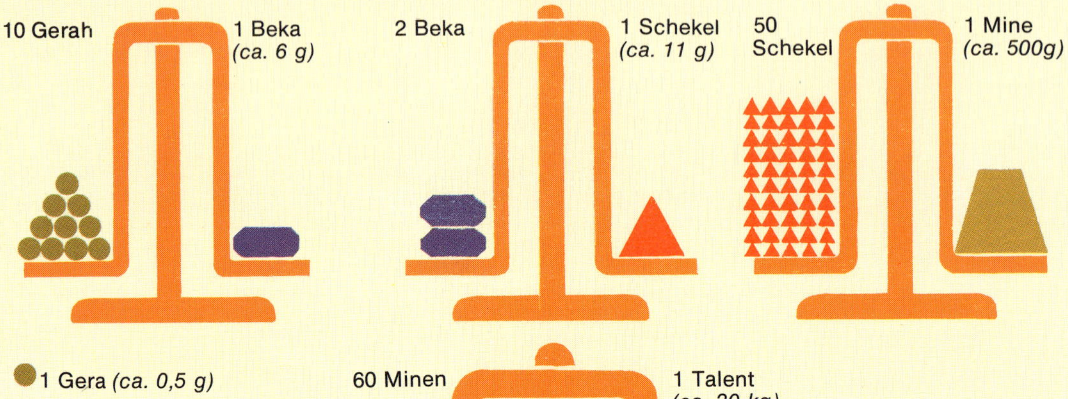

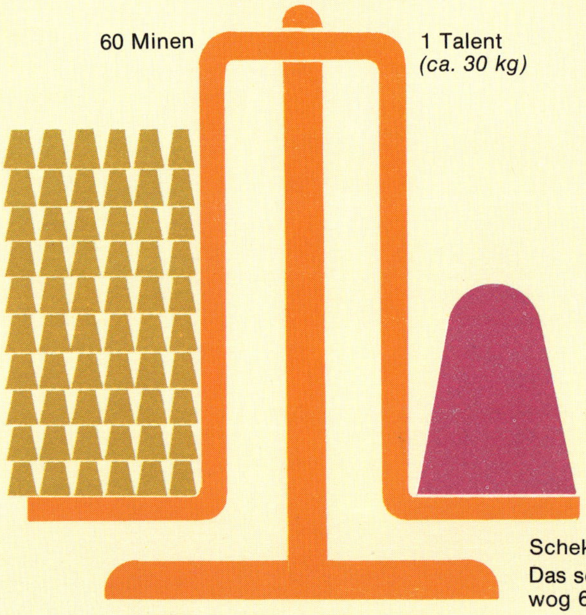

Der schwere, königl. Schekel wog 13 g

Das schwere, Doppelte Talent wog 60 kg

Neutestamentliche Gewichte

Nur zwei Gewichte werden im Neuen Testament erwähnt:

Das Pfund: ca. 327 g

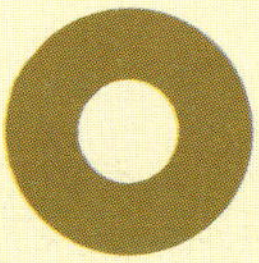

Das Talent: Schätzungen schwanken zwischen 40 und 20 kg

Längenmaße

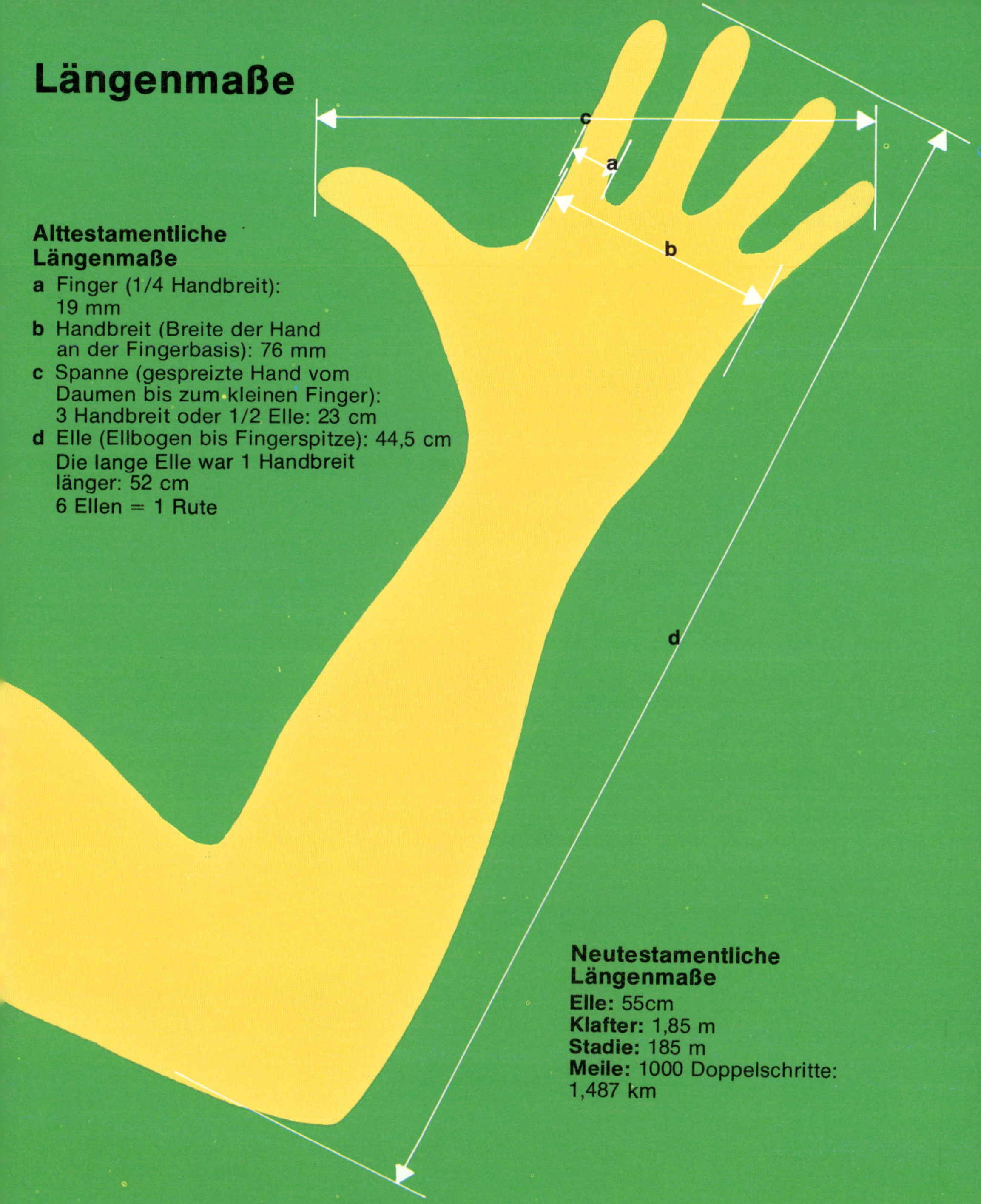

Alttestamentliche Längenmaße

a Finger (1/4 Handbreit): 19 mm

b Handbreit (Breite der Hand an der Fingerbasis): 76 mm

c Spanne (gespreizte Hand vom Daumen bis zum kleinen Finger): 3 Handbreit oder 1/2 Elle: 23 cm

d Elle (Ellbogen bis Fingerspitze): 44,5 cm
Die lange Elle war 1 Handbreit länger: 52 cm
6 Ellen = 1 Rute

Neutestamentliche Längenmaße

Elle: 55cm
Klafter: 1,85 m
Stadie: 185 m
Meile: 1000 Doppelschritte: 1,487 km

Alttestamentliche Hohlmaße

Die Bezeichnungen sind von den entsprechenden Behältern abgeleitet

Flüssigkeitsmaße

Trockenmaße

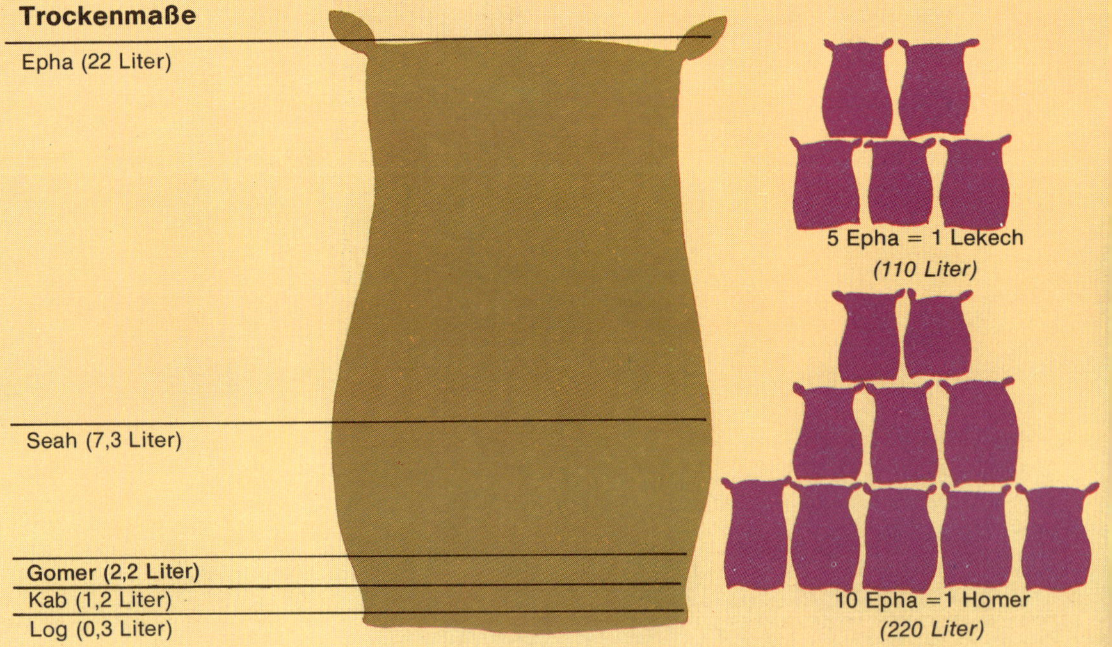

* *Annäherungswerte*

Neutestamentliche Hohlmaße

Flüssigkeitsmaße

Trockenmaße

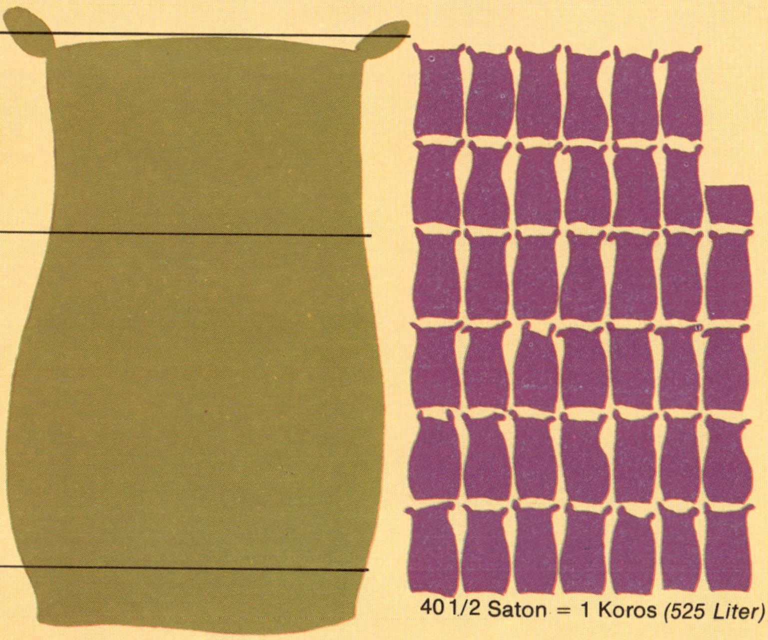

* *Annäherungswerte*

Geld

Alttestamentliche Zeit

Münzen scheinen im 7. vorchristl. Jahrhundert aufgekommen zu sein. Vorher wurden Waren ausgetauscht – Wolle, Getreide, Vieh usw. Gold, Silber und Kupfer wurden ausgewogen und auf ihre Qualität hin geprüft. Einige Gewichtsbezeichnungen wurden für Münzen übernommen. Die frühen Münzen waren einfach Metallplättchen mit aufgeprägtem Siegel. Sie wogen selten mehr als 1 Schekel in Gold oder Silber.

Silbermünzen

Schekel (Gewicht ca. 11,4 g)

50 Schekel = 1 Mine (ca. 500 g)

60 Minen = 1 Talent (30 kg)

Goldmünzen

Schekel

50 Schekel = 1 Mine

60 Minen = 1 Talent

Neutestamentliche Zeit

In neutestamentlicher Zeit zirkulierte in Palästina Geld aus 3 verschiedener Quellen. Es gab die offizielle Reichswährung (Römischer Standard); die

Jüdisch

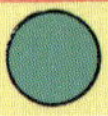

1 Lepton

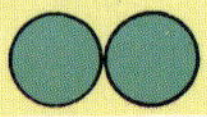

2 Lepton

1 Schekel

30 Schekel

Provinzwährung, die in Antiochien und Tyrus geprägt wurde (Griechischer Standard) und das jüdische Geld, das möglicherweise in Cäsarea geprägt wurde. Kein Wunder, daß der Geldwechsel florierte. Geld wurde in Gold, Silber, Kupfer, Bronze und Messing geprägt. Der röm. *Assarion* und der jüd. *Lepton* waren Bronzemünzen. Die im Neuen Testament am häufigsten erwähnten Silbermünzen sind die griech. *Tetradrachme* und der röm. *Denar,* die den normalen Tageslohn darstellten.

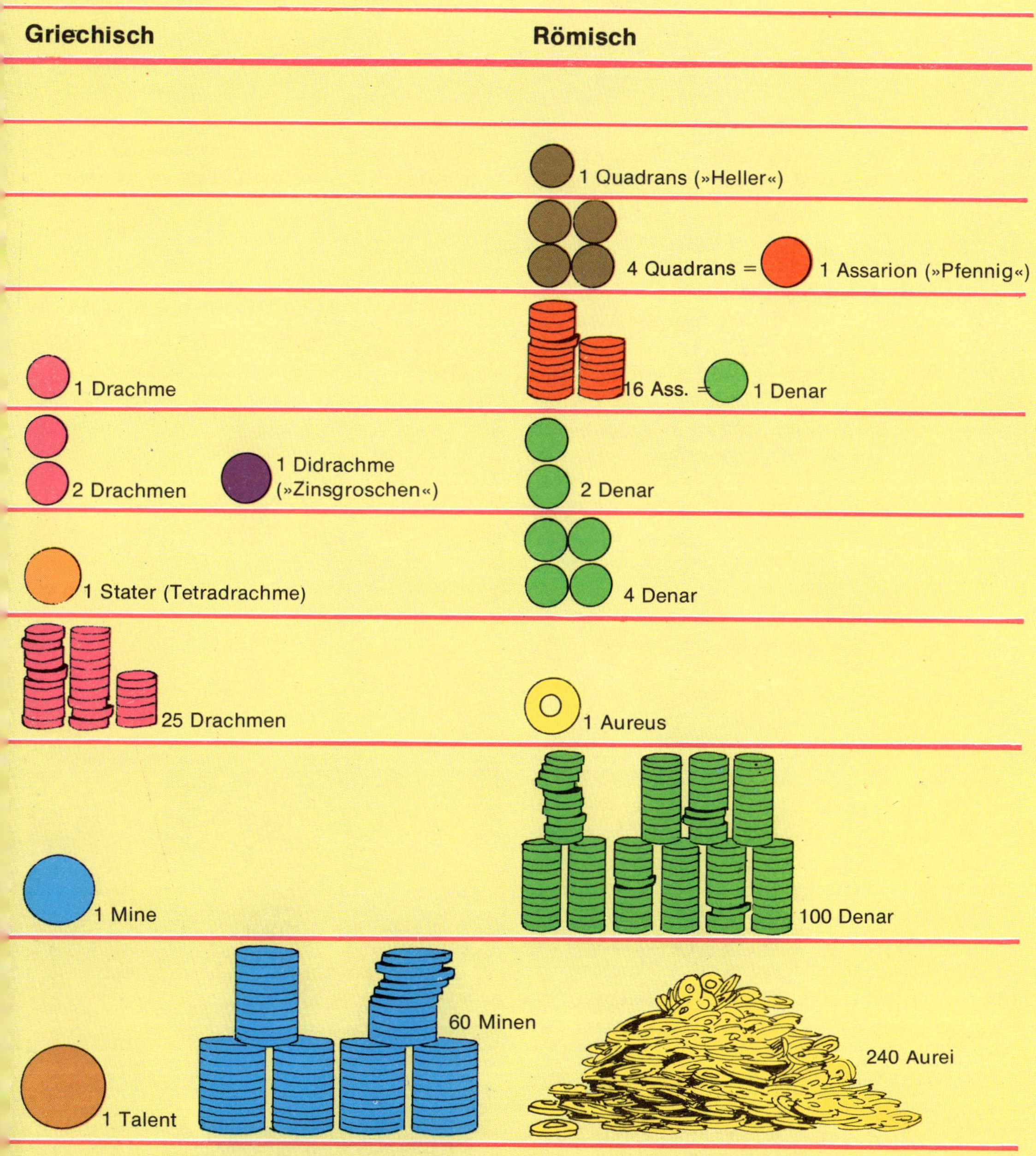

Zeitrechnung und Kalender

John Lilley

Den ältesten Kalendern lagen die Jahreszeiten des Bauernjahres und die damit verbundenen religiösen Riten zugrunde. Infolge dieser Verbindung wurden die Priester zu Sachverständigen in der Handhabung des Kalenders. Auf genaue Datierung waren ebenfalls Handel und Regierung angewiesen. So entwickelten die großen Reiche von Mesopotamien und des Niltales ihre unterschiedlichen Systeme zu einem hohen Grad von Genauigkeit.

Über den Kalender Alt-Israels wissen wir, abgesehen von den Gesetzen über die Feste, nur wenig. Aber die Mischna, die Sammlung des jüdischen Gesetzes, die am Ende des 2. Jahrhunderts n. Chr. entstand, beschreibt ausführlich das System, das die Juden unter babylonischem Einfluß ausgearbeitet hatten. Es konkurrierte mit dem römischen Kalender, den Julius Cäsar so zuverlässig überarbeitete, daß er seit 2000 Jahren fast unverändert besteht.

AUSARBEITUNG EINES KALENDERS

Grundsätzlich sind alle Kalender durch Sonne, Mond und Sterne bestimmt. Die Sonne bestimmt die Grundeinheit des Tages und die Jahreszeiten. Das Zunehmen und Abnehmen des Mondes teilt das Jahr grob gesagt in 29/30 Tage zählende Perioden. Die großen Feste waren so angesetzt, daß sie mit dem Vollmond zusammenfielen. Seit Beginn der Zivilisation erkannten die Menschen auch, daß die nächtliche Konstellation der Sternbilder in einem Zyklus wechselt, der mit den Jahreszeiten übereinstimmt. Die Hirten konnten die Jahreszeiten oft leichter anhand der Sterne bestimmen als anhand der Sonne.

Das Problem bei alledem war natürlich Genauigkeit. Zwölf Mondmonate sind ungefähr elf Tage kürzer als ein Sonnenjahr. Die Babylonier und Griechen fanden schließlich heraus, daß 19 Jahre 235 Mondmonaten entsprechen, eine Tatsache, die durch moderne astronomische Messungen bestätigt wurde. So stellte sich die Frage, wie und wann die überzähligen Monate ausgeglichen werden konnten. Israel muß seit sehr alten Zeiten eine zuverlässige Einteilung gekannt haben, da die Monate mit Namen

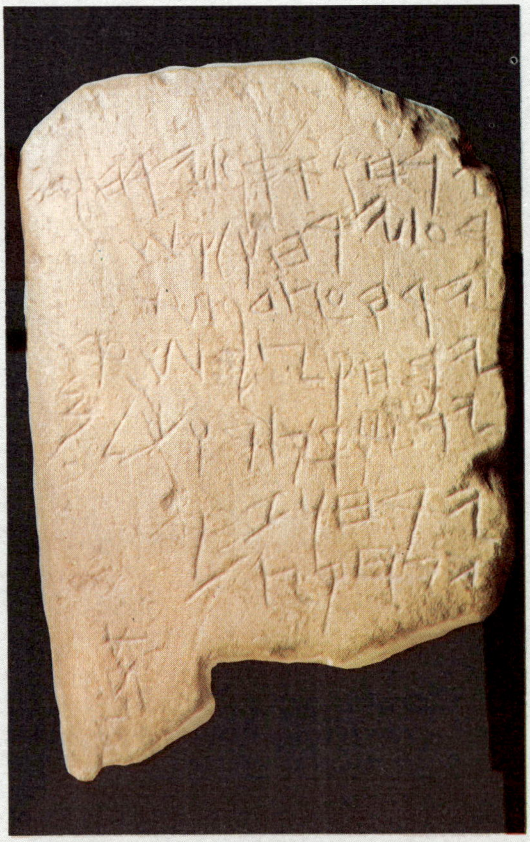

Der »Geser Kalender«, ein einfaches Hilfsmittel, das an die landwirtschaftlichen Jahreszeiten erinnern sollte (hebr., ca. 900 v. Chr.).

benannt und numeriert wurden und die jährlichen Feste in bestimmte Monate fielen. Wenn der Neumond nach den zwölf Monaten mehr als 14 Tage vor die Tag- und Nachtgleiche fiel, so ordneten sie einen weitern zwölften Monat an, einen zweiten Adar, um die Zeit wieder richtigzustellen. So waren sie sicher, daß die Hauptfeste, die sich nach den Getreide- und Fruchternten richteten, mit dem Zeitpunkt der Reife zusammenfielen.

DER ALTTESTAMENTLICHE KALENDER

Der alttestamentliche Kalender hat seine Wurzeln in der Festordnung und dem landwirtschaftlichen Zyklus.

Das System der Feste, von Mose eingeführt, begann mit dem Passa zur Erinnerung an den Auszug aus Ägypten. Fast alle alttestamentlichen Hinweise auf Monate werden von diesem Ausgangspunkt gezählt. Die andern Feste gründeten sich auf die Ernten (2. Mose 23, 14 ff.; 5. Mose 16, 9–15), aber für das tägliche Leben mußten sie durch den Mondkalender festgesetzt werden (3. Mose 23, 1; 1. Kön. 8, 2; 12, 32).

Der landwirtschaftliche Zyklus erreichte seinen Höhepunkt in der Fruchternte (2. Mose 23, 16 b) und begann wieder mit dem Frühregen, der den Boden zum Pflügen vorbereitete. Der »erste Tag des siebenten Monats« (Tischri) ist immer noch das jüdische Neujahr (siehe 3. Mose 23, 24). Die Könige von Juda zählten ihre Jahre vermutlich von diesem Datum an bis zu den Ivasionen der Babylonier am Ende des 7. Jahrhunderts v. Chr. Historische Ereignisse wurden mit der Anzahl Jahre seit der Thronbesteigung des regierenden Königs datiert oder mit dem Hinweis auf große nationale Ereignisse.

Der wöchentliche Sabbat stellte seine eigenen Probleme, weil die Jahre ebensowenig eine ganze Zahl von Wochen wie eine ganze Zahl von Monaten aufweisen. Nach dem Exil wurde der Siebente-Tag-Sabbat strenger eingehalten und wurde – im Gegensatz zu den Festen – unabhängig vom Sonnen-Mond-Kalender. So hatten die orthodoxen Juden Schwierigkeiten in bezug auf die Verbindung von Sabbat und Festtagen.

IM NEUEN TESTAMENT

Die meisten Verfasser des Neuen Testaments datieren Ereignisse nach dem geltenden jüdischen Kalender. Gelegentlich weisen sie auf nichtjüdische Herrscher hin. Lukas zum Beispiel beginnt seine Geschichte über das Leben Jesu »im fünfzehnten Jahr des Kaisertums Kaisers Tiberius«. Die meisten Berichte werden zudem auf die großen Jahresfeste bezogen: Passa, Laubhüttenfest, Pfingsten. Aber selbst hier bestand keine vollkommene Übereinstimmung zur Zeit des Neuen Testaments. Es gab kleinere Unterschiede zwischen dem von den Pharisäern befolgten Kalender und demjenigen der Sadduzäer.

Bedeutungsvoller war der »sektiererische« Kalender, der im Buch der Jubiläen propagiert wurde. Es war ein Schema, um alle Feste ständig am selben Wochentag abzuhalten. Das Jahr wurde in vier Quartale von je 13 Wochen eingeteilt, die wiederum in drei Monate von je 30 Tagen eingeteilt wurden, mit einem zusätzlichen Tag in jedem Quartal. Das Jahr begann immer mit einem Mittwoch, und kein Fest fiel auf einen Sabbat. Wie ein Jahr von 364 Tagen nach ungefähr einer Generation noch mit dem unvermeidlichen Ablauf der Jahreszeiten in Einklang gebracht werden konnte, bleibt ein Rätsel. Die Gemeinschaft von Qumran dürfte diesen Kalender verwandt haben. Bestimmt feierte sie die Feste an andern Tagen als den im Tempel üblichen. Die Bräuche dürften zu Jesu Zeiten unterschiedlicher gewesen sein, als man einst glaubte; dies könnte erklären, warum das letzte Abendmahl nicht mit dem Tag der Passafeier im Tempel zusammenfiel.

Verschiedene Kalender

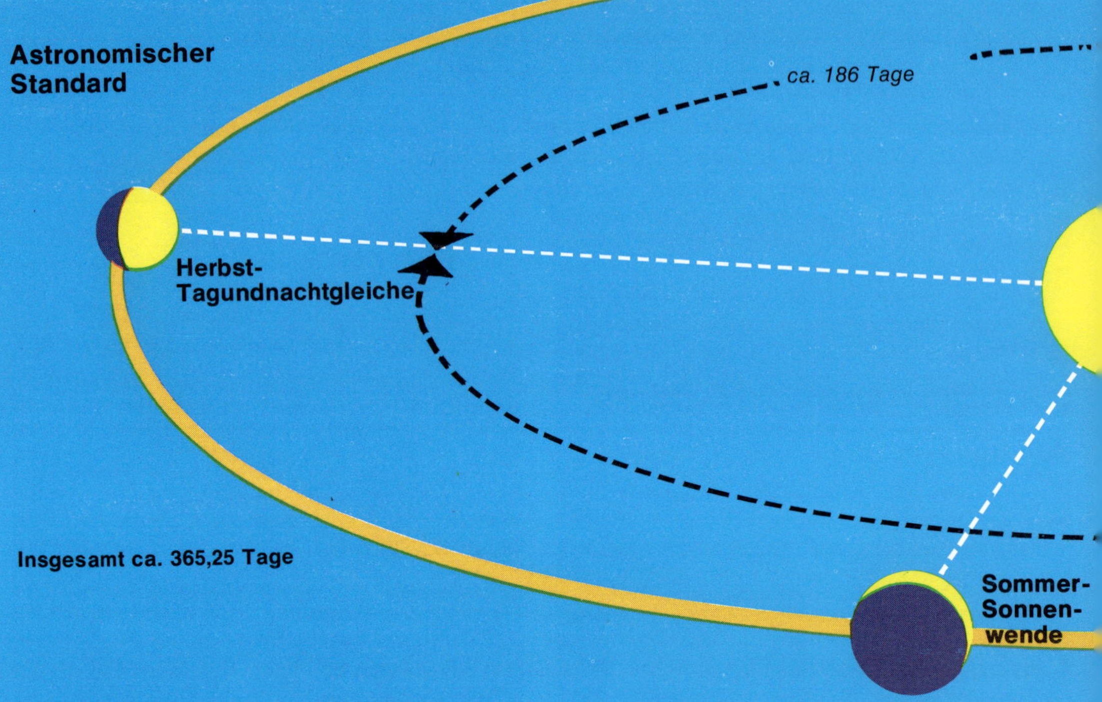

Römisch (Julianisch)

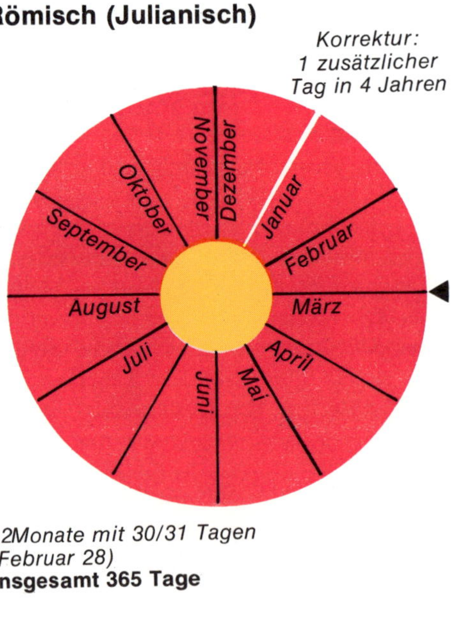

12Monate mit 30/31 Tagen (Februar 28)
Insgesamt 365 Tage

Orthodox-Jüdisch

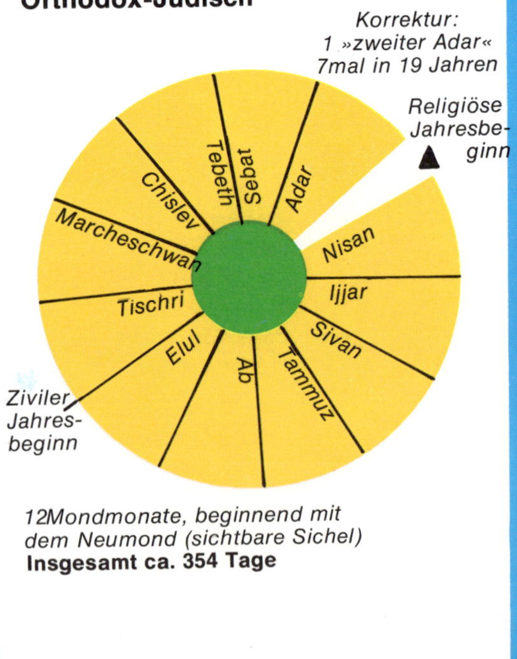

12Mondmonate, beginnend mit dem Neumond (sichtbare Sichel)
Insgesamt ca. 354 Tage

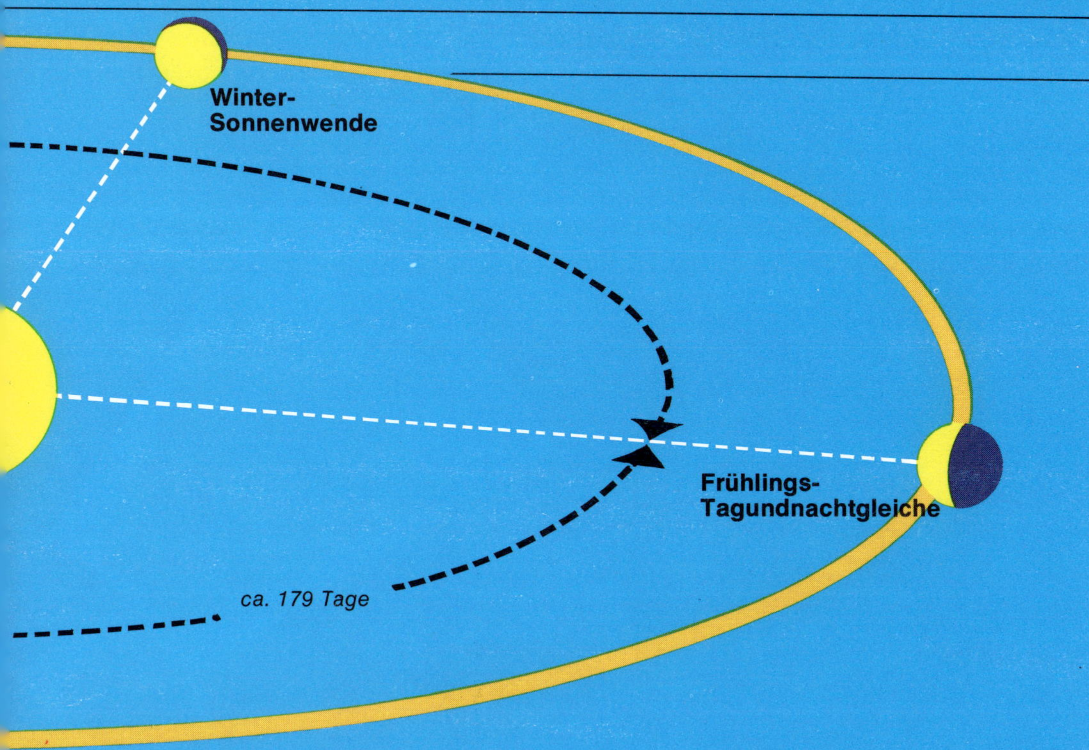

Jubiläen
(historischer Gebrauch unsicher

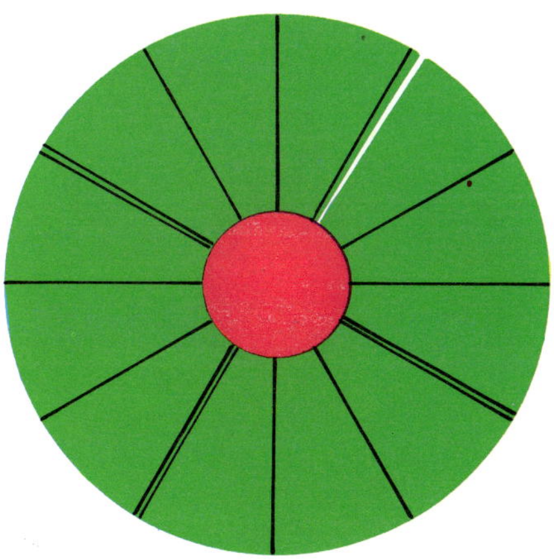

12 Monate mit 30 Tagen plus
1 zusätzlicher Tag pro Vierteljahr:
entspricht 52 Wochen
Keine Korrektur
Insgesamt 364 Tage

Ägyptisch (Fiskal)

12 Monate mit 30 Tagen plus 5 zusätzliche Tage. Keine Korrektur: Der Jahresbeginn verschob sich im Vergleich zum landwirtschaftlichen Jahr in einem »sothischen Zyklus« von 1460 Jahren.
Insgesamt 365 Tage

Der Kalender in Altisrael

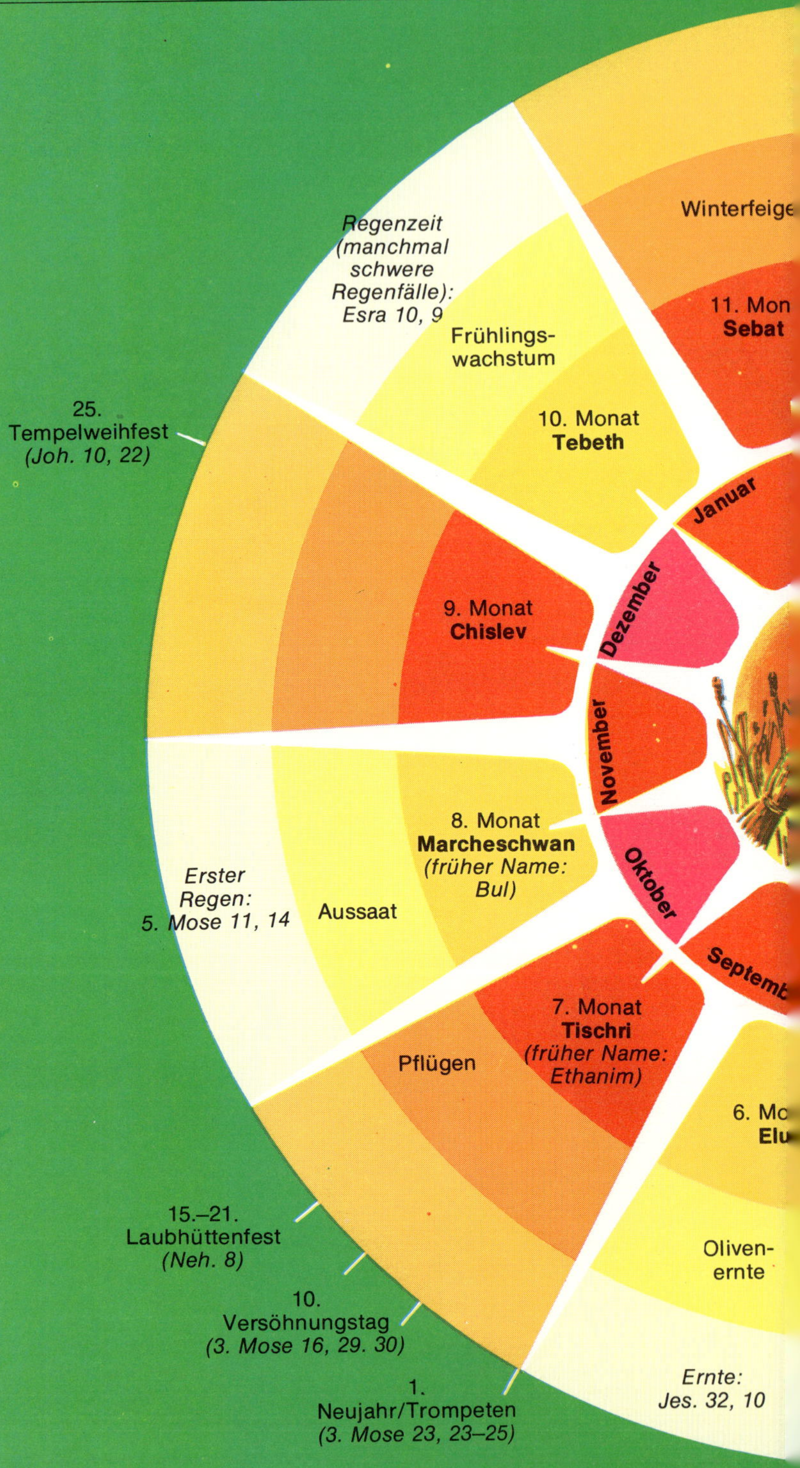

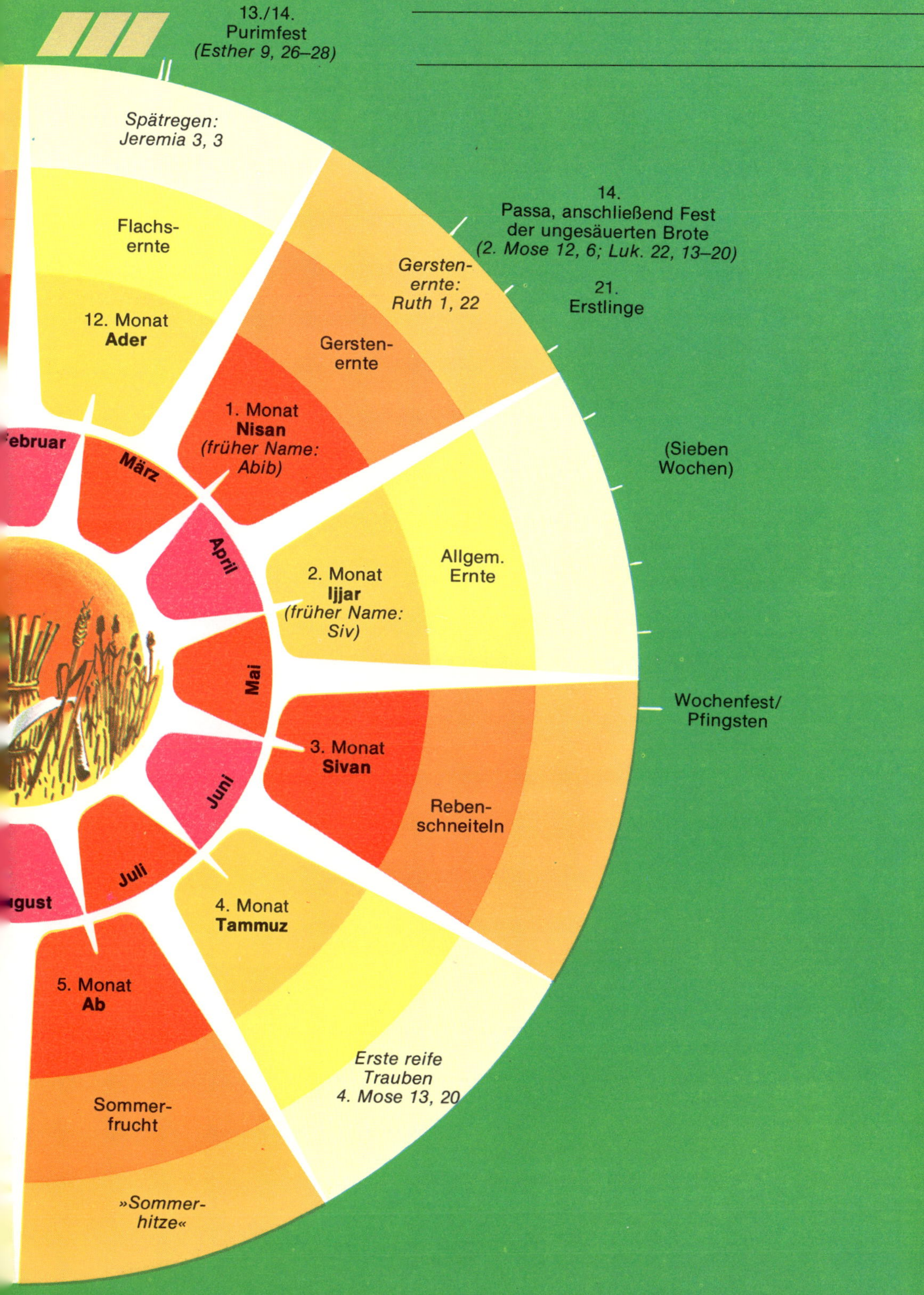
13./14.
Purimfest
(Esther 9, 26–28)
Spätregen:
Jeremia 3, 3
Flachs-
ernte
12. Monat
Ader
14.
Passa, anschließend Fest
der ungesäuerten Brote
(2. Mose 12, 6; Luk. 22, 13–20)
Gersten-
ernte:
Ruth 1, 22
21.
Erstlinge
Gersten-
ernte
1. Monat
Nisan
(früher Name:
Abib)
ebruar
März
April
(Sieben
Wochen)
Allgem.
Ernte
2. Monat
Ijjar
(früher Name:
Siv)
Mai
Wochenfest/
Pfingsten
3. Monat
Sivan
Juni
Reben-
schneiteln
Juli
gust
4. Monat
Tammuz
5. Monat
Ab
Erste reife
Trauben
4. Mose 13, 20
Sommer-
frucht
»Sommer-
hitze«

A
B
C
D
1
2
3
4
5
6
7
Tyrus
Abel-Beth-Maacha
Dan
Kedesch
Hazor
Merom
Großes Meer
Kinnereth
BASAN
See Kinnereth
Aschtaroth
GALILÄA
Gath-Hepher
Kison
Karmel
Tabor
Edrei
Ebene von Jesreel
Endor
Hügel More
Lo-Debar
Ramoth-Gilead
Dor
Meggiddo
Sunem
Jesreel
Taanach
Gilboa
GILEAD
Beth-Schean
Ibleam
Saron
Dothan
Tischbe
Bach Krith
Samaria
Tirza
Jabesch-Gilead
Sukkoth
Pnuel
Ebal
Sichem
Garizim
Jabbok
Ebene von Saron
ISRAEL
Jordan
Adam
Aphek
AMMMON
Silo
Japho
Timnath
Niederes Beth-Horon
Bethel
Ai
Rabbath
Oberes Beth-Horon
Michmas
Mizpah
Geser
Gibeon
Gilgal
Schittim
Geba
Ekron
Sorek
Gibea
Jericho
Hesbon
Timna
Ajalon
Anathoth
Nebo
Kirjath-Jearim
Jerusalem
Eschtaol
Asdod
Beth-Schemesch
Bethlehem
Makkeda
Wüste Juda
Libna
Aseka
Askalon
Tal von Elah
Adullam
Thekoa
Ataroth
Kegila
PHILISTÄA
Kirjathajim
Marescha
Beth-Zur
Salzmeer
Dibon
Lachisch
Hebron
Aroer
Gaza
Eglon
JUDA
En-Gedi
Maon
MOAB
Ziklag
Gerar
Arad
Beerseba
Horma
Ar
Kir-Hareseth
Wüste Negev
ISRAEL ZUR ZEIT DES ALTEN TESTAMENTES

2

DIE FÜNF BÜCHER

DIE HISTORISCHEN BÜCHER

POESIE UND WEISHEITSLITERATUR

DIE PROPHETEN

Alttestamentliche Geschichte auf einen Blick

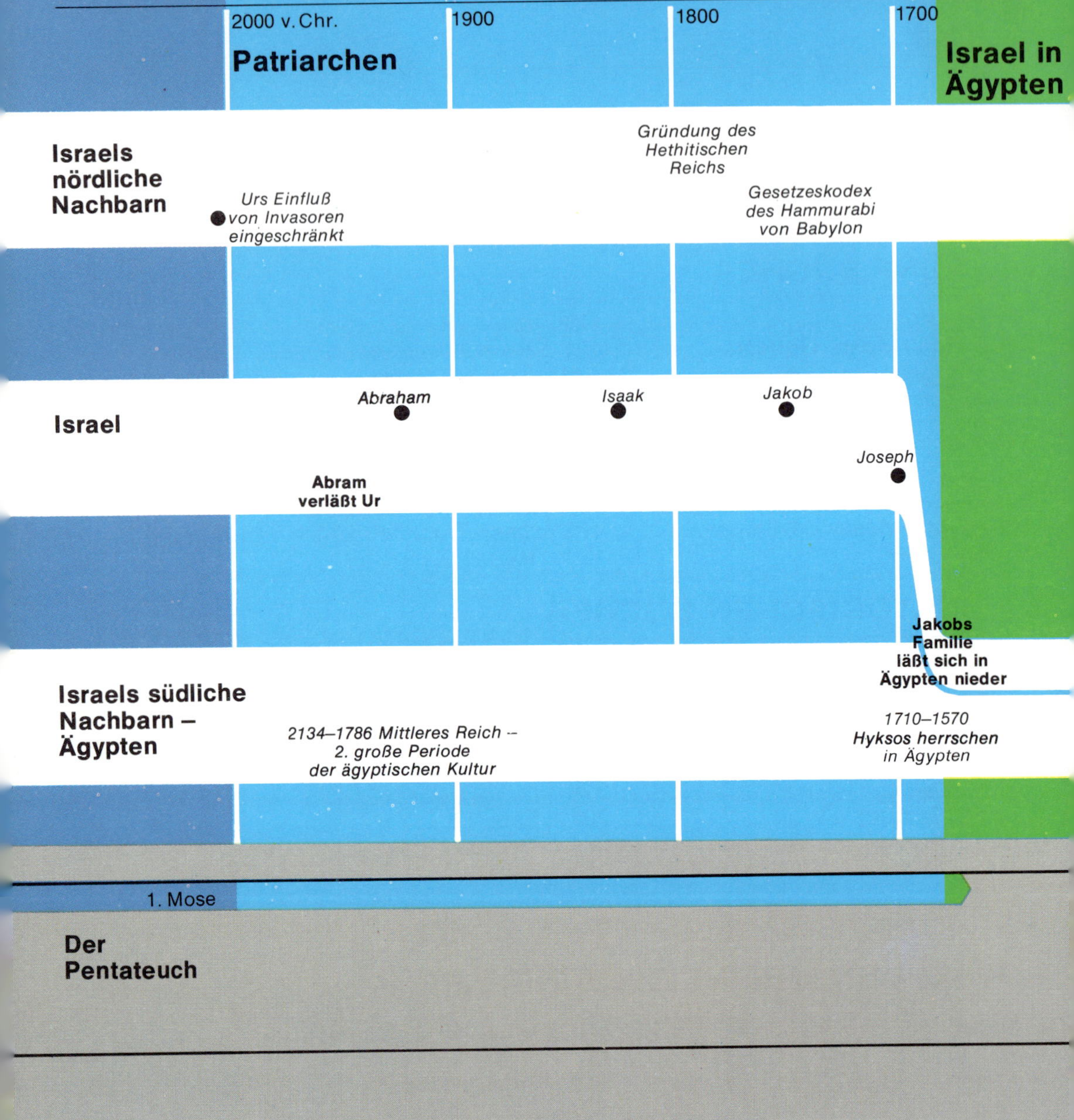

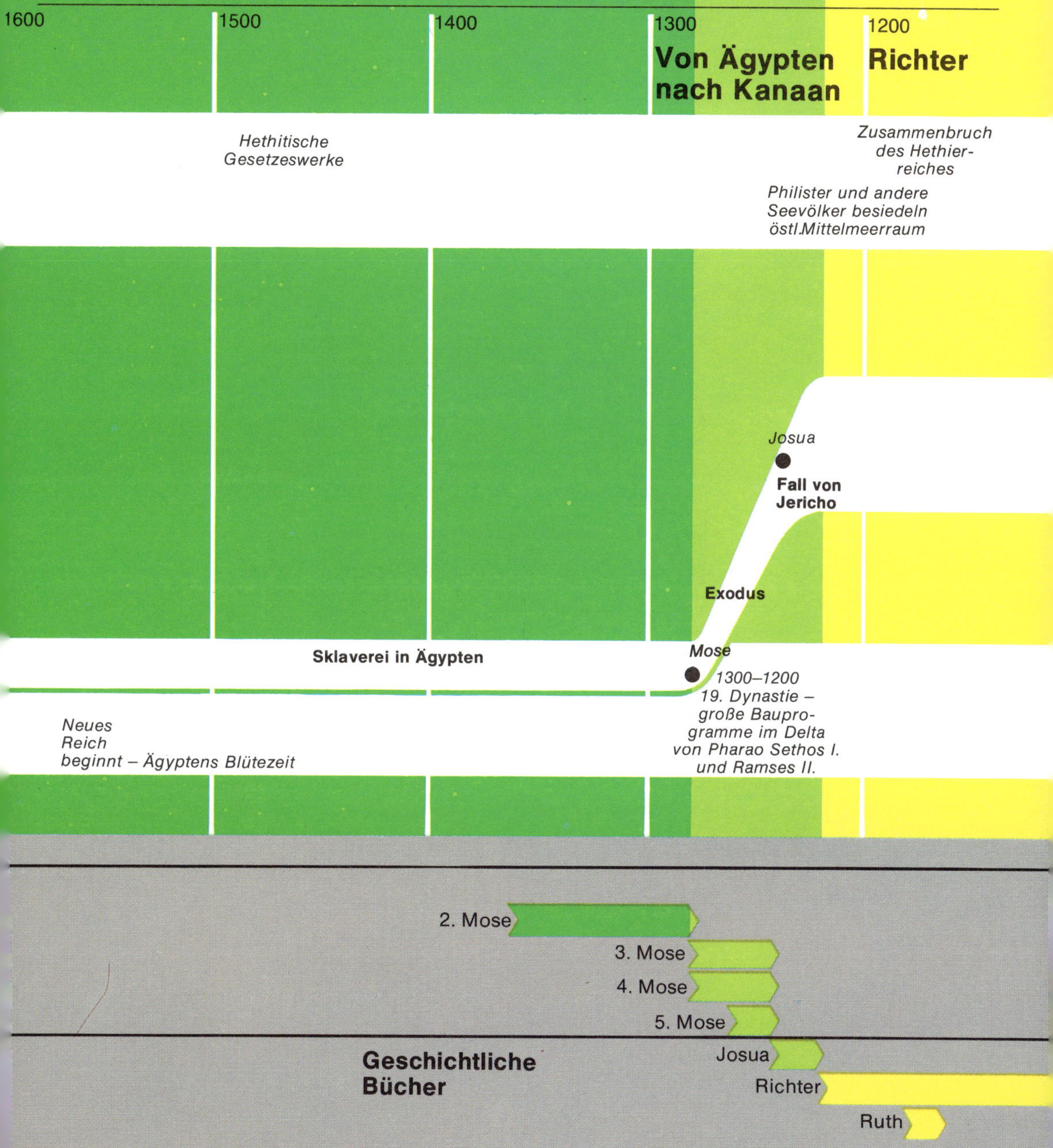
1600
1500
1400
1300
1200
Von Ägypten nach Kanaan
Richter
Hethitische Gesetzeswerke
Zusammenbruch des Hethierreiches
Philister und andere Seevölker besiedeln östl.Mittelmeerraum
Josua
Fall von Jericho
Exodus
Mose
Sklaverei in Ägypten
1300–1200
19. Dynastie – große Bauprogramme im Delta von Pharao Sethos I. und Ramses II.
Neues Reich beginnt – Ägyptens Blütezeit
2. Mose
3. Mose
4. Mose
5. Mose
Geschichtliche Bücher
Josua
Richter
Ruth

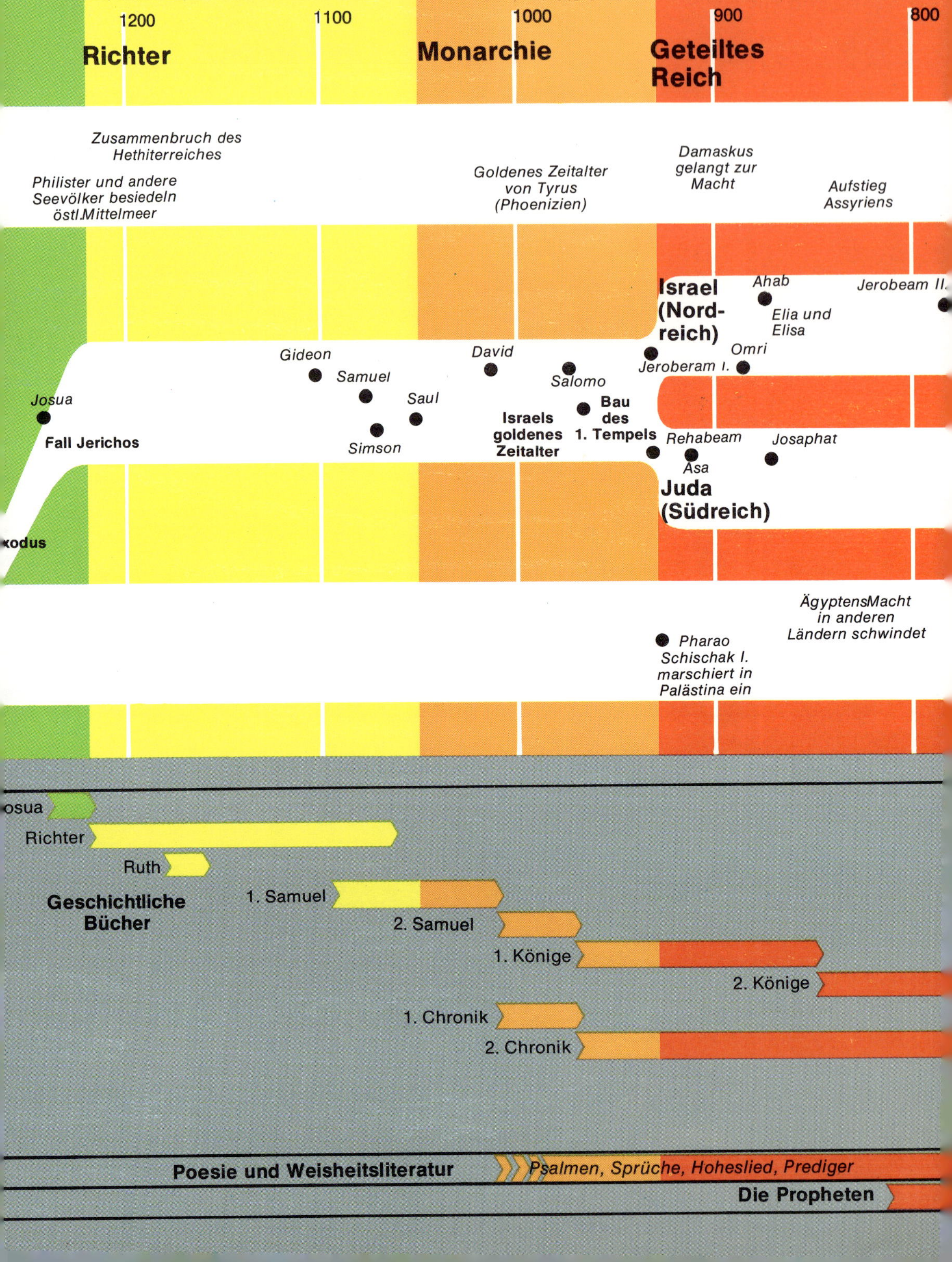
1200
1100
1000
900
800
Richter
Monarchie
Geteiltes Reich
Zusammenbruch des Hethiterreiches
Philister und andere Seevölker besiedeln östl.Mittelmeer
Goldenes Zeitalter von Tyrus (Phoenizien)
Damaskus gelangt zur Macht
Aufstieg Assyriens
Israel (Nordreich)
Ahab
Jerobeam II.
Elia und Elisa
Gideon
David
Omri
Samuel
Salomo
Jeroberam I.
Josua
Saul
Bau des 1. Tempels
Fall Jerichos
Israels goldenes Zeitalter
Simson
Rehabeam
Josaphat
Asa
Juda (Südreich)
xodus
ÄgyptensMacht in anderen Ländern schwindet
Pharao Schischak I. marschiert in Palästina ein
osua
Richter
Ruth
Geschichtliche Bücher
1. Samuel
2. Samuel
1. Könige
2. Könige
1. Chronik
2. Chronik
Poesie und Weisheitsliteratur
Psalmen, Sprüche, Hoheslied, Prediger
Die Propheten

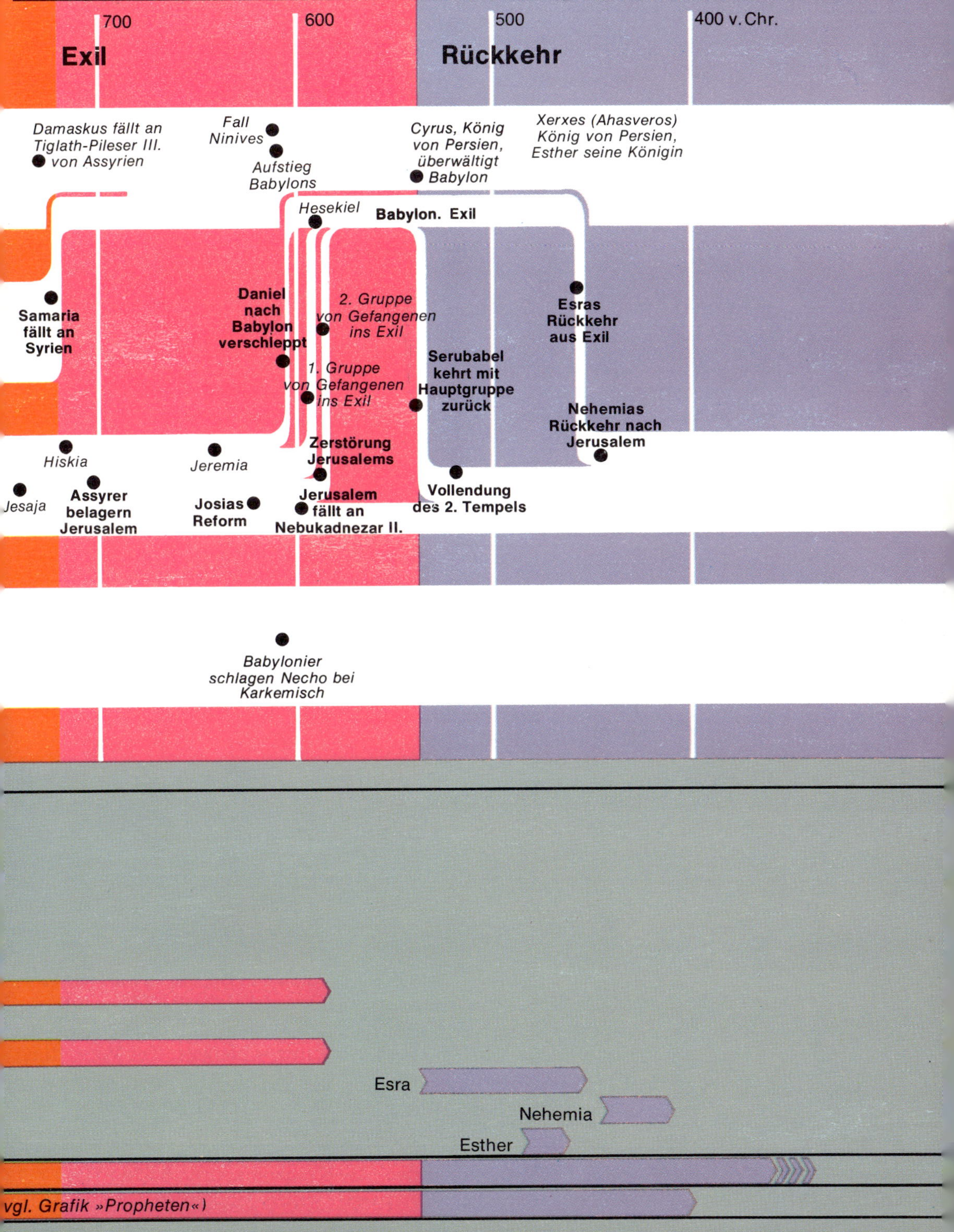
700
600
500
400 v. Chr.
Exil
Rückkehr
Damaskus fällt an Tiglath-Pileser III. von Assyrien
Fall Ninives
Aufstieg Babylons
Cyrus, König von Persien, überwältigt Babylon
Xerxes (Ahasveros) König von Persien, Esther seine Königin
Hesekiel
Babylon. Exil
Samaria fällt an Syrien
Daniel nach Babylon verschleppt
2. Gruppe von Gefangenen ins Exil
1. Gruppe von Gefangenen ins Exil
Serubabel kehrt mit Hauptgruppe zurück
Esras Rückkehr aus Exil
Nehemias Rückkehr nach Jerusalem
Hiskia
Jeremia
Zerstörung Jerusalems
Jesaja
Assyrer belagern Jerusalem
Josias Reform
Jerusalem fällt an Nebukadnezar II.
Vollendung des 2. Tempels
Babylonier schlagen Necho bei Karkemisch
Esra
Nehemia
Esther
vgl. Grafik »Propheten«)

Einführung

John Taylor

Der Name »Pentateuch«, den man den ersten fünf Büchern der Bibel gegeben hat, kommt aus dem Griechischen und bedeutet »Fünf-Rollen-(Buch)«. Gemeint ist also ein Buch, dessen Gesamtstoff in fünf Abschnitte geteilt wurde, nicht fünf Bücher, die zu einem zusammengefaßt wurden. Diese Sicht wird auch der hebräischen Tradition gerecht, die bei dem Buch von der ›Thora‹ (dem Gesetz) oder den ›Fünf Fünfteln Moses‹ spricht. Auch ist die innere Geschlossenheit des Pentateuch nicht zu übersehen.

Das bedeutet aber keineswegs, daß hier in strenger chronologischer Abfolge Geschichte berichtet wird. Dem Leser begegnet eine Vielfalt literarischer Formen: Erzählungen, Gesetze, rituelle Vorschriften, Predigten, Geschlechtsregister, Gedichte. Sie entstammen verschiedenen Quellen und sind sorgfältig in den erzählerischen Rahmen eingefügt worden. Absichten und Ziele der Autoren und Redaktoren sind dabei oft noch klar zu erkennen.

DER GESCHICHTLICHE RAHMEN

Der Rahmen des Pentateuch ist die Geschichte des Gottesvolkes von der Berufung Abrams bis zu Moses Tod. Er umspannt also einen Zeitraum von über 600 Jahren, der wahrscheinlich von etwa 1900 v. Chr. bis etwa 1250 v. Chr. reicht. Die Geschichte wird in zwei Teilen erzählt. Der erste handelt von den vier Generationen der Patriarchen: Abraham, Isaak, Jakob und Joseph (1. Mose 12–50). Der zweite ist durch die gewaltige Gestalt des Mose beherrscht (2. Mose – 5. Mose). Dem Ganzen ist ein Prolog aus uralten Überlieferungen und Urkunden vorangestellt, die zum einen in die Hauptthemen der Geschichte einführen sollen, zum anderen aber Gottes Absichten mit der gefallenen Welt und Menschheit im Rahmen einer ursprünglich guten Schöpfungsordnung bekunden. Es empfiehlt sich nun, zunächst die wesentlichen Themen der Frühgeschichte Israels in den Blick zu nehmen und sich danach der Bedeutung der einleitenden Kapitel zuzuwenden.

VIER WICHTIGE THEMEN

Erwählung

Das Alte Testament war für Israel geschrieben, das Volk, das in Jakob (= Israel) seinen gemeinsamen Ahnherrn und in Abraham den Gründer seiner Nation sah. Auch die Christen betrachten Abraham als den Vater all derer, die sich im Glauben mehr auf Gott verlassen als auf alles, was sie für sich selbst tun könnten (Röm. 4, 16). Darum lesen wir die Geschichte von Abrams Berufung zum Ahnherrn des erwählten Gottesvolkes nicht wie einen Bericht aus ferner Vergangenheit, sondern wir sehen darin ein heute noch gültiges Ereignis. Zur Vorstellung der göttlichen Erwählung gehören zwei zusätzliche Merkmale: Verheißung und Verantwortlichkeit. 1. Mose 12–22 ist durchsetzt von göttlichen Verheißungen an Abraham. Ihm werden unzählbare Nachkommen verheißen. Das Land Kanaan soll seinen Kindern als Erbe zufallen.

Und in künftigen Zeiten soll sein Name groß sein.

Doch die besondere Zuwendung Gottes galt nicht Abraham und den Seinen allein, seine Verheißungen waren keineswegs nur für wenige Erwählte bestimmt. Vielmehr sollten diese sie verantwortlich nutzen, damit auch andere an den Segnungen der Verheißungen teilhaben konnten. Mit der Erwählung Israels verfolgt Gott eine missionarische Absicht. Israels Geschichte muß darum gelesen werden als die lange Geschichte seiner Versuche, diese Verantwortung zu erfüllen – mit mancherlei Erfolg, aber auch viel offenbarem Mißlingen.

Bund

Für das moderne Empfinden verbindet sich der Begriff »Bund« mit der Vorstellung von Urkunde und Siegellack. Im hebräischen Denken deckt er alle Beziehungen ab, in denen es um gegenseitige menschliche Verpflichtungen geht. Darum war es natürlich, daß auch die menschliche Beziehung zu Gott mit Ausdrücken aus dem Bundesdenken beschrieben wurde.

Die Bundesterminologie erscheint im Pentateuch bei drei verschiedenen Anlässen:

- Bei der Verheißung an Noah, daß es keine Sintflut mehr geben solle (1. Mose 9, 9).
- Bei den Abrahamsverheißungen (1. Mose 15, 18; 17, 4).
- Beim Sinaibund, der mit Mose geschlossen wurde und dessen Bestimmungen im »Bundesbuch« (2. Mose 24, 7) zusammengefaßt sind.

Obgleich normalerweise Gleichgestellte einen Bund schließen, bezieht sich der religiöse Gebrauch des Wortes immer auf eine Beziehung zwischen einem höheren und einem niedrigeren Partner. Die Form des Bundesschlusses zwischen Gott und Israel, wie sie in 2. und 5. Mose erscheint, hat eine hilfreiche Aufhellung erfahren durch neuerliche Entdeckungen von hethitischen Staatsverträgen zwischen Königen und niedriger gestellten Vasallen. Diese Verträge bestehen aus einer geschichtlichen Einleitung, einer Liste von Abmachungen, sodann aus Fluch- und Segensworten für die Vertragspartner, weiter aus einem feierlichen Eid und einer religiösen Zeremonie, um den Bundesschluß zu ratifizieren. Die meisten dieser Merkmale kann man auch in den alttestamentlichen Bundesschlußformeln finden (vgl. »Bundesschlüsse und nahöstliche Verträge« S. 198).

Der Bundesschluß beruhte auf göttlicher Initiative. Barmherzig und souverän macht Gott z. B. die uneingeschränkte Zusage, die Menschheit nicht mehr durch eine neue Sintflut zu richten; erwählte er Abraham und seine Nachkommen, damit sie Kanäle seiner Gnade für eine gefallene Welt seien; erhärtete er diese Erwählung, indem er sich an das israelitische Volk mit den Worten band: »Ich will euch annehmen zu meinem Volk und will euer Gott sein« (2. Mose 6, 7).

Der Bundesschluß beinhaltete eine neue Gottesoffenbarung. Gott offenbarte sich Abraham als sein Schild (1. Mose 15, 1), als Allmächtiger (»El Shaddaj«, 1. Mose 17, 1); Mose tat er seinen Namen »Jahwe« (2. Mose 3, 14) kund, und später heißt er ›der Gott, der aus Ägypten geführt hat‹ (2. Mose 20, 2) (vgl. »Die Namen Gottes«, S. 157).

Der Bundesschluß stellte moralische und rituelle Forderungen an das Volk. Die Abmachungen enthielten beides: Das Rituelle in Gestalt der Beschneidung, die bereits Abraham auferlegt war (1. Mose 17, 10), ferner in der Sabbatheiligung (2. Mose 20, 8 ff) sowie in allen weiteren Bestimmungen des Pentateuch, die Gottesdienst und Opfer regelten. Daneben die ethischen Weisungen, etwa in den Zehn Geboten oder in anderen Gesetzen. Das rituelle und das ethische Gesetz mögen auf den ersten Blick keinen Bezug zueinander zu haben, wurzeln aber beide in der Vorstellung von Gottes Heiligkeit. Ein heiliger Gott erwartet von seinem Volk, daß es sein Wesen in Gottesdienst und Verhalten widerspiegle.

Gesetz

Das Zentralthema des Pentateuch ist das Gesetz, das ja dann auch dem ganzen Buch seinen Namen gab. Es begegnet uns etwa in den Zehn Geboten (2. Mose 20; 5. Mose 5), aber auch in anderen Gesetzessammlungen wie dem Bundesbuch (2. Mose 21–23), dem Heiligkeitsgesetz (3. Mose 17–26), der deuteronomischen Gesetzgebung (5. Mose 12–26). Vergleiche mit anderen antiken nahöstlichen Gesetzessammlungen, besonders mit dem Codex Hammurabi, haben manche Gemeinsamkeiten aufgewiesen. Das illustriert, wie sehr Israel an der Kultur des östlichen Mittelmeerraumes teilhatte. Bedeutsam sind allerdings weniger die Gemeinsamkeiten als vielmehr die Unterschiede, durch die sich Israels Gesetze von denen seiner Umwelt abheben. Besonders herausragend sind:

- Der kompromißlose Monotheismus der Gebote (alles ist auf den einen Gott bezogen);
- ihr bemerkenswertes Interesse an den Unterprivilegierten wie Sklaven, Fremden, Frauen und Waisen;
- ihr Gemeinschaftsgeist, der auf der Bundesbeziehung von ganz Israel mit dem Herrn beruht.

Weiterhin ist in diesem Zusammenhang auf die Form der Gesetze zu achten. Entweder tragen sie eine apodiktische Gestalt (»Du sollst . . .« oder: »Du sollst nicht . . .«) oder sind kasuistisch ausgeformt (»Wenn einer . . ., dann soll er . . .«). Während nun die meisten antiken Rechtssammlungen aus kasuistischem Recht bestehen, ist das apodiktische eine für Israel besonders eigentümliche Form. So ist etwa der Dekalog allein bei Israel zu finden.

Manche Christen haben irrtümlich die Lehre Jesu in der Bergpredigt als Zurückweisung des jüdischen Gesetzes zugunsten seines neuen Liebesgebotes interpretiert. Aber die Kritik Jesu richtete sich in Wirklichkeit nicht gegen die Gebote als solche, sondern gegen deren Auslegung durch die Rabbinen (»Ihr habt gehört, daß gesagt ist . . .« ist eine traditionelle rabbinische Formel, mit der sie ihre Auslegungen einleiteten). Jesus enthüllte die eigentlichen Motive der Gebote, die die Ausleger verfehlt hatten.

Wieder andere beurteilen die Zehn Gebote als zu negativ. Sie übersehen, daß die Verbote der positiven Versicherung »Ich bin der Herr, euer Gott . . .« folgen. Die, die von Gott befreit wurden und unter seiner Herrschaft leben, müssen dies durch ein entsprechendes Verhalten ausweisen. So waren die Zehn Gebote ursprünglich ein göttliches Privileg für sein befreites Volk. Sie bestanden nicht aus allgemeinen Bestimmungen, sondern aus konkreten Weisungen für konkrete Lagen. Da ging es um Gottesdienst und Arbeit, Familienleben und Ehe, Achtung vor dem Leben und dem Eigentum, um grundlegende Gerechtigkeit und Entscheidungsfreiheit für den einzelnen. Für alle Bereiche menschlicher Erfahrung hatte Gott ein Wort, das klar und unausweichlich war. Christus hat dies nicht aufgehoben, sondern erfüllt und erweitert.

Von den Zeremonialgesetzen (etwa in 3. Mose und anderswo) gilt dies allerdings nicht. Ihr Zweck war ja, das israelitische Volk zu lehren, wie ein heiliger Gott durch ein heiliges Volk kultisch verehrt werden sollte. Darum stehen neben den Bestimmungen für den Gottesdienst (Feste, Opfer) detaillierte Anweisungen, bei deren Befolgung die notwendige kultische Reinheit bewahrt werden konnte. Dies war besonders wichtig im Gegenüber zu der kanaanäischen Religion und ihren gefährlichen Einflüssen. Die Israeliten sollten sich Gott nähern in dem gebührenden Wissen um seine moralische und rituelle Andersartigkeit.

Diese Bestimmungen gelten nicht mehr für die christliche Kirche, wenn auch die ihnen zugrundeliegenden Prinzipien aufschlußreich bleiben. Zudem hat das ausgefeilte Opfersystem Israels seine Erfüllung gefunden in dem einen Opfer Christi, dem Opfer des vollkommenen Opferlammes, durch das die Sünden vergeben sind und für alle Menschen Erlösung geschaffen ist (vgl. Hebr. 10, 1–18).

Auszug

Das vierte Hauptthema des Pentateuch, das auch an anderen Stellen der Bibel immer wieder auftaucht, ist der Auszug aus Ägypten (2. Mose 1–12). Für den Juden war er die große Rettungstat Gottes, auf die alle Generationen dankbar zurückschauten. »Mit starker Hand und ausgerecktem Arm« hatte Gott auf wunderbare Weise zugunsten seines versklavten Volkes eingegriffen und in seinem Sieg über die Götter Ägyptens seine totale Überlegenheit demonstriert. Jedes Jahr gedachte man beim Passafest dieses geschichtlichen Ereignisses. Spätere Generationen wurden an das erlösende Handeln Gottes erinnert und davor gewarnt, zu vergessen, was Gott für sie getan hatte (z. B. 5. Mose 6, 12).

Als historisches Ereignis war der Exodus ein vergangenes Geschehen. Aber er hielt stets die Erwartung auf Gottes rettendes Eingreifen wach. So hoffte Israel im babylonischen Exil auf einen zweiten Exodus (Jes. 51, 9–11). Und als Jesus Christus kam, beschrieb man sein Erlösungswerk in der Sprache des Exodus (z. B. Lk. 9, 31).

Dies also sind die vier großen Themen, die im Vordergrund des Pentateuch stehen. Es gibt daneben allerdings ein weiteres Thema, das mit niederschmetternder Regelmäßigkeit erscheint: das ständige Versagen der Israeliten. Es dauerte lange, bis sie Mose als ihren Befreier annahmen. Sie murrten über die Mühen der Wanderung. Sie sehnten sich nach dem alten Leben in Ägypten (4. Mose 11, 5). Sie waren entmutigt bei der Aussicht, in das Land Kanaan zu ziehen. Und sie wanderten 40 Jahre lang in der Wüste der Unentschlossenheit. Nicht einmal Mose war davor gefeit. Er wurde damit bestraft, daß er das Volk nicht in das verheißene Land führen durfte.

Aber die Sünde war ja kein neues Problem. Um ihre Wurzeln zu entdecken, müssen wir uns den einleitenden Kapiteln der Genesis zuwenden.

DER PROLOG

Es gab eine Zeit, in der sich nicht wenige Christen durch die ersten Kapitel der Genesis in Verlegenheit gebracht sahen. Aber der alte Streit Naturwissenschaft – Glaube gehört je länger je mehr der Vergangenheit an. Tatsächlich werden diese Kapitel heute zu den bedeutendsten theologischen Aussagen der Bibel gezählt. Sobald man sie nämlich nicht mehr als naturwissenschaftliche Dokumente verteidigen mußte, wurde man fähig, auf die eigentliche Aussage der Texte zu hören.

Die Gestalt dieser Botschaft hat man oft als »Mythos« bezeichnet. Aber dieser Begriff ist irreführend, selbst wenn »Mythos« verstanden wird als ein »religiöser Text, der dazu bestimmt ist, eine Sitte, Institution oder andere Erscheinung zu erklären«. Irreführend ist der Begriff auch deshalb, weil sich damit die Vorstellung des Unhistorischen und Unwahren verbindet. In Wirklichkeit aber sind die ersten Kapitel der Genesis historisch, indem sie Zeugnis von Ereignissen ablegen, die tatsächlich stattfanden. Die Welt wurde geschaffen. Mann und Frau wurden zu Gottes Ebenbild gemacht. Der Sündenfall fand in Raum und Zeit statt. Fraglich ist lediglich der Grad an symbolischer Verdichtung bei der Beschreibung dieser Ereignisse. Was dies angeht, werden auch in Zukunft die Meinungen weit auseinandergehen.

Die Zuwendung zu diesen Kapiteln eröffnet uns biblische Orientierung für die grundlegenden Fragen nach Gott, dem Menschen und der Welt. Gott ist in jeder Phase gegenwärtig. Er wird nicht einfach vorausgesetzt, er ist vielmehr konstant am Werk. Diese Welt ist seine Welt. Menschliche Geschichte ist die Durchführung seines Planes. Er ist völlig verantwortlich für die Welt und alles, was in ihr ist. Alle Menschen sind seine Geschöpfe, geschaffen »nach seinem Bilde«, befähigt zu Güte, Gottesdienst und Gemeinschaft mit ihm. Hier gibt es keinen Raum für andere Götter. 1. Mose 1 umschließt alles: Sonne, Mond und Sterne sind das Werk seiner Hand. Sie haben bestimmte Funktionen in seinem geordneten Universum. Selbst die Seeungeheuer (die *tanninim* der antiken Mythologie) wurden durch ihn geschaffen (1. Mose 1, 21).

Höhepunkt der Schöpfung aber ist der Mensch. Allem anderen überlegen, ist er nur seinem Schöpfer unterstellt. Nur wenn der Mensch danach strebt, über diese Stellung hinauszukommen, also Gott gleich zu sein, fällt er auf eine tiefere Stufe hinab, auf der alle Beziehungen mit Bitterkeit erfüllt werden. So die Geschlechtlichkeit: Ursprünglich eine gute, Gemeinschaft bewirkende, schamfreie Beziehung, wird sie nun verstohlen, wollüstig, anomal. Kindergebären wird nun schmerzhaft und ein Wagnis. Die edle Kunst der Landwirtschaft wird zur Plage. Selbst der Boden ist verändert: Statt reichlich Nahrung zu produzieren muß man sie ihm mit Mühe und Schweiß abgewinnen. Da ist nichts, was dem Einfluß der Sünde entzogen wäre. Ihre Auswirkungen erfassen verderbenbringend auch das Familienleben: Religion verwandelt sich in Rivalität, Bruderliebe wird zum Mord, Gerechtigkeit degeneriert zu Blutrache (1. Mose 4).

Gottes Antwort auf die Sünde setzt sich untrennbar aus Gerechtigkeit und Barmherzigkeit zusammen. Ob Gott Adam und Eva Fellkleidung bereitet, ob er den Weg zu dem Baum des Lebens bewachen läßt, ob er in Babel die Sprachen verwirrt: immer stellt er seiner Gerechtigkeit sein Erbarmen zur Seite. Trotz der unmittelbaren Bestrafung Adams durch die Ausweisung aus dem Paradies oder der Kains durch den Ausschluß aus der menschlichen Gesellschaft, trotz der Vernichtung durch die Sintflut und trotz der Zerstreuung der Nationen: Gottes höchstes Ziel war es immer, dem Menschen Wohlergehen und Segen zu schenken. So entspricht es ganz dem Wesen Gottes, aus einer Welt der Unordnung und Verderbnis einen Menschen, nämlich Abraham, zu berufen, um ihn und seine Nachkommen, die Juden, zum Kanal für seine Gnade und seine Offenbarung für die ganze Menschheit zu machen.

Genau das ist die Geschichte, die der Pentateuch erzählt.

Das 1. Buch Mose

»Genesis«

Das 1. Buch Mose ist ein Epos mit hohem dramatischem Akzent. Es beginnt mit den eigentlichen Ursprüngen. Gott machte die Welt, eine gute Welt. Er machte den Menschen, die Krone der Schöpfung.

Der Prolog (Kap. 1–11) liefert uns Einsicht in die allgemeine Menschheitsgeschichte von einigen tausend Jahren. Wir sehen, wie Gottes gute Schöpfung Stück um Stück verderbt wird – das Ergebnis der Sünde des Menschen, der sein Maß verlor und wie Gott zu sein versuchte. Später wird alles durch die große Flut weggespült und ein neuer Anfang gemacht. Aber auch er endet in der Torheit Babels und der Trennung und Zerstreuung der Nationen.

Ab Kapitel 12 ändert sich der Schwerpunkt. Nun steht nicht mehr die allgemeine Menschheitsgeschichte im Blickpunkt, sondern das Geschick eines einzelnen, Abrahams, und das seiner Nachkommen. Gott will seine Schöpfung nicht zerstören. Statt dessen beginnt er durch einen erwählten Menschen, durch ein erwähltes Volk die Erneuerung der Welt. Das 1. Buch Mose führt die Geschichte dann weiter über Isaak und Jakob bis zu Josephs Tod in Ägypten. Damit aber hat die Geschichte der göttlichen Ziele mit der Menschheit gerade erst begonnen. Sie setzt sich fort auf allen Seiten der Heiligen Schrift bis hin zu den letzten Worten der Offenbarung.

1 – 2, 4 SCHÖPFUNG

Das große Drama des Ursprungs aller Dinge beginnt mit Gott. Das wird in einfacher, lebendiger Sprache beschrieben, die das Wunder und den Reichtum der Schöpfung aus dem Chaos zu überquellendem Leben preist. Aber hier ist mehr als Poesie. Hier wird uns gesagt, was wir wissen müssen, um uns selbst und unsere Welt zu verstehen:

- Der Ursprung der Welt und des Lebens ist kein Zufall. Es gibt einen Schöpfer: Gott.
- Gott schuf alles, was ist.
- Alles, was Gott schuf, war gut.
- Der Höhepunkt der göttlichen Schöpfungstaten war die Erschaffung des Menschen.
- Der Mensch unterscheidet sich zweifach von allen anderen Kreaturen: Er allein ist nach Gottes Bild geschaffen. Und: Ihm ist die Obhut über alles andere gegeben.
- Gottes »sechstätiges« Schöpfungshandeln, gefolgt von einem »Ruhetag«, setzt Maßstäbe für den Arbeitsrhythmus des Menschen.

Das »Sechstagewerk« Gottes beinhaltet acht Schöpfungswerke, die jeweils von den Worten »und Gott sprach« eingeleitet werden:

ERSTER TAG:	Licht und Finsternis, Tag und Nacht
ZWEITER TAG:	Atmosphäre (Firmament)
DRITTER TAG:	Land und Meer getrennt: Pflanzen, Bäume
VIERTER TAG:	Sonne, Mond, Sterne: Jahreszeiten, Tage, Jahre
FÜNFTER TAG:	Wassertiere und Vögel
SECHSTER TAG:	Landtiere, Menschen
SIEBTER TAG:	Gott ruht nach vollendeter Schöpfung

Die Ereignisse sind vom Standpunkt eines Beobachters beschrieben, der die Schöpfungsabläufe um sich her sieht. Der Bericht ist so geschrieben, daß ihn jeder verstehen kann – vom israelitischen Bauern bis hin zum Wissenschaftler des 20. Jahrhunderts. Die Bibel will hier keine naturwissenschaftliche Abhandlung geben. Es wird nicht gesagt, *wann* die Schöpfung geschah, noch *wie* Gott im einzelnen Welt und Leben ins Dasein brachte, noch wie lange dies dauerte. Einige verstehen darum auch die

»Tage« als Zeitspannen. Aufschlußreich ist jedenfalls, daß die hier genannte Reihenfolge in bemerkenswerter Weise mit den Erkenntnissen der heutigen Naturwissenschaft übereinstimmt.

Was die **»Gottesbildlichkeit«** (1, 27) angeht, so ist sie nur vom Menschen (von Mann und Frau) ausgesagt. Damit ist der Mensch von den Tieren abgehoben und in eine besondere Beziehung zu Gott gestellt. Gott macht den Menschen zum Herrscher über alle seine Kreaturen in seiner eben geschaffenen Welt. Die Gottesbildlichkeit ist so grundlegend für das menschliche Wesen, daß auch der Fall sie nicht zerstörte. Zwar hat die Sünde sie befleckt und beeinträchtigt, aber der Mensch ist auch weiterhin ein vernünftiges, moralisches, schöpferisches Wesen. Sein Herrschaftsauftrag ist noch nicht zu Ende. Ihn auf die Stufe der Tiere zu stellen hieße seine Gottesbildlichkeit leugnen.

2, 5 – 3, 24 DER MENSCH: VERSUCHUNG UND FALL

2, 5–25 Blickrichtung Mensch

Der zweite Schöpfungsbericht ist von einem anderen Gesichtspunkt geschrieben als der erste. Seine Blickrichtung ist der Mensch. Er gebraucht zudem einen anderen Gottesnamen, nämlich den Namen »Jahwe Elohim«, den Bundesnamen (vgl. »Gottesnamen«, S. 157). Die beiden Berichte entstammen möglicherweise zwei verschiedenen Überlieferungen oder Quellen. Das bedeutet nicht, daß sie sich widersprechen und ist auch kein Anlaß, die Genesis nach einer Quellenscheidungstheorie aufzuteilen (vgl. dazu auch S. 182f).

Gott schafft den Menschen (das hebräische Wort »Adam« bedeutet »Mensch«). Er pflanzt einen Garten in Eden, wo der Mensch leben soll. Aber der Mensch ist nicht für eine einsame, selbstgenügsame Existenz geschaffen. Da keines der Tiere ihm die Gemeinschaft ermöglicht, die er braucht, erschafft Gott die Frau, ein neues Wesen, das aber dem Mann in seinen wesentlichen Anlagen entspricht.

Zeigt das Schema des ersten Kapitels das Prinzip des einen Ruhetags in sieben Tagen, setzt das zweite Kapitel die Eheordnung.

Die beiden Bäume: »Gut und Böse« sind ein typisch hebräischer Ausdruck für die ganze Breite moralischen Wissens, für »alle wissen«. Vom Baum der Erkenntnis des Guten und Bösen zu essen würde den Menschen daher gottgleich machen. Der Baum des Lebens, der für den sündigen Menschen unerreichbar geworden ist, erscheint erneut im letzten Buch der Bibel. Er steht am Strom in dem neuen Jerusalem, wo Gott und sein Volk einst wieder zusammen wohnen werden – und seine Blätter dienen zur »Heilung für die Völker« (Offb. 22, 2). Wahres Leben hängt letztendlich an der Gegenwart Gottes.

3 Der Mensch ist Gott ungehorsam

Die Schlange, die Gottes Befehl in Frage stellt, nennt ihn schließlich einen Lügner. Die Frau soll die verlockende Frucht an sich bringen, die Begierde, zu sein wie Gott, gegen Gottes ausdrückliche Anordnung stillen. Die Entscheidung ist wohlüberlegt – und fatal. Der Mensch war Gott ungehorsam, wies seine Autorität zurück, hatte sich seinen eigenen Weg erwählt und war selbst »Gott« geworden.

Die Folgen waren unausweichlich. Ein heiliger Gott kann nicht mit Sünde leben. Als erste wird die Schlange verurteilt (V. 14 besagt nicht, daß sie vorher Füße hatte). Der Frau wird die Erfahrung des Leidens auferlegt – bei der Geburt. Ferner soll sie kennenlernen, was Herrschaft ihres Gatten über sie bedeutet. Und für Adam heißt von nun an Arbeit Schweiß und Mühe.

Wegen der Sünde ist ihnen nun auch der Weg zum Baum des Lebens versperrt. Sie müssen den Garten für immer verlassen. Die Trennung von Gott führt unmittelbar zu geistlichem Tod. Der physische Tod folgt im Lauf der Zeit. Gottes Warnung war wahr, dennoch sorgt er weiter für sie und bekleidet sie, ehe sie gehen.

4 DIE ERSTE FAMILIE – UND DER ERSTE MÖRDER

Nach ihrer Vertreibung aus dem Garten bekommen Adam und Eva zwei Söhne: Kain, den Bauern, und Abel, den Hirten. Beide bringen ihre Opfer dar, wobei Abels angenommen wird, Kains nicht. Dabei machte nicht das, *was* Abel opferte, sondern sein *Glaube* seine Gabe akzeptabel (Hebr. 11, 4). Kains bitterer Groll zeigt einen ganz anderen Geist und verwirft die von Gott dargebotene Hilfe (v. 7).

Als Kain Abel tötet, verurteilt ihn Gott zu einem nomadischen Leben, gewährt ihm aber Schutz vor menschlicher Rache. Die Verse 17–24, eine Liste von Nachkommen Kains, zeigt die Anfänge der Zivilisation. Henoch baut die erste Stadt. Seine Nachkommen lernen es, Musik zu machen und sich daran zu erfreuen. Sie schmieden Eisen und Bronze. Aber neben dem Guten floriert auch das Böse. Lamech, mit zwei Frauen verheiratet, prahlt vor ihnen mit den Morden, die er begangen hat und die Kains weit übertreffen.

In den beiden letzten Versen gibt es einen Hoffnungsschimmer. Seth wird Adam und Eva geboren, und man beginnt, »den Namen des Herrn anzurufen«.

Kains Frau: Vers 17 wie auch Vers 14–15 lassen darauf schließen, daß die Erde schon in gewissem Ausmaß bevölkert war. Man mag hierbei an andere, unerwähnte Kinder Adams und Evas denken. Andere schließen aus der Bedeutung von *adam* – Mensch, Menschheit, daß nicht nur ein Paar, sondern eine größere Anzahl von Menschen geschaffen wurde. Wie dem auch sei: nicht zu übergehen ist die grundlegende Lehre anderer Schriften, daß durch den Ungehorsam eines Menschen die ganze Menschheit der Sünde und dem Tod verfiel (vgl. z. B. Röm. 5, 12ff).

ANDERE SCHÖPFUNGSBERICHTE

Alan Millard

Schöpfungsgeschichten anderer antiker Völker haben zu der verbreiteten Ansicht geführt, die Genesis enthalte lediglich eine (dem hebräischen Glauben entsprechende) Version unter vielen.

Weltweite Volksüberlieferungen

1. Mose 1 und 2 beginnen mit einem allgemeinen Bericht über die Erschaffung von Himmel und Erde und beschreiben dann ausführlicher die Schöpfung des Menschen. Es gibt zahlreiche Geschichten über den Ursprung des Kosmos und des Menschen, die in vielen Punkten übereinstimmen: vorher existierende Gottheit; Schöpfung auf göttlichen Befehl hin; der Mensch als Krone der Schöpfung; der Mensch aus Erde geformt; der Mensch als Abglanz der Gottheit. In fast allen polytheistischen Religionen gibt es einen Götterstammbaum, der bei der Schöpfung eine wichtige Rolle spielt.

Manche Völker sind der Meinung, das physikalische Universum (oder zumindest ein grundlegendes Element wie Wasser oder Erde) habe schon immer existiert und die Götter hervorgebracht. Für andere ist der ganze Kosmos das Werk der Götter. Beide einfachen Vorstellungen entspringen der Beobachtung und der elementaren Logik.

Allerdings müssen gemeinsame Vorstellungen nicht unbedingt auf einen gemeinsamen Ursprung zurückgehen; es ist irreführend, unterschiedliche Geschichten aus aller Welt auf ihre Gemeinsamkeiten hin zu untersuchen, um dann zu behaupten, sie stammten aus ein und derselben Quelle.

Alte Schöpfungsgeschichten des Nahen Ostens

Dennoch sind wir berechtigt, die Genesis mit anderen Berichten aus der Welt des Alten Testaments zu vergleichen. Dann stellen wir fest, daß wenige der antiken Schöpfungsgeschichten mehr als eine oder zwei grundlegende Vorstellungen teilen – etwa die der Trennung von Himmel und Erde und die der Erschaffung des Menschen aus Lehm. Einige überraschende Übereinstimmungen finden sich allerdings in der babylonischen Literatur. Man hat deshalb lange behauptet, die hebräischen Vorstellungen gingen letztlich auf die babylonischen Berichte zurück. Die Entdeckung weiterer Texte und die genauere Untersuchung bereits bekannter haben jedoch bewiesen, daß es sich dabei weitgehend nur um scheinbare Übereinstimmungen handelt.

Das gilt auch für das berühmte *Babylonische Schöpfungsepos,* das oft in einem Atemzug mit dem hebräischen Schöpfungsbericht genannt wird. Es wurde gegen Ende des 2. Jahrtausends v. Chr. zu Ehren des babylonischen Gottes Marduk geschrieben. An seinem Anfang steht die Göttermutter Tiamat (ihr Name ist sprachlich mit dem hebräischen Wort für »Tiefe« verwandt). In einem Kampf mit ihren Kindern, über deren Lärm sie sich ärgerte, wird sie von Marduk, dem Helden des Epos, getötet, und aus ihrem Körper wird die Welt geformt. Der Mensch wird geschaffen, damit die Götter nicht die Welt in Ordnung zu halten brauchen.

Manches deutet klar darauf hin, daß diese Geschichte auf ältere Überlieferungen zurückgeht, die man inzwischen entdeckt hat. In ihnen allen kehrt ein Thema immer wieder: Die Götter haben den Menschen mit einem göttlichen Funken geschaffen,

Tafel mit einem Teil des Babylonischen Schöpfungsberichtes. Sie stammt aus dem 7. Jhd. v. Chr., der Bericht selbst geht auf das 3. Jahrtausend v. Chr. zurück.

damit er ihnen ihre Arbeit abnimmt. Der Götterkampf hat keine alttestamentliche Parallele, auch nicht in 1. Mose 1, 2 und anderen Stellen, die von Gottes Macht über die Wasser sprechen.

Ein Epos vom frühen Menschen

Ein weiterer Vergleich drängt sich zwischen der Genesis und dem babylonischen *Atrakhasis Epos* auf. Dieses beschreibt die »Kindertage« der Menschheit und den Beginn der Gesellschaft. An seinem Anfang stehen niedere Götter, die das Land urbar machen müssen, gegen ihr Los rebellieren und davon befreit werden durch die Erschaffung des Menschen, der nun ihre Arbeit verrichten muß. Er stört jedoch durch seinen Lärm die Götter und wird deshalb durch eine Flut vernichtet (s. »Flutgeschichten«, S. 133).

Auf den ersten Blick weist das Epos einige Parallelen zu 1. Mose 2–8 auf. Der Mensch wird aus Erde und einem göttlichen Zusatz geschaffen (1. Mose: »Odem«; *Atrakhasis:* »Fleisch und Blut eines Gottes«); der Mensch soll die Erde pflegen (Bewahrung des Paradieses in 1. Mose; harte Arbeit im *Atrakhasis*); die Menschheit wird mit Ausnahme einer Familie von einer Flut vernichtet. Doch das *Atrakhasis Epos* kennt keinen einzelnen »Adam«, kein Eden und keinen Sündenfall – ja, überhaupt keine moralische Wertung.

Eine sumerische Version nennt fünf wichtige Städte in der Zeit vor der Flut und zählt die Könige dieser Epoche auf, deren Alter das der in 1. Mose 5 genannten Patriarchen weit übertrifft. In den babylonischen Schriften erscheint die Flut als entscheidend wichtiger Einschnitt in der Geschichte ihres Landes. In ihren großen Linien behandeln also die Genesis und die Überlieferung, zu der das *Atrakhasis Epos* gehört, dieselben Ereignisse. Einige Themen der babylonischen Geschichte – besonders die Stellung des Menschen als Ersatz-Arbeiter – klingen auch in einem sumerischen Gedicht an, *Enki und Ninmakh,* das vor 2000 v. Chr. geschrieben worden ist.

Volkserinnerung und Offenbarung

Diese handlungsmäßigen Ähnlichkeiten unterstreichen anderseits, wie stark sich die hebräische Genesis in der moralischen und geistlichen Aussage von ihren Gegenstücken unterscheidet. Das Argument, die Genesis gehe auf die anderen Erzählungen zurück, ist völlig unbewiesen. Ihr unterschiedlicher Standpunkt und Inhalt ist so deutlich, daß dadurch die göttliche Inspiration der Genesis eher untermauert als untergraben wird.

5 VON ADAM BIS NOAH

Stammbäume (Genealogien) wie dieser kommen häufig in der Bibel vor. Viele von ihnen wählen allerdings um eines Schemas willen nur eine bestimmte Anzahl von Namen aus der Ahnenreihe aus (z. B. Matth. 1). Darum kann man auch die Länge einer Periode nicht dadurch ermitteln, daß man alle gegebenen Daten einfach addiert.

Die Lebensdauer dieser Männer ist bemerkenswert. Sie reicht von den 777 Jahren Lamechs bis zu den 969 Jahren Methuschelachs (ausgenommen ist Henoch, den Gott mit 365 Jahren »hinwegnahm«). Die Erklärungen für die hohe Lebensdauer der frühen Vorfahren, die uns auch bei anderen Völkern begegnet, sind bis heute nicht befriedigend.

Jedes Glied der Genealogie wird nach dem gleichen Schema beschrieben: »Als A x Jahre gelebt hatte, wurde er der Vater von B. Nach der Geburt von B. lebte er noch y Jahre und bekam andere Söhne und Töchter, so daß sein ganzes Alter z Jahre betrug, und er starb.« Nur bei Henoch ist der düstere Schlußsatz »und er starb« verändert. Gott hatte andere Pläne mit ihm. »Er wandelte mit Gott«, was auch von Noah, dem letzten der Zehn, gesagt wird. Und auch zu seinen Gunsten griff Gott ein, um ihn vom Tode zu erretten.

Der Garten Eden befand sich nach biblischer Aussage in den fruchtbaren Tälern des alten Mesopotamiens.

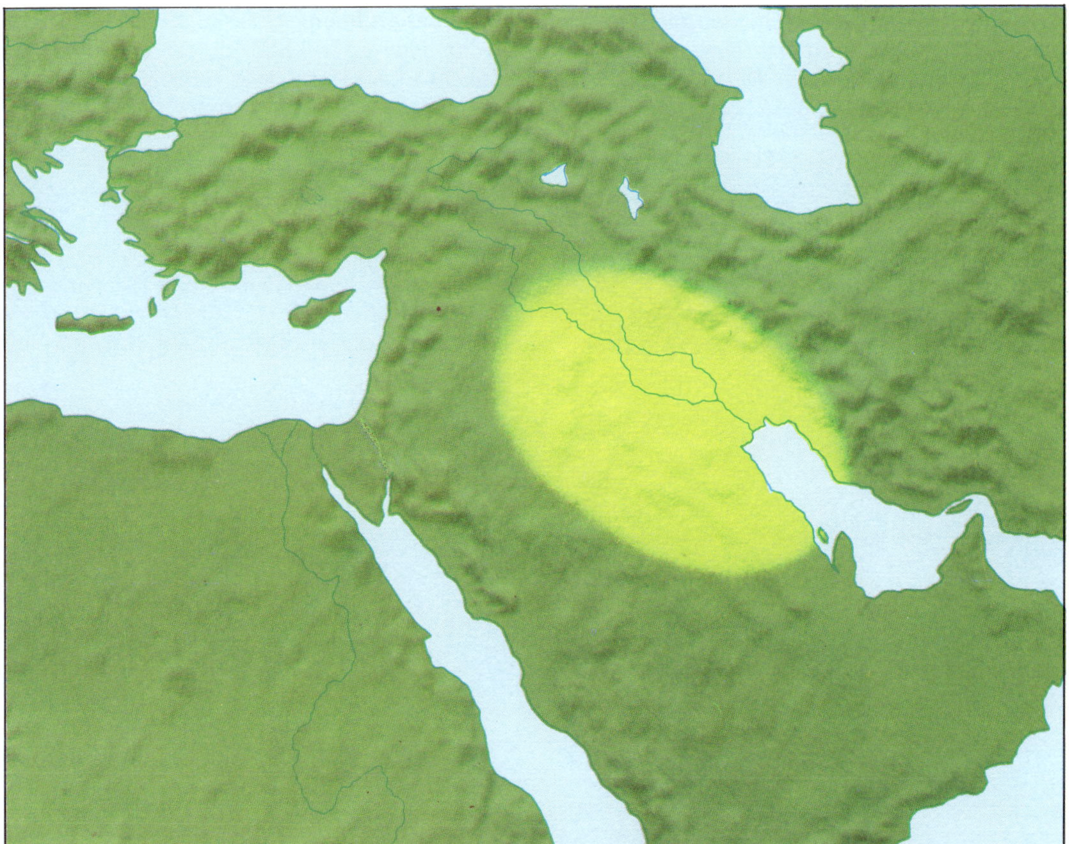

6–9 DIE GROSSE FLUT

6 – 9, 17 Die Rettung. Gottes Verheißung an Noah

Flutgeschichten gibt es in vielen Sprachen von den meisten Teilen der Erde. Die babylonischen Flutberichte haben eine beträchtliche Ähnlichkeit mit der biblischen Geschichte. Das ist nicht überraschend, wenn sie auf Erinnerungen an ein tatsächliches Ereignis im selben Gebiet beruhen. Dabei braucht man gar nicht anzunehmen, der Verfasser der Genesis habe seine Informationen aus den babylonischen Erzählungen gezogen. Dafür sind die Unterschiede zu groß.

Zur Ausdehnung und Datierung der Flut: Wenn wir die Aussagen von 1. Mose 7, 19 ff. wörtlich interpretieren, muß die Flut universal gewesen sein. Da die biblischen Verfasser aber ähnliche Aussagen in Zusammenhängen machen, wo eindeutig nicht die ganze Welt gemeint ist (1. Mose 41, 56–57; Apg. 2, 5), kann es sich auch um ein sehr weites Gebiet gehandelt haben, die »ganze Welt« der in 1. Mose 2 ff. überlieferten Urgeschichte.

In jedem Fall war die Sintflut für das menschliche Leben eine universale Katastrophe. Was die Datierung betrifft, so weist uns die Liste der Nationen, die von Noahs Söhnen abstammen, in eine sehr frühe Zeit (1. Mose 10). Die Sintflut ereignete sich sicher lange vor den verschiedenen Flutkatastrophen in Südmesopotamien, deren Spuren bei Ausgrabungen gefunden wurden.

Die Arche: Das hebräische Wort bedeutet »Kiste« oder »Kasten«. In der Bibel wird es nur noch einmal, für den wasserdichten »Korb«, verwandt, in dem Mose in den Nil ausgesetzt wurde – eine interessante Parallele.

Die Arche war ungeheuer groß, nur zum Schwimmen, nicht zum Segeln bestimmt. Stapellaufprobleme gab es nicht. Die Größe der Arche betrug 300 Ellen Länge, 50 Ellen Breite und 30 Ellen Höhe. Auf unsere Maße umgerechnet: 133 x 22 x 13 Meter.

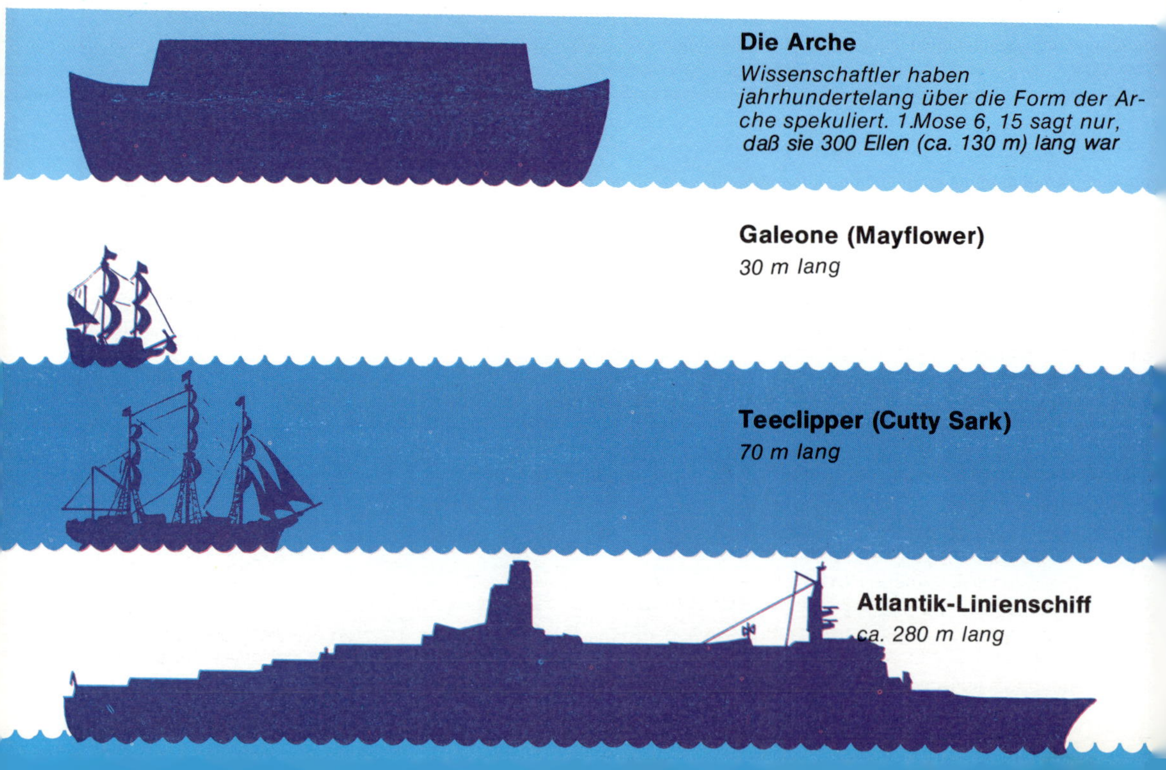

FLUTGESCHICHTEN

Alan Millard

In aller Welt stößt man auf Erinnerungen an eine große Flut oder Fluten. Sie tragen manche gemeinsamen Züge (Rettungsschiff; Mitnahme von Tieren; Landung auf einem hohen Berg). Allerdings ist nur aus Babylonien ein Bericht überliefert, der dem der Genesis so sehr gleicht, daß man auf einen direkten Einfluß schließen könnte.

Dieser Teil des *Gilgamesch Epos* (Tafel 11) ist seit etwa einem Jahrhundert bekannt. Sein Thema lautet: Der Mensch kann nicht auf Unsterblichkeit hoffen, denn nur einer hat sie erlangt, der babylonische ›Noah‹. Die Geschichte stammt ursprünglich aus dem *Atrakhasis Epos* (vgl. »Andere Schöpfungsberichte«, S. 129).

Der babylonische Bericht

Als die ersten Menschen geschaffen worden waren, machten ihre vielen Kinder einen solchen Lärm, daß der Gott der Erde nicht schlafen konnte. Seine Pläne, den Lärm zu beenden, wurden vereitelt, weil der fromme Atrakhasis die Hilfe des Gottes gewann, der die Menschen geschaffen hatte. Schließlich beschlossen die Götter, die Menschheit durch eine Flutkatastrophe zu vernichten. Wieder wurde Atrakhasis gewarnt, und der Gott befahl ihm im Traum, ein Schiff zu bauen, seine Familie und Tiere an Bord zu nehmen und seinen Nachbarn zu sagen, er selbst werde zu ihrer aller Nutzen gestraft werden.

Doch die dann folgende Flutkatastrophe schadete auch den Göttern: Niemand versorgte sie mehr mit (Opfer-) Speise und Trank, und so saßen sie bis zum Ende des siebentägigen Unwetters mißmutig in ihrem Himmel. Dann sandte Atrakhasis Vögel aus, um Aufschluß über den Zustand der Erde zu erhalten, und brachte auf dem Berg, auf dem sein Schiff ruhte, ein Opfer dar. »Wie die Fliegen« versammelten sich die Götter um den duftenden Altar und schworen, nie wieder eine solche Zerstörung anzurichten. Der Gott, der sich in seinem Schlaf gestört fühlte, war jedoch noch nicht besänftigt, und schließlich einigte man sich auf ein Gesellschaftssystem, in dem einige Frauen durch Eintritt in religiöse Orden auf Kinder verzichteten, andere ihre Kinder durch Krankheiten verloren (damit wollte der Autor wohl das Gesellschaftssystem seiner Zeit erklären).

Eine theologische Frage

Es gibt daneben weitere babylonische und sumerische Flutgeschichten. Die Flutgeschichte der Genesis ist erkennbar in Mesopotamien verwurzelt, und die zahlreichen Parallelen zum babylonischen Bericht lassen darauf schließen, daß ihnen dieselben Ereignisse zugrundeliegen.

Was ihren moralischen und theologischen Inhalt betrifft, unterscheiden sie sich jedoch grundlegend. Gottes Offenbarung beschränkt sich nicht darauf, geschichtliche Ereignisse zu berichten, sondern sie deutet auch diese Vorgänge.

11. Tafel der assyrischen Fassung des Gilgamesch Epos mit dem babylonischen Flutbericht (7. Jhd. v. Chr.).

Der Bund (6–18): Ein wichtiges und wiederkehrendes Thema in der Schrift. Gott schließt seinen Bund mit Noah, dann mit Abraham, dann mit dem Volk Israel (durch Mose), schließlich mit David. Jeder neue Bund enthält weitere und reichere Verheißungen, bis das Kommen Christi den endgültigen »Neuen Bund« brachte.

Jedesmal ergreift Gott die Initiative – denn hier ist der Bund kein Vertrag zwischen gleichen Partnern. Gott legt die Beziehungen fest und macht sie bekannt. Er allein garantiert ihre Einhaltung. Die Menschen erfreuen sich der Segnungen des Bundes, soweit sie Gottes Anordnungen folgen.

(Vgl. »Bundesschlüsse und nahöstliche Verträge«.)

9, 18–29 Noahs Trunkenheit

Selbst ein ganz neuer Anfang verändert den Menschen nicht, wie diese beschämende kleine Geschichte klarmacht. Ham entehrt seinen betrunkenen Vater, und Noah verflucht ihn in seinem Sohn Kanaan. Die Kanaanäer, Abkömmlinge Hams, waren tatsächlich den Nachkommen Sems, den Israeliten also, unterworfen.

10–11 VON NOAH BIS ZUR BERUFUNG ABRA(HA)MS

10 Die Familien der drei Söhne Noahs

Der Stammbaum ist nach folgendem Schema aufgebaut:

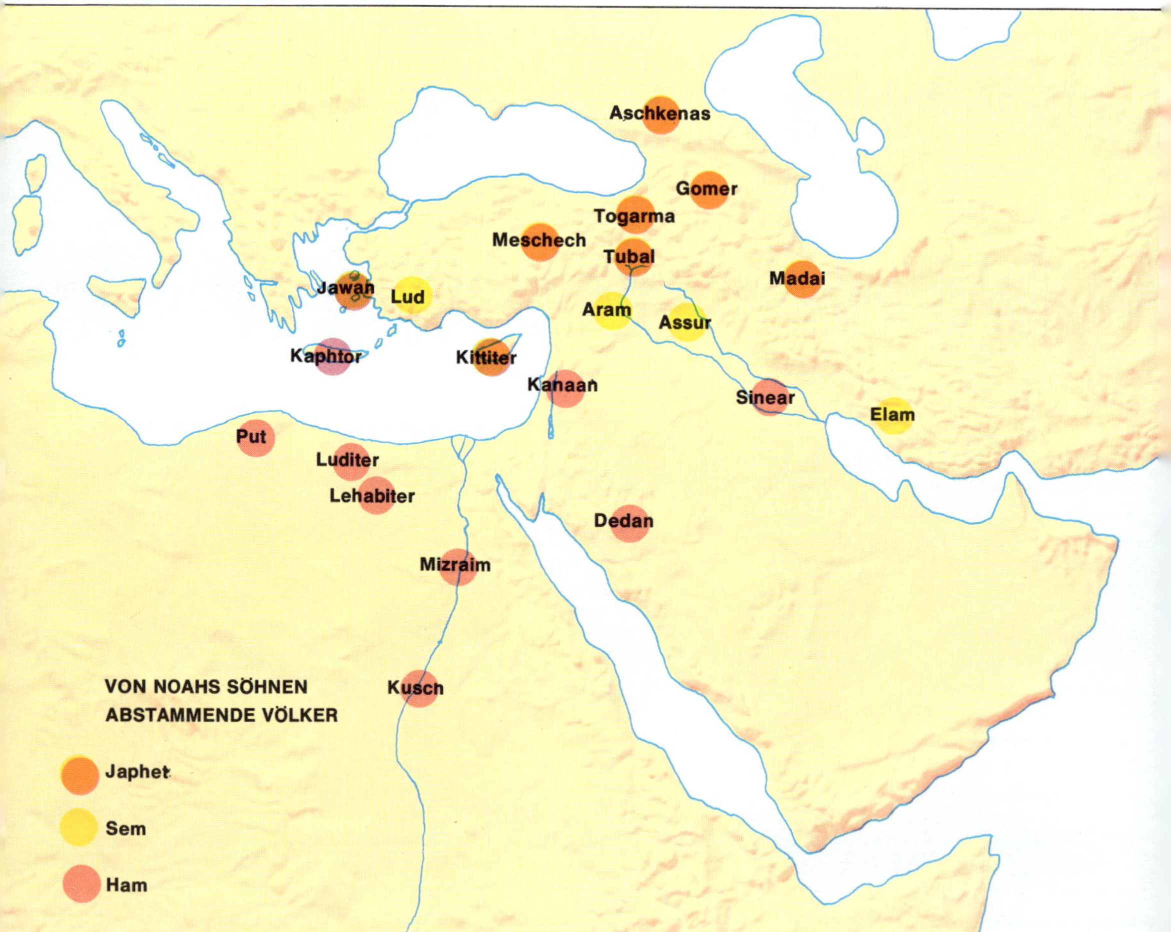

Überschrift (1)
Japhets Nachkommen (2–4)
Eine besondere Einzelheit zu Javan (5a)
Zusammenfassung (5b)

Hams Nachkommen (6–7; 13–18a)
Eine besondere Einzelheit zu Nimrod (8–12) und Kanaan (18b–19)
Zusammenfassung (20)

Sems Nachkommen (22–29a)
Eine besondere Einzelheit zu Sem (21) und Joktan (29b–30)
Zusammenfassung (31)
Zusammenfassung der Gesamtliste

Sems Familie kommt zuletzt, denn ihr entstammen die Völker, um die sich die nächste Phase der Erzählung rankt.

11, 1–9 Babel

In Sinear, dem Reich Nimrods, findet man sich zu einem großen Bauprojekt zusammen: Man will eine Stadt und einen Turm bauen, dessen Spitze in den Himmel ragt. Gott schaut hinunter auf das gemeinsame Bemühen der Menschen, sich gottgleich zu machen. Als Antwort auf diesen erneuten Anfang der Rebellion gegen ihn trennt er die Menschen durch Sprachbarrieren und zerstreut sie – dabei hatten sie sich gerade davor sichern wollen. So bleibt der große Turm unvollendet.

Der Turm von Babel war wahrscheinlich ein vielstöckiger Tempelturm, eine Zikkurat, jenen gleich, die im frühen dritten Jahrtausend v. Chr. in Babylonien entstanden.

11, 19–32 Von Sem bis Abram

Erneut bietet die Namensliste eine Auswahl und läßt deshalb keine direkten Rückschlüsse auf die Länge der Zeitspanne zu. Noahs Vorfahren lebten beträchtlich länger als die Tarahs, das Alter der Vaterschaft wird nun viel niedriger angegeben. Von Tarah an wird die Liste ausführlicher. Die Namen der drei Tarahsöhne werden genannt und auch die der Heimatstadt: Ur in Chaldäa. Nach dem Tod Harans macht sich Tarah mit seinem Enkel Lot, seinem Sohn Abram und seiner kinderlosen Schwiegertochter Sarai auf den Weg nach Kanaan, läßt sich aber dann in Haran nieder. Tarah stirbt – und nun beginnt die Geschichte Abrahams.

Eine teilweise rekonstruierte Zikkurat bei Ur zeigt, wie der Turm von Babel ausgesehen haben könnte. Außentreppen führten von einer Ebene zur nächsten. Die Hausmauern im Vordergrund zeigen, daß Ur eine blühende Stadt war, als Gott Abram herausrief.

12 – 25, 18 NEUBEGINN MIT ABRA(HA)M

12, 1–9 Gottes Ruf und die Reise nach Kanaan

12, 1 berichtet von Gottes Ruf und Verheißung an einen einzelnen Menschen, an Abram, und von dessen gehorsamer Antwort. Doch dieses unscheinbare Ereignis sollte ungeahnte Folgen haben. Es führte zur Geburt eines neuen Volkes und wurde schließlich zum Segen für die ganze Welt.

»So brach Abram auf . . .« Er hatte bereits Ur, eine Stadt, die Sicherheit und einen hohen Lebensstandard bot, verlassen. Nun beginnt er den zweiten Teil seiner Reise, mit seiner kinderlosen Ehefrau Sarai und seinem Neffen Lot.

In Sichem, mitten im kanaanäischen Land, redet Gott erneut. »Dieses Land« sollen die Nachkommen Abrams ererben. Doch die Reise geht weiter hinunter in den Negev, eine trokkene Region von ca. 7 500 qkm, die sich südlich von Beerseba zum Sinaibergland hinzieht. Hier war das Weideland für die Viehherden der Nomaden.

Dem Krieg Abrams mit den Stammeskönigen folgte das Gemeinschaftsmahl mit Melchisedek, dem König von Salem. Diese Darstellung – der König hält ein Festmahl und nimmt Beute entgegen – stammt aus Ur und dürfte einige Jahrhunderte zuvor entstanden sein.

12, 10–20 Hungersnot

Der Hunger treibt Abram nach Ägypten. Von Angst und Unsicherheit getrieben, bedient er sich dort einer Lüge, die Gottes Plan in Frage stellt. Gott greift mit Plagen ein, und Abram wird mit Schimpf ausgewiesen.

Sarais Alter: Es überrascht, daß Sarai mit 65 Jahren als »sehr schöne Frau« beschrieben wird (12, 14). Da aber von ihr berichtet wird, daß sie 127 Jahre alt wurde, entsprechen ihre sechziger Jahre etwa unseren Dreißigern.

13 Trennung von Lot

Wachsender Viehbesitz löst letzte Familienbande. Lot, dem sein Onkel großzügigerweise die Wahl freigibt, entscheidet sich für das fruchtbare Weideland des Jordantales.

14 Der Krieg der Könige. Das Treffen mit Melchisedek

Obgleich in Abrams Zeit das halbnomadische Leben üblich war, gab es auch seßhaftes Leben in Dörfern und kleinen ummauerten Städten,

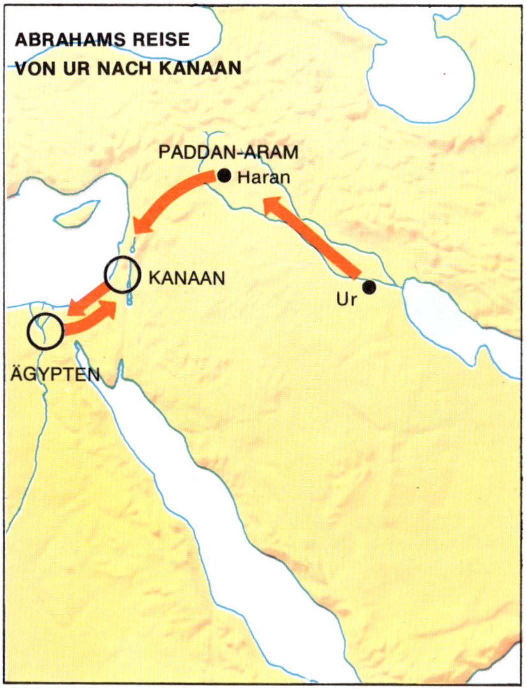

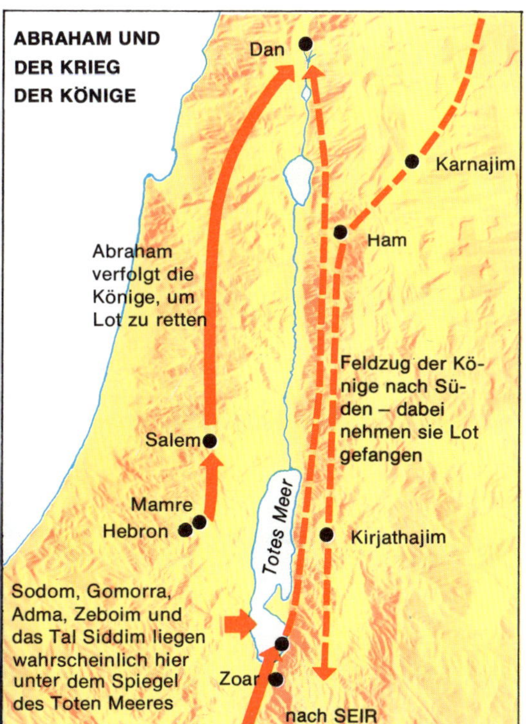

die durch Stadtkönige regiert wurden, die ihrerseits oft Vasallen mächtigerer Könige waren.

Kedor-Laomer von Elam (1): Die Herren über die Städte am Toten Meer kamen aus dem fernen Elam und Babylon. Die Elamiter hatten beträchtliche Macht in Babylonien. Auch Ur gehörte zu den Städten, die sie in jener Zeit eroberten und einäscherten.

Amoriter (7): Abrams Verbündete gehörten einem Stamm an, der sich mit den Kanaanäern das Land teilte. Sie unterstützen Abram, weil ihr eigenes Volk zu den Opfern des Angriffs gehörte. Die schnelle Verfolgung und ein Überraschungsangriff verhalfen Abram zum Sieg.

Melchisedek (18): Hier erscheint der geheimnisvolle Priesterkönig von Salem (wahrscheinlich Jerusalem) das einzige Mal. Melchisedeks Autorität (Abram erkennt ihn durch die Gabe des »Zehnten« als Gottes Repräsentanten an), das Fehlen der Namen von Vorfahren und Nachkommen (was ausgesprochen wichtig war für jeden, der auf Königtum oder Priesterschaft Anspruch erhob), und seine Doppelfunktion als Priester und König ließ spätere Schreiber in ihm eine Vorabbildung des Messias sehen (vgl. Ps. 110, 4; Hebr. 7, 1 ff.).

15 Der Bund wird bestätigt

Die Archäologie hat gezeigt, daß die Gebräuche, die hier und in späteren Kapiteln erscheinen, bekannte soziale und kulturelle Verhaltensmuster des nördlichen Mesopotamien im 2. Jahrtausend v. Chr. widerspiegeln.

Der Erbe: Es war damals nicht ungewöhnlich, daß kinderlose Ehepaare einen Erben adoptierten, manchmal, wie hier, einen Sklaven. Ein Adoptionsvertrag konnte aber die Einschränkung haben, daß ein nachgeborener natürlicher Sohn das Erbvorrecht erhielt.

Vers 6: »Und er glaubte dem Herrn; und der rechnete ihm das zur Gerechtigkeit.« Dieser Vers ist einer der bedeutendsten der Schrift, und in der gegebenen Lage eine Antwort auf

Ein Beduinenscheich in der Nähe von Beerseba. Diese Wüstenhäuptlinge wohnen in geräumigen Zelten und können so mit ihren Herden zu den besten Weidegründen ziehen.

einen bemerkenswerten Glauben. Nach Gal. 3, 6ff. beruht unsere Gerechtigkeit vor Gott, wie bei Abram, allein auf dem Glauben. So wenig wie er können wir einen Platz im Himmel durch gute Taten gewinnen.

Zum Ritus des Bundesschlusses (vgl. Jer. 34, 18): Durch das Töten und Zerteilen der Tiere machten die Vertragsparteien klar, daß die Strafe für Bundesbruch der Tod war. Bedeutsamerweise ist es hier nur Gott, der sich eidlich verpflichtet, indem er zwischen den Stücken durchgeht. Dunkelheit, Rauch und Feuer markieren die Gegenwart Gottes wie am Sinai (vgl. 2. Mose 19, 18; Hebr. 12, 18).

400 Jahre (15, 13) . . . die vierte Generation (15, 16): Das Wort »Generation« kann auch »Lebenszeit« bedeuten. Abrams Lebensdauer betrug ja mehr als ein Jahrhundert.

Zu Vers 16b: »Denn die Missetat der Amoriter ist noch nicht voll.« Dies hilft uns, die spätere Anordnung zu verstehen, die kanaanäischen Völker zu vernichten. Es war ein Akt der Gerechtigkeit. Gott gab ihnen mehr als 400 Jahre Zeit, sich zu ändern. Zu Josuas Zeit war das Maß voll. Das Gericht konnte wie bei Sodom und Gomorra nicht länger aufgeschoben werden.

16 Der Sohn der Sklavin

Indem Sarai Abram ihre Sklavin beigibt, greift sie auf eine alte Sitte zurück. Ein Kind aus einer solchen Verbindung wurde das der Herrin. Daß aber dabei menschliche Gefühle tief verletzt werden, zeigt der nicht überraschende unglückliche Ausgang.

17 Neue Namen und das Bundeszeichen

Bei der fünften Bestätigung des Bundes durch Gott wird Abram in Abraham, Sarai in Sarah umbenannt. Dazu kommt als Bundeszeichen die Beschneidung und, 24 Jahre nach der Abreise von Haran, die Ansage der Geburt des verheißenen Sohnes.

Zur Beschneidung: Sie war kein neuer Ritus und auch bei den umliegenden Stämmen bekannt. Aber für Israel war sie das äußere Zeichen einer Beziehung: Gott sollte ihr Gott sein, sie sein Volk. Sie war Zeichen des Eigentums, Erinnerung an den Bund »zwischen mir und dir und deinen Nachkommen nach dir« (17, 7). Es gibt gute medizinische Gründe für die Praxis und die Wahl des achten Tages.

18 Die drei Besucher. Abrahams Gebet für Sodom

Ohne es zu wissen, nimmt Abraham den Herrn selbst bei sich auf. Der überschwengliche Willkomm und die Versorgung (trotz der ungewöhnlichen Ankunftszeit der Besucher während der Mittagsruhe) sind bis heute typisch für die Gastfreundschaft von Wüstennomaden. Das »Stück Brot«, das den Gästen angeboten wird, wird von einem Mahl aus frischem Kuchen, Quark, Milch und bestem Kalbfleisch gefolgt. Die Worte: »Ist irgend etwas dem Herrn unmöglich?« offenbaren die wahre Identität des Besuchers. Sarahs ungläubiges Gelächter wandelt sich in Furcht.

Abrahams Gebet gibt Einblick in das Wesen seiner Gottesbeziehung. Er ist Gottes »Freund« (2. Chron. 20, 7). Zwar gibt es in Sodom keine zehn guten Menschen, aber hier wird etwas von der Weite der göttlichen Barmherzigkeit erkennbar.

19 Die Vernichtung von Sodom und Gomorra. Lots Rettung

Die Sündhaftigkeit Sodoms wird offenbar in der Forderung nach homosexueller Praxis, die von allen Männern des Ortes erhoben wird. Die Grundregeln der Gastfreundschaft (und der Menschlichkeit) werden gewissenlos übertreten.

Zur Vernichtung: Auch die Archäologie belegt eine Katastrophe, die aller Besiedlung in diesem Gebiet ein Ende machte. Erdbeben und Gasexplosionen sind wahrscheinlich die Ursache. Die seichten Wasser am Südufer des Toten Meeres bedecken nun die Städte. Nichts konnte sie vor Gottes Gericht retten, doch um Lots willen sparte Gott Zoar aus und schob die

Das Tote Meer liegt so tief unter dem Meeresspiegel, daß es keinen Abfluß hat. Das Wasser verdunstet. Die hohe Salzkonzentration tötet alles Leben.

Salzfelsen am Toten Meer verkünden bis heute stumm das Schicksal von Lots Frau: Unwillig, Sodom zu verlassen, wurde sie ein Opfer der Katastrophe – vom Salzregen verschüttet.

Überflutung auf, bis Lot in Sicherheit war. »Ich kann nichts tun bis du dort bist« (19, 22). Lots Frau folgt nur unwillig, bleibt stehen, um zurückzublicken, und stirbt. In örtlichen Überlieferungen werden die salzigen Zinken am Toten Meer noch immer nach ihr benannt.

Zu Moab und Ammon (37f.): Beide erwiesen sich als eine dauernde Bedrohung Israels (vgl. 4. Mose 25 sowie die ständigen Warnungen der Propheten).

20 Abraham und König Abimelech
Wenn es sich auch um eine ähnliche Sünde unter gleichen Umständen wie 12, 10 f. handelt, ist es dennoch keine Dublette. Abraham ist gewiß nicht der einzige, der zweimal vor Menschen versagt, die als gottlos gelten (zu Abimelech vgl. 26, 1).

21, 1–21 Isaaks Geburt. Hagars und Ismaels Vertreibung
Nach 25jährigem Warten erfüllt sich Gottes Verheißung in der Geburt Isaaks. Sarahs Forderung, nun Hagar und Ismael zu vertreiben, verstieß gegen die Sitte. Abraham sucht nach göttlicher Weisung, ehe er bereit ist, ihr nachzugeben (zum Bruch vgl. Gal. 4, 22ff.).

Das Kind (14): Ismael war ungefähr 16 Jahre; Isaak zwischen 2 und 3 Jahren, als er entwöhnt wurde.

21, 22–34 Der Streit um die Brunnen
Brunnen sind im trockenen Klima des südlichen Palästina von großem Wert für die Hirten. Darum sind Streitigkeiten um die Eigentumsrechte nicht selten (vgl. 26, 17ff.). Der monatliche Regen schwankt zwischen 100 mm im

Januar und keinem Niederschlag in den vier Sommermonaten.

22 Die größte Prüfung

Abrahams bisherige Gotteserfahrungen rechtfertigen wohl kaum die Annahme, Gott habe an Kinderopfern Gefallen. Sie waren zu jener Zeit auch in heidnischen Kulten selten. Zudem hatte Gott Abraham Nachkommen von dem noch unverheirateten Isaak verheißen. Er muß also Gottes Wort so sehr vertraut haben, daß er glaubte, Gott könne und werde seinen Sohn ins Leben zurückrufen (vgl. Hebr. 11, 19). Das deuten auch Abrahams Worte an: »Wir werden zu dir zurückkommen« (V. 5). Eindrucksvoll ist die Parallele zwischen Abrahams Opfer und dem weit größeren Opfer des eingeborenen Sohnes Gottes.

Zum Land Morija (2): Abrahams Opfer fand auf einem der Hügel statt, auf denen Jerusalem erbaut wurde (möglicherweise auf dem Tempelberg selbst – vgl. 2. Chron 3, 1). Die Reise von etwa 85 km dauerte 3 Tage.

Ein alter Wasserschlauch im Agricultural Museum, Jerusalem.

Darstellung eines Widderkopfes etwa aus der Zeit Abrahams (Fundort: Açana, Türkei)

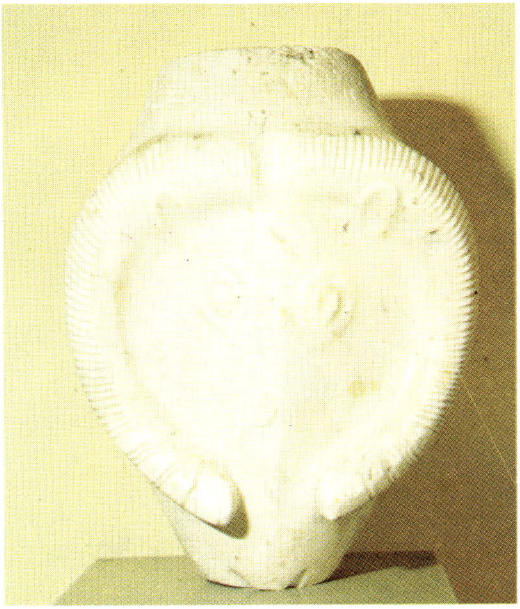

23 Tod und Bestattung Sarahs

Die Hethiter sind vermutlich Einwanderer aus dem hethitischen Großreich (ca. 1800 v. Chr. in der Türkei gegründet). Die Transaktion entspricht bis in die Einzelheiten dem bekannten hethitischen Recht. Familiengräber in Höhlen bzw. Felsspalten waren damals üblich. Heute wölbt sich über dem überlieferten Ort der Grabhöhle in Hebron eine Moschee.

24 Eine Frau für Isaak

Dies ist eine der inhaltlich und formal schönsten Geschichten im Alten Testament. Sie bietet eine lebendige Schilderung der traditionellen Eheschließung im Orient. Die Geschenke des Haushalters (V. 53) machen die Verlobung rechtsgültig. Man darf wohl annehmen, daß Gott, dessen Führung in jeder Phase des Unternehmens so deutlich zu er-

Schaf- und Ziegenherden an einem Brunnen in den Hügeln von Judäa.

kennen ist, auch seinerseits sein Siegel unter diese Heirat setzt – in der tiefen Liebe Isaaks zu Rebekka.

25, 1–11 Abrahams letzte Jahre

Die Söhne der Ketura wurden die Ahnherren einer Reihe von nordarabischen Stämmen. Isaak blieb der einzige Erbe seines Vaters, und als Abraham starb, ging der Segen Gottes auf ihn über.

25, 12–18 Ismaels Nachkommen

»Von Hewila bis nach Schur« – die Stämme bewohnten den Sinai und Nordwestarabien.

25, 19 – 26, 35 ISAAKS UNGLÜCKLICHE FAMILIENVERHÄLTNISSE

Erneut wird die Geschichte durch ein direktes Eingreifen Gottes weitergeführt. Nach 20jährigem Warten werden Esau und Jakob geboren.

Zum Erstgeburtsrecht (25, 31): Als Erstgeborener sollte Esau dem Isaak als Familienoberhaupt folgen und zwei Drittel des Besitzes erben. Indem er sein Erstgeburtsrecht verkauft, gibt er zugleich alle Ansprüche auf den Segen auf, der dazugehört.

Rebekka erhielt Silber- und Goldschmuck. Hier trägt eine jemenitische Jüdin im heutigen Israel eine traditionelle Kette und einen Kopfschmuck aus Silber.

Tontafel mit einem Vertragstext und (rechts) ihr Umschlag mit Textduplikat und Siegeln von 11 Zeugen. Altbabylonisch, ca. 1750 v. Chr.

Jakobs kühle Berechnung wird nicht gelobt – aber die Schrift verurteilt vor allem Esau, wenn sie ihn »irdisch gesinnt« (Hebr. 12, 16f.) nennt, weil er »sein Erstgeburtsrecht für ein einziges Mahl verkaufte«. »So verachtete Esau seine Erstgeburt« (25, 34).

Abimelech, der philistäische König (26, 1): Der Name ist wahrscheinlich ein Familien- oder Thronname. Vermutlich handelt es sich um einen späteren als den, mit dem Abraham zu tun hatte (20–21). Die Philister (eines der Seevölker, die die Küsten des östlichen Mittelmeeres besiedelten), von denen der Name »Palästina« abgeleitet ist, brachen im 12. Jahrh. v. Chr. gewaltsam in dies Gebiet ein. Die Gruppe, auf die die Patriarchen stießen, mag zu den frühen ägäischen Händlern gehören, die seßhaft wurden.

27–35 BETRUG UND LIST: JAKOBS EXIL UND SEINE RÜCKKEHR

27 Der Segen

Kein Familienglied kommt in dieser Geschichte gut weg. Isaaks Plan widerspricht dem, was Gott vor der Geburt der Söhne geoffenbart hat (25, 23). Esau stimmt seinem Vater zu und bricht damit seinen Eid (25, 33). Jakob

Hebron, der Ort, an dem nach der Überlieferung die Patriarchen begraben sind, liegt in mehr als 1000 m Höhe in den Hügeln Judäas. Das Gebäude über der Grabhöhle stammt aus der Zeit des Herodes, mit Anbauten aus byzantinischer Zeit und der Zeit der Kreuzzüge.

und Rebekka, obwohl im Recht, wenden sich nicht an Gott, sondern betrügen und lügen, um ihr Ziel zu erreichen.

Isaak, der sich nur auf seine fünf Sinne verläßt, wird von ihnen im Stich gelassen. Gesegnet wird Jakob, wie Gott es schon immer beabsichtigte – aber um einen hohen Preis. Esau droht mit Mord. Die Beziehung zwischen Isaak und Rebekka ist zerstört. Rebekka wird ihren Lieblingssohn nie wiedersehen. Jakob, der »Nesthocker«, muß fliehen.

28 Der Flüchtling

Isaak erkennt in seinem Abschiedssegen Jakob als Erben der Verheißung Gottes an.

Zu Paddan-Aram (bzw. Aram-Naharaim – Zweistromland, V. 2): Rebekkas Heimatland

Kamele, derer sich schon die Patriarchen bedienten, wurden zur Zeit Salomos und Ahabs zum wichtigsten Transportmittel.

Paddan-Aram lag zwischen dem Oberen Euphrat und dem Habor. Später zogen die Aramäer nach Süden und Osten und ließen sich in Syrien und Mesopotamien nieder.

Bethel: (›Haus Gottes‹, V. 19): Jakob kam bei Einbruch der Dunkelheit nach Bethel (ca. 95 km nördl. von Beerseba). An diesem verlassenen Ort, in einem Moment unsagbarer Einsamkeit, erscheint Gott Jakob. Er sagt ihm die Verheißungen an Abraham und Isaak erneut zu und fügt die persönliche Garantie für Geleit, Schutz und eine sichere Heimkehr an.

Die »Leiter« ist in Wirklichkeit eine Treppe (ähnlich der einer Zikkurat, vgl. S. 135), weil die Engel auf ihr herauf- und herabgehen (vgl. Jesu Wort an Nathanael, Joh. 1, 51).

Die Säule – gewiß nicht sehr groß – ist durch das Öl geweiht und dient als Erinnerung an die Vision.

29–31 Die Jahre bei Laban: Der Überlister wird überlistet

Diese 3 Kapitel berichten über Jakobs zwanzigjähriges Exil: 14 Jahre Dienst für seine beiden Frauen, 6 Jahre für eigene Herden. Die Zeit ist nicht gerade erfreulich für Jakob, denn in seinem Onkel Laban begegnet er einem ebenbürtigen Gauner. Der Betrug mit Lea führt zu einem unerträglichen Familienleben. Die ungeliebte Frau hofft, mit jedem neuen Sohn die

Zuneigung ihres Mannes zu gewinnen. Rahel, schön und geliebt, ist durch ihre andauernde Kinderlosigkeit verbittert. Jakob selbst wird zum Handelsobjekt der beiden. Kein Wunder, daß das Gesetz später einem Mann verbot, die Schwester seiner Frau zu deren Lebzeiten zu heiraten.

29, 14: »Gewiß bist du von meinem Gebein und Fleisch!« Das mag einschließen, daß Laban Jakob adoptiert, zumal bis dahin von eigenen Söhnen Labans nicht die Rede ist. Eine Heirat mit einer Adoptivschwester war durchaus üblich.

29, 18: Statt des üblichen Brautpreises bietet Jakob seine Dienste an. Laban nutzt die Großzügigkeit des Angebots sofort aus. Die Leibsklavin für die Tochter ist wahrscheinlich Teil der Mitgift (V. 24).

29, 26: Die Sitte, auf die sich Laban bezieht, ist sonst nicht bekannt.

29, 28: Nach einwöchigem Feiern wird Rahel mit Jakob verheiratet, unter der Bedingung von sieben weiteren Dienstjahren.

30, 3: Die gleiche Sitte wie bei Sarah (16, 1–2).

30, 14: Alraun sollte Rahels Fruchtbarkeit steigern – und Lea wird erneut schwanger!

30, 37 ff.: Jakob meinte, der Anblick der Stäbe während der Tracht beeinflusse das Aussehen der ungeborenen Lämmer. In Wirklichkeit aber verdankte er seine Herden dem Wirken Gottes und der selektiven Zuchtmethode.

31, 14: An sich hatten Lea und Rahel Anspruch auf Teile des Vermögens, das ihr Brautpreis Laban eingebracht hatte.

31, 19: Rahel dachte, in Jakobs Interesse zu handeln. Der Besitz der Hausgötzen unterstützte ja den rechtmäßigen Erbanspruch.

31, 44: Der Nichtangriffspakt zwischen Laban und Jakob hat viele zeitgenössische Parallelen. Ein Bundesmahl besiegelt ihn.

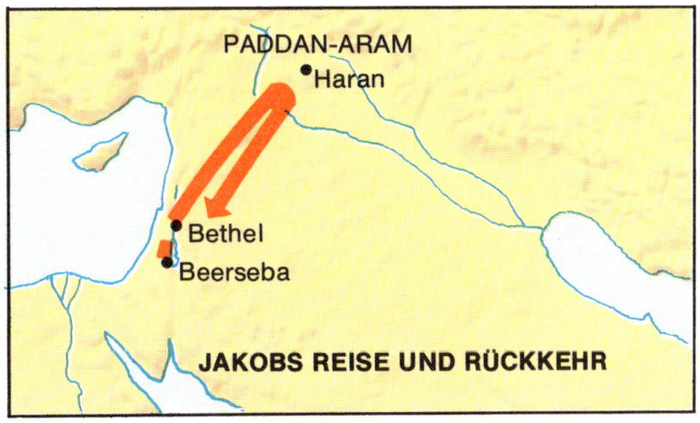

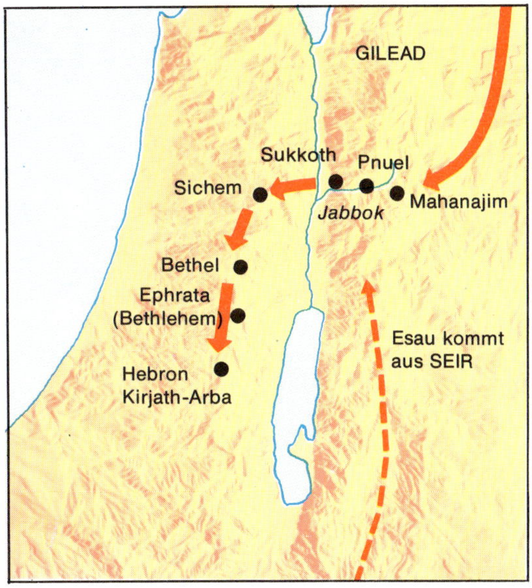

32 Gott begegnet Jakob

Zwar wohnt Esau in Seir, weit im Süden, aber eine Begegnung der Brüder ist unvermeidbar. Die Nachricht, daß Esau mit Bewaffneten heranzieht, setzt Jakob in Schrecken. Er plant und betet nun. Es kommt zu jenem geheimnisvollen Kampf am Jabbok, an dessen Ende Jakob ein neuer Mensch ist. Der nächste Altar, den er errichten wird, wird nicht mehr dem Gott seiner Väter, sondern Gott, »dem Gott Israels« geweiht sein.

33 Jakob trifft auf Esau

Esaus Willkomm für seinen betrügerischen Bruder ist so überraschend großzügig, daß Jesus beim Gleichnis vom Verlorenen Sohn an ihn gedacht haben mag (vgl. Luk. 15, 20). Jakobs Geschenk und seine Annahme durch Esau besiegeln die Versöhnung.

Vers 14: Wie die nächste Station seiner Reise zeigt, hatte Jakob keineswegs die Absicht, in den Seir zu ziehen.

34 Dinah und Sichem: Vergewaltigung und Blutbad

Die Stadt Sichem hat eine lange und wichtige Geschichte. Jakobs Aufenthalt dort kommt ihn teuer zu stehen – und die verräterische Rache durch Simeon und Levi blieb unvergessen (vgl. 49, 5 ff.).

35 Rückkehr nach Bethel: Geburt Benjamins. Rahels und Isaaks Tod

Mit diesem Kapitel endet der Teil der Genesis, der von Jakob handelt. Die fremden Götter werden abgetan. Gott bestätigt erneut seinen Bund mit Israel. Rahel stirbt bei Bethlehem (Ephrat), als sie den letzten der zwölf Jakobsöhne gebiert. Esau und Jakob begegnen sich noch einmal beim Tod des hochbetagten Isaak.

Gedenksäule in den Ruinen von Sichem, die z. T. aus kanaanitischer Zeit datieren.

36 ESAU UND SEINE NACHKOMMEN

Ehe die Geschichte Israels fortgesetzt wird, fällt noch einmal der Blick auf den anderen Zweig der Familie.

Seir/Edom: Es ist das Tal zwischen dem Toten und dem Roten Meer (Golf v. Akaba) und dem Bergland auf beiden Seiten. Die Königsstraße, ein wichtiger Handelsweg, führte am östlichen Plateau entlang.

37–50 JOSEPH, DIE HUNGERSNOT UND DIE AUSWANDERUNG NACH ÄGYPTEN

37 Joseph wird nach Ägypten verkauft

Hiermit beginnt der letzte Teil der Genesis, die Josephsgeschichte.

Zu Josephs besonderer Kleidung (3): Josephs Brüder sahen darin die Absicht Jakobs, sie zu übergehen und Joseph zu seinem Erben zu machen (vgl. 48, 21f.; 49, 22f.).

Vers 24: Die Zisterne diente normalerweise der Speicherung von Regenwasser.

Die ismaelitischen und midianitischen Händler (28): Beide Wüstenstämme stammten von Abraham ab. Die Namen sind austauschbar (vgl. V. 28 mit V. 36), was typisch für nahöstliche Schriften ist. Der Balsam Gileads war berühmt, und der Gewürzhandel war seit den ältesten Zeiten sehr bedeutend. Gewürze wurden vielfältig gebraucht – bei der Speisenbereitung wie bei der Herstellung von Weihrauch und Kosmetika. Der Handelsweg von Damaskus zur Küste führte an Dothan vorbei.

Vers 28: Aus dem Kontext dieses Verses geht hervor, daß es die Brüder waren, die Joseph verkauften. Rubens Abwesenheit erklärt sich damit, daß die Herden beaufsichtigt werden mußten. Weder dieser Vers noch die Bemerkung, es habe sich um ismaelitische und dann um midianitische Kaufleute gehandelt, machen es notwendig, in der Geschichte eine

Auf dem Beduinenmarkt in Beerseba ist Gemüse zum Verkauf ausgebreitet.

Verbindung zweier verschiedener Traditionen zu sehen (so z. B. Jerusalemer Bibel).

Beamter (36): Normalerweise wird das hier verwandte Wort mit »Eunuch« übersetzt, aber es kann auch die mehr allgemeine Bedeutung »Hofbeamter« haben, was angesichts der Tatsache, daß Potiphar verheiratet ist, das Wahrscheinlichere ist.

38 Judas Söhne

Dieser wenig schmeichelhafte Bericht ist

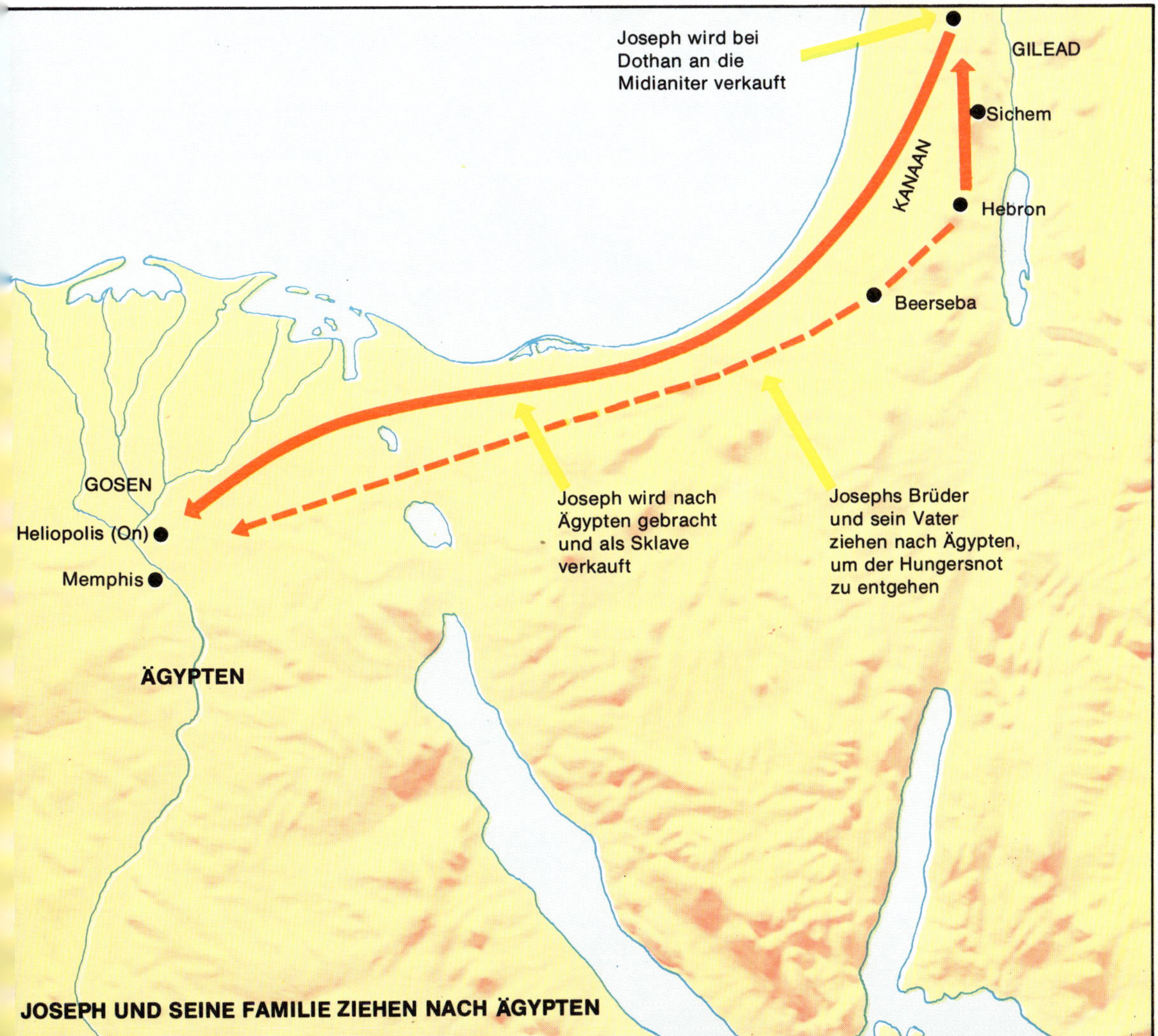

JOSEPH UND SEINE FAMILIE ZIEHEN NACH ÄGYPTEN

wahrscheinlich deshalb hier eingefügt, weil er zur »Familienchronik« des späteren Königshauses gehört, von dem auch der Messias abstammen wird (Mt. 1, 3; Lk. 3, 33).

Verse 8–10: Wenn ein Mann kinderlos starb, war sein Bruder verpflichtet, ihm von seiner Witwe Erben zu erwecken (die sog. Leviratsehe; 5. Mose 25, 5).

39 Joseph wird angeklagt und eingekerkert

Der Bericht von Josephs Leben in Ägypten, wie ihn die Kapitel 39–50 geben, paßt vollkommen in den Rahmen Ägyptens unter den semitischen Hyksos-Pharaonen, die von 1710–1570 v. Chr. von ihrer Hauptstadt Avaris im östlichen Nildelta das Land regierten. Gosen lag auch in dieser Region.

Daß solche Dinge, wie sie Joseph zustießen, tatsächlich geschahen, unterstreicht z. B. das »Märchen von den zwei Brüdern« aus Ägypten.

40 Die Träume des Mundschenks und des Bäckers

Die Erzählung zeigt, welche Bedeutung man in jener Zeit den Träumen und ihrer Deutung beimaß. Ägyptische Weise besaßen Traum-Handbücher, die ihnen bei ihrer Deutung hel-

Abmessen der Getreidemenge zu Steuerzwecken (aus dem Grab von Menna, ca. 1400 v. Chr.).

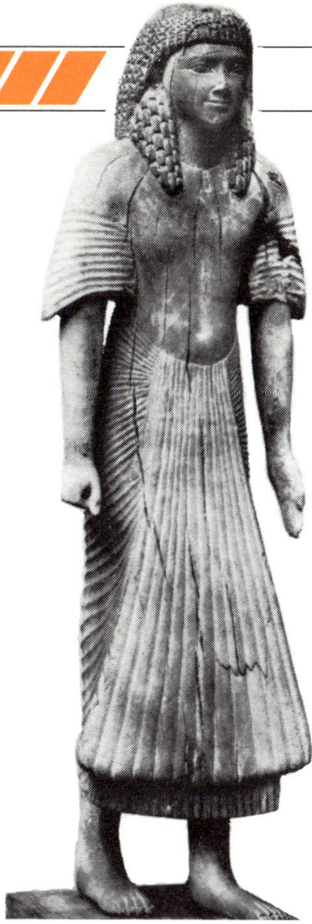

Statuette eines hohen ägyptischen Hofbeamten aus der Zeit Josephs.

fen sollten. Im Gegensatz dazu ist Joseph völlig von Gott abhängig, als es um die Erklärung geht.

Der Mundschenk (1): Er war ein sehr wichtiger Hofbeamter (vgl. Neh. 1, 12).

41 Der Traum des Pharao. Josephs Aufstieg

Als zwei Jahre später der Pharao selbst einen Traum hatte, vor dem trotz all ihrer Kenntnisse die Magier und Weisen Ägyptens kapitulieren mußten, erinnert sich der Mundschenk an Joseph. Dieser nun erweist sich nicht nur als fähig, Gottes Botschaft zu erklären, sondern legt zugleich einen klar umrissenen Plan zum Handeln vor.

Vers 14: Die ägyptische Sitte schrieb vor, daß Joseph rasiert und in Leinen gekleidet zur Audienz erscheinen mußte.

Verse 40–43: Joseph wird nach ägyptischer Tradition eingesetzt mit Ring (Zeichen der Autorität), Leinengewand (Hofkleidung) und Goldkette (Anerkennung seiner Verdienste). Pferde und Streitwagen hatten den Hyksos zur Vorherrschaft in Ägypten verholfen. Nach 13 Jahren als Sklave wurde Joseph der Wesir Pharaos.

Vers 45: On war das Zentrum der Sonnenanbetung.

Vers 54: Schwere Hungersnöte waren in Ägypten nicht unbekannt. Selten aber traf der Hunger Ägypten und Palästina gleichzeitig.

42–45 Hungersnot. Wiedervereinigung der Familie

Diese Kapitel bieten einen bewegenden Bericht von Josephs Begegnung, Prüfung und Wiedervereinigung mit seinen Brüdern. Hinter seiner

Ein ägyptisches Traum-Handbuch aus der Zeit Josephs. Spaltenweise wurden gute und schlechte Träume mit ihren Interpretationen aufgeführt.

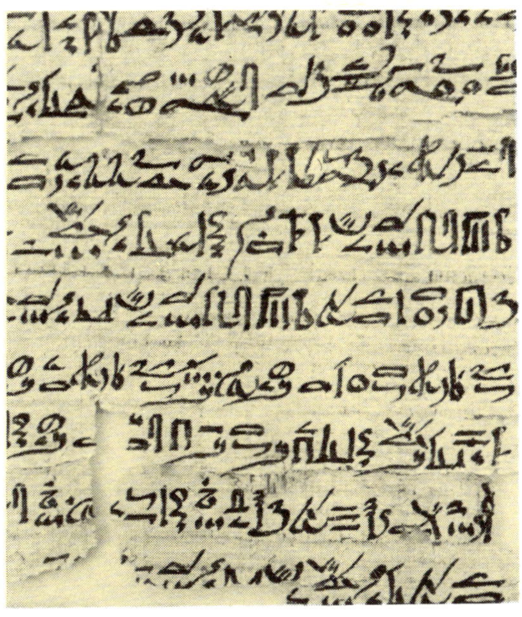

zur Schau gestellten Barschheit steht vollständiges und großzügiges Vergeben sowie ein tiefes Verstehen der göttlichen Führung (45, 5 ff.). Unter jeder neuen Belastung zeigen die Brüder ihren echten Gesinnungswandel. Zwanzig Jahre haben ihr Schuldgefühl nicht ausgelöscht (42, 21 f.). So behandeln sie den neuen Lieblingssohn Benjamin anders als den alten.

43, 32: Die Ägypter befürchteten vermutlich die rituelle Verunreinigung ihrer Nahrung durch die Anwesenheit der Fremden an der Tafel (aus demselben Grund aßen die Juden später nicht mit Heiden zusammen).

44, 2. 5: Joseph mag seinen Silberbecher zum Weissagen verwandt haben (Deutung von Ereignissen durch die Bewegung von Öltropfen auf Wasser).

45, 10: Es ist bekannt, daß in Hungerzeiten Nomaden aus Palästina die Erlaubnis bekamen, im östlichen Delta zu weiden.

46–47 Israel läßt sich in Ägypten nieder

Jakobs Familie umfaßte 70 Personen, als er nach Ägypten kam (zu den 66 von Kap. 46, 26 müssen Jakob, Joseph und seine beiden Söhne ergänzt werden), ohne Frauen und Sklaven.

46, 34: Der Widerwillen der Ägypter gegenüber den nomadischen Hirten erfüllt hier ungewollt einen guten Zweck: sie erhält der Familie ihre unvermischte Einheit.

47, 16–19: Dank Josephs Wirtschaftspolitik wird der Pharao Eigentümer des Landes, das Volk wird zu seinen Pächtern. Nur die Priester behalten ihr Eigentum.

48–49 Der Jakobssegen

Die Segnung der Söhne Josephs war ein Akt des Glaubens (Hebr. 11, 21). Ohne Zögern überträgt Jakob den Segen Gottes auf den jüngeren Sohn – welch ein Unterschied zu dem in Kap. 27 Berichteten! Joseph erfreut sich eines doppelten Erbes durch Ephraim und Manasse. Die Segensworte des Sterbenden blenden schon die ferne Zukunft auf, wenn die Nachkommen der Zwölf das verheißene Land einnehmen werden.

Vers 4: Rubens Schandtat (vgl. 35, 22) kostet ihn das Erstgeburtsrecht.

Verse 5–7: Jakobs Urteil über Simeons und Levis Verhalten in Sichem (34, 13 ff.) ist klar. Beide Stämme sollen zerstreut werden, Levi allerdings als Priesterschaft des Volkes.

Vers 10: Juda stellt die Königslinie Israels, der schließlich auch der Messias entstammen wird.

Vers 13: Sebulons Territorium reichte nie bis an die Küste, dennoch profitierte der Stamm am Seehandel.

Vers 19: Solche Überfälle sind auf einer moabitischen Stele aus dem 9. Jhd. v. Chr. überliefert.

50 Von Jakobs Tod bis zu Josephs Tod

Jakob wird neben Lea im Familiengrab in Hebron beerdigt – für 400 Jahre ist er der letzte, der in Kanaan bestattet wird. Das Kolossalgemälde der Genesis mit Schöpfung und Fall, Verheißung und dem Werden eines neuen Volkes in Kanaan, endet mit dem Tode Josephs in Ägypten.

Verse 2–3: Es war üblich, sich einbalsamieren zu lassen. Zudem vermied Joseph so religiösen Anstoß. Die Trauerzeit für Jakob war nur zwei Tage kürzer als die für einen Pharao.

Vers 22: Josephs Lebensdauer von 110 Jahren war das ägyptische Ideal, ein Zeichen göttlichen Segens. Die Bitte des Sterbenden faßt den Glauben eines Lebens zusammen.

Vers 26: Der Sarg war aus Holz, mit bemaltem Deckel.

Ägypten

K. A. Kitchen

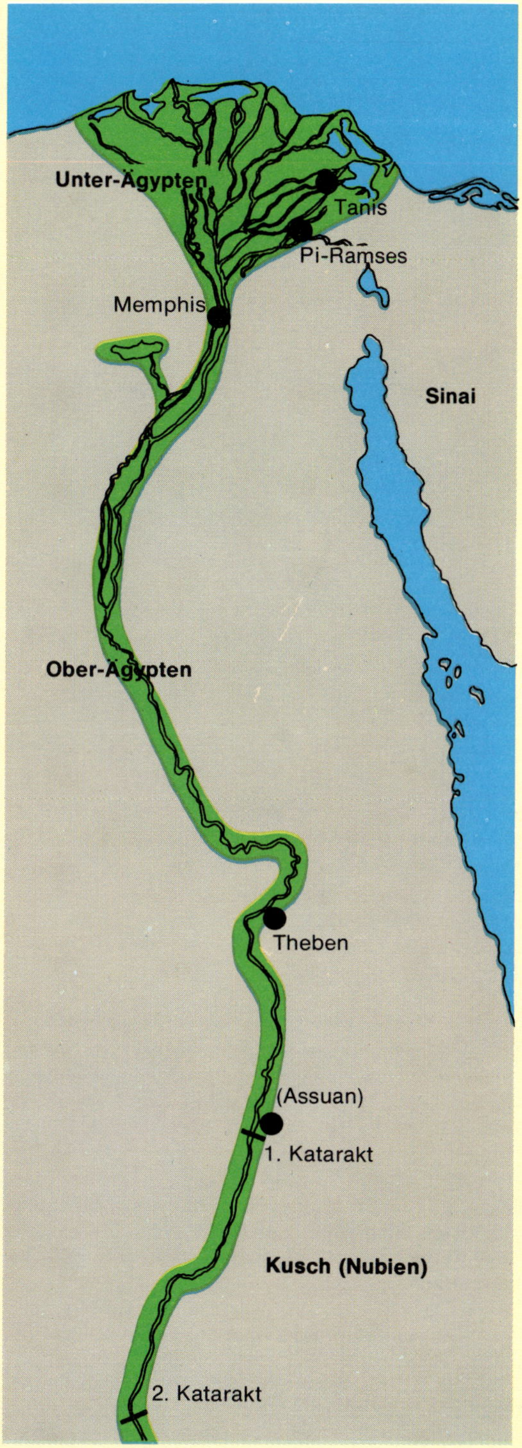

DAS LAND

Wenn wir von Ägypten sprechen, müssen wir im Grunde an ein schmales, etwa 1 000 Kilometer langes Tal denken, das bei Assuan beginnt und in jenes weite Delta mündet, in das sich der Nil zergliedert, bevor er das Mittelmeer erreicht (s. nebenstehende Karte).

Das gesamte Leben ist abhängig von den alljährlichen Nilüberflutungen. Vor der Errichtung der Staudämme in unserer Zeit bedeutete ein »guter Nil« Wohlstand, ließ er doch eine neue Schlickschicht und reichlich Wasser für den Anbau von Feldfrüchten zurück. Führte der Nil zu wenig Wasser, drohte Dürre und Hungersnot; eine zu starke Überflutung bedeutete verhängnisvolle Zerstörung.

Das eigentliche Leben Ägyptens spielte sich also in jenem schmalen, fruchtbaren Streifen zu beiden Seiten des Nils ab, sowie in der weiten Ebene des Flußdeltas. Im Westen und Osten bildete die Wüste einen natürlichen Schutz gegen die Nachbarvölker. Die Hauptstraße für den innerägyptischen Verkehr bildete der Nil. Daneben gab es Handelsstraßen durch den nördlichen Sinai nach Palästina und durch die Wüstentäler im Osten zum Roten Meer. Der Nil ermöglichte die Landwirtschaft; die Wüsten waren reich an Bodenschätzen.

GESCHICHTE UND KULTUR

Die Geschichte Ägyptens begann um 3000 v. Chr., als das Niltal und das Delta unter einem König vereinigt wurden. Kurz zuvor waren übrigens die Hieroglyphen, eine Art Bilderschrift, erfunden worden. Die lange Folge ägyptischer Könige oder Pharaonen läßt sich in 30 königliche Familien oder Dynastien aufteilen. Sinnvoller ist jedoch die Gliederung der Zeit zwischen 3000 v. Chr. und 300 v. Chr. in sieben Epochen: den Beginn (Frühzeit), drei große Zeitalter (Altes, Mittleres und Neues Reich), voneinander getrennt durch die I. und II. Zwischenzeit, und die Spätzeit, die den endgültigen Verfall brachte.

Verschiedene Städte wurden im Verlauf der ägyptischen Geschichte zu Hauptstädten gekürt, allerdings durfte die meiste Zeit über Memphis, das Tor zwischen Niltal und Delta, diese Ehre für sich beanspruchen. Im Neuen Reich wurde Theben zur Hauptstadt erhoben und blieb lange als Stadt des Gottes Amun religiöses Zentrum. An der Spitze der Gesellschaft stand stets der Pharao, der Mittler zwischen Göttern und Menschen. Die Götter waren oft Verkörperungen der Naturmächte, ihrer Phä-

Wandgemälde aus Theben (ca. 1250 v. Chr.). Es stellt Königin Nefetari dar (die Frau von Ramses II.).

nomene (Sonne, Mond) oder von Idealen (gerechte Ordnung). Die großen Tempel beherbergten den offiziellen Kult, dem nur Pharao, die Priester und hohe Würdenträger beiwohnen durften. Das Volk betete seine Hausgötter an und hatte dazu kleinere Heiligtümer mit Götterfiguren und »Gebetsecken« an den Toren der großen Tempel. Als ein Aspekt der Religion erblühte die Magie. Ihre positive Ausprägung diente dazu, die Schicksalsschläge des Lebens abzuwenden. »Schwarze Magie« hingegen galt als Verbrechen.

Der Pharao teilte die politische Herrschaft in der Praxis mit hohen Staatsbeamten: Großwesiren des Südens und Nordens, Schatzmeistern, Aufsehern über die Kornkammern und sogar Oberzöllnern. Ihnen allen stand ferner in der Hauptstadt und den Provinzen eine Bürokratie von Schreibern zur Seite. Die großen Priestergeschlechter hatten ihren eigenen Besitz und eigene Verwaltung. Von der Zeit des Neuen Reiches an befehligte und unterhielt der Pharao auch ein stehendes Heer mit Streitwagen und Infanterie. Grundlage des Bildungswesens war die Ausbildung der Schreiber in Verwaltung und Tempelschulen. Ägypten entwickelte eine reiche Literatur – Erzählungen, Weisheitsliteratur (ähnlich den Sprüchen Salomos), religiöse und lyrische Dichtung. Die Grundlage der Gesellschaftspyramide bildeten die Kleinbauern mit ihrer harten Arbeit. Ägyptens großartige Monumente – von den gigantischen Pyramidengräbern bis hin zu den zarten Fresken und den winzigen Siegelringen – lassen die Kunstfertigkeit der Scharen von Künstlern und Handwerkern erkennen, die den Pharaonen, den Tempeln und den führenden Leuten aller großen Epochen dienten.

Im Schutze und der Abgeschiedenheit ihres Landes, das im Osten und Westen von der Wüste umgeben war, entwickelten die Ägypter eine Fülle von Theorien über ein Leben nach dem Tod. So wurde der Körper der Verstorbenen mumifiziert (einbalsamiert), um in der Todesnacht die Seele zu beherbergen wie das Grab den Körper beherbergte. Gewöhnlich stellte man sich das Jenseits als Gegenstück des irdischen Lebens vor, und zwar im Herrschaftsbereich des Osiris, des Totengottes. Mit Hilfe der Magie sollten die Gegenstände und Bilder in den Gräbern ihren Besitzern in jener neuen Existenz dienen.

ÄGYPTEN UND DIE BIBEL

Von Abraham bis Joseph

Die erste wichtige Rolle spielt Ägypten in der Bibel, als es den Patriarchen als Zufluchtsort vor der Hungersnot dient (1. Mose 12, 10ff.; 42–47). Dank des Nils war Ägypten unabhängig vom Mittelmeer-Regen, der für Syrien und Palästina lebenswichtig war. Außer den hebräischen Stammvätern suchten auch viele andere Rettung in Ägypten. Schon Skulpturen aus dem Alten Reich stellen hungernde Ausländer dar, und etwa tausend Jahre später (um 1230 v. Chr.) gewährt man edomitischen Stammesangehörigen Zutritt zu den Teichen von Pithom, »um sie und ihr Vieh dank der großen Vorsorge des Pharao am Leben zu erhalten«. Ägypten stationierte Grenzwächter und Beamte an seinen Ostgrenzen, die Besucher ins Land oder aus dem Land geleiteten (wie Abraham in 1. Mose 12, 20).

Die Pharaonen zur Zeit Abrahams und Josephs gehörten wahrscheinlich der 12. bzw. 13./15. Dynastie an (Mittleres Reich und später), als viele Ausländer auf den verschiedensten sozialen Ebenen in Ägypten Arbeit fanden – vom Sklaven bis zum Diener höheren Ranges (wie Joseph unter Potiphar, 1. Mose 39, 1–4). Und wie Joseph (1. Mose 41, 45) bekamen viele seiner nichtägyptischen Zeitgenossen ägyptische Zweitnamen. In allen Lebenslagen und bei allen Bevölkerungsschichten maß man Träumen große Bedeutung bei. Gelehrte Schreiber verfaßten ganze Bücher über Traumdeutung. Das Motiv der sieben Kühe erscheint nicht nur in Pharaos Traum (1. Mose 41, 18 ff.), sondern auch im *Totenbuch,* im Zusammenhang mit der Speise im Jenseits.

Die ägyptischen Behörden führten genau Buch über den Landbesitz, und am Vorabend der Ernte wurde die jeweilige Getreidemenge abgeschätzt, um die Höhe der Steuern zu berechnen. Dank eines solchen Systems konnten die von Joseph vorgeschlagenen Maßnahmen ohne Schwierigkeiten durchgeführt werden (1. Mose 41, 34–35. 48–49; 47, 23 ff.). Auch wurde das Delta – wie aus einer Inschrift aus der Zeit um 1600 v. Chr. hervorgeht – weitgehend für die Viehzucht benutzt (1. Mose 46, 34).

Die feinen Leinengewänder, die Joseph als hoher Beamter trug (1. Mose 41, 42), sind von zahlreichen ägyptischen Gemälden her bekannt, und die Mumien und Särge Ägyptens (1. Mose 50, 2–3. 26) sowie die Gräber (2. Mose 14, 11) sind inzwischen schon sprichwörtlich geworden.

Mose und der Exodus
Vier Jahrhunderte später waren viele Hebräer Sklaven geworden, die für die großen Bauprojekte des Neuen Reiches Ziegel ausstechen und brennen mußten. Ihre Schwerarbeit gipfelte im Bau der

Darstellung des Vogelfangs in einem ägypt. Grab.

Städte Pithom und Ramses (2. Mose 1, 11). Zeitgenössische Papyri berichten von Apiru (Völker, zu denen auch die Hebräer zählen), »die Steine für den Eingang von (einem Tempel des) Ramses II. schleppen«; von Menschen, »die täglich ihre Quote an Ziegeln herstellen«; und von Aufsehern, die weder Menschen noch Stroh zur Herstellung von Ziegeln hatten (vgl. 2. Mose 5, 7). Die in 2. Mose 5 geschilderten Zustände haben auch in ägyptischen Dokumenten jener Zeit ihren Niederschlag gefunden. Westlich von Theben hat man ein Dorf ent-

DIE GESCHICHTE ALT-ÄGYPTENS

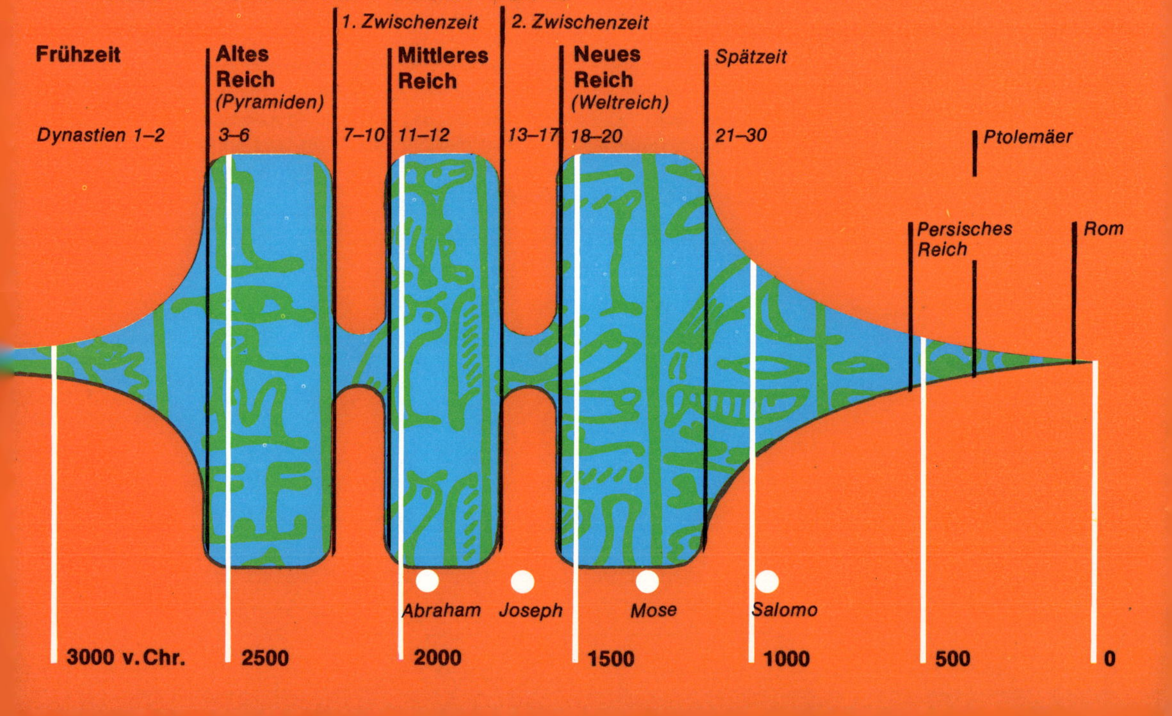

deckt, in dem die Arbeiter lebten, die an den Königsgräbern arbeiteten. Hier wurden »Arbeitsberichte« ausgegraben, auf denen genau die Arbeits- und Feiertage festgehalten sind. Manchmal wird sogar der Grund für die Abwesenheit eines einzelnen angegeben: »Seine Frau ist krank«, »braut mit seinem Vorgesetzten Bier« oder »wurde von einem Skorpion gestochen«. Höchst aufschlußreich sind jene Eintragungen, in denen ein einzelner oder eine ganze Gruppe einen oder mehrere Tage arbeitsfrei bekommen haben, »um ihrem Gott zu opfern« oder einem regionalen religiösen Fest beizuwohnen. (Man vergleiche das mit 2. Mose 5, 1–5, wo Mose dieses Recht für die Hebräer begehrt und wo sich Pharao weigert, weitere öffentliche Feiertage zuzulassen und Moses Gott anzuerkennen.)

Daß sich eine Prinzessin aus einem Harem im östlichen Delta um ein ausländisches Kind kümmert, wie in 2. Mose 2, kann in der weltoffenen Gesellschaft im Ägypten des Neuen Reiches nicht überraschen. Ausländer waren in allen gesellschaftlichen Rängen zu finden, vom unscheinbarsten Sklaven bis zum Mundschenk zur Rechten des Pharao; ein Mose war in dieser Beziehung nichts Unnormales. Die Zauberer und Weisen des zweiten Mosebuches (7, 11; 8, 7. 18; 9, 11) waren die wichtigsten Lehrer-Priester und gelehrten Schreiber. Die Ägypter selbst erzählten unterhaltsame Geschichten von den berüchtigten Abenteuern dieser Männer.

Als Israel Ägypten verließ, sandte ihnen der Pharao (wahrscheinlich Ramses II.) seine Streitwagen nach. Sechshundert Streitwagen (2. Mose 14, 7) sind eine ansehnliche, aber durchaus glaubwürdige Zahl. Verfolgungskommandos mit weitaus mehr Streitkräften sind aus jener Zeit bekannt. Während der Wüstenwanderung wurden beim Bau der Stiftshütte (ihrem Wesen nach ein »Fertighaus«) Techniken angewandt, die man in Ägypten schon seit langem entwickelt hatte. Daß Israel gegen Ende des 13. Jahrhunderts v. Chr. Ägypten verlassen und das westliche Palästina betreten hatte, wird bestätigt in der einzigen bisher bekannten ägyptischen Schrift, in der Israel erwähnt wird (im Zusammenhang mit Gezer und Askalon), nämlich im libyschen Siegesgedicht des Merneptah (um 1220/1210 v. Chr.).

Spätere Perioden

Im biblischen Bericht taucht Ägypten wieder zur Zeit Davids und Salomos auf. Salomo heiratete eine Tochter des Pharao, der Gezer eroberte und Salomo als Mitgift schenkte (1. Könige 9, 16). Dieser Pharao war wohl Siamun (um 970 v. Chr.), der wahrscheinlich in Philistäa und das südwestliche Palästina einfiel, wie man aus einem zerbrochenen Triumphrelief schließen kann, das bei Tanis, der Hauptstadt seiner Dynastie (bibl.: Zoan), gefunden wurde.

Die literarische Form der Sprüche – großenteils ein »Weisheitsbuch« Salomos – weist eine Verwandtschaft mit ähnlichen Werken des biblischen Nahen Ostens auf, besonders solchen Ägyptens. Die oft gehörte Behauptung, Teile der Sprüche seien unmittelbar auf das ägyptische Werk des Amenemope zurückzuführen, ist allerdings ohne ausreichende Grundlage.

Siamun wurde bald von Scheschonq I., dem Gründer der 22. Dynastie, abgelöst (bibl.: Schischak; 1. Kön. 11, 40; 14, 25). Er betrachtete Israel als seinen politischen und wirtschaftlichen Rivalen, und es gelang ihm, Israel unter Rehabeam in zwei Reiche zu spalten und die gespaltene hebräische Monarchie für kurze Zeit zu unterwerfen.

Danach begann Ägyptens Stern schnell zu sinken. Die hebräischen Propheten wiesen ihre Könige zurecht, weil sie sich auf ägyptische Hilfe verließen (vgl. Jes. 30, 31; Jer. 46). Ägypten war Assyrien oder Babylon nicht gewachsen und sollte jahrhundertelang seine nationale Unabhängigkeit nie wirklich wiedererlangen.

Das 2. Buch Mose »Exodus«

Das 2. Buch Mose enthält die Geschichte von der Volkwerdung Israels. Seine Zentralfigur ist Mose. Er war es, der Israel aus Ägypten herausführte, in jenem »Exodus«, der dem Buch in der Septuaginta seinen Namen gab. Durch Mose gab Gott auch das Gesetz. Das Buch ist in zwei Hauptteile gegliedert:

1. Israels Flucht aus der ägyptischen Sklaverei (Kap. 1–19).
2. Gesetzgebung und Bau der Bundeslade am Sinai (Kap. 20–40).

1 – 12, 36 ISRAEL IN ÄGYPTEN. MOSE, GOTTES BEFREIER

1 Der Schauplatz ist vorbereitet

Nahezu 300 Jahre sind seit dem Tod Josephs vergangen. Jakobs Volk ist etwa 370 Jahre in Ägypten. Es hat seine früheren Privilegien verloren, ja ist ein Sklavenvolk unter dem Pharao einer anderen Dynastie, der vergessen hat, was Ägypten Joseph verdankt.

Im Verlauf der Geschichte war die Macht der Hyksos zusammengebrochen und das Obere und das Untere Königreich waren wiedervereinigt worden. Auf der Höhe militärischer Macht stehend, wird Ägypten von Theben und Memphis durch eine neue Dynastie regiert. Mit der Thronbesteigung Sethos' I. (wahrscheinlich ist er der »neue König«, 1, 8) wendet sich das Interesse besonders der fruchtbaren Deltaregion zu. Ein großes Bauprogramm wird begonnen, unter Einschluß einer neuen Residenz für den Pharao. Diese wird nach dem Nachfolger von Sethos, Ramses II, das »Haus des Ramses«, »Ramses« (1, 11) genannt. Israel aber stellt das Reservoir der billigen Arbeitskräfte für diese Projekte.

In der Existenz einer so großen (vgl. 12, 37) fremden Gruppe im Grenzland hatte der Pharao schon lange eine Gefahr gesehen. Nun bietet sich ihm die Gelegenheit, sie ganz gefügig zu machen. Das Volk wird in Arbeitskolonnen organisiert und brutalen Aufsehern unterstellt, um Lehmziegel für die Bauten der neuen Städte zu produzieren.

Trotz der Schwerstarbeit setzt sich die israelitische Bevölkerungsexplosion fort. Der Pharao beschließt darum, das Problem auf direktere Weise anzugehen (V. 15–22). Er wird allerdings durch die Treue der Hebammen in seinen Plänen gestört.

2 Mose, Prinz und Flüchtling

Nach dem Dekret des Pharao sind alle männlichen hebräischen Säuglinge in den Nil zu werfen. Moses Mutter umgeht dies Gesetz und legt ihr Kind in einen wasserdichten Korb (hier ist das gleiche Wort verwandt wie »Arche«) und rettet ihm so das Leben.

Mit 40 Jahren unternimmt Mose seinen ersten Versuch, für die Freiheit seines Volkes einzutreten (2, 11 f.), aber er scheitert kläglich. Weitere 40 Jahre verstreichen vor den Ereignissen von Kap. 3 (Apg. 7, 23; 2. Mose 7, 7).

Pharaos Tochter: Sie ist wahrscheinlich die Tochter einer Nebenfrau. Sie wird Mose mit in den Harem genommen haben, wo er mit anderen großgezogen wurde und es lernte, die ägyptische Hieroglyphen- und Kursivschrift zu lesen und zu schreiben (vgl. Schriften, S. 86). Dort dürfte er auch andere Fertigkeiten gewonnen haben (vgl. Apg. 7, 22). Es kam immer wieder vor, daß Fremde so aufgezogen wurden, um verantwortliche Aufgaben in der Armee, der Priesterschaft oder der Verwaltung zu übernehmen.

Midian (15): Die Midianiter waren Nachkommen Abrahams von seiner zweiten Frau Ketura. Sie waren Wüstenbewohner. Mose konnte kaum besser auf die Wüstenwanderung mit Israel vorbereitet werden als durch diese Jahre nomadischen Lebens.

3–4 Der brennende Busch. Berufung und Befähigung

Moses Berufung ereignet sich am Sinai (Horeb), dem gleichen Ort also, wo er später die Gebote empfangen wird. Gott hat einen unerhörten Auftrag für Mose: er soll als Gottes Bote zu Pharao gehen, und er soll sein Volk in die Freiheit führen. Aber Mose zaudert. Er erhebt einen Einwand nach dem anderen – und jeder wird von Gott entkräftet:

- 3, 11: »Wer bin ich schon?« Aber: »Ich bin mit dir«, sagt Gott.
- 3, 13: »Wie soll ich dem Volk erklären, wer du bist?« Gott offenbart sich selbst als der Gott ihrer Väter und der Gott der Gegenwart: »Ich bin . . .«!
- 4, 1: »Die Leute werden mir nicht glauben!« Gott gibt ihm drei Zeichen, um sie zu überzeugen.
- 4, 10: »Ich kann nicht gut reden!« Gott, der ihn schuf, wird ihn zum Reden befähigen.
- 4, 13: »Bitte, sende einen anderen.« Gott stellt ihm statt dessen Aaron als Sprecher zur Seite.

Berg Horeb (3, 1): Seine genaue Lage ist unsicher, aber eine lange Tradition identifiziert ihn mit dem Dschebel Musa an der Südspitze der Sinaihalbinsel.

Die ägyptische Beute (3, 21 ff.): vgl. auch 11, 2 f., 12, 35 f. Mit ihr wurde später die Stiftshütte ausgestattet (35, 20 ff.).

4, 19: Der Tod Pharaos war in 2, 23 vermerkt.

Aaron (4, 14): Er war drei Jahre älter als Mose (7, 7) und wahrscheinlich vor Pharaos Edikt geboren. Mirjam müßte älter als beide gewesen sein.

Beschneidung (4, 24–26): Mose hatte versäumt, seinen Sohn zu beschneiden, Gott aber kann Ungehorsam nicht übersehen, auch nicht bei einem Erwählten. Zippora bringt die Sache in Ordnung, so daß Moses Leben geschont wird.

5 – 6, 13 Die erste Runde geht an Pharao

Die erste Forderung an den Pharao verschlimmert die Lage nur. Das Volk wendet sich gegen seinen »Befreier«. Der niedergeschlagene Mose wendet sich erneut an Gott.

Die Forderung (5, 1): In ihr scheint nicht alles gesagt zu sein. Offenbar soll Pharao zunächst getestet werden. Israel mußte zum Opfern Ägypten verlassen, weil sein Kult den Ägyptern widerwärtig war (8, 26). Die Reaktion des Pharao offenbart seine unversöhnliche Feindseligkeit, die Gott bereits vorhergesagt hatte (3, 19).

Ägyptisches Modell eines grabenden oder hakkenden Mannes.

Zutritt zum Pharao: Von Ramses II. ist bekannt, daß er auch für einfache Bittsteller zu sprechen war (vgl. 5, 15 ff.). Mose, der am Hof großgeworden war, hatte besonderen Anspruch auf die Aufmerksamkeit Pharaos.

6, 14–27 Der Stammbaum Moses und Aarons

Wie so oft in der Bibel ist die Liste selektiv. Mose und Aaron werden von Jakob über Levi hergeleitet. Die Liste umschließt die Zeit von Israels Aufenthalt in Ägypten.

6, 28 – 10, 29 Der Kampf mit dem Pharao. Die neun Plagen

Pharao hat Moses Forderung zurückgewiesen. Seine Worte zeigen seine Wesensart: »Wer ist schon der Herr . . .? Ich kenne ihn nicht! Ich werde Israel nicht ziehen lassen« (5, 2).

In einer Reihe von Gerichten lehrt Gott nun den Pharao und sein Volk, wer er ist, und zeigt ihnen das ganze Ausmaß seiner Macht über alle Kreatur (7, 5. 17; 8, 10. 22; 9, 14). Neunmal handelt Gott, und Pharao, seine Magier und alle Götter Ägyptens erweisen sich als machtlos, seine Gerichte aufzuhalten. Die Zauberer können zwar nachahmen, aber nicht aufheben.

1. Der Nil, das Herzstück der Wirtschaft und des Gottesdienstes des Volkes, verwandelt sich in Blut, und in seinen verunreinigten Fluten sterben die Fische (7, 14–24).

2. Sieben Tage später suchen Frösche, von der Verwesung an den Flußufern verjagt, in den Häusern Unterschlupf (7, 25–8, 15).

3. und 4. Mücken und Stechfliegen plagen das Land (8, 16–32).

5. und 6. Krankheit befällt das Vieh, und eine Hautkrankheit – durch die Frösche und Insekten hervorgerufen – bricht bei Mensch und Tier aus (9, 1–12).

7. Hagel und Gewitter vernichten die Flachs- und Gerstenernte, nicht aber Weizen und Emmer, die noch nicht gewachsen waren. Die Ägypter, die Gottes Warnung ernstnahmen, blieben unversehrt (9, 13 ff.).

Die Namen Gottes

J. A. Motyer

DIE BEZEICHNUNGEN UND DER NAME

Zwei hebräische Wörter werden mit »Gott« übersetzt:

EL »Die Gottheit« – Gott in der Macht und Andersartigkeit seiner göttlichen Natur.

ELOHIM Pluralform, die nicht »Götter« bezeichnet, sondern den Einen, der alle göttlichen Wesenszüge völlig besitzt.

Daneben gibt es eine dritte Bezeichnung Gottes:

ADONAI Beschreibt Gott als den Herrscher und weist auf seine göttliche Autorität hin.

Neben diesen Bezeichnungen gibt es ferner den persönlichen Namen Jahwe. Aus Ehrfurcht wurde bei öffentlichen Lesungen der göttliche Name durch das Wort »Herr« ersetzt. Leider hat sich das bis in den geschriebenen Text unserer Bibelübersetzungen fortgesetzt, wo Jahwe durch »Herr« oder (wenn in Verbindung mit Adonai »Herr Gott« wiedergegeben wird. Dabei vergißt man über dem Ersatzwort zu leicht den persönlichen, intimen Namen Gottes.

Indem Gott seinem Volk seinen Namen mitteilte, wollte er ihm sein Wesen offenbaren. »Jahwe« ist mit dem hebräischen Wort »sein« verwandt, das mehr als »existieren« bedeutet, sondern so viel wie »aktiv gegenwärtig sein« heißt. Jahwe (2. Mose 3, 13–16) ist der Gott, der handelnd bei seinem Volk ist – und das offenbarte er, als sein Volk, unterdrückte Sklaven, der Erlösung bedurfte.

Mit anderen Worten: Die Vorstellung der »handelnden Gegenwart« zeigt uns, was Gott für uns ist, nicht aber, was Gott an sich ist. Indem er seinen Namen zur Zeit des Auszugs aus Ägypten offenbart, stellt er sich als der Gott vor, der sein Volk erlöst und seine Feinde besiegt.

Der Selbstenthüllung als Jahwe liegt die Heiligkeit Gottes zugrunde (2. Mose 3, 5). Sie ist wirksam in der heiligen Erlösung wie dem heiligen Zorn des Passas (2. Mose 12).

Wie das Alte Testament das im Namen enthüllte Wesen versteht, zeigt sich an Stellen wie 2. Mose 34, 6 ff.; Ps. 103; 111; 146; Micha 7, 18–19.

FORTSCHREITENDE OFFENBARUNG

Der Name »Jahwe« erscheint schon sehr früh in der Bibel (1. Mose 4, 1), und der Zusammenhang läßt darauf schließen, daß die Menschen ihn kannten und benutzten (z. B. 1. Mose 4, 26; 14, 22). Wieso kann dann aber Gott dem Mose sagen (2. Mose 6, 2–3): »Unter meinem Namen Jahwe habe ich mich ihnen (d. h. Abraham usw.) nicht geoffenbart«?

Seit langem haben viele Alttestamentler diese Frage mit dem Hinweis beantwortet, es gebe unterschiedliche Überlieferungen von der Frühgeschichte des Gottesvolkes: Eine Überlieferung, nach der der Gottesname seit frühesten Zeiten bekannt gewesen sei, und eine andere – widersprechende – Tradition, nach der er zuerst dem Mose geoffenbart worden sei.

Diese Theorie, die sich in weiten Kreisen durchgesetzt hat, ist allerdings weder zwingend noch notwendig. »Sich offenbaren«, »sich zu erkennen geben« bedeutet im AT mehr als die bloße Übermittlung von Information. Mit einem »Erkannten« erfreut man sich einer intimen Gemeinschaft. So war z. B. den Söhnen Elis der Name als Anredeform Gottes gewiß bekannt, doch sie »kümmerten sich nicht um (wörtl.: kannten nicht) Jahwe« (1. Sam. 2, 12; vgl. 3, 7; 2. Mose 33, 12–13). Die eigentliche Aussage von 2. Mose 6, 2–3 ist also: Was bisher nur das Gewicht einer Anredeform hatte, wurde nun bedeutsam als Aussage über das Wesen des Gottes, der diesen Namen trug – daß er der heilige Erlöser und Richter ist, der stets bei seinem Volk weilt.

Diese Interpretation von 2. Mose 6, 2–6 wird durch Indizien aus dem 1. Buch Mose gestützt. Auf die Frage »Wer ist Jahwe« hätte Abraham bestimmt geantwortet: »Der allmächtige Gott«, oder er hätte eine der anderen Gottesbezeichnungen der Patriarchen genannt:

EL SCHADDAJ Schaddaj bedeutet wahrscheinlich »Berg«, eine symbolische Umschreibung der Unwandelbarkeit und unerschöpflichen Kraft. Vgl. 1. Mose 17, 1 f.; 28, 3 f.; 35, 11; 43, 14; 48, 3; 49, 25.
EL ELJON »Gott der Höchste«, 1. Mose 14, 18.
EL ROI »Gott des Schauens«, 1. Mose 16, 13.
EL OLAM »Der ewige Gott«, 1. Mose 21, 33.
EL BETHEL »Gott von Bethel«, 1. Mose 31, 13.
EL ELOHE JISRAEL »Gott, der Gott Israels«, 1. Mose 33, 20.

Wenn also Jahwe in 2. Mose 3 (Verse 6, 13, 15, 16) »der Gott eurer Väter« genannt wird, werden der Offenbarung als heiliger Erlöser all diese Bedeutungen zugefügt.

»WER IST EIN GOTT WIE DU?«

Gott in sich selbst

Einige Kennzeichen Gottes drücken so sehr sein Wesen aus, daß sie als Titel verwandt werden:

DER HEILIGE Der zentralste aller Titel: vgl. Jos. 24, 19; Jes. 5, 16; 10, 17; Hab. 1, 12.
DER HEILIGE ISRAELS Eine Form, die vor allem Jesaja benutzt, z. B. Jes. 1, 4.
DER GOTT, ›DER EIFERSÜCHTIG HEISST‹, zeigt seine tiefe Liebe zu seinem Volk; vgl. 2. Mose 34, 14.
DER HERR DER HEERSCHAREN Ein oft gebrauchter Titel. Weist auf die Macht und Kraft des göttlichen Wesens hin. Bedeutet etwa ›allmächtig‹. Siehe z. B. Jer. 32, 18 b–23.

Ferner ist er der *wahre, lebendige* (Jer. 10, 10), *hohe* (Micha 6, 6) und *belohnende* (Jer. 51, 56) Gott.

Gott der ganzen Welt

Er ist der Gott, der sich besonders einem Volk offenbart:

DER ENGEL DES HERRN Ohne seine Göttlichkeit aufzugeben, läßt er sich herab, mit dem Menschen zu reden: 1. Mose 16,7 f.; Richter 13, 16 f.; usw.
DER GOTT DER HEBRÄER 2. Mose 5,3
DER GOTT ISRAELS Jos. 24, 2
Er ist ferner – und das zeigt seine Gnade und Herablassung – DER GOTT JAKOBS (Ps. 81, 4), in Heiligkeit (Jes. 1,4) und Kraft (Ps. 132, 2).

Der Gott Israels

Ein solcher Gott kann nicht auf ein einziges Volk beschränkt sein. Er ist

SCHÖPFER	Jes. 40, 28
RICHTER	1. Mose 18, 25
KÖNIG	Jer. 10, 7
GOTT ALLEN FLEISCHES	4. Mose 16, 22; Jer. 32, 27.

Der Gott des einzelnen

Wie sehr man sich zu alttestamentlicher Zeit der persönlichen Beziehung zu Gott bewußt war, zeigen die vielen Metaphern für die Nähe Gottes im täglichen Leben:

FELS	2. Mose 17, 1–7; 5. Mose 32
HIRT	Ps. 23, 1
SCHILD	Ps. 18, 2
LICHT	Ps. 27, 1
ZUFLUCHT	Ps. 37, 39
SONNE	Ps. 84, 11
VATER	Ps. 89, 26; Jes. 63, 16
VOGELMUTTER	Ps. 91, 4; vgl. Jes. 31, 5
HILFE	Ps. 115, 9
SCHATTEN	Ps. 121, 5
LIED	Jes. 12, 2
ERLÖSER	Jes. 41, 14
HELD	Jes. 42, 13
TÖPFER	Jes. 45, 9
GEMAHL	Jes. 54, 5
QUELL	Jer. 2, 13
TAU	Hos. 14, 5
LÖWE, LEOPARD, BÄR	Hos. 13, 7–8

8. Der Wind treibt eine Heuschreckenplage in das Land. Alles Grün wird abgefressen (10, 1–20).

9. Drei Tage lang ist das Sonnenlicht ausgelöscht durch eine »dichte Dunkelheit« (möglicherweise einen Sandsturm; 10, 21–29).
Die Plagen ereigneten sich wahrscheinlich innerhalb eines Jahres. Jedesmal bediente sich Gott natürlicher Ursachen, um Pharao und die Götter Ägyptens in Verlegenheit zu bringen. Er zwang den ›Nil-Gott‹, statt Fruchtbarkeit Verderben zu bringen; die Frösche, Krankheit statt Wohl. Und die Macht Res, des Sonnengottes, wurde verdeckt. Der Ablauf der Ereignisse läßt sich logisch erklären: Am Anfang eine ungewöhnlich hohe Überflutung durch den Nil, der rote Erde und Mikroben mit sich führte, die das Wasser verunreinigten. Aber wie es auch geschah – hier war nicht einfach der »Zufall« im

Ägyptische Magie: das *Buch der Toten*, um 1000 v. Chr. für den Hohenpriester von Amun geschrieben.

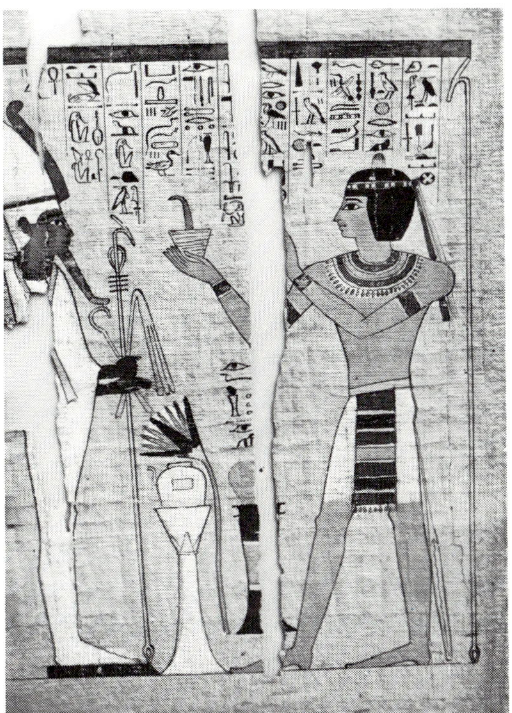

Eine Heuschrecke. Siehe auch Foto S. 443.

Spiel. Vielmehr bewies Gott seine absolute Herrschaft. Er unterschied z. B. zwischen seinem Volk und den Ägyptern. Er überwachte das Ausmaß und die Bereiche, die von einer Plage berührt wurden. Er kündete die Dauer jeder einzelnen an und konnte ihr jederzeit als Antwort auf Gebet ein Ende setzen.

Pharaos Verstockung: Mehrere Male ist in diesen Kapiteln gesagt, Gott habe das Herz des Pharao verhärtet (4, 21; 10, 1. 20. 27). Aber dies geschah nicht gegen Pharaos Willen. Gott ließ einfach Pharos Herz wie es ohnehin schon war, anstatt es zu erweichen (wie im Falle von Paulus). Gott gab ihn auf (vgl. Röm. 1; 9, 17) und ließ ihn sein, was er selbst gern sein wollte, ließ ihm seinen eigenen Weg – so daß am Ende für alle Gottes Macht offenkundig war.

11 – 12, 36 Der Tod der Erstgeburt. Das Passa

Nun steht Gottes Strafandrohung von 4, 22–23 vor ihrer Verwirklichung. Pharaos Ende ist jedoch für Israel der Anfang seines Weges. An diesen Tag wird man sich noch in ferner Zukunft erinnern, weil Gott die Erstgeburt Ägyptens sterben ließ, sein Volk aber bewahrte und befreite. Darum wird ein neues Fest ausgerufen und der Beginn des (religiösen) Jahres neu festgelegt. Das Passalamm bzw. Böckchen symbolisiert Gottes Schutz und Fürsorge für sein Volk – Israel ist sein Erstgeborener. Die bitteren Kräuter erinnern an das Leiden in Ägypten. Die flachen ungesäuerten Brote künden von der Eile des Aufbruchs (es war keine Zeit, den Teig zu säuern und aufgehen zu lassen). Dennoch ziehen sie nicht mit leeren Händen fort. Die Jahre der Sklavenarbeit werden in gewisser Weise abgegolten durch die Kleidungsstücke und Wertsachen, die die Ägypter ihnen aufladen, damit sie nur endlich gehen.

12, 37 – 19, 25 AUS ÄGYPTEN HINEIN IN DEN SINAI

12, 37 – 13, 21 Der Beginn der Wanderung. Die Passaordnung. Ungesäuertes Brot und die Erstgeburt

Wie Gott vorhersagte (1. Mose 15, 13 f.) ist Israel nach 400 Jahren in einem fremden Land (ca. 1700 v. Chr. – ca. 1300 v. Chr.) frei. Der Marsch zu den Grenzen hin beginnt. Aber zuerst werden weitere Anweisungen gegeben, wie das Passa gefeiert werden soll, wer an ihm teil-

Pharao Ramses II. beim Kampf. Das Wandgemälde zeigt ihn in seinem Streitwagen bei der Verfolgung flüchtender Nubier.

Ein Kolossalstandbild Ramses' II., des Pharao zur Zeit des Exodus.

nehmen kann und wo es stattfinden soll. Der Ereignisse soll in Zukunft in zweifacher Weise gedacht werden:

● Sieben Tage lang nach dem Passa soll man ungesäuertes Brot essen zur Erinnerung an den eiligen Aufbruch aus Ägypten.

● Israels Freiheit war durch den Tod der ägyptischen Erstgeburt erkauft worden. Entsprechend gehören die Erstgeborenen des Volkes in einer besonderen Weise Gott und müssen von ihm »zurückgekauft« werden.

600 000 Mann (12, 37): Zählt man Frauen und Kinder dazu, ergibt sich eine Gesamtzahl von etwa 2 Millionen Menschen, eine hohe (wenn auch nicht unbedingt unmögliche) Zahl, die einige Probleme aufwirft. Die folgenden Kapitel machen deutlich, daß ihre Zahl sicherlich zu groß war, um sich in der Wüste ernähren zu können – deswegen Gottes besondere Versorgung mit dem Manna. Manchmal gab es auch Wassermangel, obwohl sie sicherlich gelernt hatten, mit sehr wenig auszukommen, und ihre Lager werden so verstreut gewesen sein, daß sie jeweils mehrere Wasserläufe in Anspruch nehmen konnten.

Josephs Gebeine (13, 19): vgl. 1. Mose 50, 24 f.

14 Verfolgung und Katastrophe

Zwischen der See und den Bergen eingeschlossen, Wasser vor sich und das Heer des Pharao im Rücken, müssen die Israeliten ihre erste große Glaubensprobe bestehen, und sie geraten in panische Angst. Als aber Gott ihnen einen sicheren Weg durch die aufgetürmten Wogen bereitet und das Heer des Pharao in den zurückflutenden Wassern umkommen läßt, lernt Israel die Wahrheit des Mosewortes begreifen: »Der Herr wird für euch streiten, und ihr werdet stille sein« (14, 14).

Die Israeliten nahmen »Vieh in großer Zahl« aus Ägypten mit. Diese ägyptische Darstellung aus dem Grab des Nebamun bei Theben entstand ca. 1400 v. Chr.

Darstellung einer Tamburin spielenden Frau (Rokkefeller Museum, Jerusalem).

15, 1–21 Moses Siegeslied

Mose singt mit dem Volk das Lied des Triumphes: Gott hat Israel gerettet. Er hat seine Feinde vernichtet. Mirjam und alle Frauen nehmen den Refrain auf und tanzen vor Freude. Das Lied ist ein gutes Beispiel altsemitischer Poesie (vgl. »Poesie und Weisheitsliteratur«, Einleitung).

15, 22 – 17, 7 Das Murren beginnt, aber Gott versorgt

Es dauert nicht lange, und das Klagen beginnt. In Ägypten gab es reichlich Fisch, Früchte und Gemüse – und keinen Wassermangel. In der Wüste aber sind die Leute bald hungrig und durstig – und sie meutern. Gottes Art, sie zu versorgen, lehrt sie, zu gehorchen und in täglicher Abhängigkeit von ihm zu leben.

Wachteln (16, 13): Vgl. S. 189.

Gomer (16, 16): Ein Krug von ca. 3,9 l Inhalt.

Manna (16, 31): Man hat verschiedene Naturphänomene mit dem Manna identifiziert, aber keines paßt ganz dazu. Diese Substanz war für 40 Jahre Israels Hauptnahrungsmittel und verschwand sofort, als die Israeliten Kanaan erreichten.

Wasser aus dem Felsen (17, 6): Der Kalkstein des Sinai speichert bekanntlich Feuchtigkeit. Dieser Vorfall samt des Namen Massa und Meriba wurde zu einer sprichwörtlichen Redensart für Auflehnung (vgl. Hebr. 3, 7 ff.).

Man hat lange angenommen, die Angaben über das von den Israeliten mitgenommene Gold seien übertrieben. Inzwischen hat man jedoch erstaunliche Mengen Goldes aus jener Zeit gefunden. Hier ein goldener Dolch samt Scheide aus den Königsgräbern von Ur (ca. 2600 v. Chr.).

Ägyptischer Schmuck aus Moses Zeit: zu Israels »Beute« gehörte »Schmuck aus Silber und Gold«.

Zur Route des Exodus: Sie ist nicht absolut sicher. Jedenfalls wurde nicht der Küstenweg gewählt (13, 17), weil die Israeliten den Philistern ausweichen mußten. Vielmehr ging der Marsch südwärts nach Sukkoth, von da nach Norden, und nach der Durchquerung des »Schilfmeers« wieder nach Süden in den Westteil der Sinaihalbinsel. »Rotes Meer« oder »Schilfmeer« kann man auf die Bitterseen oder auf den Golf von Suez beziehen. Wahrscheinlich fand der Durchzug irgendwo zwischen Kantara (ca. 50 km südl. von Port Said) und nördlich von Suez statt.

US ÄGYPTEN – DIE WÜSTENWANDERUNG

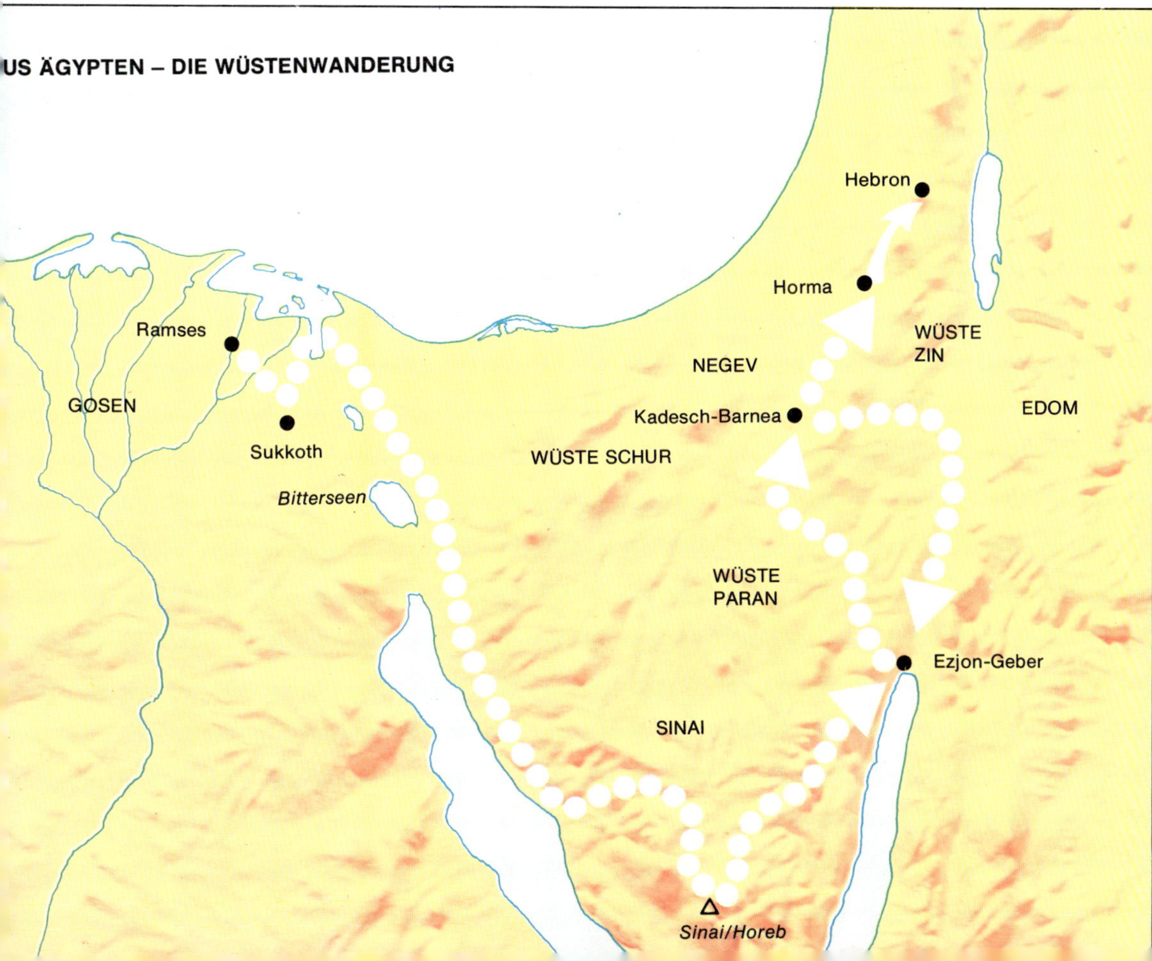

17, 8–16 Die Amalekiterschlacht

Josua (Moses Nachfolger) führt eine Elitetruppe gegen diesen Nomadenstamm, der von Esau abstammt. Aber den Sieg gibt Gott, auf Grund von Moses Fürbitte.

18 Jethros Rat

Um Mose die schwere Führungsaufgabe zu erleichtern, macht Jethro gute Vorschläge zur Reorganisation und Delegation. Obwohl kein Israelit, wird er doch als gottesfürchtiger Mann angesehen. Er ist willkommen, und sein Rat wird angenommen. In Glaubensfragen lernt er seinerseits von Mose (8–11). Es ist nicht klar, wann Zippora nach Hause zurückkehrte – vielleicht bald nach dem Zwischenfall von 4, 24–26.

19 Das Lager am Sinai

Wie Gott verheißen hatte (3, 12), führt Mose Gottes Volk zu ihm an den Berg Sinai. Hier will er seinen Bund mit dem Volk schließen. Donner, Feuer, Erdbeben und Blitz künden von Gottes Gegenwart und zeigen seine Macht (20, 20 erklärt, warum; vgl. Elias Erfahrung am gleichen Ort: 1. Kön. 19, 8 ff.; sowie den Gegensatz dazu, Hebr. 12, 18 ff.). Hier redet Gott der Herr: heilig, furchteinflößend, unnahbar.

20–40 GOTTES GESETZ FÜR ISRAEL. DER BAU DER STIFTSHÜTTE

20, 1–21 Die Zehn Gebote

In dieser Zusammenfassung und diesem Höhepunkt der göttlichen Übereinkunft mit seinem Volk stellt er eine grundlegende ethische Norm auf, die für alle Menschen zu allen Zeiten Gültigkeit hat (es sind die Anweisungen ihres Schöpfers!). Die ersten vier Gebote betreffen die Beziehung der Menschen zu Gott, die übrigen sechs ihr Verhältnis untereinander. (Von daher Jesu zusammenfassendes Doppelgebot in Matth. 22, 37 ff.)

Die Gebote zeigen an, daß Gott sich um das ganze Leben kümmert. Er stellt Normen auf, die das Familienleben regeln und über das menschliche Leben, die Geschlechtlichkeit, das Eigentum, das Reden und Denken wachen. Gott, der uns geschaffen hat, ist auch der einzige, der uns zeigen kann, wie wir uns verhalten sollen.

Auf Steintafeln geschrieben und in der Bundeslade aufbewahrt, waren die zehn »Worte« die Grundlage von Israels Gesetz. Ihre Form folgt dem Muster nahöstlicher Verträge, wie sie im 13. Jahrh. v. Chr. üblich waren (vgl. »Bundesschlüsse und nahöstliche Verträge«):

Überschrift: Nennung des Bundesgaranten (2a).

Historischer Prolog: Beschreibung der früheren Beziehungen der beiden Parteien (2b).

Verpflichtungen, die dem Abhängigen auferlegt werden (3–17), verbunden mit Segenszusagen (z. B. 6. 12b) und Fluchandrohungen (5. 7b).

20, 22 – 23, 33 Gottes Gesetzbuch für Israel

Dieser Teil, bekannt unter dem Namen »Bundesbuch«, ist die älteste Urkunde jüdischen Rechtes. Es besteht aus Urteilen zu beschriebenen Rechtsfällen und aus Verordnungen in Befehlsform. Obgleich dieses Gesetzbuch formal mit anderen Gesetzessammlungen von Westasien vergleichbar ist, weist es doch verschiedene eigene Kennzeichen auf:

- Das ganze Buch beruht auf der Autorität Gottes, nicht der eines Königs.
- Es gibt keine Unterscheidung zwischen zivilem und religiösem Recht. Die meisten orientalischen Gesetzessammlungen handeln nur von Rechtsfragen – Moral und Religion gehören anderswohin. In der Bibel aber sind juristische, moralische und religiöse Gesetze untrennbar, weil sie Gottes Sorge für das ganze Leben zeigen.
- Es gibt nur ein Gesetz für alle. Dazu Bestimmungen, die besonders die Schwachen und Hilflosen schützen.
- Eine hohe Sicht menschlichen Lebens zeigen auch die klar umgrenzten Strafbestimmungen – *ein* Verbrechen, *eine* Bestrafung.

Diese Gesetzgebung hat das seßhafte bäuer-

Das Sinai-Gebirge.

liche Leben in Kanaan vor Augen. Denn noch hatte Israels Widerspenstigkeit das Volk nicht zu den 40 Jahren in der Sinaihalbinsel verurteilt. Dieser Abschnitt kann wie folgt zusammengefaßt werden:

● Allgemeine Anordnungen über den Gottesdienst (20, 22 ff.).

● Zivilgesetzgebung (21, 1 – 23, 13):
Die Rechte der Sklaven (21, 1–11);
Totschlag und Verletzung menschlichen Lebens (21, 12–32),
Eigentumsdelikte (21, 33 – 22, 15),
Soziale und religiöse Verpflichtungen (22, 16–31),
Gerechtigkeit und Menschenrechte (23, 1–13).

● Gesetze betreffs der drei Hauptfeste – Mazzenfest, Erntefest, Lesefest (23, 14–19).

● Gottes Tun für sein gehorsames Volk (23, 20–33).

Alle diese Bestimmungen füllen die Zusammenfassung von 20, 1–17 mit Einzelheiten aus.

24 Der Bund wird ratifiziert

Die Zustimmung des Volkes zum Bund wird formal durch ein besonderes Opfer und durch das Bundesmahl besiegelt, das seine Vertreter vor Gott essen. Das Blut, über Volk und Altar gesprengt, vereint die beiden Bundespartner. Jeder beschwört so, ihn bei Todesstrafe einzuhalten.

Nadab und Abihu (1): Zwei Söhne Aarons, die später nach einem Sakrileg starben (3. Mose 10, 1–2).

Sie sahen den Gott Israels (9–11): ein gemeinsames Mahl macht im Nahen Osten das Wesen der Gemeinschaft aus. Hier tastet der Schreiber nach Worten, um die unbeschreibbare Gemeinschaft darzustellen, die dem Opfer folgte und den Bund erfüllte.

Hur (14): Er ist offenbar ein bedeutender Mann in Israel. Er und Aaron stützten während der Amalekiterschlacht Moses Arme zum Gebet (17, 12).

Vierzig Tage und Nächte (18): Gewisse Zahlen haben in der Bibel eine besondere Bedeutung. Die Zahl 40 begegnet uns in allen Phasen der Geschichte Israels, z. B. in der Flutgeschichte, bei Elias Reise zum Horeb, Jesu Versuchung, zwischen seiner Auferstehung und Himmelfahrt usw.

25–27 Anordnungen für den Bau und die Ausstattung der Stiftshütte

Zum sichtbaren Zeichen, daß Israel Gottes Volk ist, bei dem er immer gegenwärtig sein will, gibt Gott Mose Anweisungen, ihm ein besonderes Zelt zu bauen. Er will inmitten der Israeliten wohnen. Er will sie führen und begleiten, wo immer sie hingehen – und sie werden die Erfahrung machen, daß er nicht eine Lokalgottheit ist, deren Macht auf den Sinai begrenzt ist. Tragbare Zeltheiligtümer ähnlich der Stiftshütte wurden in Ägypten schon in früherer Zeit hergestellt. Obwohl die Beschreibung detailliert ist, fehlen einige praktische Einzelheiten – der Text liefert keinen exakten Bauplan. Das Dach des Zeltes z. B. kann flach oder steil gewesen sein. Unsere Rekonstruktion (s. Fotos) zeigt nur die Grundstruktur und die Anordnung der Innenausstattung. Das Fachwerk des eigentlichen Zeltes

Rekonstruktion der Stiftshütte von L. Schouten im Bibelmuseum, Amsterdam.

Einzelheit der Rekonstruktion. Der Vorhang ist zurückgeschlagen, um die verschiedenen verwandten Materialien zu zeigen.

wurde mit Leinenvorhängen behängt, die mit Ziegenfell überzogen waren. Darüber waren noch einmal wasserdichte Hüllen gelegt (aus rotgefärbtem Widderfell und Robben- oder Dachsfellen).

Viele der verwandten Baustoffe hatten die Israeliten aus Ägypten mitgebracht (11, 2 f.), und sie stellten sie bereitwillig zur Verfügung, um Gottes Zelt so kostbar wie möglich auszustatten. Ehe es Banken gab, trug man seinen Reichtum in Gestalt von Schmuck bei sich. Holz ist rar in der Sinaiwüste, die Akazie ist einer der wenigen Bäume, die dort gedeihen. Felle lieferten die eigenen Herden, die Seehundfelle kamen vom Roten Meer.

Die Völker des alten Nahen Ostens waren geschickt im Spinnen, Weben und dem Gebrauch natürlicher Farben (z. B. Scharlach von der Scharlachschnecke etc.). Feine Stickereien wurden ebenfalls hergestellt. Edelsteine und Halbedelsteine wurden gerundet, geschliffen und mit Gravuren versehen (wie etwa für Aaron).

Gold und Silber wurden gehämmert und zu wunderbaren Mustern verarbeitet. Alle diese Fähigkeiten werden nun von Gott in Dienst gestellt, um sein Heiligtum zu errichten.

Die Stiftshütte

J. A. Motyer

Das Gottesvolk lagerte am Sinai. Jeden Tag blickte man zitternd zu der Wolke über dem Berg (2. Mose 19, 16–20), die Gottes Gegenwart anzeigte. Gleichzeitig sammelte man auf Moses Geheiß Material zur Errichtung des kunstvollen Zeltes, das wir »Stiftshütte« nennen. Am Tag ihrer Fertigstellung »bedeckte die Wolke die Stiftshütte, und die Herrlichkeit des Herrn erfüllte die Wohnung« (2. Mose 40, 34). Gott wollte in seiner Herrlichkeit inmitten seines Volkes wohnen – das ist die wichtigste Bedeutung der Stiftshütte.

Sinai

Am Sinai hatte Israel das Gesetz empfangen. In einer Feier (2. Mose 24) wird die Gesetzgebung in ihren rechten Zusammenhang eingebettet, zu dem folgende Elemente gehören:

- Der Altar mit seinen 12 Steinmalen (V. 4): Das ganze Volk Gottes – 12 Stämme – wird in seine Gegenwart gebracht, und zwar dauerhaft (*Stein*male!).
- Die Hälfte des Blutes wird an den Altar gesprengt (V. 6) und so gezeigt: Nur aufgrund vergossenen Blutes kann man vor Gott treten. Sünde führt zum Tod – zur Trennung von Gott. Nach Vollstreckung des Todesurteils ist die Schuld gesühnt und bleibende Gemeinschaft möglich.
- Dann verliest Mose das Gesetz und teilt damit mit, was Gott von seinem bluterkauften Volk erwartet (V. 7).
- Das Volk verpflichtet sich zum Gehorsam, und Mose besprengt alle mit dem Rest des Blutes (V. 8) und identifiziert sie so mit dem Opfer, das stellvertretend für sie geschehen ist.

Am Sinai erfüllt sich so die erste Hälfte der Bundesverheißung von 2. Mose 6, 7: »Ich will euch annehmen zu meinem Volk.«

Gott wohnt unter den Menschen

Und die zweite Hälfte der Bundesverheißung – »Ich will euer Gott sein« (2. Mose 6, 7)? Auf diese zweite Weise identifiziert sich Gott mit seinem Volk, indem er sein Zelt inmitten ihrer Zelte aufschlägt. Die Stiftshütte repräsentiert die Vollendung und den Höhepunkt der Erlösung Gottes für sein Volk. All sein Handeln zielt letztlich darauf ab, »daß ich unter ihnen wohne« (2. Mose 29, 43–46).

Gottes Wohnen unter den Menschen wird im ganzen Bericht über die Stiftshütte in zwei Hinsichten besonders betont: Einmal klingt in einer ganzen Reihe von Versen dieses Thema an (z. B. 25, 8. 22; 29, 42 ff.; 40, 34–38). Die am Sinai vermittelten Werte, zu denen sich Gott durch die sichtbare Manifestation seiner Gegenwart bekannte, sollte Israel stets mit sich führen. Aber Gott wollte seinem Volk mehr als eine Erinnerung schenken, an die es sich klammern konnte. Er will selbst unter ihnen wohnen, mit ihnen ziehen. Die Stiftshütte läßt Gottes Gegenwart noch eindringlicher verspüren als das Erleben am Sinai (vgl. 24, 18 mit 40, 35). Israel hat mehr als den verblassenden Glanz einer vergangenen Erfahrung. Gott selbst garantiert die bleibende Wirklichkeit seiner persönlichen Gegenwart.

Warum wird der Bauplan und die Errichtung der Stiftshütte so detailliert beschrieben? Genügt denn nicht die Zusammenfassung von 2. Mose 40, 16 ff.? Warum ist jedes Stadium der Arbeit in solcher Ausführlichkeit überliefert? Gewiß soll damit die großartige Wahrheit betont werden: Selbst menschliche Willkür und Rebellion in ihrer schlimmsten Form (der Zwischenfall mit dem Goldenen Kalb unterbricht den Bericht von der Stiftshütte – 2. Mose 32–34) können Gott nicht von seinem erklärten Ziel abbringen, unter seinem Volk zu wohnen. Die Stiftshütte entspricht dem Plan und Willen Gottes, und nichts kann ihn hindern. Der Mensch mag ungeduldig rebellieren – Gott führt sein Werk geduldig fort.

Im Mittelpunkt der Religion – Gott

Der Herr will unter seinem Volk wohnen, und der gesamte Plan und die Konstruktion des großartigen Zeltes wird gleichermaßen vom Willen Gottes bestimmt – diese allgemeine Wahrheit drückt sich in der Stiftshütte aus. Von 25, 10 an bewegt sich die Beschreibung von innen nach außen: zunächst die Einrichtung, Lade, Tisch und Leuchter (25, 10–40), dann die Zelthülle (26, 1–37) und schließlich der Brandopferaltar und der Vorhof (27, 1–19). Der Bericht ist wohlgeordnet, aber die Reihenfolge ist erstaunlich.

Sollte man nicht erwarten, daß zunächst das »Gebäude« und erst dann die Einrichtung beschrieben würde? Dann hätte am Anfang das Sichtbare gestanden – die ganze Stiftshütte ist aber doch nur die notwendige »Hülle« für den unsichtbaren Gott, der bei seinem Volk wohnen will. Gott und sein Wesen sind entscheidend, nicht der Mensch und seine Bedürfnisse.

Religion muß dem Willen und Wesen Gottes entsprechen, diese grundlegende biblische Wahrheit drückt sich in der Stiftshütte aus. An vielen Stellen der Bibel wird der Hang des Menschen bloßgestellt, sich eine eigene angenehme oder in seinen Augen »hilfreiche« Religion zurechtzuzimmern. Eine Religion, die nicht dem Willen Gottes entspricht, ist jedoch letztlich sinnlos (vgl. z. B. Jes. 29, 13).

Die Bundeslade

Herzstück dieser ganzen von Gott eingesetzten Religion war die Bundeslade. Auf sie deutete alles hin. Die drei Eingänge, die auf dem Weg zur Lade passiert werden mußten, waren genau auf sie abgestimmt (26, 31. 32. 36. 37; 27, 16. 17), denn wer den Vorhof der Stiftshütte betrat, wollte ja in die Gegenwart Gottes treten. Am Weg zur Lade standen der Brandopferaltar (27, 1–8), der Räucheraltar (30, 1–6) und der Gnadenthron, der schließlich mit dem Opferblut besprengt wurde (25, 17 ff.; 3. Mose 16, 14) – ein Zeichen dafür, daß der Mensch nur aufgrund von Opfer, Gebet und der Sühnungskraft des vergossenen Blutes zu Gott kommen kann.

In der Bundeslade befanden sich die Gesetzestafeln – die höchste sprachliche Aussage über Gottes Heiligkeit (25, 16), der Grund, weshalb Gott allein wohnte (niemand besteht vor seiner Heiligkeit) und gleichzeitig die ständige Erinnerung daran, daß durch das Blut der Sünder dennoch vor Gott treten darf (denn das Blut spricht von der Aufgabe des Lebens als Preis für die Sünde).

Die ganze Struktur der Stiftshütte bietet damit die sichtbare Zusammenfassung zentraler biblischer Aussagen: Gott wohnt bei seinem Volk (1. Kor. 3, 16; Eph. 2, 19–22); er will seinem Willen entsprechend angebetet werden (Mark. 7, 6–13); nur aufgrund vergossenen Blutes können Sünder Gemeinschaft mit dem Heiligen haben (Eph. 2, 11–18; Hebr. 10, 19–25).

28–30 Die Priester und ihre Pflichten

Weil Gottes Zelt ein Ort der Schönheit und des Glanzes sein soll, müssen auch seine Priester entsprechend gekleidet sein. Ihre Gewänder dienen dazu, sie »herrlich und schön« (28, 2) zu machen – nicht um ihretwillen, sondern um des Einen willen, dem sie dienen und den sie repräsentieren. Die Edelsteine, in die die Namen der zwölf Stämme Israels graviert sind, deuten auf ihre zweite Funktion: Sie sind Vertreter ihres Volkes bei der Versöhnung.

Urim und Thummim (28, 30): Es sind zwei Gegenstände, die für Ja oder Nein stehen. Wie sie gebraucht wurden, um Gottes Willen zu erkennen, ist nicht bekannt.

Glocken am Saum von Aarons Gewand (28, 33 f.): Vielleicht sollten sie sicherstellen, daß er nie unangekündigt in Gottes Nähe kam.

Die Weihe: Alles in diesem durchdachten Zeremoniell weist auf das »Anderssein« Gottes hin. Er will bei seinem Volk sein, aber er bleibt dabei Gott. Man darf sich ihm nur in der Weise nähern, die er selbst festgelegt hat. Sünde disqualifiziert alle, in Gottes Bereich einzutreten. Priester wie jegliches Gerät mußten für seinen Dienst ausgesondert werden. Aaron und seine Söhne mußten gereinigt und neubekleidet werden. Ihre Sünden mußten durch ein Opfer getilgt werden, ehe sie ihren Dienst antreten durften. So legt der lebendige Gott selbst die Ordnung des Gottesdienstes fest und nennt die Bedingungen, unter denen er bei seinem Volk wohnen will.

31, 1–11 Gott erwählt sich Handwerker

Wenn Gott Menschen für eine bestimmte Aufgabe erwählt, befähigt er sie auch dazu. Vers 3 ist einer der frühesten Hinweise auf das Wirken des Heiligen Geistes.

Modell des Hohenpriesters (Bibelmuseum, Amsterdam): Das blaue Obergewand mit Glöckchen und Granatäpfeln; darüber das Ephod und die Brustplatte mit 12 kostbaren Steinen. Der Hohepriester hält den Stab Aarons in seiner Hand (4. Mose 17).

Eine goldene Quaste, wie sie der Hohepriester trug.

Der ägyptische Polytheismus, der sich in der Anbetung des Goldenen Kalbes zeigte, war weit verbreitet. Diese ägyptische Bronzefigur wurde in Aschkelon, Israel, gefunden.

31, 12–18 Das Sabbatgebot

Die Einhaltung des Sabbatgebotes ist der Gradmesser für den geistlichen Zustand des Volkes. Die Sabbatheiligung dient als Prüfstein des Gehorsams Gott gegenüber.

32 Die Anbetung des Goldenen Kalbs. Seine Folgen

Nur sechs Wochen nach dem feierlichen Bundesschluß mit Gott macht Gottes Hoherpriester auf Forderung des Volkes ein Abbild ägyptischer Götter, ein Stierbild, das er mit Gott identifiziert. Obwohl auf Bundesbruch die Todesstrafe steht, bewahrt Moses selbstloses Eintreten das Volk vor der Vernichtung. Die zerbrochenen Tafeln proklamieren dramatisch den zerbrochenen Bund. Solche Sünde kann nicht ungestraft bleiben. Moses eigener Stamm, Levi, vollstreckt Gottes Urteil.

33 Mose betet erneut und sieht Gottes Herrlichkeit

Gott wird zwar seine Verheißung nicht zurücknehmen, aber Israel hat seine Gegenwart verspielt. Doch was ist das verheißene Land ohne Gott? Erneut fleht Mose in dieser Krisenzeit für sein Volk. Gottes Antwort ermutigt ihn zu der persönlichen Bitte um eine Offenbarung Gottes in all seinem Glanz.

34 Erneuerter Bund

Die Tafeln werden noch einmal beschrieben als Zeichen für die göttliche Erneuerung des Bundes. Diese Auswahl von Gesetzen ist durch Israels kürzlichen Götzendienst und durch die kommenden Versuchungen durch kanaanäische Religionen bestimmt. Israels Erstgeburt gehört Gott und muß »zurückgekauft« werden – es soll kein Kinderopfer wie in Kanaan geben. Das Sabbatgesetz darf in der zukünftigen bäuerlichen Lebensform nicht vergessen werden. Die ersten Früchte gehören Gott, der allein das Land fruchtbar macht. Israel darf nicht der kanaanäischen Praxis anheimfallen, ein Böckchen in der Milch seiner Mutter zu kochen, um die Fruchtbarkeit zu steigern.

Nomadenkinder am Sinai veranschaulichen Israels Kampf ums Überleben in der Wüste.

Moses lange Gemeinschaft mit Gott spiegelt sich in seinem Gesicht wider, als er zum Volk zurückkehrt (vgl. 2. Kor. 3, 18).

35–40 Der Bau der Stiftshütte

Es wird berichtet, daß die Anweisungen von Kap. 25–31 genau ausgeführt werden. Als alle handwerkliche Arbeit getan ist, weist Gott Mose an, wie er die Stiftshütte aufstellen und weihen soll. Aaron und seine Söhne werden für den Dienst gesalbt. Nachdem alles getan ist, bekundet Gott seine Zufriedenheit. Die Wolke, das sichtbare Zeichen seiner Nähe, ruht über der Stiftshütte, und Gottes Herrlichkeit erfüllt den Ort. Für 300 Jahre soll die Stiftshütte das Zentralheiligtum des Volkes sein. Dann wird sie durch den salomonischen Tempel abgelöst.

Das 3. Buch Mose »Leviticus«

»Leviticus«, das 3. Buch Mose, ist im wesentlichen ein Gesetzbuch. Es enthält die Gesetze, die Gott durch Mose seinem Volk am Sinai gegeben hat und die neben Ritus und Gottesdienst auch eine Reihe anderer Lebensbereiche betreffen. Das Buch bekam seinen Namen in der LXX deshalb, weil die levitischen Priester die Gesetze handhabten. Aber das Buch ist nicht allein für die Priesterhand. Nach Gottes Plan sollte das ganze Volk sein Gesetz kennen und befolgen. Immer wieder wird Mose angewiesen, »zu dem Volk Israel« zu sprechen.

Dem heutigen Leser mag dieses Buch fremdartig, ja, mit all seinen Blutopfern vielleicht sogar abstoßend erscheinen. Manche haben darum gemeint, es handele sich hier um Reflexionen über uralte Tabus. Aber ohne dieses Buch bleiben weite Bereiche der Bibel unerklärbar. Ohne die Botschaft des 3. Mosebuchs bleibt das Schlüsselereignis der Weltgeschichte, der Tod Jesu Christi, ohne Erklärung. Ritus und Opferanweisungen waren ja kein Selbstzweck. Dadurch, daß Tag für Tag, Jahr für Jahr geopfert wurde, daß der Versöhnungstag kam und ging, wurde Israel dauernd daran erinnert, daß es durch die Sünde von Gott getrennt war. Es hatte im Ungehorsam den Bund gebrochen und stand unter dem Todesurteil. Aber Gottes Barmherzigkeit gewährte die Möglichkeit einer Stellvertretung – durch den Tod eines makellosen Tieres anstelle des Schuldigen. Der heilige Gott forderte die Heiligkeit seines Volkes. Die rituellen Reinheitsgesetze prägten dies durch die alltägliche praktische Erfahrung tief in die Herzen ein.

Doch der Wert dieses Buches besteht nicht nur in seiner zentralen Stellung innerhalb der göttlichen Botschaft vom Heil. Die Gesetze des Leviticus zeigen, wie Gott in Übereinstimmung mit seinen eigenen Naturgesetzen für das Wohl seines Volkes sorgte. Israel mußte zwar die Gebote in blindem Vertrauen befolgen, wir heute können aber erkennen, daß diese Gesetze der Gesundheit und dem Schutz des Volkes dienten. Wir wissen heute mehr über Infektionen und Quarantäne, über Hygiene und Krankheitsverhütung und wissen daher, daß Israels Gehorsam diesen Geboten gegenüber die Erfüllung der göttlichen Verheißung nach sich ziehen mußte, er wolle all ihre Krankheit wegnehmen (2. Mose 23, 25). Und das nicht auf magische Weise, sondern aufgrund natürlicher Ursachen und Wirkungen, die wir inzwischen teilweise verstehen.

Die Gesetze, die uns am meisten befremden, sind im Gegenüber zu den zeitgenössischen ägyptischen und kanaanäischen Religionen zu verstehen. Vor diesem finsteren Hintergrund erscheinen Israels Ethik und Glaube wahrhaft glanzvoll und nur durch Gottes Offenbarung erklärbar.

1–7 DIE OPFER

Den Priestern wie dem Volk werden Anweisungen für fünf verschiedene Opfer gegeben:

1. Das Brandopfer (1; 6, 8–13): Ein ganzes Tier wird verbrannt. Ein Zeichen der Selbsthingabe.

2. Das Speisopfer (2; 6, 14–18): Es wird oft in Verbindung mit einem Brand- oder Schlachtopfer vollzogen.

3. Das Schlachtopfer (3; 7, 11–36): Es stellt die Gemeinschaft zwischen dem Opfernden und Gott wieder her. Es kann auch ein Dankopfer sein.

4. Das Sündopfer (4, 1 – 5, 13; 6, 24–30): Hier geht es um das Erlangen der Vergebung. Das Verhältnis zum Schuldopfer ist nicht klar.

Generell scheint das Sündopfer Verfehlungen gegenüber Gott gegolten zu haben, das Schuldopfer sozialem Fehlverhalten (vgl. aber 6, 2).

5. Das Schuldopfer (5, 14 – 6, 7; 7, 1–10)

Es gab ein rituelles Grundschema: Der Opferwillige brachte sein Opfer (ein makelloses Herdentier oder, im Falle des Armen, ein Paar Tauben) zum Vorhof der Stiftshütte. Er legte seine Hand darauf, um es zu seinem Stellvertreter zu machen, und schlachtete es (bei öffentlichem Opfer geschah dies durch den Priester). Der Priester nahm die Schüssel mit Blut und sprengte es an den Altar. Dann verbrannte er einen bestimmten Teil des Opfers (beim Brandopfer das ganze Tier). Das, was übrigblieb, wurde gegessen – von den Priestern, allein, samt ihren Familien, oder (beim Schlachtopfer) zusammen mit den Opfernden.

Ein Altar mit vier »Hörnern« (Fundort: Megiddo, Israel).

Irgendwelche Opferriten und -gebräuche waren unter fast allen antiken Völkern verbreitet. Israels Opfer haben darum auch Ähnlichkeiten mit denen seiner Nachbarn. Dennoch sind einige Züge einmalig:

- Israels absoluter Monotheismus und ein Ritual als direkte Offenbarung des einen Gottes.
- Die Betonung der Sittlichkeit, die sich von Gottes eigener vollkommener Heiligkeit herleitet; Sünde als Hindernis für die Gemeinschaft; die Notwendigkeit von Buße und Versöhnung, das Bestehen auf Gehorsam gegenüber Gottes moralischem und zeremoniellem Gesetz.
- Das vollständige Fehlen (und Verbot) von in anderen Religionen mit dem Gottesdienst verbundenen Praktiken wie Magie und Zauberei.
- Die Nüchternheit des Opferwesens: Keine Ekstase, keine Prostitution, keine Orgien, Fruchtbarkeitsriten, Menschenopfer etc.

Ein Wohlgeruch für den Herrn (1, 9): ein menschlicher Ausdruck für Gottes Zufriedenheit mit dem Opfer. Die Israeliten wußten, daß Gott nicht auf ihre Speise angewiesen war – *er* ernährte *sie* mit Manna.

Kein Sauerteig und kein Honig . . . sondern Salz beim Opfer (2, 11 ff.): Sauerteig und Honig bewirken Gärung. Möglicherweise stehen die durch Wein verursachten Exzesse der kanaanäischen Religion hinter dieser Bestimmung. Salz dagegen konserviert und erinnert an das feierliche Bundesmahl.

Kein Blut essen . . . (7, 26): Zum Grund vgl. 17, 10–14. (Vgl. auch: »Die Bedeutung des Blutopfers«, S. 178.)

8–10 DIE WEIHE AARONS UND SEINER SÖHNE

8 Die Einsetzung

Nachdem die priesterlichen Opferpflichten festgelegt sind, vollzieht Mose die Anweisungen, die in 2. Mose 29 gegeben sind. In einer eindrucksvollen Zeremonie werden Aaron und seine Söhne in das Priesteramt eingesetzt.

Mose vollzieht die priesterlichen Aufgaben an ihnen. Das Blut an Aarons Ohr, Hand und Zehenspitze zeigt die Weihung des ganzen Menschen für Gottes Dienst an.

9 Aaron und seine Söhne nehmen ihren Dienst auf

Die Reihenfolge ihrer ersten Opfer ist bemerkenswert:

1. Ein Sündopfer, um Reinigung und Vergebung zu erlangen.

2. Ein Brandopfer der Selbsthingabe an Gott.

3. Ein Schlachtopfer, um die Gemeinschaft und Verbindung mit Gott wiederherzustellen und sich ihrer zu erfreuen.

10 Die Gotteslästerung

Die Freude dauert nicht lange. Es stand den Aaronsöhnen keinesfalls zu, die Dinge auf *ihre* Art zu tun. So reduziert Gott die Priesterschaft auf drei. Vielleicht waren die übrigen betrunken (10, 9) – aber wie dem auch sei: Gottes erschreckende Heiligkeit erlaubt auch denen keinen Ungehorsam, die seinem Dienst besonders geweiht sind.

Vers 6: Trauern wird verboten.

Vers 9: Gottes Priester haben die Ausschweifungen Kanaans zu vermeiden, besonders den Weingenuß.

Das Opfersystem

Philip Budd

Opfer gehörten zu fast allen nahöstlichen Religionen. Wenn die Opfer Israels auch äußerlich denen seiner Nachbarn vielfach glichen, waren sie doch unverkennbar in den Rahmen der Gottesoffenbarung am Sinai eingebettet und von daher inhaltlich geprägt.

Brandopfer (3. Mose 1)

Das entscheidende Kennzeichen dieses Opfers ist die Tatsache, daß das ganze Tier geopfert wurde. So drückte der Opfernde wohl symbolisch aus: Ich will Gott ehren und mich ihm ganz übergeben. Er identifizierte sich mit dem Opfertier, indem er ihm seine Hand auf den Kopf legte. Das Opfer sollte ihn etwas kosten – ein Tier seiner Rinder-, Schaf- oder Ziegenherde (für die Armen genügte eine Taube) –, und das Beste war gerade gut genug – »ein männliches Tier, das ohne Fehler ist«.

Dankopfer (3. Mose 3)

Dabei wurde das Opfer geteilt: Ein Teil wurde Gott dargebracht, ein weiterer Teil gehörte den Priestern, und ein weiterer Teil wurde vom Opfernden und seiner Familie verspeist. Im Dankopfer drückte sich wohl der Wunsch aus, das rechte Verhältnis zu Gott und dem Mitmenschen zu bewahren und zu demonstrieren. Dieser im Opfer ausgedrückte Wunsch nach Harmonie konnte ein Gelübde begleiten (3. Mose 22, 21), die Form eines Dankopfers annehmen (3. Mose 22, 29) oder freiwillig ausgeführt werden (3. Mose 22, 21). In diesen Opfern dankte der einzelne Gott für seine Güte oder brachte einfach spontan seine Hingabe an ihn zum Ausdruck.

Speisopfer (3. Mose 2)

Das hebräische Wort bedeutet »Gabe« oder »Tribut«. Das Opfer drückte wohl Ehrerbietung und Dankbarkeit aus.

Sünd- und Schuldopfer (3. Mose 4 – 6, 7)

Beide Opfer haben den gleichen Ablauf, und eine unterschiedliche Bedeutung läßt sich nur schwer herausarbeiten. Möglicherweise betrifft das Sündopfer Übertretungen des Gebotes Gottes, während das Schuldopfer, das ja auch Wiedergutmachung einschließt, Vergehen gegen Mitmenschen sühnt. Beide Opfer zeigen, daß Sünde ernstzunehmen ist und nur durch Blutvergießen gesühnt werden kann. Beide Opfer gelten ungewollten oder unvermeidlichen Gesetzesübertretungen. So hat »Sünde« in

Vers 16: Das Sündopfer des Volkes sollte von den Priestern an dem heiligen Ort gegessen werden, zum Zeichen, daß Gott das Opfer angenommen hatte. Mose nimmt die unklare Entschuldigung Aarons an.

11–15 ALLTAGSREGELN: REINHEIT UND UNREINHEIT

Heute sind wir in der Lage zu verstehen und zu würdigen, daß diese Gesetze gesunde Grundregeln von Diät, Hygiene und Medizin ausdrücken. Gott wirkt durch die Vorgänge, die er der Natur eingepflanzt hat.

11 Speisegesetze: Reine und unreine Tiere

Israel darf folgende Tiere essen:

- Wiederkäuer mit gespaltenen Hufen,
- Wassertiere mit Flossen und Schuppen,
- Vögel (mit einigen Ausnahmen),
- Insekten, die zu den vier Klassen der Heuschrecken gehören.

Verboten sind:

- Aasfressende Tiere, die in einem warmen Klima, wo Fleisch schnell verwest, leicht Infektionen übertragen.
- Schweinefleisch, das in dieser Hinsicht besonders gefährlich ist. Schweine sind zudem Träger verschiedener Parasiten.

solchen Zusammenhängen eine rein rituelle Bedeutung – wie beim Sündopfer nach einer Geburt (3. Mose 12, 6). In diesem Fall bringt das Opfer den Opfernden in die volle Gemeinschaft mit dem heiligen Volk zurück.

In verschiedenen Teilen der Bibel wird allen diesen Opfern sühnende – Sünden bedeckende – Kraft zugeschrieben, ein Zeichen dafür, daß jede Form des Gottesdienstes unverrückbar in den Zusammenhang von Gottes vergebender Gnade eingebettet ist.

Das Opfersystem konnte allzu leicht mißbraucht werden und wurde dann von den Propheten kritisiert (z. B. Amos 5, 25; Jes. 1, 11–12; Jer. 7, 22). Immer wieder wird auch betont, daß Gehorsam wichtiger ist als Opfer (z. B. 1. Sam. 15, 22–23; Ps. 40, 6–8). Nur zu schnell nahm man an, Gott werde die Opfer schon akzeptieren, und vergaß darüber die Pflicht zum Gehorsam.

Das Opfersystem sollte aber gerade auch zur rechten inneren Haltung motivieren. So gehörte zum Sündopfer das Bekenntnis und – wo möglich – der aufrichtige Versuch, Unrecht in Ordnung zu bringen (3. Mose 5, 5; 4. Mose 5, 7). Am Versöhnungstag bekannte der Hohepriester die Sünden der ganzen Gemeinde (3. Mose 16, 21). Außerdem sah das Gesetz kein Opfer für willentliche Sünde vor (4. Mose 15, 27–31).

Jedes Opfer hatte, gegründet auf Gottes Versprechen und Macht, wirkliche Kraft, aber diese Kraft ließ sich nicht von Menschen manipulieren. Im Gegenteil – es war ganz und gar der Wirkungsbereich Gottes. Gott hatte diesen Bereich geschenkt, in dem der Kontakt zwischen Gott und Mensch möglich war und die Gemeinschaft des Menschen mit Gott wiederhergestellt werden konnte. So gesehen konnte eine peinlich genaue Beachtung dieser Gesetze das Vertrauen auf Gott wecken und stärken. Zudem bestanden die Opfer ja nicht nur aus menschlichem Tun. Die Priester mußten als die Repräsentanten Gottes den Opfernden und seine Gabe in Gottes Namen annehmen oder zurückweisen.

Der Brief an die Hebräer stellt klar heraus, daß die alttestamentlichen Opfer bestenfalls eine vorläufige Lösung des Problems der Sünde waren. Aber wenn die Opfer selbst für uns Christen auch der Vergangenheit angehören, können sie uns doch helfen, die Bedeutung des Kreuzes und des Opfertodes Jesu Christi besser zu verstehen.

Siehe auch

Die Bedeutung des Blutopfers, S. 178.
Der Ursprung der Religion, S. 24.
Feste und Feiertage, S. 180.

- Ungeziefer und Raubvögel – als Krankheitsüberträger.
- Muscheln – die bis heute oft Nahrungsmittelvergiftung und Enteritis hervorrufen.

Die Verse 32–40 legen Maßnahmen fest, die die Verunreinigung von Nahrungs- und Wasservorräten verhindern sollen. Heutige Maßnahmen zum Schutz der Gesundheit sehen kaum anders aus.

12 Reinigung nach einer Geburt

In Kanaan waren Prostitution und Fruchtbarkeitsriten eng mit dem Gottesdienst verbunden. Im Gegensatz dazu ist in Israel alles Sexuelle oder Sinnliche aus dem Gottesdienst verbannt. Dabei geht es nicht darum, diese Seite des Lebens als »schmutzig« abzuwerten (das beweisen andere Stellen der Bibel), sondern sie aus dem Gottesdienst herauszuhalten. Die Regel der strikten Sauberkeit in allen geschlechtlichen Bereichen diente zudem der Gesundheit.

Reine und unreine Tiere

George Cansdale

Die Listen von reinen und unreinen Tieren in 3. Mose 11 und 5. Mose 14 haben eine oft übersehene Bedeutung. Sie sind nicht willkürlich, sondern gehen von einer Tatsache aus, die erst gegen Ende des vorigen Jahrhunderts »entdeckt« worden und bis heute vielen nicht bekannt ist: Daß Tiere gefährliche Krankheiten übertragen können.

Fünf große Gruppen lassen sich unterscheiden – Säugetiere, Vögel, Reptilien, Wassertiere und Insekten.

1. Die reinen behaarten Tiere (gezähmt oder wild) gehören alle einem Typ an. Sie sind als Wiederkäuer bekannt und bis heute unsere wichtigsten Fleischlieferanten. Zwar gelten heute auch einige andere Tiere als eßbar, aber es war sicherer, eine einfache Regel aufzustellen: Rein war ein Tier, das ein Wiederkäuer und gleichzeitig ein Paarhufer oder Paarzeher war. Tiere mit nur einem dieser Merkmale schieden aus, und drei werden genannt: Hase, Klippdachs und Schwein. Hauptsächlich ging es wohl darum, das Schwein auszuschließen, weil Schweinefleisch gefährliche Parasiten enthält und nur gut gegart ungefährlich ist.

2. Vögel sind so vielfältig, daß eine Daumenregel nicht zu ihrer Klassifizierung ausreicht. Deshalb werden die verbotenen Arten mit Namen genannt. Einige dieser Namen lassen sich nur schwer übersetzen und identifizieren. Man ist jedoch allgemein der Meinung, daß es sich dabei um Raubvögel, Krähen und typische Aasfresser handelt.

3. Die Aufzählung in 3. Mose 11, 29–30 umfaßt vor allem Reptilien, die ausnahmslos verboten sind. In Vers 42 ist auch die Schlange genannt.

4. Fische sind in den beiden Listen nicht namentlich aufgeführt, sondern mit dem Ausdruck »alles, was im Wasser lebt« zusammengefaßt. »Rein« sind die Wassertiere, die Flossen und Schuppen haben, d. h. die gewöhnlichen Fischarten dürfen gegessen werden. Schalentiere u. ä. werden sinnvollerweise ausgeschlossen.

5. Trotz ihrer großen Zahl werden selbst in Ländern, in denen Mangel an tierischem Eiweiß herrscht, nur wenige Insektenarten gegessen. Mancherorts spielen Termiten eine gewisse Rolle für die Ernährung, am wichtigsten ist jedoch die Familie der Grashüpfer, an ihren Sprungbeinen leicht zu erkennen. Sie sind auch die einzigen reinen Insekten im mosaischen Gesetz, umschrieben mit dem fremd anmutenden, aber treffenden Ausdruck »was oberhalb der Füße noch zwei Schenkel hat, womit es auf Erden hüpft«. Heuschrecken sind reine Pflanzenfresser und zeichnen sich durch hohen Eiweißgehalt und Nährwert aus. In wärmeren Ländern gehören sie von alters her zur Standardnahrung, und während der Wüstenwanderung wurden sie wohl regelmäßig gegessen.

13–14 Unreinheit wegen Hautkrankheiten

Obwohl ganz allgemein der Begriff »Lepra« verwendet wird, ist Lepra nur eine der Krankheiten, um die es hier geht. Kap. 13, in Fachsprache geschrieben, ist ein Fachbuch für Diagnose in der Hand des Priester-Arztes. Es ermöglichte ihm, zwischen akuten und chronischen Formen der verschiedenen Krankheiten zu unterscheiden. Wir haben es hier mit den ältesten Quarantänebestimmungen und vorbeugenden medizinischen Maßnahmen für diese Krankheiten zu tun, die bisher aus dem antiken Nahen Osten bekannt wurden.

Bei Häusern und Kleidern ist mit »Lepra« ein Schwamm oder Schimmel gemeint.

14, 34 ff.: Ein ähnliches System der Überprüfung und Trockenlegung von Häusern wird heute verwandt.

Zedernholz (14, 49): Es enthält eine Substanz, die die Medizin für Hautkrankheiten verwendet.

Ysop (14, 49): eine Pflanze, vielleicht Majoran. Sie enthält eine leichte, antiseptische Flüssigkeit.

15 Unreinheit wegen körperlicher Ausflüsse

Vgl. Kap. 12. Die Bestimmungen gelten für normale (Samen, Menstruation) wie abnorme, möglicherweise schädliche Ausflüsse. Waschungen sind Vorschrift, um Infektionen zu verhindern oder zu sterilisieren.

16 DER VERSÖHNUNGSTAG

Am 10. Tag des 7. Monats (Tischri = Sept./Okt.) sollte der jährliche Versöhnungstag für das Volk sein. Nur an diesem Tag war es Aaron gestattet, den innersten Raum der Stiftshütte zu betreten, wo die Bundeslade stand. Zuvor mußte er Vergebung und Reinigung von seinen eigenen Sünden erlangen. Nur dann vermochte er die Stiftshütte zu reinigen und für die Sünden des Volkes zu opfern. Die Schau des Neuen Testamentes zum Versöhnungstag findet sich Hebr. 9 und 10.

Azazel (8, 10): Vermutlich ein Ort in der Wüste, zu dem der Sündenbock gejagt wurde, der symbolisch die Sünden Israels forttrug. Daß es sich dabei um einen Dämonennamen handle, wie einige vorschlagen, ist wegen 17, 7 völlig ausgeschlossen.

Außerhalb des Lagers (27): Keines der Opfer durfte gegessen werden, denn niemand durfte etwas von seinem eigenen Sündopfer essen, auch nicht Aaron als Repräsentant seines Volkes.

17 WEITERE OPFERBESTIMMUNGEN

Um dem Götzenkult vorzubeugen, darf nur am angemessenen Ort dem Einen geopfert werden (17,7). (Zu 17,10 ff. vgl. »Die Bedeutung des Blutopfers«, S. 178.)

18–20 ETHISCHE ANWEISUNGEN

18, 3 bietet den Schlüssel zu diesen Kapiteln. Viele dieser Gebote sind offensichtlich gegen die besonderen Praktiken von Israels Nachbarn gerichtet.

18 Sexuelle Verfehlungen

6–18: Eine Heirat zwischen nahen Blutsverwandten ist in Israel verboten. In Ägypten z. B. waren solche Heiraten üblich.

19–30: Ehebruch, Kinderopfer, homosexuelle Praktiken, geschlechtlicher Umgang mit Tieren (vielleicht ein Nachwirken von Tierkulten) hatten Platz in den unbeschreiblich ausschweifenden Religionen Kanaans. Israel muß ein Verhalten vermeiden, das Gottes Gericht über das Land bringt (vgl. 1. Mose 15, 16).

19 Verschiedene Gebote

19, 2 ist das Herzstück sittlicher Ordnung für den Juden wie für den Christen (vgl. 1. Petr. 1, 15–16). Gottes Heiligkeit sollen wir widerspiegeln, und das zeigt sich in der Fürsorge für die Unterprivilegierten (9–10. 14. 20), in

Rechtschaffenheit, ehrlichem Geschäftsleben und unparteiischer Rechtssprechung (11. 13. 15), und schließlich in der Achtung vor dem Leben und dem Ruf des Menschen (16–18).

Vers 23–25: Die Wahrscheinlichkeit einer reichen Ernte wird durch eine solche Praxis erhöht.

Vers 26b–31: Es handelt sich um heidnische Bräuche.

20 Schwere Vergehen und todeswürdige Verbrechen

Die Verse 6-21 zählen die Strafen auf, die auf Ungehorsam gegenüber den Gesetzen in Kap. 18 und 19 stehen (vgl. etwa 6 mit 19, 31 oder 9 mit 19, 3). Daß ein so großer Bereich von Verfehlungen mit der Todesstrafe geahndet werden soll, erscheint dem heutigen Leser unglaublich hart. Darum muß hier betont werden, daß die Verfehlungen entweder eine bewußte Herausforderung der göttlichen Ordnung darstellen oder gegen Menschen gerichtet waren, nicht gegen Eigentum.

Moloch (2–5): Der Name eines ammonitischen Gottes. Bei den Phöniziern wurden Kinder in die Arme eines Götzenbildes gelegt und starben in den Flammen, die dazwischen brannten. An

Die Bedeutung des Blutopfers

J. A. Motyer

Die Opferpraxis, Blut von Tieren zu vergießen, geht auf den Anfang von Gottes Handeln mit dem sündigen Menschen zurück (vgl. 1. Mose 4, 4) und zieht sich durch die ganze Bibel hindurch. Im N. T. wird der Tod Jesu Christi in Begriffen aus dieser Praxis erklärt (z. B. Hebr. 9, 11 ff.).

Der Schlüsselvers, 3. Mose 17, 11, erklärt, daß das Opfer Gottes Gabe an den Menschen ist. Nicht der Mensch ist es, der Gott etwas schenkt, sondern Gott stellt dem Menschen etwas zur Verfügung, was er dringend benötigt. Gewiß bedeutet das mit »Opfer« übersetzte Wort »Geschenk«. Deshalb argumentieren viele, der Opfernde habe Teil am Leben (Blut) des Opfertieres und gebe das dann Gott. Auf diese Weise erwecke er sein Verhältnis zu Gott zu neuem Leben, bzw. er errichte eine lebendige Schutzmauer zwischen sich, dem Sünder, und dem heiligen Gott. Aber wie kann etwas, was Gott dem Menschen zur Verfügung gestellt hat, als Gabe des Menschen an Gott gedeutet werden?

3. Mose 17, 11 gibt uns zwei wichtige Hinweise auf die Bedeutung von Blut und Opfer:

1. Das Blut schafft Sühne. »Sühnen« bedeutet im Hebräischen »einen Preis – ein Lösegeld – zahlen«. Das Blut »schützt« also nur insofern den Gesetzesübertreter, als es den Preis darstellt, der die Sündenschuld vor Gott abtragen kann.

Hier gilt also wie überall in der Bibel der Satz, daß »der Tod der Sünde Sold« ist. Keine Sünde, kein Sünder kann in die Gegenwart des heiligen Gottes kommen, und Trennung von Gott ist Tod. Nur wenn der Preis für die Sünde gezahlt, das Urteil vollstreckt ist, kann der Mensch wieder Gemeinschaft mit Gott haben. Und genau das bringt nach 3. Mose 17, 11 das Blut zustande.

2. Das Blut hat deshalb Sühnkraft, »weil das Leben in ihm ist«. Indem Blut vergossen wird, wird Leben ausgelöscht. In der grundlegenden biblischen Aussage über gerechte Bestrafung (5. Mose 19, 21) wird »Leben für Leben« gefordert, d. h. Leben als Preis für Leben. Wie also in 3. Mose 17, 11 »sühnen« »den Preis – das Lösegeld – bezahlen« bedeutet, so besagt die Aussage »weil das Leben in ihm ist« etwa: »Weil Leben um den Preis von Leben erkauft wird.«

Vergossenes Blut bedeutet also Tod, die Beendigung des Lebens (vgl. 1. Mose 9, 5; 37, 36 usw.). Beim Opfer wurde Leben hingegeben. Das vergossene Blut war Symbol und Beweis dafür, daß Leben ausgelöscht worden war – als Strafe für die Sünden des Schuldigen und als Ersatz für sein eigenes schuldbeflecktes Leben.

Die Tieropfer veranschaulichten den Grundsatz der Stellvertretung. Volle Wirklichkeit wurde sie im Tod des Herrn Jesus Christus. Gott gab den Menschen im Alten Testament ein Vor-Bild des vergossenen Blutes Jesu und seines stellvertretenden Todes an unserer Stelle, für unsere Sünden. Sein Tod war das Sterben des Gerechten für die Ungerechten, ein für allemal.

Rekonstruktion von Gegenständen in der Stiftshütte: Der Räucheraltar, der siebenarmige Leuchter, der Schaubrottisch.

irgendeine ähnlich schreckliche Praxis ist hier gedacht.

21–22 ORDNUNGEN FÜR DIE PRIESTER

Wegen ihrer Stellung und ihrer Pflichten unterlagen die Priester besonders einschneidenden Bestimmungen im Blick auf rituelle Reinheit. Jegliche Befleckung schloß sie vom Umgang mit den heiligen Dingen aus. Die Ordnung für den Hohenpriester ist noch strenger (21, 10–15). Keiner mit einem körperlichen Mangel kann den Priesterdienst tun, allerdings darf er dennoch vom Opferfleisch essen. Nur das Beste, was Menschen geben können – sei es bei der Priesterschaft oder beim Opfer – ist Gottes würdig.

23 DIE FESTE

Israels besondere Feiertage, wie der wöchentliche Sabbat, reflektieren ein Siebenerschema, das auf Gottes Heiligung des 7. Tages bei der Schöpfung zurückweist.

1. Der Sabbat: ein Ruhetag unter sieben Tagen.
2. Das Passa, gefolgt durch das sieben Tage dauernde Fest der ungesäuerten Brote (März/April).
3. Das Erntefest (April), dem sieben Wochen später
4. das Wochenfest (Pfingsten) folgte, ein Erntefest im Juni.
5. Das Neujahrsfest: eines der drei Feste im 7. Monat (Sept./Okt.). Die übrigen sind:
6. der Versöhnungstag; und
7. das Laubhüttenfest: eine ständige Erinnerung an die Zeit, als das Volk nach der Befreiung aus Ägypten in Zelten wohnte.

24 DAS EWIGE LICHT. DIE SCHAUBROTE. GOTTESLÄSTERUNG

Kap. 24 wendet sich zunächst zwei ständigen Aufgaben zu: Der Leuchter im Heiligtum soll dauernd am Brennen gehalten werden. Und: Wöchentlich sollen zwölf Brotlaibe dargebracht werden. Diese Laibe erinnern die Stämme an ihre völlige Abhängigkeit von Gottes Versorgung. Sie dienen nicht Gott zur Nahrung (wie in heidnischen Religionen), sondern Aaron und die Priester werden klar angewiesen, dieses Brot zu essen.

10–23: Anordnung betreffs des Bruchs des 3. Gebotes. Auch ein Nichtisraelit ist dem Gesetz verpflichtet.

Feste und Feiertage

Philip Budd

Von frühester Zeit an wurde das jüdische Jahr von den großen Festen – den »Festen des Herrn« – unterbrochen. Einige fielen mit dem Wechsel der Jahreszeiten zusammen und erinnerten die Menschen daran, wie Gott sie versorgte, boten ihnen aber auch gleichzeitig die Möglichkeit, ihm ein kleines Zeichen ihrer Dankbarkeit zu geben. Andere feierten große Ereignisse der israelitischen Geschichte, bei denen Gott sein Volk errettet hatte. Alle diese Feste waren von Freude und Dankbarkeit, aber auch von der Bitte um Vergebung und Reinigung geprägt.

Alle Feste hatten einen geistlichen Inhalt. Sie stellten die herrliche Begegnung Gottes mit seinem Volk dar, und die Propheten wandten sich mit scharfen Worten gegen alle, die die Feste zur bloßen Formalität und zum leeren Ritual reduzierten.

Es gab wohl viele örtliche Feiertage (Ri. 21, 21), bei drei Gelegenheiten im Jahr waren jedoch alle Männer Israels aufgefordert, an den großen nationalen Festen teilzunehmen:

1. Das Passa und das Fest der ungesäuerten Brote (2. Mose 12, 1–20; 23, 15). Beide Feste gehören zusammen und feiern Israels Auszug aus Ägypten (s. Anmerkungen zu 2. Mose 11–12). Die Feierlichkeiten begannen am vierzehnten Tag des ersten Monats und dauerten eine Woche.

Eine jüdische Familie feiert das Passa. Vgl. auch S. 492.

2. Das Wochenfest (Erntefest) (2. Mose 23, 16; 3. Mose 23, 15–21): Dieses Fest – später als »Pfingstfest« bekannt – wurde 50 Tage nach Beginn des Passafestes gefeiert. Dabei wurden die ersten Früchte der Ernte Gott dargebracht.

3. Das Fest der Lese (Laubhüttenfest) (2. Mose 23, 16; 3. Mose 23, 33–43): Ein Herbstfest am Ende der Ernte. Sieben Tage wohnten die Menschen dann in aus Zweigen errichteten Hütten. Das Fest schloß neben dem Dank für die Ernte die Erinnerung an die Zeit der Zelte in der Wüste ein (3. Mose 23, 43).

All dies waren »heilige« Feste, an denen keine gewöhnliche Arbeit verrichtet werden durfte. Daneben gab es weitere Feiertage (die alle irgendwie mit der Zahl sieben verknüpft sind):

4. Sabbat: Am siebten Wochentag war alle Arbeit verboten, und die Opfer wurden verdoppelt. Die Sabbatruhe war mit der Vollendung des Schöpfungswerkes (2. Mose 20, 11), der Befreiung aus Ägypten (5. Mose 5, 15) und dem Bedürfnis des Menschen nach Ruhe und Erholung verbunden. Nach dem Exil wurde die Sabbatruhe streng überwacht (Neh. 13, 15–22) und zu einem herausragenden Unterscheidungsmerkmal des Judentums.

5. Neumond: Besondere Opfer (4. Mose 28, 11–15) und Trompetenblasen kennzeichneten das Neumondfest. In der Frühzeit gab es daneben besondere Mahlzeiten und Familienopfer (1. Sam. 20, 5. 24), und manchmal befragte man Propheten (2. Kon. 4, 23). Zur Zeit des Neumondes im siebten Monat wurde ein besonderes **Fest des Posaunenblasens** gefeiert (4. Mose 29, 1).

6. Sabbatjahr: Aufgrund gesetzlicher Bestimmungen lag das Land alle sieben Jahre brach (3. Mose 25, 1–7), und jedes fünfzigste Jahr war ein **Jubeljahr (Erlaßjahr)** (3. Mose 25, 8–34), in dem verpfändetes Land an die Besitzer zurückgegeben werden mußte und hebräische Sklaven freigelassen wurden.

7. Der große Versöhnungstag (3. Mose 16): Am zehnten Tag des siebten Monats jeden Jahres wurde ein besonderer Buß- und Versöhnungsgottesdienst gefeiert.

Daneben gab es andere Feste, die nicht im biblischen Gesetz erwähnt werden. Das **Purimfest** (Esther 9) wurde zur Erinnerung der Rettung der Juden vor Hamans Mordplan gefeiert. Viel später kam dann noch das **Tempelweihfest** (Joh. 10, 22) hinzu, bei dem die Reinigung des Tempels gefeiert wurde, den Antiochus Epiphanes 168 v. Chr. geschändet hatte.

Das lex talionis (15 ff.): Hinter diesem Gesetz steht die Grundforderung nach exakter öffentlicher Rechtsprechung zur Vermeidung privater Rache. Im konkreten Fall nahm dann die Wiedergutmachung des Unrechts die Gestalt einer Geldstrafe an (Ausnahme ist Mord, vgl. 4. Mose 35, 31 ff.). Die Tatsache, daß buchstäbliche Vergeltung durch körperliche Verstümmelung erlaubt war, bedeutet nicht zwingend, daß sie auch praktiziert wurde. Das lex talionis richtet einen Wall auf gegen jede Art von Familien- bzw. Blutrache.

25 DAS SABBATJAHR UND DAS JUBELJAHR

Das Siebenerschema des Festkalenders (Kap. 23) wird nun auch auf das Land ausgedehnt. Ein Jahr von sieben soll es brachliegen, ein Jahr, in dem das Volk, von seiner normalen Arbeit befreit, in Gottes Gesetz unterwiesen werden soll (5. Mose 31, 10 ff.). Das fünfzigste Jahr, das dem siebten Brachejahr folgt, hat besondere Bedeutung für das Land: es wird seinem ursprünglichen Besitzer zurückgegeben. Zu diesem Zeitpunkt erhalten die, die in schlechten Zeiten Freiheit und Eigentum verloren, beides zurück. Das Jubeljahr diente also einem doppelten Zweck: Es erinnerte das Volk daran, daß der eigentliche Eigentümer des Landes Gott selbst war. Und es verhinderte, daß die Reichen das Land Stück um Stück in die Hand bekamen.

26 VERHEISSUNG UND WARNUNG. SEGEN UND FLUCH

Auf ein gehorsames Volk warten Frieden und Fülle und die Nähe Gottes, der unter seinem Volk wandeln will. Das bedeutet die Wiederherstellung von Eden. Hingegen wird Ungehorsam dem Volk nur Unglück bringen: Krankheiten, Hungersnot, Verwüstung des Landes durch wilde Tiere, Krieg und letztlich Exil. Die Fluchworte sind detaillierter als die Segensworte. Die menschliche Natur reagiert eben besser in Furcht als auf Liebe. Aber auch über allen Ungehorsam hinaus verheißt Gott dennoch, sich dem Ruf echter Buße nicht zu verschließen.

27 GELÜBDE UND ZEHNTE

Erstgeborene Söhne, die Erstlinge der Herden und des Feldes gehören rechtmäßig Gott (er nimmt einen Teil für das Ganze). Ein Zehntel allen Viehs und aller Ernte wird ihm ebenfalls geschuldet. Darüber hinaus jedoch kann man Gott Menschen oder Güter als Weihegabe oder als Dankopfer übereignen. Normalerweise wurden solche Gelübdegaben zurückgekauft, und zwar zu ihrem gültigen Wert mit einem Aufschlag von einem Fünftel.

Gottgeweiht (28): Für Gott ausgesondert und darum für Menschen nicht mehr verfügbar. Vers 29 bezieht sich auf eine Aussonderung unter Todesstrafe.

Vers 34 führt uns zur Quelle der Autorität zurück, die hinter diesen und allen Gesetzen des Leviticus steht: Gott gibt die Gebote. Durch Mose. Am Sinai.

Historisch-kritische Forschung und das Alte Testament

Ulrich Betz

Zur wissenschaftlichen Erforschung der biblischen Schriften hat sich seit der Aufklärung nach und nach die »historisch-kritische Methode« – oder kurz und z. T. mißverständlich die »Bibelkritik« – entwickelt. In ihr sind eine Reihe unterschiedlicher methodischer Fragestellungen zusammengefaßt: Textkritik, Literarkritik, Traditions- und Redaktionsgeschichte, Formgeschichte und historische (Sach-)Kritik. Den Kritiken liegt ein bestimmtes Verständnis der Bibel zugrunde. Sie wird als eine geschichtlich gewordene Glaubens- bzw. Religionsurkunde angesehen. Darum beziehen sich die Kritiken einseitig auf die zweifellos vorhandene menschlich-geschichtliche Seite der Bibel, werden dabei jedoch der Ganzheit der Schrift als Wort Gottes nicht gerecht, obwohl sie diesen Anspruch z. T. erheben.

Die Textkritik

Das AT ist in einer Reihe von Voll- und Teilhandschriften jüngeren und älteren Ursprungs sowie in Übersetzungen (die wichtigste ist die Übersetzung ins Griechische, die sog. Septuaginta) überliefert. Ein Vergleich der Handschriften ergibt, daß diese in ihrem Wortlaut manchmal unwesentlich, manchmal aber auch erheblich voneinander abweichen. Die Zahl dieser Abweichungen, die man Varianten nennt, geht in die Tausende. Ziel der Textkritik ist es nun, aus den verschiedenen Lesarten die wahrscheinlich ursprünglichste herauszufinden, um so der Urgestalt des Textes so nahe wie möglich zu kommen. Dieses Arbeitsziel ist noch längst nicht erreicht. Es gibt Textprobleme, die man bis heute nur mit gut begründeten Vermutungen lösen konnte, wo es also nicht nur um Schreibfehler oder Veränderungen mit erkennbarer Absicht geht, sondern um Entstellungen, die den betr. Satz unübersetzbar und unverständlich gemacht haben. Abhilfe kann man hier nur von neuen Handschriftenfunden (etwa denen von Qumran) erhoffen.

Die mühsame Arbeit der Textkritik kann, auch wenn sie sich eindeutig der geschichtlichen Gestalt der Bibel zuwendet, nur positiv bewertet werden. Sie will bis in die Formulierungen hinein dem ursprünglichen Wortlaut der Bibel nahekommen. Ihre Ergebnisse sind, soweit sie als gesichert zu gelten haben, bereits in den neueren Bibelausgaben berücksichtigt.

Die Literarkritik

Die Literarkritik versucht, das AT mittels der methodischen Gesichtspunkte zu verstehen und zu erklären, die man allgemein bei überlieferter Literatur anwendet. Da jedes literarische Werk einen Verfasser hat, konzentriert sich die Arbeit des Literarkritikers zunächst auf ihn, um von ihm her das Werk zu erhellen. Sein Sprachschatz, sein Stil, seine Theologie werden erschlossen. Mit den so gewonnenen Einsichten wird dann das ganze Buch, das seinen Namen trägt, etwa ein Prophetenbuch, kritisch durchgesehen. Alles, was nun nach Stil und Aussage dem Verfasser nicht zu entsprechen scheint, wurde oft für »unecht« erklärt und ausgeschieden. Dabei ergab sich eine vielleicht ungewollte, aber aus dem Denkansatz der Literarkritik an sich folgerichtige Konsequenz: Aus der Unechtheit im Blick auf die Verfasserschaft wurde geschlossen, das betreffende Buch bzw. der betreffende Abschnitt könne auch nicht den Anspruch erheben, Offenbarung, Gottes Wort, zu sein. Es rächte sich nun für diese Forschungsrichtung bitter, daß für sie die Bibel nur religiöse Literatur war. Daß sie sich darum an die schöpferische Einzelpersönlichkeit gewiesen sah. Daß sie von der Authentizität des Verfassers her dachte und die Gemeinde übersah, die das Wort der Gottesmänner aufnahm, es lebendig weitertrug und dabei erweiterte und aktualisierte. So ist manche Beobachtung der Literarkritiker an den Texten zwar richtig, ihr Urteil jedoch falsch. Denn literarische »Unechtheit«, sofern überhaupt nachweisbar, widerspricht keinesfalls der Inspiration solcher Stükke, noch hebt sie die Bedeutsamkeit für den Glauben auf. Denn auch diese Texte wurden für wert befunden, in den kanonischen Text aufgenommen zu werden.

Die großen Sammelwerke des AT (Pentateuch, Josua, Richter, Samuelbücher usw.) tragen keine Verfassernamen. Hier bemüht sich die literarkritische Arbeit, die Einzelteile, aus denen man das Gesamtwerk zusammengesetzt vermutet, wiederherauszuschälen. Dieses Verfahren nennt man Quellenscheidung. Die Gesichtspunkte für die Zuordnung eines Textes zu einer Quelle sind auch hier Sprachschatz und Stil sowie erkennbare rechtliche, soziale und theologische Hintergründe. Die so ermittelten Quellenschriften werden hypothetischen Verfassergruppen zugewiesen (so etwa im Pentateuch vier Gruppen unter den Siegeln J, E, P, D) und sollen nun aus sich selbst verstanden und gedeutet werden. Die Ergebnisse der Quellenscheidung sind umstritten und vor allem unbefriedigend. Zurück blieb nämlich ein Trümmerfeld vielfach hypothetisch festgelegter kleiner Einheiten ohne Zusammenhang, eine Zerstückelung der biblischen Schriften. Zwar ist kaum zu bestreiten, daß Beobachtungen an biblischen Texten die Annahme von vorangehenden Quellenschriften nahelegen. Unberücksichtigt aber blieb – und das ist bei dem Ansatz der Literarkritik nicht verwunderlich – das, was die vielen Einzelstücke der Bibel zur Einheit zusammenfaßt. Daß nämlich die »Wolke der – namenlosen – Zeugen« zwar in vielstimmigem Chor, aber doch in dem einen Geist dem einen Gott die Ehre gibt.

Traditions- und reaktionsgeschichtliche Methode

Beide Methoden führen die Literarkritik in einer bestimmten Richtung weiter. Die erstere versucht den Weg der Überlieferungen in das vorliterarische – also mündliche – Stadium zurückzuverfolgen und nach den Kriterien für ihre Zusammenordnung, etwa nach großen Themen oder Glaubensbekenntnissen zu fragen (z. B. Pentateuch-Entfaltung des Credos Israels). Die Redaktionsgeschichte fragt nach dem Redaktor des vorliegenden Buches, nach seinen Zielen und Motiven, die ihn bei der Auswahl der Stoffe und eventuell ihrer Kommentierung bewegten.

Die Ergebnisse dieser Kriterien tragen für das Verstehen und für die Verkündigung des AT wenig aus, sind allerdings auch im AT bisher relativ wenig angewendet worden.

Die formgeschichtliche Betrachtungsweise

Der Ansatzpunkt dieser Methode ist die Beobachtung, daß in der antiken Welt die Ausdrucksweisen in Wort und Schrift nicht dem Belieben des einzelnen überlassen, sondern an bestimmte Formen gebunden waren. Diese Formen zu bestimmen und damit Sinneinheiten in fortlaufenden Texten zu bekommen, ist Aufgabe der Formkritik. Für solche Untersuchungen bot sich naturgemäß zunächst einmal die Poesie, das Liedgut, an. Versmaß und Gliederung ließen typische Formen, »Gattungen« erkennen. Etwa den Hymnus mit seiner festgelegten Form. Wollte man in Israel einen Hymnus singen, bediente man sich dieser Form. Andere Gattungen sind etwa das Volksklagelied und das Klagelied des einzelnen, Danklied, Bußpsalm usw. (vgl. auch: »Poesie und Weisheitsliteratur«, S. 316 ff.).

Aber auch in dem weiten Bereich der atl. Prosa suchte man in formgeschichtlichen Untersuchungen zu neuen Einsichten zu gelangen. Die hier oft gebrauchten Bezeichnungen »Sage«, »Legende«, »Anekdote«, die aus der Germanistik stammen, lassen erneut die Problematik des einseitigen kritischen Grundansatzes erkennen, der dem Wort Gottes in der Sache nicht gerecht wird. Wenn auch diese Begriffe für atl. Texte nicht ganz das meinen, was man sonst unter ihnen versteht (es liegt eine schlechte Terminologie vor), so signalisieren sie doch ein starkes Abdrängen der atl. Erzählungen in das Unhistorische, was für den Glauben, der an der Offenbarung Gottes in der Geschichte hängt, schwerwiegend ist und Einspruch erheben läßt. Auf der anderen Seite verhilft die Einsicht in die Gattungen (etwa Weisheitsspruch, Liebeslied etc.) dazu, das Gefälle von den zentralen Aussagen über Sünde und Heil bis hin zu Lebensweisheit und Liebesfreude innerhalb der Schrift zu erkennen, und zwar schon an den äußeren Formen. Das bewahrt vor mancher Fehlauslegung.

Weiterhin fragt die Formgeschichte danach, wo die einzelnen Gattungen ihren »Sitz im Leben« Israels haben. Dieser läßt sich meist leicht ausmachen: der Gottesdienst, das Opferfest, die Wallfahrt, die priesterliche Weisung, die Weitergabe der Gotteserfahrungen der Väter an die Kinder in der Familie oder bei den großen Festen, die Krönung eines Königs usw. Dabei wird deutlich, wie lebendig das biblische Wort in der bunten Vielfalt des Lebens Israels verwurzelt war, zugleich wird einsichtig, welche Rolle es im heutigen Leben spielen kann. Auch hier also halten, abschließend geurteilt, positive und negative Auswirkungen einander die Waage.

Die historische (Sach-)Kritik

Bei dieser Methode, der eigentlichen »Bibelkritik«, geht es um die kritische Prüfung, ob das, was in der Bibel berichtet wird, sich so ereignet hat bzw. sich so ereignen konnte, wie es die Texte darstellen. Unter Heranziehung von Hilfswissenschaften (Archäologie, Ethnologie, Altertumsgeschichte etc.) und unter Maßgabe der Kriterien Allgemeingültigkeit, Allgemeinverständlichkeit und Kontrollierbarkeit (= Wiederholungsmöglichkeit) des Geschehens wird die historische Wahrheitsfindung betrieben. Das Bild, das dabei entsteht, weicht in weiten Teilen von dem biblischen ab. Das kommt daher, daß für die Sachkritik nur das Menschenmögliche in der Geschichte auszumachen ist und als Wahrheit gilt. Gottes Handeln, Gottes Wunder in der Durchbrechung geschichtlicher und physikalischer Kausalität sind für diese Methode nicht faßbar, darum aber auch nicht real. Darum kommt Gottes Geschichte, kommt Heilsgeschichte – und nur von ihr will ja die Bibel berichten – nicht in den Blick. Die Bibel überliefert eben kein allgemeingültiges, allgemeinverständliches, kontrollierbares und jederzeit wiederholbares Geschehen, sondern einzigartiges und souveränes Handeln Gottes. Deshalb ist das von Geschichts- und Naturwissenschaft geforderte Analogieprinzip (der Grundsatz der Wiederholungsmöglichkeit) in der biblischen Geschichte nur begrenzt gültig. Gewissenhafte Ausleger berücksichtigen das und messen der historischen Kritik nur eine eingeschränkte Bedeutung zu. Andere Ausleger aber machen die historische Kritik zur maßgebenden Auslegungsmethode. Dann wird der Zugang zur Schrift oft verstellt, nicht eröffnet.

Das 4. Buch Mose »Numeri«

Das 4. Mosebuch umfaßt die 38 Jahre der Geschichte Israels, in denen es in der Sinaiwüste umherzog. »Numeri« beginnt zwei Jahre nach der Flucht aus Ägypten und endet am Vorabend des Einzugs in Kanaan. Der Name, den das Buch in der Septuaginta erhalten hat, geht auf die »Zählung« Israels in den Anfangskapiteln und in Kap. 26 zurück. Das Buch hätte auch »Das Murren des Volkes« genannt werden können, denn es ist eine lange, traurige Geschichte von Klagen und Unzufriedenheit. Darum überleben nur drei von der Generation der aus Ägypten Befreiten – Mose, Josua und Kaleb. Und nur die beiden letzten kommen in das Land der Verheißung.

1 – 10, 10 ISRAEL IN DER SINAIWÜSTE

1 Die allgemeine Zählung

Der Zweck der Zählung ist, alle Männer über 20 Jahre, die militärdienstfähig sind, zu erfassen. Die Leviten sind wegen ihrer anderen Aufgaben ausgenommen. Mose und Aaron sind als politisches bzw. geistliches Haupt für die Zählung verantwortlich. Sie werden von je einem Stammesvertreter unterstützt. Bei der zweiten Zählung (Kap. 26) 38 Jahre später nimmt Aarons Sohn den Platz seines verstorbenen Vaters ein. Die spätere Gesamtzahl von 601 730 ist niedriger als die erste von 603 550. Wüstenbedingungen und Gerichte über den Ungehorsam verhinderten offensichtlich das Bevölkerungswachstum.

Zum Problem der hohen Zahlen: Ein Heer von über 600 000 Mann entspricht einer Gesamtbevölkerung von etwa 2–3 Millionen. Die biblische Erzählung legt es nahe, solche Zahlen in Erwägung zu ziehen. Israel hätte z. B. ohne Gottes wunderbare Versorgung nicht überleben können. Allerdings entsprechen 2–3 Millionen der gesamten Bevölkerung Kanaans. Da aber andere Aussagen erkennen lassen, daß die Kanaanäer zahlreicher waren als die Israeliten (5. Mose 7, 7; 17, 22), hat man versucht, diese Zahlen niedriger anzusetzen. So wird die Ansicht vertreten, das Wort, das mit »tausend« übersetzt wird, bedeute eigentlich »Hauptmann« oder auch »Familie«. Möglicherweise sind die Zahlen auch Symbole für Macht und Bedeutung und nicht eine wörtlich zu nehmende Kopfzahl (vgl. dazu »Große Zahlen im Alten Testament«, S. 191).

2 Die Lagerordnung

Wenn das Volk unterwegs war, bildeten die drei östlichen Stämme unter Anführung Judas die Spitze. 10, 17 gibt eine leicht veränderte Ordnung für den Mittelteil ab: Gersoniter und Merariter tragen die Stiftshütte, sodann Ruben, Simeon und Gad, gefolgt von den Kehathitern mit dem Heiligtum. Die nördlichen Stämme Dan, Asser und Naphtali bilden die Nachhut. Die Stammesfürsten sind die gleichen, die bei der Zählung halfen. Ramses II. von Ägypten verwandte dieselbe Formation bei seinem syrischen Feldzug. Mose scheint sich hier seine frühere militärische Ausbildung in Ägypten zunutze zu machen.

Die Feldzeichen (2, 2): Ein Löwe für Juda, ein Menschenhaupt für Ruben, ein Stier für Ephraim, ein Adler für Dan.

3 Gott erwählt die Leviten zum besonderen Dienst

Gottes Anspruch auf die Erstgeburt geht auf die

Eine Wüstenstraße im Negev.

Eine goldene Schale aus dem späten 2. Jahrt. v. Chr. Solche goldenen und silbernen Gegenstände brachten die Führer Israels.

Passanacht zurück (2. Mose 12). Nun nimmt Gott die Leviten als Ersatz für die Erstgeburt an. Die erste Zählung rechnet sie Mann für Mann auf. Die übriggebliebenen 273, die durch keinen Leviten ersetzt werden können, werden durch Geld losgekauft.

Das Schekel (Lot) des Heiligtums (3, 47): ungefähr 10 g., keine Münze.

4 Den levitischen Familien werden ihre Aufgaben zugewiesen

Die zweite Liste der Leviten erfaßt die Männer zwischen 20 und 50 Jahren, die für den Dienst in der Stiftshütte in Frage kommen (die Altersgrenzen variieren: vgl. 8, 24; 1. Chr. 23, 24).

Vers 1–20: Die **Kehathiter** haben die heiligen Geräte zu tragen, nachdem die Priester sie demontiert und verhüllt haben.

Vers 21–28: Die **Gersoniter** sind verantwortlich für den Transport der Vorhänge und Dekken der Stiftshütte und des Vorhofs unter Ithamars Überwachung.

Vers 29–33: Die **Merariter** sind für die Pflege und den Transport der Konstruktionselemente zuständig – Pfeiler, Dübel, Seile –, ebenfalls unter Ithamars Aufsicht. Wagen, durch ein Joch Stiere gezogen, werden für die Gersoniter und Merariter bereitgestellt.

5 Verschiedene Gesetze. Das Eifersuchtsopfer

Die Verse 11–31 beschreiben die Untersuchung vermuteter Untreue durch ein Gottesurteil. Untersuchungen dieser Art sind für die Antike nicht ungewöhnlich, man kennt sie auch in Indien und Afrika. Es ist nicht deutlich, ob das Wasser eine Pflanze enthielt, die eine Frühgeburt hervorrief, wenn die Frau schuldig und schwanger war, oder ob es hier mehr auf die psychologische Wirkung ankam.

6, 1–21 Die Nasiräer

Ein besonderes Gelübde gab den Nasiräern ihren geistlichen Status. Die äußeren Kennzeichen ihrer Weihe für Gott waren:

- Abstinenz von Wein und anderen starken Getränken;
- kein Schneiden der Haare;
- besondere Vorsicht, um eine Befleckung durch die Berührung eines toten Körpers zu vermeiden (Kap. 19).

Das Gelübde galt üblicherweise für eine bestimmte Zeit. Nur Simson (ein etwas unorthodoxer Nasiräer) hatte ein lebenslanges Gelöbnis (Ri. 13–16). Auch Samuel ist möglicherweise ein Nasiräer gewesen. Nicht bekannt ist, wann und wie diese Übung entstand.

6, 22–27 Aarons Segen

7 Die Stämme bringen ihre Opfergaben

Die Weihe des Altars ging den Ereignissen von 4. Mose 1 einen Monat vorauf. An aufeinanderfolgenden Tagen bringen nun die einzelnen Stammesfürsten eine Silberschüssel und eine Silberschale, gefüllt mit feinstem Mehl, dazu ein goldenes Räuchergerät, ferner Tiere für das

Brandopfer, Sündopfer und Schlachtopfer (vgl. 3. Mose 1–7).

8 Die Weihe der Leviten

Gottes Diener müssen durch und durch rein sein. Die Waschung und Rasur verbürgen die äußere Reinheit, das Opferblut reinigt von der inneren Befleckung durch die Sünde.

9, 1–14 Bestimmungen zum Passa

Das Passafest ist für alle verbindlich (vgl. 2. Mose 12). Aber Abwesende und kultisch Unreine dürfen es einen Monat später begehen.

9, 15–23 Wolken- und Feuersäule

Gottes Führung in der Wüste geschah in klarer und sichtbarer Form: Die Wolke bei Tag und der feurige Schein bei Nacht über der Stiftshütte zeigten seine Gegenwart inmitten des Volkes an. Wenn sich die Wolke hob, zogen sie weiter, wo sie sich senkte, schlugen sie das Lager auf. Ohne Bewegung der Wolke gab es keine Bewegung des Volkes.

10, 1–10 Die Silbertrompeten

Ihr Ton diente als Alarmsignal, rief die Volksversammlung zusammen und kündigte die Feste und die Neumonde an. Langhörner wie diese waren in Ägypten zwischen 1400 und 1300 v. Chr. üblich. Einige fand man im Grab des Pharao Tut-Ench-Amun (um 1350 v. Chr.).

10, 11 – 12, 16 VOM SINAI NACH KADESCH

10, 11–36 Das Volk bricht auf

Etwa 3 Wochen nach der Volkszählung brechen sie das Lager ab und verlassen den Berg Sinai (zur Marschordnung vgl. Kap. 2). Moses Schwager geht als Führer mit ihnen. Die Leitung und Gegenwart des Herrn zeigten sich als sehr real (33–36).

11 Murren über die eintönige Nahrung

Anfänglich hatte der Geschmack des Manna – wie Waffeln mit Honig – dem Volk gefallen. Aber die Gewöhnung an das immer Gleiche ließ sehnsüchtige Gedanken an Fisch, Fleisch und Gemüse aufkommen, die im Nildelta so reichlich zur Verfügung gestanden hatten. Gott gibt dem Volk, was es verlangt – Fleisch bis zum Überdruß. Darin aber liegt das Gericht für die Haltung, die hinter ihrem Murren lag.

Vers 29: Eine bemerkenswerte Einstellung für einen Führer – Macht ohne jede Spur von Diktatur (vgl. 12, 3).

Wachteln (31): Wie im Jahr zuvor (2. Mose 16) handelte es sich um den Frühjahrs-Wanderflug nach Europa (vgl. dazu den Artikel Seite 189).

Homer (32): Hohlmaß mit ca. 393 l Inhalt. Ein Scheffel ist der zehnte Teil davon.

12 Mirjam und Aaron stellen Moses Führung in Frage

Der eigentliche Streitpunkt ist nicht Moses Heirat, sondern seine Stellung. Mirjam wird als einzige bestraft, vermutlich, weil sie die Anstifterin war. Mose schweigt, aber Gottes Antwort ist eine bemerkenswerte Anerkennung für ihn (6–8).

Kuschitisch (1): bedeutet wahrscheinlich »äthiopisch«.

Eine Silbertrompete zum Zusammenrufen des Volkes, Alarm- und Aufbruchsignal.

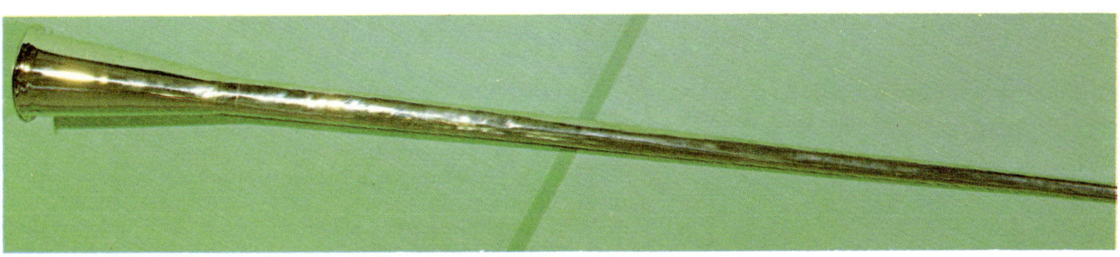

13 – 20, 21 IM GEBIET VON KADESCH

Die Angaben sind sehr dürftig. Es scheint, daß Israel hier fast 38 Jahre verbrachte.

13–14 Die zwölf Kundschafter und ihre Berichte. Aufruhr

Nach 5. Mose 1, 19 ff. scheint Mose die Absicht gehabt zu haben, sofort in das verheißene Land zu ziehen. Das Volk schlug jedoch vor, zunächst das Land auskundschaften zu lassen. Ohne Zweifel hat sich Mose hinterher gewünscht, er hätte nicht darauf gehört. Während die beiden gottesfürchtigen Männer die Fakten richtig darstellten (13, 30), hört das Volk lieber auf die zehn Propheten des Untergangs mit ihren Märchen von den Riesen, denen gegenüber sie sich wie Heuschrecken vorgekommen wären. Gott und das gute Land waren vergessen. Das Ziel vor Augen, schnitt sich eine ganze Generation selbst von Gottes Verheißung ab. Moses Gebet in dieser Lage ist bewegend. Obwohl nur Gottes Eingreifen ihn vor der Steinigung bewahrt hat, ringt er um das Leben dieses widerspenstigen Volkes, das ihm nichts als Not bereitet hat. Immer und immer wieder muß er das Volk vor der Vernichtung bewahren (2. Mose 32, 7 ff.; 4. Mose 11, 1 f.; 16, 41 ff.; 21, 5 ff.). Seine Fürbitte führt dazu, daß er ihr Urteil mit ihnen teilen muß.

Die Enakiter . . . die Riesen (vgl. 1. Mose 6, 4): Außerhalb der Bibel ist nichts von ihnen bekannt. Offensichtlich waren sie eine Familie von »Goliaths«.

Kaleb verlor niemals sein völliges Vertrauen auf Gott. 45 Jahre später, 85jährig, wählt er sich das Gebiet der Enakiter, um es als seinen Besitz zu erobern.

Nach den langen Wüstenjahren muß den Kundschaftern das fruchtbare Gebiet wie ein überwältigender Vorgeschmack des verheißenen Landes erschienen sein. Das Photo zeigt Ein Avdad nördlich des Negev.

15 Verschiedene Gesetze

Vers 1–31: Opfer nach der Eroberung Kanaans. Vers 32–36: Der Ernst der Sabbatschändung. Vers 37–41: Die Quasten an den Säumen sollen ein vergeßliches Israel an Gott und seine Gebote erinnern.

16 Die Rebellion von Korah, Dathan und Abiram

Diese unheilige Allianz führt einen Doppelangriff. Der Levit Korah stößt sich an Aarons Monopol auf das Priesteramt (10b). Dathan und Abiram bekämpfen Mose wegen seiner Überlegenheit und zugleich seinem Versagen, das Volk in das verheißene Land zu führen (13–14). Im Grunde aber zielt der Angriff auf Gott, und der ist es auch, der die Rebellion niederschlägt.

Die Augen ausreißen (14): Redewendung, die unserem »Sand in die Augen streuen« entspricht.

Die Erde tat ihren Mund auf (32): Gott bedient sich der Naturkräfte, um sein Gericht zu vollziehen (wie bei den neun Plagen in Ägypten). Die Erscheinung hier mag ein (durch Wind verursachtes) Aufbrechen der harten krustigen Oberfläche sein, die sich über tiefen Seen aus flüssigem Morast gebildet hatte, wie sie in dieser Region vorkommen.

Die Wachtel

George Cansdale

Die Wachtel ist einer der wenigen biblischen Vögel, die sich mit Sicherheit identifizieren lassen. Wachteln sind die kleinsten Jagdvögel und die einzigen Jagdvögel, die wandern. Die gewöhnliche Wachtel, *Coturnix coturnix*, nistet in vielen Teilen Westasiens und Europas und zieht im Winter nach Süden, bis nach Nordafrika und Südwestasien. Sie ist ca. 18 cm lang und aufgrund ihrer braunen Tarnfarbe häufiger zu hören als zu sehen.

Zweimal jährlich überqueren die Wachteln auf ihrer gewöhnlichen Zugroute das Gebiet, das die Israeliten bei ihrem Auszug durchzogen. Und diesen natürlichen Vorgang benutzte Gott, um sein Volk mit Fleisch zu versorgen. Zwei besondere Gelegenheiten werden erwähnt. Die erste (2. Mose 16, 13) ereignete sich, als Israel Ägypten etwa sechs Wochen verlassen und die Wüste Zin erreicht hatte; die zweite (4. Mose 11) ein Jahr später bei Kibroth-Hattaava (»Lustgräber«), in derselben Gegend. Beide Ereignisse fielen in die zweite Aprilhälfte, in der die Vögel nach Norden ziehen.

Aus beiden Berichten geht eindeutig hervor, daß es sich um große Scharen gehandelt haben muß, dennoch bieten die Zahlen einige Schwierigkeiten. Man hat ausgerechnet, daß, wenn 10 Homer (100 Scheffel) die Menge für eine Familie waren, insgesamt etwa 9 Millionen Vögel geschlachtet worden sein müßten. Die jährlichen Exporte aus Ägypten haben sich in den letzten 100 Jahren tatsächlich in einer Größenordnung von 2, oft 3 Millionen jährlich bewegt. Aufgrund dieser ständigen Massenschlachtung ist die Zahl der Brutvögel allerdings so verringert worden, daß seit etwa 1920 der Wachtelzug praktisch verebbt ist.

Die »2 Ellen« (90 cm) in 4. Mose 11, 31 haben ebenfalls Verwirrung gestiftet und sind verschieden interpretiert worden. Die revidierte Lutherübersetzung und die Zürcher Übersetzung, nach denen die Wachteln eine Tagereise weit rings um das Lager herum zwei Ellen hoch auf die Erde fielen, erscheinen sehr unwahrscheinlich. Überzeugender erscheinen die Übersetzungen der Elberfelder Bibel, Hermann Menges und der Jerusalemer Bibel, nach denen der Wind die Wachteln 2 Ellen über dem Erdboden dahertrieb. Wachteln sind auf ihrem Zug nämlich zumindest teilweise vom Wind abhängig. Zwei Tage lang sammelte man die Vögel, was mit der Tatsache übereinstimmt, daß sie manchmal von ihrem Flug so erschöpft sind, daß sie ihren Flug oft ein bis zwei Tage unterbrechen. 4. Mose 11, 32 sagt aus, daß die Vögel rings um das Lager zum Dörren ausgebreitet wurden, und dasselbe berichtet Herodot aus seiner Zeit von den Ägyptern.

17 Aarons Stab trägt Früchte

Wie alle biblischen Wunder hat auch dieses ein recht praktisches Ziel. Jedermann kann nun sehen, auf wen Gottes Wahl gefallen ist. Jede Diskussion ist damit zu Ende.

18–19 Pflichten und Rechte der Priester und Leviten. Das Reinigungsritual

Weder Priester noch Leviten bekommen einen Anteil am Land. Statt dessen gibt Gott den Priestern alles, was von den Opfergaben übrigbleibt, samt den Erstlingen von Feld und Herde. Die Leviten erhalten den Zehnten des Volkes (vom Vieh, von der Ernte), wovon sie ihrerseits wieder an die Priester zehnten.

Das Ritual mit der roten Kuh (19, 1–10) dient der Reinigung nach Befleckung durch die Berührung eines toten Körpers (11–22). Um das Risiko einer zufälligen Verunreinigung zu verringern, wurden später die Gräber weiß angestrichen (vgl. Mt. 23, 27).

20, 1–13 Mirjams Tod. Wasser aus dem Felsen

Mirjam, Aaron (20, 25 ff.; 33, 38 f.) und Mose (5. Mose 34, 5–8) starben alle in einem Jahr – kurz vor dem Einzug nach Kanaan. Der größte Teil der 38 Jahre (seit 13, 1) war verstrichen.

Vers 2–13: Moses Sünde scheint darin zu bestehen, daß er Gott nicht zutraut, für Wasser zu sorgen. Das kostete ihn den Einzug in das Land, wonach ihn so verlangt hatte. Auch die größten Diener Gottes, selbst nach einem Leben voll Glaubens und Gehorsams, können noch fallen. Nichts scheint das Murren des Volkes zu heilen. Sie beklagten sich beim Auszug aus Ägypten, sie tun das gleiche nun, nach vielen Jahren göttlichen Versorgens.

Wasser aus dem Felsen: Das Gestein des Sinai ist bekannt dafür, Wasser zu speichern (vgl. Anm. zu 2. Mose 17, 6).

20, 14–21 Edom verweigert einen friedlichen Durchzug

Dein Bruder Israel (14): Nicht nur eine Redeweise. Die Edomiter waren die Nachkommen Esaus, des Bruders Jakobs.

Die »Landstraße« (17): Vgl. die Karte S. 196. Edoms Weigerung, Israel durch sein Gebiet ziehen zu lassen, zwang zu einem weiten Umweg nach Süden.

20, 22–21, 35 UMWEG UM EDOM

20, 22–29 Aarons Tod

Der Berg Hor ist wahrscheinlich der Dschebel Madera nordöstlich von Kadesch, an der Nordwestgrenze von Edom.

21 Siege über Arad und Sihon. Giftschlangen

Die Klagen beginnen erneut auf dem Treck südlich vom Golf von Akaba (hier das »Rote Meer«), um das Gebiet von Edom zu vermeiden. Jesus verwies auf das Geschehen mit der ehernen Schlange, um seinen eigenen Tod zu deuten (im Gespräch mit Nikodemus, Joh. 3, 14). In der Wüste hatte das Volk nur hinzuschauen, um am Leben zu bleiben.

Der Brunnen (16): Das Wasser befindet sich in einigen Teilen der Sinaihalbinsel und des südlichen Transjordaniens oft dicht unter der Erdoberfläche. Die Israeliten brauchten dann nur flache Löcher zu graben, um es zu finden.

22–36 ISRAEL IN DEN EBENEN MOABS

22–24 Balak und Bileam. Israels Segnung

Als Israel an Moabs Grenze lagert, schickt der Moabiterfürst eine Gesandtschaft nach Pethor (vielleicht Pitru bei Karkemisch) zu dem Wahrsager Bileam. Er soll kommen und seine Feinde verfluchen. Das war ein Routineauftrag für einen »Propheten«, in einer Zeit, in der jeder an die Macht von Worten glaubte (besonders an »Segnungen« und »Flüche«), um Ereignisse zu beeinflussen. Überraschend ist nur die Bemerkung, daß die Quelle von Bileams Kenntnis Gott selbst ist. Und weder Bestechung noch Drohung können ihn von der Wahrheit abbringen, die ihm Gott geoffenbart hat.

Dreimal vollzieht sich das gleiche Ritual (22, 41–23, 10; 23, 13–24; 23, 27–24, 9). Dreimal

Die großen Zahlen im Alten Testament

John Wenham

Das Alte Testament nennt an manchen Stellen unglaublich hohe Zahlen. Oft hat man deshalb behauptet, sie seien frei erfunden und ein Beweis für die historische Unzuverlässigkeit der Bibel. Aber wer sollte solche einfach absurden Zahlen erfunden haben? Würde ein halbwegs vernünftiger Mensch die Geschichte eines Busunglücks erfinden, bei dem 16 000 Insassen ums Leben gekommen sein sollen? Mit »Erfindung« lassen sich die Zahlen nicht befriedigend erklären, und in der Tat ist es der Forschung in mühevoller Kleinarbeit gelungen, dieses verzwickte Problem wenigstens teilweise zu lösen.

Falsches Abschreiben von Zahlen

Im großen ganzen ist der alttestamentliche Text erstaunlich gut erhalten. Die parallel verlaufenden Passagen in Samuel/Könige/Chronika und (besonders) Esra 2/Nehemia 7 zeigen jedoch, daß es seltsamerweise beim Abschreiben von Zahlen immer wieder zu Schwierigkeiten kam. In manchen Fällen ist einer Zahl eine zusätzliche Null angefügt worden: 2. Sam. 10, 18 spricht von 700 Streitwagen, 1. Chron. 19, 18 von 7 000. Oder eine Ziffer ist ausgefallen: Nach 2. Kön. 24, 8 hat Jojachin mit 18 den Thron bestiegen, nach 2. Chron. 36, 9 mit 8. Eine komplette Zahl kann fehlen: 1. Sam. 13, 1 lautet: »Saul war Jahre alt.« In Esra 2 und Neh. 7 unterscheiden sich die Zahlen oft in einer Ziffer. Daneben gibt es andere Abschreibfehler, die sich leicht erklären lassen.

Verwechslung von Wörtern

In der modernen hebräischen Bibel sind alle Zahlen voll ausgeschrieben, lange Zeit hindurch wurde der Text jedoch ohne Vokale geschrieben. Das hatte u. a. zur Folge, daß man zwei Worte, die in unserem Zusammenhang sehr wichtig sind, leicht verwechseln konnte: *'eleph* und *'alluph*. Ohne Vokalzeichen sehen beide Worte gleich aus: *'lp*. *'eleph* bedeutet gewöhnlich »tausend«, hat aber daneben andere Bedeutungen, z. B. »Haus, Familie« (Ri. 6, 15), »Stamm« (Sach. 9, 7), »Fürst« (Sach. 12, 5. 6) und kann daneben vielleicht eine militärische Einheit bezeichnen. *'alluph* werden die »Könige« von Edom genannt (1. Mose 36, 15–43); das Wort bezeichnet wahrscheinlich den Kommandanten einer militärischen »Tausendschaft« und fast sicher den bewaffneten Berufssoldaten.

Militärstatistiken

In bestimmten Perioden der Geschichte bestanden Kriegsheere aus zwei ganz unterschiedlichen Gruppen, den Goliaths und den Davids – den voll bewaffneten Berufssoldaten und der zumeist nur mit Knüppeln und Schleudern bewaffneten Volksarmee. An manchen Bibelstellen hat man nun *'lp* irrtümlich als *'eleph* (»tausend«) anstatt als *'alluph* (»voll bewaffneter Soldat«) verstanden. Betrachten wir z. B. den Angriff auf die kleine Stadt Gibea in Ri. 20. Nach Vers 2 versammelten sich 400 000 Mann zu Fuß, »die das Schwert führten«. Wenn hier ursprünglich 400 voll bewaffnete Fußsoldaten gemeint waren, wird der nachfolgende Bericht völlig einsichtig. Das benjaminitische Heer besteht dann nämlich aus 26 bewaffneten Soldaten und 700 nur mit Schleudern ausgerüsteten Männern (V. 15). Beim ersten Angriff (V. 21) verlieren die Israeliten 22 ihrer Bewaffneten, am nächsten Tag (V. 25) weitere 18; am dritten Tag (V. 29. 34) wird ein Hinterhalt vorbereitet, bestehend aus oder geleitet von 10 Bewaffneten (hätten 10 000 Soldaten unbemerkt ihre Position beziehen können?). Die Verluste gehen weiter: 30 Israeliten (offenbar keine Bewaffneten), 25 benjaminitische Soldaten und 100 andere werden getötet. 18 von ihnen werden im ersten Stadium der Verfolgung niedergemacht, 5 weitere auf der Straße und 2 bei Gidom. Die übriggebliebenen 600 Schleuderschützen verbergen sich in den Felsen von Rimmon. Ähnlich werden beim Angriff auf Ai (Jos. 7–8) die wahren Proportionen sichtbar, wenn wir erkennen, daß Josua den Verlust von 36 Männern nicht mit einem Heer von 30 000 Mann beantwortet, sondern mit einem 30–Mann–Kommando.

Davids Fest in Hebron (1. Chron. 12) scheint von enormen Menschenmengen besucht worden zu sein. Dabei handelte es sich nicht um einfaches Volk, sondern um herausragende Führer – und zwar etwa 340 800. In Wirklichkeit dürfte es sich dabei um »Führer von Tausend« und »Führer von Hundert« gehandelt haben. Durch Begriffsvertauschung oder Kürzung ist dann wohl aus »Führer von Tausend« »Tausend« und aus »Führer von Hundert« »Hundert« geworden. Diese »Tausend« und »Hundert« sind dann als Zahlwörter aufgefaßt und addiert worden. Entwirrt man diese scheinbaren Zahlen, spricht der Text von ungefähr 2 000 »berühmten Männern« – eine durchaus verständliche Zahl.

Auf ähnliche Weise lassen sich die meisten Zahlenprobleme der späteren Geschichte lösen. In 1. Kön. 20, 27–30 tötete die kleine israelitische Armee 100 (nicht 100 000) Bewaffnete, und die Mauer von Aphek erschlug 27 (nicht 27 000) weitere. An der äthiopischen Invasion waren tausend, nicht 1 Million Soldaten beteiligt (2. Chron. 14, 9) usw.

Die Größe des israelitischen Volkes

Die interessanteste, schwierigste und (für den Historiker) wichtigste Frage ist die nach den israelitischen Bevölkerungszahlen im Lauf der Geschichte. Die vorliegenden Texte erwecken den Eindruck, daß aus den »70 Seelen« der Zeit Josephs beim Auszug aus Ägypten (4. Mose 1) zwei bis drei Millionen geworden waren und in der Zeit Davids (2. Sam. 24, 9; 1. Chron. 21, 5) mindestens fünf Millionen. 1 300 000 wehrfähige Männer (2. Sam.) entsprechen nämlich einer Gesamtbevölkerung von mindestens fünf Millionen. Dann aber wäre das damalige Palästina doppelt so dicht besiedelt gewesen wie die dichtest besiedelten Länder des modernen Europa!

Die Lösung dieses Zahlenproblems hat eine lange Geschichte. Hier sei nur vermerkt, daß es guten Grund zu der Annahme gibt, daß die ursprünglichen Zähllisten in 4. Mose 1 und 26 die Zahlen für jeden Stamm etwa folgendermaßen wiedergaben:

Simeon	57 Bewaffnete;	23 »Hunderte« (Militäreinheiten)
Das wurde geschrieben:	57 *'lp;*	2 *'lp* 3 »Hunderte«.

Da man nicht erkannte, daß *'lp* in einem Fall »Bewaffnete«, im anderen aber »tausend« bedeutete, zog man beides zusammen und las 59 300. Trennt man diese Zahlen wieder sorgfältig, tritt ein erstaunlich klares Bild der ganzen militärischen Organisation zutage. Die Zahl der Wehrfähigen beläuft sich dann auf ca. 18 000, was etwa insgesamt 72 000 Israeliten entspricht.

Bei den Zahlen der Leviten scheint sich mit schönster Regelmäßigkeit eine zusätzliche Null eingeschlichen zu haben. Wenn im 4. Mosebuch die Zahl der Leviten jeweils um eine Zehnerstelle gekürzt wird, erweist sich der Stamm Levi als Stamm ganz normaler Größe mit 2 200 Männern. Diese Zahl fügt sich erstaunlich gut in alles ein, was wir über Bevölkerungsfragen zur Zeit der Eroberung und der Richter wissen.

Davids Volkszählung

Die Diskrepanz der beiden Berichte über die Volkszählung in der Regierungszeit Davids läßt sich dadurch erklären, daß bei den verschiedenen Überlieferungsstufen einmal Nullen hinzugefügt wurden und dann das *'lp* mißverstanden wurde. Wenn wir einmal folgende ursprüngliche Zahlen annehmen: Israel: 80 000 plus 30 *'lp*; Juda: 40 000 plus 70 *'lp*, dann läßt sich der heutige Text von Samuel und Chronika folgendermaßen erklären:

	Stufe	*Israel*	*Juda*
CHRONIKA	1	80 000 plus 30 *'lp*	40 000 plus 70 *'lp*
	2	800 000 plus 300 *'lp*	400 000 plus 70 *'lp*
	3	1 100 000	470 000
SAMUEL	1	80 000 plus 30 *'lp*	40 000 plus 70 *'lp*
	2	800 000 plus 30 *'lp*	470 000

Bei dieser Stufe scheint der Abschreiber dann von dem fließenden »30 *'lp*«, das er als »30 000« auffaßte, verwirrt worden zu sein. Er addierte es irrtümlich zur Zahl Judas und kam so zu dem Ergebnis:

	3	800 000	500 000

Überlieferungsstufe 1, also 120 000 wehrfähige Männer und 100 Berufssoldaten, entspricht einer Gesamtbevölkerung von etwa einer halben Million Menschen. Diese Zahl läßt sich ausgezeichnet mit anderen Hinweisen im Text vereinbaren.

Mit Hilfe solcher Methoden läßt sich ein großer Teil der Zahlenprobleme lösen.

segnet Bileam Israel, zum wachsenden Zorn Balaks. Der vierte Spruch überragt alle (24, 15–24) im Blick auf Israels Zukunft.

Der Zwischenfall mit der Eselin: Gottes Absicht ist es, Bileam so zu beeindrucken, daß – ganz gleich, welchen Druck Balak auf ihn ausüben wird – der Prophet auf der Wahrheit bestehen wird.

25 Götzendienst in Peor

Auf Bileams Rat hin (31, 16) verführten die midianitischen Frauen Israel in Peor. Dafür bezahlte er mit seinem Leben (31, 8).

Sie fingen an zu huren (1): Sie taten es wortwörtlich und auch im religiösen Sinn. Durch seine Teilnahme am heidnischen Gottesdienst verriet Israel seinen Glauben an Gott.

Blick vom Negev zu den Bergen von Edom.

Baal-Peor (3): Die Lokalgottheit. »Baal« (eigentlich: »Herr«) wurde allmählich der Eigenname des großen Fruchtbarkeitsgottes der Kanaanäer. Die Ereignisse, die hier beschrieben werden, zeigen schon jene Mischung von sexuellen und religiösen Praktiken.

Moabiter ... Midianiter: der Wechsel der Benennungen klingt verwirrend. In der späten Patriarchenzeit überlappte sich der Gebrauch der Bezeichnungen Midianiter, Ismaeliter, Medaniter, Moabiter.

26 Die zweite Volkszählung

Vgl. Anmerkungen zu Kapitel 1.

27, 1–11 Das Erbrecht der Töchter

Normalerweise besaßen Frauen im antiken Vorderen Orient kein Erbrecht. Nur in Israel wird die Regel aufgestellt, daß Töchter, die keine Brüder haben, erben dürfen. Allerdings mußten sie, um den Erbbesitz des Stammes zu erhalten, innerhalb ihres Stammes heiraten (vgl. Kap. 36).

27, 12–23 Josua wird zu Moses Nachfolger bestellt

Moses Lebenszeit ist fast vorbei. Josua, sein Stellvertreter (2. Mose 17, 9 ff.; 24, 13; 33, 11; 4. Mose 11, 28) und einer der beiden glaubensstarken Kundschafter (14, 6 ff.), wird nun eingesetzt, das Volk an Moses Stelle zu leiten.

Das Gebirge Abarim (12): Der Name eines Gebirgszuges. Der Berg Nebo, der Jericho überragt, war der Ort, von dem Mose auf das Land schaute (5. Mose 34, 1).

Ihr seid meinem Wort ungehorsam gewesen (14): Vgl. dazu 20, 2–13.

28–30 Anweisungen für den öffentlichen Gottesdienst und für Gelübde

28, 1–8: Tägliche Opfer; 9 f.: Sabbatopfer; 11–15: Opfer zum Monatsbeginn; 16–25: Opfer zum Passa und zum Mazzenfest; 26–31: das Wochenfest.

Kapitel 29: Die Feste während des siebten Monats. Vers 1–6: Opfer am Tag des Posaunenblasens; 7–11: Opfer am Versöhnungstag; 12–38: Opfer beim Laubhüttenfest (zu den Festen vgl. 3. Mose 23, sowie S. 180; zu den Opfern vgl. 3. Mose 1–7 sowie S. 174).

Kap. 30: Gelübde. Die Israeliten waren durch Gelübde gleich welcher Art unbedingt gebunden (1–2). Vers 3 ff.: Die Bedingungen, unter denen ein Gelübde einer Frau gültig ist.

31 Rache an den Midianitern. Teilung der Beute

Die Midianiter werden dafür bestraft, daß sie Israel zum Götzendienst verführt haben (vgl. Kap. 25 und Anmerkungen). Das Heer und das Volk teilen die Beute je zur Hälfte. Ein 500stel des Anteils des Heeres bekamen die Priester, ein 50stel der Beute des Volkes die Leviten. Vers 48–54 beschreiben das besondere Opfer des Heeres aus Dank für seine gesunde Rückkehr.

32 Ruben, Gad und Manasse lassen sich im Ostjordanland nieder

Vgl. Karte S. 215. Dies wird nur unter der Bedingung erlaubt, daß die Stämme zunächst bei der Eroberung Kanaans helfen.

33 Verzeichnis der Lagerplätze beim Wüstenzug

Vgl. die Karte auf S. 163.

34 Die Idealgrenzen Israels

Vgl. dazu Josua 13–19.

35 Städte und Weidegebiete der Leviten. Die sechs Freistädte für Totschläger

Vgl. Josua 20–21.

36 Sicherungen beim Erben von Töchtern

Vgl. dazu das zu 27, 1–11 Gesagte.

Das 5. Buch Mose »Deuteronomium«

Das 5. Buch Mose überliefert Moses Abschiedsreden an Israel am Vorabend des Einzugs in das verheißene Land. Der Titel ›Deuteronomium‹ aus der griechischen Übersetzung legt den Gedanken an eine zweite Gesetzgebung nahe. In Wirklichkeit enthält das Buch aber die Bestätigung und nochmalige Versicherung des Sinaibundes. Sein Aufbau entspricht dem typischen Vertrags-Schema (vgl. »Bundesschlüsse und nahöstliche Verträge«, S. 198):

1. *Einleitung* 1, 1–5;
2. *Historisches Vorwort* 1, 6 – 4, 49;
3. *Bestimmungen* 5, 1 – 26, 19;
4. *Fluch- und Segensworte* 27, 1 – 30, 20;
5. *Nachfolgeregelung und öffentliche Verlesung* 31–34

1, 1–5 EINLEITUNG

Zeit und Ort sind sorgfältig beschrieben: 40 Jahre nach dem Auszug, am Ende der Wüstenwanderung, in den Ebenen jenseits des Jordans richtet Mose Gottes Botschaft an Israel aus.

Elf Tage vom Horeb (2): der Zug vom Dschebel Musa (vermutl. Sinai/Horeb) nach Dahab an der Ostküste von Sinai, die Küste aufwärts und wieder hinüber nach Kadesch dauerte nachgewiesenermaßen etwa so lange.

1, 6 – 4, 49 HISTORISCHES VORWORT: MOSES RÜCKSCHAU

1, 6–46 Vom Sinai nach Kadesch. Die Kundschafter und die Revolte

Vers 9–18: Mose erinnert daran, wie er zur Erleichterung seiner Führungsaufgaben Verantwortung delegierte. Der kluge Anstoß dazu kam von seinem Schwiegervater Jethro (vgl. 2. Mose 18, 13–26).

Vers 19–46: Vgl. Anm. zu 4. Mose 13–14 sowie die Karte S. 163.

Diese große und furchtbare Wüste (19): Wüste meint einfach »unbewohntes Land«. Nördlich des Sinai ist das Land unwirtlich und desolat, mit zackigen Felsen und einem von Steinen übersäten Boden. Aber es gibt dort Oasen mit einer erstaunlichen Vegetation nach dem Winterregen.

Amoriter (44): 4. Mose 14, 43 gebraucht den weiteren Begriff »Kanaanäer«.

2 Edom, Moab, Ammon. Krieg mit den Amoritern

Vers 1–8: Vgl. 4. Mose 20, 14–21. Obwohl die Edomiter Israel den Durchzug verweigerten, scheinen einige von ihnen bereit gewesen zu sein, Nahrungsmittel zu verkaufen. Die Freundlichkeit, die Edom (Esaus Nachkommen), Moab und Ammon (Lots Nachkommen, 1. Mose 19, 36 ff.) entgegengebracht wird, und zwar auf Grund von Blutsverwandtschaft, ist charakteristisch für das Zeitalter der Patriarchen und des Mose. Wie Gott sein Wort hält, soll es auch sein Volk tun.

Vers 26–37: Vgl. 4. Mose 21, 21–35.

Seir (8): Das Bergland von Seir, d. h. Edom, erhebt sich im Süden und Osten des Toten Meeres.

Er verstockte ihm das Herz (30): Das Alte Testament sieht keinen Konflikt zwischen Gottes Souveränität und des Menschen Freiheit. Nie wird gesagt, Gott habe das Herz eines guten Menschen verhärtet. Vgl. auch Anm. zu 2. Mose 6–10.

3 Krieg mit Og. Zweieinhalb Stämme lassen sich nieder

Vgl. 4. Mose 21, 33–35 sowie Kap. 32. Ogs Gebiet war ein Teil des amoritischen Königrei-

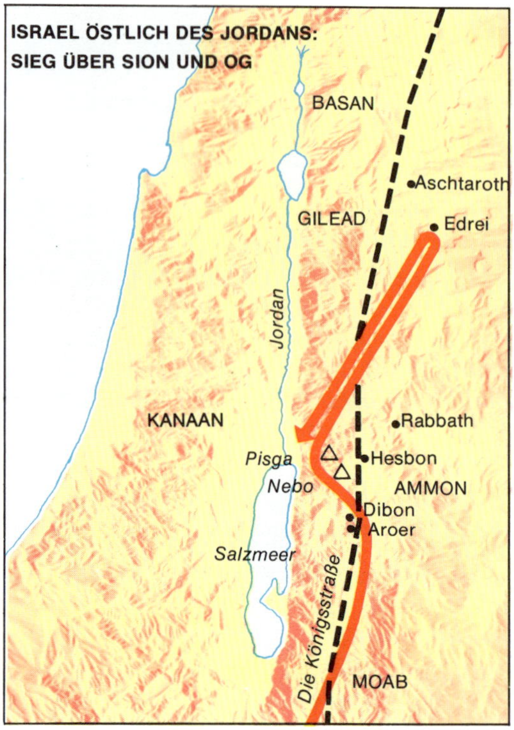

ches. Basan, weitberühmt für sein Vieh, samt dem angrenzenden Land war für Ruben, Gad und Manasse ein verlockender Vorschlag.

Sein Lager (11): Wahrscheinlich sein Sarg. Die »gewöhnliche Elle« maß etwa 46 cm.

Vers 23–26: Der Preis für den Ungehorsam war sehr hoch. Mose hatte sein Leben lang danach verlangt, sein Volk in das verheißene Land zu führen. »Um euretwillen« ist nicht nur ein Versuch, die Schuld abzuschieben. Durch die Provokation des Volkes hatte er sich ja erst zum Zorn hinreißen lassen.

4, 1–10 Moses Warnung. Der Ruf zum Gehorsam

Mose hat noch einmal erzählt, wie Gott in den letzten 40 Jahren an Israel gehandelt hat. Jetzt erinnert er sie an Gottes Wesen, wie es sich in seinen Taten zeigte, und warnt sie vor den unvermeidlichen Folgen des Ungehorsams ihm gegenüber. »Der Herr ist Gott oben im Himmel und unten auf Erden; es gibt keinen anderen ... Halte seine Gebote ... dann wird es dir in allem gutgehen!«

Baal-Peor (3): Vgl. 4. Mose 25.

Gebote (8): Dauerreglungen für das Verhalten; **Ordnungen/Urteile:** Rechtsfälle, Gerichtsentscheidungen.

4, 41–43 Die drei Freistädte im Ostjordanland

4, 44–49 Überleitung zum Gesetz

5–11 GRUNDLEGENDE GEBOTE

5 Die Zehn Gebote und die Gabe des Gesetzes am Sinai

Vgl. dazu 2. Mose 19, 16 – 20, 21 (samt den Anmerkungen zu 2. Mose 20). Mose zögert nicht, die Gebote wegen der neuen Situation des seßhaften Lebens entsprechend zu modifizieren (14–16. 21).

6 Das Hauptgebot. Die Anweisung, kommende Generationen zu lehren

Jesus sagte, das ganze Gesetz könne in den Worten von Vers 5 und 3. Mose 19, 18 zusammengefaßt werden (vgl. Mt. 22, 37–40).

Du sollst sie aufschreiben (9): Die einfachen Leute besaßen keine Abschrift des Gesetzes. Es wurde mündlich weitergegeben, und wichtige Teile wurden dort aufgeschrieben, wo man sie nicht übersehen konnte. Das ganze Gesetz wurde auch auf glatte Steinplatten eingraviert und an öffentlichen Orten aufgestellt (vgl. 27, 1–10; Jos. 8, 32).

Zisternen (11): Brunnen, die Regen- oder Quellwasser speicherten. Die Innenseiten der Zisternen waren mit wasserdichtem Mörtel verputzt. Die Brunnen verengten sich nach oben hin, um die Verdunstung zu verringern.

Orthodoxer Jude mit Tefillin – Gebetsriemen mit Teilen des Gesetzes in einer kleinen Schachtel – vgl. 5. Mose 6, 8.

Massa (16): Vgl. 2. Mose 17, 6–7.

7–11 Mose ruft das Volk zum Glauben und zum Gehorsam auf

Mose wendet sich nun der Gegenwart und der Zukunft zu. Israel wird bald mitten unter heidnischen Völkern leben. Wohlstand, verbunden mit einem unvorhergesehenen Ansteigen des Lebensstandards, wird ihm zuteilwerden. Es wird viel Erfreuliches geben (Kap. 7 u. 8). Aber all diese Dinge bergen auch Gefahren: die Gefahr, seine Identität als Gottesvolk zu verlieren; die Gefahr falschen Stolzes und des Eigenlobes wegen des Erreichten; die Gefahr, Gott darüber zu vergessen (Kap. 9).

Eben an dieser Stelle können ihnen die Erfahrungen der Vergangenheit eine Hilfe sein, auf richtigen Wegen in die Zukunft zu schreiten. So ermahnt Mose sie: »Gedenke!« »Vergiß nicht!« Gedenke an Ägypten (7, 18). Gedenke an die Wüste (8, 2). Gedenke, wer du eigentlich bist (9, 7). Gedenke an Gottes Liebe, seine Macht, seine Fürsorge, sein Gesetz und seine Rechte. Und laß diese Erinnerung dich demütig, glaubensvoll und gehorsam erhalten (Kap. 10–11).

Nicht wie Ägypten (11, 10): Dort hängen Fruchtbarkeit und Gedeihen von der Bewässerung mit Nilwasser ab.

Segen und Fluch: Garizim . . . Ebal (11, 26 ff.): Vgl. Anm. zu Kap. 27.

12–26 EINZELNE GESETZE

12–13 Götzen sollen zerstört werden. Die rechte Opferstätte. Behandlung von Übertretern

12, 1–14: Alle Kultstätten, die dem entarteten kananäischen Gottesdienst gedient hatten, sind zu zerstören. Israel soll sie nicht übernehmen, sondern an dem Ort seine Gottesdienste halten, den ihm Gott nach der Besiedlung des Landes zuweisen wird.

12, 15–32: Fleisch war für den einfachen Israeliten kein Hauptnahrungsmittel, sondern ein Fest- bzw. Opferessen. Zum Blut vgl. 3. Mose 17, 10 ff. sowie den Artikel »Die Bedeutung des Blutopfers«, S. 178.

13, 1–18: Die Gefahr, zu falschen Religionen verführt zu werden, war sehr real. Darum waren drastische Maßnahmen gegen Verführer unbedingt notwendig.

In jüdischen Häusern findet man häufig einen Behälter in der Nähe des Türpfostens, in dem sich der Text 5. Mose 6, 4–9 und 11, 13–21 befindet.

14 Reine und unreine Tiere. Zehnte

Vers 3–21: Vgl. Anm. zu 3. Mose 11, sowie den Artikel »Reine und unreine Tiere«, S. 176.

Vers 22–29: Vgl. auch 3. Mose 27 und 4. Mose 18. Aller menschliche Besitz ist Gottes Gabe. Zur Erinnerung daran soll regelmäßig ein bestimmter Teil zur Seite gelegt werden. Jüdische Ausleger nennen diese Abgabe den »zweiten Zehnten«, der »erste« wurde ja den Leviten gegeben. Dieser »zweite Zehnte« dient der Freude, dem Feiern, und er soll großzügig mit anderen, weniger Bemittelten, geteilt werden.

15 Das siebente Jahr

Alle sieben Jahre sollen die hebräischen Sklaven freigelassen und Schuldverträge unter Israeliten annulliert werden. Vgl. Anmerkung zu 3. Mose 25.

Vers 19–23: Vgl. Anm. zu 3. Mose 27.

16 Die drei Hauptfeste

Vgl. die Gesamtliste 3. Mose 23 sowie den Artikel »Feste und Feiertage«, S. 180. Dreimal im Jahr – zum Passa, zum Wochenfest (Pfingsten) und zum Laubhüttenfest – sollen sich alle jüdischen Männer an dem von Gott erwählten Ort der Versammlung einfinden.

Bundesschlüsse und nahöstliche Verträge

Gordon Wenham

Im Hebräischen gibt es für einen internationalen Vertrag und einen Bund zwischen Gott und seinem Volk nur ein und dasselbe Wort. Jüngere Forschungen haben erwiesen, daß es darüber hinaus weitere Ähnlichkeiten zwischen alten nahöstlichen Verträgen und den alttestamentlichen Bundesschlüssen gibt. Vergleicht man sie, lassen sich manche alttestamentliche Stellen besser verstehen.

Die meisten der in unserem Jahrhundert entdeckten altorientalischen Verträge stammen aus der Zeit zwischen 1500 bis 600 v. Chr., also einer Zeit, aus der auch ein großer Teil des Alten Testamentes stammt. Die Verfasser dürften folglich mit der Art vertraut gewesen sein, in der solche Verträge aufgesetzt wurden. Daß sie Begriffe und Vorstellungen solcher Verträge übernahmen, läßt ferner darauf schließen, daß sie das Verhältnis zwischen Vertragspartnern als treffendes Bild des Verhältnisses zwischen Gott und seinem Volk auffaßten.

Den ersten in der Bibel überlieferten Bund schloß Gott mit Noah (1. Mose 9). Es folgen Bundesschlüsse mit Abraham (1. Mose 15 und 17). Aber der bei weitem wichtigste Bund im Alten Testament ist der Bund am Sinai (2. Mose 19 ff.). Gott teilte Israel am Sinai ja nicht nur sein Gesetz mit, sondern die Gesetzgebung war Teil eines weit größeren Ereignisses: Der Berufung Israels als heiliges Volk, das allein dem Herrn zu absoluter Treue verpflichtet ist. Dieses neue Verhältnis wurde »Bund« genannt. Der Bund am Sinai war der entscheidende Schritt zur Volkwerdung Israels; alle folgenden Bundesschlüsse blickten zum Sinai als ihrem Vorbild zurück, ja wurden in gewisser Hinsicht als dessen Erneuerung betrachtet.

Bundesschlüsse und Verträge gleichen einander in drei grundlegenden Hinsichten: in Sprache, Form und Ideologie.

Sprache

Ziel eines Vertrages ist es, die unbedingte Treue eines Vasallenkönigs oder Staates zum anderen Vertragspartner (einem König oder einem Reich) sicherzustellen. Dazu bedienen sich Verträge einer kunstvollen Sprache, die dem Vasallen die Wichtigkeit des Gehorsams vor Augen stellen soll. Diese Vertragssprache findet sich auch in weiten Teilen des 5. Mosebuches. Dem Herrn »nachfolgen«, ihn »fürchten« und »lieben«, seiner »Stimme gehorchen«, das alles sind Vertragsforderungen an einen Vasallen. Ein rebellischer Vasall »sündigt«. Immer wieder finden sich im Alten Testament Begriffe und Wendungen, die der Vertragssprache entnommen sind.

Form

Der klassische nahöstliche Vertrag (etwa der Hethiter) hatte sechs Teile:

1. Eine Präambel mit Namen des Autors.

2. Einen historischen Prolog, der das Verhältnis der Partner vor Vertragsabschluß beschreibt.

Aschere ... Stele (21–22): Statuen aus Holz, Symbole heidnischer Gottheiten.

17 Todesstrafe für Götzendienst (1–7); Rechtsfragen (8–13); der zukünftige König (14–20)

Vers 14–20: Gott gestattet das Königtum, aber er setzt es nicht ein. Die hier vorhergesehenen Gefahren – militärische Aggressivität, Neigung zum Götzendienst – wurden unter Salomos Regierung 300 Jahre später traurige Wirklichkeit.

18 Einkünfte für Priester und Leviten (1–8); Zauberei (9–14); der kommende Prophet (15–22)

Vers 1–8: Vgl. 4. Mose 18.
Vers 9–14: Vgl. 3. Mose 18, 3. 24–30; 20, 1–6.

Ein Prophet wie ich (15): Gott erweckte in den folgenden Jahrhunderten viele Propheten. Aber das Neue Testament sieht hier einen Hinweis auf den Propheten *par excellence,* Jesus selbst (Joh. 5, 46; Apg. 3, 22–26).

19 Freistädte (1–3); Bestimmungen betreffend Totschlag und Mord (4–13);

3. Die Vertragsabmachungen mit den Verpflichtungen der Vertragspartner.
4. Aussage über das Dokument selbst, die seine Niederschrift regelt und die regelmäßige Lektüre fordert.
5. Eine Liste von Göttern als Vertragszeugen.
6. Fluch und Segen. Dem Vasallen werden Krankheit, Tod, Verschleppung usw. angedroht, wenn er vertragsbrüchig wird, bleibt er treu, werden ihm Reichtum und Segen verheißen.

Alttestamentliche Bundesschlüsse haben eine ähnliche Struktur. Natürlich fehlt die Liste der Götter als Zeugen. Das 5. Mosebuch enthält die meisten Elemente der Vertragsform:

Kap. 1–3 Historischer Prolog
Kap. 4–26 Vertragsabmachungen
Kap. 27 Aussage über das Dokument
Kap. 28 Segen und Fluch

Weitere Beispiele der Vertragsform finden sich in 2. Mose 19–24; Jos. 24 und 1. Sam. 12.

Ideologie

● Verträge und Bünde beginnen gleichermaßen mit der Geschichte und betonen die Gnade des Autors. Der hethitische König erinnert seinen Vasallen vielleicht an seine Freundlichkeit, ihm sein Königtum zu belassen, obwohl er erst kürzlich rebelliert hat. Ähnlich erinnert Gott Israel an seine Gnade: »Ich bin der Herr, dein Gott, der dich aus Ägyptenland herausgeführt hat« (2. Mose 20, 2).

● In Verträgen und Bünden beruhen die Vertragsabmachungen auf der unverdienten Gnade des Stärkeren. Die Abmachungen werden genannt, nachdem der Vasall an die Wohltaten seines Vertragspartners erinnert worden ist. Aus Dankbarkeit soll er den Vertrag einhalten. Ähnlich folgt im A. T. das Gesetz der Gnade nach. Israel soll gehorchen, weil Gott es gerettet hat.

● Dem gehorsamen Vasallen werden Segen und Wohlergehen verheißen. Rebelliert er, trifft ihn der Fluch. Vertragsautoren und die Verfasser der biblischen Bücher beschreiben, weil sie das menschliche Herz kennen, die Flüche meistens viel ausführlicher als die Segensverheißungen. Das Leiden des Vertragsbrüchigen wird in grellen Farben gezeichnet (vgl. 5. Mose 28, 15–68). Prophetische Gerichtsandrohungen sind oft ein Echo solcher Vertragsflüche. Die Propheten erinnern das Volk daran, daß ein Bundesschluß nicht nur Vorrechte sondern auch Pflichten einschließt (vgl. z. B. Amos 3, 2).

Die Rollen vom Toten Meer zeigen, daß die Vorstellungen des Bundes bis zur Zeit des Neuen Testamentes in der jüdischen Theologie lebendig waren. Jesus selbst ging eindeutig davon aus, daß seine Jünger mit dem Bundesdenken vertraut waren, als er seinen Tod als Beginn eines neuen Bundes bezeichnete (Markus 14, 24).

Verbot betrügerischen Landerwerbs (14); Zeugenschaft (15–21)

Drei Freistädte in Kanaan werden den drei im Ostjordanland hinzugefügt (4, 41–43). Nach Josua 20 sind es Kadesch, Sichem, Kirjath-Arba (Hebron); Bezer, Ramoth und Golan.

Bluträcher (6): des Getöteten nächster Verwandter, der verpflichtet war, dessen Tod zu rächen. Die Bestimmungen gehen darauf aus, ein Fortschreiten der Blutrache zu verhindern.

Grenzmarke (14): Ein Stein, auf dem die Eigentumsgrenzen eingraviert waren.

Zum Talionsgesetz (21): vgl. Anm. zu 3. Mose 24.

20 Kriegsgesetze

Wer ein neues Haus gebaut oder einen neuen Weinberg angelegt hat, ist vom Waffendienst entbunden. Dasselbe gilt für die Jungverheirateten und die Feigen. Verse 10–18 machen einen Unterschied in der Behandlung der kanaanäischen Völker und denen weiter weg.

Du sollst an ihnen den Bann vollstrecken ... (17): Im Gegensatz zu dem Mitgefühl und der humanen Einstellung der Verse 1–11 und der Bemühung um Erhaltung in den Versen 19 f. erscheinen diese Bestimmungen unglaublich brutal. Aber es ist nichts Willkürliches in ihnen. Die üble, verderbte religiöse Praxis der Kanaanäer – Kinderopfer, Prostitution und manches mehr – wirkten höchst ansteckend und waren darum lebensgefährlich für Israel. Zudem hatte Gott in seiner Geduld diesen Völkern lange Jahrhunderte gegeben, in denen sie ihr Leben hätten ändern können (1. Mose 15, 16).

21 Mord von unbekannter Hand (1–9); kriegsgefangene Frauen (10–14); das Recht des Erstgeborenen (15–17); Todesstrafe für ungeratene Söhne (18–21); Hinrichtung durch Hängen (22–23)

Gott hat dem menschlichen Leben einen grundlegenden Wert und eine große Würde verliehen – und dem hat auch die Gesellschaft Rechnung zu tragen.

Ein zeitgenössischer Grenzstein mit der Darstellung eines babylonischen Königs.

Schere ihre Haare ab (12): entweder ein Zeichen für die Reinigung vom Heidentum oder ein Trauerritus.

Das Recht des Erstgeborenen (17): eine uralte Sitte. Die Spannungen in Jakobs Familie erwuchsen aus dieser Art von Bevorzugung.

Widerspenstige und ungehorsame Söhne (18): sie verwarfen nicht nur die elterliche Autorität, sondern die göttliche dazu.

Verflucht von Gott (23): vgl. Gal. 3, 13–14.

22 Verlorene Tiere und verlorenes Eigentum (1–4); Kleiderordnung (5); Vogelnester (6–7); Hausbau, Ackerbau, Kleidung (8–12); Sexualbeziehungen (13–30)

Diese Bestimmungen fördern Verhaltensweisen wie gegenseitige Hilfe und Fürsorge sowie ein Ernstnehmen der Reinheit.

Vers 5: Ein Gesetz gegen Perversion und Unmoral.

Vers 9–11: Der Mensch soll die Unterschiede nicht verwischen, die Gott in der Natur angelegt hat.

Quasten (12): Vgl. Anm. zu 4. Mose 15, 37–41.

Zeichen der Jungfräulichkeit (14): Ein blutbeflecktes Tuch aus der Hochzeitsnacht wird mancherorts im Nahen Osten noch heute als Beweis der Unberührtheit der Braut betrachtet.

23 Mitgliedschaft in der Gemeinde (2–9); soziale Ordnungen (10–25)

Die Gemeinde des Herrn ist sowohl offen (8–9) wie geschlossen (2–7). Sie ist durch Reinheit und Heiligkeit gekennzeichnet (11–15. 18–19) sowie durch praktische Humanität (16–17. 20–21).

Vers 2 sowie 18 und 19: Protest und Schutz gegen kanaanäische Kulte. »Hunde« (–geld) (19) bezieht sich auf männliche Prostituierte.

Vers 3: Eine Verwerfung nicht des Betroffenen, sondern der unerlaubten sexuellen Beziehung, der er entstammt.

Bileam (5): Vgl. 4. Mose 22–24.

Vers 15: Der Philemonbrief bietet eine interessante neutestamentliche Kommentierung.

24 Ehescheidung (1–4); Mitmenschlichkeit (5–22)

Vers 1–4: Mose institutionalisiert nicht ein Scheidungsrecht, sondern korrigiert eine alte Praxis durch Bestehen auf einem echten Scheidungsgrund sowie der Forderung nach einem Scheidungsdokument.

Vers 5–22: Auch bei der Durchsetzung seiner Rechte hat das Gottesvolk auf andere Rücksicht zu nehmen.

Lepra (8): Die Benennung steht für mehrere Hautkrankheiten. Vgl. Anm. zu 3. Mose 13–14.

Mirjam (9): Vgl. 4. Mose 12.

25 Körperliche Strafen (1–3); Behandlung von Arbeitstieren (4); Gesetz über die Leviratsehe (5–10); Streit (11–12); ehrliche Gewichte (13–16); Bestrafung der Amalekiter (17–19)

Die Schläge sollen Schuld bestrafen, nicht ein Geständnis erpressen. Sie dürfen nie die Menschenwürde oder Selbstachtung zerstören. Aus 40 Hieben wurden später 39, um nicht unbeabsichtigt die Grenze zu überschreiten (vgl. 2. Kor. 11, 24).

Vers 5–10: Die Leviratsehe sollte verhindern, daß ein Familienname ausstarb (vgl. Ruth).

Dem Ochsen das Maul verbinden (4): Zur Anwendung dieses Grundsatzes im NT vgl. 1. Kor. 9, 3–14.

26 Erstlingsfrüchte und Zehnte (1–15); Schlußworte (16 f.)

Vgl. Anm. zu 14, 22 ff. Die Darbringung der Erstlingsfrüchte war mit einem schönen Erinnerungsgebet und Lobpreis verbunden.

Vers 16–19: Segen erwächst aus Gehorsam.

Ein wandernder Aramäer (5): Nachdem Abraham Ur verlassen hatte, hatte er in Aram-Naharaim gewohnt, wo sich auch ein Teil seiner Familie niederließ, während er nach Kanaan zog.

27–30 FLUCH- UND SEGENSSPRÜCHE

Flüche und Segensworte sind ein integrierender Teil altorientalischer Verträge. Vgl. S. 198.

27, 1–10 Die Aufzeichnung des Gesetzes

Vgl. Anm. zu 6, 9.

27, 11–26 Die Fluchworte

Garizim und Ebal sind die herausragenden Erhebungen in Mittelpalästina. Mit je sechs Stämmen auf jeder Seite haben die Leviten eine Verfluchung über 12 Übertretungen des Gesetzes auszusprechen, der das Volk seine Zustimmung geben soll. Vgl. Jos. 8, 30 ff.

28, 1–14 Segensworte

Gehorsam zieht göttliche Wohltaten nach sich, nämlich Sieg, Frieden, Fruchtbarkeit und Wohlstand.

28, 15–68 Feierliche Fluchworte

Die Folgen des Ungehorsams werden sein: Krankheit, Hungersnot, Niederlagen, Unterworfensein und endlich Verbannung, Verlust der Heimat und aller Lebensfreuden. Daß dies keine leere Drohung war, beweisen die späteren Ereignisse bis zu den Schrecken der Belagerung (vgl. 2. Kön. 6, 24–30; Klagel. 2).

Staub und Asche (24): Sandstürme und Staubwolken anstelle von Regen.

29–30 Mose ruft das Volk zu neuer Hingabe auf

Moses Leben eilt seinem Ende zu. Noch einmal legt er sein ganzes Herz in einen letzten Aufruf. Er argumentiert (29, 1–14). Er warnt (15–28). Er ermutigt (30, 1–14). Er stellt sie vor die Wahl: Leben oder Tod, Segen oder Fluch (15–20).

Sodom und Gomorra, Adma und Zeboim (29, 22): Städte am Südende des Toten Meeres, die bei der Katastrophe von 1. Mose 19, 24 ff. vernichtet wurden.

Israels Gesetz erinnert (formal, nicht aber inhaltlich) an andere antike nahöstliche Gesetzeswerke. So z. B. an das des babylonischen Königs Hammurabi, der hier abgebildet ist.

Geheime Dinge (29, 28): Angelegenheiten von Ewigkeitsbedeutung, die nur Gott bekannt sind (vgl. Apg. 1, 7).

30, 11–14: Mose spricht von der Möglichkeit, zu Gottes Wort Zugang zu haben. Paulus (Röm. 10, 5–8) nimmt den Gedanken auf und wendet ihn auf Christus an, auf das fleischgewordene Wort.

31 BEWAHRUNG DES BUNDES. SICHERE NACHFOLGEREGELUNG

Das Gesetz wird den Leviten zur Bewahrung anvertraut und für seine regelmäßige öffentliche Verlesung Sorge getragen. In der ganzen folgenden Geschichte ging es Israel gut, solange es auf Gottes Wort hörte und es befolgte. Josua wird zum ordnungsgemäßen Nachfolger des Mose bestellt (vgl. 4. Mose 27, 12–23).

Aus- und eingehen (2): Sich frei bewegen können. Der Ausdruck meint das Verhalten von Stadtbürgern, die nach Belieben aus einer bzw. in eine Stadt gehen dürfen.

32, 1–47 DAS LIED DES MOSE

Gott ist der beste Lehrer. Er hat Mose unterwiesen, damit er sein Volk vor seiner zukünftigen verräterischen Treulosigkeit warne. Und zwar durch ein Lied, das diese Warnung besonders einprägsam macht (31, 19).

Augapfel (10): Die Pupille, von der die Sehkraft abhängt.

Jeschurun (15): ein poetischer Name für Israel.

32, 48 – 34, 12 DER MOSESEGEN. MOSES TOD

32, 48–52 Mose empfängt seine letzten Anweisungen

33 Mose segnet die Stämme

Nach allen Warnungen kündigt dieser letzte große Segen eine große und herrliche Zukunft für Israel an. Simeon wird ausgelassen. Sein Volk gehört später zum Stamm Juda (vgl. den Jakobssegen, 1. Mose 49).

Vers 2–5: Die Gesetzgebung am Sinai wird im Bild des östlichen Sonnenaufgangs beschrieben.

Ruben lebe . . . (6): Die Anzahl der Stammesangehörigen hatte sich wegen der Rebellion von Dathan und Abiram vermindert (4. Mose 16).

Licht und Recht (8): Zwei Gegenstände, die im Brustschild des Hohenpriesters aufbewahrt wurden und dazu dienten, den Willen Gottes festzustellen (vgl. 2. Mose 28, 30). Zu **Massa und Meriba** vgl. 2. Mose 17 und 4. Mose 20.

Er wird zwischen seinen Schultern wohnen (12): Entweder ein Bild Gottes als des Hirten, der sein Lamm trägt, oder eine Bezugnahme auf Gottes Haus in Jerusalem, das auf benjaminitischem Gebiet errichtet werden sollte.

Köstlichste Früchte (14): Die Täler Ephraims und Manasses waren Jahr für Jahr überladen mit Früchten.

Freue dich deiner Fahrten . . . deiner Zelte (18): Sebulon war im Handel erfolgreich, Isaschar im Ackerbau und in häuslicher Kultur.

Gegen Westen und Süden (23): Es handelt sich um das fruchtbare Land südlich und westlich des Sees Genezareth.

Öl (24): Assers Gebiet war berühmt für seine Ölbäume.

34, 1–8 Der Tod des Mose

Endlich darf Mose einen Blick auf das Land werfen, nach dem er sich 40 Jahre gesehnt hatte. Israel sieht ihn nicht mehr wieder. Aber wir begegnen ihm noch einmal in der Bibel – auf einem Berg, im Gespräch mit dem Herrn (Markus 9, 2–4).

34, 9–12 Abschluß

Das Handeln geht jetzt auf Josua über – das Buch aber schließt mit einem schlichten und bewegenden Nachruf auf den größten der israelitischen Führer. Kein Prophet sollte ihn übertreffen außer Elia, niemand ihn überragen außer Christus selbst.

Einführung

John Taylor

In der hebräischen Bibel wird die Geschichte Israels in zwei voneinander unterschiedenen Abteilungen überliefert: In den *Vorderen Propheten* (Josua; Richter; 1. u. 2. Samuel; 1. u. 2. Könige); in den *Schriften* (1. und 2. Chronika; Esra; Nehemia).

PROPHETISCHE GESCHICHTSSCHREIBUNG

Die Überlieferung der Geschichte von Josua bis 2. Könige trug im Hebräischen die Sammelbezeichnung »Vordere Propheten« und war damit von den »Hinteren Propheten« unterschieden, zu denen man Jesaja, Jeremia, Hesekiel und die zwölf kleinen Propheten zählte. Bemerkenswert ist, daß die historischen Bücher überhaupt in die Kategorie ›Prophetie‹ eingeordnet wurden.

Dafür gibt es zwei mögliche Gründe. Einmal hatten die Bücher ein lehrhaftes Ziel. Zum anderen geht es in ihnen weniger um nationale Geschichte als vielmehr darum, wie sich Gottes Wort im Leben der Nation verwirklichte.

Diese sechs Bücher (Ruth gehört im hebr. Kanon zu den »Schriften«) wurden von vielen Wissenschaftlern als *ein* Geschichtswerk angesehen, das sie das »deuteronomische« nannten, weil seine theologische Grundhaltung der des Deuteronomiums (5. Mose) gleicht.

Die Bildung der ›prophetischen Geschichtsschreibung‹

Wenn man die Bücher als eine Einheit versteht, kann als frühestes Datum für ihren Abschluß die Zeit angesehen werden, die nach dem letzten Ereignis liegt, das das zweite Königsbuch berichtet – die Freilassung des Königs Jojachin 561 v. Chr. Es ist allerdings zu berücksichtigen, daß ein Großteil des verwandten Materials älter ist und nicht selten auf zeitgenössische Quellen zurückgegriffen wird.

Solche Quellen waren etwa das Buch von Jeschar, das Buch der Taten Salomos; die Chroniken der Könige von Juda und Israel (nicht zu verwechseln mit den biblischen Chronikbüchern). Diese – unvollständige – Aufzählung läßt erkennen, über welche Fülle geschriebener Quellen die biblischen Autoren verfügen konnten, zumal anzunehmen ist, daß es noch mehr gab als die zitierten – etwa eine Hofgeschichte Davids oder eine Sammlung von Elia-Elisageschichten.

Der Inhalt der ›prophetischen Geschichtsschreibung‹

Der Zeitraum, den diese Bücher abdecken, reicht von Josuas Einzug in das Land Kanaan bis etwa in die Mitte des Exils. Die meisten Wissenschaftler ziehen die Spätdatierung des Einzugs (spätes 13. Jahrh.) der Frühdatierung (ca. 1400 v. Chr. nach 1. Kön. 6, 1) vor. Das bedeutet, daß man die Ereignisse des Josua- und Richterbuches zwischen 1240 v. Chr. und 1050 v. Chr. ansetzt.

Das **Josuabuch** umfaßt die Lebenszeit des Mosenachfolgers und beschreibt die Eroberung Kanaans von der Überquerung des Jordans an bis zur Bundeserneuerung in Sichem. Viel Raum nimmt dazu die bis ins einzelne gehende Beschreibung der Aufteilung Kanaans unter die zwölf Stämme ein (Jos. 13–21).

Das **Richterbuch** beginnt mit der Erinnerung daran, daß die Eroberung unter Josua keineswegs vollendet worden war. In jedem Stammesgebiet gab es noch Reste feindlichen Widerstandes. Nur unter dieser Voraussetzung ist das Buch zu verstehen. Denn während der ganzen Richterzeit haben einzelne Stämme unter den Einfällen von feindlichen Nachbarn (oder früheren Einwohnern) zu leiden. Die Richter, oder besser: Befreier, wurden von Gott »erweckt«, um die Stämme in offener Feldschlacht oder im Guerillakrieg gegen die Feinde zu führen.

Besonders herausragend unter diesen waren *Debora und Barak,* die die Heere von Sebulon und Naphtali gegen die Kanaanäer unter Sisera führten. Sodann *Gideon* aus Manasse, der die Midianiter und Amalekiter besiegte. Ferner *Jephta,* der Gileaditer, der die Ammoniter unterwarf, und *Simson* aus Dan, der die Philister erfolgreich köderte. Das Buch endet mit zwei bizarren Episoden. Die eine beschreibt die Einrichtung eines neuen Heiligtums für den Stamm Dan (Ri. 17–18). Die zweite handelt von der Bestrafung der Benjaminiter für eine Gewalttat, die die Bewohner von Gibea verübt hatten (Ri. 19–21).

Bis hierher ist das historische Element in den Schriften nur schwach ausgeprägt. Der Stil ist episodenhaft, manchmal moralisierend, es werden streckenweise einfach Geschichten erzählt. Mit dem **1. und 2. Samuelbuch** (die Aufteilung ist künstlich und wahrscheinlich nur durch die Länge einer Buchrolle bedingt) beginnt dann jedoch ein mehr chronologischer Bericht über die Ereignisse. Dies gilt besonders von der Davidsgeschichte. Zwar ist zunächst *Samuel,* der Richter- und Prophetenamt in seiner Person vereinigt, die Hauptfigur. Aber dann wendet sich das ganze Interesse der Frage nach dem Königtum zu. Samuel tritt immer mehr in den Hintergrund, während *Saul* und dann *David* die Szene beherrschen. Sauls Regierungszeit begann wahrscheinlich kurz nach der Niederlage bei Aphek (1050 v. Chr.), als die Bundeslade von den Philistern erbeutet wurde. Sie endete um 1011 v. Chr. Im Anschluß daran regierte David bis 971 (die ersten 7 Jahre von Hebron aus, die übrigen von Jerusalem).

1. und 2. Könige setzen den Bericht fort, von der Thronbesteigung *Salomos* über das Zerbrechen des Königreiches 40 Jahre später bis zur dann einsetzenden andauernden Rivalität zwischen dem nördlichen und südlichen Reich, zwischen Israel und Juda. Diese Rivalität fand erst ein Ende, als Israel nach dem Fall Samarias 722 v. Chr. im assyrischen Weltreich aufging. Juda überlebte – unter ständiger Bedrohung – noch ein Jahrhundert. Es erlebte eine wunderbare Befreiung von einer assyrischen Belagerung während der Herrschaft *Hiskias.* Es kam in den Genuß der Reformen des Königs *Josia* (640–09). Doch dann kam der große Zusammenbruch unter der Wucht von Gottes Zorn und Nebukadnezars Armeen. Und dann das Exil in Babylon. Das Dunkel der Niederlage ist nur wenig erhellt durch die Schlußworte des zweiten Königsbuches, die von der Begnadigung des gefangenen Königs *Jojachin* sprechen. Die Hoffnung auf einen Überlebenden aus der Davidsdynastie wurde nicht völlig ausgelöscht.

Schlüsselthemen der ›prophetischen Geschichtsschreibung‹

Einer der Schwerpunkte der prophetischen oder »deuteronomischen« Geschichtsschreibung ist das **Königtum,** besonders die Dynastie Davids. Ri. 9 berichtet von einem gescheiterten Versuch des Gideonsohnes Abimelech, sich in Sichem zum Erbkönig aufzuschwingen. Ri. 17–21 schreiben die rechtlosen Zustände der Tatsache zu, daß es keinen König in Israel gegeben habe. In 1. Sam. geht es in fünf Kapiteln um die Einrichtung der Monarchie (8–12). Es scheint, als habe der Berichterstatter dies nur ziemlich grollend akzeptiert. Für ihn war Israel eine Theokratie, der Herr sein einziger wahrer König. Erst mit dem Aufstieg Davids verschwindet diese innere Abwehr, obwohl die persönliche Moral des Königs nicht immer vorbildlich ist. Den Höhepunkt seiner Regierung bildete Gottes Verheißung einer dauerhaften Nachfolge (2. Sam. 7). Die Erfüllung dieses Wortes kann im Leben aller folgenden Könige von Juda aufgewiesen werden.

Ein zweiter Schwerpunkt lag bei den Propheten und dem **Wort des Herrn.** Die Art und Weise, wie Debora und Samuel, Nathan und Gad, Ahia und Micha, Elia und Elisa beschrieben werden, zeugt von der Bedeutung, die man dem Prophetenamt beimaß. Diese Männer konnten Könige erheben und stürzen. Sie waren Ratgeber bei Hof. Sie waren machtvolle Gestalten, weil sie sich ihrerseits der Macht desWortes Gottes beugten. Und in der Sicht des Schreibers war es dieses Wort Gottes, das die Geschichte lenkte. Ein einmal gesprochenes Wort – etwa der Fluch über die Ahabdynastie – machte unaufhaltsam seinen Weg bis zur Erfüllung.

Ein dritter Schwerpunkt des Interesses war der **Tempel** in Jerusalem. 1. Samuel läßt von Anfang an eine besondere Sorge für die Lade des Herrn verspüren, die von Silo zu den Philistern, von dort zurück nach Kirjath-Jearim und dann endlich nach Jerusalem gelangt. Davids Wunsch, ihr eine dauernde Bleibe zu schaffen, gab Anlaß zu der Nathanverheißung im Blick auf das erbliche Königtum. Zu Salomos Zeit wurde schließlich der Tempel als dauernder Aufenthaltsort für die Lade errichtet.

Schließlich gab es einen festen Maßstab, nach dem alle Könige beurteilt wurden. Dieser war am **Gottesdienst** ausgerichtet. Wurde der Herr in Reinheit in Jerusalem angebetet, oder wurden fremde, götzendienerische Einflüsse zugelassen? Wurden die Höhen (die alten, heidnischen Opferstätten) niedergerissen, oder durften sie weiterbestehen? Diesem Maßstab wurde keiner der Könige Israels gerecht, denn sie alle hielten immer wieder Gottesdienst in den Heiligtümern in Bethel und Dan, die Jerobeam errichtet hatte. Aber auch Könige von Juda scheiterten an diesem Maßstab, wenn sie aus politischen Gründen religiöse Bräuche eines fremden Oberherrn als Zeichen ihrer Unterwerfung zusätzlich übernahmen. Nur Hiskia und Josia erhalten uneingeschränktes Lob. Wahrscheinlich war der theologische Standpunkt des biblischen Historikers durch ihre Reformen geprägt.

DAS WERK DES CHRONISTEN

Der zweite Teil der Geschichte Israels, eingebettet in »die Schriften« der hebräischen Bibel, war ursprünglich ein Buch. Der Autor oder Redaktor wird oft der Chronist genannt. Die Periode vor dem Exil ist im 1. u. 2. Chronikbuch enthalten, die ersten hundert Jahre danach in Esra und Nehemia. Zunächst wurden wohl nur die letzten beiden Teile in die hebräische Bibel eingefügt (wegen der Überlappung von Chronika mit Samuel-Könige), aber später wurden auch die Chronikbücher aufgenommen. Aus diesem Grund stehen in der hebräischen Bibel Esra und Nehemia vor den Chronika. Um ihre ursprüngliche Einheit erkennbar zu machen, wurden die ersten Verse von Esra an den Schluß von 2. Chron. angefügt.

Der beschriebene Zeitraum

Eine Inhaltsangabe verdeutlicht die besonderen Interessen des Chronisten wie auch den geschichtlichen Boden, auf dem diese vier Bücher stehen:

1. Chron. 1–9: Genealogien von Adam bis Saul.
1. Chron. 10–29: Die Herrschaft Davids.
2. Chron. 1–9: Die Herrschaft Salomons.
2. Chron. 10–36: Judas Geschichte von Rehabeam bis zur Verbannung.
Esra 1–6: Der Wiederaufbau des Tempels nach dem Exil.
Esra 7–10: Esras Ankunft in Jerusalem. Reformen.
Nehemia 1–7: Nehemias Wiederaufbau der Mauern Jerusalems.
Nehemia 8–13: Die Verlesung des Gesetzes durch Esra. Nehemias Reformen.

Es ist unverkennbar, daß das Nordreich Israel übergangen wird. David, Salomo und allem, was mit dem Tempel in Jerusalem zu tun hat, wird weiter Raum gewährt. Darin gleicht der Chronist dem Deuteronomisten. Als Verfechter der Davidsdynastie war für ihn das Nordreich nach seiner Trennung von Juda nicht länger Teil des wahren Gottesvolkes. Entsprechend vermerkt er sorgfältig, daß bei den Wiederaufbauarbeiten (beim Tempel wie bei den Stadtmauern) die Samaritaner – die Nachkommen der israelitischen Mischbevölkerung – von der Mitarbeit ausgeschlossen wurden bzw. sich aktiv dagegen auflehnten.

Die Anliegen des Chronisten

Der Chronist verehrte David als den eigentlichen Architekten des Tempels, seines Gottesdienstes und seiner Organisation. Auch wenn Salomo ihn errichtete, die Pläne stammten alle von David. Daraus erwuchs das, was man »Idealisierung Davids« genannt hat: ein Bild, das kaum mit dem der Samuel–Könige-Version übereinstimmt. Dennoch kann man dem Chronisten nicht vorwerfen, er habe David bewußt in ein besseres Licht gerückt. Er schreibt keine politische Geschichte Israels und übergeht alles, was keine Bedeutung für den Tempel hat. Sein Hauptanliegen war es, die Spuren des Tempels und seines Gottesdienstes bis in die ersten Anfänge zu verfolgen und Davids und Salomos Beitrag zu seiner Pracht zu schildern.

Fasziniert war der Chronist zudem von der Rolle, die Priester und Leviten spielten, und er betont häufig ihre Wichtigkeit. So ist der Chronist an Usias Lepra interessiert, die ihn befiel, weil er den Tempel betreten hatte, um unter Mißachtung des Gesetzes ein Opfer zu verbrennen. Und er betont, daß die Absetzung der Athalja allein durch Priester und Leviten im Tempel vorgenommen wurde.

Die Bewertung der einzelnen Könige von Juda paßt zu der von 1. und 2. Könige. Zudem bemühte sich der Chronist, eine Erklärung dafür zu geben, warum das Gesetz der Vergeltung offensichtlich nicht immer wirkte – etwa für

Megiddo, an der Paßstraße durch das Karmelgebirge gelegen, war der Schauplatz vieler Kämpfe. Dieses Modell, das die verschiedenen archäologischen Ebenen zeigt, steht im dortigen Museum.

den tragischen Tod eines guten Königs wie Josia, oder für die lange Regierungszeit eines bösen Königs wie Manasse. Auch hier läßt sich nicht nachweisen, daß er Fakten verdreht oder gar erfunden hätte, um seine Sicht zu untermauern. Vielmehr wählte er offensichtlich aus dem vorliegenden Material aus und schrieb als Kirchen-, nicht als Profanhistoriker.

Dazu hat er eine Nähe zur Welt der Prophetie. Er zitiert nämlich nicht nur häufig die Annalen – z. B. »Das Buch der Könige Israels und Judas« –, sondern greift auch oft auf die vielen Sammlungen von Prophetenworten zurück, etwa Samuels, Nathans, Gads und Iddos.

Für die Zeit von Esra und Nehemia konnte er auf Memoiren dieser beiden Männer zurückgreifen (vgl. dazu den Gebrauch der 1. Pers. Sing. in Esra 7, 27–9, 15 und in Neh. 1, 1 – 7, 5; 13, 6–31). Ja, die jüdische Überlieferung sieht in Esra selbst den Chronisten, und dies ist keineswegs unmöglich. Zumindest ist sehr wahrscheinlich, daß der Chronist Mitglied der Tempeladministration war. Zudem war er ein Mann von tiefer Frömmigkeit (davon zeugen die vielen schönen Gebete, die sein Werk enthält). Geschrieben hat er sein Buch im späten 5. Jahrhundert v. Chr. oder im frühen 4. Jahrhundert v. Chr.

Josua

Das Buch Josua setzt die Geschichte Israels fort, von Moses Tod an, über die Eroberung Kanaans, bis zum Tode Josuas. Kap. 1–12 umspannen die ersten fünf oder sechs Jahre nach Moses Tod. Die letzten beiden Kapitel beschreiben Ereignisse, die etwa 20 Jahre später stattfanden. Die Eroberung des verheißenen Landes begann ungefähr um 1240 v. Chr., wie archäologische Funde der jüngsten Zeit bestätigen. Aller Wahrscheinlichkeit nach ist der Bericht der Ereignisse in der frühen Königszeit verfaßt worden (1045 v. Chr.), als Samuel noch lebte und David Jerusalem noch nicht erobert hatte (vgl. Jos. 15, 63).

Josua selbst war in Ägypten geboren. Er wurde beim Auszug und bei der Wüstenwanderung Moses rechte Hand. Er war ein fähiger Offizier (2. Mose 17, 8 ff.). Bei der Gesetzgebung am Sinai war er der Begleiter des Mose (2. Mose 24, 13). Josua gehörte zu den zwölf Kundschaftern, die Mose ausgesandt hatte, um das Land auszuspähen. Er und Kaleb besaßen allein den Glauben und den Mut, das Vorrücken zu empfehlen. Darum waren sie auch die einzigen, die die vierzigjährige Wanderschaft überlebten. Als Mose starb, war Josua der geeignetste Nachfolger (5. Mose 34, 9).

1–4 ISRAEL BETRITT DAS VERHEISSENE LAND

1 Josua übernimmt die Führung

Dieser Bericht von Josuas Dienstantritt ist eines der großen Kapitel der Bibel. Mose ist zwar tot, aber Gottes Absichten mit Israel gehen weiter. Das Schlüsselwort für dieses Vorspiel der Eroberung ist der wiederholte Aufruf, »getrost und unverzagt« zu sein (V. 6. 7. 9. 18).

Das Buch dieses Gesetzes (8): Vgl. 5. Mose 31, 24–26. Josua war bei Mose, als das Gesetz am Sinai gegeben wurde.

In drei Tagen (11): Entweder haben die Ereignisse von Kap. 2 schon stattgefunden, oder die Bedeutung ist schlicht »bald«.

Denkt an das Wort ... (13): Vgl. 4. Mose 32.

2 Rahab und die Spione

Jericho, die Palmenstadt, liegt am Westufer des Jordans. Josua beabsichtigte, seinen ersten Angriff in die Mitte Palästinas vorzutragen, um einen Keil zwischen den Norden und den Süden zu treiben. Dabei stand Jericho direkt im Wege und bot sich als erste Bewährungsprobe an (vgl. auch: »Die Eroberung der Städte«, S. 213).

Rahab beherbergt die Spione nicht aus Furcht, sondern aufgrund ihres Glaubens, daß Israels Gott der wahre Gott sei (vgl. Hebr. 11, 31, wo ihr Glaube, nicht ihre Moral gerühmt wird). Rahabs Haus war in oder auf der Stadtmauer errichtet. Es trug ein Flachdach, auf dem man Erzeugnisse wie Flachs zum Trocknen ausbreitete. Ihr Haus war günstig gelegen, so daß die Spione ungesehen ein- und ausgehen und so eine Fülle von Informationen erhalten konnten. Die Israeliten hielten ihr Versprechen (6, 22 ff.). Rahab wurde in das israelitische Volk aufgenommen. Sie heiratete Salmon und wurde durch ihren Sohn Boas (vgl. Ruth 2–4) eine Ahnin Davids und damit Jesu (Mt. 1, 5).

3 Die Israeliten überschreiten den Jordan

Es war Frühjahr, als Gott sein Volk durch die

Jericho, die »Stadt der Palmen«, ist eine grüne, subtropische Oase am Fuße kahler Hügel. S. a. Fotos S. 84 und 272.

von der Schneeschmelze angeschwollenen Fluten des Jordan führte. Als die Priester ins Wasser traten, wurde der Strom durch einen Erdrutsch bei Adam, etwa 20 km flußaufwärts, eingedämmt und das Flußbett trockengelegt. (1927 verursachten Erdstöße an derselben Stelle einen Zusammenbruch der hohen Tonuferwände, und das Jordanwasser staute sich über 21 Stunden).

Die Bundeslade (3): Sie enthielt die Gesetzestafeln. Sie war das sichtbare Symbol der Gegenwart Gottes bei seinem Volk – und seiner Leitung und Führung.

Heiligt euch (5): D. h.: ›Bereitet euch vor Gott‹ durch rituelle Reinigung und moralische Selbstprüfung.

4 Die Gedenksteine

Es werden zwei Säulen errichtet. Die eine dort, wo die Priester an der Ostseite des Flusses gestanden hatten, die andere in Gilgal, dem ersten Lagerplatz auf dem Westufer. Beide sollten ständig die Erinnerung an Gottes Größe wachhalten. (In dieser Gegend fand übrigens auch Jesu Taufe statt.)

Für euch . . . für uns (23): Von denen, die durch das Schilfmeer gezogen waren, lebte kaum noch einer. Von den zur Zeit der Kundschafter über 20 Jahre Alten lebten nur noch Josua und Kaleb.

5, 1–12 GILGAL: DIE BESCHNEIDUNG ISRAELS

Die Beschneidung war all die Jahre nicht vorgenommen worden, weil der Bund für 40 Jahre ruhte – ein Ergebnis des Unglaubens und Ungehorsams des Volkes (4. Mose 14). Die Beschneidung der neuen Generation markiert nun die Erneuerung des alten Verhältnisses zwischen Gott und seinem Volk.

Steinerne Messer (2): Zwar hatten Geräte aus Bronze zu dieser Zeit bereits solche aus Stein abgelöst, aber für religiöse Riten verwandte man weiterhin die traditionellen Werkzeuge.

Das Manna hörte auf (12): Vgl. 2. Mose 16, 13 ff. Diese besondere Versorgung durch Gott war nun nicht mehr nötig.

5, 13 – 6, 27 JERICHOS FALL

Die Eroberung Kanaans war ein heiliger Krieg unter der Führung Gottes. Josua wußte dies nach seiner Erfahrung von 5, 13 ff. Auch Israel wußte es, denn die Bundeslade stand an der Spitze der Truppen. Und Israels Feinde wußten es und zitterten (2, 10 f.; 5, 1). Für die Männer von Jericho war es ein Nervenkrieg. Tag für Tag zogen die Truppen um die Stadt, wurden die Posaunen geblasen, während das Heer schweigend verharrte: Vorbereitung für den Höhepunkt am 7. Tag.

Das Gebannte (18): Die Stadt samt allem, was sie in sich barg, war völlig Gott geweiht. Darum

Ein »Schofar« oder Widderhorn.

war es ein Sakrileg, wenn irgend jemand etwas davon für sich selbst nahm.

Außerhalb des Lagers (23): Um sie einer Zeit der Reinigung zu unterwerfen.

Verflucht . . . sei der Mann (26): Der Schutthügel blieb fast 400 Jahre, bis in Ahabs Regierungszeit, unbewohnt. Dann baute Hiel Jericho wieder auf – und bekam die Verfluchung zu spüren (vgl. 1. Kön. 16, 34).

7 ACHANS DIEBSTAHL

Wegen Achans Sünde mußten 36 Männer bei Ai sterben. Das ganze Volk war vor seinen kanaanäischen Feinden entehrt. Gott fordert vollkommenen Gehorsam. Der Ungehorsam eines einzelnen betrifft das ganze Volk Gottes.

Ai (2): Vgl. »Die Eroberung der Städte«, S. 213.

Heiligt euch . . . (13): Vgl. Anm. zu 3, 5.

Welchen der Herr treffen wird (14): Der schuldige Mann wurde durch das heilige Los ermittelt, dessen beide Steine im Brustschild des Hohenpriesters aufbewahrt wurden. Wie das vor sich ging, ist unbekannt.

Sie steinigten ihn . . . sie verbrannten sie (25): D. h. die gestohlenen Sachen, es sei denn, auch die Familie war miteingeweiht und wurde darum mitgestraft (vgl. 5. Mose 24, 16).

8 AI WIRD EROBERT

Die Forschungsergebnisse vom Schutthügel von Et-Tell lassen sich kaum mit dem biblischen Bericht hier in Einklang bringen, so daß Ai vielleicht an anderer Stelle gelegen haben muß (vgl. aber S. 214). Josuas Strategie – Flucht und Hinterhalt – nutzt den Effekt der vorangegangenen Niederlage Israels.

Von Ai wendet sich Josua nach Norden, um sich in Sichem festzusetzen, im Tal zwischen den Bergen Ebal und Garizim. Im Namen Gottes ergreift er von dem Land Besitz. Und der Bund wird beschworen, wie es Mose angeordnet hatte (5. Mose 27).

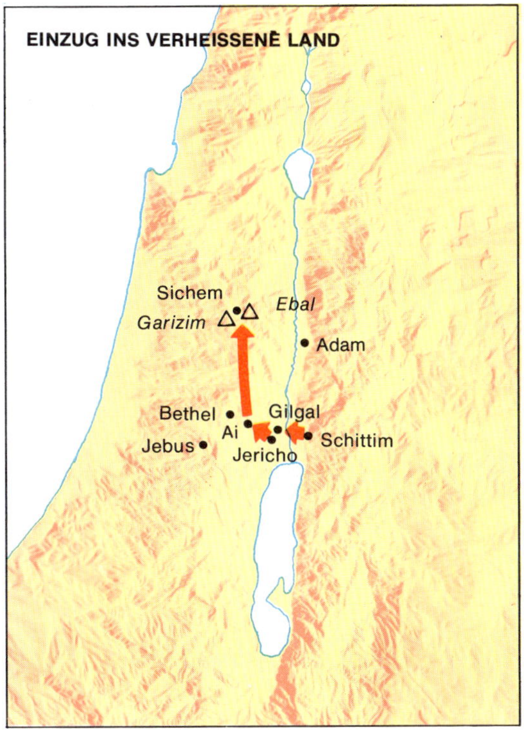

30 000 (3): Zahl der gesamten Streitmacht. Zum Problem der hohen Zahlen im AT vgl. Anm. zu 4. Mose 1 und S. 191.

Bethel (9): Eine gutbefestigte und reiche Stadt während Israels Frühzeit in Ägypten. Zu Josuas Zeit war sie schon etwas verfallen. Entweder während dieses Feldzuges oder später wurde der König von Bethel besiegt (12, 16).

9–10 DER FELDZUG IN DEN SÜDEN

9 Gibeon lockt Israel in ein Bündnis

Gibeon war eine bedeutende Stadt etwa 10 km nördl. von Jerusalem. Der raffiniert erlangte Vertrag schloß noch drei weitere Städte ein (17). Israel konnte von dem einmal in Freundschaft besiegelten Vertrag (gemeinsames Mahl) nicht zurücktreten. Er galt sogar noch in Davids Zeit.

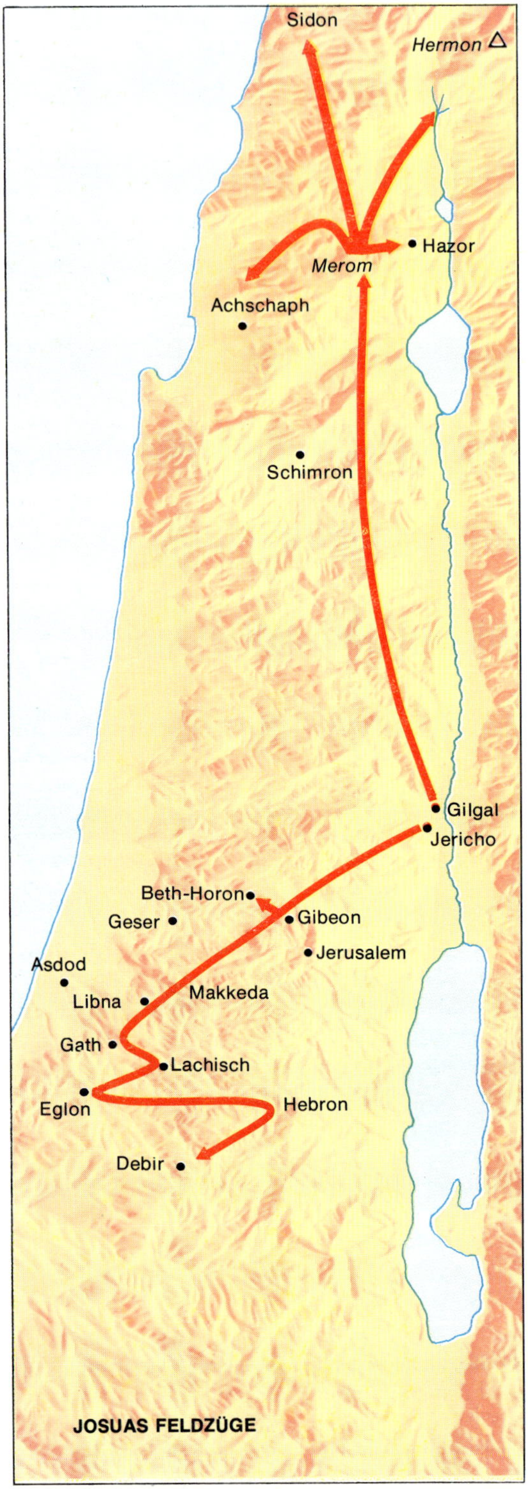

Die Israeliten konnten die Gibeoniten allenfalls zu Sklaven erniedrigen (21).

10 Der Bund der 5 Amoriterkönige. Der »lange Tag«

Der Vertrag mit den Gibeonitern verwickelt Israel sofort in einen Krieg. Alle fünf Amoriterkönige werden bei Makkeda getötet und ihre Stadtstaaten (außer Jerusalem) in einem Feldzug zerstört, der dem Desaster bei Beth-Horon folgt. Alle strategisch wichtigen Städte des Südens fallen. Israel kontrolliert nun das Land von Kadesch-Barnea im Süden bis Gaza im Westen und Gibeon im Norden.

Der Lange Tag (12–14): Gewöhnlich spricht man hier von einer Ausdehnung der Zeit des Tageslichtes, was nicht unbedingt buchstäblich als Stillstehen der Sonne zu verstehen ist. Es kann aber auch eine Verlängerung der Dämmerung gewesen sein. Manche vermuten, es habe sich um eine Sonnenfinsternis gehandelt. Josuas Überraschungsangriff hätte dann in der Morgendämmerung stattgefunden (wie auch die Position von Sonne und Mond in V. 12 nahelegt), der Hagelsturm vergrößerte die Düsterkeit und damit die Verwirrung.

Das Buch des Redlichen (13): Ein Liederbuch mit Heldenliedern.

Setzt eure Füße auf die Nacken (24): gewöhnliche Geste der totalen Unterwerfung.

Goschen (41): Eine Stadt südl. von Hebron.

11 DER FELDZUG NACH NORDEN

Der mächtige König von Hazor bringt eine sehr viel bedrohlichere Allianz zusammen als der Süden. Aber mit ebensowenig Erfolg. Obgleich die strategisch wichtigen Städte schon bald in Israels Hand waren, dauerten die Nachzugsgefechte noch lange Zeit (18).

Hazor (1): Eine gewaltige Metropole von ca. 40 000 Einwohnern, vielfach größer als Jerusalem zur Zeit Davids. Die Unterstadt, die Josua

Die Städte der Eroberung

Alan Millard

Die biblischen Berichte über Israels Einzug nach Kanaan erwähnen nur die Zerstörung weniger Städte. Sie betonen, Israel habe die Einwohner vertrieben und ihren Besitz eingenommen. Ein verwüstetes Land und Ruinenstädte hätten den Israeliten auch wenig genützt. Zerstört werden *mußten* jedoch die heidnischen Heiligtümer und Kultstätten.

Jericho war ein Sonderfall. Die Stadt wurde als »Erstling« der Eroberung Gott geopfert. Auch Ai und Hazor wurden zerstört, aber auch sie waren als Widerstandszentren Ausnahmen. Glauben wir dem biblischen Bericht, werden wir nicht viele archäologische Indizien für die israelitische Landnahme erwarten. Die veränderten Besitzverhältnisse schlugen sich wohl vor allem in religiöser Hinsicht nieder. Zwar mögen mehr Städte zerstört worden sein als Josua und Richter anzudeuten scheinen, aber aus dem hebräischen Bericht kann man das nicht schließen.

Man darf nicht alle Zeichen der Zerstörung kanaanitischer Städte der späten Bronzezeit auf die israelitische Invasion zurückführen. Ausgrabungen bei Bethel, Beth-Schemesch, Debir? (Tell Beit Mirsim), Hazor und Lachisch deuten zwar auf gewaltsame Zerstörung im 13. Jhd. v. Chr. hin, aber die Daten lassen sich nicht genau bestimmen, und die Städte brauchen nicht unbedingt um die gleiche Zeit zerstört worden zu sein.

Wir dürfen nicht vergessen, daß Israel zwar der schlimmste, aber nicht der einzige Feind der Kanaaniter war. Zur Geschichte des 13. Jhd. v. Chr. gehören große Militäraktionen, Invasionen und ein allgemeiner kultureller Niedergang. Ägyptens Pharao herrschte über Kanaan, den Libanon und Damaskus. Seine Gouverneure und Beamten residierten in wichtigen Städten (z. B. Gaza, Megiddo), und andere Orte dienten als Garnisonstädte. Ägyptische Streitkräfte oder verbündete Nachbarn mußten regelmäßig Aufstände niederschlagen. Im Anschluß an eine Periode ägyptischer Schwäche marschierte Pharao Seti I. um 1300 v. Chr. in Kanaan und das Gebiet östlich des Jordan ein. Wenig später mußte sein Sohn, Ramses II., nach einem erfolglosen Kampf gegen die Hethiter in Syrien, eine Revolte niederschlagen und drang dabei bis nach Moab vor (ca. 1285 v. Chr.).

Vielleicht gab es infolge dieser harten Maßnahmen nach dem Friedensschluß zwischen Ramses und dem hethitischen König (ca. 1270 v. Chr.) mehr als ein halbes Jahrhundert lang keine weitere ägyptische Invasion. Erst unter Mernephtah, Ramses' Sohn, kam es erneut zu Schwierigkeiten. Außer der Tatsache, daß Ägypten in Kanaan intervenierte, und indirekten Indizien für die fortgesetzte ägyptische Herrschaft in diesem Gebiet ist wenig bekannt. In einem Bericht findet sich die älteste außerbiblische Erwähnung Israels, und zwar wird es zusammen mit anderen besiegten Feinden aufgezählt. Mernephtah hatte eine Welle von Eindringlingen aus dem Nordwesten aufgehalten, die »Völker des Meeres«. Ägypten war sicher, bis eine neue Welle Ägypten angriff. Die Feinde marschierten durch Syrien und Kanaan und griffen gleichzeitig vom Meer her an.

Ramses III. stemmte sich dieser Welle entgegen, vernichtete die Flotte und fing die feindlichen Heere noch vor seiner Grenze ab. Für begrenzte Zeit

Bei ausgedehnten Ausgrabungen bei Hazor fand man auch diesen kanaanitischen Altar (»Höhe«). Hazor gehörte zu den wenigen Städten, die bei der israelitischen Eroberung völlig zerstört wurden.

konnte er seine Herrschaft in Kanaan festigen. Viele der Invasoren blieben jedoch. Einige besetzten bestimmte Städte. Die Philister eroberten z. B. Asdod, Askalon, Ekron, Gath und Gaza; eine andere Gruppe riß die Herrschaft über Dor an sich. Alle diese Ereignisse, die in die Periode der Landnahme fielen, führten zur Zerstörung kanaanitischer Städte. Und nicht nur Invasionsarmeen, auch Nachbarstaaten richteten Verwüstungen an.

Zumindest drei Städte wurden jedoch von Israel vernichtet: Jericho, Ai und Hazor. Bei Hazor in Galiläa gibt es viele archäologische Hinweise darauf, daß die letzte Stadt der späten Bronzezeit im 13. Jahrhundert v. Chr. gewaltsam zerstört wurde. Die Ruinen der letzten kanaanitischen Besiedlungsschicht sind nicht gut erhalten. Dennoch deuten die Funde darauf hin, daß Hazor eine wichtige Stadt war, die allerdings ihren Höhepunkt schon überschritten hatte. Andere Städte aus der gleichen Zeit weisen viele Parallelen auf. Alle waren gut befestigt, allerdings waren die Stadtmauern oft einfach auf den Überresten früherer Befestigungsanlagen errichtet.

In Jericho sollte man eigentlich die klarsten Hinweise auf den israelitischen Angriff erwarten – aber nichts deutet darauf hin, daß dort in der Mitte des 13. Jahrhunderts v. Chr. überhaupt eine Stadt existiert hat. Die Erosion der Lehmziegelruinen ist so weit fortgeschritten, daß sich auch nur wenige Spuren einiger früherer Bauperioden finden lassen. Daher läßt sich nicht die Möglichkeit bestreiten, daß sich später in diesem Jahrhundert an dieser Stelle eine befestigte Stadt erhob. Da der Ort von Josuas bis zu Ahabs Zeit (ca. 400 Jahre; vgl. 1. Kön. 16, 34) verlassen dalag, kann man gar nicht erwarten, viele Reste von Ruinen zu finden. Die Stadtmauern, die man einmal für Indizien des Angriffs unter Josua hielt, stammen in Wirklichkeit aus einer viel früheren Periode. Ausgrabungen haben erwiesen, daß die Stadt schon vor der Zeit Josuas wiederholt zerstört und wiederaufgebaut worden war.

Vor ein Problem stellt uns auch Ai. Ausgrabungen haben erwiesen, daß die Stadt von ca. 2500 v. Chr. bis nach 1200 v. Chr. in Trümmern lag, vorher aber eine wichtige Rolle spielte. Der Name »Ai« bedeutet »Ruine«, und viele sehen daher in der Josuageschichte einfach den Versuch, die sehr eindrucksvollen Ruinen zu erklären. Aber selbst wenn man die archäologischen Indizien akzeptiert, bleibt die Möglichkeit, daß sich eine Gruppe von Kanaanitern bei ihrem Kampf gegen die Israeliten der alten Befestigungsanlagen dieses strategisch wichtigen Punktes bedienten. Eine so kurze Nutzung hätte dann wenige oder gar keine Spuren hinterlassen.

Wir brauchen also, kurz gesagt, keine weit verbreiteten und unmißverständlichen Anzeichen für die israelitische Eroberung in den Ruinen Kanaans zu erwarten. Zum einen waren die Israeliten keine hemmungslosen Zerstörer, zum anderen sind manche Zerstörungen anderen zuzuschreiben. Möglicherweise lagen Städte aufgrund allgemeiner Unruhen in Trümmern oder waren nur teilweise bewohnt, bis die Israeliten im Land Fuß gefaßt hatten und mit dem Aufbau beginnen konnten. Das gelang ihnen nicht völlig, solange sie von den Philistern und Feinden östlich des Jordans bedroht wurden. Die ärmlichen Überreste vieler nach-kanaanitischer Orte (frühe Eisenzeit) legen Zeugnis davon ab.

Manche Wissenschaftler erklären, Israels Landnahme habe sich im Sinne einer allmählichen Infiltration nomadischer Hirten vollzogen. Andere deuten sie als Kombination von Infiltration und der Wanderung einiger Stammesgruppen aus Ägypten, die sich in verschiedenen Wellen und über mehrere Generationen hinweg vollzog. Wieder andere stellen sich eine allgemeine Revolte der Menschen im Land selbst vor. Diese ganz unterschiedlichen Ansichten sind alle mit Theorien verknüpft, die mit der Urkundenanalyse des Pentateuch verbunden sind. Danach entstammen die Geschichten einer Reihe von unterschiedlichen Quellen, nämlich Stammesgeschichten, die ursprünglich nicht miteinander verbunden waren. Von dieser Voraussetzung geht auch die Theorie aus, ein israelitisches Volksbewußtsein habe sich erst lange nach der »Eroberung« entwikkelt und sei dann von israelitischen Geschichtsschreibern einfach in die frühere Zeit hineingelesen worden.

Zur Stützung dieser Theorie verweist man auf andere Invasionen und Völkerwanderungen und betont, es sei nur ein Teil des Landes besetzt worden (vgl. Ri. 1). Die Josuageschichten werden Stammesüberlieferungen oder kultischen Quellen zugeschrieben, in denen es ursprünglich um kleine, lokale Ereignisse gegangen sei.

Nun sind Analogieschlüsse immer mit Vorsicht zu genießen, und das gilt besonders im Falle der »Eroberung«. Man verweist auf die Analogie der nomadischen Infiltration, um Israel in ein vertrautes Schema zu pressen. Die Bibel behauptet aber gerade, daß Israel einzigartig ist. Wer den biblischen Bericht deshalb als unglaubwürdig abstempelt, weil er ungewöhnlich ist und keine geschichtliche Parallele hat, geht von einem Vorurteil aus und arbeitet unwissenschaftlich.

zerstörte, wurde nie wieder aufgebaut (vgl. »Die Städte der Eroberung«, S. 213).

Bis nach Groß–Sidon (8): Tyrus war wohl noch ohne Bedeutung.

Die Enakiter (21): Die Riesenrasse, die die Kundschafter so mutlos gemacht hatte (4. Mose 13, 33).

Gaza, Gath, Asdod (22): Philisterfestungen. Der riesige Goliath kam von Gath (1. Sam. 17, 4).

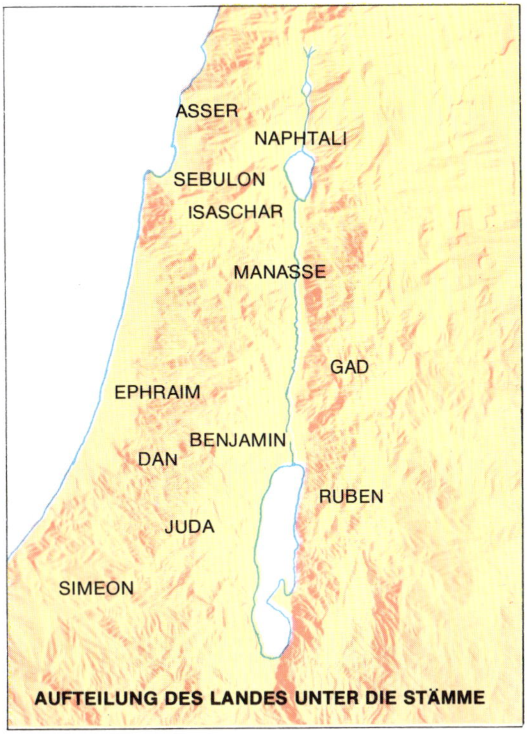

AUFTEILUNG DES LANDES UNTER DIE STÄMME

12 LISTE DER BESIEGTEN KANANITERKÖNIGE

Unter Einschluß der unter Mose besiegten Könige werden 31 Namen genannt. Mit dieser Liste wird der Abschnitt über die Eroberung abgeschlossen.

13–21 DIE VERTEILUNG DES LANDES

Nicht alles Land, das den Stämmen zugeteilt wurde, wurde auch völlig unterworfen, und nicht jeder Stamm nahm sein erlostes Stammesgebiet voll ein. An einigen Stellen kommentiert der Verfasser die Lage in seiner eigenen Zeit (z. B. 15, 63).

13, 1–7 Noch unerobertes Land

13, 8–14 Das Ostjordanland

13, 15–23 Der Stamm Ruben

13, 24–28 Der Stamm Gad

13, 29–33 Der Halbstamm Manasse

14, 1–5 Das Westjordanland

Jedem Stamm wird sein Erbe durch den Hohenpriester zugelost.

14, 6–15 Kaleb beansprucht Hebron

45 Jahre nach der Kundschafterepisode (4. Mose

Liste von Feldern mit den Namen der Besitzer; 14. Jahrh. v. Chr. (Ugaritische Keilschrift).

13–14) zeigt sich Kaleb erneut als ein Mann von festem Glauben. Trotz 10, 21 ff. gibt es dort immer noch Reste von Enakitern (15, 14; Ri. 1, 10 – 15, 20), mit denen die Auseinandersetzung zu führen ist. Hebron wird zwar Levitenstadt (21, 11–13), aber Kaleb behält das umgebende Land und die Dörfer.

15 Der Stamm Juda

Judas Erbe schloß Kalebs Land wie auch Jerusalem (oder Teile davon, 18, 28) ein. Als das Josuabuch verfaßt wurde, war die Stadt noch nicht erobert (63).

16–17 Die Stämme Ephraim und Manasse

Sie hätten ihr Territorium durch Eroberungen ausdehnen müssen, aber die Pferde und Streitwagen der Kanaanäer, die die Ebenen beherrschten, schreckten sie ab.

Kleinere Städte und Dörfer mit ihren Lehmziegelhäusern boten Josuas Armee wohl wenig Widerstand.

18, 1–10 Der Zug nach Silo. Die Landvermessung. Der Erbbesitz der restlichen sieben Stämme

18, 11–28 Der Stamm Benjamin

Jerusalem scheint zum Teil auch zu Benjamins Land gehört zu haben (15, 63; Ri. 1, 8. 21).

19, 1–9 Der Stamm Simeon

Die Simeoniten, die auf Judas Territorium wohnten, wurden von dem größeren Stamm absorbiert.

19, 10–16 Der Stamm Sebulon

19, 17–23 Der Stamm Isaschar

19, 24–31 Der Stamm Asser

19, 32–39 Der Stamm Naphtali

19, 40–48 Der Stamm Dan

19, 49–51 Josuas Stadt

20 Die Freistädte

Vgl. 4. Mose 35, 6–34; 5. Mose 19, 1–13. Die Städte boten denen, die im Affekt getötet hatten, Schutz vor Blutrache.

21 Die Levitenstädte

Die Leviten erhalten kein Stammeserbteil: Gott ist ihr Erbe. Aber ihnen werden 48 Städte mit Weideland im Gebiet der Stämme zugeteilt. So sind die religiösen Führer in allen Stämmen vertreten.

22 DIE STÄMME DES OSTJORDANLANDES KEHREN NACH HAUSE ZURÜCK. DER ALTAR DES ZEUGNISSES

Ruben, Gad und Manasse kehren nach der Erfüllung ihrer Verpflichtung, bei der Eroberung zu helfen, nach Hause zurück. Aus Angst, daß Israel sie, wenn sie erst einmal über den Jordan sind, in Zukunft verleugnen könnte, kommt es zum Bau des Altars samt dem nachfolgenden Mißverständnis. Der Altar war weder Ausdruck von Götzendienst noch ein zweites Heiligtum. Es ging um ein Zeichen der Solidarität mit dem übrigen Israel, mit dem man sich durch den Glauben und die Verehrung des einen Gottes verbunden wußte.

Das Ost-Tor und die Mauern der befestigten Stadt Sichem (um 1650–1550 v. Chr.)

Die Sünde von Peor (17): Wo Israel den Baal verehrte (4. Mose 25).

Achan (20): Wegen seiner Sünde starben 36 Männer (Kap. 7).

Der starke Gott, der Herr (22): ein zweimal wiederholter Schwur, der alle drei Gottesnamen verwendet: El, Elohim, Jahwe (vgl. S. 157).

23–24 JOSUAS LETZTE TAGE

23 Josua ermahnt die Führer des Volkes

Einige Jahre sind seit der Aufteilung des Landes vergangen. Josua, am Ende seines langen Lebens, ernennt keinen persönlichen Nachfolger. Darum ist es lebenswichtig sicherzustellen, daß die Führer des Volkes das Gesetz halten und im Glauben bei dem Gott bleiben, der seine Versprechen erfüllt (23, 14; vgl. 21, 45).

24 Josua und das Volk erneuern den Bund

Wie in 5. Mose folgt auch hier das Bundesschema dem zeitgenössischer Verträge (vgl. S. 198). Dem Titel des Herrschers (2a) folgt eine Vergegenwärtigung seiner früheren Gnaden (2b–13). Die Vertragsbedingungen werden in 14–15 genannt, verbunden mit Warnungen für den Fall des Ungehorsams (19–20). Josua selbst ist bereit, sich völlig Gott hinzugeben. Der Eifer des Volkes, ihm bei der Erneuerung des Bundes zu folgen, ist ein vollkommener Ausdruck der Anerkennung seiner Führerschaft. Wie stark dies nachwirkte, zeigt sich in V. 31.

Balak . . . Bileam (9): Vgl. 4. Mose 22–24.

Ich sandte die Hornisse (12): Ein lebendiges Bild für die Panik, die Gott bei Israels Feinden bewirkte.

Richter

Das Richterbuch behandelt die Geschichte Israels zwischen Josuas Tod und dem Auftreten Samuels, also etwa die Zeit von 1220–1050 v. Chr. Es war eine Übergangszeit, in der die zerstreuten Stämme nur durch den gemeinsamen Glauben zusammengehalten wurden. Treue gegenüber Gott bedeutete ein einiges, starkes Volk, Abfall zu den Göttern führte zu Schwäche und Spaltung.

Der Verfasser schaut, vermutlich aus der frühen Königszeit, zurück auf die Tage, in denen das Volk noch keinen König hatte. Er schrieb nach der Zerstörung des Heiligtums von Silo (18, 31), aber vor der Eroberung Jerusalems durch David (1, 21). Er stellt Geschichten von Volkshelden zusammen. Sechs der zwölf erwähnten Richter werden ausführlicher beschrieben: Othniel, Ehud, Debora/Barak; Gideon, Jephthah, Simson. Diese »Richter« Israels waren nicht einfach Rechtspfleger. Sie waren Männer der Tat, die einen Stamm oder das ganze Volk vom Joch der Nachbarvölker befreiten und lokale oder nationale Regenten wurden.

Die menschlichen Akteure des Richterbuchs sind deprimierend. Die Geschicke des Volkes laufen nach einem monotonen Kreislauf ab: Israel fällt von Gott ab zu den heidnischen Göttern. Gott läßt sie durch die Kanaanäer leiden. Israel schreit zu Gott um Hilfe. Gott schickt einen Befreier. Alles geht bis zu dessen Tod gut, dann aber beginnt das Ganze von neuem. Nirgendwo in der Bibel ist der Hang des Menschen zur Sünde anschaulicher protrātiert – ein Hang, der sich selbst bei denen zeigt, die Gott kennen.

Das Wunder ist Gottes beharrliche Liebe und Fürsorge. Trotz der Untreue, die Israel bewiesen hat und immer wieder zeigen wird, hilft Gott dem Volk, sobald es sich zu ihm wendet. Dabei gebraucht er wenigversprechende Leute: Jael, der alle heiligen Gesetze der Gastfreundschaft bricht; Ehud, der einen Meuchelmord begeht; Simson, der ein Leben geschlechtlicher Ausschweifung führt; ein Volk, das sich an Akten blutiger Rache gegen den Feind berauscht. Die Bibel lobt das alles nicht. Sie wäscht auch die Täter nicht rein. Gott erwählte und gebrauchte diese Menschen wegen ihres Glaubens (Hebr. 11, 32 ff.) und trotz ihrer Moral. Weil Gott ein solcher Gott ist, besteht Hoffnung für den sündigen Menschen.

Chronologie: Eine präzise Chronologie nach der Art moderner westlicher Geschichtsschreibung ist nicht zu erwarten. Zählt man alle genannten Jahresdaten zusammen, ergeben sich 390 Jahre. Wenn aber, was sehr wahrscheinlich ist, die Eroberung des Landes um 1240 geschah, kann die Richterzeit nur knapp 200 Jahre gedauert haben. Die Diskrepanz löst sich jedoch auf, wenn man die Überlappung der Amtszeiten der verschiedenen Richter beachtet. Nach 10, 7 ereignete sich z. B. die Unterdrückung durch die Ammoniter im Osten und durch die Philister im Westen zur gleichen Zeit. Weiterhin ist zu bedenken, daß der Begriff »40 Jahre« vielfach nicht eine genaue Zahl meint, sondern für »eine Generation« steht.

A. E. Cundall schlägt folgende ungefähre Chronologie vor:

1200 Othniel
1170 Ehud
1150 Schamgar
1125 Debora und Barak
1100 Gideon
1070 Jephthah
1070 Simson

Die 12 Richter und ihre Siege

1. **Othniel** von Juda (3, 9):
   Sieg über Kuschan-Rischathajim.
2. **Ehud** von Benjamin (3, 15):
   Sieg über Eglon von Moab.
3. **Schamgar** (3, 31):
   Sieg über die Philister.
4. **Debora** (Ephraim) und
   Barak (Naphtali) (4, 4–6):
   Sieg über Jabin und Sisera.
5. **Gideon** von Manasse (6, 11):
   Sieg über die Midianiter und Amalekiter
6. **Tola** von Isaschar (10, 1).
7. **Jair** aus Gilead (10, 3).
8. **Jephthah** aus Gilead (11, 11):
   Sieg über die Ammoniter.
9. **Ibzan** aus Bethlehem (12, 8).
10. **Elon** von Sebulon (12, 11).
11. **Abdon** von Ephraim (12, 13)
12. **Simson** von Dan (15, 20):
    Sieg über die Philister.

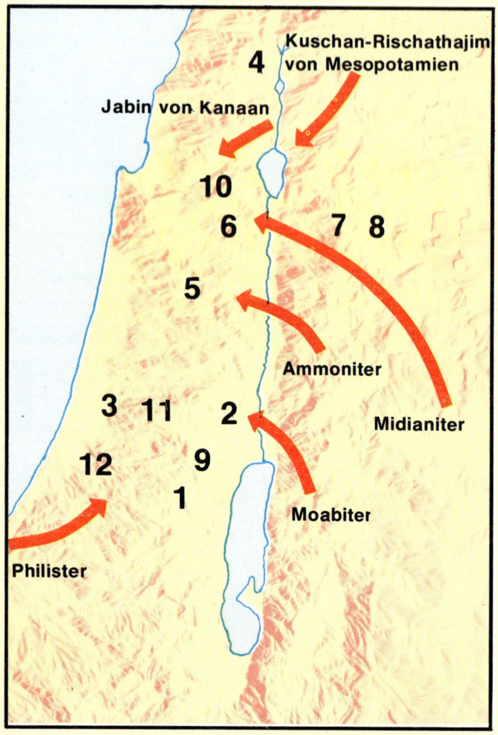

1 – 2, 5 AUSDEHNUNG UND GRENZEN DER EROBERUNG NACH JOSUAS TOD

1, 1–21 Feldzüge im südlichen Kanaan

V. 10–15: Vgl. Jos. 15, 13–19.

Palmenstadt (16): Jericho.

Eiserne Wagen (19): Die Eisenzeit hatte begonnen. Die Philister hatten die Eisenverarbeitung in Palästina eingeführt und kontrollierten sie scharf (vgl. 1. Sam. 13, 19–22). Israel war gegenüber den überlegenen Eisenwaffen und Streitwagen seiner Feinde sehr im Nachteil.

1, 22–26 Die Einnahme von Bethel

1, 27–36 Uneroberte Städte

2, 1–5 Gottes Urteil über Ungehorsam

Der Engel des Herrn (1): Er wird häufig im Richterbuch erwähnt, wie auch sonst in der Bibel. Er kommt als Repräsentant Gottes mit einer besonderen göttlichen Botschaft. Er spricht in Gottes Namen und wird gelegentlich von denen, denen er erscheint, mit Gott identifiziert (z. B. 13, 22). Manchmal zeigt er sich als gewöhnlicher Mensch, manchmal aber auch als ehrfurchterregendes himmlisches Wesen (vgl. Kap. 13). Aber keiner, dem er begegnet, zweifelt an seiner Autorität.

2, 6 – 16, 31 ISRAEL UNTER DEN RICHTERN

2, 6 – 3, 6 Einleitung

Die Verse 11–23 schildern eine Abfolge von Ereignissen, die sich nach dem Aussterben der Generation der Eroberungszeit ständig wiederholte (10). Infolge des Ungehorsams wurden die Nachbarvölker nicht vertrieben. Immer wieder fordern sie Israel heraus, so daß sich das Volk stets im Krieg befindet (2, 20 – 3, 6).

Baal und Astarten (13): örtliche männliche bzw. weibliche Fruchtbarkeits- oder Vegetationsgottheiten.

Die fünf Fürsten der Philister (3, 3): Regenten der Stadtstaaten Asdod, Askalon, Ekron, Gaza und Gath (vgl. Kap. 13–16, sowie 1. Sam. 17, 1–54). Juda konnte seine drei Städte nicht lange halten (1, 18).

3, 7–11 Othniel

Wenn Kuschan-Rischathajim wirklich König von »Mesopotamien« (8; heutiges östl. Syrien und nördl. Irak) war, muß der Angriff von Norden gekommen sein. Das aber macht seine Niederlage durch einen Helden aus dem Süden überraschend. Darum wird der Vorschlag gemacht, den Namen in »Kuschan, Haupt von Teman« (Edom) zu verbessern.

Der Geist des Herrn kam auf ihn (10): Die gleiche Aussage wird von Gideon, Jephthah und Simson gemacht. Die Kraft dieser Helden war eine besondere Gottesgabe.

3, 12–30 Ehud

Unter der Führung von Eglon von Moab hatte sich eine östliche Allianz unter Einschluß der Ammoniter und Amalekiter gebildet. Sie überrannten nicht nur das Ostjordanland, sondern überschritten auch den Fluß, um in Jericho einen Vorposten einzurichten. Wie Ehud waren viele Benjaminiten Linkshänder oder Beidhänder – die Linkshandschleuderer des Stammes genossen hohes Ansehen (vgl. 20, 16; 1. Chron. 12, 2). Bei dieser Gelegenheit weckte die Bewegung des Linkshänders keinen Verdacht.

3, 31 Schamgar

Seine Einzelaktion zügelte die Philister nicht lange (vgl. Kap. 13–16).

Maske eines kanaanäischen Gottes, vielleicht eines Baal. (Vgl. S. 235)

4–5 Debora und Barak

Debora ist Richterin im rechtlichen Sinn, Barak der militärische Führer. Das Deboralied – eines

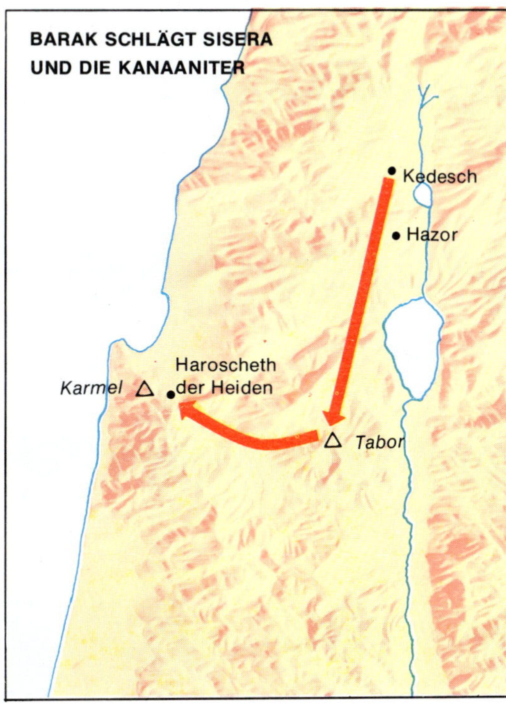

der ältesten literarischen Stücke im Alten Testament – bietet den Schlüssel für den Sieg. Ein Wolkenbruch hatte den Kison in einen wütenden Sturzbach verwandelt (5, 21). Viele Wagen wurden weggeschwemmt, der Rest versank völlig im Schlamm.

Hazor (4, 2): Josua besiegte einen früheren Jabin und zerstörte die Stadt. Der untere Teil wurde nie wieder aufgebaut, aber der Schutthügel wurde durch die Kanaanäer und später durch Salomo wiederbefestigt.

6–8, 28 Gideon

Die Midianiter, ein Beduinenvolk aus dem Osten, überschwemmten das südliche Israel bis zur Philisterstadt Gaza. Wie furchterregend das Auftreten dieser Kamelreiter war, zeigt 6, 11: Gideon muß seinen Weizen in der Kelter dreschen. Der Glaube dieses Mannes ist, bei aller anfänglichen Zurückhaltung, in seiner Bereitschaft zu erkennen, sich mit nur 300 Mann den midianitischen Horden entgegenzustellen.

Barak jagte den steilen Abhang des Tabors hinab, um das Heer Siseras anzugreifen.

Die Aschere (6, 25): Eine Holzstatue der kanaanäischen Muttergottheit.

Ein Ephod (8, 27): Hier wahrscheinlich ein durch das Gesetz verbotenes Gottesbild.

8, 29–35 Gideons spätere Jahre

9 Aufstieg und Fall des Usurpators Abimelech

Während Gideon die Königswürde zurückgewiesen hatte, kannte sein brutaler und ehrgeiziger Sohn Abimelech solche Skrupel nicht.

Sichem (1): Im Herzen Palästinas (vgl. Karte); seit Josuas Tagen Zentralheiligtum für Israel.

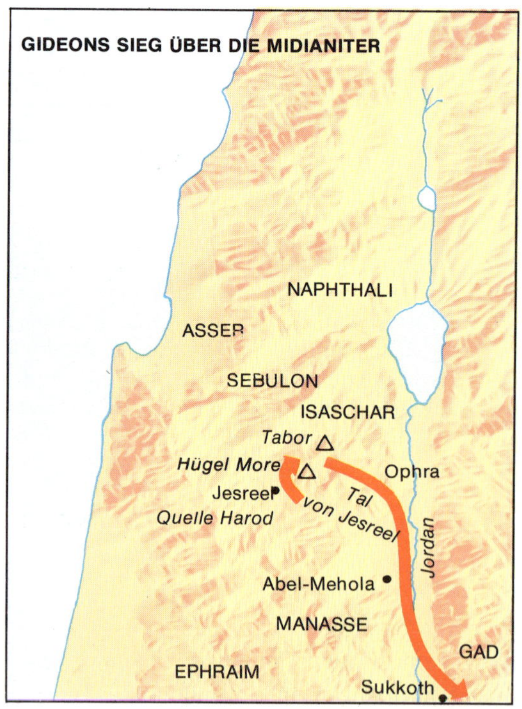

Doch nun gab es hier einen Baalstempel. Die Stadtgeschichte reicht bis in die Tage Jakobs und noch weiter zurück.

Streute Salz auf sie (45): Symbolhandlung, die die Stadt dauerhafter Verwüstung bestimmt. Tatsächlich wurde sie erst 150 Jahre später, zur Zeit Jerobeams I., wiederaufgebaut.

10, 1–2 Tola

10, 3–5 Jair

10, 6 – 11, 40 Jephthah

Das südliche Israel ist von zwei Seiten hart bedrängt: von den Philistern im Westen und den Ammonitern im Osten. Gegen Ammon wird der Bandenhäuptling Jephthah der Heerführer. 4. Mose 20–21 beschreibt die Ereignisse, auf die sich das Palaver von 11, 12–28 bezieht. Moab hatte in der Tat den besseren Anspruch auf das Land, weil Teile davon ihm gehört hatten, bis Sihon es ihm entriß.

300 Jahre (11, 26): Es war nun das dritte Jahrhundert seit den beschriebenen Ereignissen angebrochen (faktisch ungefähr 160 Jahre).

Jephthahs Gelübde. Andere moralische Probleme im Richterbuch: Das Gelübde ist ein Hinweis auf die geringe Gotteserkenntnis der Israeliten in dieser Zeit. Gott will keine Menschenopfer. Aber das Gelübde war in gutem Glauben getan und wurde gehalten, obwohl es Jephthah sein einziges Kind kostete. Und der Hebräerbrief rühmt dennoch den Glauben dieses Mannes, wie auch den Simsons, Gideons und Baraks (11, 32). Dies Beispiel von Kinderopfer, Jaels scheußlicher Mord an Sisera, Ehuds Attentat auf Eglon, Simsons eigensüch-

Schauplatz des Überraschungsangriffs Gideons gegen die Midianiter.

tiges, sinnliches und unverantwortliches Verhalten (vgl. Einleitung S. 219) bringen viele Christen in Verlegenheit. Wie konnte Gott sich nur solcher Menschen bedienen? Darauf gibt es kaum eine befriedigende Antwort. Diese Richtergestalten sind Menschen ihrer Zeit, einer Zeit geistlichen Verfalls, die die Grundwerte des AT bei weitem nicht erreichte, geschweige denn die, die Christus aufgestellt hat.

Tatsache ist – und Wunder zugleich! –, daß Gott Menschen gebrauchte und immer noch gebraucht, deren Leben weder untadelig noch frei von falschen Motiven war und ist. Es geht nicht darum, ihr Versagen nachzuahmen. Nicht ihre Unmoral wird in der Bibel gutgeheißen, sondern ihr Glaube und ihr Mut. Gott läßt

Ruinen von Askalon, Schauplatz der Taten Simsons (diese Überreste stammen allerdings aus römischer Zeit).

sich seine letzten Ziele nicht durchkreuzen, auch nicht in einer Zeit, die hoffnungslos dekadent zu sein scheint. Dunkle Zeiten wie die der Richter werden nicht selten durch Zeiten echten geistlichen Fortschritts abgelöst.

12, 1–7 Ephraims Eifersucht

Wo Gideon sanfte Worte gebraucht, um die empfindlichen Ephraimiten zu besänftigen (8, 1–3), greift Jephthah zum Schwert. An den Furten entscheidet die Aussprache des Wortes »Schibboleth« über Menschenleben.

12, 8–10 Ibzan

12, 11–12 Elon

12, 13–15 Abdon

13, 1 – 16, 31 Simson

Der Kämpe gegen den Feind im Westen (vgl. 10, 7) ist von Geburt an für diese Aufgabe bestimmt. Denn für Simson galt ein lebenslanges Nasiräergelübde (vgl. 4. Mose 6). Aber er nimmt dieses Gelübde nicht ernst, ja verachtet es, als er sich von Delila die langen Haare abschneiden läßt, die ein Zeichen seines Gottgeweihtseins waren. Moralische Schwäche beraubte den starken Mann sowohl seines geistlichen Formats wie seiner physischen Leistungsfähigkeit – denn sie war ihm ja für einen besonderen Auftrag gegeben.

Simsons Heirat: Sie wird nicht nach jüdischem Ritus vollzogen, obwohl die Eltern Simsons sie ausrichten. Die Frau bleibt bei ihrer Familie, wo ihr Mann sie unter Mitnahme von Geschenken besucht. Wegen des Verrats des Rätsels kommt es am Ende des siebentägigen Festes nicht zum Vollzug der Ehe.

300 Füchse (15, 4): Vermutlich sind Schakale gemeint, die in Rudeln jagen und daher eher in größerer Anzahl zu fangen sind als der alleinlebende Fuchs.

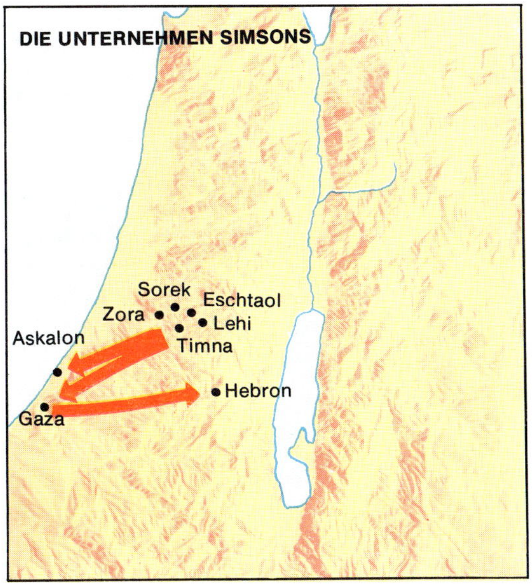

17–21 NACHTRÄGE

Dieser abschließende Teil unterscheidet sich vom übrigen Richterbuch. Den Heldengeschichten werden zwei Ereignisse hinzugefügt, die den niedrigen Stand des Glaubens und der Sittlichkeit in den Tagen erhellen, in denen Israel keine Zentralregierung hatte und jeder »tat, was in seinen Augen richtig war«.

17–18 Micha und der Levit
Die Wanderung Dans

Diese Erzählung gehört in die Zeit, in der der Druck der Philister auf den Süden so stark war, daß es zu einem Massentreck der Daniter in den hohen Norden Israels kam. Das Gottesbild, das durch Micha aufgestellt wurde, war durch das Gesetz streng verboten. »Ephod und Teraphim« wurden zum Wahrsagen verwandt – und auch dies war streng verboten.

19–21 Die Vergewaltigung der Nebenfrau in Gibea. Die Bestrafung der Benjaminiten

Als sich die Benjaminiten weigern, die Gibeoniten, die das Verbrechen begangen haben, auszuliefern, ist ein Bürgerkrieg die Folge. Das Ergebnis ist, daß Benjamin fast ausgerottet wird – Grund zu nationaler Trauer. Kap. 21 beschreibt, welche makaberen Methoden Israels Stämme anwenden, um ihren voreiligen Eid von Mizpa (21, 1) zu umgehen.

Der Verfasser braucht gar keine moralische Anwendung zu bringen; die lakonische Feststellung in Vers 25 sagt alles. Das ganze Buch macht die zerstörerischen Folgen des Niedergangs jeglicher Autorität erkennbar. Menschen erheben sich selbst zum Gesetz und legen fest, was für sie erlaubt ist und was nicht.

Ruth

Diese idyllische Erzählung aus dem alltäglichen Leben steht in starkem Gegensatz zum Krieg und Streit in den Richterbüchern, obwohl sie in die gleiche Zeit hineingehört. Ohne Zweifel gab es also auch in dieser Periode Menschen, die ein so normales, friedliches Leben führen konnten. Zudem macht das Buch Ruth klar, daß trotz des allgemeinen religiösen Niedergangs der persönliche Glaube einzelner stark geblieben war. Wichtigste Erkenntnis aus dieser Erzählung aber ist, daß Gott sogar an den kleinen Dingen des menschlichen Lebens Anteil nimmt. Ja, mehr noch: Er webt den neugefundenen Glauben eines moabitischen Mädchens und ihre opferwillige Liebe zu ihrer Schwiegermutter in das Muster seines Heilsplanes ein. Denn von Ruth stammt König David ab, und aus dem Davidsgeschlecht der Messias selbst.

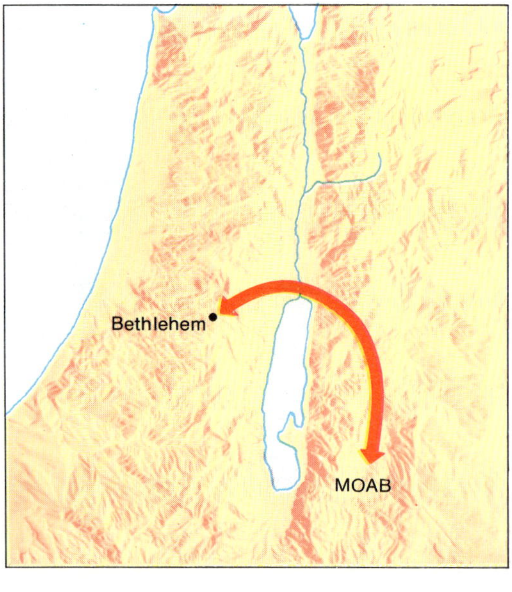

1, 1–5 Elimelech zieht mit seiner Familie nach Moab

Der Weg war ungefähr 80 km weit, auf die andere Seite des Toten Meeres.

1, 6–22 Naemi kehrt mit ihrer Schwiegertochter Ruth nach Bethlehem zurück

Die Hungersnot ist vorüber: Gott erweist seinem Volk erneut seine Fürsorge. Während Orpa nach Hause zurückgeht, weil sie hofft, dort ein zweites Mal heiraten zu können, will Ruth die altgewordene Naemi nicht allein lassen. Sie entscheidet sich für Naemis Volk und – bezeichnender Weise! – für Naemis Gott. Die beiden kommen im April in Bethlehem an.

2 Ruth sammelt Ähren und gewinnt Boas' Schutz

Witwen hatten nicht viele Möglichkeiten, für ihren Lebensunterhalt zu sorgen, und Ruth und Naemi waren arm. Aber das Gesetz sah vor (3. Mose 19, 9), daß die beim Ernten liegenbleibenden Ähren für die Armen zurückgelassen werden sollten. »Zufällig« sammelt Ruth auf einem Feld, das dem Verwandten Elimelechs, Boas, gehört. Seine Freundlichkeit geht weit über das hinaus, was das Gesetz verlangte (9, 14–16).

Geröstete Körner (14): Frische Gerstenähren, in einer Pfanne geröstet.

Ein Scheffel Gerste (17): Ein Scheffel (Epha) faßte ungefähr 22 Liter. Ruth kam so durch ihre Arbeit und die Großzügigkeit des Boas zu einem halben Zentner Gerste.

Während der Ernte las Ruth die übriggebliebenen Ähren.

3 Auf der Dreschtenne. Der Appell an Boas als nächstem Verwandten

Nach dem Leviratsgesetz war, wenn ein Mann kinderlos starb, dessen Bruder verpflichtet, ihm mit der Witwe einen Erben zu zeugen. Dieses Gesetz wurde nun nach Naemis Plan auf den nächsten Verwandtschaftsgrad ausgedehnt. Ruth nahm durch ihr Handeln (7) dieses Recht in Anspruch. Die Sache wird aber dadurch kompliziert, daß Boas nicht der allernächste Blutsverwandte Elimelechs ist. Aber er verspricht, sich der Dinge anzunehmen.

4, 1–12 Die Verhandlung zwischen den Verwandten

Das Stadttor war der Ort wichtiger Zusammenkünfte. Und auch Rechtsgeschäfte konnten dort öffentlich verhandelt werden. Die Ältesten agierten als Zeugen. Zusätzlich zu der Verpflichtung, durch die Zeugung eines Erben den Namen eines Toten fortzuführen, mußte der nächste Blutsverwandte auch sein Land erwerben, um es im Familienbesitz zu erhalten. Boas schneidet zuerst die Frage nach dem Land an, dann die nach der Witwe. Der Verwandte zeigt sich bereit, das Land zu erwerben, um es seinem eigenen Besitz einzuverleiben. Aber als er hört, daß das Land an Ruth und ihren Sohn gehen wird, zu dem er Ruth selbst verhelfen soll, erklärt er sich für nicht zuständig.

4, 13–22 Ruth heiratet und wird die Urgroßmutter des Königs David

So erfüllt Boas sein eigenes Gebet (2, 12). Gott belohnt Ruth mit einem Gatten und einem Sohn, der ein Trost für Naemi wird. Gottes Eingreifen macht diese gewöhnlichen Ereignisse zu Sternstunden. Denn Obed ist Davids Großvater, von dem das Königsgeschlecht Israels ausging, das bis Christus reicht.

Das Alte Testament und der Alte Orient

Alan Millard

Die Bibel ist ein altes Buch, ein geschichtlicher Bericht. Deshalb ist es hilfreich, etwas über die Welt zu wissen, in der sie geschrieben wurde.

Das ist nicht unchristlich. Der christliche Glaube stützt sich auf geschichtliche Ereignisse. Diese Ereignisse, in der Bibel niedergeschrieben und gedeutet, lassen sich mit anderen Ereignissen vergleichen, die in anderen Quellen überliefert sind. Die Bibel selbst setzt sich aus Urkunden zusammen, die so alt und historisch nachprüfbar sind wie andere auch.

Nachweis der Zuverlässigkeit der Bibel

Die Zuverlässigkeit der Bibel läßt sich u. a. dadurch nachweisen, daß man ihre Berichte mit anderen historischen Quellen vergleicht. Das ist allerdings nicht immer so leicht wie es scheint. Urkunden sind oft beschädigt oder unvollständig. Archäologische Funde lassen sich häufig verschieden interpretieren. Nur wenige alte Schriften beschreiben dieselben Ereignisse wie die Bibel, und selten schildern zwei Beobachter ein Ereignis aus derselben Perspektive.

Die Hebräer waren ein verhältnismäßig unbedeutendes Volk. Ihr Schicksal hatte nur wenig Einfluß auf die Großmächte, deren Berichte uns überliefert sind. Abgesehen von den späteren Königen Israels und Judas erscheint kaum eine der biblischen Gestalten in außerbiblischen Quellen. Wo wir jedoch Vergleichsmöglichkeiten haben, besticht der biblische Bericht durch seine Genauigkeit. Eine oberflächliche Ähnlichkeit kann natürlich irreführend sein, und darum ist Vorsicht geboten. Hilfreich ist jedoch die Kenntnis des antiken Nahen Ostens in jedem Falle, selbst wenn wir keine direkten oder indirekten Indizien für die historische Zuverlässigkeit der Bibel daraus ableiten können: Die Beschäftigung mit Israels Nachbarn – ihren Sitten, ihrer Kultur, Literatur und Geschichte – vermittelt uns eine Vorstellung davon, was wir im Falle des hebräischen Volkes erwarten können.

Beschäftigen wir uns einmal mit den drei Indizientypen – direkten Indizien, indirekten Indizien, Analogieschlüssen –, um zu sehen, wie sie die Bibel erhellen.

Direkte Indizien

Wie schon gesagt, sind außerbiblische Hinweise auf Israel rar und fast ausschließlich auf königliche Namen beschränkt. Ein solcher Hinweis ist der Bericht über die Invasion Schischaks, des ägyptischen Königs, der ca. 945–924 v. Chr. regierte (1. Kön. 14, 25 ff.). Eine Inschrift in Theben, schlecht erhalten, zählt viele eroberte Städte in Palästina auf. Tiglath-Pileser III. (ca. 745–727 v. Chr.) zwang Syrien und Palästina erneut unter assyrische Herrschaft, nach einigen Jahrzehnten der Schwäche, in denen Jerobeam Israel reich gemacht und Usia Juda aufgebaut hatte. Der Assyrer berichtet, wieviel Tribut ihm Menahem von Samaria gezahlt habe, und behauptet, er habe dafür gesorgt, daß Hosea Pekach ablöste (2. Kön. 15, 19–20. 30). In 2. Kön. 15, 19 (s. a. 1. Chron. 5, 26) wird Tiglath-Pileser »Pul« genannt, ein Name, den auch babylonische Chronisten des 6. Jahrhunderts v. Chr. benutzten. In der Folgezeit regierten die Assyrer in Samaria, und Juda war Vasallenstaat, dessen Könige jedoch um die Unabhängigkeit kämpften und dabei Ägyptens Unterstützung suchten. So rebellierte Hiskia, und Sanherib zog mit seinem Heer nach Juda und belagerte Jerusalem. In vielen Inschriften berichtet der Assyrer davon. Er erzählt, Hiskia habe ihm seinen Tribut nach Ninive gesandt (die Höhe unterscheidet sich etwas von 2. Kön. 18, 14 ff.); er behauptet aber weder, Jerusalem eingenommen zu haben, noch berichtet er natürlich vom Schicksal seiner Armee.

Beim Bericht über Salomos Bauprojekte erwähnt 1. Kön. 9, 15 neben Jerusalem drei große Städte: Hazor, Megiddo und Geser. Ausgrabungen an den drei Orten haben Stadtmauern aus dem 10. Jahrhundert v. Chr. freigelegt, die alle gleiche Merkmale aufweisen. Jede der Stadtmauern wird durch einen massiven Torweg unterbrochen, und in Aufbau und Maßen stimmen sie bis auf wenige Zentimeter überein. Hier haben wir einen handgreiflichen Beweis für die Wahrheit des Bibeltextes. Die materiellen Überreste weisen unverkennbar auf einen einzigen Planer und eine zentrale Regierungsautorität hin. Der Glanz Salomos, mag er auch noch so sagenhaft erscheinen, gewinnt an Glaubwürdigkeit, wenn man den altorientalischen Hintergrund mit berücksichtigt.

Indirekte Indizien

Die meisten archäologischen Entdeckungen, die für den Bibelleser von Bedeutung sind, fallen in die Kategorie »indirekte Indizien«. Damit sind Dinge gemeint, die zwar nicht in unmittelbarem Zusammenhang mit biblischen Ereignissen stehen, aber Gebräuche oder Handlungen verdeutlichen, die Begebenheiten in der Bibel entsprechen. So wissen wir heute, daß Abrahams Heirat mit der Sklavin Hagar wegen Saras Kinderlosigkeit und seine Weigerung, sie zu verstoßen, den zeitgenössischen Forderungen der Gesetze des Hammurabi von Babylon entsprachen. Die Namen der Patriarchen Israels waren im 2. Jahrtausend v. Chr. ganz gebräuchlich, wie wir inzwischen aus Tausenden von zeitgenössischen Urkunden wissen.

Ein weiteres Kennzeichen der salomonischen Pracht wird durch ägyptische Quellen indirekt bestätigt. Nach 1. Kön. 9, 16 heiratete er eine Tochter des Pharaos. Zwei oder drei Jahrhunderte früher wäre das unmöglich gewesen. Während der Blütezeit Ägyptens verließen die ägyptischen Prinzessinnen nicht den Hof, und hätte ein einflußreicher fremder König eine von ihnen als Frau heimführen wollen, sie wäre ihm verweigert worden. Im 10. Jahrhundert v. Chr. jedoch, also zur Zeit der weniger mächtigen 21. und 22. Dynastie, wurde diese Regel durchbrochen. Auf diesem Wege kam Salomo dann doch zu seiner Braut.

Einige Zeit vorher befahl der Held Gideon einem Jungen, ihm die Namen der »Oberen« von Sukkoth aufzuschreiben. Dabei griff er sich offenbar den erstbesten Jungen heraus (Ri. 8, 14). Daß damals Namen leicht geschrieben und gelesen werden konnten, beweisen die kupfernen Speerspitzen, die man in der Nähe von Bethlehem gefunden hat. Darauf sind die Namen ihrer Besitzer eingeritzt, und man datiert die Spitzen ins 12. und 11. Jhd. v. Chr.

Analogieschlüsse

Da wir außer dem Alten Testament praktisch keine schriftlichen Berichte über althebräisches Leben, Denken und althebräische Geschichte besitzen, können wir über bestimmte Aspekte des Lebens kaum etwas erfahren. Auf Leder oder Papyrus geschriebene Dokumente sind im feucht-heißen Klima Palästinas längst zerfallen. Wenn aber in Nachbarkulturen solche Dokumente erhalten geblieben sind, kann man mit Recht annehmen, daß es sie auch in Altisrael gegeben haben muß. Natürlich muß man jeweils genau prüfen, ob es sich tatsächlich um einander entsprechende Situationen gehandelt hat.

Aus den israelitischen Städten hat keine Literatur die Zeit überlebt, aber es muß sie gegeben haben. Das Alte Testament selbst ist der Beweis dafür, obwohl sich die Wissenschaftler nicht darüber einig sind, wie alt es in seiner schriftlichen Form ist. In Ägypten und Babylonien hatten die Schriftgelehrten wegen des komplizierten Schreibsystems ein Monopol inne. In Israel und seinen Nachbarstaaten ließ sich das 22–Buchstaben-Alphabet leicht erlernen; so war das Schreiben auch unter der Bevölkerung weiter verbreitet, wenn auch die professionellen Schreiber eine wichtige Rolle spielten. Kleinere schriftliche Dokumente zeigen, wie verbreitet die Schreibkunst in Altisrael gewesen sein muß. Wenn aber alltägliche Dinge niedergeschrieben wurden, dann war auch ein literarisches Schaffen möglich. Dem geschriebenen Wort brachte man großen Respekt entgegen. Wertvolle alte Schriftstücke wurden sehr sorgfältig abgeschrieben. Dabei waren Revisionen und Bearbeitungen des Textes möglich, aber wie weit diese gehen, läßt sich nur feststellen, wenn ältere Handschriften zum Vergleich herangezogen werden können.

Ägypten, Assyrien und Babylonien, die Hethiter und die Kanaaniter, sie alle hatten kunstvoll arrangierte Riten, Opfer und Priesterordnungen. Ihre Tempel waren großartig gebaut und verschwenderisch ausgestattet, besonders von erfolgreichen Königen. Israel bildete also in dieser Beziehung keine Ausnahme. Für die Stiftshütte, den salomonischen Tempel und das Levitengesetz gab es vergleichbare Einrichtungen in anderen Ländern. Und wie in den Nachbarstaaten, so schuftete und litt auch in Israel das einfache Volk, um dem König die Pracht zu ermöglichen, die er für sich beanspruchte.

Man kann auch erwarten, daß Israel als ein Volk unter verwandten Völkern mit diesen Denk- und Ausdrucksformen gemeinsam hatte. Wenn wir in der babylonischen oder ägyptischen Literatur auf Dinge stoßen, die unserem modernen Denken fremd sind, unternehmen wir große Anstrengungen, um sie zu verstehen. Wir versuchen, logische Brüche, Paradoxe und offenbare Widersprüche zu erklären, ohne die Richtigkeit der Texte zu bestreiten, die unsere einzige Informationsquelle sind (es sei denn, wir hätten überzeugende Gründe, die uns an der Richtigkeit zweifeln lassen). In Israels Literatur kann man ähnliche Schwierigkeiten erwarten, und auch sie sollte mit Achtung behandelt werden. Einige Klippen, die die hebräischen Texte mit anderen altorientalischen Dokumenten gemeinsam haben, sind z. B. das Erzählen ohne Berücksichtigung der chronologischen Reihenfolge oder das Sammeln von Aussagen ohne erkennbare Beziehung zum Gesamtzusammenhang.

Ähnlichkeiten und Unterschiede

Diese Beispiele sollten uns zeigen, wie wichtig es ist, den Alten Orient zu erforschen, um den Hintergrund der Bibel zu erhellen. Die direkten und indirekten Parallelen zwischen altorientalischen Urkunden und dem Alten Testament sind so deutlich, daß die Versuche, das alttestamentliche Bild von Israels Kultur und Wachstum als Erfindung abzuwerten, äußerst zweifelhaft sind. Kein Fund hat die hebräischen Berichte bisher widerlegen können. Es mag Diskrepanzen, Unsicherheiten und offene Fragen geben. Das ist aber nicht verwunderlich, denn wir haben nun einmal keine lückenlose Indizienkette. Neue Entdeckungen lösen alte Probleme und enthüllen oft die falschen Voraussetzungen, von denen manche Theorien ausgehen. Häufig werfen sie allerdings auch neue Probleme auf und zwingen so zu weiterer und tieferer Beschäftigung mit dem Stoff.

Wenn sich die biblische Archäologie auch vor allem auf die Ähnlichkeiten zwischen Israel und seinen Nachbarn konzentriert, dürfen darüber doch die Unterschiede nicht vergessen werden. Nach Aussage des Alten Testaments ist Israel durch einen unüberbrückbaren Graben von den Nachbarstaaten getrennt. Zwar gibt es in Sprache und Kultur manche Gemeinsamkeiten, Israels Glaube aber ist einzigartig. Nun ist es schwierig, materielle Spuren von Israels monotheistischem Glauben, seinem bildlosen Gottesdienst und seinem zentralisierten Kult zu finden. Israels Nachbarn hielten Jahwe für einen nationalen Gott im Sinne ihrer eigenen Götter. Zudem war Israel nie völlig treu, so daß sich heidnische religiöse Objekte in den Ruinen seiner Städte finden.

Die Unterschiede treten am deutlichsten zutage, wenn man die biblische Lehre mit zeitgenössischen Texten vergleicht. Die absoluten Forderungen der Zehn Gebote, die exklusive Hingabe an Israels erwählenden Gott, die Gleichwertigkeit der einzelnen und ihre Verantwortung für das Gemeinwohl, die Selbstlosigkeit der Propheten – all das ist ohne Parallele in der altorientalischen Welt.

Wenn die historischen und kulturellen Aspekte, so wie sie die Bibel schildert, dem entsprechen, was wir aus anderen Quellen über den Alten Orient wissen, so bedürfen die ethischen und religiösen Unterschiede doch der Erklärung. Und das Alte Testament gibt uns eine solche Erklärung: Gott sprach.

1. und 2. Samuel

Diese beiden Bücher bildeten ursprünglich in der hebräischen Bibel *einen* Band. Sie beschreiben die Geschichte Israels vom Ende der Richterzeit bis zu den letzten Regierungsjahren Davids, also etwa die 100 Jahre von 1075–975 v. Chr. Diese Geschichte ist eine Geschichte besonderer Art: die Geschichte Gottes und seines Volkes, besonders aber die Geschichte Gottes mit den Führern des Volkes. Samuel hat als die beherrschende Figur der ersten Kapitel diesem Buch seinen Namen gegeben. Er ist nach göttlicher Weisung »Königsmacher« in Israel – salbt er doch sowohl Saul wie dann auch David zum König.

Der Geschichtsschreiber mag Material aus Samuels eigenen Schriften (1. Sam. 10, 25) und solches späterer Propheten (1. Chron. 29, 29) benutzt haben, und sicherlich kannte er einige von Davids Liedern (2. Sam. 1, 19–27; 22, 2–51; 23, 1–7). Zugleich aber war er ein geborener Erzähler und Meister der Spannung. Er muß einige Zeit nach der Teilung des Reiches geschrieben haben (er nimmt einige Male Bezug auf das Königreich Juda; das Volk war aber noch nicht im Exil; vgl. z. B. 1. Sam. 27, 6). Das früheste wahrscheinliche Datum für die Bücher in ihrer jetzigen Gestalt ist darum 900 v. Chr. Kritiker haben für mehrere Verfasser plädiert, besonders wegen gewisser Doubletten der Erzählungen (z. B. die zwei Anlässe, bei denen Samuel die Verwerfung Sauls durch Gott ansagt, etc.) Bei näherer Betrachtung erweisen sich aber die meisten der Doubletten als verschiedene Aspekte der gleichen Ereignisse, wobei durch das zweimalige Erzählen jeweils bestimmte Gesichtspunkte herausgehoben werden sollen (eine besondere literarische Technik).

1. SAMUEL

1–3 SAMUELS GEBURT UND FRÜHE JAHRE

1 Gottes Antwort auf Hannas Gebet um ein Kind

Samuel gehört, wie Isaak und Jakob vor ihm und Johannes der Täufer nach ihm, in die Reihe der Gottesmänner der Bibel, deren Geburt die Antwort auf jahrelanges Gebet war. Als Gott der Hanna den Sohn schenkte, nach dem sie verlangte, gab er damit Israel den letzten und größten der Richter und den ersten großen Propheten (nach Mose), den Mann, der das Königtum einführen sollte.

Opfer . . . in Silo (3): Silo war als Ort der Stiftshütte das gottesdienstliche Zentrum der Richterzeit (einen »Tempel« – V. 9 – im eigentlichen Sinne gab es dort noch nicht).

Ich will ihn dem Herrn geben . . . (11): Das Kind wird Gott geweiht, um ein Leben lang unter den Bestimmungen des Nasiräergelübdes zu stehen (vgl. 4. Mose 6 und das Gelübde, das Simsons Eltern gaben, Ri. 13).

Nachdem sie ihn entwöhnt hatte . . . (24): Samuel wird etwa drei Jahre alt gewesen sein.

Nur ihre Lippen bewegten sich (13): Üblicherweise wurde laut gebetet. Darum ist Eli auch so schnell mit einer falschen Schlußfolgerung bei der Hand. Das religiöse Leben muß auf einem beachtlichen Tiefstand gewesen sein, wenn man betrunken zur Anbetung in die Stiftshütte kommen konnte (vgl. das Verhalten der Elisöhne, 2, 12 ff.).

Ruinen zeugen vom Standort Silos. Zur Zeit Elis und seiner Söhne fand dort Israels Gottesdienst statt. Das Zelt war von einem »Tempel« abgelöst worden.

2, 1–10 Hannas Dankeslied

Hannas Lied findet bei Maria (Luk. 1, 46–55) ein Echo. Im kleinen Spiegel ihrer eigenen Erfahrung sieht Hanna alle Wunder des Wesens Gottes aufleuchten. Gott hat ihr Geschick gewendet. Die Spottworte sind verstummt. Hunger, Leiden und Beschämung sind vorüber, und an ihre Stelle traten Leben, Freude und Ehre. Das aber, was Gott für sie tun kann, kann er auch für sein ganzes Volk tun.

Scheol (6): Das Totenreich.

Sein König (10): Entweder liegt hier inspirierte Prophetie durch Hanna vor, oder die Verse 2–10 sind Teil eines Psalms, den der Erzähler hier einfügte, weil er besonders gut zu Hannas Erfahrung paßte.

2, 11–36 Der Priester Eli und seine mißratenen Söhne

Die Priester waren berechtigt, einen Anteil vom Opfer für sich zu behalten (4. Mose 18, 8–20; 5. Mose 18, 1–5). Aber was hier geschieht, ist eine Perversion des Gesetzes. Elis Söhne suchen sich die besten Stücke schon heraus, ehe das Opfer Gott dargebracht war (15). Schlimmer noch: Sie führen Prostitution in den Gottesdienst Israels ein (22). Nach Elis Tod sollen diese beiden die »Erzbischöfe« des Volkes sein – und Eli bringt an dieser Stelle lediglich eine Diskussion mit ihnen zustande!

V. 27–36: Die Vorhersage des Gottesmannes erfüllt sich mit dem Tod der Elisöhne in der Schlacht von Aphek (4, 11). Das Priestertum ging von Elis Familie auf die Zadoks über (2. Sam. 8, 17).

Ein leinener Ephod (18, 28): ein Schurz, den die Priester trugen.

Der Herr war willens, sie zu töten (25): Der Verfasser stellt es so dar, weil Gottes Souveränität über allen Ereignissen steht. Gleicherweise ist aber wahr, daß ihr Tod ein direktes Ergebnis ihrer freien Entscheidung ist, Gott nicht zu gehorchen. Die Bibel sieht keinen Gegensatz zwischen Gottes Souveränität und dem freien Willen des Menschen (vgl. Anm. zu 2. Mose 6, 28 – 10, 29).

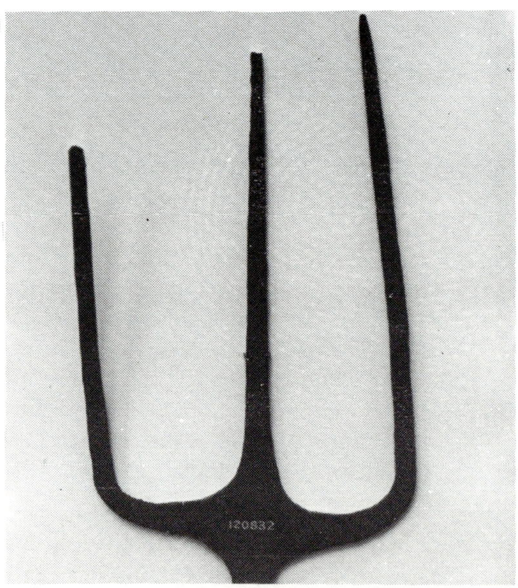

Mit solchen Gabeln wurden Fleischstücke aus dem Opferkessel geholt. Fundort dieser Gabel: Ur.

3 Samuel hört Gottes Ruf

In den frühen Morgenstunden, beim Dienst in der Stiftshütte, nahe bei der Bundeslade, hört Samuel Gott zum ersten Mal zu sich sprechen. Es ist eine Gerichtsbotschaft für Eli. Seitdem ist Samuel Gottes Bote. Und das ganze Volk weiß dies, von Dan im hohen Norden bis nach Beerseba am Rand der südlichen Wüste.

4, 1 – 7, 1 DIE PHILISTER UND DIE BUNDESLADE

4, 1–11 Die Philister besiegen Israel und erbeuten die Bundeslade

Die Bundeslade (vgl. 2. Mose 25–27) war Israels wertvollster Besitz, das Herzstück der Stiftshütte. Eine Kopie des Gesetzes wurde in ihr aufbewahrt. Ihr Deckel war der Gnadenstuhl, das Symbol göttlicher Nähe.

Jetzt aber verwendet das Volk sie als Talisman, als letzten Schutz gegen die Philister. Das Ergebnis ist ein völliges Desaster: Das Heer wird besiegt, und die Lade fällt in die Hände der Feinde.

Philister (1): Vgl. »Nationen und Völker«, Teil IV.

4, 12–22 Elis Tod

Die Lade kam nie wieder nach Silo zurück. Wahrscheinlich zerstörten die Philister die Stadt im Gefolge ihres Sieges (vgl. Jer. 26, 6). Die genannten Verse berichten die Vollstreckung des göttlichen Urteils über Elis Familie (2, 27–36; 3, 11–14).

Er richtete Israel vierzig Jahre (18): Die meisten der Richter waren Heerführer (vgl. das Richterbuch). Nur die letzten beiden, Eli und Samuel, waren religiöse Führer und Rechtswalter.

5 Die Lade in Philisterhand

Für die Philister war es ihr Gott Dagon, der ihnen den Sieg gegeben hatte. So stellen sie die Lade als Trophäe zu seinen Füßen auf. Aber Da-

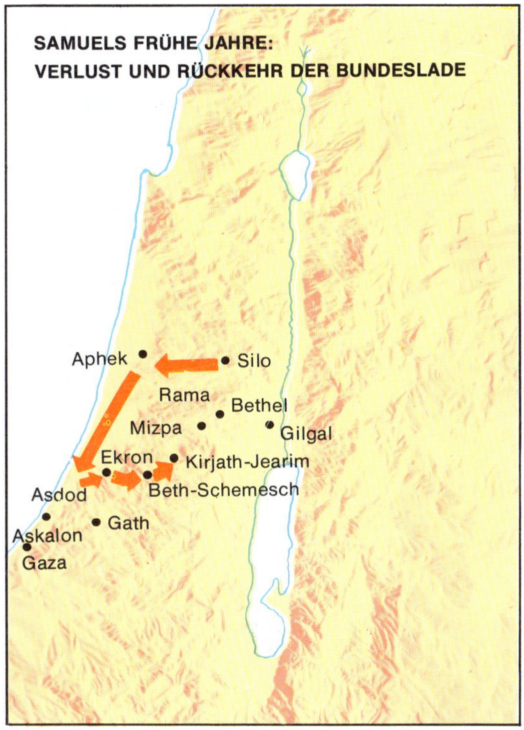

Dies Relief aus dem Tempel Pharao Ramses III in Theben zeigt gefangene Philister in Rock und Federhelm.

gon ist kein Gott von der Art des Gottes Israels. Gott ist kein Götze aus Menschenhand. Er geht mit der Statue Dagons um, wie man einen gefangenen König behandeln mochte (vgl. Ri. 1, 6–7). Als weitere Demonstration seiner Macht läßt er eine Art Beulenpest unter ihnen ausbrechen, die durch eine Mäuseplage ausgebreitet wird (vgl. V. 6 und 6, 4). Die Verlagerung der Lade breitet die Epidemie nur weiter aus.

6 – 7, 1 Die Rückkehr der Lade

Nach sieben Monaten raten die religiösen Führer zur Rückgabe der Bundeslade. Die Weise, in der dies geschieht, soll ein für allemal erkennen lassen, ob der Gott Israels für das Unheil verantwortlich ist oder nicht. Als die jochungewohnten Kühe wie ein geübtes Zugpaar den Weg über die Grenze nehmen, ist diese Frage eindeutig beantwortet.

Vers 19 bringt einen dunklen Ton in allen Jubel. Auch Israel darf heilige Grenzen nicht überschreiten.

7, 2–17 NATIONALE WIEDERGEBURT: SAMUEL ALS RICHTER

Zwanzig Jahre vergehen – und dann kommt es zu einer echten Zuwendung zu Gott (2). Die Götzen – Baal, Astarte, die kanaanäischen Fruchtbarkeitsgötter – werden abgetan. Samuel führt das Volk zu einem Akt der Buße und der Reinigung. Unmittelbar darauf kommt es zur Prüfung. Die Philister rücken heran. Gott benutzt die Gelegenheit, um Israel zu zeigen, was er für sie tun will, wenn sie ihm vertrauen. Der Name des Ortes einer früheren Niederlage (4, 1) wird gewählt, um den jetzigen Sieg zu bezeichnen (12). Gottes Hilfe macht eine so unerhörte Umkehrung möglich.

Solange Samuel lebte (13): Darunter fällt auch ein Großteil von Sauls Regentschaft. Zwar ging der Krieg weiter, aber Saul und David wehrten die Philister ab bis zu der Schlacht bei Gilboa, in der Saul und Jonathan fielen.

Von Ekron bis Gath (14): Die zwei Philisterstädte im Inland. Israel gewann seine Grenzstädte zurück.

Bethel, Gilgal, Mizpa, Rama (16–17): Samuel machte eine jährliche Rundreise zu den vier Städten.

8–12 SAUL WIRD ISRAELS ERSTER KÖNIG

8 Das Volk verlangt einen König. Samuels Warnung

Die Geschichte wiederholt sich im Fall der Söhne Samuels. Sie verhalten sich kaum besser als die Elis (2, 12). Dies liefert dem Volk einen passenden Vorwand für seine Bitte um einen

20 Jahre blieb die Bundeslade in Kirjath-Jearim, gewöhnlich mit Abu Ghosch, etwa 15 km westl. von Jerusalem, identifiziert.

König, wie ihn auch die Nachbarvölker haben. Samuel warnt vor dem Preis. Das Beispiel der Nachbarstaaten zeige, daß das Königtum Wehrpflicht, Zwangsarbeit, Besteuerung und Verlust persönlicher Freiheit bedeute. Aber nicht einmal das schreckt sie ab.

9–10 Saul wird König. Seine Salbung

Auf der Suche nach verlorenen Eseln kommt Israels zukünftiger König von Gibea nach Rama und trifft dort Samuel. Ganz Israel kennt den Propheten, aber dieser junge Mann aus der Provinz kennt ihn offenbar nicht. Das Öl (10, 1) ist Zeichen für die Erwählung zu dem hohen Amt. Die genaue Erfüllung von Samuels Vorhersagen versichert Saul der Autorität des Propheten. Saul geht als ein neuer Mensch nach Hause (10, 9).

Die Höhe (9, 12): Der Altar. Der Begriff ist noch nicht durch den Götzendienst geprägt wie später.

Ein Lager ... auf dem Dach (9, 25): ein angenehm kühler Ort in der Sommerhitze.

Herab ... nach Gilgal (10, 8): Die Anweisung scheint sich auf die Einberufung zum Kampf zu beziehen. Als dieses stattfand (Kap. 13), war Saul ungehorsam.

Als sie nach Gibea kamen ... (10, 10): Sauls ekstatische Erfahrung spielte sich in seiner Heimatstadt ab.

10, 17–27 Die öffentliche Proklamation

Gott wählt den König für Israel. Die Wahl wird nicht dem Volk überlassen.

11 Sauls erster Sieg löst die Widerstände auf

Gott bringt Saul dazu, einen Aufruf zu erlassen (6), und das Volk, darauf einzugehen. Wohl zum ersten Mal seit Josuas Zeit ist das Volk geeint: ein guter Anfang für die Regentschaft des neuen Königs.

Baalsfigur: Immer wieder wurde Israel von Propheten wie Samuel davor gewarnt, sich lokalen heidnischen Göttern zuzuwenden.

12 Samuel warnt das Volk in Gilgal

Samuel ist immer wachsam gewesen gegenüber den Gefahren der Monarchie (8; 10, 17 ff.). Politisch gesehen war der Wechsel zum Königtum ohne Zweifel weise. In religiöser Hinsicht war

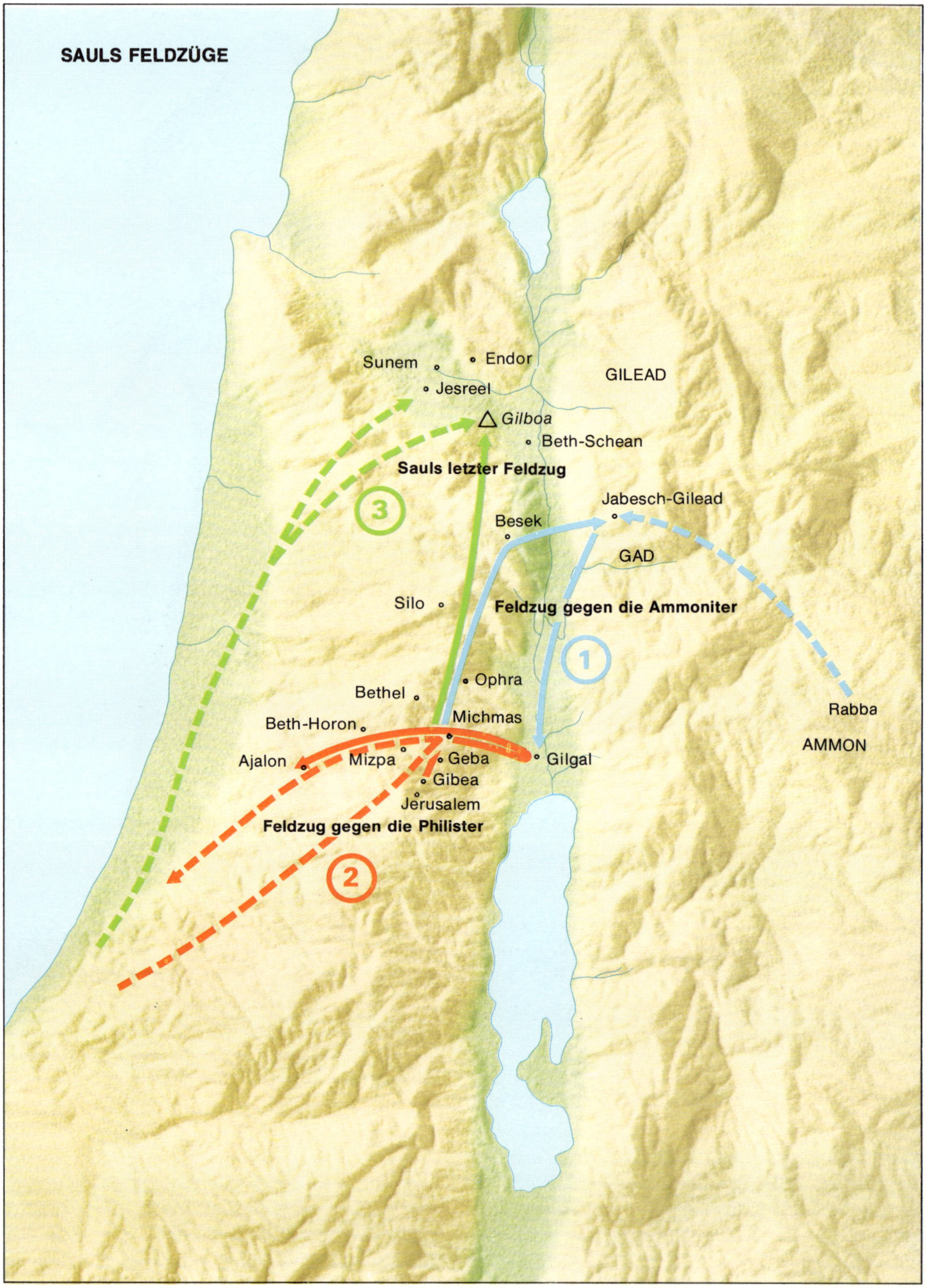
SAULS FELDZÜGE
Sunem
Endor
Jesreel
GILEAD
Gilboa
Beth-Schean
Sauls letzter Feldzug
3
Jabesch-Gilead
Besek
GAD
Silo
Feldzug gegen die Ammoniter
1
Ophra
Bethel
Rabba
Michmas
Beth-Horon
AMMON
Ajalon
Mizpa
Geba
Gilgal
Gibea
Jerusalem
Feldzug gegen die Philister
2

dies ein Schritt in die falsche Richtung, ein Schritt weg von dem Ideal, daß Gott allein Israels König war. Sobald aber Gott nicht mehr der eigentliche König seines Volkes ist, sind auch Israel und seine Monarchie am Ende (V. 25).

Vers 9: *Sisera* wurde von Debora und Barak besiegt (Ri. 4–5); *der König von Moab,* Eglon, durch Ehud ermordet (Ri. 3, 12–30).

Vers 11: *Jerubbaal* – d. i. Gideon (Ri. 6–8); *Jephthah* (Ri. 11–12); *Samuel* – das klingt seltsam aus seinem eigenen Mund. Vielleicht ist »Simson« zu lesen (Ri. 13–16).

13–15 SAULS UNGEHORSAM UND VERWERFUNG

13–14 Krieg mit den Philistern: Sauls Ungehorsam und Torheit

Saul beruft seine Truppen ein und wartet sieben Tage, während deren das Heer ständig zusammenschrumpft. Er versäumt es, das Ende des siebten Tages abzuwarten. Sein Ungehorsam und seine Anmaßung, eine Aufgabe des Propheten selbst zu übernehmen, kosten ihn seine Dynastie.

Kap. 14: Jonathan und sein Waffenträger scheinen für Überläufer gehalten worden zu sein. Darum gelang ihnen ihr Handstreich. Erdbeben vergrößern noch die Panik und die Verwirrung. Und israelitische Deserteure wechseln die Seite und verhelfen Saul zum Sieg. Jonathan erscheint als ein Mann von außergewöhnlichem Glauben und Mut. Im Gegensatz dazu zeichnet die Erzählung erste Risse in Sauls Persönlichkeitsbild auf, die sich später zu ernsten geistigen Störungen entwickelten.

13, 1: Der Text ist unvollständig. Apg. 13, 21 setzt für Sauls Regentschaft die runde Zahl von 40 Jahren an. Möglicherweise ist hier die Zehnerstelle ausgefallen, hat also im Text ursprünglich »32 Jahre« gestanden (vgl. aber Artikel: »Die Chronologie der Könige«, S. 269). Wir wissen aus 9, 2, daß Saul als sehr junger Mann auf den Thron kam. Nun aber muß er mindestens in den Dreißigern sein, weil er einen Sohn hat, der alt genug für den Kampf ist. Als er fiel, war ein jüngerer Sohn, Ischboschet, selbst schon 40 Jahre alt (2. Sam. 2, 10).

Sie verkrochen sich (13, 6): Die Atmosphäre gleicht fast der in Gideons Tagen, als die Leute sich aus Furcht vor den Midianitern in Höhlen verbargen (Ri. 6, 2).

Bringe den Ephod herbei (14, 18): Es handelt sich um das Gewand mit den Brusttaschen, die die Urim und Thummim (41) enthielten, Lose, die geworfen wurden, um den Willen Gottes zu erkennen.

Sündigen ... durch Essen des Fleisches über dem Blut (14, 33): Dies war nach 3. Mose 17, 10 ff. verboten.

Jischwi (14, 49): Kurzform von Ischboschet.

Abner (14, 50): Er setzte später Ischboschet als König gegen David ein (2. Sam. 2, 8 – 3, 39).

15 Gott befiehlt die Vernichtung der Amalekiter. Saul ist erneut ungehorsam

Diesmal ist der Ungehorsam vorsätzlich (9). Saul wird von Gott verworfen, und Samuel stattet ihm keine offiziellen Besuche mehr ab. Der Prophet hatte Unheil vorhergesehen. Aber anstatt sich an Sauls Fall zu freuen, zieht er sich betrübt nach Hause zurück.

Amalek (2): Die Bestrafung der Amalekiter war schon lange vorherbestimmt (2. Mose 17, 8–16; 5. Mose 25, 17–19). Dennoch empfinden wir den Befehl, sie völlig auszurotten, als unerhört hart – ungeachtet der unsäglichen Grausamkeiten unserer eigenen Zeit. Man muß hier bedenken, daß in Sauls Welt eine ganze Gemeinschaft für die Untaten ihrer Mitglieder verantwortlich gemacht wurde und die Folgen tragen mußte. Sauls Ungehorsam (aus niedrigsten Motiven) setzte das Volk auch weiterhin der dauernden Bedrohung durch die Amalekiter aus.

Davids Harfe war eine »Kinnor«, wie diese Rekonstruktion im Haifa Music Museum. Sie war aus Zypressenholz hergestellt (2. Sam. 6, 5).

Keniter (6): Ein midianitischer Nomadenstamm, in den Mose eingeheiratet hatte. Keniter dienten Israel als Führer bei der Wüstenwanderung (4. Mose 10, 29–33).

Gehorsam ist besser als Opfer (22): Diese Aussage Samuels wird eines der Hauptthemen der Propheten.

16–31 SAUL UND DAVID

16, 1–13 Samuel salbt David zum König

Mit der Salbung empfängt David geistliche Kraft (13) wie vor ihm Saul.

16, 14–23 David kommt an den Königshof

Als der Geist Gottes Saul verläßt, belasten ihn dunkle Mächte. Er wird immer wieder von tiefen Depressionen und Anfällen von Gewalttätigkeit heimgesucht. Weil aber Musik die Schatten vertreiben kann, bekommt David seine Chance.

17 David und Goliath

Der philistäische Krieger ist etwa 3 Meter groß, voll gerüstet und gepanzert. Aber Davids Hirtentätigkeit, allein in der Hügellandschaft, hat ihn Gottvertrauen gelehrt – und tödliche Genauigkeit mit der Schleuder.

Vers 55–58: Es ist schwierig, dies mit 16, 18 ff. in Einklang zu bringen. Möglicherweise fanden die Ereignisse von Kapitel 17 zu einer Zeit statt, in der David nur gelegentlich an den Königshof kam, wenn Saul von dunkler Stimmung befallen wurde. Dann bezögen sich 16, 21–22 auf eine spätere Zeit. Vielleicht zielt die Frage auch rein formal auf die Herkunft Davids – denn dem Sieger war schließlich die Tochter des Königs zur Frau versprochen worden (17, 25).

18 Die Freundschaft mit Jonathan. Sauls Eifersucht

David sah rückblickend in seiner Freundschaft zu Jonathan etwas vom Besten seines Lebens (2. Sam. 1, 26). Nichts konnte die beglückende Beziehung zwischen dem Königssohn und dem Mann erschüttern, der ihm, menschlich gesprochen, den Thron rauben sollte.

Mit Davids Ansehen wächst auch Sauls eifersüchtiger Verdacht, und er plant Davids Tod. Davids Armut gibt Saul die Gelegenheit, von ihm einen Brautpreis zu fordern, dessen Erwerb ihn wahrscheinlich das Leben kosten muß. David aber erfüllt Sauls Bedingung, ja, übertrifft sie und kehrt unversehrt von den Philistern zurück, um die königliche Braut zu fordern.

19–20 Attentatsversuche veranlassen David, Sauls Hof zu verlassen

Zwar gelingt zunächst Jonathans Vermittlungsversuch, aber wenig später rettet nur Michals Treue David das Leben (8–17). Für eine Zeitlang schließt sich David Samuel und seiner Prophetenschule in Rama an (18–24). Als Jonathans Bemühungen, David eine sichere Rückkehr zu ermöglichen, scheitern, bleibt den Freunden nur noch die Trennung (20, 30–42).

Assyrischer Helm etwa aus der Zeit Davids.

Hirtenjunge mit Schleuder.

Ist Saul auch unter den Propheten? (19–24): Vgl. dazu 10, 10–13. Die Kraft des Gottesgeistes ist so unwiderstehlich, daß nicht nur Sauls böser Plan scheitert, sondern der König selbst »angesteckt« wird. Wie seine Boten wird auch er – für einen Augenblick – zum Propheten.

Morgen ist Neumond (20, 5): Der erste Tag jedes neuen Monats war ein Feiertag.

21 Ahimelech verhilft David zur Flucht

Der Priester muß für Davids List teuer bezahlen (22, 11–19). Aber David hat nun Brot und Waffen, und es gelingt ihm so, zu der Philisterstadt Gath zu entkommen. In der Gefahr, erkannt zu werden, täuscht David Wahnsinn vor, und das so gut, daß Achis völlig überzeugt wird (vgl. auch 27, 5–12).

Nob (1): Israels Hauptheiligtum zu jener Zeit.

Heiliges Brot (5): An jedem Sabbat wurden 12 frische Laibe auf den Altar gelegt und die 12 altbackenen weggenommen. Nur Priester durften sie essen.

Leib der Leute (6): Israelitische Soldaten enthielten sich während der Kämpfe geschlechtlichen Umgangs. Wenn sich Uria nicht so genau an diese Vorschrift gehalten hätte, hätte David nicht zu einem Mord Zuflucht nehmen müssen (2. Sam. 11, 11).

22 David als Geächteter. Sauls Rache an Ahimelech

Sie blieben bei dem König von Moab (4): aus Gründen der Sicherheit. David hatte moabitisches Blut in seinen Adern (vgl. Ruth).

Doeg (9 ff.): Die Überschrift von Ps. 52 bezieht sich auf dies Ereignis.

23 Die Jagd geht weiter: Kegila, Siph, Maon

David schweißt seine Bande von Geächteten zu einer wirksamen militärischen Einheit zusammen. Aber Sauls rastlose Verfolgung hält sie ständig in Bewegung.

Das Ephod (6): Vgl. Anm. zu 14, 18.

24 David schont Sauls Leben in der Höhle von En-Gedi

Saul hängt völlig von Davids Barmherzigkeit ab. Die Weigerung Davids, sich im Handstreich des Thrones zu bemächtigen, bringt Saul zur Besinnung. Aber auf sein Wort ist kein Verlaß.

25 Samuels Tod. David und Abigail

Bis Elia wird es keinen geistlichen Führer mehr

In den Hügeln und Höhlen von En-Gedi gab es viele Verstecke für einen Flüchtling. Durch eine Schlucht fließt frisches Quellwasser ins Tote Meer und läßt in einem sonst öden und wüsten Gebiet üppige Vegetation sprießen.

geben, der Samuel gleichkommt. Der alte Prophet hatte Israels größten König gesalbt, aber er erlebte seine Regentschaft nicht mehr.

Davids Forderung an Nabal ist nicht unberechtigt. Er verlangt kein Schutzgeld, sondern eine Honorierung für früher geleistete Dienste (15–16). Zudem war der Mann reich und das Schafscheren eine Festzeit. Abigails schnelles Handeln rettet ihrem Mann und den Familienangehörigen das Leben. Sie beeindruckt David tief (39). Gott läßt Nabal zur Strafe sterben.

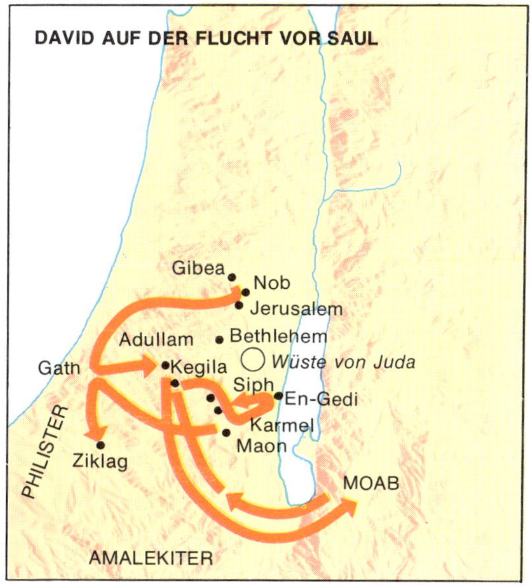

26 David schont erneut Sauls Leben

Die Siphiter, Anhänger Sauls, liefern diesem Informationen über Davids Aufenthaltsort. Doch erneut ist Sauls Leben in Davids Hand. Aber David will seine Zukunft nicht in die eigene Hand nehmen, sondern in Gottes Hand belassen.

Abisai, der Sohn der Zeruja (6): Abisai, Joab und Asahel, Davids Unterführer, waren Söhne sei-

Nur die schwarzen Beduinenzelte lassen in diesem Bild aus der Wüste Judäas auf Leben schließen.

ner Stiefschwester. Sie waren tapfere Männer, aber sie bereiteten ihm viele Schwierigkeiten, als er König war (2. Sam. 3, 39; 18, 14; 20, 10).

27 Zurück ins Philisterland

Achis wird erneut von David völlig eingenommen (vgl. 21, 10–15). Unter dem Vorwand, Überfälle auf Israel und seine Verbündeten zu machen (10), vernichtet David in Wirklichkeit feindliche Städte (8). Dabei sorgt er dafür, daß es keine überlebenden Zeugen gibt (11).

28 Saul befragt ein Medium

Zauberei war zu allen Zeiten in Israel verboten (3. Mose 19, 31). Aber weil Saul von Gott keine Weisung mehr bekommt, begibt er sich verzweifelt, bei Nacht und verkleidet, auf eine gefährliche Reise in die Nähe des feindlichen Heerlagers bei Sunem, um das Medium von Endor zu befragen. Aber das, was der tote Samuel sagt, ist nicht beruhigender als die Worte des lebenden Propheten.

29 Mißtrauen gegen David

Die anderen philistäischen Oberherren sind nicht so leichtgläubig wie Achis. Deshalb bleibt David die fatale Situation erspart, gegen seine Landsleute im Kampf anzutreten. Dieses Kapitel bezieht sich auf frühere Ereignisse als Kap. 28. Die Philister sammeln ihr Heer in Aphek. Sie haben sich noch nicht nach Sunem im Norden gewandt.

30 Der Überfall der Amalekiter auf Ziklag. Davids erfolgreiche Vergeltungsmaßnahme

David kehrt zur rechten Zeit zurück. Die Information durch den Sklaven ist mehr als ein Glücksfall. Alles wird zurückgewonnen. Juda und die Kalebiten, die ebenfalls durch den Überfall geschädigt waren, werden an der Beute beteiligt.

31 Die Schlacht von Gilboa. Sauls und Jonathans Tod

Der Verfasser der Chronikbücher (1. Chron. 10) hielt diesen Bericht von Sauls Tod für glaubwürdiger als die Amalekitergeschichte (2. Sam. 1, 4–10). Der Amalekiter mag die Tatsachen verdreht haben, weil er sich eine Belohnung versprach. Die Männer von Jabesch bergen die Leichname. Sie haben nicht vergessen, was sie Sauls erstem großen Sieg verdanken (Kap. 11).

2. SAMUEL

Die Regentschaft Davids (vgl. auch 1. Chron. 11–29).

1–4 DIE FRÜHEN REGIERUNGSJAHRE DAVIDS

1 Die Nachricht von Sauls Tod. Davids Klage

Die Geschichte des Amalekiters unterscheidet sich vom Bericht in 1. Sam. 31. Falls er sich von David eine Belohnung erhofft hatte, so sah er sich getäuscht. Nach dem Überfall auf Ziklag (1. Sam. 30) hatte David für dieses Volk erst recht nichts übrig. Zudem war er der Überzeugung, daß das Leben des Königs heilig war (14; vgl. auch 1. Sam. 24 u. 26). So sprach sich der Amalekiter selbst sein Todesurteil.

Das Klagelied über Saul und Jonathan ist eines der bewegendsten Lieder Davids. Seine Trauer über den König erscheint völlig aufrichtig, sein Leid über den Verlust Jonathans tief und echt.

Am 3. Tag (2): Es waren etwa 160 km von Gilboa nach Ziklag.

Der Schild ... gesalbt mit Öl (21): Der Schild war aus Leder. Öl verhinderte das Trocknen und Brechen.

Auf den Bergen von Gilboa (ganz im Hintergrund) kamen Saul und Jonathan ums Leben. Ihre Leichname wurden hier nach Beth-Schean gebracht und an den Mauern aufgehängt. Bei Ausgrabungen ist man auf Tempel gestoßen, wie sie in 1. Sam. 31, 10 erwähnt werden.

2 Bürgerkrieg. Abner tötet Asahel

Nur Juda akklamiert David als König. Die anderen 10 Stämme folgen der Führung von Sauls Feldhauptmann Abner und huldigen Sauls Sohn Ischboschet. 2 Jahre ist die Nation geteilt. Ein Versuch, die Dinge durch einen stellvertretenden Einzelkampf zu regeln, bleibt in Gibeon ohne Ergebnis. Der Bürgerkrieg bricht aus (14 ff.).

Der Schaft des Spießes (23): Abner wollte Asahel nicht töten. Aber der Schaft war spitz, um ihn in den Boden rammen zu können. Der Stoß erwies sich als fatal.

3 Abner verhandelt mit David. Joab rächt seinen Bruder

Die eigentliche Macht lag bei Abner, nicht bei Ischboschet. Als er die Seiten wechselt, zieht er das Volk mit sich. Nicht gerechnet aber hatte er mit dem unversöhnlichen Haß Joabs. David führt die Volkstrauer für Abner an. Trotz einer öffentlichen Unschuldserklärung haftet ihm sein Leben lang der Makel eines Mörders an (1. Kön. 2, 5).

Saul hatte eine Nebenfrau (7): Der königliche Harem ging normalerweise an seinen Erben. Darum bedeutete Abners Handeln nichts anderes als den Anspruch auf den Thron (vgl. Absaloms Tun 16, 20 ff.; Rizpa erscheint noch einmal in Kap. 21).

Ein Hundskopf aus Juda (8): d. h.: einer von den verachtungswürdigen Helfern Davids.

Von Dan bis Beerseba (10): das ganze Land vom Norden bis zum Süden.

Meine Frau Michal (14): Vgl. 1. Sam. 18, 20–27. Saul hatte Davids Frau einem anderen Mann gegeben.

Einer, der einen Eiterfluß habe . . . (29): der befleckt und darum vom Gottesdienst ausgeschlossen ist.

4 Die Ermordung Ischboschets

Zum zweiten Mal wird deutlich, wie sehr sich Leute, die David helfen wollen, über seine Haltung gegenüber Saul und seiner Familie täuschten. Ischboschet wird ehrenhaft begraben, die beiden Mörder öffentlich entehrt.

5–12 DIE GRÜNDUNG DES KÖNIGREICHES DAVIDS

5 David wird König über ganz Israel. Die neue Hauptstadt Jerusalem

Der Verfasser macht klar, daß David kein Thronräuber ist. Gott hat ihm das Recht auf den Thron gegeben, eine Tatsache, die Saul (1. Sam. 24, 18 ff.), Abner (3, 9–10) und schließlich das ganze Volk anerkennen müssen (5, 2).

Die Festung Jerusalem war weder bei der Landnahme noch danach erobert worden. Die Jebusiter rühmten nicht ohne Grund, daß eine Besatzung von Blinden und Krüppeln die Stadt halten könne (6). Aber sie unterschätzten David. Jerusalem blieb fest in der Hand Judas, bis Nebukadnezar es 400 Jahre später zerstörte. Es war eine erstklassige Hauptstadt.

Millo (9): Ein Teil der Festungsanlagen.

Hiram, der König von Tyrus (11): ein Zeitgenosse Davids und Salomos (1. Kön. 5). Er regierte ungefähr von 979–945 v. Chr. Die Hafenstadt Tyrus war die Hauptstadt des phönizischen Reiches. Hirams Regierungszeit war ein goldenes Zeitalter politischer Ausdehnung und wirtschaftlicher Sicherheit, in dem Kunst und Handwerk blühten. Hirams Handwerker halfen bei der Errichtung des Tempels.

6 Die Bundeslade wird nach Jerusalem gebracht

Vgl. auch 1. Chron. 13, 15–16. Nach ihrer Rückgabe durch die Philister (1. Sam. 4–6) verblieb die Lade in Kirjath-Jearim (= Baala-Juda, V. 2; vgl. 1. Chron. 13, 6). Jetzt bringt David sie in seine neue Hauptstadt. Dies Ereignis zeichnet sich durch den ganzen Überschwang jüdischen Gottesdienstes aus. Selbst der König tanzt vor Freude. Nur Michal steht abseits, kalt und unbewegt von Gottes Gegenwart.

Usa . . . hielt die Lade Gottes (6): Nicht einmal Leviten durften die Lade anrühren. David tadelt sich selbst, weil er die Anweisungen nicht befolgte, die Mose gegeben hatte (1. Chron. 15, 2–15). Beim zweiten Versuch trugen die Leviten die Lade auf Stangen.

7 Gottes Haus und Davids Thron

David soll Gottes Haus nicht bauen (vgl. dazu 1. Chron. 22, 7 ff.). Statt dessen verheißt Gott dem enttäuschten David ein »Haus«, eine Dynastie »für immer« (16). Auf dieser Verheißung ruht die Hoffnung, die sich durch das ganze Alte Testament zieht: die Hoffnung auf den Messias. Als er kam, war die Verheißung erfüllt. Christus wurde an Davids Geburtsort, in Bethlehem, geboren als einer »aus dem Hause und Geschlechte Davids« (Luk. 2, 4). Und der Engel spricht zu Maria: »Gott der Herr wird ihm den Thron seines Vaters David geben . . .« (Luk. 1, 32 f.).

Hebron, Davids Hauptstadt vor der Einnahme Jerusalems.

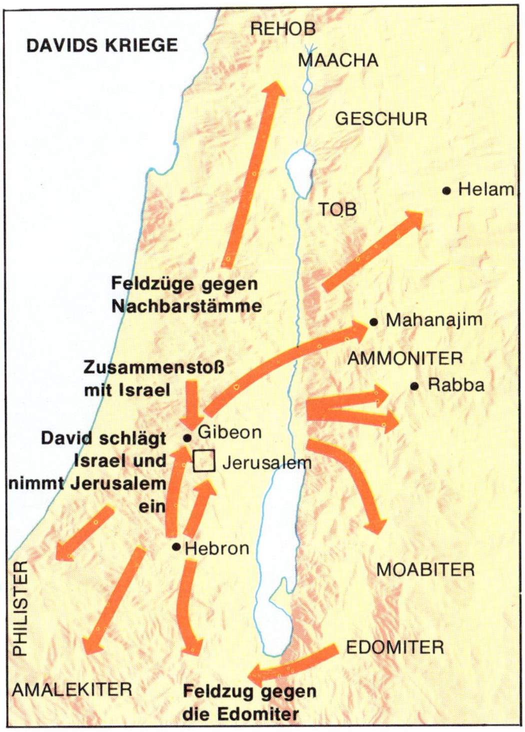

Dein Sohn soll bauen (12–13): Salomo baute tatsächlich (1. Kön. 5–7). Aber David steuerte sehr viel dazu bei. Er erstellte die Pläne und stellte Material bereit (1. Chron. 28, 11 ff.; 22, 2 ff.).

8 Davids Siege

Vgl. die Karte. Dies Kapitel gehört zeitlich vor Kap. 7 (vgl. 7, 1).

Moab (2): Vorher hatte David gute Beziehungen zu ihnen (1. Sam. 22, 3–4).

Salztal (13): Vermutlich im unfruchtbaren Teil der großen Senke südlich des Toten Meeres.

Krether und Plether (18): philistäische Söldner.

Davids Söhne waren Priester (18): Obgleich keiner Priesterfamilie entstammend, war David eine Art Priesterkönig (vgl. Kap. 6) wie Melchisedek, ein viel früherer König Jerusalems (1. Mose 14, 18).

9 David und Jonathans Sohn Mephiboschet

Die Ereignisse von Kap. 21 mögen vor denen dieses Kapitels liegen. In diesem Fall mußte die königliche Vorladung Mephiboschet in Schrecken versetzen. Aber David hat nur Gutes im Sinn, »um Jonathans willen« (vgl. 1. Sam. 20, 42). Er gibt den Familienbesitz zurück und behandelt den jungen Mann wie seinen eigenen Sohn.

Lo-Dabar (4): in Nordgilead, bei Jabesch.

Vers 10: Die Aussage scheint widersprüchlich. Aber das Hofleben erforderte hohe Ausgaben, selbst wenn die Mahlzeiten umsonst waren.

10 Die Niederlage der ammonitisch-syrischen Allianz

Vgl. auch 1. Chron. 19. Hanun provozierte den Krieg durch die schimpfliche Behandlung der Botschafter. Ohne Zweifel mißtrauten und fürchteten die Nachbarvölker Israels mächtigen König.

Die Schlacht in Vers 16–18 mag die gleiche sein, die in 8, 3 erwähnt wird.

11 Davids Ehebruch mit Bathseba

Während seine Armee im Frühjahr den Ammoniterkrieg wiederaufnimmt, bleibt der König diesmal zu Hause. Vom Dach seines Palastes, auf das er sich in der Abendkühle begeben hat, kann David in den Innenhof eines nahegelegenen Hauses blicken, wo Bathseba eine rituelle Waschung vornimmt. Was nun folgt – Ehebruch und Mord –, ist der Wendepunkt in Davids Leben. Er muß die bitteren Früchte seiner Sünde ernten.

Rabba (1): das heutige Amman, die Hauptstadt Jordaniens.

Uria, der Hethiter (3): Um die Dinge noch schlimmer zu machen, gehörte Uria zu Davids Leibgarde (23, 39) und war für seinen König ins Feld gezogen.

Die Altstadt von Jerusalem vom Ölberg über das Kidrontal hinweg gesehen.

Vers 11: Das Heer ist im Kampf, lebt in Zelten. Es ist feste Sitte, daß sich die Männer des Geschlechtsverkehrs enthalten. Wäre Uria weniger prinzipiengetreu gewesen, wäre er in sein Haus zu seiner Frau gegangen. Das Kind hätte dann als seines gelten können, und er wäre nicht getötet worden. Möglicherweise aber hätte er dennoch Verdacht geschöpft.

12 Nathans Besuch. Der Tod des Kindes

Uria ist tot. Die Heirat ist vorüber. Das Kind ist geboren. Alles scheint gutgegangen zu sein – doch dann erscheint Nathan. Und nun wird die ganze gemeine Episode ans Licht gebracht. David lernt es, sich so zu sehen, wie Gott ihn sieht: eine demütigende Erfahrung für einen König (vgl. Ps. 51). Gott vergibt ihm zwar, aber er wird gestraft, und das Kind stirbt.

Er soll bezahlen . . . vierfach (6): Vgl. 2. Mose 22, 1.

Vers 10 f.: Die Verheißung erfüllte sich. Drei der Söhne Davids wurden ermordet, zwei davon von ihren eigenen Brüdern. Und bei seiner Revolution eignete sich Absalom den Harem seines Vaters an (16, 22).

Ein Zentner Gold (30): ungefähr 30 kg.

13–20 DAVID UND SEINE ÄLTESTEN SÖHNE; ABSALOMS AUFSTAND

13 Amnon und Thamar. Absaloms Rache

David unternimmt überhaupt nichts, als er von der erschreckenden Vergewaltigung seiner Tochter durch ihren Halbbruder hört. Der mächtige König ist ein ausgesprochen schwacher Vater (vgl. 1. Kön. 1, 6). Hätte David eingegriffen, hätte er vermutlich den Mord wie die spätere Rebellion verhindern können.

Sprich mit dem König (13): Thamar ließ die

Möglichkeit einer Eheschließung nicht außer Betracht (obwohl sie gemäß 3. Mose 18, 11 eine besonderen Genehmigung bedurfte). Da »Unmöglich« von Vers 2 lag in ihrer sorgfältigen Selbstbewahrung. Amnon wollte nur seine Begierde stillen, er dachte nicht an Heirat.

14 Die Frau von Thekoa. Vergebung für Absalom

Auf gleiche Weise wie Nathan es tat (Kap. 12), durchdringt Joab Davids Widerstände, wenn auch mit einem faulen Rechtsfall. Diesmal geht es darum, den nächsten Blutsverwandten von seiner Verpflichtung zu entbinden, die Blutrache zu üben. Die Anwendung auf Davids Lage ist offenkundig. Wenn er bereit ist, im Fall eines Untertans einen hoheitlichen Spruch zu tun, warum dann nicht auch für seinen Erben?

Joab ist erfolgreich – und Absalom kehrt aus dem Exil zurück. Aber es vergehen noch zwei lange Jahre, bis er wieder zu seinem Vater vorgelassen wird.

Vers 26: Es war dies Haar Absaloms, das ihm schließlich den Tod brachte (18, 9). Das Gewicht beträgt etwa 250 g.

15 Absaloms Aufstand. David verläßt Jerusalem

Absalom ist nach dem Tod seiner Brüder der nächste in der Thronfolge. Aber Salomo ist Davids erwählter Erbe. Vier Jahre lang verfolgt Absalom seine Pläne und versucht, das Volk für

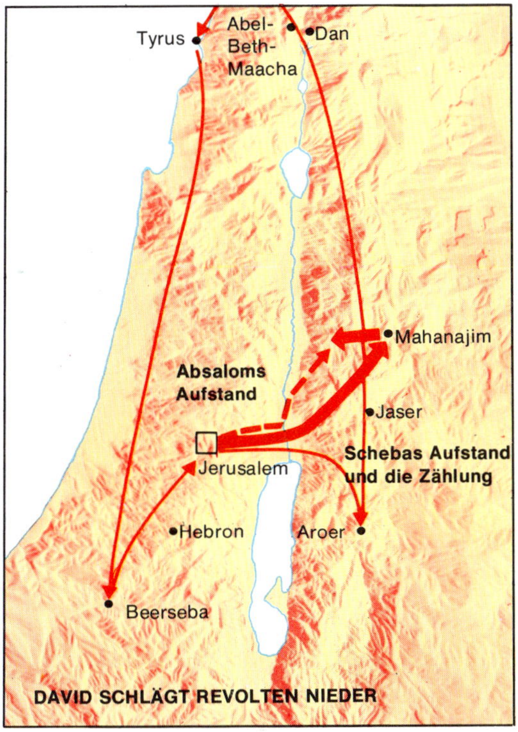

sich zu gewinnen (1–6). Als die Dinge bekannt werden (7–12), steht die Lage für David ausgesprochen schlecht.

Den König trifft der Aufstand völlig unvorbereitet. Um die Stadt zu retten und um Zeit zu gewinnen, verläßt er Jerusalem. Aber er organisiert einen Ring von Spionen. Und Huschai wird zurückgesandt, um Ahithophel auszustechen. Denn dessen weiser Rat hätte wahrscheinlich Absalom zum Sieg verholfen.

Alte Psalmenüberschriften verbinden viele Davidspsalmen mit Ereignissen in seinem Leben

Flucht aus dem Palast: 1. Sam. 19, 11 ff.: Ps. 59
David stellt sich wahnsinnig: 1. Sam. 21: Ps. 34
David verbirgt sich in der Höhle: 1. Sam. 22, 1 ff.; 24, 3 ff.: Ps. 57; 142
Doegs Verrat: 1. Sam. 22: Ps. 52
Die siphitischen Verräter: 1. Sam. 23, 19 ff.: Ps. 54
David in der judäischen Wüste: 1. Sam. 24, 1–2. 22; 2. Sam. 15 ff.: Ps. 63
Sieg über Edom: 2. Sam. 8, 13: Ps. 60
Davids Ehebruch: 2. Sam. 11–12: Ps. 51 (und wahrscheinlich 32)
Absaloms Rebellion: 2. Sam. 15, 13 ff.: Ps. 3
Davids Danklied: 2. Sam. 22: dasselbe Lied Ps. 18

Das Tor (2): Hier fanden die Handels- und Rechtsgeschäfte der Stadt statt (vgl. Ruth 4, 1 ff.).

Hebron (7): Davids frühere Hauptstadt, in Juda.

Der Ölberg (30): der Ort, wo Jesus die Nacht des Verrates verbrachte.

Ahithophel (31): Bathsebas Großvater, der klügste unter Davids Ratgebern.

16 Ziba und Simei. Huschai und Ahithophel

Ziba (1–4) hat einen Blick für große Gelegenheiten. Mephiboschet weist später die Vorwürfe gegen sich zurück (19, 24–30). Simei (5–14) empfindet eine rachsüchtige Schadenfreude über den Sturz des Mannes, der seiner Familie den Thron nahm (5–8).

In Jerusalem überzeugt Huschai Absalom erfolgreich von seiner Loyalität (15–19). Verse 20 ff. bieten ein Beispiel für Ahithophels politische Strategie. Indem Absalom sich den Harem seines Vaters aneignet, will er seinen Gefolgsleuten klarmachen, daß sein Bruch mit seinem Vater unwiderruflich ist. Kein König konnte eine derartige öffentliche Beleidigung vergeben.

17 Absalom lehnt Ahithophels Plan ab

Ahithophels Rat war, schnell zuzuschlagen, und zwar nur gegen die Person des Königs, um einen Bürgerkrieg zu vermeiden. Aber Huschais Plan, der der Eitelkeit Absaloms schmeichelt, schafft David Zeit (11 ff.). Ahithophel, in kluger Voraussicht der Folgen, begeht Selbstmord (24). Währenddessen entgehen Jonathan und Ahimaaz, mit Nachrichten zu David unterwegs, nur knapp der Entdeckung. Sie verstecken sich in einer der trockenen Zisternen, die es dort in großer Zahl gab (17–20).

18 – 19, 8 Niederlage und Tod Absaloms. Davids Trauer

Joab ist klug genug einzusehen, daß nur der Tod des Usurpators – oder des Königs – die Lage klärt. Aber David liebte seinen Sohn immer noch und vergab Joab nie, daß er seine Befehle ignoriert hatte (vgl. 19, 13).

18, 33 – 19, 8: Trauer und Gewissensbisse (vgl. 12, 10) machen den König blind für die Wirkung, die sein Verhalten auf das Volk ausübt. Joabs scharfe Worte bringen ihn zur Einsicht und bewahren ihn vor einer politischen Katastrophe.

Ein großer Haufen Steine (18, 17): wie beim Grab eines Verbrechers.

Ahimaaz und der Mohr (18, 19–32): Joab wählt den dunkelhäutigen Sudanesen, um die schlechte Nachricht auszurichten. Eingedenk des Schicksals früherer Boten will er den Priestersohn Ahimaaz nicht senden. Aber dieser ist auf seinem Weg durch das Jordantal schneller als der Mohr auf dem direkten Weg über das Bergland (23).

19, 9–43 Nachwirkungen der Rebellion

Juda hatte Absalom unterstützt. David versucht, den Stamm zurückzugewinnen. Die Ernennung Amasas (Absaloms Heerführer und sein eigener Neffe) zum Feldhauptmann an Jo-

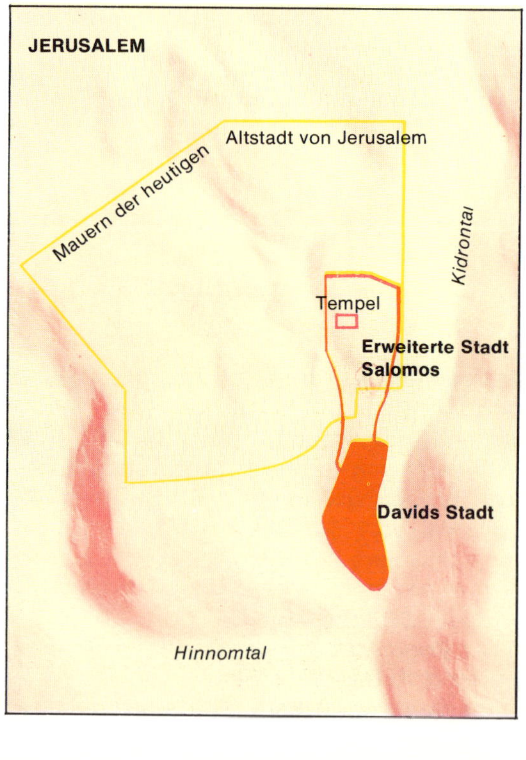

abs Stelle führt zu weiteren Schwierigkeiten (41–43; Kap. 20). David bestraft im Grunde Loyalität und belohnt Rebellion. Nach der Rückkehr des Königs zur Macht gibt es einige, die sich ängstlich darum mühen, bei ihm wieder zu Gnaden zu kommen (Simei, 16–22, vgl. 16, 5–14; Mephiboschet, 24–30, vgl. 16, 1–4; zu Simei und Barsillai vgl. 1. Kön. 2).

20 Schebas Aufstand. Joab tötet Amasa

Trotz V. 2 war die Zahl derer, die Scheba aktiv unterstützten, gering (14 ff.). Joab ist ebenso schnell bereit, Amasa (ein Glied seiner Familie!) zu töten, wie er Abner tötete, als seine Stellung bedroht war. In beiden Fällen ist sein Verrat verwerflich. Der Kuß und der Dolchstoß lassen an Judas' Verrat denken. David konnte Joabs Handeln weder vergessen noch vergeben (vgl. 1. Kön. 2, 5–6).

Die Männer deines Herrn (6): die Männer von Davids Leibgarde (7 u. 23, 18 ff.), unter der Führung Abisais.

Adoram (24): Er bekleidete einen Posten, auf dem man keine Freunde gewinnen konnte. Unter Salomos Sohn wurde er gesteinigt.

21–24 BERICHT VON EREIGNISSEN WÄHREND DAVIDS REGIERUNG

Nach Schebas Tod ist die Nation erneut geeint und befriedet. Jetzt werden noch Ereignisse und Informationen aus verschiedenen Perioden der Regierung Davids zusammengestellt.

21 Die Befriedung Gibeons. Der Sieg über die philistäischen Riesen

Die Verse 1–14 gehen wahrscheinlich der Aufnahme Mephiboschets am Hof (Kap. 9) vorauf. Die Geschichte von Israels Bund mit Gibeon wird in Jos. 9, 3–27 erzählt. Saul hatte trotz enger Familienbande mit der Stadt den Pakt gebrochen (1. Chron. 8, 29 ff.).

Daß ihr segnet . . . (3): und so den Fluch aufhebt, der die Hungersnot brachte.

Aufhängen (6): das Hebräische spezifiziert die Todesart nicht.

Merab (8): die Tochter, die David zur Frau versprochen worden war (1. Sam. 18, 17).

Sie nahm ein Sackgewand und breitete es aus . . . (10): zu einem Zelt. Rizpa mag etwa 6 Monate dort geblieben sein. Der Eintritt des Regens beendete die Hungersnot und gab David freie Hand zum Handeln.

Elhanan . . . erschlug Goliath (19): Das scheint im Gegensatz zu 1. Sam. 17 zu stehen. Der Text mag hier nicht mehr in Ordnung sein. Ein Verbesserungsvorschlag (nach 1. Chron. 20, 5) wäre: »Elhanan . . . erschlug den Bruder des Goliath.« Eine andere Möglichkeit ist die, daß ein anderer Kämpfer den Namen dessen übernahm, den David getötet hatte.

22 Davids Siegeslied

Das Lied ist mit Ps. 18 identisch. Es kann mit dem Moselied in 5. Mose 32 auf eine Stufe gestellt werden. Es gehört in die Zeit der großen frühen Siege Davids. Die Verse 21–25 bilden einen starken Kontrast zur tieferen Selbsterkenntnis, die sich nach der Bathseba-Uria-Affäre einstellte (vgl. Ps. 51).

23, 1–7 Davids »letzte Worte«

Diese Worte mögen die letzten gewesen sein, die er in Poesie niederlegte (vgl. 1. Kön. 2 im Blick auf seine letzten Aufträge an Salomo). Seine Gedanken kreisen um das, was einen guten Herrscher ausmacht, um sein eigenes Stehen vor Gott und um die verheißene Dynastie – ein angemessener Abschluß für das Leben eines Mannes »nach Gottes eigenem Herzen«.

23, 8–39 Die Annalen der Männer von Davids Leibgarde

Die Heldentaten der »Drei« gegen die Philister (8–12) sind gefolgt von einem Ereignis aus dem Kampf, der in 5, 17–23 beschrieben ist (13–17; Bethlehem war Davids Heimatort). Dann kommen die Heldentaten zweier Heerführer (Abisai, der Führer der »Dreißig«; Benaja, der Kommandeur der philistäischen Söldner). Es folgt eine Liste der Leibgarde. Diese Truppe war wahrscheinlich in Ziklag gebildet worden, und sie half mit, daß David auf den Thron gelangte (1. Chron. 12, 1; 11, 10). Mehr als dreißig werden genannt, Getötete wie Asahel und Uria wurden durch andere ersetzt.

Gotteslöwen (20): entweder Löwen von außergewöhnlicher Größe oder eine Metapher für große Krieger.

24 Die Volkszählung und die Plage

Es ist nicht klar, was an der Volkszählung falsch war. Vielleicht zeigte sie Vertrauen auf Zahlen statt auf Gott an. Nach 1. Chron. 21, 1 ist es der Satan, der dazu verführt. Hier ist es Gott, denn alles steht letztlich unter seiner Kontrolle.

Vers 18–25: Den ersten Lesern mußte die unerhörte Bedeutung des Kaufes Davids nicht erklärt werden (vgl. 1. Chron. 21, 18 – 22, 1). Auf dieser Dreschtenne wurde der Tempel gebaut, nahe bei der Stelle, wo Abraham Isaak opfern wollte (2. Chron. 3, 1; 1. Mose 22, 2).

1. und 2. Könige

Das Buch der Könige umfaßt 400 Jahre der Geschichte Israels – vom Ende der Regierung Davids über das goldene Zeitalter Salomos, die Trennung Israels und Judas bis zum Fall Samarias 722 v. Chr. und zur Zerstörung Jerusalems 587 v. Chr. Der Bericht beginnt mit einem gefestigten und geeinten Reich und endet mit einem totalen Zusammenbruch und einer Massendeportation nach Babel. Es ist im Ganzen eine düstere Geschichte – aber mit einer klaren Aussage: Gott ist der Herr der Geschichte. Er greift aktiv in die Angelegenheiten der Menschen ein. Solange das Volk und seine Führer auf ihn blicken und seine Gebote befolgen, leben sie in Frieden und Wohlstand. Politischer und wirtschaftlicher Zusammenbruch kommen über Israel und Juda als direkte Folge moralischen und religiösen Verfalls.

Der Verfasser des Buches ist nicht bekannt. Wahrscheinlich war er ein Prophet in Babylon während des Exils, etwa um 550 v. Chr. Er nennt eine Reihe seiner Quellen (z. B. 1. Kön. 11, 41; 15, 31): Höfische und offizielle Akten und Zyklen von Prophetenerzählungen. Er schrieb seinen Bericht als ein Buch, das von Anfang bis zum Schluß gelesen werden sollte. Ein Großteil des Materials findet sich auch in den Chronikbüchern.

1–2 DAVIDS LETZTE TAGE; SALOMOS THRONANTRITT

1 Adonia und Salomo, Rivalen um den Thron

David ist alt geworden. Darum richten sich die Gedanken auf seinen Nachfolger. Der Thronfolge am nächsten steht Adonia, der Joab, den Feldhauptmann, und Abjathar, einen der beiden Oberpriester, hinter sich hat. Aber der Thron war Salomo versprochen worden (1, 13; vgl. auch 1. Chron. 22, 9). Und dank einer schnellen Überlegung des Propheten Nathan und des noch schnelleren Handelns Davids wird Adonia ausmanövriert. Salomo wird zum König ernannt, als Mitregent Davids.

Abisag von Sunem (3): Sunem liegt bei Nazareth. Die Identifizierung Abisags mit der Heldin des Hohenliedes ist unbegründet.

Er erkannte sie nicht (4): Er hatte keinen sexuellen Umgang mit ihr.

Vers 7–8: Zu Zadok und Abjathar vgl. 2. Sam. 15, 24 ff.; zu Benaja 2. Sam. 23, 20–23; zu Nathan 2. Sam. 12.

Die Helden Davids: seine Leibgarde; 2. Sam. 23, 8 ff.

Gihon (33): Eine Quelle direkt außerhalb der südlichen Mauer Jerusalems, im Kidrontal.

Krether und Plether (38): philistäische Söldner

Geser war eine der Städte, die Salomo wiederaufbaute, nachdem die Ägypter sie zerstört hatten.

Die Säulen gehören zu einem kanaanitischen Höhenheiligtum.

Das Zelt (39): in dem die Bundeslade stand.

Hörner des Altars (50): Geschwungene Teile an den vier Seiten (vgl. Darstellung S. 173).

2, 1–12 Letzte Anweisungen an Salomo. Davids Tod

Hochstehendem Rat (1–4) folgt abrupt weltliche Weisheit von zweifelhafter Moral (5–9).

Joab (5): Vgl. 2. Sam. 3, 26–30; 20, 8–10.

Barsillai (7): Vgl. 2. Sam. 17, 27–29; 19, 31–40.

Simei (8): David betrachtet sein Versprechen an Simei als unverbindlich für Salomo. Vgl. 2. Sam. 16, 5–14 und 19, 16–23.

2, 13–46 Salomo festigt seine Stellung

Adonia muß teuer für das bezahlen, was eine unüberlegte Bitte gewesen sein mag. Salomo versteht sie als Anspruch auf den Thron, weil der Besitz des Harems des Vorgängers ein Teil des königlichen Thronrechtes war (vgl. Absaloms Handlung 2. Sam. 16). Zugleich wird mit Abjathar und Joab abgerechnet. Und Simei, ein weiterer potentieller Unruhestifter, wird in Jerusalem unter Hausarrest gestellt, um ihn von seinen benjaminitischen Freunden zu isolieren. Als er aus einem ganz harmlosen Grund diese Bestimmung übertrat, ließ Salomo ihn töten.

Das Wort, das er über das Haus Elis geredet hatte (27): Vgl. 1. Sam. 2, 27–36.

3–11 DIE REGENTSCHAFT SALOMOS

3, 1–15 Salomos Traum; die Gabe der Weisheit

Salomo ist in Gibeon, etwa 10 km von Jerusalem entfernt, wo sich die Stiftshütte und der Altar befanden, als Gott ihm erscheint. Seine Regierungszeit ragt heraus durch weise Rechtsprechung, wirtschaftlichen Wohlstand und hohes Ansehen – eben die Dinge, die Gott ihm versprach.

Vers 1: Die »Stadt Davids« ist die Burg auf dem Berg Zion. Vgl. auch den Artikel »Ägypten«.

Die Höhen (2): alte kanaanäische Heiligtümer (oft auf Hügelkuppen), die die Israeliten übernahmen. Es dauerte nicht lange, bis der Gottesdienst an diesen Orten sich mit wüsten heidnischen Praktiken vermischte. Die späteren Propheten verwerfen sie darum.

Brandopfer (4): Zum Opfern allgemein vgl. 3. Mose 1–7.

3, 16–28 Salomo, ein weiser Richter

Wir bekommen einen Eindruck von Salomos Gottesgabe. Im Falle der unterschiedlichen Aussagen der beiden Frauen bedarf es einer besonderen Einsicht in die menschliche Natur, um die Wahrheit herauszufinden. Das Gesche-

König Hiram von Tyrus stellte Salomo Material und Arbeiter zum Bau des Tempels zur Verfügung. Die Phoenizier im Norden Israels, in Tyrus (hier im Bild) und Sidon verdankten ihre wichtige Stellung ihrer Rolle als Handels- und Seefahrervolk.

Die Tempel

Alan Millard

Als Israel beim Zug durch die Wüste in Zelten wohnte, hatte es ein »Zelt-«Heiligtum, die Stiftshütte. Solche transportablen Heiligtümer gab es in Ägypten schon vor 2000 v. Chr. Ihr Rahmen bestand aus Pfählen und Stangen, die mit Edelmetallen eingefaßt waren und ineinander gesteckt werden konnten. Über diesen Rahmen wurden dann Vorhänge oder Teppiche gehängt (vgl. Foto S. 167).

In Ägypten ausgebildete Handwerker wußten also, wie man ein solches Zelt errichten konnte, und das verwandte Material war auf der Sinai-Halbinsel zu finden bzw. bereits in Israels Besitz (z. B. Gold und Silber).

Die Stiftshütte wurde nach einem einfachen Plan erbaut. Ein Vorhof umschloß das zweiräumige Heiligtum, den Brandopferaltar und das Becken für rituelle Waschungen. Die beiden Räume waren etwa 3 Meter breit. Die Grundfläche des hinteren Raumes, des »Allerheiligsten«, war quadratisch; der vordere Raum war ca. 10 Meter lang. Nach der Landnahme wurde die Stiftshütte bis zum Bau des salomonischen Tempels von einem Ort zum anderen gebracht.

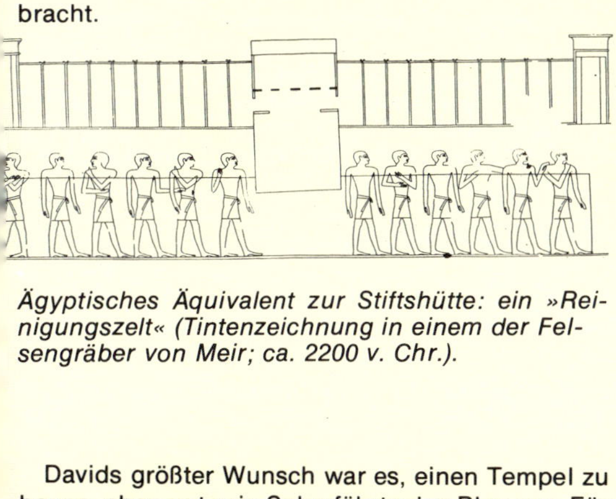

Ägyptisches Äquivalent zur Stiftshütte: ein »Reinigungszelt« (Tintenzeichnung in einem der Felsengräber von Meir; ca. 2200 v. Chr.).

Davids größter Wunsch war es, einen Tempel zu bauen, aber erst sein Sohn führte den Plan aus. Für einen mächtigen König war es natürlich, Gott so zu ehren, und die Stiftshütte lieferte das Vorbild für ein einziges Zentralheiligtum. Den Hügel, den David kaufte, überragt heute die Omarmoschee (Felsendom) in Jerusalem.

Der Tempel wurde aus Steinen und Zedernholz aus dem Libanon erbaut. Hier einer der wenigen erhaltenen Zedernhaine im heutigen Libanon.

Salomos Dekorateure schmückten den Tempel mit Motiven wie diese Elfenbein-Schnitzerei.

Die ausführlichen Beschreibungen in 1. Kön. 6–7 und 2. Chron. 3–4 vermitteln ein recht umfassendes Bild des Tempels. Archäologische Funde vervollständigen diese Angaben. Der Grundriß der Stiftshütte wurde um eine Vorhalle erweitert, und die so entstandenen drei Räume haben ein ähnliches Schema wie einige kanaanitische Tempel (z. B. in Hazor und Ras Schamra). An die Außenwände des Allerheiligsten und des mittleren Raumes, des »Heiligen«, schlossen sich eine Reihe von dreistöckigen Vorratskammern an. Der Eingang war von zwei riesigen freistehenden Säulen flankiert, deren Zweck unbekannt ist (vgl. auch Foto S. 256).

Ein Vergleich mit dem Tempel Hesekiels läßt darauf schließen, daß das ganze Gebäude auf einem über der Platzfläche errichteten Fundament ruhte. Trat ein Priester seinen Dienst an, durchquerte er den Vorhof, passierte den großen ehernen Brandopferaltar (ca. 11 x 11 x 3,5 m) und das riesige eherne Wasserbecken, das von 12 ehernen Rindern getragen wurde, und stieg dann die Stufen zum Heiligtum hoch. Offenbar hatte die Vorhalle keine Türen. Zum »Heiligen« gelangte er jedoch durch eine aus je zwei Türblättern bestehende Flügeltür. Die Türblätter bestanden aus Zypressenholz. Darin waren Blumen, Palmen und Cherubim eingeschnitzt, und das Ganze war – wie alles Holzwerk – mit Gold überzogen. Im Heiligen sah der Priester dann den goldenen Räucheraltar, den Schaubrottisch und 10 paarweise angeordnete siebenarmige Leuchter. Durch eine Reihe von hoch in der Mauer liegenden Fenstern schien zusätzliches Licht herein. Der Boden unter seinen Füßen war mit Gold überzogen. Die Türen zum Allerheiligsten waren nur selten geöffnet, wahrscheinlich ausschließlich am jährlichen großen Versöhnungstag. Wenn sie aber offen standen, dann muß der ganze Raum in einen matten goldenen Schein getaucht gewesen sein. Die Dekorationsmotive sind von phönizischen Elfenbeinschnitzereien und Bronzearbeiten der salomonischen Zeit her bekannt. Und ägyptische und babylonische Könige brüsten sich damit, ihre Tempel mit goldenen Fußböden, Türen und Einrichtungsgegenständen ausgestattet zu haben.

Salomos Tempel wurde 587 v. Chr. von Nebukadnezar zerstört. Ein großer Teil seiner Pracht war allerdings schon vorher geplündert und als Tribut gezahlt worden, als fremde Eroberer Juda bedrohten. Die niedergeschlagenen Juden im babylonischen Exil wurden von Hesekiels Vision eines neuen Tempels aufgerichtet (Hes. 40–43), der mit großer Ausführlichkeit geschildert wird, wobei Aussagen über den Vorhof gemacht werden, die sich kaum im Bericht über Salomos Werk finden. Dieses Heiligtum wurde nie gebaut, aber die Juden, die 537 v. Chr. aus dem Exil zurückkehrten, vollendeten nach einigen Unterbrechungen 515 v. Chr. den Wiederaufbau des alten Tempels. Sie hielten sich dabei eng an den alten Bauplan, allerdings erreichte dieser Tempel bei weitem nicht die Herrlichkeit seines salomonischen Vorbildes. Vom ersten Tempel ist nichts übriggeblieben. Allerdings könnte ein Stück Steinmauer, an der Ostseite des Tempelplatzes, oberhalb des Kidrontales, ein Überrest jenes Fundamentes sein, auf dem der zweite Tempel errichtet wurde und das Herodes in seine Mauern einbezog.

Die Weltoffenheit Jerusalems nach dem Exil bereitete Nehemia Kopfzerbrechen, weil nun auch Nichtjuden zum heiligen Bezirk strömten (Neh. 13, 4–9). Das führte wahrscheinlich dazu, daß man einen äußeren »Vorhof der Heiden« von einem inneren Vorhof abtrennte, den nur Juden betreten durften. In jedem Falle gab es diese Teilung beim herodianischen Tempel. Man hat zwei Steinblöcke gefunden, auf denen Inschriften Nichtjuden vor dem Betreten des heiligen Bezirks warnen (vgl. Apg. 21, 17 ff.; Abb. S. 496 u. 567).

Der idumäische König Herodes der Große begann einen völligen Um- und Neubau des Tempels, um sich seine jüdischen Untertanen freundlich zu stimmen. Die Bauarbeiten fanden vor allem zwischen 19 und 9 v. Chr. statt, zogen sich aber bis ins Jahr 64 hin. Die Römer zerstörten diesen Tempel im Jahr 70. Teile seines massiven Fundaments sind bis heute erhalten, und zwar auf der Westseite (»Klagemauer«) und der Ostseite. Bei jüngsten Ausgrabungen wurde neben einigen Blöcken der Brustwehr auch eine Treppe entdeckt, die zu den Südtoren führt.

Beschreibungen des jüdischen Historikers Josephus und Bemerkungen in den rabbinischen Schriften geben uns einen Eindruck von diesem großartigen Gebäude. Der große Vorhof wurde von einem Säulengang umgeben, wo Unterricht erteilt und Handel getrieben wurde (Joh. 10, 23; Luk. 19, 47; Joh. 2, 14–16). Hinter der erwähnten Scheidewand befand sich der Vorhof der Frauen, wo Opferstöcke standen (Mark. 12, 41–44), daran schlossen sich der Vorhof der Israeliten und der Vorhof der Priester an. Der Tempel selbst entsprach im Grundriß dem Salomos, war aber größer.

Das Allerheiligste war jedoch leer wie im zweiten Tempel. Die Bundeslade, auf deren Deckel (»Gnadenstuhl«) Gott erschienen war, existierte nicht mehr. Und der Tempel selbst verschwand kurz nach der Errichtung des neuen Bundes.

hen zeigt, daß das einfache Volk, selbst zwei Prostituierte, Zugang zum König hatten.

4 Die Beamten. Ordnung für die Versorgung des Hofes

Salomos Hofstaat muß einige tausend Menschen umfaßt haben. Zu ihrer Versorgung war eine gute Organisation nötig (4, 7–28 bzw. nach anderer Verszählung 4, 7 – 5, 8).

Vers 29 ff. bzw. 5, 9 ff.: Der König überstrahlte seine größten Zeitgenossen mit seiner Weisheit, die er, wie sie, in Sprüchen und Liedern formulierte, mit Bildern aus der Natur und der Tierwelt (vgl. etwa Ps. 72 und Ps. 127, die nach ihrer Überschrift Salomo zugeschrieben werden, und Sprüche 10, 1 – 22, 16).

Vers 1–6: Asarja war Leiter der Steuerbehörde. Des »Königs Freund« ist: der Ratgeber des Königs.

5 Der Handelsvertrag mit Hiram. Vorbereitungen zum Tempelbau

Die freundschaftlichen Beziehungen zu Tyrus (vgl. 2. Sam. 5, 11) werden weiter gefestigt durch einen Vertrag, nach dem Hiram Baustoffe für den Tempel gegen Nahrungsmittel liefern soll.

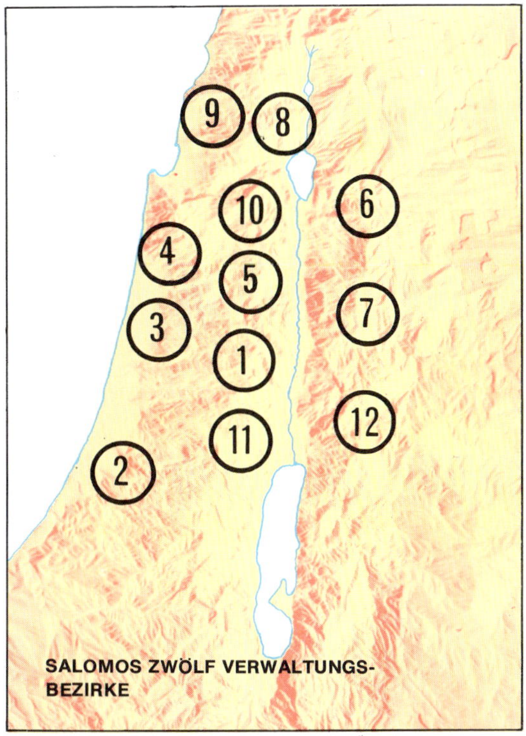

Tief unter der Altstadt von Jerusalem ziehen sich Gräben bis zu 165 m in den Felsen. Die Abschläge der Hacken, mit denen man das Baumaterial für den Tempel aus dem Gestein schlug, sind bis heute sichtbar. Vgl. Anm. zu 1. Kön. 6, 7.

Zedern des Libanon (6 bzw. 20): das beste verfügbare Holz. Nur wenige dieser mächtigen Bäume sind noch heute da, aber früher war der Libanon dicht bewaldet. (Vgl. die Fotos S. 253 und 330).

Sack Weizen . . . Eimer Öl (11 bzw. 25): Mengenmaße. Ein Sack Weizen: eine Eselstraglast. Ein Eimer Öl: etwa 190 l.

6 Der Bau des Tempels

Was die Größe angeht, war der Tempel eher eine Kapelle als eine Kathedrale. Er sollte ein Haus für Gott sein, nicht ein Gebäude für große Versammlungen. Er maß etwa 27 m (Länge) x 9 m (Breite) x 13 m (Höhe). Er war in zwei Abtei-

Modell des salomonischen Tempels (Bibelmuseum, Amsterdam).

lungen gegliedert, wobei der innere Teil, das Allerheiligste, durch einen Vorhang abgetrennt war. An den Eingang schloß sich ein 4.50 m langer Vorraum an; seitlich waren Vorratsräume angebaut.

Im vierhundertundachtzigsten Jahr (1): Der Auszug fand wahrscheinlich etwas über 300 Jahre vor dem Tempelbau Salomos statt. Die genannte Zahl (12 x 40) mag eher zwölf Generationen anzeigen als eine genaue Zählung der Jahre.

Weder Hammer noch Beil wurden gehört (7): Selbst in dieser Bauphase wurde der Ort als heilig angesehen. Die Steine wurden in der Nähe des Platzes ausgebrochen, aber so, daß kein Laut herübertönte.

7 Andere Bauprojekte. Bronzegußausstattung für den Tempel

Verse 1–12: Salomo baut das Libanon-Waldhaus (möglicherweise ein Waffenarsenal: 10, 17; Jes. 22, 8), die Säulenhalle, die Gerichtshalle und Paläste für sich und für die Tochter des Pharao (seine Königin; hier mag auch der übrige Harem gewohnt haben).

Verse 13–51: Hiram, ein Handwerker aus Tyrus, überwacht den Guß von zwei dekorativen Bronzesäulen für den Tempeleingang (15–22). Aus dem gleichen Material werden dann noch eine riesige Schale (ca. 78 000 l Inhalt), zehn fahrbare Gestelle für andere Schalen und zahlreiche kleinere Ausrüstungsgegenstände hergestellt (23–51).

8 Die Tempelweihe. Salomos Gebet

Nach Vollendung des Werkes wird die Bundeslade von der Burg in das innere Heiligtum überführt. Das ganze Haus füllt sich mit dem Glanz göttlicher Gegenwart – mit der Wolke, die auf der Stiftshütte in der Wüste ruhte (2. Mose 40, 34–38).

Salomos Gebet für das königliche Haus (23–26) und für das Volk (27–53) ahmt die Sprache des Mose nach. Er bittet Gott um die Erhörung der Gebete und um Vergebung der Sünden seines Volkes, wenn es sich im Tempel versammelt – auch wenn kein Haus auf Erden jemals den himmlischen Gott aufnehmen kann. Dem Gebet folgt der Segen (54–61), Opfer (62–64) und ein Fest im ganzen Land (65, vgl. 2. Chron. 7).

Daß mein Name da wäre (16): Gott selbst ist in besonderer Weise im Tempel gegenwärtig, wie er es in der Stiftshütte war. Im Unterschied zu heidnischen Tempeln enthielt der Israels kein Götterbild.

Ein Eid (31): feierliche Unschuldsbeschwörung.

9, 1–9 Gott spricht erneut zu Salomo

Er spricht in Verheißung (3–5) und in Ermahnung (6–9).

Wie . . . in Gibeon (2): als Salomo die Gabe der Weisheit gegeben wurde (3, 3–14).

Der Räucheraltar mag diesem Bronzegestell aus der Zeit 1200–1100 v. Chr. ähnlich gewesen sein.

9, 10–28 Verschiedene Regierungsmaßnahmen Salomos

Trotz seines Reichtums hatte Salomo Schwierigkeiten mit seiner Handelsbilanz. Deswegen übertrug er Hiram von Tyrus 20 Städte als Sicherheit für eine Anleihe (10–14).

Verse 15–22: Die große Zahl an Arbeitskräften, die für die Bauvorhaben und Verteidigungsanlagen gebraucht wurden, kam aus zwei Quellen: Die kanaanäische Restbevölkerung wurde auf Dauer versklavt, und Israeliten wurden für eine begrenzte Zeit zur Zwangsarbeit verpflichtet.

Verse 26–28: Salomo baut als erster israelitischer König eine Handelsmarine auf. Seine Schiffe trieben mit Arabien und darüber hinaus Handel.

Ophir (28): Gebiet in Südarabien, Ostafrika oder sogar Indien.

10, 1–13 Der Besuch der Königin von Saba

Beeindruckende Berichte von Salomos Weisheit und Glanz führen die Königin aus dem Jemen nach Jerusalem. Anders als die Leute zur Zeit Christi (Mt. 12, 42) war diese Frau bereit, eine lange Reise zu unternehmen, um selbst die Wahrheit dessen herauszufinden, was sie gehört hatte.

Sandelholz (11): möglicherweise das rote Sandelholz aus Ceylon oder Indien.

10, 14–29 Salomos Reichtum und Macht

Salomos Einkünfte aus Handel und Steuern

Goldenes Schulterstück aus dem 7. Jahrhundert v. Chr.

Die Bibel in der Hand des Archäologen

Professor Yigael Yadin, Archäologe an der Hebrew University of Jerusalem, beschreibt, wie er antike Urkunden, besonders die Bibel, benutzte, um die Geschichte einer verlorenen Stadt – Hazors – zu rekonstruieren.

Am Fuß des großen »Mound« legte Yadin die Unterstadt frei; eine bebaute Fläche von fast 70 ha; die größte aus kanaanitischer Zeit stammende Stadt des Heiligen Landes; die Stadt, die nach Aussage der Bibel »die Hauptstadt aller dieser Königreiche« war (Jos. 11, 10). Yadin stieß auf eine dicke Ascheschicht, wahrscheinlich ein Hinweis auf Josuas Zerstörung der Stadt im 13. Jhd. v. Chr.

Die Unterstadt wurde nie wiederaufgebaut. Die Felder bedecken die Ruinen der letzten kanaanitischen Bauperiode. Aber die Bibel behauptet, Salomo habe die Stadt wiederaufgebaut. Wo . . .?

Wir fanden Salomos Stadt – auf dem eigentlichen Tell. Als wir spätere Schichten abtrugen, entdeckten wir Salomos Befestigungsanlagen: einen sogenannten Kasemattenwall – eine äußere und innere Mauer mit dazwischenliegenden Räumen. In der Nähe fanden wir Salomos Stadttor. Wir waren überrascht von der Ähnlichkeit mit einem Tor, das viele Jahre zuvor in Megiddo entdeckt worden war und ebenfalls Salomo zugeschrieben wurde. Natürlich – Salomo hatte ja drei Städte wiederaufgebaut: Geser bei Jerusalem, Megiddo und Hazor! So kopierten wir den Plan des Tors von Megiddo, bevor wir weitergruben. Wir steckten den Boden ab und sagten unseren Arbeitern: »Grabt hier, dann stoßt ihr auf eine Mauer. Grabt dort, dann stoßt ihr auf einen Raum.«

Als das immer genau zutraf, hielten sie uns natürlich für Hellseher! Die Arbeiter allerdings, die ihre Bibel kannten – und ich las ihnen die Bibelstellen vor –, erkannten, wie wir auf diese Lösung gestoßen waren. Wir verloren mächtig an Prestige; das Ansehen der Bibel hätte nicht höher sein können.

In Megiddo und Hazor fanden wir also nach demselben Bauplan und in denselben Dimensionen gebaute Tore. Und Geser, die dritte in jener Passage des Königsbuches genannte Stadt . . .? Aufgrund des Bibeltextes beschloß ich, mich in den dreibändigen Report zu vertiefen, den Macalister über seine viel früheren Ausgrabungen an diesem Ort veröffentlicht hatte. Zu meiner Überraschung und Freude fand ich im ersten Band den Plan einer Makkabäerfestung (das jedenfalls meinte Macalister), der unserem Tor und Kasemattenwall genau entsprach. Er hatte nur das halbe Tor freigelegt und daraus seine Schlüsse gezogen. Ich veröffentlichte nun einen Aufsatz, in dem ich die These vertrat, hier handele es sich in Wirklichkeit um Salomos Tor und Befestigungsanlagen . . .

Vor einigen Jahren zog eine amerikanische Forschergruppe vom Hebrew Union College nach Geser, um meine Theorie zu überprüfen. Und in der Tat fand man die zweite Hälfte des Tores und – noch wichtiger! – Tonscherben aus dem 10. Jahrhundert, also Salomos Zeit. In allen drei Städten, die Salomo wiederaufgebaut haben soll, fand man also identische Tore und Befestigungsanlagen.

Salomos Stadttor in Hazor – ein handgreiflicher Beweis für die historische Zuverlässigkeit der Bibel.

Ägyptisches Kriegsschiff

Philistäisches Kriegsschiff

Handelsschiff aus Salomos Flotte

»Hippos«-Phönizisches Langstrecken-Handelsschiff

sind enorm. Dazu machte ihn die Lage des Landes zum geeigneten Mittelsmann für den Handel mit Wagen aus Ägypten und Pferden aus der Türkei (Koe = Cilicien).

Zentner (14): etwa 30 kg. Die Kaufkraft der Einheit ist nicht bekannt.

Lot (16): 11,4 g.

Assyrische Bronze-Gewichte. Der große Löwe trägt die Aufschrift »3 Schekel«, der kleine »15 Minen«.

Tarsisschiffe (21–22): große, seetüchtige Frachter.

11 Salomos Torheit. Seine Feinde

Verse 1–13: Salomos politische Heiraten trugen ohne Zweifel zum Frieden und zur Sicherheit des Landes bei. Aber die fremden Frauen brachten fremde Götter mit. Und Salomo wandte sich im Alter von Gott ab den Götzen zu – eine Sünde, die seinen Sohn den größeren Teil des Reiches kostete und die Nation teilte.

Salomos Regierungszeit blieb nicht völlig ohne Nöte. Im Süden gibt es Schwierigkeiten mit Hadad von Edom (14–22; seine Geschichte erinnert an die Josephs). Im Norden ist es Reson von Damaskus (23–25). Und im eigenen Land ist es Jerobeam (26–40), der Mann, den Gott zur Herrschaft über die zehn Stämme bestimmt hatte, die nach Salomos Tod abfielen.

Astarte, Milkom, Kemosch, Moloch (5, 7): Die Verehrung dieser Götter schloß perverse und grausame Praktiken ein – Kinderopfer, Fruchtbarkeitsriten, Prostitution, sexuelle Verirrungen.

Ein Stamm (13): Der Südstaat Juda schloß auch den viel kleineren Stamm Benjamin ein (12, 21). Die anderen zehn Stämme fielen ab, um das Nordreich Israel zu bilden.

Haus Joseph (28): die Stämme Ephraim und Manasse.

Silo (29): Ort des Heiligtums Israels in Elis Zeit.

Chronik von Salomo (41): sonst unbekannt.

Verse 41–43: Diese Schlußformel ist mit leichten Variationen durch das ganze Königsbuch am Ende jeder Regentschaft wiederholt.

12–14 DAS REICH SPALTET SICH

Zu keiner Zeit war es leicht gewesen, die zwölf Stämme zusammenzuhalten. Besonders Ephraim neidete Juda seine Macht. Eine Spaltung hatte schon in Davids Tagen gedroht (2. Sam. 20). Das Geheimnis der nationalen Einheit und Stärke lag in dem Band gemeinsamen Glaubens an den einen Gott. Dafür war die Monarchie als solche kein Ersatz. Ohne die Glaubensbindung würden sowohl König wie Volk zugrundegehen, wie es Samuel vorhersah (1. Sam. 12, 14–15). Und die Geschichte des Volkes, wie sie die Königsbücher berichten, zeigt dies in voller Klarheit. Die Teilung des Reiches ist eine direkte Folge von Salomos Götzendienst. Und als sich Israel mehr und mehr von den Ordnungen und der Verehrung Gottes abwendet, werden

Das Siegel Schemas, der König Jerobeam II von Israel diente, mit der Inschrift *'(Eigentum) Schemas, des Knechts Jerobeams'* Bronzeabdruck des Jaspis-Originals.

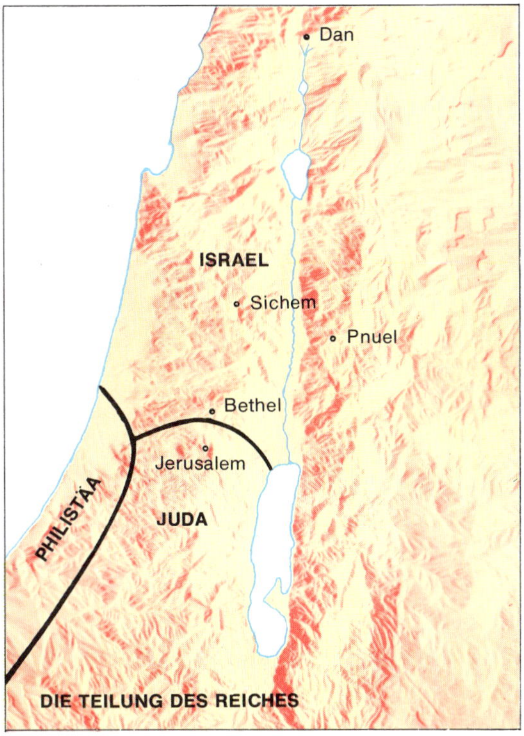

die Dinge immer schlimmer. Innere Streitigkeiten schwächen beide Reiche. Das Volk wird eine Beute stärkerer Nachbarn und wird schließlich von den Großmächten verschlungen.

12, 1–24 Rehabeam folgt auf Salomo. Der Aufstand

Die nördlichen Stämme finden einen Führer und Sprecher in Jerobeam. Aber die Verhandlungen scheitern an Rehabeams Politik der eisernen Faust. Die aufständischen Stämme erklären ihre Unabhängigkeit und errichten das Königreich Israel, das sich aber nie der Stabilität einer Dynastie wie Juda erfreuen wird.

Die Teilung ist dauerhaft, begleitet von ständigem heißem oder kaltem Krieg zwischen den Reichen. Nur während der Regierungszeiten von Josaphat-Joram-Ahasja in Juda und Ahab-Ahasja-Joram in Israel war der Bruch vorübergehend durch Heirat geheilt. Allerdings wäre das königliche Haus von Juda fast ausgelöscht worden, wenn Königin Athalja mit ihren Plänen zum Zuge gekommen wäre.

Skorpion (11): mit Widerhaken besetzte Peitsche, die man gegen Sklaven gebrauchte.

Adoram (18): der Adoniram von 4, 6; 5, 14.

Einhundertachtzigtausend (21): die Zahl scheint zu hoch. Vgl. »Die großen Zahlen des AT«, S. 191.

12, 25–33 Jerobeam wird König in Israel. Eine neue Hauptstadt und neue religiöse Kultzentren

Jerusalem war das religiöse Zentrum des vereinigten Königreiches gewesen. Jerobeam stiftet nun zwei neue Heiligtümer für das nördliche Königreich, um die Leute davon abzubringen, nach Jerusalem zu gehen, wo sie unter den Einfluß des Königs von Juda hätten kommen können. Aber sein Handeln öffnete dem Götzendienst die Türen: allmählich verfiel Israels Gottesdienst.

Eines der religiösen Zentren Jerobeams war Dan, hier im Bild. Der Ausdruck ›von Dan (im Norden) bis Beerseba (im Süden)‹ bedeutet ›ganz Israel‹.

13 Der Gottesmann und der Prophet

Der Fehler des Gottesmannes besteht darin, daß er das Wort des Propheten befolgt, obwohl es dem Wort Gottes, das er selbst empfangen hatte, widerspricht. Sein Tod ist für Jerobeam und Israel ein Zeichen der Strenge, mit der Gott Ungehorsam straft. Aber niemand ist blinder als der, der nicht sehen will.

Josia (2): der König, der die gründlichste Reform in Juda bewerkstelligte (vgl. 2. Kön. 23).

Verdorrte (4): wurde gelähmt.

Ein Löwe (24): Löwen durchstreiften Palästina, besonders das Jordantal, bis zum Mittelalter. Daß hier der Löwe bei seiner Beute stehenbleibt und weder die Leiche noch den Esel anrührt, gibt dem Ereignis eine besondere Bedeutung. Es ist ein »Zeichen«.

14, 1–20 Ahias Prophetie gegen Jerobeam

Ahia hatte Jerobeams Aufstieg vorhergesagt (11, 29 ff.). Jetzt kündigt er seinen Sturz an.

Ein Löwe fällt einen Menschen an. Assyrische Elfenbeinschnitzerei aus dem 9. Jahrh. v. Chr.

Dieses Armband könnte aus geplündertem Tempelgold angefertigt worden sein. Es gehörte Nemoreth, dem Sohn von Pharao Schischak, der Rehabeam besiegte und den Tempel ausraubte.

Dieser allein . . . soll in ein Grab kommen (13): das bedeutet, daß alle übrigen gewaltsam sterben werden.

Er wird sie zerstreuen jenseits des Euphrat (15): Israel wurde nach dem Fall von Samaria (2. Kön. 17) von den Assyrern in die Verbannung geführt.

Tirza (17): Israels Hauptstadt zu Baesas Zeit (15, 33).

Chronik der Könige (19): nicht identisch mit den biblischen Chronikbüchern.

14, 21–31 Rehabeams Regierung in Juda

Auch das Südreich fiel zu heidnischen Göttern ab. Der geschwächte Staat verliert den Tempelschatz an den ägyptischen Pharao (vgl. 2. Chron. 12, 1–12).

Schischak (25): Scheschonk, libyscher Gründer der 22. Dynastie Ägyptens. Ein Bericht seines Feldzugs ist in einen Tempel in Karnak eingraviert.

15 – 16, 28 KÖNIGE VON ISRAEL UND JUDA

Die Daten für die Könige von Juda schließen einige Zeitabschnitte ein, in denen ein König und sein Nachfolger miteinander regierten. Überhaupt können die Regierungsdaten nur annähernd angegeben sein (vgl. »Die Chronologie der Könige«, S. 269).

15, 1–24 Abia und Asa von Juda

Der Verfasser der Königsbücher definiert einen guten König als Herrscher, der die Verehrung Gottes fördert, einen bösen als Monarchen, der sich in götzendienerische Praktiken verstrickt. Von daher war Abias Regentschaft (ca. 913–911) schlecht (vgl. 2. Chron. 13). Asa hingegen war ein guter König. Er regierte 41 Jahre (ca. 911–870). Der Krieg mit Israel ging weiter, und Asa verband sich mit Syrien (vgl. 2. Chron. 15–16).

Die Sache mit Uria dem Hethiter (5): Vgl. 2. Sam. 11.

Maacha (10. 13): Asas *Groß*mutter.

Rama (17): wenige Kilometer nördlich von Jerusalem.

15, 25 – 16, 28 Könige von Israel

Alle Könige Israels waren nach der Definition des Verfassers von vornherein böse, allerdings waren einige besonders verwerflich. Nach zweijähriger Regierung (910–909) wird Nadab (15, 25–32) durch Baesa ermordet.

15, 33 – 16, 7: Baesa gründet eine neue Dynastie und regiert 24 Jahre über Israel (ca. 909–886).

16, 8–14: Sein Nachfolger Ela regiert nur zwei Jahre (886–885), ehe er durch Simri ermordet wird.

16, 15–20: Simri gründet eine kurzlebige neue Dynastie (885) und begeht Selbstmord, als Omri ihn in Tirza belagert.

16, 21–28: Obwohl Omri nur kurz erwähnt wird, war er einer der politisch bedeutendsten Könige Israels. Er gründet erneut eine Dynastie und regiert 12 Jahre lang (ca. 885–874). Er baut seine neue Hauptstadt Samaria zur Festung aus. In den folgenden 150 Jahren heißt Israel für die Assyrer immer das »Land Omris«.

Jehu (16, 1): ein Prophet, nicht der spätere König.

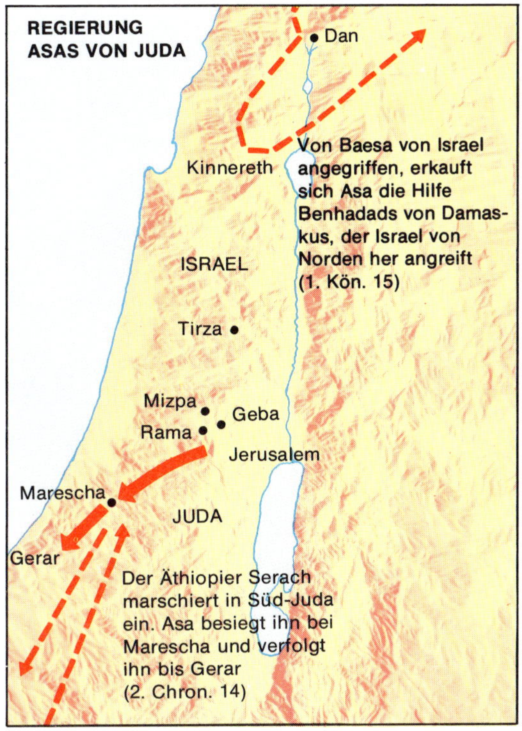

16, 29 – 2. KÖN. 1 KÖNIG AHAB UND DER PROPHET ELIA

Das geistliche Leben Israels erreichte während der 22 Jahre der Regierung Ahabs seinen absoluten Tiefpunkt. Er und seine tyrische Frau Isebel führten den verderbten Gottesdienst des phönizischen Gottes Melkart ein (der »Baal« dieser Geschichten). In diese kritische Lage sendet Gott Elia, den größten aller Propheten (vgl. Mt. 17, 3. 10–13).

16, 29–34 Ahab von Israel (874–853)

Vers 34: Vgl. Jos. 6, 26.

17 Elia kündigt Dürre an. Die Witwe von Zarpath

Baal wurde als Wettergott verehrt. Gott zeigt nun, wer über Regen und Sonne verfügt: er allein. Und er versorgt Elia in Baals eigenem Land, in Zarpath bei Sidon!

Palästinische Frau beim Teigkneten (Tonmodell).

Vers 21: Elia mag Wiederbelebungsversuche gemacht haben. Aber die Rettung war das Ergebnis seines Gebets.

18 Der Kampf mit den Baalspropheten auf dem Karmel

Nach drei Jahren, in denen Isebel alles getan hat, um die Verehrung Gottes in Israel auszulöschen (4), kehrt Elia zurück – mit einer Herausforderung. Der Baal hätte in der Lage sein müssen, außer Regen auch Feuer zu senden. Aber er erweist sich als ohnmächtig, während Gott seine Macht unabweisbar offenbart. Dennoch kam es nicht zu einer tiefen und dauerhaften geistlichen Erneuerung.

Er lief vor Ahab her (46): etwa 26 km bis zum Sommerpalast in Jesreel.

19 Die Flucht zum Sinai. Die Berufung Elisas

Das Hochgefühl ist verflogen. Geistliche und physische Überanstrengung haben bei Elia zu einem Anfall von Depression, Furcht und Enttäuschung geführt. Elia flieht vor Isebels Drohungen nach Süden in die Wüste zum Sinai. Dort, wo Gott sich Mose zu erkennen gab, spricht er nun auch zu Elia – aus der Stille. Das Selbstmitleid wird abgebaut, der Sinn für Proportionen wiederhergestellt und der Weg nach vorn gewiesen. Elia hat sich selbst unerträglich gefühlt und sein Werk für beendet gehalten. Ihm wird nun in Elisa ein Begleiter und Nachfolger gegeben. Gottes Werk geht weiter.

Kurz unterhalb des Gipfels des Karmel liegt ein natürliches Amphitheater, mit Steinen übersät. Von der Bergspitze aus reicht der Blick bis zum Mittelmeer.

Salbe Hasael . . . und Jehu . . . und Elisa (15–16): Elisa wird »gesalbt«. Seine Berufung zum Propheten geschieht durch den Symbolakt der Einhüllung in Elias Mantel. Die Salbung von Hasael und Jehu überließ Elia dem Elisa (2. Kön. 8–9).

20 Krieg zwischen Israel und Syrien

Benhadad von Syrien und seine Verbündeten greifen Samaria an. Der Austausch von Botschaften ist ein wenig schwierig zu verstehen (2–9). Aber nach dem Doppelsieg Israels muß Benhadad alles zurücknehmen. Ahab schont sein Leben, was Israel in Zukunft noch einige Not bringen wird.

Das ganze Volk Israel . . . 7 000 Mann (15): wahrscheinlich die Vertreter ganz Israels.

Auf dem Karmel wurden die Baalspropheten auf eigenem Grund und Boden herausgefordert. Hier eine syrische Darstellung aus dem 8. Jahrh. v. Chr. – der Wettergott mit Axt und Blitz.

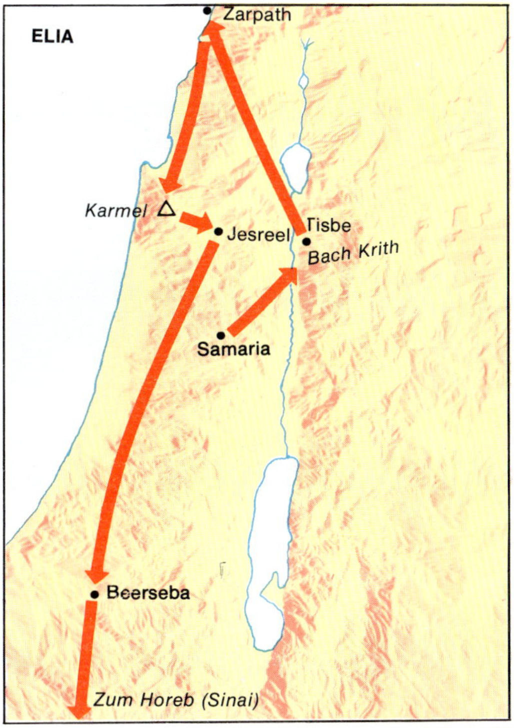

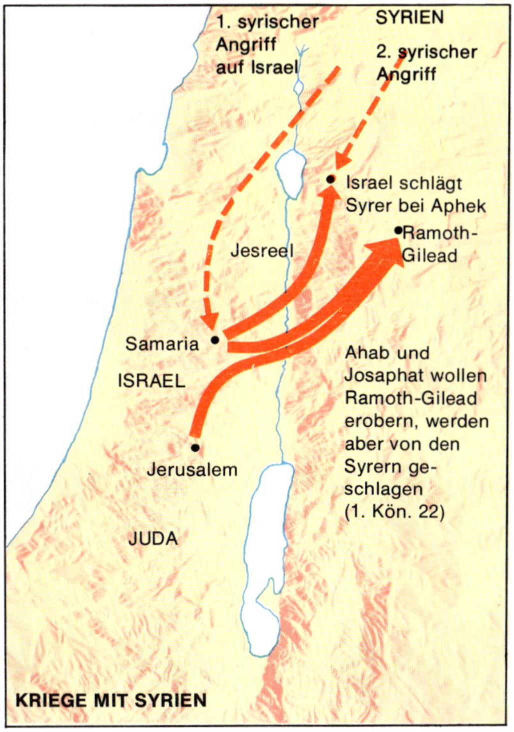

100 000 . . . 27 000 (29–30): Vgl. »Große Zahlen im AT«, S. 191.

Mein Vater . . . dein Vater (34): gemeint sind die Vorfahren, nicht die direkten Väter.

Weinberg mit dem Haus seines Besitzers.

21 Ahab nimmt Naboths Weinberg. Elias Gerichtswort

Beschlagnahme oder Zwangsverkauf von Land waren in Israel illegal. Der Erbbesitz eines Mannes sollte der nächsten Generation übergeben werden. Aber die Rechte des Volkes stören Isebel nicht. Um Naboth aus dem Wege zu räumen, fingiert sie eine Anklage wegen Gotteslästerung, die durch falsche Zeugen abgesichert wird. Ein »Verbrecher« aber hat sein Land verspielt. Elia, der alte »Unheilsprophet«, erhebt als einziger seine Stimme (vgl. 22, 37; 2. Kön. 9, 30–37).

22, 1–40 Das Bündnis mit Juda. Michas Prophezeiung. Ahabs Tod

(Vgl. auch 2. Chron. 18) Aufgrund der Eheschließung zwischen Joram und Athalja waren Israel und Juda vorübergehend gegen Syrien verbündet. Durch Josaphats Bitte wird Micha dazu gebracht, seine schicksalhafte Prophezeiung auszusprechen, die aber ignoriert wird. Ahab fällt in der Schlacht bei Ramoth-Gilead, östl. des Jordans (zu wahren und falschen Propheten vgl. Anm. zu 2. Chron. 18).

22, 41–50 Josaphat von Juda (873–848)

Vgl. 2. Chron. 17–20. Josaphat war ein »guter« König. Er regierte 25 Jahre.

Vers 49: Vgl. Anm. zu Kap. 9 und 10.

22, 51 – 2. Kön. 1 Ahasja von Israel (853–852)

Die Moabiter gewinnen die Unabhängigkeit. Ahasja sucht nach einem Sturz Hilfe bei einem philistäischen Gott. Elia verkündet Gottes Urteil über diesen Abfall.

Baal-Sebub (3): »Herr der Fliegen«, ein herabwürdigendes Wortspiel mit dem eigentlichen Namen des Gottes, nämlich Baal-Sebul.

Elfenbeinschnitzerei: Frau im Stil der Zeit.

Die Chronologie der Könige

Arthur Cundall

Auf den ersten Blick scheinen die Daten über die Könige Israels und Judas eine zuverlässige Chronologie zu ermöglichen.

Die Regierungszeit jedes Königs ist klar genannt (Ausnahme: Saul – 1. Sam. 13, 1 ist unsicher); und nach der Reichsteilung wird der Regierungsantritt jedes Königs in Beziehung zur Regierung des jeweiligen Königs des Bruderstaates gesetzt.

Zudem gibt es »Kontrollpunkte«, wenn nämlich beide Reiche vom selben Ereignis betroffen werden. So tötete Jehu am selben Tag Joram von Israel und Ahasja von Juda (2. Kön. 9, 21–28). Der Geschichtsschreiber hat sorgfältig die Chronologie beider Reiche aufeinander bezogen. Er berichtet parallel, indem er die gesamte Regierungszeit eines Königs bis zu dessen Tod beschreibt und anschließend zurückspringt und die Regenten des anderen Reiches schildert, die während dieser Periode die Regierung *antraten.* Die einzige Ausnahme finden wir in 2. Kön. 8–9, wo der Historiker, aufgrund des Mordes Jehus an Joram und Ahasja, Joram und Ahasja von Juda (2. Kön. 8, 16–29) erwähnt, die normalerweise erst nach dem Tod Jorams von Israel erwähnt worden wären.

Probleme

Beschäftigen wir uns aber eingehender mit der Chronologie der Könige, stehen wir vor schwierigen Problemen. Zählen wir z. B. in Juda die Regierungsjahre von Rehabeam bis zum Tod Ahasjas zusammen, kommen wir auf 95 Jahre, während sich für die identische Periode in Israel, von Jerobeam bis zum Tod Jorams, 98 Jahre ergeben.

Eine noch größere Diskrepanz herrscht für die Zeit von Jehus Staatsstreich bis zum Fall Samarias. Hier beläuft sich die Gesamtzeit für Judas Könige auf 165 Jahre, die für Israels Herrscher jedoch nur auf 144 Jahre. Ein weiteres kleineres Problem besteht darin, daß zwar von der sechsjährigen Herrschaft Königin Athaljas berichtet wird (2. Kön. 11, 3), aber sie wurde nicht in das normale chronologische Schema eingegliedert.

Kopfzerbrechen bereiten uns auch die offenbar widersprüchlichen Daten für den Regierungsbeginn Jorams von Israel (2. Kön. 1, 17 und 3, 1). Es ist ziemlich sicher, daß Salomo nicht vor 930 v. Chr. gestorben sein kann. Die Zeit zwischen diesem Ereignis und dem Fall Jerusalems (587 v. Chr.) kann also höchstens 343 Jahre betragen. Die niedrigste Zeitspanne, die wir aus Addition der biblischen Zahlen ermitteln können, beträgt aber etwa 372 Jahre.

Schlüssel

Drei Faktoren helfen uns jedoch wesentlich, die offenkundigen Probleme der Chronologie dieser Periode zu verstehen und weitgehend zu lösen.

● **Im Alten Orient gab es zwei verschiedene Methoden zur Datierung der Regierungszeit eines Königs.** Eine kann man als »Antritts-Jahr«-Zählung, die andere als »Nach-Antritts-Jahr«-Zählung umschreiben.

Im Antritts-Jahr – (Antedatierungs-) System wurde das Todesjahr eines Königs praktisch doppelt gezählt, denn der Teil des Jahres, in dem der König starb, wurde als volles Regierungsjahr gerechnet, der Rest des Jahres wurde aber auch seinem Nachfolger als volles Regierungsjahr angerechnet. Will man also bei diesem System eine genaue chronologische Berechnung anstellen, muß man für jeden regierenden König ein Jahr abziehen.

Das Nach-Antritts-Jahr- (Postdatierungs-) System zählte bei der Datierung der Gesamtregierungszeit eines Königs den Teil des Jahres, der *vor* das erste volle Kalenderjahr seiner Regierungszeit fiel, nicht mit. Dieses System erlaubt eine genaue chronologische Berechnung.

Es ist erwiesen, daß in der Frühzeit des geteilten Reiches Israel die erste, Juda die zweite Methode benutzte. Die Diskrepanz der Gesamtjahreszahl der beiden Monarchien entspricht der größeren Zahl israelitischer Könige in dieser Periode. Noch komplizierter wird die Sache dadurch, daß (zumindest anfangs) das Jahr in Juda im Monat Tischri (September/Oktober) begonnen wurde, in Israel hingegen im Monat Nisan (März/April).

● **Einige Regierungszeiten überlappen sich, weil manchmal zwei Könige als Mitregenten regierten.** Den Präzedenzfall bieten David und Salomo, die durch Mitregentschaft Adonia daran hinderten, die Macht an sich zu reißen (1. Kön. 1). Eindeutig finden wir dasselbe bei Jotham, der als Mitregent herrschte, als sein Vater Usia mit Lepra geschlagen wurde (2. Chron. 26, 21). Zweifellos verlieh diese Praxis, die offenbar nur in Juda geübt wurde, der davidischen Dynastie Stabilität.

Die meisten Forscher nehmen folgende Mitregentschaften an: Asa/Josaphat, Josaphat/Joram, Amazja/Usia, Jotham/Ahas, Ahas/Hiskia, Hiskia/Manasse. In manchen Fällen überragte der Jüngere (z. B. Hiskia) seinen Vater (Ahas), und dann

Die Zahl von Ahabs Streitwagen läßt sich an der Größe seiner Pferdeställe (hier in Megiddo) ermessen.

Pferdetränke für Lasttiere.

wurden Ereignisse in Bezug zum Mitregenten statt zum eigentlichen König datiert (z. B. 2. Kön. 18, 9–10).

Berücksichtigen wir das, reduziert sich die Summe der Regierungsjahre der judäischen Könige. Manasse von Juda regierte z. B. von 687 bis 642. In 2. Kön. 21, 1 heißt es, er habe 55 Jahre regiert, so daß er 10 Jahre lang Mitregent gewesen sein muß (angesichts Hiskias schwerer Krankheit – 2. Kön. 20, 1 – eine einleuchtende Erklärung).

● **Einige Könige könnten gleichzeitig – als Gegenkönige – regiert haben.** Das geschah wahrscheinlich in den turbulenten Jahrzehnten nach dem Tod Jerobeams II. im israelitischen Nordreich. In einer fast anarchistischen Zeit dürften rivalisierende Könige gleichzeitig verschiedene Teile des Reiches »regiert« haben. Ihre Regierungszeiten darf man natürlich nicht einfach addieren.

Außerbiblische Kontrollen

Durch sorgfältige Berücksichtigung dieser Faktoren lassen sich die Chronologien Judas und Israels harmonisieren. Archäologische Entdeckungen haben es inzwischen auch ermöglicht, die so herausgearbeitete Chronologie Juda/Israels in Beziehung zu den Ereignissen der Umwelt zu setzen. Die aufschlußreichsten Funde sind:

● **Die assyrischen Limmu- oder Eponymen-Listen.** In Assyrien wurden die Jahre nach einem staatlichen Würdenträger benannt, der im jeweiligen Jahr ein bestimmtes Amt innehatte. Erstaunlich vollständige Listen dieser Beamten sind erhalten geblieben, die die Zeit von 892 bis 648 umspannen, und wichtige Ereignisse ihrer Amtszeit wurden schriftlich festgehalten. Im Monat Simanu des Jahres, in dem Bur-Sagale der *Limmu* war, wird eine Sonnenfinsternis erwähnt, und moderne Astronomen haben ihr Datum errechnet, den 15. Juni 763 v. Chr. Von diesem eindeutig bestimmbaren Punkt aus lassen sich alle anderen Daten der *Limmu*-Listen errechnen. Da sich nun die Geschichte Israels und die Assyriens mehrmals kreuzt, lassen sich auch biblische Ereignisse zuverlässig datieren.

● **Die Königsliste von Khorsabad.** Diese Liste, von der es Abschriften gibt, zählt vollständig die assyrischen Könige bis 745 v. Chr. auf und nennt oft auch ihre Regierungszeit. Diese Liste stimmt mit der *Limmu*-Liste überein.

● **Der ptolemäische Kanon.** Dieses Werk stammt zwar erst aus dem 2. nachchristlichen Jahrhundert, seine Zuverlässigkeit ist aber mit an Sicherheit grenzender Wahrscheinlichkeit nachgewiesen worden. Es überliefert die Namen und Regierungszeiten der babylonischen Könige von der Thronbesteigung Nabonassars (747 v. Chr.) an.

Aus Ahabs Zeit hat man viele Elfenbeinschnitzereien gefunden, auch in Samaria selbst. Dieses geflügelte Wesen ist typisch für die Dekoration jener Periode.

Überreste von Ahabs Palast auf dem befestigten Hügel von Samaria.

● **Die babylonische Chronik.** Diese Tafeln – z. T. erst in jüngster Zeit ganz erforscht – behandeln die babylonische Geschichte der Zeit von Hiskia bis zum Fall Jerusalems. Für Bibelforscher sind sie besonders aufschlußreich für die Zeit, in der Juda Babylonien unterworfen war, d. h. nach 605. Viele Fragen sind inzwischen geklärt worden. So wußte man z. B. nicht, was Jojakim von Juda ermutigt haben könnte, gegen Babylon zu rebellieren (601/600) und warum die Revolte erst 598/597 niedergeschlagen wurde. Aus der babylonischen Chronik geht hervor, daß es im November/Dezember 601 an der ägyptischen Grenze zu einem heftigen Zusammenstoß zwischen Babylonien und Ägypten kam. Die Babylonier mußten schwere Verluste hinnehmen und sich zurückziehen, um ihre Armee neu zu gruppieren. Diese offenkundige Schwäche ermutigte Jojakim zur Rebellion. Das einzige exakte Datum des Falles Jerusalems (15.–16. März 597 v. Chr.) ist mit Hilfe dieser Chronik bestimmt worden.

Ein kleineres Problem bleibt: Es ist nicht sicher, ob das hebräische Ziviljahr dem babylonischen Schema angepaßt wurde. Dadurch kann während der Regierungszeit Zedekias, des letzten Königs von Juda, die Datierung um ein Jahr schwanken. Die Zerstörung Jerusalems wird z. B. ins Jahr 587 oder 586 datiert. Die beiden Arten der Zeitrechnung lassen sich in Jer. 52, 12 und 29 erkennen, wo man auf den ersten Blick meinen könnte, die Gefangenen seien schon ein Jahr vor der Einnahme Jerusalems deportiert worden.

● **Zahlreiche zeitgenössische Inschriften** beziehen sich ebenfalls auf besondere Ereignisse, etwa den die Schlacht von Qarqar (853 v. Chr.) zwischen Assyrien und einer Allianz kleiner Staaten, darunter Israel unter König Ahab; oder die Tributzahlung Jehus an den assyrischen König Salmanasser III. im Jahre 841 v. Chr.; oder den Fall Samarias (722/721). Solche Inschriften helfen uns, die biblische Information richtig einzuordnen.

Wenn wir die grundlegenden Methoden der biblischen Chronologien berücksichtigen und diese dann an den Schnittpunkten der judäisch-israelitischen Geschichte und der Geschichte der Weltreiche auf die absolute Zeitskala abstimmen, ist eine sehr genaue Datierung für den größten Teil der Königszeit möglich. Eine Ausnahme bildet die Regierungszeit Sauls. Die in Apg. 13, 21 genannten 40 Jahre sind wahrscheinlich aufgerundet. Da im hebräischen Text von 1. Sam. 13, 1 nur eine »2« erhalten geblieben ist, vermuten die meisten Forscher, daß hier eine Zehnerstelle ausgefallen ist und die Regierungszeit 12, 22 oder 32 Jahre betrug.

2 – 8, 15 ELISAGESCHICHTEN

2 Elias Entrückung

Elia scheint diese letzte Erfahrung allein machen zu wollen. Aber Elisa weicht nicht von seiner Seite. Östlich des Jordans, nahe dem Todesort Moses, geschieht dann das große Ereignis: ein Wirbelwind reißt Elia weg, und Elisa sieht den feurigen Wagen mit den Pferden, ein bemerkenswertes Ende eines bemerkenswerten Lebens. Elias Wiedererscheinung bei der Verklärung Jesu (Mt. 17) unterstreicht die einzigartige Stellung dieses Mannes unter den Propheten. Elisa nimmt sofort seine Aufgabe auf.

Prophetenjünger (3): Ekstatikergruppen; nicht immer Männer von hohem geistlichem Format.

Zwei Anteile (9): Gemeint ist der Erbanteil des ältesten Sohnes, nicht die Verdopplung von Elias geistlicher Kraft. Elisa möchte unabweisbar als des Propheten geistlicher Erbe ausgewiesen sein.

Wagen Israels . . . (12): Gemeint ist, daß Elia für das Volk von höherem Wert war als sein Heer.

Kleine Knaben (23): Junge Männer – örtliche Rüpel, die den Propheten und seinen Gott laut verspotten.

3 Joram von Israel (852–841) und die Moabiter

Joram regierte 12 Jahre. Eine Strafexpedition gegen Moab durch die vereinigten Heere von Israel, Juda und Edom wird durch eine Trockenzeit zu einem gefährlichen Wagnis. Elisa, in seiner prophetischen Kraft durch Musik stimuliert (eine übliche prophetische Methode), verheißt ein Ende der Dürre und den Sieg.

Der Wasser auf die Hände goß (11): der Elia diente.

Jericho, die Palmenstadt, ist auch heute noch von seinen Quellen abhängig. Im Hintergrund der Schuttberg des alten Jericho.

Da kam ein großer Zorn (27): Die Opferung des Königssohnes ermutigte entweder die Moabiter oder erschreckte die Israeliten derart, daß der Vormarsch gestoppt wurde.

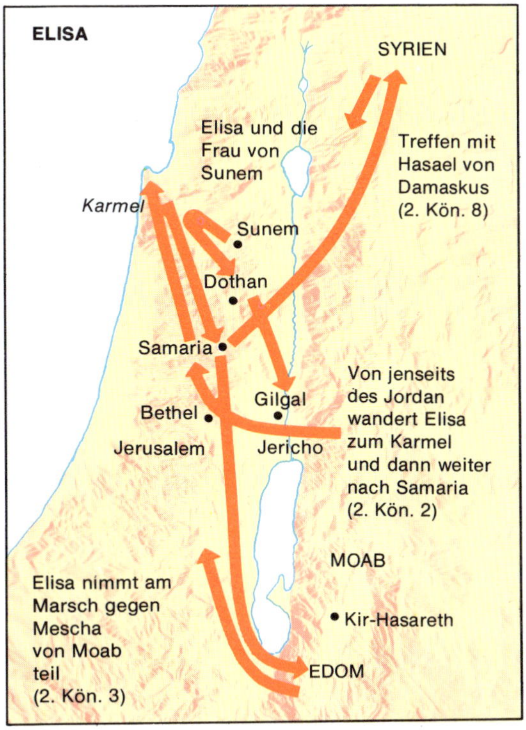

4 Vier Wundertaten Elisas

Elisas Wunder zeigen – wie die Wunder Jesu – Gottes Fürsorge für die einfachen Leute und ihre Nöte. 1–7: die Witwe, deren Kinder als Sklaven verkauft werden sollen, um die Schulden abzudecken. 8–37: die kinderlose Frau in Sunem, die Elisa großzügige Gastfreundschaft gewährt. 38–41 sowie 42–44: Die Speisung der Hungrigen. Die Reihenfolge der Erzählung ist nicht unbedingt chronologisch.

O, mein Kopf . . . (19): das Kind hatte einen Hitzschlag.

Weder Neumond noch Sabbat (23): besondere Zeiten religiöser Observanz, an denen es natürlich war, einen heiligen Mann aufzusuchen. Die Frau hatte ihrem Mann nicht erzählt, daß das Kind gestorben war.

Wilde Gurken (39): In der Hungersnot sammelte ein Mann Koloquinten, die stark abführend wirken und in großen Mengen genossen Vergiftungserscheinungen hervorrufen.

Erstlingsbrot (42): Das Opfer, das normalerweise den Priestern zum Erntebeginn gebracht wurde.

5 Die Heilung des aussätzigen Naeman

Gottes Fürsorge gilt nicht Israel allein (vgl. Luk. 4, 27; Syrien lag oft mit Israel im Krieg, und Naeman war der syrische Oberbefehlshaber). Eine junge israelitische Sklavin erzählt ihrem Herrn von Elisas Kräften. Auf diplomatischem Weg wird ein Besuch vereinbart. Aber die Anweisungen des Propheten entsprechen nicht den Erwartungen Naemans. Sein Gefolge überredet ihn zu einem Versuch, und er wird heil. Durch

Verglichen mit den Flüssen in Naemans Heimat ist der Jordan wenig eindrucksvoll; hier windet er sich durch Galiläa.

die Heilung und durch Elisas Zurückweisung jeglicher Bezahlung beeindruckt, wird Naeman an den Gott Israels gläubig. Gehasis Gier hätte dies wieder zunichte machen können. Darum wird er bestraft.

Zentner, Goldgulden (5): Es waren noch keine Münzen, sondern Gewichte. Vgl. Anm. zu 1. Kön. 10.

Zwei Maultierlasten mit Erde (17): Er nahm Erde aus dem Land des Gottes Israels mit, um ihn so in seinem eigenen Land anbeten zu können. Ihm war nicht bewußt, daß Gott der Herr der ganzen Welt ist.

6, 1–23 Elisa und die syrische Armee

1–7: Die schwimmende Axt. Die dichten Wälder des Jordantales lieferten das Material für den Bau des Gemeinschaftshauses der Propheten. Elisas Wunder war einfach ein Akt freundlicher Hilfe.

8–23: Gott schützt sein Volk. Elisa ist nicht der syrischen Armee ausgeliefert, sondern die Soldaten sind auf die Barmherzigkeit des einzelnen Propheten angewiesen!

Dothan (13): etwa 15 km nördlich von Samaria.

6, 24 – 7, 20 Die Belagerung Samarias

Der Friede, den Elisa sichern wollte (23), hielt nicht für immer. Samaria wird von den Syrern belagert. Hungertod und Kannibalismus sind an der Tagesordnung. Der König tadelt Elisa dafür, daß er ihn aufgefordert habe, auszuhalten, und ihm Entsetzung verheißen habe (33). Die Aussätzigen, die von den Nahrungsgeschenken lebten, waren noch schlimmer daran als die meisten. Ihr verzweifelter Hunger macht sie darum zu den ersten, die die Wahrheit der Vorhersage Elisas entdecken: Die syrische Armee war bei dem scheinbaren Herannahen eines Entsatzheeres geflohen.

Die Verteidigungsanlagen Samarias, von denen man das umliegende Land und das Belagerungsheer überblicken konnte.

6, 25: Der Esel war als unreines Tier verbotene Nahrung. Taubenmist ist eine Art Unkraut. Während der Hungersnot erreichten beide astronomische Preise.

8, 1–15 Elisa und Hasael von Damskus

1–6 gehören zeitlich hinter 4, 8–37 und vor Gehasis Lepra, 5, 25–27.

7–15: Elisa erfüllt Gottes Auftrag an Elia (1. Kön. 19, 15). Hasael greift zum Mord, um die Verheißung zu realisieren und den Thron zu erlangen.

8, 16 – 17, 41 DIE KÖNIGE ISRAELS UND JUDAS BIS ZUM FALL SAMARIAS

Der Verfasser wendet sich nun wieder der Geschichte der Könige zu, die durch die Elisageschichten unterbrochen worden war.

8, 16–24 Joram von Juda (853–841)

Joram war ein »böser« König. Nach einer Mitregentschaft mit Josaphat regierte er acht Jahre allein. In dieser Zeit lähmen Juda erfolgreiche Aufstände durch Edom (im Südosten) und Libna (im Südwesten, an der Grenze zu den Philistern). Vgl. 2. Chron. 21.

8, 25–29 Ahasja von Juda (841)

Auch Ahasja wandte sich von Gott ab. Er regierte nur ein Jahr. Vgl. 2. Chron. 22.

9 Jehu wird zum König Israels gesalbt (841–814). Der Tod des Königs Joram und der Königinmutter Isebel

Elisa führt Gottes letzten Auftrag an Elia aus (1. Kön. 19, 16), während die Heere Israels und Judas Ramoth-Gilead gegen die Syrer verteidigen. Als der König sich in Jesreel von seinen Verwundungen erholen will, ist die Zeit reif für Jehus Staatsstreich.

Dieser Rasende (11): Die Ekstase läßt die Offiziere den Mann als Propheten erkennen.

Der Acker Naboths (21): Vgl. 1. Kön. 21.

Vers 26: Vgl. 1. Kön. 21, 19.

Sie schminkte ihr Gesicht (30): Das Make-up war schon damals raffiniert: Schwarze Umrandung der Augen mit Holzkohle. Blaue Lidschatten aus Lapislazuli. Zerquetschte Purpurschnecken dienten als Lippenstift. Mit scharlachrotem Henna wurden die Finger- und Fußnägel bemalt. Hinzu kamen Puder und ein ganzes Aufgebot von Parfums und Cremes.

Du Simri . . . (31): König Elas Mörder – 1. Kön. 16, 8 ff.

Das Wort des Herrn durch Elia (36): 1. Kön. 21, 23.

10 Jehus große Säuberung

Jehus Regierung beginnt mit einem Blutbad, in dem Ahabs gesamte Familie (1–11), viele aus dem judäischen Königshaus (12–14) sowie die Priester, Propheten und Anbeter des Baal (18–27) ihr Leben verlieren. Alles, was mit der Baalsverehrung in Beziehung stand, wird zerstört. Aber die Heiligtümer Jerobeams in Bethel

DER SCHWARZE OBELISK

Salmanasser III. errichtete zur Erinnerung an seine eigenen Siege einen Obelisk. Auf einer Platte findet sich folgender Text:

Der Tribut Jehus, des Sohnes Omris. Silber, Gold, eine goldene Schale, eine goldene Vase, goldene Becher, goldene Eimer, Zinn, einen Stab für die königliche Hand(?), puruhati-*Früchte.*

Die Szene des Schwarzen Obelisks, die Jehu erwähnt, der hier seinen Tribut zollt.

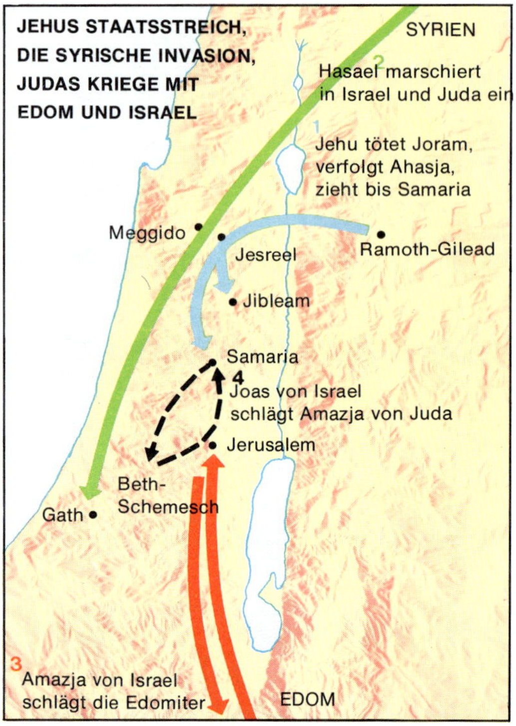

und Dan bleiben bestehen, und damit wird Gottes Gebot mißachtet. Jehu regierte 28 Jahre lang und ist der Begründer einer neuen Dynastie. Während seiner Regentschaft ging das Ostjordanland an Syrien verloren.

11, 1–20 Die Königin Athalja von Juda (841–835)

Athalja regierte 6 Jahre (vgl. 2. Chron. 22, 10 – 23, 21). Diese gehören zu den dunkelsten Zeiten in der Geschichte des Volkes. Das Davidsgeschlecht wird fast völlig ausgerottet, nur der Säugling Joas überlebt. Der Priester Jojada (der Mann der Prinzessin Joscheba, die Joas rettete) leitet den gutgeplanten und offenbar unblutigen Staatsstreich, der Joas auf den Thron bringt. Die angestammte Monarchie ist wiederhergestellt. Die Treue zu Gott wird durch die Beschwörung eines neuen Bundesvertrages erneut bestätigt.

11, 21 – 12, 21 Joas von Juda (835–796). Die Wiederherstellung des Tempels

Joas war einer der besten Könige Judas. Er regierte fast 40 Jahre (vgl. 2. Chron. 24); und zwar recht gut, solange er sich von Jojada beraten ließ. Da das Geld, das das Volk für die Reparaturen am Tempel spendete, immer wieder bei den Priestern hängenblieb, wird nun ein neuer Weg beschritten. Freiwillige Opfer und Steuern füllen daraufhin den Baufonds und lassen die Arbeiten vorangehen. Joas' letzte Jahre sind von einem Niedergang im politischen (17 ff.), moralischen und geistlichen Bereich (2. Chron. 24, 17 ff.) gekennzeichnet. Syrien fällt in Juda ein und bedroht Jerusalem. Der König stirbt durch die Hände seiner Vasallen.

13, 1–9 Joahas von Israel (814–798)

Joahas regierte 17 Jahre, während deren Israel unter syrische Herrschaft geriet.

Ein Retter (5): Man hat ihn mit verschiedenen Männern identifiziert: Adad-Nirari von Assyrien, dem Damaskus und Joas von Israel Tribut zahlten; Jerobeam II.; Elisa.

Vers 7: Man denke dagegen an Ahabs 2 000 Wagen.

13, 10–25 Joas von Israel (798–782)

Joas war 16 Jahre König. Es gab Krieg mit Juda. Elisas letzte Verheißung eines Sieges über Syrien wird wahr. Der Prophet stirbt.

Wagen Israels (14): Vgl. Anm. zu 2, 12.

14, 1–22 Amazja von Juda (796–767)

Amazja war ein guter König und regierte 29 Jahre (vgl. 2. Chron. 25). Der Sieg, den er über Edom erringt, steigt ihm jedoch zu Kopf. Die verhängnisvolle Herausforderung des Joas bringt das Heer Israels nach Jerusalem, und der Tempel wird ausgeplündert. Das Volk macht Asarja zum Mitregenten. Bei einer späteren Verschwörung wird Amazja in Lachisch getötet.

Im Gesetzbuch (6): 5. Mose 24, 16.

Salztal (7): Das Gebiet südl. des Toten Meeres

Ein Dornstrauch auf dem Libanon (9): Joas beantwortet Amazjas törichte Herausforderung mit einer höhnischen Parabel.

Relief von Tiglath-Pileser III., dem König von Assyrien, aus dem Palast in Nimrod.

Ein dramatisches Indiz für die Invasion Hazors durch Tiglath-Pileser III. ist dieser am Vorabend der Invasion hastig aufgebaute Verteidigungswall.

14, 23–29 Jerobeam II. von Israel (793–753)

Jerobeam regierte – seine Zeit als Mitregent eingerechnet – etwa 41 Jahre. Er war ein mächtiger Herrscher über ein Gebiet, das vom Nordlibanon (Hamath) bis zum Toten Meer reichte. Er besiegte das geschwächte Syrien. Jerobeams Regierung ist Israels letzte Blütezeit. Nach seinem Tod zerfällt das Reich. Amos (2, 6 ff.) und Hosea enthüllen die Verderbtheit in Israel: Extreme von Reichtum und Armut; das Schinden der Armen und Schwachen.

15, 1–7 Asarja (Usia) von Juda (791–740)

Asarja, ein »guter« König, regierte insgesamt 52 Jahre (vgl. 2. Chron. 26). Asarja war ein starker

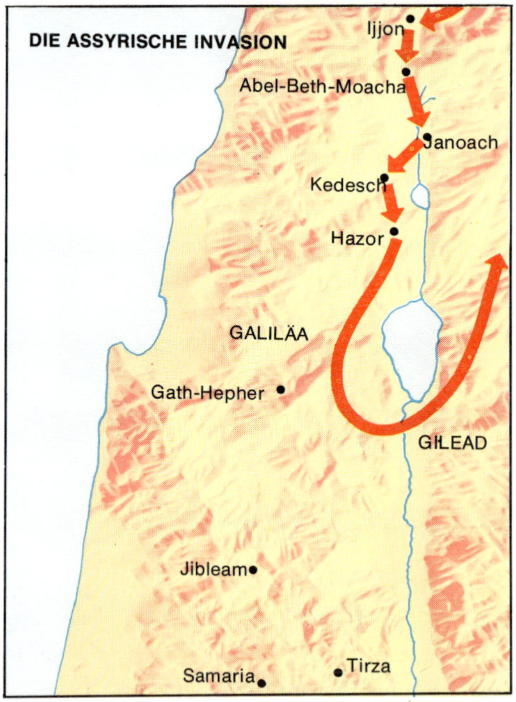

Menahems Tribut wurde von Schreibern registriert, wie auf diesem Relief von den Eroberungen Tiglath-Pilesers III. aus Nimrod.

Regent. Er besiegte die Philister und Araber und machte Ammon zum Vasallenstaat. Aber sein Stolz brachte ihm ein unerfreuliches Ende (5; 2. Chron. 26, 16 ff.).

15, 8–31 Die Folge der Könige in Israel (753–732)

8–12: Sacharja, der Sohn Jerobeams, regiert 6 Monate und wird von Schallum ermordet; 753–752.

13–16: Schallum regiert nur einen Monat. Dann wird er von Menahem ermordet.

17–22: Menahem, der eine neue Dynastie gründet, regiert 10 Jahre (752–742). Er wird Vasall des mächtigen Tiglath-Pileser III. von Assyrien.

23–26: Pekachja, der Sohn Menahems, regiert zwei Jahre. Er wird 740 durch einen Handstreich des Heeres unter Pekach gestürzt und getötet.

27–31: Pekach gründet ein neues Herrscherhaus und regiert etwa 20 Jahre, wobei seine Regierungszeit von der Thronbesteigung Menahems datiert ist, also 752–732. Seine antiassyrische Politik führt zu einer Massendeportation des Volkes durch Tiglath-Pileser. Pekach wird von Hosea ermordet.

15, 32–38 Jotham von Juda (750–732)

Jotham war ein König nach Gottes Wohlgefallen. Während seiner 16jährigen Regierungszeit erfuhr er Anfeindung durch Syrien und Israel.

16 Ahas von Juda (735–716)

Ahas war einer der schlimmsten Könige Judas (vgl. 2. Chron. 28; Jes. 7). Während seiner Regierungszeit wurde Juda von allen Seiten angegriffen: Von Syrien und Israel im Norden, von Edom und den Philistern im Süden. Der Tempel wurde von allem Silber und Gold entblößt, um den schweren Tribut zu zahlen, den Assur für seinen Beistand forderte. Einige von Jesajas Prophetien stammen aus dieser Zeit.

17 Hosea, der letzte König Israels (732–723); Samaria fällt vor den Assyrern

Hosea regierte neun Jahre als Assurs Vasall. Ein Versuch, ägyptische Unterstützung zu gewinnen, erweist sich als fatal. Nach dreijähriger Belagerung fällt Samaria. Die Restbevölkerung wird fast völlig deportiert. Israels Geschick wird als direkte Folge seines anhaltenden Götzendienstes, seiner Anpassung an heidnische Riten, seines Ungehorsams gegenüber dem Gesetz und seiner Mißachtung der Propheten gesehen (7–18).

Assur besiedelte das Land mit Menschen aus anderen eroberten Gebieten, die ihre eigene Religion mitbrachten. Entstehende Nöte werden darauf zurückgeführt, daß der Gott des Landes nicht versöhnt sei. Darum wird ein israelitischer Priester zu ihnen zurückgesandt – als Missionar. Die Religion der Samariter entsteht.

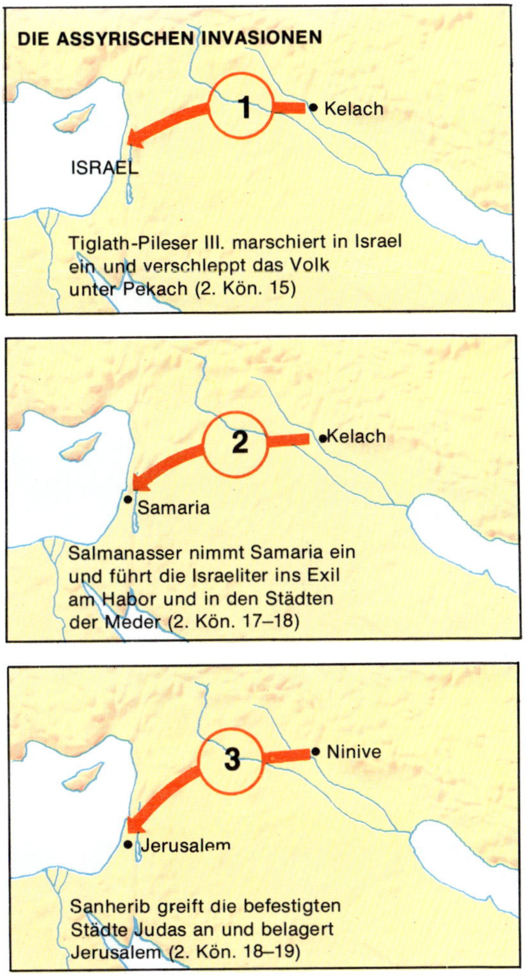

Vers 6: das Volk wird in das nordöstl. Syrien/Türkei und den Iran deportiert.

18–25 DIE KÖNIGE VON JUDA BIS ZUM FALL JERUSALEMS

18, 1–12 Der Beginn der Regierung Hiskias

Hiskia war einer der besten Könige Judas und regierte insgesamt 29 Jahre (716–687). Vgl. 2. Chron. 29–32.

Die eherne Schlange (4): Vgl. 4. Mose 21, 4–9. Man kann hieran sehen, wie schnell ein Gegenstand, der einmal seinen Zweck erfüllt hat, mißbraucht werden kann.

SANHERIBS PRISMA

Sanheribs Version von der Belagerung Jerusalems findet sich auf diesem sechsseitigen Tonprisma, auf dem die Einzelheiten seiner acht Feldzüge beschrieben sind. Das Prisma ist 37,5 cm hoch.

Aber was Hiskia betrifft, den Juden, der sich meinem Joch nicht unterwarf, 46 von seinen starken ummauerten Städten und kleine Städte in ihrer Umgebung ohne Zahl belagerte und eroberte ich durch das Anlegen von Dämmen und Anrücken von Belagerungsmaschinen, durch den Angriff der Gardeinfanterie, Breschen, Minen und Sturmleitern. 200 150 Menschen, klein und groß, Männer und Frauen, Pferde, Maultiere, Esel, Kamele, Rinder und Kleinvieh ohne Zahl führte ich fort und zählte sie als Beute. Ihn selbst schloß ich wie einen Vogel im Käfig in seiner Hauptstadt Jerusalem ein. Rings um die Stadt stellte ich Wachposten auf und schickte jeden, der das Stadttor verließ, ins Unglück zurück. Seine Städte, die ich erobert hatte, trennte ich von seinem Land ab und gab sie Mitinti, dem König von Asdod, Padi, dem König von Ekron, und Sillibel, dem König von Gaza, und verkleinerte so sein Land . . . Was Hiskia betrifft, so überwältigte ihn die schreckliche Herrlichkeit meiner Macht; und die regulären wie die Hilfstruppen, die er zusammengezogen hatte, um seine Hauptstadt Jerusalem zu stärken, und die ihm zu Hilfe gekommen waren, sowie 30 Talente Gold, 300 Talente Silber, Edelsteine, Antimon, große Blöcke roten Steins, elfenbeinverzierte Lagerstätten, elfenbeinerne Armstühle, Elefantenhaut, Elefantenzähne, Ebenholz, Buchsbaumholz, alle möglichen wertvollen Schätze sowie seine Töchter, Konkubinen, männliche und weibliche Musikanten sandte er mir nach Ninive, der Stadt meiner Herrschaft. Er sandte mir einen persönlichen Botschafter, der den Tribut überbrachte und sich mir sklavisch unterwarf.

18, 13–37 Sanheribs Angriff auf Jerusalem

Acht Jahre nach dem Fall Samarias wenden sich die Assyrer dem rebellierenden Juda zu. Lachisch, ca. 50 km südwestlich von Jerusalem, wird belagert, und Boten werden zu Hiskia gesandt. Die drei Assyrer (Tartan ist der Oberbefehlshaber; Rabsaris ein hoher Offizier; Rabschake ein hoher Beamter) sind Meister der psychologischen Kriegsführung. Sie lehnen eine Verhandlung mit Hiskias Kabinett ab und bestehen auf einer öffentlichen Ansprache, die sie in Hebräisch halten, so daß jeder sie verstehen kann. Aber ihr Prahlen, daß Gott Juda nicht vor den Assyrern retten könne, besiegelt ihr Schicksal.

Relief mit assyrischen Bogen- und Schleuderschützen.

19 Hiskia konsultiert Jesaja. Tod im Lager der Assyrer

Vgl. Jes. 36–39; 2. Chron. 32, 9–23. In der Krise wächst der König über sich selbst hinaus. Gott antwortet auf sein Gebet und belohnt sein Vertrauen. Jesajas Prophezeiung erfüllt sich. Jerusalem ist gerettet.

Jesaja (2): Einer der großen Propheten Judas. Nach Jes. 1, 1 prophezeite er unter den Königen Usia, Jotham, Ahas und Hiskia. Er wohnte in Jerusalem (Weiteres zu ihm unter »Jesaja«.)

Libna (8): etwa 15 km nördl. von Lachisch.

Tirhaka (9): Pharao Taharqua, von äthiopischer Abstammung. Er verfügte über das Heer, war aber noch nicht auf dem Thron.

Gosan (12): im nordöstl. Syrien; *Eden*: der aramäische Stadtstaat Bit-Adini am Euphrat.

Meinen Ring (28): Gott will sie als gedemütigte Gefangene so führen wie ein Mann einen Bul-

len oder ein Pferd. Die Assyrer zogen Ringe durch die Nasen der von ihnen gefangenen Könige.

Der Engel des Herrn fuhr aus (35): Es ist nicht klar, was geschah; möglicherweise der Ausbruch der Beulenpest (vgl. 2. Chron. 32, 21; Jes. 37, 36).

20 Hiskias Krankheit. Die babylonische Gesandtschaft

1–11: Die Menschen des Alten Testamentes hatten nur eine vage Hoffnung auf ein Leben nach dem Tod. Die Erwartung des Todes erfüllte Hiskia mit Leid (vgl. dazu sein Lied, Jes. 38, 9–20).

12–21: Babylon war zu dieser Zeit ein kleiner Staat südlich von Assur, der sich nach Verbündeten umsah. Jesaja sagt seine künftige Macht voraus, wie auch Judas Geschick.

Ein Pflaster von Feigen (7): die übliche Behandlung bei Geschwüren.

Sanherib belagert eine befestigte Stadt – Relief aus Sanheribs Palast in Nimrod.

21, 1–18 Manasse (696–642)

Manasse war Judas Ahab. Er regierte 55 Jahre, einen Teil davon als Mitregent. Er trieb Juda in eine geistliche Anarchie, die schlimmer war als der kanaanäische Götzendienst, den Israel beim Einzug vorgefunden hatte. Die Propheten künden Gottes unausweichliches Gericht an. Jerusalem wird das Schicksal Samarias teilen (vgl. 2. Chron. 33, wo von Manasses radikalem Gesinnungswandel vor seinem Ende berichtet wird).

21, 19–26 Amon (642–640)

Amon war ebenfalls ein schlechter König. Nach zwei Jahren Herrschaft wurde er von seinen eigenen Dienern ermordet (vgl. 2. Chron. 33, 21–25).

22 Josia (640–609). Hilkia entdeckt das Gesetzbuch

Josia regierte 31 Jahre. Er war der Beste der Könige von Juda. Er führte eine durchgreifende religiöse Reform durch (vgl. 2. Chron. 34–35). Ein Gesetzbuch (möglicherweise eine Abschrift des 5. Buchs Mose) wird bei Erneuerungsarbeiten am Tempel gefunden. Seine Verlesung zeigt, wie sehr Juda gesündigt hat – und was die Strafe ist.

23, 1–30 Josias Reform

Der öffentlichen Verlesung des Gottesgesetzes folgt die Erneuerung des Bundesschlusses mit Gott (1–3). Dann werden überall im Land die Stätten und Gegenstände vernichtet, die dem heidnischen Gottesdienst geweiht waren (4–14). Die Säuberungswelle geht über Judas Grenzen bis in das Gebiet des früheren Israel (15–20). Das vernachlässigte Passafest wird wieder gefeiert (21–23; vgl. 2. Chron. 35), die privaten Greuel werden ausgetilgt (24–25). Gottes Urteil aber ist nur aufgeschoben, nicht aufgehoben. Das Herz des Volkes ist auch durch diese offizielle Reform nicht gewandelt. Josia stirbt in einem sinnlosen Kampf mit dem Pharao Necho, der unterwegs war, um seine Streitkräfte mit denen Assurs zu vereinigen, nachdem Ninive den Babyloniern zugefallen war.

23, 31–35 Joahas (609)

Nach dreimonatiger »böser« Regierung wird Joahas nach Ägypten deportiert (vgl. 2. Chron. 36, 1 ff.).

23, 36 – 24, 7 Jojakim (609–597)

Josias Sohn Eljakim, zum Zeichen seiner Unterwerfung unter den Pharao Necho in »Jojakim« umbenannt, kommt nun für 11 Jahre auf den Thron. Nach der Niederlage der Ägypter bei Karkemisch 605 wird er Vasall der siegreichen Babylonier. Drei Jahre bleibt Juda unter der Oberherrschaft Nebukadnezars, dann fällt es wieder zu Ägypten ab, was immer neue Angriffe der Babylonier nach sich zieht und wiederholte Warnungen durch den Propheten Jeremia (vgl. auch 2. Chron. 36, 5–8).

24, 8–17 Jojachin (597)

Jojakims Sohn Jojachin wurde nach dreimonatiger Herrschaft von Nebukadnezar abgesetzt. Er wurde mit den Schätzen Jerusalems und der Führungsschicht Judas nach Babylon gebracht.

24, 18 – 25, 30 Zedekia (597–587). Die Zerstörung Jerusalems

Vgl. auch 2. Chron. 36, 11–21; Jer. 37–39. Die neue königliche Marionette rebelliert ebenfalls. Jerusalem muß eine schreckliche 18monatige Belagerung erdulden. Bei dem Versuch, nach Süden zu fliehen, wird Zedekia ergriffen und nach Babel gebracht. Die Stadt fällt, wird geplündert und fürchterlich zerstört. Bis auf wenige Arme werden alle deportiert. Als der zurückgelassene Statthalter Gedalja ermordet wird, fliehen diese nach Ägypten. 25, 27–30 schimmert ein wenig Hoffnung auf. Unter einem neuen babylonischen König wird Jojachin, der abgesetzte König Judas, nach 35 Jahren Haft begnadigt (vgl. Jer. 39–43).

BABYLONISCHER BERICHT VOM FALL JERUSALEMS

Die Eroberung von Jerusalem wird auf einer babylonischen Tafel folgendermaßen beschrieben:

Im 7. Jahr, im Monat Kislev, berief der babylonische König seine Truppen ein, belagerte nach einem Marsch zum Land Hatti die Stadt von Juda und nahm am 2. Tag des Monats Adar die Stadt ein und den König gefangen. Er ernannte darin einen König nach eigener Wahl, empfing ihren großen Tribut und sandte (sie) nach Babylon.

Blick von der feindlichen Stellung aus zum »Tell« von Lachisch. Bei ausgedehnten archäologischen Ausgrabungen kamen u. a. ein Massengrab und angebrannte Mauerreste zutage.

Könige von Israel und Juda

(überlappende Pfeile deuten Mitregentenschaften an)

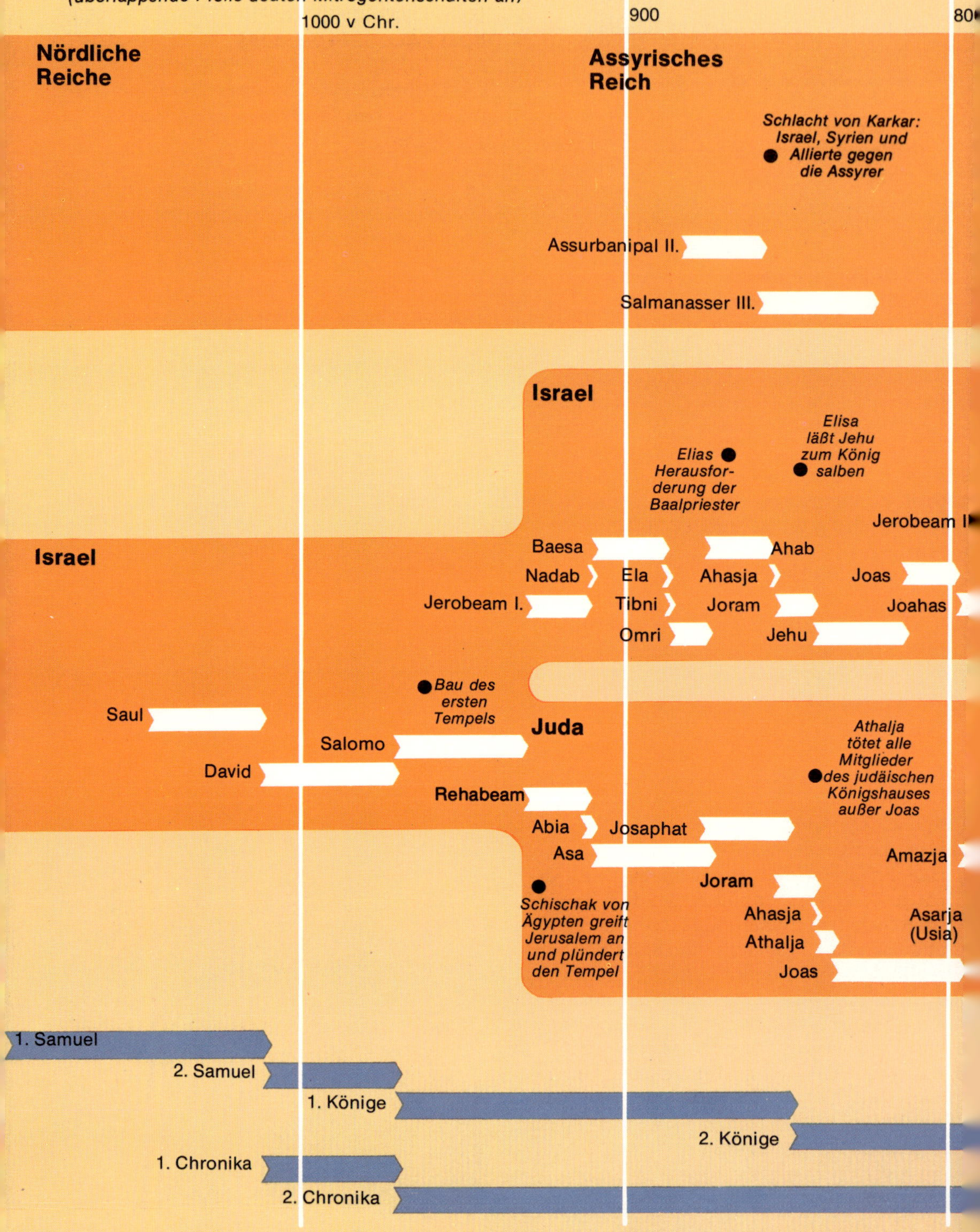

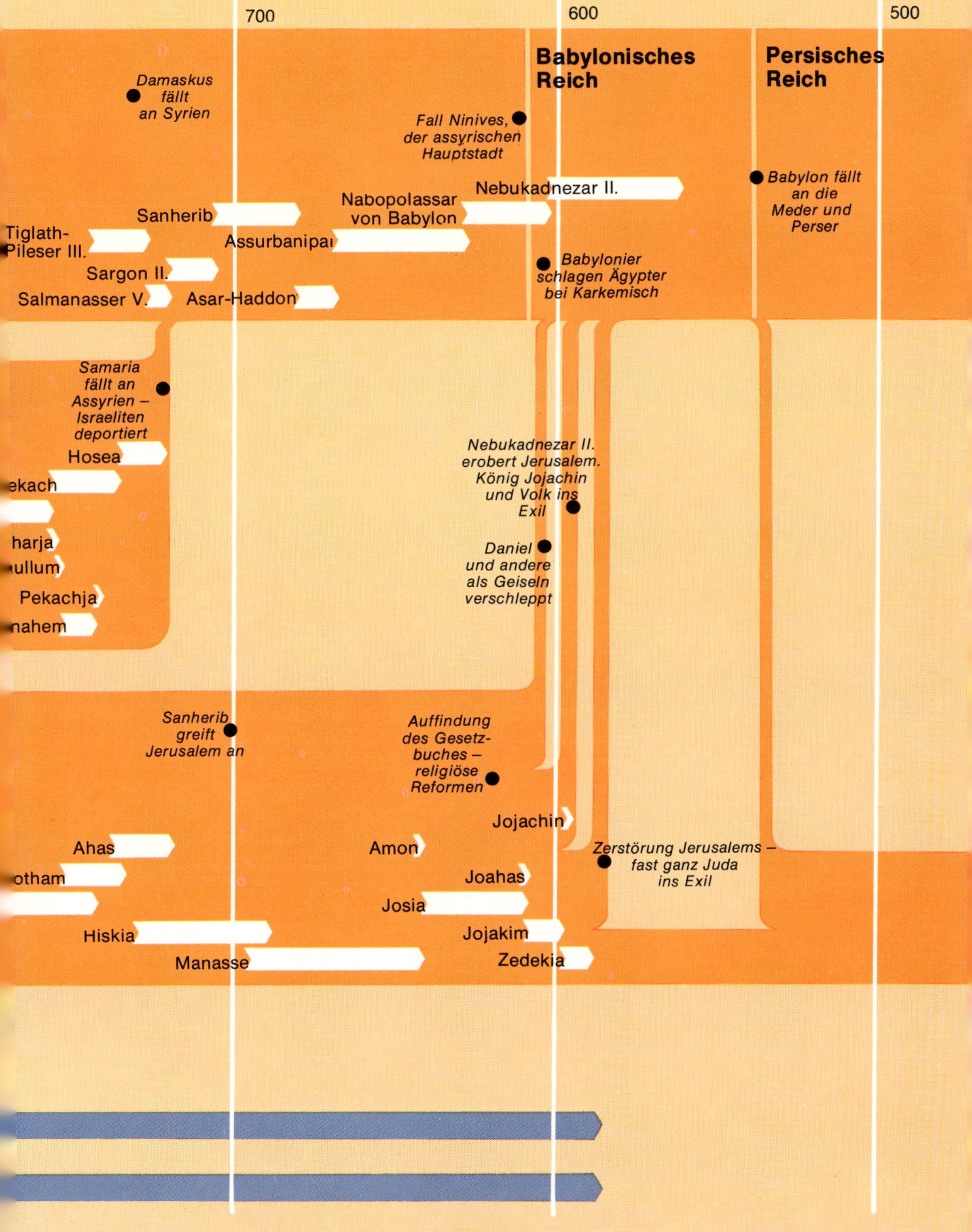
700
600
500
Babylonisches Reich
Persisches Reich
Damaskus fällt an Syrien
Fall Ninives, der assyrischen Hauptstadt
Nebukadnezar II.
Babylon fällt an die Meder und Perser
Sanherib
Nabopolassar von Babylon
Tiglath-Pileser III.
Assurbanipal
Sargon II.
Babylonier schlagen Ägypter bei Karkemisch
Salmanasser V.
Asar-Haddon
Samaria fällt an Assyrien – Israeliten deportiert
Hosea
ekach
harja
ullum
Pekachja
nahem
Nebukadnezar II. erobert Jerusalem. König Jojachin und Volk ins Exil
Daniel und andere als Geiseln verschleppt
Sanherib greift Jerusalem an
Auffindung des Gesetzbuches – religiöse Reformen
Jojachin
Ahas
Amon
Zerstörung Jerusalems – fast ganz Juda ins Exil
otham
Joahas
Josia
Hiskia
Jojakim
Manasse
Zedekia

1. und 2. Chronik

Die Chronikbücher scheinen auf den ersten Blick schwerfälliger und moralisierend das zu wiederholen, was bereits 2. Sam. und 1. und 2. Kön. bieten. Der Chronist schrieb aber für die, die diese früheren Bücher kannten. Deshalb konnte er sich auf bestimmte Themen konzentrieren und sie innerhalb eines ungefähr chronologischen historischen Rahmens verfolgen. Zwei Themen stechen besonders heraus: Der wahre Gottesdienst und das echte Königtum in Israel. Dementsprechend wählte er sein historisches Material aus. (So verfolgte er z. B. nach der Teilung des Reiches nur die Geschicke der Könige Judas. Und auch in der Einleitung, bei den Stammbäumen in Kap. 1–9, liegt der Schwerpunkt auf den Südstämmen Juda und Benjamin sowie auf dem Stamm Levi, der Israel seine Priester und Gottesdiener gab.) Das bedeutet allerdings nicht, daß der Chronist, wie einige behaupten, die Fakten der Geschichte so zurechtbiegt, daß sie seinen Absichten entsprechen.

Der Chronist wählte seine besonderen Themen im Blick auf seine ursprünglichen Leser – die Leute, die aus dem Exil zurückgekehrt waren, um unter Esra und Nehemia Jerusalem neu aufzubauen. (Er mag etwa um 400 v. Chr. geschrieben haben. Seine Bücher bilden einen Teil der längeren Serie Chronika-Esra-Nehemia.) Die neue Gemeinschaft brauchte die Rückbesinnung auf die Vergangenheit. Sie brauchte Orientierung, um in richtiger Weise den Gottesdienst wiedereinzurichten. Und wenn sich die Geschichte mit ihren dunklen Ereignissen nicht wiederholen sollte, mußten die Zurückgekehrten an die wichtigste Lehre ihrer Vergangenheit erinnert werden: daß die Treue Gott gegenüber unabdingbare Voraussetzung für Wohlstand und Freiheit ist. Götzendienst und Ungehorsam wird immer in Gericht und Untergang enden.

Nun muß man zugeben, daß die Chronikbücher einige Probleme aufwerfen. Der Chronist hat sich nicht gescheut, zu ›modernisieren‹ – vergangene Ereignisse so zu schildern, daß seine Zeitgenossen sie in ihrer aktuellen Bedeutung verstehen konnten. Seine hohen Zahlenangaben bieten dem heutigen (wenn auch nicht dem früheren) Leser Schwierigkeiten (vgl. Große Zahlen im AT, S. 191). Auch die Namen unterscheiden sich oft leicht von denen in den früheren Büchern, wobei man allerdings in Rechnung stellen muß, daß Veränderungen auch durch spätere Abschreiber eingeflossen sein können (es gab schließlich noch keinen hebräischen ›Duden‹!).

1. CHRONIK

1–9 STAMMBÄUME ISRAELS: VON ADAM BIS ZUM EXIL UND DANACH

Die Listen sind nicht auf Vollständigkeit angelegt. Im Zusammenhang mit seinen Zielen legt der Chronist besonderen Wert auf die Familie Davids sowie die Stämme Juda, Benjamin und Levi (vgl. Einleitung). Die Stammbäume bilden eine Einführung in die Geschichte, die in Kap. 10 beginnt, und die Bindeglieder zu den ursprünglichen Adressaten.

1, 1 – 2, 2 Von Adam zu Israel und seiner Familie

1, 1–27 Von Adam bis Abram; Noahs Nachkommen über Japhet, Ham und Sem. Die Liste entspricht der von 1. Mose, wenn auch die Schreibweise mancher Namen hier ein wenig anders ist.

1, 28–54: Abraham, Isaak, Israel (Jakob); die Nachkommen Ismaels und Esaus. Das Interesse verengt sich auf den Stammvater des Volkes.

2, 1–12: die zwölf Söhne Israels.

2, 3 – 3, 24 Die königliche Linie

2, 3–55 Die Nachkommen Judas: Davids Vorfahren.
3, 1–16: Die Davididen bis zum Exil.
3, 17–24: Das Königsgeschlecht vom Exil an.

Achan (2, 7): Vgl. Josua 7.

Kelubai (2, 9): Kaleb. Nicht unbedingt Josuas Zeitgenosse, der kein Israelit war, obgleich er in den Stamm Juda aufgenommen wurde.

Vater von Kirjath-Jearim (2, 50): d. h. der Gründer der Stadt.

Bath-Schuma (3, 5): Bathseba.

Elischama (3, 6): Elischua.

Johanan (3, 15): Er wurde nicht König von Juda.

Serubabel (3, 19): Einer der Führer bei der Rückkehr aus dem Exil. Vgl. Esra.

4–7 Die Stämme Israels

4, 1–23: Juda; 4, 24–43: Simeon; 5, 1–10: Ruben; 5, 11–22: Gad; 5, 23–26: der Halbstamm Manasse; 5, 27–41: Levi, die Linie der Hohenpriester.

6, 1–15: die Familien Gersons, Kehaths und Meraris; 6, 16–32: die Familien der Tempelsänger; 6, 33–38: Aarons Nachkommen; 6, 39–66: die Liste der Levitenstädte.

7, 1–5: Isaschar; 7, 6–12 Benjamin (dies paßt nicht zu Kap. 8; man vermutet, daß 6–11 Sebulon meint und 12 das Ende einer sonst verlorenen Liste Dans ist); 7, 13: Naphtali; 7, 14–19: Manasse; 7, 20–29: Ephraim; 7, 30–40: Asser.

Ruben (5, 1): Bezieht sich auf 1. Mose 35, 22.

5, 26: Pul und Tiglath-Pileser sind identisch.

8 Die Geschlechter Benjamins. Sauls Sippe

9, 1–34 Die Heimkehrer, die in Jerusalem lebten

9, 35–44 Sauls Familienstammbaum

10–29 DIE REGIERUNGSZEIT DAVIDS

10 Der Tod Sauls

Vgl. Anm. zu 1. Sam. 31 und 2. Sam. 1. Die Geschichte von Sauls Aufstieg und Sturz findet sich in 1. Sam. 9 ff. Für den Chronisten beginnt die Königszeit mit David – 10, 13–14 ist ein ausreichender Kommentar zu Israels erstem König.

11–12 David wird König

11, 4–9: Die Eroberung Jerusalems. 11, 10–47: Davids Leibgarde – vgl. Anm. zu 2. Sam. 23. 12, 1–22: Davids Mitkämpfer in Ziklag. Sauls eigene Verwandte gingen zu David über. Kämpfer von Gad waren so daran interessiert, sich ihm anzuschließen, daß sie sogar den Jordan überquerten, als er Hochwasser führte. 12, 23–40: die Truppen, die David in Hebron zum König machten.

12, 21: Vgl. 1. Sam. 30.

13 Der erste Versuch, die Bundeslade nach Jerusalem zu überführen

Vgl. Anm. zu 2. Sam. 6. Im Zusammenhang mit seiner Absicht, die geistliche Geschichte seines Volkes nachzuzeichnen, weist der Chronist diesem Ereignis den ersten Platz in seiner Darstellung von Davids Regierung zu. Chronologisch wäre es erst später an der Reihe.

14 Auswärtige Angelegenheiten

Vgl. 2. Sam. 5. David war durchaus in der Lage,

mit den Nachbarvölkern fertigzuwerden. Sein Familienleben war sein schwacher Punkt, wie auch die anderen Berichte erkennen lassen (2. Sam. 13 ff.; 1. Kön. 1, 6).

15 – 16, 6 Die Leviten bringen die Bundeslade

Vgl. 2. Sam. 6. Nach drei Monaten läßt David die Bundeslade nach Jerusalem bringen und in ein Zelt stellen, das er hatte anfertigen lassen. Das ursprüngliche Zelt (die Stiftshütte) und der Altar verbleiben in Gibeon. Der Chronist beschreibt die Rolle der Leviten bei der Zeremonie ausführlich. Rechter Gottesdienst ist sowohl durch Ordnung wie durch Freude charakterisiert. Seit ältesten Zeiten gehört auch Musik dazu.

David bildete einen Chor und ein Orchester aus Leviten (Modell im Bibelmuseum, Amsterdam).

16, 7–43 Aufruf zum Gotteslob. Wiedereinsetzung regulärer Opfer

Auszüge aus verschiedenen Psalmen werden in den Versen 8–36 zitiert. Das mag typisch für Asaphs Chorgesang vor der Lade gewesen sein. In Jerusalem und Gibeon wird für tägliche Opfer und Gotteslob in Wort und Musik Sorge getragen.

17 Davids Wunsch, den Tempel zu bauen

Vgl. Anm. zu 2. Sam 7. David hielt es nicht für recht, selbst in einem Palast zu wohnen, während die Lade Gottes noch in einem Zelt untergebracht war. Seine Einstellung ist durchaus richtig (Gegensatz: Haggai 1, 4), aber Gott lehnt Davids Wunsch trotzdem ab. Seine Liebe zu David jedoch und sein Wohlgefallen an ihm bringt er in der Verheißung zum Ausdruck, daß Davids Dynastie nie aussterben soll und daß Salomo den Tempel wird bauen dürfen. David nimmt Gottes Antwort dankbar an.

18 Davids Siege. Die Ausdehnung des Reiches

Vgl. die Karte zu 2. Sam. 8.

Vers 4: Die Zahlen sind hoch. Dies Problem besteht nicht nur für das AT. Andere zeitgenössische Dokumente geben ähnlich große Zahlen an Soldaten und Streitwagen an (vgl. »Die hohen Zahlen im AT«, S. 191).

Vers 17: der Verfasser der Samuelbücher nennt die Söhne Davids »Priester«. Hier sind sie »Minister«, weil das Wort Priester in der Zwischenzeit eine spezifische Bedeutung angenommen hatte.

19–20 Der Krieg mit den Ammonitern, Syrern und Philistern

Kap. 19: Vgl. Anm. zu 2. Sam. 10. Die Bathseba-Uria-Affäre fand zwischen 20, 1 und 20, 2 statt. Die Auslassung hat nicht die Absicht, David reinzuwaschen; der Chronist läßt vielfach Einzelheiten aus dem Privatleben weg, weil sie mit seinen Zielen nichts zu tun haben. Jedenfalls waren diese Geschehnisse von den älteren Berichten her bekannt.

Dreschtenne bei einem Dorf in Nordsyrien.

19, 18: 2. Sam. 10, 18 spricht von 700 Wagen, eine wahrscheinlichere Zahl. Aber das Wort »Wagen« kann hier auch einfach »Berittener« bedeuten. Die Fußsoldaten hier sind die »Reiter« im Samuelbuch, denn zu dieser Zeit stiegen die Reiter zum Kampf vom Pferd.

21 – 22, 1 Volkszählung und Plage. Der Kauf des Tempelplatzes

Vgl. Anm. zu 2. Sam. 24. Für den Chronisten haben die Volkszählung und die Plage nur die Bedeutung eines Vorspiels zu Davids Entscheidung, den Tempel auf der Dreschtenne Ornans errichten zu lassen.

Satan (21, 1): »Gott« in 2. Sam. Satan hat nur Macht innerhalb der Grenzen, die Gott ihm setzt (vgl. Hiob 1–2). Seine Existenz in Gottes Welt und Gottes zulassender Wille bleiben ein Rätsel.

Schuld auf Israel (3): Nationale Solidarität ist eine Tatsache. Wenn der König als Führer sündigt, muß das Volk leiden.

Vers 5: Die Zahlen weichen von 2. Sam. 24, 9 ab. Der Chronist mag sie einer anderen Quelle entnommen haben.

Vers 18: Die Tenne war ein flacher, offener Platz, wo die Garben ausgebreitet werden konnten. Ochsen zogen benagelte Schlitten darüber und lösten so die Körner, die dann geworfelt wurden, indem man sie in den Wind warf. »Ornan« ist der »Arawna« bei Samuel. Die Schwierigkeit mag entstanden sein, weil es sich um einen fremden Namen handelt.

Er versteckte sich (20): vielleicht in einer Höhle des Felsens unter dem Tempelplatz, auf dem heute die Omar Moschee steht.

Vers 25: 2. Sam. nennt den Preis, der für die Tenne zu zahlen war. Dieser Vers gibt den Preis für den ganzen Platz an.

22, 2–19 Vorbereitungen für den Tempelbau

Dieser Abschnitt hat keine Parallele in den Samuelbüchern. Zeitlich gehört er wahrscheinlich in die Periode von Salomos Mitregentschaft, die einige Jahre gedauert haben mag (23, 1; 1. Kön. 1). David, der Gottes Haus nicht selbst bauen durfte, wandte all seine Energie und Begeisterung den Dingen zu, die er dazu beitragen konnte. Er wählte den Platz aus. Er sammelte Material an. Er legte den Plan fest.

Die Fremdlinge (2): die Kanaanäer, die im Lande verblieben waren, wurden auf Dauer in das Sklavenheer für Erdarbeiten gezwungen.

Du hast viel Blut vergossen (8): Das meint nicht, daß Salomo moralisch integrer war oder daß Davids Kriege unberechtigt waren (es wird oft gesagt, daß Gott mit ihm war bei seinen Feldzügen). Zudem schufen diese Kriege die Voraussetzungen für Salomos Friedensreich und zugleich damit die Freiheit für König und Volk, sich ganz auf die große Aufgabe zu konzentrieren, Gottes Tempel zu bauen.

Vers 14: Wörtlich genommen läßt diese Angabe David reicher erscheinen als Salomo. Gemeint ist wohl, daß David immense Mittel bereitstellte.

23 Die Pflichten der Leviten

Die Kap. 23–27 stellen Davids Organisation der religiösen und zivilen Verwaltung dar.

Seit den frühen Tagen der Wüstenwanderung war es die Aufgabe der Leviten gewesen, sich um die Stiftshütte zu kümmern und sie zu transportieren. Zusätzlich amtierten sie als Priester – in späteren Zeiten an den im Land verstreuten Heiligtümern. Nun aber sollte die Bundeslade einen dauerhaften Standort finden. Der Gottesdienst mußte in Jerusalem zentralisiert werden. Darum weist David den Leviten neue Aufgaben zu: Pflege und Erhaltung des Tempels, Türhüterdienst, Musik und Chorgesang etc.

Vers 3. 27: Das Eintrittsalter für den Dienst betrug 30 Jahre. David ordnete an, daß es nach der Vollendung des Tempels nur 20 Jahre betragen solle.

Vers 13: Die Söhne Amrams waren die Nachkommen Moses und Aarons.

Zeitgenössisches Relief mit Musikern (Karkemisch, 8. Jhd. v. Chr.).

24 Die Priesterabteilungen

24 Abteilungen Priester waren verantwortlich für den Opferdienst im Tempel, jede diente je zwei Wochen. Die Reihenfolge wurde ausgelost.

Nadab, Abihu (1): Vgl. 3. Mose 10.

Vers 4: Die Zugehörigkeit der Familie Elis zur Sippe Ithamars erklärt die geringere Zahl (vgl. 1. Sam. 2, 30 ff.).

25 Die Sänger

Musik, sowohl instrumental wie vokal, spielte im jüdischen Gottesdienst wie ganz allgemein im gesellschaftlichen Leben eine große Rolle. Die Tempelmusiker waren »prophetische Männer« (25, 1. 3). Asaph, Heman und Jeduthun zählten zu den bekanntesten. Ihre Namen

werden in den Psalmen genannt. Dennoch werden keine Unterschiede im Tempeldienst gemacht. Lehrer wie Schüler erhalten gleichwertige Plätze (8). David, selbst ein guter Musiker (1. Sam. 16, 15 ff.; 2. Sam. 23, 1), wird diesen Bereich mit besonderem Vergnügen geordnet haben, zumal er ihn persönlich beaufsichtigte (2. 6).

26, 1–19 Die Torhüter

Ihre Aufgabe bestand in Wachgängen außerhalb des Tempels und des Vorratshauses.

Vers 18: Die Bedeutung von »Parbar« ist nicht bekannt. Möglicherweise »Kolonnade«.

26, 20–32 Tempelschatzmeister

Die Tempelschätze – Geschenke und Steuerabgaben des Volkes sowie Beute aus Kriegen – waren bedeutend.

27 Offiziere, Stammesfürsten und Beamte

Alle zwölf Armeebefehlshaber scheinen aus Davids Leibgarde zu kommen (vgl. Kap. 11). V. 26–31 nennen die Verantwortlichen für die Krongüter, wobei jedem ein besonderer Zweig der Landwirtschaft zugewiesen wird.

Unter zwanzig (23): Leute unter 20 Jahren waren nicht wehrdienstpflichtig und werden bei der Volkszählung nicht mitgerechnet.

Vers 32: Jonathan und Jehiel waren die Ratgeber der Königssöhne.

Vers 33: Ahitophel und Huschai erscheinen in der Geschichte von Absaloms Aufstand (2. Sam. 15, 31 ff.). »Freund des Königs« ist ein offizieller Titel.

28–29 Die Regierung geht auf Salomo über. Pläne und Anweisungen für den Tempelbau

Eine förmliche öffentliche Versammlung markiert den offiziellen Thronwechsel (vgl. 29, 22). David stellt seinen Sohn dem Volk als seinen Erben vor (1–8) und gibt ihm einen ernsten Auftrag (9. 10). Dann vertraut er ihm die Tempelbaupläne an (11–19). Der Entwurf gleicht dem Grundriß der Stiftshütte, und beide gehen ja auch auf Gottes Anweisung zurück. Gleichzeitig übergibt David die Aufstellung der Tempeldienste (21; vgl. Kap. 23–26).

Kap. 29: David macht noch eine weitere Schenkung für den Tempelbau (1–5). Sein Beispiel und Aufruf finden beim Volk eine willige

Ein Ägypter betet seinen Gott an.

Antwort in vielen Gaben (6–9). Tief bewegt über diese Gebefreudigkeit singt David ein Danklied. Dies Gebet ist eines der größten im ganzen Alten Testament. Es zeigt, warum dieser Mann ein »Mann nach dem Herzen Gottes« genannt wird.

Vers 4: Vgl. Anm. zu 22, 14.

Alle Söhne des Königs David (24): Vorher hatte Adonia versucht, Salomo den Thron zu entreißen (1. Kön. 1). Später verurteilte Salomo ihn zum Tode. Aber zum gegenwärtigen Zeitpunkt herrscht Eintracht.

Jerusalem: Südmauer des Tempelbezirks. Im Vordergrund erhob sich früher die Davidsstadt. Rechts fällt das Gelände zum Kidrontal hin ab (vgl. Foto S. 249).

2. CHRONIK

1–9 DIE REGIERUNG SALOMOS

1 Salomo festigt seine Stellung

Vgl. Anm. zu 1. Kön. 3 und 10.

Hügelland (15): zwischen Judäa und der philistäischen Küstenebene.

2 Handelsvertrag mit Hiram von Tyrus über Baumaterial für den Tempel

Vgl. Anm. zu 1. Kön. 5 sowie zu 2. Sam. 5.

3 Der Bau des Tempels

Vgl. Anm. zu 1. Kön. 6–7 mit Illustrationen.

Eingang zum Tempelbezirk – heute.

Berg Morija (1): Auf einem Berg im Land Morija hatte Abraham seinen Sohn Isaak opfern sollen (1. Mose 22, 2).

Parwajim (6): unbekannt; möglicherweise in Arabien.

Der Vorhang (14): Das Heiligtum, in dem die Lade stand, wurde vom Hauptteil des Gebäudes durch diesen Vorhang abgetrennt.

4 – 5, 1 Die Ausstattung des Tempels

Vgl. Anm. zu 1. Kön. 7.

3 000 Eimer (5): 2 000 in 1. Kön. 7, 26 (das sind rund 66 000 Liter).

5, 2 – 6, 11 Die Einweihung des Tempels

Vgl. Anm. zu 1. Kön. 8. Die Lade wird mit fröhlicher Musik, Gesang und Danksagung hineingetragen. Die Herrlichkeit der Gegenwart Gottes erfüllt den Tempel (2–14). Salomo spricht zum Volk (6, 3–11).

Die levitischen Sänger (12): Vgl. Anm. zu 1. Chron. 25.

Vers 2: In der Wüstenzeit, als das Volk selbst in Zelten lebte, machte es ein Zelt für Gott (die Stiftshütte). Nun, da es in Häusern wohnt, ist der Tempel als Haus für Gott errichtet worden. Er war keine Kathedrale für Gottesdienste. Versammlungen fanden im Freien statt, vor dem Tempel, dort, wo der Altar und das große Wasserbecken standen.

6, 12–42 Salomos Gebet

Vgl. Anm. zu 1. Kön. 8. Der Grund für dieses Gebet, ja für alles Beten, ist die Tatsache, daß Gott und seine Verheißungen völlig vertrauenswürdig sind. Die Bitten fußen auf lebendigem Wissen über Gott: seiner Liebe für sein Volk; seinen absoluten sittlichen Maßstäben; seiner Bereitschaft, die anzuhören und denen zu vergeben, die sich aufrichtig von der Sünde abwenden.

Verse 41–42: Hier liegt eine freie Zitierung von Psalm 132, 8–10 vor.

7 Das Einweihungsfest. Gottes Antwort an Salomo

Vgl. Anm. zu 1. Kön. 8–9. Flammen verbrennen die Opfer zum Zeichen göttlicher Gegenwart und Zustimmung. Die Festwoche geht in eine weitere über, die mit einer feierlichen Versammlung am achten Tag beendet wird, ehe alle wieder auseinandergehen (vgl. auch 1. Kön. 8, 65–66).

Verse 11–22: Gott erhört alle Bitten Salomos. Als Gegenleistung erwartet er treuen Gehorsam.

8 Salomos Bautätigkeit und seine Handelsgeschäfte

Vgl. Anm. zu 1. Kön. 9, 10 ff.

Vers 2: Die Orte von 1. Kön. 9, 10–14 hat Salomo von Hiram zurückgekauft.

Vers 10: Die 250 Beamten samt den 3 600 Aufsehern (2, 18) ergeben die gleiche Zahl wie die 550 samt den 3 300 von 1. Kön. 9, 23; 5, 16.

Gesetz des Mose (13): Zu den festgelegten Festen vgl. 3. Mose 23; zu den Opfern 3. Mose 1–7.

Vers 14: Davids Anweisungen finden sich in 1. Chron. 23–26.

9, 1–12 der Besuch der Königin von Saba

Vgl. Anm. zu 1. Kön. 10. Der Chronist flicht den Besuch als Illustration des weitverbreiteten Ruhms und Ansehens Salomos ein.

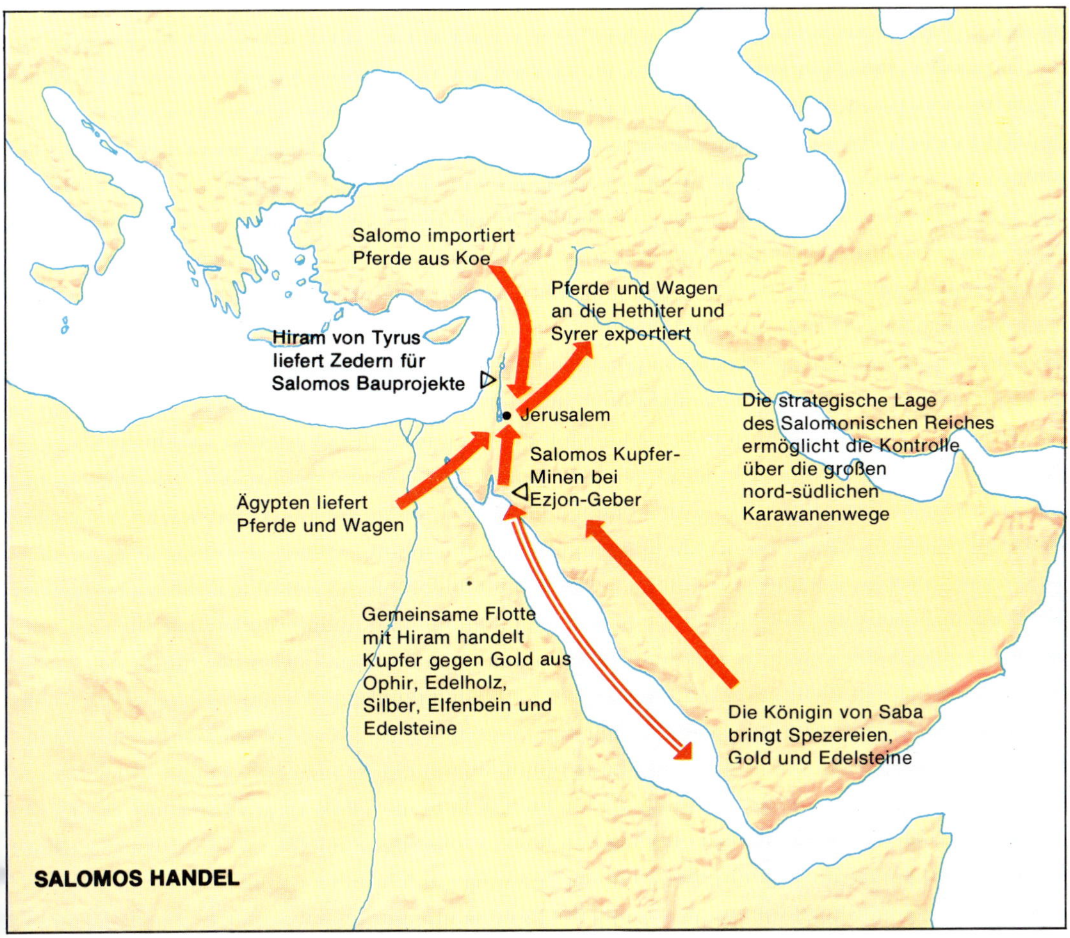

9, 13–31 Salomos Reichtum und Glanz

Vgl. Anm. zu 1. Kön. 10, 14–29.

Vers 21: eine Reise von Elath um Afrika herum nach Tarsis (Tartessus) in Spanien ist höchst unwahrscheinlich. In den Königsbüchern bedeuten »Tarsisschiffe« einen bestimmten Schiffstyp: Hochseefrachter.

Prophezeiungen des Ahia (29): diese Quelle ist verlorengegangen, aber zwei von Ahias Prophezeiungen sind in 1. Kön. 11 und 14 berichtet.

10–36 DIE KÖNIGE JUDAS

Die Chronologie der Könige entspricht der der Königsbücher. Vgl. auch den schematischen Aufriß auf S. 284.

Der Chronist schenkt den Königen Israels keine Beachtung. Nur die Nachkommen Davids sind die wahren Könige des Volkes. Darum ignoriert er nach der Reichsteilung das Nordreich und spricht von Juda als von »Israel«. Dennoch werden die zehn Stämme auch weiterhin als Teil des israelitischen Volkes angesehen. Sie enthalten Gruppen, die auch weiterhin Gott und dem rechtmäßigen König die Treue halten.

10 König Rehabeam und die Trennung Israels und Judas

Vgl. 1. Kön. 12. Rehabeam erbte von Salomo einen reichen Staat, der aber erste Zeichen von Schwäche zeigte. Als er starb, war nur ein Bruchteil des Landes und des Einkommens für seinen Nachfolger übriggeblieben.

In Ägypten (2): Vgl. 1. Kön. 11, 26 ff.

Das Wort . . . durch Ahia (15): 1. Kön. 18, 30 ff.

11 Rehabeam stärkt Judas Verteidigung

Ein rechtzeitiges Wort Schemajas verhindert einen Bürgerkrieg (1–4). Stattdessen konzentriert sich Rehabeam darauf, sein kleines Reich durch Festungen gegen die größeren und stärkeren Nachbarn, insbesondere Israel und Ägypten, zu sichern. Die Priester flüchten scharenweise nach Juda – eine Folge der Maßnahmen Jerobeams, alle religiösen Bindungen an Jerusalem abzubrechen (vgl. 1. Kön. 12, 26–33).

Feldgeister (15): dargestellt als Widder; aus der alten Naturreligiosität stammend.

Abia (20): der Abijam der Königsbücher

Tochter Absaloms (20): gemeint im Sinne von »Abkömmling«. Maacha war Absaloms Enkelin (vgl. 13, 2).

12 Rehabeams Abfall. Schischaks Invasion

Die Invasion wird hier und anderswo als direkte Folge der Untreue gegenüber Gott angesehen. Zwar begrenzt die Buße des Volkes ihre Wirkungen, aber Juda untersteht für einige Jahre der ägyptischen Vorherrschaft. Vgl. auch 1. Kön. 14.

Über den Ausgrabungen von Sichem erheben sich der Garizim (links) und der Ebal (rechts).

Ganz Israel (1): der Chronist meint das wahre Israel, also Juda.

Schischak (2): Scheschonk I, der libysche Gründer der 22. Dynastie in Ägypten.

13 König Abia. Krieg mit allen Mitteln gegen Israel

Vgl. auch 1. Kön. 15, 1–8. Die Darstellung ist hier umfangreicher, weil sie aufweisen will, was wahrer Gottesdienst ist und warum Juda siegt.

Michaja (2): Maacha (11, 20; 1. Kön. 15, 2).

Salzbund (5): Salz wurde zeremoniell bei der Ratifizierung von Verträgen verwandt. Es symbolisierte Vertrauen, Treue und Dauer (besonders bei »Bünden« mit Gott).

500 000 (17): meint vermutlich: »eine große Anzahl«.

14 Friedenszeit unter Asa. Serachs Invasion

Serach (9): Äthiopien/Kusch ist der heutige Sudan. Serach war wahrscheinlich ein ägyptischer oder arabischer Stammesfürst.

Tausendmal tausend (8): meint: »eine gewaltige Anzahl«.

15 Asarjas Gottesbotschaft macht Mut zu einer religiösen Reform

Vgl. auch 1. Kön. 15, 9–24.

Ephraim, Manasse und Simeon (9): treue Leute aus den beiden nördl. Stämmen wanderten nach Juda. Simeons Territorium war immer im Süden gewesen. Der Stamm war schon viel früher durch Juda assimiliert worden.

Maacha (16): Asas Großmutter, vgl. Anm. zu 11, 20.

Vers 17: auf den ersten Blick ein Gegensatz zu 14, 3. Asa zerstörte wahrscheinlich die Heiligtümer der fremden Götter und ließ die übrigen bestehen.

16 Das Bündnis mit Syrien gegen Israel

Asas Glaube wurde in den Prüfungen der späteren Jahre schwach. Er sucht sich auswärtige Hilfe. Zudem wandte er sich Ärzten zu, die mit magischen Kräften heilten. Dennoch ehrt ihn sein Volk bei seinem Tod.

Brand (14): Keine Leichenverbrennung, sondern ein Verbrennen von Aromastoffen (vgl. Jer. 34, 5).

17 Josaphat, ein König, mit dem man rechnen mußte

Vgl. auch 1. Kön. 15, 24; 22, 1–50.

Josaphat baut ein starkes Heer auf und verstärkt die Verteidigungsanlagen. Er sorgt dafür, daß das Volk im Gesetz unterwiesen wird. Er gewinnt den Respekt der umliegenden Staaten.

Araber (11): ehemalige Nomaden, die sich in Moab und Edom niedergelassen hatten.

Vers 14: Auch hier scheinen die Zahlen überhöht. Möglicherweise ist aber »tausend« nicht als Zahl, sondern als Gruppenbezeichnung zu verstehen (vgl. »Die hohen Zahlen im Alten Testament«, S. 191).

SCHLACHT BEI RAMOTH-GILEAD

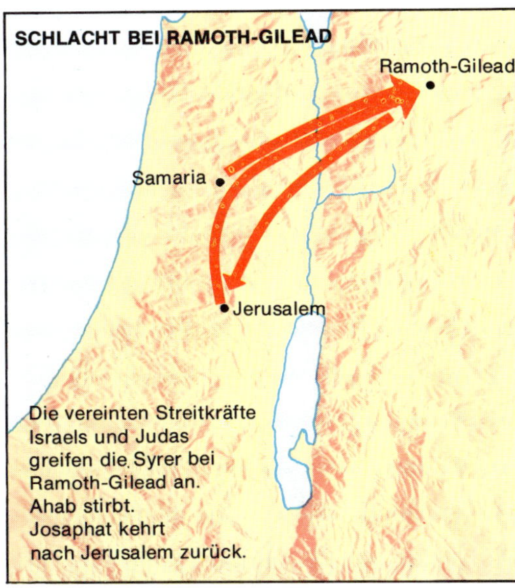

Die vereinten Streitkräfte Israels und Judas greifen die Syrer bei Ramoth-Gilead an. Ahab stirbt. Josaphat kehrt nach Jerusalem zurück.

18 Militärbündnis und Heiratspakt mit Ahab. Die Schlacht bei Ramoth-Gilead

Eine Wiederholung des Berichts von 1. Kön. 22.

Die Verschwägerung (1): Josaphats Sohn Joram heiratete Athalja, Ahabs Tochter. Diese Verbindung stürzte Juda später fast ins Verderben (22, 10).

Echte und falsche Propheten (4 ff.): Es war niemals leicht, zwischen beiden zu unterscheiden. Josaphat spürt hier dem oberflächlichen Optimismus ihrer Botschaft ab, daß sie sagen, was Ahab gern hören möchte. Der Falsche und der Echte können nur unterschieden werden an ihrem Lebenswandel und ihrer Botschaft, nicht an ihren Methoden und Mitteln (vgl. 5. Mose 18, 17–22). Kein wahrer Prophet machte eine Voraussage, die nicht eintraf, praktizierte oder förderte Unmoral, führte das Volk von Gott und seinen Geboten weg.

19 Reform der Rechtsprechung

Nach Ramoth-Gilead konzentrierte sich Josaphat auf die inneren Angelegenheiten. Er ernennt Zivilrichter, setzt örtliche Gerichtshöfe und eine gemischte Appellationsinstanz in Jerusalem ein.

Jehu (2): Wahrscheinlich der Enkel des Jehu von 1. Kön. 16, 1. Es kam vor, daß Namen innerhalb der Familien von einem zum anderen übergingen.

Gericht des Herrn (8): Fälle, die nach dem Gesetz des Mose beurteilt wurden. Die anderen Streitfälle sind Zivilangelegenheiten.

Brüder (10): Hier: Kollegen.

20 Der Krieg gegen die vereinigten Heere von Ammon, Moab und Edom

Judas Vertrauen auf Gott bewährt sich. Die Invasoren streiten untereinander und lassen Juda die Beute zurück. Nur das Bündnis mit Israel trübt die gute Regierung Josaphats ein wenig.

Meuniter (1): aus einem edomitischen Gebiet nahe des Seir.

Vers 33: Stimmt mit 1. Kön. 22, 43 überein, widerspricht aber 17, 6 (vgl. Anm. zu 15, 17). Die Höhen (oft, aber nicht immer auf Hügeln), waren eine Art Plattform, auf der der Kultgegenstand stand. Da die Orte selbst als heilig angesehen wurden, wurden sie, auch nach Entweihungen, immer wieder von den Leuten benutzt.

Tarsis (36): Vgl. Anm. zu 9, 21.

21 König Joram

Vgl. auch 2. Kön 8, 16–24. Der schlechte Einfluß der Frau Jorams (Athalja war die Tochter Ahabs und Isebels) erwies sich als stärker als das gute Vorbild seines Vaters. Joram verlor die Herrschaft über Edom und Libna (an der philistäischen Grenze). Er brachte das Volk zum Abfall. Keiner betrauert seinen Tod – ein erschreckendes Nachwort (20).

Elias Brief (12): Nach 2. Kön. 3, 11 müßte Elia eigentlich schon während der Regierung Josaphats gestorben sein, aber sicher ist das nicht. Möglicherweise hinterließ der Prophet in Voraussicht der kommenden Ereignisse eine schriftliche Botschaft, die durch einen Nachfolger überbracht wurde.

Joahas (17): Eine andere Schreibweise des Namens Ahasja (22, 1). Beide sind zusammengesetzt aus »ahas« (»er hat gehalten« oder »Besitz«) sowie dem Gottesnamen (als Präfix »Jeho-« oder »Jo-« geschrieben, als Suffix »jahu« oder »-ja«). Der ganze Name bedeutet dann »Gott hat Eigentum«. Die meisten der Könige Judas haben Namen, die so zusammengesetzt sind.

22, 1–9 König Ahasja

Vgl. auch 2. Kön. 8, 25–29. Ahasja lernte nichts von dem traurigen Ende seines Vaters. Seine Freundschaft mit Israel kostete ihn bei Jehus Säuberung das Leben.

Vers 9: Nach 2. Kön. 9 und 10 starb Ahasja in Meggido vor der Tötung seiner Neffen. Vielleicht bezeichnet »Samaria« hier nicht die Stadt, sondern das Reich.

22, 10 – 23, 21 Athalja usurpiert den Thron. Die Erhebung zugunsten Joas'

Vgl. auch 2. Kön. 11. Ahasjas Sohn Joas ist,

wenn auch noch ein Kleinkind, der rechtmäßige Erbe. Da kaum noch jemand von der königlichen Familie lebt, vermag Athalja sich ohne Widerstand durchzusetzen. Aber nach sechs Jahren kommt es zu ihrem Sturz. Der Chronist betont besonders die Rolle der Priester und Leviten bei der Wiederherstellung der rechtmäßigen Monarchie.

24 König Joas. Die Wiederinstandsetzung des Tempels

Vgl. auch 2. Kön. 11, 21 – 12, 21. Unter Jojadas Einfluß hatte Joas einen guten Beginn. Aber nach dem Tod des Priesters öffnete sich der König anderen Einflüssen, so daß er schließlich sogar Jojadas Sohn wegen dessen offener Kritik ermorden ließ. Sein Ende ist entsprechend: einer beschämenden Niederlage folgt die Ermordung.

Die Steuer (6): Vgl. 2. Mose 30, 12 ff.

25 König Amazja

Vgl. auch 2. Kön. 14. Amazjas blutiger Sieg über Edom leitet seinen Fall ein. Er bringt fremde Götter mit nach Hause. Und in überheblichem Stolz wirft er dem mächtigen Israel den Fehdehandschuh hin. Die Niederlage bringt das Volk gegen ihn auf. Es scheint, daß Usia (2. Kön.: »Asarja«) zum Mitregenten gemacht wurde. Schließlich kommt Amazja durch eine Verschwörung um.

Vers 4: 5. Mose 24, 16.

100 000 (6): eine runde Zahl, die für eine große Anzahl steht.

Israel . . . Kinder Ephraim (7): der Chronist stellt damit klar, daß er diesmal das Nordreich meint.

26 König Usia

Vgl. auch 2. Kön. 15, 1–7. Usia, ein starker König, begann gut. Er war erfolgreich, solange er sein Leben an Gott ausrichtete. Aber wie bei vielen guten Männern vor ihm und danach wurden ihm Macht und Erfolg gefährlich. In seinem Stolz griff er nach der Priesterwürde. Gott schlägt ihn mit Lepra, mit einem sichtbaren Zeichen der unsichtbaren Befleckung durch die Sünde.

Eine kanaanäische »Höhe« (Heiligtum), die Archäologen bei Megiddo tief unter der heutigen Bodenfläche fanden.

27 König Jotham

Vgl. auch 2. Kön. 15, 32–38. Jotham erweist sich als guter König. Er erhält und vergrößert seines Vaters Machtbereich, indem er Ammon tributpflichtig macht. Aber die Religion des Volkes bleibt gemischt.

28 König Ahas

Vgl. auch 2. Kön. 16; Jes. 7. Der schreckliche Abfall Ahas' bringt Juda an den Rand der Vernichtung. Gott gebraucht selbst das abgöttische Nordreich, um sein Volk zu strafen. Daß es damals in Israel »barmherzige Samariter« gab, zeigt der Abschnitt 9–15. Ahas selbst sieht trotz allem keinen Anlaß zur Buße.

Tal Ben-Hinnom (3): das Gehennatal südl. von Jerusalem.

König von Aram (5): Rezin, vgl. 2. Kön. 16.

Tiglath-Pileser (20): Es ging nicht um eine Invasion, sondern um die Durchsetzung eines hohen Tributes.

Altäre (24): für heidnische Götzen.

29 König Hiskia

Vgl. auch 2. Kön. 18–20. Hiskias erste Sorge gilt der Wiederherstellung des rechten Gottesdienstes im Tempel. Ausführlich wird berichtet, wie der Tempel gereinigt und erneut geweiht wird – die Eigenart des Chronisten! Als die Gebäude in Ordnung gebracht sind, reinigen sich König, Priester und Volk durch die Darbringung von Opfern von ihren Sünden.

Vers 25: Vgl. 1. Chron. 25. Gad und Nathan waren Propheten der Davidszeit.

Der Gesang für den Herrn (27): Viele der Psalmen waren für den Gebrauch im Tempel geschrieben, zu verschiedenen Anlässen.

30 Die große Passafeier

(Zum ursprünglichen Passa vgl. Anm. zu 2. Mose 11–13). Samaria war während der Regierung des Ahas (als Hiskia schon Mitregent war) an Assyrien gefallen, vgl. 2. Kön. 17. Die meisten der Nordisraeliten waren gefangengenommen worden und ihr Land mit anderen wiederbesiedelt worden. Hiskia lädt die wenigen verbliebenen Israeliten ein, mit Juda zusammen das Fest zu begehen (9). Trotz des spärlichen Echos darauf hatte es seit Salomos Zeit kein Passa gegeben, das diesem gleichgekommen wäre. Auf Grund der allgemeinen großen Freude verlängerte man das Fest um eine Woche.

Vers 3: das richtige Datum wäre der 14. des ersten Monats gewesen, aber 4. Mose 9 erlaubte auch eine Verschiebung.

Vers 15: Viele Priester und Leviten hatten es nicht eilig, zu dem erneuerten Gottesdienst zurückzukehren (29, 34).

Vers 19: Der Chronist, der großen Wert auf korrekte Gottesdienstordnung legt, macht deutlich, daß es dennoch zuerst auf die Herzenshaltung ankommt.

31 Die Priester nehmen ihre Funktionen wieder auf. Die Regelung ihrer Versorgung

Die alten Gesetze, die den Gottesdienst ordneten und die Versorgung der Priester regelten, werden wieder in Kraft gesetzt. Die Menge an Nahrungsmitteln, die durch die Zehnten aufkommt, ist gewaltig.

Vers 7: Die Leute begannen mit der Ablieferung im Mai/Juni bei der Getreideernte und setzten sie bis zum Ende der Ernte der übrigen Feldfrüchte und der Weinlese fort, also bis September/Oktober.

32 Sanheribs Invasion

Vgl. auch 2. Kön. 18–19. Nach der Auslöschung des Nordreiches fallen die Assyrer in Juda ein, das Zeichen von Unabhängigkeit gezeigt hat. Aber Sanherib kann Jerusalem nicht nehmen. Der Grund dafür liegt nach der Meinung des Chronisten darin, daß Judas König sich in dieser Prüfung völlig auf Gott verließ.

Vers 12: Der assyrische Gesandte hatte Hiskias Reformen mißverstanden.

Vers 18: Sie redeten hebräisch, weil die Leute die damalige Diplomatensprache, Aramäisch nämlich, nicht verstanden.

Vers 31: Vgl. dazu 2. Kön. 20, 12 ff.

33, 1–20 Manasses gottlose Herrschaft

Vgl. 2. Kön. 21, 1–18. Manasse war fast im gesamten Verlauf seiner langen Herrschaft einer der übelsten Könige Judas. Er entweiht den Tempel. Er führt Menschenopfer ein. Erst am Ende tritt ein Gesinnungswandel bei ihm ein. Aber nun folgt ihm das Volk nicht mehr (vgl. Verse 11–13. 17).

Mit Fesseln (11): eigentlich »mit Haken«. Königen, die sie besiegten, trieben die Assyrer Haken oder Ringe durch die Nasen.

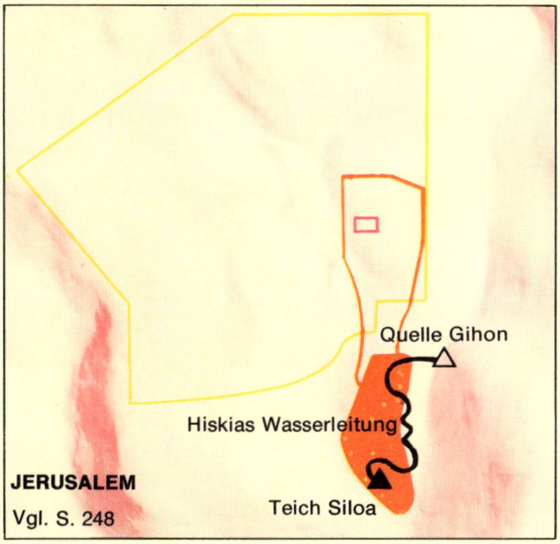

HISKIAS WASSERLEITUNG

Um während der Belagerung die Wasserversorgung sicherzustellen, leitete Hiskia das Wasser von der Quelle Gihon zum Siloahteich. Der Stollen ist über 620 m lang. Sein Verlauf ist den Gesteinsschichten angepaßt.

1880 entdeckte ein Junge beim Baden im Siloahteich folgende Inschrift:

... Dies ist die Geschichte des Durchbohrens. Als noch (die Arbeiter ihre) Hacken (schwangen), jeder zu seinem Gefährten hin, und als noch drei Ellen zu durchbohren waren (hörte man) die Stimme eines Mannes, der dem andern zurief, denn da war ein Spalt (?) an der rechten Seite ... Und am Tag des Durchbruchs begegneten sich die Arbeiter, Mann gegen Mann, Hacke gegen Hacke, und das Wasser floß von der Quelle zum Teich, 1200 Ellen weit, und 100 Ellen war die Dicke des Felsens über den Köpfen der Arbeiter.

Die Gihon-Quelle (links), wo Hiskias Wasserleitung begann, und ein Teil der Inschrift. Das Bild unten rechts zeigt den in Felsen gehauenen Schacht.

33, 21–25 Amon

Vgl. auch 2. Kön. 21, 19–26. Amon regierte zwei Jahre nach der Weise Manasses und wurde von seinen Dienern ermordet.

34 Josia, Judas letzter und größter Reformkönig

Vgl. auch 2. Kön. 22–23. Josia entweihte und zerstörte die heidnischen Kultorte und Kultgegenstände und stellt den Tempel wieder her. Während seiner Regierung wird das Gesetzbuch entdeckt, und es kommt zu einem Anfang echter Buße. Doch obwohl der König vorangeht, ist die Bußbewegung des Volkes zu oberflächlich und vor allem zu spät, um das Gericht aufzuhalten. Es gibt gewisse Unterschiede in den Berichten der Königs- und der Chronikbücher, besonders, was die Reihenfolge der Ereignisse angeht. Aber keinem der Verfasser ging es eigentlich um Chronologie, sondern vielmehr um das, was die Ereignisse lehren.

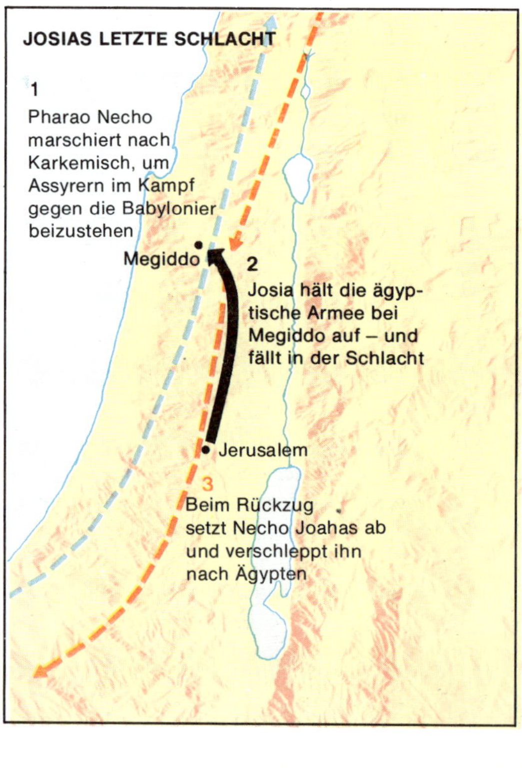

35 Josias Passafeier. Das tragische Ende seiner Herrschaft

Vgl. 2. Kön. 23, 21–30. Das Passafest war lange vernachlässigt worden. Jetzt bildet seine feierliche Begehung den Höhepunkt der Reformen. Das Volk gedenkt seiner Befreiung von ägyptischer Sklaverei – und das kurz vor der zweiten Sklaverei in Babylon!

Vers 20: Necho zog 609 nordwärts, um Assur gegen die Babylonier zu helfen. Auf dem Rückmarsch setzte er Josias Nachfolger Joahas ab und deportierte ihn. 605 wurde er von Nebukadnezar von Babel bei Karkemisch besiegt.

Jeremia (25): Das Klagelied des Propheten ist nicht erhalten.

36, 1–4 Joahas

Vgl. auch 2. Kön. 23, 31–35. Vgl. Anm. zu 35, 20.

36, 5–8 Jojakim

Vgl. auch 2. Kön. 23, 36 – 24, 7. Jojakim begann als ägyptische Marionette und endete als Gefangener in Babylon.

36, 9–10 Jojachin

Vgl. auch 2. Kön. 24, 8–16. Nach dreimonatiger Regierungszeit wurde Jojachin abgesetzt und als Gefangener nach Babel gebracht. (Er war 18 Jahre alt, als er König wurde, nicht 8; Zedekia war sein Onkel.)

36, 11–21 Zedekia. Die Zerstörung Jerusalems

Vgl. auch 2. Kön. 24, 18 – 25, 30. Gott gab Zedekia wie dem Volk viele Warnungen durch Jeremia und andere Propheten, aber man ignorierte diese. So kam das Gericht über das Volk – Tod

Assurbanipal, der König von Assyrien, arbeitet bei einem Ritual als Sklave (Relief aus Babylon).

oder Exil. Das Exil endete erst, als die Perser das babylonische Reich unterwarfen.

Sabbat (21): der Chronist deutet an, daß diese Sabbate in der Königszeit ausgefallen seien (vgl. 3. Mose 25, 1–7; 26, 34–35)

36, 22–23 Neue Hoffnung

Als das Buch Esra von den Chronikbüchern getrennt wurde, blieben diese Verse am Schluß der Chronika stehen und wurden zu Beginn von Esra wiederholt. Die Chronikbücher konnten nicht mit Vers 21 enden, denn Gott hatte sein Volk nicht ganz verlassen. Jeremia, der große Prophet göttlicher Gerichte, hatte auch von der bleibenden Liebe Gottes für sein exiliertes Volk gesprochen – und seiner möglichen Heimkehr (Jer. 24, 4–7).

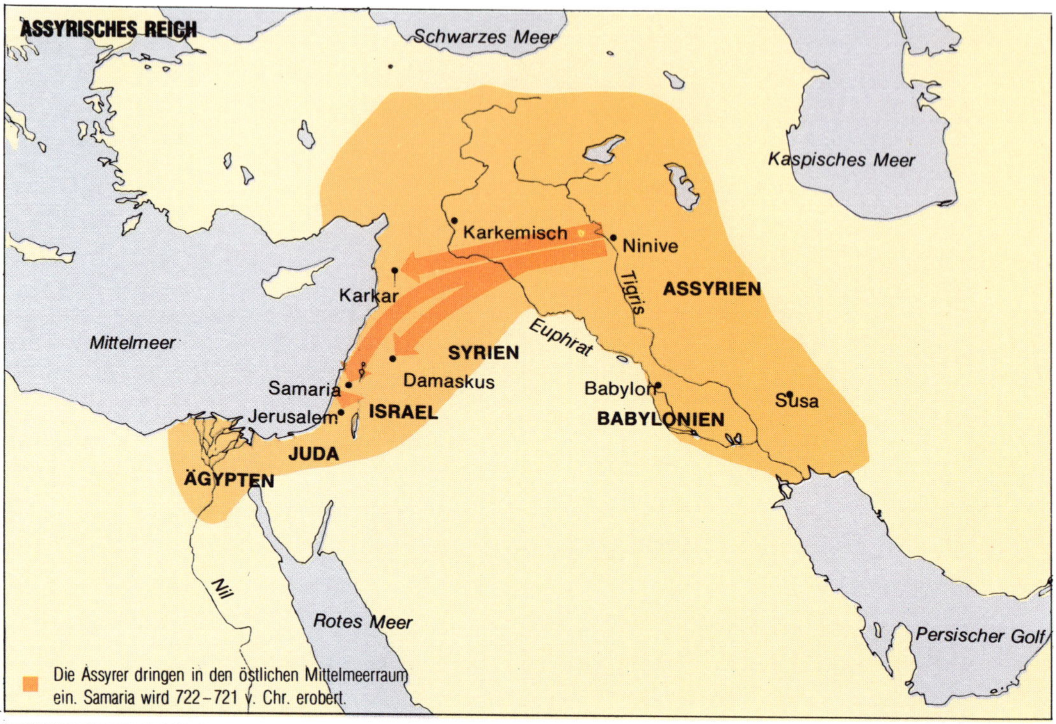
ASSYRISCHES REICH
Schwarzes Meer
Kaspisches Meer
Karkemisch
Ninive
Tigris
ASSYRIEN
Karkar
Euphrat
Mittelmeer
SYRIEN
Samaria
Damaskus
Babylon
Susa
Jerusalem
ISRAEL
BABYLONIEN
JUDA
ÄGYPTEN
Nil
Rotes Meer
Persischer Golf
Die Assyrer dringen in den östlichen Mittelmeerraum ein. Samaria wird 722–721 v. Chr. erobert.

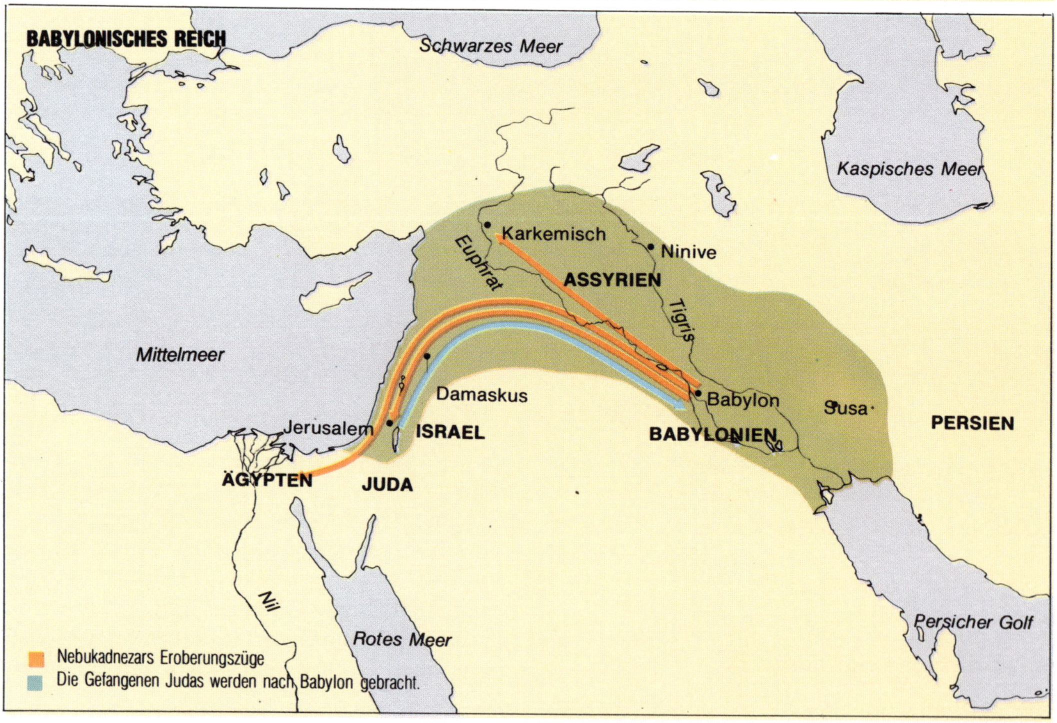
BABYLONISCHES REICH
Schwarzes Meer
Kaspisches Meer
Karkemisch
Euphrat
Ninive
ASSYRIEN
Tigris
Mittelmeer
Damaskus
Babylon
Susa
PERSIEN
Jerusalem
ISRAEL
BABYLONIEN
ÄGYPTEN
JUDA
Nil
Rotes Meer
Persicher Golf
Nebukadnezars Eroberungszüge
Die Gefangenen Judas werden nach Babylon gebracht.

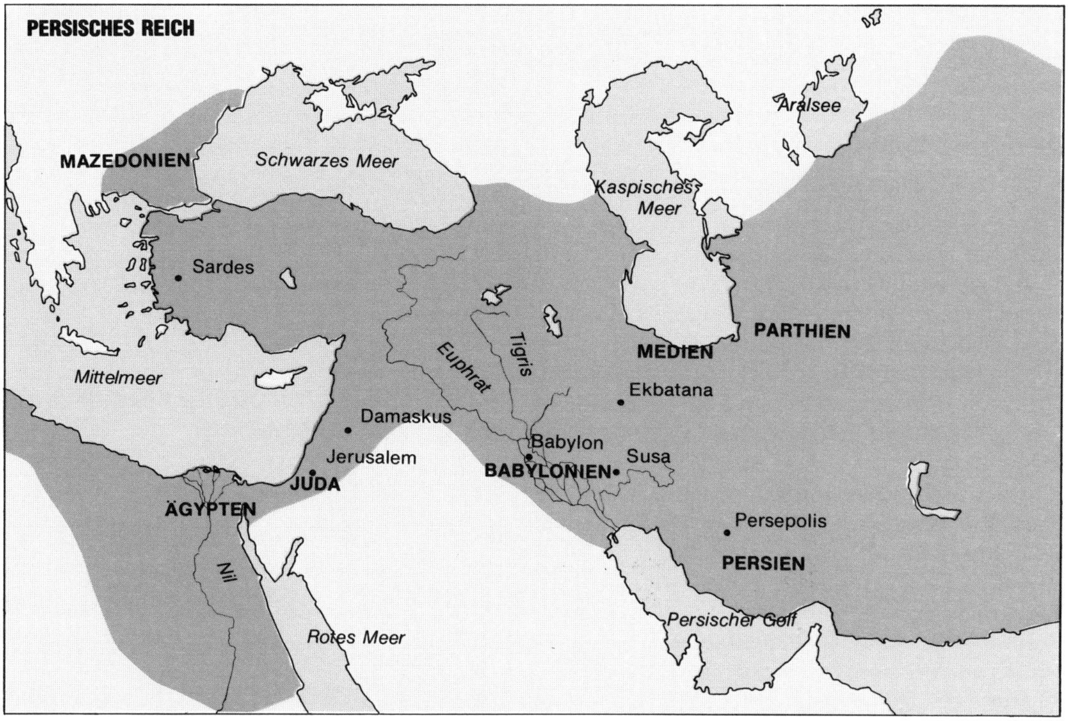
PERSISCHES REICH
MAZEDONIEN
Schwarzes Meer
Aralsee
Kaspisches Meer
Sardes
PARTHIEN
MEDIEN
Euphrat
Tigris
Mittelmeer
Ekbatana
Damaskus
Babylon
Jerusalem
Susa
BABYLONIEN
JUDA
ÄGYPTEN
Persepolis
PERSIEN
Nil
Persischer Golf
Rotes Meer

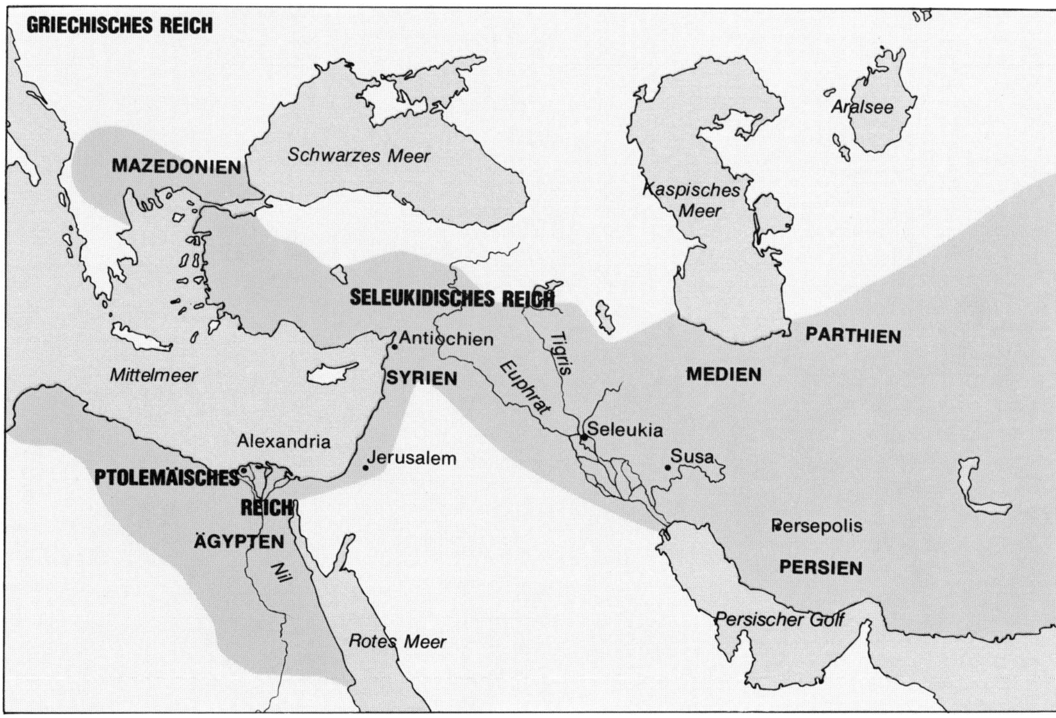
GRIECHISCHES REICH
Aralsee
MAZEDONIEN
Schwarzes Meer
Kaspisches Meer
SELEUKIDISCHES REICH
PARTHIEN
Antiochien
Tigris
Mittelmeer
SYRIEN
MEDIEN
Euphrat
Seleukia
Alexandria
Jerusalem
Susa
PTOLEMÄISCHES REICH
ÄGYPTEN
Persepolis
Nil
PERSIEN
Persischer Golf
Rotes Meer

Esra

Esra, Nehemia und Esther umspannen das letzte Jahrhundert der alttestamentlichen Geschichte Israels, die Zeit etwa von 538–433 v. Chr. Esra ist die direkte Fortsetzung der Chronikbücher (2. Chron. 36, 22–23 und Esra 1, 1–3 sind identisch). Esra und Nehemia beschreiben die Heimkehr aus dem babylonischen Exil in ihren drei Wellen: die erste Phase der Rückwanderung unter Serubabel 538/37, die zweite 80 Jahre später unter Esra, um 458 (dieses Datum ist nicht unumstritten!); und schließlich die dritte unter Nehemia um 445. Die Esthergeschichte gehört in die Zeit zwischen dem Wiederaufbau des Tempels in Jerusalem und Esras Rückkehr (Esra 7, 1).

Im weltgeschichtlichen Rahmen gehören alle diese Ereignisse zu den Folgen, die die Eroberung des babylonischen Reiches durch den Perserkönig Cyrus 539 nach sich zog. »Esra« und »Nehemia« umfassen die Regierungszeiten von fünf persischen Königen.

Der Verfasser: Es ist nicht eindeutig festzustellen, wer was wann geschrieben hat. Der Chronist mag der Redakteur gewesen sein. Man kann jedoch mit einiger Sicherheit behaupten, daß die persönlichen Erinnerungen Esras und Nehemias den Stoff der Bücher geliefert haben, die ihre Namen tragen.

1–2 DIE EXILIERTEN JUDEN KEHREN NACH JERUSALEM ZURÜCK

1 Die Proklamation des Cyrus

Babylonische Bevölkerungspolitik hatte darauf abgezielt, besiegte Nationen zu deportieren. Aber nun war Babylon in die Hände der Perser gefallen (wie es die Propheten vorhergesagt hatten). Eine der ersten Maßnahmen des Cyrus war es, die deportierten Völker zu repatriieren und ihnen das Recht nationalen Gottesdienstes zurückzugeben. Von diesem Wechsel der Politik profitierten auch die Juden (vgl. Jesajas bemerkenswerte Verheißung Jes. 44, 22–28; 45, 1–13).

Vers 1: Vgl. Anm. zu 2. Chron. 36, 22–23.

Vers 6: Gott achtete darauf, daß die Verbannten

CYRUS 559–530	Rückkehr aus dem Exil. Esra 1	Lebensende Daniels (1, 21; 10, 1)
CAMBYSES 530–522	Nicht erwähnt	
DARIUS I. 522–486	Wiederaufbau des Tempels. Esra 4, 5. 24; 5	Haggai und Sacharja
XERXES I. 486–465 (AHASVEROS)	Esra 4, 6. Der König, der Esther zu seiner Königin und Mardochai zu seinem Großwesir machte	
ARTAXERXES I. 465–423	Esra 4, 7–23; 7, 1 ff.; Nehemia 2, 1. Der König, der Esras und Nehemias Rückkehr unterstützte. Neue Stadtmauer Jerusalems. Reformen	Maleachi

nicht mit leeren Händen heimkehrten, wie schon beim Exodus (2. Mose 12, 35–36).

2 Das Verzeichnis der Heimkehrer

Vgl. auch Neh. 7.

Jeschua (2): der Josua von Haggai 1, 1.

Nehemia (2): nicht der spätere Statthalter.

Vers 59: Stammbäumen wird nun hoher Wert beigemessen. Wer seine Abstammung nicht nachweisen konnte, wurde vom Priestertum ausgeschlossen.

Barsillai (61): 2. Sam. 17, 27; 19, 31 ff.

Vers 64: Die vorherigen Zahlenangaben ergeben addiert nicht die hier genannte Gesamtsumme. Die Fehlerquelle mag bei den Abschreibern liegen.

3–6 WIEDERAUFBAU DES TEMPELS

3 Grundsteinlegung

Zuerst wird der Altar wiedererrichtet, damit Gottesdienst und Opfer wiederbeginnen können – und zwar genau nach der mosaischen Ordnung (3. Mose 1–7). Erneut liefert der Libanon das Zedernholz für die Bauten (vgl. 2. Chron. 2). Aber die Arbeiten gehen nach der Grundsteinlegung nur langsam voran.

Vers 10–11: Vgl. 1. Chron. 25. Es sind zwei Chöre (oder ein Chor und ein Solist), die im Wechsel singen.

Vers 12: die Älteren weinten wegen der verlorenen Herrlichkeit des früheren Tempels.

4 Die Arbeiten werden behindert

Verse 1–5. 24: die Feinde Judas bringen die Arbeiten für 15 Jahre zum Stillstand, bis Darius König wird. Die Verse 6–23 enthalten exkursartig den Bericht der antijüdischen Opposition während der Zeit Esras und Nehemias. Der Stein des Anstoßes ist hier der Wiederaufbau der Stadtmauern.

Juda und Benjamin (1): Nur Exilierte aus dem Südreich kehren heim. Ihre »Feinde« sind die Mischbevölkerung, die Asarhaddon im Land

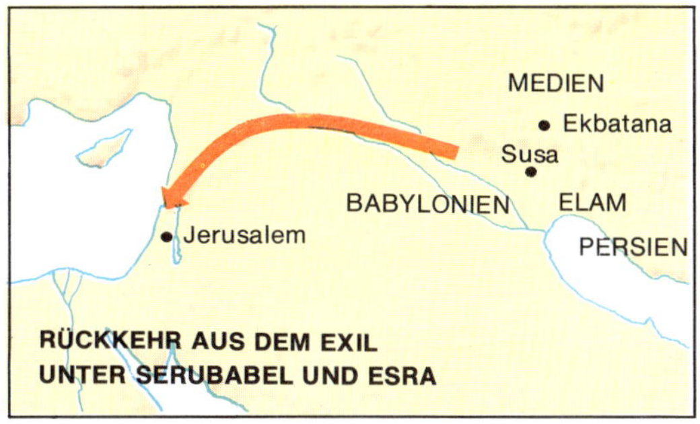

angesiedelt hatte, die späteren Samariter (vgl. dazu 2. Kön. 17, 24–41).

Vers 7: Aramäisch war die internationale Sprache der Perserzeit.

Osnappar (10): Aramäisch für Assurbanipal. »Jenseits des Euphrats«: Name der 5. Satrapie (Provinz), die ganz Palästina und Syrien einschloß.

Das Salz essen (1): sie werden vom König unterhalten, sind seine bezahlten Beamten.

Vers 23: Vgl. Nehemia 1, 3.

5–6 Die Vollendung des Tempels

Angetrieben durch die Propheten Haggai und Sacharja setzt das Volk den Tempelbau fort. Er findet nach 4 Jahren seinen Abschluß, so daß das Volk das Passa feiern kann – nach einem neuen »Exodus«.

König von Assur (22): der König des früheren assyrischen Territoriums, also der König von Persien.

7–10 ESRAS RÜCKKEHR NACH JERUSALEM

Fast 60 Jahre liegen zwischen 6, 22 und 7, 1. Artaxerxes ist den Juden freundlich gesonnen. Esra, der schriftgelehrte Lehrer (mit direkter Abkunft von den Hohenpriestern) wird offiziell damit beauftragt, das Gesetz zu lehren und Beamte in seinem Heimatland einzusetzen, die für die Durchführung der Opfer und die Verschönerung des Tempels verantwortlich sind (Esras eigene Memoiren, in Hebräisch geschrieben, beginnen mit Vers 27).

Vers 9: Die Reise dauerte 4 Monate.

8 Die Begleiter Esras

Mit Esra kehrten weitere 1 700 Menschen zurück, darunter Priester und, etwas zögernd, auch Leviten. Sie nehmen Gaben im Wert von mehr als 6 Millionen Mark mit sich. Esra steht vor einer langen und gefährlichen Reise, weil die Zeiten unsicher sind. Da er sich aber seines Vertrauens auf seinen Gott gerühmt hatte, konnte er von dem König nun keine Schutztruppe erbitten. Und Gott läßt den Glauben Esras nicht zu Schanden werden.

9–10 Das Problem der Mischehen

Seit ihrer Rückkehr haben Priester und Leviten, Hochgestellte und einfache Leute in die heidnische Bevölkerung ihrer Umgebung eingeheiratet. Das aber hatte Gott verboten (5. Mose 7, 1–5), und zwar nicht aus rassischem Vorurteil, sondern weil die Gefahr des Götzendienstes so groß war. Gerade diese Mischehen hatten ja in der Königszeit so entscheidend zum Niedergang des Volkes beigetragen. Aber auch die Schrecken der Niederlage und des Exils waren keine Lehre für das Volk. Esra ist davon tief gebeugt. Aber seine persönliche Identifikation mit den Fehlenden und der tiefe Gram in seinem Gebet bewegen das Volk zu sofortigem Handeln. Die Schuld für all das Leid, das mit der Auflösung der Ehen verbunden war, ruht auf denen, die solche Ehen unter Mißachtung des göttlichen Gesetzes schlossen (vgl. ihre Liste in 10, 18–44). Vgl. zum Ganzen auch Maleachi 2, 10–16 sowie Nehemia 13.

Straße in Alt-Jerusalem.

Nehemia

Vgl. die Einleitung zu Esra.

1–2 NEHEMIA KEHRT NACH JERUSALEM ZURÜCK

1 Schlechte Nachrichten. Nehemias Gebet

Im Dez. 446 bringt Nehemias Bruder Hanani (vgl. 7, 2) traurige Nachrichten von der Jerusalemer Kolonie (vgl. Esra 4, 23). Nehemia, der die Vertrauensstellung des königl. Mundschenks innehat, residiert zu diesem Zeitpunkt in Susa. Obwohl er von den Vorgängen in seinem Heimatland weit entfernt ist, beschäftigen sie ihn bis in sein Beten hinein. Nach vier Monaten nützt er eine günstige Gelegenheit, um seinem König einen praktischen Plan zu unterbreiten.

Dieser Mann (11): der persische König.

2 Der König stimmt zu. Nehemias Inspektionsreise

Der traurige Zustand Jerusalems ist eine direkte Folge des Dekrets Artaxerxes', die Bautätigkeit einzustellen (Esra 4, 7–23). Nehemia wagt darum einen hohen Einsatz, als er sich zum Fürsprecher einer Stadt macht, die man dem König als ein Treibhaus der Rebellion beschrieben hat. Aber Nehemias Sorge für sein Volk überwiegt die für sich selbst. Gott erhört sein Gebet, und Artaxerxes gewährt die Bitte.

Nach seiner Ankunft in Jerusalem spricht er mit niemandem über seinen Plan, bis er eine persönliche, geheime Inspektion der Stadt vorgenommen hat.

Vers 6: Nehemia kehrte 12 Jahre später als Statthalter zurück (5, 14). Die jetzige Aufenthaltszeit war vermutlich viel kürzer.

Sanballat, Tobia (19): Vgl. auch 4, 1–9; 6, 1–18; 13, 4–9. *Geschem* (auch 6, 6) war Stammesfürst von Kedar in Nordarabien.

3–6 DER BAU DER MAUERN

3 Das Verzeichnis der Mitarbeiter

Leute verschiedenster Art arbeiteten gemeinsam an diesem Wiederaufbau: Priester und Salbenbereiter, Goldschmiede und Händler, Beamte und selbst Frauen. Einige übernahmen sogar zwei Bauabschnitte. Nehemia setzte klugerweise die Leute in den Bausektionen ein, die ihren Häusern am nächsten liegen. Dort beflügelte sie ein natürliches Interesse. Die genannten Anführer sind Bürger, die schon lange da sind. Weder Esra noch die Leute, die mit ihm gekommen sind, werden erwähnt.

4 Feindlicher Widerstand

Zunächst gibt es Spott, dann Terror von mächtigen Feinden. Nehemias Antwort darauf ist Gebet, Gottvertrauen und praktisches Handeln: »Wir beteten ... und stellten eine Wache auf« (3); »Gedenkt an den Herrn ... und kämpft« (8).

5 Innere Schwierigkeiten

Während Nehemia hebräische Sklaven freigekauft und den Armen Geld und Nahrung geliehen hatte (wobei er seine eigenen Einkünfte als Statthalter mitverwandte), hatten reiche Juden ihr Interesse gegen ihre Volksgenossen durchgesetzt und sie gegen das Gesetz (2. Mose 22, 5) als Sklaven an Ausländer verkauft. Nehemia setzt eine Zurücknahme dieses Tuns durch.

6 Die Vollendung des Mauerbaus

Die Feinde merken, daß sie die Arbeiten nur stoppen können, wenn sie Nehemia beseitigen. Zunächst versuchen sie, ihn dazu zu bringen, Jerusalem für Verhandlungen zu verlassen (2).

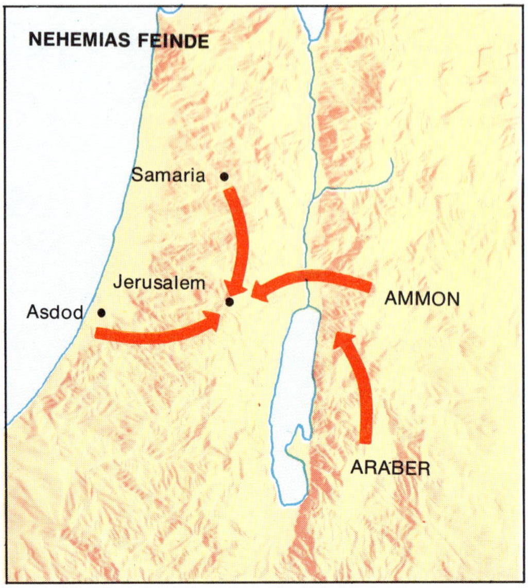

Als dies scheitert, geht es mit Erpessung (5–7) und Einschüchterung (10) weiter. Nehemias Antworten sind großartig. Nichts soll ihn von seiner gottgegebenen Aufgabe ablenken. Nach knapp zwei Monaten sind die Mauern fertig – eine so phantastische Leistung, daß selbst Israels Feinde einräumen müssen, daß hier Gott seine Hand im Spiel hatte.

7, 1–73a VERZEICHNIS DER MIT SERUBABEL ZURÜCKGEKEHRTEN

Verse 6–73: Vgl. die fast identische Liste in Esra 2. Sie bezieht sich auf die erste, die Hauptwelle der jüdischen Rückwanderer im Jahre 538.

7, 73b – 8, 18 ESRA VERLIEST DAS GESETZ VOR DEM VOLK

Die Aufforderung dazu kommt aus dem Volk (8, 1). Esra liest vor, und die Leviten erklären und übersetzen möglicherweise für die, die des Hebräischen nicht kundig sind. Als das Volk so massiv mit den göttlichen Normen konfrontiert wird, macht sich tiefe Erschütterung über das Versagen in der Vergangenheit breit (wie lange zuvor unter der Herrschaft Josias: 2. Kön. 22).

Im Verlauf des Gesetzesstudiums entdecken sie auch die ursprünglichen Anweisungen für das Laubhüttenfest wieder. Zum ersten Mal seit Josuas Tagen bauen sie sich Hütten aus Zweigen, um in Erinnerung an die Zeit der Wüstenwanderung darin zu wohnen.

9, 1–37 DAS BUSSGEBET DES VOLKES

Die Buße des Volkes ist echt. Unrecht wird in Ordnung gebracht. Das Volk wendet sich Gott zu in Bekenntnis und Anbetung. Das große Gebet ruft Gottes Liebe und Treue zu seinem rebellischen Volk von den Tagen Abrahams bis zur Gegenwart ins Gedächtnis zurück.

10 DIE NEUVERPFLICHTUNG AUF DEN BUND

Nehemia der Statthalter, Priester, Leviten und andere führende Persönlichkeiten unterzeichnen die erneute Verpflichtung auf den Bund stellvertretend für das Volk. Sie wird durch eine Verfluchung (über die, die sie nicht einhalten) und durch einen Eid (der Treue gegenüber Gott) ratifiziert. Die Leute geloben besonders, die Forderungen des Gesetzes im Blick auf Heirat, Sabbat, Abgaben, Zehnte und Opfer für die Aufrechterhaltung des Tempeldienstes und die Versorgung der Priester und Leviten einzuhalten.

11 – 12, 26 VERZEICHNIS DER EINWOHNER

11, 3–19: wahrscheinlich ein Verzeichnis derer, die schon in Jerusalem lebten (im Wesentlichen identisch mit 1. Chron. 9, 2–17). Die Zahl wurde durch eine zehnprozentige Aushebung aus den Dörfern umher vergrößert.

Verse 25–36: Ein Verzeichnis besetzter Ortschaften.

12, 1–9: Die Priester und Leviten, die mit Serubabel zurückkehrten.

11, 23: Vgl. 1. Chron. 25.

12, 9: Es gab zwei Chöre, die responsorisch miteinander sangen.

Die massive Mauer an der Südostecke des Tempelplatzes enthält möglicherweise Steine aus der Zeit Serubabels.

12, 27–47 DIE EINWEIHUNG DER STADTMAUERN

Zwei Prozessionen, jede von einem Chor angeführt, gehen in entgegengesetzter Richtung auf der breiten Mauerkrone daher, um sich im Tempelbereich zur abschließenden Danksagung und zum Opfer wiederzutreffen. Es war eine Gelegenheit für überschäumende Freude.

Torweg in der heutigen Altstadt von Jerusalem.

13 MISSBRÄUCHE UND REFORMEN

433 kehrte Nehemia an den Hof des Königs Artaxerxes zurück. Als er neuerlich nach Jerusalem kommt, findet er allerlei Mißbräuche vor, die während seiner Abwesenheit eingerissen sind. Der Hohepriester hatte Nehemias altem Feind Tobia (der nicht einmal ein Israelit war) eine Wohnung in Räumen gegeben, die zum Tempel gehörten. Die Einkünfte der Leviten waren nicht eingegangen. Die Sabbatgesetze waren öffentlich gebrochen worden. Und erneut waren Mischehen eingegangen worden (vgl. auch Esra 9–10). Nehemia ergreift strenge Maßnahmen gegen die Mißbräuche und die Übertreter.

Die Leistungen Esras und Nehemias in den schweren Jahren, die der Rückkehr ihres dezimierten Volkes aus dem Exil folgten, sind bemerkenswert. Ohne die Belehrung durch das Gesetz, ohne den unbesiegbaren Glauben und das furchtlose Handeln dieser beiden Männer wäre das Judentum als Religion und Volk wohl kaum erhalten geblieben – man bedenke die Folgen im Blick auf das Kommen Jesu Christi! Um dieses Überlebens willen war der harte Kurs gegen Mischehen notwendig (das Alte Testament verwirft keine Heirat zwischen verschiedenen Rassen, wenn beide Partner den Gott Israels verehren). Die Geschichte hatte gezeigt, daß jegliche Beimischung von Heidentum mit seinen niedrigen ethischen Grundordnungen den jüdischen Glauben schnell der Auslöschung nahebrachte.

Esther

Esther erzählt die Geschichte eines Komplotts mit dem Ziel, das ganze jüdische Volk auszulöschen, und zwar zur Zeit des persischen Königs Ahasveros (Xerxes). Beim Purimfest wird das Scheitern dieses finsteren Planes gefeiert. Die Wertschätzung des Buches ist schwankend – die darin überlieferten Ereignisse sind nach Auffassung vieler Kritiker zu unwahrscheinlich. Einige halten deshalb die Erzählung für reine Fiktion, andere für eine historische Novelle. Wieder andere weisen jedoch darauf hin, daß wir aufgrund unserer Kenntnis von Persien im 5. Jahrhundert das Buch Esther durchaus als historisch behandeln können.

Der Verfasser ist unbekannt. Aber sein Nationalismus und seine genaue Kenntnis persischer Sitten lassen darauf schließen, daß er ein Jude war, der in Persien lebte, ehe es unter die Herrschaft der Griechen kam.

Obgleich das Buch den Namen Gottes nicht nennt, ist es doch voll von seiner Fürsorge für sein Volk, und hinter allem menschlichen Handeln scheint sein souveränes Wirken auf. Hätte Haman Erfolg gehabt, es hätte keinen Nehemia und – in der verlängerten Linie – keinen Christus gegeben.

1 Ahasveros verstößt seine Gemahlin

Ahasveros regierte über ein Reich, das vom Indus bis in den nördlichen Sudan reichte (vgl. die Karte S. 305). Seine Winterresidenz war Susa, eine Stadt in Elam, etwa 220 km östl. von Babel. Der griechische Historiker Herodot beschreibt ihn als einen grausamen, eitlen und sinnlichen Mann – wie es auch dies Buch zeigt. 483 veranstaltet er ein großes Fest als Höhepunkt einer sechsmonatigen Zurschaustellung seiner Macht und seines Reichtums. Nur die Königin weigert sich, seinem Wunsch gemäß ihren Part in dem Schaustück zu spielen. Auf den Rat seiner Astrologen setzt der König sie darum ab.

Königin Vasthi (9): Nach Herodot war Amestris Ahasveros' Königin. Sie mag Vasthi und Esther gefolgt sein. Der König mag mehr als eine Frau gehabt haben, aber nur eine war Königin.

Schreiben wurden ausgesandt (22): Darius hatte einen ausgezeichneten Kurierdienst eingerichtet.

2 Esther wird Königin. Mardochai rettet des Königs Leben

Die Jahre der unglücklichen Griechenkriege – mit den Schlachten von Thermophylä und Salamis – liegen zwischen Kap. 1 und 2. Vier Jahre sind vergangen, ehe sich der König eine neue Königin wählen kann. Die schönsten Mädchen werden in die Hauptstadt gebracht, einer einjährigen Schönheitsbehandlung unterzogen, dann vom König begutachtet – und wieder vergessen. Bis auf eine, ein jüdisches Mädchen, Esther, die Cousine Mardochais. Als die Reihe an sie kommt, nimmt sie den König so für sich ein, daß er sie zur Königin erhebt.

Verse 5–6: Mardochai müßte fast 120 Jahre alt gewesen sein, wenn er persönlich 597 gefan-

Eine Königin mit ihren Dienern.

gengenommen wurde. Wahrscheinlich ist gemeint, daß seine Familie zu den Gefangenen gehörte.

Hadassa/Esther (7): Esther ist ein babylonischer Name. Ihr jüdischer war Hadassa.

Tebeth (16): Dezember/Januar 479.

Vers 23: Diese Eintragung erwies sich später als sehr wichtig (6, 1–2).

3 Hamans Aufstieg und sein Anschlag auf die Juden

Es wird nicht gesagt, warum Mardochai den Kniefall verweigerte. Vermutlich hielt er diese übertriebene Art von Höflichkeit für den Anfang von Götzendienst. In unbeherrschter Wut plant Haman die Vernichtung einer ganzen Rasse. Sein Aberglaube läßt ihn auf einen »Glückstag« warten – der sich erst 11 Monate später einstellt. Die Zustimmung des Königs ist leicht gewonnen, einmal durch die Anklage gegen die Juden, sie hätten einen Aufstand vor, zum andern durch das Versprechen, dem König ca. 20 Millionen Mark in Silber zukommen zu lassen (Haman hatte vor, dies Geld durch die Ausplünderung der Juden und die Konfiskation ihres Landbesitzes zusammenzuscharren).

4 Esther hört diese Neuigkeiten

Esther ist die einzige ihres Volkes, die Zutritt zum König hat, und auch sie ist einen Monat nicht zu ihm gerufen worden. So bleibt ihr nur die Möglichkeit, unaufgefordert zu ihm zu gehen – und das ist lebensgefährlich. Ängstlich stimmt Esther schließlich zu, dies Risiko einzugehen.

Verse 14–16: Obwohl Gott nicht genannt wird, ist doch Mardochais Glaube sichtbar. Das Fasten schloß immer das Beten ein.

5 Esther gibt ein Mahl

Der König gewährt eine Audienz. Esther geht geschickt vor. Sie lädt den König und seinen Günstling zu einem Mahl ein. In der gelösten Atmosphäre nach dem Mahl spricht Esther eine zweite Einladung aus. Haman, der nichts von Esthers Verwandtschaft weiß, fühlt sich geschmeichelt. Selbstsicher läßt er auf der Stadtmauer einen Galgen errichten, um seinen Feind daran aufzuhängen.

Persischer Gold-Armreif mit Greifen.

7 Haman wird entlarvt

Nach dem Mahl am zweiten Abend spricht Esther ihre Bitte aus. Haman ist sprachlos. Er wirft sich zu Esthers Füßen nieder, als diese sich auf ihr Lager zurückzieht, und dies wird ihm auch noch als Vergewaltigungsversuch ausgelegt. Er endet an dem Galgen, den er selbst gebaut hatte.

Sie verhüllten Hamans Antlitz (8): zum Zeichen seiner Verurteilung zum Tode.

8 Mardochai wird Großwesir. Ein neues Edikt

Das einmal ergangene Edikt des Königs kann nicht zurückgenommen werden (8). Statt dessen ergeht ein neues Dekret, das den Juden erlaubt, sich gegen Angriffe zu verteidigen.

Vers 11: den Juden wird erlaubt, mit ihren Feinden so zu verfahren, wie sie von diesen behandelt worden waren (vgl. 3, 13).

9 Die Rache der Juden. Das Purimfest

Als der festgesetzte Tag kommt, entledigen sich die Juden ihrer Feinde. Auch Hamans 10 Söhne werden dabei getötet. Aber geplündert wird nicht. Es gibt keine Entschuldigung für Esthers rachsüchtige Forderung. Sie erweist sich als ein Kind ihres Zeitalters. Die Leichen der Söhne Hamans werden aufgehängt, um ihr Schicksal öffentlich bekanntzumachen.

Zur Erinnerung an die Errettung des Volkes wird der 14. und 15. Adar zu einem jährlichen Fest erhoben. Ihm geht ein Fasten am 13. voran. Bis heute feiern die Juden das Purimfest mit Verlesung von Esther.

10 Schlußwort

Der Verfasser schließt mit der Feststellung, daß Mardochai seine Macht gut gebrauchte.

6 Der König ehrt Mardochai
Eine schlaflose Nacht und die Lektüre des Hoftagebuches gibt den Ereignissen eine Wendung. Haman selbst häuft unbeabsichtigt Ehren auf seinen Feind. Seine abergläubischen Berater sehen darin den Beginn seines Sturzes.

Einführung

Derek Kidner

POESIE

Das Wort »Poesie« mag in uns die Vorstellung einer besonderen Art literarischer Kunst erwecken, die von wenigen für wenige geschaffen wird. Aber eine solche Vorstellung würde der alttestamentlichen »Poesie« nicht gerecht. Was wir hier vorfinden, ist sorgfältig geformte Sprache, die etwa in Satzbau und Sprachrhythmik bestimmten rhetorischen Gesetzen folgt. Eines der ältesten biblischen Beispiele findet sich in Richter 5: »Sicher holen sie, teilen sie Beute: / ein Mädchen, zwei Mädchen für jeden Krieger; / ein Gewand, zwei bunte Gewänder für Sisera, / ein Tuch, zwei Tücher für meinen Hals« (Vers 30; Jerusalemer Bibel).

Der Rhythmus wird von einer beweglichen Folge von Betonungen bzw. Hebungen bestimmt, nicht von einer festgelegten Silbenzahl. Sehr häufig hat eine Zeile drei Hebungen, denen in der folgenden ebenfalls drei entsprechen. Beide zusammen bilden ein Couplet. Daneben finden sich auch längere und kürzere Couplets, manchmal sind drei Zeilen zu einem Triplett zusammengefügt. Ein besonderer Rhythmus kommt dadurch zustande, daß die erste Zeile des Couplets drei, die zweite Zeile aber nur zwei Hebungen hat.

Gerade diese letztgenannte rhythmische Form findet sich oft in Spott- und Klageliedern, und man hat sie *Qinah* (= Trauer, Klage) genannt, obwohl sie nicht auf diesen Bereich beschränkt ist.

Das Grundmerkmal der biblischen Poesie aber ist der Parallelismus: die Aussage des ersten Halbverses wird im zweiten Halbvers noch einmal mit anderen Worten bekräftigt (vgl. 4. Mose 23, 19).

Dieses Schema erlaubt eine große Variationsbreite: Durch Wiederholung, Erweiterung oder Antithese wird der Gedanke bzw. die Aussage besonders einprägsam, und der Dichter hat die Möglichkeit, verschiedene Aspekte ein und derselben Sache zu beleuchten (vgl. etwa Jes. 55, 8).

Bischof Lowth, der in seinen Vorlesungen zur hebräischen Poesie 1741 den Begriff »Parallelismus« prägte, wies darauf hin, daß sich diese poetische Form mit erstaunlich geringen Einbußen in andere Sprachen übertragen läßt – ganz im Gegensatz zu literarischen Formen, die auf einem komplizierten Versmaß oder einem besonderen Wortschatz beruhen.

Natürlich gibt es im Alten Testament auch andere poetische Stilmittel – Assonanzen, Reime, Refrains, Wortspiele und Akrostichen. Aber sie sind doch als sekundär anzusehen. Das Wesentliche an der alttestamentlichen Poesie ist ihre *Aussage,* die mit Hilfe dieser literarischen Mittel verstärkt und für Menschen aller Schichten und Zeiten möglichst einprägsam gemacht werden soll. Die Sprachform ist also nicht Selbstzweck, sondern hat dienende Funktion.

Darum ist Poesie auch nicht auf einige besondere poetische Bücher beschränkt. Vielmehr taucht sie in den verschiedensten Zusammenhängen auf, vornehmlich in Momenten besonderer Wichtigkeit. Die bisher genannten Beispiele sind alle den geschichtlichen Büchern – den »Vorderen Propheten« und »dem

Gesetz« – und der Prophetie entnommen. Nahezu alle prophetischen Äußerungen sind rhetorisch durchgestaltet, so daß sie in den Bibeldrucken eigentlich als Poesie kenntlich gemacht werden müßten.

Drei Bücher des Alten Testaments sind jedoch von jüdischen Grammatikern mit einem besonders ausgeprägten System von Akzenten versehen worden: Das Buch Hiob, der Psalter und das Buch der Sprüche. Nach unserem Sprachgefühl würden wir wahrscheinlich eher das Hohelied als die Sprüche zu den poetischen Büchern zählen. Seine rein lyrische Dichtung steht als drittes Beispiel hebräischer Poesie neben der beeindruckenden Rhetorik des Hiobbuches und den singbaren Strophen der Psalmen. Von Hiob wird noch unter dem Gesichtspunkt der Weisheitsliteratur die Rede sein müssen. Aber schon als Dichtung hat man dies Buch wegen des Reichtums und der Kraft seiner Sprache und seiner Gedanken unter die Meisterwerke der Weltliteratur eingereiht. Die Poesie der Psalmen ist der »Weg zur Himmelspforte« – in Gottesdienst und Lehre, bei Festtagen und besonderen Anlässen im Königshaus. Aber auch der einzelne griff darauf zurück: um seine Sünde zu bekennen, um Heilung zu erbitten, um Errettung und Offenbarung jubelnd zu besingen. Das Hohelied hingegen erwähnt den Namen Gottes so gut wie nicht; es antwortet vielmehr beglückt auf Gottes Schöpfung und besonders auf ihre Krönung, die Gabe der Liebe zwischen Mann und Frau. Daß das Hohelied in die Bibel aufgenommen worden ist, weist uns unmißverständlich darauf hin, daß Gottes Welt nicht in einen säkularen und einen sakralen Bereich zerfällt, und daß Heiligkeit und Schönheit zusammengehören.

WEISHEITSLITERATUR

Weisheit ist im Alten Testament die Stimme des Nachdenkens und der Erfahrung, nicht so sehr die des Gebots oder der Predigt. Dem Hörer und Leser soll die Beziehung vor Augen geführt werden, die zwischen Gottes Ordnung für die Welt und seinen Geboten für die Menschen besteht. Es wird gezeigt, daß es absurd ist, sich Gottes Schöpfungsordnung zu widersetzen.

Die Weisheitsliteratur hat viele Formen. Ein lebendiger Vergleich, manchmal zur Parabel oder Allegorie ausgestaltet, ist sehr beliebt. Der hebräische Begriff für diese Gattung, *maschal*, umspannt darüber hinaus auch Sprichworte und Spottverse. Ein Rätsel oder ein Rätselspruch ist ein weiteres Mittel, jemanden zum Nachdenken zu reizen. Tiefer geht dann das bohrende Nachdenken über die Weise des göttlichen Weltregimentes wie über Sinn und Ziele des menschlichen Lebens.

Wie die Poesie, so ist auch die Weisheit nicht auf die Bücher beschränkt, die wir unter diesem Namen zusammengeordnet haben (im AT also die Sprüche, das Buch Hiob, der Prediger), denn Sprichwörter und pointierte Aussagen finden sich in jeder Kultur, und Israel bildet darin keine Ausnahme. In den erzählenden Teilen des Alten Testamentes begegnen uns z. B. Jothams Fabel von den Bäumen, Simsons Rätsel und verschiedene Sprichwörter. Auch in den Psalmen und in den Prophetensprüchen wird der lehrhafte Stil des Weisen immer wieder laut (etwa Ps. 1; Jes. 28, 23 ff.; Jer. 17, 5 ff.; Hos. 14, 9). Die Weisheit ist also neben Gesetz und Prophetie der dritte wesentliche Bestandteil der Schrift (vgl. dazu den Spruch Jer. 18, 18!).

Als Autor der Weisheitsliteratur ragt natürlich Salomo besonders hervor. Das liegt nicht nur an seiner eigenen Brillanz, sondern auch an der Förderung, die er Wissenschaft und Künsten angedeihen ließ. Die Königin von Saba war nur eine von vielen, die nach Israel strömten, um ihn zu hören und auf die Probe zu stellen. Die Namen und Orte von 1. Kön. 4, 30–33 lassen ahnen, daß Jerusalem für kurze Zeit der Mittelpunkt der »intellektuellen Welt« war. Von daher nimmt es nicht Wunder, daß sich auch Spuren fremden Denkens (etwa in Sprüche 30 und 31, 1–9) finden.

Israels Weisheitsliteratur hat darum auch nie den Anspruch erhoben, sich in einem geistigen Vakuum entwickelt zu haben. Wie reich gerade die Nachbarkulturen waren, zeigt sich in deren Weisheitsliteratur, die in den letzten Jahrzehnten entdeckt und ausgewertet worden ist. Ein Teil ihrer Fabeln, ihrer volkstümlichen Sprüche, ihrer Weisung sind erhalten geblieben. Sie beschäftigen sich weithin mit den gleichen Lebensfragen, um die es auch in den biblischen Sprüchen geht. Etwa: Lernbereitschaft, Nüchternheit, weise Rede, Höflichkeit, Vertrauen auf göttliche Hilfe, Großzügigkeit, Freundschaft. Allerdings handelt es sich im Wesentlichen um weltliche Weisheit, wenn auch teilweise von hohem Format. Die israelitische Weisheit hingegen ist mehr Ausdruck nachdenklichen Glaubens. Eine andere Gruppe von Weisheitsliteratur beschäftigt sich wie in Israel mit der Frage nach dem Leiden und nach dem Sinn des Lebens. Darstellungsform sind hierbei gutformulierte poetische Monologe und Dialoge.

Die Tatsache, daß so tiefe Fragen schriftlich debattiert wurden – nicht nur in der Zeit Salomos, sondern schon tausend Jahre vorher – und daß das Israel jener Zeit kulturell keineswegs rückständig war, schließt die (in manchen Kreisen zirkulierende) Theorie aus, Israels Weisheitsliteratur habe in dieser Zeit aus kurzen, volkstümlichen Sprüchen bestanden, die sich erst später allmählich zu größeren und mehr religiös geprägten Einheiten entwickelt und erst in der spätesten Periode die Gestalt der Erörterungen angenommen hätten, wie sie Sprüche 1–9 oder die Reden im Hiobbuch oder der Prediger darstellen. Die Datierung dieser Passagen erfordert bessere Kriterien als das Schema einer religiösen Evolution.

Wenn es auch aufschlußreich ist zu sehen, wie im ganzen Nahen Osten zu dieser frühen Zeit um dieselben Fragen gerungen wurde, so zeigt sich doch zugleich, wie sehr die Art, in der das Alte Testament die Fragen angeht, sich von der sonst üblichen unterscheidet. Im Hiobbuch erscheint Gott als treuer und gerechter Herr. Seinen Wegen gilt es bis ans Ende zu vertrauen, weil sie dem Menschen nicht einsichtig sind. Hiob folgert daraus nicht, wie einer der babylonischen Leidenden, daß das Böse auf Erden nach himmlischen Maßstäben gut sein könnte. Er versucht auch nicht, Gott mit Gaben zu besänftigen. Noch gibt er sich selbst auf und verwirft Gott. Auch der offensichtliche Pessimismus des Predigers hat nur eine oberflächliche Ähnlichkeit mit dem tiefen Zynismus des babylonischen »Dialogs zwischen Herrn und Sklaven«, wo nichts Bedeutung oder Wert hat, allein Launenhaftigkeit übrigbleibt. Zwar bezeichnet der Prediger alle irdischen Dinge als Schall und Rauch, aber das geschieht aus dem Wissen, daß der Mensch zu mehr berufen ist, als zu einem Leben in Zeit und Raum: Die Furcht Gottes, dessen Urteil jede Tat, auch das Verborgene, dem Guten oder dem Bösen zuweist, füllt allein das Leben mit Sinn (Pred. 12, 13–14).

Die Gottesfurcht, die beim Prediger im Schlußwort erscheint, ist das Eröffnungsthema der Sprüche, ja der Dreh- und Angelpunkt der ganzen Weisheitsliteratur (vgl. Hiob 28, 28; Ps. 111, 10; Spr. 9, 10). Die weltliche Philosophie neigt dazu, alle Dinge am Menschen zu messen, und zweifelt daran, ob es überhaupt Weisheit geben kann und gibt. Das Alte Testament macht die Welt sinnvoll: Gott steht an der Spitze, und seine Weisheit ist das schöpferische und ordnende Prinzip, das alle Dinge durchwaltet. Der Mensch aber, von dieser Weisheit geprägt und belehrt, findet Leben und Erfüllung in der Annahme des vollkommenen Gotteswillens.

Hiob

Das Buch Hiob nimmt eine Sonderstellung unter den Büchern des AT ein. Zwar gehört es zur sog. Weisheitsliteratur, aber in Gestalt und Inhalt ist es einzigartig. Der Verfasser ist unbekannt, ebenso die Abfassungszeit. Die Geschichte selbst ist in der Patriarchenzeit angesiedelt. Hiob ist ein reicher und mächtiger Scheich – wobei sein Reichtum in Viehherden und nicht in Geld besteht. Einen Teil des Jahres lebt er in der Stadt, den Rest ist er mit seinem Vieh unterwegs. Er gehört in eine Zeit, in der es noch kein Priestertum und keinen festgelegten Kult gab, oder er lebte in einem Gebiet, in dem man beides nicht benötigte. Er erinnert darum in vielem an Abraham: ein Mann aus dem Osten.

Ein Prosaprolog steht der großen Debatte zwischen Hiob und seinen Freunden voran. Die Frage, um die es geht, ist uralt und dennoch stets aktuell. Sie lautet: Wenn Gott gerecht und gut ist, warum läßt er dann zu, daß Unschuldige leiden? Hiob ist ein Mensch, wie er besser nicht sein kann. Dennoch kommt Unheil über ihn. Dem Verlust von Besitz und Familie folgt ein schlimmes, lang anhaltendes körperliches Leiden, das seinen Glauben zutiefst erschüttert.

Bei ihrer Diskussion über das Problem fehlt Hiob und seinen Freunden die wichtigste Information. Sie wissen nichts von der Herausforderung Gottes durch den Satan, die der Prolog berichtet. Zudem haben sie keine Gewißheit zukünftigen Lebens. Vielmehr ist der Tod das Ende – und Gerechtigkeit muß in diesem Leben erkennbar sein. Gemäß der »orthodoxen« Theologie, deren Standpunkt die drei Freunde vertreten, ist Wohlergehen Gottes Belohnung für ein gutes Leben, Unglück dagegen sein Gericht über die Sünden des einzelnen. Allgemein mag dies gelten. Aber die Freunde verwandeln eine allgemeine Wahrheit in ein starres, unveränderliches Gesetz: Wenn Hiob leidet, muß er ein böser Mensch sein. Hiob aber weiß, daß dies nicht stimmt. So gehen die Argumente hin und her, keiner ändert seine Position, bis sie völlig festgefahren sind. Nun greift Gott selbst ein. Er beantwortet Hiobs Fragen nicht. Aber nachdem Hiob Gott gesehen hat, ist er zufriedengestellt. War die Theologie seiner Freunde zu eng, so war auch seine Vorstellung von Gott zu klein.

Das Buch läßt vieles ungeklärt. Erst im Neuen Testament finden wir Ansätze zu einer Beantwortung der Leidfrage. Wenn wir auf den Gekreuzigten sehen, sehen wir den einzigen wirklich Unschuldigen leiden. Und wir sehen darin einen Gott, der sich so um uns kümmert, daß er die ganze Last menschlicher Sünde und Leidens auf seine Schultern nimmt. Dennoch ist das Buch Hiob keineswegs Vergangenheit. Auch heute spricht dieses Buch mehr als alle anderen biblischen Bücher zu denen, die leiden und es nicht verstehen.

1–2 PROLOG

1, 1–5 Hiob wird vorgestellt (vgl. Einleitung).

1, 6–12: Am himmlischen Hof klagt der Satan Hiob an, er diene Gott nur um des Vorteils willen, den er dabei gewinne. Gott erlaubt ihm, dies zu prüfen – ein Ausdruck seines Vertrauens zu Hiob –, allerdings soll Hiob selbst verschont bleiben.

1, 13–22: Innerhalb eines Tages verliert Hiob alles, aber sein Vertrauen auf Gott bleibt unerschüttert.

2, 1–6: Satan hat die erste Runde verloren. Er behauptet nun, daß sich Hiob nur um seine eigene Haut kümmere. Darum erlaubt Gott eine weitere Prüfung, in der Hiob nur sein Leben behalten darf.

2, 7–13: Hiobs Körper wird von eiternden Schwären überzogen. Der große Mann wird zum Ausgestoßenen. Seine Frau versagt. Die drei verbleibenden Freunde sitzen schweigend da, über die Ereignisse zutiefst erschrocken. Aber noch immer hält Hiob an Gott fest.

Uz (1,1): eine Stadt östl. von Palästina – im edomitischen Gebiet, oder möglicherweise im Hauran südlich von Damaskus.

Gottessöhne (1, 6): Engel an Gottes himmlischem Hof. Unter ihnen ist Satan, Gottes Autorität unterstellt.

Die aus Saba (15): Nomaden des süd-westl. Arabiens. *Chaldäer* (17): Nomaden aus Südmesopotamien.

Hiobs Freunde (2, 11): Weise Männer aus Orten im arabischen und edomitischen Gebiet, einer Region, die für ihre Weisen berühmt war.

3–14 DIE ERSTE RUNDE DER DEBATTE

3 Hiobs erste Rede: Die Bitterkeit des Lebens

Hiobs Leiden läßt ihn wünschen, nie geboren zu sein. Er sehnt sich nach Frieden und Erleichterung im Tode.

Vers 8: Hiob meint die Magier, die einen Tag zum Unglückstag machen können. *Leviathan:* ein Urtier von der Art des Krokodils (vgl. auch Kap. 41).

Vers 24: Seufzen und Klagen sind Hiobs tägliche Nahrung.

4–5 Eliphas' erste Rede

Hiob hatte oft anderen in Not geholfen. Nun soll er auch bereit sein, sich selbst helfen zu lassen. Gott vernichtet den Schuldigen, nicht den Unschuldigen (4, 7). Keiner ist ja ohne Tadel vor ihm (17). Leid ist ein unvermeidbarer Teil des Lebens (5, 7). Der beste Weg ist, sich Gott zuzuwenden (8), seine Zurechtweisung anzunehmen und darauf zu warten, von ihm wieder gnädig angenommen zu werden.

Vieles ist richtig in Eliphas' Worten – nur paßt es nicht zu Hiobs Fall.

5, 4: Am Stadttor wurde Gericht gehalten und wurden Verträge geschlossen. Es war der Mittelpunkt des öffentlichen Lebens.

6–7 Hiobs Antwort

Es ist ein herzloser Rat (6, 6–7), einem Mann am Ende seiner Spannkraft zu sagen, er möge geduldig sein (11–12). Hiob möchte sterben. Seine Freunde haben ihm zu dem Zeitpunkt die Sympathie versagt, wo er sie am nötigsten brauchte (14 ff.). Er hat nichts getan, um dies Leiden zu verdienen (30). Leben ist eine Folge von schmerzerfüllten Tagen und schlaflosen Nächten (7, 3–6).

7, 11–21: Hiob schüttet sein Herz vor Gott aus – seine Angst, aber auch seine Todessehnsucht. Warum läßt Gott ihn nicht in Ruhe? Und wenn Sünde die Ursache ist, warum will er nicht vergeben?

6, 18–19: die Handelskarawanen, die die Wüste durchqueren, suchen nach Wasser. Finden sie es nicht, müssen sie verdursten.

7, 5: In Hiobs Eiterbeulen bilden sich Maden.

8 Bildads erste Rede

Bildads Rede ist in schärferem Ton gehalten. Gott ist gerecht. Er belohnt den Guten und bestraft den Bösen. Bildads Worte sind wie Salz in einer offenen Wunde.

9–10 Hiobs Antwort

Auch Hiob glaubt an Gottes Gerechtigkeit. Aber sein eigener Fall läßt sich mit diesem Glauben nicht in Einklang bringen. Gott hat einen Unschuldigen verurteilt. Wie kann man ihn dafür zur Rechenschaft ziehen? Gut und Böse – es ist alles eins (9, 22). Unglück trifft beide. Warum (10, 12)? Der Schöpfer ist zum Zerstörer geworden (8. 20–22).

Rahab (9, 13): Chaosungeheuer der Urzeit.

Die Geschichte Hiobs spielt in der Patriarchenzeit. Sein Reichtum besteht in Schafen und Rindern (Beduinen auf dem Schafmarkt in Beerseba).

9, 16–19: Verbittert sieht Hiob in Gott einen ungerechten Richter. Zudem erscheint ihm die Überlegenheit Gottes so groß, daß eine rechtliche Auseinandersetzung mit ihm aussichtslos ist (19 ff.).

11 Zophars erste Rede

Zophar gebraucht die schärfsten Worte. Hält Hiob sich etwa für unschuldig? Dabei ist Gott noch sanft mit ihm umgegangen (6). Hiob soll seine Sünde ablegen, dann wird Gott ihn auch wiederherstellen (13–15).

12–14 Hiobs Antwort

Hiob reagiert sarkastisch. Seine Freunde sind nicht die einzigen, die eine Sache klären können. Gott ist allweise und allmächtig. Wenn er die Normen der Weisheit und Gerechtigkeit ändert, wer will ihn hindern (12, 7–22)? Hiobs Erfahrungen widerlegen die Argumente der Freunde (13, 1–4). Er will seine Sache Gott selbst vorlegen, und Gott wird ihm Recht geben (18). Wessen klagt man ihn an (23)? Das Leben ist kurz – und es gibt kein Erwachen vom Schlaf des Todes (14, 1–12). Hiob bittet Gott, ihn im Totenreich zu verbergen, bis sein Zorn vorüber sei (13–17). Doch die Hoffnungslosigkeit ist groß (19)!

15-21 DIE ZWEITE RUNDE

15 Eliphas' zweite Rede

Die Debatte wird hitziger. Hiob hat seine Freunde in die Enge getrieben – und nun nehmen sie keine Rücksicht mehr auf die Belastung, unter der er steht. Es kommt ihnen nicht in den Sinn, daß er wirklich unschuldig sein könnte. So verfechten sie ihre Position weiter und versuchen, Hiob zu bezwingen.

Hiob sei selbstgefällig und aufgeblasen (2). Alles, was er gesagt habe – seine wilden Anklagen gegen Gott, seine Versuche der Selbstrechtfertigung –, sei nur ein Beweis seiner Schuld (6). Hiob irre, wenn er behaupte, der Böse gehe straffrei aus. Dieser erleide vielmehr ein schreckliches Schicksal (17–35).

16–17 Hiobs Antwort

Hiobs Freunde können ihm nur einen schwachen Trost bieten. Sie haben leicht reden – Hiob ist es ja, der leidet. Gott hat ihn erschöpft mit Leiden und mit der Grausamkeit seiner Nächsten. Die Worte Hiobs (16, 9. 12–14) zeichnen das Bild eines unerträglichen Leidenskampfes: eines gequälten Leibes und eines gequälten Geistes, der nicht damit fertig wird, daß Gott ihm dies alles antun konnte. Auch jetzt kann er noch nicht glauben, daß Gott ungerecht ist. Es muß einer da sein, der seine Sache im Himmel vertritt (19; vgl. 1. Joh. 2, 1). Wenn sein Fall ruht, bis er tot ist, was bleibt da zu hoffen (17, 13–16)?

17, 3: Hiob redet Gott an.

18 Bildads zweite Rede

Bildad ist erbost darüber, daß Hiob die Ratschläge seiner Freunde zurückweist. Er antwortet, indem er ein schreckliches Bild vom Schicksal der Bösen malt – und er zielt damit auf Hiob. Weil aber Hiob unschuldig ist, ist Bildads Rede bedeutungslos.

19 Hiobs Antwort

Hiobs Freunde sind seine Peiniger geworden. Sie erheben falsche Anklagen und geben keine Antwort auf seine verzweifelten Fragen. Er ist in sich selbst eingeschlossen (8), verzweifelt (10), schrecklich allein (13–16). Diejenigen, die er am meisten liebt, verabscheuen ihn (17). Selbst Erbarmen wird ihm verwehrt (21–22).

Aber auch in den dunkelsten Augenblicken sind Glaube und Hoffnung in ihm nicht völlig erstorben. Er ist seiner Rechtfertigung gewiß. Eines Tages wird Gott seinen Fall aufnehmen und ihn rechtfertigen – und er wird es erleben (25–27). Dann müssen sich seine Ankläger vor Gott verantworten.

20 Zophars zweite (und letzte) Rede

Zophar nimmt Bildads Thema wieder auf: das Schicksal der Ungerechten. Ihr Wohlergehen ist kurzlebig, ihre Bestrafung gewiß. Danach hören wir nichts mehr von ihm. Entweder hat er nichts mehr hinzuzufügen, oder ein Teil des dritten Redegangs ist verloren gegangen. Mög-

Bei den Wüstenbewohnern, die vom wenigen Regen und der Gesundheit ihrer Herden abhängen, kann Wohlstand schnell in Armut umschlagen.

licherweise ist aber 27, 7–23, das in Hiobs Mund ziemlich fremd klingt, Zophars dritte Rede.

21 Hiobs Antwort

Zophars Theologie ist an sich in Ordnung. Aber sie hält der Erfahrung nicht stand. Der Zustand Hiobs, eines guten Menschen, ist erbärmlich (5). Und vielfach geht es den Gottlosen gut. Sie leben glücklich und sterben friedlich (7–18). Die Freunde werden nun anführen, daß Gottes Rache dann ihre Kinder treffen werde (19). Aber was ist das für eine Art von Gerechtigkeit? Ihr sogenannter Trost ist nichts als ein Bündel leerer Lügen.

22–31 DIE DRITTE RUNDE

22 Eliphas redet zum dritten und letzten Mal

Er argumentiert noch einmal mit gleicher Hartnäckigkeit. Hiob ist im Unrecht – Eliphas zählt nun seine Sünden auf (5–9). Hat Hiob etwa gemeint, er könnte dies vor Gott verbergen (14)? Er soll zu Gott umkehren, seine Sünde ablegen – dann wird alles wieder gut!

Ophir (24): Es war so berühmt für seinen Goldexport, daß »Ophir« und »Feingold« Synonyme wurden. Die geographische Lage ist unbekannt.

23–24 Hiobs Antwort

Wenn er nur Gott finden könnte, um ihm seine Sache vorzutragen! Aber Gott läßt sich nicht finden, und seine Wege sind unerklärbar.

Kap. 24: Wie geht es denn in der Welt zu! Das Leben ist weder schön noch gerecht. Gott schiebt seine Gerichte auf, und die, die die Hilflosen unterjochen, scheinen damit durchzukommen.

Verrücken der Grenzen (24, 2): Sich Land aneignen.

Pfandnahme (24, 3. 9): zur Sicherheit für einen Kredit, oder zur Inzahlungnahme für eine Verschuldung.

Hiob und die übrige Weisheitsliteratur wenden sich gegen eine tote Orthodoxie und ein zu enges Weltbild. Hier eine babylonische Weltkarte aus dem 7. Jhd. v. Chr.: Die Welt vom Ozean umgeben, Babylon am Euphrat, Berge im Norden Assyriens, Sümpfe im Süden.

25 Bildad spricht zum dritten und letzten Mal

Offensichtlich gehen Hiobs Freunden die Argumente aus. Bildad wiederholt lediglich die bekannte Wahrheit, daß kein Mensch in Gottes Augen vollkommen ist. Dies aber hilft Hiob wenig. Was soll denn ein gutes Leben, wenn Gottes Urteil gleicherweise Gute und Böse trifft?

26–31 Hiobs letzte Antwort

Kap. 26: Die Schöpfung läßt uns einen Schimmer von Gottes gewaltiger Macht erkennen. Aber wer kann daran denken, diese Macht in ihrer ganzen Fülle zu begreifen?

Kap. 27: Hiob soll seine Integrität aufgeben, aber er will sich nicht selbst betrügen. Die Verse 7–23 klingen in Hiobs Mund fremd. Hier wird das Argument der Freunde laut. Entweder hat sich Hiobs Meinung gewandelt, oder dieser Abschnitt gehört zu einem der anderen (vielleicht ist es Zophars fehlende dritte Rede).

Kap. 28: Hiobs Denken wendet sich erneut (vgl. 26, 14) der Frage der Weisheit zu. Denn hier liegt der Kern des Problems: Wie versteht man die unausforschlichen Wege Gottes? Eben diese Weisheit aber ist weder in der Welt zu finden noch käuflich. Gott allein läßt sie finden – und der Mensch wird weise durch Gottesfurcht und Zurückweisung des Bösen.

Kap. 29: Hiob schaut auf die Tage der göttlichen Gunst zurück.

Kap. 30: Nun kehrt er in die bittere Gegenwart zurück: ein Ausgestoßener, unaufhörlich von Schmerzen gequält.

Kap. 31: All dies ist über einen Menschen gekommen, der bis in sein Denken hinein Unmoral vermieden hat (1). Der gerecht mit seinen Untergebenen umging (13). Der anderen großzügig aus Schwierigkeiten half (16). Der sich nie auf sein Geld verließ (24). Kein Götzendiener war (26–27). Der keinen von seiner Tür wegwies (32) und seine Sünden nicht verbarg (33).

»Aus dem Gestein schmilzt man Kupfer« (28, 2) – im Gebirge in der Nähe von Eilat hat man »König Salomos Minen« heute wieder in Betrieb genommen.

Nachdenkliches Alter – ein orthodoxer Jude.

Der nie schwieg aus Furcht davor, was andere über ihn denken oder wie sie reagieren würden (34). Hiob ist bereit, dies alles vor Gott zu beschwören.

Rahab (26, 12): Vgl. Anm. zu 9, 13.

Ophir (28, 16): Vgl. Anm. zu 22, 24.

32–37 ELIHUS STREITREDEN

Kap. 32: Elihu ist der typische zornige junge Mann. Während seine Vorredner um Worte verlegen sind, entrüstet er sich heftig über Hiobs Verhalten. Er brennt darauf, endlich seine Argumente loszuwerden.

Kap. 33: Hiob hatte sich selbst zum unschuldigen Opfer Gottes erklärt (9–11), aber Gott wird auf diese Beschuldigung nicht antworten (13). Elihu erklärt, daß Gott zum Menschen rede durch warnende Träume (15) und durch Leiden (19) – nicht, um ihn zu vernichten, sondern um ihn zu retten (30).

Kap. 34: Hiob hatte behauptet, Gott sei im Unrecht (5–6) und man gewänne nichts dabei, suche man sein Wohlgefallen (9). Aber Gott ist der Richter aller Menschen: der Höchste, der Gerechte, der Unparteiische (10–30). Hiob hat zu seinen anderen Sünden noch Groll und Auflehnung gegen Gott hinzugefügt (36–37).

Kap. 35: Elihu sieht (fälschlicherweise, vgl. 2. Sam. 11, 27; 12, 13) gutes und böses Verhalten als eine zwischenmenschliche Angelegenheit an (8): Gott steht hoch und unberührt über allem.

Kap. 36: Gott gebraucht das Leiden in seiner Weisheit, um des Menschen Ohr zu öffnen und um ihm seine falschen Wege zu zeigen. Hiob sollte nicht nach dem Tod verlangen, sondern seine Lektion lernen.

Kap. 37: Gott verfügt über die Naturgewalten. Der Mensch ist nichts gegen seinen Glanz und seine Heiligkeit, er tut vielmehr gut daran, Gott zu fürchten.

38 – 42, 6 HIOB FINDET GENUGTUUNG IN GOTTES ANTWORT

Gott greift ein, als Elihu gerade seine Reihe von glänzenden Argumenten abgeschlossen hat, warum Gott nicht antworten wird. Gewiß, Gott ist allmächtig und hoch über den Menschen erhaben. Zugleich aber ist er dem Menschen nahe. Hiob hatte sich vorgestellt, er könne Gott seinen Fall selbst vorlegen und seine Fragen stellen. Aber es kommt anders: Nicht Hiob, Gott stellt die Fragen. Diese Fragen lassen Hiobs Selbstbewußtsein schrumpfen und sein Gottesbild wachsen. Der Gott, der ihm begegnet, sprengt alle seine Vorstellungen.

Kap. 38 und 39: Wo war Hiob, als Gott die Welt, Licht und Finsternis, Wind und Regen, die kosmischen Konstellationen schuf? Was weiß Hiob über die Tiere der Wildnis – den Löwen, die Gemse, den Wildesel und das Wildrind, den Strauß, das Pferd, den Adler? Schuf er sie? Kann er sie ernähren, kann er sie zähmen wie Gott es kann?

Kap. 40 und 41: Ist Hiob Gott gleichwertig, daß er meint, seine Gerechtigkeit in Frage stellen zu dürfen? Sieh doch nur auf zwei meiner Geschöpfe, sagt Gott – auf die Behemoth (Nilpferd) und den Leviathan (Krokodil). Sieh ihre Stärke an (40, 16; 41, 27), ihre Unzähmbarkeit

Sonnenuntergang in Galiläa. Hiob mußte sich vor dem Wunder von Gottes Majestät in der Schöpfung beugen, um sich und sein Leid in der rechten Perspektive zu sehen.

(40, 24; 41, 1–2). Der Mensch hat keine Macht über sie. Welch eine Torheit, sich als Mensch mit dem Gott auf eine Stufe stellen zu wollen, der sie schuf!

42, 1–6: Hiobs Reaktion, der Höhepunkt des Buches. Hiob erkennt, daß er sich zu Dingen geäußert hat, die jenseits seiner Verstehensmöglichkeiten lagen. Vorher hatte er nach Hörensagen geurteilt, jetzt ist ihm Gott persönlich begegnet, wie er es sich gewünscht hatte. Nun ist die Frage seines Falles erledigt: Gott zu begegnen ist genug. Seine Fragen bleiben also unbeantwortet, und dennoch ist er befriedigt. Es ist undenkbar, daß dieser Gott ihn je fallen lassen oder unbeständig handeln könnte. Er kann nun vertrauen, auch wo er nicht versteht. Er kann annehmen, was kommen mag. Die Selbstgerechtigkeit schmilzt dahin. Hiob bereut die bitteren Worte, die er gesprochen hat. Im Anschauen und Anbeten Gottes sieht er sich und seine Lage im richtigen Licht.

42, 7–17 EPILOG

Dieser letzte Abschnitt – in Prosa – rundet die Dinge ab. Hiob ist gerechtfertigt, und das muß sichtbar gemacht werden.

Gott hat Hiob wegen seiner Reaktion auf das Leid zur Rede gestellt, jedoch seine Integrität bestätigt. Hiobs guter Name ist so rein wie sein Gewissen. Seine drei Freunde haben sich also geirrt. Hiob hat aufrichtig nach der Wahrheit gesucht. Die Freunde wollten nicht zugeben, daß die Wahrheit ihr Verständnis übersteigen könnte – und dadurch haben sie sich schuldig gemacht, Gott schlecht repräsentiert zu haben. Hiob muß ihnen vergeben, ehe Gott ihnen vergibt.

Als Hiob seine Leiden angenommen und seinen Freunden vergeben hat, läßt Gott auch seine Segnungen zu ihm zurückkehren. Freunde, Wohlstand, Familie – alles wird ihm erneut gegeben, und obendrein ein langes Leben, um sich daran zu erfreuen.

Die Psalmen

Die Psalmen bringen die ganze Palette menschlichen Empfindens und menschlicher Erfahrung zum Ausdruck, von dunkler Niedergeschlagenheit bis zu überfließender Freude. Wenn auch in bestimmten Situationen verwurzelt, sind sie doch zeitlos und gehören zu den meistgeliebten und -gelesenen Teilen der Bibel. Denn unsere heutigen Erfahrungen dekken sich weitgehend mit denen der Psalmdichter, weshalb es uns nicht schwerfällt, uns mit ihnen zu identifizieren.

Der Psalter, das alttestamentliche Liederbuch, ist eine Sammlung von fünf Büchern: 1–41; 42–72; 73–89; 90–106; 107–150. Jede Abteilung wird durch eine Doxologie (einen besonderen Lobpreis Gottes) abgeschlossen (z. B. 41, 14). Ps. 150 bildet die Doxologie für die ganze Sammlung. Innerhalb der fünf Bücher sind die Psalmen oftmals nach gemeinsamen Themen geordnet oder um gemeinsame Verfasser bzw. Sammler gruppiert. Die meisten der Psalmen tragen Überschriften, die zwar erst von späterer Hand hinzugefügt wurden, aber doch auf sehr alte jüdische Überlieferungen zurückgehen. Einige nennen den Namen des Verfassers oder Sammlers oder verbinden den Psalm mit bestimmten Ereignissen in der Geschichte (für die »Davidspsalmen« vgl. S. 247). 73 Psalmen tragen den Namen Davids. Einige von ihnen sind ihm ohne Zweifel als König gewidmet worden. Andere hat er gesammelt. Der größte Teil aber ist sicherlich sein eigenes Werk (1. Sam. 16, 17–23; 1. Chron. 25, 1–8 u. a.). Andere Überschriften betreffen die Musiker, die Instrumente, die Singweise oder geben die Art des Psalmes (Maskil, Miktam usw.) an. Allerdings kann man über die Bedeutung einiger der Begriffe nur Vermutungen anstellen.

Man hat immer wieder versucht, die Psalmen zu klassifizieren. Dafür gibt es eine Reihe von Möglichkeiten. Man kann sie z. B. nach Themen ordnen. Da gibt es Klagepsalmen und Lobpsalmen. Da gibt es Gebete um Vergebung und um die Vernichtung der Feinde. Wieder andere Psalmen enthalten Fürbitte für den König und das Volk. Da sind »Weisheitspsalmen« (vgl. S. 317) und Psalmen, die die Problemfelder des menschlichen Lebens sondieren. Schließlich Psalmen (wie Ps. 119), die die Größe des Gesetzes Gottes feiern. Viele Psalmen setzen sich aus verschiedenen solcher Themen zusammen. Sie alle gehören in das religiöse Leben Israels hinein.

Am sinnvollsten ist vielleicht die Gruppierung der Psalmen nach den wichtigsten literarischen Formen:

- Hymnen – zum Preis von Gottes Wesen und Taten (z. B. Ps. 8; 19; 29).
- Volksklagelieder – die bei nationalem Unglück entstanden sind (44; 74).
- Königspsalmen – die ihren Ursprung in einigen besonderen Anlässen im Leben des regierenden Königs haben (2; 18; 20; 45).
- Klagelieder des einzelnen (3; 7; 13; 25; 51).
- Danklieder des einzelnen (30; 32; 34).

Es ist sehr schwierig, die einzelnen Psalmen zu datieren und festzustellen, wie und wann sie gesammelt und zusammengefaßt wurden. Jedenfalls begann der Prozeß in der Davidszeit, vielleicht schon etwas davor, und setzte sich fort bis in die Tage nach dem Exil. Qumrantexte haben gezeigt, daß der Psalter in seiner jetzigen Gestalt schon vor der Makkabäerzeit (2. vorchristl. Jahrh.) abgeschlossen gewesen sein muß. C. S. Lewis hat einen weiteren wichtigen Gesichtspunkt unterstrichen:

»Die Psalmen sind Lieder, und Lieder sollen gesungen werden. Sie sind weder Abhandlungen zu Lehrfragen noch Predigten . . . Sie müssen als Gedichte gelesen werden, will man sie verstehen . . . Andernfalls verfehlen wir ihr Eigentliches und meinen, etwas zu sehen, was gar nicht da ist.«

Vgl. ferner Einführung S. 316 f.

BUCH 1

Ps. 1 Der Segen, der aus dem Studieren und Tun des Gesetzes Gottes kommt

Verse 1–3 beschreiben den glücklichen Mann, der sich entschieden vom Bösen abwendet und sich ganz auf Gottes Gebot festlegt. 4–6 zeichnen das dunkle Gegenbild des gegenwärtigen Lebens und künftigen Schicksals des Gottlosen.

Vers 3: Vgl. das Bild hier mit Jer. 17, 7–8.

Vers 4: Vgl. das Bild vom Worfeln auf S. 91.

Ps. 2 Rebellischer Mensch – souveräner Gott

1–3: Die Herrscher der Welt planen eine vergebliche Verschwörung. 4–6: Gottes Macht und die seines Erwählten (ursprünglich der König, letztlich aber der Christus) sind größer. 7–9: Gott delegiert seine Macht. 10–12: Der Psalm endet mit einer feierlichen Warnung.

Zion (6): die Burg von Jerusalem.

Ps. 3 Ruf zu Gott in Gefahr

(Die Überschrift verbindet den Psalm mit der Zeit des Aufstands Absaloms gegen seinen Vater David, 2. Sam. 15.)

2–3: Skizze der Lage. 4–7: In Gott, dem Gott, der antwortet, ist Sicherheit und Freiheit von Angst. 8–9: Bitte an Gott um Rettung.

Ein am Wasser (See Genezareth) gepflanzter Baum – in einem trockenen Land wie Israel ein lebendiges Bild.

Ps. 4 Ein Abendgebet

Vertrauen auf Gott schenkt Geist und Leib Ruhe.

2: Frühere Gebetserhörungen geben Grund für das gegenwärtige Vertrauen. 3–6: Einer Zurechtweisung folgt ein Befehl. 7–9: Beschreibung der Freude und des Friedens, die durch nichts erschüttert werden.

Ps. 5 Ein Morgengebet

Von Lügnern und Schmeichlern umgeben, die doch nur seinen Sturz planen (7. 9–11), ruft der Psalmist Gott an, dem selbst der Anschein des Bösen zuwider ist (2–6). Er ist ja der Verteidiger und Lohner der Guten (12–13). Und diesen Gott will er anbeten und ihm dienen (8).

Ps. 6 Ein Angstschrei

In großer Not klagt der Psalmist Gott sein Leid (2–8) und wird der Antwort Gottes versichert (9–11).

Vers 6: Zwar hatten die Psalmisten die verschwommene Vorstellung einer Fortsetzung des Lebens nach dem Tode, aber diese war weitgehend negativ: Der Tod schnitt den Menschen von allen Gotteserfahrungen ab, die nur zu Lebzeiten gemacht werden konnten.

Ps. 7 Gebet um Schutz und gerechtes Urteil Gottes

Der Psalmist vertraut sich ganz Gott an, im Wissen um seine gerechte Sache (2–6). Er ruft Gott auf, seinen Namen zu reinigen, den Gerechten zu unterstützen und den Gottlosen zu zerbrechen (7–12). Er beschreibt das schreckliche Geschick, das die erwartet, die die Buße verweigern (13–17) und schließt mit Dank.

Christus in den Psalmen

Die Aussage der Psalmen ist zunächst einmal im Licht ihres unmittelbaren geschichtlichen Zusammenhanges zu deuten. Damit ist aber ihre Bedeutung nicht erschöpft. Unverkennbar haben bestimmte Psalmen und einzelne Verse eine tiefere, zukunftsweisende Bedeutung, die über den vordergründigen Wortsinn hinausgeht. Der Messias wird zwar nicht erwähnt, aber spätere Generationen von Juden sahen die Umrisse seiner Gestalt in ihnen vorgezeichnet, und das Neue Testament bezieht solche Stellen dann auch auf Jesus, den verheißenen Messias.

● Manche Psalmen, vor allem die »Königspsalmen« (z. B. 2, 72, 110), zeichnen einen idealen König/Priester/Richter, ein Bild, das auf keinen der Könige Israels zutrifft. Nur der Messias vereint diese Eigenschaften in seinem ewigen, allumfassenden Friedensreich.

● Andere Psalmen beschreiben menschliches Leiden, das die gewöhnliche Erfahrung weit übersteigt, im Leben und Sterben Christi jedoch Wirklichkeit wurde. Von Gott inspiriert, wählten die Psalmisten Worte und Bilder, deren tiefste Bedeutung sie selbst nicht einmal erahnt haben können. Das eindrucksvollste Beispiel ist wohl Psalm 22 (vgl. Matth. 27, 46; vgl. ferner V. 17 mit Joh. 20, 25; V. 19 mit Mark. 15, 24; außerdem Ps. 69, 22 mit Matth. 27, 34. 48).

● Daneben beziehen die neutestamentlichen Autoren viele andere Psalmworte auf Jesus, den Messias:
Ps. 2, 7, »Du bist mein Sohn«: Apg. 13, 33
Ps. 8, 7, »alles unter seine Füße«: Hebr. 2, 6–10
Ps. 16, 10, »nicht der Grube überlassen«: Apg. 2, 27; 13, 35
Ps. 22, 9, »der helfe ihm«: Matth. 27, 43
Ps. 40, 8–9, »deinen Willen tue ich gern«: Hebr. 10, 7
Ps. 41, 10, »mein Freund . . . tritt mich mit Füßen«: Joh. 13, 18
Ps. 45, 7, »dein Thron bleibt ewig«: Hebr. 1, 8
Ps. 69, 10, »der Eifer um dein Haus hat mich gefressen«: Joh. 2, 17
Ps. 110, 4, »Priester ewiglich nach der Weise Melchisedeks«: Hebr. 7, 17
Ps. 118, 22, »der Stein, den die Bauleute verworfen haben, ist zum Eckstein geworden«: Matth. 21, 42
Ps. 118, 26, »gelobt sei, der da kommt im Namen des Herrn«: Matth. 21, 9

Sonnenuntergang hinter den Zedern des Libanon. Gottes Schöpferkraft zeigt sich in der Herrlichkeit der Sonne und der Gestirne und den Wundern der Natur.

Ps. 8 Gott – und der Mensch

2–4: Beim Betrachten des Alls wird der Psalmist vom Bewußtsein der Kleinheit des Menschen überwältigt. Er wundert sich, daß sich Gott um den Menschen kümmert und – was noch mehr ist! – ihn über alle seine Geschöpfe gesetzt hat (5–9). Der Psalm endet wie er begann: mit Gottes Lob (2. 10).

Zu 5–7: vgl. Hebr. 2, 6–9 sowie 1. Mose 1, 28.

Ps. 9: Ein Loblied

Dieser Psalm gehört zu den »Akrostichen« (d. h.: der erste Buchstabe jedes Verses folgt der Ordnung des hebr. Alphabets). Hier sind nur die ersten 11 Buchstaben (mit einer Auslassung) verwandt. Das Akrostichon scheint sich (unvollständig) in Ps. 10 fortzusetzen.

4–9: die Gründe für das Loben. Gott hat seine Gerechtigkeit durchgesetzt und das Recht aufgerichtet. Er ist eine unangreifbare Festung (10–11). Wenn auch die Nöte noch nicht vorüber sind (14), so gibt doch frühere Erfahrung Grund für neue Hoffnung (16–21).

Ps. 10 Gebet um Gottes Hilfe für den Hilflosen

1–11: Die Zeiten sind böse. Schlechte Menschen trotzen Gott, mißachten seine Gebote und kommen damit durch. Die Armen sind ihre hilflosen Opfer. 12–18: Gott wird im Vertrauen darauf, daß er die Unterdrückung zerbricht und denen hilft, die niemanden anders haben als ihn, zum Handeln aufgerufen.

Ps. 11 Eine Vertrauenserklärung

Wie die Gefahr auch aussehen mag, der Mann, der Gott vertraut, muß sich nicht fürchten (1–3). Da Gottes Macht unumschränkt ist, sind Recht und Gerechtigkeit in den besten Händen (4–7).

Ps. 12 Gebet um Gottes Hilfe

Umgeben von Männern, auf deren Wort kein Verlaß ist (2–5), setzt der Psalmist sein Vertrauen auf die völlig verläßlichen Verheißungen Gottes.

Ps. 13 Von der Verzweiflung zur Hoffnung

In seinem Elend erscheint es dem Beter, als hätte Gott ihn verlassen. Wie lange noch muß er ausharren? Wird erst der Tod das Leiden enden (2–5)? Nein! Alle frühere Erfahrung macht ihn gewiß, daß er erneut Anlaß haben wird, Gott für seine Güte zu danken (6).

Ps. 14 Die Torheit der Gottlosen

Die Gesellschaft ist verderbt, die Neigung zur Sünde allgemein (1–3). In willentlicher Blindheit stellen sich die Menschen gegen Gott, der nicht nur existiert, sondern auch richtet und rächt (4–7).

Vers 1–3: Paulus greift in Röm. 3 diese Verse auf, als er erklärt, daß kein Mensch – an göttlichen Maßstäben gemessen – ohne Sünde ist.

Jakob . . . Israel (7): Der Psalmist nennt das Volk mit den beiden Namen seines Stammvaters. Dem listigen Jakob wurde der neue Name »Israel« gegeben, nachdem er Gott bei Pnuel begegnet war (1. Mose 32, 28).

Ps. 15 Kennzeichen des Gottesmannes

Was fordert Gott von dem, der seine Gemeinschaft sucht? Er erwartet rechtes Verhalten und rechtes Reden (2–3a), rechte Beziehungen zu den anderen (3b–4) sowie rechten Gebrauch des Reichtums (5). Vgl. dazu Ps. 24.

Vers 5: Vgl. zu diesem Gesetz 3. Mose 25, 36–37. Es war nicht völlig verboten, Geld gegen Zinsen zu verleihen, soweit es nicht Mitisraeliten betraf.

Ps. 16 Der Weg des Glaubens

Der Mensch, der sich in allem auf Gott verläßt (1–6), findet Freude und Sicherheit für die Gegenwart und braucht sich keine Sorgen um das zu machen, was vor ihm liegt (7–11).

Vers 10: Der Psalmist denkt wahrscheinlich an vorzeitigen oder plötzlichen Tod. Paulus, der diese Worte auf Christus bezieht, erkennt ihre tiefere Bedeutung (Apg. 13, 35–37).

Ps. 17 Hilferuf eines Unschuldigen

Dieser Psalm wirft zwei Probleme auf, die auch in einer Reihe von anderen Psalmen auftauchen: Selbstrechtfertigung und Rache. Vgl. S. 339.

Ps. 18 Loblied für göttliche Rettung

Es handelt sich um eine überarbeitete Version von Davids Siegeslied (2. Sam. 22). Der Ausbruch von Liebe und Lob (2–4) wie auch die überschwenglichen Ausdrücke, in denen er die Rettung durch Gott beschreibt (8–20), geben eine Vorstellung von seiner vorherigen Verzweiflung. Er verdankt sein Leben, seine Erfolge, seinen Thron – alles – Gott (29–51).

Vers 21–25: Zur Frage der Selbstrechtfertigung vgl. S. 339.

Ps. 19 Gottes wunderbare Schöpfung. Sein vollkommenes Gesetz

Gottes All besingt seine Herrlichkeit ohne Worte (2–5). Die Gedanken des Psalmisten wandern von der Sonne und ihren alles durchdringenden Strahlen unmittelbar zu Gottes Gesetz – das klar und rein dem Menschen Freude und Weisheit, Weisung und Erleuchtung bringt (5b–12). Und dem Beter Bewahrung und Reinigung von Sünde (13–15).

Terrakotta eines babylonischen Dämonen, 6. oder 7. Jahrhundert v. Chr.

Ps. 20 Gebet um Sieg für den König

Ein Gebet des Volkes. Der König selbst spricht in Vers 6.

Ps. 21 Ein Danklied für den König

2–8 freuen sich über Gottes Güte in allem. 9–13 schauen in die Zukunft. Mit Gottes Hilfe wird der König alle seine Feinde bezwingen. König und Volk vereinen sich zu Gottes Lob (14).

Ps. 22 Leiden und Heil

Mit den ersten Worten dieses Psalms brachte Jesus seine Qual am Kreuz zum Ausdruck (Mt. 27, 46). Und die Art und Weise, wie der Psalmist seine eigene Pein schildert, wurde zu einer außerordentlich genauen Beschreibung der letzten Stunden des Messias (vgl. S. 329). Dabei *fühlt* sich der Psalmist nur von Gott verlassen (sein Vertrauen kehrt zurück, Vers 22), während die Trennung, die Jesus durchmachen mußte, bittere Wirklichkeit war – die erdrückende Last der menschlichen Sünde schnitt ihn von der Gemeinschaft mit dem Vater ab.

Die Verzweiflung über Gottes Schweigen (2–3) und die eigene Lage (7–9. 13–19) wechselt mit Hoffnung – Hoffnung, die aus jeder Erinnerung an Gottes früheres Handeln an ihm aufbricht (4–6. 10–12). Das Schlußgebet (20–22) bringt neue innere Gewißheit, die sich in Lob und Dank Ausdruck gibt (23–32). Wenn die ersten Verse von Ps. 22 letztlich von Christi Leiden sprechen, so die Schlußverse von der weltweiten Errettung, die er zuwege brachte.

Um seines Namens willen (3): d. h., aufgrund seines Wesens. Gottes Liebe und Fürsorge sind Ausdruck seines Charakters.

Ps. 23 Schaf und Hirt

Dieser bekannteste und beliebteste Psalm zeichnet Gott als den guten Hirten (vgl. auch Joh. 10). Er sorgt für alles, was die Seinen brauchen. Er führt sie durch das Leben. Er bewahrt sie vor allem Schaden (1–4). Vers 5 führt ein weiteres Bild ein: Gott bewirtet als der vollkommene Gastgeber die Seinen mit guten Dingen.

Ein Hirt führt seine Herde zu »grünen Auen«.

»Und ob ich schon wanderte im finsteren Tal . . .« – felsige Täler in den Hügeln Samarias.

Ps. 24 Gottesdienst

Dieser Psalm ist ein Prozessionshymnus. Möglicherweise wurde er aus Anlaß der ersten Hereinführung der Lade nach Jerusalem geschrieben (vgl. 2. Sam. 6, 12–15).

Die ganze Welt und alles in ihr gehört Gott. Wer aber ist dann würdig, vor ihm zu erscheinen (1–3)? Die Antwort (4, vgl. auch Ps. 15) müßte verzweifeln lassen, wäre Gott nicht der »Gott Jakobs« (6), dessen schlechten Charakter Gott verwandelte. 7–10: Die Lade ist vor den Toren der Stadt: Öffnet die Tore, damit Gott selbst einziehen kann.

Ps. 25 Gebet eines Betrübten

Ein Akrostichon (vgl. Anm. zu Ps. 9). Der Psalmist ist unaufhörlichen Angriffen seiner Feinde und seines eigenen Gewissens ausgesetzt (2–3. 16–21). Im tiefen Wissen um seine Not wendet er sich an Gott um Hilfe und Leitung und bittet um die neuerliche Erfahrung seiner Liebe und Vergebung (4–15).

Ps. 26 Gebet eines Unschuldigen

Der Psalmist nimmt keine Vollkommenheit für sich in Anspruch (vgl. S. 339), sondern ein Leben in beständigem Vertrauen und Gehorchen. Vgl. dieses Selbstportrait mit dem ersten Teil von Ps. 1.

Ps. 27 Vertrauen und Hingabe an Gott

Der Mensch, der seine Prioritäten richtig setzt (4. 8), hat nichts zu fürchten (1–3. 5–6). Er weiß, wohin er sich in Nöten wenden kann (7–12), und seine Hoffnung ist wohlbegründet (13–14).

Ps. 28 Ein Gebet – und seine Erhörung

Gefahr führt zum Hilferuf wie zur Forderung der Bestrafung der Gottlosen, die die Ursache der Not sind (1–5). Die Bitte wandelt sich in Lob, weil sich die Gewißheit eingestellt hat, daß Gott gehört und erhört hat (6–9).

Die Katarakte und »wilden Wasser« des oberen Jordan boten der Dichtung der Psalmisten lebhafte Bilder.

Ps. 29 Der Donner Gottes

In zahlreichen gewaltigen Naturerscheinungen hört der Psalmist die Stimme Gottes. Gott hat sie alle geschaffen und ihnen ihre Ordnung gegeben (3–10). Mögen die himmlischen Heere seinen Ruhm besingen (1–2) – und möge er doch sein Volk auf Erden segnen (11)! Der Stil dieses Psalms ist der altkanaanäischen Poesie sehr ähnlich.

Sirjon (6): der Berg Hermon an der Grenze zum Libanon.

Kadesch (8): ein Wüstenort südl. von Beerseba.

Ps. 30 Danksagung für die erneute Gabe des Lebens

(Die Ereignisse in 1. Chron. 21 geben möglicherweise den Hintergrund für diesen Psalm ab.) Die dunklen Tage, in denen das Leben bedroht war, sind vorbei (2–4. 7–11). Äußere Sicherheit verleitet zur Selbstsicherheit (7). Die Erfahrung von Gottes Hilfe rückt das Leben jedoch in die rechte Perspektive (6) und hat dem Psalmisten seine eigene Hilflosigkeit gezeigt (8–11). Nun, da die Gefahr vorüber ist, erkennt er froh und offen seine Dankesschuld gegenüber Gott an (12–13).

Ps. 31 Anfechtung und Vertrauen

2–9: Der Beter sucht Zuflucht bei Gott (2–6). Sein Vertrauen wächst, als er sich Gottes früheres Tun vergegenwärtigt (7–9). 10–14: Seine Gedanken wenden sich der notvollen Gegenwart zu. 15–25: Aus der Zuwendung zu Gott aus aller eigenen Not erwächst neues Vertrauen auf seine Güte und Liebe. Darum kann er nun auch anderen Mut machen (24–25).

Vers 6: Sterbend spricht Jesus dies Wort nach (Luk. 23, 46).

Ps. 32 Bekenntnis und Freude über Gottes Vergeben

Verdrängte Schuld wird zur unerträglichen Last

(3–4), Bekenntnis und Vergebung bringen die Freude ins Herz zurück (1–2. 5). Wegen dieser eigenen Erfahrung ermutigt der Psalmist andere, Gott zuversichtlich anzurufen (8–9 sind Gottesrede!).

Ps. 33 Alle sollen singen!

Stimmt die Instrumente! Singt laute Loblieder auf Gottes Wesen (4–5) und seine große Macht (6–7). Steht in Ehrfurcht vor ihm (8–9). Preist sein souveränes Regiment in der menschlichen Geschichte und seine treffliche Fürsorge für alle, die ihn ehren (10–19). Singt ein Lied des Gottvertrauens (21–22).

Ein neues Lied (3): um das Beste der alten zu übertreffen. Jede neue Gotteserfahrung ruft zu neuem Lob. Johannes hörte in seiner Vision ein neues Lied im Himmel (Offbg. 5, 9–10; 14, 3).

Ps. 34 Gottes Fürsorge für sein Volk

Ein Akrostichon wie Ps. 9. Die Überschrift nimmt Bezug auf 1. Sam. 21, 10 – 22, 1, obgleich der Name des Königs dort Achis lautet.

Ein Mann, der eine solche Erfahrung mit Gott gemacht hat, muß sie mit anderen teilen. Das ist er Gott und den Mitglaubenden schuldig (2–11). Denn der, der Gott ehrt, findet ja das Leben (12–15). Er mag manches Unglück erleben, aber Gott bringt ihn durch alles hindurch (20–23).

Ps. 35 Gebet um die Aufrichtung des Rechtes

(Zu den ethischen Fragen vgl. S. 339.) Darauf vertrauend, daß das Recht auf seiner Seite ist (er beschreibt seine Sache in 7. 11–16. 19–25) bittet der Psalmist Gott darum, seinen Feinden mit gleicher Münze heimzuzahlen (1–6. 17. 26) und seinen guten Namen reinzuwaschen. Dann will er Gott loben und anderen seine Gerechtigkeit verkünden (9–10. 18. 28).

Ps. 36 Die nie versiegende Liebe Gottes

2–5: Bild eines Mannes, der sich seinen bösen Wegen verschrieben hat. 6–11: Gottes Wesen ist dagegen liebevoll, vertrauenswürdig und gut; die Quelle des Lebens, des Lichtes und alles Guten, dessen sich ein Mensch erfreut. 12–13: persönliche Bitte.

Elamiter mit Harfen und Doppelflöten.

Ps. 37 Gut und Böse

Ein Akrostichon (vgl. Ps. 9). Es enthält viele sprichwörtliche Redewendungen aus der Weisheitsliteratur (vgl. Poesie und Weisheitsliteratur, S. 316).

Wo immer man hinsieht, mißachten die Menschen Gottes Gesetz und scheinen damit durchzukommen. Aber man soll sich nicht verleiten lassen, sie zu beneiden. Die Dinge sind anders als sie scheinen (1–2. 7b–9). Denn die Zeit der Gottlosen geht bald zu Ende, während Gottes Volk Segen und Sicherheit erwarten. Der Rat: Weiter Gutes tun, geduldig sein und darauf vertrauen, daß Gott handelt (3–7a).

Ps. 38 In großer Not

Sünde hatte Krankheit zur Folge (4. 6. 8). Dazu tritt seelische Pein (3. 5. 7. 9). Die Freunde und die Familie stehen abseits (12), und die Gegner sehen ihre Chance (13. 17). Der Psalmist gesteht seine Sünde mit bitterer Reue und schreit zu Gott um Hilfe (22–23).

Ps. 39 Die Vergänglichkeit des Menschen

Der Beter kämpft darum, seine Gedanken zu bändigen, um Gott nicht zu entehren. Aber sie brechen aus ihm heraus (2–4). Er spürt die Nähe des Todes. Leben ist einem Windstoß zu vergleichen (6–8). Er schreit zu Gott um Geborgenheit (5) und um Vergebung (9) und bittet ihn, seine Not zu wenden (11–14).

Ps. 40 Dank und Bitte

Der Psalmist verkündigt öffentlich die Wunder, die Gott an ihm getan hat (10–11). Er schaut mit tiefer Dankbarkeit zurück (2–4) und spricht für andere das aus, was er über Gott gelernt hat (5–9). Dennoch sind seine Nöte noch nicht zu Ende (12–18). Er ist sich seiner Lage wohl bewußt und erbittet darum erneut die Hilfe Gottes (14–18 erscheinen auch in Ps. 70).

Ps. 41 Gebet eines kranken und einsamen Mannes

Verse 2–4 stellen eine allgemeine Wahrheit fest: Der ist glücklich zu preisen, der Menschen in Not hilft. Denn wenn ihn das Unglück trifft, hat er Gott zum Helfer. 5–13 handeln vom eigenen Geschick des Beters: von seiner Krankheit, seiner Einsamkeit, seinem Gottvertrauen. Vers 14: Ein Lobpreis Gottes beendet das erste Buch der Psalmen.

BUCH 2

Ps. 42 und 43 Sehnsucht nach Gott

Beide Psalmen haben das gleiche Thema und denselben Refrain (42, 6. 12; 43, 5) und waren wohl ursprünglich *ein* Lied.

Der Psalmist, in der Verbannung im Norden (42, 7), ist von gottlosen Menschen umgeben, die über seinen Glauben spotten (42, 4. 11; 43, 1–2). Niedergeschlagen kontrastiert er vergangene Freude mit dem gegenwärtigen Leid. Er sehnt sich nach Gottes Nähe (42, 3; 43, 3–4). Und Hoffnung und Glauben brechen trotz allem immer wieder durch (42, 6. 12; 43, 5).

Vers 7: Der Jordan entspringt nahe dem Hermon. Der Berg Misar ist bis heute nicht identifiziert.

Der Psalmist vergleicht seine Sehnsucht nach Gott mit dem Drang von Tieren nach frischem Wasser.

Ps. 44 Ein Volksklagelied

Der Psalm ist nach einer verheerenden Niederlage entstanden. Israel ist verwirrt. Da sind die Berichte von Gottes Wundertaten in der Vergangenheit (2–4), da ist das völlige Sich-Verlassen auf ihn (5–9. 18–19). Und nun diese Niederlage! Gott hat sein Volk verlassen (10–13). Es ist in Ungnade gefallen und weiß nicht, warum

(14–23). Die Verse 24–27 sind ein von Herzen kommender Schrei um Gottes Hilfe.

Das Umspringen auf »mich« und »mein« in 5. 7. 16 mag auf die Stimme eines einzelnen hinweisen (des Königs oder des Priesters), der das öffentliche Gebet leitete.

Ort der Schakale (20): die Wüste.

Vers 23: Paulus zitiert diese Worte, um die Erfahrung der Christen zu beschreiben (Röm. 8, 36).

Ps. 45 Lied zur Hochzeit des Königs

Der ursprüngliche Anlaß mag die Hochzeit Ahabs mit Isebel gewesen sein (12, vgl. auch Anm. zu Vers 9).

2–10: Ein beredter Preis der Majestät und gottesfürchtigen Herrschaft des Königs (die sich, wenn es sich wirklich um Ahab handelt, bald verwandelte: 1. Kön. 16, 29–33). 11–16: ein Wort an die Braut in all ihrem Staat. 17–18: Anrede an den König.

Elfenbeinpaläste (9): eine mögliche Verbindung zu Ahab. Archäologen haben wunderschön gravierte Elfenbeinplättchen in seinem Palast in Samaria entdeckt.

Ophir (10): Vgl. Anm. zu 1. Kön. 9, 28.

Tyrus (13): ein bedeutender Hafen und Stadtstaat.

Ps. 46 Ein feste Burg ist unser Gott

Dieser Psalm, nach dem Luther sein berühmtes Lied schrieb, mag nach Sanheribs Angriff auf Jerusalem entstanden sein, oder nach einer Naturkatastrophe, oder in Vorwegnahme der Ereignisse, die das Kommen des Messias ankündigen. 5–6 haben ihre Parallele in Offbg. 22, 1–5, wo das Ideal vollkommene Wirklichkeit ist.

Ps. 47 Jauchzt und singt!

Gott wird als Israels König und Herr der Welt akklamiert. Jeder soll jubeln und sein Lob singen.

Ps. 48 Zion, die Stadt Gottes

Ein Ausbruch von Erleichterung und Freude wegen der Entsetzung der Stadt von der Belagerung (vielleicht der Sanheribs, vgl. 2. Chron. 32).

Fern im Norden (3): Der Berg Zion in Jerusalem liegt im Süden Israels. Der Psalmist mag den Ausdruck gebraucht haben, weil der Norden traditionell als Sitz der Götter angesehen wurde.

Der Berg Zion, im Licht der untergehenden Sonne, war eine der Anhöhen . . .

Ps. 49 Meditation über Leben und Tod

Ein typisches Stück »Weisheit« zu den ungleichen Chancen im Leben. Am Ende wartet der Tod jedoch auch auf den Materialisten – auch er kann sich nicht loskaufen. Die »Moral« ist ähnlich der von Jesu Gleichnis vom reichen Mann (Luk. 12, 16–21).

Im allgemeinen haben die Psalmisten keine klare Vorstellung vom Leben nach dem Tod. Vers 16 ist darum meist auf einen plötzlichen Tod bezogen worden. Aber dies unterminiert die Argumentation, nach der die Ungerechtigkeiten des Lebens ja gerade nach dem Tode ausgeglichen werden.

Ps. 50 Gott fordert Rechenschaft vom Menschen

1–4 enthält die Vorladung. 7–15: Gott warnt sein Volk. Es reicht nicht, den rituellen Verpflichtungen nachzukommen. Das dankbare Herz, nicht nur das zeichenhafte Dankopfer ist es, was zählt. 16–21: Es werden ernste Vorwürfe gegen die erhoben, die zwar Gottes Befehle im Munde führen, ihnen aber nicht gehorchen; die Diebe mitfangen und zugleich Glieder ihrer eigenen Familie ruinieren, ohne mit Gottes Eingreifen zu rechnen.

Ps. 51 Bitte um Vergebung

Die Überschrift stellt den Psalm in den Zusammenhang von Nathans Auseinandersetzung mit David nach dessen Ehebruch mit Bathseba und dem Tod des Uria (2. Sam. 12).

Der Psalm selbst ist zutiefst bewegend. Er läßt uns in das Herz eines Mannes sehen, der Gott liebte und dennoch in drückende Sünde gefallen ist. Er sieht sich nun mit Gottes Augen – und das bricht ihm das Herz. Er entschuldigt sich nicht. Er nimmt Gottes Urteil an und gesteht seine Schuld ein. Alles, was er tun kann – im Vertrauen auf Gottes Liebe und Barmherzigkeit – ist die Bitte um Vergebung und um einen neuen Anfang.

Vers 7: Nicht Empfängnis und Geburt an sich sind sündig, vielmehr ist die Sünde vom ersten Augenblick in der menschlichen Existenz da.

Ysop (9): Eine Pflanze, die bei der rituellen Reinigung verwandt wurde (vgl. 4. Mose 19).

Blutschuld (16): Dies trifft gewiß auf David zu. Er ließ Uria umkommen, um seine Sünde zu vertuschen (2. Sam. 11).

Ps. 52 Das Schicksal des Gottlosen

2–6 beschreiben die Schuld des Menschen. Vers 7 handelt von Gottes Vergeltung. 10–11 sind persönlicher Ausdruck des Vertrauens und des Danks. Der Anlaß des Psalms ist nach der Überschrift Doegs Verrat an David (1. Sam. 22).

Ps. 53

Eine überarbeitete Version von Ps. 14. Vgl. S. 330.

Ps. 54 Hilferuf eines Bedrohten

Nach der Überschrift ist es Davids Gebet, als die Siphiter seinen Aufenthaltsort an Saul verrieten (1. Sam. 23, 19 ff.).

Ps. 55 Gebet eines Mannes in Schwierigkeiten

Die Überschrift schreibt den Psalm David zu. Der Inhalt paßt gut in die Zeit von Absaloms Aufstand (2. Sam. 15 – 17), als Ahithophel, Davids vertrautester Ratgeber, zu Absalom abfiel.

Für Israel war Gott der allmächtige Herr über alle bösen Mächte. Dieses assyrische Relief, das einen Dämonenkopf darstellt, verdeutlicht die Furcht anderer zeitgenössischer Völker.

Zu allen anderen Nöten (2–5. 10–13) kommt nun noch der Verrat des Freundes und Glaubensbruders als letzter Schlag hinzu (14–15. 21–22). Der Psalmist ist voll widersprüchlicher Empfindungen: Furcht und der Wunsch, allem zu entfliehen (5–9), wechseln mit dem Verlangen, die Feinde besiegt zu sehen (10. 16). Das Vertrauen setzt sich schließlich durch (17–19. 23) – denn Freunde mögen treulos sein, nicht aber Gott.

Ps. 56 Auf Gott will ich vertrauen!

Es ist nicht wenig, was den Psalmisten bedrängt (2–3. 6–7). Aber er weiß die Antwort gegen alle Furcht (4–5. 11–12). Und er kann es sicher und dankbar Gott überlassen, sich der Feinde anzunehmen (8–10). Die Überschrift bezieht sich auf ein Ereignis, das 1. Sam. 21, 10–15 beschrieben wird.

Ps. 57 Gebet aus der Mitte grausamer Feinde

Die Umstände mögen schlimm sein (5. 7), aber der Mensch, der all seine Gedanken auf Gott richtet, kann sein Lob singen, komme, was da wolle (2–4. 6. 8–12). Nach der Überlieferung

Selbstgerechtigkeit, Verfluchung und Rache in den Psalmen

Christen stoßen beim Lesen der Psalmen unweigerlich auf zwei problematische Bereiche. Einmal die Selbstgerechtigkeit der Psalmisten und zum zweiten ihren Hang, die schrecklichste Rache anzudrohen und auszumalen. Aber diese Passagen gehören wie Bußgebete oder Dankeslieder zu Gottes Wort, deshalb dürfen wir sie nicht einfach beiseiteschieben. Auch die Entschuldigung, die Psalmisten hätten eben noch nicht die Lehre Christi gekannt, reicht nicht aus. Sie kannten Gottes Gesetz und wußten deshalb wie wir, daß niemand Gottes Norm erfüllen kann; und auch sie wußten, daß sie andere lieben sollten (3. Mose 19, 17–18), sogar ihre Feinde (2. Mose 23, 4–5). Das Gesetz berechtigte nicht zu Vergeltung, sondern schränkte sie gerade ein (ein Auge für ein Auge – *nicht mehr).*

● **Selbstgerechtigkeit.** Zwei Einsichten mögen uns helfen. Erstens: Der Psalmist behauptet, im Vergleich zu anderen, nicht gemessen an Gottes Norm, gerecht zu sein. Es herrscht ein himmelweiter Unterschied zwischen denen, die sich um rechtes Tun bemühen, aber dabei straucheln, und denen, die sich bewußt über Gottes Gebote und gesellschaftliche Normen hinwegsetzen. David war sich zutiefst seines Zukurzkommens vor Gott bewußt (Ps. 51; 19, 12–14). Und so findet sich in den Psalmen neben Selbstgerechtigkeit tiefe Reue.

Zweitens stellt sich der Psalmist oft als der »zornige Kläger« dar, der Gott, dem Richter, seinen Fall vorträgt. Wir mögen seinen selbstgerechten Ton kritisieren – aus seiner Sicht hat er zweifellos recht.

● **Verfluchung und Rache.** Bevor wir diese Stellen als »unchristlich« verurteilen, sollten wir einiges bedenken.

Da ist einmal Gottes Heiligkeit. Wir betonen heute so sehr Gottes Liebe, daß wir darüber das Böse sentimental entschuldigen. Der Psalmist war sich hingegen bewußt, daß Gott das Böse nicht ertragen kann. Gottes eigener Charakter verlangt die Bestrafung des Bösen.

Ferner erkannten die Psalmisten sehr realistisch, daß das Recht nicht triumphieren *kann,* wenn nicht das Böse überwunden und Unrecht bestraft wird. Wir beten »Dein Reich komme«, sind aber oft entsetzt, wenn die Psalmisten schildern, was das bedeutet – vielleicht weil wir das Gute weniger lieben und das Böse weniger bekämpfen als sie; oder weil viele von uns nie um ihres Glaubens willen verfolgt worden sind; oder weil wir das Leben höher einschätzen als das Recht.

Kritiker, die die »Rachepsalmen« ablehnen, weil sie angeblich dem Geist der Bibel widersprechen, sollten vor allem darauf hingewiesen werden, daß die Psalmisten nicht selbst Vergeltung üben wollen; sie wenden sich vielmehr an den gerechten Gott. Es gibt keine Selbstjustiz, keine Inquisition. Die Vergeltung ist Gottes Sache. Nur er darf sie üben.

stammt das Gebet aus der Zeit, als David sich vor Saul verbarg (1. Sam. 22, 1; 24), aber auch Paulus und Silas wußten um seine Wahrheit (Apg. 16, 19–25).

Ps. 58 Gott ist Richter

Der Psalmist ruft Gottes furchtbares Gericht mit Macht auf die verdorbenen und bösen Menschen herab (vgl. dazu S. 339).

Otter (5): »taub«, weil sie nicht auf den Schlangenbeschwörer reagiert.

Ps. 59 Gebet um Schutz und Bestrafung

Die Überschrift verbindet den Psalm mit dem Ereignis von 1. Sam. 19, 11–17, das sich auch in dem Refrain widerspiegelt: »Jeden Abend kommen sie wieder« (7. 15). Der Beter richtet sein ganz persönliches Gebet (2–5. 10–11. 17–18) an den Herrn aller Völker (6. 9. 14).

Jakob (14): das Volk Israel.

Ps. 60 Das Volk in der Niederlage

Die Überschrift verbindet den Psalm mit dem Feldzug, der in 2. Sam. 8 berichtet wird. Dort wurde der Glaube von Vers 14 und Gottes Wort in Vers 10 in einem Sieg schließlich Wirklichkeit.

8–10: Beschreibung von Gottes Macht über Israel – Sichem im Herzen des Landes, zwischen dem Ebal und dem Garizim; Gilead, israelitisches Territorium im Ostjordanland; Sukkoth eben dort; dann Manasse, Ephraim und Juda, die großen Drei der zwölf Stämme; und über Israels Erbfeinde – die Moabiter östl. des Toten Meeres; die Edomiter im Südosten; und die Philister an der Mittelmeerküste.

Ps. 61 Gebet eines bedrückten Königs

Unsichere Herrschaftsverhältnisse (3. 7–8) las-

»Gott, du bist mein Gott, den ich suche. Es dürstet meine Seele nach dir« (Ps. 63).

sen den König die Sicherheit und Geborgenheit suchen, die nur Gott geben kann (2–5).

Ps. 62 Ein Psalm der Sehnsucht und des Vertrauens

Demütig und vertrauensvoll befiehlt der Psalmist seine Sache Gott an. Der Mensch ist zum Zerstören geneigt (4–5), aber was *ist* er wirklich (10–11)? Die Macht gehört Gott, der sie mit Liebe und Gerechtigkeit handhabt (12–13).

Ps. 63 Das verlangende Herz

Wer kann, nachdem er einmal die ganze Freude und Erfüllung durch die göttliche Nähe erlebt hat (3–9), ihren Verlust ertragen (2)?

10–11: Ein scharfer Kontrast zum vorhergehenden; vgl. den Exkurs zur Rache, S. 339.

Ps. 64 Bitte um Schutz

In 2–7 beschreibt der Beter seine Not. In 8–10 drückt er seine Gewißheit aus, daß Gott alle strafen wird, die Ränke schmieden und verleumden. Die Strafe wird der Schuld genau entsprechen (vgl. 8 mit 4–5).

Ps. 65 Danklied

Alles Lob gebührt Gott, der erhört und vergibt (2–4), der segnet, zufriedenstellt und rettet (5–6). Lob sei Gott dem Schöpfer und Herrscher über die Natur (7–9). Lob sei Gott, der die Ernte schenkt und die ganze Erde mit Jubel erfüllt (10–14).

Ps. 66 Lob und Anbetung des Volkes und des einzelnen

Lobt Gott für die Befreiung des Volkes, die sich von den Anfangszeiten (5–7) bis in die Gegenwart immer wieder ereignete (8–12). Und dankt ihm für seine Liebe und Fürsorge für jeden einzelnen (13–20).

Ps. 67 Erntedank

Beim Anblick des Segens, den Gott über Israel ausschüttet, muß jedes Volk sein Lob singen.

Ps. 68 Israels Triumphlied

Dies ist ein Kriegsmarsch und Prozessionslied zugleich. Es wurde gesungen, als die Bundeslade nach Jerusalem gebracht wurde (2. Sam. 6), oder bei einer Feier, die an dieses Ereignis erinnerte (vgl. die Anspielungen in V. 2. 8. 18–19. 25–26). Der Psalm zeichnet eine Reihe von lebendigen Bildern der siegreichen Macht Gottes.

2–7: Ehrung Gottes; 8–11: Göttliche Führung in der Wüste; 12–15: Die Eroberung des Landes; 16–19: Die Erwählung des Zion in Jerusalem als Wohnstätte Gottes; 20–24: Israels Errettung – Tod für die Feinde; 25–28: die Prozession; 29–32: Aufruf an Gott, seine Macht durch die Unterwerfung der Völker zu zeigen; 33–36: Jeder soll die Macht und Majestät des Gottes Israels besingen.

15–16. 23: Basan ist das Gebiet der Golan-Höhen nordöstl. des Sees Genezareth. Im weiteren Sinn erstreckte sich die Landschaft bis an den Hermon, der der Berg sein mag, auf den hier Bezug genommen wird. Salmon ist wahrscheinlich ein anderer Berg in dieser Gegend.

Ps. 69 In Anfechtung und Schmach

Dieser Psalm wird oft im NT zitiert (Joh. 2, 17; 15, 25; Röm 15, 3). V. 36 deutet auf eine Zeit nach der Zerstörung der judäischen Städte, jedoch vor dem Fall Jerusalems selbst.

Der Beter befindet sich unverschuldet in verzweifelten Nöten. Die Leiden sind um Gottes willen entstanden (2–13). Die Bitte zielt auf die göttliche Rettung (14–18). Die Schuld seiner Peiniger ist klar (20–22). Mögen sie für alles, was sie getan haben, gestraft werden (23–29). Gott aber möge den Beter wieder zum Loben kommen lassen. Ja, die ganze Welt soll Gott preisen wegen der Wiederherstellung seines Volkes (30–37).

Ps. 70 Dringender Hilferuf

Vgl. dazu den Schluß von Ps. 40.

Ps. 71 Bitte im Alter

Auch am Ende eines langen Lebens sind die Nöte nicht vorbei (4. 9. 10–11. 20). Aber das Leid hat den Beter geschult, zu vertrauen (6–7). Darum läßt ihn nichts mehr verzweifeln. Denn solange Gott mit ihm ist, ist die Zukunft voller Hoffnung (14–16. 19–24).

Ps. 72 Gebet für den König

Dieser letzte Psalm aus dem 2. Buch paßt gut in die Salomozeit (vgl. auch die Überschrift), in Israels goldenes Zeitalter. Aber er schaut auch darüber hinaus auf das vollkommene Ideal: die ewige Herrschaft (5) über die ganze Welt (8. 11); eine Regierung in göttlicher Gerechtigkeit und Rechtschaffenheit; eine Zeit von unvergleichlicher Fruchtbarkeit (16).

Der Strom (8): der Euphrat.

Wie im Libanon (16): Die kleine Landschaft Libanon produzierte einen erstaunlichen Überfluß und Artenreichtum an Früchten und Gemüsen.

BUCH 3

Ps. 73 Die ungerechte Welt

Wie kommt es, daß es denen, die Gottes Gebote übertreten, so gut geht, während die, die sie beachten, in Nöte geraten (3b–14)? Das kann einen Guten schon neidisch und bitter machen (3. 21), so daß er Dinge sagt, die er besser nicht sagte (15). Erst wenn er sich Gott zuwendet, sieht er durch das hindurch, was vor Augen ist (16. 17). In Wirklichkeit haben die Leute Gottes alles, worauf es ankommt (1. 23–26. 28). Die Gottlosen sind – trotz ihres Wohlstandes – für das Verderben bestimmt (17–20. 27).

Ps. 74 Klagelied über den entweihten Tempel

Gottes Zorn hat den Tempel der Entweihung und Zerstörung preisgegeben (1–8). Wie lange wird die Herrschaft des widergöttlichen Feindes dauern (9–11)? Der Beter erinnert sich an die Macht seines Gottes (12–17) und fleht ihn an, seine Verheißung an Israel einzuhalten (19–20) und den gottlosen Feind zu vertreiben (18. 22–23).

13–15: Beschreibung der Befreiung aus Ägypten, das erst als Drache, dann als Leviathan, als Nilkrokodil, gezeichnet wird.

Ps. 75 Gott ist Richter

Israel jubelt über Gottes souveräne Gerechtigkeit. 2–6 ist Gottesrede.

Ps. 76 Ein Befreiungslied

Israel bestaunt die erschreckende Herrlichkeit des Gottes, der alle Macht der Feinde überwindet.

Ps. 77 Vergangenheit und Gegenwart

Der Psalmist erinnert an alle großen Taten Gottes zugunsten seines Volkes (12–21). Doch nun scheint er sich nicht länger um es zu kümmern (6–11). Darum gibt es keinen Trost in den gegenwärtigen Nöten (2–4).

Ps. 78 Lehren aus Israels Geschichte

Lange Zeit war Ephraim der mächtigste der zwölf Stämme. Erst mit Davids Aufstieg übernahm Juda die Führung. Der Psalmist denkt über diesen Wandel nach und findet die Ursache dafür in Israels Geschichte.

Gott gab Israel das Gesetz, um es an ihn zu erinnern (5–8). Aber Ephraim war ungehorsam (9–11). Es vergaß, was in Ägypten und in der Wüste geschah – die Wunder (13–16. 23–29. 44–53), die Rebellionen und auch die Bestra-

Ein Beduine zeigt auf dem Marktplatz von Beerscheba das »moderne« Gegenstück der alten »Flöten«.

fungen (17–22. 30–43). Sie vergaßen das Schema, das sich nach der Eroberung des Landes dauernd wiederholte (54–66). Deshalb erwählte Gott Juda – eine Stadt in Juda (Jerusalem) zur Hauptstadt und einen Judäer (David) zum König (67–72).

9: Vermutlich bezogen auf die Niederlage Sauls und Israels am Berg Gilboa (1. Sam. 31, 1).

Zoan (12): eine alte Hauptstadt Ägyptens.

13–16: Vgl. 2. Mose 14 und 17.

24–31: Vgl. 2. Mose 16; 4. Mose 11.

44–51: Vgl. 2. Mose 7–12.

Ham (51): Einer der Söhne Noahs. Stammvater der Ägypter.

Silo (60): lange Zeit das Hauptheiligtum Israels. Es wurde vermutlich zerstört, als die Bundeslade von den Philistern erbeutet wurde (1. Sam. 4).

Ps. 79 Jerusalem in Ruinen

Ein Klagelied über die Zerstörung und das Blutvergießen beim Fall Jerusalems (1–4; Babylon eroberte Jerusalem 587 v. Chr., vgl. 2. Kön. 25, 8 ff.). Das Volk ruft Gott um Vergebung und Hilfe an (5. 8–10a. 11), sowie um die Vernichtung des heidnischen Feindes (6–7. 10b. 12).

Ps. 80 Gebet um die Wiederherstellung Israels

Abfassungszeit: nach der Verbannung des Nordreiches (2. Kön. 17), aber vor dem Fall Jerusalems (2. Kön. 25). (Der Psalmist nennt neben zwei Nordstämmen noch den Südstamm Benjamin, nicht Juda.)

Israel wird als ein großer Weinstock dargestellt, den Gott gepflanzt hat (9–17); der sich ausbreitet bis zu den Bergen und den Zedern des Libanon im Norden (11), zum Mittelmeer im Westen und zum Euphrat im Osten (12).

Mauer (13): Sie umgab und schützte den Weinberg.

18: Der Name »Benjamin« bedeutet »Sohn der rechten Hand«.

Ps. 81 Gottes Botschaft zum Erntefest

2–6: Das Volk ist zum Feiern des Laubhüttenfestes versammelt. Gott erinnert sein Volk an alle seine Wohltaten (7–8) und an das, was er weiterhin geben will (11. 15–17). Aber sie verweigern ihm starrsinnig den Gehorsam und erwählen das Unglück (9–10. 12–14).

6b: Eine überraschende Feststellung, es sei denn, man bezöge sie auf eine Zeit vor Mose (vgl. 2. Mose 6, 3).

7: Beschreibung von Israels Sklavenarbeit in Ägypten.

Meriba (8): Vgl. 2. Mose 17, 1–7.

Ps. 82 Die Gerechtigkeit Gottes

Es gibt Korruption und Ungerechtigkeit an den

Gerichtshöfen. Aber Gott wird die Richter zur Rechenschaft ziehen.

Die Götter (1): Wahrscheinlich sind damit jene gemeint, die Gottes Recht, Gericht zu halten, über andere ausüben.

Ps. 83 Bitte um Hilfe

Das Volk ist in Lebensgefahr durch ein Bündnis aller seiner alten Feinde samt dem mächtigen Assur (3–9). Das Volk ruft Gott um Hilfe an.

wobei es an frühere Siege mit Gott erinnert (10–19).

Die Söhne Lots (9): Moab und Ammon (1. Mose 19, 36–38).

10–13: Vgl. Ri. 4 und 5. Oreb und Seeb, Sebach und Zalmunna waren midianitische Prinzen, die Gideon hinrichten ließ (Ri. 7 und 8).

Ps. 84 Ein Pilgerlied

Der Psalmist jubelt, weil er die Möglichkeit hat, Gott in seinem Tempel anzubeten. Ihm erscheinen die Menschen am glücklichsten, die immer dort sein können (5. 11).

Ps. 85 Dank und Fürbitte

Gottes Vergebung in der Vergangenheit wird gerühmt (2–4) und um die Wiederherstellung in der Gegenwart gebeten (5–8). Alles, was er von Gottes Liebe und Treue weiß und erfahren hat, erfüllt den Psalmisten mit Zuversicht (9–14). Das, was Gott noch zu geben hat, wird seine frühere Güte bei weitem übertreffen.

Ps. 86 Gebet eines Mannes in Bedrängnis

Weil er Gott kennt – all seine Liebe, Güte (5. 7. 13. 15) und seine Macht (8–10) –, kann er voll Zuversicht seine Sache vortragen (1–4. 6–7. 14) und auf Gottes Antwort vertrauen.

Elend und arm (1): bankrott, aber nicht finanziell, sondern vor Gott.

Ps. 87 Zion, die Gottesstadt, die Mutter der Völker

Eine Prophezeiung der herrlichen Zukunft der heiligen Stadt: einer Hauptstadt, die auch ihre

Nicht ohne Grund rufen die Psalmisten nach dem Gericht über ihre Feinde. Ihre Sprache ist milde, verglichen mit den Grausamkeiten ihrer assyrischen und babylonischen Peiniger. Hier das Relief eines assyrischen Soldaten, der den abgeschlagenen Kopf eines Feindes in der Hand hält (Tainat, Nordsyrien, 7. Jhd. v. Chr.)

früheren Feinde zu ihren Bürgern zählen wird (4). Das Alte Testament hat hier meist materielle und geographische Vorstellungen, das Neue geistliche (Offbg. 21, 1 – 22, 5).

Ps. 88 Schrei eines Verzweifelten

Dies ist einer der dunkelsten Psalmen. Hier betet ein Mann, dem das Leben unter den Händen zerrinnt (4–10a) und der keine Hoffnung für das Danach hat (11–13). Keiner ist da, an den er sich wenden könnte, außer Gott – und der hat ihn mit Leiden überhäuft (8–9. 14–19). Tiefste Niedergeschlagenheit hat den Psalmisten erfaßt. Und dennoch bleibt ein Rest von Glauben – wie könnte er sonst so andauernd zu Gott rufen?

Ps. 89 Hymnus und Gebet

Der Psalmist besingt die Geschichte der treuen Liebe Gottes zu Israel, seinen Bund und seine Verheißung für das Haus Davids (2–38). Aber jetzt, in einer völlig veränderten Gegenwart, zürnt Gott seinem Volk, ist der Bund gebrochen. Wo ist die »Gnade von einst« (39–52)?

Rahab (11): Poetische Umschreibung Ägyptens.

Tabor und Hermon (13): Tabor ist der runde Rücken eines Berges bei Nazareth, von dem Debora und Barak zum Sieg herabstießen (Ri. 4–5). Hermon ist ein Berg an der libanesischen Grenze.

53: Die Doxologie, die Buch 3 beendet.

BUCH 4

Ps. 90 Das kurze und harte Leben

Die Überschrift schreibt den Psalm Mose zu, der sicherlich oft während der Jahre der Wüstenwanderung solches empfunden haben muß. Auch der Prediger teilt die Stimmung des Psalmisten.

Gott ist ewig (1–4) – und der Mensch vergänglich wie ein Grashalm (5–6). Seine Lebensspanne ist kurz, und auch diese muß unter Gottes Urteil durchstanden werden (7–10). Der Beter bittet um Gottes Erbarmen, damit Freude und Glück zurückkehren (13–17).

Ps. 91 Wer Gott vertraut, ist geborgen

In diesem Psalm reden die Stimmen der Ermutigung (1–13) und Gottes (14–16) zu dem Mann des Glaubens. Unter Gottes Schutz kann ihn nichts Böses treffen – weder durch Menschen noch durch wilde Tiere, weder bei Tag noch bei Nacht, weder Krieg noch Krankheit (das bedeutet nicht, daß immer alles glatt geht, sonst hätte Vers 15 keine Bedeutung).

11–12: Der Satan zitierte diese Verse bei der Versuchung Jesu (Luk. 4, 9–12).

Ps. 92 Ein Lied für den Sabbat

Eine fröhliche Danksagung mit Instrumenten und Gesang für alles Gute, das Gott getan hat (6–10). Seine Güte gilt jedem einzelnen wie seinem ganzen Volk (11–16).

Ps. 93 Der Herr ist König

– für immer und in Allmacht. Seine Gesetze und seine Heiligkeit sind unwandelbar.

Ps. 94 Gottes Gerechtigkeit

Der Ausgangspunkt ist der Gottlose in seiner überheblichen Manier, Gottes Urteil zu verachten. Ihm geht jegliches Verständnis ab (1–11). Aber als der Psalmist seine Gedanken Gott zuwendet, erinnert er sich – wenn auch der Wunsch nach Rache nie ganz verstummt – doch mehr an all die Hilfe, Liebe und Segnung, die Gott seinem bedrängten Volk hat zukommen lassen (12–22).

Ps. 95–100 sind eine Gruppe von Psalmen, die in erhebender Weise die Herrschaft Gottes über seine ganze Schöpfung rühmen.

Ps. 95

Laßt uns Gott loben und anbeten als unseren Schöpfer (1–7 a) und uns zugleich daran erinnern, daß er Gehorsam erwartet (7 b–11).

8: Vgl. 2. Mose 17, 1–7.

Ps. 96

Ein Lied von Gottes Heil, seiner Größe und Herrlichkeit. Ein Lied von der universalen Freude über sein Kommen zum Gericht.

Ps. 97

Ein Lob Gottes. Er ist der Höchste und der Triumphator, der Retter und die Freude aller, die das Böse hassen.

Ps. 98

Ein Lied auf den siegreichen Gott. Er kommt, um seine Herrschaft anzutreten, zur Freude der Welt.

Ps. 99

Gott ist König. Er ist der allein Heilige. Er ist auf dem Thron. Er vergibt seinem Volk und züchtigt es, vom Geringsten bis zum Größten.

Ps. 100

»Der Herr ist Gott«, »der Herr ist gut«. Das soll die ganze Erde singen und sich freuen.

Ps. 101 Das königliche Manifest

Der König verpflichtet sich dazu, alles Böse aus dem privaten und öffentlichen Leben auszurotten.

Haus (2): Familie und Hof.

8: bezogen auf die tägliche Rechtsprechung.

Ps. 102 Der Schrei eines Gequälten

2–12 beschreiben sein Leiden: körperlich und seelisch krank, verspottet von Feinden, von Gott verworfen. Sein Leben vergeht (12), wäh-

Die Psalmisten gebrauchten Bilder aus der Natur. Jenseits der Brecher stößt der gestreckte »Bukkel« des Karmels ins Mittelmeer.

rend Gott der Zeit nicht unterworfen ist (25. 28). Er ist Herr für immer (13). Gewiß wird er sich seiner Stadt erbarmen und sein Volk befreien (14–23). Gewiß wird er das Gebet erhören (24–29).

Ps. 103 die Liebe und Barmherzigkeit Gottes

Ein Psalm voll demütiger, von Herzen kommender Dankbarkeit gegen Gott wegen all seiner Güte, besonders aber wegen seiner Barmherzigkeit und seiner unwandelbaren Liebe. Was er für den einen getan hat (1–5), tut er für alle (6–18). Darum soll ihn jeder überall loben.

Ps. 104 Für Gott den Schöpfer

Der Psalmist staunt über die Größe und die Einzelheiten, die Vollkommenheit und Fülle von Gottes Schöpfung (1–24; Vers 24a summiert das Ganze). Die Erde und das Meer (24b–26) samt allem, was in ihnen lebt, sind sein Werk und hängen völlig von ihm ab (27–30). Der Gedankengang führt abschließend zu einem Loblied (31–35).

Klippdachs (18): ein scheues kleines Tier von Kaninchengröße, das in den Felsen lebt.

Ps. 105 Gotteslob wegen seines Bundes mit Israel

Dem Aufruf zum Lob (1–11) folgt ein Überblick über die Geschichte der Erwählung Israels und der Landnahme (12–45). Beschrieben werden die Patriarchen (12–15); die Josephsgeschichte (16–23; 1. Mose 37–46); die Errettung aus Ägypten (23–38; 2. Mose 1–12); die göttliche Versorgung in der Wüste (39–42; 2. Mose 16–17) sowie die Inbesitznahme Kanaans (43–45).

Ps. 106 Israels Ungehorsam

Zwar beginnt der Psalm mit dem Lob (1–5), aber dann wandelt er sich in ein Bekenntnis der Sünde des Volkes von den Anfängen bis in die Tage des Beters (6 ff.).

7: der erste Fall von Rebellion, vgl. 2. Mose 14, 10 ff.

Lüstern (14): nach der guten Nahrung Ägyptens. Gott gab ihnen zwar Fleisch, bestrafte sie aber mit einer Plage (4. Mose 11).

16–18: Vgl. 4. Mose 16.

Kalb am Horeb (19): Horeb – Sinai. Während Mose auf dem Berg war, um Gottes Gebote zu empfangen, schuf sich das Volk ein goldenes Stierbild, um nach ägyptischem Vorbild anzubeten.

Land Ham (22): Vgl. Anm. zu Ps. 78.

Baal-Peor (28): Das Volk fiel zum Götzendienst ab und lieferte sich selbst Gottes Urteil aus (4. Mose 25).

Haderwasser (32): Vgl. 4. Mose 20, 2–13.

Sie vertilgten nicht ... sie ließen sich ein (34–35): Ri. 1 und 2 fassen diesen Teil der Geschichte Israels zusammen. Von da an lief die Geschichte nach immer gleichem Schema ab: Rebellion gegen Gott, Besetzung des Landes durch Feinde, Buße, Befreiung, neuerlicher Abfall von Gott.

48: Die Doxologie schließt das 4. Buch der Psalmen.

BUCH 5

Ps. 107 Zum Lobe Gottes des Erlösers

Ein einziges Thema (ein Mensch ist in Nöten durch eigenes Entscheiden und Tun, aber Gott rettet ihn aus ihnen allen) wird in vier verschiedenen Bildern entfaltet (der Reisende, 4–9; der Gefangene, 10–16; der Kranke, 17–22; der Seemann, 23–32). Die Umstände sind bei jedem einzelnen anders, aber alle haben an der gleichen Erfahrung teil: Als sie Gott in ihrer Not anriefen, erhörte er sie. Darum haben auch alle Grund, ihn zu loben. 33–43 beschreiben Gottes unwandelbare Liebe im Umgang mit seinem Volk.

Ps. 108 Ein Hymnus auf Gott

Der Psalm verbindet Auszüge aus Ps. 57 und 60.

7–13: Vgl. Anm. zu Ps. 60.

Ps. 109 Racheschrei und Bitte um Hilfe

Menschen, die der Beter geliebt und denen er Gutes getan hat, haben dies mit Bösem vergolten. Sie haben keine Entschuldigung für ihre Angriffe, die den Beter zu einem Schatten haben werden lassen (1–4. 22–25). Seine Bitterkeit ist verständlich, aber die Tirade von 6–20 schießt über das Ziel hinaus (vgl. dazu Exkurs S. 339).

Ps. 110: König und Priester für immer

Der Psalm beschreibt das Ideal, das nach dem NT erst in Jesus Christus verwirklicht worden ist (Mt. 22, 41–46; Luk. 22, 69; Hebr. 5, 8–10; 10, 12–13). Vgl.auch: »Christus in den Psalmen«, S. 329.

Melchisedek (4): der geheimnisvolle Priesterkönig, dem Abraham den Zehnten seines Besitzes gab (vgl. 1. Mose 14, 17–20).

Ps. 111 Gottes Lob

Dieser Psalm ist der Form nach mit Ps. 112 identisch. Beide bestehen aus 22 Strophen, deren Anfangsbuchstaben die Reihenfolge des hebräischen Alphabets einhalten (Akrostichon).

Der Psalmist bejubelt Gottes Größe, seine Treue und Gerechtigkeit, seine Integrität und Verläßlichkeit, seine Fürsorge und sein Erretten. Gottesfurcht ist der wahre Ausgangspunkt für alle Weisheit des Menschen.

Ps. 112 Glücklich der Mann, der Gott fürchtet und gehorcht

Wer Gott gehorcht und sich seiner Mitmenschen annimmt, dem ist die Belohnung gewiß. Er kann den Schlägen des Lebens sicher und furchtlos standhalten.

2–3: Der Psalmist beschreibt die Belohnung in materiellen Werten. Denn in seiner Zeit gab es noch keine klare Vorstellung von einem Nachleben. Was er sagt, trifft im allgemeinen (aber nicht immer) zu. Gottes Volk kommt nicht um die Nöte herum, aber es besitzt Kraftquellen, ihnen zu widerstehen.

Ps. 113–118 sind eine Gruppe von Psalmen, die traditionell mit dem Laubhüttenfest und dem Passafest verbunden werden. In den jüdischen Häusern werden die Psalmen 113 und 114 vor dem Passamahl gesungen; die Psalmen 115–118 danach (vgl. Mt. 26, 30).

Ps. 113 Gott ist unvergleichlich

Er ist über und jenseits seiner Schöpfung und kümmert sich doch um den Niedrigsten seines Volkes.

Ps. 114 Passalied: Gott ist mit seinem Volk

Das Volk ruft sich die Wunder Gottes ins Gedächtnis, die er um seinetwillen beim Auszug tat.

3. 5: bezogen auf den Durchzug durch das Schilfmeer (vgl. Anm. zu 2. Mose 14) und später durch den Jordan (Jos. 3).

8: Vgl. 2. Mose 17, 1–6.

Ps. 115 Der lebendige Gott und die leblosen Götzen

Der Psalm gibt einen Hinweis darauf, wie viele Psalmen gesungen worden sind: Eine Stimme singt vor, und die Gemeinde vereinigt sich zur Antwort (9–11 u. a.).

Haus Aaron (12): die Priester.

17: Nur Lebende können loben. Der Tod bringt alle Zungen zum Schweigen.

Ps. 116 Danklied

Ein Psalm für jemanden, der zum Dankopfer in den Tempel kommt. Gott hat sein Gebet erhört und ihn durch schwere Tage gebracht. Jetzt fließt sein Herz über vor Dankbarkeit.

Kelch des Heils (13): lebendige Bildersprache. Gott gab ihm das Leben zurück, jetzt bringt er es dankbar zum Opfer.

Ps. 117 Aufruf zum Lob

Eine »Nevel«, eine Form der alten Harfe (Musikmuseum Haifa, Israel). Vgl. S. 238.

Ps. 118 Ein Lied für das Laubhüttenfest

Der Hymnus wurde bei der Prozession von König, Priestern und Volk gesungen. Beim Erreichen des Tempels erinnert der König an Gottes Sieg für sein Volk (1–18). 19–27: Die Prozession bewegt sich, Zweige in der Hand, vom Tor bis zum Altar.

22: Die verachtete Nation Israel war zur großen Macht geworden. Zu Jesu Zeit hatte sie diese Sonderstellung verspielt (Mt. 21, 42–43).

Ps. 119 Lob des Wortes Gottes

Dieser Psalm ist der längste und kunstvollste

aller Psalmen. Er ist gegliedert in 22 Abschnitte mit je acht Versen. Jeder Abschnitt beginnt mit einem fortlaufenden Buchstaben des Alphabets, und alle Verse eines Abschnittes beginnen mit demselben Buchstaben. Innerhalb dieser stilistischen Struktur macht der Psalmist eine Reihe von Aussagen über das Gesetz und den Menschen, immer wieder unterbrochen von Gebeten. Er gebraucht zehn verschiedene Worte, um das Gesetz zu umschreiben, z. B. Zeugnisse Gottes, Vorschriften, Statuten, Gebote, Anweisungen, Wort, Wege, Verheißungen und Urteile. Irgendeine dieser Bezeichnungen taucht in fast jedem Vers auf. Der Psalm läßt erkennen, wie eifrig und beharrlich sich der Psalmist der Aufgabe hingegeben hat, das Gesetz zu verstehen. Er lernt es auswendig. Ihn verlangt nach mehr. Nichts darf ihn von ihm abbringen. Gottes Wort regiert sein Leben und sein Verhalten, gibt ihm Hoffnung und Frieden, führt ihn zum Leben. Sein Vertrauen darauf ist grenzenlos, Übertretungen dieses Wortes betrüben ihn. Wir besitzen sehr viel mehr an Gotteswort als dieser Psalmist. Aber seine Liebe zu ihm und seine Achtung vor ihm sind für uns oft beschämend.

Ps. 120– 134 sind eine Sammlung von Liedern, die für das Singen der Wallfahrer bestimmt waren, die nach Jerusalem zogen, um die drei großen Jahresfeste zu begehen. In vielen von ihnen sammeln sich Gedanke und Vorstellung auf die heilige Stadt.

Ps. 120 Hilferuf gegen Verleumder

Die Psalmen sind voll von Anspielungen auf die Zungensünden: Lügen, Klatsch, Verleumdung und Heuchelei. Der Mann Gottes leidet genauso unter dem, was die Leute sagen, wie unter dem, was sie tun.

5: poetischer Ausdruck für »Leben unter Barbaren«.

Ps. 121 Gott der Wächter

Wer Gott vertraut, weiß, wohin er sich in Not wenden kann. Gottes Schutz bewahrt vor Schaden.

Die Berge (1): vielleicht die von Jerusalem.

Ps. 122 Jerusalem, die Gottesstadt

Der Pilger bittet um Frieden für die Stadt, die Kultzentrum und Regierungssitz für das ganze Volk ist.

Ps. 123 Bitte um Erbarmen

Ps. 124 Gott der Erretter

Ohne Gottes Hilfe hätte das Volk die Angriffe seiner Feinde nicht überlebt. Nur Gott verdankt es seine Existenz. (Wie oft hat sich dies in der Geschichte Israels bewahrheitet!)

Ps. 125 Sicher in Gott

Wer Gott vertraut, ist völlig geborgen. Das mag den Gottlosen zur Warnung dienen.

Ps. 126 Lachen und Weinen

Dieser Psalm wird oft mit der Rückkehr aus dem Exil und den darauffolgenden schweren Zeiten verknüpft.
1–3: Überfließende Freude über Gottes Segnungen; 4–6: Das Bedürfnis, sie erneut zu erfahren (oder ein Gebet um die Wiederherstellung des Volksganzen).

4: wie die Trockenbetten der Flüsse im Negev, die in der Regenzeit reißend anschwellen.

Ps. 127 Die Nutzlosigkeit menschlichen Bemühens ohne Gott

5: Verhandlungen und Geschäfte wurden am Stadttor getätigt. Hier unterstützten die erwachsenen Söhne ihren Vater bei der Wahrnehmung der Familieninteressen.

Ps. 128 Der Segen für einen Gottesfürchtigen

Das Bild des Psalmisten enthält alles, was sich ein Mensch seiner Zeit vom Leben versprach (vgl. Anm. zu Ps. 112, 2–3).

3: Wein und Olive sind Symbole für Frieden und Fülle, die aus Gottes Segnung erwachsen.

Ps. 129 Gebet um den Sturz aller, die sich an Gottes Volk vergangen haben

5–8: Vgl. S. 339.

Ps. 130 Beten, Warten und Hoffen auf Gottes Erlösung

Ps. 131 Ein Vertrauenspsalm

Ps. 132 Gedenken an die Hineinführung der Lade

1–10: Vgl. 2. Sam. 6, 12–15; 11–12: Gottes Verheißung einer Dynastie (vgl. 2. Sam. 7, 11–16); 13–18: Jerusalem ist zum geistlichen Mittelpunkt Israels erwählt.

Ephratha (6): Bethlehem, Davids Geburtsort.

Jaar (6): Abkürzung für Kirjath-Jearim, wo die Lade nach ihrer Rückgabe durch die Philister 20 Jahre aufgehoben wurde.

Ps. 133 Die familiäre Einheit des Gottesvolkes

2: Auf dem Höhepunkt seiner Weihe wurde der Hohepriester mit Öl gesalbt (2. Mose 29, 7).

3: Der Tau wird als Symbol des Segens betrachtet. Der Hermon hat einen außergewöhnlich ergiebigen Taufall, was dort zu größerer Fruchtbarkeit führte.

Ps. 134 Nächtliches Loblied im Tempel

Ps. 135 Ein Loblied für den öffentlichen Gottesdienst

Dieser Psalm wiederholt vieles aus früheren. Gott soll gelobt werden für seine Erwählung Israels (1–4), für seine Größe (5–7. 15–18) und seine gewaltigen Taten (8–14). Die Priester und das Volk sollen ihm lobsingen (19–21).

Sihon . . . Og (11): Vgl. 4. Mose 21.

Ps. 136 Der »große Lobgesang«

Die Beschreibung der großen Taten Gottes bei der Schöpfung (4–9) und in der Geschichte (10–24) beantwortet das Volk mit dem Refrain von Gottes unwandelbarer Liebe.

13: Vgl. 2. Mose 14.

19–20: Vgl. 4. Mose 21.

Die Bäche und Hügel Galiläas lieferten den Psalmisten viele Bilder zum Ausdruck ihrer Freude über die immer neue Kraft und Frische, die Gott seinem Volk schenkt.

Ps. 137 Klagelied der Verbannten in Babylon

Die alten Freudenlieder bleiben den Verbannten in der Kehle stecken, wenn sie sich an die schreckliche Zerstörung ihrer Stadt und des Tempels erinnern. Stattdessen schreien sie nach Bestrafung für die barbarischen Angreifer.

Die Söhne Edoms (7): Abkommen Esaus, eng verwandt mit Israel und doch durch eine jahrhundertealte Feindschaft davon getrennt. Die Edomiter nahmen die Nachricht vom Ende Jerusalems beifällig auf (Obadja 8 ff.).

9: Vgl. den Exkurs S. 339. Die Israeliten waren ohne Zweifel Zeugen solcher Grausamkeiten gewesen, die die babylonische Armee in Jerusalem beging (8).

Ps. 138 Danksagung

Gott hat Gebet erhört. Erneut hat er seine treue Liebe gezeigt. Trotz seiner Hoheit kümmert er sich um die unbedeutenden Männer und Frauen. Immer wieder wird Gottes schützende Fürsorge für den einzelnen zu besingen sein.

Ps. 139 Gott ist gegenwärtig

Der Psalm handelt von Gottes Allwissenheit und Allgegenwart, aber nicht in abstrakter, sondern sehr persönlicher Weise. Gott ist allwissend: er kennt mich durch und durch, auch meine Gedanken. Er kannte mich schon vor meiner Geburt (1–6. 13–16). Gott ist allgegenwärtig: Wohin ich auch gehen mag, er ist da. Er ist immer bei mir (7–12. 18 b). Ich will mich mit ihm zum Kampf gegen das Böse verbünden. Darum soll er alles, was falsch ist in mir, erforschen und in Ordnung bringen (19–24).

Ps. 140 Bitte um Hilfe

Der Beter ist in echten Nöten durch die Anschläge gewalttätiger und verleumderischer Feinde. Er bittet um göttlichen Schutz (2–9) und um Bestrafung für sie (10–12). Er vertraut darauf, daß Gott für das Recht ist und dem Bösen unversöhnlich gegenübersteht (13–14).

10–12: Vgl. Exkurs S. 339.

Ps. 141 Bitte um Bewahrung

Der Zug zum Bösen ist eine Kraft, mit der man rechnen muß. Der Psalmist bittet Gott darum, vor den Dingen bewahrt zu werden, die er bei anderen verurteilt – in Gedanken, Wort und Tat.

Ps. 142 Gebet eines Einsamen und Bedrängten

Die Überschrift verbindet den Psalm mit der Zeit, in der David sich ständig vor Saul verbergen mußte (1. Sam. 23, 19 ff.). Er ruft den Einen an, der ihn ganz kennt: den Herrn, seine Zuflucht.

Ps. 143 Gebet und Gottes Hilfe

Der Beter ist völlig am Ende (3–4). In der verzweifelten Lage bleibt nur eine Zuflucht: Gott selbst (5–12). »O Herr . . . Lehre mich . . . führe mich . . . erquicke mich . . . bring mich aus der Not!«

Ps. 144 Ein Siegeslied für Gott

Was ist der Mensch, daß der große Gott ihm mehr einräumen sollte als einen flüchtigen Gedanken (1–4)? Dennoch kommt Gott immer wieder zu Hilfe (5–11). Das Lied schließt mit einem Gebet um Frieden und Wohlstand für die kommende Generation (12–15).

Ps. 145–150 sind Loblieder für den öffentlichen Gottesdienst. Sie werden noch heute von den Juden beim täglichen Gebet verwandt. 146–150 beginnen und enden jeweils mit Halleluja – Lobt den Herrn.

Ps. 145 Groß ist der Herr

Ein Akrostichon (vgl. Anm. zu Ps. 9). Gott wird Lob entgegengebracht für seine Hoheit und Macht (1–7. 10–13 a) und für sein Wesen: Er liebt und vergibt, ist gut und treu, gerecht und freundlich. Er stillt die Bedürfnisse seiner Geschöpfe (8–9. 13 b–21).

Ägyptische Musiker mit parfümierten Ohrgehängen. Aus dem Grab des Nebamun, Theben, ca. 1400 v. Chr.

Ps. 146 Lob durch den einzelnen

Gott ist die Hoffnung und Hilfe seines Volkes, das völlig abhängig von ihm auf seine Hilfe in allem angewiesen ist.

Ps. 147 Loblied durch das Volk

Gott regiert das All (4), die Jahreszeiten (8), die Völker (14), die Elemente (16–18), und das mit einer Macht, die ihn weit über die Menschen stellt. Dennoch ist sein Herz dem einzelnen zugeneigt, denen, die verletzt und traurig sind (2–3). Er freut sich an denen, die ihn lieben und fürchten (11). Und er gibt seinem Volk sein Wort, um es auszuleben (19).

Ps. 148 Weltweites Lob

Alles, was ist, schuldet Gott Lob: die Engel im Himmel; Sonne, Mond und Sterne; die Natur; die Tiefe; alle Lebewesen auf Erden samt allen Menschen.

Wasser über dem Himmel (4): der Regen.

Ps. 149 Das Lied des treuen Gottesvolkes

Das Volk Gottes freut sich über den Sieg, den Gott gegeben hat, und jubelt über sein Gericht an den feindlichen Völkern.

Ein neues Lied (1): Vgl. Anm. zu Ps. 33.

7–9: Zum Rachegedanken vgl. S. 339. Ein Sieg der Unterdrückten mußte die völlige Niederlage der Mächte der Unterdrückung zur Folge haben.

Ps. 150 Ein »Lob-Oratorium«

Mit diesem Psalm ist der große Höhepunkt und das Finale des Psalters erreicht. Jedes Instrument des Orchesters, jeder mit Leben und Atem in der ganzen Schöpfung soll sich vereinen zu einem gewaltigen, klingenden Loblied Gottes.

Die Sprüche

Die Sprüche Salomos sind ein Buch von Weisheitssprüchen: nicht einfach eine Anthologie, sondern ein Textbuch, nach dem junge Männer zu weisem und richtigem Leben erzogen wurden. Es handelt sich um Weisheit, die in knappen Sätzen, dramatischen Gegensätzen und einprägsamen Beispielen aus dem Leben formuliert ist. Sie stellt fest, was richtig und was falsch ist (ohne eine glatte Erfolgsformel zu bieten), denn die Weisheit der Sprüche ruht auf dem Fundament der Gottesfurcht und des Gehorsams seinen Geboten gegenüber. Gottesfurcht ist das Wesen aller echten menschlichen Weisheit. Von daher wenden die Sprüche die Prinzipien der göttlichen Lehre auf das ganze Leben an, auf das Zusammenleben, das Heim, die Arbeit, die Gerechtigkeit, auf Entscheidungen, Verhaltensweisen, Reaktionen, eben auf alles, was man tut und sagt und denkt. Gott hat gelehrt, was das Beste für den Menschen ist. Die Erfahrung beweist das.

Das Buch ist in acht Hauptteile gegliedert: eine allgemeine Einleitung zur Weisheit (Kap. 1–9); sechs Spruchsammlungen (10, 1 – 31, 9); schließlich ein akrostichisches Gedicht über die vollkommene Ehefrau (31, 10–31).

Es besteht allgemein die Ansicht, daß vom Inhalt her die Sprüche in die Zeit der ersten Könige Israels gehören, auch wenn ihre Sammlung sich noch einige Jahrhunderte fortsetzte. König Hiskia, der sich mit ihrer Herausgabe beschäftigte (25, 1) regierte 250 Jahre nach Salomo. Das Buch war so, wie wir es haben, spätestens zur Zeit von Jesus Sirach (180 v. Chr.) abgeschlossen.

Wie weit der Einfluß Salomos reicht, ist nicht mehr auszumachen. Sein Name erscheint in der Überschrift, und er ist der Verfasser/Sammler der beiden längsten Spruchsammlungen (10, 1 – 22, 16 sowie 25–29). Salomo war ein Mann von hervorragender Weisheit (vgl. 1. Kön. 3; 4, 29–34). Sein Hof wurde zum internationalen Bildungszentrum. 1. Kön. 5, 12–14 sprechen von 3 000 Sprüchen und 1 005 Liedern, die Salomo verfaßt habe und von seinem hohen Ansehen rundum. Durch seine Heirat mit einer Pharaonentochter hatte Salomo enge Beziehungen zu Ägypten. Möglicherweise kannte er die Lehren des Amenemope, die Sprüchen 22, 17 – 23, 14 sehr ähnlich sind, wie auch andere Sammlungen von Weisheitssprüchen. Salomo und seine Weisen wählten aus der östlichen Weisheit aus, was den göttlichen Grundlinien nicht widersprach. (Vgl. »Poesie und Weisheitsliteratur«, Einleitung, S. 316.)

Von Kap. 10 an sollte man die Sprüche nicht mehr kapitelweise, sondern in kleineren Abschnitten studieren, oder man sollte sie unter thematischen Gesichtspunkten zusammenfassen (Vgl. S. 358). So kann man die einzelnen Sprüche gegeneinander abwägen und einen allgemeinen Eindruck von Aussagen zu einem bestimmten Gegenstand gewinnen. Zu beachten ist, daß Sprüche von ihrem Wesen her verallgemeinern. Sie drücken allgemeine Wahrheiten aus, zu denen es aber zuweilen Ausnahmen gibt. So stellen die Sprüche z. B. fest, daß die, die nach Gottes Ordnungen leben, in der Welt Glück haben. Das ist allgemein die Wahrheit, aber kein unumstößliches Versprechen. Hiob, wie auch das Leben Jesu, zeigen die andere Seite.

1, 1–7 EINLEITUNG

Die Sprüche werden mit der Feststellung ihres Zweckes (2–6) und ihrer geistigen Grundlagen (7) eröffnet. Sie sind besonders für die Jungen und Nicht-Unterwiesenen gedacht, aber keiner ist zu alt oder zu weise, um nicht noch hinzuzulernen.

1: Am besten als Überschrift über das ganze Buch, nicht nur des ersten Teils, zu verstehen. Salomos eigene Sprüche beginnen in 10, 1.

Die Furcht des Herrn (7): ein wichtiger, immer wiederkehrender Begriff in den Sprüchen (vgl. S. 359). Er beschreibt eine gesunde Ehrfurcht und Achtung gegenüber Gott, die sich in Gehorsam, Gottvertrauen und klugem Vermeiden des Bösen ausdrücken (3, 7).

1, 8 – 9, 18 LEKTIONEN IN WEISHEIT

Der Lehrer redet seine Schüler an wie ein weiser Vater seine Söhne. Der junge Mann steht vor der lebenswichtigen Wahl zwischen dem richtigen und dem falschen Weg, zwischen Weisheit und Torheit; zwischen dem Weg Gottes und dem eigenen. Der Lehrer beschreibt die Alternativen und zeigt, wohin sie führen. Das Thema jeder Lektion ist das gleiche: Werde weise! Wiederholung ist auch hier die Mutter der Weisheit!

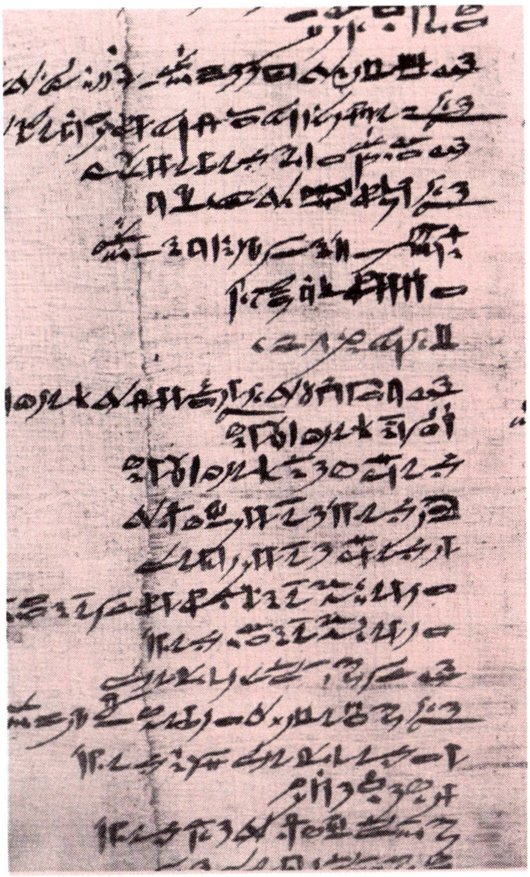

Parallelen zu den Sprüchen gibt es auch in anderen zeitgenössischen Weisheitssammlungen. *Die Weisheit des Amenemope*, auf einem Papyrus aus Theben, stammt aus der Zeit um 1000 v. Chr.

Kapitel 1

Widerstehe den Verlockungen der Gewalttätigen (10–19). Horche statt dessen auf die Stimme der Weisheit (20–33). Alle, die ihren Ruf mißachten, werden es in ihrem Leben bedauern.

Weisheit (20): Der Lehrer beschreibt die Weisheit als große Dame. Sie liegt im Wettstreit um die Beachtung aller mit einer anderen Frau – der Torheit –, die keine Dame ist (vgl. Kap. 9 sowie Exkurs S. 358).

Kapitel 2

Weisheit findet man durch Gotteserkenntnis. Sie wird mühsam erworben, ist aber der Anstrengung wert (1–10). Sie ist ein Wächter gegen falsche männliche (12–15) wie weibliche (16–19) Gesellschaft. Sie führt den Menschen auf den rechten Weg (20).

Kapitel 3

Weise Lehre soll zu Herzen genommen werden. Man soll demütig bleiben und Gott vertrauen (1–12). Weisheit bietet das an, was nicht käuflich ist: Frieden, Glück, Sicherheit (13–26). Weisheit war bei der Schöpfung am Werk. Sie wirkt sich fortgesetzt aus in den alltäglichen Taten und Unterlassungen (27–35).

Kapitel 4

Der Lehrer führt die Unterweisung seines eigenen Vaters weiter. Weisheit ist erstrebenswert: sie leitet ja zum Leben. Deshalb: weg vom falschen Handeln und der Gesellschaft der Bösen!

Die »Hure am Fenster« – hier in einer Elfenbeinschnitzerei aus Assyrien – war ein im Nahen Osten oft benutztes Motiv.

Kapitel 5

Besonders der Umgang mit Frauen erfordert Weisheit. Wer fremden Frauen nachstellt oder sich von ihnen betören läßt, stürzt sich ins Unglück.

Kapitel 6

Hier geht es um aktuelle Warnungen: Keine unbegrenzten Bürgschaften (1–5)! Keine Faulheit (6–11)! Keine Betrügerei (12–19)! Halte Gottes Gebote. Sie werden vor der Verführung durch Frauen bewahren.

Sechs Dinge ... sieben (16): Vgl. Anm. zu 30, 15.

Augenlider (25): gemeint sind Lidschatten.

Kapitel 7

Der Lehrer beschreibt, wie ein junger Mann der schamlosen Verführung durch eine verheiratete Frau verfällt. Nach der Anzahl solcher Warnungen in den Sprüchen zu urteilen kam dies häufig genug vor. Selbst Salomo war bei all seiner Weisheit an diesem Punkt schwach wie andere – schließlich verführten ihn seine ausländischen Frauen zum Götzendienst (1. Kön. 11, 1–13).

Kapitel 8

In scharfem Gegensatz zu der raffinierten Frau in Kap. 7, die in der Dämmerung hinausschlüpft, um sich ihren Mann einzufangen, appelliert die Weisheit öffentlich an die Menschen, die ihren Alltagsgeschäften nachgehen. Sie ist gerade und wahrhaftig, der Wert ihrer

»Wie lange liegst du, Fauler?« (6, 9) – hier unter einem Sonnendach inmitten eines Feldes mit Wassermelonen.

Unterweisung liegt jenseits alles irdischen Glückes (6–21). Sie steht an der Spitze der Geschöpfe Gottes, als erstes aller geschaffenen Dinge (22–31).

Kapitel 9

Alle vorangehenden Lektionen finden nun ihren Niederschlag in diesem lebendigen Bild der Weisheit (1–6) und der Torheit (13–18). Jede lädt die Menschen zu ihrem Fest. Die Weisheit setzt ihnen Leben vor. Auf der Menükarte der Torheit erscheint nur der Tod.

10 – 22, 16 SPRÜCHE SALOMOS

Der junge Mann ist der Entscheidung gegenübergestellt und dazu gedrängt worden, die Weisheit zu erwählen. Jetzt beginnt die eigentliche praktische Unterweisung, die alle Lebensbereiche umfaßt. In dieser ersten Sammlung bekommen die Sprüche ihre Durchschlagskraft durch den Kontrast. Die zweite Zeile oder Hälfte eines jeden Spruches ist die Antithese zur ersten. Jeder Spruch ist in sich abgeschlossen, wenn auch einige durch Worte und Themen zu Reihen verbunden sind. Sie offenbaren eine gesunde Psychologie und eine exakte Beobachtung des Lebens. Sie demonstrieren die Auswirkungen von Weisheit und Torheit in der Praxis des Lebens (zur Lehre von 10, 1 – 31, 9 vgl. auch S. 358–359).

15, 11: Auch die Reiche der Toten sind Gott offen.

17, 8: der Mensch vertraut darauf, daß das Bestechungsgeld wirkt, aber die Praxis ist unrecht (vgl. V. 23).

Die Sprüche behandeln die gewöhnlichen Dinge des alltäglichen Lebens.

WICHTIGE THEMEN IN SPRÜCHE 10–31

● Weisheit und Torheit – der Weise und der Tor

Dies ist der rote Faden des ganzen Buches, das Thema der ersten 9 Kapitel (vgl. S. 354–357). Die Sprüche pointieren den Kontrast zwischen Weisheit (nach Gottes Normen leben, Recht üben) und Torheit (das bewußte Einschlagen eigener Wege). Weisheit führt zu Leben und Wohlergehen; Torheit läßt das Leben verkümmern und führt zum Tod. Die aufgeführten Verse beschreiben weises Handeln in vielen Situationen. Sie schildern den Charakter des Weisen im Gegensatz zu Leben und Charakter des Toren, der sich Gott und der Vernunft verschließt.
10, 8. 13–14. 23; 12, 1. 15–16. 23; 13, 14–16. 20; 14, 1. 3. 7–8. 15–18. 24. 33; 15, 5. 7. 14. 20–21; 16, 16. 21–23; 17, 10. 12. 16. 24. 28; 18, 2. 6–7. 15; 19, 25. 29; 21, 22; 22, 3; 23, 9; 24, 3–7. 13–14; 26, 1. 3–12; 27, 12. 22; 28, 26; 29, 8–9. 11.

● Der Gerechte und der Böse

Das Leben stellt den einzelnen vor Alternativen, und aufgrund seiner Entscheidungen ordnet er sich selbst in eine dieser Kategorien ein. Der (im Sinne der Sprüche) Weise wird auch gerecht sein. Der Tor hingegen schwankt ständig am Abgrund des Bösen entlang. Sehr wahrscheinlich wird er bei den Ungerechten enden. Die aufgeführten Sprüche beschreiben das gerechte – aufrichtige – Leben und den Segen, den es für den einzelnen und die Gesellschaft mit sich bringt. Gott liebt und schützt die Gerechten; die Ungerechten trifft sein Zorn. Ihnen geht es höchstens für kurze Zeit gut; sie enden schließlich in Tod und Verderben.
10, 3. 6–7. 11. 20–21. 24–25. 27–32; 11, 3–11. 17–21. 23. 28. 30–31; 12, 2–3. 5–7. 10. 12–13. 21. 26. 28; 13, 5–6. 9. 21–22. 25; 14, 9. 11. 14. 19. 32; 15, 6. 8–9. 26. 28–29; 16, 8. 12–13; 17, 13. 15; 18, 5; 20, 7; 21, 3. 7–8. 10. 12. 18. 26–27; 24, 15–16; 25, 26; 28, 1. 12. 28; 29, 2. 6–7. 16. 27.

● Worte und Zunge

Die Sprüche betonen mit großem Ernst die erbauende oder zerstörende Macht des gesprochenen Wortes. Was wir sagen und wie wir auf die Worte anderer reagieren – auf Ratschläge oder Zurechtweisung, Gerede oder Versuchungen – verrät unser Wesen (vgl. Matth. 12, 34–37). Die Zunge ist eine unberechenbare Macht – nur der Weise kann sie beherrschen (vgl. auch Jakobus 3). Die unten genannten Sprüche sind voll von guten Ratschlägen und beherzigenswerten Warnungen.
10, 18–21. 31–32; 11, 9. 11. 14; 12, 6. 14. 17–19. 22; 13, 2–3; 14, 5. 25; 15, 1–2. 4. 23; 16, 1. 23–24. 27–28; 17, 4. 7. 27; 18, 4. 6. 13. 20–21; 19, 5. 9; 20, 19; 21, 6. 23; 22, 10; 25, 11. 15. 23. 27; 26, 20–28; 27, 2; 28, 23; 29, 20.

● Die Familie

In allem Wandel der Zeit bleiben doch die grundlegende Struktur des Familienlebens, seine Freuden und Sorgen konstant. Auch heute noch gibt es untreue Ehemänner und keifende Ehefrauen, die ihren Männern das Leben sauer machen. Es gibt auch immer noch Kinder aus intakten Familien, die über die Stränge schlagen. Folglich sind die klugen Ratschläge der Sprüche, die ein glückliches und stabiles Familienleben fördern sollen, aber auch ihre Warnungen vor den Dingen, die es untergraben, heute so aktuell wie eh und je.

Eltern und Kinder: 10, 1; 13, 1. 24; 17, 21. 25; 19, 13. 18. 27; 20, 11; 22, 6. 15; 23, 13–16. 19–28; 28, 7. 24; 29, 15. 17; 30, 11. 17.

Ehefrauen: 12, 4; 18, 22; 19, 13–14; 21, 9. 19; 25, 24; 31, 10–31. (Die Männer haben schon im vorhergehenden Teil – z. B. Kap. 5 – ihre Ratschläge und Warnungen bekommen.)

● **Faulheit und Fleiß**

Die Sprüche zeichnen an vielen Stellen ein Bild des Faulen, der eine Arbeit gar nicht erst anfängt oder sie aus Nachlässigkeit halbfertig liegen läßt und sich seinen Weg durchs Leben gähnt bis es zu spät ist und er unter Armut und Hunger leidet. Für Müßiggang gibt es keine Entschuldigung; alle Arbeit jedoch wirft ihren Lohn ab.
10, 4–5. 26; 12, 11. 24. 27; 13, 4; 14, 23; 15, 19; 18, 9; 19, 15. 24; 20, 4. 13; 21, 25; 22, 13; 24, 30–34; 26, 13–16; 28, 19.

WEITERE THEMEN

● **Reiche und Arme; Armut und Reichtum:** 10, 15; 11, 4. 24–25; 13, 7–8. 11; 14, 20–21. 31; 18, 11. 23; 19, 4. 7. 17; 21, 13. 17; 22, 1–2. 7. 16. 22–23; 23, 4–5; 28, 3. 6. 11. 20. 22; 30, 8–9.

● **Geschäftswelt; Pläne und Entscheidungen:** 11, 1. 15. 26; 15, 22; 16, 3. 9–11. 33; 17, 8. 18. 23; 18, 16; 19, 21; 20, 10. 14. 16. 18. 23; 21, 14; 22, 26–27; 27, 23–27; 28, 8.

● **Der Stolze und der Demütige:** 11, 2; 12, 9; 15, 25; 16, 18–19; 18, 12; 21, 4. 24; 22, 4; 29, 23.

● **Freunde:** 17, 9. 17; 18, 24; 19, 4. 6; 27, 6. 10; **und Nächste:** 25, 8–10. 17–18; 26, 18–19; 27, 10. 14; 29, 5.

● **Herren und Knechte:** 11, 29; 14, 35; 17, 2; 29, 19–21; 30, 10. 22–23.

● **Könige und Herrscher:** 16, 13–15; 19, 12; 20, 2; 23, 1–3; 24, 21; 25, 1–7; 28, 15–16; 29, 12. 14; 31, 4–5.

● **Hoffnung und Furcht; Freude und Leid:** 12, 25; 13, 12–19; 14, 10. 13; 15, 13. 30; 17, 22; 18, 14; 25, 20; 27, 9.

● **Zorn:** 14, 17. 29–30; 15, 18; 16, 14. 32; 19, 11–12. 19; 20, 2; 22, 24–25; 29, 22.

● **Die »Furcht des Herrn«** (obwohl der Begriff nicht allzu häufig auftaucht, ist sie eigentlich eines der Hauptthemen. Ja, da die Furcht des Herrn die Grundlage der Weisheit ist, ist sie gleichzeitig die Grundlage des ganzen Buches): 10, 27; 14, 26–27; 15, 16–33; 16, 6; 19, 23; 22, 4; 23, 17; 24, 21. Vgl. auch die Aussagen darüber im früheren Teil, z. B. 1, 7; 3, 7.

18, 18: In den Zeiten des Alten Testamentes war es üblich, Gottes Willen durch das Werfen von Losen zu erforschen.

20, 10: 3. Mose 19, 35 verwirft die Verwendung von falschen Gewichten, wie auch die Propheten solche Betrügereien brandmarken.

22, 17 – 24, 34 ZWEI SPRUCHSAMMLUNGEN VON WEISEN

Wahrscheinlich ist in diesem Teil der Sprüche fremdes Material schöpferisch verarbeitet worden (vgl. Einleitung S. 354 sowie »Poesie und Weisheitsliteratur«), verbunden mit solchem von Israels eigenen Weisen. Die Sprüche sind hier auch mehr miteinander verbunden als vorher. Sie beginnen mit »zu meidenden Dingen« (22, 22–29). Es folgt das trügerische Glück sozialen Aufstiegs (23, 1–8), dann Ratschläge für das Verhältnis Vater-Sohn (23, 12–28). Dann das Porträt eines Trinkers (23, 29–35). Dann wird zu Weisheit und Torheit gelehrt (24, 1–14) und vom rechten Leben (24, 15–22). Die Gruppe zusätzlicher Sprüche hat ihre Mitte in der Gerechtigkeit und der harten Arbeit, samt einer ironischen Skizze über den Faulen (24, 30–34). Vgl. zu den Themen auch die Seiten 358–359.

Uralte Grenzen (28): Steine, die zur Grenzmarkierung aufgestellt worden waren.

Enger Brunnen (23, 17): Es ist schwer, wieder herauszukommen; ohne Bild: davon loszukommen.

25–29 WEITERE SPRÜCHE SALOMOS (HISKIAS SAMMLUNG)

Unter Hiskia kehrte Israel zu den alten, vernachlässigten Formen des Gottesdienstes zurück. Er ließ den Tempel wiederherstellen und die Opfer wiederaufnehmen. Auch die Tempelmusik wurde nach den Grundsätzen Davids (2. Chron. 29) wiedereingerichtet. Darum ist es wahrscheinlich, daß er seine Aufmerksamkeit auch der klassischen Weisheit Salomos zuwandte. Jedenfalls waren es seine Leute, die diese Sammlung salomonischer Sprüche veröffentlichten. Hier ist mehr Systematisierung als in 10, 1 – 22, 16. Die Sprüche arbeiten mit dem Effektmittel des Vergleichs, nicht mehr dem des Gegensatzes (zu ihrer Lehre vgl. das auf S. 358–359 Gesagte).

Zu den Aufgaben einer guten Hausfrau gehörte das Weben. Hier gewebte Stoffe auf dem traditionsreichen Beduinenmarkt in Beerscheba.

25, 6–7: Jesus verwendet das gleiche Thema in Luk. 14, 7–10, aber er weitet es auf die gesamte Lebenshaltung aus.

26, 4–5: Die beiden Verse sind wahrscheinlich komplementär, nicht kontradiktorisch zu verstehen. Es ist gewöhnlich zwecklos, mit einem Toren zu argumentieren, aber es gibt Zeiten, wo ihm gezeigt werden muß, wer er ist.

26, 8: Was ist dümmer als die hier beschriebene Handlungsweise?

30 DIE SPRÜCHE AGURS

Sowohl Agur wie Lemuel (31, 1) sind keine Israeliten. Massa war ein arabischer Stamm, der von Abrahams Sohn Ismael abstammte. Der Osten war für seine Weisheit berühmt, bis in Christi Tage (vgl. Mt. 2, 1). Agur ist ein Mann, den genaue Beobachtung des Lebens und der Natur Demut gelehrt haben.

Drei . . . vier (15): Ein Hinweis, daß die Liste nicht erschöpfend ist. Vgl. auch 18. 21. 29 und 6, 16.

19: Vier Dinge sind ihm wundersam: Wieso der Adler fliegen kann; wieso die Schlange sich ohne Beine bewegen kann, wieso ein Schiff auf den Wellen reiten kann und wieso sich geheimnisvollerweise ein Mann zu einer Frau hingezogen fühlt.

31, 1–9 SPRÜCHE DES KÖNIGS LEMUEL

Vgl. oben unter Kap. 30. Lemuel skizziert die Lehren seiner Mutter. Vers 2 scheint einen sanften Tadel zu enthalten.

31, 10–31 DIE VOLLKOMMENE EHEFRAU

Die Sprüche zeichnen ein bemerkenswertes Bild der Macht der Frau zum Guten wie zum Bösen. Sie enden mit diesem schönen akrostichischen Gedicht (vgl. Anm. zu Ps. 9) über die ideale Gattin: verantwortungsbewußt, fähig, geschickt mit den Händen und völlig vertrauenswürdig. Ihr Mann, ihre Kinder und die weitere Familie verdanken ihr nicht nur ihr körperlich-materielles Wohlergehen, sondern sie sind noch in einem weitaus tieferen Sinn von ihr abhängig (11. 12. 26). Ihr Einfluß reicht über diesen inneren Kreis hinaus in die Gesellschaft (20). Und sie findet einen weiten Rahmen für ihre Begabungen im Bereich von Kauf und Verkauf und anderen geschäftlichen Unternehmungen (16. 18. 24). Wo liegt ihr Geheimnis? In der gleichen Gottesfurcht, in der alle wahre Weisheit wurzelt.

Ein Mädchen am Webstuhl symbolisiert Fürsorge und Fleiß der vollkommenen Ehefrau.

Der Prediger

Der Prediger gehört zur Weisheitsliteratur (vgl. »Poesie und Weisheitsliteratur«, Einleitung S. 316), einer populären literarischen Form bei den vorderorientalischen Völkern der alttestamentlichen Zeit. Dem heutigen Leser erscheint das Buch mit seinen offensichtlich unverbundenen Gedanken und Sprüchen und Beobachtungen fremdartig. Aber das Thema des Predigers ist ausgesprochen modern: es wird von vielen Romanen und Dramen des 20. Jahrhunderts behandelt.

Das Buch notiert schlicht Beobachtungen aus dem Leben rundum und zieht logische Schlüsse daraus. Es ist das »Leben unter der Sonne«, wie ein Mensch es sieht. Der Verfasser ist ohne Vorurteile. Das Leben, wie die Menschen es leben, ohne Gott, ist flüchtig, bedeutungslos, sinnlos, leer. Es ist ein freudloses Bild. Natur und Geschichte drehen sich im Kreise, es gibt nichts Neues. Das Leben ist ungerecht, die Arbeit ist sinnlos, das Vergnügen befriedigt nicht. Gutes Leben und weises Denken werden durch den Tod in ihrer Vergänglichkeit erwiesen. »Sei realistisch!« sagt das Buch. »Wenn das Leben ohne Gott alles ist, dann sieh dir an, was du davon hast. Mache dir nichts vor. Stecke nicht den Kopf in den Sand – vor der Wahrheit über das Leben!«

Dahinter steht aber nicht – wie in so manchen modernen Büchern – Zynismus und Verzweiflung. Der Mensch soll Gott ja gerade nicht aus seinem Weltbild ausklammern. Gott kann Freude in jeden Lebensbereich einfließen lassen, Freude an der Nahrung und Arbeit, Familie und Ehe (2, 24–26; 3, 10–15; 5, 18–20; 9, 7–10). Gott will, daß der Mensch seine letzte Befriedigung in ihm findet. Der Weise stirbt zwar wie der Tor, aber Weisheit ist dennoch gut und richtig (2, 13). Zudem wird Gott die Gerechten und die Gottlosen richten (3, 17). Freue dich am Leben, nicht wie ein Epikureer (»Laßt uns essen und trinken, denn morgen sind wir tot!«), sondern als Mensch Gottes, denn von ihm bist du abhängig im Blick auf das Leben und auf die Freude (3, 13; 5, 19). Eine leere, flüchtige Existenz ist nicht unvermeidlich: Gedenke an Gott in deiner Jugend (12, 1), fürchte ihn und halte seine Gebote (12, 13).

»Kohelet«, der Titel des Buches – im Griechischen mit »Ekklesiastes«, im Deutschen mit »Prediger« übersetzt – weist wohl mehr auf den offiziellen Titel als auf den Namen des Autors hin. Möglicherweise ist er ein Pseudonym für Salomo, der ja ein »Sohn Davids, ein König in Jerusalem« (1, 1; 1, 12) und der Weise *par excellence* war. Er war sicher bestqualifiziert für Aussagen über das Leben, hatte er doch die Fülle des Lebens ausgekostet – mit Gott und ohne ihn.

Kapitel 1

Der Verfasser nennt sein Thema: die Leere und Vergänglichkeit des Lebens. Menschen kommen und gehen. Natur und Geschichte wiederholen sich ständig in Zyklen. Es gibt nichts Neues. Auch die Suche nach Weisheit – des Menschen höchstes Ziel – ist eitel, denn »je mehr ein Mensch weiß, um so mehr hat er zu leiden«.

1. 12: Vgl. Einleitung.

Unter der Sonne (3. 9. 14): ein wiederkehrender Ausdruck im Prediger. Er bezeichnet »die Welt, vom menschlichen Standpunkt aus gesehen«.

Kapitel 2

Was soll der Mensch mit seiner Zeit anfangen? Selbst wenn er für das Vergnügen lebt – samt allem, was Reichtum und Stand dazu beitragen mögen –, das Leben bleibt doch leer (10–11). Weisheit ist besser als Torheit, aber am Ende macht der Tod alle zu Narren. Die Dinge, um die wir uns gemüht haben, müssen wir anderen zurücklassen. Das ist die Vergänglichkeit des Lebens. Es gibt keine Freude oder Befriedigung im Leben abseits von Gott (24–26).

Kapitel 3

Jedes Ding hat seine Zeit. So will es Gott (1–9). Der Mensch begreift zwar die Zeiten, nicht aber den göttlichen Zusammenhang des Ganzen (11). Das führt zur Ehrfurcht vor Gott. Zu seiner Zeit wird Gott auch die Ungerechtigkeit und Verderbtheit richten (16 ff.).

Kapitel 4

Das Bedrückende im Menschenleben ist so groß, daß man besser tot oder nicht geboren wäre (1–3). Die Menschen verbrauchen sich in Arbeit, versuchen, einander zu überspielen – und das unter der ständigen Frage nach dem Wozu des Ganzen (4–8).

Zwischen diese Gedanken und Beobachtungen werden nun häufiger Ratschläge und Lehren eingestreut, und zwar nach der Manier des Weisen der Sprüche. Weisheit mag in den Au-

Jugend und Alter im heutigen Jerusalem.

gen der Welt töricht sein (1, 17. 18; 2, 14–17), aber »Kohelet« glaubt noch immer an sie und ruft die Menschen auf, nach ihr zu leben (vgl. 12, 9–11).

Eine dreifache Schnur (12): drei sind eben besser als zwei. Eine Schnur aus drei Fäden ist schwer zu zerreißen.

Kapitel 5

Ein vernünftiger Rat im Blick auf Versprechen an Gott (1–7) und auf den Umgang mit Geld (10–12). Zu den Schattenseiten des Lebens gehört der Bankrott. Ein gutes Leben bedeutet u. a., sich an der Arbeit und den Errungenschaften zu freuen, denn das sind Gaben Gottes. Freude ist das Gegenmittel gegen die Trauer über das Dahineilen der Jahre (20).

8: Der Sinn ist nicht klar. Vielleicht ist gemeint: »Das Beste für ein Land ist ein König, dessen eigene Felder gut bebaut sind!«

Kapitel 6

Was hat ein langes Leben für einen Wert, wenn man die Früchte seiner Arbeit nicht genießen kann (1–6)? Dann lieber eine Fehlgeburt sein (3). Ein Mensch, der von seinem Appetit beherrscht wird und voll Begierde ist, wird nie zufriedengestellt werden (7–9).

Kapitel 7

Der Weise rechnet genauso mit dem Tod wie mit dem Leben (2). Darum genießt er die guten Zeiten, wie er von den bösen lernt (14). Eine andere Anomalie des Lebens ist, daß gute Menschen oft früh sterben, während Gottlose mit ihrer Gottlosigkeit alt werden. Auch die Weisheit hilft hier nicht weiter (23). Da Gott den Menschen gut schuf, ist der Mensch für seine Nöte selbst verantwortlich (29).

18: ein Rat, extreme Haltungen zu vermeiden.

28: er fand unter tausend nur einen Mann, der zu Recht so genannt werden konnte, und keine Frau.

Kapitel 8

Der Glaube kann das Problem des Bösen nicht lösen: Guten stößt zu, was die Bösen verdienen, Gottlose werden bewundert und haben angenehme Tage. Der Mann Gottes kann nur bekräftigen, was er als wahr erkannt hat, obgleich

Im Verlauf der Jahrhunderte verändert sich das Leben in Dörfern kaum.

Relief eines Fischers aus Assyrien.

der Schein gegen ihn spricht (12). Freude ist das Beste im Leben, sagt »Kohelet« (15). Dennoch wendet er seine eigene Energie an die Weisheit, obwohl Gott die Antwort auf die Rätsel des Lebens vor den Menschen verhüllt hat (16–17).

Kapitel 9

Ein Geschick – der Tod – trifft alle Menschen, ob gut oder böse, gleicherweise (nur mit dem Unterschied, daß die Guten in Gottes Hand sind, 1). Weil keiner weiß, wie lange er lebt (11–12), gibt es nur harte Arbeit und Genuß des Lebens, solange es dauert. Denn der Tod schneidet den Menschen von allem ab, was die Welt zu bieten hat (7–10). Weisheit mag nicht zählen, aber sie ist doch mehr wert als Gewalt (13–18).

Kapitel 10

Eine Spruchsammlung zu Weisheit und Torheit, die in Kapitel 11 fortgesetzt wird.

Kapitel 11 und 12

Praktischer Rat führt direkt zu den Schlußfolgerungen des Autors. Wenn das Leben lang ist, soll man sich daran freuen. Man freue sich des Lichtes, ehe die dunkle Todesnacht beginnt. Die Jungen sollen sich ihrer Jugend freuen, aber zugleich daran denken, daß Gott alle Menschen zur Rechenschaft zieht. Warte nicht bis zum hohen Alter, bis das Leben in seiner Vergänglichkeit und Eitelkeit offenbar wird und nichts mehr zu erwarten ist als der Tod. Fürchte Gott, halte ihn in Ehren und gehorche ihm.

12, 2–6: beschreiben die Nöte des Alterns bis hin zum Sterben in drastischen Bildern.

12, 9–14: enthalten das Nachwort des Verfassers oder Herausgebers. Er hat die Wahrheit über das Leben gesagt, er hat aufgewiesen, was es ist ohne Gott. Sein konstruktiver Rat ist durch das Buch verteilt. Dieser spitzt sich auf das Eine zu, um das das Leben des Menschen kreist: seine Stellung zu Gott. Es gibt ein Gericht, in dem Gute und Böse auseinandergelesen werden. In seinem Licht muß der Mensch sein Leben gestalten. Die »Furcht des Herrn« (wie die Sprüche es so deutlich sagten) ist da, wo echte Weisheit – und wahres Leben – beginnen.

Das »Leben unter der Sonne« hat sich seit der Zeit des Predigers in vielen Bereichen des Nahen Ostens bis heute kaum verändert. Eselreiter passieren auf einem Wüstenpfad ein bewässertes Tal.

Das Hohelied

Dieses »Lied der Lieder« besteht aus einer Reihe von Liebesgedichten. Die Bilder dazu sind weitgehend dem Hirtenleben auf dem Lande entnommen. Die Gedichte sind voller Leidenschaft und Freude an der menschlichen Liebe.

Die Lieder lassen sich nicht vollständig analysieren und sind gerade darum Gegenstand der verschiedensten Interpretation geworden. Juden und Christen haben in ihnen Allegorien gesehen – von Gottes Liebe zu Israel, von Christi Liebe zu seiner Braut, der Gemeinde. Aber die Gedichte selbst bieten dafür keinen direkten Anhalt. Einige sehen in den Liedern ein Drama mit zwei Figuren: der Braut und dem königlichen Bräutigam. Andere sprechen von drei Gestalten: Von Salomo, dem Mädchen und ihrem Liebhaber, dem Schäfer (außer dem Hohenlied läßt allerdings nichts darauf schließen, daß diese Literaturgattung in Israel existierte). Wieder andere betrachten die Gedichte als eine Serie von Liedern, die man während eines einwöchigen Hochzeitsfestes sang, wobei Braut und Bräutigam zur »Königin« und zum »König« gekrönt wurden.

Mag man über die formale Einordnung geteilter Meinung sein, so ist doch der Inhalt des Hohenliedes eindeutig: Er feiert die Schönheit und das Wunder menschlicher Liebe. Das Buch ist durchweht von der Freude an der körperlichen Anziehung, ein Beweis dafür, daß Gott den Menschen dazu bestimmte, sich im Rahmen seiner Gebote an der körperlichen Liebe zu erfreuen.

Die folgenden Anmerkungen bieten nur eine allgemeine Skizzierung des Hohenliedes.

Kapitel 1

Das Hohelied beginnt (2–8) mit einem Dialog zwischen der Braut, einem Mädchen vom Lande, und den Frauen von Jerusalem (wahrscheinlich des Hofes oder Harems). Dann unterhalten sich Braut und Bräutigam (9–17).

Eine Braut im traditionellen Schmuck jemenitischer Juden.

Das Hohelied Salomos (1): Die Überschrift mag nahelegen, daß Salomo das Lied schrieb oder daß es für oder über ihn geschrieben wurde. Salomo war zwar für sein reiches Liebesleben bekannt (1. Kön. 11, 1–3), aber er ist wohl kaum das Ideal des treuen Liebenden. Deshalb befürworten viele die Interpretation des Hohenliedes als eines Dramas mit 3 Hauptdarstellern: Salomo versucht, das Herz des Mädchens zu gewinnen. Sie aber bleibt ihrem geliebten Hirten treu.

Kedar (5): ein arabischer Nomadenstamm. Die Beduinenzelte sind aus schwarzem Ziegenfell.

Mein eigener Weinberg ... (6): Es ist die Rede von ihrem Aussehen. Sie ist sonnengebräunt.

Wagen des Pharao (9): Salomo betrieb einen bedeutenden Handel mit Pferden und Wagen ägyptischer Herkunft (1. Kön. 10, 26–29).

12–13: Narde ist eine parfümierte Salbe. Frauen, die sich solchen Luxus leisten konnten, trugen Büschel duftender Myrrhe, um den Hals gebunden, zwischen ihren Gewändern. Oder sie trugen parfümierte Ohrgehänge wie auf dem Bild S. 353.

14: Eine rote, kosmetische Farbe wurde aus Henna hergestellt. En-Gedi ist eine fruchtbare Oase nahe den dürren Küsten des Toten Meers.

Kapitel 2

Die Gedanken der Braut sind erfüllt von der Süße und dem Verlangen der Liebe. Der Bräutigam ruft sie in der idyllischen Schönheit des Frühlings (10 ff.). Alles geschieht vor ländlichem Hintergrund. Nur Vers 7 enthält einen Hinweis auf den Hof.

7: Vgl. auch 3, 5; 8, 4. Dieser Refrain soll wohl immer wieder betonen, daß Liebe natürlich wachsen muß und Zeit braucht. Sie darf also nicht forciert oder künstlich stimuliert werden.

Die Füchse (15): Schakale. Wenn sie die Blüten zerstören, gibt es keine Früchte.

Kapitel 3

In einer Folge von Träumen beschreibt die Braut das traurige Empfinden, das die Trennung bringt, sowie die Freude der Wiedervereinigung. 6–11 handeln von einer großen Prozession des Königs Salomo.

Holz vom Libanon (9): das berühmte Zedernholz, das zum Bau des Tempels und der Paläste eingeführt worden war.

Kapitel 4

Der Bräutigam rühmt die Schönheit seiner Braut. Die Schilderung trägt ausgesprochen orientalischen Charakter, aber überall in der Welt drückt sich Liebe ähnlich überschwänglich aus.

Herde Ziegen (1): Ihre seiden-schwarzen Felle schimmern in der Sonne, wenn sie über die Hügel kommen.

2–4: Ihre Zähne sind weiß und gleichmäßig, ihre Wangen voll und rosig, ihr Nacken wie ein Turm, der mit Trophäen behangen ist.

Senir, Hermon (8): Berg an der Grenze Israel-Libanon.

16: Die Stimme der Braut lädt den Bräutigam ein, sich an seinem »Garten« – an ihr selbst – zu erfreuen.

Kapitel 5

Die Braut träumt erneut (2–8). Diesmal kommt der Bräutigam zu ihr, aber sie läßt ihn nicht schnell genug ein, und er geht wieder. Erneut wandelt sich Freude in Trostlosigkeit. In ihrer Antwort an die Frauen (9) beschreibt sie, wie er aussieht. Alles an ihm ist lieblich für sie – wie sie für ihn.

Myrrhe (5): sie ist parfümiert wie eine Braut in der Hochzeitsnacht.

Das Hohelied ist voll von Naturbildern. Hier: Eine hübsche Szene aus Galiläa.

Kapitel 6

Die Frauen fragen, die Braut antwortet – und der Bräutigam beschreibt erneut die Schönheit seiner einen und einzigen Geliebten. Keine der Königinnen und der königlichen Nebenfrauen kann neben ihr bestehen.

Tirza (4): eine schöne Stadt, die ehemalige Hauptstadt des Nordreiches Israel.

Kapitel 7

Erneut bewundert der Bräutigam die Schönheit des Körpers seiner Braut. Er kann seine Augen nicht von ihr abwenden. Jede Einzelheit ist vollkommen. Die Braut liebt ihn völlig, ohne Einschränkung (11–14), und die ganze Pracht des Frühlings bildet eine herrliche Kulisse.

Sulamith (1): Falls Sulam ein Ort ist, ist er bis heute unbekannt. Die Identifizierung des Mädchens als Abisag von Sunem (1. Kön. 1, 3–4) ist recht willkürlich.

Karmel (6): Der Berg des Kampfes Elias mit den Baalspropheten, bei der Hafenstadt Haifa.

Liebesäpfel (4): eine Pflanze, die seit den frühesten Zeiten als Aphrodisiakum (»Liebesmittel«) benutzt wurde.

Kapitel 8

Die Braut sehnt sich danach, ihre Zuneigung öffentlich kundzutun. Ab Vers 5 ändert sich die Szene. Endlich sind die beiden vereint. Es gibt eben nichts, was wahre Liebe zerstören kann.

Der Dichter greift gern auf das Bild der schlanken, schnellen Gazelle zurück.

8–9: Die Brüder des Mädchens machen sich Gedanken darüber, wie sie ihre Ehre bewahren können. Sie erklärt, daß sie sie selbst bewahrt hat (10).

11–12: »Weinberg« ist möglicherweise eine poetische Anspielung auf Salomos Harem und all seine Wächter. Mag er ihn behalten. Die Liebe und Hingabe der Braut ist nicht käuflich zu erwerben, sie schenkt sie dem Mann ihrer eigenen Wahl.

Einführung

Alec Motyer

Das Volk Israel hatte einen Staat gegründet. Die Zeit der Sklaverei in Ägypten war vorbei, und Israel hatte inzwischen das Gesetz Gottes empfangen. Es war auf ein Leben im Gehorsam gegen Gott verpflichtet worden und wurde oft daran erinnert, daß es von der Vergebung und der Barmherzigkeit Gottes abhängig war.

Doch Israel versagte immer wieder, diente Götzen und lebte nicht nach Gottes Geboten. Dann mußte das Volk an den Bund mit Gott, an die Erwählung, den eigentlichen Sinn seiner Existenz, erinnert werden.

Der Ruf zum Gehorsam

Um sein Volk immer wieder zu sich zu ziehen, berief Gott die Propheten. Sein Gesetz wurde ja nicht nur übertreten, sondern es geriet sogar in Vergessenheit. Es war nicht mehr die Kraft, die die Menschen und ihr Zusammenleben prägte und bestimmte.

Die Opfer, die ursprünglich als Sühne für Ungehorsam und Schuld dienen sollten, wurden häufig ein billiger Ersatz für ein Leben im Gehorsam gegen Gott. So wurden sie zu bloßen Ritualen, durch die man Gott besänftigen und zufriedenstellen wollte, ohne sich sonst um ihn zu kümmern.

Dagegen wandten sich die Propheten, die Gott berief, um sein Volk immer wieder zu sich zurückzuholen. Solche Opfer, hinter denen nicht auch die Bereitschaft zur Umkehr stand, lehnten sie ab. Manche ihrer Worte gegen diese Art von Opfern lassen den Eindruck entstehen, als lehnten sie Opfer grundsätzlich ab (etwa Jes. 1, 11 ff.; Jer. 7, 21 ff.; Hos. 6, 6; Am. 5, 25; Mi. 6, 6–8). Sie wollten damit jedoch klar machen, daß es Gott in erster Linie um ein Leben im Gehorsam gegen ihn und seine Gebote geht.

Wahre und falsche Propheten

In unserer Zeit gibt es viele einander widersprechende Stimmen, die aber alle behaupten, die Wahrheit zu verkündigen, im Namen Gottes zu sprechen. Wie können wir prüfen, was nun tatsächlich Wahrheit ist?

Die Propheten befanden sich oft in einer ähnlichen Situation und gaben als Maßstab der Wahrheit die Übereinstimmung mit dem in der Schrift geoffenbarten Wort Gottes an. In 5. Mose 13 wird derjenige als falscher Prophet bezeichnet, der die Menschen lehrt, »abzufallen von dem Herrn, eurem Gott, der euch aus Ägyptenland geführt hat . . . und . . . dich von dem Wege abbringen wollte, auf dem du wandeln sollst, wie der Herr, dein Gott, geboten hat«.

Das, was Gott durch Mose verkündigen ließ, war also der Maßstab. Diese Stelle erwähnt im besonderen die Gebote Gottes: Unterwirft sich der Prophet dem Gesetz vom Sinai oder verkündigt er eine neue Moral?

Jer. 23, 9–22 zeigt, daß die falschen Propheten sich in ihrem Leben (V. 9–15) wie in ihrer öffentlichen Verkündigung einer neuen Moral verschreiben und auch ihre Hörer dazu ermutigen. Daraus schließt Jeremia, daß solche Männer nicht im »Rat des Herrn« gestanden haben (V. 18. 22).

Die wahren Propheten beanspruchten dagegen das Vorrecht, zum »Rat des Herrn« zu gehören. Damit ist gemeint, daß ihre Stimme bei Gott Gewicht hat und gehört wird und daß sie enge Gemeinschaft mit Gott haben.

Seher und Prophet

Die Erfahrung dieser Gemeinschaft und der Zugehörigkeit zum »Rat« steht hinter den drei Bezeichnungen für den Propheten, wie sie etwa in 1. Chron. 29, 29 genannt werden.

Das Wort, das wir mit »Prophet« übersetzen, bedeutet »der (von Gott) Berufene«, der den Menschen eine Botschaft Gottes weitergeben muß. Der Berufene wird dabei nicht vor die Wahl gestellt, ob er gehorchen will oder nicht. So heißt es etwa Am. 7, 15, daß Gott Amos »nahm«, damit er »weissage meinem Volk Israel«.

Die beiden anderen hebräischen Bezeichnungen werden mit »Seher« übersetzt. Damit ist gemeint, daß die Propheten durch die Offenbarung Gottes die besondere Gabe des Sehens bekamen: Einsicht in die Wege der Menschen wie auch in die Pläne Gottes.

Diese Bezeichnungen werden im Alten Testament ohne Bedeutungsunterschied verwendet (1. Sam. 9, 9 deutet darauf hin, daß die Worte früher wohl unterschiedliche Bedeutung hatten). Sie drücken jeweils einen Aspekt der Erfahrung des Propheten aus.

»So spricht der Herr«

Die Propheten waren also Männer, denen Gott sich in besonderer Weise offenbarte. Das Amt des Propheten ging nicht wie das des Priesters vom Vater auf den Sohn über. Vielmehr erwählte Gott jeden einzelnen Propheten selbst, und zwar aus den verschiedensten Lebensbereichen. Manche wollten wie Jeremia und Jona zunächst von Gottes Ruf nichts wissen, und zwar erst recht nicht, nachdem sie erfahren hatten, was ihr Auftrag sein sollte.

Die Propheten hatten die Aufgabe, ihren Zeitgenossen eine Botschaft Gottes mitzuteilen (die auch heute noch für uns Bedeutung hat; vgl. Apg. 7, 38). Manchmal unterstrichen sie ihre Botschaft auch durch prophetische Zeichenhandlungen (z. B. Jer. 19; Hes. 4; vgl. auch 2. Kön. 13, 14–19). Meistens trugen sie ihre Botschaften jedoch mündlich vor, und zwar in sorgfältig ausgearbeiteten Reden, die darauf hindeuten, daß ihnen eine Zeit des Nachdenkens und der Vorbereitung vorausging.

Wir erfahren nur sehr wenig darüber, wie die Propheten diese Botschaften empfingen. Oft heißt es nur: »des Herrn Wort geschah« (vgl. Jer. 47, 1; Hes. 17, 1; Sach. 8, 1). Mit »geschehen« wird hier das hebräische Wort für »sein« wiedergegeben. Damit ist gemeint, daß das Wort des Herrn lebendige Gegenwart wurde, womit lediglich etwas über den Inhalt, nicht aber über den eigentlichen Vorgang der Offenbarung gesagt wird.

Wir können dieses Erlebnis der Propheten weder beschreiben noch erklären. Wir können lediglich feststellen, daß die Propheten einerseits den Anspruch erhoben, das, was sie sagten, direkt von Gott empfangen zu haben und daß sie andererseits doch nicht unpersönliche »Sprechautomaten« waren, sondern überaus interessante Persönlichkeiten.

An Jesus Christus können wir sehen, daß der Mensch erst dann wirklich Mensch und eine eigenständige Persönlichkeit ist, wenn er mit Gott ganz eins ist. Durch ihre enge Gemeinschaft mit Gott, ihre Übereinstimmung mit seinem Willen und durch die Hingabe ihres ganzen Lebens an ihn konnten die Propheten reifen und zu Persönlichkeiten werden und zugleich durch besondere Offenbarung und Inspiration in einzigartiger Weise zum Sprachrohr Gottes werden (vgl. 2. Mose 4, 15–16; 6, 28 – 7, 1).

Gegenwart und Zukunft

Die Propheten waren nicht über Raum und Zeit erhaben, sondern wurden von Gott in geschichtliche Situationen hineingeschickt, und zwar oft in Zeiten der Krise.

Amos sprach in einer Zeit, als finanzieller Überfluß und religiöser Formalismus zum gesellschaftlichen und sittlichen Verfall führten (vgl. Am. 3, 15 – 4, 1; 4, 4–5; 2, 6–8).

Zur Zeit Hoseas befanden sich die überkommenen gesellschaftlichen Formen in einem Auflösungsprozeß.

Jesaja predigte einem Volk, dem Gott mit der prophetischen Botschaft die letzte Möglichkeit zur Umkehr anbot (vgl. Jes. 6, 9 ff.).

Jeremia trat in der letzten Zeit vor dem schrecklichen Ende Jerusalems auf, und Hesekiels Wirken fällt in die erste Zeit des zermürbenden Exils.

Sie alle traten im Namen des Gottes auf, der die menschliche Geschichte nicht einfach aus der Ferne beobachtet, sondern sie ganz und gar bestimmt und beherrscht. Daher deuteten die Propheten nicht nur die Vergangenheit (Am. 4, 6 ff.) und zeigten nicht nur die Tendenz der gegenwärtigen Lage auf (Jes. 5, 11–13), sondern verkündigten vor allen Dingen, was Gott in absehbarer Zeit zu tun gedachte.

Diese Ankündigung zukünftiger Ereignisse war eine wesentliche Folge ihrer Gemeinschaft mit dem Herrn der Geschichte (vgl. etwa Am. 3, 7). In seiner Gegenwart fühlten sie sich genötigt, die entscheidende Frage, »Wie lange, o Herr?«, zu stellen und auf seine Antwort zu warten (vgl. Jes. 6, 11). Diese Antwort verkündigten sie aber nicht, um die Neugier der Menschen in bezug auf die Zukunft zu befriedigen. Vielmehr wollten sie damit die Menschen zur Vernunft bringen und zur Umkehr treiben.

Die Mauern Jerusalems: Die Propheten betrachteten sich als Wächter, die vor drohendem Unheil warnten.

Die typisch prophetische Art, zukünftige Ereignisse anzukündigen, zeigt sich an den Worten Johannes des Täufers, des letzten großen Propheten. Er sagte nicht: »Tut Buße, damit das Himmelreich herbeikommen kann.« Er sagte vielmehr: »Tut Buße, denn das Himmelreich ist nahe herbeigekommen« (Matth. 3, 2). Zukünftige Ereignisse gelten schon als Tatsachen und fordern die sofortige Umkehr der Menschen (vgl. Jes. 2, 5. 10. 22; 3, 1 ff.; 31, 6–7; usw.).

Die Botschaft der Propheten

Gott ist der Herr der Geschichte und ruft die Menschen zur Umkehr. Das sind zwei wesentliche Themen der Propheten, die zusammen mit drei weiteren im Mittelpunkt ihrer Verkündigung stehen.

- **Gott ist der Herr der Geschichte.** Diesen Gedanken nahmen die Propheten so ernst, daß sie selbst die mächtigsten Reiche ihrer Zeit als bloße Werkzeuge in der Hand des allmächtigen Gottes ansehen konnten (Jes. 10, 5–15). Habakuk erscheint dieser Gedanke allerdings problematisch (1, 5–11. 12–17): wie kann der heilige Gott unheilige, verdorbene Werkzeuge benutzen? Als einzige Antwort auf diese Frage bekennt die Bibel nur um so entschiedener, daß Gott die ganze Welt in seiner Hand hat und auch Sünder so einsetzen kann, daß sie letztlich seinem Willen folgen müssen (vgl. 2. Kön. 19, 25. 28; Hes. 38, 3–4. 10–11. 16; 39, 2–3).

- **Das Wichtigste für den Menschen: mit Gott im reinen zu sein.** Da in letzter Konsequenz Gott alles bestimmt, kommt es nicht in erster Linie darauf an, die besten und stärksten Verbündeten unter den Menschen zu haben (vgl. Jes. 30, 1–2; Hos. 5, 13), sondern auf der Seite Gottes zu stehen und mit ihm ins reine zu kommen (vgl. Jes. 30, 15). Gott ist ständig darum bemüht, sein Volk wieder zu sich zu ziehen (Am. 4, 6–11), und die Propheten rufen die Menschen dazu auf, sich für die Begegnung mit Gott bereitzumachen (Am. 4, 12).

● **Religion und Glaube müssen sich im Leben zeigen und bewähren.** Jeremia lehnte eine veräußerlichte Religion ab, die keine Auswirkungen auf die Lebensführung hatte (7, 1–15). Die Propheten betonen immer wieder, daß die Menschen nach Gottes Maßstäben und Geboten leben müssen, um mit ihm im reinen zu sein. Dann wird gleichzeitig ihr soziales Leben in Ordnung kommen. Wenn die Menschen dagegen in Gottesferne leben, ist letztlich auch ihr Verhältnis untereinander gestört (vgl. Am. 2, 7–8 mit 9–12).

● **Gerichtsankündigung und Zuspruch sind miteinander verbunden.** Wenn die Propheten die Vorgänge ihrer Zeit deuten, wird immer wieder deutlich, daß das Gericht Gottes unvermeidlich kommen muß. Und doch leuchtet dann plötzlich ein Hoffnungsstrahl auf, auch wenn die Lage hoffnungslos zu sein scheint (Jes. 6, 13; 28, 5; 29, 5; 31, 5; Am. 9, 11 ff. usw.)

Dieses Ineinander von Dunkelheit und Licht, Gericht und Zuspruch in der prophetischen Verkündigung ist nicht nur eine Tatsache, sondern zugleich eine Notwendigkeit, da die Propheten im Namen Jahwes sprachen, des Herrn, der sein Volk errettet und seine Feinde richtet.

● **Das messianische Reich.** Unter dieser Bezeichnung fassen wir all das zusammen, was Gott seinem Volk für die Zukunft an Herrlichem verheißen hat. In jener Zeit wird das Bundesverhältnis zwischen Gott und seinem Volk endlich vollkommen sein (Jes. 54, 10; Jer. 31, 31 ff.; Hes. 37, 26 f.). Im Mittelpunkt der Verheißungen steht die Ankündigung einer bestimmten Person, des Messias. Er ist:

Der neue »David«	Hes. 37, 24
Die »Wurzel« aus Davids Stamm	Jes. 11, 1; Jer. 23, 5–6; 33, 14–16; Sach. 3, 8; 6, 12 Jes. 4, 2
Immanuel, »Gott mit uns«	Jes. 7, 14
Der »starke Gott« auf Davids Thron	Jes. 9, 6–7
Der Knecht, der für die Sünden seines Volkes stirbt	Jes. 53
Der Herr selbst, der seinen Boten vorausschickt	Mal. 3, 1
Geboren in Bethlehem	Micha 5, 1
Geboren von einer Jungfrau	Jes. 7, 14

Die Erfüllung dieser Verheißungen in Jesus Christus ist für uns die Bestätigung der Verkündigung der Propheten. Wie lohnend wird es daher für uns sein, ihre Schriften zu lesen, denn Jesus zeigte selbst, daß wir ihn ohne sie nicht verstehen und verkündigen können (vgl. Luk. 24, 27; 32, 44–48)!

Die Umwelt der Propheten

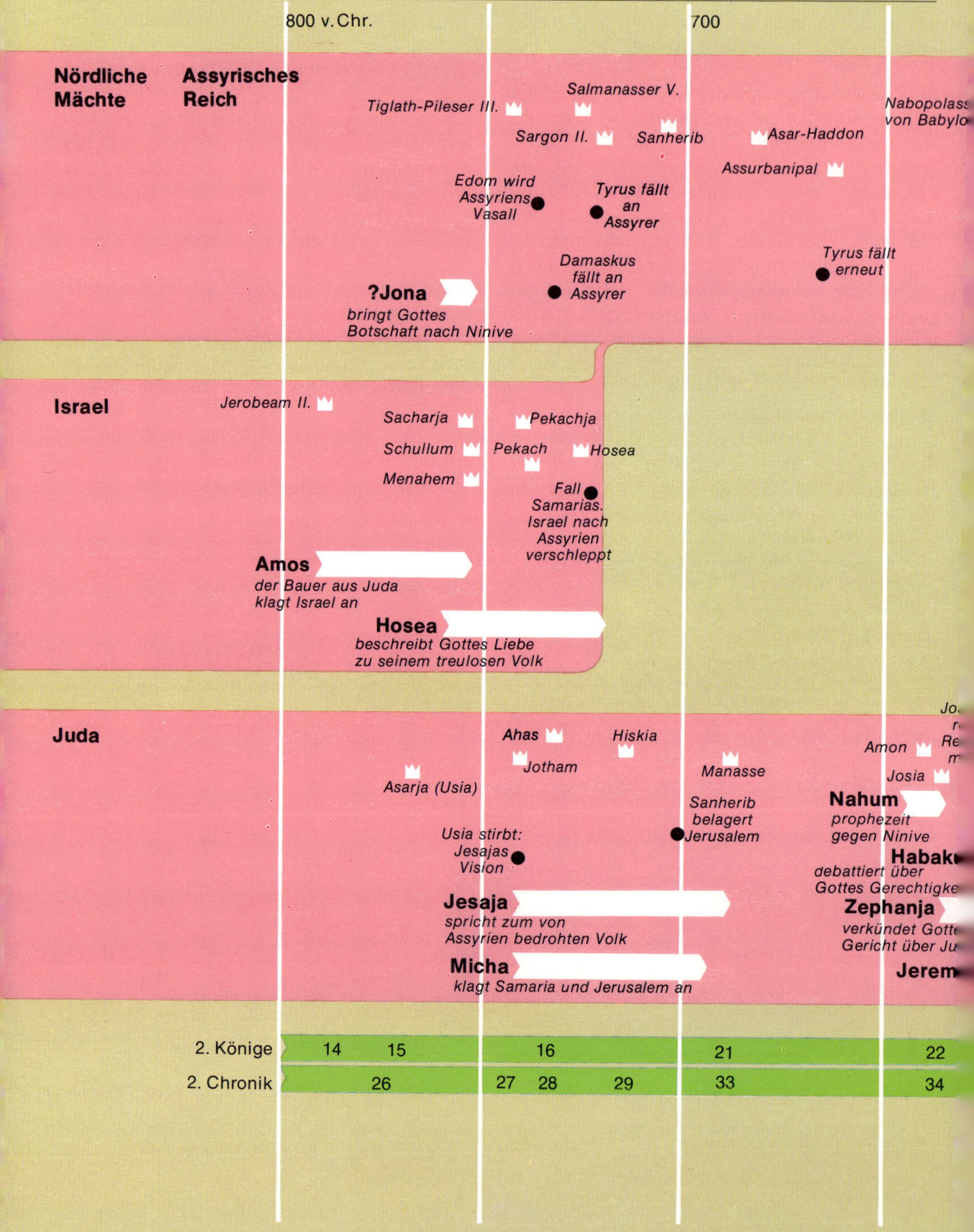

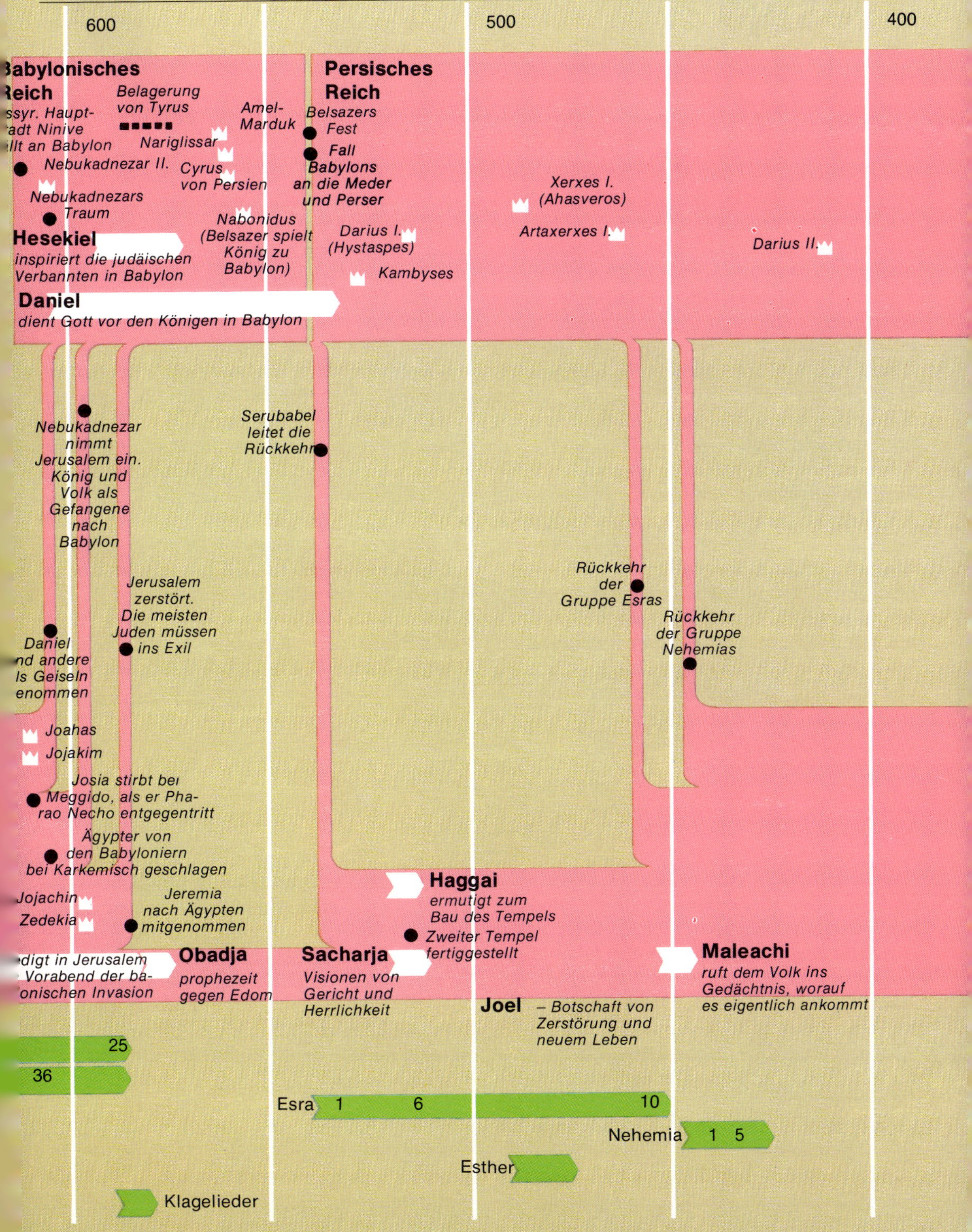
600
500
400
Babylonisches Reich
ssyr. Haupt-
adt Ninive
llt an Babylon
Belagerung von Tyrus
Amel-Marduk
Nariglissar
Nebukadnezar II.
Cyrus von Persien
Nebukadnezars Traum
Nabonidus (Belsazer spielt König zu Babylon)
Hesekiel
inspiriert die judäischen Verbannten in Babylon
Daniel
dient Gott vor den Königen in Babylon
Persisches Reich
Belsazers Fest
Fall Babylons an die Meder und Perser
Darius I. (Hystaspes)
Kambyses
Xerxes I. (Ahasveros)
Artaxerxes I.
Darius II.
Nebukadnezar nimmt Jerusalem ein. König und Volk als Gefangene nach Babylon
Serubabel leitet die Rückkehr
Jerusalem zerstört. Die meisten Juden müssen ins Exil
Daniel
nd andere
ls Geiseln
enommen
Rückkehr der Gruppe Esras
Rückkehr der Gruppe Nehemias
Joahas
Jojakim
Josia stirbt bei Meggido, als er Pharao Necho entgegentritt
Ägypter von den Babyloniern bei Karkemisch geschlagen
Jojachin
Zedekia
Jeremia nach Ägypten mitgenommen
Haggai
ermutigt zum Bau des Tempels
Zweiter Tempel fertiggestellt
edigt in Jerusalem
Vorabend der ba-
onischen Invasion
Obadja
prophezeit gegen Edom
Sacharja
Visionen von Gericht und Herrlichkeit
Joel
– Botschaft von Zerstörung und neuem Leben
Maleachi
ruft dem Volk ins Gedächtnis, worauf es eigentlich ankommt
25
36
Esra 1 6 10
Nehemia 1 5
Esther
Klagelieder

Jesaja

Die Propheten. Das Jesajabuch ist das erste der prophetischen Bücher, des dritten großen Teils des A. T., der insgesamt 17 Bücher umfaßt. 16 Propheten werden mit Namen genannt, ein Buch ist anonym und wird als »Klagelieder« bezeichnet (in manchen Übersetzungen wird es in Anlehnung an die Septuaginta »Klagelieder Jeremias« genannt). Jesaja, Jeremia, Hesekiel und Daniel werden die »großen Propheten« genannt. Hosea, Joel, Amos, Obadja, Jona, Micha, Nahum, Habakuk, Zephanja, Haggai, Sacharja und Maleachi heißen »kleine Propheten«.

Die prophetischen Bücher entstanden in der Zeit des nationalen Verfalls, des Exils und der Rückkehr in die Heimat. Insgesamt umfassen sie einen Zeitraum von 250–300 Jahren. Die meisten wenden sich vor allem an das Südreich, Juda: Jesaja, Joel und Micha vor der Eroberung Jerusalems durch die Babylonier (575 v. Chr.), Jeremia, Habakuk und Zephanja während der Eroberung und der Exilszeit, Haggai, Sacharja und Maleachi während der Zeit der Rückkehr (nach 538 v. Chr.). Hosea und Amos wurden nach Israel gesandt, dem Nordreich, das 722 v. Chr. von den Assyrern erobert wurde. Jona und Nahum hatten eine Botschaft für Ninive, die Hauptstadt der Assyrer. Daniel trat in Babylon auf, Hesekiel wandte sich an die Juden im babylonischen Exil und Obadja an die Edomiter, die alten Feinde Israels.

Gott übertrug diesen Propheten eine schwere und oft sogar gefährliche Aufgabe. Zum größten Teil mußten sie versuchen, das Volk in letzter Minute vor dem Sturz in den Abgrund zu bewahren. Sie erinnerten es an das bevorstehende Gericht Gottes und riefen zur Buße auf. Und nach einem Sturz in den Abgrund war es ihre Aufgabe, die Überlebenden zu trösten, indem sie sie an Gottes Liebe, die nie aufhört, und an seinen Plan für sein Volk erinnerten. Alle Propheten waren ohne Ausnahme davon überzeugt, daß sie eine Botschaft von Gott zu überbringen hatten. Daher konnten sie auch ihr Leben dafür aufs Spiel setzen.

Das Buch Jesaja. Jesaja ist zwar nicht der erste der Propheten, aber einer der größten, und das Buch verdient daher seinen Platz als erstes der prophetischen Bücher. Nur in der Johannesoffenbarung finden wir eine ähnlich großartige Schau Gottes und der Herrlichkeit, die er für sein Volk bereithält.

Jesaja lebte im 8. Jahrhundert v. Chr. in Jerusalem (vgl. den Artikel »Die Bedrohung durch die Assyrer« auf S. 395 zum zeitgeschichtlichen Hintergrund). Im 6. Kapitel berichtet Jesaja über seine Berufung, die im Todesjahr des Königs Usia erfolgte (um 740 v. Chr.). Er wirkte über 40 Jahre lang, in der Regierungzeit der Könige Jotham, Ahas und Hiskia. Möglicherweise erlebte er noch die schreckliche Zeit unter Manasse. Er wußte von Anfang an, daß er kein Gehör finden würde, aber er erlebte wenigstens einen großen Triumph: Als Jerusalem im Jahr 701 v. Chr. von den Assyrern unter Sanherib belagert wurde, folgte König Hiskia einem Rat Jesajas und konnte damit die Stadt retten (Kapitel 36–37).

Das Wirken Jesajas war von seiner ersten Vision Gottes in all seiner Herrlichkeit geprägt (Kap. 6). Er hatte Gott als den »Heiligen Israels« gesehen. Das konnte er nie vergessen. Andererseits hatte er die abstoßende Wirklichkeit

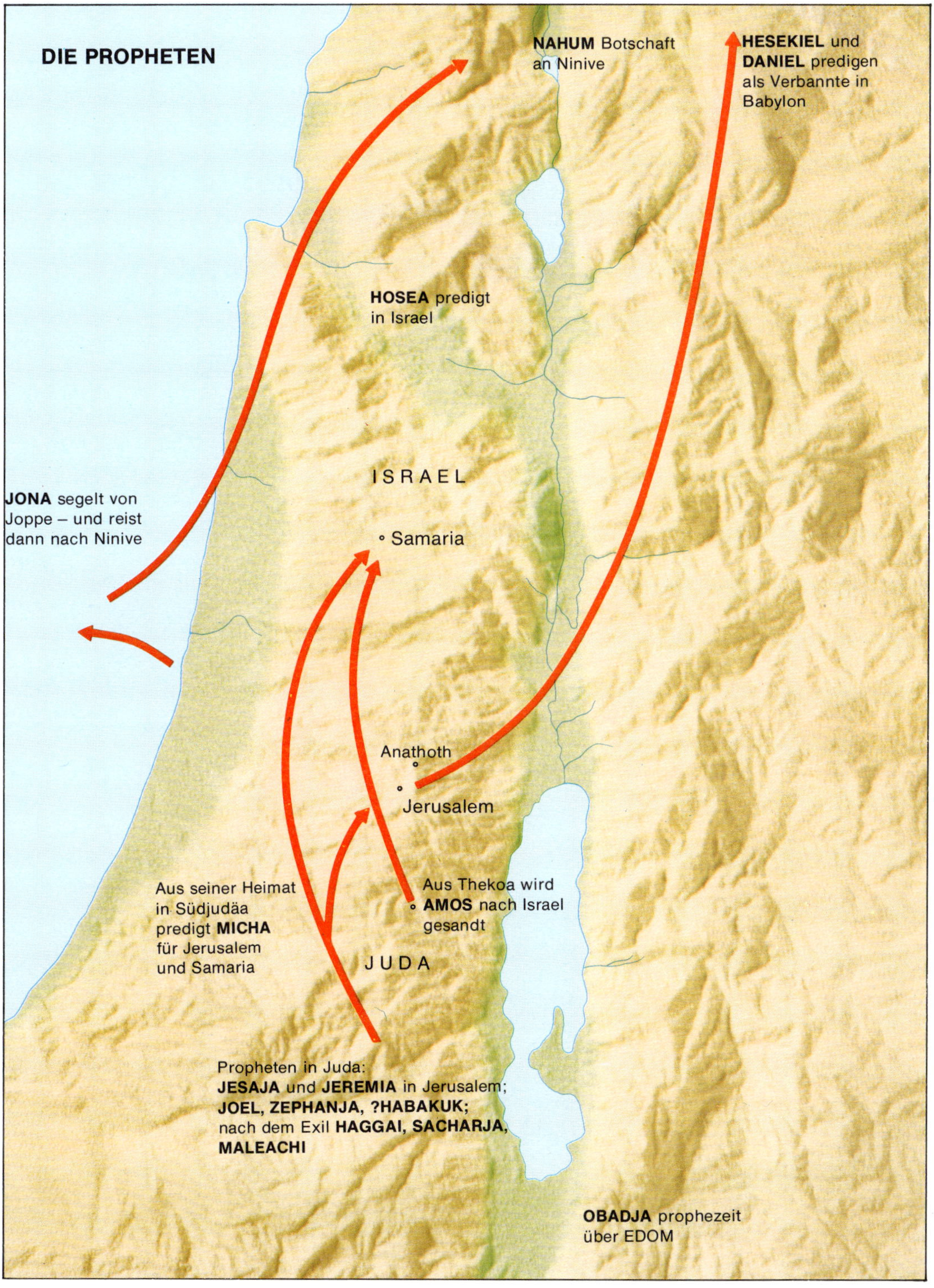
DIE PROPHETEN
NAHUM Botschaft an Ninive
HESEKIEL und DANIEL predigen als Verbannte in Babylon
HOSEA predigt in Israel
ISRAEL
JONA segelt von Joppe – und reist dann nach Ninive
Samaria
Anathoth
Jerusalem
Aus Thekoa wird AMOS nach Israel gesandt
Aus seiner Heimat in Südjudäa predigt MICHA für Jerusalem und Samaria
JUDA
Propheten in Juda: JESAJA und JEREMIA in Jerusalem; JOEL, ZEPHANJA, ?HABAKUK; nach dem Exil HAGGAI, SACHARJA, MALEACHI
OBADJA prophezeit über EDOM

menschlicher Sünde gesehen, die sich ihm unauslöschlich einprägte. Er hatte Vergebung erfahren und war von Gott in Dienst genommen worden. Sein Leben lang verkündigte er Gottes Gerechtigkeit, warnte vor dem Gericht über die Sünder und tröstete sein Volk, indem er es an Gottes Liebe, seine Vergebungsbereitschaft und all den Segen für seine Getreuen erinnerte.

Das Buch Jesaja enthält eine Sammlung von Visionen und Reden, die aus verschiedenen Lebensabschnitten des Propheten stammen. Es ist nicht immer leicht zu verstehen. Einmal sind uns Sprache und Wesen eines Propheten und Visionärs nicht vertraut. Zum andern wissen wir nicht, nach welchen Grundsätzen der Stoff so zusammengestellt wurde, wie er uns heute vorliegt. Manches wurde nach der zeitlichen Abfolge zusammengestellt, anderes nach Themen. Außerdem springen die Gedanken des Sehers oft unvermittelt von einem Zeitabschnitt zum andern. Einmal beschreibt Jesaja Gottes Gericht über das Jerusalem seiner Zeit, das durch die Assyrer bedroht wird, dann wendet er sich plötzlich dem großen Endgericht Gottes über alles Böse zu. So deutet er dann seine Zeit im großen Zusammenhang der Weltgeschichte überhaupt.

Wir wissen nicht, wie das Buch schließlich zusammengestellt wurde. Zweifellos schrieb Jesaja zumindest einige seiner Prophezeiungen selbst auf (vgl. 30, 8 und den Gebrauch der ersten Person in Kap. 6 und 8). In den letzten Jahrzehnten gab es viele Diskussionen über die Unterschiede zwischen den Kapiteln 1–39 und 40–66. Viele Theologen nehmen an, daß das Buch mehr als einen Verfasser hat. Möglicherweise wurden dann die verschiedenen Teile schon früh auf eine Schriftrolle geschrieben, so daß auch das Neue Testament von einem Verfasser ausgeht. Diese Theorie muß vor allem deshalb in Frage gestellt werden, weil sie von der Voraussetzung ausgeht, daß die prophetischen Bücher keine echten Voraussagen über die Zukunft enthalten können. Jesaja hätte – so sagt man – im 8. Jahrhundert nicht mit solcher Genauigkeit Ereignisse vorhersagen können, die erst lange nach seinem Tod eintraten (u. a. die Eroberung Babylons durch den Perserkönig Cyrus, 44, 28 ff.). Diese Voraussetzung steht aber im Widerspruch zu den Grundgedanken von Jes. 40–48: Gott zeigt, daß er allein Gott ist, indem er schon im voraus ankündigt, welche Ereignisse nach seinem Plan in der Zukunft eintreten werden.

1–5 GOTTES BOTSCHAFT AN JUDA UND JERUSALEM

1 Die Verdorbenheit Judas

Obwohl Jerusalem erst 587 v. Chr. endgültig zerstört wurde, hatte das Volk schon zur Zeit Jesajas den Tiefpunkt erreicht. Es hat Gott abgelehnt. Nun hat Gott genug von dem sittlichen Verfall, der sozialen Ungerechtigkeit und der religiösen Heuchelei. Und doch bietet er immer noch Vergebung an (18). Ein schreckliches Gericht wird über die kommen, die ihn auch jetzt noch ablehnen.

Das Gesicht (1): Jesaja beschreibt, was Gott ihn mit seinem inneren Auge schauen läßt. Mit »Amos« ist nicht der Prophet Amos gemeint.

Der Heilige in Israel (4): Jesajas typische Bezeichnung Gottes, die in der Bibel außer bei ihm nur noch zwei Mal vorkommt.

Vers 7–9: Die Assyrer haben Juda verwüstet. Das Nordreich ist schon untergegangen. Nur Jerusalem, die »Tochter Zion«, besteht noch. 1. Mose 19 wird die Zerstörung von Sodom und Gomorra, der völlig verderbten Städte südlich des Toten Meeres, beschrieben.

Neumond und Sabbat (13): Der erste Tag jedes Monats und der wöchentliche Sabbat waren Feiertage.

Eichen (29): Damit sind die Haine gemeint, wo die Riten der Kanaanäer stattfanden.

»Wenn eure Sünde rot ist wie Scharlach« – scharlachrote Wolle wird hier in Hebron zum Trocknen aufgehängt.

2–4 Der bevorstehende Tag des Herrn: Frieden und Gericht

In diesen Kapiteln spricht Jesaja von der fernen Zukunft, in der Jerusalem für alle Völker die Stadt Gottes sein wird (2, 1–5). Vorher wird Gott jedoch über alle Bosheit und allen Stolz seines Volkes Gericht halten (2, 6 – 4, 1), denn in der neuen Stadt ist kein Raum für das Böse. Nur die, die Gott treu geblieben sind, werden diese Zeit erleben (4, 2–6). Dieses Thema wird in Kap. 11–12 noch weiter ausgeführt.

Der Berg (2, 2): Zion, d. h. Jerusalem.

2, 6: Magie (die in 3. Mose 19, 31 verboten wird) und Bündnisse mit anderen Völkern führten zu Götzendienst.

2, 13: Symbole des Stolzes.

Der Weinberg (3, 14): Bild für das Volk; vgl. Kap. 5.

Glatze (3, 24): Man scherte das Haupt als Zeichen der Trauer oder der Demütigung.

4, 1: So viele Männer waren im Kampf umgekommen, daß die Frauen versprachen, sich selbst zu versorgen (etwas vollkommen Neues zu jener Zeit), damit sie überhaupt einen Mann bekamen.

Frucht (4, 2): Aus den alten Wurzeln erwächst eine neue Frucht. Mit diesem Bild wird die Wiedergeburt der Volksgemeinschaft dargestellt.

4, 5: Wolke und Feuerglanz waren die Zeichen der Gegenwart Gottes beim Zug durch die Wüste (2. Mose 13, 21).

5 Das Weinberglied

Das jüdische Volk ist der Weinberg Gottes. Er hat alles getan, um eine reiche Ernte zu bekommen. Doch die Trauben sind bitter. Gott will daher den Weinberg aufgeben (allerdings nicht für immer; vgl. Kap. 27). Jesus verwendet in Matth. 21, 33–41 dasselbe Bild.

In diesem Abschnitt verurteilt Jesaja wieder Stolz, Überfluß, Trunksucht und Ungerechtigkeit. Gott wird das Zeichen für den Ansturm der Feinde – Assyrer und Babylonier – geben, der Juda zerstören wird (26 ff.).

6 VISION UND BERUFUNG JESAJAS

Vgl. hierzu auch die Einführung auf S. 376. Jesaja hatte viele Visionen, aber keine kam dieser gleich. Sein Leben lang zehrte er davon, daß er Gott gesehen, seine Vergebung erfahren hatte und von ihm ausgesandt worden war. Und er brauchte diese Kraft, denn er wurde zu einem Volk gesandt, das seine Warnungen nicht hören wollte (9–10), und ins Exil geführt werden würde (11–12). Dennoch bestand noch Hoffnung: der Kern eines neuen Volkes würde überleben (13).

Vers 9–10: Hier stoßen wir, wie so oft im Alten Testament, auf eine Besonderheit des Hebräischen: von einem Ergebnis wird wie von einer Absicht gesprochen. Gott wollte, daß sein Volk Buße tat. Deshalb sandte er ja Jesaja zu ihm, der es vor dem Gericht erretten sollte. Aber sie wollten nicht auf ihn hören.

7–12 GEGENWART UND ZUKUNFT

7 Der Feind aus dem Norden: Gott warnt König Ahas

Der neue König Ahas, der um 735 an die Macht gekommen war, hatte sich Gott widersetzt (vgl. 2. Kön. 16). Das hatte zur Folge, daß sein Reich nun von allen Seiten angegriffen wurde. Als er es ablehnte, sich mit Israel und Syrien gegen Assur zu verbünden, griffen sie Juda an. Zu diesem Zeitpunkt kommt nun Jesaja mit Gottes Botschaft zu Ahas (3–9). In dieser Notlage wendet sich Ahas jedoch an die Assyrer um Hilfe und nicht an Gott. Doch Assyrien wird bald zum »Schermesser« (20) in Gottes Hand werden, das ihm Stolz und Kraft »abscheren« wird.

Haus David (2): der Königshof.

Ephraim und Syrien (2 und 5 ff.): Damaskus war die Hauptstadt Syriens (das damals Aram hieß). Wie angekündigt, wurde das Reich 732 von den Assyrern erobert. Mit Ephraim ist das Nordreich Israel gemeint, das ebenfalls von den Assyrern besiegt wurde (734–722 v. Chr.).

Schear-Jaschub (3): Dieser Name bedeutet: »Ein Rest wird zurückkehren«. Die Namen der beiden Söhne Jesajas dienten als ständige Erinnerung an den Inhalt seiner Verkündigung; vgl. Kap. 8 und die Anmerkungen zu 10, 20.

Acker des Walkers (3): Der Walker reinigte oder bleichte Kleider und mußte daher in der Nähe fließenden Wassers arbeiten.

Vers 14–16: Dieses Zeichen scheint sowohl für die Gegenwart als auch für die Zukunft Bedeutung zu haben. a) Nur noch wenige Jahre wird die Bedrohung durch Israel und Damaskus andauern, so lange nämlich, bis ein jetzt empfangenes Kind zwischen Gut und Böse unterscheiden kann. b) Eines Tages wird ein Kind geboren werden, das wirklich Immanuel, »Gott mit uns«, sein wird (vgl. Matth. 1, 23).

Butter und Honig (15, 22): In dem verwüsteten Land werden die Menschen sich von dem ernähren müssen, was sie vom Vieh und von den Bienen bekommen können.

8 Jesajas Familie als Zeichen

Gott kann seine Botschaft auf ganz verschiedene Weise offenbaren. In diesem Fall soll der Name von Jesajas kleinem Sohn ausdrücken, daß Damaskus und das Nordreich Israel ihrem Untergang entgegengehen. Doch auch Juda und Jerusalem selbst werden nicht verschont bleiben (vgl. Kap. 36–37).

Die Prophetin (3): Jesajas Frau.

Siloah (6): Damit ist wohl eine Wasserleitung außerhalb Jerusalems gemeint. Der Siloahtunnel Hiskias bestand zu jener Zeit noch nicht.

Der Strom (7): der Euphrat.

8, 23 – 9, 7 Der Friedefürst

Mit dieser Vision führt Jesaja seine Hörer weit in die Zukunft hinein. Die Stämme Sebulon und Naphtali in Galiläa (8, 23) wurden als erste von den Assyrern besiegt. Sie werden auch als erste das Licht sehen: die Befreiung durch den Friedefürsten.

Der Weg am Meer (8, 23): die Hauptverkehrsstraße zwischen Ägypten und Syrien ging durch Galiläa.

Am Tage Midians (9, 3): der Tag des großen Sieges Gideons über die Midianiter (Richt. 7).

9, 8 – 10, 4 Gott warnt Israel

Jesaja kehrt nun ohne Überleitung zur Gegenwart zurück. Das Nordreich Israel wird wegen Hochmut und Stolz, Ungerechtigkeit und Unterdrückung verurteilt. Es war schon einmal gewarnt worden und hatte trotzdem nicht Buße getan. Nun kann Gott es nicht mehr verschonen.

(Die Assyrer nahmen viele der Bewohner des Nordreichs schon im Jahr 734 gefangen, aber Samaria hielt noch bis 722 aus. Gott hatte Amos und Hosea, einen Zeitgenossen Jesajas, zu Israel gesandt, doch es hörte nicht auf sie.)

Diese Gerichtsankündigung besteht aus vier Strophen, die alle mit demselben Kehrvers aufhören (11. 16. 20; 10, 4).

10, 5–34 Gott sendet die Assyrer gegen sein Volk

Gott nimmt ein stolzes und grausames Volk in Dienst, um sein Volk zu strafen. Doch auch Assyrien wird einmal für seine Grausamkeit bestraft werden. Selbst mitten im Gericht verliert Gott seinen Heilsplan nicht aus den Augen. Ein Rest seines Volkes wird überleben, ihm vertrauen und dienen.

Vers 9: Städte und Stadtstaaten, die von den Assyrern erobert wurden.

Die Übriggebliebenen (20): ein zentrales Thema bei Jesaja. Schon bei seiner Berufung war von einem Rest, einem Stumpf, die Rede (6, 13), und die Hoffnung, die sich mit diesem Gedanken verbindet, zieht sich auch durch die schrecklichsten Gerichtsbotschaften hindurch. Dieser Rest wird in der Zukunft die Erfüllung aller herrlichen Verheißungen erleben.

Vers 26: vgl. Richt. 7 und 2. Mose 14.

Vers 29 ff.: Gibea, das etwas nördlich von Jerusalem liegt, war die Hauptstadt Sauls. Die Heimat Jeremias, Anathoth, liegt östlich von Jerusalem. Jesaja beschreibt hier einen Angriff auf Jerusalem aus dem Norden. Sanherib griff dann aber von Lachisch her an, also aus südwestlicher Richtung.

11–12 Der Messias und sein Reich

Dieses Thema wurde schon in früheren Abschnitten angesprochen (2, 2–4; 4, 2–6; 9, 1–7) und wird nun hier weiter ausgeführt. Der zukünftige König wird von David abstammen (Isai, 1, war Davids Vater). Er wird den Geist Gottes empfangen und wird so gerecht und treu sein wie Gott selbst. Sein Reich wird frei sein von allem Bösen und aller Feindschaft. Gottes Volk wird sich dort versammeln und Gott danken. Jesaja spricht hier in irdischen Bildern von einer neuen Erde, die vollkommen verwandelt sein wird (vgl. 65, 17 ff. und Offbg. 21).

13–23 GOTT WARNT DIE NATIONEN VOR DEM GERICHT

Dies ist eine Zusammenstellung von Gerichtsankündigungen gegen fremde Völker aus verschiedenen Zeitabschnitten. Gottes Wirken beschränkt sich nicht auf Israel, denn er war und ist der Herr über die ganze Welt.

13 – 14, 23 Babylon

Vgl. auch Kap. 46–47. Zur Zeit Jesajas waren die Babylonier dabei, sich ihre Unabhängigkeit von den Assyrern zu erkämpfen. Hier blickt Jesaja nun 100 Jahre über die Gegenwart hinaus und sieht dieses Volk auf der Höhe seiner Macht, dann aber auch seinen Untergang. 539 wurde Babylon von den Medern und Persern unter Cyrus erobert. Xerxes zerstörte die Stadt dann im Jahr 478 ganz, und im 4. Jahrhundert v. Chr. ging sie endgültig unter. Im Neuen Testament wird Babylon zum Symbol der Ablehnung Gottes durch den Menschen (Offbg. 17; zugleich der verschlüsselte Name für Rom).

Ophir (13, 12): vgl. die Anmerkung zu 1. Kön. 9, 28.

Der König von Babel (14, 4): Dieses Spott- und Siegeslied wendet sich nicht an einen speziellen König, sondern an die ganze Dynastie und damit auch an das ganze Reich.

14, 13: Diese Gedanken führten zum Untergang des alten Babel (1. Mose 11, 1–9).

14, 24–27 Assyrien

Auch Assyriens Schicksal ist schon besiegelt (vgl. die Anmerkungen zu 10, 5–34). Die Babylonier werden dieses mächtige Reich besiegen.

14, 28–32 Die Philister

Um 716 versuchen die Philister, die alten Feinde Israels, die in der Küstenebene ansässig sind, Juda zu einem Aufstand gegen die Assyrer zu bereden. Aber obwohl die Assyrer zu dieser Zeit in Schwierigkeiten sind, sind sie noch lange nicht am Ende (29. 31). Die Philister werden untergehen. Gottes Volk muß lernen, ihm und nicht menschlichen Bündnissen zu vertrauen.

15–16 Moab

Die Moabiter galten als die Nachkommen Lots, des Neffen Abrahams. Sie lebten in dem Gebiet östlich des Toten Meers. Ihr Verhältnis zu Israel war oft recht gut gewesen. Der Anblick des Leids, das über die Moabiter kommen wird, soll das Mitleid Israels hervorrufen (15, 5). Die Moabiter bitten die Bewohner Judas um Hilfe, und Gott fordert sein Volk auf, die Flüchtlinge bei sich aufzunehmen (16, 1–5).

Die moabitischen Städte wurden auf verschiedenen Feldzügen von den Assyrern und später auch von den Babyloniern unter Nebukadnezar erobert.

15, 1–9: Alle Städte, die hier genannt werden, liegen in Moab. Der Nebo ist der Berg, von dem Mose das gelobte Land sehen durfte. Der »Weidenbach« war wohl die Grenze zwischen Moab und Edom.

Jedes Haupt . . . (15, 2): vgl. die Anmerkung zu 3, 24.

Sela (16, 1): »Fels«; moabitischer Ort unbekannter Lage oder aber einfach »das Felsengebirge«.

Der Weinstock von Sibma (16, 9 ff.): der Name dieses Weinanbaugebiets wird hier als Symbol des Reichtums verwendet.

Eines Tagelöhners Jahre (14): Ein Tagelöhner arbeitet auf keinen Fall über seine vertraglich festgelegte Zeit hinaus. Man könnte also übersetzen: »in höchstens 3 Jahren«.

17 Damaskus

Vgl. die Anmerkungen zu Kap. 7. Als König Ahas von Juda die Assyrer um Hilfe gegen Syrien und Israel bat, griffen diese die Syrer an. Bei diesen Angriffen wurde Damaskus geplündert. König Rezin von Syrien fand den Tod. Mit Da-

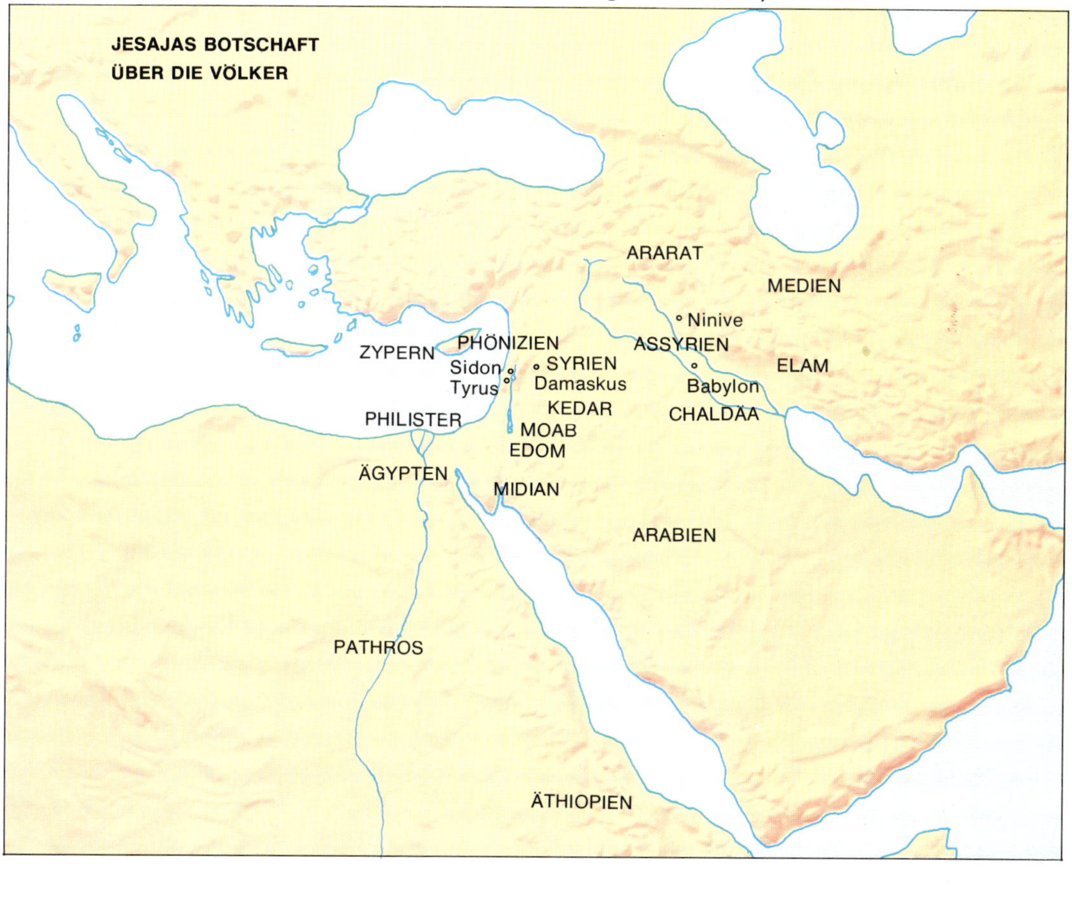

maskus wird hier auch Israel verurteilt, weil es sich mit den Syrern gegen Juda, den eigenen Bruder, zusammengeschlossen hat.

Bilder der Aschera . . . (8): Kultbilder und Altäre der Kanaanäer.

Hewiter, Amoriter (9): Stämme, die von Israel während der Eroberung Kanaans vernichtet wurden.

18 Kusch/Äthiopien

Damit ist das Gebiet des heutigen Sudan gemeint. Zur Zeit Jesajas wurde Ägypten von einer äthiopischen Dynastie regiert. Gott wird in letzter Minute die Bedrohung durch die Assyrer abwenden (5–6; vgl. 37, 36 ff.). Dann werden die Bewohner dieses Landes Gott aus Dankbarkeit Geschenke senden (7).

In den Prophetenbüchern wird Israel immer wieder im Bild des Weinbergs dargestellt (vgl. auch S. 546).

19 Ägypten

Jesaja kündigt das Ende Ägyptens an, das durch innere Streitigkeiten, Eroberung, wirtschaftlichen Bankrott und unfähige Führer ausgelöst wird. Ägypten wurde von den Assyrern besiegt, als Sanherib Jerusalem belagerte (701 v. Chr.). Weitere Niederlagen gipfelten in der Plünderung Thebens im Jahr 663, wobei die Assyrer wertvolle alte Tempelschätze raubten. Doch bei Gott dient das Schwert letztlich nicht der Zerstörung, sondern als Heilmittel. In Vers 16–24 wird sein letztes Ziel, die Bekehrung Ägyptens, offenbart. »Zu der Zeit« (d. h. am Tag des Gerichts) wird Gott endgültig über die ganze Welt Recht sprechen, den einen zum Heil, den andern zum Gericht. Aus dem Neuen Testament wissen wir, daß das am Tag der Wiederkunft Christi geschehen wird.

Nach dem Untergang Jerusalems im Jahr 587

entstanden in Ägypten und Assyrien einige bedeutende jüdische Siedlungen, und in Leontopolis in Ägypten wurde um 170 v. Chr. sogar der jüdische Tempel nachgebaut. Allerdings sieht Jesaja in seiner Vision, die noch weiter in die Zukunft reicht, weit größere und herrlichere Entwicklungen voraus.

Zoan (11): ... Noph (13): beide waren einst Hauptstädte Ägyptens. Zoan lag im Nildelta, Noph (Memphis) etwas weiter südlich.

Ir-Heres (18): wahrscheinlich »Sonnenstadt« (= Heliopolis), das Zentrum des ägyptischen Sonnenkultes.

20 Ägypten und Äthiopien

Das »Jahr« (1) ist 711, als die Assyrer den Aufstand der Philister in Asdod niederwarfen. Aus der Unterstützung durch die Ägypter, auf die die Philister gehofft hatten, war nichts geworden. Jesaja bekam die Anweisung, wie ein Sklave umherzugehen (2), um damit die Zeit der Knechtschaft, die den Ägyptern bevorstand, darzustellen. Dadurch wollte Gott sein Volk davor warnen, sich auf die Hilfe der Ägypter zu verlassen. 701 wurden die Ägypter dann von den Assyrern besiegt (vgl. die Anmerkungen zu Kap. 19).

Nackt (2): d. h. nur mit einem Lendentuch bekleidet.

21 Babylon; Edom (Duma); Arabien

Mit der Wüste (1) ist Babylon (9) gemeint. Vgl. die Anmerkungen zu Kap. 13–14. Der Untergang Babylons wird für die Gefangenen aus Israel Grund zur Freude sein, und trotzdem ist diese Vision für Jesaja schrecklich. Edom wird eine vorübergehende Ruhepause angekündigt (11–12), aber darauf wird das Gericht folgen (vgl. 34, 5). Selbst die Stämme im fernen Arabien (13–16) sind nicht sicher vor den Assyrern. Was Jesaja hier ankündigt, trat im Jahr 715 v. Chr. ein, als Sargon Arabien angriff.

Vers 16: »Kedar« ist ein mächtiger Beduinenstamm. »Des Tagelöhners Jahre«: vgl. die Anmerkung zu 16, 14.

22 Jerusalem; das Schautal

Jesaja wirkte von Jerusalem aus. Dort hatte er auch seine Visionen. Die Stadt ist von Bergen und Tälern umgeben, und möglicherweise denkt er hier an eine bestimmte Stelle. Juda wird zwar unter Hiskia noch einmal Frieden haben (Kap. 36–37), aber Jesaja kündigt schon jetzt die danach bevorstehende Zerstörung Jerusalems an. (Nebukadnezar II. von Babylonien nahm die Stadt nach einer schrecklichen Belagerungszeit schließlich im Jahr 587 v. Chr. ein. Dabei wurden die Stadtmauern und der Tempel zerstört.)

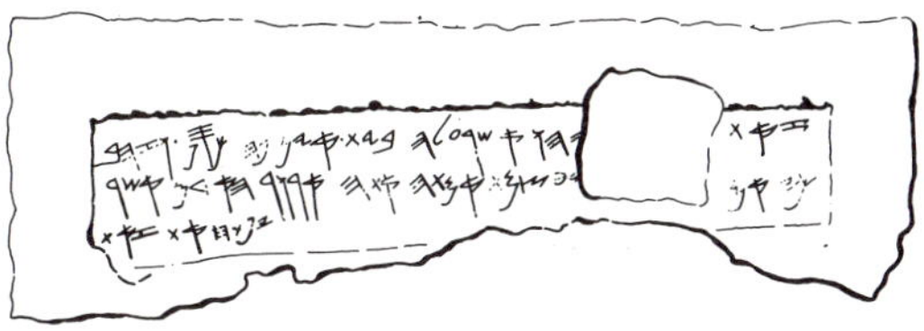

Oberschwelle eines Grabes bei Siloah in Jerusalem mit dem Namen eines Beamten (wahrscheinlich Schebna). Dies ist eine der längsten bisher entdeckten althebräischen Inschriften.

Vers 15 ff. bezieht sich auf die Zeit Jesajas. Schebna, ein hoher Beamter am Hof Hiskias, soll seine Stellung verlieren, während Eljakim befördert werden soll. Aber auch er wird bald Schwierigkeiten bekommen und seine Stellung verlieren.

Elam ... Kir (6): Außenposten des assyrischen Reichs.

Waldhaus (8): ein Waffenlager; vgl. 1. Kön. 7, 2; 10, 17.

Vers 9. 11: Es war für die Städte lebenswichtig, daß ihre Wasserversorgung auch für den Fall einer Belagerung gesichert war. Vgl. den Bericht über den Bau des Siloahtunnels in 2. Chron. 32, der dieses Problem lösen sollte.

23 Tyrus

Tyrus (das heutige Sur im Libanon) hatte jahrhundertelang den Handel im östlichen Mittelmeerraum beherrscht und hatte viele Kolonien, zu denen auch Zypern gehörte. Händler aus Tyrus reisten bis zum Indischen Ozean und zum

Ärmelkanal. Die Stadt war durch Reichtum und Erfolg verdorben worden, und Jesaja warnt sie nun vor ihrem bevorstehenden Ende. Als die Assyrer unter Sargon die Stadt einnahmen, wurde seine Ankündigung bestätigt. 701 mußte der Stadtkönig vor Sanherib nach Zypern fliehen. Durch den Untergang der Assyrer bekam Tyrus wieder seine Machtstellung, wurde dann aber von den Babyloniern erneut besiegt.

Tarsis (6): wahrscheinlich Tartessos in Spanien.

Chaldäer (13): Chaldäa war ein Teil Südbabyloniens. Als dann die chaldäischen Könige in Babylon an die Macht kamen, diente dieser Name auch als Bezeichnung für das ganze Reich.

24–27 DAS LETZTE GERICHT GOTTES UND SEIN SIEG

Von dem Gericht über einzelne Völker geht Jesaja nun zum Weltgericht über. Eines Tages wird Gott eingreifen und dem Weltlauf, wie wir ihn kennen, ein Ende machen. Aber Gott will nicht nur verurteilen: auf die Gerichtsankündigung in Kap. 24 folgt die Beschreibung der Erlösung in Kap. 25–27.

Ein Danklied an Gott, der sich auch um Schwache und Hilflose kümmert (25, 1–5), geht in eine Beschreibung der Herrlichkeiten über, die nach dem Gericht auf Gottes Volk warten (25, 6–12). Kap. 26 ist ein Jubellied derer, die Gott vertrauen. Im Leben müssen wir warten (8 ff.); wir leiden und versagen (16–18), aber Gott hält die, die zu ihm gehören, auch im Tod in seiner Hand (19). Das Lied über den Weinberg (27, 1–13) steht im Gegensatz zu Kap. 5. Eines Tages wird Gott mit seinem Volk ans Ziel kommen. Durch die gegenwärtigen Strafen soll es nur wieder auf den rechten Weg kommen. Die Exilszeit wird vorbei sein, und das Volk Gottes wird heimkehren.

Zu der Zeit (24, 21 usw.): vgl. die Anmerkungen zu Kap. 19.

Moab (25, 10): Der derzeitige Gegner Israels ist zugleich das Symbol aller seiner Feinde.

Reiter und Bogenschütze aus Tell Halaf (Nordost-Syrien; bibl.: »Gosan«). Hier siedelte Sargon von Assyrien nach 722 v. Chr. israelitische Gefangene an.

Dein Tau (26, 19): ein Bild der Macht Gottes, die den Toten das Leben schenken kann.

Leviathan . . . (27, 1): die Drachen- und Schlangengestalt aus der heidnischen Mythologie. Gottes Gericht betrifft auch den außerirdischen Bereich (vgl. 24, 21).

Bilder der Aschera (27, 9): vgl. die Anmerkungen zu 17, 8.

27, 10–11: Dieser Abschnitt bezieht sich auf die Unterdrücker, denen es eines Tages sehr viel schlimmer ergehen wird als dem Volk Gottes.

28–31 WARNUNGEN AN ISRAEL UND JUDA

28 Wehe über Samaria

Jesaja kehrt nun wieder zur Gegenwart zurück. Die Verse 1–6 richten sich an Israel, und zwar in der Zeit vor dem Untergang Samarias. Die Stadt in ihrem Luxus und Überfluß ist reif zur Ernte – und die Assyrer strecken auch schon die Hand nach ihr aus. Und doch werden einige übrigbleiben (5; vgl. die Anmerkungen zu 10, 20).

28, 7 ff richtet sich gegen die Führer des Volkes, die das Volk verführt oder in die Irre geführt haben. In ihrer Überheblichkeit meinen sie, daß sie sogar dem Tod selbst ihre Bedingungen auferlegen können. Aber sie werden erkennen müssen, daß sie sich geirrt haben (18) und daß nur Gott eine wirkliche Zuflucht ist.

Vers 9–13: Die Zürcher Bibel übersetzt die Verse 10 und 13 mit »Satz auf Satz, Satz auf Satz, Spruch auf Spruch, Spruch auf Spruch«. Jesajas Hörer machen Gottes Botschaft also absichtlich lächerlich. Vers 9–10 stellt möglicherweise ihre spöttische Antwort auf Jesajas Warnungen dar. Ihnen läßt Gott nun sagen, daß seine nächste Botschaft sich an die Assyrer richten wird.

Vers 21: Dieser Vers bezieht sich auf Davids Siege; vgl. 1. Chron. 14, 8–17.

Vers 23–29: ein Gleichnis, das aussagen will, daß auch hinter Gottes derzeitigem Tun ein Plan steht.

29 Wehe über Jerusalem

Ariel ist ein dichterischer Name für Jerusalem. Die Stadt wird belagert (3) und dann noch einmal befreit werden (5 ff. und 37, 36). Weil das Volk Gott nur mit den Lippen ehrt, ist sein Wort für sie wie ein versiegeltes Buch geworden (11–16). Doch nach einer »kleinen Weile« (17 ff.) werden die Tauben und Blinden Gottes Botschaft hören und sehen, und das Volk wird Gott wieder ehren und ihm gehorchen.

Vers 17: Alles wird sich verändern: aus Wäldern werden Felder und aus Feldern Wälder werden. Dieser Gedanke zieht sich auch durch die folgenden Verse hindurch.

Die Elenden . . . die Ärmsten (19): Menschen, die Gott treu bleiben, nicht einfach die Opfer sozialer Ungerechtigkeit (vgl. Matth. 5, 3. 5).

30–31 Wehe über die Abtrünnigen, die sich auf die Ägypter verlassen

Juda hat sich mit Ägypten verbündet und fühlt sich nun trotz aller Warnungen Jesajas sicher vor den Assyrern. Aber auf Ägypten wird in der Krise kein Verlaß sein, und die Assyrer werden in Juda einmarschieren (Kap. 36–37). Gott, auf den sie sich nicht verlassen wollten (9–12), wird sie schließlich retten (27–33; 31, 5–9; 37, 36). Noch einmal läßt er sein Volk zur Umkehr rufen (31, 6).

Zoan (30, 4): vgl. die Anmerkung zu 19, 11.

30, 6: Die Geschenke werden durch die Negev-Wüste nach Ägypten gebracht.

30, 33: Der Unterdrücker wird selbst zugrunde gehen. Mit der »Feuergrube« (Topheth) ist wohl das Hinnomtal bei Jerusalem gemeint, wo einst dem heidnischen Gott Moloch Kinder geopfert wurden (vgl. Jer. 7, 31).

32–35 DIE HERRLICHE ZUKUNFT – UND DIE SCHRECKLICHEN TAGE, DIE IHR VORAUSGEHEN

32 Die Friedenszeit nach der Demütigung

Jesaja spricht zunächst von einer fernen Zukunft (1–8), dann von seiner Zeit (9) und schließlich wieder von dem künftigen Reich des Friedens und der Gerechtigkeit, das durch Gottes Geist unter seinem Volk herbeigeführt werden wird (15). Doch zuvor muß alles Böse und die Selbstzufriedenheit des Volkes beseitigt werden.

Vers 9: Die eitlen und stolzen Frauen Jerusalems sind ein typisches Beispiel für den Zustand der ganzen Gesellschaft zur Zeit Jesajas.

Vers 19: Es ist nicht eindeutig, was hier gemeint ist. »Wald« und »Stadt« könnte sich auf Feinde beziehen.

33 Der Herr als Retter

In diesem Kapitel wechseln Sprecher und Stimmung immer wieder. Jesaja nennt den Zerstörer (1) nicht mit Namen. Die Verse 7–9 können sich neben Jesajas Zeit noch auf viele andere Situationen beziehen. Nur die, die sich ganz auf Gott verlassen, werden eine solche Zeit überstehen (2–6. 15–16). Gott wird sein Volk nicht verlassen. Die Stadt, die er verteidigt, ist unangreifbar (17–24).

34 Gericht über die Völker

Eines Tages wird Gott das Unrecht, das an seinem Volk geschehen ist, rächen (8; vgl. Kap. 24). Edom, der Erzfeind Israels, wird als ein Beispiel herausgegriffen. Es wird vollkommen zerstört werden, so daß man das Land nicht mehr bewohnen kann.

Bozra (6): zu verschiedenen Zeiten die Hauptstadt von Edom.

35 Das zukünftige Heil für Gottes Volk

Dieses Kapitel steht in schroffem Gegensatz zu Kap. 34. Auf die Zerstörung kann Neuschöpfung folgen. Gott wird seinem Volk einen Weg ebnen, damit es sicher heimkehren kann. Alles wird anders sein: aus der trockenen, unbelebten Wüste wird ein Paradies werden, wo ewige Freude herrschen wird.

36–39 BERICHT ÜBER KRISENZEITEN UNTER KÖNIG HISKIA

Vgl. die Anmerkungen zu 2. Kön. 18–20, wo bis auf 38, 9–20 in etwa dasselbe berichtet wird. Vgl. auch 2. Chron. 32. Hiskias Krankheit und die Ankunft der Gesandten aus Babylon gingen wahrscheinlich der Belagerung (705–702) voraus. Die Ereignisse wurden vielleicht in Hinblick auf die nachfolgenden Kapitel umgestellt, wo es um die Großmacht Babylon geht. Auf die Ankündigung der Eroberung und der Wegführung ins Exil hin tröstet sich Hiskia mit dem Gedanken, daß zu seiner Zeit noch Friede herrschen wird (39, 5–8). Jesaja konnte das nicht beruhigen.

Sanheribs barbarische Invasionen sind auf Reliefs in seinem Palast dargestellt. Hier werden Gefangene enthauptet.

40–48 FREIHEIT UND ERLÖSUNG STEHEN NAHE BEVOR

Bis jetzt hatte sich Jesaja vorwiegend mit der Bedrohung durch die Assyrer befaßt. Nun liegt diese besondere Krise hinter ihm , und er empfängt eine neue Offenbarung, die sich mit einer neuen Situation befaßt. Jerusalem ist vor den Assyrern errettet worden, wird dann aber von den Babyloniern erobert werden, die das Volk gefangennehmen und ins Exil führen werden.

Doch das Volk wird dadurch nicht ausgelöscht werden, denn eines Tages werden die Babylonier von den Persern bezwungen werden, und Cyrus wird das Volk heimkehren lassen. All das offenbart Gott dem Propheten, damit er das Volk trösten und ermutigen kann. Jesaja sieht alles so klar vor sich, daß er sich von nun an nicht mehr mit gegenwärtigen Ereignissen befaßt. In Kap. 40–48 ist er bei den Gefangenen im babylonischen Exil.

Zu den Kapiteln 40–66 vgl. auch 40–66 vgl. auch Einführung S. 378.

40 Ein Trostwort von Gottes Vergebung und seiner unvergleichlichen Macht

Es besteht Grund zur Hoffnung für das Volk Gottes: er wird kommen, so wie er es verheißen hat (1–11; vgl. Kap. 35). Israels Gott ist der erhabene und ewige Schöpfer, der sein Volk nie verlassen wird (12–31).

Doppelte Strafe (2): Damit ist nicht zweifache Strafe, sondern angemessene Strafe gemeint.

Vers 3–5: Diese Verse fassen den Auftrag Johannes des Täufers zusammen (vgl. Luk. 3, 1–6).

Vers 11: Jesus greift dieses Bild auf und setzt sich mit dem guten Hirten gleich (vgl. Joh. 10, 11).

41 »Fürchte dich nicht . . . ich helfe dir«

Gott ist streng gegen die anderen Völker (1), aber seinem Volk wendet er sich nun in Liebe zu (8 ff.). Israel braucht keine Angst zu haben, denn Gott wird ihm helfen.

Von Osten . . . von Norden (2 und 25): Damit ist die neue Weltmacht Persien gemeint (von Israel führte der Weg dorthin erst nach Norden, dann nach Osten).

Vers 21–24: Die heidnischen Götzen, die ja gar keine Götter sind, können die zukünftigen Ereignisse nicht vorhersagen. Das kann nur der Eine, der wahre Gott.

Eine Wüstenstraße in Judäa.

Gott verhieß seinem Volk Ströme in der Wüste – in einem trockenen Land ein lebendiges Bild für Segen, Wohlstand und Leben. Dieser Junge genießt das Wasser der alten Quelle in Jericho.

42 Das Licht für die Heiden

Nun kommt Jesaja zu einem neuen Thema: Gottes Plan, der ganzen Welt die Augen zu öffnen, der ganzen Welt das Heil zu bringen. Dies sollte von Anfang an Israels Aufgabe sein (1. Mose 22, 18). Im ersten der Gottesknecht-Lieder des Jesajabuchs ist Israel, der Rest, dieser Knecht. Aber Israel versagte (19–25). Und so kommt allmählich in den folgenden Darstellungen (49, 1–13; 50, 4–9; 52, 13 – 53, 12; 61, 1–4) der Gedanke auf, daß Gott seinen Plan letzten Endes nicht durch das Volk verwirklichen wird, sondern durch den einen, der wirklich sein treuer Knecht sein wird. Die neutestamentlichen Autoren gehen davon aus, daß der Knecht, der für die Menschheit leiden und sie dadurch erlösen würde, Jesus Christus selbst ist (Matth. 12, 15–21), und sie können sich dabei auf Jesu eigene Worte berufen (Luk 4, 16–21).

Aberglaube und Furcht des Götzendienstes drükken sich in dieser über fünf Meter hohen Kolossalstatue aus.

43 Gott hört nicht auf, sein Volk zu lieben

Das Volk hat durch seinen ständigen Ungehorsam sein Anrecht auf Gottes Liebe verspielt (22–24), und doch vergibt Gott ihm (25). Er ist bei ihm in allem Leiden (2) und wird es erlösen, weil er es liebt (4 ff.).

Chaldäer fliehen vor assyrischen Verfolgern in einen Sumpf. Jesajas Worte über die Schrecken der Verfolgung – und Gottes Rettung – waren nicht nur Bildersprache.

Vers 16–17: Dieser Abschnitt bezieht sich auf den Auszug aus Ägypten.

44–45 Der wahre Gott; Ankündigung der Heimkehr Israels

Die Themen des Abschnittes von Kap. 40–48 werden auch hier weiter ausgeführt: Israel, der Knecht Gottes und der Gegenstand seiner Liebe (44, 1–5); Gott als der Herr der Geschichte, der einzige, der auch die Zukunft kennt (44, 6 ff.); die toten Götzen, die von den Menschen angebetet werden; Gottes Verheißung, daß er sein Volk erlösen wird. 44, 26 – 45, 13 führt über den allgemeinen Charakter der Verheißungen hinaus: unter Cyrus werden Jerusalem und der Tempel wieder aufgebaut werden (vgl. die Anmerkungen zu Esra 1, 1–4 ff.).

Cyrus (44, 28): Viele bezweifeln, daß Jesaja schon so früh den Namen dieses Königs gekannt haben soll, aber Gott kann offenbaren, was kein Mensch vorhersagen könnte (41, 21–24; 26, 27; 42, 9; 43, 12–13; 45, 18–21).

45, 22–25: Gottes Liebe geht noch über Israel hinaus und wendet sich der ganzen Menschheit zu. Im Neuen Testament wird Vers 23 direkt auf Christus bezogen (vgl. Phil. 2, 10–11).

46–47 Babylons Fall

Vgl. auch Kap. 13–14. Die Anklage gegen die heidnischen Götzen erreicht in der widerstandslosen Unterwerfung der babylonischen Götzen Bel und Nebo ihren Höhepunkt. Diese stummen Götzen bürden ihren Anhängern nur Lasten auf. Der wahre Gott ist der eine, der die Last seines Volkes selbst trägt, der Macht hat, nicht nur zu reden, sondern zu handeln. Kap. 47 ist wie 14, 4–21 ein Spottlied. Babylon wird so wenig Barmherzigkeit erfahren, wie es selbst anderen erzeigt hat.

47, 1: Mit »Jungfrau« und »Tochter« ist die Stadt Babylon gemeint; vgl. die Anmerkung zu 23, 13 »Chaldäer«.

48 Gottes geduldige Liebe zu seinem abtrünnigen Volk

Israels Geschichte ist eine Serie von Auflehnungen, Heuchelei, Götzendienst und Unglauben. Das Volk hat alles verdient, was es zu leiden hatte. Gott wollte immer den Frieden für sein Volk (18), aber »die Gottlosen haben keinen Frieden« (22). Doch nun ist die Zeit der Befreiung gekommen und Gott spricht: »Geht heraus aus Babel.«

Vers 16: Hier wechselt der Sprecher; nicht mehr Gott spricht, sondern entweder der Prophet oder der Gottesknecht und Messias wie in 49, 1 usw.

49–55 DER GOTTESKNECHT UND DIE ERLÖSUNG ISRAELS

In diesen Kapiteln werden der Gottesknecht und seine Aufgabe näher beschrieben (vgl. die Anmerkungen zu Kap. 42). Im allgemeinen läßt sich aus dem Zusammenhang entnehmen, ob mit der Bezeichnung »Knecht« das Volk Israel oder jener Vertreter des wahren Israel, der kommen sollte, gemeint ist.

49–50 Trost für Israel

Der Gottesknecht hat einen Auftrag an Israel und darüber hinaus an der ganzen Welt (49, 6). 49, 14 – 50, 3 spricht Israel Trost und Hoffnung auf Wiederherstellung zu. 50, 4 ff. wendet sich wieder dem Knecht Gottes zu, und zum ersten Mal ist von seinem Leiden die Rede (vgl. Kap. 53). Doch nichts kann ihn an der Erfüllung seines Auftrags hindern.

50, 1: Gott hat sich nicht von seiner untreuen »Frau«, Israel, getrennt, sondern holte sie in Liebe zu sich zurück (vgl. Hos. 3, 1; Hosea wirkte zur Zeit Jesajas in Israel).

51–52, 12 Israels Erlösung und Wiederherstellung

Gott erinnert sein Volk an seine Geschichte, um ihm dadurch Trost zuzusprechen, und verheißt ihm noch herrlichere Taten für die Zukunft. Die Zeit der Trauer und der Teilnahmslosigkeit ist nun zu Ende, denn Gott wird sein Volk bald nach Hause führen.

52, 13 – 53, 12 Der Gottesknecht leidet für sein Volk

Der Gottesknecht muß den Preis für die Erlösung des Volkes bezahlen. Er trägt die Last der Sünde, die die Menschen in die Gottesferne gebracht hat, und muß dafür sein Leben lassen. Schon acht Jahrhunderte vor Christus wußte Jesaja von dem kommenden Erlöser, der erniedrigt, dann aber von Gott erhöht werden würde. (Vgl. 53, 5–9 mit Matth. 27, 11–13. 26–31. 41–43. 57–60. Vgl. 53, 4–6. 10–12 mit Röm. 5, 6–9. 18–19; 1. Petr. 2, 21–24; Phil. 2, 5–11.)

54–55 Der neue Gnadenbund; Heil für die Völker

Gott verpflichtet sich seinem Volk in unerschütterlicher, immerwährender Liebe. In Frieden und Sicherheit wird der Grundstein für eine herrliche neue Stadt gelegt (54, 11 ff.; vgl. Offbg. 21, 18 ff.). Die Tore stehen Menschen aus allen Nationen offen, die Gottes Einladung annehmen wollen (55, 1–7).

Die Visionen dieser Kapitel des Jesajabuchs gehen (wie auch frühere in 2, 2–4; 4, 2–6; 9, 2–7. 11–12; 25; 35) weit über die tatsächlichen Ereignisse bei der Rückkehr des Volkes aus dem Exil hinaus. Die Schau der Wiederherstellung Israels verbindet sich mit der Vision der herrlichen Zeit, in der es keine Sünde und kein Leid mehr geben wird und das ganze Israel Gottes (vgl. Röm. 9–11; Gal. 3) für immer bei ihm sein wird (Offbg. 21).

56–66 ISRAELS SCHANDE UND ISRAELS HERRLICHKEIT

Jesajas Gedanken kehren nun von Babylon und vom Exil ins Land Israel zurück. In diesen Schlußkapiteln wechseln Abschnitte über Israels Versagen und seine Sünde mit Worten über seine zukünftige Herrlichkeit.

56, 1–8 Den Ausgestoßenen wird die Tür geöffnet

Gottes Liebe schließt niemanden aus. Unter seinem Volk ist Raum für alle, die ihm gehorchen (1–8), auch für Verachtete.

56, 9 – 59, 21 Gottes Anklage gegen Israel

Die Sünde trennt die Menschen von Gott (59, 1–2). Israel hat sich vieler Sünden schuldig gemacht, von denen einige hier aufgezählt wer-

Die Wüste Negev; Wasser und frische Vegetation symbolisierten anschaulich neues Leben und nationale Wiederherstellung.

den. Die Führer des Volkes haben versagt (56, 9–12); das Volk hat sich den Götzen zugewandt (57, 4–13; vgl. 2. Chron. 33, 1–9). Der Gottesdienst ist zur bloßen Heuchelei geworden, denn die Menschen lieben weder Gott noch ihre Mitmenschen (58). Unehrlichkeit, Ungerechtigkeit, Boshaftigkeit und Gewalttätigkeit haben zum Zerfall der gesellschaftlichen Ordnung geführt (59, 1–13). In schroffem Gegensatz zu diesem Zustand, in dem das Volk sich befindet, steht nun der Plan, den Gott in seiner Liebe für sein Volk beschlossen hat (57, 14–19; 58, 6–14; 59, 20–21).

Lager (57, 2): Damit sind Gräber gemeint.

57, 5–8: Prostitution war ein Teil der heidnischen Riten. Das von Gott abgefallene Israel wird als Hure bezeichnet.

König (57, 9): der heidnische Gott Moloch; vgl. die Anmerkungen zu 30, 33.

Gasse (59, 14): der Markt, wo auch Gericht abgehalten wurde.

60–62 Zions zukünftige Herrlichkeit

Zwischen Israels Sünde und seiner Herrlichkeit steht Gott, der Rächer und Erlöser (59, 16–21). Die Verwandlung Israels wird in Kap. 60 geschildert. Jesaja beschreibt diesen Zustand in sehr irdischen Begriffen, aber es wird doch eine ganz andere Erde sein (17–22). Im Neuen Testament wird diese Vision Jesajas dann ins Geistliche übertragen und verallgemeinert (vgl. die Anmerkungen zu Kap. 54–55).

In 61, 1–4 spricht wohl noch einmal der Gottesknecht (vgl. Luk. 4, 16–21). 61, 5–9 beschreibt Israel als das »Königtum von Priestern«, das es von Anfang an sein sollte (2. Mose 19, 6; vgl. 1. Petr. 2, 9). Und endlich wird der Tag kommen, an dem sich Gott an seinem Volk freuen kann (62).

60, 6–7: Ephah ist ein midianitischer Stamm; Kedar und Nebajoth sind arabische Stämme. Ihr Reichtum bestand in ihren Kamelen, Schafen und Ziegen.

Doppelter Anteil (61, 7): der Anteil des Erstgeborenen.

63, 1–6 Der Rächer

Vgl. auch 59, 16 ff. Edom steht hier für alle Feinde Israels. Es ist ein abstoßendes Bild, aber Gottes Volk kann erst befreit werden, wenn alle seine Feinde besiegt sind (vgl. Offbg. 19, 11–16).

63, 7 – 64, 12 Ein Gebet des Gottesvolkes

Die Erinnerung an Gottes Güte und Treue in der Vergangenheit (63, 7–14) führt zu der flehenden Bitte, daß er sich auch jetzt seinem Volk zuwenden möge.

65–66 Die Antwort Gottes: ein neuer Himmel und eine neue Erde

Gott wird das Gebet seines Volkes erhören und zwar viel großartiger, als sie es sich je vorstellen konnten. Die Antwort hat allerdings zwei Seiten: allen, die Gott ablehnen, wird sie den Untergang bringen, denen, die sich zu ihm halten, dagegen Leben in Frieden und Freude. Wie Licht und Dunkel werden diese beiden Möglichkeiten einander gegenübergestellt. Gott kann das Böse nicht übersehen, und diejenigen, die ihre eigenen Wege gehen (65, 1–7. 11–14) und nicht auf Gott hören wollen (66, 3–4), müssen bestraft werden. Diejenigen, die Gott vertrauen und sich auf ihn verlassen, werden dagegen einen Platz in seinem neuen Reich vorfinden, und zwar gilt das für Menschen aller Nationen, nicht nur für Israel (66, 18–23).

Gad, Meni (65, 11): heidnische Schicksalsgötter, denen man Opfer darbrachte.

65, 25: vgl. 11, 6–9.

66, 19: Die Menschen werden von überall herkommen: aus Spanien (Tarsis) im Westen, aus Afrika (Put und Lud) im Süden, aus Anatolien (Tubal) im Norden und aus Griechenland (Jawan).

Landarbeiter kehren von der Ernte in ihr Dorf in den Hügeln Judäas heim.

Skulptur mit Darstellung Assurbanipals von Assyrien (aus Ninive).

Die assyrische Bedrohung

Alan Millard

200 Jahre lang (ca. 850–650) standen die Königreiche Syriens und Palästinas im Schatten Assyriens. Seine Könige hatten schon zur Zeit der Richter das Mittelmeer erreicht, aber der Druck aramäischer Stämme, die sich in ganz Syrien niederließen, grenzte seine Macht ein.

853 v. Chr. führte Salmanasser III. Assyrien gegen eine Koalition, zu der auch Benhadad von Syrien und Ahab von Israel gehörten; einen klaren Sieg errang er aber erst 841. Unter Ahab geriet Israel in einen unmittelbaren Konflikt mit Assyrien, das Israel nun als tributpflichtigen Staat betrachtete. Auf Salmanassers Schwarzem Obelisk ist Jehus Gesandtschaft dargestellt, die wertvolle Gaben bringt (s. S. 275).

Die assyrische Aktivität befreite Israel vom Druck aus Damaskus. Zwar unterjochte der Usurpator Hasael Israel noch einmal (vgl. 2. Kön. 8, 12; 12, 17 ff.), aber seine Macht wurde um 800 v. Chr. durch einen assyrischen Feldzug gebrochen. Israel breitete sich rasch aus. Jerobeam II. und Usia scheinen die mächtigsten Monarchen des südlichen Syriens und Palästinas gewesen zu sein, während Assyriens Geschick schwankte.

745 v. Chr. begann jedoch Tiglath-Pileser III. Assyriens Reich zu stabilisieren. Menahem von Israel leistete Tribut, anti-assyrische Gruppen »ersetzten« seinen Sohn jedoch durch ihren Kandidaten Pekach, der wiederum bald von dem Assyrien genehmen Hosea abgelöst wurde. Hoseas Schuld war es, die dazu führte, daß die Assyrer 722 Samaria angriffen und seine Bewohner deportierten.

Deportation war schon immer eine wirksame Waffe mächtiger Könige gewesen. Assyrien wandte sie nur gegen unverbesserlich rebellierende Staaten an. Treue Vasallen und Völker konnten in Frieden leben und sogar bei Bedrohung durch Nachbarstaaten mit Assyriens Hilfe rechnen. In diesem Licht muß man Assyriens Verhältnis zu Israel und Juda sehen.

Pekachs anti-assyrische Haltung trieb Ahas von Juda geradezu in Assyriens schützende Arme, und infolgedessen zog Hiskias unabhängige Politik Sanheribs harte Vergeltung nach sich (701 v. Chr.). Manasse blieb – nach einem Zwangsbesuch in Babylon (2. Chron. 33, 11) – Assyrien gegenüber loyal und genoß eine lange Reigerungszeit (ca. 687–642). Josia profitierte von der assyrischen Bereitschaft, Juda zu stärken, verlor aber sein Leben bei dem Versuch, ägyptische Truppen zu hindern, dem letzten assyrischen König zu Hilfe zu kommen (609; 2. Kön. 23, 29).

In diese Situation hinein sprachen die Propheten Amos, Hosea, Micha und Jesaja. Sie zeigten, daß Gottes Volk wie alle anderen Völker Untreue im menschlichen Bereich bezahlen müsse. Gleichzeitig verkündeten sie, daß Gottes Volk auch die Folgen seiner Untreue Gott gegenüber zu tragen habe. Er konnte andere Völker benutzen, um sein Volk zu strafen und seine Ziele zu erreichen.

Jeremia

Jeremia trat etwa hundert Jahre nach Jesaja auf. Er wurde 640 als Angehöriger eines Priestergeschlechts in Anathoth, wenige Kilometer nördlich von Jerusalem, geboren und wurde im Jahr 627 von Gott zum Propheten berufen. Der zeitgeschichtliche Hintergrund seiner Verkündigung kann 2. Kön. 22–25 und 2. Chron. 34–36 entnommen werden.

Als Jeremia begann, in Juda Gottes Botschaft zu verkünden, hatte Assyrien den Höhepunkt seiner Macht schon überschritten. 40 Jahre lang – während der Regierungszeit der letzten fünf Könige Judas – warnte er das Volk vor der bevorstehenden Katastrophe und forderte es vergeblich auf, Buße zu tun. Mit dem Tod Josias (609) verschlechterte sich die Lage in religiöser und politischer Hinsicht immer mehr. Juda geriet in das Kreuzfeuer zwischen den feindlichen Großmächten jener Zeit: Babylonien im Norden und ein wieder erstarkendes Ägypten im Süden. Babylonien erwies sich als stärker und wurde zu Gottes Werkzeug in seinem Gericht über sein gottloses Volk. 587 drang Nebukadnezar mit seiner Armee in Jerusalem ein, zerstörte die Stadt, nahm die Bevölkerung gefangen und führte sie ins Exil. Jeremia wurde ein bequemes Leben am Hof angeboten, aber er wollte lieber in Juda bleiben. Als Gedalja (der von Nebukadnezar als Statthalter eingesetzt worden war) ermordet wurde, floh das Volk nach Ägypten und nahm Jeremia mit. Wahrscheinlich starb er dann dort, nachdem er bis zu seinem Tod einem Volk, das nicht auf ihn hören wollte, Gottes Wort verkündigt hatte.

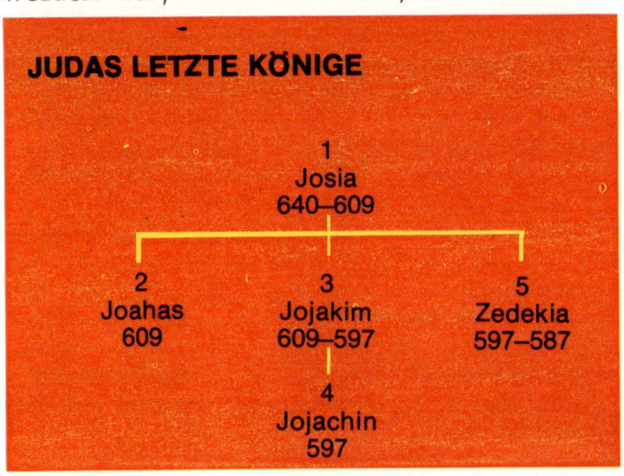

Zur Zeit Jeremias gab es noch andere Propheten. Zu seinen Zeitgenossen gehören Habakuk und Zephanja, Daniel am Hof in Babylon und Hesekiel bei den Gefangenen in Babylon. Jeremia hebt sich jedoch durch seine Einsamkeit von ihnen ab: durch Gottes Botschaft machte er sich immer unbeliebter und wurde sogar zum Verräter gestempelt, als er die Unterwerfung unter die Babylonier befürwortete. Er wurde ins Gefängnis geworfen und schwebte oft in Lebensgefahr. Und doch verkündigte dieser Mann seine Botschaft kompromißlos. Er mußte das schreckliche Schicksal ankündigen, das seinem Volk bevorstand, und er war erschüttert, daß es sich eigensinnig wehrte, ihn ernstzunehmen. Er hatte eine traurige Botschaft zu verkünden, und doch ist seine ganze Verkündigung von einem Strahl der Hoffnung durchzogen. Nach dem Gericht, nach dem Exil, wird Gott seinem Volk Freude und Wohlstand in seinem Heimatland schenken.

Im Buch Jeremia (das aus der Rolle entstand, die Baruch diktiert wurde; vgl. Kap. 36) finden sich die verschiedensten literarischen Gattungen: Prosa und Dichtung, Spottlied und Klagelied, Zeichenhandlungen, Lebensbeschreibung und Geschichtsschreibung. Er fügte immer wieder etwas hinzu. Der Stoff ist nicht in chronologischer Abfolge angeordnet. Daher ist es schwierig, manche Abschnitte zeitlich richtig einzuordnen und ihren Hintergrund zu verstehen. Die wichtigsten Ereignisse der Zeit Jeremias werden auf S. 397 aufgezählt, und im Text werden wo möglich Jahreszahlen angegeben.

Jeremias Geburtsort, Anathoth, im kahlen Hügelland nördlich von Jerusalem.

DIE WICHTIGSTEN EREIGNISSE DER ZEIT JEREMIAS

627 Berufung Jeremias zum Propheten. Tod Assurbanipals, des letzten großen assyrischen Königs.

621 Auffindung des Gesetzbuches. Beginn der Reform Josias.

612 Die Babylonier erobern Ninive, die Hauptstadt Assyriens.

609 Die ägyptische Armee marschiert nach Norden, um die Assyrer zu unterstützen. Josia tritt ihr bei Meggido entgegen und fällt. Bei seiner Rückkehr aus Assyrien setzt der Pharao Necho den neuen König Joahas ab und setzt Jojakim an dessen Stelle.

605 Sieg der Babylonier unter Nebukadnezar über die Ägypter bei Karkemisch.

604 Nebukadnezar unterwirft Syrien, Juda und einige Städte der Philister.

598 Das Bündnis mit Ägypten führt zu einem zweiten Feldzug der Babylonier gegen Juda.

597 Tod König Jojakims. Jerusalem wird von den Babyloniern nach zweimonatiger Belagerung eingenommen. Der neue König Jojachin wird mit anderen nach Babylonien verschleppt. Sein Onkel Zedekia wird König.

588 Zedekia gibt dem Druck der proägyptischen Richtung nach und fällt von Nebukadnezar ab. Daraufhin belagern die Babylonier Jerusalem 18 Monate lang.

587 Jerusalem wird von den Babyloniern erobert. Das Volk wird verschleppt, die Stadt geplündert und verbrannt. 3 Monate später wird der Statthalter Gedalja ermordet. Das Volk flieht daraufhin nach Ägypten und nimmt Jeremia mit.

1–25 GOTT SPRICHT ZU JUDA UND JERUSALEM

1 Jeremia wird von Gott zum Propheten berufen

Der junge Jeremia wird 627 von Gott berufen und ist wie einst Mose (2. Mose 3, 10 – 4, 17) nur zögernd bereit, ein Bote Gottes zu werden. Etwas stand für ihn aber von vornherein fest: die Botschaft, die er zu verkündigen hatte, war Gottes Wort. Immer wieder heißt es bei ihm: »Des Herrn Wort geschah zu mir«. Daraus bezog er seine Gewißheit und die Kraft für seine schwere Aufgabe.

Vers 1–3: vgl. die Einführung.

Vers 13: Das Heer der Babylonier ist wie ein siedender Kessel, dessen Inhalt bald über Juda ausgegossen werden wird. In diesem Abschnitt der jüdischen Geschichte kam der Feind immer aus dem Norden, zunächst die Assyrer und dann die Babylonier.

2 – 3, 10 Gott klagt sein Volk wegen seiner Treulosigkeit an

Die Heiden bleiben ihren Götzen treu (10–11), aber Israel verläßt seinen Gott. In anschaulichen Bildern werden die Vergehen des Volkes dargestellt. Es zieht sein verschmutztes Wasser der frischen Quelle Gottes vor (13). Es wendet sich lieber an die Ägypter und die Assyrer um Hilfe als an Gott (18). Aus dem edlen Weinstock Israel ist ein wilder Weinstock geworden (21). Wie eine Ehefrau, die zur Hure wurde, rennt das Volk fremden Göttern nach (20, 23 – 25; 33; 3, 1–10).

Baal (2, 8): kanaanäische Gottheit.

Insel der Kittiter ... Kedar (2, 10): von Westen (Zypern) bis Osten (Kedar liegt in Arabien): die ganze heidnische Welt.

2, 13: vgl. das Wort Jesu in Joh. 4, 13–15; 7, 37.

Noph ... Tachpanches (2, 16): Städte in Ägypten. Noph (Memphis) liegt in der Nähe von Kairo, Tachpanches, ein Ort im östlichen Nildelta nahe der Grenze, am Weg nach Palästina.

Fremde (2, 25): heidnische Gottheiten.

3, 1: Das war nach dem Gesetz nicht erlaubt (vgl. 5. Mose 24, 1–4).

3, 6–10: Mit »Israel« ist hier das Nordreich gemeint, dessen Bewohner 722 ins Exil geführt worden waren (Vers 8). Die religiöse Reform Josias, die 621 begann, ging zwar sehr weit, veränderte aber das Herz des Volkes nicht.

3, 11 – 4, 4 »Kehre zurück, du abtrünniges Israel«

Selbst jetzt ist Gott noch bereit, sein Volk zu retten, falls es Buße tut. Er wird sein Volk heimführen und Juda und Israel wieder zu einer Nation vereinen (18), deren Gottesdienst lebendige Wirklichkeit und nicht nur äußere Form sein wird (16; 4, 4; vgl. auch 31, 31–34).

Die Bundeslade (16): Darin wurde das Gesetz im Allerheiligsten des Tempels aufbewahrt. Wenn Gottes Gesetz allen ins Herz geschrieben ist, wird sie überflüssig werden.

4, 4: Alle jüdischen Jungen wurden acht Tage nach ihrer Geburt beschnitten, als Zeichen, daß sie in ein Bundesverhältnis mit Gott eingetreten waren (1. Mose 17, 1–14), aber ein äußeres Zeichen kann niemanden zu Gottes Kind machen, wenn es nicht von einer »Beschneidung« des Verstandes, des Willens und des Herzens begleitet wird.

4, 5–31 Die bevorstehende Katastrophe

Juda stehen Zerstörung und Verwüstung bevor. Jeremia sieht schon jetzt den Zusammenbruch, der so schrecklich ist, daß er den Gedanken daran kaum ertragen kann (19–31).

Vers 11: Der Wüstenwind ist ein Symbol der Zerstörung.

Dan (15): die nördlichste Stadt des Landes. Dorthin wird der Feind zuerst kommen.

Heidnischer Altar bei Byblos, Libanon.

Vers 23: Gott kehrt gewissermaßen den Schöpfungsprozeß der Erde um; vgl. 1. Mose 1, 2.

Vers 30: Hier wird das unbußfertige Jerusalem beschrieben, das noch immer fremde Hilfe sucht.

5 Der Zerfall des Volkes

Gott sucht vergeblich nach einer Spur von Wahrheit und Gerechtigkeit unter seinem Volk, das sich den Götzen hingibt und kein Gewissen mehr hat. Gott und seine Propheten werden nicht beachtet; nur auf falsche Propheten will das Volk hören. Gott bleibt nun nichts mehr übrig als zu strafen.

6 Kriegserklärung

Gottes Warnungen verhallten ungehört. Nun verstößt Gott sein ungehorsames Volk (30) und liefert es den einmarschierenden Armeen aus. Selbst Jerusalem wird belagert werden.

Thekoa, Beth-Kerem (1): zwei Hügel südlich von Jerusalem.

Heller Tag (4): Es war nicht üblich, zur Zeit der größten Hitze anzugreifen.

Prüfer (27): Er soll das Volk prüfen, wie man edle Metalle prüft.

7 – 8, 3 Die Tempelrede

Das Volk hing mit abergläubischem Vertrauen am Tempel und meinte, Jerusalem könne wegen des Tempels nie untergehen. Aber es irrte sich. Gott kann wirkliche Frömmigkeit und religiöse Heuchelei unterscheiden (10) und weiß über alles, was vorgeht, Bescheid (9). Jerusalem ist nicht sicherer als Silo, das Heiligtum, das von den Philistern zerstört wurde (vgl. die Anmerkung zu 1. Sam. 4). Nur wer Gott gehorcht, ist sicher (23).

Ephraim (15): der führende Stamm des abtrünnigen Nordreichs.

Himmelskönigin (18): die Fruchtbarkeitsgöttin Asthoreth/Astarte/Istar, zu deren Kult auch sexuelle Ausschweifungen gehörten.

Vers 22: Jeremia leugnet nicht, daß das Opfersystem auf Gottes Befehl hin eingerichtet wurde (vgl. 2. Mose 1–7), aber das Volk wollte mangelnden Gehorsam durch Opfer ersetzen, obwohl doch schon Samuel sagte: »Gehorsam ist besser als Opfer« (1. Sam. 15, 22).

Topheth (31): vgl. die Anmerkung zu Jesaja 30, 33.

8, 4–17 Falsche Sicherheit

Das Volk will nicht Buße tun und wird darin von den religiösen Führern bestärkt. Die Schreiber (deren Beruf es ist, Gottes Gesetz auszulegen, also »Schriftgelehrte«), die Weisen, die das Gesetz auf praktische Fragen anwenden sollen, die Propheten und Priester werden alle von ihren eigenen Interessen bestimmt.

8, 18 – 9, 26 Klage über die bevorstehende Zerstörung

Jeremia teilt Gottes Schmerz über die Sünde seines Volkes und ihre schrecklichen Folgen. Die Gesellschaft ist krank (9, 2–5. 8), weil sie sich nicht mehr an Gottes Gebote hält (12–14). Das Gericht steht schon so sicher fest (14–15), daß die Klageweiber herbeigerufen werden können (16).

Salbe (8, 22): Gilead war seit langem für seine Heilsalben berühmt (vgl. 1. Mose 37, 25).

9, 24–25: Trotz des äußeren Bundeszeichens (vgl. die Anmerkungen zu 4, 4) ist Gottes Volk wie eins der heidnischen Völker in seiner Umgebung geworden. Wie diese Völker wird es nun auch bestraft werden. Vgl. Kap. 46–51.

10 Die toten Götzen und der lebendige Gott

Die Götzen, die von Menschen gemacht wurden, sind leblos, sprachlos und machtlos, nicht aber der Gott Israels (vgl. Jes. 40, 18–22; 44, 9–20).

Tarsis . . . Uphas (9): Tarsis (Tartessus) liegt in Spanien. Mit Uphas könnte Ophir gemeint sein, das für sein Gold berühmt war.

Raffe dein Bündel auf (17): Mache dich zur Flucht bereit.

Hirten (21): Führer des Volkes.

Vers 23–25: Gebet Jeremias für sein Volk.

11, 1–17 Der Bundesbruch des Volkes

Die Bedingungen des Bundesschlusses am Sinai gelten nach wie vor (vgl. 5. Mose 5 ff.). Juda hat den Bund jedoch durch Ungehorsam gegen das Gesetz und durch Götzendienst gebrochen und gerät somit unter den Fluch (siehe 5. Mose 11, 26–28; 27).

Dieser Abschnitt scheint in die Zeit des Rückfalls nach der josianischen Reform (2. Kön. 23) zu gehören.

11, 18 – 12, 17 Der Anschlag auf Jeremias Leben

Jeremias Botschaft erregte die Hörer so sehr, daß die Bewohner seiner Heimatstadt, Anathoth, ihn umbringen wollten (18–23). Als Jeremia davon hört, bricht in ihm die Frage auf, wie es dazu kommt, daß es den Gottlosen in der Welt gut geht. Diese Frage hat auch noch andere vor ihm und nach ihm beschäftigt (vgl. etwa Psalm 73; Hab. 1, 12–13). Als Antwort sagt ihm Gott, daß noch viel Schlimmeres bevorsteht (5–6). Aber er wird auch strafen (7–13) und danach wiederherstellen (14–17).

Dickicht des Jordan (12, 5): Der Jordan fließt, tiefer als der Meeresspiegel gelegen, vom See Genezareth zum Toten Meer. In alttestamentlicher Zeit waren seine Ufer von dichtem Gebüsch bewachsen, wo wilde Tiere hausten.

Haus, Erbe, Weinberg (7, 10): das Volk.

13 Der Gürtel – eine prophetische Zeichenhandlung

Gott versucht alle Mittel, um sein Volk zu erreichen. Daher müssen die Propheten ihre Botschaft oft symbolisch darstellen (siehe auch Kap. 18; 19 und 32), weil Handlungen eindringlicher wirken können als Worte. Es macht Jeremia keine Freude, Gottes Rache anzukündigen (17), obwohl er zuvor danach verlangt hatte (11, 20).

Vers 4: Der Euphrat dient als Symbol der Exilszeit des Volkes. Er ist etwa 500 km von Jerusalem entfernt.

König und Königinmutter (18): wahrscheinlich Jojachin und Nehuschta (siehe 2. Kön. 24, 8–16).

14–15 Die Dürre; Jeremias Gebet

Eine große Dürre ist über Juda gekommen (14, 1–6), und das Volk wendet sich wieder einmal an Gott um Hilfe (7–9). Aber Gott erhört es nicht (10–12) und hört auch nicht auf die Bitten Jeremias, der ihm vorhält, daß das Volk von falschen Propheten verführt worden sei (13 ff.). Doch Jeremia hört nicht auf, für sein Volk zu beten (13–22), obwohl es ihn deswegen nur um so mehr haßt (15, 10). Sein Selbstmitleid (15, 15–18) ist verständlich, aber er kann es überwinden, indem er von sich selbst absieht und in neuem Vertrauen auf Gott schaut.

Schwert, Hunger, Pest (14, 12): Diese drei Dinge galten schon seit langem als Strafen Gottes, die zusammen sein umfassendes Gericht über die Menschen ausführen (vgl. auch 16, 4; 24, 10; Hes. 14, 21; Offbg. 6, 8; 18, 8).

Thron deiner Herrlichkeit (21): der Tempel.

Mose und Samuel (15, 1): Beide traten einst vor Gott für das Volk ein und wurden von ihm gehört (2. Mose 32; 1. Sam. 12, 19–25).

15, 4: Unter Manasse hatte das Volk seinen Tiefpunkt erreicht; vgl. 2. Kön. 21; 2. Chron. 33.

16 Jeremia darf nicht heiraten

Dadurch, daß Jeremia ledig bleibt, wird sein ganzes Leben zu einem Ausdruck der Botschaft Gottes, denn das war damals sehr ungewöhnlich. Wenn Hungersnot und Zerstörung nahe bevorstehen, sollte man keine Familie mehr gründen. Indem Gott nun seinen Frieden und

Blick von den Mauern der heutigen Altstadt von Jerusalem nach Süden – das Kidrontal.

seine Liebe vom Volk nimmt (5), wird es endlich erkennen, daß er der Herr ist (21).

Vers 6–7: Trauersitten, die zum Teil aus dem Heidentum stammten (vgl. 3. Mose 19, 27–28).

17 Gott und das Herz des Menschen; der Sabbat

Judas Sünde kann nicht wieder ausgelöscht werden (1), und doch läßt Gott es immer noch zwischen zwei Möglichkeiten wählen (5–8; vgl. Psalm 1). Wenn es auf Gott hören würde (24), könnte das Gericht noch abgewendet werden.

Die Mißachtung des Ruhetags, den Gott eingesetzt hat (19–27; vgl. 2. Mose 20, 8–11), ist nur ein Zeichen des allgemeinen Ungehorsams des Volkes.

Vers 1: Man verwendete eiserne Griffel, um Inschriften auf Stein einzuritzen. Ebenso unauslöschlich wie diese Inschriften ist die Sünde des Volkes auf sein hartes Herz geschrieben:

Ascherabilder (2): vgl. die Anmerkung zu Jes. 17, 8.

Vers 14–18: ein Gebet Jeremias.

18 Das Gleichnis vom Töpfer; weitere Anschläge auf Jeremias Leben

Gott hat das Recht, wie ein Töpfer sein Volk neu zu formen, wenn es ihm nicht gefällt. Das Volk kann also nicht einfach damit rechnen, daß alles beim alten bleiben wird (7–10).

Wieder erfährt Jeremia von Anschlägen auf sein Leben, und dieses Mal trifft es ihn so sehr, daß er (anders als in 13, 17) nach Rache verlangt und Gott darum bittet (18–23).

Ostwind (17): vgl. die Anmerkung zu 4, 11.

19, 1–13 Der zerschmetterte Krug

Durch diese Zeichenhandlung soll ausgedrückt werden, daß Gott das Volk so vollkommen zerschmettern wird, wie Jeremia diesen Krug vor aller Augen zerschmettert.

Ein Töpfer arbeitet in Hebron an seiner Töpferscheibe.

Tal Ben-Hinnom (2), Topheth (11): vgl. die Anmerkung zu Jes. 30, 33.

19, 14 – 20, 18 Jeremia wird mißhandelt

Vom Hinnomtal geht Jeremia zum Tempel, wo es ihm schlecht ergeht: der Priester läßt ihn in den hölzernen Block schließen. Nun schüttet er Gott sein Herz aus. Jeremia litt darunter, daß er gehaßt und verspottet wurde (20, 7–8), und doch konnte er nicht anders, als Gottes Botschaft zu verkünden (9). So ist er ständig zwischen glaubendem Vertrauen (11. 13) und größtem Elend hin- und hergerissen (14–18).

21 Anfrage König Zedekias

Um 598 wendet sich Zedekia in der letzten Phase des Kampfes gegen die Babylonier an den Propheten, von dem er sich Trost und Zuspruch erhofft. Doch er hofft vergeblich. Jeremia läßt ihm sagen, daß in dieser Situation nur noch die Kapitulation sinnvoll ist.

22 Gott läßt König Jojakim warnen

Diese Botschaft ist zeitlich vor Kap. 21 anzusetzen. Jojakim regierte von 609 bis 597 (als sich Jerusalem das erste Mal den Babyloniern ergab), und der achtzehnjährige Jojachin (Konja, 24) wurde mit den ersten Gefangenen ins Exil geführt. Vers 13 ff. wird Jojakim mit seinem Vater Josia verglichen.

Der Tote (10): Damit ist wohl König Josia gemeint, der in der Schlacht bei Meggido fiel.

Der, der fortgezogen ist (10), Schallum (11): König Joahas, der vom Pharao Necho bei seiner Rückkehr aus Assyrien (609) nach Ägypten mitgenommen wurde.

Libanon, Basan, Abarim (20): Gebirgszüge im Norden, Nordosten und Osten Judas.

23 Gegen die Führer des Volkes und die falschen Propheten

Die politischen (1–8) und die religiösen Führer (9 ff.) werden streng zurechtgewiesen. Ihre Strafe ist ihnen gewiß, und Gott wird einen

Das Mist-Tor in Alt-Jerusalem.

neuen König einsetzen, der recht regieren wird (5–8). Es ist nicht verwunderlich, daß Jeremia bei den Priestern und Propheten verhaßt war, wenn er eine solche Botschaft gegen sie vorzubringen hatte (9–40).

Sproß (5): vgl. Anm. zu Jes. 4, 2; 11, 1.

Ehebrecher (10): diejenigen, die Gott untreu wurden und sich den heidnischen Götzen zuwandten.

Last (33): d. h. die Botschaft von Gott.

24 Die zwei Feigenkörbe

Mit Jechonja (1) ist Jojachin gemeint; die Episode läßt sich also auf die Zeit nach 597 ansetzen. Die Besten des Volkes sind ins Exil geführt worden (unter ihnen auch Hesekiel; Daniel war sogar noch früher weggeführt worden). Ihnen stehen nach Gottes Willen bessere Zeiten bevor, während denen, die noch in Juda sind, der Untergang sicher ist. Und doch hat Gott auch diese »schlechten Feigen« noch nicht ganz aufgegeben, sondern schickt immer wieder Jeremia mit einer Botschaft zu ihnen.

25 Ankündigung der Invasion Nebukadnezars und der Exilszeit

Diese Botschaft ist auf das Jahr 605 anzusetzen (1), in dem Nebukadnezar die Ägypter bei Karkemisch besiegte. Jeremia hat dem Volk nun schon 23 Jahre gepredigt, aber das Volk ist nicht von seinem falschen Weg abgegangen. Nun kündigt Jeremia ihm an, daß Jerusalem erobert werden wird und die Bewohner 70 Jahre als Gefangene in Babylonien sein werden. Gottes Gericht wird sich dann auch den heidnischen Völkern und Babylon selbst zuwenden (12–38).

Vers 13: Die Weissagungen Jeremias über die

Ein Korb mit Feigen.

heidnischen Völker finden sich vor allem in Kap. 46–51.

26–45 JEREMIAS LEBEN UND SEINE ZEIT

26 Die Regierungszeit König Jojakims; Jeremia in Lebensgefahr

Dieser Abschnitt ist auf die Zeit um 609 oder danach anzusetzen und hängt mit Kap. 7 zusammen. Zu jener Zeit war es besonders gefährlich, Gottes Wort wahrhaftig zu verkündigen (15), und Jeremia kam dadurch in Lebensgefahr. Die Priester und Propheten wollten seinen Tod (11), aber der Name des Herrn zählte doch noch bei den Regierenden und bei dem Volk (16). Der Prophet Uria (20ff.), von dem wir sonst nichts wissen, wurde dagegen umgebracht.

Silo (6): vgl. die Anmerkungen zu Kap. 7.

Vers 18: vgl. Micha 3, 12. Nach hundert Jahren erinnerte man sich an dieses Prophetenwort (Micha lebte zur Zeit Jesajas).

27–28 Die Regierungszeit König Zedekias: Das Joch Nebukadnezars; der falsche Prophet Hananja

Im Jahr 597 haben die Babylonier die ersten Gefangenen von Jerusalem weggeführt und Zedekia als König eingesetzt. Schon werden Umsturzpläne geschmiedet. Da muß Jeremia mit einem hölzernen Joch durch die Straßen gehen, das die Unterwerfung unter die Babylonier versinnbildlicht. Nur durch Unterwerfung können Juda (27, 12–15) und die Völker (27, 3–11) dem Untergang entgehen. Diese Botschaft stieß natürlich nicht auf Gefallen und führte zu einem Zusammenstoß mit dem falschen Propheten Hananja, der Jeremia widersprach, das Joch zerbrach (28, 1–5. 10) und dem Volk das verkündigte, was es hören wollte. Aber der Verlauf der Geschichte gab Jeremia recht (28, 15–17; vgl. auch 27, 19–22 mit 52, 17–23).

29 Jeremias Brief an die Gefangenen in Babylon

Jeremia schrieb an die Gefangenen, die mit König Jojachin zusammen weggeführt worden waren, unter ihnen auch Hesekiel. Falsche Propheten kündigten ihnen baldige Heimkehr an. Jeremia rät ihnen nun, sich auf eine längere Zeit einzustellen und zu versuchen, ein normales Leben zu führen, denn das Exil wird 70 Jahre dauern.

24ff.: Selbst von Babylon aus lassen Jeremias Gegner ihn nicht in Frieden.

30–31 Die Verheißung eines neuen Bundes

Als das Volk keine Hoffnung mehr sah und mit seiner völligen Vernichtung rechnen mußte, verhieß Gott ihm eine herrliche Zukunft. Es würde errettet (30, 10ff.) und wiederhergestellt werden (18ff.). Die Gefangenen würden wieder in die Heimat zurückkehren (31, 7ff.). Ein neuer Bund würde an die Stelle des alten vom Sinai treten, den das Volk gebrochen hatte. Dieses Mal würde Gott sein Volk von innen her erneuern und ihm die Fähigkeit schenken, seinen Willen zu tun (31, 31–34; vgl. auch Röm. 8, 1–4; 2. Kor. 5, 17). Jeremia sieht hier – wie schon Jesaja vor ihm – die nähere und die ferne Zukunft in eins: er spricht von der Rückkehr aus dem Exil und zugleich von dem neuen Bund, den erst Christus aufrichten wird (vgl. Hebr. 8ff.).

Rama, Rahel (31, 15): Rahel, die Mutter von Joseph und Benjamin, starb in Rama bei Bethlehem. Jeremia hört ihre Klage um ihre Kinder im Exil. In Matth. 2, 18 wird diese Stelle dann auf den Kindermord des Herodes in Bethlehem bezogen.

32 Jeremia kauft einen Acker

Dieses Ereignis ist auf das Jahr 588 oder 587 anzusetzen, als Jerusalem belagert wurde und Anathoth, die Heimatstadt Jeremias, besetzt war. Jeremias Kauf soll anschaulicher als alle Worte zeigen, daß Gott mit Juda noch etwas vorhat, daß es noch eine Zukunft vor sich hat. Jeremia handelt auf Gottes Geheiß hin und zeigt erst danach seine Verwunderung (25). Als Antwort darauf offenbart ihm Gott seinen Plan.

Vers 8: Land war Familienbesitz und wurde nicht an Fremde verkauft; vgl. 3. Mose 25, 25.

Baruch (12): Jeremias Sekretär; vgl. 36, 4ff.

Vers 35: vgl. die Anmerkung zu Jes. 30, 33.

33 Weitere Verheißungen

Auch hier geht es noch um die künftige Wiederherstellung. Gott wird wieder aufbauen, wo er zerstören mußte (6ff.). Das Volk wird in Freude und Wohlstand leben (10–11) und von einem vollkommenen König regiert werden (14–16), und zwar werden diese Ereignisse so sicher eintreten, wie die Nacht auf den Tag folgt (20).

Vers 21: vgl. 2. Sam. 7 und 4. Mose 25.

Die beiden Geschlechter (24): Nach Vers 26 zu schließen, ist das Geschlecht Jakobs (das Volk) und das Geschlecht Davids (das Königshaus) gemeint.

34 Die jüdischen Sklaven

Auch dieser Abschnitt gehört in die Zeit um 588/587. Nachdem König Zedekia Gottes Botschaft gehört hat (1–7), befiehlt er die Freilassung aller Sklaven in der Hoffnung, daß er damit bei Gott Gefallen finden würde (vgl. 5. Mose 15, 12ff.). Doch dann fordern die Sklavenbesitzer ihre Sklaven zurück, und Gott verurteilt sie, weil sie das Gesetz übertreten haben.

In Jerusalem finden sich bis heute die alten Zisternen, in denen jeder Tropfen des kostbaren Wassers aufgefangen wird. Diese Zisterne ist unter dem Ecce Homo Convent in Jerusalem.

Vers 4–5: vgl. 39, 7. Wir wissen nichts Näheres über den Tod Zedekias.

Vers 18–19: So würde es allen ergehen, die den Bund brechen. Vgl. 1. Mose 15.

Abgezogen (21): vgl. 37, 5.

35 Die Rechabiter

In Kap. 35–36 geht es um die erste Belagerung Jerusalems, die damals etwa 10 Jahre zurücklag. Die Rechabiter, ein Beduinenstamm, waren die Nachkommen Jonadabs, der sich einst gegen die Baalsanbeter gestellt hatte (2. Kön. 10, 15–23). Aus Furcht vor der babylonischen Armee flohen sie nach Jerusalem (11). Dort beschämten sie die Judäer durch ihre Treue gegen ein altes Gelübde.

36 König Jojakim verbrennt Jeremias Schriftrolle

Dieses Ereignis geschah um 605/4. Jeremia war der Zutritt zum Tempel verboten worden (5), denn er hatte sich wohl durch seine Tempelrede (Kap. 26) unbeliebt gemacht, und man wollte ihn nun nicht mehr hören. Doch Gottes Wort kann nicht zum Schweigen gebracht werden. Die Botschaft wird aufgeschrieben, und zum rechten Augenblick wird sie dann in Anwesenheit des Königs an einem einzigen Tag vorgelesen. Jojakim konnte die Rolle zwar verbrennen, aber die Erfüllung der Botschaft konnte er doch nicht verhindern.

Vers 30: Drei Monate nach Jojakims Tod wurde sein Sohn nach Babylonien verschleppt.

Als Jeremia Invasion und Ruin ankündigte, warf man ihm vor, die Volksmoral zu untergraben. Aber Jeremia war kein Pessimist, sondern ein Realist, der das Volk vor der Katastrophe bewahren wollte.

Belagerung einer Stadt; Relief aus dem Palast Assurbanipals in Ninive.

37–38 Jeremias Gefangenschaft

Im Jahr 588 (vgl. V. 5) wurde Jeremia als Verräter gefangengenommen, nachdem er zur Kapitulation geraten hatte (38, 2). Nur durch das Eingreifen Ebed-Melechs und des Königs selbst konnte er am Leben bleiben (37, 20–21; 38, 7–13). Zedekia möchte Gottes Wort hören (37, 3. 17; 38, 14), aber er hat nicht den Mut, auch danach zu handeln. Daher wird Jeremias schreckliche Vision (38, 22–23) Wirklichkeit (39, 6–8). Doch selbst im Gericht verliert Gott das Schicksal einzelner nicht aus den Augen: Ebed-Melech wird gerettet (39, 15–18).

39 – 40, 6 Die Eroberung Jerusalems

Vgl. auch Kap. 52; 2. Kön. 25; 2. Chron. 36. Die Zeit des Gerichts ist gekommen (39, 1–10), und

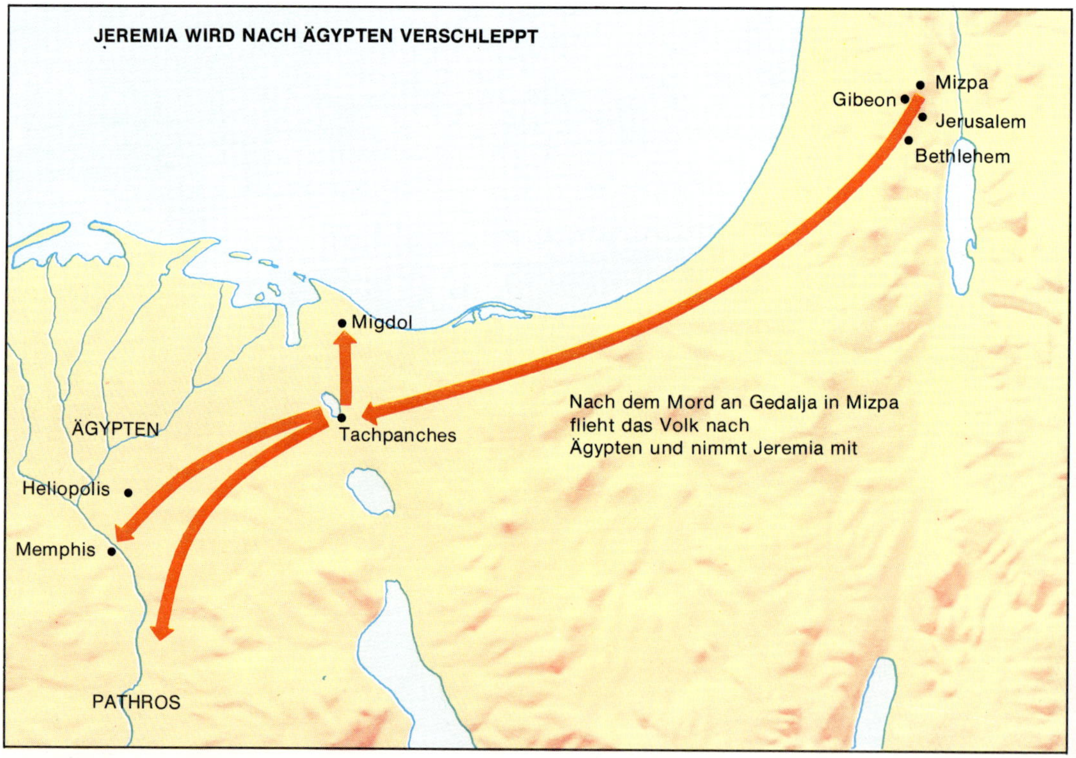

Jeremia darf als einziger selbst über sein Schicksal entscheiden (39, 12; 40, 1–5). Ihm wird ein Ehrenplatz am babylonischen Hof angeboten, aber er möchte in Juda bleiben.

Ribla (39, 5): Nebukadnezars Lager; eine Stadt in Syrien, südlich von Hama.

Gedalja (39, 14): der Sohn des Mannes, der Jeremia einst das Leben gerettet hatte (26, 24).

Ihr habt gesündigt (40, 3): das Volk, nicht Jeremia.

Mizpa (40, 6): wenige Kilometer nördlich von Jerusalem.

40, 7 – 41, 18 Die Ermordung des Statthalters Gedalja

Gedalja war ein guter Statthalter gewesen, doch schon nach drei Monaten wurde er ermordet. Aus Angst vor Vergeltungsschlägen macht sich das Volk zur Flucht nach Ägypten bereit.

41, 9: vgl. 1. Kön. 15, 16 ff.

42 – 43, 7 Flucht nach Ägypten

Das Volk wollte Gottes Wort hören und war ihm dann doch ungehorsam, da es ihnen sicherer schien, nach Ägypten zu fliehen, als in Juda zu bleiben. Sie nahmen Jeremia und Baruch mit sich. Wie Gott angekündigt hatte (15–18), waren sie auch in Ägypten nicht sicher vor Nebukadnezar, der 568 dorthinkam.

43, 3: Baruch hatte das Volk wohl schon vor der Flucht nach Ägypten gewarnt.

Tachpanches (43, 7): vgl. die Anmerkung zu 2, 16.

43, 8 – 44, 30 Aufenthalt in Ägypten; Jeremias letzte Warnung

Das Volk will auch nach allem, was nun geschehen ist, nicht auf Jeremia hören. Sie beten wieder die »Himmelskönigin« an (vgl. die Anmerkung zu 7, 18) und hoffen, daß alles wieder gut werden wird. Über das weitere Leben Jeremias wissen wir nichts. Einer alten Überlieferung nach soll er in Ägypten zu Tode gesteinigt worden sein.

45 Baruch

Dieses kurze Kapitel bezieht sich auf die Abfassung der Schriftrolle im Jahr 605 (Kap. 36). Baruch wurde oft in das Schicksal Jeremias hineingezogen. Dafür verspricht ihm Gott aber, daß er die Zeit des Untergangs überleben wird, und das genügt ihm.

46–51 WEISSAGUNGEN ÜBER DIE HEIDNISCHEN VÖLKER

Vgl. 25, 13. Wie schon Jesaja sieht auch Jeremia Gott als den Herrn der Geschichte, der alles in seiner Hand hat, nicht nur das Geschick seines Volkes.

Die Ereignisse von Jer. 41 spielten sich teilweise am »großen Wasser bei Gibeon« ab. Bei Ausgrabungen traf man auf diesen großen Schacht. Stufen führen zu einem Brunnen.

46, 1–26 Ägypten

In Vers 1–12 wird die Niederlage bei Karkemisch (605) beschrieben, in Vers 13–26 der Einmarsch Nebukadnezars in Ägypten, der im Jahr 568 stattfand. Auch Jesaja und Hesekiel weissagten gegen Ägypten (Jes. 19–20; Hes. 29–32).

Vers 9: Hier ist von den Söldnern aus dem Sudan (Äthiopien) und aus Libyen (Put) die Rede.

Den einfachen Leuten im Nahen Osten drohten im Lauf der Jahrhunderte immer wieder Unterdrükkung und Exil. Jeremia sah nur zu klar die damit verbundenen Leiden und Tragödien.

Balsam (11): vgl. die Anmerkung zu 8, 22.

Amon (25): der Gott von Theben.

46, 27–28 Trostwort für Israel

47 Gegen die Philister

Vgl. auch Jes. 14, 28–32. Der Pharao Necho nahm Gaza bei seinem Zug nach Norden (609) ein, aber die Stadt kam immer wieder in andere Hände. Den Philistern wird angekündigt, daß ihnen von den Babyloniern Gefahr droht. Wahrscheinlich verwüstete Nebukadnezar die Städte der Philister, als er Juda im Jahr 587 be-

siegte. Andere Weissagungen über die Philister: Hes. 25, 15 ff.; Amos 1, 6–8; Zeph. 2, 4–7; Sach. 9, 5–7.

Gaza, Askalon (1, 5): Städte der Philister.

Kaphtor (4): Kreta, die Insel, von der die Philister ursprünglich kamen.

Enakiter (5): ein Riesenvolk, das in irgendeiner Weise mit den Philistern zusammenhing (Jos. 11, 22).

48 Moab

Vgl. die Anmerkungen zu Jes. 15–16. Moab, Ammon und Edom scheinen sich mit Juda zu einem Aufstand gegen Nebukadnezar verbündet zu haben (27, 1–3). Wahrscheinlich unterwarf er sie dann zur selben Zeit wie Juda. Andere Weissagungen über Moab: Hes. 25, 8–11; Amos 2, 1–3; Zeph. 2, 8–11.

Kemosch (7, 13): die Hauptgottheit der Moabiter. Bethel war das Heiligtum des Nordreichs.

Arnon (20): der Fluß, der einst die nördliche Grenze Moabs darstellte.

Dibon (22): die Hauptstadt Moabs.

Horn (25): ein Symbol der Macht.

Kir-Heres (31): die ursprüngliche Hauptstadt Moabs; das heutige Kerak in Jordanien.

Vers 37: Zeichen der Trauer.

49, 1–6 Ammon

Vgl. Hes. 25, 1–7. Ammon wird verurteilt, weil es Israel Land weggenommen hat, aber es wird später wiederhergestellt werden.

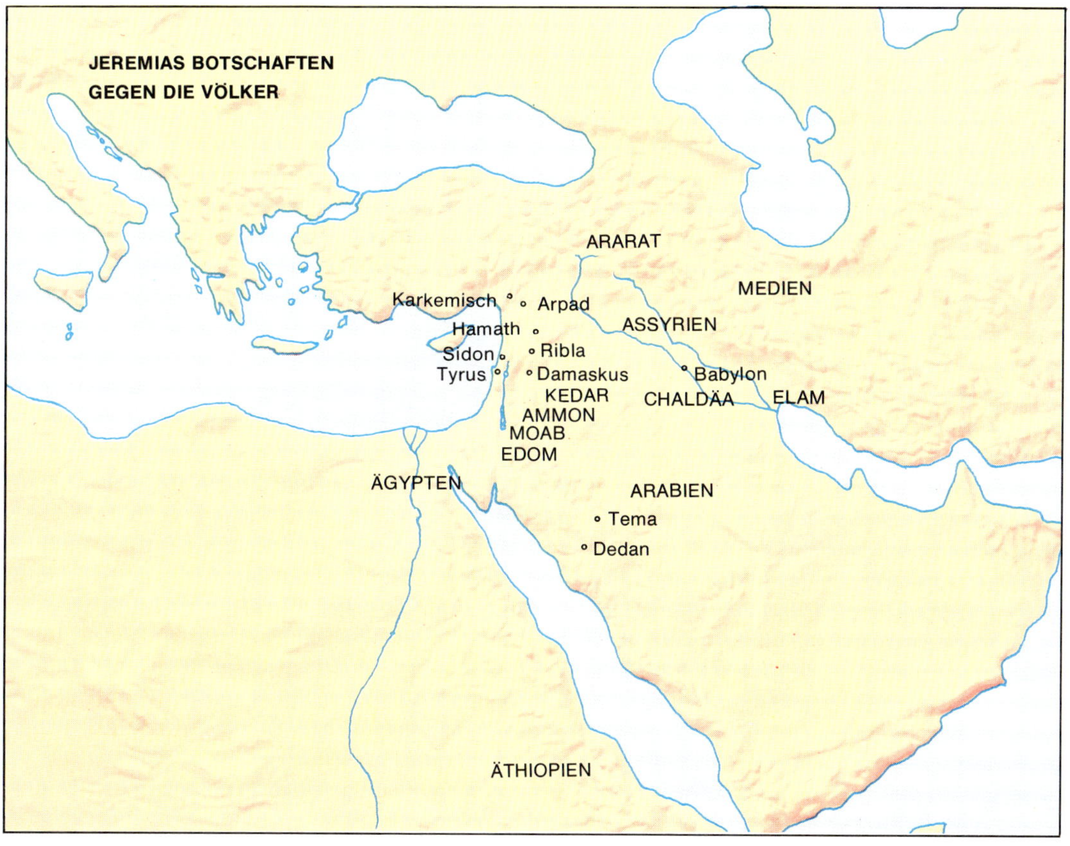

Milkom (1): der Gott der Ammoniter.

Rabbath-Ammon (2): die Hauptstadt Ammons; das heutige Amman, Hauptstadt Jordaniens.

49, 7–22 Edom

Andere Weissagungen über Edom: Jes. 21, 11–12; Obadja (der einen Abschnitt von Jeremia übernommen zu haben scheint). Das Gericht über Edom wird umfassend und endgültig sein; vgl. die Anmerkungen zu Jes. 34.

Vers 18: vgl. 1. Mose 19.

Dickicht des Jordan (19): vgl. die Anmerkung zu 12, 5.

49, 23–27 Damaskus

Vgl. auch Jes. 17.

Hamath und Arpad (23): Städte in Syrien.

Benhadad (27): Name oder Titel mehrerer syrischer Könige.

49, 28–33 Kedar

Wie angekündigt, besiegte Nebukadnezar diese Nomadenstämme im Jahr 599.

Hazor (30): wohl eine Nomadensiedlung, nicht die Stadt in Nordgaliläa.

49, 34–39 Elam

Dieses Wort erging im Jahr 597. Ein Jahr später wurde Elam (östlich von Babylonien) von Nebukadnezar angegriffen.

50–51 Babylonien

Vgl. die Anmerkungen zu Jes. 13–14 und 46–47. Diese Weissagung Jeremias wurde Babylon von der Gesandtschaft überbracht, die im vierten Regierungsjahr Zedekias, 6 Jahre vor der Eroberung Jerusalems, von Juda dorthin kam. Sie wurde öffentlich verlesen und dann im Euphrat versenkt. Eines Tages werden auch die Babylonier untergehen (51, 59–64) und von den Medern und Persern besiegt werden (539). Das Volk Gottes wurde vor diesem Ereignis gewarnt, um sich schützen zu können. Babylonien diente Gott als Werkzeug im Gericht über sein Volk (wie einst die Assyrer), doch dann kann Gott auch seine Sünden nicht mehr übersehen.

Bel, Merodach (Marduk) (50, 2): die babylonischen Gottheiten.

Vergeltung für seinen Tempel (50, 28; 51, 11): Jeremia verfaßte dieses Wort vor der Zerstörung des Tempels. Diese Anmerkung wurde wahrscheinlich nach der Zerstörung im Jahr 587 hinzugefügt.

51, 27: Ararat lag im Osten der Türkei, Minni und Aschkenas im nordwestlichen Iran. All diese Gebiete waren den Medern unterworfen.

Ihr Meer (51, 36): Der Reichtum und die Sicherheit Babyloniens beruhten auf dem weitverzweigten Kanalsystem.

Seraja (51, 59): Baruchs Bruder (32, 12).

So weit . . . (64): Dieser Vers war ursprünglich wohl eine Randbemerkung zu Vers 58. Dann wären die Verse 59–64 und Kapitel 52 ein späterer Anhang.

52 GESCHICHTSBERICHT

Vgl. die Anmerkungen zu 2. Kön. 24–25 (ein beinahe identischer Bericht) und Jer. 39.

Vers 28–30: Die Gefangenen wurden 597, 587 und 581 weggeführt.

Vers 31: Als Nebukadnezars Sohn 562 den Thron bestieg, verbesserte sich die Situation Jojachins. Das war ein Zeichen der Hoffnung für das ganze Volk.

Das Babylonische Exil

Alan Millard

Glasiertes Ziegelrelief aus Babylon.

Um die Zeit, in der Jeremia zu wirken begann, zerbröckelte das Assyrische Reich. Der chaldäische Gouverneur Südbabyloniens, Nabopolassar, riß die Herrschaft über Babylon an sich (626) und drängte allmählich die assyrischen Garnisonen aus anderen Städten. Dann griff er, gemeinsam mit einer Armee von Medern und Skythen aus dem persischen Bergland, Assyrien an und legte 612 Ninive in Schutt und Asche (vgl. Nahum). Zwei Jahre später wurde der letzte Stützpunkt der assyrischen Macht zerstört, und 605 wurden die Streitkräfte des ägyptischen Pharaos Necho bei Karkemisch vernichtend geschlagen (vgl. Jer. 25).

So wurden die Chaldäer Herren des »fruchtbaren Halbmonds«, wenn auch die Nordprovinzen des Assyrischen Reichs den Medern zufielen. 605 wurde der berühmte Nebukadnezar König. Seine ersten 20 Regierungsjahre waren von Kämpfen geprägt, mußte er doch rebellische Provinzen (darunter Juda) niederwerfen.

Nach Karkemisch bestätigte er Jojakim (den Necho eingesetzt hatte) als König von Jerusalem, nachdem er ihm einen Treueeid abgenommen und Geiseln verlangt hatte (Dan. 1, 1). Die Judäer mißachteten jedoch den Eid und verbündeten sich wieder mit Ägypten. In gerechtem Zorn zog Nebukadnezar gegen Jerusalem und belagerte die Stadt, deren König die Kapitulation trotz Jeremias Bitten verweigerte.

Der König starb. Sein Sohn Jojachin regierte einen oder zwei Monate bis zum Fall der Stadt, und er wurde nach Babylon deportiert (597). Dort wurden er und seine Familie mit königlichen Vorräten versorgt. Der Thron von Juda wurde Zedekia übertragen, aber er hatte nichts hinzugelernt und ließ sich, wie sein Vorgänger, von Ägypten einfangen.

Damit stand Judas Schicksal fest. Erneut griffen babylonische Truppen an, nahmen Jerusalem ein und legten es in Trümmer (587/6). Ein großer Teil der überlebenden Einwohner wurde in Babylonien angesiedelt und Juda wurde einem Gouverneur unterstellt.

Die Deportierten scheinen nach Babylonien selbst verschleppt worden und in verschiedenen Städten und Dörfern sowie in der Hauptstadt angesiedelt worden zu sein. Soweit wir erschließen können, durften sie ihre eigenen Traditionen bewahren und ihre Religion ausüben. Zweifellos verschlug die neue Umgebung und die wiederhergestellte Pracht des alten Babylon (»Das ist das große Babel, das ich erbaut habe« – Dan. 4, 27) den Judäern den Atem. Manche meinten vielleicht, der babylonische Gott Marduk und seine Helfer seien dem Gott Israels überlegen. Andere richteten sich recht gut in ihrer neuen Umgebung ein. Wieder andere sehnten sich nach der Rückkehr ins verheißene Land (vgl. Ps. 137).

Die Eindrücke der babylonischen Kultur sind in den Figuren der Visionen Hesekiels und in den Danielsgeschichten spürbar. Hier vermischten sich einheimische Vorstellungen mit denen anderer Länder. In den Straßen Babylons tummelten sich Menschen aus Ägypten, Syrien und Palästina, Kilikien, Karien und Ionien, und alle sprachen eine gemeinsame Sprache – aramäisch.

Doch das Reich der chaldäischen Könige hatte keinen Bestand. Wie Jesaja, Jeremia und Daniel voraussahen, wurde es von den Bergbewohnern im Osten und Norden überwältigt. Medien wurde immer stärker, nachdem es die Herrschaft der Skythen abgeschüttelt hatte. 585 erstreckte sich der medische Herrschaftsbereich schon bis zur Hälfte Anatoliens. Und Medien war ein wirklicher Rivale Babyloniens, als 550 sein Vasall, der Perser Cyrus, die Herrschaft an sich riß.

In Babylon regierte Belsazar, während sein Vater in Nordarabien lebte. Als der König zurückkehrte, konnte er nur noch zusehen, wie 539 sein Herrschaftsbereich Cyrus zufiel. Der neue König praktizierte im allgemeinen eine Politik des Friedens, und er gestattete den Juden großmütig, den Jerusalemer Tempel wiederaufzubauen.

Klagelieder

Wir wissen nicht, wer diese Klagelieder verfaßt hat, auch wenn die griechischen Übersetzungen Jeremia als Verfasser nennen. Im hebräischen Text sind sie anonym. Sie unterscheiden sich in Stil und Inhalt vom Jeremiabuch. Der Verfasser muß allerdings ein Zeitgenosse Jeremias gewesen sein. Die ersten vier Lieder wurden offensichtlich von einem Augenzeugen der Zerstörung Jerusalems durch Nebukadnezar im Jahr 587 verfaßt.

Für Juda bedeutete der Untergang Jerusalems mehr als den Verlust der schönen, beinahe unbezwingbaren Hauptstadt, denn Jerusalem war ja Gottes Stadt. Dort stand sein Tempel, dort wollte er bei seinem Volk wohnen. Als dann Jerusalem verbrannt, der Tempel zerstört und das Volk in die Gefangenschaft geführt wurde, wußte es, daß Gott es seinem Feind preisgegeben hatte. Sonst wäre es nicht zu all dem gekommen. Daher betrauert der Dichter dieser Klagelieder nicht nur das Leiden und die Demütigung seines Volkes, sondern die Tatsache, daß Gott sein Volk wegen seiner Sünde verstoßen hat. Die ersten vier Lieder sind im Versmaß der Totenklage verfaßt. In Kap. 1; 2 und 4 beginnt jeder der jeweils 22 Verse mit einem neuen Buchstaben des hebräischen Alphabets. In Kap. 3 kommen auf jeden Buchstaben drei Verse. Auch das 5. Kapitel hat 22 Verse, doch es ist nicht nach diesem Schema aufgebaut.

Die Klagelieder werden auch heute noch am Jahrestag der Zerstörung des Tempels in den jüdischen Synagogen vorgelesen.

Kapitel 1 Das erste Klagelied

Jerusalem ist verlassen, der Tempel zerstört. Gott hat die Stadt für ihre Sünden bestraft. Nun ist sie endlich soweit, daß sie zu ihm schreit und fleht.

Kapitel 2 Das zweite Klagelied

Der Dichter sieht Gottes Strafgericht noch einmal vor sich: die hungernden Kinder, das schreckliche Blutbad, die Zerstörung der Stadt und des Heiligtums. Er hört noch einmal die Spottlieder der Feinde, die sich an der Zerstörung Jerusalems freuen. Nun kann die Stadt nur noch zum Herrn schreien.

Kapitel 3 Das dritte Klagelied

Am Schicksal eines einzelnen können wir das Leid des ganzen Volkes ablesen. Er ist am Boden zerstört und ohne alle Hoffnung (18), und doch erwacht sein Glaube wieder beim Gedanken an die Liebe und Barmherzigkeit Gottes (19–33). Am Rande des Todes erfährt er die Nähe Gottes (54 ff.). Aber er kann seinen Feinden nicht vergeben (59–66).

Kapitel 4 Das vierte Klagelied

Die frühere Herrlichkeit und die Schrecken der Belagerung werden einander gegenübergestellt. Durch die Sünden des Volkes, der falschen Propheten und der Priester ist es soweit gekommen. Edom, der alte Erzfeind, ist voll Schadenfreude und ahnt nicht, daß auch ihm der Untergang bevorsteht (21–22).

Kapitel 5 Das fünfte Klagelied – ein Gebet

Der Dichter beschreibt anschaulich das Schicksal der Besiegten, die ihre Freiheit und ihr Land verloren haben, Zwangsarbeit leisten müssen, Hunger, Vergewaltigung und Grausamkeit ausgesetzt sind – und das alles als Strafe für ihre Sünden. In diesem Gebet bittet der Dichter Gott um die Wiederherstellung seines Volkes.

Eine schwarz verhüllte alte Frau in der Altstadt von Jerusalem.

Hesekiel

Im Jahr 597 v. Chr. kapitulierte König Jojachin, übergab Jerusalem den Babyloniern und wurde ins Exil geführt. Mit ihm gingen 10 000 weitere Gefangene – Beamte, Soldaten, Handwerker (vgl. 2. Kön. 24, 14). Unter ihnen war auch Hesekiel, der jüngere Zeitgenosse Jeremias, der damals Mitte 20 war. Er hatte sich auf den Tempeldienst vorbereitet, denn er sollte Priester werden wie sein Vater. Das Exil in Babylonien, fern von Jerusalem, machte diese Hoffnung zunichte.

Aber fünf Jahre später, als er 30 Jahre alt war, berief Gott ihn als Propheten in seinen Dienst (in diesem Alter hätte er sonst wahrscheinlich mit seinem Priesterdienst begonnen; vgl. 4. Mose 4, 3 und die Anmerkungen zu 1, 1). Die Berufung war von einer Vision Gottes begleitet, die Hesekiels ganzes Leben prägte. Er sah Gott in all seiner Herrlichkeit und in schroffem Gegensatz dazu die Sünde seines Volkes. Er erkannte, daß das Gericht unvermeidlich war, und das war die Botschaft, die er in den nächsten sechs Jahren verkündigte. Erst nach der Zerstörung Jerusalems und des Tempels im Jahr 587 legte er das Schwergewicht seiner Verkündigung auf Gottes Absicht, neues Leben zu wecken (vgl. Kap. 37) und Israel wiederherzustellen, damit es ihm in einem neuen Tempel in Vollkommenheit dienen würde (Kap. 40ff.).

Als Hesekiel den Gefangenen in Babylonien Gottes Botschaft verkündigte, lag eine große Verantwortung auf seinen Schultern. Er war ein Wächter, der vor der Gefahr warnen mußte; sonst würde er sich schuldig machen. In absolutem Gehorsam gegen Gott führte er diese Aufgabe aus.

Außer der Anmerkung in Kap. 1, 2–3 ist das ganze Buch in der ersten Person abgefaßt. Die einzelnen Botschaften sind sorgfältig geordnet und mit genauen Zeitangaben versehen. Der Inhalt der Botschaft und die Sprache sind im ganzen Buch sehr einheitlich; bestimmte Themen und Formulierungen ziehen sich durch alle Kapitel hindurch. Hesekiels Botschaft steht der Jeremias sehr nahe; vielleicht hatte er ihn sogar als junger Mann in Jerusalem gehört. Doch das Buch Hesekiel hebt sich von allen anderen prophetischen Büchern durch seinen Reichtum an Bildern und fast phantastischen Vorstellungen ab. Hier verbindet sich die Prophetie mit dem Stil der apokalyptischen Literatur (vgl. den Kommentar zur Offenbarung des Johannes). Die Offenbarung ist von allen biblischen Büchern Hesekiel am ähnlichsten und bezieht auch viele ihrer Bilder von ihm.

Vielen Christen ist das Buch Hesekiel bis auf einige vertraute Abschnitte und Vorstellungen (der Wächter; das Totenfeld; der neue Tempel) unbekannt. Schon die Vision im ersten Kapitel mit ihren eigenartigen Tieren ist uns fremd. Es würde uns aber viel verlorengehen, wenn wir das Buch deswegen beiseitelegen wollten. Gerade heute tut uns Hesekiels Vision des allmächtigen Gottes gut. Wir müssen die Sünde so sehen, wie Gott sie sieht, und müssen an unsere Verantwortlichkeit erinnert werden. Wir müssen erkennen, daß Gott Gott ist, bevor es notwendig wird, daß wir es wie Israel auf dem harten Weg des Gerichts lernen. Bei alldem kann uns Hesekiel eine Hilfe sein. Außerdem trägt das Alte Testament zum besseren Verständnis des Neuen bei. Um die Offenbarung des Johannes zu verstehen, müssen wir das Buch Hesekiel kennen.

1–3 HESEKIELS VISION UND BERUFUNG

Dieses Buch der Visionen und Zeichenhandlungen beginnt gleich im ersten Kapitel mit einer großartigen Vision Gottes. Als Hesekiel über die weite Ebene in Babylonien blickt, sieht er etwas, das an einen herannahenden Sturm erinnert: Donner, Blitz, schwarze Wolken. Dann erkennt er die Gestalten der vier Cherubim (vgl. 10, 15), Engelwesen, die Flügel an Flügel stehen und so einen Kreis bilden, in dessen Mitte ein Feuer brennt. Darüber thront der Herr der Herrlichkeit in Gestalt eines Menschen, von einem glänzenden Regenbogen umgeben. Neben jedem der vierköpfigen Cherubim ist ein schreckliches Rad, dessen Felgen voll Augen sind. Wer konnte das ansehen, ohne zu sterben?

Geflügelte Wesen fanden sich auch häufig an den Eingangssäulen zu Palästen (hier: Ninive).

Der Allmächtige, der Gott Israels, war in all seiner Macht in Babylonien gegenwärtig. Er war gekommen, um Hesekiel als seinen Boten zu dem Rest des abtrünnigen Volkes zu senden, das er als Wächter warnen sollte (2, 1–7; 3, 16–21). Es wurde Hesekiels Lebensaufgabe, das Volk Gottes daran zu erinnern, daß Gott der Herr ist. Zuerst würde es dies durch die Schrekken des Gerichts lernen (7, 4). Danach würde es dann Gottes erneuernde und wiederherstellende Macht sehen (36, 8–11).

Im dreißigsten Jahr (1, 1): Damit ist wahrscheinlich Hesekiels 30. Lebensjahr gemeint. Wenn dies das Alter war, in dem ein Priester seinen Dienst antrat, war es für Hesekiel von besonderer Bedeutung. Es muß eine harte Erfahrung für ihn gewesen sein, zu der Zeit, als er endlich hätte Priester werden können, Hunderte von Kilometern von Jerusalem und vom Tempel entfernt im Exil zu leben.

Kebar (1, 1): Damit ist wohl der große Euphratkanal in der Nähe der Stadt Nippur gemeint.

Vers 2–3: eine Anmerkung, die Hesekiels Eingangssatz erklären soll. Die Zeitangabe entspricht dem Jahr 593 (vgl. die Einführung).

Gestalten . . . wie Menschen (5): Cherubim (10, 15), die Gestalten, die ihre Flügel über den Gnadenthron der Bundeslade ausbreiteten (2. Mose 25, 18 ff.). Als Priestersohn waren Hesekiel wahrscheinlich die Cherubsgestalten am Tempel Salomos vertraut. Ähnliche Figuren finden sich auch in der babylonischen Kunst.

Vers 26: An sich durfte niemand Gott sehen, aber einzelne bekamen dieses Vorrecht und beschrieben dann, was sie gesehen hatten – vgl. 2. Mose 24, 9–11; Jes. 6; Dan. 7; Offbg. 4.

Menschenkind (2, 1): So wird Hesekiel im ganzen Buch angeredet. Der Name bedeutet hier – anders als bei Daniel – nichts anderes als »Mensch, menschliches Wesen«.

Dornen . . . Skorpione (2, 6): eine anschauliche Beschreibung der Ablehnung, die Hesekiel erfahren würde.

2, 10: Normalerweise wurde eine Schriftrolle nur auf einer Seite beschrieben. Vielleicht soll hier gesagt werden, daß auf der Schriftrolle kein Platz für irgendwelche Zusätze Hesekiels war.

3, 7: Die Berufung Jesajas und Jeremias war ähnlich erschreckend – vgl. Jes. 6, 9–12; Jer. 1, 17–19.

3, 25–27: Dies könnte heißen, daß Hesekiel stumm sein und nur sprechen können würde, wenn Gott ihm eine Botschaft an das Volk anvertraute. Manche nehmen allerdings an, daß es sich hier um eine rituelle, selbstauferlegte Stummheit handelte und nicht um den tatsächlichen Verlust der Sprache. Auf jeden Fall bekamen die Äußerungen, die Hesekiel dann machte, durch die sonstige Stummheit besonderes Gewicht. Die Stummheit hielt an, bis Hesekiel von der Zerstörung Jerusalems hörte (24, 27).

4–24 ISRAELS SÜNDE UND GOTTES GERICHT

4–5 Hesekiel stellt die Belagerung und Zerstörung Jerusalems im Bild dar

Die »Requisiten« für die Darstellung waren gleich zur Hand: ein großer Ziegelstein, auf den Hesekiel die Umrisse der Stadt einzeichnete, und eine eiserne Platte, auf der man flache Brotlaibe backte. Die Menge schaute zu und verstand den Sinn der Darstellung. Mit wachsendem Entsetzen sahen sie zu, wie Hesekiel seine knappe Ration an Getreide und Wasser abmaß. Sie sahen, wie der Hunger an ihm zehrte, so wie er einst während der Belagerung an der Jerusalemer Bevölkerung zehren würde. Sie sahen, wie er sein Haupt scherte und dann das Haar verbrannte und in den Wind streute, bis nur noch ein kleiner Rest – Symbol der gefangenen Juden selbst – übrigblieb.

4, 5–6: In der griechischen Übersetzung ist hier von 190 Tagen die Rede. Vom Untergang Samarias im Jahr 722 bis zur Rückkehr der Gefangenen aus dem Exil (538) wären es 184 Jahre, vom Untergang Jerusalems (587) bis 538 wären es 49 Jahre. 40 ist vielleicht keine genaue Zeitangabe, sondern die Zeit einer Generation.

20 Lot (10): etwa 220 Gramm.

Der sechste Teil von einer Kanne (11): etwa 0,6 Liter.

Unrein (13ff.): Die Verwendung von Mist als Brennstoff verunreinigte nach jüdischen Vorschriften das Essen. Es fiel Hesekiel schwer, sich an Gottes Anweisungen zu halten, da er

Geflügelte Tiere; Elfenbeinschnitzerei zur Verzierung von Möbeln.

Frau beim Kneten von Brotteig (ägypt. Modell). Hesekiel verkündete mit einer solchen Handlung eine wichtige Botschaft.

dazu erzogen worden war, sich kultisch rein zu halten. Vgl. die Reaktion des Petrus in Apg. 10, 9–16.

6–7 Strafandrohung gegen das Land Israel

Die Darstellung der Botschaft wird noch vom gesprochenen Wort unterstrichen. Der Götzendienst des Volkes wird als Strafe die Zerstörung nach sich ziehen, der niemand entgehen kann. Dann wird das Volk endlich Gott erkennen.

Von der Wüste an bis nach Ribla (6, 14): von Norden nach Süden. Die Stadt Ribla am Orontes lag nahe bei der Nordgrenze Israels.

7, 18: Geschorene Köpfe waren ein Zeichen der Schande wie der Trauer.

Ihr Silber (7, 19): Das Geld ist wertlos geworden.

8–11 Hesekiels Vision Jerusalems

Im September 592 wird Hesekiel in einer Vision nach Jerusalem geführt (1–4). Was er dort sieht, ist schrecklich, ob es nun tatsächlich so war oder symbolisch gemeint ist. Das Volk ist völlig vom wahren Glauben Israels abgewichen. In Gottes Tempel wurde ein Bild der kanaanäischen Gottheit Aschera/Astarte aufgestellt (Vers 3) wie einst zur Zeit Manasses. Die Führer des Volkes beten heimlich Tiere an (8, 7–13). Die Frauen betrauern den sumerischen Gott Tammus, von dem es heißt, daß er mit dem alten Jahr stirbt und im Frühling wieder aufersteht (14f.). Die Männer kehren Gott den Rükken zu und beten die Sonne an (8, 16–18).

Entgegen der Meinung des Volkes (8, 12) sieht Gott alles und wird über alles zu Gericht sitzen (9, 9–10). Nur die, die den Verfall des Glaubens betrauern, werden verschont werden (9, 4–6).

Kapitel 10: Nach dem schrecklichen Blutbad, das Hesekiel vor Schmerz nicht mehr mitansehen kann (9, 8), sieht er wieder die Cherubim und die Herrlichkeit Gottes wie in seiner ersten Vision (Kap. 1). Wegen des schrecklichen Götzendienstes in seinem Tempel wird Gott Jerusalem verlassen.

Doch zunächst sieht Hesekiel zwei Männer, die er erkennt: Regierungsbeamte, die sich trotz der Warnungen der Propheten für den Widerstand gegen Babylon einsetzen (11, 1–4). Hesekiel verkündigt Gottes Urteil über sie, und noch während er spricht, sieht er zu seinem Entsetzen, daß Pelatja stirbt (11, 5–13). Aber Gott macht nicht »ganz und gar ein Ende« (13). Für die Gefangenen im Exil hat er eine Verheißung für die Zukunft (14ff.).

Jaasanja (8, 11): Jaasanjas Vater war ein Minister König Josias, sein Bruder Ahikam war ein Freund Jeremias. Es handelt sich um einen anderen Mann als in 11, 1.

Weinrebe (8, 17): Hier ist wahrscheinlich von einer heidnischen Sitte die Rede.

Ein Zeichen (9, 4): Jeremia, Baruch und Ebed-Melech gehörten zu den Gezeichneten, die verschont bleiben sollten (Jer. 40, 4; 45; 39, 15ff.). Auch in der Johannesoffenbarung ist von solchen Zeichen die Rede: die, die zu Gott gehören, bekommen ein Zeichen (14, 1), ebenso die, die sich den Mächten des Bösen verschwören (13, 16).

Topf (11, 3): Der Topf schützte das Fleisch vor dem Feuer. So sollten auch die Häuser die Menschen schützen.

Ein neuer Geist (11, 19): vgl. Jer. 31, 33–34; Hes. 36, 26.

12 Hesekiel stellt die Wegführung sinnbildlich dar

Die Leute wollen nicht auf Hesekiel hören, aber er verkündigt weiterhin das Wort Gottes (1–3). Er muß das Notwendigste zusammenpacken und nachts die Mauer durchbrechen und stellt damit nicht nur das Schicksal eines beliebigen Flüchtlings dar, sondern das König Zedekias (»ihr Fürst«, 10); vgl. Jer. 52, 7–11 zu den Versen 12–13. Alles traf so ein, wie Jeremia es angekündigt hatte. Alles würde so geschehen, wie Gott es gesagt hatte, und zwar bald (21–28).

13 Falsche Propheten

Jeremia und Hesekiel hatten ständig mit falschen Propheten zu tun, die dem Volk das verkündigten, was es hören wollte. Sie konnten dadurch das Unheil nur verbergen und verschleiern, nicht aber abwehren (10–16), denn was Gott sagt, wird auch immer so geschehen. Es gab auch Prophetinnen, die durch ihre Zauberkünste die »Seelen« hilfloser Menschen in ihren Bann zogen (17 ff.).

Seelen (18): Damit ist der ganze Mensch gemeint. Die Vorstellung körperloser Geister war dem jüdischen Denken vollkommen fremd.

14 Der Götzendienst und seine Folgen

Gott beansprucht das ganze Herz derer, die zu ihm gehören wollen. Wer nebenher noch fremden Götzen dienen will, ist zum Untergang bestimmt. Die Menge fühlte sich vor Katastrophen sicher, solange einige Gottesfürchtige unter dem Volk waren. Aber zu diesem Zeitpunkt hätten auch Noah oder Hiob nur noch sich selbst retten können (14).

Daniel (14): Damit ist nicht der Prophet gemeint, sondern wohl ein sonst unbekannter jüdischer Patriarch.

Vers 21: Vor diesen Strafen hatten die Menschen der Antike die größte Angst (vgl. die Anmerkung zu Jer. 14, 12).

15 Das Gleichnis vom unbrauchbaren Weinstock

Israel wurde oft mit einem Weinstock verglichen. Es brachte nun keine Frucht mehr, und als Holz ist der Weinstock unbrauchbar. Israel ist schon zum Teil zerstört (4), und es steht ihm nur noch die totale Zerstörung bevor (6–8).

16 Jerusalem – die treulose Frau

Gott nahm sich Israels an, als es ein Nichts war, überschüttete es mit seiner Liebe und machte es zu einem großen, herrlichen Volk. Israel verdankte ihm alles, aber es ließ sich durch den Wohlstand den Kopf verdrehen und bändelte wie eine Ehefrau, die zur Hure wurde, mit fremden Völkern an. Es umwarb sie und diente ihren Götzen, wobei es auch vor den schrecklichsten Riten nicht zurückschreckte (20–29). Gott war vergessen und der Bund mit ihm gebrochen (wie ein Ehegelübde). Gott muß Israel bestrafen (35–43), aber eines Tages wird er es wiederherstellen (53. 60).

Amoriter ... Hethiterin (3): Das ist natürlich nicht wörtlich zu verstehen. Vielmehr war Israel so sehr im Verfall begriffen wie einst die Völker, die es bei der Eroberung Kanaans besiegt hatte.

Vers 4: Dies waren die Aufgaben der Hebamme.

Da breitete ich meinen Mantel (8): das Zeichen, daß ein Mann eine Frau heiraten wollte. Vgl. Ruth 3, 9. Gott besiegelte den Vertrag mit dem Bundesschluß am Sinai.

Vers 38: Auf Ehebruch stand die Todesstrafe.

Vers 46: Samaria: die Hauptstadt des Nordreichs, die im Jahr 722 zerstört wurde. Sodom: die Stadt am südlichen Ufer des Toten Meeres, die wegen ihrer schweren Sünden unterging (1. Mose 19).

17 Die Adler und der Weinstock

Der erste Adler ist Nebukadnezar von Babylonien, der König Jojachin gefangennahm (3. 4; vgl. die Einführung). Das Gewächs, das er einpflanzt, ist Zedekia (5. 13). Zedekia wandte sich dann aber an die Ägypter (den zweiten Adler) um Hilfe (7. 15), was dazu führte, daß die Babylonier zurückkamen, um Jerusalem zu zerstören. Nach drei oder vier Jahren, nämlich im Jahr 587, trat alles ein, was in Vers 17–21 angekündigt ist (vgl. Jer. 52). Aber Gott wird ein Reis von der Zeder, dem israelitischen Königshaus, brechen, das wieder Wurzeln treiben wird (22–24).

Vers 8: Wahrscheinlich soll hiermit gesagt werden, daß es Zedekia unter Nebukadnezar gut ging (wie auch in Vers 5).

18 Die Verantwortlichkeit des einzelnen vor Gott

Entgegen dem Volksglauben (2) ist Gott nicht so ungerecht, daß er eine Generation für die Sünden ihrer Väter bestraft (20). Er zieht jeden einzelnen Menschen für seine Sünden zur Verantwortung. Er hat keinen Gefallen daran, wenn er die Sünder mit dem Tod bestrafen muß (23). Gott will immer, daß die Menschen sich vom Bösen abwenden und Leben haben (30–32).

Seele (4): vgl. die Anmerkung zu 13, 18.

Vers 20: Hesekiel bestreitet mit diesem Wort nicht den Grundsatz, daß die Kinder unter den

Hesekiel lebte in einer Flüchtlingssiedlung und predigte einem Volk im Exil.

Folgen der Vergehen ihrer Eltern leiden müssen (vgl. 2. Mose 20, 5); es will ihn lediglich in die rechte Perspektive rücken.

19 Klagelied über das Schicksal des Königshauses

Das Gedicht ist im Versmaß der »Klage« verfaßt. Die Löwin ist Juda, und die Könige sind ihre Jungen. Das erste der Jungen ist Joahas (3), der vom Pharao Necho im Jahr 609 nach Ägypten verschleppt wurde. Das zweite ist Jojachin (vgl. die Einführung). Nun wird wegen des Widerstands gegen die Babylonier unter Zedekia das Königshaus und das ganze Volk untergehen (10–14).

20, 1–44 Geschichte der Abtrünnigkeit Israels in der Vergangenheit

Juli/August 591. Hesekiel kommt nun von Gleichnissen und Allegorien zu historischen Tatsachen. Seit der Zeit in Ägypten und in der Wüste ist die Geschichte Israels vom Götzendienst und dem Abfall des Volkes von Gott gekennzeichnet. Die ganze Zeit über hatte Gott sich zurückgehalten und das Volk nicht vernichtet. Aber nun ist die Stunde der Abtrünnigen gekommen (38). Die anderen wird Gott selbst sammeln und wiederherstellen (40–44).

Vers 25–26: Diese schwierigen Verse versteht man am ehesten im Licht von Röm. 1, 24 usw. Gott »gab das Volk dahin« in das Böse, das sie suchten.

20, 45 – 21, 32 Feuer und Schwert

Gottes Gericht wird wie ein Waldbrand von Süden nach Norden durch das Land gehen (20, 45–48). Das Schwert Gottes ist gegen Israel gerichtet, und zwar ist es in der Hand des babylonischen Königs (21, 19), der die Hauptstädte von Ammon und Juda zerstören wird (21, 20). (Nebukadnezar griff Ammon fünf Jahre nach dem Untergang Jerusalems an.)

Südland (21, 2): Dieses Gebiet ist heute Wüste, aber zur Zeit des Alten Testaments war Palästina im ganzen stärker bewaldet als heute.

Rabba (21, 25): Amman, die heutige Hauptstadt Jordaniens.

22 Die Anklagen gegen Jerusalem

Gottes Volk hat sich schuldig gemacht; Blutvergießen, Unterdrückung, Wucher, Bestechung und sexuelle Vergehen gehen auf sein Konto. Wenn Gott sie im Feuer prüft, wird man keine Spur eines Edelmetalls mehr finden (17–22). Jeder Bereich der Gesellschaft hat Anteil an der Schuld: die Herrschenden, die Priester, die Propheten und das einfache Volk (23–31).

Rein oder unrein (26): vgl. die Anmerkungen zu 3. Mose 11.

Vers 28: vgl. 13, 8–16.

23 Das Gleichnis von den zwei Schwestern Ohola und Oholiba

Ohola ist Samaria, die Hauptstadt des Nordreichs; Oholiba ist Jerusalem. Beide Schwestern haben sich wie gewöhnliche Huren verhalten. Ihr Verlangen nach ihren Liebhabern, den heidnischen Götzen, ist nicht zu befriedigen, und ihr ganzes Verhalten ist abstoßend. Sie haben sich nacheinander an Ägypten und an Assyrien gehängt. Nun übertrifft Juda noch ihre Schwester und wirft sich Babylon an den Hals. Jerusalem wird es ebenso ergehen wie Samaria, und sie hat ihre Strafe voll und ganz verdient (45).

Vers 10: Die Assyrer zerstörten Samaria im Jahr 722.

Vers 23: Pekod, Schoa und Koa waren wahrscheinlich Stämme, die an der Ostgrenze des Babylonischen Reichs ansässig waren. Mit »Babylonier« und »Chaldäer« wird dasselbe Volk bezeichnet.

24 Belagerung Jerusalems; Hesekiels Frau stirbt

Die Zeit ist dieselbe wie in 2. Kön. 25, 1; Jer. 52, 4 – man nimmt an, daß es sich um den 15. Januar 588 handelt. Jerusalem ist einem verrosteten Topf gleich, den man aufs Feuer stellt, damit er verbrennt. Das Verhalten des Volkes hat die Stadt verpestet. An dem Tag, an dem die Belagerung beginnt, stirbt Hesekiels Frau ganz plötzlich, aber Gott verbietet Hesekiel, in der üblichen Weise zu trauern. So wird es auch beim Untergang Jerusalems sein; die Trauer des Volkes wird grenzenlos sein, aber nach außen wird niemand sich etwas anmerken lassen. Wenn dann die Nachricht vom Untergang der Stadt kommt, wird Hesekiel endlich von seiner Stummheit befreit werden (27; vgl. 3, 26–27). Das wird das Zeichen sein, daß das Gericht nun vorüber ist.

Vers 17: Die damals üblichen Gebräuche im Falle der Trauer: man scherte sich das Haupt und bestreute es mit Staub und Asche, ging barfuß, verschleierte das Gesicht und hielt laute Totenklage.

25–32 GERICHTSWORTE ÜBER HEIDNISCHE VÖLKER

Obwohl der Auftrag der Propheten sich in erster Linie auf Israel und Juda erstreckte, war ihnen allen doch sehr bewußt, daß Gott der Herr der ganzen Welt ist. Jedes Volk kann von seinem Gericht getroffen werden. Das, was Gott bei seinem auserwählten Volk verurteilt und bestraft, verurteilt und bestraft er auch bei anderen Völkern.

25 Ammon, Moab, Edom, die Philister

Die anderen Weissagungen über diese Völker sind in den Anmerkungen zu Jer. 47–49 angeführt. Diese vier Völker waren die nächsten Nachbarn Judas und zugleich seine alten Feinde. Sie alle hatten Gefallen am Niedergang Isra-

Sklaven bei Erdarbeiten; assyr. Relief.

els, und Gott wird sie dafür bestrafen. Bald nach dieser Weissagung wurden Ammon, Moab und Edom von den Nabatäern überrannt. Die Philister gingen als Volk nach der Zeit der Makkabäer unter.

26 – 28, 19 Tyrus

Vgl. die Anmerkungen zu Jes. 23. Zeitlich ist diese Gerichtsankündigung wohl auf das Ende des elften Jahres – Februar 586 – anzusetzen, wenn man davon ausgeht, daß Hesekiel in diesem Jahr und nicht erst im nächsten vom Untergang Jerusalems hörte (vgl. die Anmerkung zu 33, 21). Hesekiels Prophezeiung in Kap. 26 wurde schon bald voll bestätigt: Tyrus freute sich nicht lange über das Schicksal Jerusalems, denn schon nach wenigen Monaten stand Nebukadnezars Armee auch vor seinen Toren und belagerte die Stadt 13 Jahre lang.

Tyrus war eine verlockende Beute: die Stadt lag am Fuß des Libanongebirges und hatte den besten natürlichen Hafen im ganzen östlichen Mittelmeerraum. Tyrus war ein wichtiges Handelszentrum und war daher sehr reich. Außerdem war die Stadt weltbekannt wegen ihrer Purpurfärberei und ihrer Glasproduktion. Hesekiel beschreibt die Stadt als ein großes Handelsschiff (Kap. 27), das aufs beste ausgestattet und nur mit ganz ausgewählter Fracht beladen ist. Die ganze Welt wird seinen Schiffbruch betrauern. Kap. 28 ist ein Klagelied über den König von Tyrus, der sich durch seinen Stolz selbst den Untergang bereitet hat.

Senir (27, 5): der Berg Hermon.

Gebal (27, 9): Stadt im Libanon (griechisch Byblos).

HESEKIELS BOTSCHAFTEN GEGEN DIE VÖLKER

Daniel (28, 3): vgl. die Anmerkung zu 14, 14.

28, 12ff.: Viele Bilder in diesem Abschnitt stammen aus 1. Mose 2–3.

28, 20–26 Sidon

Auch Sidon war eine berühmte Hafenstadt im Libanon (etwa 30 km nördlich von Tyrus). Sidon wird ebenfalls wegen seiner feindlichen und verächtlichen Haltung dem Volk Gottes gegenüber angeklagt (24). Wie Tyrus wurde Sidon dann von Nebukadnezar erobert. Die Verse 25–26 sind eine Verheißung an Israel.

29 – 32 Ägypten

Alle sieben Weissagungen – bis auf eine (30, 1ff.) – sind mit genauen Zeitangaben versehen.

- 29, 1–16 (Januar 587). Der Pharao hat sich in seinem Hochmut mit den Göttern gleichgesetzt und dadurch Gottes Zorn auf sich und sein Land gezogen. Er wird noch erkennen, wer Gott ist!
- 29, 17–21 (Neujahr 571 – die späteste Weissagung des ganzen Buches). Die lange Belagerung von Tyrus nahm um 574 ein Ende. Hesekiel kündigt nun an, daß Ägypten das nächste Ziel der Babylonier sein wird.
- 30, 1–19 (ohne Zeitangabe). Hesekiel schildert nun, wie es Ägypten und seinen Verbündeten beim Angriff Nebukadnezars ergehen wird. Gott wird dem Reichtum Ägyptens ein Ende machen und seine »Götter« stürzen.
- 30, 20–26 (April 587). Der Pharao Hophra hatte versucht, Jerusalem mit seiner Armee zu Hilfe zu kommen, wurde aber von Nebukadnezar besiegt.
- 31, 1–18 (Juni 587). Ägypten wird mit einem mächtigen Zedernbaum verglichen, der wegen seines Stolzes und Hochmutes gefällt wird (10–12). Ägypten wird seinen Platz bei den Toten haben (15ff.).
- 32, 1–16 (März 585; inzwischen hatte die Nachricht vom Untergang Jerusalems die Gefangenen in Babylonien erreicht). Ein Klagelied über den Pharao und über Ägypten.
- 32, 17–32 (März? 585). Wie Assyrien, Elam, Meschech, Tubal, Edom, Sidon wird auch Ägypten fallen. All diese Völker finden ihren Platz in einer großen Grabkammer mit vielen Grabstätten.

Dieser kostbare Seidenbrokat, in der Altstadt von Damaskus bis heute von Hand gewebt, erinnert an den Reichtum und Luxus des antiken Tyrus.

Pharao (29, 2): In diesem Fall ist der Pharao Hophra gemeint. Alle Pharaonen wurden als Gottheiten verehrt.

Von Migdol bis nach Syene (29, 10): d. h. von Norden nach Süden, das ganze Land. Migdol war eine Stadt im Nildelta, Syene an der Stelle des heutigen Assuan.

Pathros (29, 14): Oberägypten.

30, 5: Ägyptens Verbündete.

32, 22–30: »Assur«, die beherrschende Großmacht zur Zeit Jesajas, war von den Babyloniern besiegt worden. »Elam«: ein Volk, das östlich von Babylonien lebte. »Meschech und Tubal«: zwei wenig bekannte Völker an der Nordgrenze Assyriens. »Fürsten des Nordens«: damit sind wahrscheinlich verschiedene Stadtstaaten nördlich von Palästina gemeint.

33–48 DIE BEVORSTEHENDE WIEDERHERSTELLUNG ISRAELS

33, 1–20 Der Wächter

In diesen Versen wird der Inhalt der Abschnitte 3, 17–21 und 18, 5–29 wiederholt.

33, 21–33 Das Volk im Exil empfängt die Nachricht vom Fall Jerusalems

Diese Nachricht überrascht Hesekiel nicht mehr, denn er war noch vor der Ankunft des Boten von seiner Stummheit befreit worden, wie Gott es ihm versprochen hatte (24, 27). Nun erfährt er von Gott, daß diejenigen, die jetzt noch in Juda wohnen, immer noch weit davon entfernt sind, Buße zu tun. Vielmehr sind sie dabei, sich fremden Besitz anzueignen. Hesekiel wird von seinen Hörern im Exil nicht ernst genommen; sie interessieren sich zwar für seine Verkündigung, aber nur als Unterhaltung. Sie glauben ihm nicht und handeln auch nicht nach seinen Worten – und das nach allem, was geschehen war!

34 Gottes Urteil über die Führer des Volkes

Die »Hirten« haben diejenigen, die ihnen anbefohlen waren, grausam und eigensüchtig ausgenützt und ausgebeutet (1–10). Doch auch die »Herde« selbst ist von Gottes Urteil betroffen (17–22). Trotzdem wird Gott sich als der gute Hirt erzeigen, der seine zerstreute Herde sammeln und zum guten Weideland führen wird (11–16; vgl. Luk. 15, 4–7). Er wird einen neuen Hirten über sie bestellen, der für sie sorgen wird, einen neuen David (23–24; vgl. Joh. 10, 11).

35 Gegen Edom

Die Edomiter werden wegen ihrer Haltung gegenüber dem Volk Israel untergehen, denn sie beobachteten nicht nur Israels Geschick voll Schadenfreude, sondern wollten auch noch einen Gewinn daraus ziehen und sich das Land aneignen (10; die beiden Völker sind Israel und Juda). Vgl. auch 25, 12–14. Andere Weissagungen über Edom: Jes. 21, 34; Jer. 49, 7–22; Obadja.

36 Die Rückkehr in die Heimat

Gott läßt dem verlassenen und verwüsteten Land sagen, daß es bald wieder bewohnt sein wird, denn sein Volk wird wieder heimkehren. Israels Niederlage hatte viele seiner Feinde dazu veranlaßt, den Gott Israels wegen seiner Machtlosigkeit zu verachten. Durch die Rückkehr des Volkes wird seine Ehre wiederhergestellt werden, denn dann werden die Völker erkennen, daß er der Herr ist. Auch Israel selbst wird das dann endlich erkennen. Diejenigen, die aus dem Exil zurückkehren, werden für alle Zeiten vom Götzendienst geheilt sein (25), aber die umfassende Veränderung des Herzens wird erst »in Christus« möglich sein (2. Kor. 5, 17).

37 Die Vision des Totenfelds

Nach 10 Jahren im Exil und der Zerstörung Jerusalems haben die Gefangenen alle Hoffnung aufgegeben, und nicht alle Ankündigungen Hesekiels sind dazu angetan, ihnen neuen Mut zu schenken. Nun sagt er ihnen, daß das Volk tot ist. Aber Gott kann sogar tote Gebeine wieder zum Leben bringen. Durch Gottes Geist wird Israel neues Leben bekommen und wieder als ein Volk zusammenleben, und zwar unter einem neuen König, einem neuen David. Die Rückkehr der Gefangenen aus dem Exil wird nur ein Vorgeschmack der Herrlichkeit sein, die Gott für sein Volk bereithält.

Daß es ein Holz werde . . . (17): Hesekiel soll die Enden der beiden Stöcke so in seiner Faust halten, daß es aussieht, als halte er nur einen Stock in der Hand.

David (24): Damit ist der vollkommene messianische König gemeint, der in Frieden und Gerechtigkeit regieren wird.

38–39 Die Weissagung gegen Gog und Magog

Magog, Meschech, Tubal (2) und Gomer (6) waren Söhne Japhets (Noahs Sohn). Ihre Namen

Phoenizische Figur eines Hirten.

gingen auf verschiedene Völker im Bereich des Schwarzen Meers und des Kaukasus über. Hesekiel schildert eine Invasion dieser Barbarenhorden aus dem Norden unter der Führung des nicht näher bezeichneten Gog. Sie werden sich mit anderen Völkern verbünden (5) und gegen das Volk Gottes Krieg führen. Dann wird aber Gott seine Macht beweisen, indem er diese Kräfte des Bösen für immer vernichten wird.

In Kap. 39 wird der Inhalt von Kap. 38 wiederholt und noch weiter ausgeführt. Die Armee des Gog ist so riesig, daß ihre Waffen Israel sieben Jahre lang als Brennstoff ausreichen. Es werden so viele Menschen in dieser Schlacht umkommen, daß es sieben Monate dauern wird, bis das Land von allen Leichen gesäubert ist. (Die Zahl Sieben ist für den Juden das Symbol der Vollkommenheit.) Die Bilder, die Hesekiel hier heraufbeschwört, sind entsetzlich. Die Tatsache, daß diese Kapitel Hesekiels Vision des Tempels, in dem Gott unter seinem Volk wohnen wird, unmittelbar vorausgehen, zeigt, daß Johannes dann in der Offenbarung mit Recht Gog und Magog als Repräsentanten aller gottfeindlichen Mächte darstellt, die in der letzten großen Schlacht unter der Führung Satans kämpfen werden (Offbg. 20, 8).

40–48 Die Tempelvision

Diese Kapitel wurden im Jahr 573 verfaßt, also einige Jahre nach den übrigen Teilen des Buches (außer 29, 17–21). Sie sind der Höhepunkt des ganzen Buches, auch wenn sie zum Teil geradezu langweilig zu lesen sind. Das Buch begann mit Hesekiels Vision Gottes in der weiten babylonischen Ebene und endet nun mit der Vision Gottes, wie er in Herrlichkeit in einen neuen Tempel zurückkehrt, wo er für immer mitten unter seinem Volk wohnen und es nie mehr verlassen wird.

Trotz der vielen Einzelheiten ist Hesekiels Beschreibung des Tempels nicht etwa ein Bauplan. Was er sah, ist nicht das alte Jerusalem, sondern »etwas wie der Bau einer Stadt« (40, 2). In dem Tempel, der im großen und ganzen wie der Tempel Salomos aufgebaut ist, ist zwar alles bereit für die Opfer (40, 38ff.), aber wenn Gott in all seiner Herrlichkeit dort einkehren wird, wohnt er unter einer Priesterschaft und unter einem Volk, das für alle Zeiten vom Bösen gereinigt ist (Kap. 43). Alles wird dann vollkommen sein, aber Hesekiel sieht doch alles in einem irdischen Rahmen (anders die Vision in der Johannesoffenbarung): es gibt noch immer einen Tempel und Opfer; Gottes Volk ist mit Israel gleichgesetzt (44, 6ff.); das Gesetz ist noch in Kraft, und so gibt es auch noch den Tod. Doch auch hier gehen die nahe und die fernere Zukunft ineinander über: das Gesetz, die Opfer und die Feste werden bestätigt (Kap. 45 und 46), und dann wird in Kap. 47 etwas ganz Neues beschrieben, nämlich der wunderbare, lebenspendende Strom. Und ganz zum Schluß wird der Name der Stadt genannt. Sie heißt nun nicht mehr Jerusalem, sondern »Hier ist der Herr« (vgl. Offbg. 21, 22ff.).

Die Söhne Zadok (40, 46): Zadok fungierte als erster Hoherpriester im Tempel.

43, 3: vgl. Kap. 10 und Kap. 1.

47, 9–10: Aus dem Salzwasser des Toten Meers wird frisches Süßwasser werden. Mit dem »großen Meer« ist das Mittelmeer gemeint.

Hesekiels Tempelvision rekonstruierte ausführlich den Tempelbezirk in Jerusalem. Doch plötzlich »floß ein Wasser heraus«, das zum Strom des Lebens wurde.

Daniel

Daniel lebte als jüdischer Gefangener am babylonischen Hof. Er wurde schon als Junge dorthin gebracht, also vor Hesekiel und der ersten großen Gefangenenwelle. Er gehörte einer vornehmen Familie an und war außergewöhnlich begabt und intelligent. Eigentlich war er mehr Staatsmann und Diplomat als Prophet, aber das Buch Daniel gehört dennoch zu Recht zu den prophetischen Büchern. Die ersten sechs Kapitel befassen sich mit historischen Ereignissen in Babylonien, die sich über einen Zeitraum von 70 Jahren erstrecken. Die restlichen Kapitel, die in der ersten Person verfaßt sind, berichten über eine Reihe von Visionen zukünftiger Ereignisse. Kap. 2, 4 – 7, 28 des Buches sind in Aramäisch verfaßt, der internationalen Verkehrssprache der damaligen Zeit; der Rest ist in hebräischer Sprache geschrieben. Ganz am Anfang der Geschichte des Volkes Israel war ein Mann Gottes am ägyptischen Königshof: Joseph. Und nun, in dieser großen Krise des Volkes, hatte Gott wieder einen »Agenten« in einflußreicher Stellung am Königshof, diesmal in Babylon.

Manche meinen, daß das Buch so, wie es uns vorliegt, erst im 2. Jahrhundert v. Chr. verfaßt worden sei und wollen damit die Schwierigkeiten vermeiden, die sich bei einer anderen zeitlichen Einordnung des Buches zweifellos ergeben (darauf wird in den Anmerkungen noch eingegangen werden). Es wäre dann von einem Unbekannten verfaßt worden, der Daniels Namen gebrauchte, um seinem Buch Autorität zu verleihen. Dagegen spricht, daß das Buch im 2. Jahrhundert schon in weiten Kreisen als Heilige Schrift anerkannt wurde; die jüdischen Autoritäten prüften aber ein Buch äußerst sorgfältig, bevor sie es offiziell anerkannten und in den Kanon heiliger Schriften aufnahmen. Stammt das Buch nicht von Daniel, hatten sie also entweder nichts dagegen, daß der Verfasser unter Daniels Namen schrieb, oder sie ließen sich tatsächlich von einem Zeitgenossen täuschen. Hinzu kommt noch das Problem, daß diese Männer, die doch nur 400 Jahre nach den Ereignissen, die im Buch Daniel geschildert werden, lebten, sich offensichtlich an den historischen Ungenauigkeiten des Buches nicht störten oder sie gar nicht entdeckten. Letzten Endes geht es bei dieser Frage um das grundsätzliche Problem der Weissagung, da Daniel von Ereignissen spricht, die erst lange nach seiner Zeit eintraten. Wenn man davon ausgeht, daß die Propheten zu solcher Weissagung in der Lage waren, hindert uns nichts daran, das Buch Daniel selbst zuzuschreiben. Wenn man diese Voraussetzung aber ablehnt, muß man tatsächlich annehmen, daß das Buch nicht vor dem 2. Jahrhundert v. Chr. verfaßt worden sein kann.

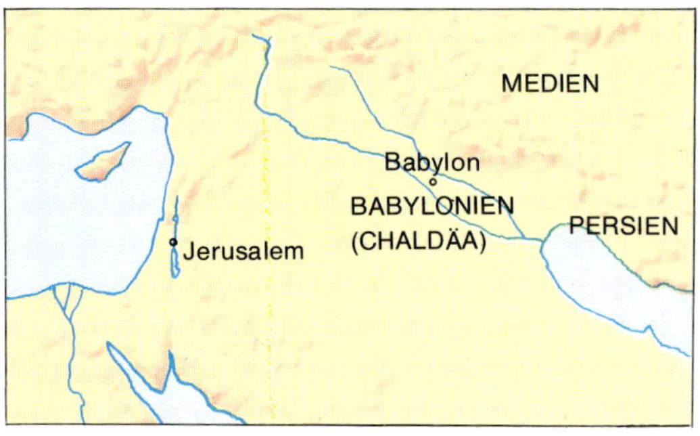

1 – 6 DANIEL AM BABYLONISCHEN HOF

1 Daniel und seine Freunde gelangen in einflußreiche Stellungen am Hof Nebukadnezars

Daniel kam im Jahr 605 nach Babylon (siehe unten). Wegen ihres guten Aussehens und ihrer Begabung bekamen seine Freunde und er eine besondere Ausbildung. Die Babylonier hielten sich natürlich nicht an die jüdischen Speisevorschriften (vgl. 3. Mose 11; 17, 10 ff.). Daniel und seine Freunde waren aber nicht bereit, ihrer Religion untreu zu werden, und sie ernährten sich daher vegetarisch, was ihnen nicht schadete, so daß sie ihre Ausbildung mit Auszeichnungen abschließen konnten.

Im dritten Jahr . . . (1): das Jahr 605. Nachdem Nebukadnezar die Ägypter bei Karkemisch besiegt hatte, griff er nun Jerusalem an und nahm König Jojakim und einige andere als Gefangene mit sich nach Babylonien. Daniel gibt hier die Regierungszeit Jojakims nach babylonischer Weise an und rechnet das Jahr nach der Thronbesteigung als erstes Regierungsjahr. Daher entspricht das »dritte Jahr« dem vierten nach judäischer Zählung (Jer. 25, 1; 46, 2).

Sinear (2): der alte Name Babyloniens.

Vers 7: Die Endungen der hebräischen Namen (-el, -ja) sind vom Namen des Gottes Israels abgeleitet. Von den neuen Namen hängt zumindest Beltschazar mit dem Namen einer babylonischen Gottheit zusammen (vgl. 4, 8).

Bis ins erste Jahr des Königs Cyrus (21): Das war nicht Daniels Todesjahr (vgl. 10, 1). Vielmehr veröffentlichte Cyrus in diesem Jahr den Erlaß, daß die Gefangenen heimkehren dürften (vgl. Esra 1, 1).

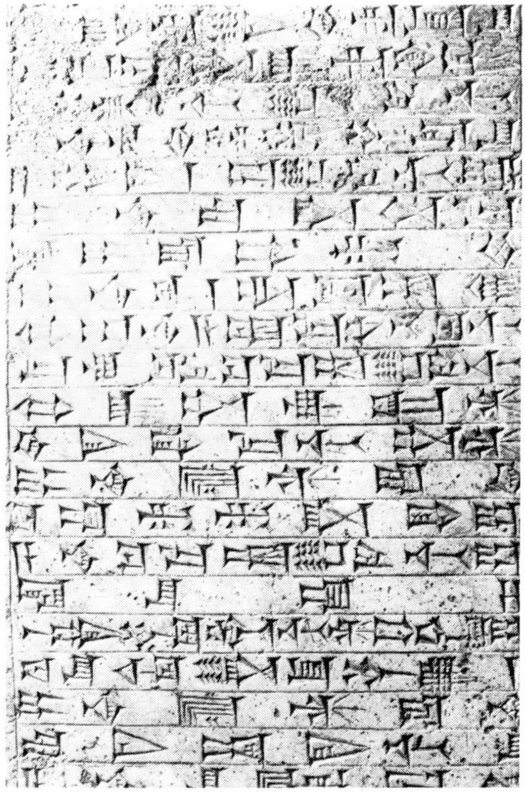

›Ist dies nicht das große Babylon, das ich gebaut habe . . .?‹ fragte Nebukadnezar. Diese babylonische Keilschrift-Tafel rühmt Nebukadnezars Leistungen.

2 Nebukadnezars Traum

Daniel hatte gerade seine Ausbildung beendet, als er auch schon diese Prüfung bestehen mußte. Nebukadnezar hatte den Traum entweder tatsächlich vergessen, oder er wollte es seinen Traumdeutern absichtlich schwer machen. Dieses Ereignis zeigt deutlich, daß Daniels Glaube viel mehr war als die bloße Einhaltung der Gesetzesvorschriften. In dieser Situation, in der er und viele andere in Lebensgefahr waren, wandte er sich vertrauensvoll an seinen Gott und verließ sich auf ihn allein.

In dem Bild, das Nebukadnezar sah, sind die vier aufeinanderfolgenden Weltreiche der Babylonier, der Meder und Perser, der Griechen und schließlich der Römer dargestellt. Zur Zeit der Römer wird Gott mit dem Aufbau eines neuen ewigen Reichs beginnen. Vgl. dazu Kap. 7ff. (Wer davon ausgeht, daß das Buch Daniel im 2. Jahrhundert rückblickend verfaßt wurde, kann das Römerreich nicht mit einbeziehen, sondern muß davon ausgehen, daß das Reich der Perser und das der Meder gesondert bestanden. Obwohl es Mederkönige gab, kann man jedoch von den Medern nicht als einer eigenständigen Weltmacht sprechen.)

Vers 4: Hier beginnt der aramäische Teil des Buches, der mit 7, 28 aufhört. Wir wissen nicht, ob das Original des Buches auch schon in zwei Sprachen verfaßt war.

3 Das goldene Bild und der Feuerofen

Seit dem Traum Nebukadnezars ist einige Zeit vergangen, und er scheint vergessen zu haben,

Scharen von Sklaven bringen eine Kolossalstatue von einem Floß an Land (Darstellung aus Sanheribs Palast).

daß er einmal Daniels Gott als den höchsten Gott anerkannt hatte. Nun läßt er ein großes goldenes Bild von sich machen und verlangt, daß sein Volk ihn anbetet. Daniels Freunde sind dazu nicht bereit, da es gegen Gottes Gebot verstieße. Sie wissen, daß Gott sie vor dem schrecklichen Tod erretten *kann*, aber sie wissen natürlich nicht, ob er es auch tun wird (17). Auf jeden Fall sind sie fest entschlossen, ihn nicht zu verleugnen (18). Und Gott errettet sie tatsächlich. Die Männer, die die drei ins Feuer warfen, werden von den Flammen getötet, aber die drei kommen unversehrt aus dem Feuer heraus. Wieder muß Nebukadnezar die Macht Gottes anerkennen.

Harfen, Zithern, Lauten (5): Im Urtext werden diese Instrumente unter ihren griechischen Namen erwähnt. Sie stammten aus Mesopotamien, aber die griechische Kultur hatte schon vor der Zeit Nebukadnezars diesen Teil der Welt erreicht. Es gab an vielen Orten griechische Siedlungen, und Söldner aus Griechenland kämpften in den verschiedensten Armeen.

Ofen (6): ein Brennofen, in dem vielleicht Ziegelsteine gebrannt wurden. Er war nach oben hin offen und hatte an der Seite eine Tür, durch die der König die Männer sehen konnte.

4 Nebukadnezars Wahnsinn

Nebukadnezar schien zu ahnen, daß dieser Traum nichts Gutes bedeutete, und wandte sich vielleicht deswegen nicht gleich an Daniel (6–8). Daniels Entsetzen über den Traum zeigt, daß er dem König nicht übel wollte. Doch Nebukadnezars Stolz auf das, was er geleistet hatte, hielt ihn schließlich davon ab, Daniels weisen Rat zu befolgen. Daraufhin verlor er den Verstand und benahm sich wie ein Tier. Nun konnte Gott aber an ihm wirken, und als Nebukadnezar begann, den allmächtigen Gott anzubeten, wich der Wahnsinn von ihm. Über die späteren Regierungsjahre Nebukadnezars können wir den alten Quellen nichts entnehmen.

Sieben Zeiten (13): Wie so oft im Buch Daniel fehlt eine genauere Zeitangabe. Auf jeden Fall war dieser Zeitraum von vornherein von Gott begrenzt und festgelegt.

5 Belsazers Festmahl

Genau genommen war Nabunaid, der von 556–539 regierte, der letzte babylonische König. Aber er zog sich schon bald nach Beginn seiner Regierungszeit nach Arabien zurück und ernannte seinen Sohn Belsazer zum Mitregenten, der die Amtsgeschäfte wahrnahm (daher konnte Daniel nur »der Dritte« im Reich werden, 16).

Dieses Ereignis ist auf das Jahr 539, also 23 Jahre nach Nebukadnezars Tod, anzusetzen. Das großartige Fest im Palast ist voll im Gange, als eine verborgene Hand auf der Wand des Festsaales zu schreiben beginnt. Die Worte bezeichnen Gewichte oder Münzen: »Mine,

Musiker: ein assyrisches Relief.

Zeitgenössische goldene Trinkgefäße (persisch, aus dem Schatz des Oxus).

Vater (2): d. h. Vorfahr, Vorgänger. Das Wort »Vater« wird im Alten Testament oft mit dieser Bedeutung verwendet.

Mine, Sekel und halbe Minen« (vgl. die Tabelle im ersten Teil des Handbuchs). Daniel, nun ein alter Mann, wird herbeigeholt, um die Worte zu deuten. Er geht dabei von der Bedeutung der Wortstämme aus, von denen die Gewichtsbezeichnungen abgeleitet sind: »zählen«, »wiegen«, »teilen« (26–28). Die Tage des Königs sind gezählt, denn noch in derselben Nacht wird die bisher unbezwingbare Stadt Babylon von dem Perserkönig Cyrus erobert werden, und zwar gelang ihm das nach den Berichten der Geschichtsschreiber dadurch, daß er den Lauf des Euphrat umleitete und durch das trockene Flußbett hindurch in die Stadt eindrang, während die Babylonier bei einem Fest für ihre Götter waren.

6 Daniel in der Löwengrube

Daniel war sein Leben lang ein Mann Gottes geblieben, so daß seine Feinde ihn wegen keines Vergehens anklagen konnten. Nur seine Religion bot ihnen eine Angriffsmöglichkeit (6–7). Daniel hätte einen Monat lang aufhören können, zu seinem Gott zu beten oder hätte wenigstens im Verborgenen beten können, aber er ist auch jetzt nicht zu Kompromissen bereit. Nun haben seine Feinde endlich etwas gegen ihn vorzubringen. Der König muß sich an das von ihm erlassene Gesetz halten und Daniel bestrafen. Aber Gott rettet Daniel wie einst seine Freunde im Feuerofen.

Darius aus Medien (1): In anderen historischen Berichten wird kein Mann dieses Namens erwähnt oder ein Herrscher zwischen Nabunaid/Belsazer und Cyrus genannt. Man hat versucht, ihn mit verschiedenen Männern anderen Namens gleichzusetzen, aber es läßt sich nichts mit Sicherheit sagen. Möglicherweise herrschte er vorübergehend über Babylonien, bis Cyrus selbst die Herrschaft antreten konnte.

Vers 9, 16: vgl. Esther 1, 19; 8, 8.

Die Grube (17): Damit ist wahrscheinlich ein umzäuntes Gehege gemeint, das nach oben hin offen und von einer Zuschauergalerie umgeben war. Den Eingang an der Seite versiegelt Darius (18).

7–12 DANIELS VISIONEN

7 Die vier Tiere

Wie in Kap. 2 wird hier Geschichte im Bild dargestellt. Wieder ist von vier Weltreichen die Rede, auf die dann Gottes Reich folgt. Der Löwe ist Babylon, und in Vers 4 ist speziell von Nebukadnezar die Rede. In Vers 6 wird das Reich Alexanders des Großen dargestellt, das nach dessen Tod unter seine vier Feldherren aufgeteilt wurde: Seleukus begründete eine Dynastie in Syrien, Ptolemäus in Ägypten; die anderen beiden Teilreiche waren Griechenland und Kleinasien. Die »zehn Hörner« (7, 24) entsprechen wohl den Zehen in dem Bild von Kap. 2, aber es ist umstritten, was sie bedeuten. In Vers 9–12 wird Gottes Gericht über die Weltreiche geschildert. Danach wird Gott dann die Herrschaft einem »wie eines Menschen Sohn« übertragen (13–14; dies war die häufigste Selbstbezeichnung Jesu). Das Volk Gottes wird im Lauf der Geschichte immer wieder von dem »kleinen Horn« angegriffen und belästigt (8, 20–21), bis Gott es eines Tages endgültig beseitigen wird. Aus diesem Kapitel bezieht Johannes im 13. Kapitel der Offenbarung seine Bilder.

Eine Zeit und zwei Zeiten und eine halbe Zeit (25): Man nimmt manchmal an, damit sei ein Zeitraum von 3 1/2 Jahren gemeint. Vgl. aber die Anmerkung zu 4, 16. Die Zeit der Macht des Bösen ist begrenzt.

8 Widder und Ziegenbock

Diese Vision befaßt sich mit dem zweiten und dem dritten Weltreich der vorhergehenden Vision. Der Widder mit den zwei Hörnern – das Reich der Meder und Perser – wird durch den leichtfüßigen Ziegenbock – das Reich Alexanders – verdrängt werden. Mit dem »großen Horn« ist Alexander selbst gemeint, mit den »vier anderen Hörnern« die vier Reiche, in die sein großes Reich nach seinem Tod aufgeteilt wurde (vgl. die Anmerkungen zu Kap. 7). Mit dem »kleinen Horn« ist in diesem Kapitel Antiochus IV. gemeint, der von 175 bis 164 v. Chr. in Syrien herrschte. In Vers 9–14 werden die schrecklichen Dinge, die während seiner Regierungszeit geschahen, sehr anschaulich geschildert (vgl. die Anmerkungen zu Kap. 11). Deren Folge war dann der Aufstand der Makkabäer. Von diesem Abschnitt der jüdischen Geschichte ist in 1. Makkabäer 1–6 (einem apokryphen Buch) die Rede.

Susa (2): östlich von Babylon; eine der vier Hauptstädte des Perserreiches.

Fürst (11, 25): Gott selbst. Der Versuch des Antiochus, die jüdische Religion auszulöschen, war ein direkter Angriff gegen den Gott Israels selbst.

Vers 14: d. h. 2 300 Tage (vgl. 1. Mose 1). Antiochus mischte sich im Jahr 171 zum ersten Mal in jüdische Angelegenheiten ein; er starb 164.

Gabriel (16): Hier wird der Engelsbote Gottes zum ersten Mal mit Namen genannt. Gabriel erschien dann auch dem Zacharias, dem Vater Johannes des Täufers, und Maria vor der Geburt Jesu.

Die Zeit des Endes (17): Damit ist in der Regel das Ende der Geschichte und Gottes Endgericht gemeint. Vers 26 bezieht die Vision jedoch auf die ferne Zukunft, während in Vers 19 vom Ende des Leidens die Rede ist. Für die biblischen Schriftsteller gehen Gegenwart und Zukunft oft ineinander über.

9 Die 70 Jahrwochen; Daniels Gebet

Mit der Zeitangabe wird das Jahr 538 bezeichnet. Juda war im Grund seit der Schlacht bei Karkemisch im Jahr 605 von den Babyloniern beherrscht worden. Die 70 Jahre der Gefangenschaft, von denen Jeremia sprach, gehen ihrem Ende entgegen. Daniel fleht Gott an, sein Volk doch heimkehren zu lassen. Noch im selben Jahr erlebt er die Erhörung seines Gebets, aber auch danach wird Juda immer wieder in Not und Leid geraten. Gott offenbart nun Daniel einen Teil der zukünftigen Ereignisse.

Die Verse 24–27 sind sehr schwierig zu verstehen und wurden immer wieder anders ausgelegt. In einem Zeitraum von 70 Jahrwochen (von denen jede 7 Jahre dauert) wird Gott mit Israel ans Ziel kommen (24). Vielleicht versteht man die Zahlenangaben am besten symbolisch, aber immerhin kommt der Zeitraum zwischen dem Erlaß, Jerusalem wieder aufzubauen, und dem Beginn des Wirkens Jesu (25) der Angabe von 7 + 62 Jahrwochen (= 483 Tage/Jahre) sehr nahe. Vers 26 scheint auf die Ablehnung und den Tod Jesu und die Zerstörung des Tempels im Jahr 70 hinzuweisen und gleichzeitig auf das Ende der Zeit einzugehen. Die Bedeutung von Vers 27 ist unklar. Manche meinen, daß mit »er« der Messias gemeint ist, andere nehmen an, daß von dem Fürsten aus Vers 26 die Rede ist.

10 – 11, 1 Vision und Kampf

Nach langer Zeit hat Daniel seine letzte große Vision und sieht eine herrliche Gestalt. Er bekommt einen Einblick in den fortwährenden Kampf zwischen denen, die das Volk Gottes schützen, und denen, die es vernichten wollen; einen Kampf, der sich in einem überirdischen Bereich abspielt (vgl. Eph. 6, 12). Dabei ist Michael der besondere Schutzengel der Juden (12, 1).

Babylonischer Grenzstein mit Emblemen vieler verschiedener Götter (Ursprung der Tierkreiszeichen).

11, 2–45 Der Kampf um die Herrschaft

Dieses Kapitel will den zukünftigen Verlauf der Geschichte in Einzelheiten beschreiben. Wenn wir heute zurückblicken, sehen wir, daß sich vieles erstaunlich genau in der Geschichte des Reichs der Griechen erfüllt hat. Es wird noch drei weitere Perserkönige geben (2; Kambyses, Gaumata, Darius I.), denen ein vierter, Xerxes, folgen wird. Xerxes drang bis nach Griechenland vor, wurde aber 480 v. Chr. bei Salamis besiegt. Danach kamen die Griechen an die Macht (3–4; vgl. die Anmerkungen zu Kap. 7). Vers 5 bezieht sich auf Ägypten (den »König des Südens«) und auf Seleukus, den ehemaligen Feldherrn des Ptolemäus, der zum »König des Nordens«, d. h. des mächtigen Syrerreiches wurde. 50 Jahre später heiratete die Tochter Ptolemäus' II. Antiochus I. von Syrien, aber sie wurde verstoßen und ermordet. Ihre Brüder rächten sie dann aber, indem sie Syrien angriffen (7). In Vers 9–13 ist von dem Kampf zwischen diesen beiden Mächten gegen Ende des 3. Jahrhunderts v. Chr. die Rede. Die Juden verbündeten sich damals mit Antiochus III. von Syrien, der dann die Ägypter besiegte (14–15). Antiochus verheiratete seine Tochter mit Ptolemäus V. von Ägypten (16), machte einen Vorstoß nach Kleinasien und Griechenland, wurde aber im Jahr 190 v. Chr. von den Römern bei Magnesia geschlagen.

In Vers 20 ist von Seleukus IV. die Rede, dem bald sein Bruder Antiochus IV., der große Verfolger der Juden, nachfolgte, der in Vers 21–24 beschrieben wird. Im Jahr 173 kam Ägypten für kurze Zeit in seine Macht, nachdem Ptolemäus von seinen eigenen Leuten verraten worden war. Bei seiner Rückkehr griff Antiochus Jerusalem an. Dabei kamen 80 000 Juden ums Leben (25–28). Als er Ägypten zum zweiten Mal angriff, traf er auf die römische Flotte (29–30). Danach kam er wieder nach Jerusalem und schändete den Tempel (31). Er wurde dabei von einigen Juden unterstützt, aber nicht alle waren bereit, ihren Glauben zu verleugnen und kamen dafür ums Leben (32–33). Judas Makkabäus kam dann den Glaubenstreuen mit seinem erfolgreichen Aufstand zu Hilfe (34).

In Vers 36–45 werden keine historischen Ereignisse aus den letzten Lebensjahren des Antiochus berichtet. Vielleicht gehen sie auf das Ende der syrischen Vorherrschaft ein, das durch die Römer herbeigeführt wurde, oder aber auf Ereignisse am Ende der Zeit, die schon in Ansätzen in dem Leiden der Juden unter Antiochus Wirklichkeit wurden. Dies führt uns dann zu Kap. 12 hin.

12 Die Erlösung

Im Buch Daniel ist zum ersten Mal im Alten Testament ausdrücklich von der Auferstehung die Rede, wobei Daniel allerdings nur das jüdische Volk im Auge hat (»dein Volk«). An jenem Tage werden die, die Gott treu geblieben sind, zur ewigen Herrlichkeit auferstehen. Das Böse wird endgültig vernichtet werden. Wann dies geschehen wird, weiß Gott allein. Auch Daniel versteht die Angaben nicht (6–8), und das ist ein deutliches Zeichen, daß man mit dieser Frage sehr vorsichtig und zurückhaltend umgehen muß.

Hosea

Hosea war ein Zeitgenosse Jesajas, aber im Unterschied zu diesem wirkte er im Nordreich Israel, auch wenn sich seine Botschaft gelegentlich auf Juda bezieht. Er wurde gegen Ende der Regierungszeit des letzten bedeutenden Königs des Nordreichs, Jerobeam II., zum Propheten berufen und wirkte danach 40 Jahre lang bis kurz vor dem Untergang Samarias im Jahr 722. In dieser Zeit ging es mit dem Nordreich immer schneller abwärts. Gott wurde abgelehnt, und statt dessen wurden heidnische Sitten und Kultgebräuche übernommen, so daß das Reich sich sittlich und politisch im Verfall befand. In 2. Kön. 14, 23 – 17, 41 wird über diese Zeit berichtet. Es war für die Situation Israels in jener Zeit sehr bezeichnend, daß es nach Jerobeams Tod innerhalb von 20 Jahren 6 verschiedene Könige hatte, von denen vier ihre Vorgänger umbrachten.

Hosea mußte durch die bittere Erfahrung mit seiner Frau, die ihn verließ, erfahren, was Israel Gott mit seinem Götzendienst antat und wie sehr er sein Volk auch weiterhin liebte. Dieser persönliche Hintergrund verleiht dem Buch seine ganz besondere Eigenart.

1 – 2, 2 Hoseas Ehe und Familie

Gott gibt Hosea die Anweisung, Gomer zu heiraten – eine Frau, von der Gott weiß, daß sie Hosea untreu werden wird (so scheint man Vers 2 verstehen zu müssen). Aus der Ehe gehen drei Kinder hervor, und jedes bekommt einen Namen, der Gottes Botschaft an Israel zusammenfaßt (vgl. Jes. 8). Gott gibt dem Volk durch den Propheten noch eine letzte Gelegenheit, Buße zu tun, bevor das Gericht Gottes über das Land ergeht (2. Kön. 17, 13–14). Obwohl das Volk diese Gelegenheit ausschlägt, kann es doch Gottes liebevollen Plan nicht vereiteln (1, 10 – 2, 2).

Jesreel (4): Hier fanden viele blutige Schlachten statt. Die Angabe in diesem Vers bezieht sich auf die Schlacht, von der 2. Kön. 10 berichtet wird.

2, 3–23 Israels Untreue und Gottes Liebe

Hoseas Worte, die er durch seine Kinder seiner Frau sagen läßt, werden eins mit Gottes Worten an Israel. Das Volk verehrt Baal, den Fruchtbarkeitsgott der Kanaanäer, weil es meint, daß er es sei, der eine gute Ernte schenkt; Israel wird bestraft werden, damit es lernt, daß alles aus Gottes Hand kommt – und danach wird es wieder Gottes geliebte Braut werden (21–22).

Achor (17): ein Ort in der Nähe von Jericho, wo Achan sündigte und bestraft wurde (Josua 7).

Mein Baal (18): »Baal« war nicht nur der Name der kanaanäischen Gottheit, sondern bedeutete in der Alltagssprache zugleich »Herr«.

Jesreel (24): der Name von Hoseas Sohn (1, 4), der hier ganz Israel vertritt; der Name bedeutet »Gott sät ein«.

3 Eine Zeit der Bewährung

Gomer, die inzwischen offensichtlich zur Sklavin eines anderen Mannes geworden ist, wird von Hosea zurückgekauft und bekommt noch einmal die Möglichkeit, sich zu bewähren. Wieder hat Hoseas Verhalten eine tiefere Bedeutung, die Israel betrifft. Eine Zeitlang werden auch Israel die Dinge entzogen werden, auf die es sich bisher verlassen hat (der König und verschiedene religiöse Zeichen und Symbole), aber dann wird eine Zeit kommen, in der Israel zu seinem Gott zurückkehren wird.

Traubenkuchen (1): Sie wurden den heidnischen Göttern als Opfer dargebracht.

Vers 4: Opfer und Ephod (ein Kleidungsstück der Priester) gehörten zum rechtmäßigen Gottesdienst, Steinmal und Hausgott stammten dagegen aus dem Heidentum.

4 Israels Götzendienst

Von jetzt an wird Hoseas Familie nicht mehr erwähnt, aber seine Erfahrung steht nach wie vor im Hintergrund seiner Verkündigung. Aus wirklichem Glauben an Gott erwächst Gehorsam gegen seine Maßstäbe. Israel ist aber von seinen Wegen abgekommen und hat sich dem Heidentum zugewandt. Das führte zu einer Verbreitung der Prostitution (12–14) und dem Zusammenbruch der gesellschaftlichen Ordnungen (1–2). Die Priester, die aufgehört haben, dem Volk Gottes Gesetz vor Augen zu halten (4–10), und die Männer in Israel tragen die Verantwortung für das, was geschehen ist. Gott wird sie dafür zur Rechenschaft ziehen.

Beth-Awen (15): verächtliche Bezeichnung Bethels, eines der religiösen Zentren des Nordreichs. Der Name bedeutet »Haus des Frevels«.

Ephraim (17): Damit ist das ganze Nordreich gemeint, dessen führender Stamm Ephraim war.

5, 1–14 Gericht

Inzwischen ist eine Generation herangewachsen, die Gott nicht mehr kennt (7). Hoseas Drohworte gelten nun auch Juda, das ja auch nicht frei von Schuld ist (8–12). Auch der große König Assyriens (Tiglath-Pileser III.; vgl. 2. Kön. 16, 5ff.) kann Israel nicht vor Gottes Gericht retten.

Mizpa, Tabor, Schittim (1–2): An diesen Orten waren dem Baal Altäre errichtet worden.

5, 15 – 6, 6 Ein Gesinnungswandel

Sein Leiden bringt das Volk wieder zu Gott, aber es findet keine tiefgreifende Veränderung statt. Seine »Liebe« vergeht so schnell wieder, wie der Tau am Morgen verdunstet (4). Gott will aber wirkliche, anhaltende Liebe und Erkenntnis.

6, 7 – 7, 16 Aufzählung der Sünden Israels

Die Priester sind wie Mörder geworden; Sichem, das zentrale Heiligtum des Nordreichs, ist zum Zentrum ihrer üblen Machenschaften geworden (6, 7–10). Am Königshof ist es nicht anders: mehrere Könige kommen durch die Hand von Hitzköpfen und Verschwörern ums Leben (7, 6–7; vgl. die Einführung). Israel wendet sich an fremde Völker (8–9. 11) und an fremde Götter (16) um Hilfe, nie aber an seinen Gott.

8 Israel hat Gott vergessen

Gottes Gericht wird wie ein Sturmwind über Israel kommen, dem es nicht entrinnen kann. Es hat sich seine eigenen Götter und eigene Gesetze gemacht und die zum König gemacht, die ihm gerade paßten, so, als gäbe es Gott und seine Gebote überhaupt nicht. Aber weder Götzen noch verbündete Völker werden Israel helfen können, wenn der Gott, den es vergessen hat, strafend eingreift.

Kalb (5): Der erste König des Nordreichs hatte zwei Standbilder in seinem Land aufstellen lassen, um damit Jerusalem als dem zentralen Heiligtum Konkurrenz zu machen (1. Kön. 12, 28). Das Kalb hing als Objekt der Verehrung seit langem mit den heidnischen Religionen Ägyptens und Kanaans zusammen.

9 Israels schreckliches Schicksal

Das Volk mag Hosea für einen Narren halten; er kann und will trotzdem nicht schweigen (7–8). Israel wird ein Sklave Assyriens werden, wie es einst ein Sklave Ägyptens war (3. 6). Die Sünde ist zur Gewohnheit geworden, und nun wird es bald soweit kommen, daß Gottes Liebe zu Israel aufhört (12. 15).

Gibea (9): vgl. Richt. 19.

Baal-Peor (10): vgl. 4. Mose 25.

Gilgal (15): Der Ort, wo Saul zum König gemacht wurde (1. Sam. 11, 14–15). Im Königtum lag eine Gefahr für Israel; einige der späteren Könige kümmerten sich nicht mehr darum, daß letztlich Gott der wahre Führer des Volkes ist.

10 Unter dem Joch

Israel gab sich nach außen sehr religiös (1), aber innerlich entfernte sich das Volk immer weiter von Gott. Das Standbild in Bethel, das zum einzigen »König« des Volkes geworden ist (3–5), ist zum Untergang bestimmt (6–8). Nun muß das Volk ernten, was es seit langem gesät hat.

Schalman (14): wohl der Moabiterkönig Salmanu.

11 Gottes Liebe

Schon seit der Zeit in Ägypten hat Israel Gottes Liebe nach allem, was Gott für das Volk getan hatte, immer wieder abgelehnt (1–4). Nun verdient es kein Erbarmen mehr (5–7), und doch schreckt Gott immer noch davor zurück, es zu zerstören (8–9). Er ist hin- und hergerissen zwischen Liebe und Gerechtigkeit. Diese Spannung wurde erst mit dem Tod Christi am Kreuz aufgehoben.

Adma und Zeboim (8): zwei Städte südlich des Toten Meeres, die möglicherweise mit Sodom und Gomorra vernichtet wurden.

12 Israels Geschichte als Lehre für die Zukunft

Israel soll aus seiner Geschichte lernen, daß es sich lohnt, sich ganz auf Gott zu verlassen. Es wird daran erinnert, daß auch Mose ein Prophet war (13) und daß es daher Unrecht tut, wenn es die Propheten seiner Zeit verspottet.
Vers 3–4. 12: vgl. 1. Mose 25, 21–26; 32, 22–32; 29.

Ein Volk erntet, was es gesät hat. Menschen beim Dreschen der Ernte in den Hügeln von Judäa.

13 Gottes Gericht über Ephraim (Israel)

Israel mag sich Baal zuwenden und Gott vergessen: er ist und bleibt doch Gott und wird alles ausführen, was er Israel angekündigt hat.

14 »Bekehre dich, Israel«

Anders als Kap. 13 ist dieses letzte Kapitel nun ganz von Gottes Liebe bestimmt. Der Weg zu Gott ist offen; Israel muß nicht durch das Feuer des Gerichts hindurchgehen, wenn es bereit ist, umzukehren und Gottes Liebe und Vergebung zu suchen. Dann wird es leben.

Hosea zeigte dem Volk den Weg ganz deutlich, aber das Volk hörte nicht auf ihn – bis dann die Assyrer Samaria zerstörten, die Bewohner des Nordreichs in die Gefangenschaft führten und das Land mit Fremden bevölkerten. Es erkannte zu spät, daß Gott seine Gerichtsankündigungen ernst meint. Auch wir können daraus lernen, daß Gottes Geduld nicht ewig währt und er nicht bereit ist, sich auf Dauer mit unserer Sünde abzufinden.

Joel

Wir wissen über diesen Propheten nichts als den Namen seines Vaters (1, 1). Seiner Verkündigung läßt sich wenig darüber entnehmen, zu welcher Zeit er wirkte. Bestimmte Themen, die bei Jesaja, Amos und Hesekiel vorkommen, waren Joel offensichtlich bekannt, vor allem der »Tag des Herrn«, an dem Gott sein Volk und alle Welt richten wird. Zeitlich läßt sich das Buch lediglich in dem großen Zeitraum zwischen dem 8. und dem 4. Jahrhundert v. Chr. (oder noch später) ansetzen; seine Botschaft ist jedoch für alle Zeiten von Bedeutung.

1 Die Heuschreckenplage

Auch in unserem Jahrhundert wurde Jerusalem von einer solchen Heuschreckenplage heimgesucht. Der Wüstenwind aus Arabien trägt den Schwarm von mehreren Millionen Insekten nach Palästina hinein. Die Heuschrecken wachsen sehr schnell (4) und fressen ungeheuer viel. Sie sind schlimmer als eine feindliche Armee, denn wenn sie weiterziehen, lassen sie kein Fleckchen Grün hinter sich (6–12). Das Volk ist dem Verhungern nahe und hat nichts mehr übrig, was es Gott opfern könnte (9. 13). Joel deutet die Plage als eine Warnung vor dem drohenden Gericht Gottes (15) und ruft das Volk zu einem nationalen Bußtag auf (14).

2, 1–27 Der Tag des Herrn; Buße und Wiederherstellung

Die Heuschreckenplage wird zum Abbild des göttlichen Gerichts: der Himmel wird schwarz (2); Gott läßt eine »wüste Einöde« hinter sich (3) und dringt unerbittlich und ungehindert immer weiter vor (4–9). Wer wird dieses Gericht ertragen können (11)? Doch niemand muß es ertragen, denn Gott bietet den Menschen immer noch die Möglichkeit der Umkehr an (12). Joel ruft das ganze Volk dazu auf, sich zu Gott zu kehren und ihn um Barmherzigkeit zu bitten (13–17). Dann wird Gott bereit sein, das Volk zu verschonen und ihm beizustehen. Er wird sein großes Heer zurückziehen (25), das inzwischen mit dem »Feind aus Norden« (20; vgl. die Anmerkungen zu Hes. 38–39) gleichgesetzt wird.

2, 28 – 4, 21 Die Ausgießung des Geistes; Gottes Gericht über die Völker

Joel kündigt einen Tag an, an dem Gottes Geist nicht nur auf Priester und Propheten, sondern über alle Menschen ausgegossen werden wird, wobei er natürlich nur an Israel denkt (während die Stelle in Apg. 2 auf alle Völker bezogen wird). Anderseits werden aber auch alle vom Gericht betroffen sein, wenn sie nicht auf Gottes Ruf hören.

Die Völker werden für alles bestraft werden, was sie dem Volk Gottes angetan haben (4, 2 ff.). Gott wird über alle zu Gericht sitzen und über sie urteilen. An jenem Tag wird das Böse vernichtet werden. Gott wird unter seinem Volk wohnen, das dann endlich heilig sein wird, und wird das ganze Land segnen.

Tyrus, Sidon, Gebiete der Philister (4, 4): vgl. die Anmerkungen zu Hes. 25–28. Artaxerxes III. verkaufte die Bewohner von Sidon im Jahr 345 als Sklaven, und 322 tat Alexander der Große dasselbe mit den Bewohnern von Tyrus und der Philisterstadt Gaza.

Denen in Saba (8): Damit sind bekannte arabische Händler gemeint.

3, 10: Joel kehrt hier das berühmte Wort Jesajas um (Jes. 2, 4).

Tal Josaphat (12): Dies ist wahrscheinlich eine symbolische Bezeichnung, die bedeutet: »der Herr hat gerichtet«.

Ein Heuschreckenschwarm.

Amos

Amos war Viehhirt und Feigenzüchter. Er kam aus Thekoa, einer Stadt am Rande der Wüste Juda, aber Gott sandte ihn als Propheten ins Nordreich Israel. Er wirkte von Bethel aus, wo Jerobeam I. bei der Teilung des Reichs das Standbild eines Kalbs hatte aufstellen lassen. Amos lebte während der Regierungszeit Jerobeams II. (793–753), einer Zeit des Wohlstands im Nordreich. Doch schon damals befand sich das Volk in einem inneren Zerfall. Amos wurde nach Israel gesandt, um die sozialen und religiösen Zustände zu verurteilen und vor Gottes drohendem Gericht zu warnen, aber das Volk hörte so wenig auf ihn wie auf seinen Zeitgenossen Hosea. Der Priester von Bethel wollte Amos sogar aus Israel ausweisen (7, 10 ff.)! 30 Jahre nach Jerobeams Tod wurde Samaria von den Assyrern zerstört und das Volk in die Gefangenschaft geführt. Das war das Ende des Nordreichs.

1 – 2, 5 Gottes Urteil über Israels Nachbarn
Nacheinander werden Syrien, die Philister, Tyrus, Edom, Ammon, Moab und Juda verurteilt. Sie haben sich vieler Vergehen schuldig gemacht (mit der Formel »um drei . . . um vier . . .« ist eine Vielzahl gemeint). Die heidnischen Völker haben mit ihren Verbrechen gegen allgemeine menschliche Gesetze verstoßen, aber Israels Vergehen werden am Gesetz Gottes gemessen. Die Syrer sind auf grausamste Weise mit ihren Gefangenen umgegangen, indem sie mit Dreschschlitten über ihre Körper gefahren sind (3). Die Philister haben ihre Gefangenen als Sklaven verkauft, die Bewohner von Tyrus und Edom haben gegen die Grundgesetze verwandtschaftlicher Beziehungen verstoßen. Ammon machte sich schrecklicher Vergehen schuldig, nur um sein Gebiet zu vergrößern. Die Moabiter haben einen Leichnam entehrt und damit gegen ein allgemein anerkanntes ungeschriebenes Gesetz der damaligen Zeit verstoßen. Gott wird sie alle bestrafen.

Hasael, Benhadad (1, 4): syrische Könige. Hasael kam zur Zeit Elias an die Herrschaft und begründete eine Dynastie.

Kir (5): Von dort waren die Syrer ursprünglich gekommen.

Gaza, Asdod, Askalon, Ekron (6–8): vier der fünf Philisterstädte.

Dreschschlitten aus beschlagenen Brettern. Vgl. auch Foto S. 289.

Bruder (11): Edom und Israel waren die Nachkommen der Brüder Esau und Jakob.

Rabba (14): die Hauptstadt Ammons, heute als Amman die Hauptstadt Jordaniens.

2, 6–16 Israels Vergehen

Die anderen Propheten machen deutlich, daß Israels Hauptschuld der Abfall von Gott und der Götzendienst war, während Amos vor allem von den Konsequenzen dieser Schuld, dem gesellschaftlichen und sittlichen Zerfall, spricht. Die Reichen sind hart und grausam gegen die Armen, die Prostitution (mit den Tempelprostituierten) ist zur Regel geworden, und die Boten Gottes werden mundtot gemacht. Doch Gott wird diese Vergehen nicht hinnehmen.

Vers 8: Das Gesetz befahl, verpfändete Kleider bis zum Abend wieder zurückzugeben (2. Mose 22, 26–27).

Amoriter (9): Damit sind hier die ursprünglichen Bewohner Kanaans gemeint.

Gottgeweihte (11): vgl. 4. Mose 6, 2–13.

3 Die Strafe Gottes

Israel hat den Bund mit Gott gebrochen und wird dafür bestraft werden. Gott hat gesprochen; er wird auch handeln. Von der herrlichen Stadt Samaria wird nur soviel übrigbleiben, daß die Nachwelt noch sehen kann, daß es diese Stadt einmal gab. Gott wird außerdem die Symbole der entarteten Religion des Volkes in Bethel zerstören (14).

4 Gottes Warnungen

Die verschwenderischen Frauen von Samaria (»fette Kühe«, 1), die sich auf Kosten der Armen ein schönes Leben machen, werden an Angelhaken in die Gefangenschaft geführt werden. (Das taten die Assyrer buchstäblich mit ihren Gefangenen.) Bei all seinen Verbrechen gab sich das Volk nach außen hin immer noch religiös (4–5) und wiegte sich dadurch in Sicherheit.

Amos protestierte gegen die ›elfenbeingeschmückten Lager‹ der Reichen und die ›großen Häuser‹ der Unterdrücker. Man hat aus jener Zeit viele Elfenbeinschnitzereien gefunden. Diese stammt aus einem Palast in Assyrien, die allerdings von einem Raubzug mitgebracht worden sein könnte.

Gott warnte es durch Hungersnot und Trokkenheit und Krankheit, aber es war vergeblich.

5 »Suchet mich, so werdet ihr leben«

Nach einem Klagelied über sein Volk (1–3) ruft Gott es auf, sich zu retten und sich ihm wieder zuzuwenden. Er will nicht noch mehr Opfer (5. 21–23. 25–26), sondern eine andere Lebensweise, die Rückkehr zu seinen Geboten. Andernfalls wird der »Tag des Herrn« (18 ff.) für sie ein Tag des schrecklichen Gerichts und nicht der Tag des Heils sein, wie sie erwarten.

Im Tor (10): der Ort der Rechtsprechung.

Joseph (15): Ephraim und Manasse, die führenden Stämme des Nordreichs, waren Nachkommen der Söhne Josephs.

Vers 25: Mit dieser Frage ist wahrscheinlich gemeint, daß Israel Gott in der Wüste nicht nur Opfer darbrachte, sondern im Gehorsam gegen ihn und seine Gebote lebte.

Sikkuth, Kiun (26): Götzenbilder, die die Israeliten in der Wüste verehrten. Vielleicht handelt es sich um Gestirngötter.

6 Gefangenschaft

Durch seinen Wohlstand und ein bequemes Leben bekam Israel ein trügerisches Gefühl der Sicherheit. Hochmut und Stolz waren von Anfang an die großen Gefahren des Menschen, die ihn immer wieder zu Fall brachten (vgl. etwa 1. Mose 11, 1–9; Hes. 28).

Kalne, Hamath (2): zwei syrische Städte.

Lo-Dabar, Karnajim (13): Zwei ehemals syrische Städte östlich des Jordan, die von Israel erobert wurden.

Bach in der Wüste (Araba) (14): der große Jordangraben zwischen dem Toten Meer und dem Golf von Akaba.

7 Das Senkblei

Zweimal kann Amos Gott dazu bereden, mit dem Gericht gegen Israel zu warten, aber dann kann es nicht mehr länger hinausgeschoben werden, weil Israel dem Maßstab Gottes nicht mehr gerecht werden kann. Nach den schrecklichen Gerichtsankündigungen des Amos kommt es zum Zusammenstoß zwischen dem Mann Gottes und dem Vertreter der offiziellen Religion des Volkes, dem Priester Amazja (10–17). Der Prophet ist von Gott bevollmächtigt und spricht in seinem Auftrag; daher kann er nicht zum Schweigen gebracht werden. Amazja wird in der Gefangenschaft sterben. Seine Frau wird von den Eroberern mißbraucht werden, die auch seine Kinder umbringen und sein Land in ihren Besitz nehmen werden.

Da reute es den Herrn (3. 6): Damit ist nicht gemeint, daß Gott seine ursprüngliche Absicht plötzlich für falsch hielt, sondern daß er noch einmal bereit war, seinem Volk in unverdienter Barmherzigkeit entgegenzukommen.

8 Israel ist reif zum Untergang

Gott sieht alles: er sieht die Gier des Menschen und seine Skrupellosigkeit; er sieht es, wenn mit falschen Gewichten gewogen und minderwertige Ware verkauft wird.

Abgott Samarias (14): Damit ist eine syrische Gottheit gemeint, die in Israel verehrt wurde. In der Stadt Dan im Norden Israels hatte Jerobeam I. ein Standbild wie in Bethel aufstellen lassen.

9 Die Vernichtung des Bösen und die Wiederherstellung des Restes

Das Volk als Ganzes kann nicht vom Gericht verschont werden; Gott wird mit ihm umgehen wie mit irgendeinem heidnischen Volk (7a). Aber der Rest, der Gott treu geblieben ist, wird wiederhergestellt und von Gott gesegnet werden.

Kaphtor (7): Kreta. Von dort kamen die Philister ursprünglich.

Israel würde ›gesiebt‹ werden, sagte Amos. Eine Frau siebt Körner bei Sichar.

Obadja

Dieses Buch enthält die Ankündigung des Strafgerichts über Edom (vgl. auch Jes. 34, 5–15; Jer. 49, 7–22; Hes. 25, 12–13; 35, 1–15; Amos 1, 11–12). Die Edomiter bewohnten die Gebirgsgegend südöstlich des Toten Meeres. Ihre Hauptstadt Sela (heute Petra) lag auf einem steilen Felsenkliff und konnte nur durch eine enge Schlucht erreicht werden. Durch ihre Lage war die Stadt praktisch uneinnehmbar. Von solchen Festungen aus griffen die Edomiter dann Palästina an. Als die Nachkommen Esaus waren sie im Grunde mit Israel verwandt, aber die beiden Völker hatten nie ein gutes Verhältnis zueinander. Der Höhepunkt der Feindseligkeiten – und der Anlaß zu Obadjas Weissagung – war der Einfall der Edomiter in Juda, als Jerusalem von den Babyloniern verwüstet wurde (587).

Obadja verurteilt den Hochmut der Edomiter. Sie dachten, ihre Befestigungen seien uneinnehmbar, aber sie würden eines Tages vollständig vernichtet werden. Im 5. Jahrhundert nahmen die Araber Edom ein, und im 3. Jahrhundert drangen die Nabatäer in das Gebiet ein (die die Felsenstadt Petra im Gebiet des heutigen Jordanien erbauten). Einige Edomiter ließen sich dann im Süden Judas nieder. Herodes der Große, der zur Zeit der Geburt Jesu über die Juden herrschte, war einer ihrer Nachkommen. Nach dem Jahr 70 n. Chr. ging das Volk unter. Im Gegensatz zum Untergang Edoms kündigt Obadja die Rückkehr Israels in sein Land an, das um vieles vergrößert sein und auch Teile des früheren Gebiets der Edomiter einschließen wird.

Teman (9): eine bedeutende Stadt in Edom. Das Gebirge Esau ist das Gebirge Seir.

Der enge Zugang in die Festung Petra, die nabatäische Hauptstadt des ehemaligen Edom.

Jona

Der Bemerkung in 2. Kön. 14, 25 läßt sich entnehmen, daß Jona in der Mitte des 8. Jahrhunderts v. Chr. gelebt haben muß. Er wurde von Gott nach Ninive gesandt, der Hauptstadt Assyriens, die im Jahr 612 v. Chr. von den Babyloniern zerstört wurde. Falls Jona den Bericht nicht selbst verfaßt hat, kann man annehmen, daß er nach diesem Datum abgefaßt wurde (vgl. 3, 3). Man mag das Buch als »Geschichtsbericht mit einer Moral« oder als ein Gleichnis verstehen; der Kern seiner Botschaft ist auf jeden Fall klar: Gottes Wirken ist nicht auf Israel beschränkt, sondern erstreckt sich auf die ganze Welt. Jesus bezieht sich in zweifacher Weise auf das Buch Jona: mit der Parallele zwischen den drei Tagen bei Jona und der Zeit zwischen seinem Tod und seiner Auferstehung und mit der Gegenüberstellung seiner Hörer mit den bußfertigen Einwohnern von Ninive (Matth. 12, 40; Luk. 11, 32).

1 Jona flieht vor Gott

Jona hatte keine Angst davor, nach Ninive zu gehen (vgl. 4, 2; außerdem zeigt sich an Vers 12, daß er nicht gerade feige war), aber er kannte Gott. Er wußte, daß Gott den Bewohnern von Ninive vergeben würde, wenn sie nur Buße täten. Jona dagegen wollte, daß Gott dieses Volk, das Israels mächtigster Feind war, vernichtet. Daher reiste er in bewußtem Ungehorsam in die entgegengesetzte Richtung.

2 Jonas Gebet und Errettung

In diesem Psalmgebet schreit Jona am Rande des Todes zu Gott. Endlich kommt er zur Vernunft und erinnert sich daran, bei wem »seine Gnade«, d. h. seine Zuflucht liegt (9). Und Gott errettet ihn vom Tod und gibt ihm noch einmal eine Chance.

Ein großer Fisch (17): Es gibt zwar im östlichen Mittelmeer eine Walfischart und große Haifische, aber die Begebenheit soll doch als Wunder stehen bleiben. Deshalb braucht man sich nicht krampfhaft um eine Erklärung zu bemühen.

3 Jona in Ninive

Nachdem Gott Jona noch einmal die Möglichkeit gegeben hat, sich als gehorsam zu erweisen, tut er nun auch bereitwillig, was Gott von ihm verlangt. Seine Botschaft ruft in Ninive eine erstaunliche Wirkung hervor: die ganze Stadt tut ohne Ausnahme Buße. Daher wird sie von Gott verschont.

Drei Tagreisen (3): Damit ist nicht nur die Stadt gemeint, sondern das ganze dazugehörige Gebiet, das zusammen mit Ninive die »große Stadt« genannt wird.

Vers 10: vgl. die Anmerkung zu Amos 7, 3.

4 Jonas Unzufriedenheit und seine Zurechtweisung

Jona wollte, daß Gott seine Liebe und Barmherzigkeit auf Israel beschränkt. Deswegen war er zornig, daß seine Botschaft auf solches Echo stieß. Er hatte überhaupt kein Mitleid mit den Bewohnern von Ninive. An der Staude (einem Rizinus) machte Gott ihm dann klar, warum er so und nicht anders an Ninive handelte.

Vers 11: Es ist gut möglich, daß in der Stadt so viele Menschen wohnten, denn die innere Stadtmauer war über 10 km lang. »Nicht wissen, was rechts oder links ist«, heißt, Gott und seine Gebote nicht zu kennen.

Micha

Micha lebte im 8. Jahrhundert, also zur gleichen Zeit wie Amos und Hosea (im Nordreich) und Jesaja (in Jerusalem). Er stammte aus einer Stadt im Südwesten Judas, an der Grenze zum Gebiet der Philister. Seine Botschaft ist an Samaria und Jerusalem, die Hauptstädte der beiden Reiche, gerichtet. Ähnlich wie Amos verurteilt er Herrscher, Priester und Propheten, die Ausbeutung der Armen, unehrliche Geschäfte und Heuchelei in religiösen Dingen. Gottes Gericht wird über Samaria und Jerusalem ergehen; erst danach wird die Wiederherstellung möglich sein. Über diese Zeit verkündet Micha herrliche Verheißungen: Jerusalem wird der Ort sein, an dem alle Völker Gott anbeten, und in Bethlehem wird ein Herrscher geboren werden, der größer sein wird als David und über das gesamte Gottesvolk regieren wird.

1 Die beiden Städte

Micha schildert, wie Gott vom Himmel herabkommen wird, um Samaria wegen des Götzendienstes der Bewohner zu zerstören. Diese Seuche ist inzwischen auch in Juda eingedrungen, und daher wird Gottes Gericht auch über Jerusalem ergehen. Die einfallende Armee wird von der Küstenebene über die judäischen Berge bis nach Jerusalem vordringen (10ff.; die Namen der genannten Städte sind voll von Wortspielen). Die Eltern in Juda werden um ihre gefangenen Kinder trauern. Im Jahr 722 v. Chr. wurde Samaria von den Assyrern zerstört. 701 belagerten sie Jerusalem, und die Stadt blieb nur durch ein Wunder vor ihnen verschont (vgl. 2. Kön. 18, 9 – 19, 37). Micha hat wahrscheinlich beide Ereignisse miterlebt.

Trockene Berge und üppige Vegetation boten den Propheten lebendige Bilder geistlicher Dürre bzw. neuen Lebens.

Vers 1: Jotham (750–732) und Hiskia (729–687) waren gute Herrscher, Ahas (735–716) war dagegen einer der schlimmsten Könige; er führte schreckliche heidnische Gebräuche ein, unter anderem das Opfer von Kindern (wie die Zahlenangaben zeigen, regierten die Könige zum Teil miteinander).

2–3 Anklage gegen die Reichen und die Führer des Volkes

Die Angehörigen der Oberschicht sind nur auf Gewinn aus und schrecken dabei vor nichts zurück. Sie beschlagnahmen fremden Besitz und bringen dadurch ganze Familien in bittere Not. Sie behandeln das Volk so, wie man Tiere behandelt (3, 1–3). Micha sagen sie, daß ihn das alles nichts angehe (2, 6). (In 2, 12–13 wird völlig unvermittelt eine Verheißung eingefügt, die schildert, wie Gott einen Rest seines Volkes sammeln wird.)

4 Zukünftige Herrlichkeit

In Vers 1–8 ist von einem neuen Jerusalem die Rede, von dem aus das Wort Gottes an alle Menschen ergeht und wo sich alle Völker versammeln werden. Dann werden Frieden und Sicherheit herrschen. In Vers 9–10 ist dann wieder vom Ergehen Jerusalems im Strafgericht die Rede, von dem Volk im Exil und von Gottes Gericht im allgemeinen, das nicht nur über sein Volk, sondern über alle Völker in der Umgegend ergehen wird.

Vers 1–3: Dieser Abschnitt stimmt fast wörtlich mit Jes. 2, 2–4 überein.

Babel (10): Zur Zeit Michas war Assyrien der große Feind Israels, aber wie Jesaja blickt er um 100 Jahre über seine Zeit hinaus, wenn Jerusalem von den Babyloniern zerstört werden wird.

5 Der Herrscher aus Bethlehem

Mitten in der Zeit der Belagerung durch die Assyrer spricht Micha von einem Erlöser, der, wie einst David, aus Bethlehem kommen wird (vgl. Matth. 2, 1–6). Wie so oft bei den Propheten verschwimmen auch hier die Grenzen zwischen Gegenwart und Zukunft. In der Zeit des messianischen Friedens werden die Assyrer überwunden sein. Aber »zur selben Zeit« (9ff.) wird auch Juda geläutert werden. Gott wird alles vernichten, worauf sich Juda verlassen hat, anstatt sich auf ihn zu verlassen: Heer, Festungen, Zauberei und Götzen.

Ephratha (2): das Gebiet um Bethlehem.

Sieben . . . acht (4): d. h. eine unbegrenzte Zahl.

Nimrod (5): Assyrien (vgl. 1. Mose 10, 8–12).

6 Gottes Forderungen an sein Volk

In Vers 8 ist in aller Knappheit zusammengefaßt, wie wirklicher Gottesdienst aussieht. Etwas anderes wird Gott nicht annehmen. Die Menschen versuchen, ihn mit allen möglichen Mitteln abzuspeisen – vergeblich. Er sieht alle Sünden und wird sie auch strafen.

Vers 5: vgl. 4. Mose 22–24.

Von Schittim bis nach Gilgal (5): vom einen Jordanufer zum andern (Josua 3–4).

Meinen Erstgeborenen . . . (7): Die Opferung des erstgeborenen Sohnes war einer der schrecklichen heidnischen Gebräuche, die in der Zeit der letzten Könige in Israel eindrangen.

Vers 11: vgl. die Anmerkungen zu Amos 8, 5.

Omri . . . Ahab (16): zwei Könige des Nordreichs, die Götzendienst einführten.

7 Dunkelheit und Licht

Micha sieht, wie die gesellschaftlichen Ordnungen allmählich zusammenbrechen. Aber bei Gott ist das Licht, gleichgültig, wie dunkel es bei den Menschen aussieht. Er wird sich an seine Verheißungen halten, und in seiner grenzenlosen Liebe wird er vergeben und wiederherstellen.

Nahum

Auch Nahums Botschaft richtet sich, wie die Jonas, an Ninive, die Hauptstadt Assyriens, aber während Jona von der Begnadigung der Stadt berichtet, kündigt Nahum ihren Untergang an. Er wirkte in der Zeit zwischen der Zerstörung Thebens durch die Assyrer im Jahr 663 v. Chr. (3, 8–10) und der Eroberung Ninives durch die Babylonier und Meder im Jahr 612. Nahum scheint aus Juda zu stammen, aber wir wissen nichts Näheres über ihn.

1 Gottes Rache an seinen Feinden; Trost für sein Volk

Nahums Botschaft setzt nicht bei Ninive ein, sondern bei Gott, seiner Macht, seinem Zorn und seiner Güte. Die Tage der Assyrer, die vor weniger als hundert Jahren Israel zerstört und Jerusalem bedroht hatten, sind nun gezählt.

Wenn die Flut überläuft (8): Das an sich unbezwingbare Ninive konnte schließlich erobert werden, als durch ein Hochwasser der Weg für die Feinde frei wurde.

Der Arges ersann (11): Damit ist vielleicht der Assyrerkönig Sanherib gemeint, der Lachisch einnahm und Jerusalem im Jahr 701 belagerte (vgl. Jes. 36–37).

2 Der Angriff auf Ninive

Gott hatte einst die Armee der Assyrer als Werkzeug gebraucht, um sein Volk zu strafen. Nun gebraucht er eine andere Armee als Werkzeug gegen Ninive. Nahum schildert den großen Angriff in all seiner Schrecklichkeit.

Das Schutzdach (6): eine Belagerungsmaschine, die mit einem Mauerbrecher ausgestattet war.

Vers 7: vgl. die Anmerkung zu 1, 8.

Die Königin (8): Damit ist vielleicht Istar gemeint, die assyrische Göttin der Liebe und des Kriegs.

3 Die Zerstörung

Nahum beschreibt die Stadt als eine Hure, die die Völker zur Unterwerfung verführt. Nun wird sie auch die Strafe einer Prostituierten empfangen (5–6). Sie wird nun das erfahren, was sie einst der ägyptischen Stadt Theben (No-Amon) antat. (In Theben, der Stadt des Staatsgottes Amon, waren jahrhundertelang Schätze angehäuft worden. Die Assyrer nahmen die Stadt durch Feuer und ein schreckliches Gemetzel ein und raubten sie aus.) Nichts wird von dem einst so großartigen Ninive übrigbleiben. An der Stelle, an der die Stadt einst stand, steht heute ein Hügel, Tell Kujundschik, der »Berg der vielen Schafe«.

Kusch (9): der heutige Sudan. Von dort stammte eine ägyptische Herrscherdynastie.

Assyrische Belagerungsmaschine mit Mauerbrecher (Relief in Nimrod).

Habakuk

Bei Habakuk geht es um ein ähnliches Problem wie bei Hiob oder in Psalm 73: die Tatsache, daß die, die zu Gott gehören, leiden, während es den Gottlosen gut geht. Dieses Problem stellte sich dem Propheten durch die Ereignisse seiner Zeit, denn Gott hatte angekündigt, daß er das gottlose Volk der Babylonier als Werkzeug gebrauchen wolle, um sein Volk zu strafen.

Habakuk gehört ins späte 7. Jahrhundert, war also ein Zeitgenosse Jeremias. Es ist unklar, ob das Buch vor oder nach dem Untergang des assyrischen Reichs, also nach der Eroberung Ninives durch die Babylonier im Jahr 612 und der Niederlage der Ägypter bei Karkemisch im Jahr 605 verfaßt wurde. Noch haben die Babylonier Juda nicht angegriffen, aber nicht viel später, im Jahr 597, eroberten sie dann Jerusalem und zerstörten es 587.

1 Das Dilemma des Propheten

Als Antwort auf Habakuks erste Frage (2–4) stellt Gott ihn vor ein noch größeres Problem (5–11). Wie kann Gott, der doch gut und gerecht ist und das Böse haßt, sein Volk durch ein Volk bestrafen lassen, von dem er ganz offen zugibt, daß es seine eigene Macht zum Gott macht? Wird er zulassen, daß die Babylonier (die Chaldäer, 6) die Menschheit »immerdar« bedrohen (17)?

2 Gottes Antwort

Gott antwortete auf die Fragen des Propheten mit einem klaren Nein. Nur die Menschen werden leben, die Gott vertrauen und ihm treu bleiben. Gott wird die Anmaßung und den Stolz der Menschen bestrafen. Wehe denen, die fremdes Gut gierig an sich reißen, die auch noch so grausame Mittel nicht scheuen, um ihr Ziel zu erreichen; die auf Kosten anderer die Macht an sich reißen; die anderen ihre Menschenwürde rauben; die Götzen verehren, die von Menschen gemacht wurden. Sie alle haben unabhängig von ihrer Nationalität ihr Leben verwirkt.

3 Der Triumph des Glaubens – Habakuks Gebet

Aufgrund dieses Psalmes meinen manche Theologen, daß Habakuk Levit war und am Tempel Dienst tat (vgl. die Anweisungen zum Vortrag des Lieds). Im Zentrum des Psalmes steht Gott, der aus dem Wüstengebirge im Süden herankommt (Teman liegt in Edom, Paran ist ein Teil des Sinaigebirges), der im Zornessturm wie in Donner und Blitz kommt und die Erde durch einen einzigen Blick zum Erzittern bringt. Habakuk sieht die Unabwendbarkeit und die Heftigkeit des Gerichts. Und doch lohnt es sich, Gott zu vertrauen, auch wenn es den Verzicht auf alle Annehmlichkeiten und alles Gute im Leben bedeutet. Der Prophet wird auf den Tag warten, an dem Gott den Feind erledigen wird (16). Er wird sich im Herrn freuen, auch wenn sein eigenes Leben ihm keinen Grund zur Freude bieten kann.

Wachturm in den Hügeln nördlich von Jerusalem.

Zephanja

Zephanja trat zur Zeit des Königs Josia auf (640–609 v. Chr.), also um die Zeit, in der auch Jeremias Wirken begann. Der Härte seiner Worte nach weissagte er in der Zeit vor der großen Reform Josias, die im Jahr 621 nach der Entdeckung des Gesetzbuches im Tempel begann. Die beiden Vorgänger Josias, Manasse und Amon, hatten das Volk in bezug auf Religion und Moral an den Tiefpunkt seiner Geschichte gebracht. Zephanja selbst scheint königlicher Abstammung zu sein, da er Hiskia, der zur Zeit Jesajas, also etwa 70 Jahre früher, König war, als einen seiner Vorfahren nennt.

1 Der schreckliche Tag des Gerichts

Das Volk nahm damals allgemein an, daß der »Tag des Herrn« ihm nichts als Heil, seinen Feinden jedoch den Untergang bringen würde. Schon Amos hatte Israel gewarnt, daß an »jenem Tag« *alles* Böse bestraft werden würde. Nun verkündigt Zephanja Juda dasselbe und schildert den Tag in allen Einzelheiten. Der Tag steht nahe bevor, an dem alle, die sich des Götzendienstes, der Gewalttätigkeit, des Betrugs und der Gleichgültigkeit schuldig gemacht haben (4–6. 9. 12), vernichtet werden (so ist Vers 7 zu verstehen). In ganz Jerusalem wird man dann ihr Schreien hören (10–11).

Baal (4): der kanaanäische Fruchtbarkeitsgott, zu dessen Verehrung auch Prostitution gehörte.

Milkom (5): der Gott der Ammoniter.

Von den Hügeln ... im »Mörser« (10–11): Stadtbezirke in Jerusalem.

2 Gericht über die Völker

Die einzige Hoffnung für das Volk Gottes ist, ihn zu suchen und nach seinen Maßstäben zu leben. Wenn es dazu nicht bereit ist, wird es ihm ebenso ergehen wie seinen Nachbarvölkern: den Philistern (4–7) im Westen; Moab und Ammon (8–11) im Osten; Äthiopien (12) im Süden und Assyrien (13–15) im Norden.

Gaza, Askalon, Asdod, Ekron (4): Stadtstaaten der Philister.

Krether (5): Damit sind die Philister gemeint, die ursprünglich aus Kreta kamen.

Sodom, Gomorra (9): die Städte südlich des Toten Meers, die von Gott zerstört wurden (vgl. 1. Mose 19).

Kuschiter (12): Die Kuschiter wohnten im Gebiet des heutigen Sudan. Zur Zeit Zephanjas stammte die herrschende Dynastie Ägyptens von dort.

Ninive (13): die Hauptstadt Assyriens; vgl. die Anmerkungen zu Nahum, bes. Kap. 3.

3 Urteil über Jerusalem; Verheißung an einen Rest

Die »Stadt« (1–7) wird nicht mit Namen genannt, aber es ist offensichtlich, daß von Jerusalem die Rede ist. Seit dem Abfall von Gott und dem Niedergang der Religion hat sich der Zerfall in alle Bereiche des gesellschaftlichen Lebens ausgebreitet. Gott kann gar nicht anders als diese Stadt zu vernichten – aber nicht vollständig. Schon im 2. Kapitel war von »den Übriggebliebenen«, dem Rest, die Rede (2, 7. 9). Nun sagt Zephanja noch mehr über die wenigen Demütigen und Getreuen, die überleben werden, wenn der Stolz und der Hochmut der Menschen ausgerottet wird. Sie haben Grund zu großer Freude, denn dann wird Gott mitten unter seinem Volk sein und es mit seiner Liebe überschütten. Und alle Völker werden an ihrem Heil teilhaben (9).

Haggai

Die letzten drei Bücher des Alten Testaments führen uns in die Zeit nach dem Exil, als die Juden wieder in ihre Heimat zurückkehren durften. Haggai verkündigte »des Herrn Wort« im Jahr 520, Sacharja 520–518. Als die erste Gruppe von Gefangenen unter der Führung Serubabels (einem Enkel König Jojachins) im Jahr 538 heimkehrte, begannen sie gleich mit dem Wiederaufbau des Tempels, der im Jahr 587 von den Babyloniern zerstört worden war, doch sie ließen sich sehr schnell entmutigen (vgl. Esra 4, 4–5). Danach wurde einige Jahre lang nicht mehr weitergebaut, bis Haggai und Sacharja das Volk zum Weitermachen anspornten (Esra 5, 1–2). Der Tempel war dann im Jahr 516 fertig. Haggai ging es aber um mehr als nur um den Aufbau des Tempels. Er wollte zeigen, wie wichtig es ist, den Dingen die richtige Rangfolge zu geben und Gott immer an die erste Stelle zu setzen.

Haggai tritt viermal mit einer Botschaft von Gott an das Volk heran (1, 2–15; 2, 1–9; 2, 10–19; 2, 20–23). 1, 2–15: Das Leben der Heimgekehrten ist nicht leicht, denn Nahrung und Kleidung sind knapp und die Preise steigen ständig. Gott läßt dem Volk sagen, daß dies geschieht, weil es ihn vernachlässigt und jeder nur an sich selbst denkt. Gott kann das, was die Menschen zum Leben brauchen, schenken, aber er kann es auch zurückhalten. Haggais Worte treffen das Gewissen des Volkes, und innerhalb von drei Wochen wird die Arbeit am Tempel wieder aufgenommen.

2, 1–9: Der herrliche Tempel Salomos war 70 Jahre zuvor zerstört worden. Nur wenige, die jetzt am Bau mitarbeiteten, hatten ihn noch mit eigenen Augen gesehen, aber alle hatten davon gehört. Der neue Tempel mußte dagegen recht armselig wirken. Aber Gott spricht den Bauenden Mut zu und verheißt ihnen, daß einst eine Zeit kommen wird, in der der Tempel noch viel herrlicher und großartiger sein wird als der Salomos: in der Zeit des Friedens, der Endzeit, die von allen Propheten angekündigt wurde.

2, 10–19: Die Arbeit am Tempel geht nun wieder weiter, aber durch die Arbeit an sich werden die Menschen noch nicht »heilig«, denn Heiligkeit, nämlich ein gottgefälliges Leben, ist nicht einfach übertragbar (Haggai zeigt das am Reinheitsgesetz). Noch haben die Menschen unter den Folgen zu leiden, weil sie Gott vernachlässigt haben, aber von dem Tag an, an dem sie Gott den ersten Platz in ihrem Herzen und ihrem Leben einräumen, wird er sie in allen Bereichen des Lebens segnen.

2, 20–23: ein Wort an Serubabel. Diese messianischen Verheißungen richten sich an Serubabel als einen Nachkommen Davids. Er ist ein Glied in der Kette zwischen David und Jesus Christus.

Sacharja

Sacharja entstammte einer Priesterfamilie und war wie Haggai am Tempelbau nach der Rückkehr aus dem Exil beteiligt (vgl. die Anmerkungen zu Haggai und Esra 5–6 zum zeitgeschichtlichen Hintergrund). Er war ein Visionär, ein Seher, wie Daniel und Hesekiel. Er faßte die Botschaft mancher der früheren Propheten zusammen und richtete den Blick auf Ereignisse einer fernen Zukunft. Einige seiner Messiasverheißungen sehen wir als Christen im Leben Jesu erfüllt. Zwischen den Visionen der ersten acht Kapitel und der gepredigten Botschaft von Kap. 9–14 besteht ein deutlicher Einschnitt (so daß manche Alttestamentler zwei Verfasser annehmen).

1 Die vier Reiter

Die Verse 1–6 sind zeitlich in dem Zeitraum einzuordnen, der zwischen Haggai 2, 9 und 10 liegt, die Vision von Vers 7–17 zwei Monate nach der letzten der uns vorliegenden Botschaften Haggais. Sacharja war zu der Zeit wohl noch recht jung (sein Großvater Iddo war vor weniger als 20 Jahren aus dem Exil zurückgekehrt; vgl. Neh. 12, 4). In Vers 2–6 werden die Ereignisse der Vergangenheit noch einmal zusammengefaßt, um die Hörer zu warnen, nicht in die Fehler ihrer Väter zu verfallen. In seiner ersten Vision (7–17) sieht Sacharja vier Reiter, die im Auftrag Gottes die Erde durchziehen (wie die Reiter, die im persischen Reich patroullieren mußten). Die Bedeutung der Farben – falls es eine solche gibt – ist uns nicht mehr bekannt. Mit dieser Vision tröstet und ermutigt Gott sein Volk; Jerusalem wird wieder aufgebaut werden, und es wird wieder Frieden und Wohlstand geben.

2, 1–4 Die vier Hörner

In der zweiten Vision wird die Vernichtung der Feinde, die das Volk unterdrückt hatten, sehr anschaulich dargestellt. (Mit »vier« ist hier die Vollzahl gemeint – die vier Enden der Erde.)

Reiter in der Wüste; in seiner ersten Vision sah Sacharja vier Reiter, die im Auftrag Gottes die Erde durchritten.

2, 5–17 Die Meßschnur

Die Mauern Jerusalems waren im Jahr 587 zerstört worden und wurden erst zur Zeit Nehemias wieder aufgebaut (445, also 75 Jahre nach dieser Weissagung). Aber Gott verpflichtet sich, Jerusalem selbst zu schützen und fordert die, die noch im Exil sind, zur Rückkehr auf.

Land des Nordens (10): Babylonien, das eigentlich östlich von Palästina lag, aber die Heere der Assyrer und der Babylonier brachen vom Norden her in Palästina ein.

3 Die Einsetzung des Hohenpriesters

Der Makel der Exilszeit, in der die Einhaltung der Speisegebote und anderer Gesetze nicht immer möglich war, wird nun entfernt, und der Hohepriester Josua bekommt wieder reine Kleider, wie es sein Amt erfordert. Gott verheißt, daß er den lang angekündigten Messias, den »Sproß« (8; vgl. Jes. 11) aus dem Geschlecht Davids, zu seinem Volk senden wird. Er wird eine Zeit des Friedens und des Wohlstands herbeiführen (so die Bedeutung von Vers 10).

4 Die Leuchter und die Ölbäume

Diese Bilder werden in der Johannesoffenbarung wieder aufgenommen (1, 12. 20; 11, 4). Der siebenarmige Leuchter stand in der Stiftshütte und im Tempel (vgl. die Abbildung auf S. 179). Hier soll er vielleicht das Volk Gottes darstellen, das von Serubabel als dem königlichen und Josua als dem priesterlichen Führer (den beiden Ölbäumen) gestützt wird.

5 Die Beseitigung der Sünde

Der antike Mensch war der Ansicht, daß einem Fluch eine zerstörerische Macht innewohne. Diese Vorstellung steht hinter dem Bild von der Schriftrolle. Die Frau in der Tonne verkörpert die Sünde, und zwar vielleicht insbesondere den Götzendienst, da sie nach Babylonien (Sinear) gebracht wird, wo ein Tempel für sie aufgerichtet wird.

6 Die vier Wagen

Die Bedeutung der letzten Vision entspricht der der ersten (1, 7–17): Gott wacht über die ganze Welt und hat sie fest in seiner Hand. In Vers 9–14 wird mit der Krönung Josuas zugleich die doppelte Aufgabe des Messias dargestellt, der Priester und König zugleich sein wird.

7 Die Frage des Fastens

Mit dem Fasten im fünften Monat (Juli/August) gedachte man der Zerstörung Jerusalems im Jahr 587; das Fasten im siebten Monat wurde zum Gedenken an die Ermordung des Statthalters Gedalja (2. Kön. 25, 25) abgehalten. Nun ist die Frage, ob das Fasten fortgesetzt werden soll, auch wenn jetzt der Tempel wieder aufgebaut wird. Statt einer Antwort fragt Gott das Volk, in welchem Geist die Fastenzeiten eingehalten wurden, und erinnert es daran, daß es schon vor dem Exil viele seiner Gebote nicht gehalten hatte (8–14). Diese gelten aber auch jetzt noch.

8 Hoffnung für die Zukunft

Gott verheißt seinem Volk und der Stadt Jerusalem eine herrliche Zukunft. Das Gericht ist vorüber, und Gott kehrt zurück, um in der Stadt Wohnung zu nehmen. Sein Volk wird in Frieden, Wohlstand und Gerechtigkeit leben. Menschen aus allen Völkern werden nach Jerusalem kommen und Gott suchen. Als Sacharja diese Verheißungen verkündigte, war erst ein kleiner Teil der Gefangenen aus dem Exil zurückgekehrt, und mit dem Wiederaufbau war gerade erst begonnen worden, aber sie gaben einen Vorgeschmack der zukünftigen Herrlichkeit.

Vers 19: Mit den Fastenzeiten, die hier noch zusätzlich genannt werden, gedachte man wahrscheinlich des Beginns der Belagerung Jerusalems durch Nebukadnezar (im zehnten Monat) und des Durchbruchs durch die Mauern, der 18 Monate später stattfand (im vierten Monat). Als Antwort auf die Frage in 7, 3 sagt Sacharja nun: Gott will, daß aus diesen Fastenzeiten Freudenfeste werden.

9–11 Israel und die Völker

In Kap. 9 wird die Ankunft des Messias dargestellt, der auf einem Esel und nicht auf einem Kriegspferd einreitet und damit seine Friedensherrschaft einleitet (9–10; vgl. Matth. 21, 5). Dann werden Israels Feinde fallen (1–8), und es wird keine Unterdrückung mehr geben. Die Philister (5–7) werden im Volk Israel aufgehen wie einst die Jebusiter, die vor Davids Zeit in Jerusalem gewohnt hatten. Die jüdischen Gefangenen werden freigelassen werden, und Israels Heer wird es sogar mit dem der Griechen aufnehmen können. Gott ist der Schutz und das Heil seines Volkes.

In Kap. 10 werden die treulosen Führer des Volkes Gottes angeklagt. Gott ist voll Mitleid mit der Herde, die sich verirrt hat. Er wird sie selbst heimbringen.

Im 11. Kapitel wird der Prophet zum Hirten der Herde Gottes, aber das Volk zieht die Ausbeutung echter Fürsorge vor. Nun bekommt es auch, was es haben wollte (15–16). Der Bund mit Gott ist gebrochen, und das Reich ist geteilt.

9, 1–7: Dieser Abschnitt wird oft auf das Vordringen Alexanders des Großen nach seinem Sieg über die Perser im Jahr 333 gedeutet.

10, 2: Dem Volk fehlte echte geistliche Führung; deshalb suchte es bei der Magie und fremden Götzen Hilfe.

11, 1–3: Der Weg für das heimkehrende Volk wird vorbereitet.

Dreißig Silberlinge (11, 12): der Preis für einen Sklaven (2. Mose 21, 32; vgl. Matth. 26, 15; 27, 3–5).

12–14 Die Zukunft Israels

In Kapitel 12 wird beschrieben, wie Gott sein Volk für den großen Kampf gegen die Völker stärkt und zurüstet (1–9). Aber trotz der Siegesfreude wird das Volk auch trauern: es weint, wie die Heiden um ihren sterbenden Fruchtbarkeitsgott weinen (11). Die Formulierung »den sie durchbohrt haben« erinnert uns natürlich an Christus. Doch wenn Sacharja hier den Messias meint, steht diese Volkstrauer der Juden noch aus.

13, 1 erinnert uns wieder an Christus. In Vers 2–9 wird die Erneuerung und Läuterung des Volkes Gottes beschrieben. (Mit den Propheten sind hier falsche Propheten gemeint.)

In Kap. 14 wird die letzte große Schlacht beschrieben. Gott selbst wird erscheinen, und es wird immer Tag sein. Die ganze Erde wird Gottes Reich sein. Die, die sich Gott widersetzen, werden vernichtet werden. Alle, die überleben, werden ihn anbeten, und alles wird heilig sein. Aber die Welt ist noch nicht vollkommen. Die Möglichkeit des Ungehorsams und der Strafe besteht noch immer. Noch ist es nicht die Zeit des neuen Jerusalem, von dem in der Offenbarung die Rede ist.

Maleachi

Der Name bedeutet »mein Bote« und war vielleicht nicht der richtige Name des Propheten, sondern ein Pseudonym oder eine Amtsbezeichnung. Das Buch wird zeitlich um 460–430 v. Chr. anzusetzen sein; es wurde entweder kurz bevor Nehemia Statthalter von Jerusalem wurde oder während der Zeit seiner Abwesenheit verfaßt. Die Zeit, in der Haggai und Sacharja das Volk zum Tempelbau aufgerufen hatten, lag nun schon 80 Jahre zurück, und unter dem Volk machte sich Enttäuschung breit. Es waren harte Zeiten, und von dem verheißenen Wohlstand war nichts zu sehen. Die Enttäuschung führte dazu, daß man den Gottesdienst und Gottes Gebote immer weniger wichtig nahm. In diese Situation hinein mußte Maleachi Gottes Wort verkündigen und dem Volk klarmachen, daß es von Gott nicht enttäuscht zu sein brauchte.

1 Das Beste gebührt Gott

Maleachi geht von der Liebe Gottes aus. Vor lauter wirtschaftlicher Not und Behinderungen durch Gegner (vgl. etwa Nehemia 1, 3; 4) sieht das Volk keinen Beweis dieser Liebe mehr. Aber nun weist Maleachi auf das Schicksal des Brudervolks Edom hin, das auch von den Babyloniern unterworfen worden war, aber nicht wiederhergestellt wurde (vgl. die Anmerkungen zu Obadja). Israels Beziehung zu Gott ist einmalig; Gott ist Israels Vater und Herr zugleich. Die Haltung des Volkes zu den Opfern zeigt, daß es Gott nicht mehr genug achtet: Reste sind gerade gut genug für ihn, obwohl das Volk doch die Opfervorschriften kennt (3. Mose 22; 5. Mose 15, 17). Mit diesen Opfern entehrt es Gott, und es wäre besser, wenn der Tempel geschlossen und die Opfer aufgegeben würden (10).

Ich habe euch lieb . . . und hasse Edom (2–3): Der Gegensatz ist im Deutschen zu stark. Gemeint ist die Erwählung des einen, den Gott dann mehr lieb hat als den andern.

Vers 11: Die Opfer der Heiden sind Gott angenehmer als die seines Volkes. Diese Aussage mußte Maleachis Hörer schockieren.

2, 1–9 Vorwürfe gegen die Priester

Die Aufgabe, die Gott seinen Dienern, den Leviten, aufgetragen hatte, war, die Wahrheit zu lehren und mit ihrem eigenen Leben ein Beispiel zu geben (6). Aber anstatt das Volk vom falschen Weg abzuhalten, haben sie es sogar in die Irre geführt.

2, 10–16 Ehe und Ehescheidung

Vgl. die Anmerkungen zu Esra 9–10 und Nehemia 13. Gleichgültigkeit gegen Gott zeigt sich bald an der Härte im Umgang mit anderen Menschen. Die Juden heirateten heidnische Frauen, was aus religiösen (nicht rassischen) Gründen verboten war (11). Ältere Männer verließen sogar ihre Frauen wegen dieser jungen heidnischen Frauen. Solche Dinge sind Gott aber nicht gleichgültig. Er fordert von seinem Volk Treue gegen sich und gegen andere Menschen.

2, 17 – 3, 18 Gerechtigkeit; vom rechten Geben

Gottes Volk wird immer gottlose Menschen um sich sehen, denen es gut geht. Das erscheint ihm ungerecht (2, 17; 3, 13–15). Aber im letzten Gericht wird dann absolute Gerechtigkeit herrschen (3, 1–5). Der Herr kommt, um zu läutern und um dann zu richten. Ein Bote wird vor ihm

hergehen, der den Weg bereiten wird (vgl. die Anmerkung zu 4, 5).

Gott ändert sich nicht; sein Volk allerdings auch nicht (6). Es war von Anfang an launisch und unbeständig. Gott gab ihm alles, was es hat, und nun soll er das nicht bekommen, was ihm zusteht. (Mit dem Zehnten wurde der Tempel in Stand gehalten und die Priester bezahlt!) Wenn wir aus Eigennutz nichts abgeben, bringen wir uns um all das Gute, was Gott uns sonst geben würde.

3, 19–24 Der Tag des Herrn

Der Tag wird kommen, an dem Gott zu Gericht sitzen und endgültig Gerechtigkeit schaffen wird. Für viele wird der Tag wie ein schreckliches Feuer sein, aber die, die Gott ehren, werden Heil finden.

Die Verse 22–23 sind wie ein Nachwort nicht nur zum Buch Maleachi, sondern zum Alten Testament insgesamt. Sie blicken auf die Gesetzgebung am Sinai (Horeb) zurück, die das Volk immer im Herzen behalten muß. Sie blikken aber auch nach vorn auf eine neue Zeit, auf das Versöhnungswerk Christi und auf das Ende aller Dinge. Mit Maleachi verstummt die alttestamentliche Prophetie. 440 Jahre später sandte Gott dann einen letzten Propheten, Johannes den Täufer (den verheißenen »Elia«), der das Kommen des Messias ankündigte (Matth. 17, 10–13).

Sonne (20): Maleachi nimmt dieses Bild aus der persischen und ägyptischen Kunst, in der der Sonnengott als eine geflügelte Scheibe dargestellt wurde.

Wie eine Blüte gegen Dorngestrüpp, so stechen die prophetischen Verheißungen einer herrlichen Zukunft gegen die Warnungen vor Gericht und Unheil ab.

Die Apokryphen oder deuterokanonischen Bücher

David Clines

Daß die Schriften des Alten Testaments zur Bibel gehören, darin sind sich Christen einig. Die Frage aber, welche Schriften zum Alten Testament zu rechnen sind, wird unterschiedlich beantwortet. Fraglos bilden die 39 Bücher der hebräischen Bibel den Kern des Alten Testaments. Es geht also lediglich um den Stellenwert jener 15 Bücher, die von den protestantischen Kirchen als Apokryphen, von der katholischen Kirche als deuterokanonische Bücher bezeichnet werden. (Die Bezeichnung »deuterokanonisch« will das geringere Ansehen andeuten, den diese Bücher gegenüber den 39 hebräischen Schriften genießen. Mit »Apokryphen« meint die katholische Kirche dagegen die Schriften, die in den protestantischen Kirchen »Pseudepigraphen« genannt werden; das sind Bücher, die ihrem Inhalt und ihrem Alter nach den Apokryphen etwa entsprechen, aber nie zum biblischen Kanon gerechnet worden sind.) Alle katholischen Bibelausgaben enthalten die deuterokanonischen Bücher, die sie meist ihrem Inhalt nach den Geschichts-, Weisheits- und Prophetenbüchern des Alten Testaments zuordnen. Dagegen findet man die Apokryphen in protestantischen Bibelausgaben nur selten. Sind sie dennoch enthalten, dann erscheinen sie dort gemeinsam zwischen dem Alten und Neuen Testament.

Wie es zur unterschiedlichen Beurteilung kam

Die ältesten Manuskripte der christlichen Bibel enthalten die apokryphen oder deuterokanonischen Schriften (meist vollzählig). Aber der Kirchenvater Hieronymus, ein angesehener Gelehrter (+ 420 n.Chr.), vertrat die Auffassung, Bücher, die in der hebräischen Bibel nicht vorkamen, sollten nicht dasselbe Ansehen genießen wie jene, die auch von den Juden zur Heiligen Schrift gerechnet wurden. Dennoch seien die Apokryphen zum Vorlesen im Gottesdienst wertvoll. »Apokryph« (griech.: verborgen, geheim) nannte er sie vermutlich deshalb, weil das sogenannte 4. Esrabuch »verborgene« Geheimnisse und Erkenntnisse enthielt, die Gott dem Seher Esra offenbart hatte.

Eine differenzierte Beurteilung der alttestamentlichen Bücher setzte erst mit der Reformation ein, als Luther in seiner Deutschen Bibel von 1534 die apokryphen Schriften von ihren angestammten Plätzen aussonderte und sie unter folgender Überschrift an das Ende des Alten Testaments stellte:

> *»Die Apokryphen: das sind Bücher, so der Heiligen Schrift nicht gleichzuhalten und doch nützlich und gut zu lesen sind.«*

Damit war für protestantische Bibelübersetzungen eine Norm geschaffen, wenngleich mit der Zeit die Apokryphen schließlich ganz weggelassen wurden. In den letzten Jahren hat jedoch der wachsende Kontakt zwischen protestantischen und katholischen Christen zu einem wieder erwachenden Interesse an den apokryphen Schriften geführt: Einmal, weil sie die Zeitspanne zwischen Altem und Neuem Testament überbrücken helfen, zum andern weil sie als Erben des alttestamentlichen Glaubens geistlich wertvoll sind.

Die deuterokanonischen Bücher

Die deuterokanonischen Bücher in katholischen Bibeln machen von ihrem Umfang her etwa ein Sechstel des Alten Testaments aus. Zu ihnen gehören folgende sieben Bücher:

3. Esra (nach der Zählung der lat. Vulgata entsprechen Esra-Nehemia 1. und 2. Esra)

4. Esra (= Esraapokalypse)

Tobit oder **Tobias**

Judith

Zusätze zum **Buch Esther**

Die Weisheit Salomos

Jesus Sirach
Baruch
Brief des Jeremia
Der Gesang der drei Männer im Feuerofen
Geschichte von Susanna und Daniel
Vom Bel zu Babel
Vom Drachen zu Babel
Das Gebet Manasses
1. und 2. Makkabäerbuch
Das Gebet Asarjas

Der Brief des Jeremia wird manchmal auch zu Baruch gezählt. 3. und 4. Esra und das Gebet Manasses sind in den katholischen Bibelausgaben nicht enthalten, die Zusätze zum Buch Esther sind im Buch Esther eingeschlossen. Der Gesang der drei Männer im Feuerofen und die Geschichten von Susanna und Daniel, vom Bel zu Babel und vom Drachen zu Babel gehören in kath. Bibelausgaben zum Buch Daniel.

Die Apokryphen sind eine Sammlung sehr verschiedenartiger jüdischer Schriften aus der Zeit zwischen 300 v. Chr. und 100 n. Chr. Die meisten wurden auf Hebräisch verfaßt, aber bei vielen liegt das hebräische Original nicht mehr vor, da auch die Juden diese Schriften allmählich nicht mehr zu den inspirierten Schriften zählten. Die meisten Bücher sind uns nur noch in griechischer Sprache oder in anderen Ausgaben überliefert, die in der Alten Kirche verwendet wurden.

Geschichtsbücher

Das 3. Esrabuch entspricht inhaltlich im großen und ganzen dem kanonischen Esra, setzt aber schon bei den Ereignissen ein, die in 2. Chron. 35 berichtet werden (Josias Passafeier), und endet mit dem Bericht über die Verlesung des Gesetzes durch Esra (Neh. 8). Der größte Zusatz zum kanonischen Esra ist der »Wettstreit der drei Pagen des Darius« (Kap. 3–4), der erklären soll, wie Serubabel vom persischen König die Erlaubnis bekam, den Tempel wieder aufzubauen.

Das 1. Makkabäerbuch ist historisch sehr viel wertvoller, da es unsre Hauptquelle für den Aufstand der Makkabäer gegen die Unterdrückung durch die Syrer ist. Der Verfasser hat zwar offensichtlich ein besonderes Interesse daran, das Geschlecht der Makkabäer lobend herauszustellen, aber sein Bericht über die Ereignisse zwischen 175–134 v. Chr. ist im wesentlichen zuverlässig und sehr anschaulich.

Das 2. Makkabäerbuch berichtet größtenteils über dieselben Ereignisse wie das 1. Makkabäerbuch, ist aber keine so zuverlässige Quelle, da es vom Standpunkt der Pharisäer aus verfaßt ist und größeren Wert auf ethische und dogmatische Gesichtspunkte als auf historische Genauigkeit legt.

Legendäre Erzählungen

Im **Buch Tobit** wird erzählt, wie Tobias, ein gerechter, aber leidgeprüfter Jude, von seiner Blindheit geheilt wird und wie sein Sohn Tobias aus Todesgefahr errettet wird. Die Erzählung ist ganz offensichtlich kein historischer Bericht. Unter der frühen Christenheit war das Buch so beliebt, daß es aus dem Hebräischen ins Griechische, Lateinische, Armenische, Syrische und Äthiopische übersetzt wurde.

Im **Buch Judith** wird von einer jüdischen Witwe erzählt, die den assyrischen Feldherrn Holofernes verführte, um ihn dann zu töten. Die Erzählung enthält einige grobe historische Irrtümer, die aber die Absicht des Buches, die jüdischen Freiheitskämpfer in der Zeit der Makkabäer zu ermutigen, nicht beeinträchtigen konnten.

Die Zusätze zum **Buch Esther** sind volkstümliche Ausschmückungen der biblischen Erzählung. Ihr Sinn ist zumindest teilweise der, dem sehr weltlichen Buch Esther (in dem nicht einmal der Name Gottes erwähnt wird) eine religiöse Färbung zu geben.

Die verschiedenen Zusätze zu **Daniel** sind zum Teil Legenden über den weisen und gottesfürchtigen Daniel (**Susanna, Vom Bel** und **Vom Drachen zu Babel**) und zum Teil liturgische Texte (**Der Gesang der drei Männer im Feuerofen** und das **Gebet Asarjas**).

Weisheitsliteratur

Dazu gehören unter den Apokryphen vor allem Jesus Sirach und die Weisheit Salomos. **Jesus**

Sirach entstand um 180 v. Chr. und enthält Ratschläge für ein gottgefälliges Leben im Stil der Sprüche des Alten Testaments. Die Kap. 44–50 sind ein Loblied auf die jüdischen Väter im Glauben. Das Buch Jesus Sirach war in der Alten Kirche sehr beliebt (so enthält z. B. Jakobus 1, 19 wohl eine Anspielung auf Sirach 5, 11).

Die Weisheit Salomos (die nicht von König Salomo verfaßt sein kann) entstand im 1. Jahrhundert v. Chr. Dieses Buch verarbeitet sehr viel mehr griechisches Gedankengut als alle anderen Bücher der jüdischen Weisheitsliteratur.

Das Buch Baruch wird wie die Weisheit Salomos einer bekannten alttestamentlichen Gestalt zugeschrieben und enthält ein Bußgebet, ein Loblied auf die Weisheit und verschiedene tröstende Lieder. Sein Anhang, der **Brief Jeremias,** ist eine Warnung vor dem Götzendienst, die als Brief an die Gefangenen im Exil verfaßt ist (vgl. Jer. 29). Das **Gebet Manasses** ist eine Dichtung im Anschluß an 2. Chron. 33, 13, 19.

Apokalyptische Schriften

Nur eine solche Schrift gehört mit zu den Apokryphen: das **4. Esrabuch**, das wahrscheinlich im 1. Jahrhundert n. Chr. verfaßt wurde. Es enthält einige christliche Kapitel, die die Ablehnung der Juden zugunsten der Kirche »vorhersagen«, und einen jüdischen Teil, der einige Zukunftsvisionen enthält, die Esra zugeschrieben werden.

Die Bedeutung der Apokryphen

Für uns stellt sich nun die Frage, was Christen heute mit den Apokryphen anfangen sollen. Das theologische Problem ihrer autoritativen Bedeutung ist nach wie vor ungeklärt. Unter den Christen bestand ohnehin nie volle Übereinstimmung in der Frage der Grenzen des alttestamentlichen Kanons, auch wenn sie seine Autorität und göttliche Inspiration anerkennen. Es gibt einige Hinweise, daß die Bibel, die Jesus und die Apostel als Heilige Schrift anerkannten, die hebräische Bibel mit ihren 39 Büchern war, in der die Apokryphen nicht eingeschlossen waren. Aber auch diejenigen, die die Apokryphen als Heilige Schriften anerkennen, geben zu, daß sie ihrer autoritativen Geltung nach mit den Büchern des alttestamentlichen Kanons nicht auf einer Ebene zu sehen sind.

Doch auch wenn man den Apokryphen nicht denselben Rang beimißt wie den Büchern des hebräischen Kanons, kann man wertvolle Abschnitte darin finden, die Ausdruck tiefer Frömmigkeit und geistlicher Weisheit sind.

Der englische Erbauungsschriftsteller John Bunyan (der Verfasser der »Pilgerreise«) berichtet einmal, daß er auf der Suche nach dem Vers »Sehet an die Beispiele der Alten und merket sie; wer ist jemals zu Schanden geworden, der auf ihn gehofft hat?« zunächst überrascht und fast erschrocken war, als er merkte, daß er in den Apokryphen steht (Sirach 2, 10). Doch dann erkannte er, daß dieser Satz die Zusammenfassung aller Verheißungen ist und er daher seinen Trost annehmen mußte. So konnte er nur Gott dafür danken, denn, so sagt er: »Es kam für mich von Gott«. Wer die Apokryphen zum Zweck der Erbauung liest, weiß, wie er damit umzugehen hat, und unterscheidet wie bei aller religiösen Literatur zwischen dem, was dem Wesen des christlichen Glaubens entspricht, und dem, was dazu im Widerspruch steht.

ISRAEL ZUR ZEIT DES NEUEN TESTAMENTS

3

EVANGELIEN UND APOSTELGESCHICHTE

BRIEFE

Neutestamentliche Geschichte auf einem Blick

Viele Daten, besonders der Briefe, sind nur ungefähr

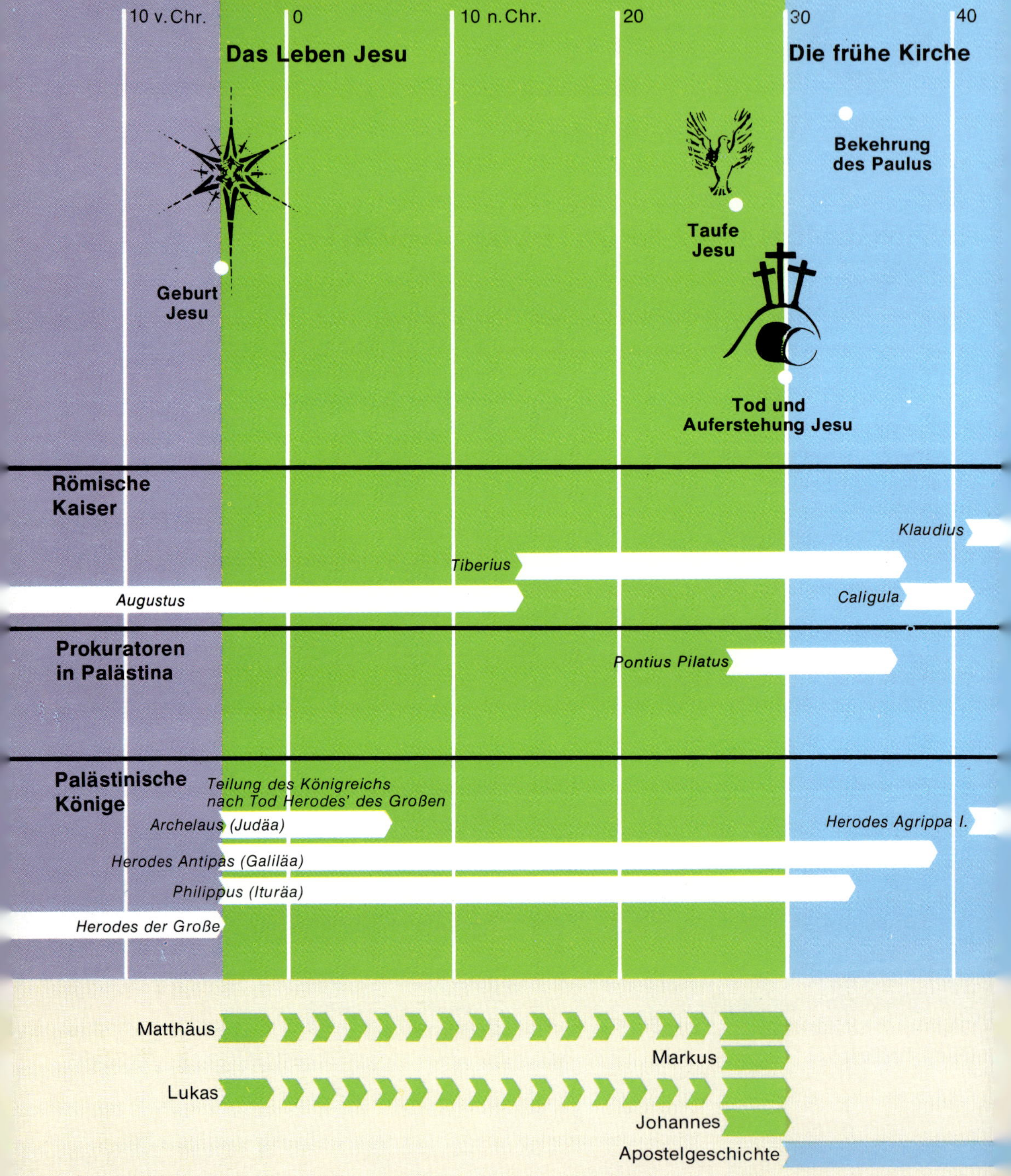

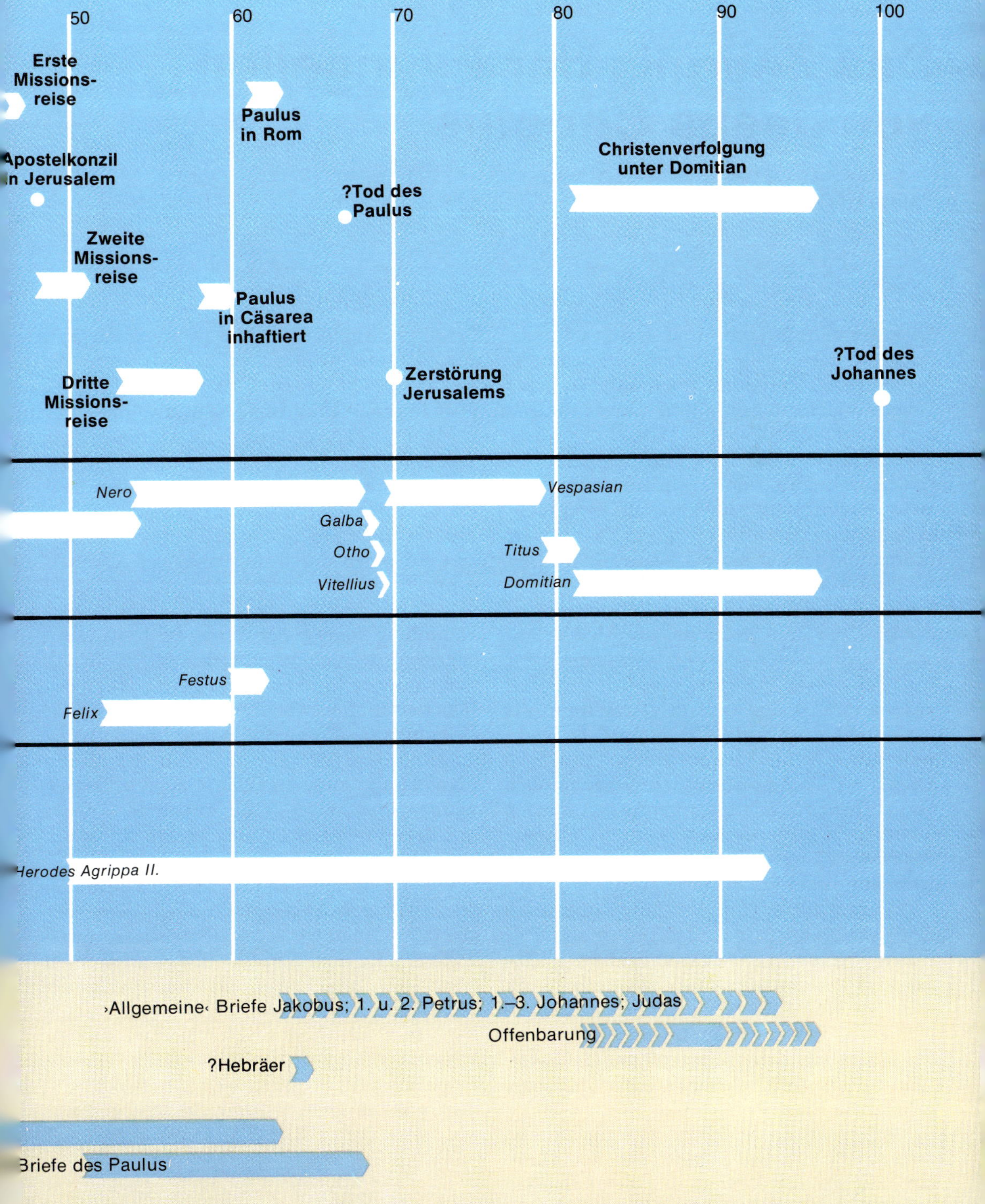
50
60
70
80
90
100
Erste Missions-reise
Paulus in Rom
Apostelkonzil in Jerusalem
Christenverfolgung unter Domitian
?Tod des Paulus
Zweite Missions-reise
Paulus in Cäsarea inhaftiert
?Tod des Johannes
Dritte Missions-reise
Zerstörung Jerusalems
Nero
Vespasian
Galba
Otho
Titus
Vitellius
Domitian
Festus
Felix
Herodes Agrippa II.
›Allgemeine‹ Briefe Jakobus; 1. u. 2. Petrus; 1.–3. Johannes; Judas
Offenbarung
?Hebräer
Briefe des Paulus

Das Zeugnis der Evangelien von Jesus Christus

Howard Marshall

Über das irdische Leben Jesu wissen wir praktisch nur soviel, wie sich den Evangelien des Neuen Testaments entnehmen läßt. Das Leben eines Wanderpredigers, der in einem abgelegenen und wenig bekannten Winkel des Römischen Reichs wirkte, war für römische Geschichtsschreiber wohl kaum interessant. Tacitus erwähnt Jesus ganz kurz, und zwar lediglich, um zu erklären, warum die Leute, die Nero hinrichten ließ, »Christen« genannt wurden.

Selbst bei jüdischen Geschichtsschreibern finden wir nicht viel mehr. Das wichtigste Werk über die Geschichte des Judentums wurde gegen Ende des ersten Jahrhunderts von Josephus verfaßt. In dieser Darstellung erwähnt er Jesus einmal, und zwar als Wundertäter, der der Christus war, von Pilatus zum Tode verurteilt wurde, seinen Jüngern aber später wieder erschien. Dieser Abschnitt ist wahrscheinlich von christlichen Schreibern verändert worden (Josephus hätte Jesus wohl kaum »Christus« oder »Messias« genannt), aber die wesentlichen Elemente sind sicher ursprünglich.

Andere jüdische Überlieferungen über Jesus sind in den Schriften der Rabbinen erhalten. Sie erzählen, Jesus sei ein Zauberer gewesen, habe das Volk verführt und dabei behauptet, er sei nicht gekommen, um das Gesetz aufzulösen oder etwas hinzuzufügen. Er sei am Vorabend des Passafestes wegen Ketzerei und Volksverführung gekreuzigt worden; er habe fünf Jünger gehabt, die Kranke heilten.

Auch neuere Entdeckungen ändern nichts an diesem Zerrbild. Die Schriftrollen von Qumran, die aus der Bibliothek einer jüdischen Sekte unmittelbar vor und während der Zeit Jesu stammen, werfen zwar neues Licht auf die Gedankenwelt des alten Palästina; aber Jesus wird in ihnen überhaupt nicht erwähnt.

Mehr Erfolg verspricht die Untersuchung verschiedener »Evangelien«, die nicht in das Neue Testament aufgenommen wurden. Solche Schriften waren zwar seit langem bekannt, aber erst in den letzten Jahren wurde das Interesse an ihnen durch den Fund des Thomasevangeliums (in Nag Hammadi, Ägypten) neu geweckt. Dieses Evangelium enthält eine Sammlung von Aussprüchen, die Jesus zugeschrieben werden. Sie wurden offensichtlich von radikalen Christen überarbeitet, aber möglicherweise blieben in diesem und in ähnlichen Dokumenten Spuren echter Jesusüberlieferung erhalten. Daß sie allerdings von der frühen Christenheit aus dem Kanon ausgeschlossen wurden, spricht gegen die Annahme, daß sie uns neue Erkenntnisse über Wesen und Werk Christi vermitteln können.

Wir sind also letzten Endes auf das Neue Testament – genauer gesagt: die Evangelien – angewiesen, wenn wir etwas über Jesus erfahren wollen. Die Paulusbriefe und die anderen apostolischen Schriften erwähnen ziemlich selten ausdrücklich das Leben Jesu. Daraus kann man allerdings nicht schließen, daß sie seinem Wirken als einer historischen Tatsache keine Bedeutung beigemessen hätten, oder von dem, was Jesus lehrte, nur wenig geprägt gewesen wären (vgl. z. B. die Auswahlkriterien für einen Apostel, Apg. 1, 21 f.).

Die Berichte der Evangelien

Die Evangelien wurden frühestens 30 Jahre nach Jesu Tod abgefaßt. Bis dahin wurde der Stoff, der ihnen zugrundeliegt, durch mündliche Überlieferung und durch Aufzeichnungen, die uns nicht mehr vorliegen, bewahrt und weitergegeben.

Dieser Stoff wurde sehr sorgfältig überliefert. Die jüdischen Rabbinen waren sehr darauf bedacht, mündliche Überlieferung genau weiterzugeben, und wir dürfen annehmen, daß die Christen ebenso sorgfältig vorgingen. Der Stoff der Evangelien wurde ursprünglich in aramäischer Sprache überliefert, also in der Sprache Jesu, und zwar in gedichtartiger Form, die leicht zu behalten war.

Man behält das im Gedächtnis, was man behalten will. Das heißt aber nicht, daß Jesu Hörer das, was sie beunruhigend und unangenehm fanden, bequemerweise einfach »vergessen« hätten. Im Gegenteil: in den Evangelien findet sich vieles, was den Hörern Jesu Schwierigkeiten bereitet haben muß und trotzdem gewissenhaft bewahrt wurde. Man erinnerte sich an die Geschichte Jesu und erzählte sie immer wieder, weil sie für das Leben der Kirche ausschlaggebend war. Die ersten Christen mußten sich beispielsweise mit den Juden auseinandersetzen, und daher war es wichtig, sich daran zu erinnern, wie Jesus mit ihnen diskutiert hatte. Bei Entscheidungen in ethischen Fragen, etwa über Ehe oder Scheidung, brauchten sie seine Lehre als Autorität, auf die sie sich stützen konnten. Daher ist es sinnvoll, wenn man sich beim Lesen eines Abschnitts aus den Evangelien überlegt, welche Bedeutung er für die frühe Kirche hatte. Die Berichte über Jesus wurden nicht aus einem wissenschaftlichen Interesse an der Geschichte weitergegeben, sondern wegen ihrer konkreten Bedeutung für das Leben der ersten Christen.

Die mündliche Weitergabe von Geschichten und Lehren erfolgte ferner nach einem bestimmten Schema. Bei Heilungsgeschichten wird zum Beispiel nacheinander beschrieben, in welchem Zustand sich der Kranke befand, auf welche Weise die Heilung herbeigeführt wurde und welche Folgen sie hatte. In vielen Erzählungen über Jesus wird eine Situation beschrieben, in die Jesus hineingezogen wurde, um dann zum eigentlichen Höhepunkt zu kommen, nämlich einem grundsätzlichen und maßgeblichen Ausspruch Jesu über die Sache, die zur Debatte stand.

Im Artikel »Evangelien und historische Kritik« auf S. 530 wird gezeigt, wie man versucht hat, mit Hilfe solcher Überlegungen zu erklären, wie die Evangelien eigentlich abgefaßt wurden. Das beste Beispiel ist das Johannesevangelium. Der Verfasser hat nämlich die Geschichte Jesu zu einem gewissen Grad interpretiert, um ihre Bedeutung für seine Leser darzustellen. Er bietet also eine Art Kommentar zum Wirken Jesu, und es ist schwierig, den ursprünglichen »Text« (also die Ereignisse selbst) von seiner »Interpretation« durch Johannes zu trennen.

Entscheidend ist dabei jedoch, daß es eben diesen »Text« gibt, den er dann erklärt. Johannes äußert also nicht einfach seine Meinung über etwas, was nie geschehen ist. Hinter dem Evangelium steht die Gestalt des Apostels, wie das apostolische Zeugnis ja auch die Grundlage der anderen Evangelien bildet. Allmählich müssen selbst kritische Neutestamentler zugeben, daß alle vier Evangelien in den Grundzügen dasselbe Bild von Jesus zeichnen. Während früher viele der Meinung waren, daß das Johannesevangelium nur eine schmale oder vielleicht überhaupt keine geschichtliche Grundlage hat, hat man inzwischen erkannt, daß alle vier Evangelien auf geschichtlicher Überlieferung basieren, wobei jedes Evangelium bestimmte Aspekte dieser Überlieferung bewahrt.

Die Absicht der Evangelisten

Mit dem Johannesevangelium stellt sich die Frage nach dem Verhältnis der Evangelien zur Geschichte. Ist das, was sie berichten, wirklich geschehen? Es wurde schon gesagt, daß sie auf vertrauenswürdiger Überlieferung beruhen, die in der Gemeinde gewissenhaft und sorgfältig weitergegeben wurde. Man muß aber auch sehen, daß die Evangelien klarmachen wollen, was Jesus für die Christen bedeutet. Sie wollen vor allem die gute Nachricht verkündigen, um Ungläubige zu bekehren und die Bekehrten im Glauben zu festigen.

Die Evangelien sind also nicht einfach historische Berichte wie etwa die Biographien berühmter Menschen. Die Verfasser waren keine Biographen; sie geben keinen historischen Bericht über das Leben Jesu in genauer chronologischer Abfolge. Wenn man vergleicht, wie die Ereignisse in Mark. 4–5 und in Matth. 13; 8; 9 aufeinander folgen, kann man das ganz klar sehen.

Es wäre aber falsch, nun zu folgern, die Geschichte sei den Evangelisten gleichgültig gewesen. Die Evangelien sind kein Produkt der Fantasie. Lukas betont im Prolog zu seinem Evangelium (Luk. 1, 1–4), daß er sich auf Berichte von zuverlässigen Augenzeugen stützt. Die Geschichte war ihm wichtig, und das gilt wohl auch für die anderen Evangelisten.

Was war also ihre Absicht? Sie verkündigten das Evangelium, die frohe Botschaft von Jesus Christus, dem Sohn Gottes (Mark. 1, 1). Sie wollten ihre Leser zum Glauben an ihn und damit zum ewigen Leben führen (Joh. 20, 31). Sie stellten Jesus also so dar, wie ihn seine Nachfolger sahen. Für sie war er kein gewöhnlicher Mensch und auch kein großer Prophet, sondern der Herr, den Gott von den Toten auferweckt hatte, und der nun im Himmel lebt und regiert. Diesem Herrn Jesus waren sie begegnet. Vielleicht hatten sie ihn nicht von Anfang an als diesen erkannt (vgl. Luk. 24, 19–24), und auch die Auferweckung konnte nicht alle überzeugen. Aber die Jünger waren aufgrund all dessen, was sie mit Jesus erlebt hatten, zum Glauben an ihn gekommen und konnten von ihm nur noch als ihrem Herrn erzählen.

Die Evangelien bieten also Geschichte aus dem Blickwinkel von Christen. Für einen Nichtchristen stellt sich vielleicht manches anders dar. Er würde zum Beispiel behaupten, daß die Auferstehung niemals geschehen sein könne. Ein Augenzeugenbericht eines nichtchristlichen Zeitgenossen über das Leben Jesu wäre sicher reizvoll. Es gibt aber keinen. Was wir haben, sind die Evangelien, und diese haben ihren historischen Wert, auch wenn sie von Christen geschrieben wurden, die andere damit zum Glauben an Jesus führen wollten.

Vier Darstellungen von Jesus

Jeder der vier Evangelisten stellt Jesus aus einer anderen Perspektive dar. Es war einem einzelnen Menschen wohl nicht möglich, Jesus in seiner ganzen Größe und Bedeutung zu erfassen. So entstanden also vier verschiedene Darstellungen, die jeweils bestimmte Wesenszüge Jesu besonders hervorheben.

Bei Matthäus geht es vor allem um das Verhältnis Jesu zum Judentum. Er zeigt, daß Jesus kam, um das Alte Testament zu erfüllen und den Juden gleichzeitig klarzumachen, wo sie ihrem Glauben untreu geworden waren. In keinem anderen Evangelium wird die Heuchelei der Pharisäer so sehr gebrandmarkt. Die Juden sollen in Jesus den verheißenen Messias, den Sohn Davids, erkennen; weil sie das nicht tun, wird ein hartes Urteil über sie ausgesprochen. Matthäus stellt Jesus vor allem als Lehrer dar. Daher finden sich bei ihm systematische Zusammenstellungen dessen, was Jesus über das Leben der Gemeinde und ihren Auftrag sagte.

Markus sind Taten wichtiger als Lehren. Er betont die Aussage Jesu, daß der Menschensohn leiden müsse und auf Ablehnung stoßen werde, und daß die Jünger bereit sein müßten, diesen Weg dann auch selbst zu gehen. Jesus lasse sich nur als der gekreuzigte Erlöser recht verstehen. Die Juden erwarteten einen politischen Messias, der als herrlicher und machtvoller Führer erscheinen werde. Sie konnten daher kaum glauben, daß Jesus, der den Weg des Dienens und des Leidens ging, der Messias sei. In Herrlichkeit wird der Christus jedoch erst bei seiner Wiederkunft erscheinen.

Bei Lukas steht das Heil, das in Christus erschienen ist, im Zentrum. Er zeigt, daß die Zeichen, die nach dem Alten Testament das Kommen des Messias begleiten sollen, in den Krankenheilungen Jesu und seiner Verkündigung an Arme und Elende sichtbar geworden sind. Lukas geht es in besonderer Weise um die

Jerusalem zur Zeit des Neuen Testaments

Dieses Modell steht im Bibelmuseum in Amsterdam. Die Ausgrabungen des antiken Jerusalem sind noch nicht abgeschlossen; möglicherweise kann man eines Tages noch nähere Angaben zu den genauen Ausmaßen der Stadt machen. Die Einzelheiten einer solchen Rekonstruktion können natürlich nur auf Vermutungen basieren. Die wichtigsten Stellen können jedoch ziemlich genau angegeben werden:

1 **Tempel des Herodes**
2 **Kidrontal**
3 **Ölberg**
4 **Garten von Gethsemane**
5 **Burg Antonia** (Residenz des Pilatus)
6 **Teich Bethesda**
7 **Teich Siloah**
8 **Hinnomtal**
9 **Palast des Herodes**
10 **Golgatha** (»Schädelstätte«, der mutmaßliche Ort der Kreuzigung)
11 **Calvarienberg** (Stelle von Golgatha nach General Gordon)
12 **Davidsstadt**
13 **Klagemauer**

Gnade Gottes, die in Jesus offenbar wird und sich gerade an die richtet, die sie am wenigsten zu verdienen scheinen, an »Zöllner und Sünder«.

Johannes schließlich zeigt Jesus als den Erlöser, den Gott in die Welt gesandt hat. Als der Sohn Gottes hat er die Bevollmächtigung des Vaters und das Vorrecht der Gemeinschaft mit ihm. Johannes versucht am stärksten, die Tiefen der Offenbarung zu ergründen, und stellt die ewige Bedeutung der Tatsache heraus, daß Gott Mensch geworden ist.

Das Leben Jesu im Abriß

Hinter diesen vier Berichten steht unübersehbar ein und dieselbe Gestalt. Jesus wurde kurz vor dem Tod Herodes des Großen (4 v. Chr.) als Sohn der Jungfrau Maria in Bethlehem geboren. Zunächst lebte er als Zimmermann in Nazareth. Als Johannes der Täufer am Jordan zu predigen anfing (um 27 n. Chr.), kam Jesus zu ihm und ließ sich von ihm taufen. Dabei kam sichtbar der Heilige Geist auf ihn herab, der ihm die Vollmacht für sein Wirken verlieh. Nach der Versuchung in der Wüste begann er zu predigen und zu heilen, und zwar hauptsächlich in Galiläa. Zuvor war er wohl einige Zeit in Judäa und Jerusalem (Joh. 1–3). Die Reise nach Jerusalem, die in seiner Verhaftung und Kreuzigung zur Passazeit gipfelte, bildete den Abschluß seines Wirkens (um 30).

Jesus verkündigte den Anbruch der Herrschaft Gottes. Die Propheten des Alten Testaments hatten eine Zeit angekündigt, in der Gott seine Herrschaft über Israel sichtbar aufrichten würde. Diese Hoffnung war mit der Erwartung eines Königs aus dem Geschlecht Davids verbunden, des Messias' (griechisch: »Christos«, der Gesalbte). Zur Zeit Jesu stellte man sich den Messias als einen kriegerischen Feldherrn vor, der Israel von der Herrschaft der Römer befreien sollte.

Jesus verkündigte den Anbruch dieser Zeit, deren Ziel die endgültige Herrschaft Gottes durch den König Jesus Christus sein würde. Das Kommen des Reiches Gottes kündigte sich jedoch nicht durch militärische Siege an, sondern in den Heilungen Jesu und in seiner Verkündigung. Gott war schon jetzt in Jesus am Werk.

Diese Botschaft forderte die Menschen zu einer Entscheidung heraus. Jesus rief sie zur Buße, bot die Vergebung ihrer Sünden an und rief die Menschen in seine Nachfolge. Wer die Botschaft von der Herrschaft Gottes annehmen wollte, mußte zugleich Jesus als den Herrn anerkennen. Von den vielen, die das taten, berief Jesus zwölf Männer im besonderen, die die Führer des neuen Gottesvolks sein sollten, das an die Stelle des alten Israel trat, von dem Jesus Ablehnung erfahren hatte. Sie wurden auch in besonderer Weise mit der Weitergabe des Evangeliums beauftragt.

Jesus verkündete seinen Jüngern eine neue Lebensweise, die in der Bergpredigt zusammengefaßt ist (Matthäus 5–7). Jesus übernahm das alttestamentliche Gebot, Gott und den Nächsten zu lieben, und füllte es mit neuem Leben.

Jesus lehrte mit so großer Autorität und Vollmacht, daß die Menschen zu fragen begannen, wer er sei. Manche taten ihn als verrückt ab. Andere waren zunächst bereit, ihn als den Messias anzuerkennen, aber als er nicht bereit war, einen Aufstand gegen die Römer anzuzetteln, wandten sie sich von ihm ab. Deswegen hat sich Jesus wohl auch nicht in aller Öffentlichkeit als Messias bezeichnet, sondern vor allem als »Menschensohn«. Diese Bezeichnung stammt ursprünglich aus Dan. 7, 13. Jesus gab ihr eine neue Bedeutung und bezeichnete damit die Gestalt, der Gott eines Tages die Herrschaft übergeben würde (Mark. 14, 62), die aber jetzt noch in Niedrigkeit und Verborgenheit lebte (Matth. 8, 20) und den Weg des Leidens und Sterbens vor sich hatte (Mark. 8, 31).

Nachdem die Jünger erkannt hatten, wer Jesus eigentlich war, versuchte er ihnen zu erklären, daß er sterben müsse. Das konnten sie zunächst gar nicht begreifen. Jesus verstand sich selbst als der leidende Gottesknecht aus Jes. 52–53, der gedemütigt wird und sein Leben hingibt, um die Menschen vom Tod zu erretten (Mark. 10, 45; Joh. 10, 11). Nur seinen zwölf Jüngern offenbarte er, daß er Gottes Sohn war. Sie ließ er auch an dem Vorrecht teilhaben,

Gott »Abba«, Vater, zu nennen (Matth. 6, 9; 11, 25–27; Mark. 14, 36).

Während der ganzen Zeit seines Wirkens stand Jesus in Konflikt mit den religiösen Führern seiner Zeit. Grund dafür waren vor allem seine scharfen Angriffe gegen die Gesetze, die sie nach ihrer Überlieferung den Menschen auferlegten, womit sie aber den eigentlichen Sinn der Gebote Gottes verdunkelten. Jesus verurteilte ihre heuchlerische Art, das Gesetz Moses durch ihre menschlichen Gebote zu ersetzen. Ausschlaggebend für die Verhaftung Jesu durch die jüdischen Führer war letztlich sein Anspruch, der Messias zu sein. Sie befürchteten, Jesus werde vielleicht einen Aufstand gegen die Römer anzetteln, der harte Vergeltungsschläge und den Verlust ihrer Stellung zur Folge haben würde (Joh. 11, 47–53). Als Jesus dann nach Jerusalem kam und sie durch seine Haltung zum Tempel zum Kampf herausforderte, leiteten sie mit Hilfe eines seiner Jünger seine Verhaftung in die Wege.

Der Prozeß Jesu scheint gegen die gesetzlichen Vorschriften verstoßen zu haben. Als die Zeugenaussagen nicht das Beweismaterial erbrachten, das zur Verurteilung nötig war, forderte man ihn zu der Aussage heraus, er sei der Messias, was für seine Richter als Gotteslästerung galt, für Christen aber die reine Wahrheit ist. Jesus wurde daraufhin zum Tode verurteilt und dem römischen Statthalter mit der Anklage übergeben, er sei ein politischer Aufrührer. Obwohl der Statthalter von Jesu Schuld persönlich nicht überzeugt war, ließ er ihn nach römischer Sitte durch Kreuzigung hinrichten.

Bald nach seinem Tod verkündeten die Jünger jedoch die Nachricht, daß Jesu Grab leer und er ihnen selbst erschienen sei: Gott hatte ihn von den Toten auferweckt. Die Erscheinungen fanden in einem Zeitraum von 40 Tagen statt. Danach gab Jesus seinen Jüngern einen letzten Befehl, seine Zeugen in der ganzen Welt zu sein, und wurde vor ihren Augen aufgehoben – als Zeichen seiner Rückkehr zum Vater und Verheißung seiner Wiederkunft am Ende der Tage.

Um diese Geschichte geht es in den Evangelien. Es gibt keinen anderen Jesus, und der Versuch, ihn als ganz gewöhnlichen Menschen zu erweisen, muß unweigerlich scheitern. Nach Aussage der Evangelien war Jesus mehr als ein Mensch. Er war »wahrer Mensch und wahrer Gott«. Mit seiner Botschaft, seinen Taten und seinem Leben fordert er jeden Menschen zu einer Entscheidung heraus.

Matthäus

Jeder der vier Evangelisten setzt seine eigenen Schwerpunkte. Matthäus schrieb sein Evangelium für jüdische Gemeinden, und ihm war daher wichtig, daß Jesus der langersehnte Messias, der im Alten Testament verheißene Christus war (vgl. auch »Religiöse Bewegungen zur Zeit des Neuen Testaments«; S. 494). Viele Juden hofften auf einen politischen Führer, der sie von der Herrschaft der Römer befreien würde. Deshalb überlieferte Matthäus besonders ausführlich, was Jesus über sein Reich, das Reich der Himmel, gesagt hatte. Er gibt einen großen Teil der Verkündigung Jesu wieder, und zwar in fünf großen Abschnitten. Zwischen den fünf Abschnitten stehen Erzählungen aus dem Leben Jesu. Matthäus ist vor allen anderen Evangelien das entscheidende Bindeglied zwischen dem Alten und dem Neuen Testament, dem alten Israel und der neuen Gemeinde Gottes aus allen Völkern.

Der Verfasser. Das Evangelium selbst nennt den Verfasser nicht, aber man hat es schon früh dem Apostel und ehemaligen Zöllner Matthäus zugeschrieben, von dem man sonst sehr wenig weiß. Auch über Entstehungszeit und -ort kann man keine genauen Angaben machen; das Evangelium muß allerdings in der Zeit zwischen 50 und 100 n. Chr. verfaßt worden sein. Matthäus hat sehr viel Stoff mit Markus gemeinsam. Heute nimmt man an, daß dem Matthäus das Markusevangelium vorlag und nicht umgekehrt (vgl. hierzu »Die Evangelien und die historische Kritik«, S. 530).

1–2 DIE GEBURTSGESCHICHTE

1, 1–17 Der Stammbaum Jesu

Vgl. auch Luk. 3, 23–38. Die Reihenfolge des Lukas ist umgekehrt wie die bei Matthäus. Ab David geben sie auch verschiedene Namen an, nur Serubabel und Sealthiel werden von beiden

ERZÄHLUNGEN UND EREIGNISSE, DIE NUR BEI MATTHÄUS VORKOMMEN

Gleichnisse
Das Unkraut unter dem Weizen
Der Schatz im Acker
Die kostbare Perle
Das Fischnetz
Der Schalksknecht
Die Arbeiter im Weinberg
Die ungleichen Söhne
Die königliche Hochzeit
Die zehn Jungfrauen
Die Talente

Wunder
Zwei Blinde
Der Stumme, der besessen war
Die Tempelsteuer

Ereignisse
Josephs Traum
Die Weisen aus dem Morgenland
Flucht nach Ägypten
Kindermord des Herodes
Der Traum der Frau des Pilatus
Ende des Judas (auch in der Apostelgeschichte)
Die Auferstehung der »Heiligen« in Jerusalem
Die Bestechung der Grabwächter
Der Missionsbefehl

Auch manche Berichte über die **Lehre** Jesu kommen nur bei Matthäus vor, wie zum Beispiel der Heilandsruf »Kommet her zu mir alle . . .«.

aufgeführt. Matthäus stellt Jesus als den Messias dar, der aus dem Geschlecht Davids stammt. Vielleicht nennt er die Thronfolger, während Lukas nur die Linie anführt, der Joseph angehörte. Matthäus hält sich an ein festes Schema und hat daher auch einige Generationen weggelassen; er nennt 14 Namen von Abraham bis David, 14 von David bis Jojachin und 14 von Jojachin bis Jesus. Eine Erklärung dieses Vierzehnerschemas könnte darin liegen, daß die Zahlenwerte der hebräischen Buchstaben des Namens »David« zusammen 14 ergeben.

Sohn Davids (1): Gott hatte König David ewige Erbfolge zugesagt. Seit der Zeit des Exils war Israel aber keine Monarchie mehr. Seither wurde die Verheißung auf den Messias bezogen.

Vers 3–6: Es war nicht üblich, in einem Stammbaum auch Frauen zu nennen. Wenn ferner Gottes Liebe auf *anständige* Menschen eines bestimmten Volkes beschränkt gewesen wäre, dürften diese Frauen ebenfalls nicht im Stammbaum Jesu auftauchen. *Thamar* bekam Kinder von ihrem Schwiegervater Juda (1. Mose 38); *Rahab* war eine Dirne aus Jericho (Jos. 2); *Ruth* war eine Moabiterin (Ruth 1–4); Die *Frau Urias* war Bathseba, die von David zum Ehebruch verführt wurde (2. Sam. 11).

1, 18–25 Maria und Joseph

Bei Lukas steht Maria im Zentrum der Geburtsgeschichte, bei Matthäus dagegen Joseph.

Die Hügelstadt Bethlehem, von den umliegenden Feldern aus gesehen. Vgl. Foto S. 516.

Nazareth liegt auf über 400 m Höhe in den Bergen Galiläas.

Man kann sich leicht vorstellen, daß Joseph sich damals in einer schwierigen Lage befand. Aber die Schwangerschaft Marias hatte ja auf übernatürliche Weise begonnen. Matthäus erinnert an ein Wort Jesajas und gibt ihm eine Bedeutung, die der Prophet wohl kaum ahnen konnte. »Jesus« bedeutet »Der Herr ist Heil«, »Immanuel« heißt »Gott ist mit uns«. (Vgl. »Die Jungfrauengeburt«, S. 515.)

Vertraut (18): Dies war mehr als eine Verlobung im heutigen Sinn: eine Bindung, die nur durch offizielle Scheidung gelöst werden konnte.

Vers 25: Hinweis darauf, daß Maria und Joseph nach Jesu Geburt ein ganz normales Eheleben führten (vgl. 1, 55–56).

2 Die Ankunft der Weisen; der Kindermord; die Flucht nach Ägypten

Die »Weisen« waren eigentlich Astrologen. Eine spätere Tradition machte die drei Männer zu Königen und gab den Geschenken zeichenhafte Bedeutung: Gold für den König; Weihrauch für Gott; Myrrhe für den sterblichen Menschen.

Im königlichen Palast wurde man mißtrauisch, als die Weisen etwas von einem König sagten. Herodes war König der Juden (es handelt sich hier um Herodes den Großen, der von 40–4 v. Chr. regierte). Er fürchtete sich vor Rivalen. Der Bericht über den Kindermord paßt zu dem, was sonst über Herodes bekannt ist; er war ungeheuer grausam.

Vers 6: Dies ist eine Verbindung von Zitat und Deutung durch Matthäus.

Rahel (18): Jakobs Lieblingsfrau, die bei der Geburt Benjamins in Rama auf dem Weg nach Bethlehem starb, galt als die Mutter ganz Israels.

Archelaus (22): Er bekam nach dem Tode Herodes' des Großen ein Drittel des Reichs, wurde aber wegen seiner Brutalität bald von den Römern abgesetzt. Judäa kam dann unter direkte römische Verwaltung. Vgl. »Das Haus des Herodes«, S. 540.

3–4 JESU TAUFE UND VERSUCHUNG

3 Die Predigt Johannes des Täufers; die Taufe Jesu

Vgl. Mark. 1, 2–11; Luk. 3, 2–22. Die Bußpredigt des Täufers forderte die Menschen auf, sich für das Kommen des Messias bereit zu machen. Viele gingen in die Wüste, um ihn zu hören. Andreas, der Bruder des Petrus, gehörte auch zu denen, die sich nach echter Abkehr von ihren Sünden von Johannes taufen ließen. Die »Waschung« der Taufe war das Zeichen für eine radikale Veränderung im Leben eines Menschen, der nun rein von seinen Sünden war und sich auf das kommende Reich Gottes vorbereiten wollte. Diese Reinigung war bei Jesus nicht nötig. Seine Taufe geschah nicht zur Vergebung der Sünden, sondern zur völligen Identifizierung mit den Menschen. Als er in den Jordan trat, übernahm er gleichsam freiwillig die Verantwortung für die Sünden der Menschen. Das Gotteswort in V. 17, das Ps. 2, 7 und Jes. 42, 1 verbindet, verkündigt Jesus als Gottes Sohn, als Messias und als den Knecht, der bereit ist, für sein Volk zu leiden.

Vers 4: vgl. die Anmerkung zu Markus 1, 1–8.

Pharisäer und Sadduzäer (7): vgl. »Religiöse Bewegungen zur Zeit des Neuen Testaments«, S. 494.

4 Die Versuchung; Berufung der ersten Jünger; Jesus fängt an zu predigen

Vgl. Mark. 1, 12–13; Luk. 4, 1–13. Bei den Versuchungen, die auf eine Zeit des Fastens in der Wüste folgen, bekommt Jesus einen Vorgeschmack dessen, was er während der ganzen Zeit seines Wirkens durchleben muß. Er hat Macht bekommen: er kann Hungrige speisen, Kranke heilen, Tote auferwecken. Wird er diese Macht für sich selbst gebrauchen, um viele Anhänger zu bekommen? Wird er sie im Ernstfall ausnützen, um sich selbst zu retten, oder wird er Gott vollständig vertrauen und den Weg ans Kreuz gehen? Auf die Fragen, mit denen der Satan ihn versuchen will, antwortet Jesus mit Worten aus dem 5. Buch Mose (8, 3; 6, 16; 6, 13). Diese Worte vergegenwärtigen die Wüstenzeit, in der Gott Israels Gehorsam auf die Probe stellte (5. Mose 8, 2).

Nach der Verhaftung des Täufers zieht Jesus nach Norden, wo Kapernaum zum Zentrum seines Wirkens wird. Dort beruft er die ersten Jünger und fängt an, in der Öffentlichkeit aufzutreten.

Dekapolis (25): Zehn freie griechische Städte südöstlich von Galiläa. Siehe Karte S. 464.

5–7 DIE BERGPREDIGT: MASS-STÄBE FÜR DIE NACHFOLGE

Vgl. Luk. 6, 20–49. Diese Rede ist der erste und längste der fünf Abschnitte,in denen Matthäus

Die ersten Jünger Jesu waren Fischer, und er rief sie, als sie ihre Netze flickten. Diese Fischer sitzen im Hafen von Akko an der Mittelmeerküste.

die Lehre Jesu zusammenfaßt. Jesus zeigt seinen Nachfolgern, wie die Menschen leben sollten: nicht einfach nach einem Katalog von Vorschriften, sondern in einer inneren Veränderung ihrer Einstellung. Jesus stellt aber nicht ein neues Gesetz auf, das kein Mensch erfüllen kann, sondern er gibt den Menschen selbst die Kraft und die Fähigkeit, nach seinen Maßstäben zu leben.

5, 1–16 Das wirkliche Glück

Jesus stellt die üblichen Vorstellungen der Menschen vom »Glück« auf den Kopf. Nicht die, die alles können, sich durchsetzen und skrupellos sind, haben wirklichen Erfolg. Glücklich sind die Menschen, die die geistliche Armut einer selbstsicheren Haltung erkennen und nun alles von Gott erwarten (Vers 3). Daraus folgt dann auch alles andere. Glücklich sind die Menschen, die demütig sind, vergeben können, rein leben, das Richtige tun wollen und die Wunden heilen. Durch ihr Leben zeigen sie den Menschen etwas vom Wesen Gottes selbst.

»Ihr seid das Licht der Welt«, sagte Jesus. »Es kann die Stadt, die auf einem Berge liegt, nicht verborgen sein.« Dies ist Tsefat im Norden Galiläas.

5, 17–48 Das alte und das neue Gesetz

Das Gesetz, das Gott den Menschen durch Mose gab, kann durch nichts ersetzt oder übertroffen werden. Es stellt aber nur Minimalforderungen auf und erfaßt zwar das Handeln, nicht aber die Gedanken. An fünf Beispielen zeigt Jesus, was das Gesetz wirklich fordert. Die Sünde fängt im Denken und Wollen an; dort muß sie auch überwunden werden.

Das Gesetz und die Propheten (17): d. h. alle alttestamentlichen Gebote. Die hebräische Bibel ist in drei Teile eingeteilt: das Gesetz (1. – 5. Mose); die Propheten (»Vordere«: Josua, Richter, Samuel, Könige; »Hintere«: alle Prophetenbücher außer Daniel) und die Schriften (der Rest unsres Alten Testaments).

Vers 22: Die Steigerung ist nur verständlich, wenn »Narr« »Abtrünniger« bedeutet. Wenn also einer zum anderen sagt, er sei von Gott verworfen, wird er selbst verworfen werden.

Vers 31–32: Zur Zeit Moses konnte man seine Frau wegschicken, wann man wollte. Durch das Gesetz Moses bekam die Frau etwas Schutz. Jesus zeigt den eigentlichen Sinn und den Zweck der Ehe. Zwei Menschen, die »ein Fleisch« geworden sind, werden durch ein unauflösliches Band verbunden. Eine Scheidung ist daher undenkbar, es sei denn, ein Ehepartner hätte das Band schon gelöst. Vgl. 19, 3–9.

6, 1–18 Warnung vor dem Zurschaustellen der Frömmigkeit

Gott will keine äußerliche Frömmigkeit. Auch die Gedanken, Motive und Absichten, die wir haben, zählen. Jesus sagt daher, daß man beim Beten, Fasten oder Almosengeben nicht darauf bedacht sein soll, von anderen gesehen zu werden. Gott belohnt auch verborgene Taten. Das Gebet soll einfach und voll Vertrauen gegen Gott sein. Wir sollen zu Gott kommen wie

Die Berge und Täler Galiläas, wo Jesus lebte und lehrte.

Kinder zu ihrem Vater. (Das Vaterunser steht auch in Luk. 11, 2–4.)

6, 19–34 Man kann nur ein Ziel haben

Die Menschen können selbst entscheiden, wofür sie sich einsetzen wollen. Sie können Reichtum und materielle Dinge zum Ziel haben oder Gott und geistliche Gaben, nicht aber beides zugleich. Jeder muß entscheiden, was ihm am wichtigsten ist. Wer Gott an die erste Stelle setzt, kann gewiß sein, daß dieser weiß, was wir brauchen – und es uns auch geben wird.

Vers 22–23: Man stellte sich die Augen als Fenster vor, die Licht in den Körper hineinlassen.

7 Weitere Lehren und Warnungen

Seid nicht hart im Urteil über andere (1–5); lernt Gutes und Schlechtes unterscheiden (6). Hört nicht auf zu beten (7–11). Behandelt die Menschen so, wie ihr selbst von ihnen behandelt werden wollt (12). Achtet darauf, daß ihr auf dem richtigen Weg zum Leben seid (13–14); es gibt viele, die euch auf den falschen Weg führen wollen (15–20). Viele sind zu Unrecht der Meinung, sie seien auf dem rechten Weg (21–23). Worte sind nicht genug; es kommt auch darauf an, daß wir das Rechte tun (24–27).

Die Leute, die diese Unterweisungen Jesu hörten, waren am meisten beeindruckt von der Vollmacht und Autorität, mit der Jesus sprach. Sie hatten noch niemand so reden hören (28 f.).

8 – 9, 34 HEILUNGEN UND UNTERWEISUNG

8, 1–17 Heilungswunder

Vers 1–4: Der Aussätzige. Die Juden betrachteten die Aussätzigen als unrein, unberührbar. Jesus hätte den Mann auch mit einem Blick oder mit einem Wort heilen können, aber er faßte ihn an. (Zu den Vorschriften über Aussätzige vgl. 3. Mose 13–14. Mit dem Begriff »Aussatz« werden in der Bibel ganz verschiedene Hautkrankheiten zusammengefaßt.)

Vers 5–13: Der Knecht des Hauptmanns. Die Sendung Jesu gilt zwar Israel, aber nirgends in Israel hatte er solchen Glauben gefunden wie den des römischen Soldaten, der wußte, daß er es bei Jesus mit einem Menschen besonderer Vollmacht zu tun hatte.

8, 18–27 Die Sturmstillung

Menschensohn (20): Jesus bezeichnete sich oft mit diesem Namen. Er hebt sein Menschsein hervor (Ps. 8, 4) und weist doch zugleich darüber hinaus (Dan. 7, 13–14).

Vers 21–22: Der Jünger möchte bis nach der Beerdigung seines Vaters warten, bevor er Jesus nachfolgt. Das heißt nicht unbedingt, daß sein Vater gerade gestorben ist. »Ich muß zuerst meinen Vater begraben« heißt so viel wie: »Eines Tages werde ich dir nachfolgen, wenn mein Vater tot ist und ich frei bin«. Jesus weist mit seiner Antwort auf die Dringlichkeit seines Tuns hin. Die Entscheidung für oder gegen ihn muß sofort mit allen Folgen gezogen werden, nicht irgendwann einmal.

Der See Genezareth, wo Jesus so oft lehrte und heilte, hier vom Fischerhafen von Tiberias aus in Richtung Magdala und dem Nordwestufer gesehen.

Vers 23–27: Vgl. auch Mark. 4, 36–41 mit Unterschieden in einigen Einzelheiten.

8, 28 – 9, 8 Weitere Heilungen

Vers 28–34: Zwei von Dämonen besessene Männer werden geheilt. Aber die Bewohner von Gadara, einer Stadt, die etwa 10 Kilometer vom See Genezareth entfernt ist, wollen lieber mit Jesus nichts zu tun haben, als daß sie noch mehr Schweine verlieren. Mark. 5, 1–17 und Luk. 8, 26–27 konzentrieren sich auf einen der Männer, »Legion«.

9, 1–8: Der Gelähmte. Mit der körperlichen Heilung liefert Jesus den Beweis, daß auch die geistliche Heilung, nämlich die Sündenvergebung, etwas Reales ist.

Seine Stadt (9, 1): Gemeint ist Kapernaum; vgl. 4, 13.

9, 9–17 Die Berufung des Matthäus; über das Fasten

Bei Markus (2, 13–17) und Lukas (5, 27–32) heißt der Zöllner Levi, und es ist eindeutig, daß das Mahl in seinem Haus stattfindet. »Matthäus« war vielleicht der spätere – christliche – Name Levis, wie ja auch Simon »Petrus« genannt wurde. Die frommen Pharisäer sind entsetzt, daß Jesus sich in solche Gesellschaft begibt. Auch die Johannesjünger sind erstaunt: warum feiert Jesus, wo Johannes doch fastete? Bei Lukas (5, 36–37) ist Jesu Antwort am deutlichsten formuliert. Seine vollkommen neue Lehre kann nicht in das Gewand der alten Gesetzlichkeit hineingezwängt werden; sie muß neue Ausdrucksformen finden, denn sonst wird das Alte zerstört und das Neue verdorben.

9, 18–34 Weitere Heilungen

Vers 18–26: Die Tochter des Jairus; die blutflüssige Frau (vgl. Anm. zu Mark. 5, 21–43 und Luk. 8, 40–56).

Vers 27–31: Zwei Blinde. Der Grund für die Geheimhaltung (30) wird nicht genannt. Wahrscheinlich wollte Jesus vermeiden, daß die Menschen sich aufgrund seiner Heilungen falsche Vorstellungen von ihm machten.

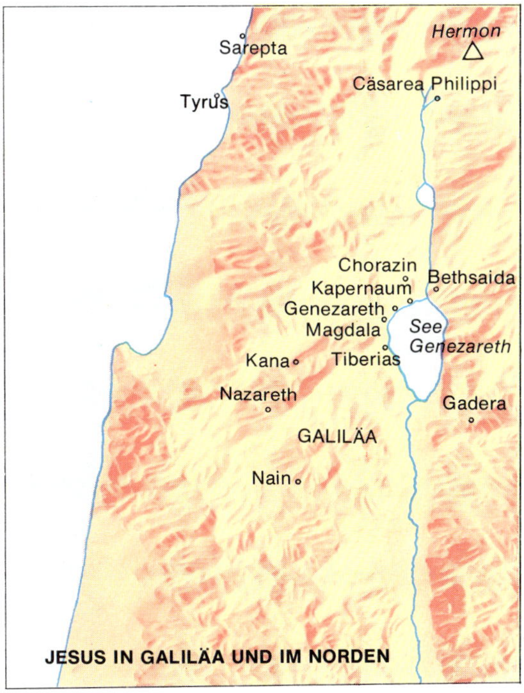

JESUS IN GALILÄA UND IM NORDEN

Pfeifer (23): Wenn jemand starb, holte man oft Musiker, die Trauerlieder spielen sollten.

9, 35 – 10, 42 JESU FORDERUNGEN AN DIE ZWÖLF JÜNGER

Dies ist der zweite große Lehrabschnitt. Vgl. auch Mark. 6, 7–13; Luk. 9, 1–6 und andere Parallelen. Die Berufung und Schulung der Zwölf war ein wichtiger Teil des Wirkens Jesu. Nach seinem Tod sollten sie die Verbreitung der frohen Botschaft vom ewigen Leben übernehmen. Nun sendet Jesus sie zum ersten Mal aus und verleiht ihnen die Vollmacht, zu heilen. Er gibt ihnen bestimmte Anweisungen (die zum Teil nur zeitlich begrenzte Gültigkeit hatten, vgl. Luk. 22, 35–36) und sagt ihnen, was sie in ihrem Dienst bei den Menschen zu erwarten haben. Sie müssen mit Schwierigkeiten rechnen, dürfen sich aber auf Gottes Fürsorge verlassen und brauchen keine Angst zu haben.

Der Zöllner (10, 3): Matthäus hat offenbar nie vergessen, daß er früher ein Ausgestoßener der Gesellschaft war.

Vers 23: Jesus sagte, daß nicht einmal er selbst wisse, wann er wiederkommen werde. Hier bezieht er sich vielleicht auf seine sieghafte Rückkehr aus dem Tod bei seiner Auferstehung.

Beelzebub (25): vgl. 12, 22–24.

Vers 28: diese Macht hat nur Gott, nicht der Satan.

Vers 34–35: In der Sprache der Bibel werden Folgen oft wie eine Absicht ausgedrückt; Spaltungen zwischen Verwandten können eine Folge der Lehre Jesu sein, sind aber nicht ihr Ziel.

Vers 39: »Wer findet« – d. h. wer seinen Glauben verleugnet, um sein Leben zu retten.

11–12 DER ANSPRUCH JESU

Dies ist ein »erzählender« Abschnitt, der aber viel Unterweisung enthält.

11, 1–19 Die Anfrage des Täufers

Johannes wurde von Antipas, dem jüngeren Sohn Herodes' des Großen, der in Galiläa und Peräa herrschte, ins Gefängnis geworfen. Dort hört er erstaunliche Dinge von Jesus. Er hatte erwartet, daß der Messias als Richter kommen würde. Jesu Antwort erinnert an die andere Seite des messianischen Wirkens (in Jes. 35, 5–6; 61, 1 angekündigt). Johannes ist der letzte und größte der alttestamentlichen Propheten – der endzeitliche Elia, der in Mal. 3, 23 angekündigt ist. Jesus nimmt die Frage des Täufers nicht übel. Aber selbst der einfachste Christ genießt größere Vorrechte als Johannes (11).

Vers 12: Es ist für uns heute schwierig, genau zu erfassen, was Jesus mit diesem Wort sagen wollte. Vielleicht bezieht er sich auf die kämpferischen Zeloten, von denen er sich distanzierte; oder er will sagen, daß das Himmelreich denen offen steht, die verzweifelt hineingelangen wollen, und nicht denen, die sich einfach von der Masse mitziehen lassen (vgl. Luk. 16, 16).

Vers 16–17: Die Zeitgenossen Jesu waren wie schmollende Kinder: mit Jesus wollten sie nicht fröhlich sein, mit Johannes nicht traurig. Sie wollen weder die frohe Botschaft noch Warnungen hören.

11, 20–30 »Kommet her zu mir«

Die meisten Wunder Jesu ereigneten sich in dem kleinen Gebiet am Nordufer des Sees Genezareth um Kapernaum, Chorazin und Bethsaida. Die Bewohner dieser Gegend zeigten

Jesus verwandte oft Bilder, die seinen Zuhörern vertraut waren. Auch damals ging es oft um den Lohn der Arbeiter. Das Feld links liegt in Galiläa, die Obstplantage rechts am Rand der Saron-Ebene.

trotzdem nur sehr wenig Interesse an Jesus. Gottes Gericht über ihren starren Unglauben war daher unvermeidlich. Selbst in Tyrus und Sidon, den gottlosen reichen Hafenstädten, denen von den Propheten der Untergang angekündigt wurde (vgl. Jes. 23), oder sogar in Sodom, dem Inbegriff des Bösen (1. Mose 19), hätte Jesus eine bessere Aufnahme gefunden.

Nur die einfachen Menschen kamen zu Jesus, und er wußte, daß das richtig war. Denen, die ihre Lasten kaum mehr tragen können, will er helfen. Wer in seinen Dienst eintritt, wird merken, daß er niemanden überfordert.

12, 1–14 Der Herr über den Sabbat

Vgl. die Anmerkung zu Mark. 2, 23 – 3, 6.

12, 15–37 Die Hoffnung der Welt oder der Bote des Teufels?

Die Pharisäer halten Jesus für ein Werkzeug des Teufels (24), obwohl seine Werke doch offensichtlich keine Untaten sind (22–23). Wenn sie recht hätten, würde der Teufel ja gegen sich selbst kämpfen (25–29). Die Pharisäer wollen die Werke des Heiligen Geistes nicht als solche anerkennen und laden damit eine Schuld auf sich, die ihnen nicht vergeben werden kann (31–32).

12, 38–50 Zeichenforderung

Obwohl Jesus schon so viele Zeichen getan hat, wagen es die Pharisäer und Schriftgelehrten, ihn um ein Zeichen zu bitten. Ein Zeichen wird ihnen gegeben werden, nämlich Jesu Auferweckung von den Toten, in der sein Anspruch und sein Tun bestätigt werden.

Vers 43–45: Dies ist eine Warnung an diejenigen, die aufgrund der Wunder und Predigten Jesu Buße getan haben. Wenn sie nicht noch den nächsten Schritt tun und ihr ganzes Leben Jesus hingeben, sind sie in großer Gefahr, wieder in ihr altes Leben zurückzufallen.

Vers 40: Bei den Juden konnte schon ein angebrochener Tag als ein ganzer Tag gezählt werden. Daher konnte man von der Zeit zwischen Freitag nachmittag und Sonntag morgen als von »drei Tagen und drei Nächten« sprechen.

Vers 42: die Königin von Saba (vgl. 1. Kön. 10, 1–10).

Vers 49: Wohl jüngere Kinder Marias und Josephs (vgl. Anm. zu 1, 25).

13, 1–52 GLEICHNISSE ÜBER DAS REICH GOTTES

Der dritte große Redenabschnitt. Jesus redete oft in Gleichnissen – Erzählungen, die neben ihrer vordergründigen Aussage noch einen wei-

teren, übertragenen Sinn haben. An der Reaktion der Zuhörer zeigte sich, wer zu denen gehörte, die Jesus nur wegen seiner Wunder nachliefen, und wer wirklich verstehen wollte, was er lehrte. Die erste Gruppe begnügte sich mit dem oberflächlichen Zuhören, die anderen dagegen wollten den eigentlichen Sinn der Rede Jesu verstehen und baten ihn um Erklärungen. Selbst unter den Jüngern gab es so viele falsche Vorstellungen vom Reich Gottes, daß Jesus erst ganz allmählich klarmachen mußte, was eigentlich damit gemeint ist.

Vers 1–9: Die Saat auf verschieden guten Boden ist ein Bild der verschiedenen Reaktionen auf das Evangelium (Erklärung in Vers 18–23).

Vers 24–30: Das Gute und das Böse ist in der Welt so miteinander vermischt wie Unkraut und Weizen. Erst im Gericht werden sie voneinander geschieden werden (Erklärung in Vers 36–43).

Vers 31–33: Senfkorn und Sauerteig. Das Reich fängt ganz unscheinbar an und wird unbemerkt größer.

Vers 44–45: Schatz und Perle. Das Reich Gottes ist ein so großer Schatz, daß es sich lohnt, alles andere dafür aufzugeben.

Vers 47–50: Das Fischnetz. Auch hier wird die Scheidung zwischen Gut und Böse im Gericht beschrieben.

»Reich Gottes« und »Reich der Himmel«

David Field

Die beiden Ausdrücke »Reich Gottes« und »Reich der Himmel« bezeichnen dasselbe. Für fromme Juden war das Wort »Gott« so heilig, daß sie es möglichst selten und nie leichtfertig verwendeten. Daher zog Matthäus den Begriff »Reich der Himmel« vor, da er vor allem für judenchristliche Gemeinden schrieb. Markus und Lukas dagegen reden vorwiegend vom »Reich Gottes«, was für Nichtjuden leichter zu verstehen war.

Erstaunlicherweise finden wir im Alten Testament beide Begriffe nicht und im Neuen fast nur in den ersten drei Evangelien, dort aber um so häufiger. Das deutet darauf hin, daß das »Reich« ein zentrales Thema in der Verkündigung Jesu war (vgl. Mark. 1, 15). Auch die Jünger werden beauftragt, vor allem die Botschaft vom Reich Gottes weiterzusagen (Luk. 9, 2; 10, 9–11).

Was heißt »Reich«?

Jesus sagte nie ganz genau, was »Reich Gottes« für ihn bedeutete. Als er jedoch unter der Anklage, ein politischer Aufrührer zu sein, vor Pilatus gebracht wird und sich verantworten muß, weist er den Anspruch auf ein irdisches Reich weit von sich: »Mein Reich ist nicht von dieser Welt« (Joh. 18, 36). Mit »Reich Gottes« ist in der Bibel gewöhnlich Gottes aktive Herrschaft in der Welt gemeint. Jesus spricht manchmal davon, daß man in das Reich »kommt« (etwa in Mark. 10, 23) so wie man davon sprechen könnte, daß man in irgendein Land kommt. Meistens steht aber hinter dem Begriff eher der Gedanke der Herrschaftsausübung als der des Herrschaftsgebiets. Vielleicht gibt das Vaterunser die beste Definition, wenn darin das Kommen des Reiches Gottes mit dem Tun seines Willens verbunden wird. Dort, wo man Gottes Willen in völligem Gehorsam tut, offenbart sich nach dem Neuen Testament sein Reich.

Auch wenn im Alten Testament vom »Reich Gottes« nicht ausdrücklich die Rede ist, so ersehnten doch zum Beispiel die Propheten den großen Tag, an dem Gott seine Herrlichkeit offenbaren würde (Jes. 24, 23), und zwar so, daß alle Menschen seine Herrschaft anerkennen müßten (Sach. 14, 9). Diese sehnsüchtige Erwartung umfaßte einerseits die ganze Menschheit und beinhaltete andererseits auch die Befreiung des Landes. Sie bestand auch noch zur Zeit Jesu. Markus sagt zum Beispiel von Joseph von Arimathia, er habe »auf das Reich Gottes gewartet« (Mark. 15, 43). Als dann Johannes der Täufer ankündigte, daß das Reich der Himmel nahe

13, 53 – 14, 12 JESUS STÖSST IN NAZARETH AUF ABLEHNUNG; DER TOD JOHANNES DES TÄUFERS

Vgl. die Anmerkungen zu Mark. 6, 1–6 und 14–29.

14, 13 – 17, 27 REDEN UND WUNDER IN GALILÄA UND IM NORDEN

14, 13–36 Speisung der 5 000; Jesus geht über das Wasser

Vgl. die Anmerkungen zu Mark. 6, 30–56. Vgl. auch Luk. 9, 10–17; Joh. 6, 1–21.

15, 1–20 Auseinandersetzung mit den Pharisäern über das Gesetz

Vgl. Mark. 7, 1–23. Jesu Haltung zur Frömmigkeit (vgl. 6, 1–18) brachte ihn von vornherein in Konflikt mit den Pharisäern. Für sie war die mündliche Überlieferung (die Lehre der Rabbinen, die die Schrift auslegten und ergänzten) so verbindlich wie das Gesetz selbst. Jesus lehnte aber die Überlieferung dann ab, wenn sie die ursprünglichen Schriftworte verfälschte. Ein Beispiel ist die Frage der Gelübde: Die Überlieferung entband einen Menschen von der Unterhaltspflicht seinen Eltern gegenüber, wenn er das dazu notwendige Geld Gott weihte. Dabei hatte er aber immer noch die Nutznießung des

sei (Matth. 3, 2), war er bald von einer großen Menschenmenge umgeben, die dabei sein wollten, wenn Gottes Herrschaft nun endlich auf der Erde sichtbar würde.

Reich Gottes – gegenwärtig und zukünftig zugleich

Jesu Verkündigung hat zunächst wohl große Ähnlichkeit mit der des Täufers gehabt. Seiner Ankündigung des Reiches ging aber nach Markus noch etwas voraus: »Die Zeit ist erfüllt« (Mark. 1, 15). Diese Rede von der Erfüllung zieht sich durch die Evangelien hindurch. In Jesus ist das Reich Gottes Wirklichkeit geworden. Die Wunder und vor allem die Dämonenaustreibungen bezeugen, daß Gottes Herrschaft in die Welt hereingebrochen ist (Matth. 12, 28). Auch die Verkündigung Jesu weist in ihrer einzigartigen Vollmacht auf die Gegenwart des Reiches Gottes (Mark. 1, 27; Matth. 11, 5). »Das Reich Gottes ist mitten unter euch«, sagt Jesus zu den Pharisäern (Luk. 17, 21). Deswegen haben die Jünger schon jetzt Anteil an den Gaben des Reichs, an der Vergebung, am Heil und am ewigen Leben. Was die Propheten vor langer Zeit angekündigt hatten, war nun mit Jesus, seinem Tun und seiner Verkündigung eingetreten: Gottes königliche Macht wurde auf der Erde sichtbar.

Jesus lehrte zwar, daß das Reich mit ihm schon gekommen sei, aber er erwartete dessen Vollendung ganz offensichtlich erst in der Zukunft. Die Jünger sollen darum bitten, daß das Reich komme; sie sollen wachsam sein, bis sie »das Reich Gottes mit Macht kommen« sehen (Mark. 9, 1; Matth. 25, 1). Die Wunder, die Jesus vor ihren Augen tat, und auch die, die sie in seinem Namen selbst tun konnten, waren zwar Erweise der Gegenwart des Reiches, aber der Kampf mit dem Satan dauerte noch an. Der Ausgang dieses Kampfes ist zwar schon klar, aber die letzte Auseinandersetzung steht noch bevor (Matth. 25, 41). Die klaren Erweise des Anbruchs des Reiches gingen also Hand in Hand mit der Ankündigung seiner endgültigen Vollendung. Dieses Nebeneinander wollte Jesus offensichtlich seinen Jüngern in den Gleichnissen über das Reich Gottes in Matthäus 13 klarmachen. Saat und Wachstum gehen dem Höhepunkt, der Erntezeit, voraus.

Die Forderungen des Reiches

Gottes Königsherrschaft verlangt in Gegenwart und Zukunft die gehorsame Unterwerfung des Menschen. Es ist nicht die Aufgabe des Menschen, aus eigener Kraft die Vollendung des Reichs herbeizuführen; er soll es lediglich suchen und dann in das Reich eingehen (Matth. 6, 33; Mark. 9, 47). Die ethischen Forderungen des Reiches sind sehr hoch und übertreffen die der Pharisäer und Schriftgelehrten (Matth. 5, 20). Es genügt nicht, diese Anforderungen zu kennen; sie müssen im täglichen Leben erfüllt werden (Mark. 12, 34). Das Reich Gottes fordert also den fraglosen Gehorsam des Kindes (Mark. 10, 15) und die uneingeschränkte Hingabe dessen, der dazugehören will. Aber diese Unterwerfung unter die Herrschaft Gottes liegt im Interesse des Menschen, denn wie ein verborgener Schatz oder eine kostbare Perle ist das Reich Gottes vom höchsten Wert für den Menschen. Dafür lohnt sich dann auch jedes Opfer (Matth. 13, 44–46).

Geldes. Es kommt nicht auf die reinen Hände (2), sondern auf das reine Herz (18) an.

15, 21–29 Die kanaanäische Frau; weitere Heilungen; Speisung der 4 000

Tyrus und Sidon (21) lagen außerhalb des jüdischen Gebiets. Eine Bitte, die aus so großem Glauben kam, konnte Jesus nicht abschlagen.

Vers 29–39: Die unterschiedlichen Einzelheiten trotz grundlegender Ähnlichkeit mit 14, 13–21 widerlegen die Behauptung, es handle sich um einen zweiten Bericht über dasselbe Ereignis. Auch Markus berichtet von beiden Wundern.

Die Hunde (26): Schimpfwort für die Heiden. Jesus stellt hier den Glauben der Frau auf die Probe.

Magadan (39): Dieser Ort ist heute nicht mehr bekannt.

16, 1–12 Jesus warnt vor den Pharisäern und Sadduzäern

Vgl. auch Mark. 8, 11–21. Die Pharisäer hatten schon einmal um ein Zeichen gebeten (12, 38 ff.). Nun schließen die Sadduzäer sich ihnen an. Jesus gibt ihnen dieselbe Antwort.

16, 13–28 Das Bekenntnis des Petrus; Jesus kündigt seinen Tod an

Petrus spricht auch für die anderen Jünger, als er sagt, daß er Jesus für den Messias hält. Jesus sieht in ihm schon den Felsen (griechisch: *petros*), der er nach der Verleugnung für die Gemeinde Jesu werden sollte (vgl. Apg. 2, 14 ff.; 8, 14 ff.; 10 mit Apg. 1, 8).

Vers 21–28: Jesus bereitet seine Jünger allmählich auf das Leiden vor, das ihm bevorsteht. Diesen Gedanken kann Petrus nicht ertragen, und aus dem Sprachrohr Gottes wird er zum Wortführer des Teufels.

Am Sabbat ging Jesus in die Synagoge und lehrte. Diese alte Synagoge befindet sich in Tsefat.

Vers 19: Die Vollmacht, die Petrus hier verheißen wird, teilt er mit den anderen Jüngern (vgl. 18, 18). Das Bild der Schlüssel erinnert an Jes. 22, 22. Gott ist damit nicht an jedes Wort des Petrus gebunden, aber das, was die Jünger in Übereinstimmung mit dem Willen Jesu tun und sagen, wird auch noch in der Ewigkeit seine Gültigkeit haben.

Vers 28: vgl. die Anmerkung zu 10, 23.

17 Die Verklärung

Siehe Anmerkungen zu Mark. 9, 2–32; Luk. 9, 28–45.

Vers 24–27: Als der Sohn dessen, für den die Tempelsteuer erhoben wird, ist Jesus davon befreit, aber als Mensch stellt er sich mit den anderen Menschen gleich und bezahlt sie.

18 DAS LEBEN IM REICH GOTTES

Der vierte große Redenabschnitt. Die Maßstäbe des Reiches Gottes sind ganz anders als die der Welt. Alle stehen auf einer Stufe (1–4). Die Schwachen werden nicht mehr unterdrückt, sondern die Starken sind nun sogar in besonderer Weise für sie verantwortlich (5–14). Fehler dürfen nicht höflich übersehen werden; man muß alles versuchen, um einen, der gesündigt hat, zurechtzubringen (15–20). Von dem, der Gottes Vergebung erfahren hat, wird unbegrenzte Vergebungsbereitschaft erwartet (21–35).

Vers 8–9: Siehe Anmerkungen zu Mark. 9, 44–45.

Vers 24, 28: Das Verhältnis der Summen ist wie das von »Millionen« zu »ein paar Mark«: damit soll also gezeigt werden, daß unsre »Schulden« Gott gegenüber unverhältnismäßig größer sind als jede Schuld, die wir einem anderen Menschen vergeben müssen.

19–20 DIE WANDERUNG NACH JERUSALEM

19, 1–15 Ehe und Scheidung

Vgl. 5, 31–32; Mark. 10, 2–12; Luk. 16, 18. Die Rabbinen waren in der Frage der Scheidung verschiedener Ansicht. Manche erlaubten sie, wenn der Ehemann durch eine Kleinigkeit verstimmt war, andere nur bei Untreue. Jesus zeigt, was der ursprüngliche, gottgewollte Sinn der Ehe ist. Diesem Ideal kann der Mensch aber kaum entsprechen. Mose versuchte, die Scheidung, die zu seiner Zeit leichtfertig gehandhabt wurde, zu erschweren. Jesus läßt nur Untreue als Grund für die Scheidung gelten.

19, 16 – 20, 16 Das ewige Leben; die Gefahr des Reichtums; die Frage des Lohnes

19, 16–30: Der Mann konnte sich darauf berufen, daß er die Gebote gehalten habe. Jesus geht aber weiter und zeigt, woran es ihm fehlt: sein

Jesus wies die religiösen Führer seiner Zeit oft in aller Schärfe zurecht: Wer »einen dieser Kleinen« verführt, soll mit einem Mühlstein um den Hals ins Meer gestoßen werden. Diese Mühlsteine stehen im Landwirtschaftsmuseum in Jerusalem.

Herz hängt an seinem Geld. Folglich kann er Gott und seine Mitmenschen nicht uneingeschränkt lieben. Jesus sagt ihm deshalb, er solle seinen ganzen Besitz hergeben, weil es besser sei, arm zu sein, als sein Geld mehr als Gott zu lieben.

20, 1–16: Diese Erzählung, die die Worte Jesu in 19, 30 erklärt, kommt nur bei Matthäus vor. Es geht dabei nicht um Tarifstrukturen; es wird auch nicht gesagt, daß im Himmel alle gleich sind. Der springende Punkt ist vielmehr, daß viele, die meinen, sie hätten einen großen Lohn verdient, im Reich Gottes unangenehm überrascht sein werden. Gott wird ganz anders belohnen, als wir es uns vorstellen. Bemerkenswert ist die Großzügigkeit des Hausvaters (Gottes) – nicht seine scheinbare Ungerechtigkeit.

19, 24: Man hat auf verschiedene Weise versucht, das »Nadelöhr« zu deuten. Jesus hat es aber vielleicht gar nicht tiefsinnig gemeint, sondern will nur ein Beispiel für etwas Unmögliches geben: ein Kamel, das durch ein Nadelöhr paßt.

19, 25: Die Jünger waren überrascht, weil sie Reichtum als eine Belohnung für gutes und richtiges Handeln ansahen.

Modell einer Synagoge aus der Zeit Jesu.

»Getünchte Gräber« nannte Jesus die heuchlerischen religiösen Führer seiner Zeit: außen weiß, innen aber voll Fäulnis.

19, 29: Wer Christus nachfolgt, wird vielfach belohnt werden.

20, 2: der übliche Tageslohn.

20, 3–6: Die Zeitangaben entsprechen 9 Uhr (die dritte Stunde), 12 Uhr, 15 Uhr und 17 Uhr (eine Stunde vor Sonnenuntergang). Bei Sonnenuntergang wurden die Arbeiter entlohnt.

20, 17–34 Erneute Ankündigung des Todes Jesu; Rangordnung im Reich Gottes; Heilung von zwei Blinden

Vgl. Mark. 10, 32–52; Luk. 18, 31–43. Jesus ist erstaunlich geduldig. Immer wieder hat er gesagt, daß das Reich Gottes den Demütigen gehört, daß es dort keine Herren über andere geben wird. Aber selbst jetzt, wo er von seinem Tod spricht, sind die Jünger auf ihren Rang bedacht. Der wird der größte unter den Jüngern sein, der wie ihr Herr bereit ist, anderen Menschen zu dienen und vielleicht sogar für sie zu sterben.

Söhne des Zebedäus (20): Jakobus und Johannes.

Der Kelch (22): d. h. der Kelch des Leidens.

Vers 29–34: vgl. Anm. zu Mark. 10, 46–52.

21–25 JESUS IN JERUSALEM

21, 1–11 Der Einzug in Jerusalem

Vgl. Mark. 11, 1–10 und die Anmerkungen zu Luk. 19, 28–44. Matthäus zitiert (in Hinblick auf seinen Leserkreis) die Prophetie Sach. 9, 9.

21, 12–17 Die Reinigung des Tempels

Vgl. Anm. zu Joh. 2, 13–25. Die Händler hatten ihre Tische im äußeren Hof des Tempels, dem Vorhof der Heiden. Juden aus anderen Ländern durften ihre jährlichen Tempelabgaben nicht mit ausländischen Münzen bezahlen. Die Geldwechsler tauschten zu einem ungünstigen Kurs. Die Armen, die sich nur das billigste Opfer, zwei Tauben, leisten konnten, mußten auch dafür noch Wucherpreise bezahlen. Die Priester drückten den Wechslern gegenüber ein Auge zu, aber über das Verhalten Jesu sind sie entrüstet, weil er es wagte, im Bereich des Tempels Kranke zu heilen, und zuließ, daß die Kinder ihm zujubelten!

21, 18–22 Der Feigenbaum

Vgl. Mark. 11, 12–14. 20–24. Ein Feigenbaum trägt normalerweise an zehn Monaten im Jahr Früchte. Der Baum, an dem Jesus vorbeikam, trug Blätter und hätte daher auch grüne Feigen tragen sollen. Jesus zeigt an diesem Beispiel, daß der Glaube vor keinem Hindernis haltmachen muß. Außerdem ist es ein Bild für das Schicksal des Volkes Israel, das die »Frucht« des Glaubens vermissen ließ.

21, 23–46 Die Frage nach der Vollmacht Jesu

Diese Frage legt sich nach allem, was geschehen ist (12–17), nahe. Jesus gibt keine direkte Antwort, aber er macht deutlich, daß er aus derselben Bevollmächtigung handelt wie Johannes. In den darauffolgenden drei Gleichnissen müssen seine Gegner sich selber erkennen.

Vers 28, 32: Die beiden Söhne. Der erste stellt die religiösen Führer des Volkes mit ihrem ge-

Eine Straße in der Jerusalemer Altstadt.

heuchelten Gehorsam dar, der zweite die Ausgestoßenen der Gesellschaft, die Johannes und Jesus angenommen haben.

Vers 33–41: Der Weinberg (Gottes Volk, Israel; vgl. Jes. 5, 1–7). Die Männer, denen Gott die Führung seines Volkes anvertraut hat, haben die Propheten verachtet und werden nun seinen Sohn töten.

Vers 42–43: vgl. Ps. 118, 22–23. Jesus überträgt das Bildwort von Israel auf sich selbst – vom Volk verstoßen und gekreuzigt, von Gott aber wieder eingesetzt.

22, 1–14 Die Hochzeit

Jesus veranschaulicht hier, was er 21, 43 sagte. Eines Tages wird Gott diejenigen, die ihn immer wieder abgelehnt haben, nicht mehr einladen, sondern sich anderen zuwenden.

22, 15–46 Fragen der Pharisäer an Jesus

Siehe die Anmerkungen zu Mark. 12, 13–44.

23 Jesu Urteil über die Schriftgelehrten und Pharisäer

Die Kapitel 23–25 umfassen den letzten großen Redenabschnitt, in dem es um das Gericht geht. Jesus urteilt sehr hart über die gesetzlichen, religiösen Führer. Er hatte viel Geduld mit den einfachen Menschen, auch den Bösen, Willensschwachen und Dummen, aber die fromme Heuchelei und die Selbstgerechtigkeit der Pharisäer und Schriftgelehrten konnte er nicht ertragen.

Vers 2: In der Synagoge verlas man das Gesetz im Stehen, zur Auslegung setzte man sich.

Vers 15: Ein Neubekehrter ist oft von besonders glühendem Eifer bestimmt.

Minze, Dill, Kümmel (23): gewöhnliche Gartenkräuter.

Vers 27: Die Gräber wurden zum Passa getüncht, damit niemand unabsichtlich ein Grab berührte und kultisch unrein wurde.

Vers 35: Vgl. 1. Mose 4, 8; mit Zacharias ist vielleicht Sacharja, der Sohn des Priesters Jojada gemeint – 2. Chron. 24, 20–21.

Vers 38–39: Jesus kündigt hier wahrscheinlich die Zerstörung der Stadt an. In Vers 39 spricht er über seine Wiederkunft in Macht und Herrlichkeit.

24–25 Der Untergang Jerusalems und die Wiederkunft Christi

24, 1–44: Vgl. auch Mark. 13; Luk. 21; 17, 23 ff. Jerusalem und der Tempel wurden im Jahr 70 n. Chr. von den Römern tatsächlich zerstört. Die Jünger scheinen anzunehmen, daß danach sehr bald das Ende der Welt kommen würde. Jesus trennt in seiner Rede die beiden Ereignisse nicht klar voneinander; beide sind Teil des Gerichtes Gottes, auch wenn inzwischen bald 2000 Jahre vergangen sind. Die Jünger sollen sich nicht verführen lassen. Es wird viele Kriege und Naturkatastrophen, Verfolgungen und falsche Messiasanwärter geben, die alle noch nicht zu den Zeichen der Endzeit gehören (4–13. 23–27). Das Evangelium wird zuerst noch auf der ganzen Welt gepredigt werden (14). Das Ende wird dann aber sehr plötzlich kommen (36–44).

24, 45 – 25, 46: Gleichnisse über das Gericht. Sie sollen die Eindringlichkeit des vorher Gesagten unterstreichen.

24, 45–51: Der treue und der böse Knecht. Die Nachfolger Jesu müssen sich immer bereithalten, weil er ganz unerwartet wiederkommen wird.

25, 1–12: Die klugen und die törichten Mädchen. Jeder muß für die Wiederkunft bereit sein; hier kann keiner einem anderen aushelfen.

25, 14–30: Die anvertrauten Zentner (Talente). Ein Talent war eine größere Geldsumme. Jeder Knecht bekommt eine Summe zugeteilt, die seiner Geschäftstüchtigkeit entspricht, und er soll sie nun gewinnbringend anlegen. Es kommt darauf an, was wir aus dem gemacht haben, was uns in diesem Leben anvertraut ist.

25, 31–46: Schafe und Böcke. Im Gericht wird auch unser Verhalten gegen andere mit berücksichtigt. Im Gleichnis werden die »Böcke« für ihr Versagen gestraft.

24, 15: Vgl. Dan. 9, 27; 11, 31. Zink übersetzt: »Wenn ihr . . . das Scheusal sehen werdet, das Götzenbild . . .« – zusammen mit Luk. 21, 20 könnte man dann darin eine Anspielung auf das Kaiserbild auf den römischen Standarten sehen.

24, 21: Über eine Million Menschen kamen bei der Zerstörung Jerusalems um; der Prachttempel des Herodes aus Marmor und Gold wurde dem Erdboden gleich gemacht.

24, 28: Vielleicht sind mit diesem Bild die »Adler« (Feldzeichen) der römischen Armee gemeint, die sich auf den »Leichnam« der Stadt stürzen.

24, 29–31: Die Wiederkunft Christi wird in Bildern beschrieben. Unter Einbeziehung von Vers 36 kann man »bald nach jener Zeit« nicht wörtlich nehmen. Jesus stellt wieder beide Gerichtsereignisse in perspektivischer Verkürzung dar.

24, 34: Der Tempel wurde noch zu Lebzeiten der Hörer Jesu zerstört.

26–27 DIE LETZTE AUSEINANDERSETZUNG; DER PROZESS JESU UND DIE KREUZIGUNG

26, 1–5 Jesus sagt den Jüngern seinen Tod voraus; die jüdischen Führer planen seinen Tod

26, 6–13 Jesus wird von einer Frau gesalbt

Vgl. die Anmerkungen zu Mark. 14, 3–9.

26, 14–29 Judas wird zum Verräter; das Abendmahl

Vgl. Mark. 14, 12–25; Luk. 22, 7–38; Joh. 13–14.

Am ersten Abend des Passa kommen Jesus und seine Jünger wie eine Familie zum Festmahl zusammen. Beim Auszug aus Ägypten schlachtete jede jüdische Familie ein Lamm und strich dessen Blut an den Türbalken, damit nicht auch die erstgeborenen Söhne der Israeliten getötet würden. Nun wird bald das »Lamm Gottes« (Joh. 1, 29) geopfert werden, um der ganzen Welt das Leben zu schenken. Aus dem alten Passa wird nun das Abendmahl. Der Aus-

Die Prophezeiungen Jesu über den bevorstehenden Untergang Jerusalems fanden im Jahr 70 ihre schreckliche Erfüllung. Jerusalem wurde zerstört, der Tempel ausgeraubt. Dieses Relief auf dem Titusbogen in Rom zeigt, wie der siebenarmige Leuchter und andere Schätze aus dem Tempel von den siegreichen Römern davongetragen werden.

zug aus Ägypten war die Geburtsstunde des Volkes Israel; das Opfer Christi leitet die Geburt der Gemeinde, des »neuen Israel« aus allen Völkern ein. Beim Passa blickte man auf die Vergangenheit zurück. Das Abendmahl soll uns heute ebenfalls an ein vergangenes Ereignis erinnern; zugleich blicken wir aber nach vorn, zu dem Tag, an dem Christus wiederkommen und bei seinem Volk Wohnung nehmen wird, und zwar in einer neuen Welt, in der kein Raum mehr für Sünde, Leid oder Tod sein wird.

26, 30–56 Im Garten Gethsemane; die Verhaftung Jesu

Vgl. Mark. 14, 26–52; Luk. 22, 39–53. Lukas beschreibt die Todesangst Jesu am anschaulichsten. Jesus bittet Gott so inständig, ihn vor dem schrecklichen Leiden, das ihm bevorsteht, zu verschonen – wenn es Gottes Wille ist –, daß sein Schweiß wie Blutstropfen zur Erde fällt. Wovor schrak er so heftig zurück? Sicherlich nicht nur vor dem körperlichen Schmerz; wir können nicht ermessen, was er in dieser einsamen Stunde durchgemacht hat. Das, was ihm nun bevorstand, war Gottes Gericht über *unsere* Sünde, für die wir bestraft worden wären,

Ein Gäßchen in der Altstadt von Jerusalem.

PASSA UND ABENDMAHL

Die Feier des Passamahls verlief in allen Häusern nach einem festen Schema: Am Anfang steht ein Gebet, der Lobspruch über den ersten der vier Becher Wein. Dann nimmt sich jeder von den Kräutern und taucht sie in Salzwasser (vgl. Matth. 26, 23). Das Familienoberhaupt nimmt eines der drei flachen ungesäuerten Brote, bricht es und legt es beiseite. Dann wird auf eine Frage des jüngsten Familienmitglieds die Geschichte des ersten Passamahls erzählt, im Anschluß daran werden die Psalmen 113 und 114 gesungen. Nun wird der zweite Becher mit Wein gefüllt und herumgereicht (vgl. Luk. 22, 17).

Vor der eigentlichen Mahlzeit wäscht sich jeder die Hände (an dieser Stelle hat Jesus wahrscheinlich seinen Jüngern die Füße gewaschen; vgl. Joh. 13, 4–12); dann spricht man das Dankgebet, und das Brot wird gebrochen. Jeder bekommt bittere Kräuter, die zuvor in Soße eingetaucht worden sind (hier wenn Christus die Strafe nicht für uns getragen hätte (1. Petr. 2, 24).

Dieser Augenblick der Angst geht vorbei: Als die Soldaten zur Verhaftung kommen, ist Jesus wieder völlig ruhig. Selbst dem Verräter tritt er in Liebe gegenüber. Als Petrus sein Schwert zieht (Joh. 18, 10), heilt Jesus den Verwundeten (vgl. Luk. 22, 51). Kein Mensch hätte sich in dieser Situation so verhalten. Aber Jesus war gekommen, um die Schrift zu erfüllen, und er wußte, daß alles so kommen mußte, auch als die Jünger ihn verließen.

26, 57–68 Verhandlung vor dem Hohenpriester

Vgl. die Anmerkungen zu Mark. 14, 53–65.

26, 69–75 Petrus verleugnet Jesus

Vgl. die Anmerkungen zu Luk. 22, 54–65.

27, 1–26 Judas begeht Selbstmord; Jesus vor Pilatus

Nur Matthäus berichtet von der Reue des Judas. Er bringt das Geld zurück, aber damit kann er nicht von seiner Schuld entbunden werden. (In Apg. 1, 16–20 wird die Geschichte aus anderer Perspektive erzählt.) Vgl. zum Verhör vor Pilatus die Anmerkungen zu Luk. 23, 1–25.

27, 27–56 Verspottung und Kreuzigung

Vgl. die Anmerkungen zu Mark. 15, 16–41.

27, 57–66 Jesus wird begraben; Aufstellung einer Wache

Vgl. die Anmerkungen zu Mark. 15, 42–47. Die Wache wird nur bei Matthäus erwähnt; vgl. 28, 11ff.

28 DIE AUFERSTEHUNG

Vgl. die Anmerkungen zu Luk. 24 und »Die Auferstehungsberichte«, S. 529.

Vers 1–10: Die Frauen hören die Neuigkeit und sehen den Herrn. Vers 11–15: Die Wache wird bestochen. Wenn man während des Dienstes einschlief, wurde man zum Tod verurteilt, aber vielleicht konnte auch Pilatus bestochen werden. Vers 16–20: Der letzte Auftrag Jesu. Dieses Evangelium, das von allen am stärksten »jüdisch« ist, schließt mit einem Wort des Herrn, mit dem das Reich Gottes für Menschen aller Nationen geöffnet wird.

hat Jesus wohl Judas den eingetunkten Bissen gegeben; vgl. Joh. 13, 26). Der Höhepunkt der Feier war das Essen des gebratenen Lamms.

In Anlehnung an diese Feier hat Jesus das Abendmahl eingesetzt, indem er das Brot brach und den dritten Becher Wein herumgehen ließ, den »Becher des Segens«. (Die Worte »Das ist mein Leib ..., das ist mein Blut ...« in Matth. 26, 26 und 28 sind symbolisch aufzufassen, denn Jesus war ja leibhaftig unter ihnen und gab den Jüngern Brot und Wein.) Die Feier wurde durch den Lobgesang (Psalm 115–118 und Psalm 136) beschlossen (Matth. 26, 30). Danach wurde der letzte Becher Wein ausgetrunken.

Die Einsetzung des Abendmahls beim Höhepunkt der Passafeier zeigt seine Bedeutung. Jesus sieht sich selbst als das Passalamm, das für die Erlösung des Volkes dahingegeben wird. Der Wein weist auf seinen Tod und den Neuen Bund hin, der nun in Kraft treten kann, da durch diesen Tod Gott und Mensch versöhnt wurden. Bis Jesus wiederkommt, sollen wir an die Bedeutung dessen, was er für uns getan hat, erinnert werden.

Religiöse Bewegungen zur Zeit des Neuen Testaments

Richard France

Jesus war Jude. Die ersten christlichen Gemeinden entstanden in Palästina, und ihre Glieder waren ebenfalls Juden. Das Judentum ist folglich das wichtigste Element des religiösen Hintergrundes für das Neue Testament.

DAS JUDENTUM

Der letzte alttestamentliche Prophet lebte etwa 400 Jahre vor dem Auftreten Johannes' des Täufers. Seit jener Zeit hatte sich die Religion Israels weiterentwickelt. Das Spätjudentum stellte eine Evolution (oder Degeneration) der alttestamentlichen Religion dar.

Die wichtigsten religiösen Einrichtungen des Spätjudentums

● **Der Tempel.** Herodes der Große (40–4 v. Chr.) hatte im Jahr 19 v. Chr. mit dem Bau eines großartigen Tempels begonnen, der an die Stelle des einfachen Heiligtums treten sollte, das die Juden nach der Rückkehr aus dem Exil in Jerusalem errichtet hatten. Dieser eindrucksvolle Bau aus mattgelben Steinen, Marmor und Gold rief auch die Bewunderung der Jünger Jesu hervor (Mark. 13, 1). Hier hielten die zahlreichen Priester und Tempeldiener Opfer und Gottesdienste nach dem uralten Ritual ab, allerdings nun unter den Augen der römischen Besatzungsmacht, die auf der Burg Antonia stationiert war, von wo man den Tempelbezirk gut überblicken konnte (Apg. 21, 31 ff.). Hier fand auch der Verkauf von Opfertieren und Tempelmünzen statt, gegen den Jesus sich wandte, und zwar im Vorhof der Heiden (diese hatten unter Androhung der Todesstrafe keinen Zugang zu den übrigen Tempelbezirken; vgl. Apg. 21, 28–29 und Eph. 2, 14).

● **Die Synagoge.** Es gab nur einen Tempel in Israel, aber jeder Ort hatte seine Synagoge. Hier fanden keine Opfer statt. Man traf sich vielmehr zum Gottesdienst und zum gemeinsamen Gesetzesstudium. Am Sabbat kam die ganze Gemeinde zusammen, wobei Männer und Frauen getrennt saßen. Vorgeschriebene Abschnitte aus dem Gesetz und den Propheten wurden vorgelesen und ausgelegt (Luk. 4, 16 ff.), und man sprach miteinander die liturgischen Gebete. Die Synagoge diente aber zugleich als Schule, allgemeiner Versammlungsraum und Sitz der örtlichen Behörden, denn die Ältesten der Synagoge waren auch in allen zivilrechtlichen Angelegenheiten die maßgeblichen Autoritäten des Ortes.

● **Gesetz und Überlieferung.** Seit der Zeit Moses hatte Israel ein Gesetz. Aber erst seit dem Exil, das die Propheten als direkte Folge von Israels Ungehorsam gegen das Gesetz deuteten, begann man, größeren Wert auf das Gesetzesstudium zu legen. Das Ergebnis dieser verstärkten Beschäftigung mit dem Gesetz waren die immer umfangreicheren zusätzlichen Überlieferungen, die allmählich die gleiche Verbindlichkeit wie das Gesetz selbst bekamen. Man brauchte »Schriftgelehrte«, deren Aufgabe das Studium und die Auslegung des Gesetzes und der Überlieferungen war und die nun genaue Regeln und Bestimmungen für jede erdenkliche Situation festlegten. Am Sabbat waren beispielsweise 39 verschiedene Tätigkeiten verboten. Mähen und Dreschen war nicht erlaubt, also durfte man auch keine Ähren abreißen, um das Korn dann in den Händen zu zerreiben (Luk. 6, 1–2). Man durfte nicht weiter als einen Sabbatweg (etwa ein Kilometer) wandern (Apg. 1, 12). Leider verloren die Schriftgelehrten über all diesen Einzelbestimmungen oft den Blick für den eigentlichen Sinn des Gesetzes (Markus 7, 1–13; 3, 4–5; Matth. 23, 23).

Religiöse und politische Gruppen im Spätjudentum

● **Die Pharisäer.** Dieser Name bedeutet wahrscheinlich »die Abgesonderten« und bezeichnet die Gruppe, die am stärksten auf Abgrenzung gegen fremde Einflüsse und auf die genaue Einhaltung des Gesetzes und der Überlieferungen bedacht war. Die meisten Schriftgelehrten gehörten zu den Pharisäern. Die Gruppe entstand wohl im 2. Jahrhundert v. Chr. und übernahm allmählich die Führung des Volkes in religiösen Dingen.

Was die Gesetzeserfüllung betraf, so waren die Pharisäer eigentlich vorbildlich (vgl. Phil. 3, 5–6). Sie sonderten sich dazu so weit wie möglich von anderen Menschen ab; sie aßen zum Beispiel nicht bei jemand, der kein Pharisäer war, weil dann möglicherweise nicht der Zehnte vom Essen abgegeben worden war. Diese Absonderung führte wohl unvermeidlich zur Geringschätzung der anderen. Diese arrogante Haltung und die starre Gesetzlichkeit, bei der die Einhaltung der Vorschriften wichtiger war als Liebe und Barmherzigkeit, führte zu dem Konflikt zwischen den Pharisäern und Jesus. Er wandte sich nicht dagegen, daß sie am Gesetz festhielten, sondern gegen ihre stolze, lieblose Art.

Der Einfluß der Pharisäer stand in keinem Verhältnis zu ihrer Zahl, die meist sehr klein war. Sie bestimmten auch die Entwicklung des Judentums nach der Zerstörung Jerusalems im Jahr 70 n. Chr. Daher legt man bis heute großen Wert auf persönliche Frömmigkeit und hohe ethische Maßstäbe, aber auch die besserwisserische Gesetzlichkeit setzte sich fort.

● **Die Sadduzäer.** Dies war die zweite wichtige Gruppe zur Zeit Jesu, deren Einfluß allerdings schon damals zurückging. Ihre Mitglieder waren größtenteils reiche Grundbesitzer, die früher durch schlaues Ausnutzen der politischen Situation eine bedeutende Stellung errungen hatten. Im Synhedrium, dem Hohen Rat, hatten sie noch immer ungefähr gleich viel Stimmen wie die Pharisäer (Apg. 23, 6–10). Viele der Hohenpriester waren Sadduzäer oder arbeiteten eng mit ihnen zusammen. Sie hatten konservative religiöse Grundsätze und erkannten nur die Fünf Bücher Moses als Offenbarung an. Sie lehnten daher im Gegensatz zu den Pharisäern neuere religiöse Vorstellungen – wie den Glauben an die Unsterblichkeit und die Auferstehung, an Engel und Dämonen – ab (vgl. Mark. 12, 18; Apg. 23, 8). Als aristokratische Minderheit fanden sie wenig Unterstützung im Volk.

● **Die Essener.** Über diese Gruppe war bis zur Entdeckung der Schriftrollen vom Toten Meer im Jahr 1947 nur wenig bekannt. Diese Rollen gehörten zur Bibliothek der Gemeinschaft von Qumran, einer ordensartigen Sekte, die in der Wüste nahe beim Toten Meer lebte. Auch wenn diese Gruppe nicht mit letzter Sicherheit mit den Essenern gleichgesetzt werden kann, so waren sie sich zumindest sehr ähnlich. Die Sekte wurde wohl um 165 v. Chr. vom »Lehrer der Gerechtigkeit« begründet und bestand bis zum Jahr 68 n. Chr., als sie im Verlauf des jüdischen Aufstands unterging. Die Sektenangehörigen hielten sich selbst für das wahre Gottesvolk, alle anderen für die Feinde Gottes. Sie selbst waren die »Söhne des Lichts« und lebten auf den letzten Kampf gegen die »Söhne der Finsternis« hin, in dem sie siegen würden. Bis dahin blieben sie für sich und verbrachten die Zeit mit dem intensiven Studium der Schrift. Sie lebten nach einer sehr strengen Sektenordnung, die unter anderem die Liebe zu den anderen Sektenangehörigen und den Haß gegen alle anderen vorschrieb. Sie verfaßten ausführliche Kommentare zu den alttestamentlichen Schriften und setzten dabei jede Stelle in Bezug zu ihrer Lage. Die endzeitliche Hoffnung der Sekte richtete sich auf das Kommen eines priesterlichen und eines königlichen Messias. Die Bedeutung der Qumrantexte liegt vor allem darin, daß sie über eine bestimmte, stark endzeitlich orientierte Richtung im Judentum Aufschluß geben, die sich von der offiziellen Führung in Jerusalem getrennt hatte und möglicherweise auch noch mehr Anhänger hatte.

● **Die Zeloten.** Pharisäer und Sadduzäer versuchten, sich mit den Römern zu arrangieren; in Qumran erwartete man das Eingreifen Gottes, das Erlösung

Überreste der Siedlung von Qumran beim Toten Meer. Die sogenannten Qumran-Rollen, die Bibliothek der dort lebenden Gemeinschaft, waren zur Zeit der römischen Invasion in Höhlen in der Nähe der Siedlung versteckt worden (vgl. S. 69) und wurden 1947 dort wieder entdeckt.

und Befreiung bringen würde. Es gab aber auch Juden, die sich diese Befreiung selbst erkämpfen wollten, die sogenannten Zeloten (»Eiferer«). Sie waren die treibende Kraft im jüdischen Aufstand gegen Rom, der zur Zerstörung Jerusalems im Jahr 70 führte. Auch zur Zeit Jesu war es schon zu Aufständen gekommen, die aber fehlgeschlagen waren (vgl. Apg. 5, 36–37; vielleicht war auch Barrabas ein Zelot). Sie fanden immer wieder Unterstützung im Volk, das für revolutionäre Parolen empfänglich war. Die Zeloten besaßen ein sehr ausgeprägtes Nationalgefühl und waren der Ansicht, daß die Unterwerfung unter die Römer dem Abfall von Gott gleichkam, war er doch der wahre König Israels. Der Apostel Simon, der den Beinamen »der Eiferer« hatte, war wohl zunächst ein Zelot gewesen.

● **Die apokalyptische Bewegung.** In diesen Kreisen entstand die Art von Schriften, die man – wie die Johannesoffenbarung – »Apokalypsen« nennt. In Palästina gab es solche Offenbarungsbücher seit dem 2. Jahrhundert v. Chr. Sie sind durch den unversöhnlichen Gegensatz zwischen gut und böse, Licht und Finsternis, Gott und Satan geprägt. Diese Mächte stehen in ständigem Kampf gegeneinander. Noch wird die Welt von den Mächten der Finsternis beherrscht, aber die letzte Auseinandersetzung steht nahe bevor, in der Gott das Böse für immer zerstören und sein Volk befreien und ihm die Herrschaft übergeben wird.

Diese Botschaft wird in den apokalyptischen Schriften meist in Visionen mitgeteilt. Dabei spielen auch symbolische Zahlen und genaue Berechnungen von Tag und Stunde bevorstehender Ereignisse eine große Rolle. Die Schriften wollen einem Volk, das der Verzweiflung nahe ist, Hoffnung machen und ihm die Gewißheit geben, daß der Gott Israels sich eines Tages doch noch als der allen überlegene Sieger erweisen wird. Die Offenbarung des Johannes hat vieles mit diesen Schriften gemeinsam. Allerdings veröffentlicht Johannes sie unter seinem eigenen Namen, während die jüdischen Schriften oft unter dem Namen eines großen Frommen der Vergangenheit – Henoch, Mose, Elia oder Esra – herausgegeben wurden. Außerdem wird in ihnen oft vergangene Geschichte als Prophetie formuliert, als ob sie der angebliche Verfasser so vorausgesehen hätte, während Johannes nur über die Gegenwart und die Zukunft schreibt.

● **Messiaserwartungen.** Neben den Zukunftserwartungen der apokalyptischen Schriften waren noch manche andere Hoffnungen im jüdischen Volk verbreitet. Man erwartete den Propheten, der wie Mose sein würde (5. Mose 18, 15–19), die Wiederkunft Elias (Mal. 4, 5–6) und vor allem den Sohn Davids, den großen König, der Israel Frieden schaffen und ihm Sieg und Herrlichkeit bringen würde. Einige erhofften geistliche Erneuerung, die meisten aber

Der Tempel des Herodes

Modell im Bibelmuseum in Amsterdam. Für den Stil und die Ornamente gibt es natürlich keine historischen Anhaltspunkte. Vgl. auch den Artikel S. 253.

1 Säulenhalle
2 Vorhof der Heiden
3 Absperrung für Nichtjuden (vgl. Foto S. 567)
4 Die schöne Tür (?)
5 Vorhof der Frauen
6 Vorhof der Israeliten
7 Vorhof der Priester
8 Brandopferaltar
9 Ehernes Becken
10 Tempel (mit dem Allerheiligsten)

vor allem den Sieg über die Römer. Daher war mit dem Messiastitel immer auch die Erwartung politischer Unabhängigkeit verknüpft, so daß Jesus mit ihm sehr zurückhaltend umging und sich nur selten Messias (griechisch: Christos) nennen ließ. Das ganze Volk wartete zwar in irgendeiner Weise auf den »Trost Israels« (Luk. 2, 25), aber niemand dachte auch nur daran, daß dieser den Weg des Leidens und des Kreuzes gehen würde.

● **Die Diaspora.** Bisher war nur von den Juden in Palästina die Rede. Als die christliche Kirche sich schon bald über Palästina hinaus ausbreitete, hatte sie es auch dort zunächst vorwiegend mit Juden zu tun. Spätestens seit dem Exil im 6. Jahrhundert v. Chr. zogen die Juden auch in andere Länder des Nahen Ostens und des östlichen Mittelmeergebiets. Im 1. Jahrhundert v. Chr. gab es allein in Ägypten eine Million Juden. In Alexandria bildeten die Juden einen beträchtlichen Teil der Bevölkerung, und in den meisten größeren Städten gab es jüdische Niederlassungen, die ihre eigenen Synagogen oder zumindest einen Gebetsraum hatten (vgl. Apg. 16, 13). Diese Juden lebten in der »Zerstreuung« (griechisch: Diaspora) und werden manchmal etwas ungenau »hellenistische« Juden genannt. Unter Hellenismus versteht man die Entwicklung, in deren Verlauf sich seit den Eroberungen Alexanders des Großen die griechische Kultur im Gebiet des Mittelmeers und weit darüber hinaus verbreitete. Die Juden in der Diaspora paßten sich der damit verbundenen Lebensweise viel bereitwilliger an als die Juden in Palästina. Sie gaben zwar meist ihre eigene Religion und die damit verbundene Kultur nicht auf und blieben weiterhin Juden, aber sie waren offen für griechische Gedanken und Vorstellungen. So entstanden auch jüdische Schriften, die stark von der griechischen Philosophie beeinflußt sind, vor allem in Alexandria, wo zum Beispiel die »Weisheit Salomos« verfaßt wurde.

● **Die Proselyten** (Judengenossen). Die Juden, die in Palästina kaum missionarisch tätig waren, erkannten in der Diaspora, daß sie einen Auftrag gegenüber den Heiden hatten, und gewannen manche für ihren Glauben. Für einen Heiden war es nicht leicht, Jude zu werden. Er mußte sich beschneiden und taufen lassen und sich bereit erklären, das ganze Gesetz Moses zu halten, also auch rituelle Vorschriften wie die Speisegebote. Von da an gehörte er auch nicht mehr zu seinem eigenen Volk, sondern zum Volk Israel.

Diese bekehrten Heiden wurden Proselyten genannt. Daneben gab es noch andere, die zwar der Vielgötterei und dem sittlichen Verfall der Römer absagten und durch den Glauben an einen einzigen Gott und durch die Lebensweise der Juden angezogen wurden, aber nicht bereit waren, sich beschneiden zu lassen und alle Verpflichtungen des Proselyten einzugehen. Sie hießen »Gottesfürchtige« (vgl. Apg. 13, 26. 43. 50; 17, 4), weil sie sich zu dem einen Gott bekannten und die wichtigsten Gebote hielten. Unter ihnen waren manche einflußreiche Beamte.

● **Die Samaritaner.** Die Samaritaner waren die Nachkommen der ehemaligen Bewohner des Nordreichs, die sich durch Heirat mit den Angehörigen fremder Völker vermischt hatten, die nach der Wegführung der Israeliten (722 v. Chr.) dort angesiedelt worden waren. Ihre Bindung an das Südreich Juda war nie sehr stark gewesen, und zur Zeit Nehemias wurde die Entfremdung offensichtlich. Die Samaritaner bauten sich dann ihren eigenen Tempel auf dem Garizim oberhalb von Sichem (vgl. Joh. 4, 20). Seither herrschte zwischen ihnen und den Juden bittere Feindschaft, so daß der jüdische König Johannes Hyrkan im Jahr 128 v. Chr. den Tempel der Samaritaner zerstören ließ. Dabei beteten auch die Samaritaner zu dem einen Gott und hatten die Fünf Bücher Moses als Heilige Schrift, die anderen alttestamentlichen Bücher jedoch nicht. Außerdem warteten auch sie auf das Kommen eines Propheten wie Mose.

RELIGIÖSE BEWEGUNGEN UNTER GRIECHEN UND RÖMERN

Die klassische Religion der Griechen mit ihren vielen Göttern und Göttinnen, die sich wie Menschen liebten, haßten und bekämpften, war mit dem ähnlichen Polytheismus der Römer zu einer Religion verschmolzen. Sie wurde auch von seiten des Staates als fester Bestandteil der griechisch-römischen Kultur bewahrt und gefördert. Der größte Teil der Griechen und Römer hielt nach außen hin noch immer am alten Glauben fest und beteiligte sich an den üblichen Riten und Feiern, aber für die meisten war das nur noch eine reine Formsache.

Im Osten des Reiches brachte man diese Götter mit den verschiedenen lokalen Gottheiten in Verbindung, was manchmal zu eigenartigen Ergebnissen führte. So wurde zum Beispiel die Fruchtbarkeitsgöttin von Ephesus mit der griechischen Artemis (deren wichtigste Eigenschaft die Keuschheit war!) gleichgesetzt (römisch: Diana; vgl. Apg. 19, 24).

Manche neuen religiösen Vorstellungen und Bräuche kamen aus dem Orient, so zum Beispiel der Kaiserkult. Zwar bestand erst Domitian darauf, offiziell als »Herr und Gott« angeredet zu werden, aber auch schon die früheren Kaiser wurden von dankbaren (oder schmeichlerischen) Untertanen vor allem im Orient wie Götter verehrt.

Wer sich dagegen nach einem persönlicheren und mehr gefühlsbestimmten Glauben sehnte, wandte sich den Mysterienreligionen zu. Die griechischen Geheimkulte – etwa der von Eleusis – waren im Westen schon länger bekannt, durch die Ausbreitung des Römischen Reiches lernte man aber nun auch andere kennen: in Ägypten den Isis-Osiris-Kult, in Persien den Mithraskult und andere. An den Feiern dieser Religionen durfte nur teilnehmen, wer sich einer Einführungsweihe unterzogen hatte und sich verpflichtete, nichts über die Kulthandlungen an Außenstehende weiterzusagen (daher auch der

Der Hohepriester der Samaritaner, Amram, das Haupt der kleinen Gemeinschaft der heute noch lebenden Samaritaner.

Name). Im Gegensatz zur offiziellen Staatsreligion förderten die Mysterienreligionen innige persönliche Frömmigkeit und Hingabe.

Ebenfalls aus dem Orient kamen Astrologie, Wahrsagerei, Magie, Dämonenverehrung und andere okkulte Praktiken, die alle versuchten, die Religion mit Leben und Wirkungskraft zu füllen.

In der Zeit, in der die neutestamentlichen Briefe abgefaßt wurden, entstand eine ganze Anzahl von Sekten, die seit dem 2. Jahrhundert unter dem Namen »Gnosis« (griechisch für »Erkenntnis«) zusammengefaßt werden. Den verschiedenen Gruppen war die Grundanschauung gemeinsam, daß die Materie schlecht und der Geist gut sei. Daher kann Gott die materielle Welt auch nicht erschaffen haben; sein Sohn kann auch nicht Fleisch und damit Teil der Materie geworden sein. Zwischen Gott und den Menschen gibt es eine ganze Reihe von Engelwesen. Der Mensch hat zwar an dem Bösen der stofflichen Welt teil, aber in ihm wohnt auch ein Funken des Guten, der aus der Materie befreit werden muß. Dazu muß der Mensch zur Erkenntnis seines göttlichen Ursprungs kommen. Diese Vorstellungen wurden in fantastische Mythen eingekleidet und wie bei den Mysterienreligionen nur den Eingeweihten mitgeteilt.

Die Menschen jener Zeit waren also sehr religiös und »voll Scheu vor den Göttern«, wie Paulus in Athen sagte (Apg. 17, 22). Sie suchten nach einem Glauben, der nicht nur *leere* Mythologie war. Die Welt suchte Gott und probierte alle möglichen Wege aus, um eine befriedigende Religion zu finden, mit der man auch leben konnte.

Markus

Der Stil des Matthäusevangeliums ist feierlich und oft etwas umständlich, während das Markusevangelium sehr lebendig und unmittelbar geschrieben ist. Matthäus ging es vor allem um die Reden Jesu; Markus berichtet dagegen viel über die Taten Jesu und über die Orte, an denen er sich aufhielt.

Das Markusevangelium ist das kürzeste und wahrscheinlich auch das älteste Evangelium; es wurde zwischen 65 und 70 verfaßt, eventuell auch früher. Einer alten Überlieferung nach ist Johannes Markus der Verfasser. Er schrieb die Geschichte von Jesus Christus in Rom auf, wie er sie von Petrus hörte. Das könnte eine Erklärung für die erstaunliche Lebendigkeit des Evangeliums sein, die auf einen Augenzeugen hinweist. Außerdem werden oft jüdische Gebräuche erklärt, was auf nicht-jüdische Leser hindeutet.

Markus berichtet die Ereignisse in etwa in der Reihenfolge, wie sie stattfanden. Innerhalb dieses chronologischen Rahmens ist der Stoff dann thematisch geordnet. Nur vier Abschnitte der 16 Kapitel finden sich ausschließlich bei Markus; alles andere kommt entweder auch bei Matthäus oder Lukas oder bei beiden vor. Trotzdem würde der Verlust des Markusevangeliums eine große Lücke zurücklassen. Er zeigt uns den »Messias der Tat«, der durch sein Handeln die Menschen überzeugt, daß er der Sohn Gottes ist.

Der Verfasser: Johannes Markus wird in der Apostelgeschichte und in den Briefen mehrfach genannt. Seine Mutter hatte ein Haus in Jerusalem. Dort kam die Urgemeinde in der Anfangszeit zusammen (Apg. 12, 12). Barnabas, der Begleiter des Paulus, scheint sein Vetter gewesen zu sein. Mit Paulus hat es zunächst Spannungen gegeben, nachdem Johannes Markus mitten im Verlauf der ersten Missionsreise nach Hause zurückkehrte. Barnabas gab ihm jedoch noch einmal eine Chance, und später scheint er von Paulus und von Petrus sehr geschätzt worden zu sein (vgl. Kol. 4, 10 und 1. Petr. 5, 13).

1, 1–13 DIE GUTE NACHRICHT VON JESUS

1, 1–8 Johannes der Täufer

Vgl. Matth. 3, 1–12; Luk. 3, 2–22 und die Karte. Markus übergeht die Geburt Jesu und setzt bei Johannes ein. Dieser ist die Stimme aus der Wüste, die Jesaja verheißen hat. Er ruft die Menschen auf, sich für das Kommen Gottes bereit zu machen.

Vers 2–3: Wie Matthäus verbindet auch Markus alttestamentliche Schriftworte miteinander, hier 2. Mose 23, 20, Mal. 3, 1 und Jes. 40, 3.

Vers 8: Das Wasser ist ein Symbol. Es kann den Menschen nur äußerlich reinigen. Der Heilige Geist kann auch das Herz, den Verstand und den Willen des Menschen reinigen.

Der Prophet aus der Wüste: Die Wüste um Jericho und südlich von Jerusalem ist sehr unwirtlich. Dort wächst fast nichts; Menschen können dort nicht leben, nur wilde Tiere. In dieser Einsamkeit, in der es keinerlei Ablenkung gab, konnte sich Johannes auf sein öffentliches Wirken vorbereiten. Annehmlichkeiten oder gar Luxus gab es nicht; Johannes ernährte und kleidete sich sehr einfach. Den Überwurf aus Kamelhaar und den Ledergürtel trug er vielleicht in bewußter Nachahmung Elias (vgl. 2. Kön. 1, 8 und die Verheißung in Mal. 3, 23). So konnte man gleich erkennen, daß er als Prophet auftrat. Die Menschen kamen von weit her, um ihn zu hören. Sie versammelten sich wahrscheinlich in der Nähe von Jericho am Jordan, nicht unweit der Stelle, wo Josua einst den Jordan überschritten hatte.

Der Jordan, wo Johannes taufte, fließt vom See Genezareth durch die subtropische Jordanebene zum Toten Meer.

1, 9–13 Taufe und Versuchung Jesu

Vgl. die Anmerkungen zu Matth. 3–4 und Luk. 3, 21; 4, 13. Markus gibt nur eine kurze Zusammenfassung.

1, 14 – 9, 50 JESUS IN GALILÄA

Galiläa. Diese römische Provinz, die von Herodes regiert wurde, lag im Westen des Sees Genezareth. Sie war kein abgelegenes Hinterland, sondern ein wohlhabendes, dichtbevölkertes Gebiet, das von römischen Heerstraßen und alten Handelsstraßen durchzogen war. Jesus wirkte vor allem in der Gegend um den See Genezareth, der mit einer Länge von 21 km und 12 km Breite 212 m unter dem Meeresspiegel im Senkungsgraben des Jordan liegt. Er trennte das Gebiet des Herodes von dem seines Halbbruders Philippus im Osten. Die meisten Jünger kamen aus den Städten am Seeufer. In Kapernaum hielt sich Jesus besonders oft auf. Das 15 km entfernte Tiberias war ein berühmter Kurort mit heißen Quellen. Viele der Kranken, die Jesus heilte, hielten sich wahrscheinlich wegen einer Kur in dieser Gegend auf. Auf dem Hügel im Rücken der Stadt war Herodes' prachtvoller Sommerpalast erbaut. Der See ist von Bergen umgeben, die im Osten braun und öde sind, im Westen damals aber fruchtbar und bewaldet waren. Von dort rasen oft unvermittelt Stürme zum See hinunter, die sehr gefürchtet sind. Im Norden beherrscht der schneebedeckte Gipfel des Hermon den Horizont – möglicherweise der Berg der Verklärung. Zur Zeit Jesu wuchsen auf den Hängen um den See Palmen, Oliven, Feigen und Weinstöcke. Die kleinen Städte und Dörfer am westlichen Seeufer waren blühende Industriestädte; dort wurden Fische getrocknet und Boote gebaut, es gab Färbereien und Töpfereien. Johannes der Täufer lebte als Asket in der Wüste; Jesus dagegen nahm am Leben der Menschen in Galiläa teil, einem der geschäftigsten und weltoffensten Gebiete von Palästina.

1, 14–20 Jesus beruft seine ersten Jünger

Johannes hat sein öffentliches Wirken beendet. Jesus kehrt nach Galiläa zurück und beginnt nun mit seiner Verkündigung der frohen Botschaft Gottes. Am See Genezareth beruft er seine ersten Jünger, die alle Fischer waren (Joh. 1, 35–42 werden nähere Einzelheiten geschildert).

1, 21–45 Jesus beginnt zu predigen und zu heilen

Kapernaum wird zum »Hauptquartier« Jesu. Er predigt in der Synagoge und heilt einen Besessenen. Die Menschen spüren dabei etwas von seiner ungewöhnlichen Vollmacht.

Markus erwähnt immer wieder, daß Jesus mit seinen Wundern nicht ins Gerede kommen wollte. Das Volk erwartete als Messias einen politischen Führer. Wenn nun die Wunder Jesus als den Messias auswiesen, hätte das Gerücht davon leicht einen Aufstand gegen die römische Besatzungsmacht auslösen können. Darum war es so wichtig, daß diese Wunder nicht von der Verkündigung Jesu losgelöst wurden. Es mußte klargestellt werden, was die eigentliche Aufgabe des Messias sein sollte und was für ein Reich Jesus aufzurichten hatte.

Vers 32: Mit dem Sonnenuntergang ging der Sabbat zu Ende; die Bewegungsfreiheit war also nicht mehr eingeschränkt.

Vers 44: Vgl. 3. Mose 14, 1–32 (mit Anmerkungen).

2, 1–12 Heilung eines Gelähmten

Jeder könnte zu einem anderen Menschen sagen, seine Sünden seien ihm vergeben. Aber durch die Heilung beweist Jesus seine Macht über körperliche und geistliche Dinge. Wenn er Vergebung zuspricht, geschieht wirklich etwas.

Vers 4: Das Haus hatte wohl eine Außentreppe, die auf das flache Dach führte, das auch als Wohnraum genutzt wurde.

Vers 11: Man schlief auf einer Matte oder auf Bettzeug, das tagsüber zusammengerollt wurde, auf dem Fußboden.

2, 13–22 Levi (Matthäus) wird ein Jünger; die Fragen des Fastens

Vgl. Anm. zu Matth. 9, 9–17 und Luk. 5, 27–39.

Schriftgelehrte, Pharisäer (16): siehe S. 494.

Der römische Centurio von Kapernaum hatte eine Spende zum Bau der Synagoge gegeben. Diese Überreste der Synagoge von Kapernaum stammen wahrscheinlich aus dem 2. oder 3. Jahrhundert n. Chr. Der Baustil zeigt eine Verbindung von römischen Elementen mit traditionellen jüdischen Symbolen.

Die Fischerei im See Genezareth

George Cansdale

Der See am nördlichen Ende des Jordangrabens ist der am tiefsten gelegene Süßwassersee der Welt; sein Spiegel liegt 212 Meter unter dem des Mittelmeers. Die größte Tiefe beträgt etwa 45 Meter, die Länge 21 km, die größte Breite 12 km und die Oberfläche etwa 170 qkm. Der See gehörte im Lauf der Geschichte immer wieder zum Gebiet Israels; es ist daher verwunderlich, daß er im Alten Testament nur

drei Mal erwähnt wird, und zwar in Verbindung mit Grenzangaben.

Da in vielen alttestamentlichen Schriften hebräische Fachworte aus der Fischerei vorkommen, muß sie schon damals von Bedeutung gewesen sein. Der See Genezareth wird jedoch erst im Neuen Testament als ertragreiches Fischgebiet beschrieben. Viele Erzählungen der Evangelien spielen dort, denn einige Städte am Nordufer des Sees waren Schwerpunkte des Wirkens Jesu. Mindestens sieben der zwölf Jünger waren dort Fischer. Daher wird in den Evangelien häufig auf die Fischerei angespielt.

Die meisten Fischarten, die es heute im See Genezareth gibt, gab es auch schon zur Zeit Jesu. Es sind etwa 25 verschiedene Arten, von denen aber nur wenige wirklich wichtig sind. Die bekannteste Sorte ist *Tilapia,* die man auch Petrusfisch nennt. Davon fing man zur Zeit des Neuen Testaments wohl am meisten. Zahlen kann man für diese Zeit natürlich nicht angeben. Heute werden durch besondere Methoden, die von Wissenschaftlern ausgearbeitet worden sind, von dieser Sorte jährlich etwa 300 Tonnen gefangen, von anderen insgesamt 1 000 Tonnen, darunter 800 Tonnen Sardinen *(Acanthobrama terrae sanctae).*

Weiter nördlich im Jordantal liegt der Hulesee, etwa 90 Meter höher als der See Genezareth. Jos. 11, 5 wird er als »Wasser von Merom« erwähnt. Damals war er noch ein richtiger See, aber durch die schlechte Bebauung der umliegenden Hügel verschlammte er allmählich. Die Sümpfe und Teiche waren immer noch ein gutes Brutgebiet für Fische, bis sie in den 50er Jahren unseres Jahrhunderts trockengelegt und landwirtschaftlich genutzt wurden.

Obwohl im Alten Testament nicht viel über die Fischerei selbst gesagt wird, kommen in den prophetischen Büchern viele Worte vor, aus denen man Schlüsse auf die Fangmethoden jener Zeit ziehen kann. Das hebräische Wort *reschet* ist die allgemeine Bezeichnung für Netz. Aus dem Zusammenhang von Hes. 32, 3 kann man schließen, daß damit ein Wurfnetz gemeint ist, das ausgeworfen wurde, um einen bestimmten Schwarm zu fangen. *Cherem* ist ein größeres Netz, wohl dem heute üblichen Schleppnetz ähnlich (siehe unten zu *sagene*). *Makmor* und *mikmar* sind ebenfalls große Netze. In Jes. 19, 8 und Hab. 1, 15–16 werden diese Bezeichnungen meist mit Netz, Angel und Garn übersetzt. Ein Netz dieser Art wurde auch in der Wüste zum Fang der Säbelantilope verwendet.

Die griechischen Begriffe aus der Fischerei werden in den Evangelien meist im wörtlichen Sinn verwendet. *Diktyon* war das allgemeine Wort für Netz, etwa in Matth. 4, 20: » . . . verließen ihre Netze und folgten ihm.« Petrus und Andreas hatten wohl gerade ihre Wurfnetze ausgeworfen; sie besaßen sicherlich einige der damals üblichen Netze. In diesem allgemeinen Sinn wird das Wort auch gebraucht, wenn vom Waschen und Flicken der Netze die Rede ist. Diese Arbeit wird heute durch die Verwendung von schnelltrocknenden Fasern sehr erleichtert. Die speziellere Bezeichnung für ein Wurfnetz, *amphiblaesteron*, kommt nur in Mark. 1, 16 und Matth. 4, 18 vor. Ein Netz dieser Art wird auch heute noch in einigen tropischen Ländern vor allem beim Fischen in seichtem Wasser oder in Lagunen verwendet. Es ist rund und am Rand mit Steingewichten beschwert. Man schleudert es mit Schwung flach aufs Wasser, wo es wegen der Gewichte schnell auf den Grund sinkt. Mit Hilfe der Schnur, die in der Mitte des Netzes befestigt ist, kann es dann zusammengezogen und mit allen Fischen, die sich im Netzwerk verstrickt haben, an Land geholt werden. Diese Methode des Fischfangs ist heute am See Genezareth nicht mehr üblich, wird aber manchmal noch vorgeführt (s. Foto).

Das griechische Wort *sagene* kommt in Matth. 13, 47, wo das Himmelreich mit einem Schleppnetz ver-

glichen wird, das einzige Mal im Neuen Testament vor. Dieses Netz war bis zu 250 Meter lang und fing die verschiedensten Fische ein, die dann am Ufer sortiert wurden, wie es im Gleichnis beschrieben ist.

2, 23 – 3, 6 Der Sinn des Sabbats; Gegner

Vgl. auch Matth. 12, 1–14; Luk. 6, 1–11. Die jüdische Auslegung des dritten Gebots (2. Mose 20, 8–11; 34, 21) hatte zu so vielen zusätzlichen Bestimmungen und Einzelgeboten geführt, daß der eigentliche Sinn des Gebots aus dem Blick gekommen war. Der Ruhetag sollte dem Menschen körperliche und geistige Erholung bringen, ihm aber nicht Nahrung oder Hilfe entziehen. Es ist ein Tag, an dem man Gutes tun soll, und zwar nicht nur in Notfällen.

Vers 25–26: vgl. 1. Sam. 21, 1–6. David nahm sich die Brote, die die Priester jede Woche auf den Altar legten.

Leute des Herodes (6): die Anhänger des Herodes Antipas. Sie arbeiteten mit den Römern zusammen und wurden von den Pharisäern deswegen eigentlich verachtet und abgelehnt (vgl. S. 540).

3, 7–19 Die zwölf Jünger

Jesus suchte sich einen engeren Kreis von 12 Jüngern aus, die sozusagen Gründungsmitglieder des Reiches Gottes sein sollten. Sie entsprachen den 12 Söhnen Jakobs, die zu Stammvätern der 12 Stämme Israels wurden. Mit drei von ihnen war er besonders verbunden: Petrus, Jakobus und Johannes. Vier der zwölf waren Fischer (Petrus und sein Bruder Andreas, Jakobus und sein Bruder Johannes). Einer war ein Zöllner, der für die Römer arbeitete (Matthäus oder Levi, vielleicht der Bruder des Jakobus, Sohn des Alphäus). Simon hatte vielleicht den radikalen Zeloten angehört, die den Aufstand gegen die Römer vorbereiteten. Von den anderen Jüngern wissen wir wenig. Weitere Aufstellungen aller Zwölf finden sich bei Matth. 10, 2–4 und Luk. 6, 1–16. Thaddäus bei Matthäus und Markus scheint dem Judas, Sohn des Jakobus, bei Lukas und in Apg. 1, 13 zu entsprechen. Bartholomäus wird oft mit Nathanael aus Joh. 1 gleichgesetzt. Die Jünger waren also wahrlich eine bunte Schar!

Vers 12: siehe Anm. zu 1, 21–45.

Eine Illustration zum Gleichnis vom Säemann: guter Boden, felsiger Boden, Dornen und Weizen auf einem Acker in Galiläa.

3, 20–35 Unverständnis und Verdächtigungen

Siehe Anm. zu Matth. 12, 15–37 und 49.

4, 1–34 Jesus lehrt in Gleichnissen

Siehe Anm. zu Matth. 13, 1–52.
Vers 1–25: der Säemann.
Vers 26–29: Die von selbst wachsende Saat.
Vers 30–32: Das Senfkorn.

Vers 12: In der jüdischen Denkweise wird zwischen Folge und Absicht oft kein Unterschied gemacht. In diesem Vers geht es um die *Folge* und nicht um das *Ziel* der Predigt Jesu. Aus V. 22–23 geht klar hervor, daß Jesus in Gleichnissen redet, damit die Zuhörer selbst versuchen, den Sinn herauszufinden.

4, 35–41 Jesus stillt den Sturm

Am See Genezareth konnte oft ein plötzlicher Wind aufkommen (siehe S. 500). Jesus hat auch Macht über die Naturgewalten.

5, 1–20 Am anderen Ufer; ein Besessener

Der Mann muß erbärmlich ausgesehen haben – eine gestörte Persönlichkeit, die hundert verschiedenen Trieben ausgeliefert ist und zu keinem normalen Leben fähig ist. Kann man sich einen größeren Gegensatz vorstellen als den zwischen Vers 2–3 und Vers 15? Jesus hatte nicht nur Macht über die Natur, sondern auch über den Menschen und über die Mächte des Bösen.

Gegend der Gerasener (1): im Südosten des Sees gelegen.

Dekapolis (20): Zehn freie griechische Städte; siehe Karte S. 464.

Hier, am Ostufer des See Genezareth, stürzten sich die Schweine aus Gadara in den See. In der Ferne der Ort der Speisung der 5000.

5, 21–43 Die Tochter des Jairus; die blutflüssige Frau

Vgl. auch Matth. 9, 18–26; Luk. 8, 40–56. Die Frau will sich im Hintergrund halten, weil sie aufgrund ihrer Krankheit unrein ist und andere Juden durch sie unrein werden können. Von der Kleidung Jesu geht keine übernatürliche Kraft aus, aber Jesus kann zwischen einer zufälligen Berührung in der Menge und einer hilfesuchenden Geste unterscheiden. Durch die Heilung der Frau hat Jairus den Mut bekommen, Jesus zu sich zu bitten. Offensichtlich waren nicht alle religiösen Führer gegen Jesus, denn Jairus war ja ein Synagogenvorsteher.

Vers 39: Das Kind war nicht nur bewußtlos, es war wirklich tot. Jesus spricht vom Tod wie von einem Schlaf, aus dem wir zu neuem Leben erwachen werden.

6, 1–13 In Nazareth; Aussendung der Zwölf

Vers 1–6: In Nazareth hält man nicht viel von Jesus. Die Leute meinen, ihn zu kennen: Für wen hält sich der Zimmermann eigentlich . . .? Es gehörte nicht zum Auftrag Jesu, große Taten zu tun, um Skeptiker zu überzeugen (vgl. Matth. 4, 6–7).

Vers 7–13: Vgl. Anm. zu Matth. 9, 35–10, 42.

Vers 3: siehe Anm. zu Matth. 12, 49. Jakobus wurde später der Führer der Jerusalemer Gemeinde (Apg. 15, 13). Judas ist der Verfasser des Judasbriefs.

6, 14–29 Herodes und der Täufer

Aus Schuldgefühl und Aberglauben kommt Herodes zu der Ansicht, Jesus sei der wieder auferstandene Johannes. Herodes hatte sich von seiner Frau scheiden lassen und Herodias, die Frau seines Halbbruders Philippus, geheiratet. Johannes hatte ihn deswegen öffentlich getadelt (vgl. 3. Mose 18, 16; 20, 21) und war daraufhin verhaftet worden. Nach Angaben des Josephus lag er in der Bergfeste Machärus beim Toten Meer gefangen. Herodias hält es aber für besser, ihn töten zu lassen.

6, 30–44 Speisung der 5 000

Vgl. auch Matth. 14, 13–21; Luk. 9, 10–17; Joh. 6, 5–14. Jesus ist müde und erschöpft und wäre

Fünf Brotlaibe und zwei kleine Fische. Diese Fische aus dem See Genezareth werden Petrusfische genannt, weil eine Münze in ihren großen Mund passen würde (vgl. Matth. 17, 27). Die Fische in der Geschichte von der Speisung der 5 000 waren wahrscheinlich nicht frisch, sondern getrocknet.

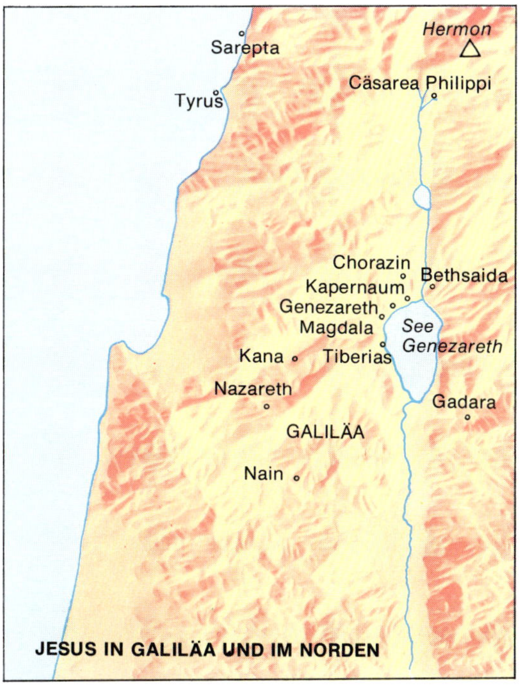

wohl gern allein gewesen. Trotzdem weist er die Menge nicht ab.

Vers 37: Die Jünger hatten natürlich nicht soviel Geld. Ein Silbergroschen, der Denar, war der Tageslohn eines Arbeiters. 200 Denare wären also der Lohn von mehr als sechs Monaten.

6, 45–56 Jesus geht auf dem Wasser

Jesus verzichtet wieder auf eine Zeit der Stille um der anderen willen, die ihn brauchen, in diesem Fall der Jünger. Er beweist seine Macht über die Schöpfung. Auch über Wind und Wasser ist er der Herr.

Saum (56): gemeint ist der blaue Saum des Überwurfs (vgl. S. 90).

7, 1–23 Die Pharisäer und die mündliche Überlieferung

Siehe Anm. zu Matth. 15, 1–20. Markus fügt eine Erklärung für Nichtjuden ein (3–4). Den Pharisäern ging es bei den Waschungen nicht um Hygiene, sondern um kultische Reinheit. Jesus zeigt dagegen, daß es nicht auf reine Hände, sondern auf ein reines Herz ankommt.

Sonnenaufgang über dem Hermon, wo möglicherweise die Verklärung Jesu stattfand.

7, 24–37 Die Tochter der kanaanäischen Frau; ein Taubstummer

Vers 24–30: siehe Anm. zu Matth. 15, 21–28.

Vers 31–37: Der Mann war aufgrund seiner Taubheit auch noch stumm geworden, wie es oft der Fall ist. Man nahm allgemein an, daß der Speichel Heilkraft habe.

8, 1–21 Speisung der 4 000; Zeichenforderung; der Sauerteig der Pharisäer

Zu Vers 1–9 siehe Anm. zu Matth. 15, 29–39.

Vers 11–21: siehe Anm. zu Matth. 16, 1–12. Die Jünger sind so besorgt um ihren Proviant, daß sie nicht begreifen, daß Jesus sie vor religiöser Heuchelei (vgl. Luk. 12, 1) und vor der materialistischen Einstellung der Herodianer warnen will.

8, 22–26 Heilung eines Blinden

Auch hier möchte Jesus verborgen bleiben (siehe Anm. zu 1, 21–45).

8, 27 – 9, 1 Das Bekenntnis des Petrus; Jesus kündigt seinen Tod an

Siehe Anm. zu Matth. 16, 13–28. Dieses Ereignis ist der Wendepunkt im Markusevangelium. Von jetzt an spricht Jesus viel über das Leiden, das ihm bevorsteht.

Cäsarea Philippi (27): etwa 40 km nördlich des Sees Genezareth gelegen. Siehe Karte.

9, 1: siehe Anm. zu Matth. 10, 23.

9, 2–13 Die Verklärung Jesu

Vgl. auch Matth. 17, 1–13; Luk. 9, 28–36. Die Jünger sind nun überzeugt, daß Jesus der Messias ist. Der kurze Augenblick, in dem drei der Jünger Jesus in Herrlichkeit sehen durften, war für sie in der schweren Zeit, die darauf folgte, bestimmt eine große Hilfe. Mose, der große Gesetzgeber Israels, und Elia, der erste große Pro-

Römische Soldaten im Neuen Testament

Harold Rowdon

Die römischen Soldaten hatten neben dem aktiven Kriegsdienst bei Feldzügen viele andere Aufgaben. Sie wurden z. B. als Polizeistreifen eingesetzt, wenn ein Aufruhr zu befürchten war. Deshalb war in Jerusalem immer eine Truppe stationiert, die während der jüdischen Festtage noch verstärkt wurde, wenn riesige und leicht erregbare Menschenmengen in die Stadt strömten. Die Soldaten mußten ferner Gefangene bewachen und – im Falle der Überführung in ein anderes Gefängnis – eskortieren. Bei der Hinrichtung von Verbrechern mußten einige Soldaten dabei sein, um deren Befreiung in letzter Minute zu verhindern und die eigentliche Hinrichtung auszuführen.

Der Centurio (»Hauptmann«) war der Führer einer Hundertschaft. Meist wurden dazu gewöhnliche Soldaten ausgewählt, die sich durch Mut und Verläßlichkeit ausgezeichnet hatten. In den Evangelien und der Apostelgeschichte wird an verschiedenen Stellen ein Centurio erwähnt, zwei davon mit Namen. Sie werden aufgrund ihrer Haltung zu den Juden, ihres Gerechtigkeitssinns und zum Teil wegen ihrer Offenheit für das Christentum sehr positiv dargestellt.

Jesus heilte den Knecht eines Centurios, der in Kapernaum stationiert war (Matth. 8, 5–13; Luk. 7, 1–10). Der Centurio, der die Soldaten bei der Kreuzigung Jesu befehligte, war so beeindruckt, daß er zu dem Ergebnis kam, Jesus müsse unschuldig und göttlicher Abstammung gewesen sein (Matth. 27, 54; Mark. 15, 39; Luk. 23, 47). In Apg. 10 wird von dem gottesfürchtigen Centurio *Kornelius* berichtet, der durch eine Predigt des Petrus bekehrt wurde. Bei der Verhaftung und späteren Gefangenschaft des Paulus waren einige Centurionen beteiligt, die aber nicht mit Namen genannt werden (Apg. 21, 31 ff.; 22, 25; 23, 17. 23; 24, 23). Ein Centurio namens *Julius* begleitete Paulus und andere Gefangene auf der Fahrt nach Rom (Apg. 27, 1).

Sechs Hundertschaften bildeten eine Kohorte, die von einem Militärtribun befehligt wurde (Apg. 21, 31). Der Tribun *Claudius Lysias* war der Tribun der Truppe, die in den äußeren Höfen des Tempels für Ordnung sorgte und bei einem Aufruhr unter den Juden Paulus verhaftete (Apg. 21, 26 ff.; 23, 17 ff.). Kohorten werden oft erwähnt. Die sogenannte »italische Kohorte« bestand wohl aus italienischen Freiwilligen (Apg. 10, 1). Die Bezeichnung »kaiserliche Kohorte« (Apg. 27, 1) war wahrscheinlich ein Ehrenname.

Römischer Soldat (Relief aus dem Museum von Damaskus).

phet, reden mit Jesus über seinen bevorstehenden Tod (Luk. 9, 31).

Vers 2: Es ist nicht sicher, auf welchen Berg Jesus mit seinen Jüngern ging, möglicherweise auf den Hermon, der nur etwa 20 km nördlich von Cäsarea Philippi liegt. Daß es der Tabor war, wie man oft angenommen hat, ist wegen seiner Lage unwahrscheinlich. Petrus möchte den schönen Augenblick nicht so schnell vorbeigehen lassen. Er meint, Mose und Elia könnten vielleicht dableiben, wenn sie ihnen Hütten bauen wie die Stiftshütte, in der Gott vor dem Bau des Tempels gegenwärtig war. Petrus vergaß diesen Augenblick der Herrlichkeit nie mehr – vgl. 2. Petr. 1, 16–18.

Vers 13: Mit »Elia« ist hier Johannes der Täufer gemeint (vgl. Matth. 17, 13). Maleachi (3, 23) hatte geweissagt, daß der Prophet Elia wiederkommen würde, um den Tag des Herrn anzukündigen.

9, 14–29 Heilung eines epileptischen Jungen

Vgl. auch Matth. 17, 14–19; Luk. 9, 37–42. Die Jünger sind machtlos, weil sie zu wenig Glauben haben (vgl. Matth. 17, 19–20). Mit dem aufkeimenden Glauben, den der Vater des Jungen beweist, ist Jesus jedoch zufrieden. Ihn belohnt er.

9, 30–50 Die Frage der Rangordnung; die Verantwortung eines Christen

Siehe Anm. zu Matth. 18, 18. Ein Christ muß bereit sein, der Letzte, der Diener der anderen zu sein. Selbstverwirklichung kann nicht das höchste Ziel sein. Es ist besser, darin zurückzustecken und sich selbst einzuschränken (44–45), als sich den Zugang zum Reich Gottes zu verbauen.

Vers 43–48: Jesus gebraucht für »Hölle« das Wort *gehenna* (= Tal Hinnom; bei Jerusalem). Vgl. dazu Jer. 7, 30–33 und Jes. 66, 24.

Vers 49: »Mit Feuer gesalzen«, d. h. durch Leiden geläutert.

10 DIE WANDERUNG NACH JERUSALEM

10, 1–12 Scheidung

Siehe Anm. zu Matth. 19, 1–15.

10, 13–16 Jesus segnet Kinder

Um ins Reich Gottes zu kommen, müssen wir Gott mit dem grenzenlosen Vertrauen eines Kindes annehmen (15).

10, 17–31 Das Verhängnis des Reichtums

Siehe Anm. zu Matth. 19, 16–30; Luk. 18, 18–30. Nachfolger Jesu müssen nicht grundsätzlich all ihren Besitz hergeben. Jesus spricht hier mit einem Mann, den sein Geld von der Nachfolge Jesu abhielt. Gott muß in unserem Leben an erster Stelle stehen, und wenn etwas anderes diese Stelle einnimmt, müssen wir es aufgeben.

10, 32–45 Jesus kündigt erneut seinen Tod an; die Jünger streiten sich um ihren späteren Rang

Siehe Anm. zu Matth. 20, 17–34.

10, 46–52 Der blinde Bartimäus

Vgl. Matth. 20, 29–34 (wo zwei Blinde erwähnt werden); Luk. 18, 35–43. Nur Markus nennt den Namen des Blinden. Da Bartimäus nach seiner Heilung Jesus nachfolgte, kannte Petrus ihn wahrscheinlich und nannte Markus seinen Namen.

11–13 JESUS IN JERUSALEM

11, 1–11 Der Einzug

Vgl. die Einleitung zu Matth. 21 und die Anmerkungen zu Luk. 19, 28–44.

11, 12–26 Der Feigenbaum; die Reinigung des Tempels

Siehe Anm. zu Matth. 21, 18–22 und 12–17.

11, 27 – 12, 12 Die religiösen Führer stellen Jesu Vollmacht in Frage; das Gleichnis vom Weinberg

Siehe Anm. zu Matth. 21, 23–46.

12, 13–44 Jesus antwortet auf Fangfragen; im Tempel

Vgl. auch Matth. 22, 15–46; Luk. 20, 19 – 21, 4. Den Hintergrund dieser Fragen erhellt Luk. 20, 19–20.

Vers 13–17: Die Pharisäer hielten an sich nicht viel von den Herodianern, aber sie arbeiten nun mit ihnen zusammen, um eine Anklage gegen Jesus zu finden.

Vers 18–27: Die Sadduzäer wollen den Gedanken der leiblichen Auferweckung ins Lächerliche ziehen. Jesus nimmt dagegen ihrem Beispiel das Lächerliche: in dem neuen Leben nach der Auferstehung wird es keine geschlechtliche Vereinigung und keine Fortpflanzung mehr geben, denn es wird ja auch keinen Tod mehr geben.

Vers 28–32: Die dritte Frage scheint aus echtem Interesse gestellt zu werden. Aus den 613 Geboten wählt Jesus das Glaubensbekenntnis Israels aus 5. Mose 6, 4–5 und das Wort aus 3. Mose 19, 18. Dagegen konnten die Pharisäer nichts einwenden. Die große Weisheit Jesu bringt seine Gegner zum Schweigen. Er hat ihnen jedoch noch etwas zu sagen (35–40).

Vers 41–44: Die einfache Witwe steht in schroffem Gegensatz zu den Führern des Volkes. Nicht der Betrag des Opfers zählt, sondern das Maß an Liebe und Verzicht, das dahintersteht.

13 Gericht über Jerusalem; Jesus spricht von seiner Wiederkunft

Vgl. die Anmerkungen zu Matth. 24 und Luk. 21 und 17, 22 ff.

14–16 TOD UND AUFERSTEHUNG JESU

14, 1–11 Der Plan der Gegner; die Salbung; der Verräter

Vgl. Matth. 26, 6–13; Joh. 12, 1–8. Das öffentliche Wirken Jesu geht nun zu Ende. (Zum Passa siehe die Anmerkungen zu Matth. 26.) Im starken Gegensatz zu Haß und Verrat steht die Liebe einer Frau für ihren Herrn (3–9). Maria (vgl. Joh. 12, 3) salbt Jesus mit kostbarem Riechöl, das etwa den Jahreslohn eines Arbeiters wert war. Nach Joh. 12, 1–8 fand die Begebenheit zu einem früheren Zeitpunkt statt. Im Zusammenhang damit berichtet er von Unterschlagungen des Judas. Die Umstände in Luk. 7, 36–50 sind ähnlich, aber es handelt sich wohl um eine andere Frau.

14, 12–25 Das Abendmahl

Siehe Anm. zu Matth. 26, 14–29.

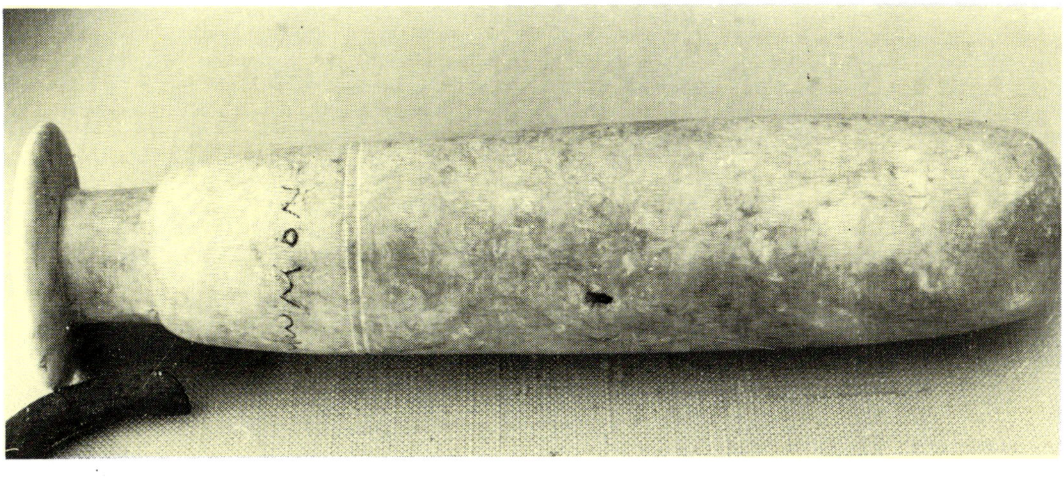

Alabasterflasche aus Ägypten im hellenistischen Stil, in die das Wort für Zimt eingeritzt ist.

14, 26–52 In Gethsemane; Jesus wird verhaftet
Siehe Anm. zu Matth. 26, 30–56. Der junge Mann (51–62) wird darum erwähnt, weil es sich wohl um Markus selbst handelt.

14, 53 – 15, 15 Verhör vor dem Hohen Rat; Verleugnung des Petrus; Verhör vor Pilatus
Vgl. Anm. zu Luk. 22, 54–71.

Der Prozeß. Das Gericht, das Jesus verhörte, war der Hohe Rat (Sanhedrin), der höchste jüdische Gerichtshof. Die 71 Mitglieder kamen aus einflußreichen Familien und gehörten zumeist den Sadduzäern und den Pharisäern an. Der Hohepriester, der jährlich wechselte, hatte den Vorsitz. Der Sanhedrin hatte in Judäa große Vollmachten in weltlichen und religiösen Fragen, aber zur Zeit der Römer durfte er kein To-

Pontius Pilatus

Harold Rowdon

Im Jahr 1961 fand man in Cäsarea eine Steintafel, auf der der Name Pontius Pilatus stand. Das ist einer der wenigen Hinweise außerhalb des Neuen Testaments auf diesen Mann. Der römische Schriftsteller Tacitus erwähnt, daß Pilatus Jesus hinrichten ließ, und bei den jüdischen Schriftstellern Josephus und Philo wird von einigen Vorfällen berichtet, bei denen Pilatus eine Rolle spielte. Ansonsten ist nur noch in der Bibel von ihm die Rede, neben den Berichten der Evangelien in Apg. 3, 13; 4, 27; 13, 28 und 1. Tim. 6, 13.

Pilatus stammte wohl aus der römischen Mittelschicht und hatte schon Erfahrung in Militär- und Verwaltungsangelegenheiten, als er 26 n. Chr. zum Statthalter (Prokurator) von Judäa ernannt wurde. Als solcher hatte er sehr große Vollmacht, vor allem in militärischen und finanziellen Fragen. Er ernannte den Hohenpriester und hatte die Aufsicht über den Tempelschatz.

Philo stellt Pilatus als grausam, boshaft und brutal dar. Nach Josephus machte Pilatus sich schon bald nach seinem Amtsantritt die Juden zu Feinden. Er gestattete den römischen Truppen, ihre Feldzeichen, auf denen der römische Kaiser abgebildet war, nach Jerusalem zu bringen. Die Juden empörten sich darüber, da diese »Götzenbilder« eine Entweihung der Heiligen Stadt bedeuteten. Pilatus mußte sich ihrem Zorn schließlich beugen und gab den Befehl, die Feldzeichen aus der Stadt zu entfernen.

Bei Philo wird von einem anderen Vorfall berichtet, wo Pilatus einige goldene Schilde zu Ehren des Kaisers Tiberius in seiner Jerusalemer Residenz aufstellen ließ. Auch das rief einen Sturm der Entrüstung unter den Juden hervor, aber dieses Mal weigerte sich Pilatus nachzugeben, bis sich die Juden an Tiberius wandten, der dann den Befehl gab, die Schilde nach Cäsarea, der Hauptresidenz des Statthalters, zu bringen.

In allen vier Evangelien wird von dem Verhör Jesu durch Pilatus berichtet (Matth. 27, 1–26; Mark. 15, 1–15; Luk. 23, 1–25; Joh. 18, 28 – 19, 16). Bei Markus wird nur das Wichtigste mitgeteilt. Lukas schreibt darüber hinaus, daß Jesus auch noch vor Herodes gebracht wurde (23, 6–12) und daß Pilatus dreimal erklärte, er halte Jesus für unschuldig (23, 4. 14. 22). Matthäus berichtet, daß die Frau des Pilatus ihm einen bösen Traum melden ließ (27, 19), daß Pilatus die Verantwortung für den Tod Jesu ablehnte (27, 24) und eine Wache am Grab aufstellen ließ (27, 62–66).

Der letzte große Fehler des Pilatus war die Festnahme einiger Samaritaner, die sich auf dem Garizim versammelt hatten, weil das Gerücht umging, dort seien heilige Geräte aus der Stiftshütte verborgen. Pilatus ließ einige der Anführer hinrichten. Die Samaritaner beschwerten sich beim Prokonsul von Syrien, Vitellius, der der Vorgesetzte des Pilatus war. Daraufhin wurde Pilatus nach Rom geschickt, um sich vor dem Kaiser zu verantworten. Tiberius, der damals Kaiser war, starb noch bevor Pilatus nach Rom gelangte. Es ist nicht sicher, was danach mit Pilatus geschah. Der Kirchengeschichtsschreiber Euseb, der im 4. Jahrhundert lebte, hat die Nachricht überliefert, daß Pilatus Selbstmord begangen habe.

Es gibt einige unzuverlässige Nachrichten über den Leichnam des Pilatus. Die *Pilatusakten,* angeblich Berichte über die Regierungszeit des Pilatus, die in den ersten Jahrhunderten n. Chr. erschienen, sind Fälschungen, die dem Christentum schaden sollten.

Für dreißig Silberlinge verriet Judas seinen Herrn (im Hintergrund eine Öllampe).

desurteil vollstrecken. Jesus mußte daher dem römischen Statthalter vorgeführt werden, und zwar mußte eine Anklage gegen ihn gefunden werden, auf die auch nach römischem Recht das Todesurteil stand. Gotteslästerung reichte bei den Juden als Grund zur Verurteilung aus. Bei Pilatus hatten sie die besten Chancen, wenn sie Jesus als Staatsfeind darstellten. Die jüdische Verhandlung verlief alles andere als vorschriftsmäßig. Sie fand nachts statt, es gab keine Entlastungszeugen, die Zeugen der Anklage widersprachen einander. Das Todesurteil hätte nicht sofort ausgesprochen werden dürfen, sondern erst am darauffolgenden Tag, der mit Sonnenuntergang begann.

Die Abfolge der Ereignisse

1. Jesus wird Hannas, dem Schwiegervater des Hohenpriesters Kaiphas, vorgeführt (Joh. 18, 12–14).

2. Das Verhör vor dem Hohen Rat im Haus des Kaiphas (Matth. 26, 57–68; Mark. 15, 53–65; Luk. 22, 54–65; Joh. 18, 24).

3. Die Bestätigung des Urteils durch den Sanhedrin am frühen Morgen (Matth. 27, 1; Mark. 15, 1; Luk. 22, 66–71).

4. Jesus vor Pilatus (Matth. 27, 2. 11–14; Mark. 15, 2–5; Luk. 23, 1–5; Joh. 18, 28–38).
5. Jesus wird als Galiläer dem Herodes vorgeführt (Luk. 23, 6–12).

6. Jesus wird wieder zu Pilatus gebracht. Er wird gegeißelt, verurteilt und den Soldaten übergeben (Matth. 27, 15–26; Mark. 15, 6–15; Luk. 23, 13–25; Joh. 18, 29 – 19, 16).

An dem Ort, den man für die Schädelstätte hält, wo Jesus gekreuzigt wurde, steht heute die Grabeskirche. General Gordon hatte im letzten Jahrhundert als erster festgestellt, daß diese felsige Erhebung vor den Mauern der Jerusalemer Altstadt einem Schädel verblüffend ähnlich ist und daher der Ort der Kreuzigung sein könnte.

Nachdem die Soldaten Jesus mit der Dornenkrone verhöhnt hatten, führte man ihn zur Kreuzigung. Er starb in völliger Einsamkeit, beladen mit der Last menschlicher Sünde.

15, 16–41 Verspottung und Kreuzigung

Jesus leidet nun in völliger Einsamkeit. Wir können uns nicht vorstellen, was Jesus in diesen sechs Stunden (von 9–15 Uhr) am Kreuz durchlitten hat. Dieses Leiden geschah nach dem einhelligen Zeugnis des Neuen Testaments »für uns«. Jesus trug die Strafe für unsere Sünden, errettete uns damit vom Tod und schenkte uns ewiges Leben. Aus den sechs Stunden am Kreuz werden sieben Aussprüche Jesu überliefert:

Die Worte am Kreuz

1. *»Vater, vergib ihnen; denn sie wissen nicht, was sie tun«* (Luk. 23, 34) – ein Gebet für das jüdische Volk und die römischen Soldaten.
2. *»Wahrlich, ich sage dir: Heute wirst du mit mir im Paradiese sein«* (Luk. 23, 43) – ein Wort an den bußfertigen Verbrecher, der mit Jesus gekreuzigt war.
3. *»Weib, siehe, das ist dein Sohn!« »Siehe, das ist deine Mutter!«* (Joh. 19, 26–27) – Jesus bittet Johannes, für seine Mutter zu sorgen.
4. *»Mein Gott, mein Gott, warum hast du mich verlassen?«* (Matth. 27, 46; Mark. 15, 34) – mit Worten aus Ps. 22 drückt Jesus die Qual der Trennung von Gott aus, die durch unsere Sünde verursacht ist.
5. *»Mich dürstet«* (Joh. 19, 28).
6. *»Es ist vollbracht«* (Joh. 19, 30).
7. *»Vater, ich befehle meinen Geist in deine Hände!«* (Luk. 23, 46).

Vers 21: Die Stadt Kyrene lag in Nordafrika. Dort lebten viele Juden. Alexander und Rufus wurden offensichtlich Christen. Vielleicht ist Rufus hier derselbe, der in Röm. 16, 13 genannt wird.
Salome (40): die Frau des Zebedäus, Mutter von Jakobus und Johannes (Matth. 27, 56).

15, 42–47 Grablegung

Bei einer Kreuzigung zog sich das Sterben oft lange hin, manchmal bis zu zwei Tagen oder gar länger. Jesus war schon nach sechs Stunden tot. Wenn Joseph nicht sein Grab zur Verfügung gestellt hätte, wäre Jesus in ein Massengrab geworfen worden.

Rüsttag (42): der Tag vor dem Sabbat, der mit dem Sonnenuntergang begann.

16 Die Auferstehung

Siehe Anm. zu Luk. 24. Aus unbekannten Gründen hören die besten Handschriften des Markusevangeliums ganz unvermittelt mit 16, 8 auf. Möglicherweise wurden die frühesten Abschriften beschädigt. Vers 9–20 ist ein früher Versuch, die Ereignisse nach Ostern aufzunehmen.

Der Leichnam Jesu wurde in Leinwand, in die Spezereien gelegt wurden, eingehüllt und in ein Felsengrab gelegt. Die Abbildung zeigt ein typisches Grab jener Zeit in Jerusalem.

Lukas

Lukas berichtet am ausführlichsten über das Leben Jesu. Sein Evangelium ist der erste Teil einer zweiteiligen Geschichte der Anfänge des Christentums (vgl. Luk. 1, 3 und Apg. 1, 1). Für das Evangelium hat Lukas sorgfältig Material aus vertrauenswürdigen Quellen gesammelt. Er schreibt keine gewöhnliche Biographie, sondern er möchte die Wahrheit dessen ergründen, was in Palästina in den entscheidenden Jahren des Lebens Jesu geschah. Er stellt Jesus als den Retter der ganzen Menschheit dar. Zugleich zeigt er Jesus als Menschen. An seiner Auswahl der Geschichten zeigt sich sein Mitgefühl für die Menschen, besonders für Kranke und Hilflose, Arme, Frauen, Kinder und für die Randsiedler der Gesellschaft.

Der Verfasser. Der Name des Verfassers wird im Evangelium nicht erwähnt, aber alles deutet auf den Arzt Lukas hin, der Paulus auf seinen Missionsreisen begleitete (vgl. die Einführung zur Apostelgeschichte). Das wäre auch eine Erklärung dafür, daß im Lukasevangelium Krankheiten mit besonderer Genauigkeit beschrieben werden. Auf jeden Fall war der Verfasser ein gebildeter Mann, der einen sehr guten und gewählten Stil hat. Außerdem kannte er sich in griechischen und jüdischen Verhältnissen aus. Das Evangelium ist für Nichtjuden geschrieben. Lukas zitiert daher immer die griechische Übersetzung des Alten Testaments und verwendet griechische Titel und Bezeichnungen. Archäologische Forschungen haben gezeigt, daß er es mit historischen Angaben sehr genau nahm.

1, 1–4 VORREDE

Die Urgemeinde erkannte schon bald, daß es notwendig war, die Geschichte Jesu, die zunächst mündlich weitergegeben wurde, auch aufzuschreiben. Lukas hatte vielleicht während der Gefangenschaft des Paulus in Cäsarea die Möglichkeit, in Palästina Nachforschungen anzustellen. Er macht es sich zur Aufgabe, alles genau zu überprüfen und seinen Bericht sorgfältig zusammenzustellen.

Theophilus (3): Über diesen Mann ist nichts Näheres bekannt. Die Anrede »edler Theophilus« deutet auf eine hochgestellte Persönlichkeit (vgl. Apg. 1, 1).

1, 5 – 2, 52 GEBURT UND KINDHEIT DES TÄUFERS UND JESU

Nur Matthäus und Lukas setzen mit ihrem Bericht bei der Geburt Jesu ein. Ihre Darstellungen ergänzen sich, wobei Lukas ausführlicher berichtet.

1, 5–25 Die Botschaft des Engels an Zacharias

Die Empfängnis des Johannes war nach

Eine Inschrift, die den Namen des »göttlichen« Augustus trägt. Dieser römische Kaiser ordnete die Volkserhebung an, die dann Joseph und Maria nach Bethlehem führte.

menschlichem Ermessen kaum vorstellbar (wie im Falle Isaaks, Jakobs, Samuels und Simsons). Hier hatte Gott eingegriffen. Zacharias war gerade in Jerusalem, um seinen jährlichen Priesterdienst zu tun. Dieses Mal durfte er sogar das Räucheropfer darbringen. Als er allein vor dem Altar steht, schickt Gott einen Engel zu ihm mit der Botschaft, daß sein Gebet um einen Sohn endlich erhört worden sei. Die Schande der Kinderlosigkeit soll von Zacharias und Elisabeth genommen werden. Gott hat mit ihrem Sohn aber noch größere Pläne für Israel und für die ganze Welt. Johannes soll das Bindeglied zwischen dem Alten und dem Neuen Bund sein. Er ist der neue Elia (17; Mal. 3, 23), der Vorbote des langersehnten Messias.

Vers 15: vgl. die Ankündigung der Geburt Simsons (Ri. 13, 4–5) und das Nasiräergelübde 4. Mose 6.

1, 26–38 Die Botschaft des Engels an Maria

Sechs Monate später wird die Geburt des Messias angekündigt – dieses Mal der Mutter, denn Jesus wird ja keinen menschlichen Vater haben. Nicht jede Frau hätte Gottes Auftrag so bereitwillig Folge geleistet wie Maria. Schließlich mußte sie mit einem Skandal rechnen. Was würden Nachbarn und Freunde sagen? Und Joseph – würde er nicht vielleicht sogar den Ehevertrag lösen und sie wegen Ehebruchs verklagen?

1, 39–56 Maria besucht Elisabeth

Nachdem der Engel bei ihr war, macht sich Maria auf den Weg zu Elisabeth. Die beiden Frauen sind ja nun in besonderer Weise miteinander verbunden. Ihre Gedanken und Empfindungen sind zusammengefaßt in dem Segensspruch der Elisabeth und im Lobgesang der Maria, der voll von Anspielungen auf das Alte Testament ist (vgl. bes. das Lied der Hanna in 1. Sam. 2, 1–10). Aus Matth. 1, 18–25 erfahren wir, was sich nach Marias Heimkehr ereignete.

Die Jungfrauengeburt

John Simpson

Matthäus (1, 18–25) und Lukas (1, 30–35) berichten ausdrücklich, daß Jesus durch den Heiligen Geist und nicht von einem menschlichen Vater gezeugt und folglich von einer Jungfrau geboren wurde. Wir nennen das die Jungfrauengeburt (besser: die jungfräuliche Empfängnis) Jesu.

Matthäus und Lukas legen in ihrem Bericht den Schwerpunkt auf die Kraft und das Wirken des Heiligen Geistes. Es geht also nicht in erster Linie darum, daß kein Mann an der Empfängnis beteiligt war, ja, nicht einmal um die Mutter. Von ihr wurde Jesus zwar als Mensch geboren, aber durch die Schöpfertat des Geistes war er doch ein neuer Mensch, der Erste einer neuen Schöpfung.

Man kann natürlich einwenden, daß dies auch ohne Jungfrauengeburt möglich gewesen wäre. Aber die beiden Evangelisten berichten nun einmal, daß Gott dieses Wunder wählte, um seinen Sohn in die Welt zu senden. Wir erfahren nichts über die physiologische Seite der Inkarnation, sondern bekommen lediglich mitgeteilt, daß Maria durch das Eingreifen des Heiligen Geistes schwanger wurde.

Mehr läßt sich über dieses Ereignis nicht sagen. Der unendliche Gott tritt in seine eigene Schöpfung ein, und dieser Vorgang kann genausowenig faßbar gemacht werden wie die Schöpfungstat selbst. Man kann die Jungfrauengeburt nicht einfach leugnen, weil sie ein dem Menschen unbegreifliches Wunder ist. Gott wurde in Jesus Christus Mensch – wenn wir dieses größte aller Wunder akzeptieren, dann sollte es uns eigentlich auch nicht schwer fallen, das Mittel zu akzeptieren, durch das Gott dieses Wunder zuwege brachte.

Die Jungfrauengeburt wird im Neuen Testament nicht oft erwähnt. Die Tatsache wird berichtet, aber weder die Göttlichkeit Jesu noch seine Menschwerdung oder seine Sündlosigkit werden von der Art seiner Geburt abhängig gemacht. Neben Matth. 1 und Luk. 1 gibt es drei weitere Stellen, die sich möglicherweise auf die Jungfrauengeburt beziehen. Nach Mark. 6, 3 nannte man Jesus in Nazareth »Sohn der Maria«, was vielleicht aufgrund eines Gerüchts, Joseph sei gar nicht sein Vater, abfällig gemeint war. Joh. 8, 41 deutet auf ein ähnliches Gerücht hin. Vielleicht bezieht sich auch Paulus auf die Jungfrauengeburt, wenn er in Gal. 4, 4 sagt, daß Gott seinen Sohn sandte, »geboren von einer Frau«.

1, 57–80 Die Geburt des Johannes

Die Verwandten und Bekannten sind erstaunt über den Namen des Kindes und über die Ereignisse bei der Beschneidung, als Zacharias plötzlich wieder reden kann und anfängt, Gott zu loben. Sie merken, daß es kein gewöhnliches Kind ist.

In der Wüste (80): Es kam damals immer wieder vor, daß Menschen in die Wüste gingen, um sich von der Welt zurückzuziehen. Für Johannes war es aber eine Zeit der Vorbereitung auf seinen Auftrag an Israel. Siehe auch Anm. zu Mark. 1, 1–8.

2, 1–20 Die Geburt Jesu

In Bethlehem hatten Ruth und Boas gelebt; David ist dort geboren. Aber für Jesus war kein Platz. Er wird in einer Höhle, die als Stall verwendet wurde, geboren, und nur einfache Hirten erfahren von seiner Geburt.

Vers 2: Quirinius war von 6–9 n. Chr. Statthalter von Syrien; die Volkszählung, von der Lukas hier redet, hat aber mindestens 9 Jahre früher stattgefunden. Möglicherweise war Quirinius damals schon einmal Statthalter. Möglich ist auch, daß ein Abschreiber »Quirinius« statt »Saturnius« schrieb. Dieser verwaltete von 9 bis 6 v. Chr. die Provinz Syrien. Der zuverlässige Historiker Lukas dürfte jedenfalls kaum einen solchen Fehler gemacht haben.

Vers 7: Mit der »Herberge« kann auch das Gästezimmer eines Hauses gemeint sein. Die Tiere waren vielleicht in einer Höhle unter dem Haus untergebracht.

Vers 14: »Frieden unter den Menschen, an denen Gott Wohlgefallen hat« (Zürcher Übersetzung) – Gott schenkt den Menschen seinen Frieden nicht etwa, weil sie ihn verdienten, sondern aus Gnade.

Bethlehem liegt auf einer Hügelkette südlich von Jerusalem. Auch heute noch hüten Hirten ihre Schafe auf den Feldern, die die Stadt umgeben.

2, 21–40 Darstellung Jesu im Tempel; Simeon und Hanna

Zum Brauch der Darstellung vgl. 3. Mose 12. Jesus wird 40 Tage nach seiner Geburt zum Priester in den Tempel gebracht. Da seine Eltern arm sind, können sie es sich nicht leisten, ein Lamm zu opfern. Bei dieser Gelegenheit sehen Simeon und Hanna das Kind und erkennen, daß es der Messias ist.

Vers 39: Matth. 2 gibt weitere Information über die Zeit vor der Rückkehr nach Nazareth.

2, 41–52 Jesus im Tempel

Ein jüdischer Junge wurde mit 12 Jahren als vollwertiges Glied in die Gemeinde aufgenommen. Dieses Fest in Jerusalem war daher für Jesus etwas Besonderes. Zum Passa kamen immer viele Juden von auswärts nach Jerusalem (siehe auch S. 492). Sie reisten aus Sicherheitsgründen in größeren Gruppen. Jesus wurde von seinen Eltern also zunächst nicht vermißt, bis zur ersten Übernachtung. Am nächsten Tag gingen sie zurück nach Jerusalem und fanden ihn schließlich im Tempel. Dies ist das erste Anzeichen dafür, daß Jesus sein besonderes Verhältnis zu Gott erkannte. Über die folgenden 18 Jahre seines Lebens wissen wir nichts.

Markt in Bethlehem.

3 – 4, 14 JOHANNES DER TÄUFER UND JESUS

3, 1–20 Die Verkündigung des Täufers

Vgl. auch die Anmerkungen zu Matth. 3; Mark. 1, 2–8. Aufgrund der genauen Zeitangaben des Lukas kann man das öffentliche Wirken des Täufers (und damit das erste Auftreten Jesu, das wenige Monate später erfolgte) auf die Zeit zwischen 26 und 29 n. Chr. ansetzen. Echte Buße muß sich im täglichen Leben auswirken.

Vers 19–20: siehe Anm. zu Mark. 6, 14–29.

3, 21–22 Die Taufe Jesu

Siehe Anm. zu Matth. 3.

3, 23–38 Der Stammbaum Jesu

Siehe Anm. zu Matth. 1, 1–17. Lukas geht sogar noch hinter Abraham zurück bis hin zu Adam. Damit weist er auf die Bedeutung Jesu für die ganze Menschheit hin. Gleichzeitig unterstreicht auch er mit Jesu Abstammung von David den Messiasanspruch.

4, 1–13 Die Versuchung

Siehe Anm. zu Matth. 4; Mark. 1, 9–13. Lukas stellt die Reihenfolge der einzelnen Versuchungen etwas um. Der eigentliche Angriffspunkt des Teufels ist das Sohnesverhältnis Jesu zum Vater.

4, 14 – 9, 50 JESUS PREDIGT UND HEILT IN GALILÄA

Vgl. den Abschnitt über Galiläa auf S. 500.

4, 14–30 Jesus in Nazareth

Lukas beginnt seinen Bericht über das Wirken Jesu mit dem Auftreten in Nazareth, obwohl es nicht ganz am Anfang stand (23). Aus dem Erstaunen über die Schriftauslegung Jesu wird bald Feindseligkeit. Als Jesus dann noch andeutet, daß das Evangelium auch den Nichtjuden

Die Juden aus Nazareth, die Jesus in der Synagoge gehört hatten, führten ihn an den Abhang eines Berges, »daß sie ihn hinabstürzten«.

verkündigt werden soll, werden sie zornig und wollen Jesus töten. Vgl. auch Matth. 13, 53–58; Mark. 6, 1–6.

Die Synagoge (16–17): Im Gottesdienst konnte jeder zum Gebet, zur Lesung oder zur Auslegung aufgefordert werden.

Vers 26. 27: vgl. 1. Kön. 17, 8–16; 2. Kön. 5, 1–14.

4, 31–44 Kapernaum

Vgl. Anm. zu Mark. 1, 21–45.

Judäa (44): Hier ist mit dieser Bezeichnung allgemein Palästina gemeint und nicht nur der Süden. Dorthin ging Jesus erst später.

5, 1–11 Der Fischfang; Petrus und seine Freunde folgen Jesus

Lukas gibt hier Einzelheiten an, die bei Matthäus (4, 18–22) und Markus (1, 16–20) nicht berichtet werden. Der Entscheidung, Jesus nachzufolgen, ging offensichtlich mehr voraus als nur eine flüchtige Begegnung.

5, 12–16 Jesus heilt einen Aussätzigen

Siehe Anm. zu Matth. 8, 1–4.

5, 17–26 Ein Lahmer kann wieder gehen

Siehe Anm. zu Mark. 2, 1–12.

Pharisäer (17): siehe S. 494.

5, 27–39 Levi (Matthäus) wird Jünger; über das Fasten

Siehe Anm. zu Matth. 9, 9–17.

6, 1–11 Auseinandersetzung über den Sabbat

Siehe Anm. zu Mark. 2, 23 – 3, 6.

6, 12–16 Berufung der zwölf Jünger

Siehe Anm. zu Mark. 3, 7–19. Nur Lukas erwähnt, daß Jesus eine Nacht lang gebetet hat, bevor er die Zwölf auswählte. Überhaupt berichtet Lukas am meisten über das Gebetsleben Jesu.

6, 17–49 Unterweisung der Jünger

Dies ist wahrscheinlich eine kürzere Fassung der Bergpredigt (Matth. 5 – 7). Jesus dürfte diese Wahrheiten allerdings bei vielen Gelegenheiten verkündet haben. Nach der Auswahl der Zwölf geht Jesus ein Stück den Berg hinunter an eine ebene Stelle. Hier spricht er nun zu den 12 Aposteln, den übrigen Jüngern und zur Menge. Diese Predigt ist für die Jünger bestimmt, die ihre Armut vor Gott erkennen und unter dem Bösen in sich selbst leiden. Es geht hier nicht um äußere Armut und äußeren Reichtum, sondern um geistliche Dinge.

Vers 20–23: Hier werden die Jünger Jesu beschrieben: Sie haben es jetzt schwer, aber eines Tages werden sie belohnt.

Vers 24–26: Hier geht es um die, die in diesem Leben alles haben, aber nicht an das denken, was danach kommt. Siehe Anm. zu Matth. 5, 1–16.

Vers 27–36: Wir sollen andere so behandeln wie Gott uns behandelt. Vgl. Anm. zu Matth. 5, 17–18.

Vers 27–49: Siehe Anm. zu Matth. 7.

Blick auf Nain, wo Jesus den Sohn einer Witwe auferweckte.

7, 1–10 Der Knecht des Hauptmanns

Vgl. die Anmerkungen zu Matth. 8, 5–13 und S. 507.

7, 11–17 Auferweckung des Sohnes einer Witwe

Über diesen Vorfall wird sonst nirgends berichtet. Daran zeigt sich wieder das Interesse des Lukas für die benachteiligten und rechtlosen Glieder der Gesellschaft: Die Witwe ist ja ganz auf ihren Sohn angewiesen.

Vers 13: Als einziger der Evangelisten nennt Lukas Jesus schon vor Ostern »Herr«. Diese Bezeichnung wurde damals wohl nur selten verwendet.

7, 18–35 Die Boten des Täufers

Siehe Anm. zu Matth. 11, 1–19.

Vers 35: »Die Weisheit Gottes hat sich an allen, die sie annehmen wollten, klar bewiesen.« Menschen kamen aufgrund der Verkündigung Jesu und des Johannes zu Gott.

7, 36–50 Im Haus des Pharisäers

Von dieser Begebenheit wird in den anderen Evangelien nichts berichtet. Simon tut nichts Besonderes für Jesus. Eine gewöhnliche Prostituierte salbt ihm dagegen, als überschwengliches Zeichen ihrer Liebe, die Füße. Damit hat die Frau die Vergebung ihrer Sünden nicht etwa verdient, sondern ihre Dankbarkeit für die empfangene Vergebung bezeugt (47).

8, 1–21 Verschiedene Gleichnisse

Vers 1–3: Nur Lukas erwähnt, daß auch Frauen mit Jesus gewandert sind. Susanna wird sonst nicht mehr genannt. Maria von Magdala war bei der Kreuzigung anwesend und war mit Johanna am leeren Grab, wo ihnen dann der Herr erschien. Ihre Liebe und ihr Vertrauen zu Jesus konnten durch nichts erschüttert werden. Ma-

Die Wunder im Neuen Testament

Howard Marshall

In den Evangelien wird von etwa 35 Gelegenheiten erzählt, bei denen Jesus Wundertaten vollbrachte, deren Ablauf und Wirkung auf die Zuschauer berichtet werden. Außerdem wird an einigen Stellen ganz allgemein berichtet, daß Jesus Wunder tat.

Mehr als die Hälfte dieser Geschichten handelt von Heilungen der verschiedensten Kranken – Aussätzigen, Wassersüchtigen, Gelähmten, Fieberkranken, Blinden, Tauben und Stummen.

Andere berichten, daß Jesus Dämonen aus Menschen austrieb, die körperlich krank oder geistesgestört waren.

Drei Mal wird erzählt, daß Jesus Tote auferweckte.

Die anderen Berichte zeigen, daß Jesus über die verschiedensten Dinge Macht hatte: er konnte eine große Menschenmenge mit wenig Essen sättigen, auf dem Wasser gehen und einen Sturm stillen, einen Feigenbaum verfluchen, so daß er verdorrte, Wasser in Wein verwandeln und eine ungewöhnlich große Menge Fische fangen.

Moderne Einwände gegen die Wunder

All diese Erzählungen zeigen, welch ungeheuren Eindruck das Wirken Jesu auf die Menschen seiner Umgebung machte. Selbst wenn sie alle Legenden wären (was nicht zutrifft), müßte man sich fragen, was die Menschen veranlaßte, solche Geschichten über Jesus zu erzählen. Es ist von vornherein klar, daß wir die Wunder nicht einfach ablehnen können, um einen sehr viel »menschlicheren« Jesus vor uns zu haben. Sie sind mit dem, was wir sonst von Jesus wissen, untrennbar verbunden und von großer Bedeutung. Was veranlaßt aber trotzdem viele, die Wunder abzulehnen?

Ein Einwand lautet, Wunder seien nicht mit den Gesetzen der Naturwissenschaften vereinbar. Man geht dabei von der Voraussetzung aus, daß in unserem angeblich rein materiellen Universum nichts geschehen könne, was sich nicht auf natürliche Weise erklären lasse. Das ist jedoch eine Behauptung über das Wesen des Alls, die sich nicht beweisen läßt. Man könnte höchstens sagen, daß normalerweise keine Wunder geschehen, aber daraus darf man keineswegs schließen, daß nie ein Wunder geschehen kann. Wir müssen uns der Sache unvoreingenommen stellen.

Ferner wendet man ein, für die Wunder gebe es keine verläßlichen historischen Beweise. Die angeblichen Wunder müßten bewiesen werden können und dürften nicht auf natürliche Weise zu erklären sein. Für etwas so Ungewöhnliches wie ein Wunder brauche man besonders stichhaltige und überzeugende Beweise; denn, so sagt man, es ist zunächst einmal wahrscheinlicher, daß sich die Zeugen getäuscht haben, als daß wirklich ein Wunder geschehen ist.

Die Auferstehung

Wenn man nun ein einziges Wunder als historisches Ereignis erweisen könnte, wäre damit gezeigt, daß Wunder grundsätzlich möglich sind und folglich außer diesem einen auch andere geschehen sein können. Dieses eine Wunder ist die Auferstehung. Es läßt sich nicht leugnen, daß vertrauenswürdige Zeugen aussagten, sie hätten Jesus nach seinem Tod wieder lebendig gesehen (1. Kor. 15, 3–8). Die einzig sinnvolle Erklärung dafür ist, daß Jesus durch ein Wunder von den Toten auferweckt wurde. Wer diese Erklärung ablehnt, muß eine andere, ebenso überzeugende Erklärung geben können.

Wenn die Auferweckung stattfand, dann ist es durchaus möglich, daß auch andere Wunder geschahen. Denn damit ist einmal nachgewiesen, daß Wunder möglich sind, daß Gott also bei seinem Handeln in der Welt nicht an Naturgesetze gebunden ist. Zum anderen ist die Auferweckung das Ja Gottes zum Leben Jesu und damit auch zu seinem Anspruch, Wunder tun zu können (Luk. 7, 21 f.; 11, 19).

Hinzu kommt, daß die Wunder Jesu durch die zuverlässige Überlieferung, die den Evangelien zugrundeliegt, bestätigt werden. Wir können sicher nicht bei jedem einzelnen Wunder historisch beweisen, daß es geschehen ist. Manches, was den Menschen jener Zeit als Wunder erschien, läßt sich auf natürliche Weise erklären (etwa als psychologische Heilung einer psychosomatischen Krankheit); in anderen Fällen läßt sich weder beweisen noch widerlegen, daß ein Wunder auch wirklich geschehen ist. Aber die Tatsache, daß alle vier Evangelisten die Wunder Jesu berichten, läßt die Leugnung der Wunder wenig überzeugend wirken.

Der Sinn der Wunder

Ein wichtiger Einwand gegen die neutestamentlichen Wunderberichte ist der, daß man auch von anderen bedeutenden Männern jener Zeit ähnliche Geschichten erzählte. Die Christen, die ja die Vorstellungen jener Zeit teilten, hätten demnach einfach ähnliche Geschichten über Jesus erfunden.

Vergleicht man die neutestamentlichen Wunderberichte mit denen anderer zeitgenössischer Quellen, stellt man wichtige Unterschiede fest. Vor allem unterscheiden sich die Wunder Jesu dadurch wesentlich von denen anderer Wundertäter, weil es bei ihnen nicht in erster Linie auf die Wunderkraft Jesu ankommt, sondern auf ihre Aussage.

● Im allgemeinen geschahen die Wunder durch ein Wort Jesu (Mark. 1, 27; 2, 11) oder seine Berührung (Mark. 5, 41) und nicht durch irgendwelche magischen Hilfsmittel.

● Sie sollten nicht Jesus Ehre bringen, sondern Gott (Luk. 7, 16).

● Sie waren ein Zeichen der Liebe Gottes zu der leidenden Menschheit (Mark. 1, 41; 8, 2).

● Sie waren die Erfüllung der alttestamentlichen Verheißungen, die eine Zeit des Heils ankündigten, in der Gott die Menschen an Leib und Seele gesund machen würde (Luk. 7, 22; Jes. 29, 18–19; 35, 5–6; 61, 1).

● Sie sollten die Menschen zum Glauben an die Rettungsmacht Gottes führen, die in Jesus offenbar wurde (Mark. 9, 23 f.). Sie waren keine zwingenden Beweise der Kraft Gottes: die Pharisäer schrieben sie der Kraft des Satans zu (Mark. 3, 22). Aber andere konnten begreifen, daß die Wunder das Zeichen waren, daß Gott durch Jesus seine Verheißungen erfüllte, und daß sie den Glauben an ihn wecken und festigen sollten.

Das gilt nicht nur für die Wunder, die Jesus selbst tat, sondern auch für die der Urgemeinde, in denen sich dieselbe Kraft am Werk zeigte. Kranke wurden geheilt, Tote auferweckt; Menschen wurden auf wunderbare Weise aus dem Gefängnis befreit, und einmal starben sogar auf das Wort eines Apostels hin zwei Menschen. Auch hier war Gott am Werk. Er bestätigte damit die Verkündigung der Jünger Jesu und zeigte außerdem als Warnung, daß sein Gericht Wirklichkeit ist.

ria ist nicht die Frau aus 7, 36 ff., aber auch sie hatte einen harten inneren Kampf zu bestehen, ehe sie eine Jüngerin Jesu wurde (2).

Vers 4–15: siehe Anm. zu Matth. 13, 1–52. Vgl. auch Mark. 4, 1–20.

Vers 10: siehe Anm. zu Mark. 4, 12.

Vers 19: siehe Anm. zu Matth. 12, 49.

8, 22–39 Die Sturmstillung; ein Besessener

Siehe Anm. zu Mark. 4, 35–41; 5, 1–20.

Vers 32: Juden durften kein Schweinefleisch essen; in dem Gebiet östlich des Sees Genezareth lebten jedoch viele Nichtjuden.

8, 40–56 Die Tochter des Jairus; die blutflüssige Frau

Siehe Anm. zu Mark. 5, 21–43.

9, 1–17 Aussendung der Zwölf; Jesus und Herodes; Speisung der 5 000

Vers 1–6: siehe Anm. zu Matth. 9, 35 – 10, 42.

Vers 7–9: Lukas ist besonders gut über Herodes informiert – vielleicht durch Johanna (8, 3).

Vers 10–17: ein weiteres Zeichen der Vollmacht Jesu. Vgl. Matth. 14, 13–21; Mark. 6, 30–44; Joh. 6, 1–14.

9, 18–27 Wer ist Jesus? Jesus spricht über sein Leiden

Diese Begebenheit wird von Matthäus (16, 13–28) und Markus (8, 27 – 9, 1) ausführlicher berichtet.

9, 28–36 Verklärung Jesu

Siehe Anm. zu Mark. 9, 2–12.

9, 37–50 Der epileptische Junge; der Größte unter den Jüngern

Vers 37–43: siehe Anm. zu Mark. 9, 14–29.

Vers 46–48: siehe Anm. zu Matth. 18 und Mark. 9, 30–50.

9, 51 – 19, 27 HEILUNGEN UND VERKÜNDIGUNG AUF DEM WEG NACH JERUSALEM

In diesem Abschnitt stellt Lukas Ereignisse, Gespräche und Unterweisungen aus verschiedenen Zeiten des Wirkens Jesu zusammen. Es geht dabei vor allem um die Nachfolge. Vieles von dem, was in diesen Kapiteln berichtet wird, kommt nur bei Lukas vor.

9, 51–56 Das Samariterdorf

Daß Jesus nach Jerusalem gehen wollte, war für die Samariter ein rotes Tuch (siehe S. 497 und Anm. zu 10, 29 ff.).

9, 57–62 Jesus fordert bedingungslose Nachfolge

Siehe Anm. zu Matth. 8, 18–22.

10, 1–24 Aussendung der 70 Jünger

Vgl. diese Stelle mit Jesu Anweisungen bei der Aussendung der Zwölf (Matth. 10, 5–15) und Matth. 11, 20–27. Wer im Dienst Gottes unterwegs ist, kann von anderen Unterstützung erwarten, aber keinen Luxus (»von einem Haus zum andern gehen« (7) heißt wohl, sich nach einer besseren Unterkunft umschauen). Die Zeit ist zu kostbar für große Höflichkeitsbezeigungen (4), denn die Botschaft Gottes muß verkündigt werden. Gott selbst wird über die richten, die sie ablehnen. Die Siebzig sind überwältigt von Freude über ihre neue Vollmacht. Mehr Grund zur Freude bietet jedoch die Gewißheit ewigen Lebens.

Kind des Friedens (6): ein friedliebender Mensch.

Vers 13–17: vgl. die Karte auf S. 505. Tyrus und Sidon: nichtjüdische Städte, denen die alttestamentlichen Propheten Vorwürfe gemacht haben.

Ich sah den Satan fallen (18): die Dämonenaus-

Modell einer orientalischen Herberge.

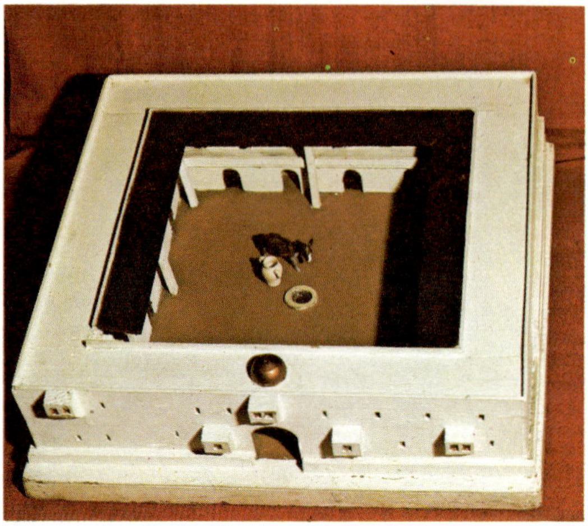

treibungen durch die Jünger sind ein Zeichen, daß die Macht des Satans gebrochen worden ist. Das Böse wird eines Tages ganz besiegt werden. Ein neues Zeitalter ist angebrochen. In Vers 21–24 bringt Jesus seine Freude darüber zum Ausdruck.

10, 25–37 Der barmherzige Samariter

Nur Lukas erzählt diese Geschichte. Auf die Frage des Schriftgelehrten, der Jesus auf die Probe stellen will, gibt Jesus eine Antwort, gegen die nichts einzuwenden ist. Der Schriftgelehrte will jedoch sein Gesicht wahren und fragt weiter. Jesus antwortet ihm in einem Gleichnis. Zwischen Juden und Samaritern herrschte seit langem Feindschaft (siehe S. 497). Die Samariter galten als unberührbar. Im Gleichnis erfüllt aber der Samariter das Gesetz, während die Juden, Volksgenossen des Verwundeten, versagen. Selbst die religiösen Führer mißachten das Gebot der Nächstenliebe. Ein wirklicher »Nächster« hilft jedem, der ihn braucht, auch seinen Feinden.

Vers 30: Die Straße, die sich durch ödes, verlassenes Gebiet steil von Jerusalem nach Jericho hinunterwindet, war oft Schauplatz von Raubüberfällen.

Straße von Jericho nach Jerusalem – man kann sich gut vorstellen, daß auf einer so einsamen Straße oft Raubüberfälle verübt wurden.

10, 38–42 Martha und Maria

Die beiden Schwestern leben zusammen mit ihrem Bruder Lazarus in Bethanien nahe bei Jerusalem. Martha will ein Essen bereiten und kommt daher nicht dazu, Jesus zuzuhören.

11, 1–13 Jesus lehrt die Jünger beten

Bei Matth. (6, 9–13) ist eine längere Fassung des Vaterunsers überliefert. Mit diesem einen Gebet lehrt Jesus seine Jünger, wie sie überhaupt zu Gott beten können, und das gilt auch für uns. Wir dürfen mit Gott wie mit einem Vater reden, dessen Anliegen wir uns zu eigen machen und dem wir vertrauensvoll auch unsere eigenen Probleme sagen können. Wir sollen uns nicht entmutigen lassen, wenn wir einmal über längere Zeit keine Antwort auf unsere Gebete erhalten. Beständigkeit führt zum Ziel, und Gott ist treu. Vgl. Matth. 7, 7–11.

Vers 11–12: Manche Fische und Schlangen sehen sich ähnlich, ebenso zusammengerollte Skorpione und Eier.

11, 14–36 Gegner Jesu: Jesus tadelt seine Zeitgenossen

Vers 14–23: siehe Anm. zu Matth. 12, 15–37.
Vers 24–26: siehe Anm. zu Matth. 12, 43–45.
Vers 29–32: siehe Anm. zu Matth. 12, 38–42.
Vers 34–35: siehe Anm. zu Matth. 6, 22–23.
Vers 27 und 28 kommen nur bei Lukas vor.

Vers 24: Man nahm an, daß in Wüstengebieten böse Geister wohnten.

11, 37–54 Über die Schriftgelehrten und Pharisäer

Vers 37–41: siehe Anm. zu Matth. 15, 1–20.
Vers 42–52: siehe Anm. zu Matth. 23.

12 – 13, 9 Warnung und Zuspruch; Mahnung zur Wachsamkeit

Eine Sammlung von Worten Jesu über die Zukunft und die Konsequenzen, die sich daraus für unser Leben ergeben. Es ist verhängnisvoll, sich nur für das Leben auf dieser Erde zu interessieren.

Vers 1–12: siehe Anm. zu Matth. 10, 26 ff.

Vers 13–21: Nur Lukas erzählt das Gleichnis vom reichen Kornbauern.

Vers 22–34: siehe Anm. zu Matth. 6, 9–34.

Vers 35–48: siehe Anm. zu Matth. 24, 42–51.

13, 1–9. Am Passa waren einige Galiläer, die zum Fest nach Jerusalem gekommen waren, von römischen Soldaten umgebracht worden. Viele meinten nun, die Opfer dieses Blutbades und die Unfallopfer von Siloah müßten besonders schlechte Menschen gewesen sein, aber das traf nicht zu.

Vers 10: siehe Anm. zu Matth. 12, 15–37.

Vers 35: Um bei der Arbeit Bewegungsfreiheit zu haben, wurde der Saum des langen Obergewandes im Gürtel festgesteckt (vgl. S. 90).

Vers 49–50: Das Evangelium wird wie ein Feuer über die Erde gehen. Zuvor muß Jesus aber noch leiden und sterben.

13, 10–17 Heilung am Sabbat

Diese Heilung wird nur von Lukas berichtet. Sie rief eine der zahlreichen Auseinandersetzungen mit den Pharisäern über das Heilen am Sabbat hervor. Vgl. auch Mark. 3, 1–6.

Vers 16: Satan ist letztlich dafür verantwortlich, mit der Sünde auch Leiden in die Welt gebracht zu haben.

13, 18–21 Bilder über das Reich Gottes

Vgl. Anm. zu Matth. 13 und Artikel »Reich Gottes und Reich der Himmel«, S. 484.

13, 22–35 Die enge Pforte

Vers 22–30: Es ist sinnlos zu spekulieren, wieviele Menschen gerettet werden. Jeder soll sich stattdessen fragen, ob er selbst auf dem richtigen Weg ist. Es reicht nicht aus, Jesus unverbindlich zu kennen; er fordert eine Entscheidung.

Vers 31–35: Jesus weiß, was ihm bevorsteht, und er trauert über das Schicksal der Stadt, in der er getötet werden wird.

14, 1–24 Im Haus eines Pharisäers; zwei Gleichnisse

Vers 1–6: eine weitere Heilung am Sabbat, vgl. 13, 10–17; Mark. 3, 1–6. Ein Menschenleben ist weit mehr wert als ein Tier.

Vers 7–11: Die Sitzordnung richtete sich nach Rang und Stellung. Jeder möchte oben an der Tafel sitzen. Jesus redet hier nicht falscher Bescheidenheit das Wort, sondern echter Demut (= *Diene*-Mut; vgl. V. 12–14).

Vers 12–14: Wer wirklich großzügig ist, fragt nicht, was bei einer Sache für ihn selbst herausspringt.

Vers 15–24: Das Gleichnis zeigt die verschiedenen Reaktionen der Menschen auf die Einladung Gottes durch Jesus. Viele sind abweisend; sie könnten eigentlich kommen, aber sie *wollen* nicht und legen sich deswegen Ausreden zurecht.

Wassersucht (2): Ansammlung von wässriger Flüssigkeit im Gewebe, die Schwellungen und Schmerzen hervorruft.

14, 25–35 Der Preis der Jüngerschaft

Die Gäste im Gleichnis geben den falschen Dingen Vorrang in ihrem Leben. Der Anspruch Jesu muß an erster Stelle stehen. Wer ihm nachfolgen will, muß wissen, was er damit auf sich nimmt, damit es ihm nicht so geht wie einem, der ein Haus baut und es nicht fertigstellen kann, weil ihm das Geld ausgeht (28–29).

Vers 26: »hassen« ist hier eine typisch jüdische Redewendung. Gemeint ist das Gegenteil von »vorziehen«, also »hintansetzen«.

15 Das verlorene Schaf; der verlorene Groschen; der verlorene Sohn

Diese Gleichniserzählungen stehen in scharfem Gegensatz zu der Härte der Worte in Kapitel 14. Gott liebt auch die, die in ihrem Leben einen falschen Weg eingeschlagen haben. Er ist jederzeit bereit zu vergeben, wenn sich ein Mensch ihm zuwendet. Die religiösen Führer (1–2) sind wie der ältere Sohn; sie kennen kein Mitleid mit denen, die ihren Maßstäben nicht entsprechen. Gott freut sich dagegen über jeden, dem er Vergebung schenken kann.

16 Der unehrliche Verwalter; die Gefahr des Geldes

Jesus lobt die Schlauheit des Verwalters, nicht seine Unehrlichkeit. Er versteht es, Geld gewinnbringend für sich arbeiten zu lassen.

Vers 16–17: vgl. Matth. 11, 12–13. Lukas setzt den Schwerpunkt anders als Matthäus.

Vers 18: siehe Anm. zu Matth. 19, 1–15.

Vers 19–31: Lazarus und der reiche Mann. Aus der Erzählung wird deutlich, daß wir mit unserer Entscheidung für oder gegen Gott nicht warten dürfen, bis wir große Wunder erleben. In der Bibel ist alles gesagt, was wir wissen müssen.

Der Hirte sucht sein verlorenes Schaf: ein zeitloses Bild.

Modell des Hauses eines Reichen zur Zeit Jesu.

Vers 9: Mit Geld erkaufte Freunde können uns nicht in den Himmel bringen. Aber die Art, wie wir mit Geld umgehen, kann auch unser ewiges Schicksal beeinflussen, denn sie zeigt, ob Gott unser Herr ist oder das Geld.

17, 1–10 Vergebung; Glaube; Pflichten

17, 11–19 Die zehn Aussätzigen

Die Männer müssen sich dem Priester zeigen, damit er sie für rein erklärt und ihnen damit die Rückkehr in ein normales Leben ermöglicht. Wenn sie dem Wort Jesu nicht geglaubt hätten, wären sie wohl gar nicht erst zum Priester gegangen. Alle sind wieder gesund, aber nur einer hält es für nötig, sich bei Jesus zu bedanken.

Samariter (16): siehe S. 497.

17, 20–37 Über die Wiederkunft Jesu

Siehe Anm. zu Matth. 24. Durch Berechnungen wird niemand herausfinden, wann (20–21) und wo (37) Jesus wiederkommt. Die Welt wird davon überrascht werden wie einst von der Sintflut.

18, 1–14 Über das Beten

Diese beiden Gleichnisse finden sich nur bei Lukas. Wie die anderen Gleichnisse Jesu sind auch sie sehr lebensnah.

Vers 1–8: Gott ist kein ungerechter Richter. Wie die Frau im Gleichnis trotz der Widerstände nicht nachgab, dürfen wir immer wieder um etwas bitten, auch wenn unser Gebet nicht sofort erhört wird.

Vers 9–14: Das »Gebet« des Pharisäers ist lediglich eine Selbstbestätigung. Gott erhört den Zöllner, der erkennt, daß er keinen Grund zum Stolz hat.

Ein Hirt führt seine Schafe auf der Suche nach Weideland durch unfruchtbares Land in den Bergen Judäas.

18, 15–17 Jesus und die Kinder

Vgl. Matth. 19, 13–15 und Anm. zu Mark. 10, 13–16. Die Jünger empfinden die Kinder als Belästigung, Jesus aber liebt sie. In Vers 17 geht es um dasselbe wie in der vorhergehenden Geschichte: Gott nimmt jeden auf, der in demütigem Vertrauen zu ihm kommt.

18, 18–34 Die Frage des Reichen; dritte Leidensankündigung

Siehe Anm. zu Matth. 19, 16–30; 20, 17–19; s. a. Mark. 10, 17–34.

18, 35 – 19, 10 In Jericho; der Blinde; Zachäus

18, 35–43: siehe Anm. zu Mark. 10, 46–52.

19, 1–10: Zachäus wurde wie Matthäus wegen seines Berufes von anderen Juden verachtet. Er nahm Steuern für die Römer ein und wurde auf Kosten seines eigenen Volkes reich. Als aber Jesus in sein Haus kommt, wird er ein anderer Mensch.

19, 11–27 Das Gleichnis von den anvertrauten Pfunden

Die Erzählung ist der bei Matthäus sehr ähnlich. Der Schlüssel zum Verständnis liegt in Vers 11. Archelaus, der Sohn des Herodes, verhielt sich wie der Edle im Gleichnis: er ging nach Rom, um seinen Anspruch auf die Krone geltend zu machen. Eine Gesandtschaft gegnerischer Juden folgte ihm dorthin. Jesus ist zwar kein Gewaltherrscher wie Archelaus, aber auch er wird seine Leute bald für einige Zeit verlassen. In seiner Abwesenheit sollen sie das ausführen, was er ihnen aufgetragen hat.

Pfund (13): die griechische »Mine«. Vgl. die Grafik auf S. 108.

19, 28 – 21, 38 JESUS IN JERUSALEM

19, 28–48 Der Einzug in Jerusalem; Jesus im Tempel

Siehe auch Matth. 21, 1–17; Mark. 11, 1–19. Jesus ritt auf einem Esel in Jerusalem ein (Sach. 9, 9), und nicht auf einem Schlachtroß. Er kam in einer Friedensmission, stieß aber in Jerusalem auf Ablehnung. Man entschied sich für den Weg der Gewalt, der schließlich zur Zerstörung der Stadt im Jahr 70 führte.

Bethphage und Bethanien (29): Dörfer östlich des Ölbergs, etwa 3 km von Jerusalem entfernt.

Vers 38: Lukas umschreibt das Psalmwort noch einmal für seine nichtjüdischen Leser.

Vers 45: siehe Anm. zu Matth. 21, 12–17. Lukas faßt hier wie Matthäus die Ereignisse etwas zusammen; vgl. Mark. 11, 11 und 15 ff.

Modell der Burg Antonia, in der die römische Garnison bei der Verhaftung Jesu stationiert war.

20, 1–18 Jesu Vollmacht; das Gleichnis vom Weinberg

Vgl. Anm. zu Matth. 21, 23–46. Vgl. auch Mark. 11, 27 – 12, 12.

20, 19 – 21, 4 Jesus soll in eine Falle gelockt werden

Vgl. Matth. 22, 15–46 und die Anmerkungen zu Mark. 12, 13–44.

21, 5–38 Die Zerstörung des Tempels und das Ende der Welt

Vgl. Mark. 13 und die Anmerkungen zu Matth. 24.

Vers 8–11: Zeichen der Endzeit.

Vers 12–19: Leiden und Zeugnis der Jünger.

Vers 20–24: Die erste Phase des Endes: die Zerstörung Jerusalems.

Vers 25–28: Die zweite Phase: Katastrophen und danach die Wiederkunft Jesu.

Vers 29–33: Die Gewißheit, daß all diese Ereignisse eintreffen werden. »Alles« in Vers 32 bezieht sich wohl auf die Zeichen der Endzeit einschließlich der Zerstörung Jerusalems. Allem Anschein nach steht die Wiederkunft Jesu nahe bevor; aber Gott wartet noch und gibt damit Gelegenheit, daß das Evangelium auf der ganzen Welt verkündigt wird.

22 – 24 DIE LETZTEN TAGE: TOD UND AUFERSTEHUNG JESU

22, 1–38 Judas wird zum Verräter; das letzte Mahl Jesu mit den Jüngern

Siehe Anm. zu Matth. 26, 14–29. Vgl. auch Mark. 14, 12–25; Joh. 13–14.

Vers 10: Normalerweise holten die Frauen Wasser, deshalb mußte dieser Mann auffallen.

22, 39–53 Auf dem Ölberg; die Verhaftung Jesu

Siehe Anm. zu Matth. 26, 30–56. Vgl. Markus 14, 26–52.

22, 54–65 Petrus verleugnet Jesus; Jesus wird verspottet

Nur Petrus und ein anderer Jünger wagen es, während des Verhörs in der Nähe von Jesus zu bleiben, aber auch sie bekommen allmählich Angst. Was Petrus vorher nicht glauben konnte (22, 33; Mark. 14, 29–31), tritt nun wirklich ein:

Die Juden brachten Jesus zum Verhör auf die Burg Antonia. Dort wurde er von den Soldaten auf dem sogenannten Gerichtspflaster verspottet – möglicherweise gehörten die abgebildeten Pflastersteine dazu. Die Zeichen, die darauf eingeritzt sind, gehörten wohl zu einem Brettspiel der römischen Soldaten.

dreimal streitet er ab, daß er Jesus kennt. Doch dann genügt ein Blick von Jesus, und Petrus begreift, was er getan hat.

22, 66 – 23, 12 Jesus vor dem Hohen Rat; vor Pilatus und vor Herodes

Vgl. Anm. zu Mark. 14, 53 – 15, 15. Gotteslästerung war nach jüdischem Recht ein Kapitalverbrechen. Für Pilatus muß die Anklage jedoch auf Hochverrat umgemünzt werden.

Herodes war zum Passa in Jerusalem. Es gelang Pilatus nicht, die Verantwortung auf ihn abzuwälzen, falls er das beabsichtigte.

Vers 3: Die Antwort Jesu lautet: »Du sagst es«, oder: »Das sagst du«; sie ist jedenfalls kein einfaches Ja. Jesus verstand unter diesem Titel etwas völlig anderes als Pilatus. Vgl. die ausführlichere Darstellung in Joh. 18, 33–38.

23, 13–21 Das Todesurteil

Obwohl Pilatus und Herodes Jesu Unschuld feststellen, wird er zum Tode verurteilt, weil sich Pilatus keine weitere jüdische Klage beim Kaiser leisten kann (vgl. Joh. 19, 12). Daher wird ein Mörder, der schon zum Tode verurteilt war, freigelassen; ein Unschuldiger wird gegeißelt und gekreuzigt.

23, 32–49 Die Kreuzigung; die beiden Verbrecher; die letzten Worte Jesu

Siehe Anm. zu Mark. 15, 16–41. Nur Lukas berichtet, daß einer der beiden Verbrecher, die mit Jesus gekreuzigt waren, Buße tat und von Jesus Vergebung empfing.

Vers 45: Das Allerheiligste war durch einen Vorhang vom übrigen Tempel abgeteilt. Nur einmal im Jahr trat der Hohepriester hinter den Vorhang, um für das ganze Volk Fürbitte zu tun (vgl. Hebr. 9, 7). Von jetzt an ist kein Vermittler mehr nötig; alle Menschen dürfen zu Gott kommen (Hebr. 10, 19–22).

23, 50–56 Die Grablegung

Siehe Anm. zu Mark. 15, 42–47.

Herodes' Familiengruft in Jerusalem gleicht dem Grab Jesu: Es ist in Stein gehauen und wurde mit einem großen runden Stein versiegelt.

24 Der Herr ist auferstanden!

In die Stille jenes Ostermorgens brach die ungewöhnliche Botschaft herein: Das Grab ist leer! Jesus lebt! Die unterschiedlichen Einzelheiten in den Berichten der vier Evangelisten sind nicht ganz leicht in Übereinstimmung zu bringen. Aber die Tatsache der Auferstehung ist klar bezeugt und kann auch kritischer Überprüfung standhalten. In dem Artikel über »Die Auferstehungsberichte« (S. 529) ist die Reihenfolge der Ereignisse in groben Zügen zusammengestellt.

Bei aller Verschiedenheit im einzelnen stehen doch die wichtigsten Ereignisse eindeutig fest. Die Jünger waren nach der Kreuzigung der Verzweiflung nahe und hatten große Angst. All ihre Hoffnungen waren zunichte geworden, und sie rechneten nicht mehr damit, daß noch irgend etwas geschehen könnte, was ihnen wieder Grund zur Hoffnung geben könnte. Petrus war sicher noch ganz erschüttert darüber, daß er Jesus verleugnet hatte. Bestimmt ging es allen ähnlich wie den beiden Jüngern, die auf dem Weg nach Emmaus waren.

Aber bald darauf ist alles anders. Das Grab ist leer, aber nicht nur das: Jesus ist bei mindestens fünf verschiedenen Gelegenheiten von mehr als 16 Jüngern gesehen worden. Sie erkannten ihn und sahen seine Nägelwunden von der Kreuzigung. Außerdem aß er mit ihnen. Petrus ist völlig verändert. Die Zeit der Mutlosigkeit und der Trauer ist nun vorbei. An die Stelle der Angst ist übergroße Freude getreten. Die Wirklichkeit der Auferstehung ist das Fundament der weiteren Geschichte des Christentums. Anders läßt sie sich nicht erklären.

Vers 50–52: Lukas faßt auch hier wieder zusammen. Der Apostelgeschichte, der Fortsetzung seines Evangeliums, können wir entnehmen, daß die Himmelfahrt 40 Tage nach der Auferstehung stattfand.

Die Auferstehungsberichte

David Wheaton

Wenn man die Auferstehungsberichte der Evangelien miteinander vergleicht, entdeckt man zunächst einmal manche Widersprüche. Bei genauerem Lesen findet man aber ein erstaunliches Maß an Übereinstimmung. Die scheinbaren Widersprüche zeigen, daß allen vier Berichten im wesentlichen dieselbe Geschichte zugrunde liegt, auch wenn die einzelnen Verfasser ihre Nachrichten über die Auferstehung zweifellos von verschiedenen Gruppen der frühen Kirche erhielten. Wer einmal die Berichte verschiedener Augenzeugen über einen Unfall gehört hat, weiß, daß sich Menschen von unterschiedlicher Wesensart und Herkunft auch an ganz unterschiedliche Einzelheiten erinnern; manchen fällt vielleicht etwas auf, was andere gar nicht sehen.

Die wichtigsten Zeugen, die als erste das leere Grab sahen, waren einige Frauen. Gleich nach ihrer überraschenden Entdeckung scheinen sie auseinandergelaufen zu sein, um verschiedenen Leuten davon zu berichten. Es ist daher verständlich, daß die Berichte sich in manchen Einzelheiten unterscheiden, ja, es wäre im Grund eigenartig, wenn es nicht so wäre. Die Unterschiede beweisen, daß die Verfasser ihren Stoff nicht nur aus einer Quelle haben, und diese Tatsache wie ihre grundlegende Übereinstimmung spricht für die Glaubwürdigkeit der Berichte. Im folgenden sollen zunächst die Ereignisse zusammengestellt werden, wie sie aus den Berichten hervorgehen.

Die Ereignisse bei der Auferstehung

- Am ersten Tag der Woche gehen einige Frauen in der Frühe ans Grab, um den Leichnam Jesu zu salben (Matth. 28, 1; Mark. 16, 1–2; Luk. 24, 1. 10; Joh. 20, 1 a).

- Sie entdecken, daß der Stein weggerollt worden ist (Matth. 28, 2–4; Mark. 16, 3–4; Luk. 24, 2; Joh. 20, 1 b).

- Der Leichnam Jesu ist nicht mehr im Grab, aber die Frauen sehen einen Engel, der ihnen erklärt, was geschehen ist, und ihnen einen Auftrag gibt (Matth. 28, 5–7; Mark. 16, 5–7; Luk. 24, 3–7).

- Die Frauen eilen nach Jerusalem, um den Jüngern alles zu berichten, aber die meisten glauben ihnen nicht (Matth. 28, 8; Luk. 24, 8–11. 22–23; Joh. 20, 2).

- Maria Magdalena ist ihnen zum Grab gefolgt und bleibt noch dort, nachdem sie weggegangen sind. Dadurch wird sie Zeuge der ersten Erscheinung Jesu (Joh. 20, 11–18; Matth. 28,9; Matthäus erwähnt Maria Magdalena und »die andere Maria«).

- Petrus und der »andere Jünger, den Jesus liebhatte« gehen zum Grab und sehen, daß es leer ist; danach gehen sie wieder heim (Joh. 20, 3–10; vgl. Luk. 24, 24).

- Am selben Tag erscheint Jesus dem Petrus (Luk. 24, 34; 1. Kor. 15, 5), dann den zwei Jüngern, die nach Emmaus gehen (Luk. 24, 13–32; vgl. Mark. 16, 12–13), und dann in Jerusalem allen anderen Jüngern außer Thomas (Joh. 20, 19–23; Luk. 24, 13–32; Mark. 16, 14). Weitere Erscheinungen, die unser Thema nicht betreffen, werden außer in den vier Evangelien auch noch in Apg. 1 und 1. Kor. 15 berichtet.

Bei allen Berichten fällt an zwei Punkten bemerkenswerte Übereinstimmung auf: Jesus konnte sich zeigen und wieder unsichtbar machen, wann er wollte; er erschien nur seinen Anhängern.

Vermeintliche Widersprüche

● **Welche Frauen gingen zum Grab?** Offensichtlich waren es Maria Magdalena, Maria, die Mutter des Jakobus, Salome, Johanna und andere Frauen aus Galiläa (Luk. 23, 55). Johannes erwähnt nur Maria Magdalena (20, 1), wahrscheinlich weil sie zu Petrus und den anderen Jüngern kam, um zu berichten; aus ihren Worten (20, 2) geht auch hervor, daß noch andere mit ihr am Grab waren: »Wir wissen nicht ...«. Vielleicht erwähnt also jeder Verfasser nur die Frauen namentlich, die für seine Informanten eine besonders wichtige Rolle spielten.

● **Wann wurde der Stein weggerollt?** Mark. 16, 3–4 und Luk. 24, 2 lassen darauf schließen, daß er weggerollt wurde, bevor die Frauen ans Grab kamen. Dann wäre das, was in Matth. 28, 2–4 berichtet wird, vielleicht noch vor ihrer Ankunft geschehen, und die Wächter wären gleich danach in die Stadt gegangen (nach Matth. 28, 11–15 sind die Wächter vermutlich schon in Jerusalem angekommen und berichten von ihren Erlebnissen, als die Frauen sich auf den Weg vom Grab zur Stadt machen).

● **Wie viele Engel waren am Grab?** Beim Eintreffen der Frauen war der Engel, der herabgekommen war, um den Stein wegzurollen (Matth. 28, 2), vielleicht ins Grab hineingegangen, und ein zweiter war hinzugekommen (Luk. 24, 4; Maria Magdalena sieht auch zwei Engel, Joh. 20, 12). Markus und Matthäus erwähnen dann nur den einen, der mit den Frauen geredet hat und daher im Mittelpunkt des Interesses stand, während der Plural »sie sagten« in Luk. 24, 5 andeuten könnte, daß die Rede des einen vom anderen lediglich bekräftigt wurde.

● **Was sagten die Engel?** Aus der Zusammenschau der Berichte ergibt sich die folgende Rede:

Fürchtet euch nicht; wir wissen, warum ihr hierher gekommen seid.
Jesus ist nicht hier, denn er ist auferweckt worden.
Seht, das Grab ist leer.
Sagt es den Jüngern. Ihr werdet ihn in Galiläa sehen.
Erinnert euch, wie er euch das alles schon gesagt hat.

● **Wer sah Jesus zuerst?** Nach Mark. 16, 9 zeigte er sich zuerst der Maria Magdalena, und das stimmt mit Johannes überein. Bei Lukas wird nichts berichtet, was dem widersprechen könnte. Nach Matth. 28,9 erscheint Jesus der Maria Magdalena (Matthäus' Schlüsselfigur) und der »anderen Maria«. Das war wahrscheinlich die erste Erscheinung. Als die Geschichte dann weitererzählt wurde, wird man oft nur die (bekanntere) Maria Magdalena erwähnt und die andere Maria ausgelassen haben.

Man hat darauf hingewiesen, daß Matthäus und Markus von Erscheinungen Jesu in Galiläa berichten, Johannes und Lukas in Jerusalem. Tatsächlich findet aber auch das, wovon in Joh. 21 die Rede ist, in Galiläa statt, während sich der Schluß des Markusevangeliums auf Erscheinungen in Jerusalem bezieht.

Die Evangelien und die historische Forschung

Leon Morris

Die Evangelien sind keine Biographien, auch wenn sie viel biographischen Stoff enthalten. Sie wurden von Menschen geschrieben, die anderen den Inhalt ihres Glaubens nahebringen wollten (vgl. Luk. 1, 3–4; Joh. 20, 3). In der antiken Literatur gibt es nichts, was den Evangelien entspricht. Man kann sie deshalb nicht ohne weiteres wie andere Dokumente jener Zeit behandeln. Sie sind vor allem Glaubenszeugnisse und wollen erst in zweiter Linie historische Tatsachen berichten.

Ein Neutestamentler geht mit bestimmten Voraussetzungen an die Evangelien heran. Er fragt zum Beispiel: Welchem Zweck sollen diese Schriften dienen? Inwieweit berichten sie über historische Tatsachen? Was läßt sich über ihre Erzähltechnik herausfinden? Was kann man daraus über die Absicht der Verfasser erkennen?

Manche Neutestamentler sind nun allerdings der Ansicht, Schriftsteller, die durch ihren Bericht Glauben wecken wollten, hätten kein besonderes Interesse an historischer Genauigkeit, und die Evangelien enthielten daher wenig historisches Material.

Andere Wissenschaftler weisen dagegen mit Recht darauf hin, daß die Evangelisten die Geschichte keineswegs nur subjektiv interpretiert haben. Wenn man die Evangelien befragt, zeigt sich, daß sie historische Tatsachen sehr ernst genommen haben. Lukas zum Beispiel betont, daß er sehr genaue Nachforschungen angestellt habe, bevor er sein Evangelium schrieb (Luk. 1, 1–3). In allen vier Evangelien weisen Orts- und Zeitangaben darauf hin, daß man bestrebt war, das Leben Jesu im Zusammenhang der Geschichte darzustellen (Matth. 27, 62; Mark. 1, 14; Luk. 3, 1; Joh. 7, 1 f.).

Die Textkritik

Die erste Aufgabe der neutestamentlichen Wissenschaft ist es, den ursprünglichen Text zu ermitteln. Die sogenannte Textkritik befaßt sich ausführlich mit den ältesten Handschriften, alten Übersetzungen in andere Sprachen, Zitaten von Bibelstellen in frühen christlichen Schriften und mit allem anderen, was bei der Herstellung des Textes hilfreich sein könnte.

Notwendig ist diese Arbeit, weil es sehr mühsam gewesen sein muß, ein Buch von der Länge der Evangelien von Hand abzuschreiben. Dabei konnten sich leicht Fehler einschleichen. Aber ein sorgfältiger Vergleich der Handschriften und die Kenntnis der Arbeitsweise der Schreiber machen es möglich, zwischen älteren und jüngeren Abschriften zu unterscheiden und so dem ursprünglichen Text möglichst nahe zu kommen.

Da uns Tausende von Handschriften vorliegen, ist dies ein kompliziertes Unternehmen. Fachleute bestätigen aber, daß der Text des Neuen Testaments erstaunlich gut erhalten ist (zum Beispiel viel besser als der Text eines großen Teils der klassischen Literatur). Bei manchen Stellen ist die ursprüngliche Lesart zwar unklar, aber das betrifft kaum entscheidende Fragen und auf keinen Fall den Grundbestand der christlichen Lehre.

Die Literarkritik

Die ersten drei Evangelien sind sich in vieler Hinsicht sehr ähnlich, während das vierte eine ganz eigene Prägung hat. Matthäus, Markus und Lukas schildern das Wirken Jesu in Galiläa und schließlich eine Reise nach Jerusalem, wo Jesus dann verhaftet und gekreuzigt wird. Die Passionsgeschichte und der Auferstehungsbericht nehmen in jeder dieser Darstellungen einen verhältnismäßig großen Raum ein. Aber abgesehen von diesen Berichten und den Geburtsgeschichten bei Matthäus und Lukas läßt sich in den ersten drei Evangelien kaum etwas eindeutig in Judäa ansiedeln. Bei Johannes erstreckt sich das Wirken Jesu über einen längeren Zeitraum (das geht aus seinen Hinweisen auf die Passafeste hervor), und er schildert viele Begebenheiten, die in Judäa stattgefunden haben.

Aufgrund ihrer Gemeinsamkeiten werden die ersten drei Evangelien auch die synoptischen (d. h. »zusammenschaubaren«) Evangelien genannt: man kann sie parallel lesen und behandeln. Dabei stößt man aber neben Gemeinsamkeiten auch auf Unterschiede. Die Frage der Beziehung dieser Evangelien zueinander hat die Forschung jahrzehntelang beschäftigt, vor allem die Frage der zeitlichen Reihenfolge ihrer Abfassung.

Zunächst war man der Ansicht, daß das Matthäusevangelium als erstes abgefaßt worden sei und Markus es später gekürzt habe. Heute geht man meist von der größeren Unmittelbarkeit und Ursprünglichkeit des Markus aus. Die Reihenfolge der Ereignisse bei Markus scheint zudem immer entweder von Matthäus oder von Lukas eingehalten zu werden. Außerdem sind die Erzählungen, die Markus und Matthäus gemeinsam haben, bei Markus normalerweise länger als bei Matthäus, obwohl Markus das kürzeste Evangelium ist; und das spricht dagegen, daß Markus Matthäus gekürzt hat. Überhaupt enthält das Markusevangelium nur wenig Stoff, der nicht auch bei Matthäus oder Lukas vorkommt, so daß nicht einsichtig ist, warum gerade dieses Evangelium nach den andern geschrieben worden sein sollte. Aus diesen Gründen nimmt man heute im allgemeinen an (auch wenn es nicht zweifelsfrei bewiesen ist), daß das Markusevangelium zuerst verfaßt wurde und Matthäus und Lukas es als Vorlage gebraucht haben.

Matthäus und Lukas haben darüber hinaus manches gemeinsam, was Markus nicht hat. Man nimmt daher an, daß diesen Evangelien noch eine weitere Quelle zugrundeliegt, die verlorengegangen ist. Man nennt sie Q. Die meisten Forscher halten Q für eine Sammlung von Aussprüchen Jesu, die nur wenige Erzählungen enthielt. Viele sind der Ansicht, daß es sich dabei um eine einzige Quelle handelt, während andere darauf hinweisen, daß das Maß an Übereinstimmung in den Texten, die aus Q stammen könnten, recht unterschiedlich ist. Manchmal sind solche Texte bei Matthäus und Lukas fast wörtlich gleich (vgl. Matth. 3, 7–10 und Luk. 3, 7–9), aber manchmal unterscheiden sie sich auch erheblich (vgl. z. B. die beiden Fassungen der Seligpreisungen). Daraus schließt man, daß verschiedene Quellen zugrunde liegen (vgl. Luk. 1, 1). Q. ist dann die Bezeichnung für das ganze gemeinsame Material, ohne daß man sich auf eine bestimmte Quellentheorie festlegt.

Schließlich gibt es noch Überlieferungen, die nur in einem Evangelium vorkommen. Offensichtlich hatte jeder Evangelist noch seine eigenen Quellen, die er in seinem Bericht verarbeitet. Die Forscher sprechen hier vom »Sondergut« des jeweiligen Evangelisten.

Die Literarkritik hat manche wertvollen Beiträge zum Verständnis der Evangelien geliefert. Darüber darf man allerdings nicht vergessen, daß ihre Aussagen über die Quellen der Evangelien bestenfalls einleuchtende Hypothesen sind. Sie lassen sich nicht beweisen, weil diese (möglichen) Quellen nicht erhalten geblieben sind. Deshalb darf die Literarkritik ihre Forschungsergebnisse nicht als gesicherte Erkenntnisse ausgeben und muß stets bereit sein, ihre Theorien zu prüfen und – wo nötig – zu revidieren.

Formgeschichte und Traditionsgeschichte

Die Literarkritik kommt möglicherweise über ihren heutigen Stand nicht mehr hinaus. Man hat nun versucht, hinter die schriftlichen Quellen zurückzugehen und zu der Zeit vorzustoßen, in der die Überlieferung noch mündlich weitergegeben wurde. In der sogenannten Formgeschichte geht es um die einzelnen Erzähleinheiten, aus denen die Evangelien zusammengesetzt sind: Wundergeschichten, Gleichnisse, Streitgespräche usw. Nach Meinung der Formgeschichtler wurden diese kleinen Einheiten lange Zeit mündlich überliefert (tradiert) und änderten dabei ihre Gestalt.

Warum blieben nun aus der ursprünglich viel umfangreicheren Überlieferung gerade diese Geschichten erhalten? Sie wurden nach Auffassung vieler Theologen deshalb überliefert, weil sie immer wieder in der Predigt und Unterweisung der frühen Gemeinden verwendet wurden. Radikale Formgeschichtler kommen so zu dem Schluß, daß wir in den Evangelien mehr über den Glauben der Urgemeinde als über die Predigt Jesu erfahren. Das aber ist ein sehr subjektives Urteil; den Formgeschichtlern wird deshalb mit Recht oft vorgeworfen, daß sie zu leicht Behauptungen aufstellen, die kaum bewiesen werden können.

Die Redaktionsgeschichte

Die Redaktionsgeschichte setzt da ein, wo die Formgeschichte aufhört: sie befaßt sich mit dem Rahmen, der die kleinen Erzählungen der Evangelien miteinander verbindet. Daraus zieht man Schlüsse auf die Absicht, die die Evangelisten hatten, als sie die einzelnen Erzählungen in ihre Darstellung aufnahmen. Demnach ging es Matthäus vor allem um die Kirche; er verfaßte ein katechetisches Handbuch für christliche Lehrer; Markus dagegen war vor allem das »Messiasgeheimnis« wichtig, um zu zeigen, daß bis zur Kreuzigung und den damit verbundenen Ereignissen nicht offenbar wurde, wer Jesus wirklich war. Lukas schließlich ging es um die Heilsgeschichte.

Es ist nicht einfach, das vierte Evangelium mit den Synoptikern zu vergleichen. Manche Neutestamentler sind der Ansicht, daß sich das Jesusbild des Johannesevangeliums so sehr von dem der anderen Evangelien unterscheide, daß man sich für eines von beiden entscheiden müsse. Dem ist entgegenzuhalten, daß man unterschiedliche Darstellungen geradezu erwarten muß, wenn eine Person mit ihren vielen Wesenszügen aus verschiedenen Blickwinkeln geschildert wird. Viele Theologen erklären die Unterschiede damit, daß bei den Synoptikern vor allem das öffentliche Wirken Jesu seinen Niederschlag gefunden hat, während Johannes vorwiegend die Unterweisung der Jünger und die Auseinandersetzungen Jesu mit seinen Gegern in seine Darstellung aufnahm.

Es gibt wahrscheinlich kaum andere Schriften, die so gründlich erforscht worden sind wie die Evangelien. Alle Einzelheiten wie Wortwahl und Satzbau sind sorgfältig untersucht und in umfassendere Fragestellungen miteinbezogen worden.

Hier liegen uns heute die Ergebnisse langjähriger gründlicher Forschung vor, die wir für die Auslegung nutzen können. Dabei muß jedoch immer wieder im Auge behalten werden, daß historische Forschung nur den menschlich-geschichtlichen Aspekt der Heiligen Schrift erfassen kann. Wo das vergessen wird, wie es in der historischen Forschung leider oft geschieht, werden ihre Ergebnisse den Zugang zur Bibel verstellen, statt zu eröffnen, weil sie den Anspruch der Heiligen Schrift außer acht lassen, das Wort des lebendigen Gottes an die Menschen zu sein (vgl. auch »Die Bibel ist anders«, S. 32 ff.).

Vgl. ferner den Artikel »Das Zeugnis der Evangelien von Jesus Christus« auf S. 468.

Johannes

Das Johannesevangelium unterscheidet sich sehr stark von den anderen Evangelien. Es wurde als letztes (um 90) verfaßt und scheint vorauszusetzen, daß die Leser im großen und ganzen über das Leben und die Geschichte Jesu Bescheid wissen. Johannes ergänzt die anderen Berichte, und er legt dabei den Schwerpunkt auf den Sinn der Ereignisse. Er wählt aus den vielen Wundern Jesu diejenigen aus, die als »Zeichen« am klarsten zeigen, wer Jesus ist. Sein Ziel ist, zum Glauben an Jesus zu führen (20, 30–31), und diesem Ziel ist alles andere untergeordnet. Johannes überliefert vor allem Worte und Reden Jesu, darunter viele Worte Jesu über sich selbst. Seine Gestaltung und sein Stil sind dabei ganz anders als die des Matthäus, der ja auch vorwiegend die Verkündigung Jesu überliefert. Die meisten Ereignisse, über die im Evangelium berichtet wird, finden in und um Jerusalem statt, und zwar in Verbindung mit den verschiedenen jüdischen Festen. Es ist durchaus denkbar, daß Jesus hier in der Hauptstadt, die zugleich das Zentrum theologischen Denkens war, in seiner Verkündigung methodisch anders vorging als in Galiläa. Im Blickpunkt des Johannesevangeliums steht Jesus als der Messias und der Sohn Gottes.

Der Verfasser bezeichnet sich selbst als »den Jünger, den Jesus lieb hatte« (21, 20. 24). Er gehörte zu den 12 Jüngern, und zwar wie Petrus zu dem inneren Kreis. Der Täufer wird im Evangelium immer nur mit Johannes bezeichnet, der Jünger Johannes wird dagegen nie mit Namen genannt. Das alles macht es wahrscheinlich, daß der Verfasser selbst Johannes, der Sohn des Zebedäus ist, also der Bruder des Jakobus und Geschäftspartner von Petrus und Andreas. In der Kirche wurde das schon früh angenommen, und zwar wird überliefert, daß der greise Apostel sein Evangelium in Ephesus geschrieben oder diktiert habe. Johannes war wohl ein Vetter Jesu (seine Mutter, Salome, war Marias Schwester: Matth. 27, 26; Mark. 15, 40; Joh. 19, 25).

Johannes und Jakobus (die Jesus auch die »Donnersöhne« nannte) waren mit Petrus zusammen die Wortführer der Jünger und später der Jerusalemer Gemeinde. Sie durften bei der Verklärung Jesu und der Auferweckung der Tochter des Jairus dabei sein. Sie waren dann auch im Garten Gethsemane vor der Verhaf-

Nathanael saß unter einem Feigenbaum, als Jesus ihn rief – ein schattiger Platz auch bei großer Hitze.

tung bei Jesus. Jesus vertraute seine Mutter am Kreuz der Fürsorge des Johannes an. Wahrscheinlich kannten nur wenige Jesus so gut wie Johannes.

1, 1–18 PROLOG

Am Anfang des Johannesevangeliums wird in großartiger Weise alles Grundlegende über Jesus gesagt. Darauf baut das ganze Evangelium auf. In Jesus, dem Wort, spricht Gott zu den Menschen. Er ist der vollkommenste Ausdruck der Person Gottes, den wir kennen. Durch ihn ist alles geschaffen. Als Gott sprach (siehe 1. Mose 1), entstand durch sein Wort Leben. Dieses erhabene Wort Gottes wurde Mensch – der Mensch, den wir als Jesus Christus kennen. Das Licht seines Lebens schien – und scheint noch – in der Finsternis der Welt, die ihn nicht erkannt hat. Aber denen, die ihn annehmen, schenkt er Gottes vergebende Liebe, seine Gnade (16). Ihnen schenkt er ein neues, verwandeltes Leben.

Johannes (6): Johannes der Täufer (siehe Anm. zu Luk 1, Matth. 3, Mark. 1), der von Gott gesandte Bote, der das Kommen Christi ankündigen und die Menschen darauf vorbereiten sollte.

Vers 14: Johannes denkt hier vielleicht an die Verklärung Jesu, bei der Petrus, Jakobus und er etwas von der übernatürlichen Herrlichkeit Jesu sahen (Matth. 17, 1–8).

1, 19 – 2, 12 DIE ANFÄNGE

1, 19–34 Der Täufer bezeugt, daß Jesus der Messias ist

Johannes zog durch seine ungewöhnliche Verkündigung die Aufmerksamkeit der Leute auf sich. Aber er ist nicht der Messias, und er hält sich auch nicht für den wiedergekommenen Elia (Mal. 3, 23; Jesus sieht diese Verheißung allerdings in Johannes erfüllt – vgl. Matth. 17, 10–13). Er ist nicht der Prophet wie Mose (5. Mose 18, 15). Sobald Gott ihm den Messias gezeigt hat (32–34), lenkt er die Aufmerksamkeit der Menschen auf Jesus.

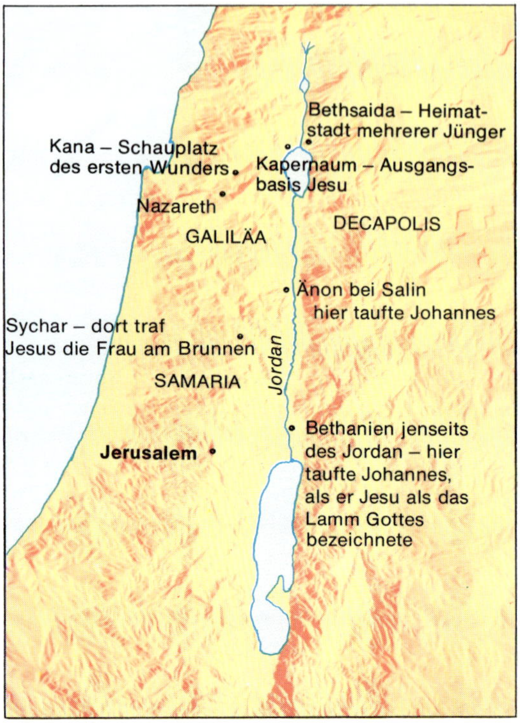

Pharisäer (24): siehe S. 494.

Das Lamm Gottes (29): Dieser Ausdruck stammt aus der alttestamentlichen Opfersprache (3. Mose 4, 32–35; vgl. auch Jes. 53, 4–12). Die Sünde bringt jedem Menschen das Todesurteil, die Trennung von Gott. Zur Zeit des Alten Testaments nahm Gott den Tod eines Tieres stellvertretend für den Tod des Sünders an. Ein solches Opfer mußte wiederholt werden, wenn man erneut gesündigt hatte. Jesus sollte sterben, um sein Leben ein für allemal für die Sünden der ganzen Menschheit hinzugeben.

1, 35–51 Die ersten Jünger Jesu

Vgl. auch Anm. zu Mark. 3, 7–19. Auf das Wort des Johannes hin verlassen ihn zwei seiner Jünger, um Jesus nachzufolgen: Andreas (vgl. 6, 8–9; 12, 22) und ein ungenannter Mann, möglicherweise Johannes. Wer Jesus entdeckt, kann das nicht für sich behalten, daher holt Andreas seinen Bruder Petrus. Genauso bringt dann

Philippus (vgl. auch 6, 5; 12, 21; 14, 8) später Nathanael zu Jesus.

Vers 39: Johannes zählt die Stunden wohl nach der römischen Art, die der modernen entspricht. Demnach ist mit der zehnten Stunde 10 Uhr morgens gemeint.

Vers 42: Die Namen »Kephas« und »Petrus« bedeuten beide »Fels«.

Vers 48: Nathanael meditierte nach jüdischer Weise unter seinem Feigenbaum über die heilige Schrift – vielleicht über Jakobs Himmelsleiter (vgl. 1. Mose 28, 12 mit V. 51)?

Der Menschensohn (51): ein Messiastitel (Dan. 7, 13–14), Jesu häufigste Selbstbezeichnung.

2, 1–12 Jesus auf einer Hochzeit

Eine Hochzeit wurde mehrere Tage lang gefeiert. Es muß für den Bräutigam, der zugleich Gastgeber war, sehr peinlich gewesen sein, als der Wein ausging. Dies ist die erste der sieben »Zeichenhandlungen«, die Johannes auswählte. Sie sollen den Anspruch Jesu bestätigen und zum Glauben führen. Hier wird der neue Wein des Evangeliums dem Wasser des alten Glaubens gegenübergestellt (vgl. Vers 6). Jesus hatte etwas ganz Neues zu bringen.

Vers 4: Niemand hat das Recht, auf Jesus Druck auszuüben, nicht einmal seine Mutter. Daher die schroffe Antwort, wörtl.: »Was ist mir und dir gemeinsam, Frau!« – Die Formulierung findet sich im AT z. B. Ri. 11, 12; 1. Kön. 17, 18.

Kana in Galiläa, wo Jesus Wasser in Wein verwandelte.

Ein großer Wasserkrug aus dem Rockefeller-Museum in Jerusalem.

Vers 6: die Wasserkrüge dienten der vorgeschriebenen Reinigung der Hände und des Geschirrs.

2, 13 – 3, 36 BEGINN DES ÖFFENTLICHEN WIRKENS JESU: JERUSALEM

2, 13–25 Jesus vertreibt die Händler aus dem Tempel

Siehe Anm. zu Matth. 21, 12–17. Johannes stellt dieses Ereignis an den Beginn des Wirkens Jesu, die anderen Evangelisten ans Ende. Es ist natürlich möglich, daß Jesus die Händler mehr als einmal aus dem Tempel wies, aber wahrscheinlich ist, daß Johannes eine streng chronologische Darstellung der Ereignisse anderen Gesichtspunkten unterordnet. Der Vorfall veranschaulicht die Unehrlichkeit, die Heuchelei und die Vorurteile, die im religiösen Leben Israels so verbreitet waren. Auch wird daran deutlich, daß ein Zusammenstoß zwischen Jesus und den religiösen Führern unvermeidlich war.

Passa (13): siehe Anm. zu Matth. 26, 14–29.

Vers 20–21: Im Tempel war Gott in besonderer Weise gegenwärtig; nirgends konnten ihm die Menschen näher sein als dort. Das wurde mit dem Kommen Jesu anders: er nennt sich ja selbst den Tempel Gottes. Vgl. S. 496 zum Tempel zur Zeit Jesu.

3, 1–21 Das Gespräch mit Nikodemus

Nikodemus kommt zunächst heimlich; später stellt er sich auch in der Öffentlichkeit auf die Seite Jesu (7, 50–51; 19, 39). Jesus sagt ihm, daß der Mensch geistlich wiedergeboren werden muß, um in Gottes Reich zu kommen.

Vers 16–21: Dies sind entweder Jesu eigene Worte oder aber eine Erklärung durch Johannes. Sie sind das Herzstück der Botschaft des Evangeliums. Jesus kommt, um zu retten, aber für die, die ihn ablehnen, ist die Folge seines Kommens das Gericht.

Vers 14: vgl. 4. Mose 21, 4–9; mit »Erhöhung« spielt Jesus auf seine Kreuzigung an.

3, 22–36 Der Täufer beendet sein öffentliches Wirken

Das Wirken Jesu und das des Täufers liefen noch einige Zeit nebeneinander her. Doch Jesus hat nun mehr Zuhörer als Johannes. Und nun erweist sich die innere Größe des Täufers: ohne Bitterkeit oder Eifersucht erkennt er mit Freude an, daß Gott hinter Jesus steht.

Vers 31–36: Es ist nicht deutlich, ob hier noch der Täufer spricht, oder ob es sich um Bemerkungen des Evangelisten Johannes handelt.

4, 1–42 SAMARIA: DIE FRAU AM BRUNNEN

Jesus geht auf dem kürzesten Weg von Jerusalem nach Galiläa, und der führt durch Samaria. Er wurde von den Juden gewöhnlich gemieden, da zwischen ihnen und den Samaritanern Feindschaft herrschte (siehe S. 497). Wenn man zudem das jüdische Gebet kennt: »Gepriesen seist du, o Herr, der du mich nicht als Weib erschaffen hast«, kann man verstehen, warum die Samariterin erstaunt war, als Jesus sie ansprach (9). Obwohl Jesus müde und hungrig ist, kann er nicht an einem Menschen vorbeigehen, der ihn braucht. Im Lauf des Gesprächs macht er der Frau klar, daß ihre eigentliche Not geistlicher Art ist (7–15). Außerdem geht es um ihre Lebensweise und nicht um ein »theologisches« Problem (16–26). Das Ergebnis dieser scheinbar unbedeutenden Begegnung ist, daß auch andere zum Glauben kommen (39–42).

Vers 20: Der Garizim war für die Samaritaner als zentraler Ort der Anbetung an die Stelle Jerusalems getreten. Jesus sagt nun aber, daß es nicht auf den Ort ankommt, sondern darauf, daß die Anbetung ernst gemeint ist und im Geist geschieht.

4, 43–54 GALILÄA: HEILUNG DES SOHNES EINES BEAMTEN

Dies ist das zweite »Zeichen« des Johannesevangeliums (siehe Anm. zu 2, 1–12). Jesus wollte mit seinen Wundern nie einfach beeindrucken. Sie sollten zum Glauben führen (Vers 53). Mit dieser Absicht werden sie auch von Johannes berichtet.

Vers 44: Jesus spricht hier ursprünglich von Nazareth (vgl. Mark. 6, 1–6). Johannes versteht das Wort in einem umfassenderen Sinne und bezieht es auf Judäa.

Frauen an einem Brunnen in den Bergen Judäas.

5 WIEDER IN JERUSALEM

5, 1–18 Auseinandersetzung über eine Heilung am Sabbat

Die dritte Zeichenhandlung (vgl. Anm. zu 2, 1–12). Es kam mehrmals zu Zusammenstößen mit den religiösen Führern aufgrund von Sabbatheilungen (Mark. 3, 1–6; Luk. 13, 10–17; 14, 1–6; Joh. 9). Jesus lehnte nicht den Grundsatz der Sabbatruhe ab und ging selbst regelmäßig in die Synagoge. Er wandte sich aber gegen die kleinlichen Vorschriften der religiösen Führer, die oft dem eigentlichen gottgewollten Sinn des Ruhetags entgegenwirkten. Hier wird Jesus nicht nur wegen der Heilung am Sabbat angegriffen, sondern auch wegen Gotteslästerung, weil er sein Tun mit dem Tun Gottes auf eine Ebene stellt (17).

Der Teich Bethesda mit seinen fünf Säulenhallen, an dem Jesus den Kranken heilte, wurde viele Meter unter dem heutigen Jerusalem ausgegraben.

5, 19–47 Der Anspruch Jesu

Jesus setzte sich tatsächlich mit Gott gleich (18), aber damit machte er sich nicht von ihm unabhängig (19). Allein in diesem Abschnitt erhebt er folgende Ansprüche:

- Gottes Plan zu kennen (20),
- von Gott in all seinem Tun bevollmächtigt zu sein (19. 30),
- ewiges Leben schenken zu können (21. 24. 40),
- das Recht und die Vollmacht des Gerichts über alle Menschen, Lebendige und Tote, zu haben (25–29).

Wer solche Ansprüche erhebt, ist entweder verrückt, oder er muß sie begründen können. Wodurch stützt Jesus seinen Anspruch?

- Mit dem Wort Gottes bei der Taufe (37),
- mit dem Zeugnis Johannes des Täufers (33–35),
- mit seinen eigenen Wundern (36),
- mit Worten aus dem Alten Testament (39).

6 GALILÄA

6, 1–21 Speisung der 5 000; Jesus geht auf dem Wasser

Siehe Anm. zu Mark. 6, 30–56. Vgl. auch Matth. 14, 13–36; Luk. 9, 10b–17. Die vierte und die fünfte Zeichenhandlung. Johannes erinnert sich genau an diese Ereignisse. Er weiß noch, welche Jünger Jesus antworteten; er erinnerte sich an den Jungen und daran, wie weit die Jünger schon gerudert waren, als sie Jesus sahen.

6, 22–59 Die Menge sucht Jesus, das Brot des Lebens

Die Menge hat nichts gegen einen Messias, der sie umsonst mit Essen versorgt (26. 34). Niemand kann ohne Nahrung auskommen, aber Leben ist mehr als körperliche Existenz (27). Jesus will denen Brot geben, die geistlichen Hunger haben. Er selbst ist Geber und Gabe zugleich. Er ist das »Brot« des neuen Lebens, das uns durch seinen Tod geschenkt wird (51). Aufgrund unserer Sünde sind wir von Gott zum Tode verurteilt, dürfen aber nun leben, weil Christus für uns gestorben ist. Nur wenn wir seinen Tod in seiner Bedeutung für uns begreifen, kennen wir das Leben. Die Vergebung, die er uns durch seinen Tod erkauft hat, ist die »Nahrung« des Christen.

Manna (31): vgl. 2. Mose 16 und 5. Mose 8, 3.

6, 60–71 Reaktionen

Manche waren über die Rede Jesu entsetzt, weil sie sie wörtlich verstanden. Das Gesetz verbot das Trinken von Blut, und das Fleisch mußte deshalb auf besondere Weise geschlachtet werden. Wenn die Zuhörer aber an den eigentlichen Sinn dieser Gebote gedacht hätten, hätten sie Jesus verstanden. In 3. Mose 17, 11 heißt es nämlich: »Das Blut ist die Entsühnung, weil das Leben in ihm ist.« Jesus sagt also: »Ich entsühne eure Sünden; nehmt mein Opfer an und macht Gebrauch davon.« Nun wendet sich die Menge von ihm ab, denn einen solchen Messias wollen sie nicht. Die Jünger bleiben aber bei Jesus, und ihr Glaube an ihn wächst.

7 – 10, 21 BEIM LAUBHÜTTENFEST IN JERUSALEM

7, 1–13 Gefahr

Beim letzten Besuch Jesu in Jerusalem hatte es

Die Berge am Ostufer des Sees Genezareth in der Abendsonne.

Das Haus des Herodes

E. M. Blaiklock

Nachdem die Römer um 63 v. Chr. unter Pompejus die Gebiete des Vorderen Orients erobert hatten, mußten sie auch die Verwaltung dieser Gebiete organisieren. Für Galiläa, Samaria, Judäa und Peräa setzten sie Hyrkan als Hohenpriester und den Idumäer Antipater als Statthalter ein. Dieser verstand es, seine Stellung auszunützen und auch seine Söhne, Phasael und Herodes, an der Herrschaft zu beteiligen, indem er ihnen die Verwaltung von Galiläa und Judäa übertrug. Als Antipater im Jahr 43 v. Chr. ermordet wurde, traten sie seine Nachfolge an.

Bei einem Einfall der Parther kam Phasael bald danach ums Leben. Herodes floh nach Rom und gewann das Vertrauen Octavians, des späteren Kaisers Augustus, der ihm den Auftrag gab, die verlorenen Gebiete zurückzuerobern, was ihm bis zum Jahr 36 dann auch gelang. Danach herrschte er 34 Jahre bis zu seinem Tod.

Gleichzeitig versuchte er, die Juden, die ihn als Idumäer (= Edomiter) zunächst ablehnten, für sich zu gewinnen, indem er den großartigen Tempel in Jerusalem errichten ließ. Er war ein geschickter Diplomat. Seine Gegner spaltete er, indem er einerseits den alten Adel unterdrückte, andererseits Mariamne heiratete, die dem alten Königsgeschlecht der Hasmonäer angehörte. Um seine Anhängerschaft zu vergrößern, gründete er die Partei der »Herodianer«. Das Beamtentum baute er nach dem Vorbild der Ptolemäer in Ägypten auf und sicherte seine Macht durch ein Söldnerheer und ein Netz von Befestigungen im ganzen Land (dazu gehörte u. a. Masada). Der Preis, den er für die Macht bezahlen mußte, waren starke Spannungen innerhalb seiner Familie, Mordtaten und am Ende der Wahnsinn. Er war König zu der Zeit, als Jesus geboren wurde. Daß er aus Eifersucht auf einen möglichen Rivalen alle Kinder in Bethlehem ermorden ließ, ist typisch für seinen Charakter.

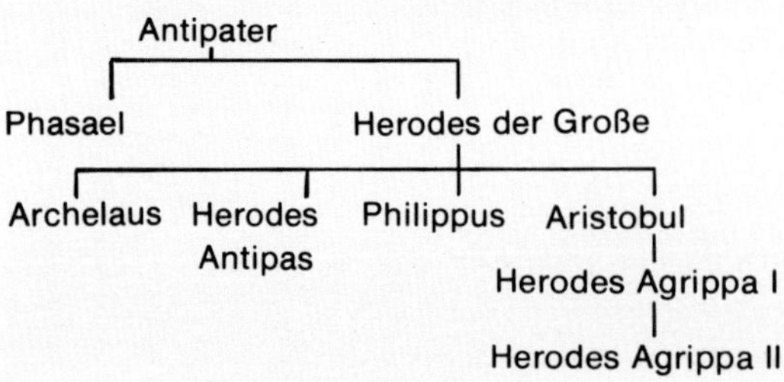

In seinem Testament teilte er sein Reich, das er so lange geschickt und zugleich grausam regiert hatte, unter seine Söhne auf. Archelaus, ein Sohn der Samaritanerin Malthake, bekam Judäa und Idumäa, den besten Anteil; Herodes Antipas, Sohn derselben Mutter, Galiläa und Peräa; und Philippus, der Sohn der Jüdin Kleopatra, erhielt Ituräa, Trachonitis und die anderen Gebiete im Nordosten des Reichs. Archelaus hatte alle Fehler seines Vaters geerbt, nicht aber dessen Fähigkeiten. Als in Jerusalem Unruhen ausbrachen, ließ er sie mit Gewalt unterdrücken. Die Folge war verstärkter Widerstand, so daß Varus, der Statthalter von Syrien, eingreifen mußte. Archelaus wurde 6 n. Chr. aufgrund jüdischer Proteste beim Kaiser seines Amtes enthoben und verbannt. Judäa wurde einem römischen Statthalter unterstellt. Antipas blieb dagegen, wie sein Vater, lange an der Macht. Unter Kaiser Tiberius konnte er dank seiner diplomatischen Fähigkeiten seine Macht festigen. Caligula schätzte er jedoch falsch ein: Er bemühte sich bei ihm um die Königswürde und wurde daraufhin abgesetzt und verbannt. Antipas war es, der Johannes den Täufer ins Gefängnis warf und hinrichten ließ. Er hatte auch kurz mit Jesus zu tun, als dieser im Verlauf des Prozesses von Pilatus zu ihm geschickt wurde.

Herodes Agrippa I., ein Enkel von Herodes dem Großen, hatte längere Zeit in Rom verbracht und dort die Gunst Caligulas gewonnen. Er wurde daher als Nachfolger des Philippus eingesetzt, als dieser starb. Als Antipas verbannt wurde, erhielt er außerdem Galiläa und Peräa und im Jahr 41 n. Chr. von Kaiser Claudius auch noch die übrigen Gebiete, die einst zum Reich seines Großvaters gehört hatten. Er wird in Apg. 12 erwähnt. Im Jahr 44 starb er im Alter von 34 Jahren an einer schweren Krankheit. Danach wurde Palästina ganz der Herrschaft der Römer unterstellt.

Agrippas gleichnamiger Sohn wurde im Jahr 48 von Claudius zum König von Chalkis gemacht. 53 kamen die Gebiete von Philippus und Lysanias hinzu und außerdem ein Gebiet am Westufer des Sees Genezareth, zu dem auch die neuerbaute Stadt Tiberias gehörte. Damit bekam er auch den Königstitel und war damit Agrippa II., der letzte der Dynastie des Herodes. Im Neuen Testament kommt er nur in Apostelgeschichte 25 vor, wo er als Gast des Statthalters Festus die Verteidigungsrede des Paulus hört.

Schwierigkeiten gegeben, und die Juden planten einen Anschlag auf Jesus (Kapitel 5). Dieses Mal meidet Jesus die Öffentlichkeit.

Laubhüttenfest (2): Dieses jüdische Erntefest wurde im September oder Oktober acht Tage lang gefeiert. Dabei gedachte man an die Zeit, die das Volk in der Wüste verbracht hatte. Vgl. »Feste« auf S. 181.

Vers 8: Jesus wollte die Jünger nicht irreführen, sondern wartete auf den richtigen Augenblick.

7, 14–52 Unterschiedliches Echo auf die Verkündigung Jesu

Der Widerstand gegen Jesus wächst. Seine Hörer müssen sich entscheiden, auf welche Seite sie gehören wollen. Die Verkündigung Jesu (40) und seine Wunder (31) überzeugen manche, andere stehen ihm zweifelnd oder ablehnend gegenüber (27. 41–42). Wer aber den Willen Gottes erfahren und tun will, bekommt eine Antwort (17).

Zerstreuung (35): die jüdischen Gemeinden außerhalb Palästinas.

Vers 42: vgl. Micha 5, 1. Die Geschichte der Geburt Jesu war wohl nicht allgemein bekannt.

7, 53 – 8, 11 Die Ehebrecherin

Diese Erzählung ist zwar sicher echt, aber sie stand ursprünglich nicht hier. In einigen Handschriften steht sie am Ende des Johannesevangeliums, in anderen ist sie an Luk. 21, 38 angeschlossen. Die Pharisäer wollten Jesus in eine Falle locken. Auf ihre Frage hin mußte er sich ihrer Meinung nach entweder in Widerspruch zum Gesetz Moses bringen oder in einen Konflikt mit den Römern, die den Juden nicht erlaubten, ein Todesurteil zu vollstrecken. Es kam aber anders. Jesus hieß zwar das Verhalten der Frau nicht gut, aber er verurteilte sie auch nicht, sondern gab ihr noch einmal eine Chance.

8, 12–59 Das Licht der Welt

Jesus bezieht sich hier auf einen Brauch des Laubhüttenfestes, um seinen Auftrag zu verdeutlichen. Man zündete am Abend vier große goldene Leuchter an, die das Symbol für die Feuersäule waren, durch die Gott sein Volk nachts durch die Wüste führte (2. Mose 13, 21). Jesus ist für seine Nachfolger das Licht auf dem Weg durch das Leben. Er bekräftigt mit diesem Wort seinen Anspruch, Gottes Sohn zu sein (siehe Anm. zu 5, 19–47).

Vers 12–30: Jesus weiß im Gegensatz zu uns, woher er kommt und wohin sein Weg führt. Er weiß über die Zukunft Bescheid. Das jüdische Volk kommt aus dieser Welt und hat darin seinen Ursprung, Jesus dagegen nicht.

Vers 31–47: Die Menschen sind von der Sünde gefangen. Jesus ist frei davon und kann auch andere davon befreien.

Vers 48–59: Jesus hat Macht über den Tod und die Geschicke der Menschen nach ihrem Tod. Diese Macht kann nur Gott verleihen.

9 Ein Blinder kann sehen; die Sehenden verschließen ihre Augen

Diese sechste Zeichenhandlung bestätigt, daß Jesus wirklich das Licht der Welt ist. Man kann daraus auch einiges über das Problem des menschlichen Leidens lernen:

- Es besteht zwar ein direkter Zusammenhang zwischen Leiden und Sünde. Das Leiden eines einzelnen Menschen ist aber nicht unbedingt die Folge seiner Sünde oder der Sünde seiner Eltern (3).
- Manchmal läßt Gott Leiden mit einer bestimmten Absicht zu. Er läßt dann für den Leidenden und seine Umgebung Gutes daraus erwachsen.

In diesem Fall führt die Blindheit des Mannes zu einer Begegnung mit Jesus. Seine Augen werden geöffnet, er kann wieder sehen (7). Er kann Jesus erkennen und an ihn glauben (35–37). Die Sehenden lassen sich dagegen von Vorurteilen und Stolz verblenden (40–41). Sie sind Zeugen eines Wunders, aber sie sehen dabei nur, daß ein Gebot übertreten wird (16); die Wahrheit sehen sie nicht.

Vers 6: Diese Heilmethode war weit verbreitet, denn man schrieb dem Speichel heilende Wirkung zu. Auf die Methode kommt es aber nicht an, sondern auf den Glauben des Mannes, der sich an seinem bereitwilligen Gehorsam zeigt (7).

Gesandt (7): Das Wasser wurde von einer anderen Stelle abgeleitet.

Vers 22: Wer Jesus nachfolgte, mußte damit rechnen, aus der jüdischen Gemeinde ausgestoßen zu werden.

10, 1–21 Der gute Hirt

Dieser Abschnitt gehört eng mit Kapitel 9 zusammen. Es gab viele Hirten in Palästina. Sie verbrachten die meiste Zeit bei ihrer Herde. Die Schafe kannten die Stimme ihres Hirten und folgten ihr. Er führte sie zu neuem Weideland und beschützte sie vor wilden Tieren, indem er sich nachts quer vor den Eingang des Pferchs legte und so die »Tür« wurde. Im Alten Testament wird Gott oft Israels Hirt genannt. Auch die von Gott erwählten Führer werden als »Hirten« des Volkes bezeichnet. Nun nennt Jesus sich selbst den *wahren* Hirten. In diesem Ausdruck ist viel enthalten: die enge persönliche Beziehung zwischen Jesus und seinen Nachfolgern, die vollkommene Geborgenheit, die wir in ihm haben, seine Funktion als unser Führer, seine ständige Gegenwart, seine ständige Sorge um uns und seine aufopfernde Liebe.

Vers 16: Die Sorge Jesu gilt über Israel hinaus auch der wartenden Welt. Jude und Nichtjude, Sklave und Freier, Mann und Frau – alle sind *eine* Herde (vgl. Gal. 3, 28).

10, 22–42 IN JERUSALEM: DAS FEST DER TEMPELWEIHE

Dieses Fest der Lichter wurde im Dezember acht Tage lang gefeiert. Dabei gedachte man des großen Sieges der Juden unter den Makkabäern und der darauffolgende Neueinweihung des geschändeten Tempels.

Die Juden bleiben in Ungewißheit, weil sie nicht glauben (24–26). Sie wollen Jesus steinigen, weil er sich selbst zu Gott mache (33). Aber es ist umgekehrt: Jesus macht sich nicht zu Gott, sondern in ihm hat sich Gott zum Menschen gemacht (30).

Ein Hirt mit seinen Schafen in Galiläa.

11 AUFERWECKUNG DES LAZARUS; JESUS IST DIE AUFERSTEHUNG UND DAS LEBEN

Dies ist die siebte Zeichenhandlung. Gott läßt den Tod des Lazarus aus demselben Grund zu wie die Blindheit des Mannes (4 und 9, 3). Wieder untermauert ein Zeichen den Anspruch Jesu. Daher weist er auch seine Gegner immer wieder auf sein Tun hin. Er behauptet, er könne den Menschen neues geistliches Leben schenken, und gibt nun eine Bestätigung, indem er Lazarus nach vier Tagen im Grab ins Leben zurückholt. Wir dürfen ihn also beim Wort nehmen. Die Jünger und die Schwestern des Lazarus können Jesus zunächst nicht verstehen, aber dann wächst ihr Vertrauen zu ihm (15. 27. 42).

Vers 50: Dieses Wort des Hohenpriesters bekam eine Bedeutung, die er damals nicht erahnen konnte.

12 DIE LETZTEN TAGE DES ÖFFENTLICHEN WIRKENS IN JERUSALEM

12, 1–8 Das kostbare Öl der Maria

Siehe Anm. zu Mark. 14, 1–11.

12, 9–11 Gegen Lazarus wird ein Anschlag geplant

12, 12–19 Jesus zieht umjubelt in Jerusalem ein

Vgl. Anm. zu Luk. 19, 28–48 und die Einleitung zu Matth. 21. Vgl. auch Mark. 11, 1–11.

Palmzweige (13): Zeichen des Sieges

12, 20–36a Die Griechen kommen zu Jesus

Dadurch wird Jesus klar, daß sein Weg dem Ende zugeht. Für ihn ist die Zeit gekommen, durch seinen Tod der Menschheit das Leben zu erkaufen. Die Verse 20–36 und 44–50 enthalten seine letzten Worte in der Öffentlichkeit. Sie sind von Paradoxen bestimmt: Leben durch Tod; Herrlichkeit durch die Schande der Kreuzigung; durch die Vollstreckung des Urteils an ihm wird über die Welt das Urteil ausgesprochen.

12, 36b–50 Jesus zieht sich aus der Öffentlichkeit zurück

Vers 36b–43: Am Ende des Wirkens Jesu sind die Juden trotz der Zeichen nicht überzeugt worden. Viele, die an Jesus glauben, wagen nicht, sich auch öffentlich zu ihm zu stellen.

Vers 44–50: Unsere Entscheidung für oder gegen Jesus ist von weitreichender Bedeutung. Weil er der Beauftragte Gottes ist, hängt alles davon ab, ob wir an ihn glauben oder nicht.
Vers 40: Gott verhärtet niemand das Herz, der bereit ist zu glauben. Diejenigen aber, die die Wahrheit nicht begreifen *wollen* und ihn hartnäckig ablehnen, läßt er abstumpfen.

13 – 17, 26 DIE LETZTEN REDEN JESU AN SEINE JÜNGER

13, 1–20 Die Fußwaschung

Beim letzten Mahl mit den Jüngern (siehe Anm. zu Matth. 26, 14–29) wäscht Jesus ihnen die Füße. Dem ging ein Streit der Jünger über ihren

Modell Jerusalems; rechts der Tempel des Herodes, innerhalb der Mauer links das römische Viertel mit dem Amphitheater.

Rang voraus (Luk. 22, 24). Jesus gibt ihnen nun durch diese einfache Handlung die Antwort. Der Herr hat sich aus Liebe bereitwillig zum Sklaven der Menschen gemacht (Luk. 22, 27). Seine Nachfolger müssen so handeln wie er.

13, 21–30 Judas, der Verräter

Judas hat sich bereit erklärt, den Priestern eine heimliche Verhaftung Jesu zu ermöglichen (Luk. 22, 3–6). Nun ist es soweit. Die anderen Jünger wissen nicht, was sich draußen, in der Finsternis, tut, aber Jesus weiß es.

Vers 23: Damit ist sehr wahrscheinlich Johannes selbst gemeint (vgl. die Einleitung).

13, 31–38 Das Liebesgebot; Jesus kündigt das Versagen des Petrus an

Die Aussicht auf den Tod am Kreuz, von Gott getrennt wegen der Sünde der Welt, erschreckt Jesus (Luk. 22, 42–44). Aber er weiß auch, was dadurch errungen wird. Daher kann er den Tod als Sieg und Verherrlichung beschreiben. Er nimmt ihn aus Liebe zu anderen auf sich. Solche Liebe erwartet er auch von denen, die ihm nachfolgen.

14 Jesus macht den Jüngern Mut; Weg, Wahrheit und Leben

Die Jünger sind beunruhigt und traurig, weil Jesus von Verrat geredet hat und sie verlassen will. Jesus weiß, welche Wirkung sein Tod auf sie haben wird. Er versucht daher, ihnen zu erklären, warum er sterben muß.

Sein Tod ist zugleich seine Rückkehr zum Vater (12. 28). Er bahnt den Menschen den Weg zu Gott (6). Er wird seinen Jüngern eine ewige Heimat bereiten und wird sie zur rechten Zeit holen (2–3). Aber auch die Zeit, wo Jesus beim Vater ist, wird ihnen zum Besten dienen: sie werden große Vollmacht bekommen und können auf die Erhörung ihrer Gebete rechnen (12. 14). Vor allem aber wird der Heilige Geist immer und überall bei ihnen sein. Er wird sie

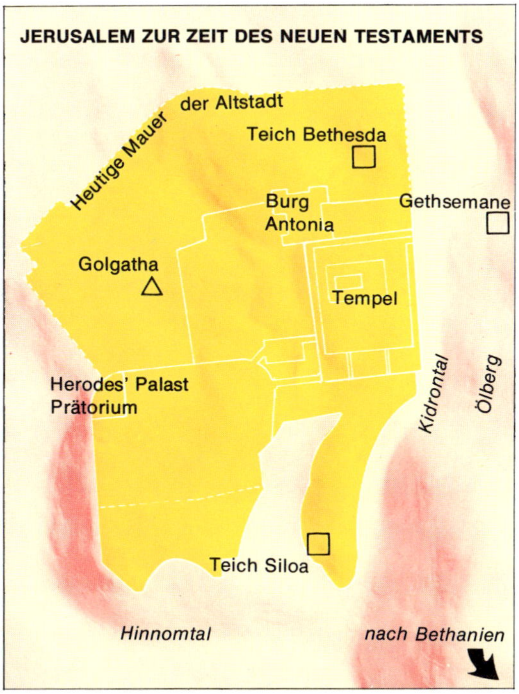

Jesus lehrte oft in der Säulenhalle des Tempels.

Bethanien bei Jerusalem, wo Jesus manchmal bei seinen Freunden war.

Weinstock, an dem Reben mit großen Trauben wachsen; die verdorrten Reben wurden abgeschnitten und verbrannt.

lehren und trösten und sie an alles erinnern, was Jesus gesagt hat (16–17. 26).

Die Jünger müssen ihrerseits Jesus weiterhin vertrauen und ihn lieben (1). Dies wird sich daran zeigen, daß sie alles tun, was er ihnen aufgetragen hat (15. 21. 23).

15–16 Der Weinstock; Feindschaft; die Verheißung des Geistes

Auf dem Weg nach Gethsemane wird das Gespräch fortgesetzt (14, 31). Es bleibt nicht mehr viel Zeit.

15, 1–17: Im Alten Testament wird Israel als der Weinstock beschrieben, der oft keine Frucht bringt. Jesus ist der wahre Weinstock, der Gottes Plan erfüllt, wo Israel versagt hat. Wer an ihn glaubt, ist wie eine Rebe. Jede Rebe geht direkt aus dem Stock hervor. Der Weinstock wird immer wieder beschnitten, so daß die Reben nur noch wenige Zentimeter lang sind. So bleiben sie den größten Teil des Jahres (sie »bleiben im Weinstock«). Dann wachsen sie sehr schnell und bringen Frucht. Reben, die keine Frucht getragen haben, werden ganz abgeschnitten und verbrannt.

15, 18 – 16, 4a: Wer zu Jesus gehört, wird unweigerlich den Haß der Umwelt auf sich ziehen.

16, 4b–15: Wenn Jesus weggeht, kommt der Heilige Geist, der den Menschen die Wahrheit zeigen wird.

16, 16–33: Über den Tod Jesu wird zwar Trauer herrschen, aber nur für kurze Zeit. Die Auferstehung wird immerwährende Freude bringen.

17 Das Gebet Jesu für sich und für seine Jünger

Jesus hat nun den Auftrag, der ihm mit seinem Leben gegeben wurde, erfüllt. Er hat die Botschaft Gottes verkündigt und gezeigt, wer Gott ist. Nun bleibt nur noch der Tod, und dann wird er in die Herrlichkeit zurückkehren, die er aufgab, um Mensch zu werden. Die Jünger werden allein in einer feindlichen Welt zurückbleiben. Deshalb bittet er Gott, sie zu beschützen. Er soll ihr Leben durch die Wahrheit seines Wortes gestalten, ihnen solche Einheit untereinander schenken, daß die Welt dadurch zum Glauben kommen kann, und sie am Ende zu ihm bringen, damit sie in seiner Herrlichkeit leben.

Vers 12: Damit ist Judas gemeint.

18 – 21 PROZESS; TOD UND AUFERSTEHUNG

18, 1–12 Verrat und Verhaftung

Siehe Anm. zu Matth. 26, 30–56. Vgl. auch Mark. 14, 26–52; Luk. 22, 39–53. Johannes läßt das Gebet Jesu im Garten weg. Er nennt aber den Namen des Knechtes und erwähnt, daß Petrus derjenige war, der zum Schwert griff.

Vers 1: vgl. Karte.

18, 13 – 19, 16 Jesus vor Hannas und Kaiphas; Verleugnung des Petrus; Jesus vor Pilatus

Siehe Anm. zu Mark. 14, 53 – 15, 15; Luk. 22, 54 – 23, 31. Vgl. auch Matth. 26, 57 – 27, 26. Johannes nennt manche Einzelheiten, die seine genaue Kenntnis der Vorgänge zeigen (z. B. 18, 18. 22. 28).

Das Steinpflaster (19, 13) – auch »Gerichtspflaster«: Siehe Foto S. 527.

19, 14: Johannes hält sich wohl im Unterschied zu den anderen Evangelisten an die römische Art der Zeitrechnung. Dabei beginnt der Tag – wie bei uns – um Mitternacht. Wenn Johannes nicht – wie manche meinen – das Passafest einen Tag später ansetzt als die anderen Evangelisten (vgl. Mark. 14, 12), bezieht sich die Angabe hier auf die Vorbereitungen für den Sabbat der Passawoche (19, 31).

19, 17–37 Die Kreuzigung

Siehe Anm. zu Mark. 15, 16–41; Luk. 23, 32–49. Vgl. auch Matth. 27, 27–56. Wieder zeigt sich, daß Johannes sich lebhaft an die Vorgänge erinnert: an die Inschrift (20–22), an den ungenähten Rock (23–24), an den Augenblick, als Jesus ihm seine Mutter anvertraute (26–27), und an den sicheren Beweis, daß Jesus wirklich tot war (34).

Vers 31: Nach jüdischem Gesetz durfte der Leichnam eines Verbrechers nicht bis nach Sonnenuntergang hängen bleiben (5. Mose 21, 23).

Vers 34: Johannes will hier nicht nur betonen, daß Jesus wirklich tot war. Als Jude sah er Blut

Jenseits des Kidrontales liegt der Garten Gethsemane mit seinen Ölbäumen.

und Wasser als Symbole des Opfers und der Reinigung. Das Blut entsühnt die Sünden der Menschen, das Wasser ermöglicht ihnen einen völligen Neuanfang. Der Tod Jesu schenkt uns Vergebung und neues Leben.

19, 38–42 Grablegung

Siehe Anm. zu Mark. 15, 42–47. Vgl. auch Matth. 27, 57–66; Luk. 23, 50–56. Nach dem Tod Jesu bekennen sich zwei Männer, die bisher heimliche Jünger waren, öffentlich zu ihm.

Nach seiner Auferstehung erschien Jesus seinen Jüngern am See Genezareth und bereitete ihnen ein Mahl.

20 Die Auferstehung; Jesus erscheint den Jüngern in Jerusalem

Siehe Anm. zu Luk. 24. Vgl. auch Matth. 28; Mark. 16. Johannes gibt seinen eigenen Bericht über die Ereignisse, der das enthält, was er selbst sah und hörte und was er von Maria Magdalena erfuhr. Das Bekenntnis des zweifelnden Thomas: »Mein Herr und mein Gott«, ist der Höhepunkt des ganzen Evangeliums. Damit will Johannes andere Menschen zu einem ebenso gewissen und klaren Glauben an Jesus führen (31).

Vers 7: Johannes sieht, daß die Tücher alle an ihrem Platz liegen. Insbesondere liegt das Schweißtuch durch einen Zwischenraum getrennt von den anderen Tüchern. Wenn der Leichnam gestohlen worden wäre, könnten die Tücher nicht mehr so daliegen. Der Leib Jesu muß durch sie »hindurchgegangen« sein. Johannes sah das und glaubte.

21 Jesus erscheint in Galiläa; Schlußwort des Verfassers

Nur Johannes berichtet, daß Jesus zu den sieben Jüngern kam, als sie wieder beim Fischfang waren. Johannes war dabei. Er erinnert sich noch, wie viele Fische sie gefangen haben und wie überrascht und erleichtert sie waren, daß das Netz nicht riß. Er erinnert sich auch, daß Jesus Petrus dreimal fragte: »Hast du mich lieb?«, und ihm damit die Möglichkeit gab, seine dreimalige Verleugnung wiedergutzumachen; daß er Petrus erneut die Führungsrolle zusprach und ihm den Auftrag gab, für seine Gemeinde zu sorgen. Er erinnert sich an die Frage des Petrus über das Schicksal des Johannes und nennt auch die Antwort Jesu darauf.

Danach beendet er sein Evangelium mit einer Bekräftigung der Wahrheit dessen, was er geschrieben hat.

Vers 18: eine Vorankündigung des Todes des Petrus, der wie sein Herr am Kreuz sterben sollte.

Apostelgeschichte

In der Apostelgeschichte wird ein Zeitraum von etwa 30 Jahren erfaßt: von der Entstehung der Kirche an Pfingsten bis zur Gefangenschaft des Paulus in Rom. Sie beschreibt die Ausbreitung des Christentums im Mittelmeerraum: von Syrien, der Türkei und Griechenland bis nach Rom. Es geht vor allem um das Wirken des Paulus und des Petrus. Man könnte das Buch auch »Taten des Heiligen Geistes« nennen, denn unter seiner Führung durchbricht die junge Kirche die Grenzen Israels und wird eine internationale, weltweite Bewegung.

Verfasser. Alles deutet auf »Lukas, den geliebten Arzt«. Er verfaßte die Apostelgeschichte als Fortsetzung des dritten Evangeliums. Lukas ist der einzige nichtjüdische Autor im Neuen Testament. Er stammte aus Antiochien oder vielleicht aus Philippi. Wir wissen wenig über ihn. Er war aber auf jeden Fall ein guter und vertrauenswürdiger Historiker. Dem Wechsel zwischen »sie« und »wir« (Apg. 16, 10; 20, 5; 27, 1) können wir entnehmen, daß er bei vielen Ereignissen selbst dabei war. Er war mit Paulus in Philippi, reiste mit ihm nach Jerusalem, blieb während der Zeit in Cäsarea bei ihm und ging schließlich mit ihm nach Rom. Er konnte viele andere Informationen aus erster Hand bekommen: von Paulus und Barnabas und anderen Gemeindegliedern aus Antiochien; von Jakobus, dem Bruder des Herrn, und anderen aus Jerusalem, von Philippus und seinen Töchtern in Cäsarea. Aus Lukas 1, 1–4 wissen wir, daß ihm sehr viel daran lag, herauszufinden, was wirklich geschehen war, und das dann seinen Lesern zu berichten.

Zeittafel

Nur wenige Zeitangaben liegen genau fest, so daß die Angaben unten um 2 Jahre schwanken können.

30 n. Chr.	Gründung der Jerusalemer Gemeinde (Apg. 1–2)
32/35	Bekehrung des Paulus (Apg. 9)
34/37	Paulus zum ersten Mal in Jerusalem (Apg. 9, 26 ff.)
45/46	Hungerhilfe aus Antiochien für Jerusalem (Apg. 11, 27 ff.) Tod des Jakobus
46/47	Erste Missionsreise (Apg. 13–14)
48	Apostelversammlung in Jerusalem (Apg. 15)
48–51	Zweite Missionsreise (Apg. 15, 36 – 18, 22)
50	Paulus kommt nach Korinth (Apg. 18)
53	Beginn der dritten Missionsreise (Apg. 18, 23)
54–57	Paulus in Ephesus (Apg. 19)
57–58	Paulus in Griechenland (Apg. 20)
58 (Juni)	Paulus kommt nach Jerusalem (Apg. 21)
58–60	Im Gefängnis in Cäsarea (Apg. 24–26)
60–61	Berufung auf den Kaiser, Reise nach Rom (Apg. 27)
61–63	Im Gefängnis in Rom (Apg. 28, 30)

Grund der Abfassung. Lukas wollte dem Römer Theophilus einen genauen Bericht über die Anfangszeit des Christentums geben (Luk. 1, 1–4), da es viele eigenartige Gerüchte darüber gab. Daher lag ihm viel daran, über die Ausbreitung des Evangeliums unter den Heiden zu berichten, die im Unterschied zu vielen Juden bereit waren, es zu hören (Luk. 28, 28). Außerdem schrieb er viel über die Unruhen, die oft Folge der Verkündigung waren. Überall entstanden sie entweder als Folge der Eifersucht bei den Juden oder aufgrund eigensüchtiger Interessen. Immer wieder waren es die römischen Behörden, die die Christen von allen Verdächtigungen freisprachen und sie vor der aufgebrachten Menge schützten.

Zeit. Die Apostelgeschichte wurde wahrscheinlich gegen Ende der Gefangenschaft des Paulus in Rom, also zu Anfang der sechziger Jahre geschrieben. Es finden sich keine Hinweise auf die Verfolgung unter Nero, den jüdischen Aufstand (66–70) oder den Tod des Paulus (um 67). Das Buch endet sogar sehr hoffnungsvoll. Es muß nach dem Evangelium verfaßt worden sein, das um 60 geschrieben worden sein dürfte. Demnach könnte man die Apostelgeschichte um 63 ansetzen.

1 – 8, 1a ENTSTEHUNG DER KIRCHE IN JERUSALEM

1, 1–14 Einleitung; die 40 Tage zwischen Auferstehung und Himmelfahrt

Der »erste Bericht«, das 3. Evangelium, behandelt alles, was Jesus in seinem Leben auf der Erde »anfing zu tun und zu lehren«. Die Apostelgeschichte setzt bei der Himmelfahrt ein und berichtet über die Fortsetzung des Werkes Jesu durch die Kraft des Heiligen Geistes. Sie zeigt die Erfüllung der Verheißung in Vers 8: in Jerusalem (2, 1 – 8, 1 a), Judäa und Samaria (8, 1 b – 11, 18) und darüber hinaus (11, 19 bis Schluß).

Wolke (9): Mehr konnte man mit menschlichen Augen von der Herrlichkeit der Gegenwart Gottes nicht sehen (vgl. 2. Mose 40, 34; Luk. 9, 34–35).

Sabbatweg (12): Am Sabbat durfte man nicht mehr als 2 000 Ellen (etwa 1 km) gehen.

Maria . . . und seine Brüder (14): Hier wird die Mutter Jesu zum letzten Mal im Neuen Testament erwähnt; die Brüder werden zum ersten Mal in Verbindung mit den Jüngern genannt. Wir wissen, daß zumindest einer von ihnen, Jakobus, den Auferstandenen gesehen hatte (1. Kor. 15, 7).

1, 15–26 Wahl eines zwölften Apostels

Soweit wir wissen, machen die Jünger hier zum letzten Mal von der alten Methode des Loswerfens Gebrauch. Das war kein Glücksspiel, sondern geschah nach langem Beten. Der Zwölfte mußte das irdische Wirken Jesu erlebt und den Auferstandenen gesehen haben.

Der Ölberg, von wo aus Jesus in den Himmel emporgehoben wurde.

2, 1–13 Pfingsten: die Ausgießung des Geistes

Mit der Ausgießung des Geistes, die an der inneren Veränderung von Menschen und auffälligen Zeichen offenkundig wird, ist die Zeit des Wartens beendet. Apostel und Jünger bilden die neue Kirche. Sie strahlen Leben und Vollmacht aus; mit ihrer Angst ist es nun vorbei.

Pfingsten (1): das jüdische Fest der Darbringung der Erstlingsgaben zu Beginn der Getreideernte. Es fand 50 Tage nach dem Passafest statt.

In seiner eigenen Sprache (6): Die jüdischen Zuhörer kamen aus vielen Ländern; alle sprachen entweder Griechisch oder einen der aramäischen Dialekte. An sich hätten sie den galiläischen Dialekt der Jünger nur schwer verstanden und sind nun erstaunt, daß jeder in dieser buntgemischten Menge sie in seiner Sprache hörte. Der Fluch von Babel (1. Mose 11) ist damit für kurze Zeit aufgehoben.

2, 14–47 Die Predigt des Petrus und ihre Folgen

Die Predigt zeitigt unmittelbare Folgen. Aus der Taufe erwächst ein Gefühl der engen Verbundenheit. Die geistliche Einheit findet ihren Ausdruck in der Bereitschaft, Geld und Besitz miteinander zu teilen.

Die dritte Stunde (15): 9 Uhr. Außerdem wurde an diesem Tag bis zum späten Vormittag gefastet.

3 – 4, 31 Heilung des Lahmen; Verhaftung von Petrus und Johannes

Heilung und Verkündigung gehören, wie bei Jesus, zusammen und werden durch die Kraft des Heiligen Geistes möglich gemacht. Die Saddu-

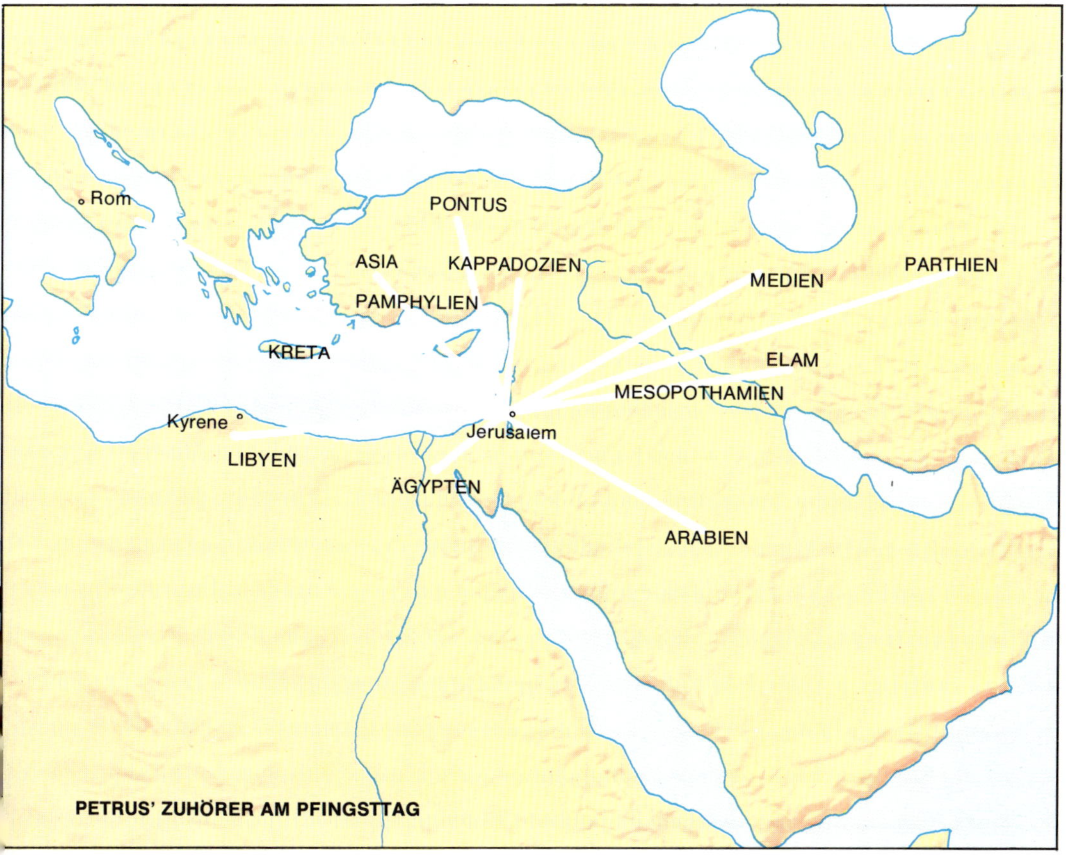

PETRUS' ZUHÖRER AM PFINGSTTAG

zäer stören sich an der Predigt, bei der wie immer der auferstandene Christus im Mittelpunkt steht, während die Sadduzäer die Möglichkeit der Auferstehung leugneten. Paulus ließ später die Pharisäer und Sadduzäer wegen dieser Frage aneinander geraten (23, 6). Die Auferstehung war von Anfang an das Herzstück der christlichen Botschaft. Die Apostel sprachen immer und überall von Jesus und der Auferstehung – so daß die Athener sogar meinten, Paulus rede von *zwei* neuen Gottheiten (siehe Anm. zu 17, 18).

Die neunte Stunde (3, 1): 15 Uhr. Die Gebetszeiten waren am frühen Morgen, am Nachmittag (wie hier) und bei Sonnenuntergang. Die ersten beiden fielen mit dem morgendlichen und dem abendlichen Opfer zusammen.

Blick vom Tempel zum Ölberg. Dort, wo die Säulenbögen stehen, war zur Zeit des Neuen Testaments die Säulenhalle, die den Tempelbezirk umgab. In der sogenannten Halle Salomos trafen sich damals die Jünger Jesu.

Hannas . . . Kaiphas (4, 6): Hannas war der älteste der noch lebenden Hohenpriester, sein Schwiegersohn amtierte zu der Zeit als Hoherpriester (18–36 n. Chr.).

Das ist der Stein (11): ein Zitat aus Psalm 118, 22.

Ungelehrte, einfache Leute (13): also theologisch ungeschulte Laien.

4, 32 – 5, 11 Ananias und Saphira

Die Einbringung des Besitzes für die Gemeinschaft war freiwillig. Manche wollten aber damit Eindruck machen. Ananias und Saphira belogen nicht nur die Gemeinde, sondern in gewisser Weise zugleich Gott. Die schrecklichen Folgen dienten der ganzen Gemeinde als abschreckendes Beispiel.

Barnabas (4, 36): Später zeigt sich, wie passend dieser Name war. Barnabas war einer der Führer der Gemeinde in Antiochien und wurde mit

Paulus zusammen als Missionar ausgesandt. Paulus konnte seinen Zuspruch oft brauchen, ebenso der junge Vetter des Barnabas, Johannes Markus.

5, 12–42 Die Apostel vor dem Hohen Rat

Die Apostel heilten so viele Menschen, daß man sich an die Zeit des Wirkens Jesu erinnert fühlen mußte. Dadurch wuchs das Ansehen der Apostel, und das konnten die jüdischen Führer nicht ertragen. Aber Drohungen, Verhaftung oder Auspeitschung sind nicht die geeigneten Waffen, um der Macht Gottes zu widerstehen.

Halle Salomos (12): Es war üblich, daß sich die verschiedensten Gruppen zu Diskussionen im Hof von öffentlichen Gebäuden trafen und Jüngergruppen sich in den Höfen des Tempels von ihren Lehrern unterweisen ließen. Die Christen trafen sich in der Säulenhalle Salomos (vgl. die Abbildung auf S. 545). Außenstehende hielten sich aus Angst vor den religiösen Führern von dieser Gruppe fern.

Dieses Menschen Blut (28): Die Apostel machten den Hohen Rat in der Öffentlichkeit für den Tod Jesu verantwortlich, und dieser fürchtete sich nun vor Unannehmlichkeiten.

Ans Holz gehängt (30): vgl. auch 5. Mose 21, 22–23.

Gamaliel (34): eine führende Persönlichkeit unter den Pharisäern und der Lehrer des Paulus. Er gibt einen weisen Rat.

6 Ernennung von sieben Diakonen; Stephanus erregt Widerspruch

Die griechisch sprechenden Juden, die nicht aus Palästina stammen, beklagen sich, daß sie bei der täglichen Versorgung zu kurz kommen. Nun sollen sie aus ihren eigenen Reihen sieben geeignete Männer auswählen, die für die praktischen Dinge verantwortlich sein sollen. Mindestens zwei von ihnen waren von großer Bedeutung für die ganze Kirche: Stephanus, der erste Märtyrer, ein vollmächtiger Prediger, und Philippus, der Evangelist.

EDIKT GEGEN GRABSCHÄNDUNG

Die Inschrift, die vor dem Raub von Leichnamen warnt, wurde in Nazareth gefunden. Ob vielleicht das Gerücht, Jesus von Nazareth sei von den Toten auferstanden, die römischen Behörden zur Abfassung einer solchen Anordnung veranlaßte?

KAISERLICHE ANORDNUNG. Ich ordne an, daß Gräber und Begräbnisstätten, die man zur Verehrung der Vorfahren, der Kinder oder Verwandten errichtet hat, für alle Zeiten unverletzlich sein sollen. Wird aber ein Mensch angezeigt, der die Begrabenen angetastet bzw. auf irgendeine Weise herausgeworfen oder diese arglistig an andere Orte verbracht hat, der unrechtmäßig den Platz oder die Gedenksteine der Toten verändert hat, gegen einen solchen Menschen ordne ich ein gerichtliches Verfahren an; denn – in gleicher Weise wie die Menschen den Göttern dienen – geziemt es sich vielmehr, die Toten zu ehren. Darum ist es niemand gestattet, sie von ihrer Stätte zu entfernen; andernfalls will ich, daß ein solcher Mensch als Grabschänder mit dem Tode bestraft wird.

Die Anklage gegen Stephanus entspricht der gegen Jesus: Gotteslästerung. Stephanus hat wohl als einer der ersten vorausgesehen, daß ein Bruch zwischen Christen und Juden unvermeidlich sein würde.

Die Synagoge der Libertiner (9): Dorthin gingen wahrscheinlich die ehemaligen jüdischen Sklaven aus den genannten Ländern.

7 – 8, 1 a Verteidigungsrede und Tod des Stephanus

Die Rede ist ein Rückblick auf die Geschichte des Volkes, die dem Rat bekannt war. Neu ist allerdings ihre Deutung. Der Stachel liegt in den Schlußworten (51–53). Israel hat seit Joseph und Mose immer wieder die Propheten abgelehnt. Jetzt haben sie sogar den Messias verworfen. Die Verse 44–50 enthalten die Antwort des Stephanus auf die Anklage, er wolle den Tempel zerstören. Was für ein Haus können Menschen Gott schon erbauen!

Durch der Engel Dienste (53): In Gal. 3, 19 und Hebr. 2, 2 werden ebenfalls Engel mit der Übergabe des Gesetzes in Verbindung gebracht. Es gibt dafür keinen Anhaltspunkt im Alten Testament.

Die Zeugen ... Saulus (58): Nach dem Gesetz mußten die Zeugen der Anklage die ersten Steine werfen. Der »Jüngling« Saulus war damals wohl über 30. Er wird hier zum ersten Mal genannt. Als Apostel Paulus (so sein römischer Name) steht er im Zentrum der ganzen übrigen Apostelgeschichte. Er war mitbeteiligt an der Steinigung (mit »Wohlgefallen« könnte auch gemeint sein, daß er für den Tod des Stephanus stimmte). Er konnte diesen Anblick nie vergessen (22, 20). Er gehört zur Vorgeschichte der Begegnung auf dem Weg nach Damaskus.

Die Verkündigung der Urgemeinde

Michael Green

Das Erstaunliche an der Predigt der ersten Christen ist, daß sie weder religiöse Pflichten noch sittliche Maßstäbe noch ein Reformprogramm verkündigten, sondern eine Person: Jesus von Nazareth, der gekreuzigt wurde und von dem die Christen wußten, daß er auferstanden sei. Sie bemühten sich darum, ihn immer besser zu verstehen (durch das Lesen des Alten Testaments) und ihn anderen Menschen, die ihn nie gesehen hatten, nahezubringen. Ihren gemeinsamen Glauben stellten sie in verschiedener Weise dar. Der Auferstandene, dem viele von ihnen einige Jahre nachgefolgt waren, war zugleich der Inhalt und die treibende Kraft ihrer Verkündigung.

Man hat festgestellt, daß die Predigt der Urgemeinde nach einem gewissen Schema aufgebaut war, das etwa so lautete: »Die alten Verheißungen sind erfüllt; mit dem Kommen des Christus ist eine neue Zeit angebrochen. Er stammte aus dem Geschlecht Davids. Er starb, um uns vom Bösen zu erlösen, wie es in der Schrift verheißen ist. Danach wurde er begraben und am dritten Tag wieder auferweckt und erhöht und sitzt nun zur Rechten Gottes als sein Sohn und Herr über die Lebendigen und die Toten. Er hat seinen Heiligen Geist auf seine Nachfolger ausgegossen, damit sie seiner Herrschaft und seiner bevorstehenden Wiederkunft gewiß sind. Wenn er am Ende der Zeit wiederkommt, wird er die Menschen richten.«

Dieses Predigtschema entstand schon sehr früh, wie man aus den Bruchstücken frühester Predigten, aus Hymnen und alten Bekenntnissen entnehmen kann, die sich heute noch in den Briefen des Neuen Testaments finden. Phil. 2, 4–11 ist zum Beispiel schon sehr alt und geht vielleicht auf die Gemeinde in Palästina zurück und enthält doch schon die wichtigsten Elemente der christlichen Lehre. Andere alte Bekenntnisse finden sich in 1. Kor. 15, 3–4; Röm. 1, 3–4 und 1. Tim. 3, 16.

In den frühen Predigten wurden je nach Adressatenkreis verschiedene Schwerpunkte gelegt. Wenn die Zuhörer vor allem Juden waren, war es die Befreiung vom Gesetz, das die Menschen nicht einhalten können. Vor heidnischen Hörern wurde besonders herausgestellt, daß Christus uns von den dämonischen Mächten befreit, die im Leben des antiken Menschen eine große Rolle spielten.

Den Juden wurde Jesus also vor allem als der Christus, der messianische Befreier, der Zielpunkt der alttestamentlichen Offenbarung dargestellt, den Heiden als der Herr und Sieger über die bösen Mächte.

Vor Heiden, denen ja das Alte Testament nicht vertraut war, mußten die ersten Missionare in ihrer Verkündigung viel weiter ausholen. Die Apostelgeschichte gibt dafür zwei Beispiele: eine Predigt vor einfachen Leuten (14, 15–17) und eine vor Gebildeten (17, 22–31). In beiden Fällen erheben die Christen den Anspruch, daß es nur einen Gott gibt und fechten den Götzendienst an. Sie versuchen, die Hörer von der allgemeinen Offenbarung in der Natur (Gott als Schöpfer und Erhalter) zur besonderen Offenbarung Gottes in Christus zu führen. Dies war eine gute Hinführung zu dem Besonderen des christlichen Glaubens und war in der missionari-

8, 1b – 11, 18 VERFOLGUNG; AUSBREITUNG DES EVANGELIUMS NACH JUDÄA UND SAMARIA

8, 1b–25 Bei den Samaritanern

Die Verfolgung, die auf den Tod des Stephanus folgte, führte dazu, daß sich die Gemeinde über Jerusalem hinaus ausbreitete. Von der Verfolgung waren wohl vor allem die Hellenisten (griechisch sprechende Judenchristen) betroffen, während die Apostel weiterhin in Jerusalem bleiben konnten. Die Verfolgten verkündigten überall, wohin sie kamen, das Evangelium. Bei Philippus war das Echo so groß, daß zwei der Apostel von Jerusalem nach Samaria kamen, um zu sehen, was dort geschah.

Die Kraft Gottes, die groß heißt (10): Simon hielt sich für den einzigen Bevollmächtigten des großen Gottes.

Daß sie den Heiligen Geist empfingen (15–17): Jeder Gläubige hat den Geist Gottes (vgl. Röm. 8, 9; 1. Kor. 12, 13). Die *sichtbaren Zeichen* des Geistes wurden erst verliehen, als die Apostel offiziell anerkannten, daß die Angehörigen des verachteten Volkes Kinder Gottes geworden

schen Verkündigung jahrhundertelang sehr verbreitet.

Die Christen verkündigten in ihrer Predigt vor Juden und Heiden nicht nur, was Gott durch Christus für die Menschen getan hat, sondern auch Gottes Angebot (Vergebung der Sünden und neues Leben im Heiligen Geist) und seine Forderungen (Buße, Glauben und Hingabe). Diese Hingabe umfaßt drei Elemente, die unauflöslich zusammengehören: Taufe, Glauben und Empfang des Heiligen Geistes. Diese drei kennzeichnen einen Menschen als Christen.

Der Wortwahl nach zu schließen verstanden sich die Christen als Boten, als Lehrer oder auch als Redner in einer öffentlichen Auseinandersetzung. Sie diskutierten über das Evangelium, verteidigten es als Erfüllung des Alten Testaments oder gaben ein persönliches Zeugnis ab. Das alles war nun aber nicht die Aufgabe einer bestimmten Gruppe von Christen, sondern die jedes Christen. Frauen sprachen in der Wäscherei miteinander über das Evangelium, Philosophen diskutierten auf den Straßen darüber. Menschen jeder Herkunft und Bildung bewiesen die Macht des Evangeliums durch ihre neue Lebensweise (vgl. 1. Kor. 6, 9–11) und ihre bereitwillige Annahme von Leiden und Tod (vgl. Apg. 20, 22–24).

Dieses Wirken des Geistes im gesellschaftlichen und persönlichen Leben der Christen, das zur praktischen Verwirklichung der Verkündigung führte, überzeugte viele. Zur Durchschlagskraft des Evangeliums trug auch noch ein weiteres wesentlich bei: die Christen entdeckten, daß sie bei ihrer Verkündigung nicht streng festgelegt waren, sondern daß es möglich war, Jesus in unterschiedlichen Situationen auch unterschiedlich darzustellen. Dabei waren die Christen keine Synkretisten, die alle möglichen Glaubensweisen vermischten. Sie sagten nie, daß andere Religionen genauso recht haben. Wie das Judentum lehnten auch die Christen den Synkretismus ihrer heidnischen Umwelt ab. Aber den Christen gelang es in ganz anderer Weise als den Juden, ihren Glauben in verschiedener Weise darzustellen, ohne dabei die Grundlagen des Glaubens zu verdrehen.

Die Predigt Jesu vom »Reich Gottes« konnte vielleicht für einen Juden Bedeutung haben, unter Nichtjuden war der Begriff politisch gefährlich. Daher zogen die Christen in einer heidnischen Umgebung andere Begriffe Jesu wie »ewiges Leben« oder »Heil« vor.

Mit dem Ausdruck »Menschensohn« war es ähnlich, da auch dieser nur ganz bestimmten Kreisen des Judentums, die sich mit apokalyptischen Schriften befaßten, vertraut war. Für Heiden waren Ausdrücke wie »Sohn Gottes« oder »Herr« sehr viel besser verständlich.

Die Christen gebrauchten in ihrer missionarischen Verkündigung also Sprache und Gedanken der Menschen, die sie zu erreichen versuchten. Ihr Ziel war, die einzigartige Heilstat des gekreuzigten, auferweckten und erhöhten Jesus klar und verständlich zu machen.

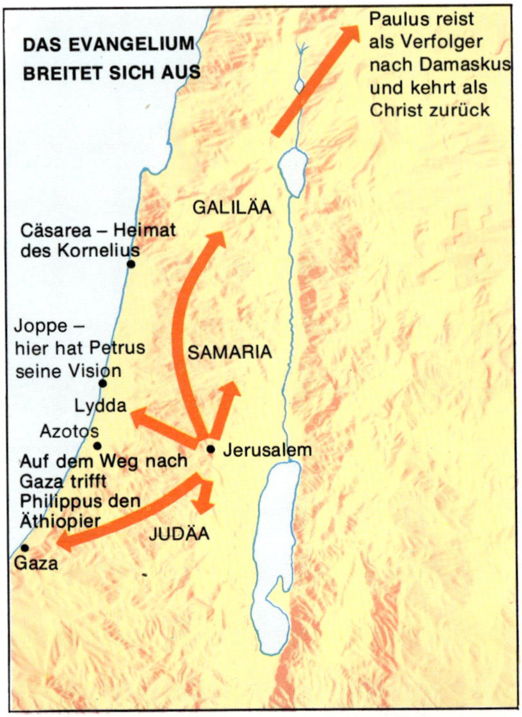

waren. Daran zeigt sich, daß der Aufnahme der Samaritaner in die Kirche besondere Bedeutung beigemessen wurde.

8, 26–40 Philippus begegnet dem Schatzmeister aus Äthiopien

Philippus wird aus der blühenden Arbeit in Samaria weggeholt, um einem einzelnen Menschen zu helfen.

Ein Mann aus Mohrenland (27): Dieser jüdische Proselyt war nicht im heutigen Äthiopien Schatzmeister, sondern in dem alten Königreich im nördlichen Sudan.

Kandake (27): der Titel der Königinmutter, die das Land für ihren Sohn regierte. Der König selbst wurde zum Kind des Sonnengotts erhoben und war daher zu heilig für das weltliche Geschäft des Regierens.

Die Schrift (32): Jes. 53, 7–8. Das Zitat ist der griechischen Übersetzung (Septuaginta) entnommen und unterscheidet sich etwas von dem hebräischen (masoretischen) Text, auf dem unser heutiges Altes Testament basiert.

Cäsarea (40): Philippus scheint sich hier niedergelassen und eine Familie gegründet zu haben. Vgl. 21, 8–9.

9, 1–31 Die Bekehrung des Saulus

Die Bekehrung des Saulus ist ein Wendepunkt in der Geschichte der frühen Kirche. In der Apostelgeschichte wird dreimal davon berichtet, einmal an dieser Stelle durch Lukas und zweimal durch Paulus (22, 5–16; 26, 12–18). Kaum eine andere Bekehrung hatte eine so radikale Veränderung zur Folge. Nach der Begegnung mit Christus war Paulus drei Tage lang blind. Als er aus dieser »Todesnacht« aufsteht, ist er ein neuer Mensch. Ananias trifft nicht den Verfolger an, sondern seinen »Bruder Saulus«!

Die »Gasse, die da heißt die gerade«, gehört auch heute noch zum Basar von Damaskus.

Nun wird er von denen verfolgt, für die er einst Christen verfolgt hatte. Nach seiner Bekehrung hatte die Kirche für einige Zeit Frieden.

Die neue Lehre (2): Erst später bekam die Gemeinde von den Bewohnern Antiochiens die Bezeichnung »Christen« (11, 26).

Tarsus (11): eine Universitätsstadt mit einer halben Million Einwohner. Dort kamen Menschen aus West und Ost zusammen. Vgl. die Karte auf S. 558.

9, 32–43 Petrus in Lydda und Joppe; Auferweckung der Tabea

Als nun endlich Frieden herrschte, konnte Petrus die verschiedenen Gemeinden aufsuchen. Er blieb einige Zeit in Joppe (von diesem Hafen war einst Jona ausgefahren). Sein Gastgeber war ein Gerber. Dieser Beruf galt als unrein; Petrus war also schon nicht mehr so gesetzlich wie andere Juden. Aber ihm stand eine noch viel größere Herausforderung bevor.

10 Petrus und Kornelius

Bis jetzt war das Evangelium nur Juden, Proselyten (zum Judentum bekehrten Heiden) und Samaritanern (die sich ja auch an das Gesetz Moses hielten) gepredigt worden. Nun greift Gott ein, um zu zeigen, daß das Evangelium allen Menschen gilt (34–35). Darauf bereitet er Petrus wie auch Kornelius vor. Petrus hat dreimal dieselbe Vision, in der er offensichtlich aufgefordert wird, die jüdischen Speisegebote (vgl. 3. Mose 11) zu übertreten. Als dann die Boten des Kornelius kommen, fängt er an, die Bedeutung seines Traumes zu begreifen (28). Auf seine Predigt folgt ein zweites Pfingsten: die Ausgießung des Geistes auf die Heiden. Danach konnte man denen, die Gott so ausgezeichnet hatte, auch die Taufe nicht mehr vorenthalten.

Kornelius, ein Hauptmann (1): vgl. den Artikel auf S. 507. Die Hauptleute (Centurionen), die in Palästina stationiert waren, werden im Neuen Testament sehr positiv dargestellt. Kornelius hing zwar dem jüdischen Glauben an, aber er war nicht beschnitten.

Die Vision des Petrus (9–16): Es war Mittag, als Petrus diesen Traum im Wachzustand hatte. Die Boten des Kornelius waren schon unterwegs.

11, 1–18 Die Handlungsweise des Petrus wird von den Aposteln gebilligt

Diese nochmalige Darstellung der Ereignisse unterstreicht ihre Bedeutung. Der Widerstand einiger gesetzlicher Judenchristen, auf den Petrus stößt, hat auch die Missionsarbeit des Paulus begleitet. Die Aufnahme von Heiden in die Gemeinde, ohne sie zu beschneiden, ist eine der umstrittensten Fragen für die Urgemeinde. Aber Lukas macht deutlich, daß Petrus genau berichtete, was vorgefallen war, und die Apostel seine Handlungsweise billigten, weil niemand bestreiten konnte, daß Gott hier eingegriffen hatte.

11, 19 – 16, 5 ANTIOCHIEN; DIE ERSTE MISSIONSREISE: VORSTOSS IN DAS HEUTIGE SYRIEN UND IN DIE TÜRKEI

11, 19–30 Antiochien: die erste heidenchristliche Gemeinde

Etwa gleichzeitig mit den Ereignissen in Cäsarea geschieht auch einiges in Antiochien. Dies war nach Rom und Alexandria die drittgrößte Stadt der Welt, ein Handelszentrum und die Hauptstadt der römischen Provinz Syrien. Weil sich unter den Griechen so viele bekehren, kommt Barnabas aus Jerusalem dorthin zurück. Er sucht den Paulus in seiner Heimatstadt Tarsus auf. Dadurch wird der nächste große Vorstoß vorbereitet, der ab Kapitel 13 beschrieben wird.

Eine große Teuerung ... unter dem Kaiser Klaudius (28): Klaudius herrschte von 41–54. Die Hungersnot kam im Jahr 46 über Palästina.

Salamis auf Zypern war die erste Station des Paulus und seiner Begleiter auf ihrer ersten Missionsreise. Dort begegneten sie der Macht der römischen Kultur ihrer Zeit.

12 Der Tod des Jakobus; Petrus wird verhaftet

Während Paulus und Barnabas in Jerusalem die Hungerhilfe von der Gemeinde in Antiochien übergeben, leitet Herodes eine neue Verfolgungswelle ein, angeblich zum Schutz des jüdischen Gesetzes. Dabei kommt auch Jakobus um, einer der drei Jünger, die Jesus am nächsten standen. Mit Petrus hat Gott noch andere Pläne, und selbst die strengste Bewachung kann ihn nicht an ihrer Durchführung hindern.

Der König Herodes (1): Herodes Agrippa I., der Enkel Herodes' des Großen (Lukas 1, 5). Er hatte die Herrschaft durch die Gunst des Caligula erhalten und konnte das Reich unter Klaudius noch ausdehnen. Sein plötzlicher Tod (23) im Jahr 44 wird auch von dem jüdischen Historiker Josephus berichtet. Vgl. S. 540.

Ungesäuerte Brote (3): Dieses Fest wurde direkt nach dem Passafest sieben Tage lang gefeiert und galt als Teil des Passa (4).

Vier Rotten (4): eine Rotte von vier Soldaten für jede Nachtwache, wobei zwei bei Petrus sein sollten und zwei an der Tür.

13–14 Aussendung von Barnabas und Saulus; die erste Missionsreise

Unter der Führung des Heiligen Geistes wählen verantwortliche Männer für den ersten großen Vorstoß Barnabas und Paulus aus.

Die Reise beginnt auf **Zypern** (der Heimat des Barnabas; 13, 4–12). Dort begegnen die Apostel dem Zauberer Elymas und bekehren den römischen Prokonsul Sergius Paulus. Saulus läßt sich nun mit seinem römischen Namen, Paulus, nennen und wird ganz selbstverständlich der Wortführer der Gruppe.

In **Perge** (13, 13) kehrt Markus nach Hause zurück – aus Gründen, die Paulus nicht anerkennt (15, 37 ff.).

Antiochien in Pisidien (13, 14–52): erster Bericht über eine Predigt des Paulus; Schwierigkeiten mit den Juden.

Antiochien in Pisidien war eine römische Befestigung. Die Abbildung zeigt das Aquädukt, das zur Wasserversorgung der Stadt gebaut wurde, von der sonst nur noch wenig erhalten ist.

Ikonion (14, 1–6): unterschiedliche Reaktionen.

Lystra: (14, 6–20): Heilung eines Krüppels; Paulus und Barnabas sollen zu Göttern erhoben werden.

Derbe (14, 20–21): Freundliche Aufnahme nach der Flucht aus Lystra.

15, 1–35 Die Apostelversammlung in Jerusalem

Mindestens 10 Jahre sind seit der Aufnahme des

Neues Testament und Geschichte

E. M. Blaiklock

Das Neue Testament berichtet von einem Ereignis, das den Lauf der Geschichte ändern sollte. Die vier Evangelien beschreiben die Zeit des Wirkens Jesu auf der Erde. Sie führen uns damit in die verschiedensten Gesellschaftsschichten Palästinas ein, in die kaiserliche Verwaltung dieses Gebiets und in die politische Lage jener Zeit, die im Jahr 66 n. Chr. zu dem schrecklichsten Provinzkrieg führte, den die Römer je erlebten.

Die Apostelgeschichte setzt dort ein, wo die Evangelien aufhören. Sie wurde von einem gebildeten Griechen geschrieben, der in seiner Weise ein großer Historiker war. Er stellt die Ausbreitung der Bewegung dar, die die Welt verändern sollte.

Diese Bewegung wurde von einem Mann geprägt, den man zu Recht den ersten Europäer nennen kann: Von dem gebildeten Rabbiner Paulus, der sich in der griechischen Literatur und Philosophie bestens auskannte (wie die Rede auf dem Areopag in Athen zeigt), und der zugleich römischer Bürger war, der sich, wie seine Missionspläne zeigen, der Macht und der Bedeutung des Römischen Reichs voll bewußt war.

Wenn man die Angaben des Lukas mit Hilfe archäologischer Forschungsergebnisse überprüft, erweist er sich als ein Mann von höchster Sorgfalt und Genauigkeit. Seine historischen Kenntnisse und seine Zuverlässigkeit lassen sich an vielen Beispielen zeigen, etwa daran, daß er im Bericht über den Aufruhr in Ephesus richtig in der Mehrzahl von Statthaltern redet.

In der Offenbarung, dem letzten Buch der Bibel, wird Rom, aus der Sicht des entschiedenen Gegners, dargestellt wie sonst nirgends: tyrannisch, grausam, trunken von Blut und schon zum Untergang verurteilt.

Wer das Neue Testament kennt und auf seinen zeitgeschichtlichen Hintergrund sieht, lernt die Denkweise, die Gesellschaft, die Probleme, den Geist des 1. Jahrhunderts kennen. Die Unruhen, wie sie etwa zum jüdischen Aufstand führten, und die unkluge und ungeschickte Verwaltung der östlichen Provinzen, die dem Unglück den Weg bahnten, werden sichtbar. Die Experimente mit Marionettenkönigen, die unterdrückende Gesetzgebung, die Wiederbelebung der längst überholten Einrichtung der Stadtstaaten, das Pionierleben (wie etwa in Lystra), die philosophischen Auseinandersetzungen, die vielfältigen Gruppierungen, die offensichtlichen Anzeichen der bevorstehenden Katastrophe – all das lernen wir durch das Neue Testament kennen.

Als eine Sammlung historischer Dokumente ist das Neue Testament in seiner Art einmalig.

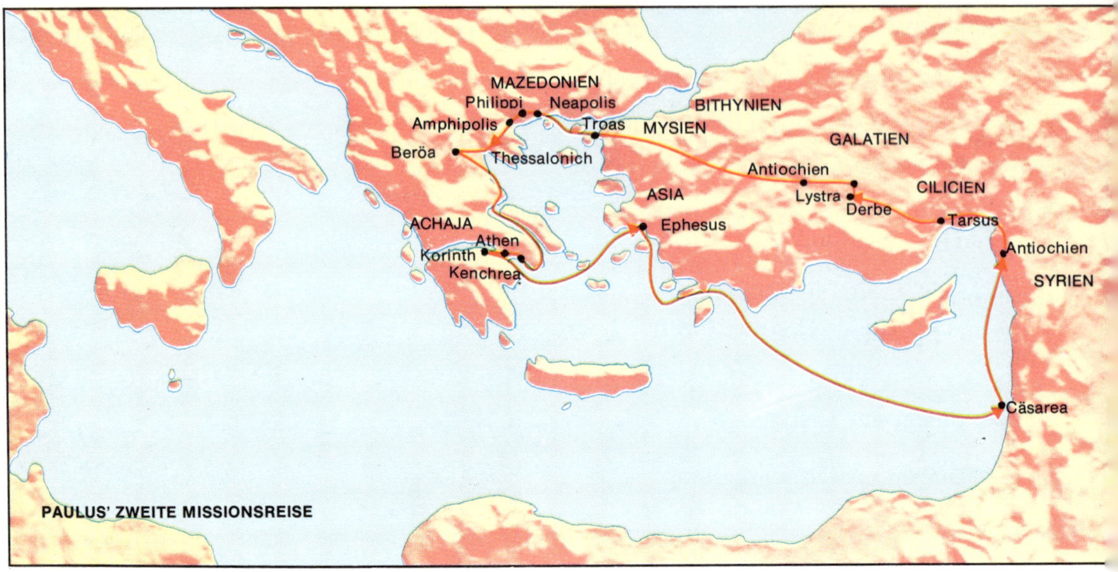

Kornelius in die Gemeinde vergangen (Kapitel 10–11). Der Widerstand gegen die Aufnahme der Heiden hat zugenommen. Als nun bekannt wird, welchen Erfolg die Missionsarbeit des Paulus unter den Heiden hat, widersetzen diejenigen sich offen, die der Ansicht sind, daß zum Heil Glaube *und* Beschneidung notwendig seien. Um diese zentrale Frage zu entscheiden und zugleich eine Spaltung zu verhindern, ist eine verbindliche Entscheidung der Apostel und Ältesten unbedingt erforderlich. Petrus erinnert an die früheren Ereignisse, Paulus und Barnabas berichten von der Arbeit unter den Heiden. Die abschließende Zusammenfassung und das Urteil des Jakobus werden von allen angenommen. Die Heiden sollen sich nur in bestimmten Verhaltensfragen den Judenchristen anpassen, damit die Christen in Einigkeit zusammenleben können und nicht aneinander Anstoß nehmen müssen.

15, 36 – 16, 5 Paulus und Barnabas trennen sich; Beginn der zweiten Missionsreise; Besuch der Gemeinden in der heutigen Türkei

Aus der Auseinandersetzung über Markus folgt die Spaltung der Gruppe. Später hat Markus dann doch noch die Anerkennung des Paulus erlangt (2. Tim. 4, 11).

Silas (Silvanus) (15, 40): der Vertreter der Jerusalemer Gemeinde (15, 22). Er war wie Paulus römischer Bürger. Er reiste mit Paulus bis nach Beröa (17, 14) und traf dann in Korinth wieder mit ihm zusammen. Er war an der Abfassung der Thessalonicherbriefe von Korinth aus mitbeteiligt (wie auch am 1. Petrusbrief).

Timotheus (16, 3): Timotheus wurde nicht beschnitten, weil ihm das noch zum Heil gefehlt hätte, sondern um seinen Status als Jude auch

Philippi war eine römische Befestigung und der Mittelpunkt eines größeren Gebiets. An einem Fluß in der Nähe der Stadt trafen sich damals die »Gottesfürchtigen« (weitere Abbildungen auf S. 36 und 609).

noch gesetzlich festzulegen. Paulus war diesem treuen, aber auch ängstlichen Gefährten, der sein Nachfolger wurde, in besonderer Weise zugeneigt und behandelte ihn wie einen Sohn.

16, 6 – 19, 41 PAULUS BRINGT DAS EVANGELIUM NACH EUROPA

16, 6–40 In Philippi

In Troas schließt sich Lukas zum ersten Mal der Gruppe an. Paulus bekommt den Ruf, nach Europa zu gehen.

Die neuentstandene Gemeinde in Philippi war eine bunt zusammengewürfelte Gruppe: eine Geschäftsfrau mit ihren Angehörigen und Sklaven, eine andere Sklavin und ein Kerkermeister. Aber diese Gemeinde war für Paulus später immer ein Grund zur Freude (Phil 1, 3 ff.; 4, 10 ff.; 2. Kor. 8). Lukas bleibt auch nach der Abreise des Paulus noch in Philippi. Philippi war ein Zentrum der Heilkunst (vgl. die Anmerkungen zum Philipperbrief).

An das Wasser (13): Die Juden trafen sich oft in kleineren Gruppen zum Gebet. Bei den offiziellen Gebeten mußten mindestens zehn Männer anwesend sein. Das Flußufer war ein ruhiger Ort in der Nähe der Stadt.

Thyatira (14): Dort, in Lydias Heimatstadt, entstand später eine Gemeinde (vgl. Offbg. 2, 18 ff.).

Auf dieser Straße, der Via Egnatia, reisten Paulus und seine Begleiter von Philippi nach Thessalonich.

Der Markplatz in Athen, die sogenannte Agora; im Hintergrund die Akropolis mit dem Parthenon, rechts der Areopag (»Hügel des Ares«). Dort tagte das höchste Gericht der Stadt (ebenfalls Areopag genannt), vor dem Paulus sich verantworten mußte, wohl in einer Stoa, einer Säulenhalle, wie sie links im Bild in einer Rekonstruktion abgebildet ist.

17, 1–15 In Thessalonich und Beröa

Thessalonich (1–9): die Hauptstadt von Mazedonien mit einem bedeutenden Hafen. Auf die Predigt des Paulus hin entstand dort eine lebendige Gemeinde (vgl. 1. Thess. 1, 2–10; 2. Thess. 1, 3–4). Die Juden wurden »voll Neid«, weil Paulus die »gottesfürchtigen Griechen« überzeugen konnte, diejenigen also, die sich am Judentum interessiert zeigten und die die Juden vollends für sich gewinnen wollten.

Beröa (10–15): Die Juden von Beröa zeichneten sich durch die aufgeschlossene Art ihres Bibelstudiums aus.

17, 16–34 Paulus in Athen

Paulus dachte strategisch. Er predigte in den großen Städten des Römischen Reichs, in den Handelszentren und Hafenstädten, wo ein ständiges Kommen und Gehen herrschte. Von dort sollte dann das Evangelium weiter verbreitet werden. Paulus begann in der heutigen Türkei, zog von dort nach Griechenland und wollte dann nach Rom und sogar nach Spanien vorstoßen. Daher reiste er von Beröa nach Athen, der großen Stadt der Antike, wo die Demokratie begründet worden war, der Stadt der Philosophen, Naturwissenschaftler und Künstler, wo Äschylos, Sophokles, Euripides, Thukydides, Plato und Sokrates gelebt hatten. Für das Evangelium war es aber ein harter Boden.

Epikureer (18): die Gruppe der materialistischen Philosophen, die dem Leben möglichst viel Genuß abgewinnen wollten.

Der Heilige Geist in der Apostelgeschichte

G. W. Grogan

In der Apostelgeschichte steht das Wirken des Heiligen Geistes sehr stark im Vordergrund und bestimmt das ganze Buch. Es könnte daher auch den Titel haben: »Die Taten des auferstandenen Christus im Heiligen Geist durch die Apostel«. Dieses Wirken des Geistes soll im folgenden dargestellt werden.

Eine göttliche Person

Aus der Apostelgeschichte geht klar hervor, daß der Heilige Geist eine Person ist, denn was er tut, kann nur von einer Person getan werden. Er redet selbst (1, 16; 3, 29; 10, 19 usw.) und durch andere (2, 4; 4, 8. 31 usw.). Er wirkt als Zeuge (5, 32), sendet die Christen aus (13, 4), verhindert manche Vorhaben (16, 6–7) und setzt einzelne Christen in Gemeindefunktionen ein (20, 28). Er wird auf einer Ebene mit anderen Personen genannt (15, 28) und wird mit Gott gleichgesetzt (5, 3. 9).

Der Beauftragte Jesu Christi

Aus Apg. 1, 1 kann man vielleicht schließen, daß Jesus nach der Himmelfahrt sein Werk durch den Heiligen Geist fortsetzt. Der Geist ist die Gabe des erhöhten Christus an seine Jünger (2, 33) und wird der »Geist Jesu« genannt (16, 7). Außerdem wird er auch als »Verheißung des Vaters« bezeichnet (1, 4).

Der Schöpfer der Gemeinde

Die Gemeinde entstand an Pfingsten. Wind und Feuer (2, 2–3) sind alttestamentliche Zeichen der göttlichen Gegenwart (vgl. 2. Mose 19. 18; 1. Könige 19, 11–12). Vielleicht wurde die Gabe der Zungenrede (2, 4–13) von Gott verliehen, um die Universalität der Kirche, ihr Dasein unter Menschen aller Sprachen und Völker zeichenhaft darzustellen. Der Geist schafft eine Gemeinschaft, die in Liebe und Einigkeit lebt (2, 43–46).

Die einende Kraft der Gemeinde

Lukas schreibt vorwiegend über die Verbreitung des Evangeliums und die damit verbundene Ausdehnung der Gemeinde kraft des Heiligen Geistes. An Pfingsten bestand die Kirche aus Juden und Proselyten, d. h. Heiden, die zum Judentum übergetreten waren (2, 10). Die Juden haßten die Samaritaner, die sich vom Judentum getrennt und mit fremden Völkern vermischt hatten. Nach Apg. 8, 14–17 kam der Geist aber auch auf samaritanische Gläubige. Es ist bezeichnend, daß dies erst geschah, nachdem die (jüdischen) Apostel ihnen die Hände aufgelegt hatten; das weist auf deren Liebe und Offenheit hin, aber auch auf die Tatsache, daß das »Heil von den Juden kommt« (Joh. 4, 22). Die Schranke zwischen Juden und Heiden wurde in Apg. 10, 44–48 aufgehoben (vgl. auch 11, 1–18), als sich die Pfingstereignisse bei einer Predigt des Petrus vor Heiden wiederholten. Diese Abschnitte zeigen, wie der Heilige Geist die verschiedenartigen Gruppen zusammenhielt und eine Spaltung verhinderte.

Die Macht, die hinter dem Zeugnis der Gemeinde steht

Der Heilige Geist wurde der Gemeinde verliehen, um sie zum Zeugnis von Jesus Christus zu befähigen (1, 8; vgl. 4, 33). Durch die Führung des Geistes werden Barnabas und Paulus von der Kirche zu den Heiden gesandt (13, 1–4). Er hat auch Petrus zu Kornelius gesandt (10, 19 ff.; vgl. auch 8, 29; 16, 6–7). Kraft des Geistes reden die Apostel mit Vollmacht (4, 8. 31; 6, 10), und mit seiner Hilfe können sie sich um die verschiedenen Aufgaben der Kirche nach innen und außen kümmern (6, 3. 5; 11, 22–24). Der Heilige Geist gibt den Menschen die Vollmacht, Christus in ihren Worten und Taten zu offenbaren.

Das Leben der Gemeinde

Das Wirken des Geistes betrifft auch alle Fragen des Gemeindelebens (9, 31). Er setzt die Bischöfe als die Hirten der Kirche ein (20, 28). Der Kirche ist die Gabe der Weissagung verheißen (2, 17–18). Sie bittet um Führung und bekommt sie durch den Heiligen Geist (15, 28).

In der Apostelgeschichte werden uns also Person und Wirken des Heiligen Geistes in einzigartiger Weise offenbart. Sie zeigt damit eine Erfüllung, die zugleich ein neuer Anfang ist. Die Verheißungen des Alten Testaments und die Versprechen Jesu über den Heiligen Geist werden zu Pfingsten erfüllt. Die neue Zeit, die Zeit des Geistes, von der Jesus geredet hatte und die wir aus den Briefen des Neuen Testaments kennen, ist angebrochen.

Stoiker (18): die aufklärerischen Denker jener Zeit, die eine Philosophie der Selbstgenügsamkeit und unverdrossenen Ausdauer vertraten.

Fremde Götter (18): Paulus sprach von Jesus und der Auferstehung (*anastasis*) und zeigte, daß beide untrennbar zusammengehörten. Daraufhin meinten die Athener, er spreche von zwei neuen Gottheiten. Einige Philosophenschulen glaubten an die Unsterblichkeit der Seele, aber den Gedanken einer *leiblichen* Auferstehung fanden die Griechen lächerlich (32).

Areopag (19): der alte Gerichtshof, der vielleicht die Genehmigung für öffentliche Vorträge erteilte.

In ihm leben, weben und sind wir (28): Paulus zitiert hier den Dichter Aratos.

18, 1–17 Paulus in Korinth

Vgl. die Einleitung zum 1. Korintherbrief. Paulus war in Korinth, als Gallio Prokonsul war. Für seine Ankunft dort kann man ungefähr das Jahr 50 ansetzen. Die Entscheidung des Gallio war für das Christentum von großer Bedeutung (siehe S. 573).

Aquila und Priscilla (2): Zeltmacher wie Paulus. Sie wurden treue Freunde des Paulus. Auf ihren Reisen kamen sie nach Korinth, Ephesus und nach Rom und unterstützten überall die jungen Gemeinden.

Das Edikt des Klaudius (2): Dieser Erlaß (um 49 oder 50) war gegen die Juden gerichtet, die des Aufruhrs »unter Anführung eines gewissen Christus« angeklagt wurden. Dies bezieht sich zweifellos auf Auseinandersetzungen zwischen Juden und Christen in Rom.

18, 18–28 Paulus kehrt nach Antiochien zurück; Beginn der dritten Missionsreise; Apollos trifft mit Aquila und Priscilla zusammen

Apollos (24): Dank des Einflusses von Aquila und Priscilla wurde der begabte Apollos später von großer Bedeutung für die Gemeinde in Korinth (vgl. 1. Kor. 1, 1–12; 3, 4 ff.).

19 Paulus in Ephesus

Ephesus war ein weiteres Handelszentrum, obwohl der Hafen schon zur Zeit des Paulus zu versanden begonnen hatte. Die Stadt war ein Brückenkopf zwischen Ost und West. Alter

Zu den Überresten der Stadt Ephesus aus der Zeit des Paulus gehört auch das Theater, wo damals die Menge schrie: »Groß ist die Diana der Epheser«. Der eigentliche Tempel der Göttin, der in der Antike zu den Weltwundern gehörte, wurde erst später in einiger Entfernung von den übrigen Ruinen entdeckt. Heute sind nur wenige verstreute Säulenreste übrig. Im Museum von Ephesus stehen zwei überlebensgroße Statuen der Göttin. Die abgebildete ist aus weißem Marmor im römischen Stil. (Weitere Abbildungen auf S. 573, 603, 605, 607, 646.)

Überlieferung nach soll sich dort der Apostel Johannes niedergelassen haben. Die Predigt des Paulus hatte so weitreichende Folgen, daß sie sogar die Einkünfte der Silberschmiede betrafen. Wahrscheinlich entstanden zu dieser Zeit auch die sieben Gemeinden, die in Offbg. 1, 11 genannt werden, und ebenso die in Kolossä und Hierapolis.

Schule des Tyrannus (9): ein Vortragssaal, der Paulus wahrscheinlich in der Mittagszeit von 11–16 Uhr zur Verfügung stand, wie in einigen alten Handschriften berichtet wird.

Zauberei . . . Bücher (19): Papyrusrollen mit Zaubersprüchen waren in der ganzen antiken Welt bekannt.

Artemis (Diana) (24): Der Kult bekam den Namen der griechischen Göttin, man verehrte aber weiterhin die Fruchtbarkeitsgöttin der alten Religion Kleinasiens. Der Tempel gehörte zu den sieben Weltwundern und war vier Mal so groß wie der Parthenon in Athen. Das »Bild« war ein Meteorstein, der der Göttin ähnlich sehen sollte und im Tempel aufbewahrt wurde.

Theater (29): der ideale Versammlungsort, da dort 25 000 Menschen Platz hatten.

Oberste (31): wichtige Beamte, die unter anderem damit beauftragt waren, bei religiösen Feiern für Ordnung zu sorgen.

Kanzler (35): der führende römische Zivilbeamte.

Paulus war ständig auf Reisen und mußte dabei große Entfernungen zurücklegen, oft auch mit dem Schiff. Die Abbildung zeigt den Hafen von Tyrus, von wo er manchmal abfuhr.

20–28 PAULUS GELANGT NACH ROM

20, 1–16 Paulus reist nach Jerusalem zurück

Dem 2. Korintherbrief kann man einiges über die Zeit entnehmen, die in 20, 1–6 behandelt wird. Paulus ist sehr von der Sammlung für die Jerusalemer Gemeinde in Anspruch genommen (die in Vers 4 genannten Männer sind Abgesandte der heidenchristlichen Kirchen). Seine Missionsarbeit unter den Heiden ist immer wieder kritisiert worden. Durch die Sammlung kann er nun der Einheit von Juden und Heiden in der Kirche praktischen Ausdruck verleihen. Sie ist für ihn von größter Bedeutung, daher ist er entschlossen, nach Jerusalem zu reisen.

Während seines Aufenthalts in Ephesus schrieb Paulus den 1. Korintherbrief, den 2. schrieb er in Mazedonien (1). Den Römerbrief verfaßte er in Korinth. Zu dieser Zeit besuchte er wohl auch das heutige Albanien und Jugoslawien (»Illyrien«, Röm. 15, 19). In Philippi schließt sich auch Lukas der Gruppe an.

Troas (7–12): Hier bekommen wir einen Einblick in den Gottesdienst der frühen Kirche. Man kam Sonntagabend zum Abendmahl und anschließendem gemeinsamen Essen zusammen (1), und zwar in einem Privathaus. Die Predigt des Paulus dauerte sehr lange – so daß es dem Eutychus zu viel wurde.

20, 17 – 21, 14 Paulus trifft die Ältesten aus Ephesus; von Milet nach Cäsarea

Dies ist die einzige Rede des Paulus in der Apostelgeschichte, die an Christen gerichtet ist, und außerdem die einzige, bei der Lukas selbst dabei war. Paulus hat die Probleme, die von innen und außen auf die Kirche zukommen würden, schon damals deutlich gesehen. Offbg. 2, 2 zeigt, daß die Ältesten seine Warnungen beachtet haben.

Anfechtungen (20, 19): Es hatte nicht nur in Ephesus Schwierigkeiten gegeben (vgl. 2. Kor. 1, 8–11).

Philippus (21, 8): vgl. Apg. 6, 5; 8, 4–40.

Agabus (21, 10): Prophetische Zeichenhandlungen dieser Art sind auch aus dem Alten Testament bekannt, etwa von Hesekiel.

Eine griechische Inschrift aus dem Tempel des Herodes in Jerusalem, die Nichtjuden das Betreten des Tempelbezirks bei Todesstrafe untersagt.

21, 15 – 23, 35 Paulus kommt nach Jerusalem; Verhaftung

Unter den Judenchristen in Jerusalem sind Gerüchte im Umlauf, Paulus lehre die Juden, das Gesetz und die Beschneidung aufzugeben. Die Schwierigkeiten überschatteten alles, so daß Lukas nicht einmal mehr die Spenden der heidenchristlichen Gemeinden erwähnt, die Paulus doch so wichtig waren.

Gelübde (21, 23): vgl. 4. Mose 6, 13–21. Indem Paulus sich mit diesen Männern zusammentut, zeigt er, daß er das Gesetz nach wie vor beachtet.

Griechen in den Tempel geführt (21, 28): Jeder konnte den äußeren Vorhof betreten, aber das Betreten der Innenhöfe wurde durch griechische und lateinische Tafeln bei Todesstrafe verboten. Vgl. S. 496.

Burg (21, 34): Die Kohorte war auf der Burg Antonia stationiert, die durch Treppen mit dem Tempelvorhof verbunden war.

Der Ägypter (21, 38): Anführer der Sikarier (»Dolchmänner«), die bei jeder Gelegenheit Römer und römerfreundliche Juden ermordeten. Im Jahr 66 brachten sie den Hohenpriester Ananias um.

Dürft ihr . . .? (22, 25): Ein römischer Bürger hatte ein Recht auf einen gerechten Prozeß und durfte, auch wenn er schuldig war, nicht gegeißelt werden. Die Geißel war eine Peitsche aus ledernen Riemen, an denen Blei- oder Knochenstücke befestigt waren.

Cäsarea (23, 23): Zentrum der Verwaltung der römischen Provinz Judäa. Daß Paulus unter so strenger Bewachung nach Cäsarea gebracht wurde, ist ein Zeichen, wie spannungsgeladen die Situation in der Provinz war.

Felix (23, 24): der Nachfolger des Pilatus, der von 52–59 Statthalter in Judäa war. Seine Residenz hatte er im Palast, den Herodes der Große erbaut hatte.

Paulus saß zwei Jahre im Gefängnis in Cäsarea, einer Hafenstadt, die von den Römern als Zentrum ihrer Verwaltung und des Nachrichtendienstes erbaut wurde. Die römischen Säulen, die man heute noch dort finden kann, wurden später in die Befestigungen der Kreuzfahrer mit einbezogen.

24–26 In Cäsarea: Verteidigungsreden vor Felix, Festus und Agrippa

Paulus war zwei Jahre lang in Schutzhaft in Cäsarea, wahrscheinlich von 58–60. Dreimal muß er sich dort verantworten. Seine Verteidigungsreden geben einen Eindruck von seinen Fähigkeiten. Seine Zuhörer müssen schließlich zugeben, daß gar keine Anklage gegen ihn erhoben werden kann – außer der theologischen Frage der Auferstehung.

Vor Felix (Kap. 24): Felix war ein gewalttätiger und ungeschickter Statthalter und wurde um 59 abgesetzt, weil er sich bei Aufständen in Cäsarea falsch verhalten hatte. Drusilla, eine Jüdin und Tochter des Herodes (Apg. 12, 1), war seine dritte Frau. Von ihr wußte er vielleicht auch über »die Lehre« Bescheid. Die Rede des Paulus von »Gerechtigkeit und Enthaltsamkeit und von dem zukünftigen Gericht« traf wohl das Gewissen des Felix, der ja bereit gewesen wäre, sich von Paulus mit Geld bestechen zu lassen.

Vor Festus (25, 1–12): Festus war nur kurz Statthalter, denn er starb im Jahr 62. Sein Versuch, den Juden einen Gefallen zu tun, führt dazu, daß Paulus sich nun an den Kaiser wenden will. Er erhoffte sich von Nero mehr Gerechtigkeit als vom Hohen Rat!

Vor Agrippa (25, 13 – 26, 32): Damit ist Agrippa II., der Enkel Herodes des Großen und Sohn des in Apg. 12, 1 genannten Herodes, gemeint. Seine Schwester Bernice wurde später die Geliebte der Kaiser Titus und Vespasian. Die Vorstellung einer Auferstehung kommt dem Heiden Festus vollkommen verrückt vor. Agrippa tut die Sache als einen Witz ab, um sein Gesicht zu wahren: vor Festus will er nicht selbst als verrückt erscheinen, und die Juden will er nicht verärgern, indem er die Propheten ablehnt.

Der Schwerpunkt der Bekehrungsgeschichte des Paulus in Kapitel 26 liegt etwas anders als in Kapitel 22. Mit dem »Stachel« ist der Druck gemeint, der Paulus zu einer völligen Veränderung seines Lebens führte. In Vers 16–18 sind die Worte des Herrn auf der Straße nach Damaskus, die Worte des Ananias und der Auftrag, den er im Tempel bekam (22, 17 ff.), zusammengefaßt.

Vor der sogenannten Paulusbucht in Zypern liegt eine Sandbank. Alles stimmt hier mit der Beschreibung des Schiffbruchs in Apostelgeschichte 27 überein: als sie versuchten, die Bucht zu erreichen, stieß das Schiff auf die Sandbank und drohte auseinanderzubrechen. Auf Schiffsplanken konnten sich Mannschaft und Passagiere dann an Land retten.

SCHIFFE AUS DER ZEIT DES NEUEN TESTAMENTS

Modelle aus dem Maritime Museum, Haifa, Israel

Römisches Getreideschiff

Römisches Kriegsschiff

27–28 Die Reise nach Rom: Schiffbruch und Hausarrest

Die Reise geschah mit drei Schiffen: einem Küstenschiff von Cäsarea bis Myra, einem Frachtschiff (das Getreide von Alexandria nach Rom brachte) von Myra bis Malta und einem weiteren von Malta bis Puteoli in der Bucht von Neapel. Lukas beschreibt die ereignisreiche Überfahrt sehr lebendig und gibt uns einen Eindruck von der Beherrschtheit und dem Mut des Paulus. Nun kommt Paulus endlich nach Rom – anders, als er es sich vorgestellt hatte.

Fastenzeit (27, 9): der Versöhnungstag (September/Oktober). In dieser Zeit war es gefährlich zu segeln; ab Mitte November fuhren dann keine Schiffe mehr.

Syrte (27, 17): zwei Buchten mit Sandbänken und Strudeln vor der nordafrikanischen Küste.

Weder Sonne noch Sterne (27, 20): Ohne sie war eine Orientierung auf dem Meer unmöglich.

Die Zwillinge (28, 11): Kastor und Pollux, die Schutzpatrone der Seeleute.

Zwei volle Jahre (28, 30): Paulus nützte die Zeit, in der er nur unter Hausarrest stand, voll aus. Wir wissen nicht, was danach geschah. Möglicherweise wurde er freigelassen, zog nach Spanien und wurde dann auf dem Rückweg von dort wieder verhaftet und schließlich um das Jahr 67 hingerichtet.

Außerhalb von Rom stehen Denkmäler entlang der Via Appia. In der Nähe sind auch die Katakomben zu finden, in denen sich später die Christen trafen, um sich der Verfolgung zu entziehen.

Der zeitgeschichtliche Hintergrund des Neuen Testaments

Colin Hemer

Durch die Eroberungszüge Alexanders des Großen fand das persische Großreich seinen Untergang (336–323 v. Chr.). Alexander wollte die griechische und die östliche Kultur miteinander verbinden. Damit begann der große Einfluß des Griechentums auf den ganzen Mittelmeerraum. Nach dem frühen Tod Alexanders wurde sein großes Reich unter verschiedene Nachfolger aufgeteilt. Sein General Ptolemäus bekam Ägypten und übernahm von dort aus auch die Herrschaft über Palästina. Dieses Gebiet war für Ptolemäus und seine Nachfolger strategisch von großer Bedeutung, aber er ließ den Bewohnern immerhin große Freiheit in religiösen Angelegenheiten. Viele Juden wanderten sogar nach Alexandria, der neuen Hauptstadt Ägyptens, aus und konnten dort begrenzte politische Rechte erlangen.

Der Einfluß des Griechentums

Die ganze darauffolgende Zeit wird oft die Zeit des Hellenismus genannt (hellenistisch = griechisch). Das sogenannte Koinegriechisch (koine = allgemein) wurde zur internationalen Verkehrssprache. Auch die Juden in der Diaspora, der »Zerstreuung«, übernahmen diese Sprache. In Alexandria entstand in jener Zeit eine griechische Übersetzung des Alten Testaments, die Septuaginta.

Auch die übrigen Juden wurden vom hellenistischen Griechentum beeinflußt, wogegen sich allerdings die Chassidim (die »Frommen«) und später dann die Pharisäer wehrten, um nicht in Konflikt mit dem jüdischen Gesetz zu kommen.

Als die Macht der Ptolemäer abnahm, ging Palästina um 200 v. Chr. an Antiochus den Großen über, einen Angehörigen der ursprünglich mazedonischen Dynastie der Seleukiden, die über Syrien herrschte. Die Juden wurden von den Seleukiden zunächst sehr entgegenkommend behandelt, doch Antiochus beging einen großen Fehler. Er wollte sein Reich nach Kleinasien und Griechenland ausweiten und forderte damit die Römer heraus, die zu jener Zeit in diesen Gebieten Fuß faßten. Im Jahr 190 wurde Antiochus in Magnesia im Westen Kleinasiens von ihnen geschlagen, mußte auf große Gebiete verzichten und wurde zu Geldabgaben gezwungen. Dadurch gewannen die Römer auch im Osten neuen Einfluß.

Antiochus IV. Epiphanes (175–164 v. Chr.) versuchte dann, seine Macht zu festigen. Er nützte die Streitereien der Juden untereinander geschickt aus, um die Hellenisierung Palästinas herbeizuführen. Im Jerusalemer Tempel ließ er einen heidnischen Altar errichten, wo dem griechischen Gott Zeus geopfert wurde.

Dagegen leisteten nun viele Juden heftigen Widerstand. Der Priester Mattatias und seine fünf Söhne übernahmen dabei die Führung. Nach dem dritten Sohn Judas Makkabäus, der als erster die Nachfolge seines Vaters übernahm, nennt man die ganze Familie »die Makkabäer».

Nach vielen Kämpfen erreichten die Brüder die religiöse Freiheit ihres Volkes und dann auch die Herrschaft über Palästina, das im Grunde genommen ein unabhängiger Staat wurde, der durch Hohepriester aus dem Geschlecht der Makkabäer regiert wurde. Als Dynastie bekamen sie den Namen »Hasmonäer« und nahmen nach einiger Zeit auch den Königstitel an. Sie hatten gute Beziehungen zu Rom, eroberten Samaria und Galiläa und waren bis 63 v. Chr. an der Macht. Zu diesem Zeitpunkt wandten sich die Hasmonäer in Thronstreitigkeiten an Pompejus, den römischen Feldherrn im Osten des Reichs, und brachten sich damit in Abhängigkeit von ihm. Er besetzte Jerusalem, und Palästina wurde Teil der römischen Provinz Syrien.

Rom: Von der Republik zum Weltreich

Der römische Staat war zu jener Zeit im tiefsten durch soziale Gegensätze und Parteikämpfe gespalten. Es war offensichtlich geworden, daß man ein Weltreich nicht wie einen Stadtstaat regieren konnte. Die inneren Streitigkeiten Roms, die bis zum Bürgerkrieg führten, hatten auch Auswirkungen auf die östlichen Gebiete des Reichs. Julius Caesar besiegte Pompejus und herrschte bis zu seiner Ermordung durch die Republikaner im Jahr 44 v. Chr. als Diktator. Seine Anhänger konnten jedoch unter der Führung von Antonius und Octavian die Republikaner unter Brutus und Cassius nach der Schlacht bei Philippi in Mazedonien im Jahr 42 stürzen. Nun kämpften aber Antonius und Octavian ihrerseits miteinander um die Herrschaft, bis Octavian im Jahr 31 bei Actium im Westen Griechenlands den entscheidenden Sieg erringen konnte.

Der neue Beherrscher des römischen Reichs, Großneffe und Adoptivsohn Caesars, war zu jenem Zeitpunkt noch recht jung. Im Jahr 27 bekam er vom römischen Senat den Titel »Augustus«, der Anbetungswürdige. Das Ausmaß seiner Macht verbarg er, indem er sich den Anschein äußerster Gesetzestreue gab. Er erhob lediglich den Anspruch, die Republik wiederhergestellt zu haben. In Wirklichkeit hatte er eine Herrschaft aufgerichtet, die den Namen »Weltreich« verdient. Augustus und seine unmittelbaren Nachfolger verschafften dem Römischen

Reich neuen Frieden und wachsenden Wohlstand. Augustus starb im Jahr 14 n. Chr.

Im Neuen Testament erwähnt nur Lukas die römischen Herrscher mit Namen. Seine Angaben umreißen den Zeitraum, in dem die Evangelien und die Apostelgeschichte spielen. Jesus wurde zur Zeit des Augustus geboren (Luk. 2, 1). Das Auftreten Johannes' des Täufers (Luk. 3, 1–2) und das Wirken Jesu mit Tod, Auferstehung und Erhöhung spielten sich während der Regierungszeit des Tiberius ab (14–37 n. Chr.). Paulus machte seine Missionsreisen zur Zeit des Kaisers Klaudius (41–54 n. Chr.; er wird in Apg. 11, 28 und 18, 2 mit Namen erwähnt) und Neros (54–68), an den sich Paulus nach seiner Verhaftung wandte. Paulus erreichte Rom um 60.

»Die Zeit ist erfüllt«

Es war die richtige Zeit für das Kommen Jesu und die Verbreitung des Evangeliums. Augustus hatte seinem Reich nach einer Zeit der Kriege und Auseinandersetzungen Frieden verschafft. Ein großartiges Netz neuerbauter Straßen verband die einzelnen Teile des Reichs untereinander und mit seinem Mittelpunkt, Rom. Die Nachrichtenübermittlung war leichter geworden. Latein und Griechisch waren die offiziellen Reichssprachen; im Osten des Reichs wurde vor allem Griechisch gesprochen. Das Alte Testament war ja schon ins Griechische übersetzt worden, und für die Verfasser der neutestamentlichen Schriften lag diese Sprache allgemein am nächsten.

Unter den Juden wurde der lang verheißene Messias immer sehnsüchtiger erwartet (vgl. auch den Artikel »Religiöse Bewegungen zur Zeit des Neuen Testaments«, S. 494), und unter den Heiden wuchs das Verlangen nach einer persönlichen Erlösung. Gleichzeitig stellten die Juden in der Diaspora in allen bedeutenderen Städten des Reichs ein aufgeschlossenes Publikum für die zukünftige Predigt des Paulus und anderer Christen dar.

Machthaber in Palästina

Vor der Besetzung durch die Römer war in Palästina ein skrupelloser halbjüdischer Abenteurer namens Antipater an die Macht gekommen. Zusammen mit seinem Sohn Herodes bemühte er sich um die Gunst der jeweiligen römischen Herrscher, so daß Herodes (der Große) schließlich von ihnen als König der Juden eingesetzt wurde. Er war von 37–4 v. Chr. an der Macht. Kurz vor seinem Tod wurde Jesus geboren (vgl. Matth. 2 und Luk. 1, 5).

Nach seinem Tod wurde das Reich unter drei seiner Söhne aufgeteilt. Herodes Archelaus, der Judäa und Samaria bekommen hatte (Matth. 2, 22), wurde im Jahr 6 n. Chr. verbannt; seine Gebiete wurden Rom direkt unterstellt und von Statthaltern verwaltet, die den Prokonsuln (»Landpflegern«) von Syrien unterstellt waren. Galiläa und die anderen Teile Palästinas wurden auch weiterhin von den Nachkommen des Herodes regiert. Herodes Antipas, der in Galiläa regierte (4 v. Chr. – 39 n. Chr.), ließ Johannes den Täufer hinrichten (Matth. 14 und Parallelstellen). In der Apostelgeschichte wird Herodes Agrippa I. erwähnt, der im Jahr 44 n. Chr. starb (Apg. 12). Unter ihm war für einige Zeit ganz Palästina noch einmal vereinigt. Außerdem wird dessen Sohn Herodes Agrippa II. in Apg. 25–26 erwähnt (vgl. auch S. 540).

Der bekannteste Statthalter ist Pilatus (26–36), der nach außerbiblischen Quellen ein taktloser und verletzender Feind der Juden war (vgl. auch S. 510). Paulus mußte sich vor den Statthaltern Felix und Festus verantworten (Apg. 23–26).

Politische Spannungen

Wie in anderen besetzten Gebieten entstand auch in Palästina eine Widerstandsbewegung. Man erwartete einen Messias, der sein Volk von den Römern befreien würde. Es gab dann auch immer wieder Männer, die sich als Messias ausgaben. Die Zeloten, die besonders radikal waren, verweigerten die Steuerzahlungen an die Römer.

Die Hohenpriester und ihre Anhänger, die Sadduzäer, arbeiteten dagegen mit den Römern zusammen. Vor allem dem Hohenpriester Hannas und seiner Familie lag sehr an einem guten Verhältnis zu den Römern, da sie durch diese an die Macht gekommen waren. Aus demselben Grund waren auch die Herodianer ganz von Rom abhängig.

Viele erwarteten dann auch von Jesus, daß er die Führung seines Volkes im Kampf gegen Rom übernehmen werde und wandten sich enttäuscht von ihm ab, als er dazu nicht bereit war (vgl. Joh. 6, 15 und 66). Wie spannungsgeladen die politische Situation zur Zeit Jesu war, zeigt sich auch an seinem Prozeß. Pilatus konnte erst dadurch zur Verurteilung überredet werden, daß man die Anklage gegen Jesus politisch umdeutete und ihn als gefährlichen Gegner Roms darstellte.

Die Verbreitung des Evangeliums im Römischen Reich

Es ist nicht ganz angemessen, die Geschichte der Zeit des Neuen Testaments nur aus der Perspektive der römischen Politik darzustellen, wie es oft getan wird. Auch die Apostelgeschichte ist ein wichtiges historisches Dokument, wo sonst nicht erwähnte Aspekte des Lebens in einer römischen Provinz berücksichtigt werden. Wir erfahren etwas über Provinzstatthalter, jüdische Könige und griechische Stadtbeamte. Kleinasien war das eigentliche Zentrum griechischer Kultur in jener Zeit und wurde nun auch zu einem wichtigen Zentrum des Heidenchristentums. Die Römer ließen die griechischen Verwaltungseinrichtungen bestehen. Den Herrscherkult, der in diesen Gebieten üblich war, tolerierten sie zunächst und übernahmen ihn dann sogar selbst. In vielen bedeutenderen Städten Kleinasiens gab es wohlhabende Juden, die von den Römern gewisse Sonderrechte zugesichert bekommen hatten.

Paulus von Tarsus war zugleich Jude, Grieche und Römer und damit in einzigartiger Weise zur Verbreitung des Evangeliums über rassische und kulturelle Grenzen hinweg geeignet. Er konnte sich auf seinen Missionsreisen immer wieder neu auf die besonderen Eigenarten seiner jeweiligen Zuhörerschaft einstellen. In der Apostelgeschichte werden verschiedene lokale Einrichtungen mit großer Genauigkeit bezeichnet: »Stadtschreiber« in Ephesus (Luther: »Kanzler«), »Politarchen« in Thessalonich (Luther: »Oberste der Stadt«), der »Areopag« (Hügel des Ares) in Athen. Mit der Bezeichnung Philippis als römischer »Kolonie« wird in fast ironischer Weise auf den Stolz der Bewohner auf diesen Status angespielt (Apg. 16, 12. 20–21. 37–39). Diese und ähnliche Angaben werden durch Inschriften aus jener Zeit bestätigt.

Die römischen Institutionen stellten geradezu einen Schutz und eine Hilfe für die Verbreitung des Evangeliums dar. Das Judentum war als Religion erlaubt und anerkannt, und Jesus war ja die messianische Erfüllung des jüdischen Glaubens. In Korinth hatte diese Darstellung des Christentums allerdings schwierige Folgen. Paulus wurde dort von den Juden vor dem Statthalter Gallio angeklagt, weil seine Lehre nicht dem Gesetz gemäß sei (Apg. 18, 13). Gallio, der Bruder des berühmten Philosophen Seneca, der der Erzieher des späteren Kaisers Nero war, ließ sich davon nicht beeindrucken. Seiner Ansicht nach handelte es sich hier um irgendeine jüdische Sekte, die ihn nicht weiter interessierte. Indem er die Anklage fallen ließ, erkannte er die Botschaft des Paulus als gleichberechtigt mit anderen jüdischen Lehren an. Dieser Vorfall fand etwa im Jahr 52 statt. Gallio wird auf einer Inschrift aus Delphi in Griechenland, die aus dieser Zeit stammt, erwähnt. Damit ist ein Fixpunkt für die Ansetzung der Lebensdaten des Paulus gegeben.

Dieses Amphitheater in Ephesus war der Schauplatz des Aufruhrs gegen Paulus, Apg. 19.

Paulus nutzte seine Vorrechte als römischer Bürger, ein Status, den zu jener Zeit nur wenig Juden aus der Provinz innehatten. Zu der Zeit, als die politischen Spannungen in Palästina immer mehr zunahmen, kam ihm das sehr zustatten: er konnte nach seiner Verhaftung fordern, dem Kaiser vorgeführt zu werden. Er kam dann als Gefangener nach Rom, rechnete aber damit, daß er vor dem Gerichtshof Neros Gerechtigkeit erlangen und das Evangelium verteidigen könnte. An dieser Stelle bricht der Bericht der Apostelgeschichte ab, so daß wir nichts Genaues über das weitere Ergehen des Paulus wissen.

Zeiten der Verfolgung

Die Ereignisse der folgenden Jahre hatten weitreichende Folgen. Im Jahr 64 machte Nero die Christen für den großen Brand verantwortlich, der weite Teile Roms zerstört hatte. Er ließ viele von ihnen auf grausamste Weise umbringen. Das war allerdings kein wohlüberlegter Schritt von politischem Gewicht, sondern eher ein irrationaler Ausbruch, der dann auch wieder vorüberging.

In Palästina spitzten sich die Dinge immer mehr zu. Die Fehler der Statthalter und die Herausforderungen der Römer durch die Zeloten führten schließlich zum Aufstand und Krieg gegen die Römer (66–70). Der römische Feldherr Vespasian wurde 69 zum Kaiser ausgerufen und überließ seinem Sohn die Beendigung des Kampfes in Palästina. Im Jahr 70 konnte Titus Jerusalem einnehmen. Er zerstörte den Tempel des Herodes vollständig und legte die Stadt in Schutt und Asche.

Diese Katastrophe brachte noch andere schwerwiegende Folgen für Juden und Christen mit sich. Von da an waren die beiden Religionen vollständig getrennt. Das Judentum mußte manche seiner Vorrechte aufgeben, die Christen wurden mit neuen Problemen konfrontiert und waren immer wieder Verfolgungen ausgesetzt.

Es ist viel über das Verhältnis der späteren Schriften des Neuen Testaments zum Untergang Jerusalems und den ersten Christenverfolgungen gesagt worden. Man kann mit ziemlicher Sicherheit annehmen, daß die Johannes-Offenbarung während der letzten Regierungsjahre des Kaisers Domitian, des jüngeren Sohnes Vespasians, verfaßt wurde (81–96). Rom war nun nicht mehr der Beschützer, sondern der Todfeind des Christentums. Domitian wollte zum Beweis der Treue von seinen Untertanen als »Herr« und »Gott« verehrt werden. Nun mußten sich die Menschen endgültig zwischen Gott und dem Kaiser entscheiden.

Einführung

Donald Guthrie

Die Briefe machen etwa ein Drittel des Neuen Testaments aus. Sie behandeln ganz verschiedene Themen; aber alle sind wichtig, weil sie zeigen, was die Apostel und ihre Mitarbeiter lehrten. Die Verkündigung des Evangeliums wird mit Anweisungen für Leben und Verhalten verbunden. Gleichzeitig geben sie einen Einblick in die Probleme der Urgemeinde und die Versuche, sie zu bewältigen.

Die Briefe sind in konkrete Situationen hinein gerichtet. Daher ist es sinnvoll, sich mit diesen Situationen wie auch mit dem geschichtlichen Hintergrund zu befassen. Dann sollen die Hauptthemen der Briefe zusammengestellt werden.

EINTEILUNG DER BRIEFE IN GRUPPEN

Die Briefe lassen sich am besten nach Verfassern ordnen. Das ist ja im Neuen Testament selber schon geschehen. Es gibt dreizehn Briefe unter dem Namen des Paulus, einen anonymen Brief (Hebräer), einen Brief des Jakobus, zwei des Petrus, drei des Johannes und einen Brief von Judas.

Die Briefe des Paulus lassen sich in vier Gruppen einteilen:

- Die beiden Thessalonicherbriefe sind wahrscheinlich am ältesten. Sie befassen sich vor allem mit der Wiederkunft Christi.
- In den Briefen an die Römer, die Galater und die Korinther liegt der Schwerpunkt auf der Verkündigung des Evangeliums.
- Die Briefe an die Epheser, Kolosser, Philipper und an Philemon wurden im Gefängnis geschrieben und werden daher auch »Gefangenschaftsbriefe« genannt. Sie enthalten grundlegende Gedanken der christlichen Lehre.
- Die sogenannten Pastoralbriefe – 1. und 2. Timotheus und Titus – befassen sich vor allem mit praktischen Fragen des Aufbaus und der Leitung der Gemeinden.

Die übrigen Briefe, mit Ausnahme des Hebräerbriefes, werden oft katholische, d. h. »allgemeine« Briefe genannt, da sie nicht an einen eindeutig bestimmbaren Leserkreis gerichtet sind.

DER GESCHICHTLICHE HINTERGRUND DER BRIEFE

Wir wissen in manchen Fällen wenig über die Situation, in der sich z. B. Paulus bei der Abfassung der Briefe befand, wie auch über die Situation der Gemeinden, an die sie gerichtet sind. Die Briefe entstanden aus dem Leben der Urkirche heraus. Sie sind keine theologischen Abhandlungen, auch wenn sie viel christliche Unterweisung enthalten. Die Entstehung aus der Situation der Gemeinden heraus ist zugleich auch ihre Stärke: sie sind lebendig und dynamisch und enthalten keine trockene Theorie.

Die Apostelgeschichte ist die einzige Informationsquelle, die wir aus jener Zeit über die Kirche haben. Lukas mußte jedoch auswählen und beansprucht nicht, einen vollständigen Bericht über jene Zeit zu geben, so daß viele Lücken in unserem Bild der frühen Gemeinde bleiben.

Es ist daher schwierig, sichere Angaben über die Entstehung der Briefe zu machen. Im folgenden soll versucht werden, den geschichtlichen Hintergrund wenigstens in Umrissen darzustellen.

Die frühen Briefe

Paulus schrieb die **Thessalonicherbriefe** während seines Aufenthalts in Korinth bei der zweiten Missionsreise. Aufgrund einer Inschrift in Delphi ist das Jahr 50 oder 51 wahrscheinlich.

Nach seiner Bekehrung verbrachte Paulus einige Jahre in Tarsus, wo er Zeit hatte, über die Veränderung in seinem Leben nachzudenken. Danach war er ein Jahr in Antiochien als Lehrer tätig und zwei weitere Jahre als Missionar. In dieser Zeit entstanden viele Gemeinden in heidnischem Gebiet.

Paulus schrieb seine ersten Briefe also schon als reifer Christ. Sie sind vorwiegend praktisch ausgerichtet und enthalten noch keine so grundsätzliche Entfaltung des Evangeliums, wie sie für die späteren Briefen kennzeichnend ist.

An die Galater, Korinther und Römer

Diese Briefe wurden mit ziemlicher Wahrscheinlichkeit während der dritten Missionsreise verfaßt; der **Galaterbrief** könnte auch aus der Zeit zwischen den beiden ersten Reisen stammen.

Paulus war von Korinth nach Ephesus gereist. Dort hört er von den Schwierigkeiten, die inzwischen in Korinth entstanden waren, und erhielt auch einen Brief von dort. Der **1. Korintherbrief** ist die Antwort darauf. Auch dieser Brief ist vor allem praktisch ausgerichtet und zeigt die Probleme, mit denen sich eine junge Gemeinde in einer heidnischen Umgebung, die für ihre Sittenlosigkeit berüchtigt war, auseinandersetzen mußte.

Dem **2. Korintherbrief** könnten wir einiges über die Beziehungen des Paulus zu der dortigen Gemeinde entnehmen. Vielleicht hat er sie nach der Abfassung des 1. Korintherbriefs besucht. Möglicherweise hat er auch einen weiteren Brief an sie geschrieben, der verloren gegangen ist. Auf jeden Fall scheint es Schwierigkeiten zwischen Paulus und dieser Gemeinde gegeben zu haben. Daher sandte er Titus nach Korinth, der dann wohl wieder Gutes über die Gemeinde berichten konnte. Seine Erleichterung darüber bringt Paulus im 2. Korintherbrief zum Ausdruck, in dem er sich um ein gutes Verhältnis bemüht und die Gemeinde warnt und ermutigt.

Bald darauf kam Paulus selbst wieder nach Korinth. Dort schrieb er den **Römerbrief,** der von allen seinen Briefen einer theologischen Abhandlung am nächsten kommt. Darin entfaltet er das Thema der Rechtfertigung aus Glauben und ihre praktischen Folgen.

Wir wissen nicht, warum Paulus in dieser Weise an die Römer schrieb. Er wollte sie bald danach besuchen und sie vielleicht vorher schon mit seiner Lehre bekannt machen.

Seine Pläne wurden dann in ganz anderer Weise verwirklicht, als er es gedacht hatte: in Jerusalem wurde er verhaftet und kam schließlich als Gefangener nach Rom.

Die Gefangenschaftsbriefe

Man nahm schon früh an, daß Paulus diese Briefe in Rom schrieb. Es gibt aber auch Grund zu der Annahme, daß sie in Cäsarea oder aber in Ephesus verfaßt wurden. Für Rom würden die Angaben der Apostelgeschichte sprechen, daß Paulus dort recht viel Freiheit hatte und sicher auch oft mit seinen Begleitern zusammen sein konnte, die ja in den Briefen häufig erwähnt werden.

Die Briefe an die **Epheser** und die **Kolosser** sind dem Inhalt nach sehr ähnlich, wobei der erstere allgemeiner gehalten ist als der letztere, der sich konkret mit einer Irrlehre auseinandersetzt, die die Gemeinden im Lykostal östlich von Ephesus bedrohte. Paulus will die dortigen Christen stärken und sie über Person und Werk Jesu unterrichten, damit sie der Irrlehre etwas entgegenzusetzen haben. Manche Themen kommen auch im Epheserbrief vor, und zwar oft in ähnlichen Worten, aber hier werden sie stärker auf die Lehre von der Kirche bezogen. Dieser Brief war vielleicht – trotz der Überschrift – auch für andere Gemeinden Kleinasiens bestimmt.

Der **Philemonbrief** stammt aus derselben Zeit. Paulus bittet Philemon um Nachsicht gegenüber einem entlaufenen Sklaven. Viele der Begleiter des Paulus, die im Kolosserbrief genannt sind, werden auch im Philemonbrief erwähnt.

Im **Philipperbrief** dankt Paulus der dortigen Gemeinde für ihre Teilnahme, die sie ihm durch ihre Gaben gezeigt hat. Paulus schreibt vor allem deswegen, weil er selbst nach Philippi kommen und den bevorstehenden Besuch des Timotheus vorbereiten wollte.

Das Bemerkenswerte an den Gefangenschaftsbriefen ist die tiefe Einsicht in den christlichen Glauben, die Paulus darin zeigt.

Die Pastoralbriefe

Wenn Paulus diese Briefe in seinem hohen Alter schrieb, muß er noch einmal freigelassen worden sein. Die Briefe an **Timotheus** und **Titus** zeigen etwas von der Fürsorge des Paulus für seine Gemeinden. Es wird immer wieder in Frage gestellt, ob Paulus diese Briefe verfaßt hat; unter anderem, weil sie noch einen Aufenthalt in Ephesus und Kreta voraussetzen, von dem in der Apostelgeschichte nichts gesagt wird. U. a. sprechen jedoch die konkreten persönlichen Mitteilungen in 2. Tim. 4, 9–14 und Tit. 3, 12–15 für die Verfasserschaft des Paulus. Vgl. S. 618.

Der Hebräerbrief

Der **Hebräerbrief** wurde vielleicht in Rom verfaßt oder dorthin gesandt. Wir wissen nichts Genaues darüber. Er ist nicht an eine bestimmte Gemeinde gerichtet, sondern an eine Gruppe von Judenchristen, die sich, wie man annimmt, von der Gemeinde trennen und wieder stärker am Judentum ausrichten wollten. Der ungenannte Verfasser zeigt ihnen, wie sehr Christus der alten Religion überlegen ist.

Die Katholischen Briefe

Auch über diese Briefe weiß man wenig. Der **1. Petrusbrief** richtet sich an Christen in fünf Bezirken Kleinasiens, die von Verfolgung bedroht waren. Der Trost für die, die um Christi willen leiden, liegt im Leiden Christi selbst.

Der **2. Petrusbrief** richtet sich vermutlich an dieselben Gemeinden. Er warnt vor einer Irrlehre und gibt uns damit eine Vorstellung davon, welchen Einflüssen die frühe Kirche ausgesetzt war.

Die **Johannesbriefe** hält man im allgemeinen für die spätesten Schriften des Neuen Testaments. Sie stammen wahrscheinlich aus den neunziger Jahren. Alter Überlieferung nach soll Johannes in Kleinasien gelebt haben. Die Briefe wären dann auf dem Hintergrund des dortigen Gemeindelebens entstanden. Dort kam gerade die Irrlehre des Doketismus auf, nach der Christus als himmlisches Wesen nicht leiden und damit auch gar nicht wirklich Mensch gewesen sein konnte.

Der **Jakobusbrief** gibt viele praktische Anweisungen, Ermutigungen und Warnungen. Es könnte sein, daß er noch aus der Zeit vor der Zerstörung Jerusalems im Jahr 70 geschrieben wurde. Er scheint von der judenchristlichen Gruppe zu kommen.

Der kurze **Judasbrief** hängt eng mit dem 2. Petrusbrief zusammen, und zwar nach Inhalt und Sprache. Judas spricht von sich als Bruder des Jakobus. Man kann annehmen, daß es sich bei den beiden um Brüder Jesu handelt.

DER GEDANKLICHE HINTERGRUND DER BRIEFE

Die Briefe stammen also alle aus der zweiten Hälfte des 1. Jahrhunderts, der entscheidenden Phase in der Entwicklung der Kirche, und bilden unsere Hauptquelle über Lehre und Verkündigung der Apostel.

Zum richtigen Verständnis der Briefe muß man auch wissen, mit welchen Dingen sie sich auseinandersetzen. In den folgenden Abschnitten sollen die wichtigsten Probleme zusammengestellt werden, um zu zeigen, welche Methoden zur Interpretation der Briefe zur Verfügung stehen.

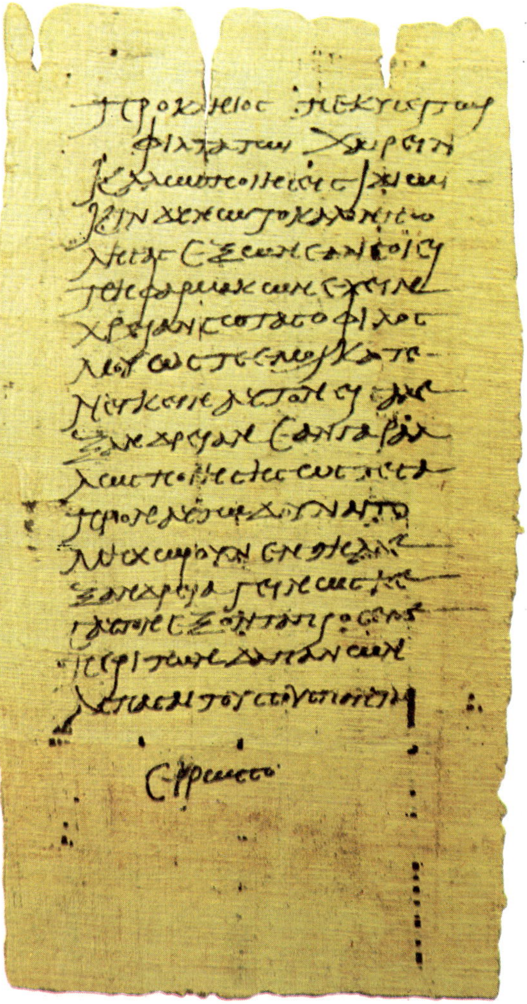

Briefe waren für die Beziehungen des Paulus zu den Gemeinden von großer Bedeutung. Für die Nachwelt wurden sie zur Grundlage der christlichen Lehre überhaupt. Dieser Papyrus aus dem ersten Jahrhundert v. Chr. beginnt mit den Worten: »Prokleios an seinen lieben Freund Pekysis. Grüße . . .«.

Das Alte Testament

Zwar beziehen sich nicht alle Briefe in gleichem Maß auf das Alte Testament, aber allen liegt die Voraussetzung zugrunde, daß das Alte Testament in Christus erfüllt ist. Die neutestamentlichen Autoren, vor allem auch Paulus, greifen auf das Alte Testament zur Unterstützung ihrer Argumentation zurück. Paulus stellt manchmal wie die Rabbinen einzelne Schriftstellen zusammen, ohne dabei besonders auf den ursprünglichen Zusammenhang zu achten (vgl. Röm. 3), meistens zitiert er aber ganze Abschnitte.

Auch viele Bilder und Begriffe in den Briefen stammen aus dem Alten Testament, wie etwa Erlösung und Priestertum im 1. Petrusbrief oder die allegorische Deutung von Sarah und Isaak im Galaterbrief. In vielen Formulierungen finden sich Anklänge an das Alte Testament. Es war ja die Heilige Schrift der Urgemeinde. Daher war das Denken der Verfasser der Briefe auch stark davon geprägt; sie waren ja alle Judenchristen.

Der Hellenismus

Es ist immer wieder ein Streitpunkt, wie weitreichend der Einfluß griechischen Denkens auf das Neue Testament war. Die Christen trieben schon früh Missionsarbeit in den Gebieten, die vom Griechentum geprägt waren. Daß Paulus von der »Weisheit« redet, ist nicht unbedingt ein Beweis, daß er vom Hellenismus beeinflußt war. Trotzdem muß seine christliche Deutung der Weisheit auf dem Hintergrund der Auseinandersetzungen seiner Zeit gesehen werden, wenn man sie richtig verstehen will.

Die Argumentationsweise des Hebräerbriefes hat manche Ähnlichkeit mit der des jüdischen Philosophen Philo von Alexandrien, auch wenn andererseits entscheidende Unterschiede bestehen. Im 1. Johannesbrief klingen einige griechische Schlagwörter jener Zeit an, die nun in charakteristisch christlicher Weise interpretiert werden. Zu dem Gedanken des Lichts finden sich zum Beispiel manche Parallelen in der griechischen Philosophie.

Das Heidentum

Die Christen der Urgemeinde lebten größtenteils in einer heidnischen Umgebung. Einige der Probleme, die in den Briefen behandelt werden, erwachsen direkt aus dieser Situation. Das beste Beispiel dafür ist der 1. Korintherbrief. Die Schwierigkeiten dieser Gemeinde hingen mit der heidnischen Vergangenheit ihrer Glieder zusammen. Einige Christen brachten sich gegenseitig vor ein heidnisches Gericht. Paulus muß ihnen zeigen, daß dadurch der christliche Glaube unglaubwürdig wird. Ein

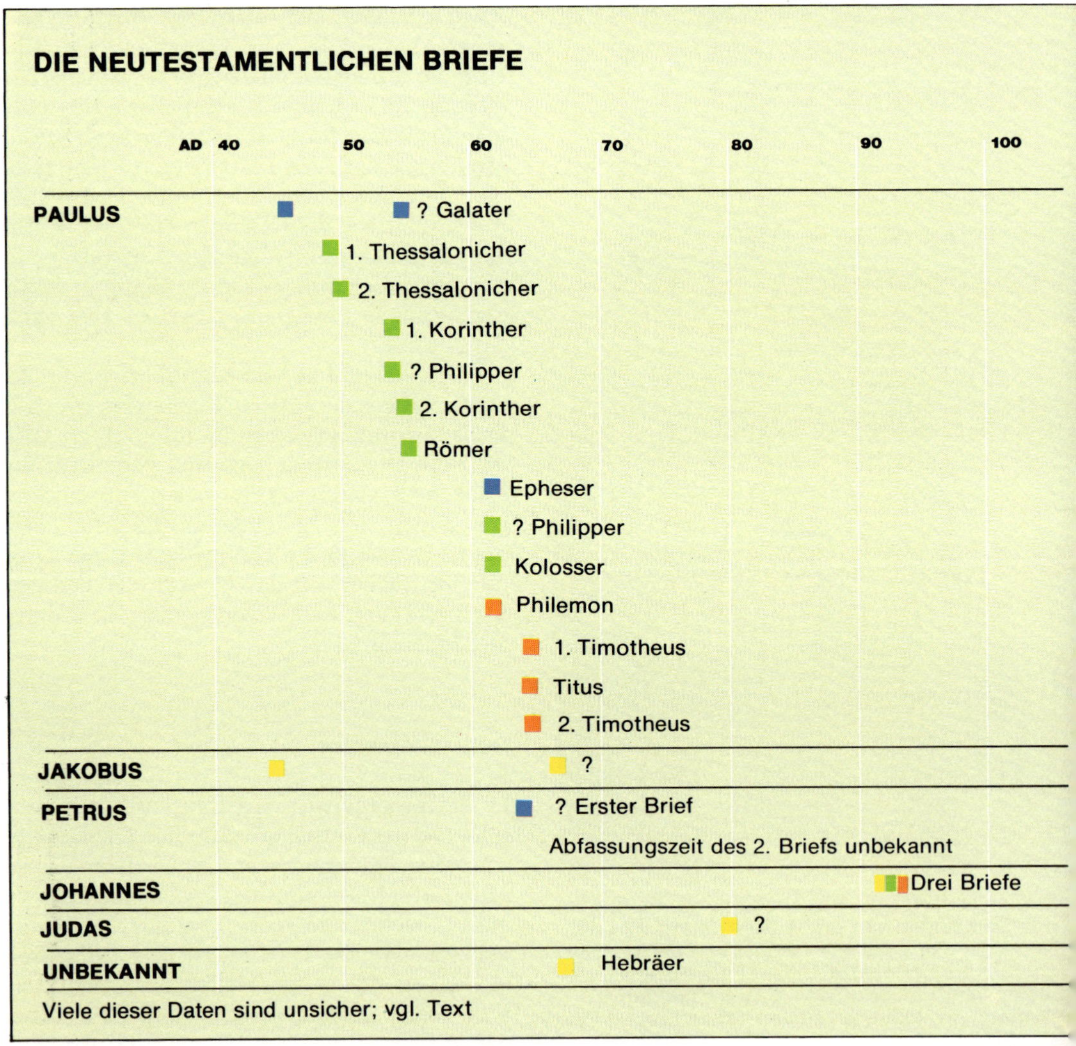

weiteres Problem war, daß das einzige Fleisch, das auf dem Markt verkauft wurde, vorher den Göttern geopfert worden war.

Der sittliche Verfall der heidnischen Welt wird im ersten Kapitel des Römerbriefs sehr eindrücklich beschrieben. Wenn man die frühen Gemeinden mit ihrer Umwelt vergleicht, kann man die Macht der Gnade Gottes besonders deutlich sehen.

Das Judentum

Vor der Entstehung des Christentums war zweifellos das Judentum die Religion, die den stärksten Akzent auf die Ethik legte. Viele Heiden traten zum Judentum über, weil die heidnischen Religionen sie in dieser Hinsicht nicht mehr befriedigen konnten.

Viele der Heiden, die sich für das Judentum interessiert hatten, wurden durch die Verkündigung des Paulus Christen. Der Hebräerbrief zeigt, daß der alte Gottesdienst des Judentums im Christentum seine geistliche Erfüllung gefunden hat und daß Christus das Judentum weit überragt.

Die Briefe wurden geschrieben an:

EINZELNE	EINZELNE GEMEINDEN	GRUPPEN VON GEMEINDEN	ANDERE GRUPPEN
Timotheus,	Rom (1),	Galatien (6),	Hebräer,
Titus,	Korinth (2),	Umgebung von Ephesus (Eph. 7),	Jakobus,
Philemon,	Philippi (3),	Kleinasien (1. Petr., vielleicht 2. Petr., 8)	Erster Johannesbrief,
Gajus (3. Joh.)	Kolossä (4),		Judas
	Thessalonich (5),		
	Zweiter Johannesbrief (?)		

DIE HAUPTTHEMEN DER BRIEFE

Hier können unmöglich alle Themen zusammengestellt werden, die in diesen so verschiedenartigen Briefen behandelt werden. In einigen Briefen werden wichtige Lehren ausführlich abgehandelt, in anderen werden sie lediglich genannt, in manchen werden sie gar nicht ausdrücklich erwähnt. Trotz aller Verschiedenheit herrscht doch in den grundlegenden Fragen Übereinstimmung.

Gott

Gott ist heilig und will, daß auch die Christen heilig sind. Er ist der allem überlegene Herrscher, dem die ganze Welt untertan ist. Vor allem aber zeigen die Briefe Gott als Vater, wie Jesus es seine Jünger lehrte. Gott ist eine Person, der wir Gegenüber sein dürfen. Er ist der Schöpfer und zugleich der Stifter der neuen Schöpfung. Paulus zeigt, daß Gott durch die Sendung seines Sohnes die ganze Welt versöhnt hat.

Christus

Im Urchristentum sprach man auf vielerlei Weise von Jesus. Das gilt auch für die Briefe. Daran zeigt sich, daß es unmöglich ist, die Bedeutung Jesu mit einem einzigen Ausdruck zu erfassen.

Jesus wird mit verschiedenen Titeln bezeichnet. Der Titel »Christus« betont, daß Jesus der verheißene Messias der Juden ist. Mit »der Herr Jesus Christus« wird ausgedrückt, daß die Christen ihn zugleich als Herrscher anerkennen.

Paulus preist Christus an vielen Stellen in seinen Briefen als den, der vor der Welt war. Er gab seinen Reichtum auf und wurde um unsertwillen arm (2. Kor. 8, 9). Er erniedrigte sich, indem er ein Mensch wurde, obwohl er Gott gleich war (Phil. 2, 5–11). Er war das wahre Ebenbild Gottes (Kol. 1, 15).

In den anderen Briefen wird in ähnlicher Weise von Christus geredet. Der Hebräerbrief zeigt ihn als wahren Gott (Kapitel 1) und als wahren Menschen (Kapitel 2), der als Hoherpriester sein Volk vor Gott vertreten kann. Auch in den Briefen des Petrus und des Johannes wird im wesentlichen nichts anderes gesagt. Durch Christus schenkt Gott, der Vater, den Menschen das Heil. Er ist der höchste Ausdruck der Liebe Gottes.

Der Mensch und seine Errettung

Die Welt ist verdorben und böse. Der einzige Ausweg ist der völlige Neuanfang, den Jesus uns ermöglicht. Die neue Schöpfung, das Heil, die Errettung, das ewige Leben – das sind die Hauptthemen der Briefe. Das Leben in Christus bringt eine neue Ethik mit sich. Ein Christ kann nicht wie ein Heide leben. Er lebt nach Gottes Gesetz der Liebe, das nicht nur sein Leben in der Gemeinde prägen soll, sondern ebenso sein Leben in der Welt.

Der Römerbrief

Der römische Bürger Paulus war trotz seiner vielen Reisen immer noch nicht in Rom gewesen, als er diesen Brief schrieb (um 57). Er hatte drei große Reisen hinter sich, auf denen er die Botschaft von Christus in den östlichen Provinzen des Römerreichs verkündigt und dort Gemeinden gegründet hatte. Nun wollte er von Korinth aus nach Jerusalem reisen, um die Spenden der heidenchristlichen Gemeinden dort abzugeben. Dann hoffte er endlich soweit zu sein, in den Westen des Reiches reisen zu können, über Rom nach Spanien. Er ahnte nicht, daß bis dahin noch drei Jahre vergehen würden und daß er als Gefangener nach Rom gelangen würde (Apg. 28).

Rom und die dortige Gemeinde. Rom war damals die Hauptstadt eines Weltreichs, das von Britannien bis nach Arabien reichte. Die reiche, weltoffene Stadt war das Zentrum der damals bekannten Welt, und es herrschte ein ständiges Kommen und Gehen. Weil es seit Augustus endlich Frieden gab, war das Reisen nicht mehr gefährlich. Durch die neuen Römerstraßen war es auch nicht mehr so beschwerlich. An Pfingsten hatten Besucher aus Rom die erste Predigt des Petrus gehört. Als Paulus dann den Römerbrief schrieb, gab es dort schon eine große Gemeinde. Sie setzte sich, wie an den meisten Orten, aus Juden und Heiden zusammen. Zwar herrschten keine solchen Spannungen wie in den Gemeinden Galatiens, aber beide Gruppen waren in der Gefahr, die anderen zu verachten und zu kritisieren.

Die Gemeinde hatte schon Schwierigkeiten mit den römischen Behörden gehabt, und man war immer noch mißtrauisch gegen sie. Schließlich war ihr Stifter wegen staatsfeindlicher Umtriebe zum Tod verurteilt worden. Zwar bemühten sich die Christen, gute Bürger Roms zu sein, aber nur wenige Jahre, nachdem der Römerbrief geschrieben worden war, gelang es Nero, den Christen die Schuld am Brand Roms zuzuschieben (64). Der Überlieferung nach kamen auch Paulus und Petrus in der schrecklichen Christenverfolgung um, die auf den Brand folgte.

Der Brief. Der Römerbrief ist wohl einer der großartigsten Briefe des Neuen Testaments. Zeitlich steht er nach den Briefen an die Thessalonicher, Korinther und Galater und vor den Briefen an die Kolosser und Epheser. Manche Themen aus den früheren Briefen werden im Römerbrief noch einmal aufgenommen. Er ist wohl die ausführlichste und vollkommenste Darstellung der Grundlagen des Christentums. In ihm legt Paulus sein Verständnis des Evangeliums vor. Wir wissen nicht, was ihn zu der Abfassung veranlaßte. Vielleicht ahnte er, daß nicht alles so glatt gehen würde, wie er geplant hatte, und wollte daher den römischen Christen seine Botschaft schriftlich mitteilen, falls er sie nicht mehr persönlich sehen würde.

Im Römerbrief geht es vor allem darum, daß der Glaube an Jesus der einzige Weg zu Gott ist, vor dem alle Menschen gleich sind. Paulus sieht den Zustand der Menschheit sehr pessimistisch (1, 18–32). Vor Gott stehen wir alle als Verurteilte da. Auch die Juden, die doch als einzige das Gesetz Gottes offenbart bekamen, können es nicht halten (2 – 3, 20). Trotzdem bietet uns Gott Vergebung und ein neues Leben an, weil Christus unsere Strafe auf sich genommen hat (Kapitel 5). Wir dürfen also mit Gottes Hilfe noch einmal neu anfangen (Kapitel 6–8). Zwar lehnen die Juden das Heilsangebot Gottes ab, weil sie meinen, Heil könne man nur durch gute Werke erlangen. Aber auch sie werden es eines Tages begreifen (Kapitel 9–11). Die Vergebung und die Liebe Gottes helfen uns, unsrer neuen Berufung gemäß zu leben und unser ganzes Leben und Denken zu ändern. Die gute Botschaft Gottes ist kein Selbstzweck, sie will die menschlichen Beziehungen verändern und alle Bereiche menschlichen Lebens durchdringen (Kapitel 12–15).

Die Auswirkungen des Römerbriefes sind unermeßlich. Große Männer, wie Augustin, Luther, Wesley, sind dadurch zum entscheidenden Durchbruch gelangt, was sich dann auch auf die Geschichte der Kirche ausgewirkt hat. Gott hat aber auch ungezählte andere Menschen durch diesen Brief erreicht und dadurch ihr Leben verändert.

1, 1–15 VORWORT

Mit diesem Grußwort (1–6) wird das ganze Lebenswerk des Paulus beschrieben. Er soll als Sklave und Gesandter Christi der Welt das Evangelium bringen. Er verwendet die damals übliche Grußformel, aber durch die Einfügung von »Gnade« und »Friede« wird sie zu etwas spezifisch Christlichem. Der Römerbrief ist das Werk eines scharfen Denkers und zugleich eines Menschen voll Wärme und Herzlichkeit (vgl. Vers 8–15). Er schätzt diese Gemeinde, die er noch nicht kennt, und hofft, daß er bald bei ihr sein kann.

Heilige (7): Damit ist keine besonders hervorragende Gruppe gemeint, sondern alle, die zu Jesus gehören.

1, 16 – 8, 39 DIE CHRISTLICHE BOTSCHAFT

1, 16–17 Der Kern der Botschaft

Paulus rühmt seine Botschaft: Gott kann und will jeden erretten, der sich ganz auf ihn verläßt.

Vers 17: Das Heil des Menschen hängt ganz allein vom Glauben ab. Das Zitat aus Habakuk 2, 4 kann verschieden ausgelegt werden. Paulus deutet es so: wer durch den Glauben vor Gott gerecht ist, wird leben.

1, 18 – 3, 20 Die alte Schöpfung

Warum müssen die Menschen überhaupt mit Gott versöhnt werden? Paulus setzt mit einer Untersuchung der Situation des Menschen ein.

Die heidnische Welt (1, 18–32). Obwohl die ganze Schöpfung auf Gott, den Schöpfer, hinweist, hat sich der Mensch der Wahrheit verschlossen. Dadurch kommt sein ganzes Denken auf die falsche Bahn. Er ist entschlossen, seinen eigenen Weg zu gehen, und Gott läßt das dann auch zu, denn er hat dem Menschen die Freiheit zur Entscheidung gegeben. Dadurch sinkt er immer tiefer in den Sumpf seiner eigenen Verdorbenheit, die zu einer Verzerrung des Denkens wie zu falschem Handeln führt. Wer die Wahrheit ablehnt (25), hört auch nicht auf das Gewissen (32).

Die Juden (2 – 3, 20). Die Juden waren stolz darauf, daß sie als einzige Gottes Gesetz kannten. Aber auch unter den Heiden gab es Men-

Paulus übertrieb bei seiner Schilderung des sittlichen Verfalls seiner Zeit nicht. Belege dafür finden sich in den Werken mancher Schriftsteller jener Zeit. Auch die Überreste der Stadt Pompeji, die im 1. Jahrhundert durch einen Vulkanausbruch zerstört wurde, zeigen den moralischen Zustand jener Zeit.

schen mit hohen sittlichen Maßstäben. Beide Gruppen waren schnell bereit, die sittliche Verkommenheit der übrigen Welt zu verurteilen. Aber sind sie denn wirklich besser? Leben diese Heiden auch nach ihren eigenen Maßstäben? Haben sie ein reines Gewissen? Halten die Juden sich auch an das Gesetz, auf das sie so stolz sind? Wenn nicht, stehen sie auf einer Stufe mit den Heiden. Gott urteilt ganz unparteiisch.

Paulus geht dann auf mutmaßliche Einwände und Fragen seiner Leser ein:

- Haben die Juden überhaupt einen Vorteil? Ja, Gott hat ihnen seine Offenbarung anvertraut (3, 1–2).

- Wenn die Juden sich dieses Vertrauens nicht würdig gezeigt haben und auch unter das Gericht fallen, was wird dann aus den Verheißungen Gottes an sie? Gott hält sein Wort trotz ihres Versagens (3, 3–4).

- Die Sünde scheint doch eine gute Seite zu haben, wenn dadurch Gottes Gnade wirksam wird – warum sollte sie dann bestraft werden? Wäre es nicht besser, weiterhin zu sündigen, damit die Menschen Gottes Gnade um so besser erkennen können? Der Zweck heiligt die Mittel nicht, und Gott ist ein gerechter Richter (3, 5–8).

- Sind die Juden besser daran als andere Menschen? Nein, denn auch sie werden von der Sünde gefangengehalten. Das Gesetz kann den Menschen zur Verantwortung ziehen, nicht aber mit Gott versöhnen (3, 9–20).

2, 6–10: Hier geht es um die unparteiische Gerechtigkeit Gottes und nicht darum, daß man sich das Heil verdienen kann (vgl. 3, 9–20).

Beschneidung (2, 25): vgl. die Anmerkungen zu 1. Mose 17.

Gerecht (3, 20): Paulus verwendet manche Begriffe aus der Rechtsprechung. Rechtfertigung heißt für ihn Freispruch, freie Vergebung. Vgl. 4, 25.

3, 21 – 5, 21 Freispruch durch Stellvertretung

Rechtfertigung durch den Glauben (3, 21–31). Gott ist gerecht. Daher muß ein Mensch, der das Gesetz bricht, bestraft werden. Die ganze Menschheit steht unter dem Todesurteil, es sei denn, die Forderungen der Gerechtigkeit würden auf andere Weise befriedigt. Das hat Jesus getan, indem er unter Hingabe seines Lebens an unsere Stelle trat (in Kapitel 5 wird erklärt, wie das möglich war). Nun ist Gott bereit, jedem zu vergeben, *jeden* anzunehmen, der im Vertrauen auf das, was Jesus für uns getan hat, zu ihm kommt. Dadurch wird uns ein neues Leben ermöglicht. Das ist das Herzstück der christlichen Botschaft.

Das Beispiel Abrahams (Kapitel 4). Paulus zeigt nun, daß der Grundsatz der Rechtfertigung aus Glauben auch für das Alte Testament gilt. Wenn er das am Beispiel Abrahams beweisen kann, der doch der Stammvater der Juden und der Inbegriff des Gerechten ist, sollten eigentlich alle Einwände der Juden erledigt sein. Gott nahm Abraham nicht an, weil er ein guter Mensch war, sondern wegen seines Glaubens (4, 3; 1. Mose 15, 6). Er hielt an Gottes Versprechen fest (21), das nach menschlichem Ermessen kaum zu erfüllen war. Die Beschneidung, das äußerliche Zeichen des Bundes, kam erst später dazu (1. Mose 17). Gott wendet sich denen zu, die wie Abraham *glauben*, nicht denen, die lediglich demselben Volk angehören wie er.

Christus und Adam (Kapitel 5). Der Tod und die Auferstehung Jesu versetzen uns vor Gott in eine neue Lage. Wir haben neues Leben, Frieden, Hoffnung und die Verheißung der Gegenwart des Heiligen Geistes. Das Leben mit all seinen Beschwerlichkeiten hat einen Sinn bekommen (1–5). Wie kann aber der Tod *eines* Menschen zum Freispruch von Millionen anderen führen? Der Grund liegt in der Zusammengehörigkeit aller Menschen. Die Sünde begann bei einem Menschen, Adam, und ging von da auf alle seine Nachkommen über. Wir alle leiden an dieser »Krankheit« und ihrer unvermeidlichen Folge, dem Tod, totaler

Trennung von Gott. Auf dieselbe Weise hat Jesus uns allen Freispruch und Leben ermöglicht. Adam war das Haupt der alten Schöpfung, Christus ist der Anfang einer neuen. Wir waren »in Adam«, als er sündigte. Wir sind »in Christus«, wenn wir unser ganzes Vertrauen auf ihn setzen.

Gnade (5, 2): ein Lieblingswort des Paulus. Er meint damit die unverdiente Zuwendung Gottes.

5, 20: Wir neigen alle dazu, etwas Verbotenes besonders gern zu tun (7, 8).

6–8 Die neue Schöpfung

Das alte und das neue Leben (Kapitel 6). Keine Sünde ist zu groß, um die Vergebung Gottes zu erlangen. Das heißt aber nun nicht, daß ein Christ weiterhin sündigen soll. Jeder Christ wird eins mit Christus und hat damit Anteil an seinem Tod und seiner Auferstehung. Die Taufe, bei der man ins Wasser untertaucht und wieder herauskommt, ist ein gutes Bild für diesen Vorgang. Zwischen dem alten und dem neuen Leben ist ein so vollkommener Bruch, als ob wir gestorben und neu geboren wären. Wir können nun gehorsam sein und der Sünde widerstehen (17). Die Sünde ist nicht mehr Herr über uns. Wir stehen im Dienst Gottes. Wer der Sünde dient, muß sterben (21), wer Gott dient, darf leben.

Das Gesetz und seine Grenzen (7 – 8, 4). Für den, der das Gesetz ernst nimmt, kann es zum Tyrannen werden. Christus befreit uns von dem hoffnungslosen Kampf, durch Einhaltung des Gesetzes zu Gott zu kommen. Das heißt aber nicht, daß wir nun tun können, was wir wollen. Das Gesetz Gottes ist an sich gut. Christen werden in die Lage versetzt, es auch halten zu können (7, 6; 8, 4). Die Wurzel des ganzen Übels ist nicht das Gesetz, sondern unser Hang zur Sünde (7, 14). Diese Spannung hört auch mit der Bekehrung nicht auf (22–23). Aus eigener Kraft können wir auch dann nicht gehorsam sein. Das Gesetz erfüllt seinen Zweck, wenn es uns zum Scheitern bringt. Dann erst sind wir bereit, die Hilfe Jesu in Anspruch zu nehmen.

Der Heilige Geist und der ewige Plan Gottes (8, 5–39). Gottes Geist ist lebendig und wirkt in allen, die zu Christus gehören (9). Er hilft uns, das Gesetz Gottes zu halten. Er schenkt uns die Gewißheit, daß wir Gottes Kinder sind (16). Er ist der Vorgeschmack, die Erstlingsgabe (23) der kommenden Herrlichkeit und die Quelle der Hoffnung in uns. Er hilft uns zu beten (26–27).

Gott will, daß wir alle Christus gleich sind (29), jetzt schon in unsrem Verhalten und eines Tages in Herrlichkeit. Gott macht uns also wieder zu seinem Ebenbild. Alles in unserem Leben hat seinen Platz in Gottes Plan (28), der unerschütterlich feststeht. Niemand kann Gott dazu bringen, daß er uns fallen läßt, denn nun tritt Christus für uns ein. Keine Macht im Himmel oder auf Erden kann uns von Gottes Liebe trennen. Was das Leben auch bringt, wir werden als Sieger daraus hervorgehen. Das sind die großen Gewißheiten des Christen.

Der Leib der Sünde (6, 6): Damit ist nicht der menschliche Leib gemeint, sondern das der Sünde verfallene Wesen.

Vers 11: Hier geht es nicht darum, »so zu tun als ob«, sondern zu sein oder zu werden, was wir sind. »Der Sünde gestorben« zu sein, heißt nicht, daß wir nun völlig darüber erhaben sind, sondern daß die Rechnung des alten Lebens beglichen ist.

Fleisch (7, 5 u. a.): Paulus verwendet dieses Wort oft als Gegensatz zu »Geist«. Damit ist das alte, sündige Wesen gemeint.

Leib des Todes (7, 24): das menschliche Wesen, das dem Gesetz der Sünde und des Todes unterworfen ist.

In der Gestalt des sündlichen Fleisches (8, 3): Paulus weiß, was er sagt. Jesus war wirklich Mensch, aber in einem Punkt unterschied er sich von anderen Menschen: er war nicht der Sünde verfallen.

Der Leib ist tot (8, 10): d. h. wir müssen immer noch sterben.

8, 11: Die Christen werden wie Jesus auferweckt werden.

Kreatur (19 ff.): Der Mensch ist ein Teil der Schöpfung. Als er sündigte, führte er nicht nur für sich Leiden und Tod herbei, sondern auch für alle Geschöpfe. Wenn der Mensch eines Tages verwandelt wird, hat daran auch wieder die ganze Schöpfung teil. Es wird »einen neuen Himmel und eine neue Erde« geben (Offbg. 21, 1).

Verordnet (8, 28): vorherbestimmt; vgl. auch den Abschnitt über »Erwählung«, S. 586.

9–11 DAS VOLK ISRAEL

Bei aller Freude über Gottes herrlichen Plan mit denen, die in Christus sind, ist Paulus traurig über den Weg Israels, das doch Gottes erwähltes Volk ist. Wie war es möglich, daß sie ihren Messias ablehnten? Viele Heiden nehmen das Angebot Gottes an, aber nur wenige Juden. Paulus hätte alles dafür gegeben, wenn es anders gewesen wäre.

Gott hat aber sein Wort nicht gebrochen (9, 6). Er hat immer wieder sein Recht der freien Wahl ausgeübt (9, 6–13). Es steht uns nicht zu, ihn dafür zur Rede zu stellen. Er, der Schöpfer, kann mit seinen Geschöpfen umgehen, wie er will (9, 14–21). Nur aufgrund seiner Geduld und seines Erbarmens hat ein Rest seines widerspenstigen Volkes sein Gericht überlebt (9, 22–29). Heiden sind auf Gottes Angebot, durch Glauben von ihm angenommen zu werden, eingegangen. Die Juden aber schlagen es aus, weil sie meinen, sie könnten durch die Erfüllung des Gesetzes gerecht werden (9, 30–33).

Auch Paulus hat einmal dieses Ziel verfolgt. Nun liegt ihm alles daran, daß die Juden erkennen, daß es keinen Sinn hat (10, 1–4). Gott stellt nur eine Bedingung: daß man öffentlich einstimmt in das Bekenntnis zu Jesus als dem auferstandenen Herrn (10, 5–13; vgl. Phil. 2, 11). Es ist die Aufgabe der Verkündiger, ihn allen Menschen bekanntzumachen. Israel hat die Botschaft gehört und auch verstanden und wollte trotzdem nicht glauben (10, 14–21).

Ist damit für Israel nun alles aus (11, 1)? Keinesfalls. Die Tatsache, daß Paulus und andere Juden Christen geworden sind, ist der sichtbare Beweis, daß Gott Israel nicht aufgegeben hat. Die Blindheit Israels ist nicht von ewiger Dauer. Andererseits hat sie den Weg für die Heiden freigemacht, die den Juden viel verdanken und sie nie geringschätzen sollten. Und eines Tages wird der Glaube der Heiden auch die Juden zum Glauben bringen. Gottes Wege gehen über unser Denkvermögen hinaus. Wir wissen aber,

Zweige eines Ölbaums. Paulus bezieht sich mit seinem Bild darauf, daß neue Zweige in alte Ölbäume eingepfropft wurden.

daß sein Plan die Errettung von Juden *und* Heiden durch den Glauben an Christus ist.

9, 12–13: Beide Zitate beziehen sich weniger auf einzelne Menschen als auf Völker: Israel, das von Jakob abstammt, und Edom, das von Esau abstammt.

9, 18. 22: vgl. den Abschnitt über »Erwählung«.

Wie Sodom . . . wie Gomorra (9, 29): d. h. völlig vernichtet; vgl. 1. Mose 19, 24 ff.

10, 6–10: Paulus gibt einen fortlautenden Kommentar zu 5. Mose 30, 11–14 in der Art der Rabbinen.

11, 7: vgl. den Abschnitt über »Erwählung«.

11, 17: Es war damals üblich, einem Ölbaum, der keine Frucht brachte, Zweige von wilden Ölbäumen aufzupfropfen, um ihm neue Kraft zu geben.

Ganz Israel (11, 26): Damit ist »Israel als ganzes« gemeint, nicht jeder einzelne Jude ohne Ausnahme.

Daß er sich aller erbarme (11, 32): aller ohne Unterschied, nicht aller ohne Ausnahme.

12 – 15, 13 DAS LEBEN DER CHRISTEN

Gott hat uns aus lauter Liebe und zu einem hohen Preis neues Leben geschenkt. Was ist angemessener, als daß wir ihm dieses Leben nun auch ganz hingeben? Dazu müssen wir völlig umdenken und unser Wesen und Verhalten ändern (12, 1–2).

12 Zwischenmenschliche Beziehungen

Hier fängt die Veränderung an. Andere mehr zu achten als sich selbst ist nicht selbstverständlich. Jeder setzt seine Gaben für die Gemeinschaft ein. Wir stehen Gott ganz zur Verfügung, auch wenn das manchmal mit Schwierigkeiten verbunden ist. Auch unser Verhalten gegenüber Nichtchristen wird anders. Anstatt nur an Vergeltung zu denken, wenn wir ungerecht behandelt werden, sollen wir unseren Gegner wie einen Freund behandeln und Gott das Urteil über sein Verhalten überlassen.

Feurige Kohlen (20): In Ägypten trug man als Zeichen der Reue eine Pfanne mit brennender Kohle auf dem Kopf.

13 Die Obrigkeit

Gott überträgt den Obrigkeiten um der Menschen willen Macht. Christen müssen sie daher achten, Steuern zahlen und Gesetze einhalten.

Erwählung

Dieses Thema wird in Römer 9–11 wohl am ausführlichsten behandelt. Paulus beginnt damit, daß niemand einen Anspruch auf die Gnade Gottes geltend machen kann. Er zeigt, daß Gott in freier Entscheidung und aus Liebe einzelne Menschen erwählt hat, die in seinem Plan mit der Welt eine bestimmte Rolle spielen sollten (9, 6–13). Andererseits betont er, daß Gottes Barmherzigkeit umfassend ist (11, 28–32). Gott hat das Recht zu erwählen; wir dagegen haben kein Recht, seine Entscheidung in Frage zu stellen.

Wenn Gott nun einige in Barmherzigkeit erwählt, bestimmt er dann auch andere zum Verderben? Hier ist Paulus sehr vorsichtig. Er begnügt sich mit der Feststellung, daß Gott auch dazu das Recht hätte, betont aber gleichzeitig die große Geduld Gottes. Gott verstockt zwar manche Menschen (9, 18; vgl. 1, 28), aber nur die, die bewußt ungehorsam gegen ihn sind. Gott verstockt nie jemand, der bereit ist zu hören.

Die Bibel lehrt einerseits, daß Gott erwählt, andererseits aber auch, daß der Mensch selbst Verantwortung hat, denn er kann frei wählen. Wir können vielleicht nicht völlig begreifen, wie beides zusammengehört, so wie wir zum Beispiel auch schwer verstehen können, daß man in der Physik das Licht einerseits als Wellen, andererseits als Partikel beschreibt, da die beiden Vorstellungen sich zu widersprechen scheinen. Gott ist außerhalb von Raum und Zeit und damit außerhalb dessen, was wir erfassen können. Wir können uns also nur an Gottes Wort orientieren und müssen einerseits Gottes Allmacht und andererseits die Entscheidungsfreiheit des Menschen festhalten, ohne uns um einen Kompromiß zu bemühen.

Das Kolosseum in Rom wurde 80 n. Chr. erbaut (so genannt nach dem früher darin befindlichen Kolossalstandbild Neros). Bis zu 45 000 Zuschauer konnten dort die Kämpfe der Gladiatoren beobachten. Dort wurden auch Christen den Löwen vorgeworfen. Als Paulus nach Rom schrieb, daß die Christen der Obrigkeit untertan sein sollten, weil sie von Gott eingesetzt sei, war Nero gerade Kaiser.

Erst wenn die Forderungen der Obrigkeit in Konflikt mit den Forderungen Gottes stehen, darf man sich ihr widersetzen (Apg. 5, 29).

Wir dürfen keinem etwas schuldig bleiben, abgesehen davon, daß wir unsren Mitmenschen Liebe schulden. Die Zeit ist kurz, und wir müssen uns mit unsrem Leben danach richten (Verse 11–12 beziehen sich auf die Wiederkunft Christi).

14 Freiheit und Verantwortlichkeit

In manchen Gewissensfragen sind nicht alle Christen einer Meinung. Paulus nennt als Beispiele das Essen von Fleisch (siehe auch Anm. zu 1. Kor. 8) und die Beachtung jüdischer Feiertage (Vers 5). Es wäre falsch, in solchen Fragen Einigkeit zu erzwingen, denn das würde letztlich zu Spaltungen führen. Manche haben die Freiheit, etwas zu tun, was einem ängstlicheren Christen ein schlechtes Gewissen machen würde. Das ist dann kein Grund, ihn zu verachten. Wir müssen uns nicht voreinander verantworten, sondern vor Christus. Andererseits ist es besser, die eigene Freiheit einzuschränken, als sie auf Kosten eines anderen zu verwirklichen.

14, 2. 14: Das Fleisch, das auf dem Markt verkauft wurde, war heidnischen Göttern dargebracht worden. Außerdem gab es die jüdischen Speisegesetze, die zwischen reinen und unreinen Tieren unterscheiden und eine bestimmte Art der Schlachtung vorschreiben. Wenn nun die Judenchristen am Buchstaben des Gesetzes festhielten und die Heidenchristen auf ihrer Freiheit bestünden, könnten die beiden Gruppen nie miteinander essen.

15, 1–13 Das Beispiel Christi

Gute Beziehungen unter Christen sind viel wichtiger als die Rechte der einzelnen. Wir müssen bei aller Verschiedenheit auf wirkliche Einheit bedacht sein.

15, 14 – 16, 27 SCHLUSSWORT

15, 14–33 Persönliches

Über 20 Jahre lang hat Paulus an der Gründung von Gemeinden unter den Heiden in den Gebieten, die wir heute Zypern, Syrien, Türkei und Griechenland nennen, mitgearbeitet. Wenn er nun die Reise nach Jerusalem, von der er nichts Gutes zu erwarten scheint, hinter sich hat, kann er endlich nach Westen reisen.

Illyrien (19): das heutige Jugoslawien.

Mazedonien und Achaja (26): Nord- und Südgriechenland.

16 Grüße an Freunde

Es ist erstaunlich, daß Paulus so viele Bekannte in einer Gemeinde hat, die er noch nie besucht hat. Es wurde deshalb auch schon angenommen, daß dieses Kapitel ursprünglich zu einer Abschrift des Römerbriefs gehörte, die nach Ephesus gesandt wurde. Aber Rom war schließlich das Zentrum der damaligen Welt, und sicher haben sich dort immer wieder Christen aus den östlichen Provinzen aufgehalten. Paulus hat offensichtlich trotz seiner vielen Arbeit seine Bekannten nie aus den Augen verloren.

Zum Schluß warnt Paulus die Gemeinde noch vor einer Gruppe von Irrlehrern, die die Gemeinde zu beeinflussen suchen (17 ff.). Aber damit kann er nicht schließen, sondern er preist abschließend noch einmal die Weisheit und Herrlichkeit Gottes.

Phöbe (1): Wahrscheinlich überbrachte Phöbe, die von Kenchreä, dem Hafen von Korinth, nach Rom reiste, diesen Brief.

Priska und Aquila (3): ein Ehepaar, das aus Rom stammte, aber geschäftlich viel auf Reisen war. Sie waren für die Gemeinden in Korinth und Ephesus schon eine große Hilfe gewesen (Apg. 18, 2–3. 18–28).

Rufus (13): vielleicht der Sohn des Simon von Kyrene (Markus 15, 21).

Vers 21: Timotheus wird in den Briefen öfter genannt. Er war für Paulus wie ein Sohn. Jason ist vielleicht der Gastgeber des Paulus in Thessalonich (Apg. 17, 5–8). Sosipater ist vielleicht derselbe wie Sopater aus Beröa in Apg. 20, 4.

Tertius (22): Ihm scheint Paulus diesen Brief diktiert zu haben.

Erastus (23): Hier könnte es sich um einen Beamten handeln, dessen Name auf einem in Korinth gefundenen Pflasterstein aus jener Zeit steht.

Der 1. Korintherbrief

Paulus schrieb diesen Brief wahrscheinlich um 54 in Ephesus. In Apostelgeschichte 18 wird von dem Aufenthalt des Paulus in Korinth während der zweiten Missionsreise berichtet, der 18 Monate dauerte. In dieser Zeit wurde die dortige Gemeinde gegründet.

Die Stadt. Die alte griechische Stadt war von den Römern zerstört und später wieder aufgebaut worden. Die Stadt lag an einer günstigen Stelle, von der man den ganzen Verkehr, der über die Landenge zwischen dem ägäischen und dem adriatischen Meer verlief, kontrollieren konnte. Als Handelszentrum und Weltstadt, wo Griechen, Römer, Syrer, Asiaten, Ägypter und Juden zusammenkamen, war Korinth für Paulus von großer Bedeutung. Sobald es dort eine Gemeinde gab, würde sich das Evangelium in alle Himmelsrichtungen ausbreiten.

Andererseits war die Stadt aber harter Boden für das Evangelium. Das Stadtbild war von dem Tempel der Aphrodite, der Göttin der Liebe, beherrscht, der auf einem Hügel über der Stadt lag. Es gab Hunderte von Tempelprostituierten. Unter der Bevölkerung herrschte ein ständiges Kommen und Gehen; sie setzte sich aus Angehörigen der verschiedensten Rassen zusammen. Die Stadt war wegen ihrer Sittenlosigkeit bekannt. Das griechische Wort *korinthiazesthai* bedeutete »ein ausschweifendes Leben führen«.

Die Gemeinde. Die Gemeinde war, wie die Bevölkerung, bunt zusammengewürfelt. Die Heidenchristen waren in der Mehrheit. Es gab einige Reiche, aber die meisten Gemeindeglieder kamen aus den unteren Schichten. Die Gemeinde litt unter erheblichen inneren Spannungen. Eine Anzahl ihrer Glieder bildete sich viel auf vermeintliche geistliche Überlegenheit ein. Schlagworte wie »Freiheit« und »Weisheit« waren in aller Munde.

Der Brief. Zwei Dinge veranlaßten Paulus zur Abfassung des Briefes: Der Apostel hatte einiges über die Gemeinde erfahren, was ihm Anlaß zur Besorgnis gab (1, 11; 5, 1). Außerdem waren einige Gemeindeglieder mit einem Brief zu ihm gekommen, worin Paulus in einigen Fragen um Rat gebeten wurde (7, 1; 16, 17).

Paulus greift fünf der Probleme auf, über die ihm berichtet worden war:

- Spaltungen in der Gemeinde (1, 10),
- ein Fall von Unzucht (5, 1),
- Streitigkeiten vor Gericht zwischen Gemeindegliedern (6, 1),
- der Mißbrauch christlicher »Freiheit« (8, 10),
- die Zustände bei Gemeindegottesdiensten und beim Abendmahl (11, 17).

Außerdem nimmt Paulus zu den Anfragen der Korinther Stellung:

- Fragen zu Ehe und Ehelosigkeit (7, 1),
- die Frage des Götzenopferfleisches und des Aufenthalts in heidnischen Tempeln (8, 1),
- Stellung und Kleidung der Frau (11, 3),
- geistliche Gaben (12, 1),
- die Bedeutung der Auferstehung von den Toten (15, 1).

Durch den 1. Korintherbrief bekommen wir einen Einblick in den Alltag und die Schwierigkeiten einer der frühen Gemeinden.

1, 1–9 Gruß und Gebet

Der Eingangsgruß und die Danksagung (1, 4–9) sind typisch für Paulus. Paulus ermutigt die Gemeinden, so oft er kann. Nur im Galaterbrief fehlt jedes Wort der Anerkennung.

Sosthenes (1): Vielleicht handelt es sich um den Synagogenvorsteher, der in Apg. 18, 17 genannt wird. Vielleicht schrieb er den Brief für Paulus.

1, 10 – 4, 21 Parteiungen in der Gemeinde

Paulus nennt drei Gruppen, die sich jeweils

einem Mann anschließen: an Paulus, der die Gemeinde gegründet hat, an Apollos und an Kephas (Petrus). Eine vierte Gruppe beansprucht, als einzige das Recht auf den Namen »Christen« zu haben.

Apollos (1, 12) war ein Judenchrist aus Alexandria in Ägypten. Als er nach Ephesus kam, vervollständigten Aquila und Priscilla sein Wissen über den christlichen Glauben (Apg. 18, 24 ff.). Er reiste dann in die Provinz Achaja, deren Hauptstadt Korinth war, und wirkte dort als vollmächtiger Lehrer.

Daß Petrus (Kephas, 1, 12) genannt wird, läßt nicht unbedingt darauf schließen, daß er Korinth besucht hat. Als Führer der Apostel hatte er sicher in vielen Gemeinden seine Anhänger, die wohl vorwiegend Judenchristen waren.

Aus diesen Kapiteln geht hervor, daß die Gruppen Vergleiche zwischen Paulus und Apollos anstellten, die oft zugunsten des redegewandteren Apollos ausfielen. Paulus war in Korinth auf manche Schwierigkeiten gestoßen (Apg. 18, 9–10; 1. Kor. 2, 3). Ihm lag mehr an der Botschaft Gottes als an ausgefeilten Formulierungen.

Die Korinther bildeten sich viel auf ihre Erkenntnis, auch auf geistlichem Gebiet, ein. Paulus macht ihnen klar, daß ihre Haltung ein Zeichen dafür ist, daß sie immer noch sehr vom weltlichen Denken geprägt sind (3, 1–4). Sie müssen daran erinnert werden, daß menschliche Erkenntnis sehr weit von der Weisheit Gottes entfernt ist (1, 18–2, 16). Leute, die sich etwas auf ihre Klugheit einbilden, können die Weisheit des Planes Gottes, die Menschen durch das Kreuz zu retten, nicht erfassen. Das können nur Menschen mit geistlicher Einsicht, die eine Gabe Gottes ist. Wer solche Weisheit hat, wird von der Welt als Narr angesehen (3, 18).

Paulus und Apollos sind keine Rivalen. Sie arbeiten miteinander am Aufbau der Gemeinde (3, 5–9). Wenn die Grundlage des Glaubens einmal gelegt ist, ist jeder Christ selbst für das neue Leben, das ihm geschenkt worden ist, verantwortlich. Wir müssen darauf sehen, daß das, was wir bauen, auch von Dauer ist (3, 10–17).

Unter Christen sollte es keinen Stolz und keine Überheblichkeit geben. Paulus und Apollos halten sich für bloße Sklaven Gottes, und diesem Beispiel sollten die anderen folgen (Kapitel 4).

Die Leute der Chloe (1, 11): Damit sind wohl Angehörige ihres Haushalts gemeint.

Stephanas (1, 16): ein Gründungsmitglied der korinthischen Gemeinde. Er war einer der Männer, die von der Gemeinde nach Ephesus zu Paulus geschickt wurden (16, 15 ff.).

Die christlichen Gemeinden mußten sich immer wieder mit der griechischen Philosophie auseinandersetzen und wurden manchmal auch durch sie in die Irre geführt. Statue eines griechischen Philosophen (Ephesus, 2. Jahrhundert).

Juden und Griechen (1, 22): Die Juden wollten Wunder als Beweise sehen. Für die Griechen mußte das Heil mit dem Verstand faßbar sein.

Der Tag (3, 13): der Tag des Gerichts bei der Wiederkunft Christi.

5 Unzucht

Im Rahmen ihrer Vorstellungen von christlicher Freiheit läßt die Gemeinde auch Unzucht zu. Der von Paulus angeführte Fall mußte sogar die Heiden Korinths, die an einiges gewöhnt waren, schockieren. Die ganze Gemeinde ist dadurch gefährdet. Paulus hat sie schon in einem früheren Brief davor gewarnt (5, 9).

Das Kreuz Christi war für die Griechen ein Ärgernis, für die Heiden eine Torheit. Diese Statuette aus Halikarnassos stellt eine römische Hinrichtung dar.

Seines Vaters Frau (5, 1): Da Paulus sie nicht als Mutter bezeichnet, ist es wohl die Stiefmutter.

Übergeben dem Satan (5, 5): Paulus spricht hier stellvertretend für die Gemeinde das Urteil aus: geistlich tot. Damit ist der Schuldige wieder im Machtbereich Satans, der die Strafe vollstreckt. Paulus rechnet aber noch immer mit der rettenden Macht Jesu, von dem sich der Mann offenbar nicht losgesagt hat.

Sauerteig (5, 6–8): oft als Bild für die Macht des Bösen verwendet. Für das Passafest wurde das Brot ohne Sauerteig gebacken, und aller Sauerteig wurde vor dem Fest aus dem Hause entfernt.

6, 1–11 Streitigkeiten vor Gericht

Die Juden trugen ihre Streitigkeiten untereinander nie vor einem heidnischen Gericht aus. Damit hätten sie ja ihre Unfähigkeit im Umgang mit ihrem eigenen Gesetz gezeigt. Auch die Christen sollten Streitigkeiten zwischen Gemeindegliedern selbst klären können und eher ein Unrecht in Kauf nehmen, als vor ein heidnisches Gericht gehen.

Die Heiligen werden die Welt richten (6, 2): eine Weiterführung des Wortes Jesu in Matth. 19, 28. Die Engel werden als die höchsten Wesen der geschaffenen Welt erwähnt.

6, 12–20 Freiheit oder Zügellosigkeit?

Die Korinther behaupten, sie hätten die Freiheit, alles zu tun. Dem stimmt Paulus zu – solange der Genuß der Freiheit nicht in neue Abhängigkeiten führt (6, 12). Sexuelle Bedürfnisse sind wie der Hunger dazu da, daß man sie stillt, meinen die Korinther. Der Körper ist ohnehin Nebensache. So dachten zwar viele Griechen, aber die Christen wissen, daß der Leib ein Teil der menschlichen Persönlichkeit ist und wie der Geist und die Seele dem Herrn gehört. Man kann nicht mit dem Leib sündigen, ohne daß die Seele davon betroffen ist. Der Mensch ist ein einheitliches Ganzes.

7 Fragen zur Ehe

Die Korinther haben Paulus sechs Fragen über Ehe und Ehelosigkeit gestellt. An einigen kann man die Tendenz der Griechen erkennen, alles Leibliche abzuwerten.

- Sollen Ehepaare auch nach ihrer Bekehrung normale geschlechtliche Beziehungen weiterführen? Paulus bejaht das (7, 1–7).
- Sollen ledige Christen heiraten? Paulus zieht persönlich die Ehelosigkeit vor, aber sie ist nicht für alle das Richtige (8–9).
- Dürfen sich Christen scheiden lassen? Das lehnt Paulus ab (10–11).
- Wie ist es aber, wenn sich nur ein Ehepartner bekehrt hat? Der Christ soll von sich aus die Scheidung nicht suchen, ihr aber zustimmen, wenn der heidnische Partner sie wünscht (12–16).
- Die nächste Frage ist nicht ganz deutlich. Es geht wohl darum, ob Verlobte heiraten sollen. Diese Entscheidung bleibt dem einzelnen überlassen. Paulus meint aber, daß schwierige Zeiten bevorstehen, in denen es unverheiratete Christen in mancher Hinsicht leichter haben werden (25–38).
- Dürfen Witwen noch einmal heiraten? Paulus ist grundsätzlich nicht dagegen, nennt aber eine Einschränkung (39–40).

8 Götzenopferfleisch

In Korinth war es schwierig, einen klaren Bruch mit dem Heidentum zu vollziehen. Verschiedene Gruppen, wie etwa gewerbliche Zusammenschlüsse, hielten ihre Versammlungen im Tempel ab. Das Fleisch, das auf dem Markt verkauft wurde, war fast immer zuvor den Göttern dargebracht worden. Das alles machte manchen Christen nichts aus. Sie konnten das Fleisch essen und zu Versammlungen im Tempel gehen. Anderen bereitete es Schwierigkeiten. Paulus lehnt die freiheitliche Einstellung nicht ab, aber die Freiheit der einen sollte nie das Gewissen der anderen belasten.

9 Verzicht auf eigene Rechte

Für Paulus gibt es Wichtigeres als seine persönlichen Rechte. Er hätte das Recht als Apostel, sich von den Gemeinden versorgen zu lassen.

Der große Apollotempel in Korinth. Für die Christen in Korinth war es ein echter Gewissenskonflikt, daß auf dem Markt Fleisch verkauft wurde, das zuvor den Göttern dargebracht worden war.

Aber er ist bereit, seine Freiheit einzuschränken, wenn er dadurch Christus besser dienen kann.

In der Kampfbahn (24–27): In Korinth fanden alle drei Jahre die Isthmischen Spiele statt. Die Teilnehmer unterzogen sich vorher 10 Monate lang einer strengen Disziplin, weil ihnen so viel am Siegeskranz lag. Paulus fürchtet nicht, daß er sein Heil verlieren, aber doch seine »Krone« verwirken könnte.

Paulus vergleicht die Christen mit Wettkämpfern. Diese kämpfen um einen Kranz, der vergänglich ist, die Christen dagegen um einen unvergänglichen. Die abgebildete Skulptur stammt aus Ephesus.

10, 1–13 Ein warnendes Beispiel

Man kann leicht zu selbstsicher sein, besonders wenn im Leben alles glatt geht (10, 12–13). Das Schicksal Israels in der Wüste ist ein warnendes Beispiel (vgl. Hebr. 3, 7 ff.).

10, 14 – 11, 1 Abschließende Bitten des Paulus

Die Christen müssen zwischen Gott und den Götzen, hinter denen sich eine dämonische Macht verbirgt, wählen. Wer am Götzendienst teilnimmt, spielt mit dem Feuer.

Der gesegnete Kelch (10, 16): So nannte man den dritten Becher beim Passamahl, über dem ein Dankgebet gesprochen wurde. Mit diesem Kelch setzte Jesus wohl sein Gedächtnismahl ein (vgl. Matth. 26, 27; Mark. 14, 23).

11, 2–16 Müssen die Frauen einen Schleier tragen?

Jede anständige Frau war damals in der Öffentlichkeit verschleiert. Bei den Griechen betete man jedoch barhäuptig, auch die Frauen, während bei Römern und Juden Männer und Frauen zum Gebet eine Kopfbedeckung trugen. Hier mußten die Gemeinden eine Regelung finden.

Paulus bezieht sich bei seiner Entscheidung einerseits auf die Rollen, die Mann und Frau von der Schöpfung her zukommen, andererseits möchte er die Christen nicht durch neue Sitten in Verruf bringen. Die Männer unterstehen als »Haupt« der Schöpfung nur Christus. Sie sollen daher barhäuptig beten. Die Frauen sollten verschleiert beten und damit zeigen, daß sie sich ihrem Mann unterstellen und auch die Sitten der Zeit respektieren.

Schändet »sein Haupt« (4–5): d. h. Christus (3). Der Schleier war das Zeichen der Unterstellung unter einen anderen Menschen. Der Mann braucht ihn also nicht, da er nur Christus unterstellt ist, die Frau würde ohne Schleier ihr Haupt, d. h. ihren Mann, schänden.

Abgeschnitten oder geschoren (6): So wurden damals Prostituierte bestraft.

Gottes Bild und Abglanz (7): Nach 1. Mose 1, 26–27 sind Mann und Frau als Ebenbild Gottes geschaffen. Vom Abglanz wird dort nichts gesagt.

Um der Engel willen (10): Die Engel gelten als Repräsentanten der Ordnung.

11, 17–34 Zum Abendmahl

Zunächst hatte man in der frühen Gemeinde

das Abendmahl im Verlauf einer gemeinsamen Mahlzeit gefeiert. Jeder brachte sein Essen mit, und man teilte es dann. Damit gab es aber in Korinth einige Schwierigkeiten, so daß Paulus die Gemeinde tadeln muß. Er erinnert sie an die Einsetzung des Abendmahls und zeigt, wie unangemessen ihr Verhalten ist.

Das ist mein Leib (24–25): Dies ist die älteste Fassung der Worte Jesu.

Unwürdig (27–30): Im Grunde ist ein Mensch nie »würdig« genug für die Gegenwart Gottes, aber darum geht es hier nicht. Die Korinther werden nicht verurteilt, weil sie sich vor dem Abendmahl nicht genügend selbst prüfen, sondern weil sie sich dabei so benehmen, als hätte es nichts mit dem Tod Jesu zu tun.

12–14 Geistliche Gaben

In den damaligen Religionen galten Verzükkungen und ekstatisches Reden als Zeichen des geistlichen Rangs eines Menschen. Es ist daher nicht verwunderlich, daß die Korinther sich besonders für die aufsehenerregenden Geistesgaben interessierten, vor allem für die Zungenrede.

Paulus unterschätzt diese Gaben nicht, aber er mißt ihnen auch nicht den höchsten Wert bei. Das Leben der Gemeinde ist wichtiger als die Erlebnisse der einzelnen. Die Korinther sollen sich um andere Gaben sogar noch mehr bemühen.

Einheit unter Christen heißt nicht Einförmigkeit. Alle Gaben kommen von einem Geber und sollen der ganzen Gemeinde dienen. Jeder einzelne hat seine eigene Aufgabe im Leben des einen Leibes. Daher sollten sich nicht alle um dieselbe Gabe bemühen. Es kommt nicht darauf an, welche Gaben am eindrucksvollsten sind, sondern welche am ehesten dem Aufbau der Gemeinde dienen. Die Prophetie, eine Botschaft Gottes, die alle verstehen können, ist von höherem Wert als die Zungenrede.

Aber drei Dinge sind wichtiger als alle Gaben: Glaube, Hoffnung, Liebe. Ohne sie nützen alle Gaben nichts. Diese drei Dinge sollten uns vor allem am Herzen liegen, am meisten die christliche Liebe. Diese Liebe preist Paulus in einem der herrlichsten Abschnitte des Neuen Testaments (Kapitel 13). In seiner Beschreibung des Wesens der Liebe ersteht das Bild Jesu, der die lebendige Verkörperung dieser Liebe ist, die alles auf sich nimmt und sich selbst aufgibt. Ohne Jesus, ohne diese Liebe, gäbe es keine Gemeinde.

14, 16–33 gibt uns einen Einblick in einen urchristlichen Gottesdienst. Auch hier kommt es Paulus wieder auf die Ordnung an. Die Frauen sollen den Gottesdienst nicht durch ihr Reden stören (34–35). Aus Vers 35 geht hervor, daß sie während des Gottesdienstes immer wieder Fragen stellten oder Zwischenbemerkungen machten. Auch sie sollten die neugeschenkte Freiheit nicht mißbrauchen. Aus 11, 5 kann man jedoch schließen, daß Paulus die Frauen nicht zu völligem Schweigen verurteilte; denn die Gabe der Weissagung wurde in der Öffentlichkeit ausgeübt.

Glaube (12, 9): Damit ist nicht der rettende Glaube überhaupt gemeint, sondern ein besonderes Maß an Glauben.

Weissagung (12, 10): die vom Geist eingegebene Rede, die den Zuhörern eine Botschaft Gottes vermittelt. Auch die *Zungenrede* ist eine eingegebene Rede, die das Lob Gottes oder andere tiefgehende Gefühle ausdrückt. Derjenige, der in Zungen redete, verstand aber nicht, was er sagte. Daher war ein Ausleger nötig.

15 Die Auferstehung

Dieses Kapitel ist die klassische Abhandlung über dieses Thema in der Bibel. Die meisten Juden glaubten an die Auferstehung des Leibes (desselben Leibes, der gestorben war). Die Griechen glaubten an die Unsterblichkeit der Seele und fanden die Vorstellung der Auferstehung schlechthin lächerlich (vgl. Apg. 17, 32).

Paulus macht nun deutlich, daß der christliche Glaube mit der Auferstehung Christi steht und fällt. Sie hat sich tatsächlich ereignet. Das ist gut bezeugt. Die meisten, die den Auferstandenen gesehen hatten, waren jetzt, etwa 25 Jahre später, noch am Leben. Aus der Auferstehung Jesu folgt auch die Auferstehung der Christen. Der Leib, der auferweckt wird, wird besser sein als der, der begraben wurde. Der neue Leib wird geistlich und unsterblich sein. Er verhält sich zu dem alten Leib wie eine ausgewachsene Pflanze zu dem kleinen Samen, aus dem sie hervorgeht.

Sich taufen lassen für die Toten (29): Vielleicht ließ man sich stellvertretend für ungetaufte Verstorbene taufen. Es könnte aber auch heißen, daß man sich taufen ließ, um wieder mit verstorbenen christlichen Freunden und Verwandten vereint zu sein.

Wilde Tiere (32): Es war damals ein beliebtes Schauspiel, wenn Menschen in der Arena gegen wilde Tiere kämpften. Paulus spricht aber wahrscheinlich im Bild von dem, was er alles durchgemacht hat.

16 Praktische Angelegenheiten

Paulus gibt Anweisungen für die Sammlung zugunsten der Armen in Jerusalem. Er hofft, daß er die Gemeinde bald für längere Zeit besuchen kann. Der Brief schließt mit Grüßen von den Gemeinden der Provinz Asien, deren Hauptstadt Ephesus war, besonders von Aquila und Priscilla, den Zeltmachern, bei denen Paulus während seines Aufenthalts in Korinth gewohnt hatte. Den letzten Gruß schreibt er selbst. Alles andere hatte er vermutlich einem Sekretär diktiert.

Mazedonien (5): Zu dieser Provinz gehörten Philippi und Thessalonich.

Apollos (12): Er scheint wegen der Spaltungen in der Gemeinde (3, 4) zunächst noch nicht nach Korinth zurückkehren zu wollen.

Paulus spricht davon, daß er mit wilden Tieren gekämpft habe. Es ist nicht klar, ob er das wörtlich oder im übertragenen Sinn meint. Dieses Mosaik aus Paphos in Zypern zeigt einen Mann, der mit dem Speer gegen einen Tiger kämpft.

Der 2. Korintherbrief

Die beiden Korintherbriefe wurden in einem Abstand von etwa einem Jahr geschrieben. Der zweite Brief wurde um 56 in Mazedonien (der römischen Provinz in Nordgriechenland, mit der Hauptstadt Philippi) verfaßt.

Nach der Abfassung des 1. Korintherbriefs wurde die Situation nicht besser. Daraufhin stattete Paulus der Gemeinde einen kurzen Besuch ab, der für beide Seiten unerfreulich war (2, 1). Er wollte später wiederkommen (1, 16), kehrte dann aber, um eine weitere unangenehme Begegnung zu vermeiden (1, 23), nach Asien zurück, wo er in große Gefahren geriet (1, 8 ff.). Stattdessen schrieb er der Gemeinde einen scharfen Brief, obwohl ihm das sehr schwer wurde (2, 4). Nun wartete er unruhig auf ihre Reaktion und reiste deswegen zur Küstenstadt Troas in der Hoffnung, dort etwas zu erfahren, und von dort weiter nach Mazedonien (2, 12–13), wo er endlich mit Titus zusammentraf. Dieser berichtete, daß die Gemeinde durch den Brief zur Vernunft gekommen sei (7, 6 ff.). Paulus war daraufhin sehr erleichtert.

Als er nun wieder schreibt, ist das Schlimmste überstanden. Paulus hofft, daß er die Gemeinde ein drittes Mal besuchen kann und bis dahin alles bereinigt ist (13, 10). (Dieser Besuch fand dann auch statt. Während dieses Aufenthalts schrieb Paulus an die Römer. Die Schwierigkeiten scheinen also zu einem Ende gekommen zu sein.)

Der 2. Korintherbrief ist wohl der persönlichste Brief des Paulus. Die Last der Verantwortung für die vielen Gemeinden (11, 28) und zugleich seine große Liebe zu ihnen allen kommt in diesem Brief wie in keinem anderen zum Ausdruck. Es wird deutlich, welchen persönlichen Preis er für seine Missionsarbeit bezahlen muß: sie bringt ihm Leiden, Bedrängnis, Entbehrungen und Demütigungen in einem Maß, das kaum zu ertragen ist. Aber über allem steht sein unerschütterlicher Glaube, der ihm die Kraft gibt, das alles zu tragen.

Der Brief ist wegen seiner persönlichen Art nicht immer leicht zu verstehen. Immer wieder werden dieselben Themen aufgegriffen; nur an zwei Stellen liegt ein Einschnitt vor: vor Kapitel 8, wo es um die Sammlung für die Jerusalemer Gemeinde geht, und vor Kapitel 10, wo Paulus Vorwürfe gegen sich aufgreift. Im ganzen Brief geht es vor allem um die Verteidigung seiner Arbeit und seiner Vollmacht als Apostel.

1, 1–7 Gruß und Danksagung

Der Brief richtet sich an die Christen in Korinth und in der Provinz Achaja, zu der auch die Gemeinden in Athen und Kenchreä gehören.

Schon der Dank am Anfang des Briefes ist persönlicher als sonst. Paulus dankt Gott nicht für die Gemeinde, sondern für seine Bewahrung, die er in der letzten Zeit erfahren hat. Sein Leiden hat einen doppelten Sinn gehabt: einmal hat er dadurch die Tröstungen Gottes in besonderer Weise erfahren, außerdem kann er nun andere, die in eine ähnliche Lage kommen, selbst besser trösten als früher.

1, 8 – 2, 17 Einige Neuigkeiten

In Todesgefahr (1, 8–14). Als Paulus in der Provinz Asien (mit der Hauptstadt Ephesus) war, kam er in große Gefahr. Möglicherweise wurde er sehr krank oder war einem Angriff der aufgeregten Massen irgendwo in Kleinasien ähnlich dem in Ephesus (Apg. 19, 23–41) ausgesetzt.

Paulus rechtfertigt die Änderung seiner Pläne (1, 15 – 2, 11). Im 1. Korintherbrief (16, 5) hatte Paulus angekündigt, er werde über Mazedonien nach Korinth kommen, später beschloß er sogar, zweimal nach Korinth zu kommen (1, 16), kam dann aber schließlich gar nicht. Die Korinther warfen ihm deswegen Wankelmütigkeit vor. Das war aber nicht zutreffend. Paulus wollte die Korinther erst wieder besuchen, wenn das Verhältnis zu ihnen nicht mehr so gespannt wäre. Deshalb wollte er zunächst einiges brieflich klären.

Ein Gemeindeglied scheint sich stark gegen Paulus gestellt zu haben (2, 5–11; es handelt sich nicht um den Mann, der wegen Unzucht aus der Gemeinde ausgeschlossen wurde – 1. Kor. 5, 1). Die Gemeinde hat ihn bestraft, und nun setzt sich Paulus dafür ein, daß ihm vergeben wird.

Reisen des Paulus (2, 12–17). Nachdem Paulus seinen scharfen, klärenden Brief an die Korinther geschrieben hatte, war er voll Unruhe. Er ging nach Troas, weil er hoffte, dort Titus auf dem Rückweg von Korinth zu treffen und von ihm zu hören, wie die Gemeinde seinen Brief aufgenommen hatte. Als er ihn dort nicht antraf, reiste er weiter nach Mazedonien. Der Grund seines Dankes in Vers 14–17 geht aus Kapitel 7 hervor. In Mazedonien traf er dann

Diese Straße führt von Korinth zum Hafen. Im Hintergrund die Stadtburg, der Akrokorinth.

Paulus zählt einige der Gefahren auf, die er um des Evangeliums willen auf sich nehmen mußte, und erwähnt dabei auch Schiffbrüche. Die Handelsschiffe, die auch Passagiere mitnahmen, waren meist sehr klein. Da sie keine eigene Antriebsmöglichkeit hatten, waren sie ganz auf den Wind angewiesen, was oft sehr gefährlich werden konnte.

Titus, der ihm gute Nachrichten aus Korinth brachte.

Der uns Sieg gibt (14): eigentlich »der uns im Triumphzug mit sich führt« – wie ein siegreicher römischer Feldherr, der seine Kriegsgefangenen und seine Beute im Siegeszug durch Rom führte.

3 – 6, 10 Der Dienst des Paulus

In diesen Kapiteln gehen Vergangenheit, Gegenwart und Zukunft ineinander über. Der alte Bund der Vergangenheit wurde durch den neuen ersetzt, der Leben schenkt (3, 6–18). In der Gegenwart sind zwei Dinge miteinander verbunden: der Apostel ist einerseits der Gesandte Gottes an die Menschheit (3, 4–6; 4, 1 ff.; 5, 16 – 6, 2), andererseits ist er menschlichen Schwächen aller Art und Verfolgung und Leiden ausgesetzt (4, 7–12; 6, 3–10). Aber die zukünftige Herrlichkeit wird für alle Leiden der Gegenwart entschädigen (4, 13 – 5, 10).

Empfehlungsbriefe (3, 1): In der frühen Kirche gab eine Gemeinde ihren Gliedern, die in eine andere Stadt zogen, oft einen Empfehlungsbrief an die dortige Gemeinde mit. Solch einen Brief hat Paulus nicht nötig, denn die bloße Existenz der von ihm gegründeten korinthischen Gemeinde reicht als Zeugnis und Empfehlung für ihn aus.

Das Angesicht Moses (3, 7 ff.): Als Mose mit den Gesetzestafeln vom Sinai herabkam, strahlte sein Angesicht, weil er Gott so nahe gewesen war. Damit die Israeliten sich nicht vor ihm fürchteten, verschleierte er sein Gesicht (2. Mose 34, 29 ff.).

Nun spiegelt sich die Herrlichkeit (3, 18): Die damaligen Spiegel waren aus poliertem Metall und gaben nur ein undeutliches Bild.

Die Spiegel jener Zeit waren aus poliertem Metall (z. B. aus Bronze wie der abgebildete) und konnten daher nur ein verschwommenes Bild wiedergeben.

Irdene Gefäße (4, 7): Damit sind entweder billige Tonlampen gemeint (vgl. Vers 6) oder aber die Steinguttöpfe, die man bei einem römischen Triumphzug als Kontrast für die darin enthaltenen herrlichen Schätze verwendete.

Das irdische Haus (5, 1): der menschliche Leib. Dieser Ausdruck (der in der griechischen Sprache nicht ungewöhnlich war) erinnert an die Vergänglichkeit des Leibes.

Nackt erfunden werden (5, 3): ohne Leibeshülle, d. h. in dem Zwischenzustand, wenn der irdische Leib abgelegt und der neue Leib noch nicht angelegt worden ist.

6, 11 – 7, 1 Klare Trennungen sind erforderlich

Paulus möchte, daß die Korinther ihm gegenüber so offen sind wie er zu ihnen.

Der Ton ab 6, 14 ist dann plötzlich anders (es läßt sich aber nicht beweisen, daß dieser Abschnitt gar nicht hierher gehört, wie manche meinen). Paulus hat die Korinther schon früher vor einem Kompromiß mit der heidnischen Welt gewarnt (1. Kor. 8, 10). Nun will er deutlich machen, wie widersinnig ein enges Verhältnis zwischen Christen und Heiden ist.

7, 2–16: Paulus freut sich über die guten Nachrichten aus Korinth

Bis dahin war er mit seiner Erzählung in 2, 13 gekommen. Nun greift er sie wieder auf. Titus konnte Paulus beruhigen, denn die Korinther haben seinen Brief richtig aufgenommen. Nun ist Paulus ungeheuer erleichtert und froh. Er hat die Korinther doch nicht falsch eingeschätzt.

8–9 Auch das Geld hat seine Bedeutung

Da nun das Vertrauen wiederhergestellt ist, kann Paulus die Frage der Sammlung für die Armen in der Jerusalemer Gemeinde aufwerfen. Titus hat sie schon nach den früheren Anweisungen des Paulus (1. Kor. 16) in Gang gebracht. Er soll nun nach Korinth zurückkehren und sie zu Ende führen. Einige Vertreter der mazedonischen Gemeinden (8, 18. 22) sollen ihn begleiten, damit niemand Paulus nachsagen kann, er hätte das Geld unterschlagen (8, 20–21; 12, 16–17).

Die Jerusalemer Gemeinde war wohl von Anfang an in finanziellen Schwierigkeiten, weil die Christen von ihrer jüdischen Familie ausgeschlossen wurden, wenn sie sich bekehrten, und oft sogar ihren Arbeitsplatz verloren. So geht es denen, die vom Islam übertreten, heute noch. Paulus gab den heidenchristlichen Gemeinden in Galatien, Mazedonien und Korinth den Auftrag, ihren judenchristlichen Brüdern und Schwestern zu helfen. Dadurch sollten sie die Pflicht und den Segen regelmäßigen Gebens erkennen und außerdem der Urgemeinde ihre Dankbarkeit zeigen.

In diesen Kapiteln gehen praktische Anweisungen und grundsätzliche Überlegungen Hand in Hand. Christen geben aus Dankbarkeit, weil Christus sich für sie alle selbst hingegeben hat. Es sollte für sie selbstverständlich sein, gern und großzügig zu geben. Wer mehr hat, als er selbst braucht, kann damit denen helfen, die zu wenig haben, so daß dann alle genug haben.

Die Gemeinden Mazedoniens (8, 1): Dazu gehörten Philippi (vgl. Phil. 4, 15 ff.), Thessalonich und Beröa. Durch eine Reihe von Bürgerkriegen und die sehr harte Behandlung von seiten der Römer war die ganze Gegend verarmt. Den verfolgten Christen ging es dann wohl mit am schlechtesten.

10 – 12, 13 Paulus nimmt Stellung zur Kritik seiner Gegner

Paulus wendet sich nun an die Minderheit in der korinthischen Gemeinde, die seine Autorität nicht anerkennen wollte und sein Verhalten kritisierte. Das erinnert an die alten Parteiungen in der Gemeinde, um die es im 1. Korintherbrief geht (Kap. 1–4). Vielleicht geht es um die damalige »Kephasgruppe«. Paulus sah sich verschiedenen Vorwürfen ausgesetzt:

- Er sei nur in Briefen mutig, sonst aber feige (10, 1. 9–11).

- Er sei kein guter Redner (10, 10; 11, 6).
- Er sei kein echter Apostel (11, 5; 12, 11); das zeige sich auch daran, daß er seinen Lebensunterhalt selbst verdiene (11, 7 ff.).

Paulus geht auf alle Angriffe ein und zeigt, wie wenig stichhaltig die Kritik ist.

- Wenn er zu ihnen kommt, wird er ihnen zeigen, daß er so handelt, wie er schreibt. Allerdings würde er seine Autorität und Vollmacht lieber dem Aufbau der Gemeinde zukommen lassen (10, 1–11).
- Die Gegner rühmen sich umsonst, denn nur das Lob Gottes zählt (10, 12–18). Aber auch im Rühmen kann Paulus seine Gegner übertreffen: er rühmt sich seiner Schwachheit und seines Leidens, seiner Visionen und Offenbarungen, die Gott ihm geschenkt hat (11, 16 – 12, 10).
- Ein Apostel muß kein großer Redner sein oder sich herrisch aufführen (11, 6. 13–15. 19–20). Paulus erfüllt alle Bedingungen des Apostolats (11, 6; 12, 12). Seinen Unterhalt verdient er sich, weil er niemand zur Last fallen will (11, 7 ff.).

König Aretas (11, 32): Aretas IV. war von 9 v. Chr. bis 40 n. Chr. König der Nabatäer. Sein Reich reichte vom Euphrat bis zum Roten Meer. Vgl. Apg. 9, 22–25.

Gesichte und Offenbarungen (12, 1): Aus der Apostelgeschichte sind uns drei frühe Visionen bekannt: auf der Straße nach Damaskus (9, 4 ff.), im Haus des Judas (9, 12) und im Jerusalemer Tempel (22, 17 ff.).

Ein Mensch in Christus (12, 2–3): d. h. ein Christ. Paulus spricht hier sehr zurückhaltend von sich selbst. *Vor vierzehn Jahren:* 41 oder 42 n. Chr., sechs oder sieben Jahre nach der Bekehrung des Paulus, aber noch vor Beginn der Missionsreisen. Mit dem *dritten Himmel* meinen die Juden die Gegenwart Gottes. Paulus beschreibt also das höchste Erlebnis, das ein Mensch haben kann.

Ein Pfahl (12, 7): Damit kann eine körperliche Krankheit (Malaria oder eine schmerzhafte Augenkrankheit) oder der Widerstand, auf den Paulus immer wieder stieß, gemeint sein. Auf jeden Fall verursachte es ihm immer wieder Schmerzen und Niedergeschlagenheit. Gott benützte aber dieses Tun des Satans, damit Paulus demütig blieb und der Herr an ihm seine Kraft beweisen konnte.

12, 14 – 13, 10 Der nächste Besuch

Paulus freut sich auf seinen dritten Besuch in Korinth. Er möchte aber nicht, daß es dort dann immer noch so zugeht wie bisher (12, 20–21). Deshalb bittet er die Korinther, bis dahin alles in Ordnung zu bringen, damit er nicht wieder so streng mit der Gemeinde sein muß.

Zwei oder drei Zeugen (13, 1): So war es im jüdischen Gesetz vorgeschrieben (siehe 5. Mose 19, 15).

13, 11–14 Schlußwort

Nach letzten Ermahnungen grüßt Paulus die Gemeinde mit einem Segenswunsch.

Der heilige Kuß (12): d. h. der Bruderkuß. Die Christen begrüßten sich mit einem Kuß auf die Wange, wie es unter Verwandten üblich war.

Der Galaterbrief

Galatien war eine große römische Provinz im Innern der heutigen Türkei. Wir wissen nicht, an wieviel Orten Paulus dort predigte. Auf jeden Fall gründete er die Gemeinden in Antiochien, Ikonien, Lystra (der Heimatstadt des Timotheus) und Derbe auf seiner ersten Missionsreise (Apg. 13 und 14). Später besuchte er diese Gemeinden noch zweimal (Apg. 16, 6; 18, 23).

Bald nach dem ersten Besuch des Paulus kamen andere judenchristliche Lehrer nach Galatien. Paulus hatte gelehrt, daß Gott Vergebung und neues Leben aufgrund von Buße und Glauben schenkt. Die neuen Lehrer behaupteten jedoch, daß auch die Beschneidung (also auch der Heiden) und die Beachtung des jüdischen Gesetzes zur Errettung notwendig seien. (Dasselbe war auch schon in Antiochien in Syrien geschehen; Apg. 15, 1.) Als Paulus das hörte, war er ganz erschüttert (Gal. 4, 20), denn diese Frage berührte die Grundlagen des Christentums. Gott schenkt jedem, der glaubt, neues Leben. Man kann es sich nicht verdienen. Diese Männer behaupteten aber, daß der Glaube nicht genüge. Es gebe auch noch andere Bedingungen, die erfüllt werden müßten. Die Heidenchristen Galatiens ließen sich von ihnen überzeugen. Daraufhin mußte Paulus mit diesem Brief eingreifen.

Der Brief wurde wahrscheinlich um 47 verfaßt, also kurz bevor sich die Apostelversammlung in Jerusalem mit derselben Frage befaßte (Apg. 15). Neun oder zehn Jahre später ging Paulus in seinem Brief an die Römer noch einmal auf ähnliche Fragen ein. Da die Situation nicht so extrem war, konnte er etwas weniger leidenschaftlich dazu Stellung nehmen. Der Galaterbrief bleibt aber die großartigste Grundlegung der christlichen Freiheit.

1 Das Evangelium Gottes

Anders als bei den übrigen Briefen beginnt Paulus mit einer Bekräftigung seiner Vollmacht (1); jedes Wort des Lobes oder der Dank-

Galatien war eine große Provinz im Innern der heutigen Türkei mit Bergen, weiten Hochebenen und Seen. Auf dem Weg von der Küste nach Antiochien in Pisidien kam Paulus mit seinen Begleitern wohl auch am Egredirsee vorbei, der hier abgebildet ist.

sagung fehlt. Er kommt gleich zum Thema (6) und nimmt kein Blatt vor den Mund. Die ganze Struktur des Evangeliums ist in Gefahr. Außerdem haben die Irrlehrer versucht, das Vertrauen zu Paulus zu untergraben. Sie behaupten, er wolle sich einschmeicheln (10) und nennen ihn einen falschen Apostel. Dagegen stellt Paulus klar, daß er seinen Auftrag und seine Vollmacht allein von Gott empfangen hat (1, 1 ff.). Sogar das Evangelium, das er verkündigt, wurde ihm von Gott offenbart und nicht von Menschen, nicht einmal von den anderen Aposteln.

Vers 4–5: Paulus betont, daß alles von Gott ausging.

Von meinem Wandel ... (13): siehe Apg. 8, 1; 9.
Arabien (17): Damit ist wahrscheinlich das Nabatäerreich gemeint, dessen Hauptstadt Petra (im heutigen Jordanien) war. Der Aufenthalt wird in Apg. 9, 22–23 nicht erwähnt. Paulus nennt nicht den Grund, warum er dorthin ging.

Vielleicht brauchte er nach seiner Bekehrung eine Zeit zum Nachdenken.
Kephas (18): Petrus. Dies ist wohl der in Apg. 9, 26 ff. genannte Besuch.

Syrien und Cilicien (21): Antiochien lag in Syrien, Tarsus, die Heimatstadt des Paulus (Apg. 9, 30), in Cilicien.

2 Paulus wird durch die anderen Apostel anerkannt

Von diesem zweiten Besuch des Paulus in Jerusalem ist wohl auch in Apg. 11, 30 die Rede. Bei dieser Gelegenheit klärte Paulus seine Stellung gegenüber den anderen Aposteln. Paulus hatte ja bis dahin sehr selbständig gearbeitet und wollte sich nun absichern, indem er mit den Aposteln über seine Arbeit sprach. Die Apostel erkannten seine Mission unter den Heiden an, denn es war deutlich, daß Gott darin wirkte (7–9). Petrus handelte später dann aber anders, als er geredet hatte, und wurde deswegen von Paulus zur Rede gestellt (11 ff.). Als Juden wußten Petrus und Paulus, daß es unmöglich ist, aus eigener Kraft vor Gott gerecht zu sein (15–16). Wie kämen sie also dazu, die Freiheit, die sie durch den Glauben an Christus bekommen hatten, wieder aufzugeben? Wenn gute Werke einen Menschen retten könnten, hätte Christus nicht sterben müssen.

Von Jakobus (12): Jakobus war in diesem Punkt anderer Ansicht als Paulus, Vgl. Apg. 15, 13–21.

Er aß mit den Heiden (12): siehe Anm. zu Römer 14, 2. 14.

Vers 17–18: Die eigentliche Sünde bestand nicht darin, daß man die jüdischen Speisegebote nicht einhielt, sondern darin, daß man das Heil wieder vom Gesetz erwartete.
Vers 19–20: siehe Anm. zu Römer 6–7.

Paulus richtet sich in seinem Brief gegen die »Judaisten« und deren starken Einfluß in der Gemeinde. Auch in Galatien hat man Überreste von Synagogen gefunden. Diese Synagoge in Baram im Norden Israels stammt aus frühchristlicher Zeit.

Sonnenuhr in Ephesus. Paulus ermahnt die Galater, doch nicht wieder zu den Naturmächten, von denen sie nun befreit sind, zurückzukehren und Tage, Neumonde und Festzeiten zu beobachten.

3–4 Unter der Knechtschaft des Gesetzes

Wer die christliche Freiheit zugunsten des jüdischen Gesetzes aufgeben will, ist ein Narr. Die Juden sagten, sie wollten die Heiden durch die Beschneidung zu Kindern Abrahams machen. Aber die Heidenchristen sind schon Abrahams Kinder und Erben, weil sie seinen Glauben teilen (3, 7. 29). Gott hatte Abraham Jahrhunderte vor der Offenbarung des Gesetzes an Mose angenommen. Wie kann das Gesetz also dem Menschen freie Vergebung schenken (3, 19–24)? In der Zeit zwischen der Verheißung an Abraham und ihrer Erfüllung im Kommen Jesu hatte das Gesetz seine Funktion (3, 19–24). Seither können alle durch den Glauben an Christus Gottes Kinder werden.

Die Galater hatten diese Botschaft des Paulus zunächst freudig aufgenommen. Was hatte sie nun zu einer Veränderung ihrer Haltung veranlaßt (4, 12–20)? Wollen sie ihre Freiheit wirklich aufgeben (4, 8–9)? Paulus vergleicht diejenigen, die unter dem Gesetz stehen, mit dem Sohn, den Abraham von der Sklavin Hagar hatte. Christen werden aber als Freie geboren und sind wie Isaak die Erben der Verheißungen Gottes.

Die Elemente (4, 3. 9): Damit sind die Mächte gemeint, denen die Galater als Heiden unterworfen waren, als sie noch den Götzen dienten.
Tage . . . (4, 10): jüdische Feiertage.
Schwachheit des Lebens (4, 13): siehe Anm. zu 2. Kor. 12, 7.
Berg Sinai (4, 24): Dort empfing Mose das Gesetz.

5 Freiheit in Christus

Christus hat uns errettet, damit wir frei würden – frei, Gott zu dienen, nicht, um bequem und genüßlich leben zu können. Wir ernten, was wir im Leben säen (6, 7–9). Wenn wir nur für uns selbst leben, zeigt sich das auch an unsrem Verhalten (5, 19–21). Wenn wir für Gott leben, werden wir das ernten, was der Heilige Geist in uns sät (5, 22–24). Christus hat uns neues Leben geschenkt; nun müssen wir auch dementsprechend handeln und den Heiligen Geist in uns wirken lassen (5, 25 – 6, 10).

Hier (6, 11) fügt dann Paulus eigenhändig noch einige Worte hinzu (das Vorhergehende hat er wohl diktiert). Für ihn gibt es nur einen Grund zum Ruhm: die alles verändernde Macht des Kreuzes Christi.

Die Malzeichen Jesu (6, 17): Paulus meint damit die Wunden, die er im Dienst Christi bekommen hat (vgl. 2. Kor. 4, 7–12; 6, 4–10; 11, 23–29). Falls manche noch immer nicht überzeugt sind, daß Paulus der wahre Apostel ist, sollen diese Zeichen als Beweis dienen.

Brunnen in »Galatien«, im Innern der heutigen Türkei.

Der Epheserbrief

Der Brief des Paulus an die Epheser unterscheidet sich beträchtlich von seinen anderen Briefen. Persönliche Grüße fehlen, obwohl Paulus einige Jahre in Ephesus verbracht hatte und dort viele Freunde besaß (siehe Anm. zu Apg. 19). Es werden auch keine besonderen Probleme oder Neuigkeiten behandelt. In einigen frühen Handschriften fehlen sogar die Worte »zu Ephesus« (1, 1). Es ist daher wahrscheinlich, daß der Epheserbrief zunächst ein Rundbrief an einige Gemeinden im Westen der heutigen Türkei war, von denen Ephesus die bedeutendste war. Die sieben Gemeinden der Offenbarung des Johannes und auch Kolossä gehörten zu diesem Gebiet.

Mit den Briefen an die Philipper, Kolosser und an Philemon gehört der Epheserbrief zu den »Gefangenschaftsbriefen«, die Paulus zu Anfang der sechziger Jahre in Rom schrieb. Unter diesen Briefen haben der Kolosser- und der Epheserbrief am meisten gemeinsam. Man kann dem Brief sehr wenig über die Situation der Gemeinde entnehmen, da er so allgemein gehalten ist. Es ist auf jeden Fall deutlich, daß die Heidenchristen in der Mehrzahl waren und dazu neigten, die Judenchristen zu verachten. Paulus war zwar besonders zur Heidenmission beauftragt, aber er hatte deswegen doch kein Interesse an einer Spaltung der Kirche. Daher ist das Hauptthema des Briefes der herrliche Plan Gottes, der die verschiedensten Menschen aller Nationen in Christus eins sein läßt (1, 10). Diese Einheit muß sich nun auch im Verhalten der Christen und in ihrem Verhältnis untereinander zeigen.

1–3 DER GROSSE PLAN GOTTES

1, 1–14 Gottes Ziel und Vorsatz

Paulus ist bei dem Gedanken an Gottes Plan ganz überwältigt. Gott hat uns mit seiner Liebe reich beschenkt. Von Anfang an wollte er seinen Reichtum und seine Herrlichkeit mit uns teilen – »in Christus« (das Schlüsselwort des Briefes). Christus ist die Mitte des Planes Gottes. Wenn wir an ihn glauben, bekommen wir aufgrund seines Todes Vergebung und Freiheit. Wir bekommen Anteil an seinem neuen Leben. Wir werden eins mit ihm. In ihm bekommen wir einen Platz in Gottes Plan mit der Welt: unser Leben soll seinem Lob dienen.

Heilige (1); Gnade und Friede (2): siehe Anm. zu Röm. 1.

Geheimnis (9): Mit dem menschlichen Verstand wäre man nicht auf Gottes Plan gekommen. Paulus bezeichnet mit diesem Wort meist das »offene Geheimnis« des Evangeliums.

1, 15–23 Gebet des Paulus

Paulus freut sich an dem Glauben und der Liebe dieser Christen. Er erbittet wachsende Erkenntnis der Herrlichkeit Gottes für sie. Die Macht Gottes, die Christus von den Toten auferweckt und zum Herrn der ganzen Welt eingesetzt hat, wirkt auch in uns.

2, 1–10 Aus dem Tod ins Leben

Als Sünder konnten wir mit Gott keine Gemeinschaft haben. Von ihm getrennt zu sein, bedeutet Tod. Diesen Tod ist aber Christus für uns gestorben. Aus reiner Barmherzigkeit und ohne unser Zutun hat Gott uns in Christus neues Leben geschenkt. Wir sind nun ein Teil der neuen Schöpfung und sollen unseren Beitrag zur Ausführung des Planes Gottes leisten.

Der Mächtige, der in der Luft herrscht (2): Damit ist der Satan gemeint, dessen Geist ständig in der Welt tätig ist.

2, 11–22 Die Schranken sind aufgehoben

In der antiken Welt standen rassische, religiöse, kulturelle und soziale Schranken zwischen Juden und Heiden. Wenn Jesus diese beiden Gruppen zusammenbringen konnte, kann er auch alle anderen Schranken zwischen Menschen aufheben. Das bewirkte er durch seinen Tod am Kreuz, der allen Menschen ohne Unterschied Frieden mit Gott brachte. Alle, die zu ihm gehören, sind durch Bande miteinander verbunden, die alle Unterschiede, die früher zwischen ihnen bestanden, aufheben. Juden und Heiden sind eins in Christus.

Die Beschneidung (11): d. h. die Juden. Siehe Anm. zu 1. Mose 17.

Vers 12: Die Heidenchristen haben keinen Grund zur Überheblichkeit. Vor Christus hatten nur die Juden als Gottes Volk Grund zur Hoffnung gehabt.

3, 1–13 Die Missionsarbeit des Paulus unter den Heiden

Bevor Christus in die Welt kam, waren die Verheißungen Gottes im großen und ganzen auf Israel beschränkt. Sein Plan für die ganze Welt war noch verborgen gewesen (4–6. 8–9).

Alte Straße in Ephesus. Der Hafen, der zur Zeit des Paulus schon zu versanden begann, lag früher ein Stück von der Stadt entfernt. In Ephesus hatte Paulus die »Schule des Tyrannus« gemietet, um dort zu predigen.

Mit dem Auftrag des Paulus, den Heiden das Evangelium zu bringen, begann ein neuer Abschnitt des Heilsplans Gottes. Menschen aus allen Nationen werden eins in Christus und sind damit nicht nur für die Welt (vgl. Joh. 17, 21), sondern auch für die kosmischen Mächte (10) ein Beweis der Macht und der Weisheit Gottes. Angesichts des herrlichen Planes Gottes kann Paulus seinen Schwierigkeiten den richtigen Stellenwert beimessen.

Vers 3: vgl. 1, 9 u. a.

3, 14–21 Fürbitte des Paulus

Paulus hat zunächst um wachsende Erkenntnis für die Gemeinde gebeten (1, 15–23). Nun bittet er besonders eindringlich, daß ihnen Liebe und Kraft geschenkt werde, daß Christus in ihnen Wohnung nehme und Gott sie ganz erfüllen möge. Gott kann das alles und noch viel mehr tun.

4–6 DAS LEBEN DER CHRISTEN

4, 1–16 Einheit – konkret

Die Christen werden durch gemeinsamen Glauben, gemeinsames Leben, gemeinsame Ziele und vor allem durch den gemeinsamen Herrn vereint. Er ist das Haupt, wir sind Glieder eines Leibes (vgl. 1. Kor. 12–13). Was unser Wesen und unsre Gaben angeht, sind wir natürlich verschieden. Wir müssen uns daher immer um eine liebevolle, geduldige Haltung gegeneinander bemühen und unsere Gaben zum Nutzen aller einsetzen. Wir müssen miteinander wachsen, bis wir so sind, wie Christus es möchte: so wie er.

Vers 8: Nach seiner Himmelfahrt gab Christus den Menschen verschiedene Gaben (vgl. Vers 11).

4, 17 – 5, 20 Das neue Leben

Gott schenkt uns das Heil umsonst, aber wir werden dadurch verpflichtet, von nun an so zu leben, wie Gott es will (4, 1). Dazu müssen wir unsere alte Lebensweise völlig ablegen. Das neue Leben verwandelt unser Denken und unser Verhalten. An die Stelle von Neid, Trotz und Verbitterung treten nun Freundlichkeit und Vergebungsbereitschaft. Alles, was wir denken, tun und reden, muß im Lichte Gottes bestehen können.

5, 21 – 6, 9 Zwischenmenschliche Beziehungen der Christen

Wenn jeder seine eigenen Interessen denen anderer unterordnet, kann auch niemand den großen Herrn spielen. Die christliche Ehefrau achtet ihren Mann und ist ihm treu. Der Ehemann sorgt mit selbstloser Liebe, die keine Forderungen erhebt, für seine Frau. Beide sind voneinander abhängig, beide richten sich an Christus als ihrem Vorbild aus. Ihre Beziehung

Eine Tafel zur Platzreservierung im Theater von Milet bei Ephesus, auf der zu lesen ist: »Nur für Juden und Gottesfürchtige.« Die christliche Botschaft, daß in Christus alle Menschen gleich sind, war für jene Zeit etwas unerhört Neues.

»Zieht an die Waffenrüstung Gottes«, schrieb Paulus an die Epheser. Die Abbildung zeigt die Statuette eines römischen Soldaten.

Tempel in Ephesus, der dem römischen Kaiser Hadrian geweiht war.

ist das Abbild des Verhältnisses zwischen Christus und der Gemeinde. Die Kinder sind ihren Eltern Respekt und Gehorsam schuldig. Christliche Sklaven (und wohl auch sonstige Arbeitnehmer) dienen ihren Herrn so bereitwillig und gut, wie sie Christus dienen. Die Herren (und damit alle Arbeitgeber) unterdrücken und mißbrauchen ihre Sklaven nicht, weil sie sich selbst vor einem Herrn verantworten müssen.

5,32: Die enge körperliche Beziehung zwischen Mann und Frau ist ein Bild für die geistliche Einheit zwischen Christus und seiner Gemeinde.

6, 10–24 Die Waffenrüstung Gottes

Paulus behauptet nicht, daß es leicht sei, nach diesen Maßstäben zu leben. Wir stehen in einem Kampf gegen starke Mächte. In diesem geistlichen Kampf brauchen wir auch geistliche Waffen. Wir sind dabei nicht uns selbst überlassen. Die ganze Waffenrüstung Gottes steht uns zur Verfügung. Damit werden wir in diesem Kampf bestehen können.

Der Philipperbrief

Philippi war eine römische Kolonie (eine Art Freistadt) an der Via Egnatia, der großen Handelsstraße im Norden des Reiches. Nach den Kämpfen Octavians gegen Brutus und Cassius und später gegen seinen ehemaligen Verbündeten Antonius wurde die Stadt von italienischen Siedlern besetzt. Die Siedler waren stolz auf ihre Sonderrechte und besonders treue Bürger Roms. In Philippi, wie in Mazedonien überhaupt, hatten die Frauen eine hohe Stellung in der Gesellschaft. Sie nahmen teil am öffentlichen und geschäftlichen Leben. Das hatte seine Auswirkungen auch in der Gemeinde.

Die Gemeinde wurde um 50 im Verlauf der zweiten Missionsreise des Paulus gegründet (vgl. Apg. 16, 12–40). Als Paulus, Silas und Timotheus weiterreisten, blieb Lukas, der Arzt, in Philippi zurück. Die Stadt war ein Zentrum der Heilkunst und könnte die Heimat des Lukas gewesen sein. Er half zweifellos beim Aufbau der Gemeinde mit. Dem Brief kann man entnehmen, daß die Gemeinde schon einiges leiden mußte (1, 29). Sie scheint von einer Spaltung bedroht gewesen zu sein (1, 27; 2, 2). Vielleicht strebten einige Gemeindeglieder besonderer Vollkommenheit nach (3, 12–13). Die Ankunft einiger gesetzlicher Judenchristen (siehe Anm. zu 3, 2) bedeutete eine neue Gefahr. Aber Paulus liebte diese Gemeinde und freute sich an ihren Fortschritten.

Der Brief. Paulus schrieb im Gefängnis an die Philipper (1, 12). Wenn es sich um seine Haft in Rom handelt, wurde der Brief zwischen 61 und 63 verfaßt (Apg. 28, 16. 30–31). Aber die Umstände sind härter als man der Apostelgeschichte entnehmen kann. Das Urteil steht bevor, und Paulus muß mit dem Tod rechnen. Timotheus ist bei ihm, Lukas nach 2, 20–21 wohl nicht. Es handelt sich daher möglicherweise um eine Gefangenschaft, von der in der Apostelgeschichte nichts berichtet ist, vielleicht in Ephesus. Dann wäre der Brief um 54 verfaßt worden. Das ist aber nicht sicher.

Verschiedene Gründe veranlaßten Paulus, diesen Brief zu schreiben. Er wollte erklären, warum er Epaphroditus zurückschickte. Er wollte den Philippern für ihr Geschenk danken und ihnen einige Neuigkeiten mitteilen. Nach allem, was er in der letzten Zeit von ihnen gehört hatte, wollte er ihnen Mut machen und ihnen einige Ratschläge geben. Während er noch schrieb, kamen weitere Nachrichten über die Gemeinde, die ihn zu einer Warnung veranlaßten (3, 1b).

1, 1–2 Grüße

Der Brief kommt von Paulus »und Timotheus«, dem jungen Mann, der bei der Gründung der Gemeinde dabei war und die Philipper bald besuchen sollte (2, 19). Mit den »Heiligen« sind alle Christen gemeint, denn sie alle sind zum Dienst für Gott ausgesondert.

1, 3–11 Gebet für die Gemeinde

Dieses Gebet ist ein Ausdruck der Liebe, der Freude und der Dankbarkeit. Paulus erbittet für die Gemeinde wachsende geistliche Erkenntnis, die ihr Leben nach Gottes Willen gestalten soll.

Vom ersten Tag an (5): vgl. Apg. 16, 12–40.

1, 12–26 Persönliche Nachrichten

Paulus spricht von der Vergangenheit (12), der Gegenwart (13–18) und der Zukunft (19–26). Er ist bereit zu sterben, aber auch weiterzuleben.

Wie es um mich steht (12): Wenn Paulus aus Rom schreibt, liegen Angriffe der Volksmenge, Ungerechtigkeit, Gefängnis, Schiffbruch und eine lange Zeit des Hausarrests unter ständiger Bewachung hinter ihm (Apg. 21–28).

Im ganzen Richthaus (13): Damit ist wohl die Prätorianergarde gemeint, die die Bewachung des Paulus besorgte.

Heil (19): Wenn Paulus verurteilt wird, wird der Tod ihn befreien und in die Gegenwart Christi bringen. Wenn er freigelassen wird, kann er sich noch einmal für die Gemeinde einsetzen.

Christus ist mein Leben (21): Sein Leben lang ist Paulus bemüht, Christus immer näher zu kommen und ihm immer ähnlicher zu werden. Der Tod vollendet diesen Prozeß.

1, 27 – 2, 18 Bitte um Einmütigkeit

Die Einheit der Gemeinde ist wohl von verschiedenen Seiten bedroht (vgl. etwa 4, 2). Paulus bittet nun alle eindringlich, ihren Stolz abzulegen und einmütig zu leben, zu arbeiten und zu denken. Das Leben Jesu auf der Erde ist das beste Beispiel der Demut und Bescheidenheit. Er verzichtete auf alles, was ihm zustand, und bekam deswegen dann von Gott die Macht über alles (2, 5–11 ist wahrscheinlich ein altes Gemeindelied).

In göttlicher Gestalt (6): Christus war Gott im Wesen gleich, nicht nur der Erscheinung nach.

Entäußerte sich (7): Mit seiner Menschwerdung gab Jesus seine Herrlichkeit auf, nicht aber sein eigentliches göttliches Wesen.

Philippi war zur Zeit des Paulus eine bedeutende Stadt und römische Kolonie an der Via Egnatia. Heute sind dort nur noch verstreute Steine und einige wenige Säulen zu finden. Im Hintergrund die Überreste einer byzantinischen Kirche. Weitere Abbildungen auf S. 36 und 560.

»Ich jage nach dem vorgestreckten Ziel . . .«, schreibt Paulus. Die Abbildung zeigt einen römischen Rennwagen.

Tag Christi (16): der Tag der Wiederkunft.

Ob ich auch geopfert werde (17): genauer: als »Trankopfer« (durch das Vergießen meines Blutes) hingegeben werde.

2, 19–30 Paulus lobt seine Mitarbeiter

Vers 19–23: Timotheus – siehe Anm. zu 1, 1–2. Vers 25–30: Epaphroditus war von der Gemeinde zur Unterstützung zu Paulus gesandt worden. Paulus schickt ihn nun wieder zurück und betont, daß dies nicht etwa geschieht, weil Epaphroditus versagte.

3 Warnung

Paulus wollte seinen Brief schon abschließen (3, 1a), als er beunruhigende Nachrichten aus Philippi bekam. Nun fügt er deswegen noch einiges hinzu. Er warnt die Gemeinde vor einer Gruppe von Judenchristen, die in viele Gemeinden kamen, wo Paulus gewirkt hatte, und verlangten, daß die Heidenchristen beschnitten würden und sich an das Gesetz hielten. Damit verfälschen sie aber das Evangelium. (Daher die Erregung, mit der Paulus hier schreibt.)

Die rechte Beschneidung (3): d. h. das wahre Israel.

Gewinn . . . Schaden (7–8): Alle menschliche Leistung ist nichts im Vergleich zu dem, was Gott von uns fordert und in Christus schenkt.

Ich jage ihm nach (12 ff.): Paulus vergleicht sich mit einem Sportler, der nur das Ziel vor Augen hat und nicht zurückblickt und dadurch Zeit verliert. Er weist damit gleichzeitig die Vorstellung ab, wir könnten schon in diesem Leben Vollkommenheit erlangen.

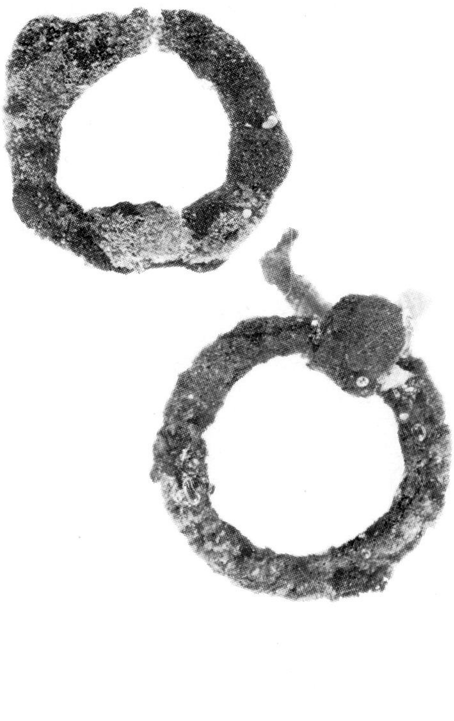

Ihr Gott ist ihr Bauch (19): d. h. die Begierde, die sie zu Dingen veranlaßt, wegen der sie sich eigentlich schämen müßten.

Unsre Heimat (20): das Reich, in dem wir Bürger sind (Zürcher Übersetzung). Die Christen sind Bewohner einer himmlischen Kolonie auf Erden. Die Philipper, die ja stolz darauf waren, eine Kolonie Roms zu sein, konnten diesen Vergleich gut verstehen.

4 Mahnung und Zuspruch; Dank

Vers 1: Mahnung an alle; Vers 2–3: an einzelne.

Vers 4–9: Freuet euch. Diese Ermunterung kommt von einem Mann, der im Gefängnis ist und mit dem Tod rechnen muß, der schon gesteinigt und geschlagen worden war und trotzdem voll Freude und Zuversicht ist. Der Grund dafür liegt in Vers 6–7: Paulus hat es gelernt, alle Sorgen bei dem abzuladen, der für uns sorgt (1. Petr. 5, 7). Danach haben wir Raum für die Dinge, die das Leben des Christen kennzeichnen sollen (8).

Vers 10–20: Paulus bedankt sich für die Geschenke der Gemeinde. Sie hat ihn von Anfang an unterstützt, so gut sie konnte (15; vgl. 2. Kor. 8, 1–5). Es ist verständlich, daß Paulus diese treue, großzügige Gemeinde ganz besonders schätzte und liebte.

Die von des Kaisers Hause (22): Wenn Paulus aus Rom schreibt, sind damit Angehörige des Kaisers oder des Hofes gemeint, die in Rom lebten. Manche von ihnen hielten sich aber auch in der Provinz auf.

Paulus nannte sich oft »Sklave Jesu Christi«. Diese Sklavenketten aus der Römerzeit wurden im Meer vor der Küste Israels gefunden.

Der Kolosserbrief

Kolossä war eine kleine Stadt im Lykostal; etwa 150 km östlich von Ephesus in der Nähe des heutigen Denizli. Auch in den reicheren Nachbarstädten Laodicea (Kol. 4, 16; siehe Anm. zu Offbg. 3, 14 ff.) und Hierapolis gab es christliche Gemeinden.

Die Gemeinde. Wir wissen nichts über ihre Entstehung. Wahrscheinlich wurden zwei Männer aus Kolossä, Epaphras und Philemon, Christen, als Paulus drei Jahre lang in Ephesus war. Sie haben dann das Evangelium in ihrer Heimat verbreitet (Kol. 1, 6–7; 4, 12–13; Philemon 1–2. 5).

Der Brief. Paulus hatte die Kolosser zwar nie besucht, aber doch von Epaphras viel über sie gehört. Es bestand viel Grund zur Dankbarkeit, aber auch zur Besorgnis. Daher schrieb Paulus der Gemeinde aus dem Gefängnis, und zwar wahrscheinlich um 61 in Rom. Er konnte den Brief dem Tychikus mitgeben, der vielleicht gleichzeitig auch den Epheserbrief überbracht hat und der zusammen mit dem entlaufenen Sklaven Onesismus nach Kolossä zurückreiste (vgl. die Anmerkungen zum Philemonbrief).

Der Inhalt des Briefes. In Kolossä war das Problem des Synkretismus aufgetreten, der Vermischung des Christentums mit Vorstellungen der Philosophie und anderer Religionen, die auch heute immer wieder vorkommt. Die Gemeinde setzte sich aus Juden, Griechen und alteingesessenen Phrygiern zusammen. Jede Gruppe wollte ihr Gedankengut ins Christentum mit einbringen, was zunächst sehr harmlos und verständlich erscheinen konnte. Paulus wußte aber, daß dadurch die Grundlagen des Christentums gefährdet wurden. Die Judenchristen wollten die Beschneidung, ihre Speisegebote und Festtage beibehalten (2, 11. 16) und stellten damit die Rechtfertigung allein aus Glauben in Frage (vgl. die Anmerkungen zum Galaterbrief). Die Verehrung der Engel als Vermittler war ein Angriff auf die Überlegenheit und Allmacht Christi (2, 18). Die Einführung eines besonderen Asketentums und überspannter Spekulationen überließ den Menschen wieder sich selbst und seiner Weisheit (2, 18–23). Die Kolosser mußten sich angesichts dieser Lehren neu auf Christus besinnen, der der einzige und ausreichende Weg zur Errettung ist.

1, 1–14 Gruß und Gebet

Es ist typisch für Paulus, mit einer Danksagung zu beginnen, die ehrlich gemeint ist, auch wenn er danach manches tadeln muß. Seine Fürsorge und Fürbitte galt auch den Gemeinden, die er nicht selbst gegründet oder noch nie besucht hatte (2, 1). Er freut sich sehr über den Glauben, die Liebe und die Hoffnung der Kolosser, wovon ihm berichtet wurde. Er bittet Gott um wachsende Erkenntnis und geistliche Reife für die Gemeinde.

1, 15–23 Jesus Christus, der Herr

Jesus ist das Ebenbild Gottes selbst. Er war schon an der Schöpfung beteiligt. Er war und ist der Erste – zeitlich wie aufgrund seiner Macht und Stellung. Er ist der Erste der neuen Schöpfung und des neuen Gottesvolks, der Gemeinde, die durch ihn entstanden ist und deren Haupt er ist. Durch seinen Tod können wir Gottes Freunde werden.

Der Erstgeborene (15): nicht der erste, der geschaffen wurde, sondern der Erbe, der eine einzigartige Stellung einnimmt.

Throne . . . (16): unsichtbare Wesen und Mächte.

1, 24 – 2, 5 Die Aufgabe des Paulus

Paulus ist damit beauftragt, das Evangelium bekannt zu machen. Die Philosophen der damaligen Zeit redeten oft von Geheimnissen, die nur besonders Eingeweihte verstehen konnten. Gott hat sein Geheimnis in Christus offenbart, der in jedem Christen ist und ihn auf zukünftige Herrlichkeiten vorbereitet. Dieses »Geheimnis« ist jeden Einsatz wert.

Was noch mangelt . . . (1, 24): Paulus will nicht sagen, daß das Leiden Christi noch nicht ganz zu unsrer Errettung ausreicht. Aber das Leiden bringt die Christen und die Gemeinde der Vollendung näher.

Paulus warnte seine Leser vor Irrlehrern. Es kam wohl sehr oft vor, daß Briefe, die angeblich von einem Apostel waren, falsche Lehren in die Gemeinden brachten. Einige solche Schriften, zum Beispiel mit erfundenen Jesusgeschichten, sind bis heute erhalten. Die Abbildung zeigt Fragmente eines unbekannten »Evangeliums« aus der ersten Hälfte des 2. Jahrhunderts.

2, 6 – 3, 4 Irrlehren; das richtige Verhalten

Verschiedene falsche Lehren drangen in die Gemeinde in Kolossä ein (siehe oben in der Einleitung). Sie waren gefährlich. Es kann keinen Kompromiß zwischen dem Christentum und der Philosophie oder der Gesetzlichkeit geben. Bei beiden steht der Mensch im Mittelpunkt, im Mittelpunkt des christlichen Glaubens kann aber nur Christus stehen. In ihm haben wir alles, was wir brauchen. Wir brauchen keine geistigen oder geistlichen Mächte oder Vermittler (2, 8. 23), weil Christus viel größer ist als sie alle. Die alttestamentlichen Riten sind nur der Schatten der Wirklichkeit, Christi (16 ff.), und können uns daher nicht mehr geben als wir schon haben (11). Christus ist unser Leben. Er ist der, an dem wir uns festhalten müssen. Wir sind von ihm abhängig und von sonst nichts.

2, 12: vgl. Röm. 6.

Speise oder Trank . . . (2, 16): Von diesen Dingen hängt die Errettung nicht ab, ganz gleich, was die jüdischen Reinheitsvorschriften sagten.

Elemente der Welt (2, 20): Christen brauchen

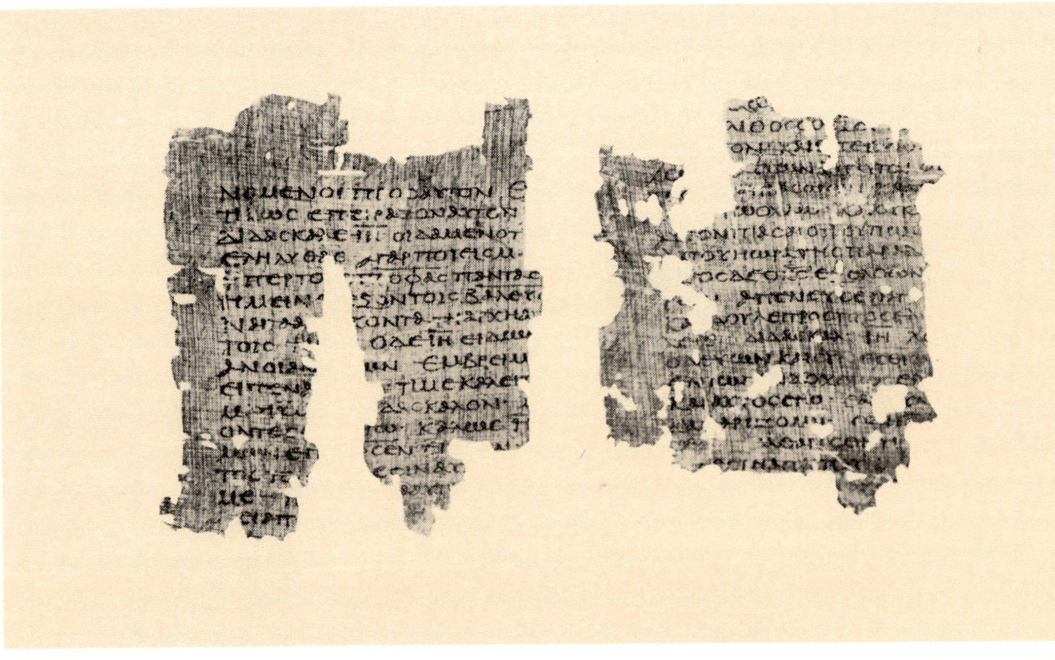

Kolossä lag am einen Ende des Lykostals in der Nähe von Laodicea und Hierapolis.

ihr Leben nicht mehr nach den herrschenden Strömungen, Kräften und Anschauungen der Welt auszurichten.

3, 5 – 4, 6 Das alte und das neue Leben

Ein Christ gibt seine alte Lebensweise vollkommen auf und läßt sein Denken, Handeln und Reden ganz von dem neuen Leben, das in ihm ist, bestimmen. Er will so werden wie Christus (3, 10). Sein Leben voll Liebe und Vergebungsbereitschaft ist das Vorbild (3, 12 ff.), an dem wir unser Leben ausrichten. Sein Wort bestimmt unser Denken (3, 16). Gebet, Dankbarkeit und selbstlose Liebe gegen alle Menschen sind die Kennzeichen des christlichen Lebens.

3, 18 – 4, 1: siehe Anm. zu Epheser 5–6, wo Paulus dieses Thema ausführlicher behandelt.

4, 7–18 Persönliche Nachrichten

Tychikus wird auch im Epheserbrief (6, 21–22) genannt; um Onesimus geht es im Philemonbrief. Vielleicht wurden diese drei Briefe alle von demselben Boten überbracht. (Der Brief von Laodicea, V. 16, ist vielleicht der Epheserbrief.) Markus ist nun auch wieder bei Paulus; die früheren Schwierigkeiten scheinen überwunden zu sein (Apg. 13, 13; 15, 36–40). Aristarchus war ein griechischer Jude, der Paulus schon seit langem begleitete und auch bei dem Aufruhr in Ephesus dabei war (Apg. 19, 29). Lukas blieb Paulus treu, während Demas ihn später verließ (2. Tim. 4, 10–11). Der Kolosser Epaphras wurde schon einmal erwähnt (1, 7; vgl. auch die Einleitung). Archippus ist vielleicht der Sohn des Philemon (Philem. 2). Im Haus der Nympha kamen die Christen offensichtlich zusammen. So war es auch bei Aquila und Priscilla in Ephesus (1. Kor. 16, 19) und später in Rom (Röm. 16, 5), bei Philemon in Kolossä und bei Gaius in Korinth (Röm. 16, 23). Ihnen allen verdankt die Gemeinde viel.

Die Thessalonicherbriefe

Thessalonich war die Hauptstadt eines Bezirks der römischen Provinz Mazedonien in Nordgriechenland. Durch den Hafen am Ägäischen Meer und die Lage an der Via Egnatia, der Handelsstraße von Dyrrhachium an der Adria bis Byzanz (Istanbul), war Thessalonich zugleich eine bedeutende Handelsstadt. Das heutige Saloniki ist nach Athen die zweitgrößte Stadt Griechenlands.

Die Gemeinde wurde um 50 gegründet, als Paulus auf der zweiten Missionsreise mit Silas und Timotheus von Philippi nach Thessalonich kam (Apg. 17, 1–9). Paulus blieb nicht lange dort. Er predigte an drei aufeinanderfolgenden Sabbaten, dann machten die Juden Schwierigkeiten. Jason, der Paulus beherbergt hatte, und einige andere Christen wurden vor die Stadtverwaltung gebracht und erst nach Hinterlegung einer Kaution freigelassen. Paulus und seine Begleiter verließen daraufhin die Stadt, aber die Christen waren weiterhin Verfolgungen ausgesetzt.

Die Briefe. Von Thessalonich ging Paulus mit seinen Begleitern nach Beröa und von dort allein nach Athen weiter. Timotheus scheint ihm dann dorthin gefolgt zu sein (1. Thess. 3, 1–2), wurde aber gleich wieder nach Thessalonich geschickt, um zu sehen, was aus der kleinen Gemeinde geworden war. In Korinth trafen sie sich dann wieder. Im 1. Thessalonicherbrief kommt die Freude und Erleichterung des Paulus über die guten Nachrichten, die Timotheus ihm brachte, zum Ausdruck. Paulus geht in diesem Brief auf einige Dinge ein, die in der Gemeinde noch unklar waren. Im zweiten Brief mußten vor allem falsche Vorstellungen von der Wiederkunft Christi beseitigt werden. Diese beiden Briefe sind (möglicherweise mit Ausnahme des Galaterbriefs) die ältesten der uns überlieferten Paulusbriefe. Sie wurden etwa 20 Jahre nach der Kreuzigung Jesu geschrieben.

DER 1. THESSALONICHERBRIEF

1, 1 Eingangsgruß

Paulus ist der eigentliche Verfasser des Briefes, aber er schrieb ihn mit Silvanus (Silas; siehe Anm. zu Apg. 15, 40) und Timotheus zusammen, die mit ihm in Thessalonich gewesen waren und nun auch in Korinth bei ihm sind.

1, 2–10 Paulus dankt Gott für die guten Nachrichten aus der Gemeinde

Gott war in Thessalonich am Werk, sonst gäbe es die kleine Gemeinde, die Verfolgungen ausgesetzt und ohne Lehrer war, gar nicht mehr. Innerhalb weniger Monate waren die dortigen Christen durch ihre Standhaftigkeit im Glauben und ihre missionarische Tätigkeit ein Vorbild für die übrigen Gemeinden Griechenlands geworden (7 ff.). Es besteht also viel Grund zur Dankbarkeit.

Sie selbst (9): die Bewohner von Mazedonien, Achaja usw.

Vers 9–10: das Evangelium in Kurzfassung. Paulus hatte den wahren Gott und seinen Sohn, Jesus, seinen Tod, der uns vom Gericht errettet, die Auferstehung und die Wiederkunft Christi gepredigt. Die Verheißung der Wiederkunft ist für Christen, die leiden müssen, ein besonderer Trost. Von ihr ist in diesen Briefen oft die Rede.

2, 1–16 Der Besuch des Paulus in Thessalonich

Offensichtlich hatten die Gegner des Paulus eine Verleumdungskampagne in Gang gebracht. Paulus weist ihre Angriffe zurück und erinnert die Gemeinde an das, was bei seinem Besuch tatsächlich vorgegangen war. Er war kein betrügerischer Wanderprediger, der den Leuten irgendeinen Schwindel andrehen wollte (3). Er war auch nicht auf irgendeinen Gewinn aus (5). Paulus kam, um zu geben, nicht um zu empfangen (8) und wollte auch keine finanzielle Unterstützung (9). Auch die Demütigungen in Philippi (2; vgl. Apg. 16, 22 ff.) konnten ihn nicht von der Verkündigung abhalten.

Vers 15–16: Paulus spricht sonst nirgends so hart über die Juden. Aber er spricht als Prophet. Irgendwann wird es für diejenigen, die gegen Gottes Pläne arbeiten, zu spät sein. Paulus kann mit solcher Sicherheit vom Gericht reden, als sei es schon eingetroffen (16b).

2, 17 – 3, 10 Die Ereignisse seit dem Besuch

Paulus hat zu seinen Gemeinden ein so enges Verhältnis wie ein Vater zu seinen Kindern. Er ist in Gedanken immer bei ihnen und macht sich große Sorgen, wenn sie in Schwierigkeiten sind. Daher ist er in großer Unruhe, seitdem er Thessalonich verlassen hat. Ihm liegt so sehr daran, von der Gemeinde zu hören, daß er sogar allein in Athen bleibt. Als ihm dann Timotheus so gute Nachrichten bringt, ist er voll Freude und Erleichterung.

Satan hat uns gehindert (2, 18): Satan setzt alles daran, daß Paulus nicht zu der neugegründeten Gemeinde kommen kann, die ihn doch nötig braucht.

Wir sagten's euch voraus ... (3, 4): In den ersten Jahrhunderten mußte man Neubekehrte von Anfang an darauf vorbereiten, daß sie mit Leiden und Verfolgung zu rechnen hätten.

3, 11–13 Gebet des Paulus

Paulus bittet Gott um ein Wiedersehen mit der Gemeinde und um Liebe und Heiligung für sie.

4 – 5, 22 Verschiedene Fragen der Lehre

- Zur Sexualität (4, 1–8). Juden und Christen hatten hier weit höhere Maßstäbe als die Heiden. Für die Neubekehrten war es nicht immer leicht, sich ganz von ihrer alten Lebensweise zu lösen.
- Christliche Liebe und christlicher Alltag (4, 9–12). In der Liebe ist man nie vollkommen. – Die Griechen verachteten einfache Handarbeit. In der Gemeinde gab es Müßiggänger, die auf Kosten der anderen leben wollten und deren Großzügigkeit ausnützten. Paulus verdient sich hingegen seinen Lebensunterhalt selbst und hält die anderen dazu an, es auch zu tun. Die Aussicht auf die Wiederkunft Christi war für manche eine Versuchung, ihre Arbeit aufzugeben (vgl. 2. Thess. 3, 11–12).
- Zur Wiederkunft Christi (4, 13 – 5, 11). Hier waren in der Gemeinde zwei Fragen aufgekommen.

  1. Seit Paulus Thessalonich verlassen hatte, waren einige Gemeindeglieder gestorben. Was wird nun aus Christen, die vor der Wiederkunft gestorben sind (13–18)? Paulus kann die Gemeinde beruhigen: sie werden als erste auferweckt werden, wenn Christus kommt. Mit den Lebenden werden sie am Siegeszug Christi teilhaben.
  2. Wann kommt der Herr wieder (5, 1–11)? Das weiß niemand. Er wird plötzlich und unerwartet kommen, und wir müssen uns bereithalten.
- Verschiedene Ermahnungen (5, 12–22).

Schlafen ... entschlafen (4, 13–14): Für die Christen ist der Tod wie ein Schlaf, aus dem sie erwachen werden, um bei Christus zu sein.

Panzer (5, 8): Glauben und Liebe sowie die Gewißheit der zukünftigen Errettung sind der

Schutz der Christen gegen alle Angriffe (vgl. Eph. 6, 14 ff.).

5, 23–28 Schlußwort; Grüße

Paulus schließt jeden Aspekt des menschlichen Wesens (»Geist, Seele, Leib«) in dieses Gebet ein. Autorität in der Form der Aufforderung, den Brief der ganzen Gemeinde vorzulesen, und Demut stehen nebeneinander: Paulus weiß, wie sehr er die Gebete der Gemeinde braucht.

Der heilige Kuß (26): siehe Anm. zu 2. Kor. 13, 12.

DER 2. THESSALONICHERBRIEF

1, 1–2 Eingangsgruß

1, 3–12 Lob und Zuspruch

Vers 3–4: Vielleicht haben die Thessalonicher das überschwengliche Lob des Paulus im ersten Brief (Kapitel 1) abgewehrt. Er antwortet ihnen nun, daß ihr wachsender Glaube, ihre Liebe und ihre Standhaftigkeit in den Verfolgungen große Dankbarkeit gegen Gott verdienen.

Vers 5–12: Gott ist ein gerechter Richter. Er wird diejenigen, die ihn ablehnen und seine Kinder verfolgen, unwiderruflich verurteilen. Das ist allerdings für die Christen kein Grund zur Freude.

2, 1–12 Die Ereignisse vor der Wiederkunft Christi

Dies ist einer der schwierigsten Abschnitte in den Briefen des Paulus. (Selbst Petrus hatte manchmal Schwierigkeiten, Paulus zu verstehen; 2. Petr. 3, 16). Da er sich auf Predigten in Thessalonich bezieht, die uns nicht vorliegen, verstehen wir manches nicht, was den Thessalonichern damals klar war. An manchen Stellen ist es besser, einzugestehen, daß wir etwas nicht verstehen, als zu spekulieren.

Einige Christen in Thessalonich dachten, der Tag des Herrn sei schon angebrochen. Das hat Paulus nie gesagt (oder geschrieben, 2). Vor diesem Tag wird noch ein letzter großer Aufstand gegen Gott unter der Führung eines Menschen, der gegen ihn ist, stattfinden (vgl. Offbg. 13 und 1. Joh. 2, 18–25). Zur Zeit wird er noch zurückgehalten, aber nicht für immer. Erst Christus wird ihn bei seiner Wiederkunft überwinden.

Mensch der Sünde (3): nicht Satan selbst, sondern der Führer der widergöttlichen Mächte, der sich selbst zu Gott macht. (»Sohn des Verderbens« ist der hebräische Ausdruck für einen Menschen, der dem Gericht verfallen ist.)

Der es jetzt aufhält (7): Vielleicht spricht Pau-

Von der alten Stadt Thessalonich ist nicht mehr viel erhalten. Das heutige Saloniki ist die zweitgrößte Stadt Griechenlands. In der späten Römerzeit lief die Via Egnatia unter diesem Bogen, dem Galeriusbogen, hindurch. Die Straße heißt auch heute noch so.

Paulus ermahnte die Thessalonicher, auch als Christen weiterhin für ihren Lebensunterhalt zu arbeiten und nicht auf Grund der Erwartung der Wiederkunft des Herrn mit der Arbeit aufzuhören.

lus hier von der Gemeinde und dem in ihr wohnenden Heiligen Geist, dem »Salz der Erde«, das die Fäulnis aufhält. Möglicherweise spielt er aber auch auf Recht und Obrigkeit in Gestalt des römischen Staates an.

Die verloren werden (10): diejenigen, die das Evangelium und Gottes Angebot nicht angenommen haben.

2, 13 – 3, 5 Danksagung und Gebet

Dieser Abschnitt steht nun ganz im Gegensatz zum Vorhergehenden. Die Thessalonicher haben das Angebot Gottes angenommen. Nun erwartet sie die Herrlichkeit Christi.

Von Anfang (13): von Ewigkeit (vgl. Eph. 1, 4).

3, 6–15 Auch die Christen müssen arbeiten

Paulus sagte das schon in seinem ersten Brief (4, 11). Aber die Vorfreude auf die Wiederkunft Christi scheint die Situation noch verschlimmert zu haben. Paulus weist diejenigen nun mit strengen Worten zurecht, die in den Tag hinein leben und andere ausnützen. Paulus hat ihnen mit seinem Verhalten dazu keinen Anlaß gegeben.

3, 16–18 Schlußwort

Den Christen steht noch Schwereres bevor als das, was sie jetzt schon durchmachen (2, 3–12). Aber auch in den schwersten Zeiten ist Gott eine unerschöpfliche Quelle des Friedens.

Bis Vers 17 wurde der Brief wohl von einem Sekretär geschrieben. Nun unterschreibt Paulus eigenhändig, um zu bestätigen, daß dieser Brief auch wirklich von ihm kommt (vgl. 2, 2). Das machte er bei allen seinen Briefen so.

Die Briefe an Timotheus

Timotheus war der Sohn einer jüdischen Mutter und eines griechischen Vaters. Er stammte aus Lystra in der römischen Provinz Galatien (in der Nähe des heutigen Konya). Paulus kam auf seiner ersten Missionsreise nach Lystra. Damals hatte sich Timotheus wohl bekehrt. Bei seinem nächsten Besuch beschloß Paulus dann, Timotheus auf seine Reisen mitzunehmen. Durch Handauflegung wurde er von den Gemeindeältesten gesegnet und ausgesandt. Er wurde ein Begleiter, den Paulus sehr liebte.

Timotheus war kränklich und von Natur aus nicht gerade mutig. Er brauchte viel Zuspruch. Trotzdem war das Vertrauen, das Paulus zu ihm hatte, nicht ungerechtfertigt. In seinen Briefen spricht Paulus mit großer Herzlichkeit von diesem »Sohn im Glauben«. Er begleitete Paulus auf seinen Reisen, arbeitete an seinen Briefen mit und wurde oft von ihm zu den Gemeinden geschickt. Schon früh bekam er in Beröa und Thessalonich die verantwortungsvolle Aufgabe, die jungen Gemeinden zu festigen. Paulus schickte ihn nach Korinth, als er von den Schwierigkeiten dort hörte. Als Paulus an ihn schrieb, war er gerade in Ephesus und sorgte für die Heranbildung künftiger Verantwortlicher für die Gemeinde.

Die Briefe. Die Briefe an Timotheus und an Titus stammen aus den letzten Lebensjahren des Paulus. Paulus war noch in Freiheit, als er den ersten Brief an Timotheus und den an Titus schrieb, und reiste durch Griechenland und Kleinasien, um das Evangelium zu verkündigen. Da in der Apostelgeschichte nichts dementsprechendes berichtet wird, könnte man annehmen, daß Paulus nach der Gefangenschaft, von der in Apg. 28 berichtet wird, noch einmal freigelassen wurde und noch einige Zeit predigen konnte, bevor er wieder verhaftet und nach Rom gebracht wurde. Den 2. Timotheusbrief verfaßte er im Gefängnis, als er mit seiner Hinrichtung rechnen mußte.

In diesen drei Briefen, den sogenannten Pastoralbriefen, gibt Paulus Timotheus und Titus Anweisungen zu den Problemen, die bei der Leitung der Gemeinden auftraten. Paulus nennt ihnen die Eigenschaften, die jemand haben muß, der eine leitende Aufgabe in der Gemeinde übernehmen soll. Er gibt Ratschläge zum persönlichen Verhalten. Angesichts der vielen falschen Lehren, mit denen sich die Gemeinden auseinandersetzen müssen, empfiehlt er ihnen, sich auf das Wesentliche des Glaubens zu konzentrieren. Falsche Vorstellungen lassen sich am besten überwinden, indem man die Wahrheit herausstellt.

Die alte Kirche zweifelte nicht daran, daß diese Briefe tatsächlich von Paulus an die beiden Männer geschrieben sind, die in den Briefen genannt werden. Heute wird das jedoch immer wieder in Frage gestellt, und zwar mit der Begründung, daß sie sich in Sprache und Inhalt von den anderen Paulusbriefen unterscheiden und sich mit Irrlehren auseinandersetzen, die erst im 2. Jahrhundert aufkamen. Wir wissen jedoch, daß Paulus seine Briefe oft durch einen Sekretär schreiben ließ. Möglicherweise hatte dieser bei der Abfassung der Pastoralbriefe größere Freiheit, was eine Erklärung für die andersartige Sprache sein könnte. Die Unterschiede in bezug auf den Inhalt hängen vielleicht damit zusammen, daß Paulus sich auf die Situation der betreffenden Gemeinden und ihre speziellen Probleme einstellt. Die judenchristlich-gnostischen Irrlehren, zu denen die Pastoralbriefe Stellung nehmen, hat es zur Zeit des Paulus durchaus schon gegeben. Man kann jedenfalls sagen, daß in den Briefen nichts steht, was Paulus nicht selbst hätte sagen können.

DER 1. BRIEF AN TIMOTHEUS

1 Die Schwierigkeiten in Ephesus; Paulus und Timotheus

Auf die Verkündigung des Paulus hin hatten sich in und um Ephesus viele bekehrt (Apg. 19). In kurzer Zeit waren viele christliche Gruppen entstanden. Paulus merkte bald, wie anfällig sie für falsche Lehren waren (Apg. 20, 29–30). Zehn Jahre später erwies sich seine Sorge als berechtigt: eigenartige Lehren kursierten, deren Grundlage apokryphe jüdische Legenden und Stammbäume (4) und eine falsche Auslegung des alttestamentlichen Gesetzes waren. Die Folge der christlichen Verkündigung sollten aber nicht unnütze Spekulationen sein, sondern Glaube, Liebe und ein reines Gewissen.

Paulus war nun schon seit mehr als 30 Jahren Christ und wirkte seit 20 Jahren als Missionar. Er vergaß aber nie, daß er einst die Christen verfolgt hatte (13; Apg. 8, 1–4; 9) und staunte immer wieder neu darüber, daß Gott einen Menschen wie ihn in seinen Dienst nahm.

Frühere Weissagungen (18): Damit sind prophetische Worte gemeint, die besagten, daß Gott Timotheus zur Missionsarbeit berufen hatte (Vgl. Apg. 13, 2).

Dem Satan übergeben (20): Wir wissen nicht genau, was damit gemeint ist. Vgl. aber die Anmerkungen zu 1. Kor. 5, 5.

2 Zum Gebet; die Stellung der Frauen in der Gemeinde

Das Gebet ist die wichtigste Aufgabe der Gemeinde. Es ist eine Gebetserhörung, wenn die Christen in Frieden leben und sich daher ungestört der Verbreitung des Evangeliums widmen können (4).

Die Stellung der Frau wurde durch das Evangelium aufgewertet (vgl. Gal. 3, 28). Aber es war nicht in Gottes Absicht, daß sie an die Stelle der Männer treten sollten. Mann und Frau sind gleich vor Gott, aber sie haben verschiedene Aufgaben im Leben.

Vers 15: Gemeint ist: »durch das Kindergebären hindurch«, d. h. in Erfüllung ihrer mütterlichen Aufgabe. Paulus wendet sich hier gegen die Auffassung, daß die Frau als Prophetin oder Lehrerin einen geistlicheren Status erreiche.

3 Die Verantwortlichen in der Gemeinde

Paulus ernannte in jeder Gemeinde einige Älteste (was etwa dem »Bischof«, d. h. »Aufse-

Kopf einer römischen Frau aus dem 2. Jahrhundert v. Chr.

her«, in 1. 2 entspricht), die in besonderer Weise für die Gemeinde verantwortlich sein sollten (Apg. 14, 23). Die Diakone (Helfer, 8) sollten sie darin unterstützen. Diese verantwortlichen Männer (und Frauen, denn in Vers 11 müssen nicht unbedingt die Frauen der Diakone gemeint sein) müssen bestimmte Voraussetzungen erfüllen. Sie müssen ein ordentliches Leben führen, sich schon im Glauben bewährt haben und auch bei Nichtchristen geachtet sein. Timotheus strahlte wohl keine so natürliche Autorität aus wie Paulus, daher war es hilfreich für ihn, sich auf Paulus berufen zu können (14 ff.).

Geheimnis (9): das in Christus geoffenbarte Geheimnis Gottes; der christliche Glaube ist ein Geschenk Gottes und nicht das Werk von Menschen.

Vers 16: Paulus zitiert hier wohl ein Gemeindelied.

4 Falsche und rechte Lehre

Hinter falscher Lehre steckt letzten Endes der Teufel selbst. Sie wird von Männern verbreitet, die ein abgestumpftes Gewissen haben. Sie verbieten die Ehe und bestimmte Speisen, Dinge, die Gott zum Besten der Menschen geschenkt hat. Sie halten sich für besonders gute Christen, aber im Grund sind sie gar keine. Das muß Timotheus als ein rechter Lehrer deutlich machen, und zwar nicht nur mit Worten, sondern auch mit seinem Leben. Sein Leben muß von der Wahrheit geprägt sein (6).

5 – 6, 2 Umgang mit Menschen; Witwen; Älteste

Paulus gibt den guten Rat, andere Menschen wie Angehörige der eigenen Familie zu behandeln (5, 1. 2). Zur Zeit des Paulus gab es noch keinen Wohlfahrtsstaat. Für die Witwen wurde daher meist nicht gesorgt. Die Gemeinde erkannte schon früh, daß sie hier eine Aufgabe hatte (Apg. 6, 1). Bald ergaben sich aber im Zusammenhang damit Probleme. Paulus weist Timotheus an, die Witwen zu unterstützen, die es auch wirklich nötig hatten. Junge Witwen sollten wieder heiraten. Wenn es möglich war, sollten die eigenen Angehörigen die Witwen versorgen. Gerade in Ephesus, wo eine Vielzahl von Tempelprostituierten der Göttin Diana dienten, war es besonders wichtig, daß diejenigen, die Christus dienten, ein anständiges Leben führten.

5, 9: »Eines Mannes Weib« könnte heißen, daß sie nur einmal verheiratet gewesen sein soll oder aber, daß sie dem Mann, mit dem sie verheiratet war, auch wirklich treu war.

5, 22: Durch Handauflegung wurde man zum Dienst für Christus beauftragt und bevollmächtigt.

5, 23: Das Wasser war damals meist nicht sauber. Wein konnte die ungesunden Wirkungen des Trinkwassers mildern.

6, 3–21 Wahrer Reichtum; besondere Mahnung an Timotheus

Paulus kommt noch einmal auf die falsche Lehre zurück. Aus der besonders hohen »Er-

»Ich habe den Lauf vollendet, der Kranz der Gerechtigkeit – der Siegeskranz – liegt für mich bereit«, schreibt Paulus. Dieser goldene Kranz wurde in Pergamon gefunden.

kenntnis« (*gnosis,* 20), die solche Lehrer zu haben glaubten, wurde bald die Irrlehre der »Gnosis«, deren Vertreter unter anderem behaupteten, Christus sei gar kein wirklicher Mensch gewesen.

Christen sind alle reich, wenn auch nicht unbedingt an Geld. Geld an sich ist nicht schlecht, denn man kann und soll es sinnvoll verwenden. Gefährlich ist dagegen das Streben nach Reichtum. Ein »Gottesmensch« (11) strebt vielmehr danach, von Christus umgestaltet zu werden. Er weiß, daß Christus eines Tages in Herrlichkeit wiederkommen wird, und lebt im Lichte dieser Erwartung.

DER 2. BRIEF AN TIMOTHEUS

Dies ist der letzte und zugleich bewegendste Brief des Paulus. Nach langen Jahren des Dienstes und des Leidens für Christus ist er im Gefängnis; der Tod steht ihm nahe bevor. Nur noch Lukas ist bei ihm. Er möchte Timotheus gern noch einmal sehen. Trotzdem finden sich in dem Brief keinerlei Anzeichen des Selbstmitleids. Die letzten Worte sind ein Zuspruch an alle, die den gleichen Weg gehen wie er. Er kann dem Tod ohne Angst oder quälende Zweifel entgegensehen. Der Wettkampf ist beendet; vor ihm liegt nur noch der Siegespreis.

1 »Ich danke Gott«

Dankbarkeit war die Grundhaltung des Paulus. Schon seit langem verlor er kein Wort mehr über all die Unannehmlichkeiten, die er durchmachen mußte. Beim Gedanken an Timotheus ist er voll Dankbarkeit. Er wünscht diesem Mann, der trotz seines standhaften Glaubens ängstlich ist, daß auch er teilhat an der Zuversicht des Paulus. Der Grund dafür liegt darin, daß er Christus kennt (12; vgl. Phil. 3, 8–10). Wir haben der Welt das Angebot des Lebens zu bringen und brauchen uns dessen nicht zu schämen.

Deine Tränen (4): beim Abschied des Paulus.

Jener Tag (12): der Tag der Wiederkunft des Herrn.

Alle, die in ... Asien sind (15): Die Irrlehrer hatten in Ephesus so viel Einfluß bekommen (siehe zu 1. Tim. 1), daß viele Christen dort den Mann, der sie zum Glauben geführt hatte, jetzt ablehnten.

2 Leben im Dienst für Christus

Timotheus braucht zielbewußte Entschlossenheit, um nicht von den Sorgen des Alltags überwältigt zu werden (4) oder sich bei Nebensächlichem aufzuhalten (16. 23). Unser Leben muß der Beweis sein, daß unsere Verkündigung wahr ist. Wir sollen Streitereien »um Worte« (14) vermeiden, aber in Sanftmut und Liebe an der Wahrheit festhalten.

Vers 11–13: Paulus zitiert hier wahrscheinlich ein Lied der frühen Gemeinde.

Die Auferstehung (18): Diese Leute sehen die Auferstehung als etwas rein Geistiges an und lehnen daher die zukünftige Auferstehung des Leibes ab.

3 Die Zeit vor der Wiederkunft

Paulus warnt vor der Zeit vor der Wiederkunft Christi, in der der Einfluß des Bösen zunehmen wird, und zwar auch innerhalb der Gemeinde (5–6). Wer zu Jesus gehört, wird verfolgt werden, wie Jesus selbst angekündigt hat (Joh. 15,

Paulus unterschrieb die Briefe, die er diktiert hatte, eigenhändig und fügte Grüße hinzu. Dieser hölzerne Kasten mit Federhaltern aus Schilfrohr und das Tintenfaß, das zur Hälfte mit schwarzer Tinte gefüllt ist, stammen aus der Zeit des Paulus.

20). Timotheus muß an der wahren Lehre festhalten, die alles umfaßt, was zur Errettung und zum Leben als Christ notwendig ist.

Jannes und Jambres (8): nach jüdischer Überlieferung die Namen der Zauberer des Pharao (2. Mose 7).

Vers 11: vgl. Apg. 13–14. Timotheus dürfte sich bestimmt an diese Ereignisse erinnert haben, da sie in seiner Heimat geschehen waren. In Lystra, der Heimatstadt des Timotheus, wurde Paulus gesteinigt.

4 Letzte Ermahnungen

Paulus muß nun jederzeit damit rechnen, daß er hingerichtet wird. Der Gedanke daran macht ihm keine Angst. Aber er gibt dem Timotheus noch einen letzten Auftrag: er soll weiterhin Gottes Wort verkündigen, was auch kommen mag, auch wenn die Menschen es oft nicht hören werden wollen.

Zum Schluß berichtet Paulus noch einiges über sich selbst. Titus, Tychikus und Trophimus, die anderen Missionare, die ihn früher begleitet haben, sind nicht bei ihm. Ein weiterer ist krank geworden, und einer (Demas) hat ihn ganz verlassen. Bei der ersten Verhandlung war Paulus allein wie einst Jesus bei seinem Prozeß. Seine Freunde haben ihn verlassen, was seine Gegner ausnutzten. Inzwischen steht der Winter bevor, und Paulus hätte gern seinen Mantel und außerdem seine Bücher. Lukas und die römischen Christen sind sein einziger Trost. Er hofft sehr, daß Timotheus und Markus bald kommen können.

Leide willig (5): Das tat Timotheus auch, trotz seiner Angst (vgl. Hebr. 13, 23).

Bücher und Pergamente (13): Es handelt sich wahrscheinlich um Handschriften der alttestamentlichen Bücher und um persönliche Papiere des Paulus.

Alexander (14): vgl. 1. Tim. 1, 20.

Des Löwen Rachen (17): Das ist vielleicht nur eine Redewendung. Es könnten aber auch buchstäblich die Löwen in der Arena gemeint sein, oder auch Nero oder der Teufel.

Der Brief an Titus

Vgl. die Einführung zum 1. und 2. Timotheusbrief.

Titus wird in der Apostelgeschichte nirgends genannt, aber aus den Briefen des Paulus geht hervor, daß er einer seiner Vertrauten war. Als Paulus in Jerusalem war, wurde die Frage der Beschneidung der Heidenchristen an Titus exemplarisch gelöst (Gal. 2, 1–4). Als Timotheus die Zustände in Korinth nicht hatte ändern können, schickte Paulus Titus dorthin, der dann die Schwierigkeiten tatsächlich bewältigen konnte und ein gutes Verhältnis zu der Gemeinde bekam (2. Kor. 2; 7; 8; 12). Als Paulus einige Jahre später diesen Brief schrieb, war Titus in Kreta, um dort die Arbeit des Paulus fortzusetzen. Er hatte sich dort mit ähnlichen Dingen auseinanderzusetzen wie Timotheus in Ephesus (vgl. 1. Tim.). Titus wird dann zum letzten Mal in 2. Tim. 4, 10 genannt; damals hielt er sich gerade in Dalmatien (Jugoslawien) auf.

Kreta gehörte wahrscheinlich zu den Gegenden, wo das Evangelium schon sehr früh bekannt wurde, denn in der Menge, die die Pfingstpredigt des Petrus hörte (Apg. 2, 11), waren auch Juden aus Kreta. Es war aber ein harter Boden für das Evangelium. Die Verlogenheit der Kreter war sprichwörtlich (vgl. 1, 12). Aus dem Brief des Paulus geht hervor, daß auch die dortige Gemeinde sehr schwierig war.

1 Die Ältesten; Schwierigkeiten

Gerade angesichts der Verlogenheit der Kreter (12) hebt Paulus die Verläßlichkeit des Wortes Gottes hervor. Er hat uns ewiges Leben versprochen und wird dieses Versprechen auch halten. Sein Wort ist wahr. Wir können es deshalb auch mit großer Zuversicht weitergeben.

Zu den Verantwortlichen in der Gemeinde und ihren Voraussetzungen (5–9) vgl. die Anmerkungen zu 1. Tim. 3.

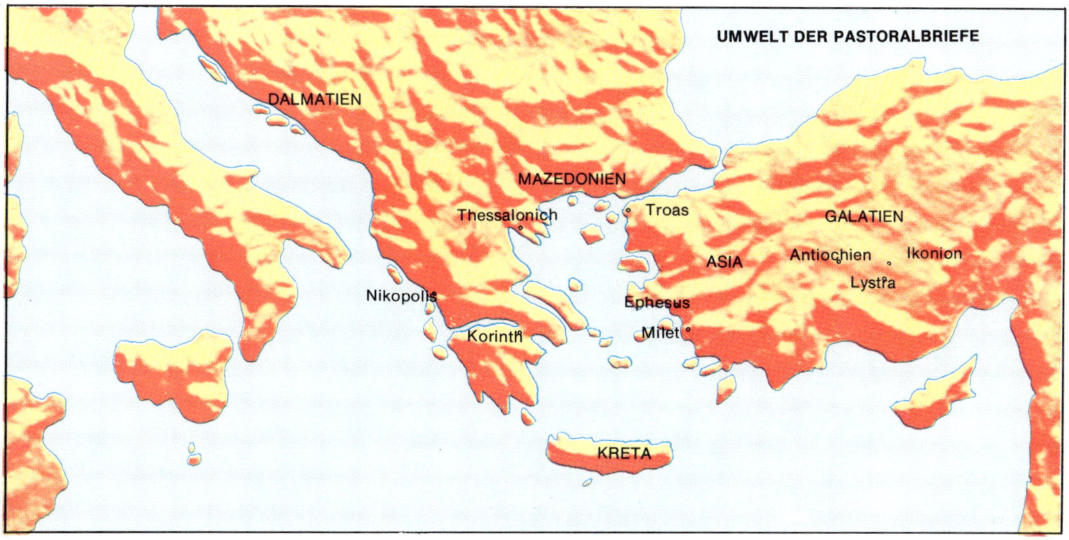

Auch in Kreta sind Irrlehrer aufgetreten, die die Gemeinde in eine sehr schwierige Situation gebracht haben. Ihnen muß man in aller Schärfe begegnen. Die schlimmsten unter ihnen waren Juden, aber es gab auch noch andere (10. 14; vgl. auch die Anmerkungen zu 1. Tim. 1).

Vers 12: Paulus zitiert hier den Dichter Epimenides, der aus Kreta stammte und daher »ihr eigener Prophet« genannt wurde.

Vers 16: Unser Leben ist der Prüfstein unsres Glaubens. An unsrem Handeln zeigt sich, ob wir uns zu Recht Christen nennen.

2 – 3, 11 Das Leben der Christen

Durch unser Verhalten können wir die christliche Botschaft unglaubwürdig machen oder aber bekräftigen. Die Anweisungen des Paulus werfen kein gutes Licht auf die Gemeinde. Die Kreter waren von Natur aus streitsüchtig und unbeherrscht. Sie scheinen sich gegen Autorität gewehrt und gern viel getrunken zu haben. Als Christen sollen sie nun in der Familie, in der Gemeinde und im Verhältnis zur Obrigkeit gehorsam und zuchtvoll sein und andere Menschen achten und anerkennen. Christus starb, um uns von unsrer alten Lebensweise zu befreien und uns zu Menschen zu machen, denen alles daran liegt, Gutes zu tun (2, 14). Es ist die Aufgabe der christlichen Lehrer, das der Gemeinde immer wieder vor Augen zu halten und zugleich auch vorzuleben. Gutes zu tun ist nicht der Weg zur Errettung, sondern ihr Ziel (3, 3–7).

Das Bad (3, 5): ein Bild für die reinigende Erneuerung durch den Heiligen Geist, die in der christlichen Taufe sinnbildlich dargestellt wird.

Geschlechtsregister (3, 9): vgl. die Anmerkungen zu 1. Tim. 1.

3, 12–15 Abschließende Worte

Paulus wird einen anderen Mitarbeiter nach Kreta schicken. Titus soll dafür zu ihm nach Nikopolis an der Westküste Griechenlands kommen. Tychikus gehörte auch zum engeren Mitarbeiterkreis des Paulus (vgl. Eph. 6, 21 u. a.). Vielleicht haben Zenas und Apollos (vgl. Apg. 18, 24–28) den Brief des Paulus nach Kreta zu Titus gebracht.

Der Brief an Philemon

Dies ist ein persönlicher Brief des Paulus an Philemon, der sich unter seiner Verkündigung bekehrt hatte und ein guter Freund wurde. Philemon war ein sehr angesehener, gutsituierter Mann. In seinem Haus in Kolossä traf sich regelmäßig eine Gruppe der dortigen Christen. Einer seiner Sklaven, Onesimus, war entlaufen und in eine große Stadt (sehr wahrscheinlich Rom) gegangen, wo er untertauchen konnte. Dort begegnete er dann dem Paulus und wurde Christ. Paulus liebte den jungen Mann wie einen Sohn und hätte ihn gern bei sich behalten, aber er war Eigentum des Philemon. Daher mußte er ihn zurückschicken, obwohl das für Onesimus sehr schwierig war, denn er mußte mit strenger Bestrafung rechnen. Paulus konnte ihn nicht ohne die Zustimmung des Philemon bei sich behalten. Daher gab er ihm wenigstens einen Brief an Philemon mit, in dem er um Verständnis für den Sklaven bat. Tychikus begleitete Onesimus zurück nach Korinth und brachte der Gemeinde in Kolossä einen Brief des Paulus (Kol. 4, 7–9).

Paulus bittet Philemon um Nachsicht gegenüber dem Onesimus, der als neuer Mensch zurückkommt. Er ist jetzt nicht mehr nur ein Sklave, sondern ein christlicher Mitbruder. Paulus möchte, daß Philemon ihn auch als solchen aufnimmt. Aufgrund seiner Autorität als Apostel hätte er das auch ausdrücklich verlangen können. Zudem steht Philemon tief in seiner Schuld. Statt dessen ist sein Brief aber voll Takt, Rücksichtnahme und Lob. Paulus kennt Philemon, seinen Glauben und seine christliche Liebe und hält es daher nicht für nötig, Forderungen zu stellen. Philemon wird das tun, worum er ihn bittet.

Appia (2): möglicherweise Philemons Frau. Bei Archippus könnte es sich um seinen Sohn handeln.

Unnütz . . . (11): Das ist ein Wortspiel mit dem Namen »Onesimus«, der »der Nützliche« bedeutet.

Vers 15–16: Es ist nicht deutlich, ob Paulus mit der Möglichkeit rechnet, daß Onesimus freigelassen werden könnte. Auf jeden Fall mußten seine Worte weitreichende Folgen haben. Die Sklaverei war so sehr ein Teil der damaligen Gesellschaftsstruktur, daß es einer Revolution gleichgekommen wäre, wenn Paulus Freiheit für die Sklaven gefordert hätte. Der Auftrag des Paulus war aber nicht die Durchführung einer politischen Kampagne, sondern die Verkündigung des Evangeliums, das die Menschen von innen her verändern konnte.

Vers 18–19: Onesimus hat möglicherweise bei Philemon Geld gestohlen, bevor er entlaufen ist.

Epaphras, Markus . . . (23–24): vgl. die Anmerkungen zu Kol. 4.

Der Hebräerbrief

Der Verfasser. Über die Entstehung des Hebräerbriefs weiß man nichts Genaues. Die ältesten Handschriften nennen keinen Namen. Der Brief enthält auch keine Grußworte, wie sie damals üblich waren. Im Grunde ist er eher eine Abhandlung als ein Brief. Schon in den ersten nachchristlichen Jahrhunderten wußte man nicht mehr genau, von wem der Brief stammte. Manche schrieben ihn Paulus zu, was man aber heute für sehr unwahrscheinlich hält. Man findet kaum Parallelen zum Stil und Inhalt der anderen Schriften des Paulus. Aus dem Brief erfahren wir, daß der Verfasser Timotheus gekannt hat (13, 23). Er schreibt sehr gutes Griechisch und scheint ein ausgezeichneter Lehrer zu sein. Er ist mit dem Alten Testament sehr vertraut und zitiert es nach der griechischen Übersetzung, der Septuaginta. Daher ist es wahrscheinlich, daß der Autor ein griechisch sprechender Judenchrist ist, der an ebenfalls griechisch sprechende Judenchristen schreibt. Er hat die Beziehung des christlichen Glaubens zum Judentum gründlich durchdacht.

Die Empfänger. Der Titel »An die Hebräer« ist sehr alt, aber vielleicht doch nicht ursprünglich. Der Brief läßt jedenfalls wegen der vielen alttestamentlichen Zitate und der ausführlichen Behandlung der Opfer- und der Priestertradition darauf schließen, daß er sich an eine Gruppe von Judenchristen richtete, die wohl schon längere Zeit bestand (2, 3; 13, 7) und Verfolgungen hinter sich hatte. Als reife Christen hätten sie eigentlich in der Lage sein sollen, andere zu lehren und weiterzuführen (5, 11 – 6, 2). Statt dessen haben sie sich zurückgezogen und scheinen sich auch wieder mehr dem Judentum zuzuwenden. Sie müssen energisch daran erinnert werden, daß der christliche Glaube weit über das Judentum hinausführt.

Zeit der Abfassung. Man wird an die sechziger Jahre des 1. Jahrhunderts zu denken haben. Wenn der Tempel schon zerstört gewesen wäre, hätte der Verfasser sicher darauf Bezug genommen, nachdem er so ausführlich über Priesterdienst und Opfer schreibt. Daher kann man mit ziemlicher Sicherheit annehmen, daß der Brief vor 70 geschrieben wurde.

Der Inhalt. Der Hebräerbrief richtet sich an Judenchristen, die zwischen Christentum und Judentum hin- und hergerissen sind. In gewisser Weise ist er das Gegenstück zum Römerbrief, auf judenchristliche Leser abgestimmt. Deshalb wird die ganze Geschichte Gottes mit Israel in ihrer Beziehung zu Christus geschildert. Person und Werk Christi werden dem alttestamentlichen Priestertum und Opfersystem gegenübergestellt. Christus ist nicht nur unvergleichlich größer, sondern die vollkommene Verwirklichung dessen, was jene nur zeichenhaft darstellen. Er ist der wahre Priester, der das wahre Opfer darbringt. Er hat die Trennmauer der Sünde endgültig beseitigt und den Menschen in einer Weise Zugang zu Gott verschafft, wie es ein Opfersystem nie hätte ermöglichen können. Das Opfer war nur eine Vorabbildung, der Schatten. Christus ist die Wirklichkeit, die dahintersteht und nach der man gesucht hat. Wenn wir uns von ihm abwenden, um wieder auf den minderwertigen Ersatz zurückzugreifen, dessen Zeit doch zu Ende ist, verlieren wir alles.

1 Jesus Christus – der Sohn Gottes

Der Brief beginnt mit einem Bekenntnis zur Göttlichkeit Christi (1–4). In Christus hat sich Gott den Menschen endgültig offenbart. Er ist die lebendige Verkörperung des Wesens und der Majestät Gottes. Er hat das Problem der menschlichen Sünde ein für allemal gelöst. Nun sitzt er in Macht und Herrlichkeit zur Rechten Gottes.

Auch die Engel, die im Judentum schon beinahe angebetet wurden, beten Christus an (6). Sie sind zwar geistliche Wesen, aber auch sie sind nur Diener Gottes (14). Der Sohn ist ihnen weit überlegen, was sich auch anhand der Schrift zeigen läßt.

Die alttestamentlichen Zitate im Hebräerbrief. Die alttestamentlichen Worte werden nach der Septuaginta, der griechischen Übersetzung des Alten Testaments, angeführt und unterscheiden sich manchmal von unserer heutigen Übersetzung (bzw. vom hebräischen Original). Dem Verfasser geht es ohnehin mehr um den Inhalt als um die genaue Formulierung. Zitat und eigene Anmerkungen gehen häufig ineinander über, wie es damals üblich war. Außerdem legt der Verfasser die Schriftstellen oft sehr frei aus. Manche bekommen eine Bedeutung, die sie in ihrem ursprünglichen Zusammenhang nicht hatten. Vgl. auch den Artikel »Alttestamentliche Zitate im Neuen Testament«, S. 630–631.

2 Jesus Christus – der wahre Mensch

Wenn sich die Botschaft der Engel – das Gesetz Moses (Apg. 7, 53) – als wahr erwies, wieviel bedeutungsvoller wird dann die Heilsbotschaft des Sohnes sein (1–4)!

Wir dürfen Christus nicht deswegen unterschätzen, weil er ein Mensch wurde wie wir. Er wurde ja Mensch, um uns zu helfen, um für uns Vergebung zu erwirken.

Vollendete (10): Hier geht es nicht um moralische Besserung, sondern darum, daß Christus durch sein Leiden die Aufgabe erfüllte, die Gott ihm gegeben hatte. Nur durch Leiden konnte er die Errettung der Menschen möglich machen.

Vers 17: Dieser Gedanke wird in Kapitel 5 noch weiter ausgeführt.

3 Jesus Christus – größer als Mose

Unter Mose wurde Israel zu einem Volk. Er führte sie aus Ägypten und durch die Wüste; er gab ihnen das Gesetz Gottes mit all seinen Kultvorschriften. Die Juden verehren niemand so sehr wie ihn; und zwar mit Recht. Und doch konnte er nie mehr sein als ein treuer Knecht Gottes. Jesus aber ist Gottes Sohn (1–6).

Die Situation der Leser des Hebräerbriefs ist der Lage Israels zur Zeit des Auszugs zu vergleichen. Beide haben die großen Taten Gottes erlebt. Trotzdem lehnten sich die Israeliten in der Wüste dann gegen Gott auf. Die Beteiligten kamen nie ins Gelobte Land (11). So kann es auch den Christen gehen, wenn sie sich von Gott abwenden.

Vers 8: vgl. 2. Mose 17, 1–7; 4. Mose 20, 1–13.

4, 1–13 Die Gottesruhe

Der Vergleich mit Israel wird noch weiter ausgeführt. Gott meinte mit »Ruhe« mehr als nur ein gesichertes Leben in dem Land, das er verheißen hatte. Durch den Psalmisten bot er seinem Volk auch noch Jahrhunderte nach der Zeit Josuas seine Ruhe an (Psalm 95). Es gibt eine Entsprechung zum verheißenen Land im geistlichen Bereich. Der Glaube ermöglicht den Zugang. Wir bekommen Anteil an der Ruhe Gottes, wenn wir ihm vertrauen und ihn beim Wort nehmen (3). Unsre Errettung ist sein Geschenk, nicht eine Belohnung für unsere Leistung (10). Unsere wahre Haltung werden wir vor ihm ohnehin nicht verbergen können (13).

4, 14 – 5, 10 Jesus Christus – der wahre Hohepriester

Aaron (5, 4) wurde von Gott als erster zum Hohenpriester Israels berufen. Er war der Mittler zwischen dem heiligen Gott und dem sündigen Volk. Die Adressaten des Hebräerbriefs standen in der Versuchung, sich wieder dem Judentum zuzuwenden, in dem es auch damals einen Hohenpriester gab. Dabei haben die Christen in Jesus einen Hohenpriester, der alle Vorschriften des Gesetzes erfüllt, ja übertrifft, weil er, der Sündlose, seine eigenen Sünden nicht entsühnen muß. Er ist der vollkommene Hohepriester, den Gott für alle Zeiten zum Mittler berufen hat.

Melchisedek (5, 6. 10): der König und Priester von Salem, dem Abraham den zehnten Teil seines Besitzes gab (1. Mose 14, 18–20). Dieser Gedanke wird in Kapitel 7 noch weiter entwickelt.

5, 8: Jesus hat nicht erst gelernt, gehorsam zu sein, sondern hat im Leiden das volle Ausmaß und den Preis des Gehorsams kennengelernt.

5, 9: vgl. die Anmerkungen zu 2, 10.

Modell der Darbringung eines Opfers in der Stiftshütte, dem Wüstenheiligtum. Vgl. Abbildung S. 166.

5, 11 – 6, 20 Ermahnung und Zuspruch

Der Verfasser unterbricht hier seinen Gedankengang, um seine Leser zu ermahnen. Sie sind über die Anfangsschritte des christlichen Glaubens nicht hinausgekommen (5, 11 – 6, 3). Dieser mangelnde Fortschritt ist an sich schlimm genug, aber er ist zugleich ein Anzeichen dafür, daß die Leser in der Gefahr stehen, ihren Glauben ganz aufzugeben. Davor muß sie der Schreiber des Briefes warnen. Wenn sie Christus trotz all ihrer Erkenntnis und Erfahrung bewußt ablehnen, haben sie keinen Grund mehr zur Hoffnung. Nicht Gott verweigert die Vergebung, sondern sie lehnen die einzige Möglichkeit zur Vergebung ab. Zu diesem Punkt sind sie zwar noch nicht gekommen, aber sie sind auf dem Weg dorthin.

Doch der Schreiber kann noch zuversichtlich sein. Er kann nicht glauben, daß sie so weit gehen werden – und Gott das auch zuläßt. Glaube und Beharrlichkeit werden sie zur Verwirklichung aller Verheißungen Gottes führen.

6, 2: Durch Handauflegung wurde bei der Taufe oder bei der Berufung zu einer besonderen Aufgabe die Bevollmächtigung durch den Heiligen Geist zeichenhaft dargestellt.

7 Der neue Hohepriester

6, 20 schließt nun wieder an 5, 10 an. Jesus hat das levitische Priestertum aufgehoben und ersetzt, indem er der Hohepriester für alle Zeiten geworden ist. Schon im Psalm 110 wird der Messias auch als Priester einer neuen Ordnung dargestellt. In der Gestalt des Melchisedek (1. Mose 14, 18–20) zeigt sich etwas vom Wesen des Priestertums Christi: auch er war zugleich Priester und König, zeitlos und über der alten Ordnung stehend. Wenn das Priestertum Aarons und der anderen Leviten ausgereicht hätte, wäre keine Veränderung nötig gewesen. Aber weder diese Menschen noch ihr Werk waren vollkommen, während Jesus vollkommen ist. Nur er kann uns endgültig von der Sünde befreien.

8 Der neue Bund

Das Alte Testament weist immer nach vorn. David sprach von einem neuen Priestertum, Jeremia von einem neuen Bund (31, 31–34). Der alte Bund, den Gott mit seinem Volk geschlossen hatte (2. Mose 34, 10–28; 20), war gebrochen worden. Das Opfersystem, das Mose eingesetzt hatte, und die Stiftshütte, die er erbaut hatte, sind nur Nachbildungen. Jesus ist das Urbild, die Wirklichkeit. Als Jesus sein Leben als das für immer gültige Opfer hingab (7, 27), stiftete er den neuen, besseren Bund zwischen Gott und den Menschen, von dem Jeremia gesprochen hatte. Der neue Bund hebt den alten auf.

9 – 10, 18 Urbild und Abbild; das wahre Opfer

Der Briefschreiber führt seine Leser noch einmal in die Zeit des Auszugs aus Ägypten zurück, als Gott durch Mose einen Bund mit Israel schloß. Damals gab er ihnen Anweisungen zum Bau der Stiftshütte. (Der Tempel wurde dann später nach dem Vorbild der Stiftshütte gebaut, aber um ihn geht es hier nicht.) Gott beschloß zwar, in einem Zelt bei seinem Volk zu wohnen, aber sie hatten trotzdem keinen freien Zugang zu ihm. Die Anlage der Stiftshütte und das Opfersystem unterstrichen die Distanz zwischen Gott und Mensch, die wegen der Sünde der Menschen bestand. Nur der Hohepriester durfte einmal im Jahr, am großen Versöhnungstag, das innerste Heiligtum betreten (9, 7). Daran, daß das Opfer jedes Jahr wiederholt werden mußte, zeigt sich seine Unzulänglichkeit nur allzu deutlich (9, 25).

Diese Dinge sind Abbilder. Sie weisen über sich selbst hinaus und bereiten die Menschen auf das Urbild, die Wirklichkeit, also auf Christus vor. Als Jesus kam, wurde das ganze System verändert (9, 10). Als der vollkommene Hohepriester gab er sich selbst als das vollkommene Opfer hin (9, 14). Dieses eine Opfer gilt nun für immer. Er hat den Makel der Sünde ein für allemal beseitigt. Dazu waren die alttestamentlichen Opfer nicht in der Lage (10, 10–12). Sein Tod setzte die Bestimmungen seines Testaments, des neuen Bundes, in Kraft (9, 16 ff.). Uns ist vergeben worden. Nun dürfen wir zu Gott kommen und brauchen keine weiteren Opfer mehr (10, 8).

10, 19–39 Warnung vor einem Rückfall

Nun haben wir Zugang zu Gott – wenn wir wollen. Der Tod Christi hat ihn ermöglicht (19–22).

Wenn wir dieses Opfer ablehnen, gibt es kein anderes mehr. Dann verurteilen wir uns selbst und geben uns dem Gericht Gottes preis. Er wird uns für unser Tun zur Verantwortung ziehen (26–31).

Niemand wird behaupten, daß das christliche Leben leicht ist (32 ff.). Wir brauchen Mut und beharrliche Ausdauer. Aber es lohnt sich. Wenn wir an Gott festhalten und ihm vertrauen, wird er uns alles schenken, was er versprochen hat, während wir sonst verlorengehen.

Durch den Vorhang (20): vgl. Markus 15, 38.

11 Der Glaube – Beispiele aus dem Alten Testament

Der Glaube, um den es hier geht (in Fortführung von 10, 38–39), ist nicht der erste unsichere Schritt eines Menschen zu Gott. Es geht vielmehr um die Haltung zuversichtlichen Vertrauens, die das ganze Leben währt. Wer glaubt, hat Gewißheit über die unsichtbaren Dinge der Zukunft (1). Im Alten Testament gibt es viele Beispiele solchen Glaubens. Diese Menschen lebten in der Vorfreude auf die Zeit, in der Gott alle seine Verheißungen erfüllen würde; aber keiner von ihnen hat sie erlebt (13), weil Gott auch uns in die Errettung und Vollendung durch Christus mit einbeziehen wollte (39–40).

Abel handelte seinem Glauben gemäß und wurde getötet (1. Mose 4). Henoch glaubte und durfte leben (1. Mose 5, 21–24). Durch den Glauben Noahs wurde seine ganze Familie gerettet (1. Mose 6–8). Abraham glaubte und mußte deswegen das gesicherte Leben in der Heimat aufgeben (1. Mose 12, 1–7), wurde ein

Fremder und Flüchtling. Im Glauben war er bereit, seinen einzigen Sohn zu opfern, weil er darauf vertraute, daß Gott ihn auch wieder lebendig machen könnte (1. Mose 22). Auch Isaak, Jakob und Joseph bewiesen ihren Glauben an die Verheißungen Gottes (1. Mose 27; 48; 50, 24–25). Glaube überwindet die Angst (23). Durch den Glauben wurde Mose bereit, den Palast des Pharao zu verlassen und zu einem versklavten Volk zurückzukehren (2. Mose 2; 12; 14). Jericho wurde im Glauben und nicht durch militärische Überlegenheit erobert (Josua 2; 6). So war es dann auch bei den Richtern – Gideon (Richt. 6–7); Barak (Richt. 4); Simson (Richt. 15–16); Jephthah (Richt. 11–12) – bis hin zu König David und den Propheten. Der Glaube Daniels errettete ihn vor den Löwen (33; Dan. 6). Elia und Elisa konnten Tote auferwecken (35; 1. Kön. 17; 2. Kön. 4). Gott hat oft als Antwort auf den Glauben Wunder und Siege geschenkt. Aber der Glaube ist keine Garantie für ein angenehmes Leben. Manche mußten seine Tragfähigkeit in Gefangenschaft, Leiden und Tod beweisen; Jeremia wurde geschlagen und ins Gefängnis geworfen (36; Jer. 37–38); von Jesaja sagt man, er sei zersägt worden (37); Sacharja wurde gesteinigt (37; 2. Chron. 24). Es gab noch viele andere.

Alttestamentliche Zitate im Neuen Testament

Richard France

Jesus zitiert über 40 Mal Stellen aus dem Alten Testament, Paulus in seinen Briefen etwa 100 Mal, im Neuen Testament insgesamt finden sich etwa 250 solche Zitate. Damit sind allerdings nur die wörtlichen Zitate erfaßt. Es gibt sehr viel mehr – offenkundig bewußte – Anspielungen auf alttestamentliche Worte, und diese sind ebenso wichtig wie die wörtlichen Zitate. Es sind auf jeden Fall etwa 70 solcher Anspielungen unter den Worten Jesu und beinahe 1 000 im ganzen Neuen Testament, möglicherweise auch mehr.

In den Seligpreisungen (Matth. 5, 3–10) kommt kein ausdrückliches Zitat einer alttestamentlichen Stelle vor, aber zwei offensichtliche Anspielungen (Vers 3 und 4 beziehen sich auf Jes. 61, 1–3 und Vers 5 auf Ps. 37, 11), und im Grunde könnte man zu jeder Formulierung Parallelen im Alten Testament finden. Selbst die Offenbarung, die kein wörtliches Zitat enthält, ist im ganzen sehr stark vom Alten Testament geprägt und beeinflußt, vor allem von den Büchern Daniel, Hesekiel und Sacharja. Zwischen bewußtem Zitieren und unbewußter Verwendung alttestamentlicher Formulierungen läßt sich keine scharfe Grenze ziehen.

Alttestamentliche Verheißungen

Die neutestamentlichen Schriftsteller waren von Kind auf mit dem Alten Testament vertraut gemacht worden und hatten gelernt, es zu lieben und danach zu leben. Ihre Ausdrucksweise war daher auch sehr stark von alttestamentlichen Formulierungen beeinflußt. Die vielen Zitate und Anspielungen sind also nicht immer das Ergebnis theologischer Überlegungen; oft wird damit aber auch ein bestimmtes theologisches Ziel verfolgt. Die neutestamentlichen Schriftsteller wollen zeigen, daß die alttestamentlichen Verheißungen im Leben, Sterben und Auferstehen Jesu erfüllt wurden und in der Ausbreitung der Kirche auch weiterhin ihre Erfüllung finden. Im Matthäusevangelium werden manche Zitate mit ganz bestimmten Formeln eingeführt, etwa »daß erfüllt würde, was der Herr durch den Propheten gesagt hat« (Matth. 1, 22–23; 2, 5–6. 15. 17–18. 23 usw.).

Manche alttestamentliche Abschnitte werden besonders häufig zitiert, etwa Ps. 110, 1 und 4; Jes. 53; Dan. 7, 13–14. Möglicherweise gab es in der Urgemeinde sogenannte Testimonien, Sammlungen alttestamentlicher Verheißungen, die in Jesus erfüllt waren; zumindest aber waren bestimmte Stellen allgemein als Verheißungen auf Jesus und seine Gemeinde hin anerkannt, und auf sie konnte man sich dann in der Predigt und in Auseinandersetzungen berufen.

Vor-Bilder zukünftiger Ereignisse

Oft wird auch auf Abschnitte angespielt, die an sich gar keine Verheißung enthalten, von den neute-

12 Der Glaube der Christen

Diese großen Glaubenszeugen sind die Zuschauer bei unsrem Wettlauf. Wir müssen alles ablegen, was uns behindern könnte, und unsere ganze Kraft einsetzen. Jesus gab nicht auf, als Schwierigkeiten kamen, und so soll es auch bei uns sein. Wenn wir leiden, dann nicht, weil wir Gott gleichgültig sind; sondern weil er uns liebt, faßt er uns auch einmal hart an, um uns zurechtzubringen. Wir dürfen nur nicht den Mut verlieren.

Wir sind durch Christus zu Gott gekommen, nicht durch die erschreckenden Erlebnisse am Sinai (18–21; 2. Mose 19). Wir dürfen trotzdem nicht vergessen, wer Gott ist. Wir müssen uns seine Warnungen zu Herzen nehmen (15–17) und auf ihn hören (25), weil davon unser Leben abhängt.

Esau (16–17): vgl. 1. Mose 25, 29–34; 27, 34–40.

13, 1–17 Verschiedene Ermahnungen

Gott geht es um unser ganzes Leben. Es ist ihm wichtig, ob wir gastfrei sind, ob wir uns um

stamentlichen Schriftstellern aber nun als »erfüllt« angesehen werden. Schon Jesus machte manchmal solche Anspielungen (vgl. etwa Matth. 12, 3–6 und 40–42; 13, 13–14; Mark. 7, 6–7). Vor allem aber finden wir sie im Hebräerbrief, wo zum Beispiel die Opfervorschriften des mosaischen Gesetzes als eine Vorabbildung Christi, des wahren Hohenpriesters und vollkommenen Opfers, dargestellt werden.

Diese Deutungsweise nennt man gewöhnlich »Typologie«: Menschen, Gesetze und Ereignisse aus dem Alten Testament werden als »Typen«, Vor-Bilder der alles überragenden Tat Gottes in Christus dargestellt. Die Typologie soll zeigen, daß in Jesus nicht nur die ausdrücklichen Verheißungen des Alten Testaments erfüllt sind, sondern sein Kommen die umfassende und alles in sich aufnehmende Verkörperung des Heilshandelns Gottes zu allen Zeiten ist. Vor allem soll gezeigt werden, daß Jesus selbst das wahre Israel, und seine Gemeinde damit das Volk Gottes ist, an dem die Hoffnung und die Bestimmung Israels nun ihre Erfüllung finden sollen.

Der Hauptzweck aller alttestamentlichen Zitate im Neuen Testament ist also der, die Überzeugung der ersten Christen, daß mit dem Kommen Jesu alles erfüllt ist, deutlich zu machen und zu untermauern; die »letzten Tage«, die im Alten Testament hoffnungsvoll angekündigt wurden, sind nun da, Gott ist zu seinem Volk gekommen.

Wie genau wird zitiert?

Wenn man die neutestamentlichen Zitate mit der ursprünglichen Formulierung vergleicht, zeigen sich oft Abweichungen, die zwar meist belanglos sind, manchmal aber auch Beachtung verdienen. In manchen Fällen können die Unterschiede daher kommen, daß der uns überlieferte Text des Alten Testaments an der betreffenden Stelle nicht mit dem Original übereinstimmt, während das Neue Testament die ursprüngliche Version bringt. Oft sind die Abweichungen auch damit zu erklären, daß den neutestamentlichen Schriftstellern verschiedene Ausgaben des Alten Testtaments vorlagen: die Übersetzungen ins Aramäische (Targume) und vor allem die Septuaginta, der griechische Text, der sich an vielen Stellen vom hebräischen unterscheidet.

An manchen Stellen haben aber die neutestamentlichen Schriftsteller die alttestamentliche Formulierung bewußt geändert, um sie dann in einer bestimmten Weise auszulegen und anzuwenden. Sie wollten dabei den eigentlichen Sinn nicht verändern, sondern im Gegenteil verdeutlichen. Viele Prediger machen ja heute dasselbe, wenn sie einen biblischen Text frei übersetzen, um seine Aussage klarer zu machen. Die neutestamentlichen Schriftsteller nahmen sich diese Freiheit beim Zitieren, vor der wir heute vielleicht zurückschrecken, aufgrund der Überzeugung, daß das Alte Testament als Gottes Wort für ihre Zeit von ganz aktueller Bedeutung war, und das wollten sie auch ihren Lesern deutlich machen.

andere kümmern, wenn sie in Not sind, wie wir unsre Ehe führen und was wir mit unserem Geld anfangen. Unser Leben als Christen wird nicht durch religiöse Rituale bestimmt und gestaltet, sondern durch den Gehorsam gegen Gott. Wer an den jüdischen Opfern festhalten will, hat nichts vom Opfer Christi. Hier ist eine klare Entscheidung erforderlich. Christus bietet allen Menschen das Heil an, aber dabei erhebt das Christentum in seinem innersten Wesen doch den für viele ärgerlichen Anspruch der Ausschließlichkeit: es gibt nur ein einziges Opfer für die Sünde und nur einen einzigen Weg zu Gott. Er will, daß wir uns mit allen Konsequenzen zu ihm stellen und zu ihm bekennen (13).

13, 18–25 Segenswunsch; Grüße

Der Brief schließt mit einem Gebet und dem Segenswunsch (20–21). Der Verfasser will ja mit dem ganzen Brief Mut machen und nicht einschüchtern. Er hofft, daß er bald selbst zu den Lesern kommen kann.

Vers 24: Damit kann gemeint sein, daß der Brief nach Italien geschickt wurde oder aber aus Italien kommt.

Ein höher gestellter Grieche auf einer Münze und eine modische Römerin. Jakobus tadelte seine Leser wegen ihres unterschiedlichen Verhaltens gegen Reiche und Arme.

Der Jakobusbrief

Der Jakobusbrief gehört zu der Gruppe von Briefen, die sich an Christen im allgemeinen und nicht an eine einzelne Gemeinde richten (siehe zu 1, 1). Er enthält vor allem Anweisungen zu praktischen Fragen des christlichen Lebens. Für Menschen, die früher nach strengen gesetzlichen Vorschriften gelebt hatten, konnte die christliche Freiheit zur Gefahr werden. Wenn das Heil Gottes Geschenk ist, welche Rolle spielt dann noch unsere Lebensführung? Für Jakobus steht außer Frage, daß unser Verhalten weitreichende Folgen hat. Ja, die Echtheit des Glaubens erweist sich erst im Handeln. Der Glaube verändert unser Verhältnis zu uns selbst, zu anderen Menschen und zum Leben überhaupt. Zwischen Glaube und Handeln darf kein Widerspruch bestehen. Jakobus erinnert an die Notwendigkeit christlicher Maßstäbe in jedem Bereich des Lebens. Ohne sie würden wir uns wahrscheinlich sehr bald wieder von unsrer nichtchristlichen Umgebung prägen lassen. Das mußte den ersten Christen ebenso wie uns heute gesagt werden.

Wir wissen nichts Genaues über Anlaß und Adressaten des Briefes. Auch wer der Verfasser war, steht nicht mit Sicherheit fest. Sehr wahrscheinlich wird es sich aber um den Bruder Jesu handeln. Er wurde Christ, als er den Auferstandenen sah (1. Kor. 15, 7), und gehörte später zu den Verantwortlichen in der Jerusalemer Gemeinde (Apg. 12, 17; 15, 13 ff.; 21, 18). Der Brief entstand wahrscheinlich schon früh.

1 Worte allein genügen nicht

In diesem Kapitel werden sichtwortartig die meisten Themen genannt, die später noch ausführlicher behandelt werden: Anfechtung (2. 12–15), Geduld (3; 5, 7–11), Weisheit (5; 3, 13–18), Gebet (5–8; 4, 2–3; 5, 13–18), Glaube (6; 2, 14–26), Reichtum (9–11; 2, 1–13; 5, 1–6), die Zunge (19. 26; 3, 1–12; 4, 11). Der sprichwortartige knappe Stil und manche Themen erinnern an die Sprüche des Alten Testaments und an die Bergpredigt Jesu (Matth. 5–7).

Jakobus entwirft in diesem Kapitel in groben Zügen ein Bild des Christen. Er lehnt sich nicht gegen Schwierigkeiten im Leben auf, weil er weiß, daß sie ihren Wert haben. Er weiß, wohin er sich um Hilfe und Führung wenden kann. Er kann seine Zunge und sein Temperament im Zaum halten. Er möchte nach Gottes Maßstäben leben. Sein Glaube wird zur Tat.

Die 12 Stämme in der Zerstreuung (1): Als »Juden in der Zerstreuung« (Diaspora) bezeichnete man alle, die außerhalb Palästinas lebten. Jakobus meint hier das ganze Gottesvolk.

Vers 27: Wirkliche Frömmigkeit erweist sich darin, daß man sich um die kümmert, die Not leiden, und selbst ein vorbildliches Leben führt. Jakobus will aber nicht sagen, daß es Gott nicht auch noch auf andere Dinge ankäme.

2, 1–13 Soziale Unterschiede

Jeder Mensch neigt dazu, denen, die eine bessere Stellung einnehmen, zu schmeicheln, und die zu verachten, die es nicht so weit gebracht haben wie man selbst. Unter Christen darf es das aber nicht geben. Wir sollen allen Menschen mit der gleichen Achtung begegnen, sonst übertreten wir eines der größten Gebote Gottes (8; vgl. Mark. 12, 28–31).

Gesetz der Freiheit (12): das Gesetz Christi, durch das uns Vergebung und Freiheit von der Sünde geschenkt wird – dazu war das Gesetz Moses nicht in der Lage.

2, 14–26 Glaube und Handeln

Ein Glaube, der sich in Worten erschöpft, ist gar kein Glaube. Der Glaube wird dadurch erwiesen – und wächst dadurch –, daß wir ihm gemäß handeln. Gott nahm Abraham (1. Mose 15, 1–6; 22) und Rahab (Josua 2) nicht deshalb an, weil sie ihren Glauben mit Worten ausdrückten, sondern weil sie ihn durch ihr Tun bewiesen.

Vers 24: Nur wenn man dieses Wort aus seinem Zusammenhang reißt, kann man sagen, Jakobus widerspreche hier Paulus (Röm. 4). Jakobus spricht über den Unterschied zwischen echtem Glauben und bloßen Worten, behauptet aber nicht, daß wir unser Heil verdienen können.

3, 1–12 Die Lehrer; die Beherrschung der Zunge

Wer ein Lehrer der Gemeinde werden will, muß zuerst lernen, seine Zunge in Zaum zu halten. Ein falsches Wort kann ernste Folgen haben. Jakobus übertreibt nicht mit seiner Beschreibung. Worte können eine zerstörende Wirkung haben. Durch ein leichtsinniges oder boshaftes Wort können Kräfte freigesetzt werden, denen wir dann machtlos gegenüberstehen. Wenn wir aber unsre Zunge beherrschen können, werden wir uns auch sonst beherrschen können.

3, 13–18 Wirkliche Weisheit

Christliche Weisheit ist etwas ganz anderes als die weltliche Klugheit, bei der es um das eigene Fortkommen und die eigenen Rechte geht. Vor Gott gilt derjenige als weise, der seine eigenen Interessen der Sorge um andere unterordnet. Diese Weisheit zeigt sich also im Wesen und Verhalten eines Menschen – nicht nur in seinen geistigen Fähigkeiten.

4 – 5, 6 Freund Gottes oder Freund der Welt?

Christen können sich der Welt, die doch Gott feind ist, anpassen, ohne es zu merken. Das geschieht immer dann, wenn unsre eigenen Wünsche an erster Stelle stehen und unsre Urteilsfähigkeit und unsre christlichen Grundsätze zurückdrängen. Es geschieht dann, wenn wir uns zu Richtern über andere erheben, wenn wir Pläne machen und Gott dabei ausklammern, wenn Reichtum und Vergnügen auf Kosten der Gerechtigkeit zum Selbstzweck werden.

Wie können wir das alles vermeiden? Durch Gebet; durch ständigen Widerstand gegen die Dinge, die wir als falsch erkannt haben; dadurch, daß wir Gott suchen und uns im Leben ganz ihm unterstellen und anerkennen, daß wir uns letztlich auf nichts verlassen können und ganz von ihm abhängig sind. 4, 15 ist ein Ausdruck der Haltung, die auch wir haben sollten.

Reichtum hat seine besonderen Gefahren (5, 1–6; 2, 6–7). Er gibt einem eine falsche Sicherheit. Man vergißt ganz, daß es auch noch Menschen gibt, denen es nicht so gut geht, die frieren und hungrig sind. Das Leben ist so angenehm, daß man die Ewigkeit darüber vergißt. Aber Gott sieht das alles und wird darüber richten. Vgl. auch das Gleichnis Jesu vom reichen Kornbauern (Lukas 12, 16–21).

5, 7–20 Geduld und Gebet

Hiob ist ein Vorbild des geduldigen Ausharrens auch im Leiden. Elia ist ein Beispiel für die Macht des Gebets (1. Kön. 17, 1; 18, 1. 4). Gott steht im Zentrum des christlichen Lebens. In der Not können wir beten, in Freude ihn preisen. Das Gebet ist eine Macht, mit der man rechnen kann. Gott heilt in Antwort darauf Kranke und vergibt Sünde. Nichts hat größeren Wert, als einen Menschen zu Christus zu bringen, der ihm dann alle seine Sünden vergeben wird.

Die Petrusbriefe

Petrus lernte Jesus durch seinen Bruder Andreas kennen (Joh. 1, 40–42). Die beiden stammten aus dem Fischerdorf Bethsaida, lebten aber in Kapernaum, als Jesus sie aufforderte, ihre Fischerei aufzugeben und ihm nachzufolgen. Petrus wurde bald zum Anführer und Sprecher der zwölf Jünger, die Jesus während der ganzen Zeit seines Wirkens begleiteten. Er gehörte zu den drei Jüngern, die bei der Verklärung Jesu dabei sein durften (Mark. 9; 2. Petr. 1, 16–18). Aber während der Verhandlung Jesu vor dem Hohen Rat stritt er dann ab, Jesus zu kennen. Das konnte er nie vergessen. Jesus wußte aber, wie sehr Petrus das bereute, und erschien ihm nach der Auferstehung als erstem. Petrus wurde dann zum Führer der neuentstandenen Gemeinde, wie Jesus es schon angekündigt hatte (Matth. 16, 13–20), und verkündigte als erster das Evangelium in der Öffentlichkeit (Apg. 2). Er verbrachte sein ganzes Leben als Prediger und Lehrer. Seine Frau begleitete ihn auf seinen Reisen (1. Kor. 9, 5). Wir wissen nichts Genaues über seinen Tod, aber es wird überliefert, er sei im Lauf der Christenverfolgung unter Kaiser Nero, die im Jahr 64 begann, gekreuzigt worden.

Die Briefe. Der erste Brief ist an die Gemeinden gerichtet, die in den fünf römischen Provinzen im Gebiet der heutigen Türkei nördlich des

Hölzerne Schreibtafel, wohl aus der Zeit des Neuen Testaments. Ursprünglich waren sechs »Blätter« nebeneinander auf einer Schnur aufgehängt. Die Tafel wurde in Ägypten gefunden.

Taurusgebirges verstreut waren. Petrus schrieb wahrscheinlich von Rom aus (siehe Anm. zu 5, 13), und zwar zu der Zeit, als die Christenverfolgung unter Nero begann. Johannes Markus und Silvanus (Silas), ein Mitarbeiter des Paulus, waren bei ihm. Man mußte damit rechnen, daß sich die Christenverfolgung auch auf andere Gebiete des Reichs ausweiten würde. Petrus spricht den Christen Trost zu und macht ihnen Mut und Hoffnung, damit sie standhaft bleiben können.

Im zweiten Brief werden weder die Adressaten genannt noch der Ort, von dem aus der Brief geschrieben wurde. Es wird immer wieder in Zweifel gezogen, ob dieser Brief wirklich von Petrus stammt. Er unterscheidet sich tatsächlich sprachlich und inhaltlich vom 1. Petrusbrief und erinnert in vielem an den Judasbrief. Viele nehmen an, er sei im Namen des Petrus von einem seiner Mitarbeiter oder Schüler verfaßt, der Stoff aus der Verkündigung des Petrus mit einarbeitete. Das läßt sich jedoch nicht beweisen. Immerhin war die frühe Kirche sehr darum bemüht, Fälschungen aus ihrem Schriftkanon auszuschließen. Wir können daher nach wie vor davon ausgehen, daß der Brief von Petrus stammt. Er sieht dem Tod entgegen, als er ihn schreibt (1, 14). Die Kirche wird von falscher Lehre über das Verhalten der Christen und über die Wiederkunft Christi bedrängt und verwirrt. In dem Brief geht es daher vor allem um die rechte Erkenntnis.

DER 1. PETRUSBRIEF

1 Glaube und Hoffnung

Christen haben auch im Leiden Grund zur Freude. Erst im Leiden erweist sich die Echtheit des Glaubens. Die schwere Zeit jetzt ist kurz im Vergleich zu der Freude und Herrlichkeit, die vor uns liegt. Die Hoffnung darauf ist unerschütterlich. Wir werden den Herrn sehen, dem wir vertrauen. Dann wird unsre Freude kein Ende mehr haben. Was könnte uns mehr dazu veranlassen, so zu leben, wie Gott es will, als diese Hoffnung!

Zerstreuung (1, 1): Damit waren zunächst die Juden gemeint, die außerhalb Palästinas lebten. Petrus meint damit nun das ganze Gottesvolk (vgl. Jak. 1, 1). *Pontus usw.:* vgl. die Karte auf S. 579.

Vers 10 ff.: Die alttestamentlichen Propheten brachten zunächst den Menschen *ihrer* Zeit eine Botschaft, aber sie schauten zugleich auch auf die Zukunft, in der der Messias kommen würde. Vgl. Hebr. 11, 39–40.

2–3 Das Leben des neuen Gottesvolks

● Denkt daran, daß ihr das Volk Gottes seid, das er erwählt hat, damit es seine Taten bekannt macht (2, 1–10). Die Welt sieht Gott am Werk in den Menschen, die ihm gehören.

● Das Verhalten in der Welt (2, 11–17). Die Christen werden der Welt immer verdächtig erscheinen, weil sie »Fremdlinge« sind. Sie sollen aber alles daransetzen, den Verdächtigungen ihren Boden zu entziehen. Sie sollen der Obrigkeit gehorchen, auch wenn ein Nero Kaiser ist! (Vgl. Mark. 12, 17; Röm. 13, 1–7.) Zur Zeit des Petrus sagte man den Christen üble Dinge nach: daß sie Unzucht trieben, Orgien veranstalteten und sogar Menschenfleisch äßen!

● Die Sklaven (2, 18–25). In diesem ganzen Abschnitt geht es darum, sich nicht gegen Autorität aufzulehnen, sondern andere zu achten und zum Dienen bereit zu sein, wo es unsre Pflicht ist, auch wenn wir dabei Unrecht dulden müssen. Darin haben wir ja Jesus zum Vorbild.

● Mann und Frau (3, 1–7). Christen sollen nie auf ihrem Recht bestehen, sondern bemüht sein, das Rechte zu tun. Durch Liebe und Achtung kann man einen nichtchristlichen Ehepartner am ehesten gewinnen. Die Frauen sollen auf einen christlichen Lebenswandel bedacht sein, nicht auf die neueste Mode. Die Männer sollen rücksichtsvoll sein. Wo Spannungen bestehen, kann man nicht mehr miteinander beten.

● Für alle gilt (3, 8–22): Seid eins. Begegnet einander in Liebe und Demut. Seht zu, daß ihr nicht verdientermaßen verfolgt werdet!

Der lebendige Stein (2, 4): im Neuen Testament häufig als Bild für Christus verwendet (vgl. Mark. 12).

Geistliche Opfer (2, 5): vgl. besonders Röm. 12, 1 und Hebr. 13, 15–16.

Geister im Gefängnis ... (3, 19–22): Petrus meint hier vielleicht, daß Jesus zwischen Kreuz und Auferstehung den Geistern ungehorsamer Menschen (oder gefallenen Engeln, vgl. 2. Petr. 2, 4–5; 1. Mose 6, 1–8) aus der Zeit Noahs gepredigt oder seinen Sieg verkündigt hat. Damals gingen die Menschen im Wasser unter; nun ist in der Taufe das Wasser ein Zeichen der Errettung aus dem Tod. Wie Noah durch die Arche gerettet wurde, werden wir durch Christus errettet.

4–5 Leiden und Verfolgung

Petrus rechnet damit, daß seinen Lesern eine Zeit des Leidens bevorsteht. Wenn es soweit ist, müssen sie bereit sein: sie sollen nüchtern und wachsam im Gebet und in der Liebe leben. Leiden für Christus ist letztlich Grund zur Freude, nicht zur Verzweiflung. Auf das Leiden Christi folgte seine Verherrlichung. So wird es auch bei den Christen sein.

Die Verantwortlichen in der Gemeinde ermahnt Petrus, echte Hirten zu sein (5, 1–4; vgl.

Teil einer Halskette aus dem 1. Jahrhundert. Petrus ermahnte seine Leser, sich nicht zu auffällig und prunkvoll zu kleiden.

Kopf des Kaisers Nero, zu dessen Regierungszeit die Christen verfolgt wurden – ein Thema des Petrus in seinem Brief.

Joh. 10 und 21, 15 ff.). Die ganze Gemeinde soll demütig sein. Gegen Widerstand muß sie standhaft bleiben (8–9). Gott sorgt für uns alle. Letztlich hat doch er alles in der Hand.

Den Toten . . . (4, 6): d. h. den Christen, die jetzt schon gestorben sind. Sie haben zwar wie alle Menschen die Strafe des Todes empfangen, aber sie werden leben.

4, 1–2: Es geht hier wohl darum, daß die Christen in das Leiden und Sterben Christi mithineingenommen sind und dadurch auch nicht mehr unter der Macht der Sünde sind.

Petrus schrieb an Christen, die wohl im Gebiet der heutigen Türkei lebten. Er verwendete oft sehr anschauliche Bilder: Saat und Ernte, Herde und Hirte, »Brunnen ohne Wasser; Wolken vom Windwirbel umgetrieben«.

Gericht (4, 17): Gottes Gericht geht auch an denen nicht vorbei, die ihm gehören. Vielleicht besteht eine Verbindung mit 4, 6 (siehe oben).

5, 8: Der Teufel will den Christen durch sein »Gebrüll« angst machen, aber er hat keine Macht mehr über sie.

Silvanus (12): Damit ist Silas gemeint, der Paulus auf der zweiten Missionsreise begleitete (Apg. 15, 22. 32 ff.).

Babylon (13): Damit ist wohl Rom gemeint. Vgl. die Anmerkungen zu Offbg. 17.

Markus (13): vgl. die Einleitung zum Markusevangelium.

DER 2. PETRUSBRIEF

1 Die Botschaft Gottes

Das Ziel unsrer Errettung ist, daß wir so werden wie Christus (4). Die christliche Reife hängt von der Erkenntnis ab (2–3), und zwar solcher Erkenntnis, die auch zur Tat wird (8). Wie Paulus setzt Petrus alles daran, Jesus immer besser zu erkennen und so zu werden wie er (vgl. Phil. 3, 10–16). Wie Jakobus betont er, daß der Glaube sich in der Lebensweise zeigen und bewähren muß (5 ff.; vgl. Jak. 1, 26–27; 2, 14–17).

Nicht Mythen und Legenden sind die Grundlage der christlichen Botschaft, sondern der Bericht von Augenzeugen (16). Bei der Verklärung hat Petrus selbst Jesus in all seiner Herrlichkeit gesehen (vgl. Mark. 9, 2–8). Außerdem haben wir das Zeugnis der Propheten, das ja das Wort Gottes selbst ist.

Vers 14: Petrus erinnert sich an die Ankündigung seines Todes: Joh. 21, 18–19.

Vers 19: Die Schrift ist das Licht auf unsrem Weg durch das Leben zur Wiederkunft Christi hin. Vgl. Psalm 119, 105; Offbg. 22, 16.

Vers 20: Damit ist entweder gemeint, daß »keine Weissagung der Schrift durch des Propheten eigene Deutung der Zukunft zustande kommt« (Zürcher Übersetzung) oder aber, daß wir die Weissagungen nicht eigenmächtig deuten sollen.

2 Irrlehrer

Zu diesem Kapitel finden sich viele Parallelen in Judas 4–16. Petrus warnt seine Leser vor den Irrlehren, die bereits andere Gemeinden verwirrt haben, damit sie vorbereitet sind, wenn die Irrlehrer auch zu ihnen kommen. Sie haben vor niemand Achtung und lehnen jede Autorität ab. Durch ihre Lebensweise geben sie der Welt Anlaß, über die Christen zu lästern. Sie sind auf ihren Vorteil bedacht und nützen andere aus. Wie ein ausgetrockneter Brunnen in der Wüste oder Regenwolken, die vorüberziehen (17), erwecken sie falsche Hoffnungen. Aber ihre Strafe ist ihnen sicher. Im Alten Testament gibt es viele Beispiele dafür, daß Gott die Bösen straft und die, die ihm gehören, rettet: bei der Sintflut hat er Noah gerettet (1. Mose 6–8) und Lot bei der Zerstörung von Sodom und Gomorra (1. Mose 19).

Engel (4. 10–11): siehe Anm. zu Judas 6.

Bileam (15 f.): Nach der jüdischen Überlieferung ist Bileam habgierig gewesen. Dies scheint ihn zum Verräter an Israel gemacht zu haben (4. Mose 31, 16).

Vers 19–22: Im Grunde hatten diese Männer sich nicht von Christus verändern lassen.

3 Christus kommt wieder

Immer wieder werden Menschen den Glauben an die Wiederkunft Christi lächerlich machen. Aber Paulus und Petrus stimmen in dieser Lehre überein (15–16; vgl. etwa 1. Thess. 4, 13–5, 11; 2. Thess. 2). Gott hat sein Wort gegeben, und er wird sein Wort halten. Wenn er die Wiederkunft noch »verzögert«, dann aus Barmherzigkeit, nicht aus Unfähigkeit. Eines Tages wird es aber plötzlich soweit sein. Deshalb müssen wir uns immer dafür bereithalten.

Der zweite Brief (1): Mit dem ersten könnte der 1. Petrusbrief gemeint sein oder aber ein anderer, der verloren gegangen ist.

Die Väter (4): Damit sind entweder die alttestamentlichen Väter gemeint oder aber die ersten Christen, die schon gestorben sind.

Entschlafen (4): Jesus sprach immer vom Tod als einem Schlaf.

Vers 16: Es ist geradezu beruhigend, daß sogar Petrus manchmal Schwierigkeiten hatte, Paulus zu verstehen. Trotzdem schätzt er seine Schriften sehr. Römer 3, 8 zeigt, wie manche die Worte des Paulus verdrehten und seine Lehre von der christlichen Freiheit mit Zügellosigkeit verwechselten.

Die Johannesbriefe

DER 1. JOHANNESBRIEF

Das Johannesevangelium wurde geschrieben, um Menschen zum Glauben zu führen. Dieser Brief nun will Christen, die im Glauben stehen, stärken und ihnen neue Zuversicht schenken, nachdem sie von Irrlehrern verwirrt worden waren. Das Evangelium und der Brief wurden wahrscheinlich gegen Ende des 1. Jahrhunderts geschrieben. Seit den Anfängen des Christentums waren 50–60 Jahre vergangen, und es hatte sich im ganzen Römischen Reich ausgebreitet. Johannes, der seine letzten Jahre in Ephesus verbrachte, war wohl der einzige Apostel, der noch lebte. Damals standen viele Gemeinden in der Gefahr, Gedankengut der Philosophien jener Zeit mit ihrem Glauben zu vermischen.

Der Brief wendet sich gegen eine frühe Form des Gnostizismus, die von Männern verbreitet wurde, die früher einmal zur Kirche gehört hatten. Sie hielten sich für »Intellektuelle«, die in besonderem Maß zur Erkenntnis Gottes gekommen waren. Sie trennten scharf zwischen Geist (als etwas Gutem und Reinem) und Materie (als etwas Schlechtem). Das führte dann oft zur Unsittlichkeit, denn der Geist konnte durch nichts befleckt werden, was der Leib tat. Außerdem lehrten sie, daß Christus gar nicht wirklich Mensch war und auch gar nicht sterben konnte, da er Geist war.

Johannes will nun seinen »Kindern« im Glauben klarmachen, daß diese Vorstellungen einen Angriff auf das Zentrum des christlichen Glaubens darstellen. Ist Christus nicht Mensch geworden und für unsre Sünden gestorben, dann ist der christliche Glaube erledigt. Wenn ein Mensch ständig mit voller Absicht sündigt, kann er kein Christ sein. Gott ist Licht, und er will, daß die Menschen im Licht seiner Gebote leben. Er ist Liebe und will daher, daß die Menschen, die ihm gehören, einander lieben.

1 Gott ist Licht

Johannes schreibt als einer, der Jesus, das lebenspendende Wort Gottes (vgl. Joh. 1, 1–5), selbst gekannt hat. Er wußte, daß Jesus zugleich der Sohn Gottes und wahrer Mensch war, keine bloße Erscheinung, sondern eine Person, die man sehen und berühren konnte.

Jesus, »das Licht der Welt« (Joh. 8, 12), zeigt uns, daß Gott Licht ist. Unter »Licht« versteht Johannes nicht nur den Glanz seiner Gegenwart, sondern Wahrheit, Reinheit und Vollkommenheit. Man kann keinen Zugang zu ihm finden, wenn man in der Finsternis lebt, in Sünde, Bosheit, Lüge. Damit soll nicht behauptet werden, daß Christen vollkommen sind. Im Licht Gottes erkennen wir erst unsre Sünden, und wenn wir zu ihm gehören wollen, müssen wir bereit sein, uns selbst so zu sehen, wie wir wirklich sind, und immer wieder neu um Vergebung bitten.

2 Wer Gott kennt, gehorcht ihm auch

Wir sind nicht vollkommen, aber wir bemühen uns, so zu werden wie Christus selbst (6). Wenn wir sündigen, kann er uns helfen (1–2). Als Christen gehorchen wir Gott, tun, was recht ist, und lieben unsre Mitmenschen. Daran erweist sich erst, ob ein Mensch Gott wirklich kennt und liebt.

In der frühen Gemeinde wurde gelehrt, daß kurz vor der Wiederkunft des Herrn der Erzfeind Christi, die Verkörperung des Bösen, auf den Plan treten würde (18; das Wort »Widerchrist« oder »Antichrist« kommt zwar nur in den Johannesbriefen vor, aber 2. Thess. 2 geht es um dasselbe). Johannes hält das Auftreten so vieler Irrlehrer für ein Zeichen, daß die Zeit der Wiederkunft nahe bevorstehe.

Bleiben (6, 28): vgl. die Anmerkungen zu Joh. 15.

Kinder ... Väter ... Jünglinge (12–14): Diese dreifache Anrede soll den Aussagen wohl Nachdruck verleihen. Alle Christen haben Anteil an der Vergebung, an der Erkenntnis Gottes und an dem Sieg über das Böse.

Die Welt (15): Damit sind die Menschen gemeint, die ohne Gott leben oder sich gegen ihn auflehnen. Gott selbst liebt natürlich die Welt und die Menschheit, auch wenn sie sich von ihm abgewandt hat (vgl. Joh. 3, 16).

Salbung (27): Johannes spricht hier von der Unterscheidungsfähigkeit, die der Heilige Geist den Christen gibt (vgl. 4, 4–6). Die Kirche braucht wohl Lehrer – aber besser keine Lehrer als Irrlehrer!

3 Das Wesen der Liebe

Die Christen wurden durch Christus dem Machtbereich der Sünde entrissen. Sie haben nun die Freiheit, nicht zu sündigen. Sie können nun nicht mehr fortwährend und absichtlich gegen Gottes Gebote verstoßen. (Die Verse 6 und 9 sind im Licht von 1, 8 – 2, 2 zu sehen; das kommt im Griechischen deutlicher zum Ausdruck.)

Die Lebensweise der Christen kann in dem einen Wort »Liebe« zusammengefaßt werden. Christliche Liebe geht aber über Worte und Gefühle hinaus. Sie kann uns unsren Besitz oder gar das Leben kosten. Unsre Liebe zu Gott läßt sich an der Bereitschaft messen, mit der wir ihm gehorchen und andere lieben. Wenn wir in dieser Hinsicht ein gutes Gewissen haben, können wir darauf vertrauen, daß Gott unsre Gebete erhören wird.

4 Unterscheidung der Geister; Gott ist Liebe

Man kann jeden Lehrer an einem grundlegenden Maßstab messen: daran, ob er bekennt, daß Jesus Christus Mensch geworden ist (was damals ganz besonders betont werden mußte) und zugleich wahrer Gott war. Wer das ablehnt, kann unmöglich eine Botschaft bringen, die von Gott ist. Der Heilige Geist schenkt den Christen die Fähigkeit, Wahrheit und Irrlehre zu unterscheiden.

Gott ist Liebe. Mit dem Tod Christi für unsre Sünden hat er uns gezeigt, was Liebe ist (10). Und wenn wir Gott wirklich lieben, wird sich das in unserem Verhältnis zu anderen Menschen zeigen. Liebe und Gehorsam gehören zusammen (21). Wenn wir Gott lieben und ihm gehorchen, brauchen wir keine Angst vor dem Gericht zu haben (17–18).

Büste eines Römers aus dem 2. Jahrhundert v. Chr.; sie wurde in Antiochien gefunden.

5 Wir dürfen Gewißheit haben

Wer Gott kennt, liebt ihn auch, und wer ihn liebt, gehorcht ihm. Wer sein Kind ist, liebt auch seine anderen Kinder. Wer glaubt, daß Jesus der Messias Gottes ist, hat ewiges Leben und kann die Mächte, die gegen Gott sind, überwinden. Wer glaubt, wird leben; wer nicht glaubt, ist dem Tod verfallen (12). Das alles steht fest, und wir dürfen uns darauf verlassen. Wir dürfen sicher sein, daß er unsre Bitten hört und auch darauf antworten wird.

Die falschen Lehrer sprachen viel von der »Erkenntnis« und dem »Wissen« (daher auch der Name »Gnostiker«; *gnosis* ist das griechische Wort für Erkenntnis). Johannes stellt nun auch einige Dinge zusammen, die die Christen erkennen und sicher wissen können. Wir wissen, wie schlimm die Sünde ist und daß sie einem Christen nicht mehr gleichgültig sein kann. Wir wissen, daß wir in Christus sicher geborgen sind. Wir wissen, daß wir in einer gottfeindlichen Welt Gott gehören. Wir wissen, daß wir durch den Sohn Gottes Gott selbst und das wahre Leben kennen.

Drei Zeugen (8): der Heilige Geist, die Taufe Christi und der Tod Christi, an die wir ständig durch die Taufe und das Abendmahl erinnert werden.

Vers 16: Johannes führt nicht aus, was die »Sünde zum Tode« ist. Das Neue Testament kennt nur eine Sünde, die nicht vergeben werden kann, die Lästerung gegen den Heiligen Geist, die sein Werk dem Teufel zuschreibt und den, der Vergebung schenken kann, hartnäckig ablehnt (vgl. Matth. 12, 31–32; Hebr. 6, 4–6; 10, 26).

Diese Tonstatuette aus Salamis auf Zypern aus dem 4. Jahrhundert v. Chr. stellt eine Frau dar, die mit dem Griffel auf einer Tafel schreibt.

DER 2. JOHANNESBRIEF

Es ist ziemlich sicher, daß alle drei Briefe denselben Verfasser haben und von Johannes stammen, da zu dieser Zeit wohl kein anderer Apostel mehr am Leben war. Als Apostel und Führer der Gemeinde in Ephesus kann er sich zu Recht »Ältester« nennen. Mit der »Herrin« ist wohl eine Gemeinde gemeint, nicht eine einzelne Person. Die »Kinder« wären dann die Gemeindeglieder (wie im 1. Johannesbrief) und die »Schwester« der Herrin wäre die Gemeinde des Johannes.

Auch hier spricht Johannes wieder über sein Lieblingsthema, das Gebot Jesu, daß seine Nachfolger sich untereinander lieben sollen (5; Joh. 15, 12–17). Wenn wir einander lieben, wie Christus uns liebt, halten wir alle Gebote Gottes. Eine Liebe, die sich nicht an die Gebote Gottes hält, ist gar keine Liebe. Die Liebe Christi schenkt sich selbst und »sucht nicht das Ihre« (1. Kor. 13, 6).

Für den Christen gehören Wahrheit und Liebe zusammen. Aber er gibt sich mit dem zufrieden, was Christus gelehrt hat, während die falschen Lehrer diese Lehre verändern (9–10). Johannes wendet sich hier gegen dieselben Schwierigkeiten wie in seinem ersten Brief (7; vgl. S. 640). Seit dem Beginn der christlichen Mission gab es Prediger und Lehrer, die von einem Ort zum andern reisten. Inzwischen war es notwendig geworden, solchen Lehrern, die nicht an der Lehre Christi festhielten, die Gastfreundschaft zu verweigern.

DER 3. JOHANNESBRIEF

Dies ist ein persönlicher Brief an eine Einzelperson. Der Name **Gajus** kam damals häufig vor, und es ist unwahrscheinlich, daß dieser Gajus mit einem andern der im Neuen Testament genannten identisch ist. Auf jeden Fall war er ein Christ, der »in der Wahrheit wandelte«. Durch sein Leben und sein Verhalten unterscheidet er sich von einem Mann, der in seiner Gemeinde eine verantwortliche Stellung einnahm, **Diotrephes.** Gajus setzte alles dafür ein, um seinen Mitchristen helfen zu können und nahm vor allem die reisenden Evangelisten und Lehrer auf, die ja auf die Gastfreundschaft und Unterstützung anderer Christen angewiesen waren. Diotrephes macht Johannes in der Gemeinde schlecht und scheint vor allem seine verantwortliche Stellung wahren zu wollen. **Demetrius,** der Dritte, der in dem Brief genannt wird, hat vielleicht den Brief überbracht.

Der Judasbrief

Dieser Brief wurde von Judas, dem jüngeren Bruder Jesu und des Jakobus, wohl im hohen Alter geschrieben (die genaue Zeit ist nicht bekannt; es könnte um 80 gewesen sein). Er hatte von neuen falschen Lehren gehört und daraufhin diesen kurzen, eindringlichen Brief verfaßt. Der Brief ist sehr stark jüdisch geprägt, voll von alttestamentlichen Zitaten, Anspielungen und Bildern aus apokryphen jüdischen Schriften (siehe unten). Im Judasbrief geht es um ähnliche Probleme wie im 2. Petrusbrief, und es bestehen so viele Parallelen zwischen diesen beiden Briefen, daß man annehmen kann, daß der eine dem Schreiber des anderen bekannt war oder beiden dieselbe Schrift gegen falsche Lehre vorlag.

Judas schreibt an eine Gruppe von Christen, die von falschen Lehrern, die sich »eingeschlichen« haben, bedroht sind. Ihre Lehre hat eine Spaltung in der Gruppe hervorgerufen. Diese Männer scheinen sehr anmaßend und leichtfertig zu sein. Sie sind auf ihren Vorteil aus und verdrehen die Wahrheit vollständig.

Aber der Untergang ist ihnen sicher – wie Sodom und Gomorra aufgrund ihrer Sittenlosigkeit und Perversion (1. Mose 19); wie Kain, weil er seinen Bruder tötete (1. Mose 4); wie Bileam, der zum Verräter geworden war (4. Mose 8, 16; vgl. die Anmerkung zu 2. Petr. 2, 15); wie Korah, der einen Aufstand gegen Mose anzettelte (4. Mose 16). Diese Beispiele sind sorgfältig ausgewählt. Sie sprechen all die Dinge an, deren diese falschen Lehrer schuldig sind.

Judas will den Christen Mut machen, diesen Lehrern zu widerstehen. Sie müssen sich verteidigen, und sie sind nicht machtlos. Sie können auf »den Glauben« bauen, denn er ist wahr. Sie müssen beten und die Unterstützung des Heiligen Geistes in Anspruch nehmen. Sie dürfen ihren Blick auf die Wiederkunft Christi richten. Sie haben keinen Grund zur Angst oder zur Verzweiflung, denn Gott kann sie vor der Gefahr bewahren.

Die Engel (6): Die Erwähnung der »Gottessöhne« in 1. Mose 6, 1–2 führte zu dem Glauben, daß im Himmel einmal ein Kampf zwischen guten und bösen Engeln stattgefunden hat. Der Stolz und der Ehrgeiz der bösen Engel führte dann zu ihrem Fall. Mit dieser Vorstellung konnte Judas seinen Gedanken gut veranschaulichen.

Vers 9: Diese Erzählung stammt vielleicht aus einer apokryphen Schrift über das Lebensende Moses. Michael sollte Mose begraben; aber der Teufel wollte ihm den Leichnam abverlangen, weil Mose einst einen Ägypter getötet hatte. Judas führt die wohlüberlegte Antwort Michaels als Beispiel dafür an, daß die Christen ihre Worte abwägen und den Teufel ernstnehmen sollen.

Vers 14–15: ein Zitat aus dem apokryphen Henochbuch. Judas zitiert neben dem Alten Testament noch aus anderen Büchern, die ihm und seinen Lesern bekannt waren und die sie schätzten.

Die Offenbarung des Johannes

Die Offenbarung wurde zwischen 90 und 95 geschrieben. Der Verfasser nennt sich selbst Johannes. Da sich die Offenbarung in Stil und Sprache sehr vom Johannesevangelium unterscheidet, hat man geschlossen, daß es sich nicht um den Apostel Johannes handelt. Andererseits war außer dem Apostel wohl niemand so bekannt, daß er sich einfach »Johannes« nennen konnte. Außerdem wird überliefert, daß der Apostel Palästina verließ und lange in Ephesus lebte, also der Hauptstadt der römischen Provinz Asien, in der auch die sieben Gemeinden aus Offbg. 2–3 lagen.

Das Buch wurde in einer Zeit der Christenverfolgung geschrieben. Johannes lebte in der Verbannung auf der Insel Patmos (1, 9) und mußte wahrscheinlich Zwangsarbeit in den dortigen Bergwerken leisten. Manche Christen waren getötet worden (2, 13), manche lagen wegen ihres Glaubens im Gefängnis. Es schien noch Schlimmeres bevorzustehen (2, 10), als die Anbetung des Kaisers zur Pflicht gemacht wurde. Die ersten Christen hatten in der Erwartung der baldigen Wiederkunft Christi gelebt, aber 60 Jahre nach seinem Tod war diese Hoffnung immer noch nicht Wirklichkeit geworden. Viele Christen waren daher in der Gefahr, abzufallen. Die Sendschreiben an die Gemeinden und das Buch im ganzen sollen die Gemeinde ermutigen, standhaft zu sein. Gott hat nach wie vor alles in der Hand. Christus und nicht der Kaiser ist der Herr der Geschichte. Er wird ganz bestimmt wiederkommen und richten. Den Gläubigen steht eine herrliche Zukunft bevor, besonders denen, die ihr Leben für Christus lassen müssen. Diese Welt und alles, was darin geschieht, steht in Gottes Hand. Seine Liebe und seine Fürsorge für sein Volk werden nie aufhören.

Die anschaulichen Symbole und Bilder waren den Christen, an welche dieser Gemeinderundbrief gerichtet war, vertraut und durchsichtig. Den Behörden jedoch, die schon beim geringsten Anlaß Anklage wegen Aufruhrs gegen den Kaiser erheben konnten, müssen sie unverständlich gewesen sein.

Mit unsrem neuzeitlichen Denken gehen wir auch oft am Geist dieses Buches vorbei. Für manche ist es ein »Zeitplan« künftiger Ereignisse. Andere halten es für ein Produkt der Phantasie. Die Bilder und Visionen erscheinen kaum verständlich und schwer zu entschlüsseln.

Immer dann aber, wenn die Gemeinde in den vergangenen Jahrhunerten in Bedrängnis oder Verfolgung geriet, hat sie die Offenbarung wieder entdeckt. Dann begann dieses Buch zu reden, seine Sprache und seine Botschaft trafen den Nerv der erschrockenen Christen und lenkten ihren Blick auf den Herrn der Geschichte, der gesagt hat: »Ja, ich komme bald.«

Auch heute gibt es totalitäre Systeme und Wirtschaftsformen, die sich selbst zum Gott erheben. Auch in unserer Welt gibt es verfolgte Christen; und es scheint manchmal, als ob die zunehmende Offenbarung der widergöttlichen Macht, des Antichristus, ein endzeitliches Stadium erreicht hat.

Darum gilt es heute besonders, die Botschaft der Offenbarung aufmerksam zu hören und sich von ihr den Horizont öffnen zu lassen für die Dinge, die kommen. Mit einem flotten Optimismus, der die Gerichtsaussagen dieses Buches abschwächt oder die bedrohliche Weltsituation verharmlost, ist es heute weniger denn je getan. »Wenn jemand etwas wegnimmt von den Worten dieses Buches, dessen Anteil am Baum des Lebens und an der heiligen Stadt wird Gott wegnehmen« (Offb. 22, 19).

Zunächst einige allgemeine Hinweise zum besseren Verständnis:

● Wie alle anderen biblischen Schriften müssen wir die Offenbarung zunächst auf dem Hintergrund der Entstehungszeit und der Bedeutung für die damaligen Leser sehen.

● Die Offenbarung gehört zur Gattung der apokalyptischen Schriften (vgl. S. 651). Sie will in dichterischer Gestaltung Visionen durch Symbole und Bilder darstellen. Man darf diese Bildersprache nicht wörtlich verstehen und das Buch wie eine durchkonstruierte Abhandlung oder einen »Stundenplan« auffassen.

● Die Offenbarung hat ihre Wurzeln im Alten Testament. Dort bekommen wir den Schlüssel zum Verständnis vieler Symbole.

● Schwierige Abschnitte müssen im Licht klar verständlicher Abschnitte gesehen werden, und nicht umgekehrt.

● Die Unterschiede in Einzelheiten zeigen, daß es bei manchen Bildern auf den Gesamteindruck ankommt und weniger auf die Details. Man sollte Visionen wie Gleichnisse auslegen, wo man vom Gesamtbild ausgeht und vom Hauptgedanken, dem »springenden Punkt« her die Einzelheiten erklärt.

● Wir müssen die Visionen nicht unbedingt als eine Kette aufeinanderfolgender Ereignisse sehen. Damals hatte man kein so großes Interesse an der genauen zeitlichen Reihenfolge wie heute.

DIE SIEBEN GEMEINDEN DER OFFENBARUNG

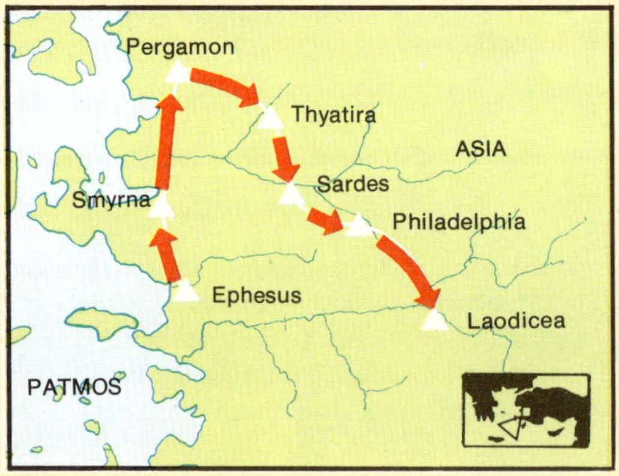

Ein Bote des Johannes, der auf Patmos im Exil war, hat wohl die Sendschreiben, von Ephesus ausgehend, an die Gemeinden verteilt. Die Aufzählung folgt seiner mutmaßlichen Reiseroute.

Ephesus
Die wichtigste Stadt der römischen Provinz Asien. Paulus verbrachte dort zwei Jahre auf seiner zweiten Missionsreise. Sein Brief an die »Epheser« wendet sich vor allem an die dortige Gemeinde. Möglicherweise verbrachte Johannes dort seine letzten Lebenstage. Man hat bei Ausgrabungen viele Überreste des alten Ephesus gefunden.

1 EINLEITUNG; DIE VISION DES ERHÖHTEN CHRISTUS

Dieses Buch ist wirklich »die Offenbarung Jesu Christi« (1): Christus ist die Quelle und das Thema der Offenbarung. Er ließ Johannes in die Zukunft schauen. Es handelt sich also nicht um die Spekulationen eines Menschen, sondern um Dinge, die einmal Wirklichkeit werden. Die Vision des erhöhten Christus hatte ihre Bedeutung für die unmittelbar angesprochenen sieben Gemeinden in Kleinasien und zugleich für die Christen aller Zeiten. Sie will uns sagen, daß keine christliche Gemeinde je allein und verlassen sein wird. Jesus ist in der Mitte derer, die zu ihm gehören (12–13. 20): als der Lebendige in all seiner Macht und Herrlichkeit. Er ist der Herr über Leben und Tod.

In Kürze (1): Wir kennen den Zeitplan Gottes nicht. Die Propheten zeichnen die Zukunft oft in geraffter Darstellung. Auf jeden Fall will das Wort uns sagen, daß wir uns bereithalten sollen.

Der da liest (3): wörtlich: vorliest. Durch Vorlesen im Gottesdienst wurde die Bibel damals der Gemeinde bekannt gemacht.

Sieben Gemeinden (4. 11): Die Zahl Sieben spielt in der Offenbarung eine große Rolle (sieben Siegel, sieben Posaunen, sieben Schalen usw.) und bedeutet hier meistens Vollkommenheit. An dieser Stelle ist sie zugleich wörtlich gemeint. Von den sieben Gemeinden ist nur Ephesus gut bekannt (Apg. 19). In Apg. 16, 14 wird Thyatira als die Heimat der Lydia genannt. Die Gemeinde in Laodicea wird im Kolosserbrief erwähnt (4, 15–16). Die anderen

Smyrna
Das heutige Izmir, eine wichtige Hafenstadt an der Westküste der Türkei. Unter den Ruinen aus der Römerzeit ist das hier abgebildete Forum am wichtigsten. In Smyrna starb der greise Bischof Polykarp im Jahr 155 den Märtyrertod, weil er nicht bereit war, Christus abzusagen.

Pergamon
Die Überreste der antiken Stadt liegen auf einem Hügel hoch über der Stadt Bergama. Mit dem »Thron des Satans« ist vielleicht der große Zeusaltar gemeint, der oberhalb der Stadt lag. Pergamon war außerdem der Mittelpunkt des offiziellen Kaiserkults und besaß ein Heiligtum des Asklepios, des Gottes der Heilkunst.

Gemeinden kommen im Neuen Testament sonst nirgends vor.

Patmos (9): eine kleine griechische Insel vor der Küste Kleinasiens (vgl. auch die Einleitung).

Des Herrn Tag (10): Damit ist wohl der Sonntag gemeint.

Schwert (16): vgl. Hebr. 4, 12. Das Wort Jesu hat zwei Seiten: es kann frei machen oder richten.

Engel (20): Im allgemeinen sind in der Offbg. damit himmlische Wesen gemeint. An dieser Stelle hat man auch schon an die Leiter der Gemeinden gedacht.

2–3 DIE SENDSCHREIBEN AN DIE SIEBEN GEMEINDEN

Diese kurzen Briefe richten sich an bestimmte Gemeinden, aber ihre Botschaft gilt der ganzen Kirche. Es ist bemerkenswert, daß – außer in Smyrna und Philadelphia – die Gefahr aus der Gemeinde selbst kommt und nicht von außen. Jesus kennt jede einzelne Gemeinde. Die Eingangsworte der Briefe sollen die jeweilige Gemeinde an einen für sie besonders wichtigen Aspekt seiner Person oder seines Werks erinnern.

2, 1–7 Ephesus

Vgl. die Anmerkungen zu Apg. 19. Die Gemeinde in Ephesus bestand schon sehr lange und hatte die Gabe der Unterscheidung der Geister. Sie hatte die rechte Lehre, aber es fehlte an der Liebe zu Jesus und untereinander, die früher ihr besonderes Kennzeichen gewesen war.

Thyatira
Ein Handelszentrum an der Straße nach Osten, das heutige Akhissar. Von der antiken Stadt ist heute nichts mehr erhalten. Die Erwähnung von »irdenen Gefäßen« im Sendschreiben gibt vielleicht einen Hinweis auf die Industrie der Stadt. Die Stadt war wegen ihrer Purpurfärberei berühmt. Die Purpurhändlerin Lydia, der Paulus in Philippi begegnete (Apg. 16, 14), stammte aus Thyatira und kehrte vielleich dorthin zurück, um beim Aufbau der Gemeinde mitzuhelfen. Eine andere Frau, die im Sendschreiben den symbolischen Namen Isebel bekommt (nach der Königin im Alten Testament), verführte die Gemeinde zur Unzucht und brachte sie vom Glauben ab.

Sardes
Die alte Hauptstadt Lydiens. König Krösus von Sardes ging als Inbegriff des reichen Mannes in die Geschichte ein. Die Griechen besiedelten dann die Gegend. Aus dieser Zeit sind noch Säulen eines großen Tempels vorhanden; auch das alte Gymnasium, die Sporthalle der Griechen, konnte rekonstruiert werden. Erstaunlicherweise hat man auch die hier abgebildete alte Synagoge entdeckt.

Nikolaiten (6): Diese Gruppe wird außerhalb der Offbg. nirgends erwähnt. Ihr Verhalten war aus einer Irrlehre hervorgegangen, die auch in die Gemeinde in Pergamon eingedrungen war (15).

Baum des Lebens (7): Das Verbot aus 1. Mose 3, 22–24 gilt für die, die Christus treu blieben, nicht mehr. Christus schenkt ja ewiges Leben.

2, 8–11 Smyrna

Die kleine Gemeinde in Smyrna war äußerlich arm, doch reich an dem, worauf es ankommt. Sie verdient Zuspruch und Ermutigung. Jesus wird ihrem Leiden ein Ende machen. Danach wartet nur noch das Leben nach dem Tod auf sie, das ewig währen wird.

Des Satans Synagoge (9): Diejenigen unter den Juden, die die Christen verfolgen, sind nicht mehr Gottes Volk. Vgl. Joh. 8, 39–44.

Der zweite Tod (11): vgl. die Anmerkungen zu 20, 14–15.

2, 12–17 Pergamon

Die Gemeinde in Pergamon war zunächst trotz äußeren Drucks sehr standhaft gewesen, aber nun hatte falsche Lehre in ihr Fuß gefaßt. Eine Folge davon war, daß wieder heidnische Gebräuche aufkamen.

Des Satans Thron (13): Pergamon war der Mittelpunkt des Kaiserkults in Kleinasien. Das Stadtbild war von einem großen Zeusaltar auf

Philadelphia
Eine kleine Stadt, die am Rande eines breiten fruchtbaren Tales lag. Auch in der heutigen Stadt Alaschehir ist die ertragreiche Landwirtschaft die Quelle des Einkommens für die Bevölkerung. »Pfeiler im Tempel meines Gottes« ist vielleicht eine Anspielung auf den Tempel, der auf einem Hügel über der Stadt lag.

Laodicea
Eine reiche Stadt im Tal des Lykos, in der Nähe von Hierapolis und Kolossä. Das Sendschreiben spielt auf einige Dinge an, die zum Reichtum der Stadt beitrugen: feine Wolle und Augensalbe wurden dort hergestellt, außerdem war die Stadt ein Zentrum des Bankwesens. Vgl. die Abbildung auf S. 650 zur Erklärung des Vergleichs mit lauwarmem Wasser.

der Akropolis bestimmt. Außerdem kamen viele nach Pergamon, um im Tempel des Asklepios geheilt zu werden.

Bileam, Balak (14): siehe 4. Mose 16, 25.

Götzenopfer (14): vgl. die Anmerkungen zu 1. Kor. 8.

Vers 17: *Manna* (2. Mose 16) bedeutet von Gott bereitete Nahrung. Die Bedeutung des *weißen Steins* ist nicht klar. *Name:* Damals meinte man, man besäße Macht über einen Menschen, wenn man seinen Namen kannte.

2, 18–29 Thyatira

Auch über diese Gemeinde läßt sich zunächst einiges Gute sagen. Aber eine Frau, die in der Gemeinde offensichtlich Einfluß hat, redet nun einem Kompromiß mit der heidnischen Umwelt, ihrem Götzendienst und ihrer Sittenlosigkeit das Wort. Denen, die Jesus auch jetzt noch treu bleiben, wird seine machtvolle Gegenwart verheißen (der Morgenstern; vgl. 22, 16).

Isebel: die Frau des Königs Ahab; vgl. 1. Kön. 21.

3, 1–6 Sardes

Trotz ihres guten Rufs eine tote Gemeinde. Sie mußte keine äußeren Widerstände überwinden, sondern ihre eigene Gleichgültigkeit und Bequemlichkeit.

Vers 2: Der Glaube muß sich im Handeln bewähren. Worte allein genügen nicht (vgl. Matth. 7, 21).

3, 7–13 Philadelphia

Dieser Brief enthält, wie der an die Gemeinde in Smyrna, keinen Tadel. Den sieben Briefen nach zu urteilen, sind nicht unbedingt die großen, beeindruckenden Gemeinden zugleich auch die, in denen alles in Ordnung ist. Jesus öffnet nicht denen, die stark sind, die Tür zu fruchtbarer Arbeit, sondern denen, die ihm treu sind (8; vgl. 1. Kor. 16, 9).

Vers 9: vgl. die Anmerkung zu 2, 9.

3, 14–22 Laodicea

Am schlimmsten steht es mit dieser Gemeinde, die so mit sich selbst zufrieden ist, daß sie gar nicht merkt, wie schlecht es bei ihr aussieht. Es sollte nicht so sein, daß Christus draußen steht und um Einlaß in das Leben von Christen bitten muß (20). Der Brief enthält viele Anspielungen auf die Merkmale der Stadt, die durch ihr Bankwesen und die Herstellung schwarzen Wollstoffs reich geworden war (17–18). Außerdem hatte man dort eine besondere Augensalbe entdeckt (18). Der Ort bekam sein Wasser von heißen Quellen, die ein Stück weit entfernt waren, so daß das Wasser lauwarm in Laodicea ankam (16). Die Gemeinde ist so lau wie dieses Wasser. Es gibt keinen Grund, sie zu loben.

Anfang (14): der Ursprung oder die Quelle.

4 DIE VISION DES HIMMELS

Johannes wendet sich nun ewigen Dingen zu

Das Wasser aus den heißen Quellen in Hierapolis fließt über Felsen und hinterläßt dort Mineralienablagerungen; dadurch sind bizarre Terrassen und Tropfsteinbildungen entstanden. Im nahegelegenen Laodicea kam das Wasser dann lauwarm an.

und rückt damit die Geschehnisse auf der Erde in die angemessene Perspektive. Vor dieser Vision des Thrones Gottes verblaßt das Bild der kämpfenden Gemeinden. Alles weist auf die Macht und Herrlichkeit Gottes hin, auf seine Treue (3 – vgl. 1. Mose 9, 12–17) und Reinheit (die weißen Kleider, das durchsichtige »Meer«). Die »Ältesten« vertreten die, die Gott treu sind. Mit den »Gestalten«, die die gesamte Schöpfung vertreten, preisen und ehren sie Gott.

Sieben Geister (5): der Heilige Geist. Sieben ist die Vollzahl. Siehe Anm. zu 1, 4.

Vier himmlische Gestalten (6): Sie haben Ähnlichkeit mit den Cherubim bei Hesekiel (Hes. 1 und 10), sind aber nicht mit ihnen gleichzusetzen.

5 -- 8, 1 DIE SIEBEN SIEGEL

5 Das versiegelte Buch

Hier beginnt Johannes nun die Dinge zu sehen, die geschehen sollen (4, 1). Der Inhalt des Buches wird Johannes in einer Reihe von Bildern offenbart. Nur Jesus hat das Recht, diese Dinge in Gang zu setzen, und zwar nicht aufgrund seiner Macht (Löwe), sondern wegen seines Opfertodes (erwürgtes Lamm). In Kapitel 4 wird Gott als der Schöpfer dargestellt, in diesem Kapitel nun als der Erlöser. Auf beides ist die Antwort Lob und Anbetung (4, 8–11; 5, 8–14; vgl. Phil. 2, 8–11).

Sieben Hörner, sieben Augen (6): d. h. Jesus beherrscht und sieht alles.

6 Die Öffnung der Siegel

Die Öffnung der Siegel löst eine Reihe von Katastrophen aus. Auf Eroberung (2) folgen Mord, Hungersnot und Krankheit (4–8) – was Gott schon so oft durch Propheten angekündigt hat (siehe Anm. zu Jer. 14, 12; Hes. 14, 21; das Bild der Reiter stammt aus Sach. 6, 1–5). Aber auch in solchen Zeiten hat Gott alles in seiner Hand. Seine Liebe zu denen, die ihm gehören, hört nie auf (9–11). In Vers 12–17 werden die umwälzenden Ereignisse dargestellt, die dem Tag des Herrn vorausgehen. Johannes beschreibt in apokalyptischer Sprache die Auflösung der uns bekannten Weltordnung. Vgl. auch Matth. 24, 29; Joel 2; Zephanja 1.

Vers 2: nicht dieselbe Gestalt wie in 19, 11.

Das apokalyptische Schrifttum

Die Zeit zwischen 200 v. Chr. und 100 n. Chr. war für das Judentum sehr hart. Propheten gab es schon lange nicht mehr, die herrlichen Verheißungen der alten Propheten waren nicht eingetroffen, sondern das Gegenteil: Niederlage, Besetzung und Unterdrückung. In dieser spannungsgeladenen Zeit entstanden einige Schriften, die einander sehr ähnlich sind, die sogenannten apokalyptischen Schriften.

Die Verfasser besannen sich auf die Propheten. Ihre ganze Hoffnung galt dem messianischen Reich Gottes, das alles verändern und die gegenwärtige Herrschaft des Bösen beenden würde. Die apokalyptischen Schriftsteller schrieben unter dem Namen großer Männer aus dem Alten Testament, um ihrer Botschaft Autorität und Gewicht zu verleihen. Aus der Sicht eines Menschen, der in der fernen Vergangenheit gelebt hatte, konnten sie dann die Ereignisse bis zu ihrem eigenen Zeitalter »weissagen«. Das geschah in »Visionen« und »Offenbarungen«, deren Stil sie z. B. von Daniel kopierten.

Nach Form und Ausdrucksweise gehört die Offenbarung des Johannes eindeutig zu diesem Schrifttum. Auch Johannes ging es um ewige Wirklichkeiten, um das Ende der Welt, den neuen Himmel und die neue Erde. Wie die Apokalyptiker ist auch Johannes mit dem Alten Testament sehr vertraut und greift oft auf die vielen aussagekräftigen Bilder der Propheten zurück. Aber in anderen Punkten bestehen wesentliche Unterschiede. Johannes schildert nichts Vergangenes. Er schrieb unter seinem eigenen Namen und brauchte auch keine Scheinprophezeiungen, um seiner Botschaft Gewicht zu verleihen. Er wußte so sicher wie Jesaja, Jeremia, Hesekiel und Daniel, daß das, was er niederschrieb, von Gott eingegeben war und daher Autorität hatte (vgl. 1, 1–3; 22, 6. 18–20).

Vers 6: Durch die Inflation sind die Preise der Grundnahrungsmittel so gestiegen, daß ein Brot einen ganzen Tageslohn kostet.

7 – 8, 1 Das Volk Gottes; das siebte Siegel

Die vier Winde können vielleicht mit den vier Reitern aus Kapitel 6 gleichgesetzt werden. Wenn ja, dann sieht Johannes, wie die Mächte der Zerstörung zurückgehalten werden, bis Gott alle, die ihm gehören, mit seinem Zeichen versieht. Den Christen wird kein sorgloses Leben auf Erden versprochen, aber ihnen steht das vollkommen sorgenfreie Leben im Himmel bevor (14–17). Auf die Öffnung des siebten Siegels folgt Stille, denn danach wird das Ende kommen.

Danach (1. 9): Damit wird eine neue Vision angezeigt; es ist keine Angabe über die zeitliche Reihenfolge der Ereignisse.

144 000 (4): Über diese Zahl hat man sich viel Gedanken gemacht. Sie ist am einfachsten als die Vollzahl des ganzen Gottesvolks zu verstehen (12 x 12 x 1 000) und wäre dann mit der »großen Schar« (9) identisch. Mit Israel ist wahrscheinlich das ganze Gottesvolk des alten und des neuen Bundes gemeint.

8, 2 – 11, 19 DIE SIEBEN POSAUNEN

8, 2–13 Die ersten vier Posaunen

Die sieben Posaunen folgen dem Schema der sieben Siegel, aber das Strafgericht, das auf jeden Posaunenstoß folgt, ist noch schlimmer. Das Gebet der »Heiligen«, d. h. der Gemeinde Gottes, hat in diesem Zusammenhang offensichtlich besondere Bedeutung (5, 8; 8, 3–4). Die Posaunen sollen warnen, denn das Strafgericht ist noch nicht endgültig, sondern soll die Menschen zur Besinnung bringen (9, 20–21). Johannes beschreibt in seiner Bildersprache vier Katastrophen, die Erde, Meer, Wasser und Himmel betreffen. Die Weherufe des Adlers deuten darauf hin, daß noch Schlimmeres bevorsteht. Der Teil des Gerichts, der noch kommen wird, betrifft nun die Menschen direkt.

9 Die fünfte und sechste Posaune

Als nächstes werden dämonische Mächte (die Riesenheuschrecken), Diener des »Verderbers« (Abbadon, Apollyon, 11), losgelassen. Diese Zeit ist jedoch begrenzt (eine normale Heuschrecke lebt etwa fünf Monate; 5), und sie haben auch keine Macht über die Menschen, die zu Gott gehören (4).

Die Heuschrecken können die Menschen quälen, die Engel können auch töten. Aber auch ihnen ist eine Grenze gesetzt: sie dürfen nicht alle Menschen töten. Selbst angesichts dieser Katastrophen sind die Menschen nicht bereit, sich zu ändern (20–21). Die Welt lehnt Gott bis zum bitteren Ende ab und zieht ihre eigenen Götzen ihm vor.

200 000 000 (16): Die Reiter waren so zahlreich, daß Johannes sie selbst gar nicht zählen konnte. Diese Zahl wurde ihm genannt.

10 – 11, 13 Zwischenspiel; das Buch, die beiden Zeugen

Zwischen dem sechsten und dem siebten Posaunenstoß ist, wie zwischen den letzten beiden Siegeln, eine Unterbrechung. Gott zögert das letzte Gericht noch hinaus, aber nur noch für kurze Zeit (6–7). Der Engel bringt Johannes eine Botschaft an die Welt, die für ihn als Christen »süß« ist (9; vgl. Jer. 15, 16 und Hes. 3, 1–3). Aber er kann sich nicht freuen über die schlimme Botschaft, die er denen bringen muß, die Gott ablehnen.

Das 11. Kapitel enthält manche Schwierigkeiten. Die Symbole stammen aus Hes. 40–41 (die Messung des Tempels) und Sach. 4 (die Ölbäume). Die Messung zeigt Gottes Fürsorge für die, die ihm gehören. Die beiden Ölbäume stehen für die Gemeinde, die treu bis zum Tod ist. (Nach dem alttestamentlichen Gesetz muß eine Sache von mindestens zwei Zeugen bezeugt werden – 5. Mose 19, 15). Das satanische »Tier« kämpft gegen sie. Es kann sie töten und entehren, aber den letzten Triumph kann es nicht verhindern.

10, 4: Johannes darf nicht alles, was er sieht, weitergeben.

42 Monate (11, 2): Das entspricht 1 260 Tagen (3) und »einer Zeit (1 Jahr), zwei Zeiten (2 Jahre) und einer halben Zeit (6 Monate)« (12, 14). Vielleicht ist diese Angabe von der Spanne der Gewaltherrschaft des Antiochus Epiphanes in Jerusalem oder den 42 Wanderstationen Israels in der Wüste (4. Mose 33) abgeleitet. Wichtiger als die genaue Dauer der Prüfungszeit ist allerdings die Tatsache, daß Gott sie begrenzen wird.

Sodom und Ägypten (11, 8): der Inbegriff des Bösen und der Unterdrückung. Der letzte Teil des Satzes deutet auf Jerusalem hin, aber es ist wahrscheinlicher, daß mit der »großen Stadt« hier und an anderen Stellen die »Stadt« des sich gegen Gott auflehnenden Menschen gemeint ist.

11, 14–19 Die siebte Posaune

Nun wird das Ende angekündigt. Jesus herrscht als König über die ganze Welt. Die Lade, die früher verborgen war, ist nun für alle sichtbar (19). Nun steht der Zugang zu Gott offen.

12–14 VISIONEN ÜBER DAS ERGEHEN DER GEMEINDE

12 Das Weib und der Drache

Johannes schrieb an eine verfolgte Kirche. Diese Kapitel sind nun voll Zuspruch. Das Weib (1; vgl. dagegen 17, 3 ff.) bedeutet das erwählte Volk Gottes, durch das zuerst der Messias (5) und durch ihn dann die Kirche (17) geboren wurde. Der Drache ist Satan selbst (9). Die Verse 7–12 zeigen, daß der Kampf, den die Christen auf der Erde zu bestehen haben, Teil einer viel größeren Auseinandersetzung ist (vgl. Eph. 6, 11–12).

Obwohl der Satan sehr stark ist, ist die Zeit seines Wirkens kurz. Er ist von Christus überwältigt worden, und auch die Christen werden ihn überwinden können. Ihm ist der Untergang bestimmt, der Gemeinde dagegen der Sieg. Gott beschützt die Seinen, immer und überall.

13 Die beiden Tiere

Das Tier aus dem Meer (im jüdischen Denken ein Ort des Bösen) verbindet die Eigenschaften der vier Tiere aus Dan. 7 in sich, die vier aufeinanderfolgende Weltreiche darstellen. Es ist das Symbol des diktatorischen, gottfeindlichen Staates. Krone und Hörner sind Zeichen von Macht und Herrschaft. Das Tier hat seine Macht vom Bösen bekommen (2, 4) und scheint unüberwindlich zu sein. Es kann wohl die Welt täuschen, aber nicht die Christen.

Das zweite Tier, das falsche Lamm, das mit der Stimme des Satans spricht (11), ist das Symbol der vom Staat gebilligten und manipulierten Religion. Aus 16, 13 und 19, 20 geht hervor, daß es zugleich der »falsche Prophet« ist. Das Lamm verführt die Menschen und läßt sich von ihnen anbeten. Wer das ablehnt, wird

Kopf Domitians, zu dessen Regierungszeit die Christenverfolgungen stattfanden, die den Hintergrund der Offenbarung bilden.

entweder getötet (15) oder verliert seinen Lebensunterhalt (17). Für Johannes bedeuteten die Tiere den römischen Staat und Kaiserkult. Es gibt aber in jedem Zeitalter Entsprechungen.

42 Monate (5): siehe Anm. zu 11, 2.

Das Malzeichen (17): das Zeichen, daß man die Macht des Tieres anerkennt und ihm gehört. Die Menschen tragen entweder das »Zeichen« der Welt oder das »Siegel Gottes«.

Die Zahl (17–18): Man hat oft versucht, die Zahl mit einem einzelnen Menschen in Verbindung zu bringen, da die Buchstaben damals auch Zahlenwerte hatten. Dann könnte etwa Kaiser Nero gemeint sein. Andererseits könnte der Sinn auch darin zu suchen sein, daß 6 »eines Menschen Zahl«, eine menschliche Zahl ist, die auch dann nicht an 7, die Zahl Gottes herankommt, wenn sie wiederholt wird. Damit könnte dann gesagt sein, daß das Tier nicht Gott ist, auch wenn es sehr stark ist.

14 Die Freude der Erlösten; die Ernte

Dieses Kapitel steht in starkem Kontrast zu Kapitel 12 und 13. In der Welt werden die, die zu Gott gehören, erbittert angefeindet, im Reich Gottes aber ist alles anders (vgl. 9–11 mit 13, 15–17). Die Welt widersetzt sich Gott, aber Gott überwindet die Bösen. Am Ende wird Gerechtigkeit herrschen und das Böse vollkommen vernichtet werden (13–20).

Vers 3–4: siehe Anm. zu 7, 4. In der Bibel gilt der Geschlechtsverkehr als solcher nirgends als Verunreinigung, und Jungfräulichkeit wird nie über die Ehe gestellt. Vers 4 muß sich daher symbolisch auf die beziehen, die Gott treu bleiben (bei den Propheten wird z. B. Israel als Ehebrecherin bezeichnet, als es sich den Götzen zugewandt hat).

Babylon (8): siehe Anm. zu Kapitel 17.

Gleich eines Menschen Sohn (14): Da diese Gestalt Befehle ausführen muß (15), handelt es sich wohl um einen Engel, nicht um Christus selbst.

1 600 Feld Wegs (20): etwa 185 Meter. Die Angabe scheint symbolische Bedeutung zu haben: 1 600 entspricht 4 (die Zahl der Erde) x 4 x 10 x 10; gemeint ist dann wohl die vollkommene Vernichtung des Bösen auf der ganzen Welt.

15 – 16 DIE SIEBEN LETZTEN PLAGEN

Die großen Katastrophen der menschlichen Geschichte sind nur Warnungen, die dem letzten großen Unglück vorausgehen, das über die kommt, die nicht hören wollen. Die Plagen, die Johannes hier beschreibt, erinnern an die sieben Plagen, von denen Ägypten vor dem Auszug getroffen wurde. Zuerst wird aber die Freude und Geborgenheit derer dargestellt, die zu Gott gehören. Sie sind den letzten Schrecknissen nicht ausgesetzt, denn diese richten sich nur noch gegen das Böse (16, 2. 9. 11).

Lied des Mose (15, 3): nach dem Durchzug durch das Rote Meer (2. Mose 15). Beides sind Lieder der Befreiten und Erlösten.

Dieser Tempel in Pergamon war dem römischen Kaiser Trajan geweiht.

16, 12: Der Euphrat war die natürliche Grenze zwischen der »zivilisierten« Welt und den »Barbaren«.

Harmagedon (16): »Berg von Meggido« am Rande der Ebene Jesreel. Dort hatten so viele Schlachten stattgefunden, daß der Ort zum Symbol des Kampfes überhaupt geworden war.

Die große Stadt . . . Babylon (19): siehe Anm. zu Kapitel 17.

17 – 20 DER ENDGÜLTIGE SIEG GOTTES

17 – 19, 5 Der Untergang Babylons

Die alttestamentlichen Propheten haben Babylon so oft und so heftig verurteilt, daß das Wort zum Inbegriff für den Stolz und den Hochmut der Menschen wurde. Für Johannes und seine Leser war Rom, die Stadt auf den sieben Hügeln (9), die Hure Babylon geworden: die Stadt des sittlichen Zerfalls und der Verschwendung, wo Christen zur öffentlichen Belustigung den Löwen vorgeworfen wurden. Doch jedes Zeitalter hat sein »Babylon«. Es ist die Verkörperung der Gier, des Vergnügens und der Verschwendung, all dessen, was den Menschen von Gott wegbringt. Und jedes Babylon ist dem Untergang geweiht.

Das 18. Kapitel, in dem der Untergang Babylons beschrieben wird, erinnert in Geist und Sprache an die Gerichtsankündigungen der alttestamentlichen Propheten (Jes. 13–14; 24; Jeremia 50–51; Hes. 26–28). Hier wird nun Gericht gesprochen über alle die, die zu je ihrer Zeit durch Bosheit an die Macht gekommen sind und die Menschen wie Waren behandelten, die man kaufen und wieder verkaufen kann (13). Die, die zu Gottes Volk gehören, stehen immer wieder in der Gefahr, sich der Welt anzupassen. Ihnen wird gesagt, daß sie eine kompromißlose Haltung einnehmen sollen (4). Eines Tages werden sie ihr Recht bekommen. Das steht so sicher fest, daß man so davon reden kann, als sei es schon geschehen (2).

Ist gewesen und ist nicht (17, 8): Die bösen Mächte sind in der Geschichte oft offen am Werk, oft aber auch im Verborgenen.

Sieben Könige (17, 9): Damit können Herrscher oder Reiche gemeint sein.

Zehn Könige (17, 10): Manche meinen, es handle sich hier um römische Kaiser. Es könnte aber auch irgendein späteres Bündnis gemeint sein.

19, 2–3: Hier kommt nicht einfach Rachsucht oder Schadenfreude zum Ausdruck. Die »Scharen« haben ihr Leben für die Wahrheit und Gerechtigkeit Gottes eingesetzt. Nun freuen sie sich darüber, daß die widerspenstigen Mächte des Bösen überwunden werden.

19, 6–10 Die Hochzeit des Lammes mit seiner Braut, der Gemeinde

Das Kleid der Braut ist aus den wahrhaft christlichen Taten gewoben worden, an denen sich der Herr freut.

Vers 10: Johannes mußte wohl kaum gesagt werden, daß er nur Gott anbeten solle (vgl. 22, 9). Vielleicht brauchten aber manche seiner Leser diese Mahnung.

Harmagedon, Gebirge von Megiddo. Jenseits des Passes durch das Karmelgebirge liegt der Hügel, auf dem die antike Stadt lag.

19, 11–21 Christus, der Sieger

Die beiden Handlanger des Teufels und ihre Gehilfen sind nun in einem »Krieg« ohne Waffen vernichtet worden: durch die allem überlegene Macht Christi.

Name (12): vgl. die Anmerkung zu 2, 17.

20 Das tausendjährige Reich; die Überwindung des Teufels; das letzte Gericht

Der Teufel ist nun ganz in Gottes Hand (1–3). Johannes sieht die auferstandenen Märtyrer, die nun 1 000 Jahre lang mit Christus regieren. Danach wird der Satan noch einmal freigelassen und greift das Volk Gottes an. Aber er wird mit all denen, die ihm gehören, endgültig vernichtet (11–15).

Das tausendjährige Reich wird in der Bibel nur an dieser Stelle genannt. Bei der Interpretation der Einzelheiten ist (wie in der ganzen Offenbarung) Vorsicht geboten. Die Vorstellung eines irdischen Friedensreichs kennen wir sonst nur aus dem Alten Testament: Der Messias wird über Israel und die Völker der Welt seine gerechte Herrschaft aufrichten (Jes. 11, 1–12; Dan. 7, 13f.). Die Lehre vom tausendjährigen Reich hält fest, daß die alttestamentlichen Verheißungen nicht aufgehoben sind und daß die Herrschaft Christi auch als irdische Herrschaft offenbar werden wird. Diese messianische Herrschaft wird schließlich, nach dem Aufstand der widergöttlichen Mächte und dem Endgericht, von der Herrschaft Gottes über den neuen Himmel und die neue Erde abgelöst (Kap. 21; 2. Petr. 3, 13).

1 000 Jahre (2): Viele Zahlen haben in der Offbg. symbolische Bedeutung. 1 000 Jahre sind lang genug, um zu zeigen, daß Gott dem Satan überlegen ist, und um die Märtyrer für ihre Leiden auf der Erde zu entschädigen.

Gog und Magog (8): vgl. die Anmerkungen zu Hes. 38.

Die geliebte Stadt (9): die Gemeinde Gottes im Gegensatz zu der »großen Stadt« Babylon.

21 – 22, 5 GOTTES NEUE WELT

Johannes beschreibt das neue Zeitalter, das auf die Ausrottung alles Bösen und die Vernichtung des Todes folgt, als einen Himmel auf Erden. Das neue Leben der Kinder Gottes ist ein einziges Hochzeitsfest. Die Freude kann durch nichts mehr beeinträchtigt werden. Es wird kein Leid, keine Schmerzen, keine Trennung von geliebten Menschen durch den Tod mehr geben, ja, nicht einmal mehr Dunkelheit. Gott ist nun immer da, immer nahe. Es gibt keine Sünden mehr, die unser Verhältnis zu Gott stören oder uns von ihm wegbringen könnten. Die schönsten und reichsten Städte der Erde sind nichts im Vergleich mit der Herrlichkeit der Stadt Gottes, dem Ort, an dem die Kinder Gottes wohnen. Dort herrscht Frieden, Freiheit und Sicherheit. Es kann nichts Schöneres und Besseres geben.

12 000 Feld Wegs (21, 16): etwa 2 250 km. Die Zahl ist jedoch nicht wörtlich gemeint. Sie entspricht 12 x 1 000 (siehe Anm. zu 7, 4 und 14, 20). Auf der Erde hat es den Anschein, als sei das Volk Gottes klein und zerstreut. Es gehört aber zu der großen Gemeinschaft der Himmelsstadt mit ihren riesigen Ausmaßen.

21, 19–20: Die Aufzählung der Edelsteine erinnert an die Steine, die auf den Brustschild der Priester genäht wurden, und zwar einer für jeden Stamm (vgl. 2. Mose 28, ebenso die Abbildung auf S. 169).

22, 2: Der Baum des Lebens war dem gefallenen Menschen verwehrt (1. Mose 3, 22–24). Das ist nun hinfällig, denn die erlösten Menschen werden ihre Freiheit nicht mehr mißbrauchen.

22, 6–21 SCHLUSS

Johannes bezeugt noch einmal, daß das, was er aufgeschrieben hat, wahr ist, und warnt davor, etwas daran zu ändern. Was er beschrieben hat, wird bald Wirklichkeit werden. Die Wiederkunft Christi steht nahe bevor. Es ist Zeit, sich zu entscheiden, auf welcher Seite man dann stehen will. »Wen dürstet, der komme; und wer da will, der nehme das Wasser des Lebens umsonst.«

4

Dies ist ein Leitfaden zur Bibel und zugleich zum Material des Handbuchs. Er ist in folgende Abschnitte eingeteilt: Hauptbegriffe, Gebete, die Wunder und Gleichnisse Jesu, Völker, Personen, Orte, Themen, Sachen und Ereignisse. Zunächst werden die wichtigsten Bibelstellen genannt, so daß man Ereignisse, wichtige Themen, Personen und Orte in der Bibel nachschlagen und verfolgen kann. An die Bibelstellen schließen sich Verweise auf die entsprechenden Seiten oder Artikel des Handbuchs an. Abbildungen oder Artikel sind unter dem jeweils wichtigsten Stichwort aufgeführt, also etwa alle Abbildungen und Karten dieses Buches über Jerusalem unter dem Stichwort 'Jerusalem' im Ortsverzeichnis. Das Material zu Kunst und Handwerk, Schiffen oder den verschiedenen Kalendern ist im Sachregister »Themen, Sachen und Ereignisse« aufgeführt.

Hauptbegriffe der Bibel

Ausgewählte Bibeltexte zu den Hauptbegriffen. Die Auswahl soll zum eigenen Weiterstudium anregen.

AUFERSTEHUNG Vom Tod zu einem neuen Leben erweckt werden (leibliche Auferweckung wie die Jesu Christi): Hiob 19, 25–27; Ps. 49, 15–16; Jes. 26, 19; Hes. 37; Dan. 12, 2; Mt. 22, 30–32; Lk. 14, 14; 20, 34–38; Joh. 5, 29; 6, 39–40. 44. 54; 11, 25; Apg. 2, 22–36; 4, 33; 17, 18. 32; 23, 6–8; 24, 15; Röm. 1, 4; 4, 24–25; 6, 5 ff.; 1. Kor. 15; Phil. 3, 10–11; Kol. 2, 12; 3, 1–4; 1. Thess. 4, 13 ff.; Hebr. 11, 35; 1. Petr. 1, 3; 3, 21; 1. Joh. 3, 2; Offb. 20, 4–6. 11–15.
Berichte über Jesu Auferstehung: Mt. 28; Mk. 16; Lk. 24; Joh. 20; 1. Kor. 15, 3–8.
BARMHERZIGKEIT Erbarmen; Freundlichkeit; Bereitschaft zum Vergeben (s. Gnade): 2. Mose 34, 6–7; Neh. 9, 7. 31; Ps. 23, 6; 25, 6; 40, 12; 51, 3; 103, 4.18; Dan. 9, 9; Jona 4, 2; Micha 6, 8; Mt. 5, 7; Lk. 18, 13; Röm. 9, 15; 12, 1; Eph. 2, 4.
BUND ›Vertrag‹ oder ›Vereinbarung‹, worin Gott seine Verheißungen festsetzt (s. auch Artikel S. 198–199 und S. 134, 164–165):
Mit Noah: 1. Mose 6, 18; 9, 9–17.
Mit Abraham: 1. Mose 15; 17.
Mit Israel: 2. Mose 19 ff.; 5. Mose 4 ff.
Mit David: 2. Sam. 7; Ps. 89; 132.
Der ›Neue Bund‹: Jer. 31, 31–34; Mt. 26, 26–28; 2. Kor. 3; Gal. 4, 21 ff.; Hebr. 9, 15 ff.
BUSSE Abwendung von Sünde und Ichbezogenheit, Hinwendung zu Gott: 2. Kön. 17, 13; 23, 25; 2. Chron. 33, 10 ff.; Hiob 42, 6; Ps. 51; 78, 34; Jes. 1, 16–20; 55, 6 ff.; Jer. 3, 12–14; Hes. 33, 12 ff.; Dan. 9, 3–20; Hos. 14, 1 ff.; Joel 2, 12–14; Mt. 3, 2. 8; 11, 20–21; Mk. 1, 4; Lk. 5, 32; 13, 3. 5; 15. 7. 10. 18–21; 24, 47; Apg. 2, 38; 17, 30; 20, 21; 26, 20; 2. Kor. 7, 10; Hebr. 12, 17; 2. Petr. 3, 9; Offb. 2, 5.
ERLÖSUNG Lösung, Befreiung aus Schuld oder Unfreiheit: 3. Mose 25, 25–55; 2. Mose 13, 13; 21, 30; 30, 12; 4. Mose 18, 15–16.
Gottes Erlösung für sein Volk: 2. Mose 6, 6; 5. Mose 7, 8; 21, 8; 2. Sam. 4, 9; Hiob 33, 22–28; Ps. 103, 4; 107, 2; 130, 8; Jes. 50, 2; 63, 9; Hos. 13, 14.
Christus als Lösegeld: Mt. 20, 28; Röm. 3, 24; 8, 23; 1. Kor. 1, 30; Gal. 3, 13; Eph. 1, 7; 4, 30; Kol. 1, 14; Hebr. 9, 12. 15; 1. Petr. 1, 18–19; Offb. 5, 9; 14, 3. 4.
ERWÄHLUNG Gottes Wahl; sein Recht, Menschen zu erwählen (s. auch S. 586): Röm. 9, 18 ff.
Gottes Erwählung einzelner zu einem bestimmten Zweck: 1. Mose 12, 1–2; 2. Mose 3; 1. Sam. 3; Jes. 6, 45; 49; Jer. 1.
Gott erwählt ein Volk: 5. Mose 7, 6 ff.; Röm. 8, 28–30; 1. Kor. 1, 27 ff.; Eph. 1, 4–12; 1. Petr. 1, 2; 2, 9.
EVANGELIUM Die ›gute Nachricht‹ Jesu: Mk. 1, 14–15; Lk. 8, 1 usw.
Die Botschaft des Evangeliums: z. B. Mt. 4, 17; Joh. 1, 11–13; 3, 1–21. 31–36; Apg. 2; 13; 17; Röm. 1–8 (bes. 1, 16–17; 5, 1; 6, 23); 2. Kor. 5, 17 ff.; Gal. 2, 20; 4, 4–7; Eph. 1, 3 ff.; 1. Joh. 1, 1–4; 5, 11–12. s. auch ›Reich‹, ›Leben‹, ›Rettung‹.
FLEISCH *Fleisch und Blut; der sterbliche Mensch:* 1. Mose 6, 3. 12; Ps. 78, 39; Hiob 19, 26; 34, 15; Jes. 40, 5.
Das sündige Ich: Röm. 7, 13–25; 8; Gal. 5, 16–24.
FREIHEIT Jes. 61, 1; Lk. 4, 18; Joh. 8, 31–36; Röm. 6, 16–23; 8, 2. 21; 2. Kor. 3, 17; Gal. 3, 28; 5, 1; 13; Jak. 1, 25; 2, 12; 1. Petr. 2, 16.
FREUDE Ps. 16, 11; 30, 6; 43, 4; 51, 14; 126, 5–6; Pred. 2, 26; Jes. 61, 7; Jer. 15, 16; Lk. 15, 7; Joh. 15, 11; 16, 22; Röm. 14, 17; 15, 13; Gal. 5, 22; Phil. 1, 4; 1. Thess. 2, 20; 3, 9; Hebr. 12, 2; Jak. 1, 2; 1. Petr. 1, 8; Jud. 24.
FRIEDE 4. Mose 6, 26; Ps. 4, 9; 85, 9–11; 119; 165; Spr. 3, 17; Jes. 9, 6–7; 57, 19–21; Jer. 6, 14; 16, 5; Hes. 34, 25; Mt. 10, 34; Lk. 1, 79; 2, 14; 7, 50; 19, 38. 42; Joh. 14, 27; Apg. 10, 36; Röm. 1, 7; 5, 1; 8, 6; 14, 19; Gal. 5, 22; Eph. 2, 14–17; 4, 3; 6, 15; Phil. 4, 7; Kol. 3, 15; 2. Thess. 3, 16; Jak. 3, 17–18.
GEBET s. ›Gebete in der Bibel‹. *Jesu Lehre über das Gebet:* Mt. 6, 5–15; 7, 7–11; 26, 41; Mk. 12, 38–40; 13, 33; 14, 38; Lk. 11, 1–13; 18, 1–14.
GEIST Gemüt, Herz, Wille; Geist im Unterschied oder im Gegensatz zu ›Fleisch‹ (s. oben; s. auch ›Heiliger Geist‹): 2. Kön. 2, 9; Hiob 32, 18; Ps. 31, 6; 34, 19; 51, 12; Jes. 26, 9; 31, 3; Hes. 37, 1–10 (Atem und Geist = Übersetzung desselben hebr. Wortes); Mt. 5, 3; 26, 41; Joh. 3, 6; 4, 23–24; Röm. 2, 29; 8; 1. Kor. 2, 11 ff.; Gal. 5, 16–25; Eph. 4, 23.
GEMEINDE Das Volk Gottes: Joh. 1, 12–13; 1. Kor. 12, 12–31; 2. Kor. 6, 16–18; Gal. 3, 6–29; Eph. 2, 11–22; Kol. 1, 15–20; 1. Petr. 2, 4–10.
Ihre Grundlage: Mt. 16, 18–20; 28, 16–20; Joh. 10, 7–18; Apg. 1, 6–8; 2.
Sendung und Ziel: Mt. 28, 19–20; Joh. 17, 18. 22 ff.; Apg. 1, 8; 26, 16–18; 2. Kor. 5, 18–21; Eph. 3, 7–13; 5, 25–27; Phil. 1, 5–11; 1. Petr. 2, 5. 9; Jud. 24–25.
Einheit: Joh. 17; 1. Kor. 1, 10 ff.; 11, 17 ff.; Gal. 1, 6–9; 3, 23–29; Eph. 4; 1. Petr. 3, 8 ff.
Leitung: Apg. 6, 1–6; 13, 1–3; 14, 21–23; 20, 17–35; 1. Kor. 12, 4–30; 1. Thess. 5, 12–13; 1. Tim.; Tit.; Hebr. 13, 17.
Versammlungen: Apg. 2, 41–47; 11, 19–26; 19, 8–10; 20, 7–12; 1. Kor. 11, 17–33; 14, 26–39; Hebr. 10, 23–25.
Gemeindezucht: Mt. 18, 15–20; Apg. 4, 33 – 5, 11; 1. Kor. 5; 2. Kor. 2, 5–11; Gal. 6, 1–3; 1. Tim. 5, 17–22.
Botschaft: s. ›Evangelium‹.
GERECHTIGKEIT Das rechte Handeln und Richten – Eigenschaften Gottes, die er auch von den Menschen erwartet: 1. Mose 15, 6; 18, 23 ff.; 3. Mose 19, 15; 5. Mose 4, 8; Hiob 4, 7; 36, 7; Ps. 1, 5–6; 11, 7; 23, 3; 34, 20; 37, 25; 97, 6; 98, 9; Spr. 10, 2; 11, 4 ff.; Jes. 53, 11; 64, 6; Hes. 3, 20–21; 33, 12 ff.; Hab. 1, 4. 13; Mt. 5, 6. 10. 20; 6, 33; 9, 13; 13, 43; Lk. 18, 9; Joh. 16, 8–10; Röm. 3, 10–26; 4, 3 ff.; 5, 17 ff.; 6, 13 ff.; 10, 3 ff.; 2. Kor. 5, 21; 6, 14; Eph. 6, 14; Phil. 1, 11; 1. Petr. 2, 24; 2. Petr. 3, 13; 1. Joh. 2, 1; 3, 7; Hebr. 12, 11; Jak. 5, 16.
GERICHT s. ›Zukunft‹.
GESETZ Gottes Weisung für rechtes Leben.
Ritual- und Zeremonialgesetz: 2. Mose 25–30; 34–40; 3. Mose 1–9; 11–17; 22–25; 5. Mose 14; 16; 18; 26.
Ethisches und soziales Gesetz: 2. Mose 20, 1–17; 21–23; 3. Mose 18–20; 5. Mose 5, 1–21; 10, 12–21; 15; 19–25.

Freude am Gesetz: Ps. 1; 19; 37, 31; 40, 9; 119; Spr. 29, 18.
Seine ständige Geltung: Mt. 5, 17–20; 22, 36–40; 23, 23; Lk. 10, 25–28; Röm. 3, 31; 8, 3–4.
Die Unmöglichkeit, Gottes Normen durch menschliche Anstrengungen zu erfüllen; die Grenzen des Gesetzes: Joh. 7, 19; Apg. 13, 39; Röm. 2, 25–29; 3, 19–21; 7, 7–25; 8, 3; Gal. 2, 16; 3, 21–24; Hebr. 7, 18–19; Jak. 2, 8–12.
GLAUBE Vertrauen auf Gott; Glaube an seine Verheißungen: 1. Mose 15, 6; Ps. 37, 3 ff.; Spr. 3, 5–6; Jer. 17, 7–8.
Glaube und Lebensführung: Hab. 2, 4; Hebr. 11; Jak. 2.
Bindung an Jesus Christus: Joh. 1, 12; 8, 24; Apg. 16, 30–31; Röm. 1, 16–17; 4; Gal. 3; Eph. 2, 8–9; 1. Joh. 5, 1–5.
Glaube als Zugang zur Macht Gottes: Mt. 17, 20–21; Mk. 9, 23; Jak. 5, 13–18.
GNADE Gottes Liebe ausgegossen über unwürdige Menschen (das AT gebraucht verschiedene Begriffe): 5. Mose 7, 6–9; Ps. 23, 6; 25, 6–10; 51, 3; Jer. 31, 2–3.
Erlösung – Gottes Gnade: Eph. 2, 4–9; Röm. 3, 19–24; 6, 14.
Abhängigkeit des Christen von Gottes Gnade: 2. Kor. 12, 9; Eph. 4, 7; 1. Tim. 1, 2; 1. Petr. 5, 5. 10; 2. Petr. 3, 18.
GOTT Ein Gott, der sich selbst in drei Personen offenbart hat – Vater, Sohn (Jesus Christus) und Heiliger Geist: 5. Mose 6, 4; 1. Mose 1, 1–2 und Joh. 1, 1–3; Ri. 14, 6 usw.; Jes. 40, 13; 45, 18–22; 61, 1; 63, 10 usw.; Mt. 28, 19; Joh. 14, 15–26; 2. Kor. 13, 14; Eph. 2, 18; 4, 4–6; 2. Thess. 2, 13–14; 1. Petr. 1, 1–2.
Die ›Andersartigkeit‹ Gottes: der ewige Geist; der Schöpfer: 1. Mose 1; 5. Mose 33, 26–27; 1. Kön. 8, 27; Hiob 38 ff.; Ps. 8; 100; 104; Jes. 40, 12–28; 55, 9; Joh. 4, 23–24; Röm. 1, 19–20; Offb. 1, 8;
– seine Macht: 1. Mose 17, 1; 2. Mose 32, 11; 4. Mose 24, 4; Hiob 40–42, 2; Jes. 9, 6; 45–46; Dan. 3, 17; Mt. 26, 53; Joh. 19, 10–11; Apg. 12; Offb. 19, 1–16;
– sein Wissen: 1. Mose 4, 10; Hiob 28, 20–27; Ps. 139, 1–6; Dan. 2, 17–23; Mt. 6, 7–8; Joh. 2, 23–25; 4, 25–29; Eph. 1, 3–12;
– seine Allgegenwart: 1. Mose 28, 10–17; Ps. 139, 7–12; Jer. 23, 23–24; Apg. 17, 26–28.
Gottes Eigenschaften – seine Heiligkeit und Gerechtigkeit: 2. Mose 20; 3. Mose 11, 44–45; Jos. 24, 19–28; Ps. 7; 25, 8–10; 99; Jes. 1, 12 ff.; 6, 1–5; Joh. 17, 25–26; Röm. 1, 18 – 3, 26; Eph. 4, 17–24; Hebr. 12, 7–14; 1. Petr. 1, 13–16; 1. Joh. 1, 5–10;
– seine Liebe und Barmherzigkeit: 5. Mose 7, 6–13; Ps. 23; 25; 36, 6–13; 103 u. a.; Jes. 40, 1–2. 27–31; 41, 8–20; 43; Jer. 31, 2–14; Hos. 6; 11; 14; Joh. 3, 16–17; 10, 7–18; 13, 1; 14, 15–31; 15, 9. 12 ff.; Röm. 8, 35–38; Gal. 2, 20; Eph. 2, 4–10; 1. Joh. 3, 1–3. 16; 4, 7–21.
HEILIGER GEIST Eins mit Gott, dem Vater, und mit Jesus Christus; wirkt in der Menschenwelt, bes. in und durch Gottes Volk.
Sein Wesen und Person: 1. Mose 1, 1–2; 2. Sam. 23, 2–5; Ps. 139, 7–12; Mt. 12, 25–32; 28, 19; Joh. 14, 15–17; 15, 26–27; Apg. 5, 1–3; 20, 28; Röm. 8, 9–11; 2. Kor. 3, 15–18; 13, 14; Eph. 4, 29–31.
Sein Werk: 2. Mose 31, 3; Ri. 3, 10; 14, 6 usw.; Ps. 51, 12–14; Jes. 11, 1–3; 32, 14–18; 42, 1–4; 63, 10–14; Hes. 36, 26–27; Joh. 3, 5–8; 14, 25–26; 16, 7–15; Apg. 1, 6–8; 2; 11, 16–18; Röm. 5, 1–5; 8, 1–27; 1. Kor. 2, 1–13; 12, 3–13; 2. Kor. 1, 20–22; Gal. 5, 16–25; 2. Petr. 1, 20–21.
HEILIGKEIT Gottes sittliche Vollkommenheit; seine Trennung vom Bösen und sein besonderes Wesen: 2. Mose 3, 4–6; 15, 11; 1. Chron. 16, 10; Jes. 6, 3–5; 10, 20; Hos. 11, 9; Joh. 17, 11; Offb. 4, 8.
Sichtbar geworden in Jesus: Apg. 4, 27. 30; Joh. 1, 14–18; 14, 6 ff.;
– in Gottes Volk: 2. Mose 19, 6; Lk. 1, 74–75; 2. Kor. 7, 1; Eph. 4, 23–24; Kol. 3, 12 ff.; 1. Petr. 1, 15–16; 2, 9; Hebr. 12, 10–11.
HEILIGUNG Aussonderung für Gott (s. Heiligkeit); Angleichung an das Wesen Christi: 2. Mose 31, 12–15; 3. Mose 22, 9; 5. Mose 5, 12; Jos. 3, 5; 1. Chron. 15, 14; Hes. 37, 24–28; Joh. 10, 36; 15, 1–17; 17, 17–19; Röm. 12, 1 ff.; 15, 16; 1. Kor. 1, 2. 30; 6, 11; 7, 14; Eph. 4, 24; Phil. 1, 9–11. 27; Kol. 1,10; 1. Thess. 3, 11–13; 4, 3–4; 5, 23; 2. Thess. 2, 13; 1. Tim. 4, 5; Hebr. 10, 10. 14. 29; 2. Petr. 1, 3–11; 1. Joh. 3, 2–3.
HIMMEL Der Ort Gottes; die vollkommene, unsichtbare Welt: 5. Mose 26, 15; Neh. 9, 6; Mt. 5, 45; 6, 9; Mk. 13, 32; 1. Petr. 1, 4.
Der ›neue Himmel‹ und die ›neue Erde‹: Jes. 65, 17 ff.; 2. Petr. 3, 10–13; Offb. 21–22.
HÖLLE Im AT ›Scheol‹ – Ort der Toten; im NT ›Hades‹: Ps. 88, 4–7; 139, 8; Spr. 9, 18; Jes. 5, 14; 38, 18; Amos 9, 2. ›Gehenna‹ (NT), das Los derer, die endgültig von Gott getrennt sind: Mt. 5, 22. 29–30; 10, 28; 23, 33; 25, 41; 2. Petr. 2, 4; Offb. 1, 18; 20, 13–15.
HOFFNUNG Zuversichtliche Erwartung: Röm. 4, 18; 5, 1–5; 8, 24–25; 12, 12; 15, 4; 1. Kor. 13, 13; 15, 19 ff.; Kol. 1, 5. 27; 1. Petr. 1, 3 ff.; Hebr. 11, 1 ff.
INKARNATION s. ›Menschwerdung‹.
JESUS CHRISTUS *Gottes Sohn – sein eigener Anspruch:* Mt. 26, 59–64; 27, 41–44; Mk. 2, 1–12; Joh. 5, 17–47; 6, 25–51; 7, 16–31; 8, 54–59; 10, 22–39; 14, 8–11; 17, 1–5. 20–24; 19, 7. Von Gott bestätigt: Mt. 17, 1–8; Mk. 1, 9–11;
– die Meinung seiner Jünger und anderer: Mt. 16, 13–20; 27, 50–54; Mk. 1, 21–27; 5, 1–13; Lk. 1, 31–35; Joh. 1, 29–34. 43–51; 6, 66–69; 11, 23–27; 20, 28; Apg. 2, 22–36; 7, 54–60; 9, 17–22; 10, 34–43; Röm. 1, 1–4; Eph. 1, 20–23; Phil. 2, 5–11; Kol. 1, 15–20; Hebr. 1; 1. Joh. 1, 1–4; 2, 22–25; 4, 9–16;
– Erweise seiner Taten, s. ›Wunder Jesu‹.
Menschensohn – ein wirklicher Mensch (doch ohne Sünde – Lk. 4, 1–13; 23, 39–41; Joh. 8, 46; 2. Kor. 5, 21; 1. Petr. 2, 22–23; 3, 18; Hebr. 4, 15): Gal. 4, 4; Mt. 4, 2; 21, 18; Mk. 1, 41; 10, 21; Lk. 7, 13; Joh. 4, 6; 11, 33. 35. 38; 13, 1; 15, 13; Apg. 2, 22–23; Hebr. 2, 14–18; 4, 15; 1. Joh. 4, 2.
Die Bedeutung seines Todes: Mk. 8, 31–33; Lk. 24, 13–27. 44–48; Joh. 1, 29; 3, 14–15; 11, 50–52; 12, 24; Apg. 2, 22–42; 3, 12–26; 10, 34–43; Röm. 5, 6–21; 1. Kor. 11, 23–26; Phil. 2, 5–11; Hebr. 10, 5–14; 1. Petr. 2, 24. Siehe auch unter ›Erlösung‹ und ›Vergebung‹.
Die Verheißung seiner Wiederkehr: Mt. 24; 26, 64; Joh. 14; Apg. 1, 11; 3, 19–21; Phil. 3, 20; Kol. 3, 4; 1. Thess. 1, 10; 4, 13 – 5, 11; 2. Thess. 1, 5 – 2, 12; 2. Petr. 3, 8–13. Siehe auch ›Messias‹.
LEBEN *Menschliches Leben (Schöpfung):* 1. Mose 2, 7. 9; Mt. 6, 25 usw.
Gott, der Ursprung des Lebens; seine lebensnotwendigen Gesetze und seine Weisheit: 5. Mose 30, 15–20; Ps. 36, 10; 133, 3; Spr. 8, 35; 14, 27; Jer. 21, 8.
›Ewiges‹ Leben (Neue Schöpfung): Mt. 7, 14; 10, 39; 16, 25–26; 18, 8–9; 19, 16 ff. 29; Lk. 12, 15; Joh. 1, 4; 3, 15–16. 36; 4, 14; 5, 24; 6, 27. 35. 40. 47–51; 10, 10. 28; 11, 25; 14, 6; 17, 3; 20, 31; Röm. 6, 4 ff. 22–23; 8, 6; 2. Kor. 4, 10–12; 5, 17 ff.; Gal. 6, 8; Eph. 2, 2 ff.; 1. Tim. 6, 12; 1. Joh. 1, 1–2; 3, 14; 5, 11–12; Offb. 22, 1–2. 17.
LIEBE 1. Kor. 13; Gal. 5, 22; 1. Joh. 4, 7 – 5, 3.
Die Liebe Gottes, die Liebe Christi: 5. Mose 7, 7–8; Spr. 3, 12; Jes. 63, 7–9; Jer. 31, 3; Hos. 3, 1; 14, 4; Joh. 3, 16; 13, 1; 15, 9. 12–13; Röm. 8, 35–39; Gal. 2, 20; Eph. 2, 4; 3, 17–19; Hebr. 12, 6; 1. Joh. 3, 1.
Des Menschen Liebe zu Gott: 2. Mose 20, 6; 5. Mose 6, 5; 11, 1. 13. 22; Ps. 31, 24; 116, 1; 119, 47–48; Joh. 14, 15. 21–24; Röm. 8, 28; 1. Kor. 8, 3; 1. Petr. 1, 8.
Die Liebe zu anderen: 3. Mose 19, 18. 34; Mt. 5, 43–46; Joh. 13, 34–35; 14, 15. 21–24; 15, 9–14; Gal. 5, 13–14; Eph. 4, 2. 15–16; Phil. 2, 2; Hebr. 10, 24; 1. Joh. 4, 7 – 5, 3.
Liebe zwischen Mann und Frau: 1. Mose 29, 20; 2. Sam. 13, 15; Spr. 5, 18–19; Hoheslied; Eph. 5, 25 ff.; Kol. 3, 19.
MENSCH Von Gott geschaffen – mit einer sterblichen, aber sittlichen und geistigen Natur –, damit er Gott dient, gehorcht und sich seiner Freundlichkeit erfreut: 1. Mose 1–2; 17, 1 ff. usw.; 5. Mose 5, 28–33; 8; 2. Sam. 19, 12–13; Ps. 8; 27; 66; 78, 5–8; Jes. 40, 6–8; 43; Pred. 12, 1–7; Micha 6, 6–8; Lk. 12, 13–21; Röm. 1, 18–25; 8, 18 ff.; 1. Kor. 15, 45–50; 2. Kor. 5, 1–5; 6, 16–18.
In Auflehnung gegen Gott: 1. Mose 3; Ri. 2, 11–23; Ps. 2, 1–3; Dan. 9, 3–19; Röm. 1–3; 7, 13–25; Hebr. 3, 7–19; Offb. 17–18. Siehe auch ›Sünde und Böses‹. Für die Neuschöpfung des Menschen in Christus und seine herrliche Bestimmung s. ›Himmel‹, ›Leben‹, ›Wiedergeburt‹, ›Zukunft‹ usw.
MENSCHWERDUNG Gott wurde Mensch: Mt. 1–2; Lk. 1–2; Joh. 1, 1–18; Röm. 8, 3; Phil. 2, 6–11; Kol. 1, 13–22; Hebr. 1–2; 4, 14 – 5, 10; 1. Joh. 1, 1 – 2, 2.
MESSIAS Der Christus, der von Gott gesandte Erretter: 5. Mose 18, 15 ff.; Ps. 2; 45, 7–8; 72; 110; Jes. 9, 2–7; 11; 42, 1–9; 49, 1–6; 52, 13 – 53, 12; 61, 1–3; Jer. 23, 5–6; 33, 14–16; Hes. 34, 22 ff.; Dan. 7; Sach. 9, 9–10; Mt. 1, 18. 22–23; 16, 16. 20; 26, 63; Mk. 14, 61–62; Lk. 2, 11. 26; Joh. 4, 25. 29; 7, 26–27. 31. 41–42; 9, 22; Apg. 2, 36; 3, 20–21; 4, 26–28; 18, 28; 26, 22–23.
MITTLER Der Vermittler, der Gott und Mensch versöhnt (s. auch ›Versöhnung‹): Gal. 3, 19–20; 1. Tim. 2, 5; Hebr. 8, 6; 9, 15; 12, 24.
OFFENBARUNG Was Gott dem Menschen bekanntmacht. Die ganze Bibel ist Gottes Offenbarung. Dafür einige Beispiele: 5. Mose 29, 29; 1. Sam. 3, 7. 21; Jes. 22, 14; 40, 5; Dan. 2, 22. 28 ff.; Amos. 3, 7; Lk. 17, 30; Joh. 12, 38; Röm. 1, 17–18; 2, 5; 8, 18; 16, 25; 1. Kor. 14, 6. 26; 2. Kor. 12,

1. 7; Gal. 1, 12; 3, 23; Eph. 1, 9–10. 17; 3, 3. 5; 1. Petr. 1, 5. 12–13; 5, 1; Offb. 1, 1.
Christus als die Offenbarung Gottes: z. B. Joh. 1, 1–18; 14, 7; Kol. 1, 15 ff.; Hebr. 1, 1–3; 2. Petr. 1, 16 ff.; 1. Joh. 1, 1 ff.; Offb. 1, 12–16.
Gott geoffenbart in seiner Schöpfung: Hiob 38–40; Ps. 8; 19; 104; Röm. 1.
Gott in besonderer Weise geoffenbart in seiner Macht und seiner Herrlichkeit: 2. Mose 24, 9–11; 33, 18 – 34, 9; 1. Kön. 19, 9 ff.; Jes. 6; Hes. 1; 10; Dan. 7, 9–14; Mt. 17, 1–5 (Christi Verklärung); Offb. 4.
OPFER *Opfer im AT:* 1. Mose 4, 2–4; 8, 20; 22, 1–14; 2. Mose 12 (Passafest); 29–30; 3. Mose 1–9; 16 (Versöhnungsfest); 17; 1. Sam. 15, 22; Ps. 50, 5; 51, 17–21; 107, 22; Spr. 15, 8; Jes. 43, 23–24; Jer. 6, 20; Hos. 3, 4; Amos 4, 4–5; 5, 21–24.
Im NT: Mt. 9, 13; 26, 28; Lk. 2, 24; Joh. 1, 29; 6, 51 ff.; Röm. 12, 1; 1. Kor. 10, 14 ff.; Eph. 5, 2; Phil. 2, 17; 4, 18; Hebr. 5, 1–3; 7, 27; 9, 11–28; 10; 13, 15–16; 1. Petr. 2, 5.
RECHTFERTIGUNG als Rechtsbegriff: Freispruch. Das NT erklärt, daß Gott dem Menschen die Strafe für seine Gesetzesübertretung erlassen kann, weil sie durch den Tod Jesu bezahlt ist (s. auch ›Vergebung‹): 2. Mose 23, 7; Hiob 13, 18; 25, 4; Ps. 51, 1 ff.; 103, 6; 143, 2; Jes. 50, 8–9; 53, 11; Lk. 18, 14; Apg. 13, 39; Röm. 2, 13; 3, 4. 19–30; 4, 2 ff.; 5, 1–10; 8, 30–34; 1. Kor. 6, 11; Gal. 2, 15–21; 3, 6–14; Tit. 3, 7; Jak. 2, 14–26.
REICH Herrschaft Gottes, das neue Zeitalter (s. Artikel »Reich Gottes« und »Reich der Himmel«, S. 484–485): Ps. 103, 19; 145, 11–13; Dan. 2, 44; 4, 3; 7, 13–14. 27; Mt. 3, 2; 4, 23; 5, 3. 10. 19–20; 6, 9–10. 33; 13, 11. 19. 24–52; 16, 19. 28; 18, 1–4. 23 ff.; 19, 12. 14. 23 ff.; 20, 1 ff. 21 ff.; 21, 43; 22, 2 ff.; 23, 13; 24, 14; 25, 1 ff., 34; 26, 29; viele ähnliche Stellen in Mk. und Lk.; Joh. 3, 3. 5; 18, 36; Apg. 14, 22; 28, 31; Röm. 14, 17; 1. Kor. 4, 20; Gal. 5, 19–21; Kol. 1, 13.
RETTUNG Gottes Errettung des Menschen von Sünde und Tod zum ›ewigen‹ Leben, einer völlig neuen Seinsweise. Das Thema ›Rettung‹ (Gott als Retter) durchläuft die ganze Bibel. Es ist der Kern der christlichen Botschaft: 2. Mose 14, 30; 4. Mose 10, 9; 5. Mose 33, 29; Ri. 2, 16–18; 1. Sam. 15, 23; 1. Chron. 11, 14; Hiob 22, 29; Ps. 28, 8–9; 34, 7; 37, 40; Jes. 30, 15; 43, 11–13; 45, 21–22; 59, 1; Jer. 30, 10–11; Hos. 13, 4; Mt. 1, 21; 10, 22; 19, 25; 27, 42; Lk. 2, 11; 8, 12; Joh. 3, 17; 10, 9; Apg. 2, 21; 4, 12; 16, 30–31; Röm. 5, 9–10; 10, 9–13; 1. Kor. 3, 15; Eph. 2, 8; 1. Tim. 1, 15; 2, 4; 4, 10; Hebr. 7, 25. Rettung ist auch in einer Reihe von bildlichen Ausdrücken oder Bildern beschrieben: Gott bedeckt die Sünde des Menschen – s. ›Sühnopfer‹; er spricht frei – s. ›Rechtfertigung‹; er versöhnt – s. ›Versöhnung‹; er erlöst – s. ›Erlösung‹; er gibt neues Leben – s. ›Leben‹ und ›Wiedergeburt‹. Siehe auch ›Evangelium‹.
SCHÖPFUNG UND ERHALTUNG 1. Mose 1–2; Hiob 38, 1 – 42, 6; Ps. 8; 33, 6–22; 104; Jes. 40, 21–26; Mt. 6, 25–33; Apg. 14, 15–18; Röm. 1, 18–23; 8, 18–23; 13, 1–7; Kol. 1, 15–20; Hebr. 1, 1–3. Neuschöpfung s. ›Leben‹; Neuer Himmel und neue Erde s. ›Himmel‹.
SÜHNOPFER Gott und Mensch werden ausgesöhnt, indem die Sünde des Menschen vor Gott ›bedeckt‹ wird: 3. Mose 4; 16; Röm. 3, 25; 1. Joh. 2, 2; 4, 10. Siehe auch unter ›Erlösung‹ und ›Versöhnung‹.
SÜNDE UND BÖSES Falsches Handeln; Ungehorsam; Auflehnung gegen Gott.
Einbruch der Sünde in die Welt: 1. Mose 2–3; 2. Petr. 2, 4; Judas 5–7; Offb. 12, 7–12.
Satan – die Verkörperung des Bösen – und sein Werk: 1. Mose 3, 1–6; Hiob 1–2; Mt. 4, 1–11; 12, 22–28; 16, 23; Lk. 13, 16; 22, 3–6. 31; Joh. 8, 43–47; Apg. 26, 15–18; 2. Kor. 2, 10–11; 11, 14; 12, 7; 1. Thess. 2, 18; Hebr. 2, 14; 1. Petr. 5, 8; 1. Joh. 3, 8–10; Offb. 2, 13; 12, 7–17.
Die Allgemeinheit der Sünde und ihre Auswirkung auf den Menschen: 1. Mose 3, 16–24; 4; 5. Mose 9, 6–24; Ps. 14; Jes. 59, 1 ff.; Jer. 44; Hes. 36, 22–32; Mt. 15, 16–20; Röm. 1, 28–32; 5, 12; 6, 23; Gal. 5, 19–21; Eph. 2, 1–3; Jak. 1, 12–15; 4, 1–3. 17; 1. Joh. 3, 4.
Gottes Sieg; die endgültige Zerstörung der Sünde: Ps. 103; Röm. 5, 15–21; 1. Kor. 15, 54–57; 1. Joh. 3, 4–10; Offb. 20.
TOD Die körperliche und geistliche Folge der Sünde des Menschen – Entfremdung von Gott: 1. Mose 2, 17; Röm. 5, 12 ff.; 6, 23; Eph. 2, 1–5.
Sieg über den Tod: Joh. 5, 24; 8, 51; 11, 25; Röm. 5, 17 ff.; 6; 8, 6–11. 38–39; 1. Kor. 15, 26. 54–56; 1. Joh. 3, 14; Offb. 21, 4.
Der ›zweite Tod‹: Offb. 2, 11; 20, 6. 14; 21, 8.
VERGEBUNG Gottes liebendes Erbarmen: 2. Mose 34, 6–7; Ps. 51; Jes. 55, 6–7; 1. Joh. 1, 5–10.
Der Tod Christi als Voraussetzung für Gottes Vergebung: Mt. 26, 26–28; Joh. 1, 29; Apg. 5, 31; 13, 38; Eph. 1, 7; 1. Joh. 2, 2. 12.
Anderen vergeben: Mt. 6, 14–15; 18, 21–35; Eph. 4, 32; Kol. 3, 13.
VERSÖHNUNG *Zwischen Gott und* Mensch: Röm. 5, 6–11; 11, 15; 2. Kor. 5, 18–20; Kol. 1, 20–22.
Zwischen Menschen: Mt. 5, 23–24; Joh. 17, 11. 20–23; 1. Kor. 7, 11; 12, 12 ff.; Gal. 3, 28; Eph. 2, 11–22.
VERSUCHUNG Probe, Prüfung: 1. Mose 3; 22, 1; 2. Mose 17, 7; 5. Mose 6, 16; Ps. 95, 9; Mt. 6, 13; 22, 35; 26, 41; Apg. 5, 9; 1. Kor. 7, 5; 10, 9–13; Hebr. 2, 18; 4, 15; Jak. 1, 2–4. 13–15.
Die Versuchung Jesu: Mt. 4, 1–11; Mk. 1, 12–13; Lk. 4, 1–13.
WEISHEIT Ausdruck einer Lebenshaltung, die auf Gott und seine Gesetze gerichtet ist: 2. Mose 28, 3; 5. Mose 34, 9; 1. Kön. 3, 5–14; Hiob 12, 13; 28; Ps. 37, 30; 104, 24; Spr. 1; 8; 9; Pred. 1, 13–18; 2, 12–26; Jes. 11, 2; Dan. 2, 20–23; Mt. 13, 54; Lk. 2, 52; 21, 15; Apg. 6, 3; 1. Kor. 1, 17 – 2, 16; 3, 18 ff.; Kol. 3, 16; 2. Tim. 3, 15; Jak. 1, 5; 3, 13–18.
WELT *Das erschaffene All; die Erde:* 2. Sam. 22, 16; Hiob 34, 13; Ps. 24, 1; 50, 12; 90, 2; Mt. 4, 8; 16, 26; Joh. 1, 9; Röm. 5, 12.
Die Menschheit: Ps. 9, 9; Jes. 13, 11; Lk. 2, 1; Joh. 3, 16–17; 8, 26; 14, 31; 1. Kor. 1, 21.
Das gegenwärtige Zeitalter: Mt. 24, 3; 28, 20; Lk. 18, 30; Eph. 1, 21.
Die Welt in Auflehnung gegen Gott: Joh. 7, 7; 8, 23; 14, 17; 15, 18–19; Jak. 4, 4; 1. Joh. 2, 15–17; 4, 4–5; 5, 4–5.
WIEDERGEBURT Erneut geboren, geschaffen sein; für Gott lebendig sein: Ps. 51, 12; Jer. 24, 7; 33, 33–34; Hes. 11, 19; 36, 26; Mt. 19, 28; Joh. 1, 12–13; 3, 3 ff.; Röm. 8, 9 ff.; 2. Kor. 5, 17; Eph. 2, 5; Tit. 3, 5; 1. Petr. 1, 23; 1. Joh. 2. 29; 3, 9; 4, 7; 5, 1. 4. 18.
ZUKUNFT Es kommt der Tag (AT: ›der Tag‹, der ›Tag des Herrn‹), an dem Gott alle Menschen richten wird, wenn alle seine herrlichen Verheißungen für sein Volk in einem neuen Himmel und einer neuen Erde verwirklicht werden (s. auch ›Auferstehung‹, ›Himmel‹ und ›Jesus Christus‹): Jes. 2–4; 65, 17–25 usw.; Dan. 12, 1–3; Joel; Amos 5; Zeph.; Mt. 24–25; Apg. 1, 6–11; 1. Kor. 3, 10–15; 15, 20–28. 35–58; Offb. 19–22 u. a.

Völker und Stämme der biblischen Länder

Zu den Wohngebieten der erwähnten Völker, s. Karte S. 12–13.

ÄGYPTER Die Einwohner Ägyptens, deren hochentwickelte Kultur der Kultur Mesopotamiens gleichkam. Als Abraham Ägypten kennenlernte (Mittleres Reich, etwa 2100–1800 v. Chr.), war dessen Kultur schon über 1000 Jahre alt. Wahrscheinlich während der 2. Zwischenzeit (um 1800–1600 v. Chr.) ließ sich Joseph mit seiner Familie hier nieder. Der Auszug aus Ägypten erfolgte im Neuen Reich (um 1600–1100 v. Chr.), wahrscheinlich in der Zeit des Pharao Ramses II. (um 1290–1224 v. Chr.) in der 19. Dynastie. Israel wird als eines der Völker Palästinas auf der ›Israel-Stele‹ seines Nachfolgers Merneptah (um 1224–1220 v. Chr.) erwähnt.
Mit dem 1. Jh. v. Chr. waren die großen Tage der ägyptischen Kultur vorbei. Einen neuen Versuch, Asien zu erobern, machte im 10. Jh. Scheschonk I. (bibl. Schischak 1. Kön. 11, 29–40; 14, 25–26). Im selben Jh. trieb Salomo mit Ägypten Handel (s. Cilicier). Er war auch mit einer Pharaonentochter verheiratet. Aber obgleich danach noch ägyptische Herrscher in Palästina und Syrien eingriffen (2. Kön. 19, 9; s. Äthiopier; 23, 29; 24, 1–7; Jer. 37, 5–19; 46, 1–26; Hes. 17, 11. 21), war Ägypten nun ein ›schwankendes Rohr‹ (2. Kön. 18, 21; Jes. 36, 6). Das Land wurde nacheinander Bestandteil des Persischen, Griechischen und Römischen Reichs.

ÄTHIOPIER Die südlichen Nachbarn der Ägypter. Sie bewohnten nicht das heutige Äthiopien, sondern das Gebiet entlang des Nils von Assuan bis Karthum. Der nördliche Teil entspricht Nubien, das in alten Zeiten Kusch hieß.
Im 1. Jt. v. Chr. erreichte Äthiopien (Hauptstadt Napata) zeitweise die Macht seines früheren Beherrschers Ägypten. Im 9. Jh. setzten die Ägypter einen äthiopischen General gegen Palästina ein (2. Chron. 14, 9–15). Im 8. und 7. Jh. übernahm eine äthiopische Dynastie (die 25.) die Herrschaft in Ägypten und griff in Palästina ein (2. Kön. 19, 9). Sie dienten weiterhin unter den saitischen Pharaonen (26. Dynastie; Jer. 46, 9). Die weiteste Grenze des Perserreiches war Äthiopien (Esther 1, 1; 8, 9). Obwohl seine Beamten möglicherweise in den Nahen Osten reisten (Apg. 8, 27), war es zu weit entfernt, um auf Dauer von den Großmächten beherrscht zu werden.

AKKADER Die nördlichen Nachbarn der Sumerer im 3. Jt. v. Chr. Aus der akkadischen Sprache entwickelte sich das Babylonische und das Assyrische. Biblische Erwähnung nur in 1. Mose 10, 10.

AMMONITER Bewohner der Gegend östlich der Jordanmündung in das Tote Meer. An der Stelle der damaligen Hauptstadt Rabbath-Amon steht heute Amman. Zur Zeit der Landnahme wurde das Land nicht von den Israeliten erobert (Ri. 11, 5), später aber von den Stämmen Ruben und Gad teilweise besetzt. Die Ammoniter wurden im Verlauf der Geschichte dem Assyrischen, Babylonischen und dem Persischen Weltreich eingegliedert. Aber zu Zeiten der Unabhängigkeit waren sie eine Bedrohung für Israel, mindestens bis zur Zeit der Makkabäer, als ihre Hauptstadt Philadelphia hieß (1. Makk. 5, 6).

AMORITER Semitisch sprechendes Nomadenvolk vom Mittellauf des Euphrat; ließ sich zu Ende des 3. und zu Anfang des 2. Jt. v. Chr. in Mesopotamien und Syrien-Palästina nieder. Ihre nur von Personennamen bekannte Sprache ist das erste schriftliche Beispiel des Westsemitischen. Sie waren führend in der Bevölkerung von Mari. Die Mari-Schriften geben Einblick in die patriarchalischen Sitten. Nach der Eroberung Kanaans durch die Israeliten gingen die dort verbliebenen Amoriter nach und nach in der Bevölkerung auf (s. 1. Sam. 7, 14).

ARABER Die semitisch sprechenden Nomaden und Halbnomaden, die in Nordarabien am Rande der besiedelten Gebiete lebten. Während des 1. Jt. v. Chr. sind sie vor allem durch Überfälle bekannt, aber es gab einen ständigen Zuzug von wenigen Arabern in die besiedelten Gebiete. Seit dem 3. Jh. v. Chr. war die Gegend südöstlich Palästinas durch eine Arabergruppe, die Nabatäer, besetzt, die eine blühende Kultur auf der Grundlage des Weihrauchhandels (s. Sabäer), bes. in Petra aufbauten.
In den Zeiten des NT erstreckte sich die Herrschaft der Nabatäer bis östlich von Damaskus, wo anscheinend ein Bevollmächtigter des Königs Aretas residierte (2. Kor. 11, 32). Paulus verbrachte einige Zeit nach seiner Bekehrung im Nabatäerland (Gal. 1, 17).

ARAMÄER Semitisch sprechendes Volk, nah verwandt mit den Israeliten (s. 5. Mose 26, 5), verstreut über Mesopotamien und Syrien während der 2. Hälfte des 2. Jt. v. Chr. Zu Beginn des 1. Jt. beherrschen sie syrische Stadtstaaten wie Damaskus und Hamath (s. auch Cilicier). Das hebräische Wort ›Aram‹ (AT) wird meist mit ›Syrien‹ übersetzt, das griechische Wort ›Suria‹ erscheint nur im NT.

ASSYRER Die Heimat dieser Nachbarn der Babylonier war Nordmesopotamien. Während des 2. Jt. v. Chr. kamen sie unter die Herrschaft der Amoriter. Von 1350 bis 1100 v. Chr. errichteten sie einen mächtigen Staat, der die Länder westlich bis zum Mittelmeer kontrollierte. Die Hauptstadt war Assur, 883 v. Chr. verlegte Asurbanipal II. sie jedoch nach Kalhu (biblisch Kalah, heute Nimrud). Seine Nachfolger, bes. Salmanasser III. (858–824), Tiglath-Pileser III. (oder Phul; 744–727) und Salmanasser V. (726–722) residierten dort, bis Sargon II (721–705) eine neue Hauptstadt in Dur-Scharrukin (heute Khorsabad) gründete. Unter seinem Sohn Sanherib (704–681) wurde Ninive zur Hauptstadt und blieb es unter Asar-Haddon (680–669), Assurbanipal (668–627; vielleicht der ›Osnappar‹ in Esra 4, 10) und anderen unbedeutenderen Königen bis zur Zerstörung 612 v. Chr. durch die Chaldäer und die Meder.

BABYLONIER Die Nachfolger der Sumerer und Akkader im südlichen Mesopotamien. Die Hauptstadt war Babylon. Der bekannteste König der 1. babylonischen Dynastie (amoritischer Herkunft; 18. Jh. v. Chr.; ungefähr die Zeit Abrahams) war Hammurabi, der Urheber des ersten berühmten Gesetzbuches.
Während der 1. Hälfte des 1. Jt. v. Chr. waren die Babylonier den Assyrern unterworfen. Aber von 612 bis 539 v. Chr. beherrschte die neubabylonische oder chaldäische Dynastie Westasien. Im AT erwähnte Herrscher dieser Dynastie sind Nebukadnezar (604–565), Evil-Merodach (561–560), Nergal-Sarezer (559–556) und Belsazer. Der Perser Cyrus eroberte Babylon 539 v. Chr.

CHALDÄER Sie besetzten das südliche Mesopotamien ähnlich wie die stammesverwandten Aramäer den Norden. Während des 9. und 8. Jh. v. Chr. errangen sie oft die Oberhand über Babylon. Dort ließ sich auch die chaldäische Dynastie 626 v. Chr. nach einem langen Kampf mit Assyrien nieder.

CILICIER Die Einwohner der Gegend um Tharsus (der Geburtsstadt des Paulus). Aus Cilicien stammen die Pferde für Salomos Handel mit Syrien (1. Kön. 10, 28–29). Nach Aussage dieser Stelle scheint es, daß Salomo Pferde aus Ägypten und Cilicien und Streitwagen aus Ägypten erhielt und sie mit Gewinn an die Hethiter und die Aramäer-Staaten in Syrien verkaufte.

DEDANITER Die Einwohner von Dedan, heute Al-›Ula‹ in Nordwestarabien. Um das

7. Jh. v. Chr. wurden sie durch ihren Wohnsitz an der Handelsstraße nach Südarabien (s. Jes. 21, 13; Jer. 25, 23; Hes. 25, 13; 38, 13) wohlhabend. Etwa im 5. Jh. v. Chr. errichteten die Minäer eine Handelskolonie in Dedan, und um das 1. Jh. v. Chr. wurde es Teil des Nabatäerreiches.

EDOMITER Das südliche Nachbarvolk der Moabiter. Ihr Wohngebiet lag vor allem östlich des Wadi Araba. Wie die Moabiter verweigerten sie den Israeliten den Durchzug zur Zeit der Landnahme.
Die Edomiter blieben den Isrraeliten feindlich. Im 6. Jh., nach dem Fall Jerusalems, wanderten viele von ihnen in den Süden Judas. Andere folgten später nach, als ihr Land dem Nabatäerreich (s. Araber) einverleibt wurde. Süd-Judäa erhielt den Namen Idumäa (1. Makk. 4, 29; 5, 65), die Bewohner hießen Idumäer (Mk. 3, 8). Die Herodianer, die zu Zeiten des NT Judäa beherrschten, waren Idumäer.

ELAMITER Die östlichen Nachbarn der Sumerer und Babylonier. Ihre Hauptstadt Susa erlangte ihre größte Bedeutung unter ihren Nachfolgern, den Persern. An Pfingsten waren auch Pilger aus Elam in Jerusalem (Apg. 2, 9).

GRIECHEN Bekannt im Nahen Osten durch den Namen ihres asiatischen Gebietes Ionien – das ›Javan‹ des AT (Jes. 66, 19; Hes. 27, 13; Dan. 8, 21; 10, 20; 11, 2; Sach. 9, 13). Im NT werden sie mit *hellenes,* Griechen bezeichnet (Röm. 1, 14; dieses Wort wurde jedoch oft für Heiden allgemein gebraucht; bes. Joh. 7, 35).

HETHITER Ein indoeuropäisch sprechendes Volk, das im Inneren Kleinasiens eine eigene Kultur entwickelte und einen großen Teil Nordsyriens im 14. und 13. Jh. kontrollierte. Ihr Reich wurde durch Eindringlinge aus dem Norden (s. Philister) um 1200 v. Chr. zerstört. Viele der im AT erwähnten Hethiter waren Neu- oder Syrohethiter.
Nach der Zerstörung des hethitischen Reiches in Kleinasien wanderte ein Teil der Bevölkerung nach Nordsyrien und erlangte dort die Herrschaft über Stadtstaaten wie Karkemisch (s. auch Cilicien). Diese Leute, nun als Neu- oder Syrohethiter bekannt, waren die biblischen Hethiter aus der Zeit der Könige Israels.

HURRITER Ein Volk aus dem Norden, das sich während des 2. Jt. v. Chr. über den Nahen Osten ausbreitete. Sie hatten eine führende Rolle in der Bevölkerung von Nuzi. Wie Dokumente aus dem 15. Jh. v. Chr. erkennen lassen, waren die Sitten dort ähnlich denen der Erzväterzeit. Sie treten in der Bibel als *Horiter* und vielleicht *Hewiter* auf.

KANAANITER Die seßhaften Einwohner Palästinas und Südsyriens mit einer blühenden Stadtkultur im 2. Jt. v. Chr. Die Texte von Ugarit (heute Ras-Schamra) schildern die verderbte Religion Kanaans, die im AT getadelt wird. Die hebräische Sprache ist ein Dialekt des Kanaanäischen (Jes. 19, 18).

KARER Ein indoeuropäisch sprechendes Volk in Südwestkleinasien. Die Israeliten hielten sie als Söldnertruppen im 9. Jh. v. Chr. (2. Kön. 11, 4. 19).

KIMMERIER Ein Steppenvolk, das im 8.–7. Jh. v. Chr. den Kaukasus überquerte, gegen die Assyrer in Nordwest-Persien heranzog und die phrygischen und lydischen Königreiche in Kleinasien überrannte. Sie sind in Hes. 38, 6 (Gomer) in Verbindung mit anderen Nordvölkern (s. Phrygier) erwähnt.

KRETER Die Einwohner der Insel Kreta, Schauplatz der großen minoischen Kultur im 3. und 2. Jt. v. Chr. Im AT wird Kreta unter dem Namen ›Kaphthor‹ (1. Mose 10, 14; 5. Mose 2, 23) geführt. Die Philister sollen von dorther gekommen sein (Jer. 47, 4; Amos 9, 7). Die minoische Kultur Kretas überdauerte nicht die Erhebung der Seevölker (s. Philister) am Ende des 2. Jt. v. Chr. Im 1. Jt. war Kreta nur noch ein Teil des griechischen Kulturraumes. Im AT erscheinen einige von ihnen, die ›Cheretiter‹, die sich in der Nähe der Philister in Süd-Palästina niederließen (1. Sam. 30, 14). Einige stießen, wie die Philister, zu Davids Söldnertruppen (2. Sam. 8, 18; 15, 18; 20, 7; s. auch 1. Kön. 1, 38. 44). Kreter sind auch unter den Pilgern am Pfingsten erwähnt (Apg. 2, 11).

LYDER Ein indoeuropäisch sprechendes Volk im Westen Kleinasiens. Sie traten in Phrygien die Herrschaftsnachfolge an, kämpften gegen die Meder und unterlagen im 6. Jh. v. Chr. den Persern. Wahrscheinlich waren sie das ›Lud‹ in Jes. 66, 19; Jer. 46, 9; Hes. 27, 10; 30, 5, obwohl die im Zusammenhang der 2. und 4. Stelle stehenden Namen eher nach Nordafrika weisen.

MANNÄER s. Skythen.

MEDER Ein indoeuropäisch sprechendes Volk. Sie geboten über ein Reich in Persien und Kleinasien im 7. und 6. Jh. v. Chr. Die Hauptstadt war Ekbatana, heute Hamadan, im Nordwesten Persiens. 550 v. Chr. gliederte Cyrus von Persien Medien in sein wachsendes Reich ein. Von da an hatten die Meder eine führende Stellung im persischen Leben. Über ihre Anwesenheit beim Pfingstfest, s. Elamiter.

MIDIANITER Die südlichen Nachbarn der Edomiter. Ihr Gebiet erstreckte sich zeitweise bis an die mittlere Westküste Arabiens. Sie waren Halbnomaden mit Kamelen und stellten in der Königszeit für die Israeliten eine Bedrohung dar.

MOABITER Ihr Land wird im Norden durch Ammon, im Westen durch das Tote Meer und im Süden durch Edom begrenzt. Die Moabiter machten im wesentlichen dieselbe Entwicklung wie die Ammoniter (s. o.) durch. Sie standen in häufigem Konflikt mit Israel. In der Zeit der Landnahme verweigerten sie den Israeliten die Erlaubnis zum Durchzug durch ihr Gebiet. Der Moabiter- (oder Mesa-) Stein zeigt, daß sie eine semitisch-kanaanäische Sprache sehr ähnlich dem Hebräischen hatten.

NABATÄER s. Araber.

PERSER Ein indoeuropäisch sprechendes Volk, das die Babylonier im 6. Jh. v. Chr. besiegte und zur Macht über ein Reich gelangte, das sich von Indien bis zur Ägäis und nach Ägypten erstreckte. Ihre Hauptstädte waren Pasargadae und Persepolis im Bergland von Südwestpersien und die ehemals elamitische Hauptstadt Susa (bibl. Erwähnung: Dan 8, 2; Neh 1, 1; Esther) in der Tiefebene. Ihr vorbildlich verwaltetes Reich blühte, bis es Bestandteil des immer größer werdenden Reiches Alexanders des Großen im 4. Jh. v. Chr. wurde.

PHILISTER Teil der Seevölker, die im 14.–13. Jh. v. Chr. von der Ägäis in den Nahen Osten zogen. Sie wurden von den Ägyptern zurückgedrängt und ließen sich an der südlichen Westküste Palästinas nieder, wo sie die gerade dort seßhaft gewordenen Israeliten bedrohten, bis sie schließlich von David besiegt wurden. Die Philister, mit denen es die Erzväter zu tun hatten (1. Mose 21; 26), waren wahrscheinlich frühere Völker aus der Ägäis, die von diesen aus der späten Bronzezeit zu unterscheiden sind. Die Philister hielten weiterhin die Südküste Palästinas besetzt. Ein Teil von ihnen schloß sich Davids Leibwache an. Schließlich verloren sie unter David ihre Unabhängigkeit (2. Sam. 5, 25) und wurden wahrscheinlich weithin eingegliedert, obwohl sie manche kulturelle Unterschiede beibehielten (s. Neh. 13, 24; 1. Makk. 10, 83–84).

PHÖNIZIER Die semitisch sprechenden Bewohner der Levanteküste nördlich von Palästina. Seit dem 11. Jh. betrieben sie von Tyrus, Sidon und Byblos aus (1. Kön. 5, 18; Hes. 27, 9) Handel im Bereich des östlichen Mittelmeers. Ihr Name ist griechisch (*Phoinike*) und bedeutet wahrscheinlich: (Land der) Purpurfarbe (von *phoinos* = rot). Sie bezeichneten sich selbst als Kanaaniter, von denen sie abstammten, und erscheinen im AT als das Volk von Tyrus, oder seltener, als Sidonier (bes. 1. Kön 5, 6).

PHRYGIER Ein indoeuropäisch sprechendes Volk, das nach dem Zusammenbruch der Hethiter-Macht das westliche Innere Kleinasiens besetzte und dort am Anfang des 1. Jt. v. Chr. ein Königreich errichtete. Im 7. Jh. wurde Phrygien von den Kimmeriern überrannt und danach Bestandteil des lydischen Königreiches. Die Phrygier sind wahrscheinlich gleichzusetzen mit dem ›Mesech‹ der Bibel, die als kriegerisches Volk aus dem Norden erscheinen (Hes. 32, 26; 38, 2–3; 39, 1).

SKYTHEN Ein nomadisches Steppenvolk. Einem Teil von ihnen folgten im 7. Jh. v. Chr. die Kimmerier von Südrußland über den Kaukasus nach Nordwest-Persien, wo sie Nachbarn und Verbündete der Mannäer wurden. Diese Verbindung meint Jer. 51, 27, wo Urartu (Ararat), Mannäer (Minni) und Skythen (Askenas) gegen Babylon aufgeboten werden. Eine Zeitlang rivalisierten sie mit den Medern, aber schließlich wurden sie Teil deren Reiches und des Reichs der nachfolgenden Archemeniden. Der Hauptteil der Skythen blieb in Südrußland.

SUMERER Die Einwohner von Sumer, dem südlichen Teil Babyloniens, und Schöpfer der babylonischen Kultur, in der sie später untergingen. Ihre große Zeit war während des 3. Jt. v. Chr. Um 2000 v. Chr. wurde ihre Alltagssprache durch Akkadisch ersetzt. Sumerisch wurde zur Gelehrtensprache. Die Sumerer sind in der Bibel nicht erwähnt.

SYRER s. Aramäer.

URARTÄER Die Sprache des Volkes von Urartu war mit der der Hurriter verwandt. Im 9. Jh. v. Chr. traten sie als militärische Macht im Gebiet von Armenien in Erscheinung. Möglicherweise stammen sie von Hurritern ab, die die Gegend besetzt hatten. Sie waren eine militärische Bedrohung für die Assyrer, mit denen sie oft Krieg führten. Ihr Hauptgott hieß Haldi.

Noahs Arche soll auf den Bergen von Ararat gelandet sein (1. Mose 8, 4), d. h. irgendwo in dem Gebiet, das später Urartu war, nicht notwendigerweise der heutige Berg Ararat, der seinen Namen erst zu einem späteren Zeitpunkt erhielt.
ZYPRER Die Einwohner der Insel Zypern, die im AT unter dem alten Namen ›Elisa‹ (1. Mose 10, 4; Hes. 27, 7), in anderen Dokumenten unter ›Alaschia‹ vorkommt; die Zyprer werden manchmal als ›Kittim‹ (1. Mose 10, 4; 4. Mose 24, 24) bezeichnet. Im AT erscheint Zypern selten. ›Kittim‹ wird für die Insel in Jes. 23, 1. 12, in Dan. 11, 30 in bildlicher Redeweise für Rom verwandt. Im NT kommt die Insel Zypern häufig in Apg. vor.

Wer ist wer in der Bibel

Ein Register der Personen, die im biblischen Bericht eine wichtige Rolle spielen. Angeführt werden die jeweils wichtigsten Bibelstellen.

AARON Bruder und Sprecher des Mose; erster Hoherpriester in Israel: 2. Mose 4 – 4. Mose 33 / S. 156 ff.
Vor Pharao: 2. Mose 5 ff. *Aarons Gewänder und Weihe:* 2. Mose 28–29; 3. Mose 8. *Das goldene Kalb:* 2. Mose 32. *Versöhnungsfest:* 3. Mose 16. *Aaron und Miriam fordern Mose heraus:* 4. Mose 12. *Aarons Stab:* 4. Mose 17. *Sein Tod:* 4. Mose 33, 38–39.
ABED-NEGO Einer der Begleiter Daniels in der babylonischen Verbannung: Dan. 1–3 / S. 430, 432.
ABEL Zweiter Sohn Adams und Evas, Bruder des Kain: 1. Mose 4 / S. 129.
ABIA 1. Sohn Jerobeams I.: 1. Kön. 14 / S. 264. **2.** Sohn Rehabeams; König von Juda: 1. Kön. 15; 2. Chron. 13 / S. 265.
ABIGAIL Nabals Frau, später mit David verheiratet: 1. Sam. 25 / S. 240–241.
ABIHU Sohn Aarons, zusammen mit Nadab getötet: 2. Mose 6, 23; 3. Mose 10 / S. 174.
ABIMELECH 1. König(e) von Gerar: 1. Mose 20; 26 / S. 140, 143. **2.** Sohn Gideons: Ri. 8, 31 ff.
ABIRAM verschwor sich mit Korah und Dathan gegen Mose: 4. Mose 16 / S. 189.
ABISAG Mädchen aus Sunem, pflegte David: 1. Kön. 1–2 / S. 251.
ABISAI Bruder Joabs, einer der dreißig Krieger Davids: 1. Sam. 26, 6 ff. / S. 241.
ABJATHAR Sohn des Ahimelech, des Priesters von Nob, im Gefolge Daniels, wurde zusammen mit Zadok Hoherpriester: 1. Sam. 22, 20 ff.
ABNER Befehlshaber über Sauls Heer, von Joab und Abisai getötet: 1. Sam. 14, 50 – 2. Sam. 3 / S. 237–243.
ABRAHAM/ABRAM Stammvater des Volkes Israel; Mensch mit starkem Glauben: 1. Mose 11, 26 – 25, 10 / S. 135–142. *Berufung:* 1. Mose 12. *Zusammentreffen mit Melchisedek:* 1. Mose 14. *Der Bund Gottes:* 17. *›Opferung‹ des Isaak:* 22. *Tod:* 25, 8.
ABSALOM Sohn Davids; machte einen Aufstand gegen seinen Vater: 2. Sam. 13–18 / S. 246–248.
ACHAN Gesteinigt wegen Diebstahls von der Beute Jerichos: Jos. 7 / S. 211.
ACHIS König von Gath, der David Zuflucht gewährte: 1. Sam. 21, 27–29 / S. 239, 242.
ADAM Der erste Mensch; von Gott geschaffen und verantwortlich für den Garten Eden. Durch seinen Ungehorsam brachte er Sünde und Tod über die ganze Menschheit: 1. Mose 1–4; s. Röm. 5, 12 ff. usw. / S. 127–128, 583 ff.
ADONIA Sohn Davids; versuchte den für Salomo bestimmten Thron zu erlangen: 1. Kön 1–2 / S. 251–252.
AGABUS Prophet, der Hungersnot und die Gefangenschaft des Paulus voraussagte: Apg. 11, 27–30; 21, 7–14 / S. 557–558, 566.
AGRIPPA Herodes Agrippa II., vor dem Paulus sich in Cäsaräa verteidigte: Apg. 25, 13 – 26, 32 / S. 568. s. auch Artikel S. 540.
AHAB König von Israel (Gatte der Isebel), der von Naboths Weinberg Besitz ergriff; Gegner des Elia: 1. Kön. 16, 29 – 22, 40 / S. 265–268.
AHASVEROS König von Persien, der Esther zu seiner Königin machte: Esther / S. 313–315.
AHAS Sohn Jothams, König von Juda; Vater Hiskias: 2. Kön. 15, 38 ff.; 2. Chron. 27, 9 ff.
AHASJA 1. Sohn Ahabs; König von Israel: 1. Kön. 22, 40 ff. **2.** Sohn Jorams, König von Juda: 2. Kön. 8, 24 ff.; 2. Chron. 22, 1 ff. / S. 298.
AHIA Weissagte dem Jerobeam den Aufstand der zehn Stämme: 1. Kön. 11, 29 ff.; 14 / S. 264.
AHIMAAZ Sohn Zadoks, überbrachte Botschaft an David während Absaloms Aufstand und meldete den Sieg: 2. Sam. 17, 17 ff.; 18 / S. 248.
AHIMELECH Priester in Nob, getötet wegen seiner Hilfe für David: 1. Sam. 21–22/ S. 239–240.
AHITHOPHEL Ratgeber Davids, der Absalom unterstützte: 2. Sam. 15, 12 – 17, 23 / S. 247–248.
ALEXANDER 1. Sohn des Simon von Kyrene: Mk. 15, 21. **2.** Volksführer in Jerusalem: Apg. 4, 6. **3.** Jude, der beim Aufruhr in Ephesus anwesend war: Apg. 19, 33. **4.** Abgefallener Christ: 1. Tim. 1, 20. **5.** Gegner des Paulus: 2. Tim. 4, 14. (Es handelt sich nicht notwendigerweise um fünf verschiedene Personen.)
AMASA Heerführer Absaloms, von Joab getötet: 2. Sam. 17, 25; 20.
AMAZJA Sohn des judäischen Königs Joas: 2. Kön. 12, 21 – 14, 21; 2. Chron. 24, 27 ff. / S. 276.
AMNON Sohn Davids; raubte Tamar und wurde von Absalom getötet: 2. Sam. 13 / S. 246.
AMON Sohn Manasses, des Königs von Juda: 2. Kön. 21; 2. Chron. 33 / S. 282.
AMOS Prophet aus Tekoa, der die Botschaft Gottes an Israel verkündete: Amos / S. 444.
ANANIAS 1. Christ, der versuchte, die

Gemeinde zu betrügen: Apg. 5 / S. 552. **2.** Jünger in Damaskus, der zu Saulus geschickt wurde: Apg. 9 / S. 556. **3.** Hoherpriester, verklagte Paulus: Apg. 23, 2; 24, 1.
ANDREAS Bruder des Petrus, wie dieser Fischer; einer der 12 Apostel: Mt. 4, 18 usw.; Joh. 1, 40 ff. / S. 503, 535.
ANNA s. Hanna.
ANTIOCHUS Seleukidenkönig von Syrien in dei Zeit zwischen den Testamenten: S. 43, , 571.
APOLLOS Jude aus Alexandria, von Priscilla und Aquila unterwiesen; wortgewaltiger Prediger, der die Gemeinde in Korinth beeinflußte: Apg. 18, 24 ff.; 1 Kor. 1–4 / S. 564, 590 ff.
AQUILA UND PRISCILLA Ein christliches Ehepaar, das Apollos unterwies und der Kirche an verschiedenen Orten diente: Apg. 18; Röm. 16, 3 usw. / S. 564, 588.
ARAWNA/ORNAN Der Mann, dessen Tenne David kaufte, wo später der Tempel stand: 2. Sam. 24, 16 ff.; 1. Chron. 21, 15 ff. / S. 289.
ARCHELAUS Sohn Herodes des Großen; Herrscher über Judäa: Mt. 2, 22 / S. 476.
ARCHIPPUS Kol. 4, 17; Philemon 2 / S. 625.
ARETAS Herrscher von Arabien: 2. Kor. 11, 32 / S. 600.
ARISTARCHUS Begleiter und Mitarbeiter des Paulus: Apg. 19, 29 ff.; Kol. 4, 10; Philemon 24 / S. 613.
ARTHAHSASTHA (Artaxerxes) König von Persien: Esra 4, 7 ff.; Neh. 2, 1 / S. 309.
ASA König von Juda: 1. Kön. 15, 8 ff.; 2. Chron. 14, 1 ff. / S. 625, 297.
ASAHEL Davids Neffe, von Abner getötet: 2. Sam. 2, 18 ff. / S. 242–243.
ASAPH Ein Levit; leitete den Chor Davids; erwähnt in den Überschriften mancher Psalmen: 1. Chron. 15, 17 ff.; 25, 1 ff. / S. 291.
ASARJA Name verschiedener Personen, besonders des Sohnes des judäischen Königs Amazja: 2. Kön. 14, 21 ff.; 2. Chron. 26 / S. 276.
ASAR-HADDON Nachfolger Sanheribs als König von Assyrien: 2. Kön. 19, 37.
ASSURBANIPAL König von Assyrien: *Abb.* S. 303, 395.
ATHALJA Tochter der Isebel, heiratete Joram von Juda und bestieg den Thron nach dem Tod ihres Sohnes: 2. Kön. 11; 2. Chron. 22 / S. 276, 298–299.
AUGUSTUS Erster römischer Kaiser, der die Volkszählung anordnete, die Maria und Joseph nach Bethlehem brachte: Lk. 2, 1.

BAESA übernahm den Thron Israels vom Sohn Jerobeams: 1. Kön. 15, 16 ff.
BALAK Moabiterkönig, der Bileam zur Verfluchung der Israeliten beauftragte: 4. Mose 22, 2 – 24, 25 / S. 190.
BARABBAS Räuber, der anstelle Jesu freigelassen wurde: Mt. 27, 16 ff. usw.
BARAK Einer der Richter, der mit Debora Sisera und die Kanaaniter besiegte: Ri. 4, 6 ff.
BARNABAS Ein Levit aus Zypern, mit Paulus von der Gemeinde in Antiochien zum Missionsdienst beauftragt: Apg. 4, 36; 9, 27; 12, 25 ff. / S. 552–553.
BARTHOLOMÄUS Einer der 12 Apostel: Mt. 10, 3 usw.
BARTIMÄUS Blinder, von Jesus geheilt: Mk. 10, 46 ff. / S. 508.
BARUCH Jeremias Schreiber: Jer. 32, 12 ff. / S. 405.
BARSILLAI Ergebener Freund Davids während Absaloms Aufstand: 2. Sam. 17, 27 ff.; 19, 31 ff. / S. 249.
BATHSEBA Frau des Hethiters Uria; David beging mit ihr Ehebruch und heiratete sie später; Mutter Salomos: 2. Sam. 11–12; 1. Kön. 1–2 / S. 245–246.
BELSAZER König von Babylon, wurde von den Persern gestürzt: Dan. 5 / S. 432–434.
BELTSCHAZAR Babylonischer Name für Daniel: Dan 1, 7 / S. 431.
BENAJA Einer der Hofbeamten Davids, die für die Königsproklamation Salomos verantwortlich waren: 1. Kön. 1–2 / S. 251.
BENHADAD Name verschiedener Herrscher von Damaskus: 1. Kön. 15, 18 ff.; 20, 1 ff.; 2. Kön. 6, 24 ff.; 8, 7 ff.; 13, 3 ff. / S. 266.
BENJAMIN Jakobs jüngster Sohn; seine Mutter Rahel starb bei seiner Geburt; Vater des Stammes Benjamin, der bei der Teilung des Königreiches für Juda Partei ergriff: 1. Mose 35, 18; 42–49 / S. 142, 149–150.
BERNICE Schwester des Herodes Agrippa II., war in Cäsaräa anwesend, als Paulus dort vor Gericht stand: Apg. 25, 13 ff.
BEZALEL Der Handwerker, der zur Anfertigung der Stiftshütte und ihrer Ausstattung ausgewählt war: 2. Mose 35, 30 ff.
BILDAD Einer der drei Freunde Hiobs: Hiob 2, 11 usw. / S. 320.
BILEAM Von Balak beauftragter Prophet, der die Israeliten verfluchen sollte: 4. Mose 22, 5 – 24, 25 / S. 190.
BILHA Rachels Magd; Mutter von Dan und Naphtali: 1. Mose 29, 29; 30, 3 usw.
BOAS Landbesitzer in Bethlehem, der Ruth heiratete und Davids Vorfahr wurde: Ruth 2–4 / S. 226–228.

CÄSAR Kaiser von Rom: in den Evanglien Augustus (Lk. 2, 1) oder Tiberius; in Apg. Claudius; anderswo Nero: Mt. 22, 17 ff.; Joh. 19, 12 ff.; Apg. 17, 7; 25, 8 ff.; Phil. 4, 22 / S. 571–573, *Abb.*: (Nero) S. 637, (Domitian) S. 653.
CRESCENS Begleiter des Paulus; nach Galatien entsandt: 2. Tim. 4, 10.
CYRUS König von Persien, der die Babylonier besiegte und die Juden aus der Verbannung entließ: Esra 1, 1 – 6, 14; Jes. 44, 28 ff.: Dan. 1, 21 / S. 306, 390, 431.

DAN Einer der 12 Söhne Jakobs und Ahnherr des Stammes Dan: 1. Mose 30, 5–6 usw.
DANIEL Als junger Mann gefangen nach Babylon gebracht und zum Dienst am Hof ausgebildet; Traumdeuter und Seher; einer der größten Propheten des AT: Dan. / S. 430 ff.
DARIUS 1. Darius der Meder, der nach Belsazers Tod die Herrschaft in Babylon übernahm; nur aus dem Danielbuch bekannt: Dan. 5, 31 / S. 434. **2.** Darius I., König von Persien; unter seiner Regierung wurde der Tempel wiederaufgebaut: Esra 4–6; Hag. 1, 1; Sach. 1, 1 / S. 307. **3.** Darius II.: Neh. 12, 22.
DATHAN Lehnte sich mit Korah und Abiram gegen Mose auf: 4. Mose 16 / S. 189.
DAVID Der Hirtenjunge, der Israels zweiter König wurde und die königliche Linie begründete, aus der schließlich der Messias geboren wurde; Verfasser bzw. Sammler vieler Psalmen: 1. Sam. 16 – 1. Kön 2; 1. Chron. 11–29 / S. 238 ff. *Von Samuel zum König gesalbt:* 1. Sam. 16. *David und Goliath:* 17. *Freundschaft mit Jonathan:* 18–20. *David auf der Flucht vor Saul:* 19–31. *Trauer um Saul und Jonathan:* 2. Sam 1. *Einnahme Jerusalems:* 5. *Die Bundeslade in Jerusalem:* 6; 1. Chron. 15. *Gottes Verheißung einer dauernden Dynastie:* 2. Sam. 7; 1. Chron. 17. *David und Bathseba:* 2. Sam. 11–12. *Absaloms Aufstand:* 15–18. *Vorbereitungen für den Tempel:* 1. Chron. 22 ff. *Erbfolge Salomos und Davids Tod:* 1. Kön. 1, 1–2, 11; 1. Chron. 29.
DEBORAH Prophetin in der Zeit der Richter, die sich Barak anschloß, um Sisera zu besiegen: Ri. 4 / S. 221–222.
DELILA Philisterin, die Simson betrog: Ri. 16 / S. 224.
DEMAS Mitarbeiter des Paulus, den er schließlich im Stich ließ: Kol. 4, 14; 2. Tim. 4, 10 / S. 613, 622.
DEMETRIUS 1. Silberschmied in Ephesus: Apg. 19, 24. **2.** Von Johannes empfohlener Christ: 3. Joh. 12 / S. 643.
DIANA Göttin der Epheser: Apg. 19 / S. 565 *(m. Abb.).*
DINA Jakobs Tochter: ihr Raub durch Sichem wurde von Simeon und Levi grausam gerächt: 1. Mose 34 / S. 146.
DIONYSIUS Mitglied des Areopag; wurde Christ: Apg. 17, 34.
DIOTREPHES Ein selbstsüchtiger Gemeindevorsteher, den Johannes verurteilt: 3. Joh. 9–10 / S. 643.
DOEG Edomitischer Diener Sauls, der ihm berichtete, daß Ahimelech David geholfen hatte: 1. Sam. 21, 7; 22, 9 ff. / S. 240.
DORKAS/TABEA Frau, die für ihre guten Werke bekannt war und von Petrus vom Tod erweckt wurde: Apg. 9, 36 ff.
DRUSILLA Jüdische Frau des Prokurators Felix, die das Gerichtsverfahren des Paulus verfolgte: Apg. 24, 24 / S. 568.

EBED-MELECH Äthiopischer Diener des Zedekia, der Jeremia das Leben rettete: Jer. 38; 39, 16 ff. / S. 408.
EGLON König von Moab, von Ehud getötet: Ri. 3 / S. 221.
EHUD s. u. Eglon.
ELA Mehrfach vorkommender Name; bes.: der Sohn des israelitischen Königs Baësa, von Simri ermordet: 1. Kön. 16 / S. 265.
ELEASAR Sohn Aarons; geweihter Priester und zur Aufsicht über die Leviten beauftragt: 2. Mose 6, 23; 3. Mose 10; 4. Mose; Jos. 14, 1 usw. / S. 173 ff.
ELI Priester und Richter in Silo; Samuels Vorgänger: 1. Sam. 1–4 / S. 231 ff.
ELIA Einer der größten Propheten Israels, Zeitgenosse Ahabs: 1. Kön. 17 – 2. Kön. 2 / S. 265 ff. *Die Dürre:* 1. Kön. 17. *Kampf mit den Baalspriestern:* 18. *Die Gottesbegegnung am Horeb:* 19. *Der Feuerwagen:* 2. Kön. 2. *Elias Erscheinen bei der Verklärung Christi:* Mk. 9, 4 ff.
ELIESER Der bedeutendste Mann dieses Namens war der oberste Diener und Adoptiverbe Abrahams: 1. Mose 15, 2.
ELIHU Zorniger junger Mann in der Hiob-Erzählung: Hiob 32, 2 ff. / S. 325.

ELIMELECH Ehemann der Naemi: Ruth 1, 2.
ELIPHAS Einer der drei Freunde Hiobs: Hiob 2, 11 usw. / S. 320 ff.
ELISA Elias Nachfolger als Prophet in Israel: 1. Kön. 19, 16 ff.; 2. Kön. 2–9; 13 / S. 266 ff. *Elisa und die Sunamitin:* 2. Kön. 4. *Heilung des Naeman:* 2. Kön. 5.
ELISABETH Frau des Zacharias und Mutter Johannes des Täufers: Lk. 1 / S. 515.
ELJAKIM Der bekannteste Träger dieses Namens war Hofbeamter Hiskias, der mit Sanheribs Offizieren verhandelte: 2. Kön. 18, 18 ff.; Jes. 36.
ELJASCHIB Hoherpriester in der Zeit Nehemias; beteiligte sich am Wiederaufbau der Stadtmauern; Neh. 3, 1.
ELKANA Vater Samuels: 1. Sam. 1.
ELYMAS Magier, der in Zypern gegen Paulus und Barnabas anging: Apg. 13 / S. 558.
EPAPHRAS Freund und Mitarbeiter des Paulus: Kol. 1, 7 usw. / S. 611.
EPAPHRODITUS Ein Christ, der von der Gemeinde in Philippi zu Paulus geschickt wurde: Phil. 2, 25 ff. / S. 608–610.
EPHRAIM Sohn Josephs; Vorfahr des Stammes Ephraim: 1. Mose 41, 52; 48, 13 ff. usw. / S. 150.

EPHRON Hethiter, von dem Abraham die Höhle von Machpela kaufte: 1. Mose 23 / S. 141.
ERASTUS 1. Helfer des Paulus; mit Timotheus nach Mazedonien gesandt: Apg. 19, 22; 2. Tim. 4, 20. 2. Finanzbeamter in Korinth: Röm. 16, 23 / S. 588.
ESAU Sohn Isaaks und Rebekkas; Zwillingsbruder des Jakob; verkaufte seinen Segen und wurde um sein Erstgeburtsrecht betrogen: 1. Mose 25, 25 ff.; 27, 1 – 28, 9; 32–33; 36 / S. 143, 145–146.
ESRA Priester und Schreiber, der mit einer Gruppe Verbannter nach Jerusalem zurückkehrte; verantwortlich für die Wiedereinführung des jüdischen Gesetzes: Esra 7–10; Neh. 8–9 / S. 307–308, 310.
ESTHER Jüdische Verbannte, die die Gemahlin des persischen Königs Ahasveros wurde; Heldin des Buches Esther / S. 313–315.
EUNIKE Mutter des Timotheus: 2. Tim. 1, 5.
EUTYCHUS Junger Mann, der in Troas während einer Predigt des Paulus aus einem Fenster fiel und von ihm wiederbelebt wurde: Apg. 20, 9 ff.
EVA Die erste Frau; von Satan veranlaßt, Gott ungehorsam zu werden: 1. Mose 3 / S. 128.
EVIL-MERODACH (Amel-marduk) König von Babylon, entließ Jojachin aus der Gefangenschaft. 2. Kön. 25, 27; Jer. 52, 31.

FELIX Römischer Prokurator der Juden; vor ihm verantwortete sich Paulus in Cäsaräa: Apg. 23, 24 – 24, 27 / S. 567–568.
FESTUS Nachfolger des Felix als Prokurator der Juden; vor ihm verantwortete sich Paulus in Cäsarea: Apg. 25–26 / S. 568.

GABRIEL Engel; deutete Daniels Vision; kündigte Zacharias die Geburt Johannes des Täufers und Maria die Geburt Jesu an: Dan. 8, 16; 9, 21; Lk. 1, 19. 26 / S. 435.
GAD Sohn von Jakob und Silpa, der Magd Leas; Vorfahr eines der Stämme Israels: 1. Mose 30, 11; 49, 19.
GAJUS 1. Mazedonier, der in den Aufruhr von Ephesus verwickelt war: Apg. 19, 29. **2.** Begleiter des Paulus auf der Reise nach Jerusalem: Apg. 20, 4. **3.** Korinther, den Paulus taufte: 1. Kor. 1, 14. **4.** Der Mann, an den der 3. Johannesbrief gerichtet ist: 3. Joh. 1 / S. 643. (Es muß sich hierbei nicht um vier verschiedene Personen handeln.)
GALLIO Prokonsul von Achaja (und Bruder Senecas, des Lehrers Neros); seine Entscheidung gegen die Juden, die Paulus beschuldigt hatten, gab den Christen neue Freiheit: Apg. 18 / S. 564, 573.
GAMALIEL Einflußreicher Rabbi und Mitglied des Hohen Rates, der dazu riet, die Apostel vorsichtig zu behandeln: Apg. 5, 34 ff.; 22, 3 / S. 553.
GEDALJA Von Nebukadnezar ernannter Statthalter in Juda; bereits nach wenigen Monaten ermordet: 2. Kön. 25; Jer. 39, 14 – 41, 18 / S. 283, 409.
GEHASI Diener des Elisa; bestraft für seinen Versuch, von Naeman ein Entgelt zu erhalten: 2. Kön. 4–5; 8, 4–5 / S. 273–274.
GERSON Sohn Levis; Oberhaupt einer der drei Levitenfamilien: 2. Mose 6, 16–17; 4. Mose 3, 17 ff. / S. 185–186.
GESCHEM Araber; einer der Hauptgegner Nehemias: Neh. 2, 19; 6, 1 ff. / S. 309.
GIDEON Befreite Israel von den Midianitern in der Zeit der Richter: Ri. 6–8 / S. 222.
GOG Anführer von Eindringlingen aus dem Norden, die von Gott vernichtet werden sollten: Hes. 38–39 / S. 426–427. ›Gog und Magog‹: zitiert als Beispiel der widergöttlichen Mächte beim letzten Angriff: Offb. 20, 8 / S. 656.
GOLIATH Philistischer Kämpfer, von David getötet: 1. Sam. 17 / S. 238.

Wunder Jesu

	Matth.	Mark.	Luk.	Joh.
Heilung körperl. u. seel. Krankheiten				
Aussätziger	8, 2–3	1, 40–42	5, 12–13	
Diener des Hauptmanns	8, 5–13		7, 1–10	
Schwiegermutter des Petrus	8, 14–15	1, 30–31	4, 38–39	
Zwei Gadarener	8, 28–34	5, 1–15	8, 27–35	
Gelähmter	9, 2–7	2, 3–12	5, 18–25	
Blutflüssige Frau	9, 20–22	5, 25–29	8, 43–48	
Zwei Blinde	9, 27–31			
Stummer Besessener	9, 32–33			
Mann mit einer verdorrten Hand	12, 10–13	3, 1–5	6, 6–10	
Blinder und stummer Besessener	12, 22		11, 14	
Tochter einer Kanaaniterin	15, 21–28	7, 24–30		
Fallsüchtiger Knabe	17, 14–18	9, 17–29	9, 38–43	
Bartimäus und ein anderer Blinder	20, 29–34	10, 46–52	18, 35–43	
Taubstummer		7, 31–37		
Besessener in der Synagoge		1, 23–26	4, 33–35	
Blinder in Bethsaida		8, 22–26		
Verkrümmte Frau			13, 11–13	
Wassersüchtiger			14, 1–4	
Zehn Aussätzige			17, 11–19	
Ohr des Malchus			22, 50–51	
Sohn eines Beamten in Kapernaum				4, 46–54
Kranker am Teich Bethesda				5, 1–9
Blindgeborener				9, 1–41
Gewalt über die Naturkräfte				
Sturmstillung	8, 23–27	4, 37–41	8, 22–25	
Seewandel	14, 25	6, 48–51		6, 19–21
Speisung der 5 000	14, 15–21	6, 35–44	9, 12–17	6, 5–13
Speisung der 4 000	15, 32–38	8, 1–9		
Münze im Fischmaul	17, 24–27			
Verdorrter Feigenbaum	21, 18–22	11, 12–14. 20–26		
Wunderbarer Fischzug			5, 1–11	
Weinwunder				2, 1–11
Anderer Fischzug				21, 1–11
Totenerweckungen				
Tochter des Jairus	9, 18–19. 23–25	5, 22–24. 38–42	8, 41–42. 49–56	
Jüngling von Nain			7, 11–15	
Lazarus				11, 1–44

HABAKUK Prophet, der in seinem Buch seine Verwirrung darüber beschreibt, daß Gott die Chaldäer gebraucht, um sein Volk zu strafen: S. 452–453.
HADAD-ESER König von Zoba, von David besiegt: 2. Sam. 8; 10; 1. Kön. 11, 23; 1. Chron. 18–19.
HADASSA Jüdischer Name der Königin Esther.
HAGAR Saras ägyptische Dienerin; Mutter Ismaels: 1. Mose 16; 21 / S. 140.
HAGGAI Prophet, der das Volk antrieb, den Tempel nach der Rückkehr aus der Verbannung wieder aufzubauen: Hag. / S. 455.
HAM Sohn Noahs; Ahnherr einiger Völker: 1. Mose 5, 32; 9, 18 ff.; 10, 6 ff. / S. 134–135.
HAMAN Bösewicht im Buch Esther, der gegen die Juden intrigierte: Esther / S. 314–315.
HAMMURABI König von Babylon, Verfasser eines Gesetzeswerkes: *Abb.* S. 202.
HANAMEL Jeremias Vetter, der ihm während des babylonischen Einmarsches den Acker von Anathoth verkaufte: Jer. 32 / S. 405.
HANANI Nehemias Bruder, der ihm von der Not in Jerusalem berichtete: Neh. 1, 2 / S. 309.
HANANJA Falscher Prophet, von Jeremia entlarvt: Jer. 28 / S. 405.
HANNA 1. Mutter Samuels: 1. Sam. 1–2 / S. 231–232. **2.** Prophetin im Tempel in der Zeit der Darstellung Jesu: Lk. 2, 36–38 / S. 516.
HANNAS Jüdischer Hoherpriester, Schwiegervater des Kaiphas, der Jesus verhörte: Joh. 18, 13 ff. / S. 547.
HASAEL Bestieg nach der Ermordung Benhadads den Thron Syriens, wie von Elisa vorausgesagt: 1. Kön. 19, 15–17; 2. Kön. 8 ff. / S. 266, 274.

Gleichnisse Jesu

	Matth.	Mark.	Luk.
Licht unter dem Scheffel	5, 14–15	4, 21–22	8, 16; 11, 33
Häuser auf Felsen und auf Sand gebaut	7, 24–27		6, 47–49
Neuer Flicken auf altem Kleid	9, 16	2, 21	5, 36
Neuer Wein in alten Schläuchen	9, 17	2, 22	5, 37–38
Vierfaches Ackerfeld	13, 3–8	4, 3–8	8, 5–8
Senfkorn	13, 31–32	4, 30–32	13, 18–19
Unkraut unter dem Weizen	13, 24–30		
Sauerteig	13, 33		13, 20–21
Schatz im Acker	13, 44		
Kostbare Perle	13, 45–46		
Fischnetz	13, 47–48		
Verlorenes Schaf	18, 12–13		15, 4–6
Schalksknecht	18, 23–34		
Arbeiter im Weinberg	20, 1–16		
Zwei ungleiche Söhne	21, 28–31		
Treulose Weingärtner	21, 33–41	12, 1–9	20, 9–16
Königliche Hochzeit	22, 2–14		
Feigenbaum als Sommerbote	24, 32–33	13, 28–29	21, 29–32
Zehn Jungfrauen	25, 1–13		
Talente (Mt.), Pfunde (Lk.)	25, 14–30		19, 12–27
Weltgericht	25, 31–36		
Selbstwachsende Saat		4, 26–29	
Der Gläubiger und die zwei Schuldner			7, 41–43
Barmherziger Samariter			10, 30–37
Bittender Freund			11, 5–8
Reicher Kornbauer			12, 16–21
Wachsame Knechte			12, 35–40
Treuer Haushalter			12, 42–48
Feigenbaum ohne Früchte			13, 6–9
Ehrenplätze bei der Hochzeit			14, 7–14
Großes Abendmahl			14, 16–24
Turmbau und Kriegführen			14, 28–33
Verlorener Groschen			15, 8–10
Verlorener Sohn			15, 11–32
Ungerechter Haushalter			16, 1–8
Reicher Mann und armer Lazarus			16, 19–31
Herr und Knecht			17, 7–10
Witwe und ungerechter Richter			18, 2–5
Pharisäer und Zöllner			18, 10–14

HEMAN Von David zu einem der Musikleiter in Tempel ernannt: 1. Chron. 16, 41–42; 25 / S. 291.

HENOCH Stammt von Adams Sohn Seth ab; führte ein göttliches Leben und wurde von Gott entrückt: 1. Mose 5, 18–24 / S. 131.
HERODES 1. Herodes der Große: Mt. 2; Lk. 1, 5. **2.** Herodes Antipas: Mt. 14; Mk. 6; Lk. 3; 9; 23; Apg. 4, 27; 13, 1. **3.** Herodes Agrippa I.: Apg. 12 / s. bes. den Artikel ›Das Haus des Herodes‹ S. 540.
HERODIAS Frau des Herodes Antipas, die den Tod Johannes des Täufers erwirkte: Mt. 14; Mk. 6; Lk. 3, 19 / S. 505.
HESEKIEL Großer Prophet des AT; Seher, dessen Weissagungen über die jüdischen Verbannten in Babylonien im Hesekielbuch aufgezeichnet sind / S. 416 ff. *Hesekiels Gottesvisionen:* Hes. 1; 10. *Der Wächter:* 3; 33. *Tod der Frau Hesekiels:* 24. *Tal der verdorrten Gebeine:* 37. *Vision des Tempels:* 40 ff. *Die Tempelquelle:* 47.
HILKIA Hoherpriester in der Zeit des Josia; entdeckte das Bundesbuch: 2. Kön. 22–23; 2. Chron. 34 / S. 282.
HIOB Hauptfigur des Buches Hiob, das sich mit dem Problem des Leidens beschäftigt: S. 319 ff.
HIRAM König von Tyrus; befreundet mit David und Salomo; stellte Zedernholz und Facharbeiter für den Tempel zur Verfügung; stattete zusammen mit Salomo eine Handelsflotte ins Rote Meer aus: 1. Kön. 5; 9–10 / S. 255, 258.
HISKIA Einer der bedeutendsten Könige Judas; Zeitgenosse Jesajas; in Jerusalem von den Assyrern belagert: 2. Kön. 18–20; 2. Chron. 29–32; Jes. 36–39 / S. 281–282.
HOPHNI UND PINHAS Die charakterlosen Söhne Elis: 1. Sam. 2; 4 / S. 232.
HOSEA 1. Prophet, verkündete die Liebe Gottes zu seinem treulosen Volk: Hosea / S. 438 ff. **2.** Letzter König des Nordreiches Israel: 2. Kön. 17 / S. 279.
HULDA Prophetin; von Hilkia nach der Entdeckung des Bundesbuches befragt: 2. Kön. 22, 14 ff.; 2. Chron. 34, 22 ff.
HUSCHAI Davids Freund, der Absalom von Ahitophels Einfluß fernhalten wollte: 2. Sam. 15, 32 – 17, 15 / S. 247–248.
HYMENÄUS Von Paulus bestraft, weil er viele mit falscher Lehre im Glauben verunsicherte: 1. Tim. 1, 20; 2. Tim 2, 17.

ISAAK Sohn Abrahams; Vater von Jakob und Esau: 1. Mose 21–35 / S. 140 ff. *›Opferung‹ Isaaks:* 22. *Brautwerbung für* Isaak: 24. *Segnung Jakobs:* 27.
ISAI (Jesse) Davids Vater; Enkel von Ruth und Boas: 1. Sam. 16–17.
ISCH-BOSCHETH Sohn Sauls; von Abner gekrönt: 2. Sam. 2–4 / S. 243.
ISEBEL Prinzessin von Tyrus und Sidon; heiratete Ahab und führte den Baalsdienst in Israel ein; verantwortlich für Naboths Tod; auf Jehus Veranlassung vom Thron vertrieben: 1. Kön. 16, 31; 18, 4. 13. 19; 19, 1–2; 21; 2. Kön. 9 / S. 265 ff.
ISMAEL Sohn von Abraham und Hagar: 1. Mose 16–17; 25 / S. 140, 142.
ISRAEL Späterer Name Jakobs; von ihm stammt das Volk ab.
ISASCHAR Sohn Jakobs und Vater eines der Stämme Israels: 1. Mose 30, 18; 49, 14 f.

ITHAMAR Sohn Aarons; Priester in Israel: 2. Mose 6, 23; 4. Mose 3 ff. / S. 186.
ITTAI Philister aus Gath, der David während des Aufstands Absaloms beistand: 2. Sam. 15; 18.

JABIN König von Hazor, dessen Heer von Debora und Barak besiegt wurde: Ri. 4 / S. 222.
JAKOB Sohn Isaaks, der seinen älteren Bruder Esau übervorteilte; Vater der 12 Stämme Israels: 1. Mose 25–49 / S. 142 ff. *Das Erstgeburtsrecht:* 1. Mose 25; *Isaaks Segen:* 27; *Der Traum von Bethel:* 28; *Jakob und Laban:* 29–31; *Jakobs Ringkampf mit Gott:* 32; *Gottes Verheißung:* 35; *Reise nach Ägypten:* 44; *Segnung der* Söhne: 49.
JAEL Frau, die Sisera mit einem Zeltpflock tötete: Ri. 4 / S. 223.
JAIRUS Synagogenvorsteher, dessen tote Tochter Jesus auferweckte: Mk. 5, 1 ff. / S. 504–505.
JAKOBUS 1. Sohn des Zebedäus; Bruder des Johannes; einer der 12 Apostel: Mt. 4, 21 f.; 10, 2; 17,1 ff.; Mk. 10, 35 ff.; Apg. 12, 2 / S. 503, 558. **2.** Sohn des Alphäus; ein anderer Apostel, vielleicht gleichzusetzen mit ›der kleine Jakobus‹: Mt. 10, 3 usw. **3.** Bruder Jesu, der an der Gemeindeleitung in Jerusalem beteiligt war; Verfasser des Jakobusbriefes: Mt. 13, 55; Apg. 12, 17; 15, 13 ff.; 21, 18; 1. Kor. 15, 7; Gal. 1, 19; 2, 9; Jak. / S. 550, 560, 633–634.
JAPHETH Einer der drei Söhne Noahs; Vorfahr mehrer Völker: 1. Mose 5, 32; 9, 18 ff.; 10, 1 ff. / S. 135.
JASON Gastgeber des Paulus in Thessalonich; mußte sich dafür verantworten: Apg. 17, 5 ff.
JEDUTHUN Einer der von David beauftragten Musikleiter im Tempel: 1. Chron. 16, 41 – 42, 25 / S. 291.
JEHU Von Gott durch Elisa beauftragt, die Linie Ahabs zu vernichten und König von Israel zu werden: 2. Kön. 9–10 / S. 274–276.
JEPHTHAH Richter; sein Gelübde führte zum Tod seiner Tochter: Ri. 11–12 / S. 223.
JEREMIA großer Prophet in Juda zur Zeit des Sieges Babylons über Juda: 2. Chron. 35, 25; 36, 12. 21–22; Jer. / S. 302–303; 396 ff. *Berufung:* Jer. 1; *Der Töpfer:* 18–19; *Babylons Joch:* 27–28; *Der neue Bund:* 31; *Ackerkauf:* 32; *Verlesung der Schriftrolle:* 36; *Jer. in der Zisterne:* 38; *Nach Ägypten gebracht:* 43.
JEROBEAM 1. Jerobeam I., erster König des Nordreichs Israel: 1. Kön. 11, 26 – 14, 20 / S. 263–264. **2.** Jerobeam II., einer der berühmtesten Könige Israels; Mißstände seiner Regierung wurden von den Propheten angeprangert: 2. Kön. 14, 23–29; Amos 7 / S. 277, 444.
JERUBBAAL Anderer Name für Gideon.
JESAJA Großer Prophet des AT: 2. Kön. 19–20; Jesaja / S. 281–282, 376 ff.; *Berufung:* Jes. 6. *Wichtige Weissagungen: Der Zweig,* Jes. 4; *Immanuel* 7; *das große Licht, Geburt des Sohnes* 9; *Rute aus Isai* 11–12; *blühende Wüste* 35; *Tröstet mein Volk* 40; *Gottesknecht* 42; 49; 50; 52–53; 61; *Mache dich auf* 60; *Einmarsch Sanheribs:* 36–39.
JESUS CHRISTUS s. unter ›Biblische Begriffe‹ und ›Themen, Sachen und Ereignisse‹.
JETHRO/REGUEL Moses Schwiegervater: 2. Mose 2, 16 ff.; 3, 1; 4, 18; 18 / S. 164.
JOAB Neffe Davids und Feldherr seines Heeres; verantwortlich für Abners Tod; versöhnte David und Absalom; unterstützte Adonja gegen Salomo: 2. Sam. 2–3; 10–11; 14; 18–20; 24; 2. Kön. 1–2; 1. Chron. 11 ff. / S. 242–243, 247–252.
JOAS 1. Als Kind vor Athalja gerettet; König von Juda; besserte den Tempel aus: 2. Kön. 11–12; 2. Chron. 24 / S. 276, 298–299. **2.** König von Israel: 2. Kön. 13 / S. 276.
JOAHAS 1. König von Israel; Sohn Jehus: **2.** Kön. 13–14 / S. 276. 2. König von Juda; Sohn des Josia; von Pharao Necho abgesetzt: 2. Kön. 23, 30 ff.; 2. Chron. 36 / S. 283, 302.
JOEL Prophet in der Zeit des Usia; nur vom Joelbuch bekannt / S. 442–443.
JOHANAN Jüdischer Führer, der Gedalja vor einem Mordanschlag warnte: Jer. 40–43.
JOHANNA Eine der Frauen, die für Jesus und die Zwölf sorgten; am Ostermorgen anwesend: Lk. 8, 3; 24, 10 / S. 519, 521.
JOHANNES 1. Der Apostel Johannes, Sohn des Zebedäus, Bruder des Jakobus: Mt. 4, 2 ff.; 10, 2; 17, 1 ff.; Mk. 5, 37; 10, 35 ff.; Lk. 9, 49 ff.; Apg. 3–4 / S. 503, 533 ff., 551–552, 640 ff., 645 ff. **2.** Johannes der Täufer, Vorläufer des Messias: Lk. 1, 33; 7, 18 ff.; Mt. 3; 11; Mk. 1; 6 usw.; Joh. 1; 3, 22 ff. / S. 447, 482, 499, 516–517, 534, 536. **3.** Johannes Markus, s. Markus.
JOJACHIN Sohn Jojakims; König von Juda; von Nebukadnezar nach Babylon gebracht, von dessen Nachfolger freigelassen: 2. Kön. 24; 25, 27 ff.; 2. Chron. 36; Jer. 52, 31 ff. / S. 283, 302, 412.
JOJADA Der wichtigste Träger dieses Namens war Hoherpriester und verantwortlich für die Absetzung der Athalja und die Einsetzung des Joas zum König von Juda: 2. Kön. 11–12; 2. Chron. 23–24 / S. 276, 299.
JOJAKIM (Eljakim) Sohn Josias; König von Juda; von Pharao Necho eingesetzt; ließ Jeremias Schriftrolle verbrennen: 2. Kön. 23, 34 ff.; 2. Chron. 36; Jer. 22, 18 ff.; 26; 36 / S. 283, 302, 403, 405, 406.
JONA Prophet, dessen Sendung nach Ninive im Jonabuch erzählt ist / S. 448.
JONADAB 1. Mitglied der Familie Davids; in den Raub der Tamar verwickelt: 2. Sam. 13. **2.** Sohn des Rechab; half Jehu, die Baalsdiener zu vernichten: 2. Kön. 10.
JONATHAN Ältester Sohn Sauls; heimlicher Freund Davids: 1. Sam. 13–14; 18–20; 23, 16–18; 31, 2 / S. 237–239, 242.
JORAM 1. Sohn Ahabs; König von Israel; von Jehu getötet: 2. Kön. 3; 8–9; 2. Chron. 22 / S. 272, 274. **2.** Sohn des Josaphat; König von Juda: 2. Kön. 8, 16 ff., 2. Chron. 21 / S. 274, 298.
JOSAPHAT Sohn des Asa; König von Juda; verbündete sich durch Heirat mit Ahab von Israel; kämpfte mit ihm gegen die Syrer in Ramoth-Gilead: 1. Kön. 22; 2. Kön. 3; 2. Chron. 17–21 / S. 297.
JOSCHEBA Prinzessin von Juda; Frau des Jojada; rettete Joas das Leben: 2. Kön. 11, 2–3; 2. Chron. 22, 11–12 / S. 276.
JOSEPH 1. Jakobs Lieblingssohn; einer der großen Helden des AT: 1. Mose 30, 24; 37–50 / S. 146 ff. **2.** Ehemann von Maria, der Mutter Jesu: Mt. 1–2; Lk. 1, 27; 2 / S. 475–476. **3.** Joseph von Arimathia, heimlicher Jünger Jesu, der für sein Grab sorgte: Mt. 27, 57 ff.; Mk. 15, 43; Lk. 23, 50 ff.; Joh. 19, 38 ff. / S. 513, 528.
JOSIA König von Juda, der die Durchführung der Gesetzesreform begann; in Megiddo in der Schlacht gegen Pharao Necho getötet: 2. Kön. 21, 24 – 23, 30; 2. Chron. 33, 25 – 35, 27 / S. 282, 302.
JOSUA Nachfolger Moses als Führer des Volkes; führte es in das Gelobte Land; erwähnt ab 2. Mose 17, 9 / S. 164, 194, 202, 209 ff.
JOTHAM Sohn Usias; König von Juda: 2. Kön. 15; 2. Chron. 26–27 / S. 279, 299.
JUDA Einer der 12 Söhne Jakobs; Ahnherr des königlichen Stammes von Israel: 1. Mose 29, 35; 37–38; 43 ff.; 49, 8–9 / S. 147, 150.
JUDAS Im NT häufig vorkommend, darunter: **1.** Judas Sohn des Jakobus, einer der 12 Apostel: Lk. 6, 16 usw. / S. 503. **2.** Bruder Jesu, der vielleicht den Judasbrief schrieb: Mt. 13, 55. **3.** Judas Ischariot, der Jesus verriet: Mt. 10, 4; 26, 14 ff.; 27, 3 ff.; Joh. 13; 18 / S. 491, 493, 545.
JUDI Offizier an Jojakims Hof; las dem König Jesajas Schriftrolle vor: Jer. 36.

KAIN Ältester Sohn von Adam und Eva, tötete seinen Bruder Abel: 1. Mose 4 / S. 129.
KAIPHAS Hoherpriester, vor dem Jesu Gerichtsverfahren stattfand: Mt. 26, 3; Lk. 3, 2; Joh. 18, 13 ff. / S. 511, 547.
KALEB Als Kundschafter nach Kanaan ausgesandt; nur er und Josua rieten zum Weiterzug; im hohen Alter beanspruchte er Hebron als Erbteil und vertrieb die Enakiter: 4. Mose 13–14; Jos. 14–15 / S. 188.
KANAAN Sohn Hams; von seinem Großvater Noah verflucht: 1. Mose 9, 18 ff. / S. 134.
KEDOR-LAOMOR König von Elam, der einen Straffeldzug gegen Sodom und Gomorra anführte; von Abraham verfolgt und getötet: 1. Mose 14 / S. 137.
KEPHAS s. Petrus.
KEHATH Sohn Levis; Haupt einer der Levitenfamilien; Vorfahr von Mose: 2. Mose 6, 16 ff.; 4. Mose 3 / S. 185–186.
KETURA Abrahams zweite Frau: 1. Mose 25, 1 ff. / S. 142.
KIS Vater von König Saul: 1. Sam. 9, 1 ff.
KLAUDIUS Kaiser von Rom: Apg. 18, 2 / S. 564.
KLAUDIUS LYSIAS Römischer Offizier, der Paulus in Schutzhaft nahm: Apg. 21, 31 – 23, 30 / S. 507.
KLEMENS Christ in Philippi, Mitarbeiter des Paulus: Phil. 4, 3.
KLEOPAS Einer der beiden Männer, die Jesus auf dem Weg nach Emmaus begegneten: Lk. 24, 13 ff.
KORAH Levit, der sich mit Dathan und Abiram gegen Mose und Aaron verschwor: 4. Mose 16 / S. 189.
KORNELIUS Römischer Hauptmann, zu dem Petrus gesandt wurde, um das Evangelium zu predigen: Apg. 10 / S. 557.
KRISPUS Ein Bekehrter in Korinth, von Paulus getauft: Apg. 18, 8; 1. Kor. 1, 14.

KUSCHAN-RISCHATHAJIM bedrückte Israel in der Zeit der Richter: Ri. 3, 7 ff. / S. 221.

LABAN Rebekkas Bruder; Jakobs Onkel, der ihn listig übervorteilte: 1. Mose 24, 29; 28–30 / S. 144 ff.
LAMECH 1. Nachkomme Kains: 1. Mose 4 / S. 129. **2.** Vater Noahs: 1. Mose 5, 28 ff. / S. 131.

LAZARUS Bruder von Maria und Martha; von Jesus auferweckt: Joh. 11, 1 – 12, 11 / S. 542.
LEA Die ältere Tochter Labans; Frau Jakobs und Mutter von 6 seiner Söhne: 1. Mose 29, 16 – 33, 7 / S. 144–145.
LEMUEL König; die Lehre seiner Mutter findet sich in Spr. 31, 1–9 / S. 361.
LEVI Einer der 12 Söhne Jakobs; Vorfahr des Stammes, der die Priester und Tempeldiener stellte: 1. Mose 29, 34; 34, 25 ff.; 49, 5 ff. / S. 146, 150.
LOT Abrahams Neffe, der sich entschied, in Sodom zu leben und nur knapp der Vernichtung entkam: 1. Mose 11, 31 – 14, 16; 19 / S. 136, 139.
LUKAS Verfasser des dritten Evangeliums und der Apostelgeschichte; Begleiter des Paulus auf seinen Missionsreisen: Kol. 4, 12; 2. Tim. 4, 11; Philemon 24 / S. 514 ff., 549 ff., 613, 622.
LYDIA Geschäftsfrau aus Thyatira; in Philippi bekehrt: Apg. 16, 14–15 / S. 561.

MAGOG s. Gog.
MALCHUS Diener des Hohenpriesters; bei der Gefangennahme Jesu hieb Petrus ihm ein Ohr ab: Joh. 18, 10.
MALEACHI Name oder Deckname des Verfassers des Maleachibuches / S. 459–460.
MANASSE 1. Sohn Josephs; Vorfahr eines der Stämme Israels: 1. Mose 41, 51; 48 / S. 150. **2.** Sohn Hiskias; König von Juda: 2. Kön. 21; 2. Chron. 33 / S. 282, 300.
MANOAH Vater Simsons: Ri. 13 / S. 224.
MARDOCHAI Vetter der Esther; half ihr, das jüdische Volk vor der Ausrottung zu retten: Esther 2, 5 – 10, 3 / S. 313–315.
MARIA 1. Maria, die Mutter Jesu und Frau des Joseph: Mt. 1; 2, 11; 13, 55; Lk. 1–2 / S. 475–476, 514–516. **2.** Maria, die Schwester von Martha und Lazarus: Lk. 10, 39 ff.; Joh. 11; 12, 3 ff. / S. 509, 522, 542. **3.** Maria Magdalena, die von Jesus geheilt wurde und ihn als erste nach seiner Auferstehung sah: Mt. 27, 55–56. 61; 28, 1 ff.; Mk. 15, 40 ff.; Lk. 8, 2; Joh. 20 / S. 548. **4.** Maria, die Mutter des Johannes Markus: Apg. 12, 12. **5.** Maria, die Mutter des Jakobus, die ›andere Maria‹, Maria die Frau des Kleopas – wahrscheinlich ein- und dieselbe Person: Mt. 27, 56. 61; 28, 1; Joh. 19, 25.
MARKUS Verfasser des zweiten Evangeliums; Begleiter von Paulus und Barnabas, auch von Petrus: Apg. 12, 12. 25; 13, 13; 15, 36 ff.; Kol. 4, 10; 2. Tim. 4, 11; Philemon 24; 1. Petr. 5, 13 / S. 499 ff., 558, 560, 613, 622.
MARTHA Schwester von Maria und Lazarus: Lk. 10, 38 ff.; Joh. 11; 12, 2 / S. 522.
MATTHÄUS Zöllner, wurde einer der 12 Apostel und schrieb das erste Evangelium: Mt. 9, 9; 10, 3 usw. / S. 503.
MATTHIAS Als 12. Apostel an die Stelle des Judas Ischariot gewählt: Apg. 1, 15 ff.
MELCHISEDEK Priester und König von Salem, der Abraham begegnete und ihn segnete: 1. Mose 14, 18 ff.; s. Hebr. 5–7 / S. 136, 628.
MENAHEM König von Israel: 2. Kön. 15 / S. 278.
MEPHIBOSCHETH Sohn Jonathans: 2. Sam. 4, 4; 9; 16, 1 ff.; 19, 24 ff. / S. 245, 248, 249.
MERAB Sauls Tochter, dem David versprochen: 1. Sam. 14, 49, 18, 17 ff.
MERARI Sohn Levis; Begründer einer der drei Levitenfamilien: 2. Mose 6, 16 ff.; 4. Mose 3 / S. 185–186.
MERODACH-BALADAN (Mardukaplaiddina) König von Babylon, der eine Gesandtschaft zu Hiskia schickte: Jes. 39.
MESCHACH Einer der drei Gefährten Daniels in der babylonischen Verbannung; in den Feuerofen geworfen, ohne Schaden zu erleiden: Dan. 1; 2, 49; 3 / S. 430, 432.
METHUSALEM ältester der Patriarchen in 1. Mose 5 / S. 131.
MICHA 1. Prophet in Jesajas Zeit; Verfasser des Michabuches / S. 449–450. **2.** Der Ephraimit, der einen Leviten als Priester in seinem Haus anstellte: Ri. 17–18 / S. 225. **3.** Der von Ahab befragte Prophet: 1. Kön. 22; 2. Chron. 18 / S. 268.

MICHAEL Erzengel und Engelfürst: Dan. 10; 12, 1; Judas 9; Offb. 12, 7 / S. 436, 644.
MICHAL Sauls Tochter; Davids Frau; half ihm zur Flucht vor Saul, mißbilligte aber sein Tanzen vor der Lade: 1. Sam. 14, 49; 18, 20 ff.; 19, 11 ff.; 25, 44; 2. Sam. 3, 13–16; 6, 16 ff. / S. 239, 243–244.
MIRJAM Ältere Schwester von Mose und Aaron; sang das Siegeslied über den Durchzug durch das Schilfmeer; später für eine Auflehnung gegen Mose mit Aussatz bestraft: 2. Mose 2,4 ff.; 15, 20–21; 4. Mose 12; 20, 1 / S. 156, 162, 187, 190.
MOSE Großer Führer und Gesetzgeber, der das Volk Israel aus Ägypten und durch die Wüste führte: 2. Mose 2 – 5. Mose 34 / S. 155 ff.

NABAL Abigails Mann, der Davids Bitte um Gastfreundschaft zurückweist: 1. Sam. 25 / S. 240.
NABOTH Getötet, damit Ahab seinen Weinberg in Besitz nehmen konnte: 1. Kön. 21 / S. 268.
NADAB Sohn Aarons; beging mit Abihu einen Frevel und mußte dafür sterben: 3. Mose 10 / S. 174
NAEMAN Syrischer Heerführer, der durch Elisa vom Aussatz geheilt wurde: 2. Kön. 5 / S. 273.
NAEMI Schwiegermutter der Ruth: Ruth / S. 226–228.
NAHOR Abrahams Bruder, der in Haran wohnte und Ahnherr mehrerer aramäischer Stämme wurde: 1. Mose 11, 27 ff.; 22, 20 ff.; 24, 10 ff.
NAHUM Prophet, dessen Weissagungen gegen Ninive im Nahumbuch aufgezeichnet sind / S. 451.
NAPHTHALI Einer der 12 Söhne Jakobs; Ahnherr eines der Stämme Israels: 1. Mose 30, 8; 49, 21.
NATHAN Prophet, der David das Wort Gottes ausrichtete und Salomo auf den Thron verhalf: 2. Sam. 7; 12; 1. Kön. 1; 1. Chron. 17 / S. 246, 251.
NATHANAEL Einer der 12 Apostel; wahrscheinlich mit Bartholomäus gleichzusetzen: Joh. 1, 45–51; 21, 2 / S. 503, 535.
NEBUKADNEZAR Babylonischer König, der Jerusalem einnahm und die Juden in die Verbannung führte; Daniel deutete seine Träume: 2. Kön. 24–25; 2. Chron. 36; Jer. 21, 2 – 52, 30; Hes. 26, 7 ff.; 29, 18 ff.; Dan. 1–4 / S. 283, 404, 406, 409–412, 424–425, 430–432.

NEBUSARADAN Befehlshaber von Nebukadnezars Leibwache: 2. Kön. 25; Jer. 39; 52.
NECHO Pharao, der Josia in der Schlacht von Megiddo tötete; setzte Joahas ab und machte Jojakim zum König: 2. Kön. 23; 2. Chron. 35, 20 – 36, 4 / S. 282–283, 302.
NEHEMIA Mundschenk des persischen Königs; kehrte nach Jerusalem zurück und organisierte den Wiederaufbau der Stadtmauern; seine Erinnerungen sind im Nehemiabuch aufgezeichnet / S. 309 ff.
NERGAL-SAREZER Einer der Fürsten Nebukadnezars: Jer 39.
NIKODEMUS Pharisäer, der heimlich zu Jesus kam: Joh. 3; 7, 50 ff.; 19, 39 / S. 536, 548.
NOAH Frommer Mann, der vor der Sintflut gerettet wurde, welche die übrige Menschheit vernichtete; Vater von Ham, Sem und Japhet: 1. Mose 6–9 / S. 131–134.

OBADJA 1. Ahabs Hausverwalter, der 100 Propheten rettete: 2. Kön. 18. **2.** Prophet, dessen Botschaft gegen Edom im Obadjabuch aufgezeichnet ist / S. 447.
OBED Sohn von Ruth und Boas; Großvater Davids: Ruth 4, 13 ff.
OBED-EDOM Philister, in dessen Haus die Bundeslade nach dem Tod Usas blieb: 2. Sam. 6, 10 ff.; 1. Chron. 13.
OG König von Basan, östlich des Jordan; von den Israeliten besiegt: 4. Mose 21, 32 ff.; 5. Mose 3 / S. 195–196.
OMRI Mächtiger König Israels, der Samaria zu seiner Hauptstadt machte: 1. Kön. 16 / S. 265.
ONESIMUS Entlaufener Sklave; Anlaß für den Brief des Paulus an Philemon / S. 613, 625.
ONESIPHORUS Ein Christ, der Paulus in seiner Gefangenschaft half: 2. Tim. 1, 16 ff.; 4, 19.
ORNAN s. Arawna.
ORPA Schwiegertochter der Naemi: Ruth 1 / S. 226.

OTHNIEL Einer der Richter: Ri. 3, 7–11; / S. 221.

PASCHUR Priester, der Jeremia in den Stock legen ließ: Jer. 20.
PAULUS/SAULUS Heidenapostel; Verfasser von 13 Briefen des NT: Apg. 7, 58 – Philemon / S. 554, 556 ff.

PEKACH Ermordete Pekachja von Israel und bemächtigte sich seines Thrones: 2. Kön. 15, 25 – 16, 5 / S. 279.
PEKACHJA König von Israel; von Pekach ermordet: 2. Kön. 15, 22–26 / S. 279.
PELATJA Fürst in Jerusalem, dessen Tod Hesekiel in einer Vision voraussah: Hes. 11 / S. 419.

PENINNA Elkanas zweite Frau, die die kinderlose Hanna verhöhnte: 1. Sam. 1 / S. 232.
PETRUS Apostel und Führer der ersten Gemeinde: Evangelien; Apg. 1–15; Gal. 1–2; 1. und 2. Petr. / S. 486, 503, 527, 548, 550 ff., 602, 635 ff.
PHARAO Titel der Könige von Ägypten; bes. die folgenden: **1.** Der Pharao Abrahams: 1. Mose 12, 10 ff. **2.** Der Pharao Josephs: 1. Mose 40 / S. 149, 153. **3.** Der Pharao in der Zeit des Auszugs: 2. Mose 5 ff. / S. 153–154, 156 ff. **4.** Der Pharao, der Salomo seine Tochter zur Frau gab: 1. Kön. 9, 16 usw. **5.** Der Pharao, der Hadad Zuflucht gewährte: 1. Kön. 11. **6.** Schischak; half Jerobeam und griff Jerusalem an: 1. Kön. 11, 40; 14, 25 ff.; 2. Chron. 12 / S. 154, 264, 296–297. **7.** So: 2. Kön. 17, 4. **8.** Tirhaka: 2. Kön. 19, 9; Jes. 37, 9 / S. 281. **9.** Necho (siehe dort). **10.** Hophra: Jer. 44, 30; Hes. 29, 2 / S. 425.
PHILEMON Christlicher Eigentümer des Sklaven Onesimus; ihm schrieb Paulus diesen Brief / S. 625.
PHILIPPUS 1. Einer der 12 Apostel: Mt. 10, 3; Joh. 1, 43 ff.; 6, 5 ff.; 12, 21–22; 14, 8 / S. 535. **2.** Sohn Herodes des Großen; Gatte der Herodias: Mk. 6, 17 / S. 505. **3.** Ein anderer Sohn des Herodes; Vierfürst von Ituräa: Lk. 3, 1. **4.** Diener der Gemeinde und Evangelist: Apg. 6; 8; 21, 8–9 / S. 553, 555–556.
PHÖBE Christin aus Kenchreä; Dienerin: Röm. 16, 1–2 / S. 588.
PUL Name für Tiglath-Pileser als König von Babylon.
PILATUS Römischer Prokurator in Judäa; aus Sorge um seine Stellung erlaubte er den Juden, Jesus zu kreuzigen: Mt. 27; Mk. 15; Lk. 3, 1; 13, 1; 23; Joh. 18–19 / s. Artikel ›Pilatus‹ S. 510.
PINHAS 1. Priester; Enkel Aarons: 2. Mose 6, 25; 4. Mose 25; 31, 6; Jos. 22, 13 ff. **2.** Sohn Elis; bei der Entführung der Bundeslade von den Philistern getötet: 1. Sam. 2, 12 ff.; 4 / S. 232.
POTIPHAR Hofbeamter des Pharao; in seinem Haus diente Joseph: 1. Mose 37, 36; 39 / S. 147.
PRISCILLA Siehe ›Aquila und Priscilla‹.
PUBLIUS Oberster der Insel Malta, dessen Vater von Paulus geheilt wurde: Apg. 27, 7 ff.

QUIRINIUS ›Landpfleger‹ von Syrien zur Zeit der Geburt Jesu: Lk. 2, 2 / S. 516.

RABSARIS, RABSCHAKE, TARTAN Assyrische Unterhändler, von Sanherib geschickt, um mit Hiskia zu verhandeln und die Bevölkerung einzuschüchtern: 2. Kön. 18–19; Jes. 36–37 / S. 281.
RAHAB Die Prostituierte von Jericho, die zwei Kundschafter verbarg: Jos. 2; 6 / S. 209.
RAHEL Labans Tochter; Jakobs Lieblingsfrau; Mutter von Joseph und Benjamin: 1. Mose 29–35 / S. 144–146.
RAMSES II Wahrscheinlich der Pharao zur Zeit des Auszugs (s. Pharao): S. 153–155; *Abb.* S. 160–161.
REBEKKA Isaaks Frau; durch Abrahams Diener zu ihm geführt; machte Jakob zu ihrem Lieblingssohn: 1. Mose 24–28 / S. 142.
REGUEL Anderer Name für Jethro.
REHABEAM Salomos Sohn, dessen grausame Herrschaft das Reich in zwei Teilreiche aufsplitterte: 1. Kön. 11, 43–14, 31; 2. Chron. 9, 31–12; 16 / S. 263–264, 296.
REZIN (Reson) **1.** Rezin, König von Syrien, der Juda angriff und von Tiglath-Pileser getötet wurde: 2. Kön. 15, 37–16, 9; Jes. 7, 1 ff. **2.** Reson, König von Damaskus, der Israel in Salomos Zeit störte: 1. Kön. 11, 23 ff. / S. 262.
RHODE Das Mädchen am Tor, das Petrus nicht öffnete, als er unerwartet vom Gefängnis freikam: Apg. 12, 12 ff.
RIZPA Nebenfrau Sauls: 2. Sam. 3, 7; 21 / S. 243, 250.
RUBEN Ältester der 12 Söhne Jakobs, der versuchte, Joseph zu retten; Ahnherr eines der Stämme Israels: 1. Mose 29, 32; 30, 14; 35, 22; 37, 42; 49, 3 f. / S. 146.
RUTH Moabiterfrau, deren Liebe zu Naëmi sie nach Bethlehem führte. So wurde sie die Frau des Boas und Großmutter des Königs David: Ruth / S. 226–228.

SACHARJA Verbreiteter Name: **1.** Der Prophet, der mit Haggai das Volk drängte, den Tempel wieder aufzubauen; seine Weissagungen stehen im Sacharjabuch / S. 456 ff. **2.** (= Zacharias) Der Vater Johannes des Täufers: Lk. 1 / S. 514–515.
SALMANASSER Nachfolger des Tiglath-Pileser von Assyrien; besetzte Samaria und führte die Israeliten in die Verbannung: 2. Kön. 17.
SALOME Eine der Frauen, die Jesus und die Jünger begleiteten; bei der Kreuzigung und am Ostermorgen anwesend: Mk. 15, 40–41; 16, 1 / S. 513.
SALOMO Davids Sohn; König Israels in seiner Blütezeit; mit großer Weisheit begabt; Erbauer des Tempels; Verfasser/Sammler von Weisheitssprüchen: 2. Sam. 12, 24; 1. Kön. 1–11; 1. Chron. 22, 5–23, 1; 28 – 2. Chron. 9; Spr. 1, 1; 25, 1 usw. / S. 251 ff., 289 ff., 354 ff., 362, 267–369. *Geburt*: 2. Sam. 12, 24. *Zum Mitregenten erhoben:* 1. Kön. 1. *Gebet um Weisheit:* 1. Kön. 3; 2. Chron. 1. *Tempelbau:* 1. Kön. 6–7; 2. Chron. 3–4. *Tempelweihe:* 1. Kön. 8; 2. Chron. 5–7. *Besuch der Königin von Saba:* 1. Kön. 10; 2. Chron. 9. *Tod:* 1. Kön. 11, 43; 2. Chron. 10, 31.
SAMUEL Richter und Prophet, der Israels erste Könige salbte: 1. Sam. 1, 1–4, 1; 7–16; 19, 18 ff.; 25, 1; 28 / S. 231 ff. *Geburt:* 1. Sam. 1. *Gott spricht im Tempel zu ihm:* 3. *Israel will einen König:* 8. *Samuel und Saul:* 9 ff. *Samuel salbt* David: 16. *Tod:* 25, 1. *Saul befragt Samuel durch die Hexe von Endor:* 28.
SANBALLAT Gegner Nehemias: Neh. 2, 10. 19; 4; 6 / S. 309.
SANHERIB König von Assyrien, dessen Heer Hiskia in Jerusalem einschloß: 2. Kön. 18, 13 ff.; 2. Chron. 32; Jes. 36, 1 ff. / S. 281, 300.
SAPHIRA Wurde mit ihrem Mann Ananias schuldig durch eine Täuschung der Gemeinde: Apg. 5 / S. 552.
SARA/SARAI Abrahams Frau; in hohem Alter Mutter des Isaak: 1. Mose 11, 29 – 23, 19 / S. 136 ff. *Sara überläßt Hagar ihrem Mann:* 1. Mose 16. *Die Verheißung eines Sohnes:* 18. *Geburt Isaaks:* 21. *Tod:* 23, 1.
SATAN ›Sünde und Böses‹ in Hauptbegriffe.
SAUL (Saulus) **1.** Erster König Israels: 1. Sam. 9, 2 – 31, 13 / S. 234 ff. *Gesalbter König:* 1. Sam. 10. *Wegen seines Ungehorsams verworfen:* 15. *Eifersucht auf David:* 18 ff. *David rettet sein Leben:* 24; 26. *Befragung eines Mediums:* 28. *Tod:* 31 (auch 2. Sam. 1). **2.** S. Paulus.
SCHADRACH Einer der drei Begleiter Daniels in der babylonischen Verbannung; unversehrt im Feuerofen: Dan. 1; 2, 49; 3 / S. 430, 432.

SCHALLUM Widerrechtlicher König von Israel, der nur einen Monat regierte: 2. Kön. 15, 10 ff. / S. 278. Auch ein anderer Name für Joahas von Juda.
SCHAMGAR Einer der Richter Israels: Ri. 3, 31; 5, 6 / S. 221.
SCHAPHAN Hofbeamter Josias, der ihm die Entdeckung des Bundesbuches meldete: 2. Kön. 22; 2. Chron. 34.

SCHEBNA Hoher Beamter unter Hiskia, der mit der assyrischen Gesandtschaft Sanheribs verhandelte: 2. Kön. 18–19; Jes. 36–37.
SCHESCHBAZAR Betraut mit Schätzen für den zweiten Tempel, zu dem er den Grund legte: Esra 1, 8 ff.; 5, 14 ff.
SCHISCHAK s. Pharao.
SEBULON Einer der 12 Söhne Jakobs; Ahnherr eines der Stämme Israels: 1. Mose 30, 20; 49, 13 / S. 150.
SEM Einer der drei Söhne Noahs; Ahnherr mehrerer Völker: 1. Mose 6, 10 – 10, 31 / S. 135.
SERAH Äthiopier, der in Juda einmarschierte und von Asa vertrieben wurde: 2. Chron. 14, 9–14 / S. 297.
SERGIUS PAULUS Prokonsul von Zypern, der die Botschaft des Paulus hören wollte: Apg. 13, 7 ff. / S. 558.

SERUBABEL Führer bei der Rückkehr von der Verbannung und beim Wiederaufbau des Tempels: Esra 2, 2; 3–5; Hag.; Sach. 4 / S. 455–456.
SETH Sohn von Adam und Eva, nach Abels Tod geboren: 1. Mose 4, 25 ff. / S. 129.
SICHEM raubte Jakobs Tochter Dina: 1. Mose 34 / S. 146.
SIHON Amoriterkönig im Ostjordanland, der von den Israeliten besiegt wurde: 4. Mose 21 / S. 190.
SILAS/SILVANUS Führer der Jerusalemer Gemeinde, der Paulus auf seinen Missionsreisen begleitete und als sein Schreiber für einige der Briefe an die Gemeinden tätig war: Apg. 15, 22 – 18, 5; 2. Kor 1, 19; 1. Petr. 5, 12 / S. 560, 614, 638.
SILPA Leas Dienerin, die Jakob zwei Söhne gebar: 1. Mose 29, 24; 30, 9–10.
SIMEI Benjamenit, der David zur Zeit des Aufstands Absaloms verfluchte: 2. Sam. 16; 19; 1. Kön. 2 / S. 248.

SIMEON 1. Einer der 12 Söhne Jakobs; Ahnherr eines der Stämme Israels; blieb als Geisel bei Joseph in Ägypten: 1. Mose 29, 33; 34, 25 ff.; 42, 24 ff.; 49, 5 ff. / S. 146, 150.
2. Der fromme Mann, der anwesend war, als Jesus in den Tempel gebracht wurde; sein Gebet ist bekannt als das Nunc Dimittis: Lk. 2, 22–35 / S. 516.
SIMON 1. Simon Petrus; s. Petrus. **2.** Simon, der Zelot, einer der 12 Apostel: Mt. 10, 4 usw.; Apg. 1, 13 / S. 503. **3.** Einer der Brüder Jesu: Mt. 13, 55. **4.** Simon der Aussätzige, in dessen Haus in Bethanien Jesus gesalbt wurde: Mt. 26, 6; Mk. 14, 3. **5.** Ein Pharisäer: Lk. 7, 40 ff. **6.** Simon von Kyrene, der das Kreuz trug: Mt. 27, 32 ff. **7.** Simon Magus, der versuchte, die Gabe des Geistes zu erkaufen: Apg. 8 / S. 555. **8.** Simon, der Gerber, in dessen Haus in Joppe Petrus seine Vision hatte: Apg. 9, 43 ff. / S. 557.
SIMSON Kämpfer Israels gegen die Philister in der Zeit der Richter: Ri. 13–16 / S. 224.
SIMRI Herrscher über Israel für eine Woche: 1. Kön. 16 / S. 165.
SISERA Kanaanitischer Heerführer, der von Jaël getötet wurde: Ri. 4–5.
SO s. Pharao.
SOSTHENES Synagogenvorsteher in Korinth: Apg. 18, 17; vielleicht derselbe wie der in 1. Kor. 1, 1.
STEPHANAS Korinthischer Christ, von Paulus getauft: 1. Kor. 1, 16; 16, 15 ff. / S. 591.
STEPHANUS Einer der 6 gewählten Diakone; erster christlicher Märtyrer: Apg. 6–7 / S. 553–554.

TABEA s. Dorkas.
TAMAR 1. Schwiegertochter des Juda, die ihm Zwillingssöhne gebar: 1. Mose 38. **2.** Davids Tochter, von Amnon geraubt: 2. Sam. 13 / S. 246.
TARTAN s. Rabsaris.
THARAH Vater Abrahams: 1. Mose 11, 24 ff. / S. 135.
THEOPHILUS Römer, an den Lukas sein Evangelium und die Apg. richtete: Lk. 1, 3; Apg. 1, 1 / S. 514, 550.
TIGLATH-PILESER Mächtiger König von Assyrien, an den sich Ahas wegen Hilfe gegen Syrien und Israel wandte: 2. Kön. 15, 29; 16, 7 ff. / S. 279, 300.
TIRHAKA s. Pharao.
THOMAS Einer der 12 Apostel, der abwesend war, als die übrigen zum erstenmal den auferstandenen Christus sahen: Mt. 10, 3 usw.; Joh. 11, 16; 14, 5; 20, 24 ff. / S. 548.
TIBERIUS Römischer Kaiser: Lk. 3, 1.
TIMOTHEUS Junger Begleiter des Paulus und Mitmissionar, später verantwortlich für die Gemeinde in Ephesus; Paulus sandte ihm 2 Briefe über die Gemeindeleitung: Apg. 16, 1 ff.; 17, 14; 18, 5; 19, 22; 20, 4; 1. Kor. 4, 17; 16, 10; 2. Kor. 1, 19; Phil. 2, 19 ff.; 1. Thess. 3, 2 ff.; 1. und 2. Tim.; Hebr. 13, 23 / S. 560–561, 608, 615, 618 ff.
TITUS Begleiter des Paulus und Mitmissionar; bereinigte die Lage in der Gemeinde von Korinth; nach Kreta gesandt, wohin Paulus ihm einen Brief mit Ratschlägen schickte: 2. Kor. 2, 13; 7, 6 ff.; 8; 12, 18; Gal. 2; 2. Tim. 4, 10; Tit. / S. 598, 599, 622–624.
TOBIA Ein Gegner Nehemias: Neh. 2; 4; 6; 13 / S. 309, 312.
TROPHIMUS Christ in Ephesus, der mit Paulus nach Jerusalem zog: Apg. 20, 4; 21, 29; 2. Tim. 4, 20 / S. 622.
TYCHIKUS Christ, der mit Paulus nach Jerusalem zog; begleitete Onesimus nach Kolossä; beförderte Briefe des Paulus: Apg. 20, 4; Eph. 6, 21; Kol. 4, 7 ff.; 2. Tim. 4, 12; Tit. 3, 12 / S. 613, 622.

URIA 1. Hethitischer Krieger in Davids Heer; Mann der Bathseba; von David in den Tod geschickt: 2. Sam. 11 / S. 245. **2.** Priester in Jerusalem: 2. Kön. 16. **3.** Prophet in Jeremias Zeit; von Jojakim zum Tode verurteilt: Jer. 26, 20 ff. / S. 405.
USA Anderer Name für Asarja.

VASTHI Königin, die Ahasveros absetzte: Esther 1 / S. 313.

ZACHÄUS Zöllner, der in Jericho auf einen Baum kletterte, um Jesus zu sehen: Lk. 19, 1–10 / S. 526.
ZACHARIAS s. Sacharja.
ZADOK Mit Abjathar Priester an Davids Hof; Gründer der Linie der Hohenpriester Israels: 2. Sam. 15; 17, 15; 19, 11; 1. Kön. 1; 2, 25; 1. Chron. usw. / S. 251.
ZEDEKIA 1. Letzter König Judas; sein Aufstand führte Nebukadnezars Heer herbei und brachte Zerstörung über Jerusalem: 2. Kön. 24–25; 2. Chron. 36; Jer. 21; 32; 34; 37–39 usw. / S. 283, 302. **2.** Ein falscher Prophet in Ahabs Tagen: 1. Kön. 22; 2. Chron. 18.
ZEPHANJA Der Prophet, dessen Weissagungen im Zephanjabuch aufgeschrieben sind / S. 454.
ZIBA Sauls Diener, der David von Mephiboscheth erzählte: 2. Sam. 9; 16 / S. 248.
ZIPPORA Jethros Tochter; Moses Frau: 2. Mose 2, 21; 4, 24 ff.; 18 / S. 156, 164.
ZOPHAR Einer der drei Freunde Hiobs: Hiob 2, 11 / S. 321 ff.

Orte der Bibel

ABEL-BETH-MAACHA Stadt im Norden Palästinas, nahe dem Hule-See, wohin Joab Scheba verfolgte: 2. Sam. 20; auch 1. Kön. 15, 20 / *Karte* S. 116 C 1.
ABEL-MEHOLA Ort, wohin Gideon die Midianiter verfolgte; Geburtsort des Elisa: Ri. 7, 22; 1. Kön. 19, 16 / *Karte* S. 222.
ABILENE Gegend um Damaskus, über die Lysanias als Vierfürst herrschte: Lk. 3, 1 / *Karte* S. 461 D 1.
ACHAJA Provinz in Südgriechenland; Hauptstadt: Korinth – Apg. 18, 12 / *Karte* S. 579.
ACHOR Tal nahe Jericho, wo Achan gesteinigt wurde: Jos. 7, 24.
ADAM Hier blieb der Jordan stehen und ließ die Israeliten durchziehen: Jos. 3, 16 / *Karte* S. 116 C 4.
ADMA nahe Sosom; eine der ›Städte der Ebene‹: 1. Mose 10, 19; 14, 2 / *Karte* S. 137.
ADRAMYTTION Von diesem Hafen nahe Troja an der Westküste der heutigen Türkei fuhr Paulus mit einem Segelschiff nach Rom: Apg. 27, 2 / *Karte* S. 567.
ADULLAM Auf der Flucht vor Saul versteckte sich David in einer Höhle nahe dieser Stadt in Juda: 1. Sam. 22, 1; 2. Sam. 23, 13 / *Karte* S. 241.
ÄGYPTEN s. Kapitel S. 151–154 und ›Ägypter‹ im Völkerverzeichnis; der »Bach Ägyptens« war die Grenze zwischen Ägypten und Israel: 4. Mose 34, 5 usw.
ÄNON BEI SALIM wo Johannes taufte: Joh. 3, 23 / *Karte* S. 464 C 3.
ÄTHIOPIEN Im AT gewöhnlich Kusch; meint den Sudan; s. ›Äthiopier‹ im Völkerverzeichnis: 2. Kön. 19, 9; Jes. 18, 1; Jer. 38, 7 ff.; Apg. 8, 27 ff. / *Karte* S. 12–13.
AHAWA Fluß und Ort in Babylonien, wo Esra lagerte: Esra 8, 15. 21. 31.
AI Schauplatz einer der ersten Schlachten Josuas im Gelobten Land: Jos. 7; 8 / S. 213–214, *Karte* S. 116 B 4.
AJALON Amoriterstadt; Zufluchtsort; befestigt von Rehabeam: Jos. 19, 42; 21, 24; 1. Chron. 6, 69; 8, 13 / *Karte* S. 116 B 5.
TAL VON AJALON Wo die Sonne ›still stand‹, während Josua kämpfte: Jos. 10 / *Karte* S. 116.
AKKAD Gebiet und größere Stadt in Babylonien; von Nimrod gegründet: 1. Mose 10, 10.
ALEXANDRIA Hafen in Ägypten mit starkem jüdischen Bevölkerungsanteil; Heimat des Apollos; Apg. 6, 9; 18, 24 / *Karte* S. 567.
AMANA Einer der beiden Flüsse von Damaskus, die Naeman erwähnt: 2. Kön. 5, 12.
AMMON Staat im Ostjordanland; Hauptstadt Rabbath-Ammon, heute Amman; s. ›Ammoniter‹ im Völkerverzeichnis / *Karte* S. 12–13.
AMPHIPOLIS Stadt auf dem Reiseweg des Paulus durch Nordgriechenland: Apg. 17, 1 / *Karte* S. 560.

ANATHOTH Jeremias Geburtsort, nördlich von Jerusalem: Jer. 1, 1 / *Karte* S. 116 B 5 *Abb.* S. 379.
ANTIOCHIEN 1. Bedeutende Stadt am Orontes in Syrien, Ausgangspunkt der Reisen von Paulus und Barnabs: Apg. 11; 13, 1 / *Karte* S. 558. **2.** Antiochia in Pisidien; von Paulus auf seiner ersten Missionsreise besucht: Apg. 13, 14 ff. / *Karte* S. 558 *Abb.* S. 559.
ANTIPATRIS Paulus wurde hierher gebraucht: Apg. 23, 23 / *Karte* S. 464 B 4.
APHEK Hier verloren die Israeliten die Bundeslade an die Philister: 1. Sam. 4, 1; 29, 1 / Karte S. 116 B 4.
AR Hauptstadt von Moab: 4. Mose 21, 15 / *Karte* S. 116 C 6.
ARABA Senkungsgraben vom See Genezareth bis zum Golf von Akaba; das Meer von Araba ist das Tote Meer: 5. Mose 1, 1; 3, 17 usw.
ARABIEN steht gewöhnlich für Nord-Arabien; s. ›Araber‹ im Völkerverzeichnis.
ARAD Kanaanäische Stadt im Negev; von Josua besiegt: 4. Mose 21, 1; Jos. 12, 14 / *Karte* S. 111 B 6.
ARAM Staatsname in Südsyrien, bes. für Damaskus: s. auch ›Aramäer‹ im Völkerverzeichnis / *Karte* S. 12–13.
ARARAT Gebirge, wo die Arche nach der Sintflut landete; Gebiet des Van-See in der Türkei und Armenien: 1. Mose 8, 4 / *Karte* S. 131.
AREOPAG Paulus wurde vor den Rat gebracht, der ehemals auf diesem Hügel (Mars-Hügel) in Athen zusammenkam: Apg. 17 / *Abb.* S. 562.
ARGOB Teil des Königreiches Og in Basan im Ostjordanland: 5. Mose 3; 1. Kön. 4, 13 / *Karte* S. 255.
ARNON Fluß, der von Osten in das Tote Meer mündet; Grenze zwischen Amoritern und Moab: 4. Mose 21, 13 usw. / *Karte* S. 196.
AROER Stadt am Nordufer des Arnon: 5. Mose 2, 36 usw.; 2. Kön. 10, 33 / *Karte* S. 116 C 6.
ASDOD Philisterstadt, wo die Bundeslade im Dagontempel stand: 1. Sam. 5; auch 2. Chron. 26, 6; Jes. 20, 1 / *Karte* S. 116 A 5.
ASEKA Stadt, wohin Josua die Amoriter verfolgte: Jos. 10, 10.
ASIA Römische Provinz mit Ephesus als Hauptstadt; westlicher Teil der modernen Türkei: Apg. 19 usw. / *Karte* S. 579.
ASKALON Philisterstadt: Ri. 14, 19; 1. Sam. 6, 17 / *Karte* S. 116 A 5; *Abb.* S. 224.
ASSER Gebiet des Stammes Asser: Jos. 19, 24–31 / *Karte* S. 215.
ASSOS Seehafen an der Westküste der heutigen Türkei: Apg. 20, 23 / *Karte* S. 564.
ASSYRIEN Land im Norden Mesopotamiens; Großmacht im 9.–7. Jh. v. Chr. – in der Zeit Jesajas; s. Assyrien im Völkerverzeichnis / *Karte* S. 12–13.
ASCHTAROTH-KARNAJIM Stadt, von Kedor- Laomer besiegt; Hauptstadt von Og in Basan: 1. Mose 14, 5; 5. Mose 1, 4 usw. / *Karte* 116 D 2.
ATAROTH Stadt östlich des Jordan: 4. Mose 32, 3 / *Karte* S. 116 C 5.
ATHEN Kultureller Mittelpunkt Griechenlands, wo Paulus predigte: Apg. 17 / S. 562 *Abb.* S. 562 *Karte* S. 560.
ATTALIA Seehafen auf der ersten Missionsreise des Paulus; an der Südküste der heutigen Türkei: Apg. 14, 25 / *Karte* S. 558.

BABEL Ort des großen Turmes (1. Mose 10, 10); wird mit Babylon gleichgesetzt.
BABYLON Stadt am Euphrat; wurde Hauptstadt von Babylonien in Süd-Mesopotamien: 2. Kön. 20, 12 ff.; Jer. 50 usw. / *Karte* S. 304.
BASAN Gegend östlich des Sees Genezäreth; Königreich von Og; bekannt für seine Rinder: 4. Mose 21, 33; 32, 33 usw. / *Karte* S. 116 C 2.
BEERSEBA Südlichste Stadt Israels, an der Handelsstraße nach Ägypten: 1. Mose 21, 14. 31; 26, 23 ff. / *Karte* S. 116 A 6.
BENJAMIN Gebiet des Stammes Benjamin: Jos. 18, 11–28 / *Karte* S. 215.
BERÖA Stadt in Nord-Griechenland, wo Paulus predigte: Apg. 17, 10 / *Karte* S. 560.
BETHANIEN Wohnort von Martha, Maria und Lazarus; nahe bei Jerusalem: Joh. 11, 1; 12, 1 / *Karte* S. 464 B 5; *Abb.* S. 546.
BETHEL Hier träumte Jakob; offizielles Heiligtum des Nordreich Israel: 1. Mose 28; Ri. 20, 18. 26; 1. Sam. 7, 16; 1. Kön. 12, 28 ff.; Amos 7, 10 ff. / *Karte* S. 116 B 4.
BETHESDA Teich in Jerusalem, wo Jesus einen Kranken heilte: Joh. 5, 2 / *Karte* S. 545; *Abb.* S. 538.
BETH-HORON Nahe dem Schauplatz von Josuas Sieg: Jos. 10, 10 / *Karte* S. 116 B 4.
BETHLEHEM Stadt, wenige Kilometer von Jerusalem entfernt; hier ließ sich Ruth nieder; David und Jesus wurden hier geboren: Ruth; 1. Sam. 16; 2. Sam. 23, 13 ff.; Mt. 2; Lk. 2 / *Karte* S. 116 B 5; *Abb.* S. 475, 516, 517.
BETHPHAGE Ort nahe bei Bethanien, von wo Jesus Jünger aussandte, um einen Esel für den Einzug nach Jerusalem zu holen: Mk. 11, 1 / *Karte* S. 464 B 5.
BETHSAIDA Stadt am Ufer des Sees Genezareth; Heimat von Philippus, Andreas und Petrus: Joh. 1, 44; Mk. 8, 22; Mt. 11, 21 / *Karte* S. 464 C 2.
BETH-SCHEAN Stadt, auf deren Mauern die Philister Sauls Leichnam aufhingen: 1. Sam. 31, 10 / *Karte* S. 116 C 3; *Abb.* S. 243.
BETH-SCHEMESCH Stadt, wohin die Bundeslade von den Philistern zurückgebracht wurde: 1. Sam. 6; auch 2. Kön. 14, 11 / *Karte* S. 116 B 5; *Abb.* S. 233.
BETH-ZUR Stadt, die von Kalebs Nachkommen bewohnt wurde; von Rehabeam befestigt: 1. Chron. 2, 45; 2. Chron. 11, 7 / *Karte* S. 116 B 6.

BITHYNIEN Römische Provinz am Schwarzen Meer: Apg. 16, 7 / *Karte* S. 579.
BOZRA Stadt in Edom, die in Unheilsweissagungen genannt wird: Jes. 34, 6 usw.

CÄSAREA Römische Stadt an der Küste Palästinas; Residenz des Prokurators; Wohnort des Philippus und des Kornelius; hier wurde Paulus gefangengesetzt: Apg. 10; 11; 21; 23 / *Karte* S. 464 A 3; *Abb.* S. 568.
CÄSAREA PHILIPPI Stadt am Fuße des Hermon und an der Jordanquelle; hier in der Nähe legte Petrus sein großes Glaubensbekenntnis ab: Mt. 16, 13 ff. / *Karte* S. 464 C 1.
CHALDÄA Süd-Babylonien; Abrahams Vater wohnte hier; s. ›Chaldäer‹ im Völkerverzeichnis: 1. Mose 11, 28; Jes. 48, 20 usw. / *Karte* S. 12–13.
CHORAZIN Stadt in Galiläa, die Jesus wegen ihres Unglaubens verurteilte: Mt. 11, 21 / *Karte* S. 464 C 2.
CILICIEN Römische Provinz in der heutigen südlichen Türkei, mit Tarsus als Hauptstadt: Apg. 21, 39 / *Karte* S. 579.
CYPERN Heimat des Barnabas; erste Station auf der ersten Missionsreise des Paulus: Apg. 4, 36; 13, 4 / *Karte* S. 558.

DALMATIEN Römische Provinz an der Ostküste der Adria, wo Titus predigte: 2. Tim. 4, 10 / *Karte* S. 623.
DAMASKUS Führende Stadt in Syrien; Heimat des Naëman; von Elisa besucht; Paulus wurde auf dem Weg dorthin bekehrt: 1. Mose 15, 2; 1. Kön. 5; 8; Jes. 17; Apg. 9 usw. / *Karte* S. 245; *Abb.* S. 556.
DAN Gebiet des Stammes Dan; nördlichste Stadt Israels, in der Jerobeam ein Heiligtum errichtete: Jos. 19, 40–48; 1. Kön. 12, 25 ff. / *Karten* S. 215, 116 C 1; *Abb.* S. 263.
DECAPOLIS (Gebiet der 10 Städte) Gruppe von freien griechischen Städten, vor allem südlich des Sees Genezareth und östlich des Jordan: Mt. 4, 25; Mk. 5, 20; 7, 31 / *Karte* S. 464 C 3.
DEDAN s. ›Dedaniter‹ im Völkerverzeichnis / *Karte* S. 12–13.

DERBE Stadt in der heutigen Türkei, die Paulus auf der 1. und der 2. Missionsreise besuchte: Apg. 14; 16, 1; 20, 4 / *Karte* S. 558.
DIBON Moabiterstadt: 4. Mose 21, 30; 32, 34; Jes. 15, 2 / *Karte* S. 116 C 6.
DOR Stadt der Kanaaniter in Nordpalästina: Jos. 12, 2; 1. Kön. 4, 11 / *Karte* S. 116 B 3.
DOTHAN Joseph wurde von seinen Brüdern an die Midianiter in Dothan verkauft; hier wurde Elisa vor dem syrischen Heer gerettet: 1. Mose 37, 17; 2. Kön. 6 / *Karte* S. 116 B 3.

EBAL Berg nahe Sichem, auf dem die Stämme die Gesetzesbrecher verfluchen sollten: 5. Mose 11, 29; Jos. 8, 30 / *Karte* S. 116 B 4; *Abb.* S. 296.
EDEN Wiege der Menschheit in Mesopotamien: 1. Mose 2, 8.
EDOM Gebirgiges Land südlich des Toten Meeres; von den Nachkommen Esaus besetzt; s. ›Edomiter‹ im Völkerverzeichnis: 1. Mose 32, 3; 4. Mose 20, 14 ff.; 1. Sam. 14, 46 usw. Jes. 34, 5 ff. / *Karte* S. 12–13.
EDREI Stadt, wo Og besiegt wurde: 4. Mose 21, 33 / *Karte* S. 116 D 3.
EGLON Von Josua zerstörte Stadt: Jos. 10, 34 / *Karte* S. 212.
EKRON Eine der 5 Philisterstädte, wo die Bundeslade aufbewahrt wurde; von den Propheten angeklagt: 1. Sam. 5, 10; Jer. 25, 20 / Karte S. 116 A 5.
ELAM Land östlich von Babylonien, mit der Hauptstadt Susa; s. ›Elamiter‹ im Völkerverzeichnis: 1. Mose 14, 1; Neh. 1, 1; Jes. 21, 2; Apg. 2, 9 / *Karte* S. 12–13.
ELATH, EZJON-GEBER Siedlungen am nördlichen Ende des Golf von Akaba; hier baute Salomo seine Flotte: 5. Mose 2, 8; 1. Kön. 9, 26 / *Karte* S. 295.
EMMAUS Am Tag seiner Auferstehung erschien Jesus zwei Jüngern auf ihrem Weg zu diesem Dorf: Lk. 24, 13.
ENDOR Ort in Nordisrael, wo Saul eine Totenbeschwörerin befragte: 1. Sam. 28, 7 / *Karte* S. 116 B 3.
EN-GEDI Quelle am Westufer des Toten Meeres, wohin David flüchtete: 1. Sam. 23, 29 / *Karte* S. 116 B 6; *Abb.* S. 240.

EPHESUS Hauptstadt der römischen Provinz Asia (Westtürkei); wichtiger Ort für die erste Christenheit: Apg. 18, 19; 19; 20, 17; Eph. 1, 1; Offb. 2, 1–7 / S. 564, *Karte* S. 560, *Abb.* S. 83, 565, 573, 593, 603, 605, 607, 646.
EPHRAIM Gebiet des Stammes Ephraim: Jos. 16, 4–10 / *Karte* S. 215.
EPHRATHA Anderer Name für Bethlehem.
ERECH Stadt in Babylonien: 1. Mose 10, 10; Esra 4, 9.
ESCHKOL Tal, aus dem die Kundschafter Weintrauben mitbrachten: 4. Mose 13, 23.
ESCHTAOL Stadt, die in der Simsongeschichte erwähnt ist: Ri. 13, 25; 16, 31 / *Karte* S. 116 B 5.
EUPHRAT Strom in Mesopotamien, der von der Türkei in den Persischen Golf fließt; einer der Flüsse des Garten Eden: 1. Mose 2, 14; 15, 18 usw.
EZJON-GEBER s. Elath.

GAD Gebiet des Stammes Gad: Jos. 13 / *Karte* S. 215.
GALATIEN Römische Provinz in der heutigen Zentral-Türkei, wo Paulus Gemeinden gründete, denen er schrieb: Apg. 16, 6; 18, 23; Gal. 1, 2 / *Karte* S. 579 *Abb.* S. 601, 603.
GALILÄA Gebiet in Nordisrael; Heimat Jesu und einiger Jünger, wichtigster Wirkungsbereich Jesu: 1. Kön. 9, 11; 2. Kön. 15, 29; Jes. 9, 1; Lk. 4, 14; 5, 1 ff.; 8, 22 ff.; Joh. 21; Apg. 9, 31 / S. 500 *Karte* S. 464 B 3; *Abb.* S. 18, 326, 328, 336, 351, 478–480, 502, 504, 539, 543, 548.
GARIZIM Berg gegenüber dem Berg Ebal bei Sichem; auf ihm wurde der Segen über die Gesetzestreuen ausgesprochen; Schauplatz der Jothamfabel; später Standort des samaritanischen Tempels: 5. Mose 27, 12; Ri. 9, 7; Joh. 4, 20 / *Karte* S. 116 B 4; *Abb.* S. 296.
GATH Eine der fünf Philisterstädte; Heimat des Goliath; später Zufluchtsort für David: Jos. 11, 22; 1. Sam. 5, 8; 17, 4; 21, 10 ff. / *Karte* S. 233.
GATH-HEPHER Geburtsort des Propheten Jona: 2. Kön. 14, 25 / *Karte* S. 116 B 2.
GAZA Eine der Philisterstädte; bedeutsam in der Simsongeschichte: Jos. 13, 3; Ri. 16; 1. Sam. 6, 17 / *Karte* S. 116 A 6.
GEBAL Phönizische Stadt im Libanon; stellte Handwerker für den Tempelbau: Jos. 13, 5; 1. Kön. 5, 32 / *Karte* S. 424.
GERAR Stadt in Südisrael, die in Abrahams Zeiten von Abimelech beherrscht wurde: 1. Mose 10, 19; 20, 1 ff. / *Karte* S. 116 A 6.
GESCHUR Gebiet und Stadt in Südsyrien; Absalom floh hierher, in die Heimat seiner Mutter: Jos. 12, 5; 2. Sam. 3, 3; 13, 38 / *Karte* S. 245.

GESER Gegen diese Stadt führte Josua einen Feldzug; Pharao überließ sie Salomo, der sie befestigte: Jos. 10, 33; 1. Kön. 9, 15–16 / S. 259 *Karte* S. 212; *Abb.* S. 251.
GETHSEMANE Garten auf der Jerusalem abgewandten Seite des Kidrontales; Jesus ging hierher in der Nacht seiner Gefangennahme: Mt. 26, 36; Joh. 18, 1 / *Karte* S. 545; *Abb.* S. 547.
GIBEA 1. Stadt, die in der Erzählung vom Handstreich Jonathans und seines Waffenträgers vorkommt: 1. Sam. 14; 2. Kön. 23, 8; Neh. 11, 31 / *Karte* S. 116 B 5 **2.** Stadt nördlich von Jerusalem; Heimat Sauls: Ri. 19; 1. Sam. 10, 5. 10. 26 ff.; 13; 23, 29 / *Karte* S. 116 B 5.

GIBEON Die Einwohner dieser Stadt überlisteten Josua mit einem Vertrag, den Saul später brach; Davids und Isch-Boscheths Männer kämpften hier gegeneinander; in Salomos Tagen Heiligtum, in dem die Bundeslade aufbewahrt wurde: Jos. 9; 2. Sam. 2, 12 ff.; 20, 8; 21; 1. Kön. 3, 4 ff.; 1. Chron. 21, 29 / *Karte* S. 116 B 5; *Abb.* S. 409.
GIHON Einer der vier Flüsse im Garten Eden; ebenso eine Quelle außerhalb Jerusalems, wo Salomo zum König gesalbt wurde und von der Hiskia Wasser durch einen Tunnel in die Stadt leitete: 1. Mose 2, 13; 1. Kön. 1, 38; 2. Chron. 32, 30 / *Karte* und *Abb.* S. 301.
GILBOA Hügelkette, auf der Saul sein Heer zur Schlacht gegen die Philister sammelte: 1. Sam. 28, 4; 31 / *Karte* S. 116 B 3.
GILEAD Israelitisches Land östlich des Jordan; bekannt für seine Herden und seine Gewürze; Heimat von Jaïr, Jephthah und Elia: 1. Mose 37, 25; Jos. 17, 1; Ri. 10, 3; 11; 1. Kön. 17, 1; Hoheslied 4, 1 / *Karte* S. 255.
GILGAL Ort bei Jericho, wo die Israeliten den Jordan überquerten; Standort eines bedeutenden Heiligtums: Jos. 4, 20; Ri. 3, 19; 1. Sam. 7, 16; 10, 8; 2. Sam. 19, 15; Hos. 4, 15 / *Karte* S. 116 C 5.
GOMORRA Stadt am Südende des Toten Meeres; wegen seiner Bosheit von Gott zerstört: 1. Mose 14; 19; Jes. 1, 9–10; Mt. 10, 15 / *Karte* S. 137.
GOSAN Stadt in Nordmesopotamien, die die Assyrer sich aneigneten; hierher wurden die Israeliten verbannt: 2. Kön. 17, 6; 19, 12.

GOSEN Gebiet des Nildeltas, wo Jakob sich mit seiner Familie niederließ: 1. Mose 45, 10; 2. Mose 8, 22 / *Karte* S. 163.
GRIECHENLAND Alexanders Eroberungen brachten Israel unter griechische Herrschaft (mit den übrigen östlichen Mittelmeerländern) und in den Einflußbereich griechischer Kultur; s. ›Griechen‹ im Völkerverzeichnis: Dan. 11; Joh. 12, 20; Apg. 6; 17; 18 / *Karte* S. 12–13, 304.
GUTFURT Kretischer Hafen; Station auf der Reise des Paulus nach Rom: Apg. 27, 8 / *Karte* S. 567.

HABOR Nebenfluß des Euphrat; floß an Gosan vorbei: 2. Kön. 17, 6.
HAMATH Stadt am Orontes in Syrien; von Assyrien erobert: Jos. 13, 5; 2. Sam. 8, 9; 1. Kön. 8, 65; 2. Kön. 17, 24; 18, 34 / *Karte* S. 411.
HARAN Stadt in Nordmesopotamien; Abraham kam auf seinem Weg nach Kanaan hierher; hier diente Jakob seinem Onkel Laban: 1. Mose 11, 31; 12, 4–5; 29, 4; 2. Könige 19, 12 / *Karte* S. 137.
HARMAGEDON Ort der letzten großen Schlacht (s. auch Megiddo): Offb. 16, 16.
HAROD Quelle, an der Gideon lagerte und die kleine Streitmacht auswählte, die die Midianiter besiegte: Ri. 7, 1 / *Karte* S. 222.
HAZOR Wichtige Kanaaniterstadt im Norden Israels; Josua besiegte Jabin von Hazor und zerstörte die Stadt; das Heer eines späteren Jabin von Hazor wurde von Debora und Barak besiegt; die Stadt wurde von Salomo wiederaufgebaut und befestigt: Jos. 11; Ri. 4; 1. Kön. 9, 15; 2. Kön. 15, 29 / S. 213–214, 259 / *Karte* S. 116 C 2; *Abb.* S. 25, 277.
HEBRON In den Bergen von Judäa; Wohnort Abrahams, der in der Höhle von Machpela bestattet wurde; von Kaleb erobert; erste Hauptstadt Davids: 1. Mose 13, 18; 23; 35, 27; Jos. 14, 6–15; 2. Sam. 2, 1–4; 15, 6 ff. / *Karte* S. 116 B 6; *Abb.* S. 143, 244.
HERMON Berg im Grenzgebiet von Israel, Libanon und Syrien; auch Sirion genannt; der Schnee vom Hermon speist die Jordanquelle; vielleicht der Berg der Verklärung Jesu: Jos. 12, 1; Ps. 42, 6; 133, 3; Mt. 17, 1 / *Karte* S. 464 C 1; *Abb.* S. 506.
HESBON Stadt der Moabiter, Amoriter und später der Israeliten im Ostjordanland: 4. Mose 21, 25 ff. / *Karte* S. 116 C 5.
HIERAPOLIS Stadt mit heißen Quellen in der West-Türkei bei Laodicea und Kolossä; Epaphras hat vielleicht die dortige Gemeinde gegründet: Kol. 4, 12–13 / *Karte* S. 579; *Abb.* S. 650.
HINNOM Tal außerhalb Jerusalems; in der Zeit der Propheten wurden dem Moloch Kinder geopfert; später ein Ort, wo Leichen und Abfälle verbrannt wurden; von diesem Namen stammt ›Gehenna‹ (= Hölle): 2. Kön. 23, 10; Jer. 7, 31–32 / *Karte* S. 248; *Abb.* S. 249.
HOREB Anderer Name für den Berg Sinai.
HORMA Hier wurden die Israeliten wegen ihres Ungehorsams von den Kanaanitern besiegt: 4. Mose 14, 45; 21, 3; Jos. 15, 30 / *Karte* S. 116 B 6.

IDUMÄA Edom mit einem Teil von Juda nach der Verbannung; die Herodianer waren Idumäer / *Karte* S. 464 A 7.
IKONION Stadt in der heutigen Türkei; Paulus predigte hier auf seiner ersten Missionsreise: Apg. 13, 51; 14, 19–21 / *Karte* S. 558.
ILLYRIEN Römische Provinz im heutigen Jugoslawien; hier predigte Paulus: Röm. 15, 19 / *Karte* S. 579.
ISASCHAR Gebiet des Stammes Isaschar: Jos. 19, 17–23 / *Karte* S. 215.
ISRAEL Das Land, das die 12 Stämme eroberten; nach der Reichsteilung das Nordreich, ausgenommen Juda und Benjamin: *Karten* S. 116, 464.
ITURÄA Gebiet nordöstlich des Sees Genezareth, über das Philippus als Vierfürst herrschte: Lk. 3, 1 / *Karte* S. 464 C 1.

JABBOK Östlicher Nebenfluß des Jordan, an dessen Ufer Jakob mit einem Engel rang; Grenze von Ammon: 1. Mose 32, 22 ff.; 4. Mose 21, 24 / *Karte* S. 116 C 4.
JABESCH IN GILEAD Stadt im Ostjordanland: Ri. 21; 1. Sam. 11; 31, 11–13 / *Karte* S. 116 C 4.
JASER Amoriterstadt, die von den Israeliten erobert wurde; berühmt für Wein: 4. Mose 21, 32; 1. Chron. 26, 31; Jes. 16, 8–9 / *Karte* S. 247.
JERICHO Oase in der Wüste nördlich des Toten Meeres; Stadt, die die Jordanfurten kontrollierte; Josua sandte Kundschafter hierher; Israels erster großer Sieg im Gelobten Land war der bei Jericho; die Stadt spielt eine Rolle in Ri. und den Elia-Elisa-Geschichten; Jesus heilte hier den blinden Bartimäus; Zachäus wurde hier bekehrt; im Gleichnis vom barmherzigen Samariter geht es um die Straße Jerusalem – Jericho: Jos. 2; 6; Ri. 12, 13; 2. Kön. 2; Mk. 10, 46; Lk. 19, 1 ff. / S. 213–214 *Karte* S. 116 C 5; *Abb.* S. 84, 85, 208, 272, 389.
JERUSALEM Wahrscheinlich das ›Salem‹, über das Melchisedek als König herrschte; zunächst von den Jebusitern bewohnt; von David erobert; wurde Hauptstadt und heilige Stadt für ganz Israel, nach der Reichsteilung für das südliche Reich Juda; Standort des Salomonischen Tempels; unter der Herrschaft Hiskias von den Assyrern belagert, dann von den Babyloniern belagert und zerstört; nach der Verbannung baute Serubabel den Tempel, Nehemia die Stadtmauern wieder auf; Stadt und Tempel wurden von Antiochus Epiphanes geplündert und entweiht; bei der Übernahme des Griechischen Weltreiches durch die Römer blieb Jerusalem unterworfen; Herodes baute den Tempel wieder auf, in den das Jesuskind zur Darstellung gebracht wurde und wohin er als Zwölfjähriger kam; er war hier auch während seiner Wirkungszeit; sein Prozeß, seine Kreuzigung und Auferstehung fanden hier statt; hier entstand zu Pfingsten die Kirche und breitete sich weit aus; hier fand auch die Apostelversammlung wegen der Stellung der Heidenchristen statt: 1. Mose 14, 18; 2. Sam. 5; 1. Kön. 6; 2. Kön. 18; 19; 25; Esra 5; Neh. 3 ff.; Lk. 2; 19, 28 – 24, 49; Joh. 5; Apg. 2; 15 / *Karten* S. 248, 116 B 5; *Abb.* S. 246, 249, 292–293, 308, 312, 337, 372, 401, 404, 406, 415, 489, 511, 526, 527, 528, 545, 552, hintere Einbandinnenseite; *Rekonstruktion* S. 471.
JESREEL Stadt und Tal in Nordisrael, wo Ahab seinen Palast und Naboth seinen Weinberg hatte; der verwundete Joram kam hierher; Isebel starb hier: 1. Sam. 29, 1; 1. Kön. 18, 45–46; 21; 2. Kön. 8, 29; 9, 30–37 / *Karte* S. 116 B 3.
JIBLEAM Stadt in Nordisrael, wo Jehu Ahasja tötete: Jos. 17, 11–12; 2. Kön. 9, 27; 15, 10 / *Karte* S. 116 B 3.
JOPPE Hafenstadt in Israel (heute Jaffa), wo Jona seine Seereise begann; hier hatte Petrus seinen Traum, der ihn zu Kornelius brachte: 2. Chron. 2, 16; Jona 1, 3; Apg. 9, 36 ff.; 10 / *Karte* S. 116 A 4.
JORDAN Israels größter Fluß, fließt durch den See Genezareth in das Tote Meer; die Israeliten mußten ihn überqueren, um ins Gelobte Land zu kommen; David überquerte ihn auf der Flucht vor Absalom; Naëman wusch sich im Fluß und wurde geheilt; Johannes taufte im Jordan: Jos. 3; 2. Sam. 17, 22; 2. Kön. 2, 6–8. 13–14; 5; Mk. 1, 5.9 / *Karte* S. 116 C *Abb.* S. 273, 368, 334, 500.
JUDA Gebiet des Stammes Juda; Teile davon sind das Bergland von Juda und die Wüste von Judäa (am Westufer des Toten Meeres); später der Name des Südreiches: Jos. 15; 1. Kön. 12, 21. 23 / *Karte* S. 215, *Abb.* s. unter ›Judäa‹.
JUDÄA Griechischer und römischer Name für Juda; gelegentlich auch Galiläa und Samaria umfassend: Lk. 4, 44; 3, 1 / *Karte* S. 464 B 5; *Abb.* S. 17, 241, 389, 394, 525.

KADESCH-BARNEA Oase in der Wüste südlich von Beerseba; in dieser Gegend hielten sich die Israeliten die längste Zeit ihrer Wüstenwanderung auf: 4. Mose 13, 26; 20, 1. 14; 33, 36; Jos. 14, 7 / *Karte* S. 163.
KANA Dorf in Galiläa, wo Jesus Wasser in Wein verwandelte: Joh. 2, 1 ff. / *Karte* S. 464 B 2; *Abb.* S. 535.
KANAAN Von den Israeliten besiedeltes Land; im Norden phönizisches Gebiet; s. ›Kanaaniter‹ im Völkerverzeichnis / Karte S. 12–13; 1. Mose 11, 31; 4. Mose 33, 51 usw.
KAPERNAUM Stadt am See Genezareth; Jesus hielt sich hier oft auf: Mt. 4, 13; Mk. 1, 21; Lk. 7, 1–10; 10, 15 usw. / *Karte* S. 464 C 2; *Abb.* S. 501.
KAPPADOZIEN Römische Provinz, heutige Ost-Türkei: Apg. 2, 9; 1. Petr. 1, 1 / *Karte* S. 579.
KARKEMISCH Stadt am Euphrat in Nord-Syrien; hier besiegte Nebukadnezar von Babylon die Ägypter: Jer. 46, 2 / *Karte* S. 302.
KARMEL Hügelkette, die beim heutigen Hafen Haifa ins Meer vorspringt; Schauplatz des Kampfes Elias mit den Baalspriestern: 1. Kön. 18, 19 ff.; auch 2. Kön. 2, 25; 4, 25 / *Karte* S. 166 B 3; *Abb.* S. 266, 346.
KEBAR Fluß in Babylonien, an dessen Ufern Hesekiel und die Verbannten wohnten: Hes. 1, 1 usw.

KEDESCH Kanaaniterstadt in Galiläa, die von Josua erobert wurde; Heimatstadt des Barak: Jos. 12, 22; Ri. 4, 6; 2. Kön. 15, 29 / *Karte* S. 116 C 1.
KEGILA Stadt, die David vor einem Philisterangriff rettete, und wohin er sich zurückzog: 1. Sam. 23 / *Karte* S. 241.
KELACH Eine der Hauptstädte Assyriens, von Nimrod gegründet: 1. Mose 10, 11 / *Karte* S. 279.
KENCHREÄ Hafen von Korinth: Apg. 18, 18; Röm. 16, 1 / *Karte* S. 560.
KIDRON Tal zwischen Jerusalem und dem Ölberg; David überquerte es auf der Flucht vor Absalom; Jesus überquerte es auf dem Weg nach Gethsemane: 2. Sam. 15, 23; 1. Kön. 15, 13; 2. Kön. 23, 4; Joh. 18, 1 / *Karte* S. 248; *Abb.* S. 249, 401.
KINNERETH Anderer Name für den See Genezareth (vielleicht wegen der Ähnlichkeit des Umrisses mit einer Harfe) und Name einer Stadt: 5. Mose 3, 17 / *Karte* S. 116 C 2.
KIR, KIR-HARESETH Befestigte Stadt in Moab: 2. Kön. 3, 25; Jes. 15, 1; 16, 7 / *Karte* S. 116 C 6.
KIRJATHAJIM Ort im Ostjordanland, der Ruben zugeteilt war; später im Besitz der Moabiter: Jos. 13, 19; Jer. 48, 1 / *Karte* S. 116 C 6.
KIRJATH-ARBA Früherer Name für Hebron.
KIRJATH-JEARIM Hauptstadt der Gibeoniten; die Bundeslade wurde hier 20 Jahre lang aufbewahrt, bevor David sie nach Jerusalem brachte: Jos. 9; 1. Sam. 6, 19 – 7, 2 / *Karte* S. 116 B 5; *Abb.* S. 234.
KISON Fluß, der in der Geschichte von Baraks Sieg erwähnt wird, ebenso in der Geschichte von Elia und den Baalspropheten; fließt nördlich vom Berg Karmel ins Meer: Ri. 5, 21; 1. Kön. 18, 40 / *Karte* S. 116 B 2.
KITTIM Name für Zypern; später für die Gesamtheit der Küstenländer des östlichen Mittelmeeres.
KOE Gegend in der heutigen Süd-Türkei (Cilicien), von wo Salomo Pferde einführte: 1. Kön. 10, 28 / *Karte* S. 295.
KÖNIGSSTRASSE Verläuft vom Golf von Akaba an der Ostseite des Toten Meeres nach Syrien; Edom verbot den Israeliten, sie zu benutzen: 4. Mose 20, 17 / *Karte* S. 196.
KOLOSSÄ Stadt in der heutigen Südwest-Türkei; Paulus schrieb einen Brief an die dortige Gemeinde: Kol. 1, 2 / S. 611 *Karte* S. 579; *Abb.* S. 613.
KORINTH Führende Stadt in Süd-Griechenland, wo Paulus eine Gemeinde gründete: Apg. 18 / S. 589 *Karte* S. 560; *Abb.* S. 592, 597.
KRETA Juden aus Kreta hörten die Predigt des Petrus an Pfingsten; Titus war später bei der dortigen Gemeinde im Dienst: Apg. 2, 11; Tit. 1, 5 / *Karte* S. 623.
KRITH Bach, an dem Elia während der Hungersnot lebte: 1. Kön. 17, 3 / *Karte* S. 116 C 4.
KUSCH Der Sudan: 1. Mose 10, 6 / *Karte* S. 134.
KYRENE In Libyen (Nordafrika); Heimat des Simon, der Jesus das Kreuz trug: Mt. 27, 32; Apg. 2, 10; 11, 20 / *Karte* S. 551.

LACHISCH Bedeutende Festungsstadt am Fuße des Berglandes südöstlich von Jerusalem; hier wurde Amazja ermordet; Ziel assyrischer und babylonischer Angriffe: Jos. 10; 2. Kön. 14, 19; 18, 14. 17; Jer. 34, 7 / *Karte* S. 116 A 6; *Abb.* S. 83, 283.
LAODICEA Stadt in der heutigen West-Türkei; der Kol.-Brief des Paulus sollte auch hierher gebracht werden; eine der sieben Gemeinden, an die Johannes in der Offb. ein Sendschreiben richtete: Kol. 2, 1; 4, 13–16; Offb. 1, 11; 3, 14–22 / Karte S. 579; *Abb.* S. 649.
LIBANON Das heutige Land und sein Gebirge; berühmt für die Zedern (die beim Tempelbau benutzt wurden) und für Obst: 1. Kön. 5, 6; Ps. 72, 16; Jes. 2, 13 / *Abb.* von Zedern S. 253, 330.
LIBNA Befestigte Stadt in der Ebene; von Josua eingenommen; erhob sich gegen Joram; wurde von Sanherib angegriffen: Jos. 10, 29–30; 2. Kön. 8, 22; 19, 8 / *Karte* S. 116 A 5.
LO-DABAR Ort östlich des Jordan, wo Mephiboscheth lebte: 2. Sam. 9, 4 / *Karte* S. 116 C 3.
LUD s. ›Lyder‹ im Völkerverzeichnis / Karte S. 12 f.
LYCIEN Gegend in der heutigen Südwest-Türkei: Apg. 27, 5 / *Karte* S. 579.
LYDDA Das heutige Lod (so auch im AT) in der Nähe von Jaffa: Apg. 9, 32. 35 / *Karte* S. 464 B 5.
LYSTRA Heimatstadt des Timotheus; hier heilte Paulus einen Krüppel und wurde als Gott angesehen: Apg. 14, 6 ff.; 16 / *Karte* S. 558.

MAACHA Gegend südöstlich des Hermonberges; erwähnt bei den Kriegszügen Davids: Jos. 12, 5; 2. Sam. 10 / *Karte* S. 245.
MAHANAJIM Ort östlich des Jordan nahe des Jabbok; erwähnt in der Geschichte von Jakobs Rückkehr; Davids Hauptquartier während Absaloms Aufstand: 1. Mose 32, 2; 2. Sam. 17, 24 / *Karte* S. 245.
MAKKEDA Josua eroberte diese Stadt und tötete fünf Amoriterkönige in einer nahe gelegenen Höhle: Jos. 10, 16 ff. / *Karte* S. 116 B 5.
MALTA Hier erlitt Paulus Schiffbruch auf seiner Reise nach Rom: Apg. 27, 39 – 28, 10 / *Karte* S. 567; *Abb.* S. 568.
MAMRE Ort bei Hebron, wo Abraham lebte: 1. Mose 13, 18; 18, 1; 23, 17.
MANASSE Gebiet des Stammes Manasse: Jos. 13, 29–31; 17, 7–13 / *Karte* S. 215.
MAON Stadt, in deren Nähe David sich vor Saul zurückzog und wo Nabal lebte: 1. Sam. 23, 24; 25, 2 / *Karte* S. 116 B 6.
MARESCHA Von Rehabeam befestigte Stadt, in deren Nähe Asa Serach von Äthiopien besiegte: 2. Chron. 11, 8; 14, 9; 20, 37; Mi. 1, 15 / *Karte* S. 116 A 6.
MAZEDONIEN Römische Provinz in Nord-Griechenland einschließlich Philippi, Thessalonich und Beröa: Apg. 16, 9 ff.; 20, 1 ff.; 2. Kor. 9 / *Karte* S. 567.
MEDIEN Nordwest-Persien; den Assyrern untertan; mit den Babyloniern verbündet; s. ›Meder‹ im Völkerverzeichnis / *Karte* S. 12–13.
MEGIDDO Josua besiegte den König dieser Kanaaniterstadt, die den Pass über den Karmel beherrscht; die strategische Lage machte sie zum Schauplatz vieler Schlachten; daher ihre symbolische Verwendung als Harmagedon (Berg von Megiddo) in der Offb.; Sisera wurde in der Nähe besiegt; Salomo befestigte die Stadt; Ahasja starb hier, in der Nähe ebenso Josia in der Schlacht gegen Pharao Necho: Jos. 12, 21; Ri. 5, 19; 1. Kön. 9, 15; 2. Kön. 9, 27; 23, 29 / S. 259 *Karte* S. 116 B 3; *Abb.* S. 207, 270, 299, 655.
MEMPHIS Ehemalige Hauptstadt Ägyptens: Jer. 2, 16; 46, / *Karte* S. 151.
MESOPOTAMIEN (Zweistromland) Land zwischen Euphrat und Tigris; dazu gehört auch das Gebiet um Haran, wo Abraham und einige seiner Verwandten wohnten: 1. Mose 24, 10; 28, 2; 5. Mose 23, 4; Apg. 2, 9 / *Karte* S. 13.
MICHMAS Hier sammelte sich Sauls Heer gegen die Philister: 1. Sam. 13, 2; 14 / *Karte* S. 116 B 5.
MIDIAN Gegend in Nordwest-Arabien; s. ›Midianiter‹ im Völkerverzeichnis; Mose hielt sich hier nach der Flucht vor Pharao auf; Gideon schlug eindringende Midianiter in die Flucht: 2. Mose 2, 15; Ri. 6 / *Karte* S. 12–13.
MILET Hafenstadt, wo Paulus mit den Gemeindeältesten von Ephesus sprach: Apg. 20, 15. 17; 2. Tim. 4, 20 / *Karte* S. 564.
MITYLENE Ort auf der Insel Lesbos, wo Paulus auf seiner 3. Missionsreise landete: Apg. 20, 14 / *Karte* S. 564.
MIZPA Der Name (wörtliche Bedeutung: Wachtturm) bezeichnet verschiedene Orte; vor allem ein Ort nahe Jerusalem, wo die Israeliten sich in der Zeit Samuels und der Richter versammelten; hier wurde Saul zum König ausgerufen; später Befestigung durch Asa; Residenz Gedaljas: Ri. 20, 1; 1. Sam. 7, 5 ff.; 10, 17; 1. Kön. 15, 22; 2. Kön. 25, 23 / *Karte* S. 116 B 5.
MOAB Land östlich des Toten Meeres; s. ›Moabiter‹ im Völkerverzeichnis; Heimat der Ruth; ständige Auseinandersetzungen mit Israel; oft in den Drohworten der Propheten genannt: Ruth 1; 2. Sam. 8, 2; 2. Kön. 3; Jes. 15 / *Karte* S. 12–13.
MORE Der Hügel, wo die gegen Gideon heranziehenden Midianiter lagerten: Ri. 7, 1 / *Karte* S. 116 B 3; *Abb.* S. 223.
MORESCHETH, MORESCHETH-GATH Heimat des Propheten Micha: Micha 1, 1. 14.
MORIJA Bergland, wo Abraham Isaak opfern sollte; Gegend von Jerusalem; *Berg Morija*: Standort des Tempels Salomos: 1. Mose 22, 2; 2. Chron. 3, 1.
MYRA Hafen auf dem Seeweg des Paulus nach Rom: Apg. 27, 5 / *Karte* S. 567.
MYSIEN Landschaft, die Paulus auf dem Weg nach Troas durchquerte: Apg. 16, 7–8 / *Karte* S. 560.

NAIN Ort in Galiläa, wo Jesus den Sohn einer Witwe vom Tod erweckte: Lk. 7, 11 / *Karte* S. 464 B 3; *Abb.* S. 518.
NAPHTALI Gebiet des Stammes Naphtali in Galiläa: Jos. 19, 32–39 / *Karte* S. 215.
NAZARETH Stadt in Galiläa, in der Joseph und Maria lebten; Heimatstadt Jesu: Lk. 1, 26 ff.; 2, 39. 51; 4, 16 ff. / *Karte* S. 464 B 2; *Abb.* S. 476, 517.

NEAPOLIS Hafenstadt nahe Philippi in Nord-Griechenland: Apg. 16, 11 / *Karte* S. 560.
NEBO Stadt und Berg in Moab, von wo Mose das Gelobte Land sah und starb: 5. Mose 32, 49–50; 34, 1 ff. / *Karte* S. 116 C 5.
NEGEV (Südland) Dürregebiet im tiefen Süden Israels im Übergang zur Wüste Sinai; die Straße nach Ägypten führte hindurch; hier weideten die Erzväter ihre Herden; und die Israeliten hielten sich hier vor dem Einzug nach Kanaan auf: 1. Mose 20, 1; 4. Mose 13, 17; 21, 1 / *Karte* S. 163; *Abb.* S. 16, 184, 188, 193, 392–393.
NIL Strom in Ägypten, von dem die gesamte Wirtschaft abhing; erscheint in Pharaos Traum; hier wurden hebräische Säuglinge ertränkt; Mose wurde hier versteckt; durch die Plagen verunreinigt; von den Propheten oft genannt: 1. Mose 41, 1 ff.; 2. Mose 1, 22; 2, 3 ff.; 7, 14 ff.; Jes. 18, 2 / *Karte* S. 151.
NINIVE Stadt, die unter Sanherib Hauptstadt von Assyrien wurde; Jona wurde zu ihr gesandt; Nahum weissagte gegen sie; als sie von den Babyloniern eingenommen wurde, zerbröckelte die assyrische Macht: 1. Mose 10, 11; 2. Kön. 19, 36; Jona 1, 2; 3; Nah. 1, 1 / *Karte* S. 279.
NOB Ort, wo David zu Ahimelech kam und Goliaths Schwert an sich nahm; die Priester wurden von Doëg getötet: 1. Sam. 21; 22 / *Karte* S. 241.

ÖLBERG Berg, der Jerusalem überragt; von hier zog Jesus in Jerusalem ein; hier weinte er über die Stadt; an seinen Hängen lag der Garten Gethsemane; das Dorf Bethanien lag auf der Jerusalem abgewandten Seite; der Berg der Himmelfahrt: 2. Sam. 15, 30; Sach. 14, 4; Lk. 19, 29. 37. 41; 22, 39; Apg. 1, 12 / *Karte* S. 545; *Abb.* S. 550.
ON (HELIOPOLIS) Dem Sonnengott geweihte Stadt im alten Ägypten: 1. Mose 41, 45; Jer. 43, 13 / *Karte* S. 147.
OPHIR Land mit Reichtümern an Gold; Lage unbekannt: 1. Kön. 9, 28.

PAMPHYLIEN Gegend in der heutigen Südwest-Türkei, in der Perge lag: Apg. 2, 10; 13, 13 / *Karte* S. 579.
PAPHOS Stadt im Südwesten von Zypern, von Paulus auf der 1. Missionsreise besucht: Apg. 13, 6 ff. / *Karte* S. 558; *Abb.* S. 595.
PARAN Wüste bei Kadesch-Barnea, die die Israeliten nach ihrem Auszug durchquerten: 4. Mose 10, 12 / *Karte* S. 163.
PATMOS Insel vor der türkischen Küste, wo Johannes seine Visionen hatte: Offb. 1, 9 / *Karte* S. 646.
PERGAMON Stadt, wohin eins der 5 Sendschreiben der Offb. gerichtet war: Offb. 1, 11; 2, 12–17 / *Karte* S. 646; *Abb.* S. 647, 654.
PERGE Erste Station des Paulus auf seiner 1. Missionsreise; in der heutigen Türkei: Apg. 13, 13; 14, 25 / *Karte* S. 558.
PERSIEN Staat, der Medien eroberte und Babylon niederwarf, um ein Reich zu begründen, das bis zur Eroberung durch Alexander d. Großen bestand; der persische König Cyrus erlaubte den Juden die Heimkehr aus der Verbannung; Esther war Königin von Persien: Esra 1, 1; Esther 1, 3; Dan. 8. 20; 10, 1 / s. ›Perser‹ im Völkerverzeichnis / *Karte* S. 12–13.
PHILADELPHIA Stadt, wohin eins der 7 Sendschreiben der Offb. gerichtet war: Offb. 1, 11; 3, 7–13 / *Karte* S. 646 *Abb.* S. 649.
PHILIPPI Römische Stadt in Nord-Griechenland an der Via Egnatia; erste Stadt in Europa, in der Paulus eine Gemeinde gründete; hier befreite ihn ein Erdbeben aus dem Gefängnis; später schickte er der dortigen Gemeinde einen Brief: Apg. 16; 20, 6; Phil. / S. 608 *Karte* S. 560; *Abb.* S. 36, 560, 609.
PHILISTÄA Land der Philister an der Küste Israels; s. ›Philister‹ im Völkerverzeichnis / *Karte* S. 12–13.
PHÖNIX Hafenstadt auf Kreta: Apg. 27, 12 / *Karte* S. 567.

PHÖNIZIEN Küstenland nördlich von Israel; wichtigste Städte: Tyrus und Sidon: Ob. 20; Mk. 7, 24 ff.; Apg. 11, 19; 15, 3 / *Karte* S. 383.
PHRYGIEN Landschaft in der heutigen West-Türkei mit den Städten Antiochia in Pisidien und Ikonion, wo Paulus auf seiner 1. Missionsreise war: Apg. 2, 10; 13, 14 ff.; 16, 6 / *Karte* S. 560.
PISGA Einer der Gipfel des Berges Nebo: 5. Mose 3, 27 / *Karte* S. 196.
PISIDIEN Gebirgige Landschaft im Inneren der Türkei: Apg. 13, 14; 14, 24 / *Karte* S. 558.
PITHOM Vorratsstadt im Nildelta; für den Pharao von israelitischen Sklaven erbaut: 2. Mose 1, 11.
PNUEL Am Fluß Jabbok, wo Jakob mit einem Engel rang: 1. Mose 32, 22 ff. / *Karte* S. 116 C 4.
PONTUS Römische Provinz am Schwarzen Meer; Juden von dorther waren an Pfingsten in Jerusalem; Heimat Aquilas: Apg. 2, 9; 18, 2; 1. Petr. 1, 1 / *Karte* S. 579.
PTOLEMAIS Griechischer Name für Akko: Apg. 21, 7 / *Karte* S. 464 B 2.
PUT Afrikanisches Land; wahrscheinlich Teil von Libyen: Jer. 46, 9; Hes. 27, 10.
PUTEOLI Italienische Hafenstadt, wo Paulus auf seiner Reise nach Rom landete: Apg. 28, 13 / *Karte* S. 567.

RABBATH-AMMON (heute Amman) Hauptstadt der Ammoniter: 5. Mose 3, 11; 2. Sam. 12, 26; 17, 27; Jer. 49, 2 / *Karte* S. 116 C 4.
RAMA Stadt nördlich Jerusalems; hier war Rahels Grab; Erwähnung in Verbindung mit Debora: Mt. 2, 18; Ri. 4, 5; 19, 13; 1. Kön. 15, 17. 22; Jer. 40, 1 / *Karte* S. 221.
RAMOTH IN GILEAD Freistadt im Ostjordanland; spielte eine Rolle in den Kriegen mit Syrien; Ahab wurde hier getötet und Jehu zum König gesalbt: Jos. 20, 8; 1. Kön. 4, 13; 22, 1 ff.; 2. Kön. 8, 28 ff.; 9 / *Karte* S. 116 D 3.
RAMSES Eine der Vorratsstädte im Nildelta; von israelitischen Sklaven für den Pharao erbaut: 2. Mose 1, 11 / *Karte* S. 163.
REGIUM Italienische Hafenstadt, wo das Schiff des Paulus anlegte: Apg. 28, 13 / *Karte* S. 567.
REPHAIM Ebene, wo David gegen die Philister kämpfte: 2. Sam. 5, 18.
RIBLA Diese Stadt am Orontes war das Militärlager des Pharao Necho und später des Nebukadnezar; hier wurde Zedekia geblendet und seine Söhne getötet: 2. Kön. 23, 33; 25, 6–7 / *Karte* S. 302.
ROGEL Quelle nahe Jerusalem; hier erwarteten Jonathan und Ahimaaz Nachricht von Absalom; Adonja opferte hier, als Salomo zum König erhoben wurde: 2. Sam. 17, 17; 1. Kön. 1, 9.
ROM Hauptstadt des römischen Reiches; Juden aus Rom waren an Pfingsten in Jerusalem; später wurden sie von Klaudius vertrieben; Paulus schrieb einen Brief an die Christen in Rom, wollte sie besuchen und gelangte schließlich als Gefangener dorthin: Apg. 2, 10; 18, 2; Röm. 1, 7. 15; Apg. 28 / S. 581; *Abb.* S. 570, 587.
ROTES MEER ›Schilfmeer‹, durch das die Israeliten zogen; s. S. 163.
RUBEN Gebiet des Stammes Ruben: Jos. 13, 15–23 / *Karte* S. 215.

SABA Arabisches Land, dessen Königin Salomo besuchte: 1. Kön. 10.
SALAMIS Stadt auf Zypern, die Paulus und Barnabas besuchten: Apg. 13, 5 / *Karte* S. 558; *Abb.* S. 558.
SALEM s. ›Jerusalem‹.
SALZMEER Im AT Name für das Tote Meer / *Abb.* S. 139, 140.
SALZTAL Hier besiegte David die Edomiter: 2. Sam. 8, 13 / *Karte* S. 245.
SAMARIA Von Omri als Hauptstadt des Nordreiches Israel erbaut; Ahab fügte einen Tempel und einen Palast hinzu; von Syrien belagert; wegen Reichtums und Verderbtheit in den Wehesprüchen der Propheten genannt; von den Assyrern belagert und eingenommen; danach wurde ›Samaria‹ der Name für die Umgebung allgemein: 1. Kön. 16, 24. 32; 22, 39; 2. Kön. 6, 24; 17; Neh. 4, 2; Amos 3, 9 ff.; Joh. 4, 4 ff. / *Karte* S. 116 B 4 *Abb.* S. 271, 274, 333.
SARDES Stadt, an die eines der 7 Sendschreiben der Offb. gerichtet war: Offb. 1, 11; 3, 1–6 / *Karte* S. 646; *Abb.* S. 648.
SARON Küstenebene in Israel: Jes. 35, 2 / *Karte* S. 116 B 4; *Abb.* S. 18.
SCHITTIM Lager der Israeliten, von wo die Kundschafter nach Jericho entsandt wurden; vielleicht ereignete sich hier die Bileamgeschichte; hier wurde Josua zum Nachfolger Moses gesalbt: Jos. 2, 1; 3, 1; 4. Mose 22 ff.; 25 ff. / *Karte* S. 116 C 5.
SCHUR Wüstengegend, in die Hagar flüchtete, und durch die die Israeliten zogen: 1. Mose 16, 7; 2. Mose 15, 22 / *Karte* S. 163.
SEBULON Gebiet des Stammes Sebulon: Jos. 19, 10–16 / *Karte* S. 215.
SEIR Anderer Name für Edom.
SELA Hauptstadt von Edom, wahrscheinlich an derselben Stelle wie Petra: Jes. 16, 1.

SELEUCIA Antiochenischer Hafen, wo Paulus seine 1. Missionsreise begann: Apg. 13, 4 / *Karte* S. 558.

SENIR Anderer Name des Berg Hermon oder eines anderen Berges in der Nähe.
SEPHARWAJIM Leute aus dieser von den Assyrern eroberten Stadt wurden nach Samaria gebracht: 2. Kön. 17, 24; 18, 34.
SICHEM Alte bedeutende Stadt am Berg Garizim; wird genannt in den Geschichten von Abraham und Isaak, von Josuas Bundeserneuerung und von Gideons Sohn Abimelech; erste Hauptstadt des Nordreiches: 1. Mose 12, 6; 33, 18; 34; 37, 12 ff.; Jos. 24; Ri. 9; 1. Kön. 12 / *Karte* S. 116 B 4; *Abb.* S. 146, 218, 296.
SIDDIM Tal, wo Kedor-Laomer gegen die Könige der Ebene kämpfte: 1. Mose 14, 3 / *Karte* S. 137.
SIDON Phönizische Hafen- und Handelsstadt; mit Tyrus verbunden; von den Propheten verflucht; von Jesus besucht: 1. Mose 49, 13; 1. Kön. 17, 9; Jes. 23; Mt. 15, 21; Lk. 6, 17; Apg. 27, 3 / *Karte* S. 215.
SILO Stadt mit einem Heiligtum, wo Eli Priester war und Hanna ihr Gelübde ablegte; hier wurde die Bundeslade aufbewahrt; Samuel erhielt hier seine Berufung; wahrscheinlich von den Philistern zerstört: 1. Sam. 1–4 / *Karte* S. 116 B 4; *Abb.* S. 232.
SILOAH Teich in Jerusalem, in den Hiskia Wasser von der Gihon-Quelle durch einen Felsentunnel leitete; hierher schickte Jesus einen Blinden zur Heilung: 2. Kön. 20, 20; Joh. 9, 7 / S. 301.
SIMEON Gebiet des Stammes Simeon: Jos. 19 / *Karte* S. 215.
SINAI Berg auf der Sinai-Halbinsel, wo Mose das Gesetz empfing und das Volk das goldene Kalb verehrte; auch die umgebende Wüstengegend: 2. Mose 19 ff. / *Karte* S. 163; *Abb.* S. 165.
SINEAR Anderer Name für Babylonien.
SIPH Gegend, wohin David vor Saul flüchtete, jedoch von einem Einwohner der Stadt verraten wurde: 1. Sam. 23, 14 ff. / *Karte* S. 241.
SMYRNA Heutiges Izmir in der Türkei; eine der 7 Gemeinden, an die Johannes seine Sendschreiben richtete: Offb. 1, 11; 2, 8–11 / *Karte* S. 646; *Abb.* S. 647.
SODOM Berüchtigte Stadt am Südende des Toten Meeres, wo Lot sich niederließ; zerstört mit Gomorra: 1. Mose 14; 19 / *Karte* S. 137.
SUKKOTH Erste Station der Israeliten bei ihrem Auszug aus Ägypten: 2. Mose 12, 37 / *Karte* S. 163. Ebenso Name einer Stadt, wo Jakob sich vorübergehend aufhielt, und die sich weigerte, Gideon zu helfen: 1. Mose 33, 17; Ri. 8 / *Karte* S. 116 C 4.
SUNEM Hier lagerten die Philister vor der Schlacht von Gilboa; Heimatstadt von Abisag; Elia lebte hier und erweckte ein Kind vom Tod: 1. Sam. 28, 4; 1. Kön. 1, 3; 2. Kön. 4 / *Karte* S. 116 B 3.
SUSA Hauptstadt von Elam, wo sich die Perserkönige für einen Teil des Jahres aufhielten: Esra 4, 9; Neh. 1, 1; Esther 1, 2 / *Karte* S. 305.
SYCHAR Samaritanische Stadt; hier stand Jakobs Brunnen: Joh. 4, 5–6 / *Karte* S. 464 B 4.
SYENE (Sinim) Heutiges Assuan in Ägypten: Jes. 49, 12; Hes. 29, 10.
SYRAKUS Stadt in Silizien, wo Paulus sich auf der Reise nach Rom aufhielt: Apg. 28, 12 / *Karte* S. 567.
SYRIEN Im AT das aramäische Land (später Syrien) mit der Hauptstadt Damaskus; zeitweise Verbündeter, oft Feind Israels; s. ›Aramäer‹ im Völkerverzeichnis; im NT römische Provinz, zu der Palästina gehörte / *Karte* S. 464 C 1.

TAANACH Kanaaniterstadt, in deren Nähe Barak gegen Sisera kämpfte: Jos. 12, 21; Ri. 5, 19 / *Karte* S. 116 B 3.
TABOR Markanter Berg in der Ebene von Jesreel, wo Barak seine Truppen gegen Sisera sammelte: Ri. 4 / *Karte* S. 116 B 3; *Abb.* S. 222.
TACHPANCHES Ägyptische Stadt im Nildelta, wohin Jeremia verschleppt wurde: Jer. 43, 7–8 / *Karte* S. 408.
TARSIS Reiseziel Jonas; bekannt für Mineralien; der Ausdruck ›Tarsisschiff‹ bezeichnet eher die Bauart als den Zielort: Jona 1, 3; Jes. 23, 6; Hes. 38, 13.
TARSUS Bedeutende Stadt in der heutigen Süd-Türkei; Geburtsort des Paulus: Apg. 9, 11. 30; 21, 39 / *Karte* S. 558.
TEMAN Teil von Edom; seine Bewohner waren für ihre Weisheit berühmt; Heimatland des Eliphas, des Freundes Hiobs: Jer. 47, 9; Hiob 2, 11 / *Karte* S. 411.
THEBEN (No-Amon) Hauptstadt von Ägypten; von den Assyrern geplündert: Jer. 46, 25; Nah. 3, 8 / *Karte* S. 151.
THEKOA Stadt in den Bergen von Judäa, von wo die kluge Frau zu David kam; Heimat des Amos: 2. Sam. 14; Am. 1, 1 / *Karte* S. 377.
THESSALONICH Wichtige Stadt in Nord-Griechenland (heute: Thessaloniki), in der Paulus wirkte; er schrieb 2 Briefe an die dortige Gemeinde: Apg. 17; 1. und 2. Thess. / S. 614 *Karte* S. 560; *Abb.* S. 616.
THISBE Heimat des Elia in Gilead: 1. Kön. 17, 1 / *Karte* S. 116 C 4.
THYATIRA Heimatstadt der Lydia, die in Philippi bekehrt wurde; eines der 7 Sendschreiben der Offb. war nach dort gerichtet: Apg. 16, 14; Offb. 1, 11; 2, 18–29 / *Karte* S. 646; *Abb.* S. 648.
TIBERIAS Badeort am Westufer des Sees Genezareth; von Herodes Antipas erbaut und nach dem Kaiser Tiberius benannt: Joh. 6, 23 / *Karte* S. 464 C 2.
TIGRIS Zweiter Strom in Mesopotamien: 1. Mose 2, 14.
TIMNA Heimat der Frau Simsons im Philisterland: Ri. 14 / *Karte* S. 116 A 5.
TIMNATH-SERACH Stadt, in der Josua begraben wurde: Jos. 24, 30 / *Karte* S. 116 B 4.
TIRZA Frühere Kanaaniterstadt, die die anfängliche Hauptstadt des Nordreiches wurde: Jos. 12, 24; 1. Kön. 14, 17; 15, 21 / *Karte* S. 116 B 4.
TOB Aramäische Gegend nordöstlich Israels; erwähnt in Verbindung mit Jephthah und David: Ri. 11, 3; 2. Sam. 10, 6 / *Karte* S. 245.
TOPHETH Ort des Kinderopfers im Hinnomtal.
TOTES MEER s. Salzmeer.
TRACHONITIS Gegend nordöstlich von Israel, wo Philippus als Vierfürst herrschte: Lk. 3, 1 / *Karte* S. 464 D 2.
TROAS Hafenstadt nahe Troja in der Nordwest-Türkei; öfters von Paulus besucht; hier hatte er seinen Traum vom Mazedonier und erweckte Eutychus vom Tod: Apg. 16, 8 ff.; 20, 5 ff.; 2. Kor. 2, 12 / *Karte* S. 560.
TYRUS Phönizischer Seehafen und Stadtstaat an der Küste von Libanon; berühmtes Handelszentrum; Hiram von Tyrus lieferte an David und Salomo Holz und Material für den Tempel; Isebel war die Tochter eines Königs von Tyrus und Sidon; die Propheten verdammten die Stadt wegen ihres Luxus und Stolzes: 2. Sam. 5, 11; 1. Kön. 5; 9, 10–14; 16, 31; Jes. 23 / *Karte* S. 116 B 1; *Abb.* S. 252, 566.

UR Berühmte Stadt in Süd-Babylonien; Heimat der Familie Abrahams: 1. Mose 11, 28 ff. / *Karte* S. 137.
UZ Heimatland des Hiob, wahrscheinlich in der Gegend von Edom: Hiob 1, 1.

ZARPATH Stadt, die zu Sidon gehört; hier lebte Elia und erweckte den Sohn einer Witwe vom Tod: 1. Kön. 17, 8 ff. / *Karte* S. 267.
ZEBOIM Stadt südlich des Toten Meeres; mit Sodom und Gomorra zerstört: 1. Mose 10, 19; 14; 5. Mose 29, 23 / *Karte* S. 137.
ZIKLAG Stadt der Philister, die Achis David gab; von den Amalekitern überfallen: 1. Sam. 27, 6; 30 / *Karte* S. 241.
ZIN Wüstengebiet bei Kadesch-Barnea, durch das die Israeliten nach ihrem Auszug wanderten: 4. Mose 13, 21; 20, 1; 27, 14 / *Karte* S. 163.
ZION Einer der Hügel Jerusalems; die Davidsstadt; steht auch für Jerusalem als Stadt des Tempels Gottes / *Abb.* S. 337.
ZOAN (Tanis) Alte Stadt im Nildelta: 4. Mose 13, 22; Jes. 19, 11 / *Karte* S. 151.
ZOAR Stadt nahe Sodom, wohin Lot flüchtete, um der Vernichtung zu entgehen: 1. Mose 13, 10; 14, 2; 8; 19, 18 ff. / *Karte* S. 137.
ZOBA Irgendwo in der Umgebung von Damaskus; aramäisches Königreich, das von David besiegt wurde: 2. Sam. 8, 3; 10, 6; 1. Kön. 11, 23 / *Karte* S. 245.
ZORA Geburtsort des Simson: Ri. 13, 2; 16, 31 / *Karte* S. 225.

Gebete der Bibel

Abrahams Gebet für Sodom, 1. Mose 18, 22–33
Abrahams Knecht bittet um Führung, 1. Mose 24, 12–14
Isaaks Segen, 1. Mose 27
Jakobs Gelübde in Bethel, 1. Mose 28
Jakobs verzweifeltes Gebet in Pnuël, 1. Mose 32
Jakob segnet seine Söhne, 1. Mose 48–49
Moses Danklied für die Errettung aus Ägypten, 2. Mose 15
Moses Bitte für Israel beim Tanz um das goldene Kalb, 2. Mose 32; 5. Mose 9
Mose bittet, Gottes Herrlichkeit zu sehen, 2. Mose 33
Aarons Segen, 4. Mose 6
Mose setzt sich bei Gott für sein aufrührerisches Volk ein, 4. Mose 14
Bileam segnet Israel auf Gottes Geheiß, 4. Mose 22–24
Moses Lied: Gott und sein Volk, 5. Mose 32
Moses Segen für das Volk Israel, 5. Mose 33
Josuas Gebet nach dem Sieg über Ai, Jos. 7
Josua bittet um Zeit, um seinen Sieg zu vervollständigen, Jos. 10
Deboras Danklied für den Sieg, Ri. 5
Gideons Gebet um ein Zeichen, Ri. 6
Hannas Gebet um einen Sohn, 1. Sam.1
Hannas Danklied, 1. Sam. 2
Samuels Gebet für das Volk, 1. Sam. 7
Davids Gebet nach der Verheißung des Bestandes seines Königshauses, 2. Sam. 7; 1. Chron. 17
Davids Dank für Errettung, 2. Sam. 22; Ps. 18
Salomos Gebet um Weisheit, 1. Kön. 3; 2. Chron. 1
Salomos Gebet zur Tempelweihe, 1. Kön. 8; 2. Chron. 6
Elias Gebet auf dem Berg Karmel, 1. Kön. 18
Elia auf dem Berg Horeb, 1. Kön. 19
Hiskias Gebet bei der Belagerung durch Sanherib, 2. Kön. 19; Jes. 37
Dankgebet über die Rückkehr der Bundeslade nach Jerusalem, 1. Chron. 16
Davids Gebet für Salomo, 1. Chron. 29
Esra bekennt die Sünde des Volkes, Esra 9
Nehemias Gebet für sein Volk, Neh. 1
Öffentliches Sündenbekenntnis, Neh. 9
Hiob sucht den Grund für sein Leiden, Hiob 10
Hiob erörtert seinen Fall, Hiob 13–14
Hiobs Bekenntnis, Hiob 42
Die Psalmen beinhalten eine beträchtliche Anzahl von Gebeten. Einige sind hier aufgeführt:
Abendgebet, 4
Morgengebet, 5
Der Hirtenpsalm, 23
Preis und Gottesdienst, 24; 67; 92; 95–98; 100; 113; 145; 148; 150
Führung, 25
Vertrauen, 37; 62
Errettung, 40; 116
Sehnsucht nach Gott, 27; 42; 63; 84
Vergebung, 51; 130
Dank, 65; 111; 136
Hilfe in Not, 66; 69; 86; 88; 102; 140; 143
Gottes dauernde Liebe und Fürsorge, 89; 103; 107; 146
Gottes Majestät und Herrlichkeit, 8; 29; 93; 104
Gottes Allwissen und Allgegenwart, 139
Gottes Wort, 19; 119
Gottes Schutz, 46; 91; 125
Jesajas Gebete, Jes. 25; 33; 63–64
Hiskias Gebet in seiner Krankheit, Jes. 38
Jeremias Gebete, Jer. 11; 14; 20; 32
Wehklage über den Fall Jerusalems, Klgl. 1–4
Gebet um Wiederherstellung, Klgl. 5
Der Traum des Königs: Daniels Gebet, Dan. 2
Nebukadnezar preist Gott, Dan. 4
Daniels Gebet am Ende der Verbannung, Dan. 9
Jonas Gebet, Jona 2
Habakuk befragt Gott, Hab. 1
Habakuks Gebet, Hab. 3
Gebete Jesu:
Das Vaterunser, Mt. 6, 9–13; Lk. 11, 2–4
Lob Gottes, daß er sich einfachen Menschen offenbart, Mt. 11, 25–26; Lk. 10, 21
Im Garten Gethsemane, Mt. 26, 36–44; Mk. 14, 32–39; Lk. 22, 46
Am Kreuz, Mt. 27, 46; Mk. 15, 34; Lk. 23, 34. 46
Bei der Auferweckung des Lazarus, Joh. 11, 41–42
Angesichts des Todes, Joh. 12, 27–28
Für seine Nachfolger, Joh. 17
Marias Dankgebet (Magnificat), Lk. 1, 46–55
Zacharias' Gebet (Benedictus), Lk. 1, 68–79
Simeons Gebet (Nunc dimittis), Lk. 2, 29–35
Gebet des Pharisäers und des Zöllners, Lk. 18, 10–13
Gebet der Gemeinde angesichts von Bedrohungen, Apg. 4, 24–30
Gebet des Stephanus vor seinem Tod, Apg. 7, 59–60
Gebete des Paulus:
Für die Christen in Rom, Röm. 1, 8–10
Für Israel, Röm. 10, 1
Für die Gemeinde in Korinth, 1. Kor. 1, 4–9; 2. Kor. 13, 7–9
Dank für Gottes Trost in Trübsal, 2. Kor. 1, 3–4
Dank für geistliche Güter in Christus, Eph. 1, 3–14
Für die Christen in Ephesus, Eph. 1, 16–23; 3, 14–19
Für die Christen in Philippi, Phil. 1, 3–11
Für die Gemeinde in Kolossä, Kol. 1, 3–14
Für die Christen in Thessalonich, 1. Thess. 1, 2–3; 2, 13; 3, 9–13; 5, 23; 2. Thess. 1, 3; 2, 13. 16–17; 3, 16
Für Timotheus, 2. Tim. 1, 3–4
Für Philemon, Philemon 4–6
Lobpreisungen (Doxologien) und Segensworte, Röm. 16, 25–27; Eph. 3, 20–21; Phil. 4, 20; 1. Thess. 3, 11–13; Hebr. 13, 20–21; 1. Petr. 5, 10–11; 2. Petr. 3, 18; Judas 24–25
Dankgebet des Petrus, 1. Petr. 1, 3–5
Gebet des Johannes für Gajus, 3. Joh. 2

Themen, Sachen und Ereignisse

Quellennachweis

TEXT

Das Kapitel ›Die Bibel in der Hand des Archäologen‹ (S. 259) entstand in Bearbeitung der Sendung ›Hazor, Stadt der Bibel‹ vom 25. 5. 1972 im 2. Fernsehprogramm der BBC mit der freundlichen Erlaubnis von Prof. Yigael Yadin. Frl. Mary Hart war bei der Vorbereitung des Verzeichnisses ›Hauptbegriffe der Bibel‹ behilflich.

ZEICHNUNGEN

Grafische Gestaltung der Tabellen auf S. 22–23, 30–31, 56–57, 78, 104–105, 106–107, 108–109, 112–113, 118–121, 132, 153, 284–285; A. R. Cantale.
Das für die Israel-Landkarten benutzte Reliefmodell wurde von Dupliterre angefertigt; andere Reliefmodelle wurden mit freundlicher Erlaubnis der Oxford University Press übernommen.

BILDER

Alle Fotos wurden von David Alexander aufgenommen (außer den weiter unten gesondert aufgeführten), einschließlich derer, die mit Hilfe und Erlaubnis folgender Personen und Institutionen entstanden: Museum für biblische Altertümer, Amsterdam: S. 166, 167, 169, 256, 288, 471, 496, 628.
Archäologisches Museum Hatay, Antakya, Syrien: S. 141 (Widderkopf), 344, 637 (Münze), 641.
Britische und ausländische Bibelgesellschaft, London: S. 70, 73, 76, 77, 88 (Schriftrolle).
Britisches Museum, London: S. 11, 15, 43, 67, 82, 86 (Hieroglyphen, Keilschrift), 87 (Tonscherbe), 136, 143, 148, 149 (Traumbuch), 152, 153, 156, 159 (Buch), 160, 161, 162 (Dolch), 163, 170 (Quaste), 200, 215, 221, 232, 239, 257, 258, 262 (Gewichte), 264, 277, 278, 281, 282, 291, 303, 313, 314, 323, 335, 353, 355, 356, 365, 386, 388, 390 (Relief), 413, 417, 419, 423, 431, 432, 434, 436, 445, 509, 524, 577, 598, 607, 609, 622, 635, 637 (Schmuck), 642.
Dienst der Kirche unter den Juden: S. 179, 488, 522, 525.
Museum von Damaskus, Syrien: S. 507.
Vernon Durrant: S. 159.
Musikmuseum Haifa und Amli Bücherei, Israel: S. 187, 210, 238, 349, 433.
Museum von Hazor, Israel: S. 25, 361.
Ecce Homo Convent, Jerusalem: S. 406, 526, 527.
Landwirtschaftliches Museum, Jerusalem: S. 141 (Wasserschlauch), 444.
Israelisches Ministerium für Altertümer und Museen: S. 85, 94, 154, 162 (Figur), 170 (Stier), 173, 235, 262 (Siegel), 266, 270, 536.
Archäologisches Museum, Istanbul: S. 110, 301, 390, 427, 567, 620, 632.
Archäologisches Museum Izmir, Türkei: S. 590, 591, 619, 653.
Museum von Megiddo, Israel: S. 207.
Konvent der Schwestern von Nazareth, Israel: S. 46.
Ephesus Museum, Selçuk, Türkei: S. 565, 603.

Andere Bilder wurden zur Verfügung gestellt von: Ashmolean Museum, Oxford: S. 28 (Abteilung für östliche Kunst, Sammlung E. M. Scratton), S. 268, 271, 418 (Abteilung für Altertümer)
Barnaby's Picture Library: S. 135.
Britische und ausländische Bibelgesellschaft, London: S. 41, 54.
Britisches Museum: S. 86 (Hebräisch), 87 (Aramäisch, Griechisch), 88 (Papyrus, Codex), 130, 133, 149 (Ägypter), 202, 275, 280, 331, 338, 395, 408, 612 Camera Press, London: S. 26, 44, 63, 95, 101 (Taube), 102 (Schlange), 511, 544.
George Cansdale: S. 101 (Rebhuhn), 503.
Meeresmuseum Haifa, Israel: S. 260–261, 569, 610.
Nigel Hepper: Alle Bilder der Seiten 97–110 außer Dattelpalme, Olive und Akazie.
Königlich Jordanische Fluggesellschaft: S. 447.
Alan Millard: S. 83, 186, 267, 290.
Observer Magazine (Transworld Feature Syndicate): S. 366.
Shell International Petroleum Co. Ltd: S. 443.
Clifford Shirley: S. 53.
Tear Fund: S. 62.
D. J. Wiseman: S. 239.
Zoologische Gesellschaft, London: S. 102 (Skorpion), 103 (Bär).